扬州市广陵区志

扬州市广陵区地方志年鉴编纂委员会 编

1989 ~ 2011

上 册

方志出版社

图书在版编目（CIP）数据

扬州市广陵区志：1989～2011/扬州市广陵区地方志年鉴编纂委员会编. -- 北京：方志出版社，2016.12
ISBN 978-7-5144-2301-3

Ⅰ. ①扬… Ⅱ. ①扬… Ⅲ. ①区（城市）—地方志—扬州 Ⅳ. ①K295.33

中国版本图书馆CIP数据核字（2016）第320383号

扬州市广陵区志（1989～2011）

编　　者： 扬州市广陵区地方志年鉴编纂委员会
责任编辑： 陈菁　刘珊

出 版 人： 冀祥德
出 版 者： 方志出版社
地址　北京市朝阳区潘家园东里9号（国家方志馆4层）
邮编　100021
网址　http://www.fzph.org
发　　行： 方志出版社图书经销中心
（010）67110500
经　　销： 各地新华书店
印　　刷： 南京凯德印刷有限公司

开　　本： 889×1194　1/16
印　　张： 102.75
字　　数： 2656千字
版　　次： 2016年12月第1版　2016年12月第1次印刷
印　　数： 0001~4000册

ISBN 978-7-5144-2301-3　定价：800.00元

《广陵区志》编纂机构和工作人员

区地方志年鉴编纂委员会及其办公室

（2005 年 8 月 26 日～2008 年 2 月 1 日）

主　任　孔令俊

副主任　董德利

委　员　周鸿钧　金德海　刘忠华　臧　宏　刘及新　刘厚仁　张　华　戴红兵
戴向萍　朱忠宝　卜树领　王一愚　李一华　李晓钟　王有培　刘新伟
张贵联　杨　齐　吴广远　董逸民　叶　浩　喻智荣　阚永明　许　明
秦文俊　陈　静

编委会办公室暨区地方志办公室

主　任　刘及新

副主任　李良鸿　汪　盈

区地方志年鉴编纂委员会及其办公室

（2008 年 2 月 2 日～2009 年 9 月 26 日）

主　任　陈锴竑

副主任　杨　蓉

委　员　周鸿钧　金德海　田醒民　马宝惠　刘及新　崇玉强　周家富　卞武清
戴红兵　戴向萍　阚跃进　戚　磊　王一愚　杨　齐　黄　河　李晓钟　许　明
龚宜林　纪有安　王继文　陈庆翔　臧　宏　凌　云　王有培　马新阳　邹　民
蔡士顺　卜树领　吴广远　梁　春　申　林　秦文俊　薛增龙　蔡　鸿　戴维宝
孟亚东　耿　辉

编委会办公室暨区地方志办公室

主　任　刘及新

副主任　赵　群

区地方志年鉴编纂委员会及其办公室

（2009 年 9 月 27 日～2012 年 10 月 22 日）

主　任　陈锴竑

副主任　李成志

委　员　周鸿钧　金德海　田醒民　马宝惠　刘及新　周家富　卞武清　戴红兵
魏德余　戴向萍　阚跃进　马仕权　印国庆　唐　静　沙霖云　戚　磊
邹　民　王继文　刘卫国　王一愚　许　明　李晓钟　纪有安　王有培
陈庆翔　臧　宏　凌　云　杨　齐　胡如先　马新阳　黄　河　姜志坚
蔡士顺　吴国群　吴　晖　魏福根　卜树领　杨万文　吴广远　朱晓东
陈晓庆　韦国华　仇利群　丁　优　刘正群　周　立　薛　平　丁卫社
徐　超　葛太康　丁竺松　刘学明　过璟玮　袁　颖　金同合　曹瑞泉
张力前　殷国栋　李　峰　秦文俊　薛增龙　蔡　鸿　戴维宝　孟亚东
耿　辉

编委会办公室暨区地方志办公室

主　任　刘及新

副主任　赵群（2010 年 1 月至 2012 年 5 月，周冠钧分管）

区地方志年鉴编纂委员会及其办公室

（2012年10月23日～2015年8月3日）

主　任　陈　曦

副主任　赵长松　陶伯龙　王　涛

委　员　陈庆翔　金德海　徐　超　马宝惠　周家富　吴龙林　邬益军　周　立
戴向萍　金尊平　周冠钧　赵　群　杨杏芝　张佑根　卞武清　叶　浩
庄绪梅　梁　春　王继文　王一愚　李晓钟　薛有来　纪有安　曹恩龙
吴立林　黄　河　杨　齐　张广武　吴国群　吴　晖　叶全跃　马新阳
叶　健　倪　凌　戴红兵　赵　平　臧　宏　吴广远　王早东　王绪林
魏福根　薛增龙　陈　彬　曹煜章　夏元彪　刘　兵　赵文华　陆云峰
尤家祥　张跃春　沈良平　沙霖云　朱定金　邵海峰

编委会办公室暨区地方志办公室

主　任　赵　群

副主任　徐文华

主　编　杨杏芝

编　辑　韩承芝　封　雷　张锦堂　杜道遥　张贞忠

其间：吴家兴、李济泰、袁汉根、谢连生、姚家驹、校正怀、左立启、李宝惠等陆续受聘进入编纂团队。周俊、王慧、刘婧、郭宇坤曾在办公室工作。

区地方志年鉴编纂委员会及其办公室

（2015 年 8 月 4 日～2016 年 8 月 23 日）

主　任　陈　曦

副主任　赵长松　徐长金　王　涛

委　员　陈庆翔　金德海　倪　凌　梁剑芳　王尚兵　刘　扬　赵　群　戴　静
周家富　吴龙林　郐益军　戴向萍　周　立　金尊平　周冠钧　马仕全
丁竺松　张力前　徐金余　吕静美　黄　河　周　伟　王继文　梁　春
卞武清　叶　浩　王一愚　吴　尚　庄绪梅　陈士文　戴红兵　徐质然
马新阳　张广武　吴　晖　吴国群　叶　健　薛有来　吴立林　曹恩龙
纪有安　沙霖云　李有楠　王有培　赵　平　赵　伟　王早东　戚　磊
魏福根　薛增龙　陈　栋　王　兵　王绪林　朱瑞晴　沈良平　过璟玮
朱定金　邵海峰

编委会办公室暨区地方志办公室

主　任　赵　群

顾　问　吴家兴　李济泰　谢连生

总　纂　赵　群

主　编　赵　群　杨杏芝

副主编　袁汉根　韩承芝　封　雷

编　辑　张锦堂　靳鹤松　许　雯　刘　璐　崔钰苹

其间：徐家琪、徐昂等受聘参与编纂工作。

区地方志年鉴编纂委员会及其办公室

（2016 年 8 月 23 日～2017 年 10 月 27 日）

主　任　徐长金

副主任　胡明寿

委　员　陈庆翔　金德海　倪　凌　梁剑芳　王尚兵　刘　扬　赵　群　戴　静　周家富　吴龙林　邬益军　张　彦　周　立　金尊平　周冠钧　张力前　徐金余　吕静美　黄　河　杨建林　丁竺松　薛有来　梁　春　卞武清　叶　浩　吴　尚　庄绪梅　陈士文　戴红兵　徐质然　马新阳　张广武　吴　晖　吴国群　尤家祥　吴立林　曹恩龙　纪有安　沙霖云　李有楠　王有培　赵　平　程　锐　朱瑞晴　赵　伟　叶　鹏　夏元彪　魏福根　朱定金　陈　栋　王　兵　方锦来　邵海峰　吴德裕　董大军　沈良平　过璟玮　吴　健　郭一金

编委会办公室暨区地方志办公室

主　任　赵　群

顾　问　董德利　张祥生　刘及新　吴家兴　李济泰　谢连生

主　编　赵　群　杨杏芝

副主编　袁汉根　张锦堂

编　辑　许　雯　刘　璐　崔钰苹　朱爱华　李沅蓄

其间：丁曲、赵立昌、王兆根、丁乐云、温正国、王晨、余志群、钱艺兵等受聘参加编纂工作。王婷婷曾在办公室工作。

区地方志年鉴编纂委员会及其办公室

（2017 年 10 月 28 日～）

主　任　徐长金

副主任　孟亚东

委　员　吴龙林　朱晓东　倪　凌　梁剑芳　刘　扬　赵　群　刘广胜　季安钢　戴　静　曹煜章　钟　蕾　郐益军　王爱军　刘　娟　马仕权　丁竺松　金尊平　周冠钧　王科海　吕敬美　杨建林　徐质然　庄绪梅　陈士文　程　锐　梁　波　沙霖云　黄　河　吴　尚　卞武清　朱瑞晴　吴国群　吴　晖　张广武　郭庆禄　缪卫昌　叶全跃　曹恩龙　纪有安　戴红兵　李　彬　高尔兵　马新阳　李有楠　陈　栋　杨万文　刘明辉　夏元彪　吴　健　方锦来　邵海峰　吴德裕　董大军　沈良平　过璟玮　徐　超　郭一金

编委会办公室暨区地方志办公室

主　　任　赵　群

顾　　问　董德利　张祥生　刘及新　吴家兴　李济泰　谢连生

总　　纂　赵　群

执行总纂　吴家兴

主　　编　赵　群　杨杏芝

副 主 编　袁汉根　张锦堂

图照编辑　张锦堂　李斯尔　许　雯　刘　璐

编　　辑　许　雯　刘　璐　崔钰苹　朱爱华　李沅蓄　丁　曲　王　晨　钱艺兵　余志群

《广陵区志（1989~2011）》主撰人员

（按姓氏笔画为序）

志书撰稿人员

丁　飞　丁　曲　丁　昊　丁永荣　马　云　马莉莉　王　飞　王　茜　王　菁
王　晨　王　颖　王玉龙　王兆根　王庆贤　王昌鸿　王科海　王顺云　尤琢珺
卞敬人　方　亮　方文顺　孔亚南　邓春娥　卢　璇　左立启　叶宏深　叶相锋
田　峥　史文华　毕建华　毕晓星　吉　祥　吕　杰　朱叶俊　朱伟建　朱海清
朱静文　刘　峰　刘　慧　刘伟伟　刘忠盛　刘承松　刘祯亚　刘德宝　许　涛
许　雯　阮俊宏　孙梦雪　苏振华　李　俊　李　婷　李　彬　李良虎　李顶雁
李明全　李宝惠　李济泰　杨　建　杨　毅　杨方媛　杨杏芝　杨怀勇　杨庚来
杨海涛　肖宇轩　吴家兴　吴石扬　吴幸丽　吴明涛　邱　广　邱　露　何锦福
余志群　张　亮　张锦堂　张贞忠　陆长庆　陆家宽　陆锡增　陈　华　陈　昱
陈　洪　陈广安　陈月平　陈正欣　陈加宏　陈同庆　陈金龙　陈宜林　陈咸益
陈建界　邵玉庆　范益民　林子涵　罗永赓　周　芬　周　舒　周家瑞　封　雷
赵　越　赵　群　赵大伟　赵立昌　赵海燕　胡　俊　胡　悦　柳　明　郜正忠
郜芝媛　段后兵　施亚琴　姜建萍　姜祖武　宦鎏鎏　祝　鸿　祝立清　姚　磊
姚立国　姚家驹　袁　琳　袁汉根　校正怀　夏　凡　顾　晶　顾一平　顾卫华
顾银晨　钱艺兵　钱功培　倪玉成　徐　利　徐　昂　徐　颖　徐宗保　徐顺荣
徐晓刚　徐家琪　徐鹏志　徐炳顺　殷忠平　高经纬　郭　亮　陶永林　黄晶晶
曹永森　龚　治　彭　伟　韩承芝　韩恩燕　温正国　谢连生　靳杏文　靳鹤松
蔡苏扬　蔡鹏飞　管士俊　缪礼志　樊　蓉　潘加民　潘洪涛　薛　涛　薛　嘉
戴苏宁　戴蓓蓓

提供图照人员

丁红华　丁春晴　殷国栋　于　俊　马崇源　卞良玉　尹细根　王　左　王　丽
王　杰　王　悦　王兆根　王虹军　王海华　车明印　司　马　乔家明　刘　璐
刘江瑞　刘洪亮　向文祥　孙万刚　庄文斌　朱苏文　朱宪发　许　雯　余志群
吴　坚　吴　忍　吴国华　张　为　张　军　张　忠　张大成　张正均　张宝贵
张贵洪　李　平　李　彬　李　缘　李济泰　李晓明　李斯尔　杨　聪　肖　文
肖　阳　邹安生　陈　实　陈志明　陈镇淮　周　佳　周泽华　周晓晨　孟德龙
罗伊洛　范友林　茅永宽　郑　川　姜文华　施志棠　洪晓程　赵　斌　赵立昌
赵庆泉　徐炳顺　徐鹏志　海　华　高　涤　高　钱　高　鹏　黄建军　焦　玲
程　进　程建平　舒永辉　蒋永庆　韩卫东　解　宝　薛水利　戴兴发

说明：以上主要撰稿人员和提供图照人员，系根据资料署名、承编单位提供名单以及编纂人员回忆等整理而成。如有疏漏，恳望海涵！并敬请与扬州市广陵区地方志办公室联系另作增补、勘误。

审稿验收

初、复审（2015 年 10 月 16 日）

评审领导及人员　朱道宏　刘扣林　程方勇　陈　旭　吉　祥　叶供发　吴家兴　刘及新

出席活动区领导　王　涛

终审（2015 年 12 月 25 日）

评审领导及人员　宗金林　柏桂林　姚　震　刘扣林　傅　强　王妮姗　王鼎良　王宇清　曹云飞

出席活动区领导　陈　曦　赵长松　王　涛

验收（2016 年 8 月 30 日）

验收评审领导及人员　殷元松　柏桂林　吉　祥　张卫星　陈　红　姚　震　刘扣林　王妮姗

出席活动区领导　张长金　赵长松　徐长金　刘春晓　胡明寿

验收审定单位

扬州市地方志办公室

批准出版单位

扬州市广陵区人民政府

萬家福

晨光中的文昌阁

全国重点文物保护单位
揚州城遺址
中华人民共和国国务院
江苏省人民政府立

①东门遗址
②四望亭
③唐代石塔
④西门遗址
⑤ 东圈门

扬州时代广场
YANGZHOU TIMES SQUARE

Philishave
金鹰国际购物中心
GOLDEN EAGLE
KFC

①|②
③

① 时代广场

② 大润发广陵店

③ 文昌商圈夜景

①
②③

① 街南书屋石舫
② 琼花观琼花台
③ 茱萸湾景区茱萸轩

①|②
③

① 驼岭巷古唐槐
② 扬州市花芍药
③ 扬州市花琼花

① 文峰寺 ② 长生寺阁 ③ 武当行宫 ④ 仙鹤寺 ⑤ 萃园路基督教堂 ⑥ 北河下天主教堂

①北水关桥 ②务本桥
③清涟桥 ④小虹桥
⑤新桥 ⑥萃园桥

① 宋井　② 四眼井
③ 沙锅井　④ 马监井
⑤ 牛背井

①
②|③

① 万福大桥
② 通江门桥
③ 渡江桥

①②
③

① 东关街
② 彩衣街
③ 东关古渡

① 何园火巷
② 卢氏盐商宅第
③ 两淮盐运使司署
④ 吴道台宅第
⑤ 湖南会馆
⑥ 盐宗庙

清芬正氣傳当世
—朱自清

千秋岳澤紀宗功

①③④
②

① 朱自清故居
② 胡笔江故居
③ 阮元家庙
④ 马可·波罗塑像

院士博物馆

① 董子祠（正谊书院）
② 国学馆
③ 梅花书院

① 扬州大学医学院

② 市一中宏志班爱心助成才活动

①扬州中学树人堂
②扬州高等职业技术学校
③育才小学仁爱楼
④汶河小学百年庆典
⑤东关小学百年庆典
⑥快乐的童年

① 玉器古镇（湾头）
② 松荫会琴图（玉雕）
③ 梦启天国（玉雕）
④ 雕版印刷

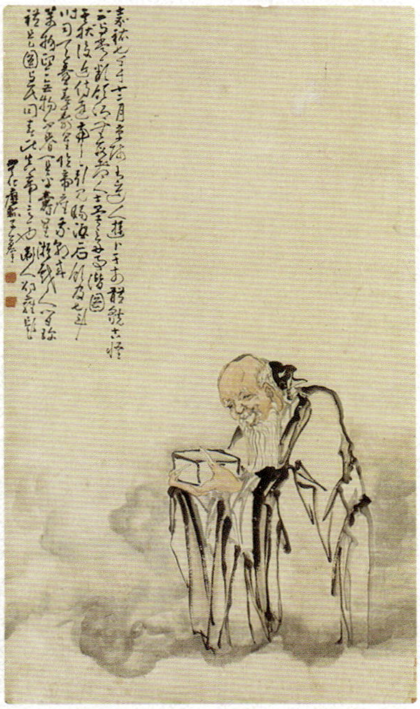

① 郑燮甘谷菊泉图
② 扬州八怪群塑
③ 郑燮墨竹图
④ 黄慎寿星图
⑤ 金农画作

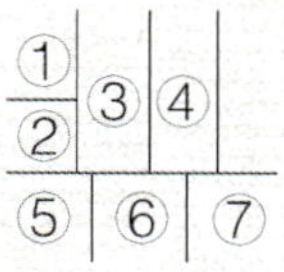

① 扬州评话
② 广陵古琴
③ 扬州漆器
④ 扬州刺绣
⑤ 扬剧《百岁挂帅》
⑥ 扬州清曲
⑦ 扬州剪纸

古运河风光带

①
②③
④
⑤⑥

①②③ 个园
④⑤⑥ 何园

诗意栖居

① 晶园
② 滴翠园
③ 听雨书屋
④ 武静园
⑤ 祥庐
⑥ 箕山草堂
⑦ 玉龙花苑

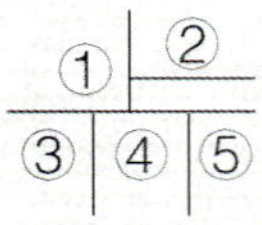

① 凤凰岛景区
② 荷花池公园
③ 茱萸湾景区
④ 二分明月楼
⑤ 小盘谷

马可波罗花世界

①廖家沟生态公园 ③李典镇田桥村

②杭集镇中心广场 ④典园

①
②③

① 扬剧演出

② 个园花局里古戏台

③ 扬剧票友

苏北人民医院

文峰街道社区卫生服务中心是您的健康家
热烈欢迎上级领导来我中
24急诊
文峰街道
社区卫生服务中心

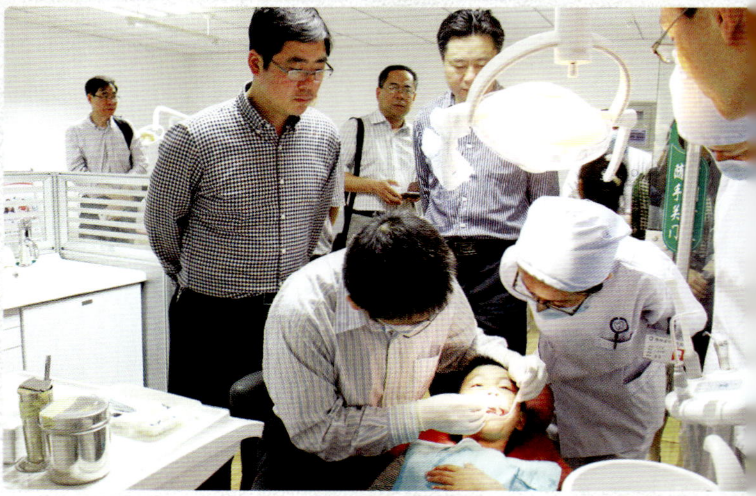

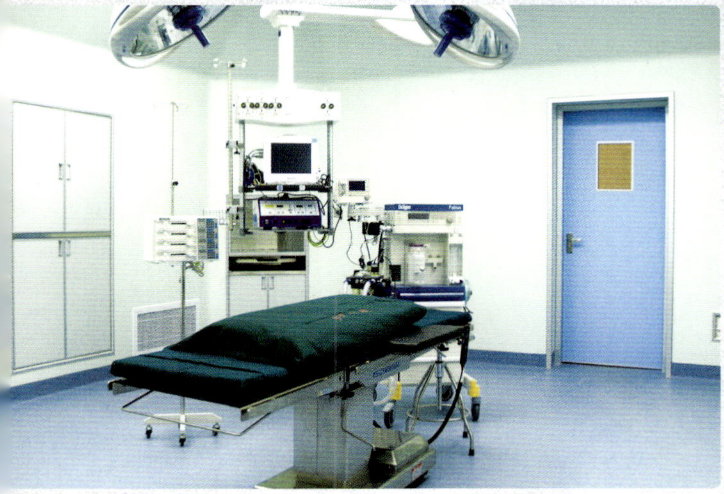

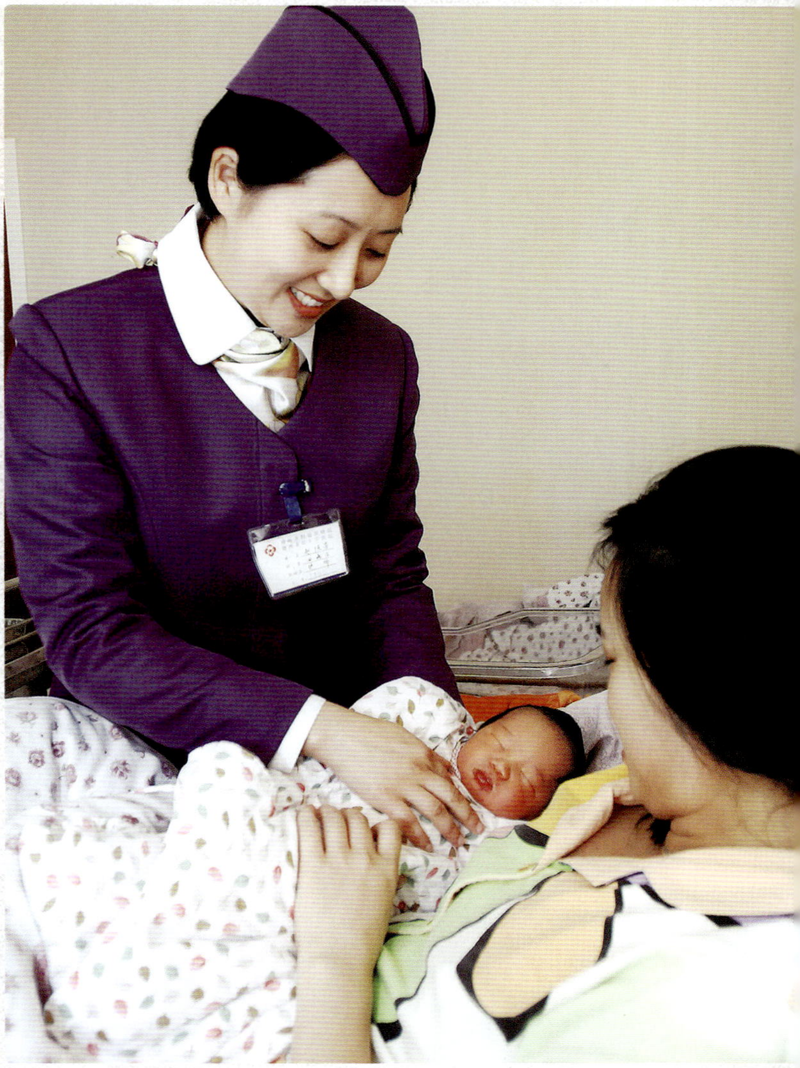

①苏北人民医院

②汤汪医疗卫生中心

③广陵区妇幼保健所

④中医药健康巡讲

⑤文峰街道社区卫生服务中心

⑥口腔疾病防治督导与交流

⑦市一院百级层流手术室

⑧市妇幼保健院新生儿急救中心

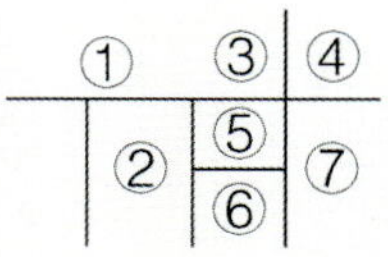

① 老有所养
② 敬老院春节联欢
③ 为百岁老人贺寿
④ 祖孙亲
⑤ 婚纱梦
⑥ 传家风　立家训
⑦ 百寿宴

社区党委 庆重阳"我爱爷爷奶奶"主题

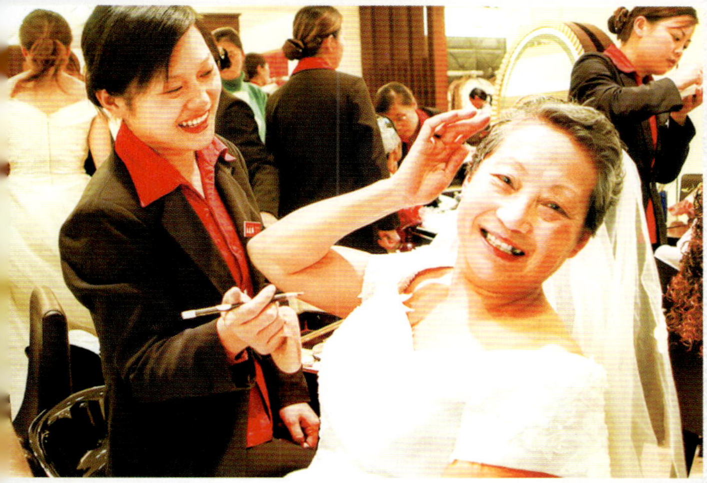

传家风 立家训

寿

① 富春茶社

② 共和春饺面店

③ 菜根香饭店

① 光明眼镜店　② 谢馥春香粉店

③ 顶酷美发美容店　④ 绿扬旅社

⑤ 大麒麟阁茶食店　⑥ 扬州浴室

①②
③④

① 红楼宴

② 怡红夜筵

③ 满汉全席

④ 乾隆御宴

①	②	③
④	⑤	⑥
⑦	⑧	
⑨	⑩	

① 牛皮糖
② 谢馥春古典四件套礼盒
③ 扬州酱菜
④ 五丁包
⑤ 扬州炒饭
⑥ 桃丝酥
⑦ 玉果粉点
⑧ 蟹粉狮子头
⑨ 扒烧整猪头
⑩ 拆烩鲢鱼头

①② ⑥
③ ⑦⑧
④⑤ ⑨

① 东关古渡鹊桥仙
② 何园千金初嫁了
③ 太极拳
④ 抖空竹
⑤ 打腰鼓
⑥ “扬马”起跑
⑦ 歌唱祖国
⑧ 周末剧场
⑨ 健身活动

广陵经济开发区

① 广陵经济开发区管委会

② 曝泰车材实业有限公司

① 信息产业基地
② 科技创业园

① 巨鑫石油钢管有限公司
② 环洲船用材料有限公司
③ 中铁宝桥（扬州）有限公司
④ 物流园码头

① 三和四美酱菜有限公司
② 亲亲冷冻食品交易市场
③ 玛切嘉利（中国）有限公司
④ 亚光医疗器械有限公司

①
②③

① 海沃机械第10万根油缸下线

② 嘉和热系统股份有限公司车间

③ 扬力铸锻有限公司压力机冲压生产线

① 沙头现代农业展示中心
② 蔬菜立体栽培

广陵新城

①
②③④

① 世界运河名城博览会永久性会址
② 曲江公园
③ 广陵大桥
④ 扬州汽车客运东站

江广融合地带

① 扬州市民广场

② 李宁体育公园

序 一

盛世修志，志载盛世。时逢全国第二轮修志，在中共广陵区委、区政府领导下，区地方志年鉴编纂委员会及其办公室精心组织，区属各单位积极配合，担当地方历史文化责任，弘扬中华民族传统文化精髓，撰写者、编纂者密切协作，集思广益，兼容并蓄，历时数载，几易其稿，《扬州市广陵区志》终成煌煌志乘，即将付梓，值得庆贺！

这是一部集全区自然、政治、经济、文化、社会之大成的百科全书，也是一部新区志。时限为1989～2011年，部分篇章延伸到2017年。是承载广陵区二十八年来锐意改革开放开发、经济社会蓬勃发展、各行各业成就辉煌的史料文库，是汇历史性、时代性、可读性为一炉的地方性珍贵文献。所载史实，折射出广陵区这块土地上的人民苦干实干、顽强拼搏、自强不息的时代精神；反映出干部群众奋发图强、励精图治的优秀品质。地方志作为经世辅政之书，历为古今所重。各级干部和广大群众读后，可学习成功经验，镜鉴失误教训；可走近历史人物、英雄模范、道德楷模，增强民族气节和爱国爱乡之情；洞悉广陵全貌，遥瞻广陵发展，承先启后，继往开来。

新区志问世，得益于历届区党政领导的高度重视，归功于地方志工作者的辛勤劳动，离不开各部门和专家学者的鼎力支持。广陵方志人几度寒暑、搜残补缺、殚精竭虑，默默耕耘，梳理成志，为全区各级领导把握全局、施政决策提供详实资料，为广大群众特别是青少年进行爱国主义教育、社会主义教育、革命传统教育和区情教育提供生动教材，为海内外人士了解区情提供门类齐全的乡邦文献。借此，诚挚感谢所有为修纂区志做出贡献的人们！

广陵的历史灿烂荣耀，广陵的未来充满希望！天道酬勤，事在人为。我坚信，彪炳今后广陵史册的，将是“强富美高”新广陵，更加熠熠生辉的宏篇巨制！

扬州市人民政府副市长
中共扬州市广陵区委书记 张长金

序　二

《扬州市广陵区志》历时五年，艰辛修纂，终于告竣，即将付梓，这是全区人民政治文化生活中的一件大事。新区志是一部洋溢广陵特色、充满时代气息的志书，详实记载了1989年至2011年间广陵区自然、政治、经济、文化和社会的历史与现状。它是一部纵述历史，横陈百业，前有所稽，后有所鉴的文献，为更好地认识、研究、开发、建设广陵区这块沃土，提供了极其丰富宝贵的资料。

广陵大邑，闻名遐尔，历史悠远，文脉绵长，地灵人杰，誉满四方。从古至今都是最为适宜人居和事业发展之地。扬州明清时代的历史遗存大多在广陵境内。辖区内四个历史文化街区，已有东关街打造成中国历史文化名街、南河下被评为中国历史文化街区。广陵新城和各开发园区经过多年的着力建设，蔚然现代风貌。建区33年来，广陵已走上以城带乡、城乡一体化发展之路。广陵的地理空间由纯城区16平方千米，扩大到341平方千米。头桥、李典、沙头、湾头等特色小镇争芳斗艳。

广陵自古文化昌明，地方志编修素有良好传统。东汉《广陵郡图经》开广陵名志之滥觞。南宋以来《绍熙广陵志》《嘉泰广陵志》等几十部名志流传于世，对研究扬州历史进程乃至对中国地方志文化发展有着不可磨灭的贡献。现代新方志编修在广陵区也取得丰硕成果。上世纪八十年代编修的第一轮《广陵区志》获全国优秀志书奖，并与兄弟城区勇于实践，合力创新开拓"城市区志"新志种。本届修志上限为1989年，下限至2011年，部分篇章内容延伸至2017年，文献资料纵贯广陵区33年发展历程，是一项浩繁的文化工程。区委、区政府十分重视地方志工作，全面落实地方志工作所需求的"八个到位"。全区各个部门(单位)积极予以支持配合，区方志办同仁勤其事、毕其功、扬其长、添其彩。仅用五年时间跨越周边地区近十年的修志途程，搜集整理2000余万字资料，修撰266万字新区志志稿，精益求精做好总纂印刷和出版发行工作。几年来，区方志办同志们围绕大局服务中心，着力拓宽视野，建立图照数据库和在外乡贤名录，测绘编制建区以来首套《广陵区地图》，编纂《广陵风物志》丛书等。这些成果将广陵区在新的历史时期建设有中国特色社会主义的恢弘成就和宝贵经验存于史册，必将传于后世。

广陵地方志工作者多方搜集资料、辛勤笔耕，无私奉献，为广陵区、为全社会、为中华民族文化宝库增添新的砖瓦。在修志过程中，区委、区人大、区政府、区政协历届领导给予高度重视和关心支持，各方人士给予热情支持，专家学者也不吝赐教。为此，我代表区政府和区地方志年鉴编纂委员会谨向为地方志工作付出辛劳的人们，表示衷心感谢和崇高敬意！

在全区人民加快改革开放步伐，经济和社会建设大展宏图之际，新区志的出版，为宣传推介广陵，展示了最为完整、最为全面、最为系统的文献著述。"治天下者以史为鉴，治郡国者以志为鉴"。期望充分发挥地方志"存史、资政、教化"功能，使广大人民群众和在外乡贤更深切地知我广陵、爱我广陵，为广陵区创造新的辉煌！

扬州市广陵区人民政府区长
扬州市广陵区地方志年鉴编纂委员会主任　徐长金

序 三

广陵，古城扬州的先名，历史上的扬州。广陵汇集了扬州最为厚重的底蕴，所以从某种意义说，扬州的繁华就是广陵的繁华，广陵的废兴亦即扬地之废兴。

在中国古代城市兴衰史上，地处关中的西安及中原的洛阳、开封等古都，均曾盛极一时，但像扬州这样在国家财赋聚敛方面居于显要地位而长盛不衰或衰而复振的，实属凤毛麟角。现代著名国学大师钱穆曾言："扬州一地之盛衰，可以觇国运。"钱先生所言之扬州，当非指《禹贡》"九州"之一、广义的扬州，而是刘禹锡"扬子江头烟景迷"、姚合"园林多是宅，车马少于船"，水郭山林、生态葱茏的扬州；是张若虚"春江花月夜"、杜牧"二十四桥明月夜"、郑燮"千家养女先教曲，十里栽花算种田"，赏月佳处、风雅逸趣的扬州；是杜牧"谁知竹西路，歌吹是扬州"、王建"夜市千灯照碧云，高楼红袖客纷纷"，夜色冶游、歌舞升平的扬州；是李白"烟花三月下扬州"、文人骚客"腰缠十万贯，骑鹤下扬州"，人居福地、天堂归途的扬州；是杜牧"十年一觉扬州梦"、黄慎"人生只爱扬州住"、张祜"人生只合扬州死"，生死相许、梦断老家的扬州；也是隋炀帝时一度列为陪都，汉、唐、清等朝代城市持续繁华，号称"淮左名都""竹西佳处"的扬州。两千五百多年来，作为四方舟车之会、海外交通纽带、江淮间战略要地，扬州不仅是英雄义士乡邦、诗意栖居家园，而且是文化艺术高地、国家财赋重区。依托水运之便、漕盐之利，扬城自汉代以来，即已成为东南地区的经济中心之一。有唐一代，此地万商云集，百业兴旺，"广陵大镇，富甲天下"，是当时全国最为繁华的工商业城市，享有"天下之盛，广陵为首"的美誉；有清一代，这里盐业繁忙，盐税丰厚，乾隆时，两淮赋税每年占全国商税收入的一半，"损益盈虚，动关国计"。枕江襟海、南北要冲的独特区位，五方杂处、开放兼容的友好开明，源远流长、古韵悠悠的文化传承，给扬州带来了源源不竭的活力与持续经年的繁华，在让人梦萦魂牵、使人只欲筑梦广陵的同时，也使该地虽几经毁废，但每次毁损之后，又总能如凤凰涅槃般重生，再度焕发勃勃生机，此当其被钱穆先生视作可觇国运盛衰之枢的原因。

斗转星移，岁月不居，广陵散琴曲之千古绝唱，扬州学派之儒雅亲文，里闾耆德之温柔敦厚，仁人义士之大义凛然，连同那大江的雄奇、长淮的清悠、运河的喧闹、北湖的烟波，数不尽的风流悲歌，道不完的繁华浮沉，看不够的古城风韵，都已化作一道道特殊符号，成为国人民族自豪感的集体记忆，成为广陵人开拓进取的不竭动力。改革开放以来，古老的广陵在艰难中起步、在奋斗中前进、在创新中开拓，坚持发展与调整并重、建设与开拓并举、开发与经营并行，实现改革与改制协调推进、二产与三产良性互动，焕发出勃勃生机；勤劳勇敢智慧的广陵人励精图治，走出街巷，跳出老城，跨越广陵，怀着加快实现"两个率先"先导区的壮志，实施"三年倍增、五年再造一个新广陵"战略，立足古城，东进南下，逐步实现开放开发五大载体强势突进、先进制造业与现代服务业全面提速、外向型经济与民营经济齐头并进、各项社会事业蓬勃发展的宏伟目标。2016 年，广陵区入选中国市辖区综合实力百强（全国百强区）第 62 位、中国市辖区投资潜力百强第 79 位、中国新型城镇化质量百强区第 46 位、中国中小城市创新创业百强区第 88 位。旧邦新命，古老的广陵实现了新生。当前，广陵人民正紧扣"发展经济、管理城市、服务百姓"三大职能，围绕推进"两城三区战略"，全力推动广陵经济社会各项事业又好又快发展，正在继续创造历史辉煌。

而历时5年完成、书写这段发展历史的《广陵区志（1989～2011）》，充分把握广陵区的特点和优势，运用系统完整的史料，忠实地记录了广陵区这块神奇土地上23年间的沧桑巨变，反映出广陵人民在改革开放精神指引下，奋进不息，建设经济强、百姓富、环境美、社会文明程度高、综合实力优的现代化核心城区的光辉历程。全志涵盖面较广，既全面展示了广陵23年间乃至建区33年来经济、社会、文化等各领域的新成就、新事物、新风尚、新变化，浓墨重彩地记述了广陵在古城保护、改造与发展方面"护其貌、美其颜、扬其韵、铸其魂"的做法和所取得的成就，以及广陵人艰苦创业、开拓进取、无私奉献的精神，还注重强化区情特色、彰显广陵个性，全景式反映广陵历史、广陵亮点、广陵力量、广陵辉煌和广陵发展，展示其独特的历史人文。为记好区情特色，该志升格设置有《运河　淮河　长江》《古城保护》《东关历史文化街区》《园林》《历史建筑》《扬州三把刀》《文博　非遗》《名镇湾头》等特色篇章，占全志篇幅的22%。此外，广陵区方志办还发扬先贤修撰《广陵郡图经》的优秀传统，担纲绘制了广陵区地图，主城图、旅游图形成序列；在地图中细化内容，增加社区和村的信息，让铁公水港桥闸站、庙观堂祠宅景园、娱购医教场馆院等城市地标在地图上留下印迹；广陵主城图突出古城街巷和历史遗存，注重反映古城风貌，标注运河遗产点、旅游景点、商贸网点以及公共交通站点信息，使其更具实用性；在志首彩页中，重点反映文化古城与现代都市融合发展的主题，突出古城保护与利用、改造与复兴的"扬州智慧"。全志38篇184章736节，内容丰富，资料翔实，特色鲜明。它的问世，不仅对推动广陵从运河时代进入运河与长江共有时代、实现跨越式发展有重要的参考借鉴作用，也有重要的存史价值。

当今世界，国与国之间的竞争日趋激烈，"你方唱罢我登场"。除了经济实力、科技实力、国防实力外，文化软实力越来越成为综合国力的重要因素，越来越成为民族凝聚力和创造力的重要源泉。习近平总书记指出："坚定中国特色社会主义道路自信、理论自信、制度自信，说到底是要坚定文化自信。文化自信是更基本、更深沉、更持久的力量。"为了不断提升文化软实力，增强文化自信，中共中央、国务院作出了一系列重大决策部署，大力推动文化改革发展、建设社会主义文化强国。作为中华传统文化的精华，延绵数千年的方志文化独树一帜、价值卓著，承载着传承中华文明、弘扬历史传统的重任，是中华民族延续文脉的重要载体，是中华文明屹立于世界文化之林的深厚底蕴和坚实根基。当前，国家发展正处于大变革时代，改革已经进入深水区，步入新常态，站在新起点。今天的发展，需要向历史学习，从历史中汲取营养，吸收智慧。作为资政辅治之参考、堪存堪鉴之记述的地方志，理应以更加清晰的定位、更加积极的姿态、更加坚定的信心，在文化强国建设中发挥更加突出的作用。

盛世修志，志载盛世。1989－2011年是广陵区经济社会快速发展的重要时期，而记录这段历史的《广陵区志（1989～2011）》，其所记述的丰富详实的区情资料，不仅对发展广陵区域经济、满足社会需要、对外交流联谊有重要作用，而且编纂人员在框架设计、记述内容等方面所作的富有创意的探索，对方志界深入开展这些理论问题的研究也大有裨益。阅读志书，可以鉴照一地之现实和走向。值此深入贯彻落实中央关于深化文化发展改革、推动社会主义文化大发展大繁荣精神之际，《广陵区志（1989～2011）》的出版面世，必将为进一步推动地方经济社会发展及古代文化与现代文明交相辉映的名城建设，提供源源不断的历史智慧，发挥其应有的作用

中国地方志指导小组办公室副主任
中国地方志学会副会长　邱新立
研究员

凡　例

一、本志以马克思列宁主义、毛泽东思想、邓小平理论、“三个代表”重要思想、科学发展观、习近平新时代中国特色社会主义思想为指导，运用辩证唯物主义和历史唯物主义的立场、观点和方法，全面、系统、客观地记述广陵区基本情况与环境、经济、政治、文化和社会的历史与现状，力求思想性、科学性和资料性的统一，突出时代特征和地方特点。

二、本志为首轮《广陵区志》（1993 年出版，以下简称前志）的续志。记述时限为 1989 ~ 2011 年。为全面、客观地反映事物发展的连续性和完整性，部分内容视情适当上溯或下延。前志缺载事物记自发端。卷首彩页、大事记及区副县（处）职领导干部任职下延至 2017 年 1 月。志中所称“现”“今”系指 2011 年。

三、本志为独立成志的城市区志。以 2011 年年底广陵区行政区域为记述范围。辖区内影响较大的事物（含部分驻区单位）皆予记述。对非区属事物与区属事物的记述在层次、角度及详略上有所区别，力避重复和交叉。本志所用“辖区”指历次区划调整后广陵区管辖范围；“市区”为扬州市建成区；“老城区”指明清旧城加新城范围；“旧城”指小秦淮河与二道河之间范围；“新城”指小秦淮河与古运河之间范围。

四、本志由志首、志体和志尾三部分组成。志首包括图照、序文、凡例、目录、总述、大事记，志体包括 38 篇分志，志尾包括附录、索引、编后记和修纂活动图片。本志采用述、记、志、传、图、表、录等体裁。以志体为主，对部分有广陵特色的重要资料设专记记述。大事记以编年体为主，辅以纪事本末体。分志设篇、章、节、目四个基本层次，必要时设子目。篇首设无题概述、章下设无题序，但不求一律。随文图（照）表的阿拉伯数字编号，第一个数字为篇序数，第二个数字为章序数，第三个数字为所在章中的序数。

五、本志人物篇由人物传略和人物表录组成。人物传略按“生不立传”原则，收录 1989 ~ 2011 年间去世的本籍（含在外地活动的本籍人）人物，兼收在本地活动过的客籍人物，并收录部分前志应入传而未入传的人物。收录标准依据其有无突出事迹和重大影响。排列先后以传主卒年为序。人物表录辑录革命烈士、先进模范人物、高级专业技术职务人员、能工巧匠、在外乡贤等。

六、本志附录内容为重要文件、家训辑存、碑记遗存及主要参考书目。

七、本志用历史纪年和公元纪年。朝代纪年、民国纪年括注公元纪年。民国纪年，在同一段落中首次使用时，括注公元纪年，其后不加括注。中华人民共和国成立后，采用公元纪年。志书中所使用的年代，凡未注明世纪的，均指 20 世纪。本志中“解放”指民国 38 年（1949 年）1 月 25 日扬州城解放，“建区”指 1983 年 3 月 1 日建立广陵区。

八、本志所记组织机构、法律法规、文件、会议等专有名称在各篇首次使用时用全称，并括注简称，之后一般用简称。中国共产党扬州市委员会、扬州市人民政府分别简称为市委、市政府，中国共产党扬州市广陵区委员会、扬州市广陵区人民政府分别简称为区委、区政府。对于省属、市属单位名称的记述一般省去“江苏”“扬州”字样。

九、本志除引文外，均以第三人称撰写，用语体文简化汉字规范记述。对专用名词、特定事物和具有时代特征、地方特点的词汇作准确、简明、规范的注释。记载地名、机构名称等，均以当时的通称为准，部分古旧地名加注今名。

十、本志所采用的统计数据，凡列入统计部门统计的，以统计部门公布的为准。未列入统计部门统计的，采用业务主管部门提供的统计数据。有些统计的市区数字，为广陵区和原维扬区共有，难以分拆的，在注释中说明（含原维扬区数字）。2011 年年底区划调整划入广陵区的 5 个镇，2010 年年底前统计数字单独使用。

十一、本志使用数字和标点符号，均按照《出版物上数字用法的规定》和《标点符号用法》等国家标准。原则上使用法定计量单位，个别按约定俗成，仍沿用原市制或旧度量衡单位。

十二、本志所用资料大部分由各有关部门和单位提供，部分资料为编者查阅档案、书刊辑录所得，部分来源于网络、调研和口碑资料，均经核实后载入。

总 目 录

总　述…………………………………………………… 1
大事记…………………………………………………… 1
第一篇　政区　环境……………………………………… 27
　第一章　建置区划……………………………………… 29
　第二章　自然环境……………………………………… 34
第二篇　运河　淮河　长江……………………………… 49
　第一章　运　河………………………………………… 51
　第二章　淮　河………………………………………… 61
　第三章　长　江………………………………………… 71
第三篇　环境保护………………………………………… 79
　第一章　环境质量……………………………………… 81
　第二章　环境治理……………………………………… 86
　第三章　环境管理……………………………………… 95
　第四章　生态建设……………………………………… 103
第四篇　国土资源管理…………………………………… 119
　第一章　土地规划与保护……………………………… 121
　第二章　地籍管理……………………………………… 126
　第三章　建设用地管理………………………………… 129
　第四章　土地市场……………………………………… 135
　第五章　土地执法监察………………………………… 138
第五篇　人　口…………………………………………… 143
　第一章　人口状况……………………………………… 145
　第二章　人口结构……………………………………… 150
　第三章　人口控制……………………………………… 159
第六篇　城乡建设与管理………………………………… 175
　第一章　城市规划……………………………………… 177
　第二章　城区建设……………………………………… 180
　第三章　公用事业……………………………………… 205
　第四章　镇村建设……………………………………… 211
　第五章　城市管理……………………………………… 215
第七篇　交通　邮电……………………………………… 227
　第一章　交　通………………………………………… 229
　第二章　邮　政………………………………………… 240
　第三章　电　信………………………………………… 245
第八篇　古城保护………………………………………… 251
　第一章　古城变迁与保护规划………………………… 253
　第二章　城　河………………………………………… 259
　第三章　城垣遗址……………………………………… 264
　第四章　历史文化街区（地段）……………………… 267
　第五章　古街巷………………………………………… 280
第九篇　东关历史文化街区……………………………… 293
　第一章　规划建设……………………………………… 295
　第二章　文化遗存……………………………………… 298
　第三章　商　肆………………………………………… 304
第十篇　园　林…………………………………………… 319
　第一章　古典园林……………………………………… 321
　第二章　寄啸山庄……………………………………… 328
　第三章　个　园………………………………………… 332

第四章　小盘谷…… 338
第五章　市民公园…… 341
第六章　当代宅园…… 345
第十一篇　历史建筑…… 355
第一章　名人故居…… 357
第二章　衙署　会馆　书院…… 373
第三章　庙观堂祠…… 380
第十二篇　开放　开发…… 391
第一章　招商引资…… 393
第二章　广陵新城…… 410
第三章　开发园区…… 422
第四章　对外经贸…… 434
第十三篇　农　业…… 439
第一章　农业经济综述…… 441
第二章　沿江现代农业（蔬菜）产业园　…… 452
第三章　种植业…… 455
第四章　畜牧业…… 467
第五章　水产业…… 472
第六章　林　业…… 477
第七章　农业机械…… 483
第八章　农业水利…… 486
第十四篇　工　业…… 489
第一章　工业经济综述…… 491
第二章　工业门类…… 510
第三章　工业品牌…… 526
第十五篇　建筑业　房地产业…… 533
第一章　建筑业…… 535
第二章　房地产业…… 544
第三章　住房制度改革…… 565
第十六篇　商贸服务业　旅游业　…… 571
第一章　商业经济综述…… 573
第二章　商品经营…… 581
第三章　商贸业态…… 585
第四章　生活服务业…… 593
第五章　名企名店…… 598
第六章　旅游业…… 601
第十七篇　扬州三把刀…… 605
第一章　餐饮业…… 607
第二章　沐浴业…… 628
第三章　美发美容业…… 635
第十八篇　财政　税务…… 643
第一章　财　政…… 645
第二章　国家税务…… 669
第三章　地方税务…… 675
第十九篇　经济综合管理…… 687
第一章　发展规划与实绩…… 689
第二章　统　计　…… 701
第三章　物价管理…… 706
第四章　工商行政管理…… 723
第五章　质量技术监督…… 732
第六章　审　计　…… 734
第七章　食品药品监督…… 743
第八章　安全生产监督…… 748
第二十篇　中共地方组织…… 755
第一章　党员代表大会…… 758
第二章　组织机构…… 764
第三章　重要会议…… 770
第四章　主要工作…… 777
第五章　纪律检查…… 784
第六章　组织建设…… 793
第七章　宣传教育…… 805
第八章　统一战线…… 810
第九章　信　访…… 812
第十章　党史工作…… 816
第十一章　党校工作…… 820
第二十一篇　人民代表大会…… 823

第一章　人大代表…………………………825
第二章　人民代表大会会议……………………832
第三章　常委会…………………………837
第四章　依法履职…………………………843
第二十二篇　人民政府……………………859
第一章　组织机构…………………………861
第二章　重要会议…………………………866
第三章　施政要览…………………………875
第四章　行政监察…………………………886
第五章　外事、侨务与港澳台事务　…………888
第六章　电子政务与信息工作………………891
第二十三篇　人民政协……………………895
第一章　政协委员…………………………897
第二章　全体会议…………………………905
第三章　常委会…………………………909
第四章　履行职能…………………………914
第二十四篇　民主党派工商联群团…………923
第一章　民主党派　…………………………925
第二章　工商业联合会……………………928
第三章　群众团体…………………………930
第二十五篇　法治　武装　…………………949
第一章　社会治安综合治理………………951
第二章　公　安　…………………………956
第三章　检　察…………………………970
第四章　审　判…………………………981
第五章　司法行政…………………………995
第六章　武　装…………………………1008
第二十六篇　精神文明建设………………1019
第一章　组织　管理………………………1021
第二章　思想道德建设……………………1024
第三章　文明社区(村)、文明家庭建设　……1028
第四章　全国文明城市创建………………1032
第五章　文明新风…………………………1037
第二十七篇　科　技…………………………1041
第一章　机构队伍　…………………………1043
第二章　科技研发与推广……………………1045
第三章　高新技术产业………………………1052
第四章　创新创业服务………………………1066
第五章　科技管理…………………………1068
第二十八篇　教　育…………………………1073
第一章　基础教育…………………………1075
第二章　普通高中与中等职业教育…………1087
第三章　教师队伍…………………………1089
第四章　教育研究…………………………1094
第五章　教育管理…………………………1100
第六章　驻区学校…………………………1108
第二十九篇　文　化…………………………1113
第一章　文　学…………………………1115
第二章　扬　剧…………………………1117
第三章　曲　艺…………………………1121
第四章　书画　摄影　音乐　舞蹈…………1128
第五章　群众文化…………………………1129
第六章　档　案…………………………1137
第七章　地方志…………………………1141
第八章　文化场馆及市场管理………………1144
第三十篇　文博　非遗……………………1149
第一章　文　物…………………………1151
第二章　文化博览城………………………1162
第三章　非物质文化遗产……………………1168
第三十一篇　卫　生…………………………1179
第一章　机构队伍…………………………1181
第二章　医　疗　…………………………1191
第三章　预防保健…………………………1194
第四章　卫生监督…………………………1197
第五章　爱国卫生运动………………………1200
第六章　卫生管理…………………………1203

第三十二篇　体　育……………………………… 1207
第一章　民间体育………………………… 1209
第二章　群众体育………………………… 1213
第三章　学校体育………………………… 1218
第四章　竞技体育………………………… 1222
第三十三篇　人力资源和社会保障…………… 1237
第一章　人　事…………………………… 1239
第二章　劳　动…………………………… 1252
第三章　社会保障………………………… 1264
第三十四篇　民　政…………………………… 1269
第一章　基层自治组织…………………… 1271
第二章　优抚　安置……………………… 1279
第三章　社会救助………………………… 1285
第四章　社会福利………………………… 1291
第五章　社会事务管理…………………… 1295
第六章　双拥共建………………………… 1306
第三十五篇　社会生活………………………… 1311
第一章　人民生活………………………… 1313
第二章　老年人生活……………………… 1321
第三章　社会习俗………………………… 1328
第四章　民　族…………………………… 1347
第五章　宗　教…………………………… 1348
第六章　方　言…………………………… 1353
第三十六篇　街道 乡镇 ……………………… 1363
第一章　曲江街道………………………… 1365
第二章　文峰街道………………………… 1370
第三章　东关街道………………………… 1375
第四章　汶河街道………………………… 1382
第五章　头桥镇…………………………… 1387
第六章　李典镇…………………………… 1393
第七章　沙头镇…………………………… 1397
第八章　杭集镇…………………………… 1401
第九章　泰安镇…………………………… 1407
第十章　汤汪乡…………………………… 1411
第三十七篇　名镇湾头………………………… 1417
第一章　镇情要览………………………… 1420
第二章　扼江控淮………………………… 1430
第三章　历史文化印迹…………………… 1440
第四章　小镇玉缘………………………… 1451
第三十八篇　人　物…………………………… 1467
第一章　人物传略………………………… 1469
第二章　人物表录………………………… 1493
附　录…………………………………………… 1533
索　引…………………………………………… 1545
编后记…………………………………………… 1595
主要参考书目…………………………………… 1598

Main Content

Summary ······ 1
Chronicle of Events ······ 1
Volume One environmental administrative region ······ 27
Chapter 1 construction division ······ 29
Chapter 2 natural environment ······ 34
Volume Two Canal Huaihe River Yangtze River ······ 49
Chapter 1 Yangtze River ······ 51
Chapter 2 Huaihe River ······ 61
Chapter 3 Yangtze River ······ 71
Volume Three environmental protection ······ 79
Chapter 1 environmental quality ······ 81
Chapter 2 environmental governance ······ 86
Chapter 3 environmental management ······ 95
Chapter 4 chapter ecological construction ······ 103
Volume Four land and resources management ······ 119
Chapter 1 land planning and the protection of ······ 121
Chapter 2 cadastral management ······ 126
Chapter 3 construction land management ······ 129
Chapter 4 land market ······ 135
Chapter 5 land law enforcement ······ 138
Volume Four people mouth ······ 143
Chapter 1 population of ······ 145
Chapter 2 population structure ······ 150
Chapter 3 population control ······ 159
Volume Six urban and rural construction and management ······ 175
Chapter 1 city planning ······ 177
Chapter 2 city building ······ 180
Chapter 3 utilities ······ 205
Chapter 4 village building ······ 211
Chapter 5 city management ······ 215
Volume Seven traffic post ······ 227
Chapter 1 to through ······ 229
Chapter 2 post politics ······ 240

Chapter 3 electric letter ······ 245
Volume Seven ancient city protection ······ 251
Chapter 1 city change and protection planning ······ 253
Chapter 2 city river ······ 259
Chapter 3 Park ······ 264
Chapter 4 historical and cultural blocks (section 267)
Chapter 5 ancient streets ······ 280
Volume Nine Dongguan historic cultural block ······ 293
Chapter 1 the planning and construction of ······ 295
Chapter 2 cultural relics ······ 298
Chapter 3 taking 304.
Volume Ten Forest Park ······ 319
Chapter 1 classical garden ······ 321
Chapter 2 Jixiao mountain villa ······ 328
Chapter 3 Park ······ 332
Chapter 4 Xiaopangu ······ 338
Chapter 5 public park ······ 341
Chapter 6 contemporary garden ······ 345
Volume Eleven historical buildings ······ 355
Chapter 1 celebrities ······ 357
Chapter 1 hall Yashu college ······ 373
Chapter 1 Temple Temple Hall ······ 380
Volume Twelve open development ······ 391
Chapter 1 investment ······ 393
Chapter 1 Guangling Metro ······ 410
Chapter 1 Development Zone ······ 422
Chapter 1 foreign trade ······ 434
Volume Thirteen agricultural industry ······ 439
Chapter 1 agricultural economic review ······ 441
Chapter 2 along the modern agricultural (vegetable) Industrial Park ······ 452
Chapter 3 planting ······ 455
Chapter 4 animal husbandry ······ 467
Chapter 5 aquaculture ······ 472
Chapter 6 forestry ······ 477
Chapter 7 agricultural machinery ······ 483
Chapter 8 agricultural water conservancy ······ 486
Volume Fourteen industry industry ······ 489
Chapter 1 industrial economy review ······ 491
Chapter 1 industrial categories ······ 510
Chapter 1 industrial brand ······ 526
Volume fifteen construction industry real estate ······ 533
Chapter 1 construction ······ 535

Chapter 2 real estate …… 544
Chapter 3 housing system reform …… 565
Volume Sixteen business services tourism …… 571
Chapter 1 commercial economic review …… 573
Chapter 2 commodity management …… 581
Chapter 3 business format …… 585
Chapter 4 life service industry …… 593
Chapter 5 enterprises 598 shops
Chapter 6 tourism …… 601
Volume Seventeen Yangzhou three knives …… 605
Chapter 1 catering industry …… 607
Chapter 2 bath industry …… 628
Chapter 3 hairdressing industry …… 635
Volume Eighteen financial tax …… 643
Chapter 1 fiscal …… 645
Chapter 2 state tax …… 669
Chapter 3 local tax …… 675
Volume nineteen comprehensive economic management …… 687
Chapter 1 development planning and performance …… 689
Chapter 2 system …… 701
Chapter 3 price management …… 706
Chapter 4 Business Administration …… 723
Chapter 5 quality and technical supervision …… 732
Chapter 6 audit …… 734
Chapter 7 food and drug …… 743
Chapter 8 production safety supervision …… 748
Volume Twenty local party organization …… 755
Chapter 1 party congress …… 758
Chapter 2 organization …… 764
Chapter 3 important meeting …… 770
Chapter 4 mainly work …… 777
Chapter 5 discipline inspection …… 784
Chapter 6 organization …… 793
Chapter 7 education …… 805
Chapter 8 united front …… 810
Chapter 9 letter visit …… 812
Chapter 10 history …… 816
Chapter 11 820 Party school work
Volume Twenty-one people's Congress of the …… 823
Chapter 1 825 National People's Congress
Chapter 2 people's Congress …… 832
Chapter 3 he Standing Committee of the …… 837

Chapter 4 perform their duties according to law ········· 843
Volume Twenty-two people's Government ········· 859
Chapter 1 organization ········· 861
Chapter 2 important meeting ········· 866
Chapter 3 policy of ········· 875
Chapter 4 administrative supervision ········· 886
Chapter 5 foreign affairs, overseas Chinese and Hong Kong and Macao Affairs ········· 888
Chapter 6 e-government and information ········· 891
Volume Twenty-three CPPCC ········· 895
Chapter 1 897 CPPCC members
Chapter 2 plenary meeting ········· 905
Chapter 3 the Standing Committee of the ········· 909
Chapter 4 functions ········· 914
Volume Twenty-four Democratic Federation group ········· 923
Chapter 1 democratic parties ········· 925
Chapter 2 Federation of industry and Commerce ········· 928
Chapter 3 mass organizations ········· 930
Volume Twenty-five armed law ········· 949
Chapter 1 comprehensive management of social security ········· 951
Chapter 2 public security ········· 956
Chapter 3 seized 970 Chahar
Chapter 4 trial sentenced to ········· 981
Chapter 5 judicial administration ········· 995
Chapter 6 Wu ········· 1008
Volume Twenty-six spiritual civilization construction ········· 1019
Chapter 1 management organization ········· 1021
Chapter 2 ideological and moral construction of ········· 1024
Chapter 3 civilized community (Village), construction of civilized families ········· 1028
Chapter 4 national civilized city ········· 1032
Chapter 5 civilization new wind ········· 1037
Volume Twenty-seven ········· 1041.
Chapter 1 institutional team ········· 1043
Chapter 2 technology development and promotion
Chapter 3 high-tech industry ········· 1052
Chapter 4 innovative service ········· 1066
Chapter 5 1068 science and technology management
Volume Twenty-eighth ········· 1073
Chapter 1 basic education ········· 1075
Chapter 2 ordinary high school and secondary occupation education ········· 1087
Chapter 3 teachers ········· 1089
Chapter 4 education research ········· 1094
Chapter 5 education management ········· 1100

Chapter 6 in school district ······ 1108
Volume twenty-ninth ······ 1113
Chapter 1 the ······ 1115
Chapter 2 Yang series ······ 1117
Chapter 3 opera ······ 1121
Chapter 4 painting photography dance music ······ 1128
Chapter 5 mass culture ······ 1129
Chapter 6 file case ······ 1137
Chapter 7 Local Records Work ······ 1141
Chapter 8 cultural venues and market management ······ 1144
Volume thirty cultural heritage ······ 1149
Chapter 1 the ······ 1151
Chapter 2 Culture Expo City ······ 1162
Chapter 8 intangible cultural heritage ······ 1168
Volume Thirty-one Wei ······ 1179
Chapter 1 organization and team ······ 1181
Chapter 2 medical ······ 1191
Chapter 3 preventive care ······ 1194
Chapter 4 health supervision ······ 1197
Chapter 5 Patriotic Health Campaign ······ 1200
Chapter 6 health management ······ 1203
Volume Thirty-two body Yu ······ 1207
Chapter 1 folk sports ······ 1209
Chapter 2 mass sports ······ 1213
Chapter 3 school sports ······ 1218
Chapter 4 sports ······ 1222
Volume Thirty-three resources and social security ······ 1237
Chapter 1 about 1239 people
Chapter 2 work ······ 1252
Chapter 3 social security ······ 1264
Volume Thirty-four people Zheng ······ 1269
Chapter 1 grassroots self-governing organizations ······ 1271
Chapter 2 special care and placement of ······ 1279
Chapter 3 social assistance ······ 1285
Chapter 4 social welfare ······ 1291
Chapter 5 ocial affairs management ······ 1295
Chapter 6 will build ······ 1306
Volume Thirty-five social life ······ 1311
Chapter 1 people's life ······ 1313
Chapter 2 elderly life ······ 1321
Chapter 3 social customs ······ 1328
Chapter 4 family of 1347 people

Chapter 5 teach 1348 cases
Chapter 5 party words ······ 1353
Volume Thirty-six 1363 township streets
Chapter 1 Qujiang Street ······ 1365
Chapter 2 Wenfeng Street ······ 1370
Chapter 3 Dongguan Street ······ 1375
Chapter 4 Wen River Street ······ 1382
Chapter 5 Touqiao town ······ 1387
Chapter 6 Li Dian town ······ 1393
Chapter 7 Shatou Town ······ 1397
Chapter 8 Hangzhou town ······ 1401
Chapter 9 Tai'an town ······ 1407
Chapter 10 Tang Wang Xiang ······ 1411
Volume thirty-seven Town Bay head ······ 1417
Chapter 1 the 1420 town.
Chapter 2 Yi Jiang Huai 1430.
Chapter 3 historical cultural imprinting ······ 1440
Chapter 4 town jade edge ······ 1451
Volume Thirty-eight people ······ 1467
Chapter 1 biographical ······ 1469
Chapter 2 characters recorded ······ 1493
Appendix ······ 1533
Postscript ······ 1545

目 录

总 述…………………………………………………………………………………………… 1
大事记…………………………………………………………………………………………… 1

第一篇 政区 环境

第一章 建置 区划………………………………… 29
第一节 建 置………………………………… 29
第二节 区 划………………………………… 30
第二章 自然环境………………………………… 34
第一节 地质 地貌 ……………………………… 34
第二节 土 壤………………………………… 34
第三节 水 系 ……………………………… 37
第四节 气 候………………………………… 41
第五节 物 候………………………………… 42
第六节 动植物………………………………… 44
第七节 自然灾害………………………………… 46

第二篇 运河 淮河 长江

第一章 运 河………………………………… 51
第一节 邗沟故道………………………………… 51
第二节 古运河………………………………… 54
第三节 京杭大运河………………………………… 59
第二章 淮 河………………………………… 61
第一节 七河八岛………………………………… 62
第二节 归江十坝………………………………… 65
第三节 生态廊道………………………………… 67
第四节 南水北调………………………………… 69
第三章 长 江………………………………… 71
第一节 岸 线………………………………… 71
第二节 北 洲………………………………… 73
第三节 圩 村………………………………… 75

第三篇 环境保护

第一章 环境质量…… 81

第一节 大气环境…… 81

第二节 水环境…… 82

第三节 声环境…… 85

第四节 土壤环境…… 86

第二章 环境治理…… 86

第一节 大气环境治理…… 86

第二节 水环境治理…… 88

第三节 噪声治理…… 91

第四节 固体废弃物处置…… 93

第五节 农业面源污染治理…… 93

第三章 环境管理…… 95

第一节 环境保护制度…… 95

第二节 排污整治…… 97

第三节 环境监测…… 100

第四节 执法处理…… 101

第四章 生态建设…… 103

第一节 绿 化…… 104

第二节 生态区建设…… 114

第四篇 国土资源管理

第一章 土地规划与保护…… 121

第一节 总体规划…… 121

第二节 专项规划…… 123

第三节 耕地保护…… 124

第二章 地籍管理…… 126

第一节 土地调查…… 126

第二节 土地登记发证…… 128

第三章 建设用地管理…… 129

第一节 用地规模…… 129

第二节 用地计划与审批…… 132

第三节 征地补偿及安置…… 134

第四章 土地市场…… 135

第一节 国有土地出让…… 135

第二节 土地定级评估…… 136

第三节 土地储备…… 138

第五章 土地执法监察…… 138

第一节 执法检查…… 138

第二节 案件查处…… 140

第五篇 人 口

第一章 人口状况……………………………… 145
第一节 人口总量……………………………… 145
第二节 人口密度与分布……………………… 147
第三节 人口变动……………………………… 148
第二章 人口结构……………………………… 150
第一节 性 别……………………………… 150
第二节 年 龄……………………………… 151
第三节 民 族……………………………… 153
第四节 职 业……………………………… 153
第五节 教 育……………………………… 157
第六节 家 庭……………………………… 157
第三章 人口控制……………………………… 159
第一节 机构队伍……………………………… 159
第二节 生育政策……………………………… 160
第三节 宣传教育……………………………… 161
第四节 管理与服务…………………………… 163

第六篇 城乡建设与管理

第一章 城市规划……………………………… 177
第一节 1982 ～ 2000 年总体规划 ………… 177
第二节 2002 ～ 2020 年总体规划 ………… 178
第三节 2011 ～ 2020 年总体规划 ………… 179
第二章 城区建设……………………………… 180
第一节 道 路……………………………… 180
第二节 桥 梁……………………………… 187
第三节 河 道……………………………… 194
第四节 城区防洪……………………………… 196
第五节 老小区整治…………………………… 202
第三章 公用事业……………………………… 205
第一节 供 电……………………………… 205
第二节 供 水……………………………… 206
第三节 供 气……………………………… 209
第四节 城市公交……………………………… 210
第四章 镇村建设……………………………… 211
第一节 集镇建设……………………………… 211
第二节 村庄建设……………………………… 213
第五章 城市管理……………………………… 215
第一节 管理体制与队伍……………………… 216
第二节 综合管理……………………………… 218
第三节 环境卫生管理………………………… 223

第七篇 交通 邮电

第一章 交 通…………………………… 229

第一节 基础设施…………………………… 229

第二节 运 输…………………………… 236

第二章 邮 政…………………………… 240

第一节 设 施…………………………… 240

第二节 邮 路…………………………… 241

第三节 邮 务…………………………… 242

第三章 电 信…………………………… 245

第一节 电报 传真…………………………… 245

第二节 固定电话…………………………… 245

第三节 移动通信…………………………… 246

第四节 互联网…………………………… 248

第八篇 古城保护

第一章 古城变迁与保护规划…………………… 253

第一节 明代前古城…………………………… 253

第二节 明清古城…………………………… 255

第三节 老城区保护规划…………………… 255

第二章 城 河…………………………… 259

第一节 小秦淮河…………………………… 259

第二节 二道河—二道沟…………………… 261

第三节 北城河…………………………… 262

第三章 城垣遗址…………………………… 264

第一节 西门遗址…………………………… 264

第二节 南门遗址…………………………… 265

第三节 东门遗址…………………………… 266

第四节 北门遗址…………………………… 266

第四章 历史文化街区(地段)…………………… 267

第一节 南河下…………………………… 267

第二节 仁丰里…………………………… 271

第三节 湾子街…………………………… 273

第四节 教 场…………………………… 278

第五章 古街巷…………………………… 280

第一节 老城区古街巷…………………… 280

第二节 汶河(路)变迁 …………………… 283

第三节 文昌路胜迹…………………………… 284

第九篇 东关历史文化街区

第一章 规划建设…………………………… 295

第一节 保护规划…………………………… 295

第二节　街区建设…………………………… 297
第二章　文化遗存…………………………… 298
第一节　东关街…………………………… 298
第二节　东圈门…………………………… 303
第三章　商　肆…………………………… 304
第一节　老字号…………………………… 305
第二节　新店铺…………………………… 308
第三节　传统工艺门店…………………………… 310

第十篇　园　林

第一章　古典园林…………………………… 321
第一节　旧园寻踪…………………………… 322
第二节　小苑别业…………………………… 325
第二章　寄啸山庄…………………………… 328
第一节　景　观…………………………… 328
第二节　片石山房…………………………… 331
第三节　造园艺术…………………………… 331
第三章　个　园…………………………… 332
第一节　景　观　…………………………… 332
第二节　宅　第…………………………… 334
第三节　楼轩亭阁…………………………… 335
第四节　造园艺术…………………………… 337
第四章　小盘谷…………………………… 338
第一节　旧城·新城小盘谷…………………………… 338
第二节　亭园构筑…………………………… 340
第五章　市民公园…………………………… 341
第一节　茱萸湾公园…………………………… 341
第二节　荷花池公园…………………………… 343
第三节　曲江公园…………………………… 343
第四节　文津园…………………………… 344
第五节　五台胜境…………………………… 344
第六节　康山文化园…………………………… 345
第六章　当代宅园…………………………… 345
第一节　现代园囿…………………………… 346
第二节　小型宅园…………………………… 348
第三节　宅园布局与意境…………………………… 353

第十一篇　历史建筑

第一章　名人故居…………………………… 357
第一节　先烈故居…………………………… 357
第二节　贤达故居…………………………… 359
第三节　商贾府第…………………………… 366
第二章　衙署　会馆　书院…………………………… 373
第一节　衙　署…………………………… 373
第二节　会　馆…………………………… 374
第三节　书　院…………………………… 377
第三章　庙观堂祠…………………………… 380
第一节　佛教建筑…………………………… 380
第二节　道教建筑…………………………… 384
第三节　伊斯兰教建筑…………………………… 385

第四节　基督教建筑………………………… 386
第五节　天主教建筑………………………… 387
第六节　祠　堂………………………………… 387

第十二篇　开放　开发

第一章　招商引资………………………… 393
第一节　招商组织…………………………… 394
第二节　招商政策…………………………… 395
第三节　投资环境建设……………………… 399
第四节　招商活动…………………………… 401
第五节　招商成果…………………………… 408
第二章　广陵新城………………………… 410
第一节　规　划……………………………… 410
第二节　建　设……………………………… 412
第三节　项　目……………………………… 415
第四节　江苏信息服务产业基地(扬州)…… 419
第三章　开发园区………………………… 422
第一节　广陵产业园………………………… 422
第二节　杭集工业园………………………… 426
第三节　食品工业园………………………… 430
第四节　商贸物流园………………………… 432
第四章　对外经贸………………………… 434
第一节　出　口……………………………… 435
第二节　进　口……………………………… 437
第三节　境外投资与劳务合作……………… 437

第十三篇　农　业

第一章　农业经济综述…………………… 441
第一节　农村经济体制改革………………… 442
第二节　农业区划…………………………… 445
第三节　农业经济结构……………………… 445
第四节　农业综合开发……………………… 448
第五节　农村经营管理……………………… 449
第六节　农产品质量安全管理……………… 450
第七节　小康村建设………………………… 451
第二章　沿江现代农业(蔬菜)产业园 ……… 452
第一节　基础设施建设……………………… 452
第二节　专业载体和服务平台……………… 453
第三章　种植业…………………………… 455
第一节　粮食作物…………………………… 455
第二节　油料作物…………………………… 458
第三节　蔬　菜……………………………… 460
第四节　新品种、新技术 …………………… 463
第五节　病虫草害防治……………………… 465
第四章　畜牧业…………………………… 467
第一节　家　畜……………………………… 467
第二节　家　禽……………………………… 469
第三节　疫病防治…………………………… 471
第五章　水产业…………………………… 472

第一节　种苗繁殖…………………………… 472
第二节　水产养殖　………………………… 473
第三节　鱼病防治　………………………… 476
第六章　林　业…………………………… 477
第一节　林　木…………………………… 477
第二节　果　桑…………………………… 482
第三节　花　木…………………………… 482
第七章　农业机械…………………………… 483
第一节　农机应用…………………………… 483
第二节　跨区作业…………………………… 485
第三节　安全监督…………………………… 485
第八章　农业水利…………………………… 486
第一节　河　道…………………………… 486
第二节　农田水利…………………………… 486

第十四篇　工　业

第一章　工业经济综述…………………………… 491
第一节　工业经济体制改革…………………… 492
第二节　经济规模…………………………… 494
第三节　技术改造…………………………… 496
第四节　工业结构…………………………… 498
第五节　乡镇(街道)、局(校)办工业 ……… 502
第六节　经营管理…………………………… 506
第二章　工业门类…………………………… 510
第一节　船舶重工…………………………… 512
第二节　液压机械…………………………… 515
第三节　食品加工…………………………… 518
第四节　旅游日化…………………………… 522
第五节　医疗器械及电器线缆………………… 523
第六节　其他工业…………………………… 524
第三章　工业品牌…………………………… 526
第一节　名牌产品…………………………… 526
第二节　重点名优产品………………………… 530

第十五篇　建筑业　房地产业

第一章　建筑业…………………………… 535
第一节　企业改革…………………………… 536
第二节　建筑企业…………………………… 537
第三节　建筑工程…………………………… 539
第四节　行业管理…………………………… 542
第二章　房地产业…………………………… 544
第一节　拆迁安置…………………………… 545
第二节　商品房开发…………………………… 549
第三节　房产管理…………………………… 554
第三章　住房制度改革…………………………… 565
第一节　公房提租与补贴……………………… 565
第二节　公房出售与交易……………………… 565
第三节　住房保障…………………………… 566
第四节　住房公积金制度……………………… 567

第十六篇 商贸服务业 旅游业

第一章 商业经济综述…………………………… 573
第一节 商贸经营管理……………………… 573
第二节 商贸体制改革……………………… 575
第三节 国有商业…………………………… 576
第四节 集体商业…………………………… 578
第五节 个体私营商业……………………… 579
第六节 外资及港台投资企业……………… 580
第二章 商品经营…………………………………… 581
第一节 日用工业品………………………… 581
第二节 食品 副食品……………………… 583
第三节 蔬菜 果品………………………… 584
第三章 商贸业态…………………………………… 585
第一节 集贸市场…………………………… 585
第二节 专业市场…………………………… 586
第三节 新业态……………………………… 588
第四节 特色商业街………………………… 591
第五节 中心商圈…………………………… 592
第四章 生活服务业………………………………… 593
第一节 住 宿…………………………… 593
第二节 洗 染…………………………… 594
第三节 照 相…………………………… 594
第四节 家政服务…………………………… 595
第五节 中介服务…………………………… 596
第五章 名企名店…………………………………… 598
第一节 现代商贸企业……………………… 598
第二节 百年老店…………………………… 599
第六章 旅游业……………………………………… 601
第一节 规 划…………………………… 601
第二节 线 路…………………………… 602
第三节 旅行社……………………………… 604

第十七篇 扬州三把刀

第一章 餐饮业……………………………………… 607
第一节 淮扬菜系…………………………… 607
第二节 餐饮经营…………………………… 610
第三节 名 店 …………………………… 612
第四节 名菜 名宴………………………… 614
第五节 扬州小吃…………………………… 621
第六节 烹饪技艺…………………………… 623
第七节 参展参赛 ………………………… 624
第八节 饮食文化…………………………… 626
第二章 沐浴业……………………………………… 628
第一节 发展历史…………………………… 628
第二节 特色技艺…………………………… 630
第三节 名 店 …………………………… 631
第四节 参赛交流…………………………… 632
第五节 沐浴文化…………………………… 633
第三章 美发美容业………………………………… 635

第一节 美发业历史…… 635
第二节 特色技艺…… 637
第三节 名 店…… 640
第四节 技艺交流…… 641
第五节 美发文化…… 641

第十八篇 财政 税务

第一章 财 政…… 645
第一节 财政体制…… 646
第二节 财政收入…… 648
第三节 财政支出…… 651
第四节 财政管理与监督…… 654
第五节 农村小额贷款…… 663
第六节 驻区金融网点…… 664
第二章 国家税务…… 669
第一节 税 制…… 669
第二节 税 种…… 670
第三节 征 管…… 672
第四节 稽 查…… 674
第三章 地方税务…… 675
第一节 税 制…… 675
第二节 税 种…… 676
第三节 基金(费)…… 678
第四节 征 管…… 680
第五节 稽 查…… 684

第十九篇 经济综合管理

第一章 发展规划与实绩…… 689
第一节 “七五”计划期(1986～1990年)… 689
第二节 “八五”计划期(1991～1995年)… 691
第三节 “九五”计划期(1996～2000年)… 692
第四节 “十五”计划期(2001～2005年)… 694
第五节 “十一五”计划期(2006～2010年)…… 697
第六节 “十二五”计划期(2011～2015年)…… 699
第二章 统 计…… 701
第一节 统计调查…… 701
第二节 统计信息服务…… 704
第三节 统计监督…… 705
第三章 物价管理…… 706
第一节 商品价格…… 706
第二节 价格管理…… 713
第三节 收费管理…… 716
第四节 价格指数…… 721
第四章 工商行政管理…… 723
第一节 企业登记管理…… 724
第二节 市场建设…… 727
第三节 经济合同管理…… 728

第四节　商标与广告管理…………………………　729
第五节　消费者权益保护…………………………　729
第五章　质量技术监督…………………………　732
第一节　计量管理…………………………　732
第二节　标准化管理…………………………　733
第三节　质量监督…………………………　733
第四节　特种设备安全监察…………………………　733
第六章　审　计…………………………　734
第一节　财政和金融审计…………………………　735
第二节　企业审计…………………………　736
第三节　固定资产投资审计　…………………………　738
第四节　机关和事业单位审计…………………………　740
第五节　经济责任审计…………………………　740
第六节　专项资金审计…………………………　742
第七章　食品药品监督…………………………　743
第一节　食品安全管理…………………………　744
第二节　药品监督管理…………………………　746
第三节　医疗器械监督管理…………………………　748
第八章　安全生产监督…………………………　748
第一节　安全生产制度…………………………　749
第二节　安全生产监察…………………………　751

总　述

扬州市广陵区地处北纬 32° 24′，东经 119° 26′，坐落于江苏省中部，位于长江与运河交汇处。公元前 486 年，吴王夫差筑城开邗沟不久，吴亡于越，此地属越。公元前 333 年，楚并越，尽取吴故地，于是置广陵县。广陵者，意指地域“广被丘陵”。秦代地名未变，隶属九江郡。汉代广陵作为诸侯王国的都城所在，从荆国的建立到广陵国的废止，历时 267 年，几度分封。后汉建武十八年（公元 42 年），置州牧，设刺史，广陵郡领县十一，属徐州刺史。太守陈登曾以广陵一地之力开邗沟西道，为隋炀帝后来拓展运道之先河。三国时，广陵位于吴魏间隙地，无人区数百里。从东晋到六朝，广陵迭遭战乱，但广陵郡、广陵县的建置和名称一直未曾变动。南朝宋永嘉年间（公元 424 ～ 452 年），中原陆沉，衣冠南渡，侨置南兖州。唐高祖武德九年（公元 626 年），大都督府从南京迁设扬州，自此广陵之称为扬州取代。但广陵地名一直被并用、沿用、借用，直到宋代。元代以后，设扬州路、扬州府，广陵之称乃被搁置，一直到明清。民国时期，今广陵区治所大致称为江都县辖区，县城以外称江都四乡。新中国建立后，扬州为县级市。1983 年，实行市管县体制，扬州市区分城区和郊区，城区称广陵区，广陵这个古老而又厚重的称呼重又回归，从古迄今的广陵血脉得以连接和延续。现在的广陵区，是扬州市的中心城区。位于区内的扬州古城占地 5.09 平方千米，是国内历史文化风貌保存较为完好的古城之一。

（一）

两千五百年来，广陵几度兴盛，几番毁废，隋炀帝时“欲取芜城作帝家”，一度列为陪都，扬州又有汉、唐、清等朝代持续的城市繁华，称“淮左名都”“竹西佳处”；也有因战祸兵灾、改朝换代带来的动乱、凋敝甚至衰败，数次沦为“芜城”。然而每次毁损之后，都能如凤凰涅槃般重生，焕发出新的生机。国学大师钱穆先生说:“扬州一地之盛衰，可以觇国运。”广陵在历史长河中留下的点点印迹，是可以激起国人民族自豪感的集体记忆。

四方舟车之会　运河与长江在此交汇，通江达海的独特交通优势，是广陵得以兴盛的最重要原因。从古邗沟的开掘到大运河的贯通，从境内河网水道的纵横沟通到历代驰道驿道的连接京洛，从内河航运到出海通商，广陵得以吸引人才，聚散货物，畅通信息，创造财富，拓展空间，发展壮大。隋代大运河开通以后，水运作为古代大规模运输最为有效的方式，给广陵带来源源不竭的活力与持续经年的繁荣。唐代广陵港为海上丝绸之路的启碇港和丝绸之路亚欧大陆桥的东方桥头堡。

国家财赋重镇　依托水运之便、漕盐之利，广陵自汉代以来，成为东南地区的经济中心之一，其商贸服务业地位尤其显著。西汉，刘濞铸钱煮盐，“国用饶足”。唐代，万商云集，百业兴旺，“广陵大镇，富甲天下”。清代，盐业繁忙，盐税丰厚，乾隆时，两淮每年的赋税占全国商税收入的一半，“损益盈虚，动关国计”。在中国古代城市发展史上，地处关中的西安，中原的洛阳、开封等古都，都曾盛极一时，然而像广陵这样在国家财赋聚敛方面长期居于显要地位的，仍属凤毛麟角。

海外交通纽带　盛唐时期，日本遣唐使团频繁往来，荣睿、普照等日本僧人襄助鉴真东渡，鉴真大师历尽艰辛，百折不回，终于抵达日本，传播中华文明，成为中日文化交流的先驱和典范。唐代海上丝绸之路上的扬州，是全国最为繁华的工商业城市，吸引大量的胡商经商置业，唐末新罗文学家崔致远居留扬州四年，创作了许多文学作品，被誉为“中韩交流第一人”。南宋咸淳年间（1265 ～ 1274），穆罕默德第十六世裔孙西域普哈丁到扬传教，在扬州创建中国四大清真寺之一的仙鹤寺。元代意大利旅行家马可·波罗来华，“奉大汗命治理扬州三年”。

文化艺术高地 广陵技艺考究，蜚声中外。叠石假山精巧秀雅，匠心独运；淮扬菜精烹细作，风味清鲜；漆器玉器精雕细琢，巧夺天工；古筝古琴天籁音韵，园亭馆榭纤巧秀美；琼花芍药争奇斗艳。广陵居南北要冲，历经兴废，人口迁徙频繁，人员五方杂处，开放兼容，友好开明，她不断汲取丰富的外来文化养分，成就自身文化的辉煌。扬州漆器、玉器、雕版印刷、剪纸，源远流长，技艺精湛，特色鲜明；散文、诗词、散曲、小说，都有可圈可点的名篇佳作；扬州评话、扬剧、清曲、弹词，门派齐全，积淀深厚，独具风格；清代扬州八怪奇峰突起，领异标新，影响深远；《文选》学的一脉传承与清代扬州学派的众星璀璨，形成朴学学术的高峰。

英雄义士乡邦 从秦末召平矫传陈胜命令，成就反秦大业的智慧与果敢；宋代李庭芝、姜才抗元，以孤忠名垂青史；明代中叶，扬州军民志节慷慨，意气雄发的三次抗倭保卫战；到南明史可法以寡敌众，誓死抗敌，与南明共存亡，矢志殉国。历代仁人志士，威武不屈，舍生取义，其大义凛然的磊落气节，可歌可泣，世代传诵。清代乡贤汪中曾作《广陵对》，历数扬州的仁人义士，加以表彰，谓“两千余年，而亡臣降子不出于其间”，“里闾耆德，一至之行，盖以千百计”，以为天下百郡，无若广陵。明末清初，“扬州十日”之后，郡城北湖聚集了一批以节义相尚的遗民。近代扬州著名学者刘师培作《邗故拾遗》，“以彰乡邦节义之盛”。广陵人温和敦厚，儒雅亲文，婉约又轻柔，秀外而慧中；每当神州板荡，民族危难关头，广陵就别具威武、刚强、正直的浩然之气。

诗意栖居家园 广陵之美在于水，这里有大江的雄奇，长淮的清悠，运河的喧闹，北湖的烟波。水城广陵，户户临浜，家家枕河。这里气候温润，风物稠密，景色靓丽，引来诗人云集，佳作迭出，浸染古城风韵。旅游名片：“烟花三月下扬州”（李白），“商胡离别下扬州”（杜甫）；生态葱茏：“扬子江头烟景迷”（刘禹锡），“绿扬城郭是扬州”（王士祯）；风雅逸趣：“千家养女先教曲，十里栽花算种田”（郑燮）；怀古思幽：“尽道隋亡为此河，至今千里赖通波”（皮日休）；赏月佳处：“春江花月夜”（张若虚），“二十四桥明月夜”（杜牧）；夜色冶游：“夜市千灯照碧云，高楼红袖客纷纷”（王建）；水郭山林：“园林多是宅，车马少于船”（姚合）；歌舞升平：“谁知竹西路，歌吹是扬州”（杜牧）；梦里老家：“十年一觉扬州梦”（杜牧），“昨夜闲潭梦落花”（张若虚）；人居福地：“人生只爱扬州住，夹岸垂杨春气熏”（黄慎）；天堂归途：“人生只合扬州死，禅智山光好墓田”（张祜）。众多客居者，寻梦广陵，辗转往复，流连忘返，乃至生死相许；世代广陵人，筑梦广陵，筚路蓝缕，渔樵耕读，阅尽千年沧桑。

（二）

1983年建区后，在改革开放大潮中，广陵在艰难中起步，在奋斗中前进，在创新中开拓，逐步形成以经济建设为中心、城管服务为重点，工商并举、各业发展的良好开局。1992年邓小平视察南方重要谈话后，广陵坚持发展与调整并重、建设与开拓并举、开发与经营并行，实现改革与改制协调推进、二产与三产良性互动，为广陵经济社会的跨越腾飞奠定坚实基础。2002年新一轮市区区划调整后，广陵人走出街巷，跳出老城，跨越广陵，紧扣“发展经济、管理城市、服务百姓”三大职能，工业化、城市化进程不断加快。2006年以来，怀着加快实现“两个率先”先导区的壮志，立足古城，东进南下，开放开发五大载体强势突进．先进制造业与现代服务业全面提速，外向型经济与民营经济齐头并进，各项社会事业蓬勃发展，实现了“三年倍增、五年再造一个新广陵”的宏伟目标。

各项改革持续深入 国有集体企业改革全面推进。至2007年，改制基本结束，共完成企业改制206家，其中工业企业83家，商贸流通企业71家，建筑和房屋开发企业19家，改革派生企业8家，改革清理挂靠企业25家。按改制的主要形式分类，改制为有限责任公司的有72家．股份合作制企业30家，公有股权转让3家，兼并与破产企业29家，关闭、撤销57家，转私营个体15家。国有企业全部成功改制到位，集体企业98%以上改制到位，资产、用工责任基本明晰。农村综合改革稳步推进，2011年，正式挂牌农村“合作经济”组织143家，创建市级全面奔小康先行村（片区）83个，广陵区获全国首批“农村社区建设实验区”。

实施两城三区战略 把两城三区作为建设开放繁荣新广陵。促进经济社会发展的主战略，举全区之力，强势推进，谋求发展，实现跨越。在城市形态上，按照“古城古得经典、新城新得现代”的构思，打造广陵古城成为商贸旅游文化博览之城，打造广陵新城成为独具魅力的现代都市水城。同时，以产业为纽带，以集约开发、集群发展为主导，建成总投资50亿元的江苏首家信息服务产业基地，打造以呼叫中心和数据处理为主题的国家级信息产业社区；广陵产业园按照都市产业集聚发展高地的目标，建设世界级液压传动系统基地；食品工业园彰显江苏唯一食品专区品牌，形成辐射华东、面向国内外两个市场的食品加工制造基地；商贸物流园，建成年货物吞吐量过千万吨、交易额超千亿元的现代化物流集散基地。广陵在短短十年内将两城三区建成对外开放的重要门户、经济技术开发的优势平台和产业支撑的核心区域。

工业经济扩量提质 从建区时小集体、小街道企业，小个体、小社区企业，以手工机械为主生产的企业，经过外向带动战略实施，培植规模经济，发展高新技术产业，做强做优乡镇企业等一系列举措，走上发展特色园区、都市型工业和新型工业化之路。至2011年，区境内规模以上企业338家，其中亿元产值以上企业175家，超百亿元企业2家。基本形成以船舶重工、液压装备、旅游日化、食品加工、医疗器械与电线电缆等重点行业为主的工业基础。2011年，广陵区规模以上工业企业产值987亿元，利税96.8亿元，分别是1989年列统企业的514倍和484倍。

商贸服务融合创新 广陵商贸服务业从建区时小餐饮、小理发、小洗浴、小日用百货、小南北货店，扎堆广陵路、甘泉路、渡江路、国庆路，形成东西南北商业街，经过20多年的规模扩张，走出了一条以特色经济为主的现代服务业发展之路。2011年，广陵区创新发展月光经济、楼宇经济、会馆经济，向时间、空间、文化要效益。是年，新建（整合）楼宇超百幢，出现首席国际大厦商务楼等一批特色楼宇。挖掘会馆资源150多个，成功打造文昌商圈和“双东”等10多个商贸经济集聚区。通过旅游景点整合，推出主题旅游线路7条，主要景点接待游客300多万人次。是年底，服务业增加值175.66亿元，为1989年0.25亿元的703倍，占区内地区生产总值比重42.78%。当年，广陵区社会消费品零售总额167.45亿元，完成商贸业营业额235.59亿元，完成各类市场成交额452.99亿元。

农业结构逐步优化 广陵农业始于2002年湾头镇、城东乡、汤汪乡并入，时有粮食、蔬菜生产，效益低，人均收入低。经过高效农业和现代产业化农业发展，到2011年年底新一轮区划调整后，7个乡镇通过土地流转，推进万顷良田、万亩高标准农田工程建设，进入做精、做强、做大的高效农业阶段，建设现代农业设施、绿色生态农业和休闲观光农业，推进农业产业化进程。沙头万亩无公害蔬菜生产基地获批省级现代农业（蔬菜）示范园区。2011年，全区农林牧渔业现价总产值15.17亿元，其中农业总产值8.24亿元、渔业产值3.52亿元。全区粮食总产11.08万吨，水产品总量2.56万吨，油料总产2474吨。

招商引资连年突破 自1989年兴办第一家外商投资企业扬州华扬蓄电池有限公司，1993年，兴办第一家台商投资企业扬州丰祥商业有限公司至今，利用外资连年增长，特别是2003年以来，合同利用外资、实际利用外资完成率和同比增幅在全市均名列前茅。外企数量大幅增加。至2011年，共引办外资项目424个，累计合同利用外资35.08亿美元；累计实际利用外资11.64亿美元，嘌泰车材、明发广场、骏和置业等一批千万美元以上项目成功实施，特别是注册资本1.43亿欧元的玛切嘉利高精度钢制品项目的顺利落户，在全区重大项目引进上取得突破。

城乡建设全面拓展 始终坚持城乡统筹，推进综合整治，城乡面貌日新月异。2006年后，实施搬迁改造项目120多个，拆迁各类房屋500多万平方米，相继建设一批农民集中居住区。高标准建成运营京杭会议中心等一批功能项目，改造提升东关街等一批特色街区，整治一批老小区，面积达191万平方米，占全市总量65%以上。翻建街巷160多条48千米，翻建、新建许多市政、环卫设施，改善了人居环境。文昌东路等一批道路建成通车，运河港投入运营，立体化交通网络更加完善。2011年创成省土地执法模范创建工作先进区。实行环卫市场化运作，实施乡村碧水绿化工程。这一系列基础设施的建成，使城乡旧貌换新颜，城区品质更加优化，特色小镇风貌更为美化。区房产开发从早期18家企业发展到2011年的160多家，开发投资额28.91亿元，开发量179.35万平方米，分别为1989年的92倍和15倍。

社区建设特色彰显 获全国社区服务示范区、全国社区志愿服务先进单位等称号，琼花观社区被中宣部、民政部授予第一批全国文明社区示范点和省和谐示范社区称号；涌现出文昌花园、琼花观、荷花池、宝塔、个园等一大批特色社区。9个社区成立党委，47个社区成立党支部，社区党员电教点建设率100%。开展创争红旗社区党支部活动，个园社区的文化特色创建工作和皮市街创建服务型社区的做法被中央电视台报道。2011年年底，共建成26个社区邻里中心，建成率48%，邻里中心总面积1.97万平方米；建成综合性、多功能的区、街、社区服务中心（站）55个，志愿服务站60多个，老年公寓8所，社区慈善超市12个，社区托老所、居家养老院10多家。建成10多个社区文化馆（站），设置100多处社区文化健身广场（室），成立120多支社区文体活动志愿者队伍，成立200多个公益性、服务性、文化性、娱乐性的社区民间组织。

发展成果普惠于民 23年来，在集中精力抓经济建设的同时，始终关注群众生活，让群众分享经济发展带来的实惠。至2011年年底，全区城乡就业人员10.33万人，新增就业累计10.04万人，下岗失业人员再就业6.12万人。建立完善基本养老、医疗、失业、工伤、生育、被征地农民生活保障等多层次的社会保险体系，至2011年年底，全区参加企业职工基本养老保险人数2.41万人，参加基本医疗保险人数10.5万人，参加失业保险职工2.4万人，参加工伤保险和生育保险职工人数2.11万人，参加被征地农民生活保障人数2.47万人。再就业培训和创业培训得到强化，累计有3.05万人次下岗失业人员参加再就业培训，培训后再就业率达70%，涌现出华南护工服务、邦邦服务家政等一大批劳务品牌。2011年，在岗职工年平均工资3.92万元，职工最低月工资标准提高至930元。

社会事业协调发展 科技方面，至2011年，全区工业科技进步贡献率达46%，形成海沃机械（扬州）有限公司等一批在国内外相关技术领域具有重大影响的高新技术企业和高新技术产品，获首批全国科技进步先进城区称号。教育方面，先后获得省师资队伍建设先进区、省社区教育实验区、省全面实施素质教育先进区等称号。全区有中小学27所、幼儿园30所、少年宫1所，在校学生2.96万人，在职教师2066人。小学适龄儿童入学率、巩固率、毕业率均保持在100%，学龄残疾儿童入学率97.5%。全区先后创成省现代化学校8所、省优质幼儿园11所。文化方面，少儿文艺、社区文艺成为广陵区文化特色，举办欢乐扬州·扬州市民日等大型文化活动100余场，少儿芭蕾舞蹈《黑白键》获全国群众文化政府最高奖群星奖创作奖、古筝二重奏《小苗青青》获全国群星奖铜奖，小品《看戏》获全国曹禺杯剧作大赛二等奖，音乐情景剧《文化里的新生活》走上联合国舞台；扬州清曲被国务院列为国家非物质文化遗产，广陵区被文化部命名为古筝之乡，被省政府命名为省群众文化先进区。体育方面，多次在全国和世界比赛中获佳绩，先后培养了世界跳水冠军吕伟、许冕，世界技巧冠军赵杰，向国家、省输送90余名优秀运动员，其中13人次入选国家队，6人达国际级运动健将，16人次获全运会冠军。区政府先后3次被国家体育总局授予全国群众体育先进集体称号，多次被省体育局评为全民健身活动周先进单位。卫生方面，各医疗单位的医疗业务用房面积扩张，达2.17万平方米。广陵中医院骨伤科、口腔医院口腔科、职业病防治院康复科等特色专科受到广大市民的欢迎。

2011年11月，新一轮区划调整，广陵区拥有从邗江区划入的5个镇，区域面积向南扩大到长江北岸，比区划调整前扩大近4倍。新划进的5个镇，不仅工业基础雄厚，还拥有优质农业资源、旅游资源、水运水产资源，广陵区实力大大增强。广陵从运河时代进入运河与长江共有时代。在海内外人才济济，与海内外的接触交往增多，为广陵更强更快发展增添了新的动力。广陵人将认真克服前进中的困难与障碍，继续励精图治，艰苦奋斗，在已实现全面建成小康社会的基础上，积极探索率先基本实现现代化之路，建设经济强、百姓富、环境美、社会文明程度高、综合实力最优的现代化核心城区，谱写广陵幸福美好的新篇章！

大事记

1989 年

1 月 24 日　区委、区政府召开纪念扬州城解放 40 周年大型座谈会。区委书记刘志高、区人大常委会主任段华杰、区政府区长朱立淦、区政协主席唐宏开等参加活动。

1 月 26 日　扬州酱菜在首届中国食品博览会上获金奖。

是月　市区试行开展房屋所有权登记发证工作。

2 月 1 日　位于徐凝门桥南侧的琼花大厦建成，是市区首座多面体高层建筑，也是当时市区最高建筑。

4 月 19 日　市区开通国际电话。

5 月 19 日　在重庆中国评书评话邀请赛上，扬州评话演员杨明坤被评为中国评书评话十大名家之一。

7 月　国内第一条全自动铝质喷雾罐生产线在扬州铝制品厂通过验收。

8 月 14 日　崔如松任中共广陵区委书记。

1990 年

1 月 1 日　位于渡江路南段的扬州汽车站营业。

1 月 10 日　市区开通全自动长途直拨电话，进入全国长途电话全自动网。

2 月 21 日　江泽民为《广陵区志》题写书名。

4 月 17 ~ 22 日　政协广陵区第三届委员会第一次会议召开。会议选举产生政协区第三届委员会常务委员会，朱福元当选主席。

4 月 18 ~ 22 日　广陵区第三届人民代表大会第一次会议召开。会议选举产生区第三届人大常务委员会。宣荣当选区人大常委会主任，朱立淦当选区政府区长。

4 月 25 日　广陵区首批合资企业华扬蓄电池厂、扬捷照明有限公司在城南街道落户。

6 月 12 日　汶河街道被国家爱卫会表彰为全国爱国卫生先进单位。

7 月 4 ~ 20 日　市区持续 35℃以上高温达 17 天，为 1952 年以来历时最长的高温天气。

9 月 9 日　第 11 届亚运会“亚运之光”火炬在市区接力长跑。

1991 年

1 月 25 日　区三届人大常委会第六次会议接受宣荣辞去区人大常委会主任职务。推选王大庆代理区人大常委会主任。

3 月 13 ~ 16 日　区第三届人民代表大会第二次会议召开。会议补选崔如松为区人大常委会主任。

3 月 20 日　联合国儿童基金会、世界卫生组织和卫生部对广陵区儿童计划免疫第二个 85%目标进行评审，认为已达到并超过目标要求。

5 月 24 ~ 25 日　中共广陵区第三次代表大会召开。会议选举产生中共广陵区第三届委员会。崔如松当选区委书记。

6 月 29 日　区委、区政府命名扬州鞋厂等 10 家单位为全区先进集体标兵，命名高仁林等 20 人为全区先进个人标兵。

7 月 15 日　市区普降大雨，京杭大运河通运闸垮塌，东花园小区 4978 户居民家中淹水，部分工商企业进水。

9 月 18 日　广陵街道被评为全国计划生育先进集体。

11 月 1 ~ 3 日　首届扬州清曲研讨会在广陵区举行。

1992年

2月10日　区委、区政府决定在扬州鞋厂、扬州工具厂、扬州塑料三厂、扬州铝制品厂、扬州商场进行企业改革试点工作。

4月13日　汶河北路拓宽工程开工。南起文昌阁广场，北至盐阜西路交叉口，约604米，路东建有街心花园。

5月18日　扬州灯泡厂与台商合资创办的第4家企业——圣扬电器有限公司开业。

6月1日　在市总工会大楼基建施工中，首次发现并挖掘出唐代民居建筑遗址。

6月15日　泰州路小学于晖同学获第四届江浙沪“亿利达”发明大赛第一名，杨振宁博士为其授奖。

6月22日　扬州大学组建成立。

7月1日　市区开始推行住房公积金制度。

7月14日　广陵区在长春桥原区委党校校址创办高新技术开发园。

7月31日　广陵区被省政府、省军区命名为双拥模范区。

8月21日　在全国少年跳水比赛中，广陵区体育学校学生洪丹丹、张磊获女子乙组团体冠军。

9月8日　曲江小商品市场建成开业。

9月12日　区委、区政府决定对达到一定规模和水平的区工业企业负责人兑现奖励。其中享受区副局级干部待遇、工资晋升一级、记二等功一次人员7人，享受正股级待遇、工资晋升半级（一档）、记三等功一次人员16人。

9月19日　座落于仁丰里的旌忠寺因遗留烟蒂起火，烧毁藏经楼，直接经济损失94万元。

10月17日　扬州中学举办建校90周年校庆活动。

10月30日　市区职工基本养老制度开始建立。

12月10日　区关心下一代工作委员会成立。

1993年

1月20日　市区人均居住面积不足2平方米的特困户落实住房。

2月7～11日　政协广陵区第四届委员会第一次会议召开。会议选举产生政协区第四届委员会常务委员会。朱福元当选主席。

2月8～12日　广陵区第四届人民代表大会第一次会议召开。会议选举产生区第四届人大常务委员会。周学恒当选区人大常委会主任，朱立淦当选区政府区长。

3月13日　美食街（东起四望亭，西至扬州师范学院，全长约1.1千米）破土动工，至1994年12月基本建成。

4月1日　市区粮油价格和经营全面放开。

5月3日　洪军任中共广陵区委书记。

5月9日　“93全国艺术体操锦标赛·第七届全运会预选赛”在湖南长沙落幕。从广陵区少儿体校输送到省队的王岫云获棒操冠军，蔡颖颖、钟丽、李园园分获集体全能亚军和儿童组个人季军。

6月16日　汶河北路拓宽工程竣工。

6月22日　广陵区举办建区十周年庆祝活动。

是月　广陵区被省教委公布为全省首批实施义务教育的七城区之一。

9月14日　广陵籍运动员王岫云在第七届全国运动会上获艺术体操个人全能金牌。

10月13日　区四届人大常委会第五次会议接受周学恒辞去区人大常委会主任职务、朱立淦辞去区长职务，推选王大庆代理区人大常委会主任，决定任命周学恒为区政府副区长并代理区长。

10月25日 区委、区政府召开扬州灯泡厂产值达亿元、利税达千万元祝捷大会。

是月中旬 扬州唐城遗址考古队在大东门街西口南侧基建工地上，清理出一条唐代城池考古中体量最大的木构排水沟。扬州唐城考古取得突破性进展，被评为1993年全国十大考古新发现之一。

11月22日 区人大常委会首次召开全区人大代表评议公检法大会。

是月 扬州八怪纪念馆在驼岭巷18号西方寺开馆。

12月30日 美食街主体项目“阳光美食城”实行共有产权销售。这是扬州首次推出共有产权销售。

1994年

1月2日 广陵区获全国群众体育先进单位称号。

2月23～27日 区第四届人民代表大会第二次会议召开。会议补选王大庆为区人大常委会主任，周学恒为区政府区长。

3月10日 扬州经济开发区广陵建设区管委会成立。

3月24日 市区依法实施初级中学义务教育。

5月15日 市区建立城市信用合作联社。

5月21日 《广陵区志》首发式举行。

10月15日 区委、区政府召开全区股份制改革试点单位大会。

1995年

3月30日 广陵区被国家教委、民政部表彰为全国特教先进区。

4月17日 区委、区政府召开全区创业改革工作会议。

5月 振兴广陵经济事迹报告团在全区开展巡回演讲。

6月5日 扬州市工商行政管理局广陵分局成立。

8月11日 广陵区全面实施劳动合同制工作。

11月6日 扬州唐城考古队在西门街街道改造工程工地发现宋大城西城门遗址。

11月22日 广陵区城南街道办事处获民政部授予的“全国最佳街道”称号，为当年全省唯一获奖街道。

12月28日 市区（含郊区）247户人均居住面积不足4平方米的困难户落实住房。

12月30日 区委、区政府作出《关于通报表彰扬州灯泡厂的决定》。

1996年

1月18日 万家福商城开业。

1月26日 区四届人大常委会第二十次会议，接受周学恒辞去区长职务，决定任命卢穗明为副区长并代理区长。

2月5～8日 区第四届人民代表大会第四次会议召开。补选卢穗明为区政府区长。

2月18日 晚7时47分，南门街8号住宅楼地下煤气管道泄漏造成爆炸事故，19人死亡，10人重伤，29人轻伤。

5月22～24日 中共广陵区第四次代表大会召开。会议选举产生中共广陵区第四届委员会。洪军当选区委书记。

9月1日 市区开始禁止燃放烟花爆竹。

9月3日 保来得工业有限公司被认定为省首批技术密集、知识密集型外商投资企业。

11月20日 扬州城遗址被国务院公布为第四批全国重点文物保护单位。

12月13日 区委、区政府作出对扬州华扬蓄电池有限公司通报表彰的决定。

12月24日 区市场建设管理委员会成立。

12月27日 区委、区政府作出对扬州商场通报表彰的决定。

1997年

2月1日 市区居民最低生活保障金开始领取，当时标准为每月120元。

3月4日 七里河综合整治工程开工。

3月11日 全省创建文明小区现场会议在广陵区召开。

3月24日 东关街道治淮新村被中宣部列为全国100个创建文明城市活动示范点之一。

4月1日 市区全面推行生活垃圾袋装管理。

5月4日 美国肯特市赠送扬州的肯特友谊花园定址于石塔桥南。1998年5月6日举行赠园仪式。

6月 广陵区组织重点企业负责人到新加坡和中国台湾、中国香港招商。

10月1日 荷花池公园建成开放。

10月13日 全国第八届运动会组委会在上海召开全国群众体育表彰大会，广陵区获“全国群众体育先进区”称号，广陵区儿童业余体校、梅岭小学被表彰为全国群众体育先进集体。在本届运动会上，广陵籍运动员蔡颖颖、徐菁、钟莉获艺术体操全能冠军。

11月14日 区党政机关实行公务员制度全面展开。

12月9日 区委、区政府对1997年创建国家卫生城市工作先进个人和保来得工业有限公司予以表彰。保来得工业有限公司当年实现产值1.26亿元，销售收入1.35亿元，利税2250万元，成为广陵区首家产值、销售双过亿元企业。

12月30日 广陵区私营企业工会联合会成立。

1998年

1月2～7日 政协广陵区第五届委员会第一次会议召开。会议选举产生政协广陵区第五届委员会常务委员会，肖庆春当选主席。

1月3～8日 广陵区第五届人大第一次会议召开。会议选举产生区第五届人大常务委员会。王大庆当选区人大常委会主任，卢穗明当选区政府区长。

1月19日 广陵区个体私营协会被表彰为全国“户户讲道德，店店无假货”活动先进单位。

1月23日 钱小平任中共广陵区委书记。

3月7日 广陵医院为一名74岁患者完成进口全髋关节置换手术，时为扬州市领先水平。

3月25日 区委、区政府决定在全区开展向高仁林同志学习的活动。

7月2日 广陵区召开高仁林先进事迹报告会。

10月1日 位于西门街（现四望亭路）的宋大城西门遗址博物馆建成开放。

10月8日 市区古运河综合整治工程开工。至2003年末竣工。拆迁两岸房屋、整治绿化两岸环境等，整治后的古运河既提高了防洪排涝标准，又改善了人居环境。

是月 市区住房实物分配制度终结，逐步实行住房分配货币化。

1999年

1月22日　扬州商场、扬州大酒店整体联动工程竣工开业。

5月21～22日　区委、区政府举办对宁（南京）私营企业招商引资洽谈会，会上共签订意向项目17个。

6月22日　区11家社区卫生服务站登记注册开业。

8月26日　“广陵之夜”广场文艺活动开幕。

9月1日　荷花池住宅小区125幢住宅楼获江苏省十佳优良工程。

10月3日　全区居委会调整、换届工作结束，原有的156个居委会撤并为126个。

11月5日　事业单位人员开始实行全员聘用制。

是月　行政审批制度改革开始实行。

12月31日　市民群众聚集文昌阁广场，迎接人类社会又一个新千年到来。

2000年

3月3日　区五届人大三次会议接受王大庆辞去区人大常委会主任职务，补选钱小平为区人大常委会主任。

3月8日　扬州考古队在东关街宋大城东门遗址考古中发掘出全国首例双瓮城。遗址占地1.2公顷，由主城墙、内瓮城、外瓮城、城外敌楼、护城河及对岸的敌台组成，共有7个出城门道。

3月31日　扬州考古队在时代广场建设工地发现国内罕见的唐代水榭遗存。据考证，唐代此处为南北向河流官河。

4月20日　琼花观复建工程竣工并对外开放。

5月12日　广陵区被文化部命名为“中国古筝艺术之乡”。

6月25日　东圈门历史街区保护与整治工程启动，总面积26.8公顷。11月26日，首期工程竣工。

8月1日　东关中心小学学生刘潇获第四届宋庆龄奖学金。

8月21日　在安乐巷一旧宅发现清乾隆六年（1741年）的房屋买卖合同。这是扬州市区发现的最早的房契。

10月22日　江泽民陪同法国总统希拉克参观东关古渡。

11月18日　江泽民给东关小学五（四）班吴霜同学的回信，勉励吴霜及全校师生“努力使自己成为国家的有用之才，将来为祖国繁荣、人民幸福和人类进步事业作出自己的一份贡献”。

12月1日　市区实施城镇职工基本医疗保险制度。

12月28日　毓贤街商业区一期改造工程竣工。

2001年

2月9日　区五届人大四次会议接受钱小平辞去区人大常委会主任职务，接受卢穗明辞去区长职务，补选卢穗明为区人大常委会主任、汪仪仁为区政府区长。

2月15日　南京金鹰国际购物中心零资产整体兼并扬州规模最大的国有商业零售企业——扬州商场，双方签订有关合作合同。时为江苏省最大的商业重组案例。当年12月28日，扬州金鹰国际购物中心开业。

3月23～25日　中共广陵区第五次代表大会召开。会议选举产生中共广陵区第五届委员会。钱小平当选区委书记。

4月5日　古运河—邗沟—瘦西湖水上游览线基础设施工程开工建设。

5月 全省劳动模范表彰大会在南京召开，广陵区蔡彬、管学志、郭祝山获江苏省劳动模范称号。

是月 广润发超市有限公司开业。

6月25日 普哈丁墓被国务院公布为第五批全国重点文物保护单位。

6月28日 扬州灯泡厂厂长高仁林被评为全国优秀共产党员，赴北京接受表彰。

7月25日 广陵籍跳水运动员许冕获第九届世界游泳锦标赛女子10米跳台冠军。

9月20日 区五届人大常委会第二十四次会议接受汪仪仁辞去区长职务，补选王玉新为区政府副区长并代理区长。

10月9日 工人文化宫一带改建文昌广场工程启动。当年年末竣工。

10月12日 泰州路"宋城名都"开发项目和宋大城东门遗址"双瓮城"综合保护开发工程启动开工。

11月15日 广陵区被省政府命名为江苏省群众文化先进区。

11月30日 广陵区财政结算中心成立。

11月 广陵区被中宣部、国家计生委表彰为全国婚育新风进万家活动先进区。

12月26日 苏北医院举办百年院庆活动。

2002年

1月14日 区五届人大五次会议召开。补选王玉新为区政府区长。

1月23日 宁启铁路开工。

1月26日 石塔农贸市场开业，时为全省规模最大、功能齐全、设施一流的农贸市场。

是月 广陵区区划调整。根据省政府批复和市政府《关于明确市开发区和广陵区、郊区、邗江区行政管理区域的通知》，郊区城东乡、汤汪乡划入广陵区管辖，湾头镇划归广陵区代管；广陵区东关街办9个居委会、城南街办8个居委会、汶河街办25个居委会划归郊区管辖。调整后，广陵区辖曲江、文峰、东关、汶河4个街道办事处和汤汪乡，代管湾头镇。行政管理区域67平方千米，共有行政村21个、社区居委会46个，人口30.15万人。

2月6日 曲江街道办事处设立，城南街道办事处更名为文峰街道办事处，广陵街道办事处更名为辕门街道办事处。

3月 撤销辕门街道办事处，所属居委会分别划归东关、曲江街道办事处。

4月15日 普哈丁墓园对外开放。

4月18日 汪氏小苑整修后对外开放。

4月21日 扬州市经济技术开发区广陵产业园管理委员会成立。

4月28日 时代广场首期工程竣工开业。

5月起 广陵区机关事业单位统一补贴发放标准，原有的条上或自行规定的各项补贴、奖金等一律冲减。

5月18日 北京新东方扬州外国语学校开工建设。

6月26日 文昌苑小区开工建设，是扬州市首个康居工程项目。

7月15日 广陵区首次开展教师资格认定工作。

7月24日 广陵区政府网站开通。

8月26日 广陵产业园启动建设，规划面积8平方千米。

8月29日 富春茶社传统名菜拆烩鲢鱼头、蟹粉狮子头、大煮干丝被国家经贸委授予"中国名菜"称号。

9月1日 市区企业离退休人员实行社会化管理。

9月5日 中共江苏省委作出向高仁林同志学习的决定。

9月21日 广陵区制定《社区居委会干部管理暂行办法》，对社区居委会干部职数配置、任职条件、干部来源、干部产生过程等作明确规定。这是扬州市首个较为规范的社区居委会干部管理规定。

10月1日 市区改革户籍制度，取消户口迁移指标控制，实行条件准入制度。

10月9日　区政府与中国科学院城市与区域发展研究中心、南京大学城市规划设计研究院共同研究制定《扬州城市·广陵区域发展战略规划》。

10月22日　汪氏小苑，绿杨旅社，汪氏盐商住宅，阮家祠堂等文物古迹被省政府确认为第五批省级文物保护单位。

10月26日　东关小学举办百年校庆。

10月29日　扬州中学举办百年校庆。

是月　在全国花样游泳锦标赛上，广陵籍运动员赵迟梅获集体组合冠军。

11月27日　红十字医院与市妇幼保健院实行资产联合重组。区机关事业单位实施城镇职工基本医疗保险。

12月1日　广陵区资产管理有限公司成立。

12月10日　区卫生防疫站撤销，成立广陵区卫生监督所和广陵区疾病预防控制中心。

2003年

1月1日　广陵区社区服务中心成立。这是扬州市首家县级社区服务机构。

1月5～9日　政协广陵区第六届委员会第一次会议召开。会议选举产生政协广陵区第六届委员会常务委员会，马恒宝当选主席。

1月6～10日　广陵区第六届人民代表大会第一次会议召开。会议选举产生区第六届人大常务委员会，卢穗明当选区人大常委会主任，王玉新当选区政府区长。

1月9日　专为市区困难群体建造的连运小区定销房工程开工建设。

4月15日　区政府成立以区长王玉新任总指挥的非典型肺炎（简称“非典”）防治工作指挥部。全区上下紧急动员，加强监控防范，未发生“非典”确诊和疑似病例。

5月1日　市区户籍管理制度实行改革。取消农业户口、非农业户口等各类户口性质，居民按照居住地登记户口，统称居民户口。

5月18日　王玉新任中共广陵区委书记。

5月27日　区六届人大常委会第四次会议接受王玉新辞去区长职务，决定任命孔令俊为区政府副区长并代理区长。

5月28日　古巷风情游首游式在工艺美术大楼举行。

7月4～5日　市区普降暴雨、特大暴雨。洼字街、南河下等地段受灾，部分居民住宅、商铺、厂房进水。市、区领导现场指挥居民搬家及防洪排涝。

7月12日　区防汛防旱指挥部决定对廖家沟徐庄坍塌段进行抛石护岸。

8月8日　区委、区政府召开全区深化企业改革动员大会

10月28日　广陵区就河东分区的功能定位、总体布局、道路系统、绿地景观规划进行研讨。

11月16日　广陵金盾治安志愿者汶河分队成立，这是扬州市首家正式纳入系统管理的治安志愿者队伍。

2004年

1月7～10日　广陵区第六届人民代表大会第二次会议召开。选举孔令俊为区政府区长。

2月8日　艺蕾小学舞蹈《雁归来》在全国第一届中小学生艺术展中获小学表演类一等奖。

3月18日　新华社、中央电视台《新闻联播》全文播发2000年11月18日江泽民给东关中心小学五（四）班吴霜同学的回信，勉励吴霜及全校师生“努力使自己成为国家的有用之才，将来为祖国繁荣、人民幸福和人

类进步事业作出自己的一份贡献”。

3月21日 区委召开常委扩大会，就学习江泽民回信精神研究贯彻意见。会议决定今后每年3月18日为广陵区青少年道德教育宣传日。

4月18日 广陵区召开发展民营经济、促进全民创业大会。

是日 宁启铁路扬州段试运行。

4月29日 区委、区政府举行广陵区劳动模范命名表彰大会。

5月2日 夜间，位于市区东北部的扬州废旧钢材市场正在中和的液氯钢瓶排放出大量氯气，造成部分居民不适。市、区领导迅速赶到现场指挥救助。

5月11～14日 全国13城区人大工作研讨会第六次会议在广陵区召开。

5月19～20日 中国社会工作协会街道委员会常委会在广陵区文峰街道召开。

6月1日 扬州培智学校挂牌成为江苏省特殊教育现代化示范学校。

6月11日 国家艺术体操后备人才培训基地在广陵区成立。

6月26日 在扬州市举办的土地拍卖会上，广陵区东部区域的3块土地均以每亩超百万元的价格成功拍出。

6月29日 东关街道琼花观社区成立全省首个公推直选党委班子。

7月6日 广陵区社区工作者协会成立。这是江苏省首家社区工作者协会。

是月 扬州清曲被列入全省13个民族民间文化保护工程试点项目。

9月18日 韩国大田市东区政府代表团访问广陵区。孔令俊向韩国国际交流文化院院长金珍培颁发广陵区荣誉市民证书。

10月24日 广陵体育代表团在扬州市第十届运动会上获得金牌总数和总分双第一的优异成绩。

10月27～28日 江苏省市辖区档案工作研讨会第十二次会议在广陵区召开。

12月4日 广陵区在曲江小商品市场举办外来务工人员学法普法宣传活动暨《新扬州人学法普法手册》赠书仪式。

12月6日 “新扬州十景”评选活动揭晓。文昌广场、曲江公园、古运河风光带——东关古渡、汪氏小苑入选。

12月19日 扬州清曲出版首部音像专辑。

2005年

1月13日 广陵区获省委、省政府授予“社会治安安全县（市、区）”称号。

是月起 区党政机关干部贯彻保持共产党员先进性教育活动要求，落实“走门串户、联系群众”制度，组织开展系列化活动。

3月4日 广陵区成立家庭教育总站。

3月15日 湾头镇二桥东升气体有限公司发生医用氧气瓶化学性爆炸事故。

3月18日 广陵区信息中心成立，中国广陵网站暨区政务网电子政务办公系统开通。

4月18日 吴道台宅第建成开放，内设扬州中医博物馆。

4月25日 区委、区政府召开政府机构改革动员会议。

4月30日 润扬长江大桥通车。

5月2日 首个扬州市民日活动启动。

5月5日 市区开通扬州——镇江公交旅游客运专线。

5月27～28日 中国民办教育高层论坛在北京新东方扬州外国语学校举行。

6月6日 广陵产业园食品加工区启动建设。17日，香港锦通食品加工项目签订入园协议。

7月18日 “12345”政府公开电话开通。

8月6日 广陵区首届邻里节在文峰街道宝塔社区举行启动仪式。

9月1日 湾头镇“兴盛”牙刷入选2005年中国名牌产品。

10月 在第十届全国运动会上，广陵籍运动员张磊获女子跳水团体冠军。区政府被授予“全国群众体育先进单位”称号。

11月12日 参加全国“四进社区”会议活动的各地100多名代表参观广陵区曲江街道文昌花园社区。

12月20日 全区被征地农民领取基本生活保障卡。

2006年

1月 汤汪乡开始发放农村大病统筹报销资金。

是月 何园被国家旅游局批准为AAAA级旅游景区。

4月2～3日 第二届全国儿童阅读论坛暨亲近母语教育研讨会在北京新东方扬州外国语学校举办。

4月14日 广陵少儿艺术团成立。

4月18日 《广陵年鉴》创刊出版。

5月16日 全国13城区（市）政协工作研讨会第十三次会议在广陵区召开。

5月20日 雕版印刷技艺、扬州剪纸、扬州玉雕、扬州漆器髹饰技艺、扬州评话、扬剧、扬州清曲7个项目入选第一批国家级非物质文化遗产项目。

5月25日 吴道台宅第、小盘谷、朱自清故居被国务院公布为第六批全国重点文物保护单位。

5月25～28日 中共广陵区第六次代表大会召开。会议选举产生中共广陵区第六届委员会。王玉新当选区委书记。

6月3日 城区数字化城管系统投入运行。

6月10日 扬州城遗址申报世界文化遗产工作启动。

6月26日 省文明办、省民政厅、省广电总局举办的“2006和谐江苏·文明社区环省行”扬州站启动仪式在曲江街道文昌花园社区举行。

8月7日 在民政部、中国社会工作协会召开的第二届全国社区服务发展研讨暨全国社区服务达标创优活动表彰大会上，广陵区获颁“全国社区服务示范区”称号，广陵区社区工作者协会被评为全国社区服务先进单位，宝塔社区、连运社区、文昌花园社区、四望亭社区被评为全国社区服务先进社区，区民政局局长杨齐、文昌花园社区主任郑翔被评为全国社区服务先进个人。

8月20日 在江苏省第七届“五星工程奖”决赛中，扬州清曲《芍药花儿开》和少儿芭蕾《黑白键》分获金奖。

8月24日 广陵产业园食品加工区、扬州商贸物流中心开发建设指挥部成立。

8月26日 文昌大桥开工建设。

9月4日 在山西太原举办的2006国际青少年乒乓球公开赛暨国际乒联青少年巡回赛上，广陵籍选手林晨代表中国二队参赛，夺得U18组男单冠军和男团亚军。

9月26日 广陵新城建设指挥部成立。

11月7日 富春茶社、三和四美酱菜公司、光明眼镜公司、谢馥春化妆品公司被商务部认定为第一批中华老字号。

11月8日 玉雕大师汪德海设计、高级雕刻师张洋制作的作品《霄汉回翔》获第五届中国玉雕作品“天工奖”金奖。

11月10日 “全国实施《少先队辅导员工作纲要》，推进辅导员专业建设”现场研讨会在广陵区召开。

11月24～26日 江苏省第十八届“教海探航·广菱杯”征文颁奖仪式暨名特优教师教学研讨活动在广陵区举办。

11月27日 孔令俊任中共广陵区委书记。

11月30日 社区公共服务信息系统开通运行。

12月1日 区六届人大常委会第二十九次会议接受孔令俊辞去区长职务，决定任命陈锴竑为区政府副区长并代理区长。

12月15日 瘦西湖及扬州历史城区被国家文物局列入中国世界文化遗产预备名单。

2007年

1月1日 城区城市居民最低生活保障标准从每月220元提高到240元。

1月10日 扬州、泰州两地全国人大代表视察曲江街道文昌花园社区平安创建工作。

1月11日 市直工业企业属地化管理交接仪式举行。

1月16～19日 区六届人大五次会议召开。会议接受卢穗明辞去区人大常委会主任职务，补选孔令俊为区人大常委会主任、陈锴竑为区政府区长。

1月22～23日 扬州首家、苏中首批社区学院——广陵社区培训学院创建工作通过省级验收。

2月9日 个园、何园被建设部列入首批20个国家重点公园。

3月4日 扬州盐业中心库入驻商贸物流中心。

是月 扬州“三把刀”列入省级非物质文化遗产项目。

4月1日 北京新东方扬州外国语学校举办中日韩三国青少年足球交流比赛。

4月17日 位于南河下的扬州盐宗庙复建竣工开放。

4月21日 江苏信息服务产业基地（扬州）揭牌签约。

是月 广陵区在扬州广电总台《扬州新闻》栏目开设《广陵在线》专栏。

5月10日 以“共建共享和谐社会”为主题的2007“长三角”城市社区党建论坛在广陵区举办。中共广陵区委介绍了社区党建经验，与会代表发布《“长三角”城市社区党建论坛共同宣言》。

6月15日 扬州食品工业园管理委员会挂牌办公。

6月18日 扬州商贸物流中心更名为扬州商贸物流园。

6月25日 文昌商圈党建工作联席会建立。

是月 广陵区获“全国少先队辅导员专业化建设优秀试验基地”称号。

7月6日 曲江农民培训基地挂牌成立。这是扬州首家被征地农民培训基地。

7月26日 阮家祠堂被确定为省首批名人故居（纪念馆）、古民居保护工程。

8月5日 中央电视台和新东方教育集团联合举办的第二届POP全国少儿英语风采大赛半决赛在北京新东方扬州外国语学校举行。

8月11日 “双东”（东关街、东圈门）地区改造、复兴工程启动。

8月13日 广陵籍运动员林晨在第二十四届世界大学生运动会上与队友合作夺得乒乓球男子团体、混双冠军。

8月19日 广陵区乡镇全面实行垃圾袋装化处理。

8月21日 扬州首家离休干部服务站在汶河街道四望亭社区成立。

8月31日 文昌商圈行业工会联合会成立。

9月4日 广陵区在扬州市区率先实行“双向转诊”，推进“大病进医院，小病到社区”就诊。

9月13日 广陵区在《扬州日报》开设“广陵时政”专版，是扬州各县（市、区）中首家在市委党报开设专版。

10月10日 区选举委员会召开全区首次区、乡两级人民代表大会同步换届选举工作动员大会。

10月28日 广陵区“十大道德之星”颁奖典礼举行。颜礼高、郑翔、江鸣放等10人获奖。

11月5日 东关街道琼花观社区居民自编自演的情景剧《文化里的新生活》，在菲律宾首都马尼拉演出，参演居民受到菲律宾总统接见。

11月19日 艺蕾小学创作的少儿芭蕾舞蹈《黑白键》在全国第十四届“群星奖”总决赛中，获中国社会文化最高奖“群星奖”创作奖。

12月10日 文昌东路、沙湾路通车，京杭路开工。

12月25～28日 政协广陵区第七届委员会第一次会议召开。会议选举产生政协广陵区第七届委员会常务委员会，董德利当选主席。

12月26～29日 广陵区第七届人民代表大会第一次会议召开。会议选举产生区第七届人大常务委员会，马恒宝当选区人大常委会主任，陈错竑当选区政府区长。

2008年

1月6日 教场街区复建工程开工。

1月8日 中共中央、国务院在北京召开国家科学技术奖励大会。吴氏宅第后人、中国科学院院士、中国科学院昆明植物研究所名誉所长吴征镒，获2007年度中国国家最高科学技术奖。

1月13日 扬州市政府公布第四批市级文物保护单位63家，广陵境域46处古建筑、17处近现代重要史迹及代表性建筑入选。

1月26日 文化部公布第二批国家级非物质文化遗产项目代表性传承人名单。扬剧艺术家李开敏、汪琴，扬州评话艺术家王丽堂、李信堂入选。

2月19日 区属民营企业东方吊架有限公司攻克世界难题，用其自主创新的接触网补偿装置成功替换京津城际快客电气化补偿装置，并通过铁道部组织的国家技术审查。在世界电气化铁路120多年发展史上，中国人第一次拥有原创性知识产权。

3月12日 意大利玛切嘉利集团高精度钢制品部件项目落户广陵产业园。意大利总统乔治·纳波利塔专电致贺。

4月12日 广陵区实施的“双东”街区小街巷整治工程全面竣工。东至马家巷，南至东圈门，北至盐阜东路，西至国庆路范围内的38条小街巷总长5000多米经整治后尽显古色古香韵味。

4月18日 2008中国扬州“烟花三月”国际经贸旅游节开幕式在“双东”历史文化街区举办。

4月21日 江苏信息服务产业基地（扬州）获“江苏现代服务业集聚区”授牌，获“中国声谷”称号。

5月9日 为民办实事工程——连运汇金农贸市场开工建设。

5月18日 江苏信息服务产业基地（扬州）二期工程暨信息服务大厦开工建设。同日，商贸物流园运河港奠基。

5月26日 2008北京奥运会圣火传递活动在市区举行。

5月29日 广陵区与扬州市侨办共建新加坡商务办事处签约仪式举行。

6月4日 扬州市区调整行政区划。邗江区沙头镇大众村、高桥村，中兴村项一、项二组，霍桥社区迎春河以北区域划归广陵区汤汪乡管辖。该区域面积8.5平方千米，人口约8000人。区划调整后，广陵辖区面积77.66平方千米，人口约31.43万人。

6月7日 国务院批准公布由文化部确定的第二批国家级非物质文化遗产名录和第一批国家级非物质文化遗产扩展项目。扬州弹词、扬州盆景技艺、金银细工制作技艺、富春茶点制作技艺入选第二批国家级非物质文化遗产名录，广陵琴派入选第一批国家级非物质文化遗产扩展项目。

7月21日 人力资源和社会保障部批准广陵产业园设立博士后科研工作站。

7月28日 “京杭之心”工程开工建设。

8月7日 扬州市首家社区邻里中心在曲江街道文昌花园社区建成。

8月30日 中国企业联合会和中国企业家协会在银川发布2008年中国企业500强评选结果。广陵区曲江商品城有限公司、亚龙农副产品批发市场有限公司入选中国服务业企业500强，分列第206位、第392位。

9月8日 省长罗志军走访广陵区沙口小学慰问广大教师。

9月14～15日 十一届全国人大澳门特别行政区代表团视察“双东”历史文化街区、个园。

9月18日 中国电信江苏呼叫中心签约入驻江苏信息服务产业基地（扬州）。

9月20日 历史文化风情街——东关街开街。

9月24日 扬州市政府主办、广陵区政府承办的“2008中国·扬州信息服务外包产业论坛”活动在南京举办。

9月25日 2008中国扬州世界运河名城博览会暨运河名城专家论坛，在广陵区古运河畔东门遗址广场开幕。

10月17日 中国留学人员创业园联盟发起仪式及第一届理事会第一次会议暨江苏信息服务产业基地（扬州）留学人员创业园成立活动，在江苏信息服务产业基地（扬州）举行。

10月25日 广陵新城党工委、管委会成立。

10月27日 沿运河六城区政协主席年会在广陵区召开。

11月22日 朱自清诞辰110周年纪念活动在朱自清故居举行。

11月26日 广陵区纪念改革开放30周年暨建区25周年庆祝大会在市体育馆举行。

12月5～6日 首届中国数字城乡论坛暨技术产品展示交易会在广陵区举办。

2009年

1月16日 广陵区儿童业余体校获评江苏省首批三星级业余体校。是月，该校被国家体育总局命名为国家高水平体育后备人才基地。

1月19日 海沃机械、江新电子等8家企业9个产品获评江苏省高新技术产品。

2月 广陵区被文化部授予“中国民间文化艺术之乡”称号。

3月15～18日 2009年中国扬州·广陵投资环境与商机说明会在香港九龙香格里拉大酒店举行。区委书记孔令俊接受新华社和港澳地区凤凰卫视、澳亚卫视、《大公报》、《文汇报》、《商报》等12家媒体的集中采访。

3月26日 浙江大学公共管理学院和“新农网”中国农民工（蓝领）研究院发布《2008年中国农民工（蓝领）报告》，评选“扬州三把刀”为十佳劳务品牌之一。

3月27日 广陵区通过“一折通”平台将2009年粮食直补和农资综合补贴资金发放到种粮农户。水稻直补每亩20元，农资综合直补每亩69元。

3月29日 “扬州网·中国广陵”网站开通。

是月 广陵区通过小康社会达标验收。

4月12～15日 全国少年宫工作研究会常务理事会在扬州少年宫东部活动中心召开。

4月14日 东关街民居式主题酒店——长乐客栈开业。

4月18日 参加“院士专家广陵行”活动的中国工程院院士、清华大学教授吴澄和清华大学教授范玉顺等在江苏信息产业基地（扬州）参观走访。

4月25日 教育部、科技部主办，教育部留学服务中心、科技部火炬中心和区政府联合承办的第四届“春晖杯”中国留学人员创新创业大赛新闻发布会，在江苏信息服务产业基地（扬州）召开。“春晖杯”中国留学人员创新创业大赛组委会与区政府在江苏信息服务产业基地（扬州）共同举办“春晖杯”创业大赛扬州广陵网上视频项目洽谈会。

4月28日 广陵区、清华大学美术学院在江苏信息服务产业基地举办“2009清华国际设计管理大会扬州论坛”活动。

4月29日 扬州市首家社区司法站在曲江街道新星社区成立。

5月6日 广陵区被卫生部确定为第二批艾滋病综合防治中央与省共建示范区。

5月7日 江苏省首家县级人大代表培训中心在汤汪乡成立。

6月6日 广陵区承办2009年江苏省“桩基”杯体育舞蹈公开赛。

6月13日 中央电视台科教频道“2009中国记忆——中国文化遗产日电视直播行动”,对东门遗址广场非物质文化遗产技艺展演展示活动进行实况直播。

6月15日 广陵区首批再生资源增值税退税兑付,获退税44.5万元。

6月24日 飞驰动力科技有限公司被认定为第二批省科技型中心企业。这是继怡丰通讯设备公司、扬州电力设备修造厂之后,广陵区第3家获此认定的企业。

7月14日 广陵区10名运动员参加2009年扬州市武术比赛,以7枚金牌、总分92分的成绩,获金牌、总分双第一。

7月15日 全国首个社区博士工作站——南京大学扬州社区博士工作站在曲江街道文昌花园社区揭牌成立。

7月21日 在市委宣传部、市委农工办、市环保局与《扬州晚报》联合举办的“寻找最美乡村”活动中,湾头镇万福村获评扬州最美乡村。

7月24日 广陵区通过省级实现消除碘缺乏病目标县级考核评估。

7月25日 广陵区代表队在2009年“金阳光杯”江苏省少儿艺术体操比赛中获金牌6枚。其中,广陵一队获团体总分第一名。

8月5日 广陵区举办首届大学生村官论坛活动。

8月19日 文峰塔鬃刷“PAGODA”品牌、兴盛刷业“兴盛”品牌获评2009～2010年度扬州市出口品牌。

9月10日 江上青入选中宣部等11部委组织评选的“100位为新中国作出突出贡献的英雄模范人物”。

9月18日 江上青、朱自清、曹起溍、高仁林入选“50位为新中国作出突出贡献的江苏英雄模范人物”和“50位新中国成立以来感动江苏人物”。

9月23日 商贸物流园被省经信委认定为第四批江苏省重点物流基地。

9月25日 第三届中国扬州世界运河名城博览会在东关古渡广场开幕。

9月26日 世界运河名城博览会永久性会址奠基。永久性会址位于广陵新城的核心——京杭之心,规划建成举办世界运河名城博览会及论坛等国际性大型活动的重要场所,由会议中心、服务中心和水景广场组成,地上建筑面积15000平方米。

10月1日 曹起溍故居暨事迹陈列馆(东关街336号)修复落成并对外开放。

10月10日 区政府公布第一批区级非物质文化遗产代表作名录。

10月12～15日 全国综合实践活动教学观摩研讨会暨学术年会在广陵区召开。

10月19日 广陵区获民政部颁发的“全国和谐社区建设示范城区”称号,曲江街道文昌花园社区获“全国和谐社区建设示范社区”称号。

10月26日 广陵区首个企业院士工作站——中电科技扬州宝军电子有限公司企业院士工作站暨江苏省卫星定位导航工程技术研究中心揭牌成立。

是月 广陵区(电子信息)高新技术创业服务中心被认定为省级高新技术创业服务中心,实现省级以上科技企业孵化器零的突破。

11月27日 东方吊架公司自主创新研发的电气化铁道接触网恒张力弹簧补偿装置在第六届国际专利名牌博览会上获特别金奖。

是月 省政府授予广陵区“江苏省教育现代化建设先进区”称号。广陵区城市廉政文化圈被省纪委、省委宣传部、省级机关党工委等9部门评定为省级廉政文化建设示范点。

12月12日 新华社以《江苏创新机制推动“两新组织”党建有效覆盖》为题,报道广陵区开展文昌商圈党建工作情况。

12月14～16日 《扬州日报》头版《党报观察》栏目连续三天推出“创新转型看广陵”系列报道:《广陵发展之道》《广陵谋略制胜》和《创新活力之源》。

2010 年

1 月 12 日 广陵区被省人民政府授予“江苏省社区卫生服务先进区”称号。

1 月 15 日 全球最大中文搜索引擎百度落户“中国声谷”江苏信息服务产业基地。

2 月 9 日 广陵区政府和美国 Matrix 集团“光电科技创新与平板显示产业发展战略合作项目签约仪式”在扬州迎宾馆举行。

4 月 21 日 2010 中国·扬州信息服务外包大会暨数字扬州展示体验中心开展仪式在江苏信息服务产业基地（扬州）举行。

5 月 2 日 广陵区举行创新创业人才、项目颁奖仪式，重奖俞昌、孙祖越、冯晖 3 名博士 500 万元。

5 月 18 ~ 22 日 全国 15 城区人大工作研讨会在广陵区举行。

6 月 12 日 经文化部、国家文物局批准，中国文化报社、中国文物报社主办的第二批中国历史文化名街评选在苏州揭晓，东关街入选。

6 月 26 日 育才小学西校区在新城西区建成。

7 月 21 ~ 22 日 以程万琦会长为首的世界华人协会及美国哈佛基金会一行 10 多人到广陵进行投资考察和访问。广陵区在扬州迎宾馆举行投资环境推介暨商务交流会。

8 月 14 日 “中国声谷杯”扬州大学生村官创新创业大赛在北京新东方扬州外国语学校举办。广陵区“大学生村官圆梦基金”启动运行。

9 月 14 日 扬州评话大师王丽堂获中国曲艺“牡丹奖”终身成就奖。

10 月 10 日 陈锴竑任中共广陵区委书记。

10 月 29 日 区七届人大常委会第二十一次会议接受陈锴竑辞去区长职务，任命陈曦代理区政府区长。

11 月 21 日 广陵区创建文明城志愿者协会第一次会议召开。

11 月 23 日 富春茶社 120 周年店庆暨中国驰名商标“富春”授牌仪式举行。

12 月 14 日 广陵区综合应急救援大队成立。

12 月 15 日 “2010 华人华侨专业人士创业广陵行”活动举行。

12 月 16 日 “中国声谷·IT 时代周刊创刊十周年庆典暨第六届 CEO 年会”在北京昆仑饭店举办。“中国声谷”江苏信息产业基地（扬州）在会上获最佳园区奖。

12 月 26 日 广陵新城“京杭之心”开坝引水。

12 月 29 日 扬州万方电子技术有限公司企业院士工作站揭牌成立。

2011 年

1 月 5 ~ 8 日 区七届人大四次会议召开。补选陈曦为区政府区长。

1 月 16 日 位于东关街中段的宝苏钱币艺术馆开馆，是扬州首家私人公益性展示馆。

是月 汶河街道获评江苏省和谐建设示范街道。

3 月 8 日 曲江街道文昌花园社区党委书记、主任郑翔当选第六届“江苏十大女杰”。

3 月 26 日 全国差异教学实验学校联盟首届论坛活动在广陵区举办。

4 月 18 日 位于东门遗址广场北侧的马可·波罗纪念馆开馆。

4 月 21 日 2011 中国扬州软件和信息服务外包大会暨中国软件出口（服务外包）峰会在江苏信息服务产业基地（扬州）举办。广陵区政府获“2010 中国软件和服务外包政府推进”奖。

6 月 3 日 “创业扬州·青春启航”行动暨扬州市大学生村官创业服务中心揭牌仪式在东关街道花局里街区举行。

6 月 10 ~ 12 日 中共广陵区第七次代表大会召开。会议选举产生中共广陵区第七届委员会。陈锴竑当选区委书记。

7月10日 广陵区开展公开选拔大学生村官、社区“主官”任前集体谈话活动。

是月 在全国艺术体操冠军赛上，广陵籍运动员钱晓蕾与队友合作获得集体全能冠军。

8月18日 市区被征地农民社会养老保险启动实施暨首批集中参保发放仪式在文峰街道广场举行。

8月21日 扬州建城2500周年城庆广场暨科技馆工程开工。

9月26日 中国扬州世界运河名城博览会永久会址在广陵新城京杭之心正式启用。2011中国扬州世界运河名城博览会暨首届全球设计城市峰会在永久性会址开幕。

9月28日 交通银行金融服务中心（扬州）项目落户广陵新城。

9月30日 新华日报报业集团、中国国家地理杂志社、江苏省旅游协会、江苏省摄影家协会联合发起的“走进江苏——江苏最美的地方”推选活动结果揭晓。个园、何园分列四星第2位、第3位，茱萸湾景区名列四星第12位，“双东”历史文化街区名列三星第26位。

10月10日 位于东关街道韦家井6号的辛亥革命先驱熊成基故居整修开放。

10月17日 “紫金成长壹号·运河帆影”科技创新型企业集合信托债权基金发行。

11月12日 扬州市调整部分行政区划，原邗江区的李典、沙头、头桥、杭集、泰安5个镇并入广陵区。调整后，广陵区总面积341平方千米，人口49.65万人。

11月24日 扬州市“美好城乡建设行动”启动仪式在杭集镇举行。

11月25日 杭集镇被全国爱卫会通报确认为国家卫生乡镇。

12月1日 “海沃·优”全球最大多级油缸生产基地启用仪式在广陵产业园举行。

12月8日 沙头镇的胡笔江故居（北宅）入选第三批江苏省名人故居、古民居抢救保护工程。

12月29日 世界运河名城博览会永久性会址、南门遗址博物馆、北京新东方扬州外国语学校入选“扬州市新世纪十大精致建筑”。

是年 广陵区获“‘十一·五’省人口协调发展先进区”“省计划生育服务先进区”“全国计划生育优质服务先进区”称号。

2012年

1月9日 “巩固创建成果，推行文明积分”活动暨2012年“红红火火过大年”志愿服务启动仪式在东门遗址广场举行。7月15日，东门遗址广场举行旅游志愿者队伍成立仪式，同步开通400—7100—400旅游志愿服务热线。8月16日，广陵区文明积分志愿服务网站开通。

2月13日 区法院郭祝山被授予“全国模范法官”称号。

3月6日 扬州历史上首个女子画院——扬州百花女子画院在琼花观成立。

3月15日 扬州泰州机场试飞成功。

3月24日 中国留学人员创业园联盟扬州产业化基地揭牌。江苏信息服务产业基地（扬州）留创园晋升“国字号”。同日，“留学报国”大型主题活动新闻发布会暨扬州七二三文化科技园、中国留学人员创业园联盟扬州产业化基地揭牌仪式在江苏信息服务产业基地（扬州）举行，宣布“留学报国”主题活动正式启动。

3月25日 由广陵区和世界最大的创业者社区Efactor合作举办的“Made For China”创业大赛全球总决赛在广陵新城京杭会议中心举行。

3月26日 利安人寿保险公司全国电话销售中心暨利安人寿扬州分公司入驻江苏信息服务产业基地（扬州）。

4月4日 江上青烈士史料陈列馆开馆。

4月17日 海峡两岸（扬州）农业合作试验区农业特色产业基地合作签约，广陵首届乐活节开幕。

4月18日 交通银行金融服务中心（扬州）大厦奠基典礼在广陵新城举行。

5月8日 扬州泰州机场正式通航。

5月28日 广陵区国家税务局成立。

6月28日 广陵区曲江街道文昌花园社区党委获中组部授予“全国创先争优先进基层党组织”称号。

7月20日 广陵区地方税务局成立。

8月10日 全球最大的软件开发生产商微软（中国）旗下直属的扬州微软IT学院，在江苏信息服务产业基地二期12号楼广场举行学院揭牌仪式。

是月 二轮《广陵区志》篇目设计通过市级评审。

9月1日 国家自然科学二等奖获得者、中组部“千人计划”特聘专家卢寿福博士创办的扬州氟药科技有限公司开业仪式在广陵经济开发区举行。

9月23日 广陵区行政服务中心投入运行。

9月28日 广陵区举行设计瑰谷（扬州）创智园、扬州723文化科技园开园仪式。

10月10日 广陵区质监局成立。

10月31日 广陵区在上海举行广陵经济开发区液压产业基地产业说明会，现场签约项目4个。

11月8～14日 文昌花园社区党委书记郑翔作为江苏省社区党组织书记代表，出席中共第十八届全国代表大会。

11月10日 汶河小学在京杭会议中心举行建校100周年庆典，海内外近千名校友共聚母校庆祝建校百年华诞。

11月13日 区政府召开推进开展二轮修志工作动员大会。区政府副区长、区地方志年鉴编纂委员会副主任王涛与区各承编部门单位签订《广陵区志（1989～2011）》修志工作责任书。

11月28日 广陵区在头桥镇举行头桥、泰安、沙头三镇镇村公交集中开通仪式。至此，广陵实现行政村客运班车通达率100%，镇村公交通达率100%，在全市率先实现镇村公交全覆盖。

12月15日 广陵区举行广陵经济开发区揭牌暨成立十周年庆典仪式。

12月17日 李典镇田桥村入选首届江苏最美乡村。2015年2月28日，李典镇田桥村获得“全国文明村”称号。

12月 财政部农业综合开发办公室正式批复，同意广陵区新增为国家农业综合开发项目县。

是年 国家中医药管理局授予广陵区“全国社区中医药工作先进单位”称号。广陵区获“江苏省诗词之乡”称号。育才小学、文昌花园社区分别获“江苏省诗教先进单位”称号。东关街道宋都社区居民徐茂舜当选中国好人榜“诚实守信好人”。沙头镇“暴走妈妈”颜彩霞当选中国好人榜“孝老爱亲好人”。

2013年

1月28日 广陵区举行腾讯电子商务运营中心项目签约仪式。

2月8日 广陵区首批“文明驿站”亮相街头，为游客、市民提供免费茶水、交通指引、手机充电等服务。

2月16日 全国旅游景区质量等级评定委员会正式批准东关历史文化旅游区（即“双东”历史街区）为国家AAAA级旅游景区。

2月21日 省旅游局、省住房城乡建设厅公布15个省特色景观旅游名镇（乡），广陵区泰安镇名列其中。

2月27日 总投资30亿元的生命人寿保险股份有限公司环球金融城项目和总投资10亿元的东方国际食品城二期项目正式开工。

3月29日 中国红十字总会首家托老所——扬州曜阳琼花观社区托老所正式投入运营。

4月1日 东关街试行步行街管理。

4月13日 首届广陵国际“童玩节”在北京新东方扬州外国语学校开幕。

4月17日 新万福路工程开工。

是日 广陵美丽田园乐活节活动举行。

4月18日 国际盆景协会成立50周年庆典在东关街街南书屋举行。

4月19日 北京新东方扬州外国语学校举行建校10周年活动。

4月27日 广陵区运动健儿在全国艺术体操竞标赛暨全运会测试赛上，获得2金、1银好成绩。广陵籍国家青奥队队员金珂冰，获少年集体团体总分和少年集体全能两项第一名；广陵籍省队运动员吴思嘉获少年集体全能第二名。

4月28日 区政府表彰乔红勇等39人为区级“劳动模范”。这是广陵区新一轮区划调整后的首次“劳动模范”评选。

4月29日 广陵区首届市民节暨市民运动会在杭集镇市民广场举行。

5月7日 中华诗词学会授予广陵区“中华诗词之乡”称号。

5月9日 工信部科技公司公布“2013年工业品牌培育试点企业”名单，扬农股份、扬农集团两家企业名列其中，为扬州市企业首次获批。

6月17日 曲江街道新星社区被中国科协和财政部评为“国家级科普示范社区”，这是继文峰街道连福社区后第二次获此殊荣。

7月8日 广陵区中小企业应急互助协会正式成立，招募35家会员企业，筹集互助资金2000万元，区财政引导资金1500万元，互助资金总规模达3500万元。

8月23～26日 由广陵区人民政府、市文联、俄罗斯国立列宾美术学院主办的“2013年俄罗斯列宾美术学院画家作品展”在广陵新城京杭之心展出。

9月6日 广陵区召开新四军和华中抗日根据地研究会成立大会。市新四军研究会会长洪军、区委副书记赵长松参加会议。

9与13日 中国科协海智计划扬州工作基地挂牌，广陵区海智工作基地揭牌。

9月18日 意大利驻华大使白达宁与意大利驻沪总领事德卢卡到广陵经济开发区进行考察。白达宁一行参观了意大利在华最大投资项目玛切嘉利工厂。

9月25日 广陵区首家非公有制企业职工维权机制法律援助工作站在杭集镇两面针集团有限公司挂牌成立。

10月19～20日 2013年“江苏省青少年体育俱乐部艺术体操比赛暨国际青少年体育俱乐部艺术体操交流赛”在南京举行。广陵区艺术体操队的25名运动员获得3金、1银的好成绩，并获得精神文明代表队称号。

10月20日 扬州市“十大孝星”和“十佳老人”评选活动揭晓，广陵区汶河街道居家养老服务员李桂芳、曲江街道文昌花园社区居民潘晓丽获评为扬州市“十大孝星”，汶河街道荷花池社区居民王继宗获评为扬州市“十佳老人”，东关街道琼花观社区、汶河街道荷花池社区、李典镇敬老院获评为第一届扬州市“敬老文明号”先进单位。

11月4日 广陵区省级农业龙头企业——扬州五亭食品有限公司在第二届国家主食加工示范企业评比中，被农业部评为国家主食加工示范企业。

11月17日 由区政府主办的海峡两岸（扬州·广陵）农业合作实验区商机说明会在福建漳州举行。来自海峡两岸23家企业、5家行业协会的50名客商代表共聚一堂，共谋发展。

12月7日 扬州首家社区银行——江苏银行联谊支行社区银行挂牌成立。

12月9日 总部位于江苏信息服务产业基地（扬州）的金泉网在AIM板（创业板）挂牌上市，成为扬州市第一家互联网上市企业和首家在英国上市企业。

12月20日 区社科联、区文联成立大会暨第一次代表大会召开。

是月 扬州市调整部分代管区域。广陵区泰安镇、杭集镇以及湾头镇夏桥村、二桥村（由泰安镇代管），划归生态科技新城代管。

2014年

1月13日 正谊书院国学教育研究会揭牌仪式在正谊书院·董子祠大殿举行。

1月24日 全国首批社会工作服务示范地区、社区和单位名单在北京揭晓，文昌花园社区和琼花观社区被评为示范社区。

2月22日　全区党的群众路线教育实践活动动员大会召开。至10月，历时8个月，经历学习教育、查摆问题、开展批评、整改落实等环节，深查“四风”方面存在的问题。

3月5日　扬州首家“志愿者学校”在区委党校挂牌成立。

3月11日　扬州公共自行车租赁业务试运行。

4月17日　广陵区和天津泰达集团举行Y—MSD项目签约仪式。

4月26日　中国扬州（广陵）明清古城历史文化街区主题酒店、文创书店投资恳谈会在何园举行。

6月11日　以“绿色设计助力全球可持续发展”为主题的2014世界绿色设计论坛扬州峰会暨世界绿色设计博览会在广陵新城京杭之心开幕。

6月22日　中国大运河成功入选《世界遗产名录》，扬州境内6段河道、10个遗产点入列，成为运河沿线城市中入选《世界遗产名录》最多的城市。古运河广陵段是大运河最古老的一段。扬州入列的10个遗产点中4个位于广陵辖区，分别为个园、汪鲁门宅、盐宗庙、卢绍绪宅。茱萸湾清代古闸为后续遗产点。

8月6日　扬州皇冠假日酒店开业。酒店占地总面积2.39公顷，总建筑面积为5.3万平方米，总投资5亿元。

8月18日　廖家沟城市中央公园项目开工。

8月31日　大洋造船“SPP35多功能海洋平台供应船推广项目”获批2014年度省工业和信息产业转型升级专项中高端发展类新技术新产品推广应用重大项目，获得500万元资金扶持，是扬州市唯一新技术新产品推广应用类重大项目。

9月25日　古运河、个园等世界遗产标志揭牌。

10月23日　广陵区被省国土厅表彰为2012～2013年度江苏省国土资源节约集约模范区。

10月29～30日　中国地方志学会城市区志专业委员会第二十五届学术年会在广陵区举行。中国地方志指导小组办公室副主任、中国地方志学会秘书长、全国城市区志专业委员会会长邱新立，江苏省地方志办公室主任方未艾和扬州市、广陵区有关领导出席开幕式。副区长、区地方志年鉴编纂委员会副主任王涛在开幕式上致辞。来自全国22个省、自治区、直辖市59个城市和市辖区的专家学者、地方志工作者参加会议。

11月1日　民政部公布200个示范街道和1000个示范社区，文昌花园社区蝉联“全国和谐社区建设示范社区”称号。曲江街道和东关街道琼花观社区新当选为“全国和谐社区建设示范街道”和“全国和谐社区建设示范社区”。

11月22日　在中国发明协会等单位主办的第八届国际发明展览会上，广陵区企业代表团获得金奖1枚、银奖6枚、铜奖8枚。

12月18日　全市首个保税仓库——江苏鑫农食品公共型保税仓库在食品产业园正式启用并投入运营。

12月28日　连淮扬镇铁路扬州段在李典镇举行开工建设仪式。

12月31日　文昌阁广场举行迎城庆跨年群众联欢活动。

2015年

1月12日　汶河街道养老护理员李桂芳获“全国孝亲敬老之星”称号。

是日　曲江街道被中国社区工作协会授予“全国社区服务型党组织建设示范街道”称号。

1月15日　广陵区获省“现代民政示范区”称号，成为苏中地区唯一获此殊荣的县（市、区）。

1月20日　李宁体育园项目场馆正式封顶。10月18日，李宁体育园开园。该项目于2013年9月正式动工建设，项目占地面积13.3公顷。

2月6日　中国网络视频行业领导企业——优酷土豆集团与江苏（扬州）信息产业基地正式签订投资合作及租赁协议，打造全国唯一后台服务中心。

是日　教场社区科普馆面向社会免费开放，成为扬州老城区首个社区科普馆。

2月13日 湾头社区卫生服务中心被省科协审核评定为江苏省超声医学工程学会科技服务站。

3月3日 汶河小学少先队大队获"第三届全国未成年人思想道德建设工作先进单位"称号。

3月12日 江苏阿尼信息技术股份有限公司成功在全国中小企业股份转让系统公司举行"新三板"专场挂牌仪式，股票代码为831728，成为广陵区首家登陆"新三板"并正式挂牌的企业。

3月23日 全国内河最大跨径钢结构大桥——新江扬大桥正式通车。新万福路主线基本贯通。

3月25日 曲江街道文昌花园社区获首批"全国民主法治示范社区"称号。

3月27日 广陵经济开发区滨河路（扬霍路—北辅道）工程竣工，总长度为2360米，设计标准为城市次级主干道。

4月2日 广陵区与中交集团水运规划设计院签订合作协议，总投资约120亿元的中交新型城镇化项目正式落户广陵区。

4月4日 建于湾头镇江扬船厂旧址上的大型停车场投入使用，该停车场面积约2.5万平方米，有1500个停车位，是扬州市区最大的露天停车场。

4月9日 省政府在扬州召开全省公共体育服务体系示范区推进会，命名广陵区等49个县（市、区）为第一批江苏省公共体育服务体系示范区。

4月19日 "中国声谷"杯2015扬州鉴真国际半程马拉松赛暨全国半程马拉松锦标赛在广陵新城开跑。3.5万名扬州本地以及来自全国各地和国外的选手参加比赛。

4月21日 住房和城乡建设部、国家文物局公布第一批30个中国历史文化街区名单，南河下历史文化街区入选。

是日 第九届扬州软件和信息服务外包大会暨"互联网+"产业发展论坛在广陵新城拉开帷幕。

4月29日 2014年度广陵区"4+4+N基层社区治理模式"获评江苏基层社会治理十大创新成果。

5月20日 以"绿色设计助力'绿色化'"为主题的2015世界绿色设计论坛扬州峰会暨世界绿色设计博览会在广陵新城京杭之心开幕，来自20多个国家和地区的800多位嘉宾参加开幕式，中外企业220多家参展。

是日 "中国意大利绿色设计产业园·众创空间""设计瑰谷·文峰分园"在广陵区正式揭牌。

5月23日 全区"三严三实"专题党课暨专题教育部署会议召开，区委书记陈锴竑为全区乡科级正职以上党员领导干部上专题党课。

5月30日 扬州水立方乐园开业。项目占地面积9.8公顷，总投资5.9亿元，是集娱乐、休闲、运动为一体的大型水上乐园。

6月5日 江苏智途科技股份有限公司"新三板"专场挂牌上市敲钟仪式在北京全国股转系统公司举行。该公司4月21日登陆"新三版"资本市场，成为江苏信息服务产业基地第3家上市企业。

6月6日 江苏省第十届"泛沿江体育带"全民健身大联动主会场活动在广陵新城体育公园马拉松广场举行。

6月30日 利佰液压、扬力铸锻2个总投资10亿元以上工业重大项目通过市重大项目新开工、新竣工认定。

7月5日 江苏省首条"全民智道"在曲江体育休闲公园启用。

7月17日 省商务厅"江苏老字号"认定委员会公布第一批"江苏老字号"名单，春生洗染有限公司、蒋家桥饺面馆、三和四美酱菜有限公司五福酱菜3家企业获得"江苏老字号"称号。同时，扬州富春茶社、谢馥春、绿杨春、共和春、三和四美、光明眼镜、大德生7家"中华老字号"企业通过申请，自动成为"江苏老字号"。

7月20日 省政府表彰2014年度国土资源节约集约模范区，广陵区综合排名全省第一，连续三年受到表彰，获得用地指标奖励33.33公顷。

8月8日 "金狮奖·第四届全国木偶皮影剧（节）目展演"开幕式在广陵新城京杭之心举行。本次展演活动由国际木偶联会中国中心、中国木偶皮影艺术学会、江苏省文化厅、市政府联合主办，市委宣传部、市文广新局、广陵区政府、扬州报业传媒集团承办。

9月12日 "中外丝路城市美食文化交流扬州活动周"扬州食品产业合作恳谈会暨中意（扬州）食品产

业园揭牌仪式举行。

9月13日 扬州首家24小时城市书房在广陵新城正式揭牌。

9月20日 扬州迎2500城庆重点工程——万福大桥建成通车。

9月22日 毓贤街阮元广场、淮海路扬州中学院士广场建成开放。

9月24日 区行政服务中心"一照一码"受理窗口工作人员向扬州森林环境净化有限公司发放全新的"一照一码"营业执照。这是广陵区诞生的首张"一照一码"营业执照。新的营业执照取代原"三证合一"的营业执照、税务登记证和组织机构代码证3个证照，改为一份营业执照承担上述3个证照原有的功能。

9月26日 位于广陵新城的扬州市民中心（包括市政务服务中心、市妇女儿童活动中心、市青少年活动中心和市科技馆）建成启用。

是日 广陵新城迎城庆童画园正式开园。李宁体育园试运营仪式暨市民趣味运动会开幕式举行。国庆路（北段）综合整治工程竣工暨亮灯仪式举行。

9月29日～10月13日 古运河举行花船巡游。

10月1日 扬州市在位于广陵新城的市民广场举行升旗仪式，庆祝新中国成立66周年和扬州建城2500周年。

10月13日 文昌商圈首个立体停车库——位于时代广场南侧的紫藤园立体停车库建成。

10月16日 《广陵区志（1989～2011）》志稿复审会在京杭会议中心召开。此次会议邀请中国地方志指导小组办公室专家及上海等有关省市地方志专家学者，对新区志稿进行全面评审和指导。

10月18日 李宁体育公园正式开园。

10月26日 食品产业园顺利创成省级"工业化和信息化融合"实验区，标志着广陵区由"制造"向"智造"迈出新步伐。

10月29日 区食品·液压·设计产业招商说明会在意大利米兰世博园中国馆举行，同时，中意（扬州）食品产业园驻欧洲办事处正式揭牌。

11月3日 广陵区获2016～2020年度江苏省科普示范区称号。

11月8日 大洋造船有限公司为希腊船东建造的首制8.2万载重吨散货船DY6001顺利下水。

11月13日 中国特色旅游商品评选揭晓，汶河街道仁丰里文化旅游发展有限公司文创产品剪纸宫扇获银奖。

是日 汶河街道"旌忠寺社区传统文化嘉年华"微视频在"全国首届传统文化进社区微视频大赛"上获三等奖。

11月18日 "广陵区价格认证中心"增挂"广陵区价格认定局"的牌子。

11月28日 城市南部快速通道工程开工建设。

12月2日 徐凝门大街创成2015年度省级城市管理示范路。

12月11日 扬州银泰酒业商贸有限公司领取全市第一张食品经营许可证，实现食品流通许可证和餐饮服务许可证"双证合一"，新证有效期从旧证的三年延长至五年。

12月15日 市地方志办公室在广陵区召开《广陵区志（1989～2011）》志稿终审会。市地方志办公室主任宗金林宣读同意志稿通过终审的结论。区长、区地方志年鉴编纂委员会主任陈曦，区委副书记、区地方志年鉴编纂委员会副主任赵长松，副区长、区地方志年鉴编纂委员会副主任王涛等参加会议。

12月18日 扬农集团获批"2015年度江苏省企业院士工作站"。

12月25日 东关街获评"2015年度江苏省价格诚信一条街"。

2016年

1月7日 北京大学创业训练营江苏基地在广陵新城江苏信息产业基地（扬州）挂牌成立。

1月11～14日 区八届人大五次会议召开，补选赵长松为区人大常委会主任。

1月22日 广陵经济开发区重大项目建设国际化合作获突破性进展，总投资50亿元的中德梅泰尔液压装备项目和总投资53亿元的扬州国经中欧高端医疗设备研发中心项目入选省2016年重大项目，实现入选省重大项目库的“零突破”。

1月28日 2016“返乡学子看扬城”活动举行。来自北京大学、清华大学、上海交大等多所高校的150名扬州籍在校大学生，先后参观了城庆广场、万福大桥等项目，走访了江苏信息产业基地（扬州）、食品工业园等开发园区和知名企业。

2月1日 《扬州历史文化名城保护规划》获省政府批准实施。确定东关街、仁丰里、湾子街和南河下等4个历史文化街区，保护范围面积分别为32.47公顷、12.07公顷、32.50公顷、22.35公顷。

2月4日 张长金任中共广陵区委书记。

2月14日 广陵区与南京邮电大学在广陵新城举行全面合作签约仪式，双方合作共建南京邮电大学扬州研究院、南京邮电大学实习实训与就业中心、南京邮电大学通达学院广陵分部。

2月25日 扬州泰州机场升级国际机场。

3月14日 宇辰产业园科技服务有限公司被省经信委评定为“省级中小企业公共服务三星级平台”，是扬州唯一获评的社会化服务机构。

4月12日 连淮扬镇铁路首榀箱梁在李典镇段成功架设。

4月16日 第三届（2016）互联网金融扬州峰会暨高端人才互联网金融发展论坛在广陵区举行。

4月17日 2016中国·扬州“烟花三月”国际经贸旅游节广陵区商机说明会在广陵新城京杭之心举行。商贸物流园与广东林安物流集团和香港金海岸集团正式签订投资总额分别为2亿美元的物流总部经济项目和3000万美元的电子商务大厦项目。

是日 夹江国际乡村生态度假区推介会暨广陵区第五届乡村旅游乐活节在沙头镇西江生态园举行。

4月18日 扬州城市南部快速通道渡江南路隧道开工建设。

4月19日 广陵旅游志愿者总队被授予“2015年度江苏省优秀旅游志愿服务组织”称号。

4月21日 沙湾南路沙河大桥建成。沙河大桥建设始于2014年9月，是沙湾南路项目中唯一一座大桥，全长128.9米。

4月28日 广陵新城廖家沟城市中央公园体育拓展训练中心足球场建成投用。

5月2日 国家专项建设基金项目名单公示，区“古城停车场体系建设”“中德梅泰尔液压零部件一期”两项目被列入国家发改委专项建设基金计划（2016第二批），项目总投资13.5亿元。

5月4日 《扬州市历史地名保护名录》通过专家评审。广陵区被保护的地名为：文昌路（琼花观街 琼花路 三元巷 三元路 县府街 石塔巷 石塔路）、泰州路、南通路、盐阜路、淮海路（新马路 府西街 县西街）、国庆路（辕门大街 教场大街 运司大街）、广陵路（左卫街 缺口大街 江都路）、甘泉路（甘泉大街 小东门街 多子街）、渡江路（砖街）、汶河路、四望亭路（西门街 县学街）、史可法路、高桥路、便益门大街、广储门大街、天宁门街。

5月12日 中国音乐文学学会扬州广陵创作基地成立仪式在梅花书院举行。

5月13日 位于李典镇的江苏优创数控设备有限公司成为全区首个获批市级院士工作站的企业。

5月16日 日本壬生寺和扬州文峰寺共同建造的新鉴真像乘“新鉴真”号轮船顺利抵达日本奈良。此次制作的两尊新鉴真像，一尊供奉在日本壬生寺，另一尊供奉在扬州文峰寺。

是日 扬州迎来首列正式载客运营的动车组列车，宁启铁路正式开通动车组列车，扬州迈入“动车时代”。

5月20日 2016世界绿色设计论坛暨世界绿色设计博览会在京杭之心举办。

5月22日 荷花池农贸市场进行市场改造，政府予以拨款专项资金300多万元。

是日 扬州主城区公交车全部开通免费WIFI。

5月26日 汇银集团与东方食品城签约，组建扬州首座大型跨境购物体验基地。

是日 省经信委公布2016年度江苏省科技小巨人企业名单，上扬无线射频科技扬州有限公司成为广陵区首家获此殊荣的企业。是月，该公司与中科院合作的“医用超高频RFID标签的研发及产业化”顺利通过验收，成功进入江苏省重大科技成果转化专项资金项目。

6月4日 文峰街道文峰村“扬州好人”刘俊当选“中国好人”。

6月8日 区科技镇长团创业投资基金成立暨首批项目投资签约仪式在京杭会议中心举行。

是日 国际自我保健基金会世界健康城市奖专家考察团，到汤汪保健中心考察广陵区基层卫生工作情况。

6月15日 区教育学会被省教育学会评为2013～2015年度江苏省先进教育学会。

6月16日 由英国LE PON (UK) LIMITED集团投资设立的惠宁医院项目正式获批，该项目注册资本9800万美元，是广陵区历史上单体项目规模最大的服务业外资项目。

6月18日 “乐虎全球家”扬州综合保税区进口商品体验基地正式开放。该基地位于扬州商贸物流园内，是扬州最大规模的综保区进口商品直销中心。

6月27日 第三届国土资源节约集约模范县（市）表彰会在北京举行，广陵区被国土资源部授予国土资源节约集约模范县（市）称号。

6月29日 琼花观社区党委获全省先进基层党组织称号。

6月30日 美团·大众点评全国运营中心正式落户中国声谷·江苏信息服务产业基地。

是日 中央文明办在浙江舟山举办全国道德模范与身边好人现场交流活动，广陵区凌万兵被评为“助人为乐”中国好人。

7月1日 中国包子博物馆正式落户食品产业园。

7月2日 运河锦园南侧生态体育休闲公园建成向市民开放。

7月8日 “扬州30部传世名著”正式发布。《春秋繁露注》《吴普本草》《扬州画舫录》《广陵潮》等30部名著入选，时间从汉代直至近现代，内容涵盖文史、社科、自然等种类。

是日 “最美书店”钟书阁扬州广陵店在珍园建成开业。

7月15日 区八届人大常委会第三十二次会议接受陈曦辞去区长职务，决定任命徐长金代理区政府区长。

是日 区高标准厂房建设项目再次获得省工业和信息化转型升级50万元资金奖励，同时还获得“面向小微企业高标准厂房租金减免”扶持资金50万元。成为市唯一获得这两个项目扶持的县（市、区）。

7月18日 区首届食品产业跨境电商全球峰会在西园大酒店举行。

7月20日 区委书记张长金围绕“两学一做”学习教育主题，在广陵新城为党员干部上《学用结合，知行合一，为“迈上新台阶、建设新广陵”再立新功》专题党课。

7月27～30日 中共广陵区第八次代表大会召开。会议选举产生中共广陵区第八届委员会。选举张长金、徐长金、刁顺勤、周鸿钧、李斌桃、郭长明、王涛、李刘杰、王峰、喻智荣为八届委员会常务委员。张长金当选区委书记，徐长金、刁顺勤当选区委副书记。李刘杰当选区纪委书记。

7月28日 在“大中型企业互联网化提升”类中，广陵区联环药业、青岛啤酒、帝一集团、海沃机械、中电宝军和通用电梯6家企业的项目共获得630万元资金补助，项目数量占扬州市区的三分之二，位列市、区第一。中国创谷获批省级互联网众创园全市唯一项目，获补资金100万元；海润软件获批市唯一软件产业项目，获得奖补资金60万元。

7月30日 2016年上海艺术体操交流赛在上海市体育职业大学举办。广陵区艺术体操队11名小选手参加比赛，张瑾萱获冠军。

是月 广陵区获国土资源部奖励33.33公顷用地指标。

8月8日 广陵区文广扬剧团成立仪式暨首场演出在沙头镇市民广场隆重举行。

8月12日 上扬无线射频科技扬州有限公司获批2016年度江苏省科技小巨人企业。自2012年底成立以来，“上扬”已成功闯入全球倒封装芯片被动式RFID标签生产商第一梯队，跻身全球行业前四名。

是日 广陵新城投资发展有限公司成功通过国家发改委发债核准，决定对外发行公司债券15亿元。

8月15日 区2016年第三期“双月论坛”暨新当选区、乡两级党委委员和纪委委员“两个责任”专题辅导报告会在京杭会议中心举行。中纪委宣传部原副部长、中国纪检监察报社原社长李本刚应邀作“坚持从严治党，落实好‘两个责任’”主题讲座。

8月16～19日 2016年江苏省少年儿童跳水锦标赛在市体育公园举行，广陵区跳水队11名小运动员代表扬州市参加丙组男、女子比赛，取得5金、2银、1铜，114分的成绩，列奖牌榜第二。

8月18日 总投资21亿元的国经中欧医疗器械项目和总投资10亿元的融汇大厦项目正式开工。广陵新城融汇大厦项目占地2公顷，总建筑面积10万平方米。

8月22日 辽宁卫视《中国好人》之《凌万兵的幸福》播出，镜头记录中国好人凌万兵的公益之路。

8月25日 位于文昌东路与京杭中路交汇口京和商业街一期项目正式封顶。规划总建筑面积12.03万平方米，主要建设综合性商业项目，包括精品商业、餐饮、创意办公等。

8月29日 市委书记谢正义到广陵区专题督导“两学一做”学习教育工作。

是日 《人民日报》要闻版刊发大幅新闻图片，关注翠月嘉苑社区开展非遗进社区群众性文化活动。

8月31日 李典镇在第二批全国学习型乡镇（街道）评选中，被授予“全国农村优秀学习型乡镇”称号。

9月10日 三湾公园广陵段建成，免费向市民开放。

9月14日 市委书记谢正义调研国庆路、渡江路改造工程。要求以敬畏历史文化、打造城市核心价值的自觉，积极探索新模式，改造老街道、重振老字号、寻找老味道，推动古城保护、更新与利用工作不断迈上新台阶。

9月23日 “2016丝路美食扬州汇暨印度周”食品产业恳谈会在扬举办。区委书记张长金出席会议，代区长徐长金作专题推介。印度驻上海总领事古光明，意大利对华友协主席、前议长艾琳·皮维蒂，意大利驻上海总领事裴思泛等嘉宾参加活动。

9月24日 《中国名镇志文化工程·扬州湾头镇志》编修工作项目推进会在湾头镇召开。中国地方志指导小组办公室和省、市地方志办公室相关领导、专家参加会议。

10月1日 国庆路、渡江路改造提升工程正式竣工通车，沿街建筑古色古香，充分展现广陵古城风韵。

10月10日 位于廖家沟东侧的1912小镇一期工程全部建成，正式对市民开放。小镇位于万福路北侧，太平闸东侧，总占地面积5.5万平方米，总建设面积为2.2万平方米。

10月14日 区委书记张长金率领区四套班子全体党员领导干部集体赴市廉政文化展示馆参观学习“2011～2016扬州市反腐倡廉成果展”。

是日 辖区扬州电力设备修造厂有限公司自主研发的“下一代核电核级阀门驱动装置”项目成功获批江苏省重大科技成果转化专项资金项目资助。

10月19日 市委书记谢正义在广陵区宣讲市第七次党代会精神。

是日 广陵经济开发区3D打印建筑示范项目在“3D打印建筑未来——佳源盈创全面战略合作新闻发布会”上正式签约。代区长徐长金，区委副书记刁顺勤等出席项目签约仪式，并参观盈创建筑科技（上海）有限公司苏州工厂。

10月20日 老红军范德明获颁“中国工农红军长征胜利80周年”纪念章。

11月4日 位于宝塔南路的扬州英谛车材实业有限公司，获江苏省“紫峰奖”成长型企业奖项。

11月11日 第27届全国城区体育工作研讨会在广陵区开幕。来自全国21个省、市、自治区的150余名代表进行交流讨论。

11月14日 玉雕大师汪德海设计的玉雕作品《梦启天国》获得2016中国玉石雕刻“天工奖”金奖。

11月26日 区经信委组织申报的扬州东方吊架有限公司“DFZKB-1位移传感全自动控制升降装置”新产品顺利通过省级鉴定。

11月28日 扬州中微生物技术有限公司“控缓释型微量元素动物营养补充剂”项目获评省“双创优秀博士”创业类项目。

12月5日 省委宣讲团赴广陵区开展集中宣讲活动。省委委员、省环保厅党组书记、厅长陈蒙蒙作宣讲报告。

12月9日 省科技厅下发2016年度江苏省工程技术研究中心立项结果公示名单，广陵区有江苏省乳业生物工程技术研究中心、江苏省无线射频识别工程技术研究中心、江苏省智能配网工程技术研究中心入选。

12 月 14 日 市委常委、市纪委书记李航率检查考核组到广陵区检查考核 2016 年度党风廉政建设责任制落实情况。

12 月 20 日 区四套班子领导对湾头玉器特色小镇建设进行专题调研。

是日 江苏省水利机械制造有限公司的水环境立体式高效清理成套装备研发及产业化项目成功获批省重大科技成果转化项目，获 1000 万元专项资金。

12 月 22 日 连淮扬镇铁路扬州站站场（东部综合交通枢纽）开工仪式举行。

12 月 29 日 广陵区举行 2016 年招商引资投资环境推介大赛。

是月 东关街道琼花观社区和文峰街道联谊路社区获 2016 年度全国综合减灾示范社区表彰。

2017 年

1 月 4 日 市国土资源局专家验收组对广陵区耕地占补平衡和城乡建设用地增减挂钩复垦项目进行验收。2016 年度区共计完成占补平衡复垦项目 6 个，净增耕地 11.96 公顷；增减挂钩项目 23 个，新增农用地 23.59 公顷，其中耕地 23.44 公顷。

1 月 9 日 扬州城遗址被列为国家大遗址保护“十三五”专项规划重点工程。

是日 区老年体育协会、区扬州清曲传承发展研究会、广陵琼花社会工作发展中心、区心飞翔社会工作室、区圆福社会工作服务中心和区锦帆社会工作服务中心获 2016 年度“江苏省示范性社会组织”称号。

是日 区安康职业培训学校申报的“安康”品牌被省工商局评为江苏省著名商标。

1 月 10 日 东关街盐商住宅冬荣园正式对外开放。

1 月 11 日 总投资 20 亿元的林安物流项目正式落户商贸物流园区。

是日 《何园保护规划》获省政府批准，成为扬州城区历史上首家且是唯一获得省政府批复保护规划的文保单位。

1 月 13 日 区财政局“研究生实践基地”获批省级研究生工作站，成为广陵区政府机关首家拥有省级研究生工作站的部门。

1 月 13 ~ 15 日 首届江苏优质稻米暨品牌杂粮博览会在南京江苏农展馆举办。广陵品牌翠京元绿色稻鸭米获“江苏好大米”银奖。

1 月 15 ~ 18 日 政协广陵区第九届委员会第一次会议召开。会议选举产生政协区第九届委员会常务委员会，刘春晓当选主席，丁卫社、居益芬、胡明寿、阚永明当选副主席。

1 月 15 日 扬州首个“智慧菜市场”——广陵区荷花池农贸市场完成升级改造。

1 月 16 ~ 19 日 广陵区第九届人民代表大会第一次会议召开。会议选举产生区第九届人大常务委员会，赵长松当选区人大常委会主任，张华、李成志、周家富当选区人大常委会副主任。徐长金当选区政府区长，王峰、孟亚东、王早东、李建芳、游杰、叶浩当选区政府副区长。

1 月 20 日 市委书记谢正义全程参加并指导广陵区委常委班子民主生活会。

1 月 22 日 旨在帮助残疾人共享发展成果、共奔小康、弘扬社会正能量的“共享芬芳·爱在广陵”大型励志文艺演出在京杭会议中心进行。来自江苏星光残疾人艺术团的 40 多名演员为观众呈现了精彩的文艺演出。

1 月 26 日 万福大桥、东关街城楼等处悬挂祥和喜庆的巨幅大红春联，营造出浓厚的新春节日氛围。

第一篇

政区 环境

要　目

第一章　建置区划……………………………… 29

第一节　建　置……………………………… 29

第二节　区　划……………………………… 30

第二章　自然环境……………………………… 34

第一节　地质　地貌　……………………………… 34

第二节　土　壤……………………………… 34

第三节　水　系　……………………………… 37

第四节　气　候……………………………… 41

第五节　物　候……………………………… 42

第六节　动植物……………………………… 44

第七节　自然灾害……………………………… 46

广陵区是扬州市的市辖区，长期为扬州市政治、经济、文化中心。位于江苏省中部，扬州市南部，地理坐标为北纬 32° 24′、东经 119° 26′。东接江都区，西与邗江区接壤，南与镇江市隔江相望，北濒邵伯湖与江都区交界。辖区东西最大距离 16.3 千米，南北最大距离 38.5 千米。2011 年，辖区面积 341 平方千米。中共扬州市广陵区委员会（简称区委）、扬州市广陵区人民政府（简称区政府）驻扬州市文昌中路 548 号。

广陵区地处长江下游北岸的三角洲区和宁镇扬丘陵区交界处，属沿江平原区。整体地势平坦，东宽西窄，地势自西向东微倾。土壤类型以水稻土、潮土类为主。土壤养分较为丰富，质地总体良好，十分有利粮食、蔬菜及林木生产。至 2011 年，区内耕地面积 1.07 万公顷。

区内河、湖分属长江、淮河两大水系。水网密集，水资源丰富，南傍长江，古运河、京杭大运河、廖家沟三条河流呈“川”字型南北贯通境内。全区水域面积 78 平方千米，江河堤防长度 135.98 千米。区内骨干河道 266 条，长 1363.84 千米，其中区属河道 13 条、乡镇属河道 253 条。

广陵区为北亚热带湿润气候区，雨量充沛，四季分明。湿地资源丰富，自然环境优越，为区内动物、植物的生长繁衍，提供良好的环境条件。

第一章　建置　区划

第一节　建　置

1983 年，江苏省实行市管县体制改革，撤销扬州地区行政公署，设立地级扬州市。原扬州市城区设广陵区，为县级建置。下辖广陵、汶河、城南、东关 4 个街道办事处，共有居委会 91 个，人口 24.31 万人，辖区面积 16 平方千米。

1989 年，广陵区境域范围：东至京杭大运河，南至七里河，西至蒿草河，北至蜀冈南沿、邗沟路，均与郊区交界。辖区面积 24 平方千米，人口 29.49 万人。下辖广陵、汶河、城南、东关 4 个街道办事处、119 个居委会。

图 1-1-1　1983 年广陵区行政区划图

2002 年，扬州市行政区划调整，郊区城东乡并入汤汪乡后连同湾头镇划归广陵区管辖。境域范围：东至金湾河、头道桥、廖家沟，与江都市交界；南至横沟河、大众港一线，与邗江区交界；西至二道河，与郊区为界；北至茱萸湾，与郊区为界。北城河以北至邗沟路划归郊区管辖。辖区面积 67 平方千米，人口 30.15 万人。下辖曲江、文峰、东关、汶河 4 个街道办事处和湾头镇、汤汪乡 2 个乡镇，共有行政村 21 个、社区居委会 46 个。

图 1-1-2　2002 年广陵区行政区划图

2008 年，市政府对市区行政区划作微调，将邗江区沙头镇大众村、高桥村，中兴村项一、项二组，霍桥社区迎春河以北区域划归广陵区汤汪乡管辖。广陵区境域范围：东、西、北部不变，南部扩至迎春河。辖区面积 77.66 平方千米，人口 31.43 万人。有行政村 24

图 1-1-3　2008 年广陵区区域图

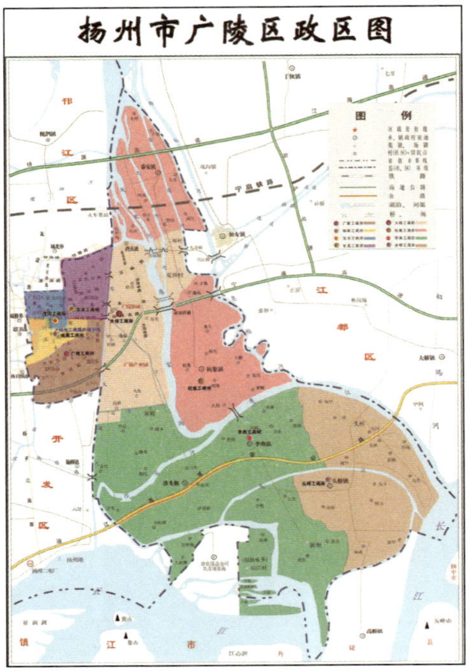

图 1-1-4　2011 年广陵区政区图

个、社区居委会 48 个。

2011 年，扬州市部分行政区划进行调整，邗江区头桥、李典、沙头、杭集、泰安 5 个镇划归广陵区管辖。境域范围：东至高水河、芒稻河、夹江一线，与江都区相邻；南至长江，与镇江市隔江相望；西至二道河、京杭大运河，与邗江区相邻；北至邵伯湖，与江都区相邻。辖区面积 341 平方千米，人口 49.65 万人。下辖头桥、李典、沙头、杭集、湾头、泰安、汤汪 7 个乡镇和曲江、文峰、东关、汶河 4 个街道办事处，有行政村 83 个、社区居委会 56 个。

第二节　区　划

1989 年，广陵区辖城南、广陵、东关、汶河 4 个街道办事处，有 119 个居委会。

1989 年广陵区居民委员会情况一览表

表 1-1-1

街道	居民委员会
城南	通扬东路、联谊、引市街、渡江南路、皮坊街、三里桥、万元桥、渡江路、永宁宫、工人第一新村、粮食新村、文峰、东花园、宝塔、安墩、南河下、大水湾、南门街、运河南、康山、三元桥、下铺街、迎新路、通扬桥、水上第一、水上第二、徐凝门、丁家湾、龙头关、土坝桥、南通路、钞关、屈巷、仓巷
广陵	皮市街、北柳巷、永胜街、湾子街、国庆路、古旗亭、新胜街、埂子街、安乐巷、板井、玉井、江都南路、宛虹桥、北河下、广陵路、缺口街、泰州路、蒋家桥、康复、跃进桥、沙南、沙中、立新路、大庆路、长生寺、江都北路、曲江、运河路、教场、辕门桥
东关	彩衣街、天宁门、广储门、梅花、窦庄新村、薛家巷、体育场、大草巷、新古巷、解放桥、东关、安家巷、马家巷、工人第二新村、石狮子巷、便益门、高桥、黄金坝、洼字街、二畔铺、新民、桑园、五台山、五里庙、运西、运东、探花巷、琼花观
汶河	文化宫、旌忠、赞花、通泗、石塔桥南、苏农、仁丰里、新华、汶河、石塔、备战桥、凤凰桥、梅岭、友谊路、南湖、丰乐、大虹桥、念四、甘泉、粉妆、星桥、淮海、西门街、大东门、贾庄、四望、萃园桥

1991 年，广陵街道建立王巷居委会和罗湾街居委会，汶河街道建立梅庄居委会、安庄居委会和孙庄居委会，东关街道建立老虎山居委会。

1993 年，城南街道建立荷花池居委会、扬联新村居委会、潘桥路居委会、八大家居委会、化工新村居委会和刘庄居委会，汶河街道建立邵庄居委会、双桥路居委会、瘦西湖居委会、长春路居委会、新庄居委会、相别路居委会和扬州医学院家属委员会，广陵街道建立跃进桥居委会，东关街道建立顾庄居委会。

图 1-1-5　文昌阁——广陵区地标性建筑

1996 年，东关街道建立桑园北村居委会。

1997 年，撤销化工新村居委会、潘桥路居委会，分别改建为扬州制药厂家属委员会、扬州供电局家属委员会。

1999 年 8 月，区政府决定调整居委会辖区范围，区内居委会和家属委员会调整为 126 个，其中居委会 117 个、家属委员会 9 个。

1999 年广陵区居委会（家属委员会）情况一览表

表 1-1-2

街道	居民委员会（家属委员会）
城　南	徐凝门、丁家湾、南河下、新仓巷、渡江路、龙头关、下铺街、南门街、安墩巷、荷花池、土坝桥、运河南路、大水湾、东花园、刘庄、八大家、联谊路、皮坊街、三里桥、渡江南路、工人第一新村、文峰路、宝塔路、粮食新村、通扬桥、扬联新村、裴庄、水上第一、水上第二、扬州制药厂家属委员会、扬州冶金厂家属委员会、扬州柴油机厂家属委员会、苏北人民医院家属委员会、扬州曙光厂家属委员会、扬州大学工学院家属委员会、扬州供电局家属委员会
广　陵	教场、辕门桥、国庆路、古旗亭、永胜街、湾子街、皮市街、广陵路、跃进桥、沙北四村、沙北一村、康复巷、城东路、施井路、沙北三村、沙北二村、沙南居委会、王巷、沙中一村、曲江、运河西路、罗湾街、安乐巷、泰州路、大流芳巷、曲江北路
东　关	天宁门、彩衣街、探花巷、薛家巷、琼花观、解放桥、东关、大草巷、治淮新村、少年宫、广储门、新民、洼字街、桑园北村、二畔铺、顾庄、五台山、五里庙、茱萸湾、花家巷、窦庄、马庄、工人第二新村、石狮子巷、便益门、高桥、老虎山、黄金坝
汶　河	星桥、甘泉路、萃园桥、旌忠寺、文化宫、皇宫、大东门、丰乐、梅岭新村、建隆巷、凤凰桥、安庄、友谊路、叶公桥、四望亭、石塔、淮海路、树人苑、柳湖南苑、贾庄、念四桥、扬子江北路、王庄、瘦西湖、梅庄、新庄、西苑、杨庄、秋南苑、春竹苑、夏荷苑、秋桂苑、冬梅苑、苏农、扬州大学师范学院家属委员会、扬州大学医学院家属委员会

2000 年 1 月，建立康乐新村居委会。

2001 年起，各街道逐步实施体制改革，组建社区居委会，撤销原居民委员会。社区居委会一般由 1 ～ 5 个原居委会（部分）组成，城南街道办事处建立荷花池社区居委会、东花园社区居委会和八大家社区居委会，东关街道办事处建立琼花观社区居委会、个园社区居委会、东关街社区居委会，广陵街道办事处建立沙中一村社区居委会、沙北三村社区居委会、古旗亭社区居委会，汶河街道办事处建立淮海路社区居委会、叶公桥社区居委会。

2002 年 1 月，市政府调整市区部分行政区划。广陵区东关街道办事处的花家巷、窦庄、马庄、工人第二新村、石狮子巷、便益门、高桥、老虎山、黄金坝 9 个居委会，汶河街道办事处的丰乐、梅岭新村、建隆巷、凤凰桥、安庄、友谊路、叶公桥、柳湖南苑、贾庄、念四桥、扬子江北路、王庄、瘦西湖、梅庄、新庄、西苑、秋南苑、春竹苑、夏荷苑、秋桂苑、冬梅苑、苏农、扬大师范学院、康乐新村、杨庄 25 个居委会（家属委员会），城南街道办事处的土坝桥、扬联新村、裴庄、水上第一、水上第二、曙光厂、工学院、供电局 8 个居委会（家属委员会）划入郊区管辖。区划调整后，广陵区辖东关、汶河、城南、广陵 4 个街道办事处和汤汪乡，共 87 个居委会、14 个村委会。

2002年1月，明确郊区湾头镇划归广陵区代管。以原城东乡的行政区域设立曲江街道办事处。城南街道办事处和广陵街道办事处分别更名为文峰街道办事处和辕门街道办事处。辕门街道建立沙北二村社区居委会和施井路社区居委会。东关街道建立彩衣街社区居委会和宋都社区居委会。

2002年3月，广陵区撤销辕门街道办事处。其所辖的教场、辕门桥、古旗亭、罗湾街、国庆路、永胜街、广陵路、湾子街、安乐巷、皮市街、泰州路、大流芳巷12个居委会划归东关街道办事处管辖，跃进桥、曲江、沙北一村、沙北二村、沙北三村、沙北四村、康复巷、城东路、施井路、沙南、运河西路、王巷、曲江北路、沙中一村14个居委会划归曲江街道办事处管辖，曲江街道办事处文峰村和渡江村划归文峰街道办事处管辖，文峰街道办事处渡江路、新仓巷、丁家湾、南河下、徐凝门5个居委会划归东关街道办事处管辖，文峰街道办事处苏北医院、下铺街、龙头关、南门街、安墩巷、荷花池、通扬桥7个居委会划归汶河街道办事处管辖，东关街道办事处五台山、五里庙、茱萸湾、二畔铺、桑园北村、顾庄、洼字街、新民路8个居委会和文峰街道办事处运河南路、大水湾、东花园、刘庄4个居委会划归曲江街道办事处管辖。

2002年8月，曲江街道办事处建立五里庙社区居委会、顾庄社区居委会、二畔铺社区居委会、洼字街社区居委会、解放桥社区居委会、沙口社区居委会、沙北社区居委会、跃进桥社区居委会、沙南社区居委会、施井社区居委会、东花园社区居委会和新星社区居委会，文峰街道办事处建立皮坊街社区居委会、渡江南路社区居委会、三里桥社区居委会、联谊路社区居委会、宝塔社区居委会、化工社区居委会和八大家社区居委会，东关街道办事处建立皮市街社区居委会、古旗亭社区居委会、教场社区居委会、渡江路社区居委会、徐凝门街社区居委会、新仓巷社区居委会和何园社区居委会，汶河街道办事处建立四望亭社区居委会、石塔社区居委会、皇宫社区居委会、树人苑社区居委会、通泗社区居委会、旌忠寺社区居委会、常府社区居委会、龙头关社区居委会、南门街社区居委会、荷花池社区居委会和小码头社区居委会，湾头镇建立茱萸湾社区居委会。

2002年10月，湾头镇划归广陵区管辖。

至2002年年底，广陵区共有社区居委会46个、行政村21个。

2002年广陵区社区居委会情况一览表

表1-1-3

街道(乡镇)	社区居委会数(个)	社区居委会
曲江街道	12	五里庙、顾庄、二畔铺、洼字街、解放桥、沙口、沙北、跃进桥、沙南、施井、东花园、新星
文峰街道	8	渡江南路、皮坊街、宝塔、三里桥、联谊路、八大家、化工、连运
东关街道	12	琼花观、个园、东关街、宋都、彩衣街、教场、渡江路、古旗亭、皮市街、新仓巷、何园、徐凝门街
汶河街道	11	四望亭、石塔、皇宫、树人苑、通泗、旌忠寺、常府、龙头关、南门街、荷花池、小码头
湾头镇	2	茱萸湾、湾头
汤汪乡	1	汤汪

2002年广陵区行政村情况一览表

表1-1-4

街道(乡镇)	村民委员会数(个)	名称
曲江街道	6	施井、沙口、新民、新农、新星、太平
文峰街道	2	文峰、渡江
湾头镇	7	夏桥、二桥、万福、联合、沙联、田庄、万寿
汤汪乡	6	连运、九龙、同心、横沟、龙泉、宦桥

2004年11月,湾头镇建立壁虎坝社区居委会。

2008年5月,广陵产业园成立严安村村民委员会。同年6月,市政府再次对市区行政区划作出调整。邗江区沙头镇的大众村、高桥村,中兴村的项一、项二组,霍桥社区迎春河以北区域划归广陵区汤汪乡管辖。同年10月,曲江街道施井村与施井社区居委会合并,建立新农村;沙口村与沙口社区居委会合并。

2009年,汤汪乡新增九龙湾社区居委会。

2010年,文峰街道新增连福社区居委会。

2011年11月,邗江区头桥、李典、沙头、杭集、泰安5个镇划入广陵区。

至2011年底,广陵区辖头桥、李典、沙头、杭集、泰安、湾头、汤汪7个乡镇,曲江、文峰、东关、汶河4个街道,共11个乡级政区,56个社区居民委员会,83个行政村,1364个居民小组,1734个村民小组。

2011年广陵区社区居委会情况一览表

表1-1-5

街道(乡镇)	社区居委会数(个)	社区居委会
曲江街道	13	文昌花园、东花园、施井、沙南、跃进桥、解放桥、沙口、沙北、洼字街、二畔铺、顾庄、五里庙、新星
文峰街道	9	宝塔、八大家、联谊路、皮坊街、渡江南路、三里桥、化工、连运、连福
东关街道	12	琼花观、彩衣街、东关街、个园、宋都、皮市街、古旗亭、教场、新仓巷、渡江路、何园、徐凝门街
汶河街道	11	荷花池、四望亭、龙头关、常府、旌忠寺、通泗、树人苑、石塔、皇宫、南门街、小码头
头桥镇	1	头桥
李典镇	1	李典
沙头镇	2	沙头、霍桥
杭集镇	1	杭集
泰安镇	1	泰安
湾头镇	2	茱萸湾、壁虎坝
汤汪乡	2	东昇花园、九龙湾
产业园	1	运东

2011年广陵区行政村情况一览表

表1-1-6

乡镇(街道)	村民委员会数(个)	村民委员会名称
头桥镇	15	九圣、新桥、西城、安帖、南华、大同、二桥、头桥、安阜、红平、迎新、国玉、福成、庆丰、新华
李典镇	13	黄桥、联桥、伏业、李典、伏固、田桥、恩余、秀清、新坝、长生、小乾、新滩、沿江
沙头镇	12	强民、五星、潮龙、中兴、沙头、邱卜、小虹桥、陈祠、三星、晨兴、人民滩、育新
杭集镇	10	杭集、新生、裔庙、王集、龙王、双隆、八圩、新联、夏庄、王桥
泰安镇	9	南江、七里、芒稻、勤俭、金泰、金湾、华丰、凤凰、山河
湾头镇	6	夏桥、二桥、万福、联合、沙联、田庄
汤汪乡	4	连运、九龙、同心、横沟
曲江街道	6	施井、沙口、新民、新农、新星、太平
文峰街道	2	文峰、渡江
产业园	6	龙泉、大众、万寿、宦桥、高桥、严安

第二章　自然环境

第一节　地质　地貌

在区域地质构造位置上，广陵地处下扬子地块扬州—江都断陷通扬隆起带上，北临高邮凹陷，南连仪征凹陷，东有溱潼凹陷，为一个三面由中生代凹陷包围的隆起。通扬隆起由北向东褶皱组成，卷入褶皱的地层主要为古生代和三叠纪地层，其上覆盖有较厚的第四纪、新近纪及白垩纪和侏罗纪地层。前第四纪地层属于扬子地层区下扬子地层分区。区内前第四纪地层均被松散堆积物覆盖，钻孔揭示的下伏基岩为白垩系上统浦口组，顶板埋藏深度在60米左右。岩性主要为紫红、棕红色砾岩、中细粒砂岩、泥质粉砂岩、泥岩等。

广陵区属长江冲积平原，西高东低，北高南低，东宽西窄，平均高程3.5～7.0米左右。向东为宽广的江淮平原一部分，土质以长江冲积物为主，为沉积堆积地貌，归属长江三角洲高漫滩平原，海拔1～10米。高漫滩组成物以青灰、灰黄色粉质亚砂土、粉砂土、粉质亚黏土为主。地表出露的岩性大部分为新近沉积的粉质亚砂土。

第二节　土　壤

一、种类　分布

广陵区土壤类型主要为水稻土类、潮土类、黄棕壤类三大类，以水稻土类和潮土类为主，分别属沿江农区和高沙土农区。土壤覆盖比例，水稻土类占77.70%，潮土类占21.19%，黄棕壤类占1.11%。东南部地势平坦，多分布淤泥土和粉淤土，北部地区土壤为下蜀系黄土母质，分布着小粉土、杂土、小粉沙、马肝土以及少量的黄粉土、黄土、薄层黄土。

区内水稻土类有渗育型、侧渗型、潜育型和潴育型4个亚类。渗育型水稻土主要有淤泥土1个土属，含淤泥土、油沙土2个土种，分布于沿江地区。侧渗型水稻土主要有白土1个土属，主要有小粉土、小粉白土、白土3个土种，分布于中北部地区。潜育型水稻土有黑黏土1个土属，黑黏土、腐泥土2个土种，零星分布于南部低洼地区。潴育型水稻土有马肝土1个土属，含马肝土、沙底马肝土2个土种，分布于湾头、泰安等北部地区。

潮土土类有灰潮土1个亚类。灰潮土亚类有高沙土、飞沙土、黄淤土、菜园土4个土属，水耕灰潮土有小粉沙、黄淤泥土2个土属。高沙土属有沙土1个土种，分布于高沙土地带的旱田。飞沙土属有飞沙土1个土种，沿江、北洲地区零星分布。黄淤土属有黄粉土、薄层黄粉土、黄淤土、薄层黄淤土4个土种，均分布于沿江、北洲地区旱地。菜园土属有沙底菜园土、壤质菜园土2个土种，分布于广陵近郊。小粉沙土属有小粉沙1个土种，分布于高沙土地带的旱改水田块。黄淤泥土属有黄淤泥土1个土种，分布于北洲东、西部。

黄棕壤土类有黄刚土1个土属，含薄层黄土、堆叠黄土2个土种，主要分布于广陵北部泰安、湾头等地。

二、养分

广陵区土壤pH质量分值主要集中于90分，少量为100分；从空间分布看，大部分地区分等单元pH质量分值都是90分，土壤pH值在5.8～6.5和7.5～8.3之间。广陵产业园和杭集镇小部分地区土壤pH值适中，在6.5～6.8区间内，分值为100分。

广陵区土壤有机质含量水稻土大于黄棕壤土，黄棕壤土大于潮土；以农区分，依次为沿江农区、丘陵农区、高沙土农区。广陵区耕地土壤有机质含量在2.5%左右，含量较高，适宜作物的生长发育。

根据扬州市土壤普查抽样资料，土壤氮素含量平均值为：淤泥土属0.041%，白土属0.087%，马肝土属

0.104%，高沙土属 0.065%，飞沙土属 0.08%，菜园土属中沙底菜园土 0.104%，壤质菜园土 0.024%，黄刚土属 0.082%。

土壤磷素平均值为：淤泥土属 0.034%，速效磷 4.5ppm；白土属 0.079%，速效磷 5.5ppm；马肝土属 0.127%，速效磷 15ppm；高沙土属 0.15%，速效磷 4.7ppm；飞沙土属 0.15%，速效磷 8.2ppm；菜园土属中沙底菜园土为 0.104%，速效磷 34.2ppm；壤质菜园土为 0.024%，速效磷 7.6ppm；黄刚土属 0.111%，速效磷 5.7ppm。

土壤钾素平均值为：淤泥土属 29ppm，白土属 68.1 ppm，马肝土属 84 ppm，高砂土属 52.1 ppm，飞沙土属 59.5ppm，菜园土属中沙底菜园土 47 ppm，壤质菜园土 29ppm，黄刚土属 4.3ppm。

三、等级

广陵区以 2011 年 12 月 31 日 1 ∶ 5 土地利用现状变更调查成果为基础，对境内耕地自然质量等级进行一次划定。影响耕地自然质量除土壤 pH 值、土壤有机质含量等因素外，还有表层土壤质地、耕作层厚度、障碍层距地表深度、灌溉保证率、排水条件。

广陵区区域范围内分布土壤表层质地为轻壤、中壤、重壤、黏土和沙土五类，水稻土壤质地分值分别为 100 分、80 分和 60 分，小麦土壤质地分值则为 100 分、80 分和 70 分。两种指定作物表层土壤质地质量分值分布规律基本相同。其中表层土壤质地分值为 100 分的面积占 23.27%，80 分的占 64.12%，60 分的占 12.61%。

表层土壤质地分值为 100 分的集中于湾头镇、泰安镇和杭集镇的部分地区，土壤质地以轻壤和中壤为主；表层土壤质地分值为 80 分的集中于沙头镇、李典镇、头桥镇、产业园以及杭集镇、泰安镇和汤汪乡的部分地区，土壤质地以重壤为主；表层土壤质地分值水稻 60 分和小麦 70 分的主要集中于头桥镇福成村、国玉村以及庆丰村等地区，土壤质地以黏土和沙土为主。总体来说，广陵区土壤质地良好，有利于水稻、小麦等农作物种植。

广陵区耕作层厚度整体较好，但存在一定比例的分等单元土体较薄。区内分等单元耕作层厚度质量分值绝大部分集中于 50 分，分布于沙头镇、李典镇、头桥镇、开发区、泰安镇以及杭集镇的大部分地区；少量为 80 分，零星分布于中部和南部地区；极少量为 100 分，分布在泰安镇。

2011 年广陵区土壤耕作层厚度分级及其分值标准及比例表

表 1-2-1

耕层厚度（厘米）	≥ 18	14 ～ 18	10 ～ 14	＜ 10
分级	1 级	2 级	3 级	4 级
分值	100	80	50	20
分值比例（%）	0.17	14.43	85.40	

障碍层距地表深度　土壤障碍层为耕层以下出现阻碍根系伸展或影响水分渗透的层次。根据其距地表的距离分为 3 个级别，区内土壤障碍层距地表深度整体较优，分等单元障碍层距地表深度质量分值绝大部分集中于 100 分，障碍层距地表深度均在 60 厘米以上；极少数为 50 分，分布于泰安镇。极少出现的土壤障碍层不是限制作物生长的影响因素。

2011 年广陵区土壤障碍层距地表深度分级及其分值标准和比例表

表 1-2-2

障碍层距地表深度（厘米）	60 ～ 90	30 ～ 60	＜ 30
分级	1 级	2 级	3 级
分值	100	50	20
比例（%）	99.93	0.07	

灌溉保证率　由于水稻和小麦、玉米的生态习性不同，灌水对这3种作物生长的重要性也不同，小麦、玉米属于旱作物，水稻生长期的需水量比这2种作物多、耐旱性差。灌溉保证率指标值——质量分值的量化，按指定作物水稻、小麦、玉米分别量化，分5个等级，分级界线下含上不含。

2011年广陵区农田灌溉保证率分级及其分值标准和比例表

表1-2-3

灌溉保证率		≥95%	85%～95%	70%～85%	50%～70%	<50%
分级		1级	2级	3级	4级	5级
分值	水稻	100	85	75	50	20
	小麦、玉米	100	90	80	60	30
标准		37.79	43.81	18.40		

说明：不同分级灌溉保证率

1级：充分满足，包括水田、菜地和可随时灌溉的水浇地。

2级：基本满足，有良好的灌溉系统，在关键需水生季节有灌溉保证的水浇地。

3级：一般满足，有灌溉系统，但在大旱年不能保证灌溉的水浇地。

4级：基本不能满足，灌溉系统不健全、水源无保障，基本不能满足灌溉。

5级：无灌溉条件，靠天吃饭

按作物的不同，境内水稻和小麦灌溉保证率质量分值分布有所不同。其中水稻和小麦灌溉保证率质量分值为100分的主要集中于南部沙头镇、李典镇和头桥镇，水稻85分和小麦90分的主要分布于中部开发区、杭集镇和南部头桥镇、李典镇等地区，水稻75分和小麦80分的主要分布于北部泰安镇、西部汤汪乡和中部湾头镇地区。两类指定作物灌溉保证率质量分值面积比例，水稻和小麦的灌溉保证率分级均属于一、二、三级，且一级、二级占绝大比例，有良好的灌溉系统，水源有保障，基本满足关键需水生季节指定作物的用水需求。

排水条件　排水条件是指受地形和排水体系共同影响的雨后（或灌溉后）地表积水情况，分为4个等级。境内排水条件质量分值为100分和80分两个级别，排水条件整体较优，其中排水条件质量分值为100分的分等单元主要集中于南部沙头镇、李典镇和头桥镇以及杭集镇的南部地区和汤汪乡的西部，有健全的干、支、排水沟渠，无洪涝灾害；80分集中于北部的泰安镇、中部的湾头镇以及杭集镇的北部地区，该区域排水体系健全，丰水年暴风雨有短期洪涝发生。

综合以上因素，广陵区耕地自然质量总体良好。区内共划分4个自然质量等别，二等耕地总面积517.6公顷，占区耕地总面积的4.82%，主要分布于沙头镇和头桥镇。三等地面积8659.31公顷，占区耕地总面积的80.61%，分布于全区大部分地区。四等地面积1501.36公顷，占区耕地总面积的13.97%，主要分布于头桥镇、泰安镇和产业园。五等耕地所占的比例较小，零星分布于泰安镇。

2011年广陵区农田自然质量等别面积一览表

表1-2-4　　单位：公顷

等别 / 乡镇名	二等地	三等地	四等地	五等地	合计
头桥镇	205.03	2173.71	248.38	—	2627.12
李典镇	88.80	2222.66	15.44	—	2326.90

续表 1-2-4

等别 / 乡镇名	二等地	三等地	四等地	五等地	合计
沙头镇	223.77	2105.59	—	—	2329.36
杭集镇	—	1041.12	111.36	—	1152.48
泰安镇	—	424.69	524.02	64.03	1012.74
湾头镇	—	350.51	129.65	—	480.16
汤汪乡	—	—	186.31	—	186.31
曲江街道	—	38.09	—	—	38.09
文峰街道	—	22.64	—	—	22.64
开发区	—	280.30	286.20	—	566.50
合计	517.60	8659.31	1501.36	64.03	10742.30
占耕地总面积的比重（%）	4.82	80.61	13.97	0.60	100

第三节　水　系

一、长江流域水系

（一）长江

长江水系河流分布在江淮分水岭以南沿江地区，由长江、夹江及诸入江河道组成。长江岸线西起沙头河口，东迄三江营长江与淮河入江水道交汇处的刘公闸。长江岸线在境内长 11.5 千米，水域面积 6 平方千米，平均水深 10 米。长江在区内的主要支流是：夹江（沙头河）、扇子圩河（新坝小夹江）、北洲主排河（小夹江）、镇扬港、廖家沟、石羊沟、董家沟、芒稻河 8 条。

图 1-2-1　整治后的大众港

区内长江水系还有入江河道古运河、京杭大运河、施桥送水河、迎春河、大众港、沙河、跃进河、天生套河等 10 多条。

（二）长江支流干河

夹江　原为长江故道，后因南岸沙洲堆积，逐渐形成夹江，是区内长江最大的支流。河道西自霍桥羊尾，东至三江营段，也是淮河归江主河道，长 17.68 千米，宽 500 ～ 980 米，河底高程 -20 ～ -14 米。

图 1-2-2　宜人的夹江风光

新坝小夹江　又名扇子圩河。是夹江支流。河道西起人民滩东坝，向东转南至扇子圩坝，长 4.67 千米。1972 年，在堵筑扇子圩坝的同时建通江闸，自坝向南 1.62 千米，与长江和畅洲左汊汇流，江面宽200～1000米。

北洲主排河　原名小夹江，又名北洲干河。位于南北洲之间，新中国成立后经筑坝联圩，4次疏浚，与西夹江（沙头河）接通。1980年，施桥翻水站建成，形成北洲干河，河面宽30～70米。河道西起蒋桥坝，向西稍南经施桥翻水站，又向南转东迄北洲东闸，有效长度24.7千米，河底高程-1.5～1米，河底宽10～35米。

镇扬港　是扬州市东南郊南洲与镇江市丹徒区高桥镇间的界河。自平牟桥（今跃进闸）至镇扬港口，河道长10.08千米，河面宽度100～300米。50～60年代间，南洲与高桥联圩筑坝，河道被分为两段。西段自六二大坝向西折而南至镇扬港口，长5.46千米，与和畅洲左汊汇流，东段堵闭成为圩内呆港。

廖家沟　水道北起茱萸沟（老通扬运河，今称横河），南迄羊尾与夹江合流注长江。廖家沟上游有壁虎河、新河、凤凰河、太平河诸水汇入，河面宽460～900米。民国10年（1921）实测行洪流量5802立方米/秒。新中国成立后，规划行洪流量9730立方米/秒，是淮河入江水道干流，承担淮河入江泄量81.1%。河道全长12.51千米（不含横河至万福闸段0.65千米）。

图1-2-3　廖家沟水面

石羊沟　太平闸以北的河道称太平河，长6.83千米。闸南至廖家沟段称石羊沟（又名石羊河），长3.09千米，河面宽109～355米，河底高程-5～-2米。

董家沟　金湾闸以北的河道称金湾河，长8.38千米。闸南至芒稻闸段称董家沟，河长3.94千米，河面宽105～400米，河底高程-8～0米。

芒稻河　北自芒稻闸，南至八港口汇流夹江，长9.99千米，是江都抽水机站抽引江水和排水的主河道，也是淮河归江的主河道之一。河面宽105～365米，河底高程-14～-2米。

（三）北洲水网

区内北洲水网共有河道16条，总长69.42千米。

图1-2-4　石羊沟水面

2011年广陵区主要入江河道一览表

表1-2-5

序号	河道名称	长度（千米）	河面宽度（米）	河底宽度（米）	河底高程（米）
1	施桥送水河	3.74	60～70	22.0	2.0
2	迎春河	4.00	30～40	5.0～8.0	1.0～2.0
3	大众港	3.20	30～35	2.0～3.0	0
4	横沟河	4.27	30～70	5.0～15.0	2.0
5	天生套河	5.20	30～50	3.0～5.0	0

续表 1-2-5

序号	河道名称	长度(千米)	河面宽度(米)	河底宽度(米)	河底高程(米)
6	东大港	4.80	25～30	2.0	0.5
7	连三圩河	3.40	25～30	2.5～3.5	0～0.8
8	田桥港	3.40	30～35	4.0	0.5
9	头桥港	4.49	35～40	3.0～4.0	-0.5～1.5
10	宦桥河	3.13	30	3.0～4.0	-0.5～1.5
11	十圩港	3.24	35	3.0	-0.5～1.5
12	东风河	4.55	35～40	4.0	0.5
13	沙河	7.00	50～100	20～25	2.0
14	潮龙河	5.40	30	4.0	0～0.5
15	跃进河	4.60	30	4.0～8.0	0
16	霍桥反坎河	5.00	30	4.0～6.0	0～1.0

（四）通江大、中沟

区内大、中沟 53 条，总长 144.75 千米。

2011 年广陵区通江大、中沟一览表

表 1-2-6　　单位：千米

序号	名称	长度	序号	名称	长度
1	小八江	4.47	28	五星支河	1.90
2	双丰港	2.20	29	十三圩支河	3.20
3	友谊港	3.07	30	小虹桥支河	2.60
4	八圩港	2.70	31	沙头村河	1.30
5	务本河	2.20	32	黄港支河	2.80
6	新坝主心河	3.17	33	旱田河	2.50
7	长生河	4.06	34	安圩河	1.40
8	长生一支河	2.93	35	韩万河	3.25
9	长生二支河	3.50	36	小运河	4.10
10	长生三支河	3.60	37	九圩河	2.50
11	长生四支河	4.05	38	杭集排涝河	2.02
12	6 号桥河	3	39	三官殿河	1.02
13	九五港	2.20	40	反坎河	3.15
14	新滩支河	1.40	41	中沟河	1.50
15	刘公河	1.28	42	朱家河	2.80
16	新胜河	1.80	43	七零河	1.80
17	向阳河	2.06	44	高罗河	1.10
18	同心河	4.46	45	红旗河	3
19	红旗港	2	46	团结河	1.75

续表 1-2-6

序号	名称	长度	序号	名称	长度
20	太平港	1.10	47	仲套河	2
21	迎江河	1.47	48	董庄河	1.30
22	新港河	3.28	49	反坎河	5
23	新阜灌排河	2.20	50	新桥港	1.70
24	红旗河	2.98	51	四圩河	2
25	六太河	2.10	52	强民港	5.40
26	庆丰河	3.98	53	蒋桥港	5.40
27	中心河	7	合计		144.75

二、淮河水系

区内淮河水系由淮河入江水道各河道与京杭运河、古运河等城区河流构成。

淮河入江水道下游段自邵伯六闸以下，分别注入运盐河（金家湾河）、金湾河、太平河、凤凰河、新河、壁虎河，各河南流穿横河，归流至芒稻河、董家沟、石羊沟、廖家沟。董家沟于朱桥河口东接芒稻河，石羊沟与管陈滩南端西合廖家沟。芒稻河、廖家沟分别于八江口、羊尾汇流夹江，并东流至三江营注入江。各河总长84.31千米，其中主干流35.34千米（自凤凰河口经廖家沟至夹江三江营），规划行洪能力为1.2万立方米/秒。实际最大行洪量为1.04万立方米/秒（1991年7月11日）。各水道是淮河入江必经之路，纵贯区域东部，形成江淮交汇，构成广陵区地形地貌一大特色。

城区河流有京杭运河、古运河、北城河、二道河、小秦淮河等。

（一）淮河归江水道

金家湾河 又名运盐河。运盐闸以下至芒稻闸以上改建为高水河，成为南水北调的送水河。金家湾河自邵伯湖口至横河，长9.37千米，宽90～175米，河底高程-1～0米。

金湾河 金湾河自邵伯湖口至横河，长8.38千米，宽90～160米，河底高程-2～0米；下段董家沟，长3.94千米，宽105～400米，河底高程-8～0米。

太平河 太平河自邵伯湖口至横河段，长6.83千米，宽100～180米，河底高程-2～0米；横河以下石羊沟，长3.09千米，宽190～355米，河底高程-5～-2米。石羊沟于万福闸下2千余米处西合廖家沟。

凤凰河 河道自邵伯湖口而南至茱萸沟（横河）入廖家沟。凤凰河自河口至万福闸，长4.35千米，宽300～360米。原行洪流量748立方米/秒，拓浚后增至2965立方米/秒，在淮水归江诸河中泄洪量居首位。

新河 在茱萸沟（横河）南与壁虎河、凤凰河合流后入廖家沟，长3.96千米，宽130～200米，河底高程-0.5～1米。

壁虎河 原为运盐河（茱萸沟，汉代亦称邗沟）的北侧支流，是淮水归江的重要水道。自万福闸至大运河三汊口，长4.56千米，宽150～450米，河底高程-1～0米。

芒稻河 古名蟒导河。上承运盐河，下注夹江，是明末清初淮水入江的主要河道。长9.99千米，河道的泄洪、引水、排涝功能和航运条件较好。

邵伯湖 位于境内东北部，跨邗江、江都、广陵、高邮3区1市。北起高邮湖南部新民滩，东濒京杭运河西堤，西界高邮、邗江两地沿湖地区，南达六闸以下诸归江河道河口。邵伯湖南北长25千米，东西最大宽度7.3千米。京杭运河南段经六闸贯穿邵伯湖南部。邵伯湖上承高邮湖来水，西纳蜀冈丘陵地区径流，下经六闸注入归江河道南入江。

邵伯湖属过水性湖泊，分淮入江已近360年历史，是淮河下游入江唯一的行洪走廊，湖底高程平均为3.2米，是一座悬湖。为保证淮河入江水道1.2万立方米/秒安全入江，自1954年起，对邵伯湖多次治理，清除行洪障碍、扩大阻水的上凤凰河、六闸湖口等处行洪断面，经历1991年、1998年、2003年大洪水的考验，工程效益明显。

（二）运河水网

城区地处淮河流域，其内部河流属运河水网。河下游入江通道在城区东部分为两支，一支由古运河从城区东北流向西南经瓜洲入江；另一支由沙河向东南与廖家沟并流经三江营入江。南北向的河流有京杭运河、古运河、沙施河、内城河（小秦淮河）、头道河、二道河；东西向的河道有北城河、七里河等。京杭运河（扬州段）开挖以后，扬州城东郊原隶古运河、沙河水系的各河道，遂以京杭运河为中心，构成新的京杭运河水网。

古运河城河境内水网包含古运河、沙施河、二道河、安墩河、北城河、七里河、同心河、柳湖、荷花池等。

京杭运河水网由湾头镇、汤汪乡境内河道组成。

中沟河　位于湾头镇万福路南1.2千米处，是廖家沟的敞口河道之一。东接廖家沟，长1.5千米，宽30米，开挖于1955年。

朱家河　位于湾头镇万福闸下游2.4千米处，是廖家沟西岸又一敞口。长2.8千米，宽20余米。东接廖家沟，西连京杭运河。

七零河　因开挖于1970年而定名。北起湾头镇沙联村，南至沙东村入高罗河。长1.8千米，宽20余米。

高罗河　位于湾头镇南部。西经高桥涵闸通沙河，东由罗桥涵闸入廖家沟。长1.1千米，宽25米。

红旗河　又名周庄河。流经汤汪乡肖家村、董庄村，沿途与仲套河、董庄河汇合。西流经红旗排涝站提排入京杭运河，东流经董庄、高桥涵洞入沙河。全长3千米，宽20米。

大众港　是位于原霍桥镇北境与汤汪乡东南境的界河，属汤汪乡。长3.2千米，河面宽30～35米，河底宽2～3米，河底高程0.5米。

团结河　是汤汪乡東庄村、袁巷村的排灌河道。西流经团结闸入京杭运河，东流经十井闸入沙河。长1.75千米，宽20米。

丁字河　因与新太河（沙施河北段）垂直故名丁字河。东接京杭运河，西连沙施河。长1.5千米，宽20米。

横沟河　位于汤汪乡南部，为广陵区与扬州经济开发区的界河。西经五里庙闸入古运河，东经横沟东闸进京杭大运河。长4.27千米，宽30～70米。

第四节　气　候

广陵区属北亚热带湿润气候区，春暖、夏热、秋凉、冬冷，四季分明。按候（五天为一候）平均气温大于22℃为夏季，小于10℃为冬季，10℃～22℃之间为春、秋季的标准划分。春季一般从3月29日起至5月31日止，共64天；夏季从6月1日起至9月14日止，共106天；秋季从9月15日起至11月17日止，共64天；冬季从11月18日起至第二年的3月28日止，共131天。夏冬季长，春秋季短。1989～2011年，年度平均气温变化为14.9～16.9℃，最热月与最冷月的气温平均相差25.7℃。最热月为7月，月均温度27.5℃，极端最高气温39.9℃，出现在2003年8月2日；最低气温-12℃，出现在1991年12月29～30日。大于等于35℃的高温日数最多的年份是1994年，为23天。

季风明显，雨水充沛，雨热同季。全年最多风向为东北风和东风，频率各为9%。夏季多为从海洋吹来的湿热东到东南风，频率为13%；冬季盛行来自北方的干冷偏北风，频率为10%；春季多东南风，秋季多为东北风。年平均风速为2.9米/秒，每年三、四月风速最大，平均为3.4米/秒。全年大风平均为12.2天，极端大风力可达10～12级。台风多出现在7～10月，一般到达广陵时，已近尾声，破坏性一般不很大。

年降水量624.5～1639.1毫米，年平均降水量为1026.2毫米。雨量较多的年份为1991年，达1645.1毫米，最少的为1994年，为610.2毫米。一般年份从6月中旬到7月上旬，因冷暖空气在长江中下游地区交锋，相持不下，形成“梅雨”。

年日照时数1738～2113小时，年平均2039.6小时。区内日照时数的年际变化呈现逐年振荡减少的趋势。1989～2011年，年日照时数连续18年均为接近或少于常年值。光、热、水三要素时空配置较为协调，生物物种资源丰富，生态环境较好，适宜人居。

1989～2011年扬州各季降水和日照平均状况表

表1-2-7

要素	全年	冬季	春季	夏 季	秋 季
降水量(毫米)	1026.2	107.0	233.3	483.4	202.5
日照(小时)	2039.6	428.9	516.6	581.3	512.8

由于现代工业快速发展和城市化进程加快，城市规模不断扩大，各种能源消耗量大幅度增加，废气、烟尘大量排放所产生的温室气体效应愈加明显。80年代末始，人类活动对气候的影响日益显现，境内气温不断升高，光照持续减少，降水分布不均，旱涝灾害频发，极端气候事件增多，对国民经济可持续性发展和人们生存的自然环境产生影响。从历年平均温度阶段性变化趋势看，1989～1990年呈上升趋势，1991～2000年呈现明显的上升趋势。90年代，年平均气温为15.8℃，比前几个年代偏高0.8～0.9℃。其间，冬季1月平均气温2.5℃，比60年代升高近1倍，比70年代和80年代偏高0.4～0.5℃。春季4月的平均气温15.4℃，比前3个年代偏高0.9～1.4℃。夏季7月的平均气温90年代为28.0℃，比前3个年代偏高0.4～0.7℃。秋季10月的平均气温为17.5℃，比前3个年代偏高0.7℃左右。2000～2011年，上升幅度开始趋缓，其间，年平均气温为16.3℃，比前几个年代偏高0.5～1.4℃。

第五节 物 候

一、物候及主要农事

物候记述境内主要农作物、林果以及与人类活动较为密切相关的动物、植物，在不同节令中所表现的外在特征，并要求在不同季节应采取的主要农事活动和措施。

2011年广陵区物候及主要农事活动一览表

表1-2-8

月份	物候现象	节令	主要农事活动
1	三麦、油菜越冬。枇杷终花期(1月上旬至2月上旬)。喜鹊结对营巢	小寒 大寒	三麦施腊肥，防治大麦黄花叶病。果树林木整枝。鱼池清塘整修。大白菜、萝卜等晚熟品种收获贮藏，在田越冬蔬菜防寒防冻，棚栽菜越冬管理，茄果类蔬菜秧苗防寒防冻
2	小麦返青(中旬)，大麦拔节(月底)，白菜型油菜抽薹(下旬)。枇杷春梢开始生(中旬)。柳树、杞柳萌芽(下旬)。芦苇幼芽出土(下旬末)，菖蒲等发芽(下旬)。猫发情	立春 雨水	三麦施返青肥、除草，油菜培土壅根。继续防治大麦黄花叶病。加强棚栽越冬蔬菜通风换气，早熟茄果类大棚蔬菜定植，早栽促早发。茄果类秧苗稳长防陡长，早熟瓜类秧苗播种。叶菜类、根茎类蔬菜春播春种
3	大麦拔节(月初)，小麦拔节(中旬)。甘蓝型油菜抽薹(中旬)。意杨萌芽(中旬)，含苞(中旬)、开花(下旬)。水杉、刺槐萌芽，柳树、杞柳展叶(下旬)。桃、梨、苹果树萌芽(中旬)，李树始花(上旬)、盛花(下旬)。海棠初花(中旬)、盛花(下旬)。银杏芽鳞绽开，湖桑树萌芽(中旬)，茭白分蘖芽萌发(上旬)，竹出笋(下旬)。青蛙始鸣(下旬)，蛇出洞。菜蛾出现，蜜蜂始见，燕子回归，野兔活动	惊蛰 春分	植树造林，果树嫁接，栽种荷藕，复晒稻种。防治三麦粘虫(3月20日至5月初)，蜜蜂春繁。大、中、小棚早熟高产蔬菜栽培定植、管理，番茄适时整枝打杈，大、中、小棚适时通风透气点花保果，适时预防病虫害，叶菜类蔬菜分期分批播种，早熟豆类、绿叶菜类分期播种

续表 1-2-8

月份	物候现象	节令	主要农事活动
4	油菜抽薹开花(上旬),棉花播种出苗(上、中旬)。大麦抽穗(上、中旬),小麦抽穗(下旬)。杨树展叶开花,垂柳飞花(上旬),泡桐萌芽(上旬)、展叶(中旬)。槐树发芽,湖桑展叶、抽条,石榴全叶(上、中旬)。桃、梨开花(上旬)、盛花,苹果开花(中旬)。桃、梨花谢,海棠盛花(上旬)。女贞、桂花换新叶,苹果盛花,菊花全叶,猕猴桃芽萌动(上、中旬)、抽梢、现蕾(中、下旬)。银杏萌芽(上旬)、展叶(下旬)、开花(中、下旬)。枇杷幼果生(上旬)。竹笋出土(下旬)。龟摄食	清明 谷雨	防治三麦赤霉病、白粉病。油菜菌核病(4月20日至5月10日)。银杏授粉,春蚕催青、共育。开始放蜂采蜜。棚栽茄果瓜类蔬菜适时整枝打杈,点花保果,叶面施肥,防治病虫害。露地蔬菜分期播种、定植,早苿菜、早萝卜陆续上市
5	小麦扬花(4月下旬至5月初)、灌浆(中旬)、乳熟(下旬)。油菜、豌豆、蚕豆成熟(下旬)。水稻播种、出苗(上、中旬)。刺槐、石榴、柿树开花(上旬)。猕猴桃盛花期(中、下旬),果实开始膨大(下旬)。枇杷夏梢抽生(中、下旬),果实5月下旬快速膨大。银杏果实膨大。春蚕结茧。蝌蚪脱尾,蟾蜍出蛰。燕子交配产多卵,猫产仔,布谷鸟回归	立夏 小满	防治小麦赤霉病;中粳稻播种。三夏大忙开始,收割大麦、油菜及夏杂粮。套种玉米。湖桑春蚕采叶,棉花移栽。防治水稻一代二化螟、稻蓟马。重点防治稻飞虱。湖桑夏伐(下旬末)。家鱼苗人工繁殖。棚栽茄果瓜类蔬菜陆续上市,需合理施肥,定期防治病虫害,适时采摘。露地栽培豆类、绿叶菜等分期播种。早期栽植豆类蔬菜等陆续分期上市
6	小麦成熟(上旬),水稻移栽活棵(上、中旬)、分蘖(中、下旬)。棉花现蕾(中旬)。猕猴桃果实继续膨大。枇杷夏梢继续抽生,果实成熟(中、下旬)。石榴盛花,湖桑树夏伐后再发芽(上、中旬)。雏燕试飞。杜鹃日夜啼鸣,寻偶交配产卵。野兔产仔。刺蛾第一代幼虫发生(上、中旬)。蝉始鸣	芒种 夏至	收割小麦。水稻栽插、追肥、除草。防治水稻二代纵卷叶螟、稻蝗(下旬)。直播水稻播种(中、下旬)。栽红薯,挖土豆。中晚熟豆类、叶菜类等分期播种,在田蔬菜注重防涝降渍及防旱,对叶菜类害虫实行生物防治与农业防治相结合,也可采取遮阳网与防虫网覆盖栽植
7	水稻分蘖(上旬)、拔节(中旬)。棉花开花(上、中旬)。玉米抽雄、吐丝授粉、结棒。大豆开花结实。湖桑枝条旺盛生长。芦苇孕穗(中旬)。冬青、梧桐开花(上旬)。石榴终花、结果。白凤桃成熟。猕猴桃果实膨大渐止(中旬)。银杏处于硬核期。菱始花(下旬)。雏燕出户	小暑 大暑	水稻中期田间管理,搁田、追穗肥,防治水稻纹枯病及二代二化螟、二代大螟、三代纵卷叶螟(下旬)。湖桑夏蚕采叶期。主攻蔬菜"伏缺"关键时期,分期播种伏苿、晚豇豆等,管好在田伏缺供应蔬菜
8	水稻抽穗(杂交中稻中旬,粳稻下旬)。棉花吐絮(下旬末)。玉米灌浆、成熟。芝麻开花,高粱出穗、开花,芦苇抽穗(中旬)。银杏硬核期渐止(上旬)。枇杷抽生秋梢(中旬)。荷花盛开(上旬),菱结角(中旬)。茭白孕茭(下旬),蚊、蝇猖獗。刺蛾第二代幼虫发生(中旬)。喜鹊换毛	立秋 处暑	水稻追施粒肥、叶面喷肥,防治水稻三代二化螟(上旬)、三代纵卷叶螟、三代稻飞虱(中、下旬),水稻破口期防治三代三化螟。收获玉米,蜜蜂越夏防暑。继续做好蔬菜攻"伏缺",秋冬播蔬菜陆续播种,防汛抗旱
9	中籼稻成熟(下旬末),花生果成熟。油菜出苗(中、下旬)。芦苇开花(上旬),杏、杨、柳树等叶黄渐落。桂花开。石榴、柿子渐熟。猕猴桃果实成熟(上旬至11月上旬),银杏种子成熟(下旬至10月上旬)。燕、杜鹃南下(下旬)	白露 秋分	水稻防治四代稻飞虱、四代纵卷叶螟(中旬)。油菜育苗(中旬)。收获水稻、芝麻、花生。采菱角。湖桑秋蚕采叶期。秋冬播蔬菜播种、管理、栽植,及时防治病虫害,防涝防旱。认真积造春栽蔬菜育苗营养肥土
10	粳稻成熟(全月)。油菜苗期,小麦播种出苗(下旬)。芦苇种子成熟。池杉果实变色(下旬)。水杉秋叶变色(下旬)。菊花盛开,冬青籽熟。银杏落叶(中旬),枇杷开花(中、下旬)。螃蟹洄游到海水淡水交界处交配、繁殖(中旬)。蚊子开始匿迹,青蛙蛰伏,大雁回归,蝉化蛹入土	寒露 霜降	收割粳稻,三麦播种(下旬),油菜移栽,收红薯、杂粮(中、下旬)。蜜蜂越冬保养。在田白菜类、甘蓝类、绿叶菜类、根茎类等蔬菜加强追肥、防病治虫等田间管理。春栽大椒、茄子开始播种育苗
11	小麦分蘖(中、下旬),油菜幼苗生长期。棉花成熟(上旬)。猕猴桃、芦苇、湖桑、意杨、水杉、刺槐、泡桐、桃、梨、苹果落叶。枇杷盛花(中、下旬)。银杏休眠。茭白分蘖停止(下旬)。乌龟停止摄食(中旬),乌龟、蛇冬眠	立冬 小雪	收割晚粳稻(上旬)。三麦、油菜追施苗肥、化学除草、中耕,清墒理沟。在田蔬菜及越冬蔬菜加强肥水管理,早熟茄果类秧苗陆续分期播种定植

续表 1-2-8

月份	物候现象	节令	主要农事活动
12	三麦、油菜越冬（20日以后）。池杉、柳树、杞柳落叶。猕猴桃休眠（上旬至3月上旬）	大雪 冬至	三麦、油菜追施苗肥、清墒理沟，做好抗旱排涝准备。冬前化学除草，防治小麦纹枯病。收割芦苇。在田越冬蔬菜加强肥水管理，做好越冬蔬菜的防寒准备，茄果类秧苗分期播种、定植，加强已定植的秧苗松土、防病，适当追施水肥促苗稳。加强农田冬季水利建设

说明：月份为公历

二、节令农事

春　季

立春麦返青，黄苗要补肥；
雨水闲不住，大棚种菜忙；
惊蛰麦起身，重施拔节肥；
春分育菜苗，番茄加茄子；
清明忙下种，瓠子和瓜果；
谷雨点豆种，晴天晒稻种。

夏　季

立夏做秧田，全面推旱秧；
小满麦正黄，老少一起忙；
芒种快耕翻，种好直播稻；
夏至栽秧忙，推广机插秧；
小暑浇西瓜，稻田多施肥；
大暑要搁田，瓜果都上市。

秋　季

立秋豆好收，萝卜赶紧种；
处暑煮玉米，点蒜种菠菜；
白露收籼稻，深耕好晒垡；
秋分拾棉花，埂边点蚕豆；
寒露收粳稻，麦种早准备；
霜降快种麦，油菜要移栽。

冬　季

立冬追苗肥，田头挖薯芋；
小雪理墒沟，茨菇要快收；
大雪苗情壮，作物好越冬；
冬至人要勤，垩麦正当时；
小寒修果树，竹园早填土；
大寒岁终了，麦田要除草。

第六节　动植物

一、动物

1989年后，区内动物种群有很大改变。六七十年代农村大量施用化肥农药，农田中的有益生物如青蛙、蜘蛛、瓢虫、水蛇等数量大幅度下降，田螺、蚂蟥等生物基本绝迹。同时，由于持续人工捕捉，黄鼠狼、刺猬等动物也大量减少。因为天敌急剧减少，农田害虫如螟虫、蚜虫、田鼠等危害更为猖獗，农民防治病虫害的费用进一步增加。闸坝阻挡鱼类洄游，过度捕捞和环境污染，导致“长江三鲜”（鲥鱼、刀鱼、河豚）在80年代基本绝迹。家养动物主要有水牛、黄牛（役肉两用）、奶牛、马、驴、骡、生猪、山羊、绵羊、兔、鸡、鸭、鹅、家鸽、鹌鹑等种类共50多个品种。野生动物以陆生为主，经1993年普查和以后的发

图 1-2-5　头桥镇农民放养山羊

现补充，现境内主要野生动物有四大类222种。广陵区丰富的湿地资源和1989年后逐年提高的森林覆盖率，以及水产养殖业的快速发展，为候鸟提供较为丰富的食料，引来大批候鸟到扬州越冬度夏。80年代后，广陵鸟友共记录到冬候鸟62种、夏候鸟40多种。2011年，广陵鸟友共发现和记录到不少鸟类新成员。包括境内原有鸟类种类各品种在内，扬州“鸟家族”成员已增至185个。

（一）脊椎动物

哺乳类计10科、14种，有狐、刺猬、鼩鼱、缺齿鼹、蝙蝠、黑线仓鼠、褐家鼠、黑家鼠、草兔（野兔）、黄鼬、水獭、狗獾、猪獾、豹猫。

鸟类计26科、69种，有麻雀、蜡嘴、三道眉、雁、鸳鸯、野鸭、云雀、翠鸟、鸢（老鹰）、斑鸠、燕、喜鹊、乌鸦、啄木鸟、猫头鹰、鸥、鹬、鹭鸶、灰鹭、牛背鹭、白鹭、雉、鹌鹑、秧鸡、白头翁、八哥、鹤、鸬鹚、布谷鸟、黄鹂（黄莺）、伯劳、杜鹃、黑嘴鸥、须浮鸥、理氏鹨、白额燕鸥、草鹭、灰头麦鸡、日本松鹊鹰、东方角鸮、青脚鹬、矶鹬、环颈鸻、鹤鹬、灰斑鸻、白腰雨燕、斑鱼狗、小鸦鹃、黑领椋鸟、斑文鸟、极北柳莺、黄腹鹨、栗耳凤鹛、冠纹柳莺、黄雀、野鸽子、红嘴相思鸟、红脚苦恶鸟、红嘴蓝鹊、黄脚银鸥、震旦鸦雀、水葫芦、棕扇尾莺、强脚树莺、东方大苇莺、黑翅脚鹬、白腰文鸟、小太平鸟、普通燕鸥。

爬行类计7科、13种，有多疣壁虎、石龙子、麻蜥、黑眉锦蛇、赤链蛇、火赤链、水游蛇、乌梢蛇、蝮蛇、竹叶青、乌龟、中华鳖、鳖。

两栖类计3科、6种，有大蟾蜍、虎纹蛙、金线蛙、黑斑蛙、牛蛙、饰纹姬蛙。

鱼类计11科、31种，除鲫鱼、青鱼、草鱼、鲢鱼、鳙鱼、鳊鱼、鲤鱼为人工养殖外，主要有团头鲂、翘嘴鲌（红鳍鲌）、赤眼鳟（马良）、花滑鱼（麻季）、鲹鲦、泥鳅、中华鲟、白鲟、史氏鲟、江豚、鲥鱼、刀鲚（刀鱼）、鲶鱼、胡子鲶、虎头鲨、长吻鮠（鮰鱼）、黄颡鱼（昂刺鱼）、鳗鲡、鮨鲈鱼、鳜鱼（鳜花鱼、桂鱼）、乌鳢（黑鱼、乌鱼）、黄鳝、虫纹东方鲀、银鱼、河豚、白鲳、巴西鲷、大口胭脂鱼、虹鳟、金鱼、锦鲤。

（二）节肢动物

甲壳类计4科、6种，有青虾、罗氏沼虾、白虾、克氏螯虾（小龙虾）、河蟹、中华绒螯蟹。

昆虫类计52科、65种，有家蚕、柞蚕、蜻蜓、凤蝶、粉蝶、蛱蝶、灰蝶、萤火虫、纺织娘、螳螂、刀螂、蝉、蟋蟀、油葫芦、蝼蛄、地鳖虫、屎壳郎、蛴螬（白地蚕）、各种天牛、吉丁虫、蚊、蝇、跳蚤、温带臭虫、人虱、鸭虱、鸡虱、各种稻飞虱、叶蝉、蟑螂、蝗虫、蚱蜢（稻蝗）、各种螟虫、稻螟蛉、椿象、棉铃虫、红铃虫、棉红蜘蛛、地老虎、各种粘虫、各种蚜虫、蜜蜂、胡蜂、黄蜂、各种瓢虫、各种尺蠖（造桥虫）、蓟马、各种蚧壳山、各种金龟子、各种天蛾、叩头虫、蚂蚁、白蚁、麦蜘蛛、各种刺蛾（洋辣子）、军配虫、背袋蛾、葡萄透羽蛾、各种松毛虫、各种象甲、各种舟蛾、毛首线虫、草蛉、桑瘿蚊、潜叶蝇。

螨类计6种，有茶瘿螨、短须螨、山楂叶螨、金秀叶螨、苹果金爪螨、桃叶螨。

多足类计2科、2种，有大蜈蚣科：蜈蚣。山蛩虫科：马陆（千足虫）。

（三）软体动物

境内软体动物计5科、8种，有河蚌、三角帆蚌、褶纹冠蚌、河蚬、蜗牛、田螺、螺蛳、蛞蝓。

（四）环节动物

境内环节动物计2科2种。蚯蚓（曲蟮）、水蛭（蚂蟥）。

二、植物

人工栽培的植物主要有农作物和林木两大类。大宗农作物有水稻、麦类、棉花、油菜共212个品种，蔬菜220个品种。小宗农作物有玉米、花生、红薯、马铃薯、芋头、芝麻、大豆、蚕豆、豌豆、向日葵10种50多个品种。境内人工栽种的树木，1989年，有45科、85属、122种，至2011年，计59科、211种；花卉、苗木品种1000多个，市场常见品种800多个，其中名贵品种300多个。

野生植物主要为草本植物，共有46科、171种，其中旱地野生杂草133种、水田野生杂草25种、水生野生植物13种。70年代引进的水花生、水葫芦，以其顽强的生命力，在境内自然越冬繁殖，污染水质，已在河道中成为公害；水花生在陆地繁殖后，成为优势杂草，还抑制其他杂草生长繁殖。水葫芦至今尚无有效防除方法，一直以人工打捞为主。2002年，从境外传入的加拿大一枝黄花，成为区内新有害物种。主要传播地点为沿公路两边，有关乡镇每年要花费大量劳力进行人工拔除。90年代中后期，水稻直播面积呈几何级上升，已超过任何其他耕作方法的面积，导致田间杂草稻大量发生，成为境内一种新的有害杂草种类，是直播水稻的第一大草害。

（一）旱地野生杂草

境内旱地杂草主要有看麦娘、日本看麦娘、硬草、野燕麦、雀麦、毒麦、巢菜、鹅观草、旱苗蓼、铁苋菜、旱稗、旱熟禾、狗尾草、黑麦草、牛筋草、苏丹草、高羊茅、蒲公英、牛蒡、苦菜、小蓟、大蓟、野菊、小飞蓬、鬼针草、泽兰、菊苣、大丽菊、刺儿菜、青蒿、艾蒿、芦蒿、含羞草、苕子、野豌豆、紫云英、田菁、草木樨、小苜蓿、决明子、繁缕、牛繁缕、康乃馨、婆婆纳、满天星、猪殃殃、鸡矢藤、白化蛇叶草、毛茛、白头翁、马齿苋、马鞭草、灯笼草、小根蒜、麦冬、萱草、万年青、芦荟、地肤、藜（灰菜）、车前草、凤尾草、何首乌、仙人掌、仙人球、仙人条、鸡冠花、青葙子（草决明）、牛膝、千日红、虞美人、罂粟、鸢尾、美人蕉、莼菜、草蒺藜、白蒺藜、泽泻、龙葵、灯笼草、曼陀罗、白英、矮牵牛、盆子草、栝蒌（瓜蒌）、弹刀子菜、通泉草、地黄、陌上草、菟丝子、牵牛、打碗花、篱天剑、半支莲（并头草）、紫花香薷、藿香、活血丹、水苏、益母草、丹参、蛤蟆草、小鱼仙草、白苏、紫苏、一串红、爵床、马尿花、瓦松、景天三七、佛甲草、肾蕨、调血草、南蛇藤、地锦草、泽漆、败酱草、葶苈子、板蓝根、蕺菜（鱼腥草）、凤仙花、紫茉莉、半夏、薄荷、马兰、野苋菜、紫花地丁、白茅、天南星、南爬山虎、三叶草、夏鹃、黑目草、加拿大一枝黄花。

（二）水田野生杂草

境内水田杂草主要有稗草、芒稗、水葱、球茎三棱、牛毛毡、牛毛草、水蜈蚣、千金子、水莎草、异型莎草、鳢肠、眼子菜、鸭拓草、鸭舌草、水竹叶、四叶萍、槐叶萍、节节草、水苋菜、野茨菇、野荸荠 、马唐、母草、球花碱草、杂草稻等。

（三）水生野生植物

境内水生野生植物主要有水花生、水葫芦、水浮莲、绿萍（红萍）、小浮萍、无根萍、野菱、芡实（鸡头米）、睡莲、菖蒲、席草、芦苇、芦竹等。

第七节 自然灾害

一、洪涝

1989～2011年，有10年发生较大洪涝灾害。灾情重、损失大的年份有1991年、1998年和2003年。

1989年6月11～16日连续暴雨，降雨量85.9毫米，芦柴滩、立新路、大巷口、解放桥农贸市场、石塔菜场、冶金厂、琼花路等10多处积水受淹，水深0.2～0.8米。7月21日，长江第3次洪峰过境，古运河水位5.97米，沿河8处地段受淹。运河街、渡江路、便益门、南通路等处81户居民受灾。9月16日，雨量116毫米，部分地区水深0.4～0.8米。

1990年6月27日凌晨，4小时降雨50～150毫米。这场暴雨强度大、范围广，排水不及，致使广陵区12条街道、5个厂区及一些住宅积水0.3～0.8米。

1991年，扬州遭遇特大洪涝灾害。是年，5月21日入梅，比正常年份（一般是6月19日）早近一个月;7月15日出梅，比平常年份（一般是7月10日）晚5天。梅雨期多次降大雨、暴雨和大暴雨。扬州城区降水量839毫米，是平常年份的347%。淮河流域也普降大雨和暴雨，大量洪水经归江水道进入长江，洪水过境，使沿河所有涵闸均失去自排水功能。因京杭运河水位高涨、水流湍急，7月15日，七里河通向京杭大运河的通运闸被洪水冲垮，造成城区大面积被淹，城区道路大多积水，地势较高的文化路一带水深0.61米，许多居民房屋一楼进水，市区大运河等河道两岸房屋进水，东花园小区4978户居民家中淹水，水深1～2米，居民被迫转移。7月28～31日，廖家沟沙东一带发生塌方。

1996年，大水使大水湾、泰州路、解放桥以北3处低洼地被淹，受淹面积4.65万平方米，983户居民家进水;扬州农药厂因下水道水倒灌进厂,积水深0.4米。

1997年7月,因11号台风袭击,经济总损失40.22万元,市区供电设备受损,电量损失16.02万千瓦时;损失电话杆6根,压断通信电缆11处,抢修电话1159次,损失线路1260米;路灯电杆倒伏3根,控制箱损失18只,路灯16处,路灯线路损失860米。

1998年,扬州遭遇1954年后最大的洪水,万福闸、金湾闸、太平闸相继开启283天,泄洪水357亿立方米。江、淮水位在沿江地区交汇,自6月24日至9月底,超警戒水位日数79天。

2003年7月4日夜至5日,广陵区24小时降雨量249毫米,创有史以来24小时降雨量最高纪录。其中12小时降雨212毫米,是30年来12小时最大降雨量,仅低于1972年7月3日12小时降雨212.9毫米。洼字街、南河下等地段受灾,部分居民住宅、商户、厂房进水。是年6～9月,汛期降雨量比往年高5成以上。

2005年,广陵区降雨量为1183毫米,比常年偏多157毫米。7月6日夜,广陵区降暴雨86毫米。

2007年汛期,淮河发生1954年以来第二位流域性大洪水。淮河入江水道持续大流量行洪,最大流量8500立方米/秒(7月11日),仅次于1954年和2003年。三河闸行洪流量超过8000立方米/秒以上16天,7500立方米/秒以上19天,7000立方米/秒以上21天;大流量行洪时间超过1991年,与2003年相近。由于持续高水位、大流量行洪,淮河入江水道沿线京杭运河沙头王庄段、广陵区角里闸段等多处出现险情。由于超前谋划,防守严密,抗击淮洪实现有惊无险良好局面。城区多个小区和道路积水严重,一度严重影响居民生活。

二、干旱

1989～2011年的23年中,有15年发生干旱,其中1990年、1992年、2001年、2004年干旱尤为严重。1990年7月4～20日,广陵区持续35℃以上高温17天,为1952年以来历时最长。

1992年7月20～31日,广陵区出现连续12天高于35℃的高温天气。10月5日至12月4日,出现近2个月的干旱天气,总降水量只有6.5毫米,不到常年同期的10%。1998年,夏季日最高气温大于35℃的天数18天;10月15日至11月25日,40天内降雨7毫米,降雨量较常年秋季同期偏少近九成。2001年,夏季日最高气温高于35℃的天数20天。2002年7月15日气温39.1℃,创30年来最高气温。2003年8月2日,极端最高气温39.9℃,比2002年7月15日还高0.8℃。高于35℃的高温天数为16天。

2004年7月23日最高气温38.3℃,高于35℃的高温天气17天,全年降雨量809毫米,比常年偏少200毫米以上。9月26日之后的55天,广陵区降水仅15毫米,比气象学秋旱定义的50天、降水不超过25毫米,天数超过5天,雨量少10毫米;已播种的小麦、油菜不出苗,或不能齐苗、全苗。2005年5、6月降雨稀少。6月26日入梅,29日出梅,梅期仅3天,为1978年有记录以来梅期最短年份。梅雨期境内平均降雨仅22毫米,比常年偏少九成以上,沿运自灌区一个时期用水矛盾突出,受旱面积7000公顷。沿运灌区为缓解秧苗活棵期间用水矛盾,开启9座补水站47台机组补水,共开机4700台时,耗油20吨,耗电近19万千瓦时。

2011年1月起,降水持续偏少,长江、淮河流域来水普遍减少。长江下游大通站流量是常年同期的52%。淮河出现断流,旱情较重。

三、台风

1989～2011年,境内受影响较大的台风有6年9次,分别为1990年15号台风,1992年15号、16号、19号台风,2005年9号、15号台风,2007年13号台风,2009年8号和2010年10号台风。

1990年8月31日至9月1日,15号强台风袭击扬州,持续一天半时间,风力都在7级以上,阵风10级。全区普降大雨,雨量都在100毫米以上。市区部分房屋倒损,不少企业停电、停产。不少仓库物资和粮仓粮食因屋顶被掀受潮。

2005年8月6日,9号"麦沙"台风直接影响境内,风力8～9级;平均降雨量为89.1毫米,河湖库水位进一步上涨。9月11日,15号台风"卡努"于夜间影响境内,12日中午前后横穿广陵上空。境内普降大到暴雨,并伴有8～9级大风,空旷地区10级大风。由于早中熟中粳稻、杂交水稻正处于灌浆期,油菜正处于播种、出苗期,这次台风给在田农作物造成损失较大;在田蔬菜大面积被淹,塑料大棚、防虫网损毁严重。区内投入抗灾人数3万人次。

2007年9月19日夜间，13号热带风暴“韦伯”开始影响广陵，全区普降大雨，局部暴雨，并伴有7～9级大风 。狂风暴雨给农作物和在田蔬菜造成损失较大。

2008年8月26日，8号台风“凤凰”外围影响境内。当天17时，加强为强台风。连续四天风雨交加，雨量中到大，局部出现内涝。

2009年8月10日凌晨至11日上午，8号台风“莫拉克”影响广陵。全区普降暴雨、大暴雨，又受农历十八大潮和台风壅水影响，长江潮位上涨迅猛。受灾人口1万人，月明苑安置小区出现严重积水，水深0.5米。

2010年9月10日下午，受第10号热带风暴“莫兰蒂”外围影响，城区3小时降雨85.5毫米，部分路段、小区短时间积水严重。受灾人口3万人，临时转移200人，住宅受淹49户。

四、寒潮

1990年1月28日起，市区普降小雨。29日，冷空气南下，遇空气中水滴迅速冷却成冻雨降至地面碰到物体形成雨凇，给交通等造成严重影响，给群众生活带来很大不便。时值春节，公路交通停运1～2天，许多行人在路上滑倒。雨凇现象在广陵极为罕见。

1992年2月6日，市区出现强寒潮，广陵区24小时降温18.1℃。

五、雷电

2002年3月21日下午，出现持续雷电。位于扬州大桥北侧的沪江联营羽绒厂200平方米分绒车间房顶因雷击起火；市公安局110指挥中心遭雷击，造成250米通信系统、110接报警系统、卫星定位系统工作中断，配电柜及机房起火。

2003年7月19日晚10时左右，国庆路一儿童用品专卖店遭雷击起火，店内物品及两间房屋全部烧毁。

第二篇

运河　淮河　长江

要　目

第一章　运　河 …… 51

第一节　邗沟故道 …… 51

第二节　古运河 …… 54

第三节　京杭大运河 …… 59

第二章　淮　河 …… 61

第一节　七河八岛 …… 62

第二节　归江十坝 …… 65

第三节　生态廊道 …… 67

第四节　南水北调 …… 69

第三章　长　江 …… 71

第一节　岸　线 …… 71

第二节　北　洲 …… 73

第三节　圩　村 …… 75

西周初期，淮夷部落“干邑”，山峦冈阜蜿蜒起伏，翠柏苍松郁郁葱葱，这便是著名的蜀冈。其南麓断崖之下即是滔滔长江流经之处。2500年前，邗沟的开凿，开创广陵历史新纪元。吴国营建邗城，疏通运河水道，以水师进军中原，虽仅服务于军事斗争，但为日后广陵大邑的发展打下良好基础。大运河的通航，对国家统一，古代社会的经济繁荣，南北文化的交流融合和国际交往都发挥着无可估量的作用。运河为广陵留下极其丰厚的物质文明和精神文明。城依河建，镇因河兴，运河两岸店肆林立，房舍栉比，众多的楼台亭阁和桥闸堰塘点缀其间。这条河命运多舛，兴也吴城，毁亦芜城，曲终弦断，千秋绝唱《广陵散》；这条河满载辉煌，受之大江，达于长淮，浩浩汤汤，万里浪涌《广陵潮》。广陵运河是一条风韵之河、人文之河，它昭示着一种奋发的旋律，一种永恒的精神，一个向上的主题。

与运河同样令人不能忘怀的还有广陵道道水域河川：以江淮分水岭为横轴，以里运河为纵轴，东通里下河水网，南入淮河归江水道之七河五闸，西为淮河入江控制线，北则漕运故道扬州北湖。以淮河水系为主干，归江水道为表里，与长江水系干支流呈两个扇形展开，堪称中国当代地域河川博物馆。水的浸润，水的灵动，滋养邗上名城东南泽国，哺育盛世名都运河福邸，交织河湖港汊绿杨田畴。出小秦淮，入北城濠，驶出扬州闸，泛舟大运河，转眼可见遍插茱萸的湾头古镇。清泉般的运河水，氤氲成烟的薄雾，古镇古街溢满江南情愫。由棠湖顺流南下，水络分叉，河道如入八卦，七条河道以及由其分割而成的八个岛屿横亘眼前。广陵东北的“七河八岛”并非大自然恩赐，而是300年间先民疏导淮河入江的伟大水利工程。而今淮河安澜入江，留下一座斑斓缤纷的鸟类天堂，一块风生水起的生态湿地。离开凤凰岛，沿廖家沟，过芒稻河，进八江口，到三江营，淮水由此入江。广陵沿江与长江主泓南汊合抱成球冠状水陆共生体。这里江道迴环，港汊纵横，沙洲密布，水域宽宏；这里自然植被丰富，禽鸟众多，水族繁盛。相对江南和畅洲（南洲），头桥、李典、沙头和杭集镇统称北洲。从邵伯湖口至三江营，水程25千米，这正是2500年来广陵郡长江岸线南移的沧桑历程。广陵建区后28年，一直与长江不相毗连。2011年11月，原邗江区北洲四镇划入广陵，历经2500年时空，广陵又恢复历史上揽江枕河的地理区位。

第一章　运　河

回顾运河千年历程，明万历后，分黄导淮，力图淮河归江，运河安澜，运河水工技术有较大建树；民国以前，运河治理以保漕运为根本使命；新中国成立后治淮、治运，京杭大运河成为航运和江水北送、南水北调的主通道，不但除害，而且兴利，运河焕发青春，辉煌业绩举世瞩目。1983年，广陵建区，古运河贯穿区境。2002年，城东乡、汤汪乡、湾头镇划入广陵，京杭大运河贯穿区境。

2006年12月，中国大运河申报世界文化遗产工作正式启动。2007年9月，国家文物局将扬州确定为大运河申报世界文化遗产牵头城市，申遗办公室设于广陵区内。至2011年，在区内先后召开五届世界运河博览会（简称运博会），发表《世界运河城市可持续发展扬州宣言》等重要文件，建立运博会永久性会址——京杭之心。

第一节　邗沟故道

一、西周至前汉邗沟故道——湾头遗迹

湾头是一座有着2500多年历史的运河古镇，位于京杭运河与芒稻河之间，南邻杭集，北接棠湖，西濒大运河，东连泰安镇山河岛。茱萸湾至迟在汉代就已形成。西汉吴王刘濞以此为起点开挖邗沟（运盐河），经泰州，达如皋蟠溪（今如皋市东城乡）入海。北有茱萸村，遍植茱萸树，故以茱萸立名。古镇老街石拱圈门上有

图 2-1-1　湾头航标灯塔

清代大学士阮元题的“古茱萸湾”石额。隋炀帝开凿大运河后，茱萸湾成为水路进入扬州的门户和重要港口，为盐运、漕运必经之地，隋炀帝三下扬州建隋宫于此。古镇成为远近闻名的繁华之地，店肆相连，市声不断。至盛唐时期，这里更是风物稠密，唐代著名诗人姚合、刘长卿都描写过茱萸湾。

今湾头镇南起湾头古闸，北至壁虎河口，有一段古河道至今还没有引起人们的注意。据史料推断，应是邗沟故道。扬州市境内的主要河道，史籍都有记载，唯湾头镇这一段古河道不见记载，这并不是前人疏漏，应是“吴城邗，沟通江淮”（《左传·哀公九年》）的连接河段。《水经注》载“中渎水（邗沟别称）自广陵北出，武广湖（今邵伯湖）东，陆阳湖（即渌洋湖，位于今江都、高邮市交界处）西，二湖东西相直五里，水出其间，下注樊良湖（今高邮湖）”，又载广陵“城东水上有梁，谓之洛桥”。如湾头至邵伯之间无河道存在，中渎水不可能自广陵北出，经武广湖、陆阳湖之间下注樊良湖，这说明湾头这一段古河道在春秋就是邗沟的连接河段，也就是邗沟故道。1959 年，湾头附近大运河改道，实施新辟瓦窑铺至六圩入江航道，原来瓦窑铺至湾头的一段河道被抛在新辟的大运河以东，成为现在临湾头镇的运河故道。明代万历年间导淮入江时，已成淮水由邵伯湖南下，通过邗沟故道南下经瓜洲、仪征运口排泄淮水的通道。大运河改道后，邗沟故道与大运河包围的一块陆地，形成“红星岛”（今茱萸湾公园）。

运盐河（又称古盐河，今通扬运河，也称邗沟），是汉文景（公元前 179 ～公元前 141）时吴王刘濞所开，西自茱萸湾通海陵仓（今泰州）及如皋蟠溪，其目的是为了捍盐通商。明嘉靖《惟扬志》称此为“运盐河之始”。今天由湾头至仙女镇之间，万福闸以北，有一条被凤凰、太平、金湾等河隔断的古河道，这就是运盐河。明代万历年间导淮入江时，利用凤凰桥、壁虎桥下的三合土滚水坝，一部分由廖家沟入江，一部分由运盐河向东经芒稻闸入长江，又成为排泄淮水入江的通道。清嘉庆时，复筑褚山坝，截断盐船由运盐河西出湾头，令盐船由邵伯六闸进出，运盐河源头首次移往六闸，自此湾头镇向东至仙女镇之间的运盐河废置，今称为横河。随着清代南北向归江河道的开挖，运盐河故道成为今日所说诸岛的南侧重要边界条件。今广陵湾头牐（闸），就建在汉代刘濞所开的运盐河上。始建于明万历元年（1573），孔宽二丈四尺，南墙长三十丈，北闸墙长二十三丈七尺，高一丈八尺。清康熙三十八年（1699），雁翅（今称翼墙）塌陷，后及时修复。闸下运盐河至泰州，是明末分泄淮水的口门，又是运盐河入里运河要津。该闸遗迹基本完好，是全国保存较为完好的一座明代古闸。

二、唐宋至今邗沟故道

（一）唐代官河

唐代扬州的河渠港埠分布在运河两岸，是以漕运为主的内河港埠。那时，内河港口的规模一方面决定于漕运量，另一方面决定于流经扬州的大运河的位置、长度、宽度。唐敬宗（李湛）宝历元年（825），王播在改河道之前，扬州内河港埠分布于城内市河沿岸，所以《资治通鉴·隋记》记载有“邗沟贯今扬州城”，《旧唐书·杜亚传》记载有“浚渠蜀冈，起堤贯城”。1978 年 3 月，扬州市工程建设中发现两条古河道，都是以南北走向纵贯扬州城内。从古河道

2-1-2　唐代官河故道

淤积物分布的范围可以确定，其宽度为31米，与隋代修建的邗沟的宽度十分接近。该古河道距蜀冈仅3000米。第二条古河道位于第一条古河道东面，相距350米，河道较窄。两条古河道两岸还发现木桩，是桩式码头的残留，这类木桩也具有护岸作用。从两条古河道沉积物中的文物获悉，位于地表下3～4米深处为唐代文化层，上面叠压着宋代的文化层。从出土的“开元通宝”钱币与唐彩器釉色显得呆板暗淡等特征表明，两条古河道是在唐代早、中期开挖而成，其废弃时代应在晚唐至宋初。

根据两条古河道的位置、走向、宽度与沉积的文化层，可以推测：第一条古河道是唐代流经扬州城内大运河的主要组成部分，沿岸建筑桩式顺岸码头。第二条河道建筑相当于“屯船坞”的挖入式港池。这样的布局，便于组织水上运输船队。

按船只平均长度10米、停泊顺岸码头船舶间的最小距离5米计算，一艘船停泊需要15米的岸线，又因船舶南北来往，所以港区的水域宽度占用至少约12米，船舶编队掉头需占用至少15米，共需用水域宽度32米。当时大运河宽度不过31米（按渠广40步计算），因而这种挖入式港池是很科学的和必要的，既保证船的通过，又便于船的靠泊、编组。

唐德宗（李适）贞元四年（788），“扬州官河淤垫，漕挽堙塞。又侨寄衣冠及工商等多侵衢造宅，行旅拥滞”（《旧唐书·杜亚传》），加上水源不足，漕运大受影响。“淮南节度使杜亚自江都循蜀冈之右疏勾城湖、爱敬陂，起隄贯城，以通大舟”（《新唐书·食货三》）。1978年，在扬州石塔寺前发现一条宽30米的古河道，正与杜亚疏深拓宽的官河相吻合。

杜亚在疏浚官河的同时，还考虑解决水源的问题。经实地考察，利用郡城之西、蜀冈之右的勾城湖（即勾城塘）和爱敬陂（陈公塘）作为补水之水柜（库），浚渠蜀冈，疏勾城湖、爱敬陂，建斗门，并筑长渠一条，引塘水至扬州新开的西门，补官河水，使官河通航情况得到改善，大型漕船可于官河中通行往来。

唐代和唐以前运河水的流向与今天的流向迥然不同。运河水高于淮河水，即南高而北低，故吴王夫差开邗沟时曾建北神堰，使运河水不下泄入淮。杜亚疏通官河后，虽有勾城湖、爱敬陂补水，但二塘上无水源，仅蓄积雨水而已，所补水量有限。因而唐宪宗（李纯）元和三年（808），李吉甫任淮南节度使后，便筑平津堰。所谓“漕渠庳下，不能居水，乃筑堤阏以防不足，泄有余”（《新唐书·李吉甫传》），就是指这项工程。平津堰即平水堰，水盛时可往平水堰之上排水，水枯时不使官河水下泄，保持官河足够的水位。至于平津堰的位置，许多典籍都泛指高宝一线的运河堤，而《扬州水道记》的作者刘文淇却力排众议，认为是在江都漕渠中的拦河堰。

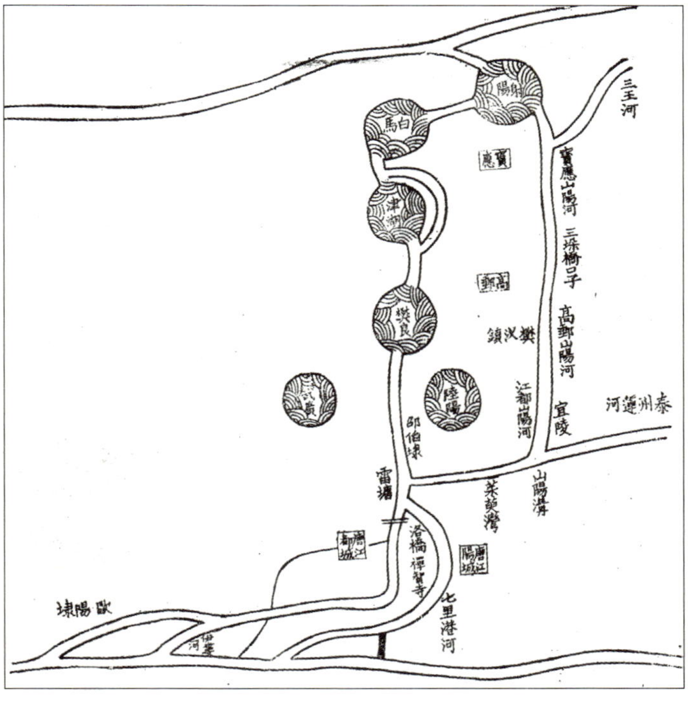

图2-1-3　唐宝历开七里港河图（据《扬州水道记》）

（二）七里港河

杜亚、李吉甫综合治理官河的工程，理顺水系，浚深隋代官河，接通补水源头陈公塘，防止部分河水外泄，达到“以通大舟”的目的。但由于沿袭隋运河贯城而过的格局，又未彻底解决水源问题，故时隔39年后，杜亚所浚之扬州城内官河水浅碍航，“遇旱即滞漕船”，因而驻节扬州的盐铁使王播于唐敬宗宝历二年（826）又开七里港河。

王播所开七里港河的位置，历来都无定论。《旧唐书·王播传》载：“自城南阊门西七里港……东向屈曲，取禅智寺桥（今扬州市黄金坝之东1000米）通旧官河……长一十九里。”而据《扬州水道记》载：“此邗沟运河由城南引江水济运，运漕船不复由城内官河之始。”另外，1984 年，在扬州南通西路基建工地发现唐代晚期外包砖城垣遗址，标志着“联蜀冈上下”的唐代扬州城向南扩展到今龙头关运河一线。无论是禅智寺桥还是这段运河都位于蜀冈之南。所以，王播七里港河不可能先经城西穿过蜀冈，再由蜀冈之北屈曲向东，最后折回头又穿蜀冈从禅智寺桥入官河，而只能从七里港到今龙头关转向东，达今大水湾折向北到今黄金坝，最后由黄金坝向东过禅智寺桥入官河。此河一开，“舟航易济”，又保持漕河的畅通。

（三）城南运河

宋代，由江南来的舟船，主要从真州入口，经扬子桥进入扬州。从扬州至淮安，中间必须经过龙舟、新兴、茱萸、邵伯、北神 5 堰。诸路来的漕船，由于过堰频繁，“粮载烦于剥卸，民力罢于牵挽，官私船舰，由此速坏”（《宋史·河渠六》）。为此，宋真宗（赵恒）天禧二年（1018），江、淮发运使贾宗力主整治运河，由真扬漕河和瓜洲漕河的交汇点古扬子镇（桥）引江水入运，开扬州新河，经新河湾，绕城南接古运渠，通黄金坝、湾头，再折向东行。这条新开凿的河道，设计回湾 5 个，史称“近堰漕路”，即功能相似于多级闸（坝）的减速湾道，并因此废弃龙舟、新兴、茱萸 3 堰。经过一年的施工，新河开成，“水注新河，与三堰平”，漕船通行无阻，由此避免盘驳过坝之苦，公私称便。这条运河至今犹存，被称为“扬州城南运河”。后人称此工程为“三湾抵一坝”，较形象地概括这项治河技术的作用。新开的扬州新河将过境线移到扬州城的南边，靠近宝塔湾，有意识地避开闹市，也是颇具匠心的。

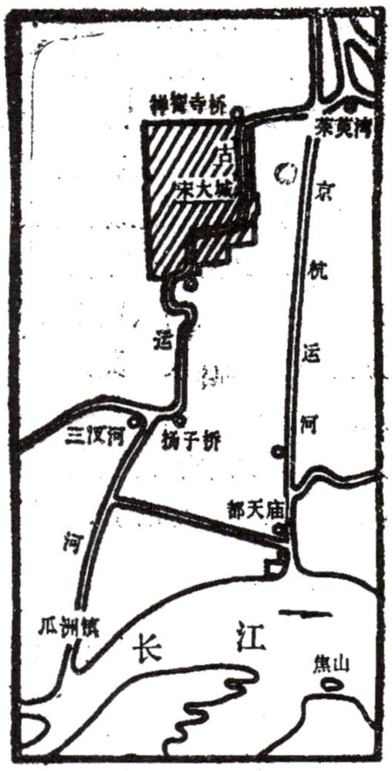

图 2-1-4　扬州三湾图
（资料来源：《扬州古港史》）

此后，天禧四年（1020），又疏浚运河的邵伯段，自是扬州运河通漕更为便利。

在整治漕河的同时，北宋又进行漕河入江水道的疏浚。天禧年间，张纶为江淮发运副使，在真州之西凿长芦河，以避风涛之患。宋仁宗（赵祯）天圣三年（1025）正式施工。入江的长芦河开通后，舟楫行驶果然便利。

宋徽宗（赵佶）宣和六年（1124），发运使卢宗原于真州西 50 里，开靖安河 80 里通江，使漕船避开大江之险境，免除漕船复溺之患。又于江岸凿渠，由何家穴筑石堰，自黄沙潭达于真州。

虽然宋代对邗沟一线运河的治理，比唐代有所建树，但邗沟一段河水的水源问题却没有得到很好解决，因此运输时受影响。据《宋史·食货志》记载：“河冬涸，舟卒亦还营。至春复集，名曰放冻。”另据王曾《王文公笔录》载：“汴渠……昔之漕运，冬夏无限。今则春开秋闭，岁中漕运止得半载。”宋代运河的功能虽有限，但城南运河格局至今未变。

第二节　古运河

一、古代运河运输

由于农业、手工业、商业的兴盛，古代广陵运河运输繁荣发达。东南三大政，曰漕，曰盐，曰河。三者都离不开运河。由古代至近代广陵的水运工具全赖木帆船，用人力撑篙背纤，摇橹划桨，有时部分利用风帆，历几千年无多变化。

图 2-1-5　古运河繁忙的运输水道

（一）漕运

用船运谷，解送京都称为漕运。封建社会的漕运，具有征粮代赋的性质，属官办。早在秦代，就有“转海濒之粟，致于西河”的记载。

东汉安帝（刘祜）永初年间（107～113），曾经调运长江中游北部和下游南部郡县的稻米赈济今山东、河南境内部分郡县以及下邳（今江苏邳州市）、彭城（今江苏徐州市）等地灾民。这些虽属临时性救灾措施，但是已经反映出古邗沟的水运。

隋炀帝（杨广）大业元年（605）修通运河，“自是天下利于转输”，广陵郡运河开始兴盛。唐初，每年由江淮运至长安的漕米不过20万石。到唐高宗（李治）与武则天时迅速上升，“即自江南、淮南诸州租船数千艘已至巩洛，计有百余万斛”（《陈伯玉文集》卷八）。

唐代中期的漕运方式大体采用长运直达法。江淮地区的漕船，从各产粮地装运稻谷一直运到东都洛阳含嘉仓、陕州太原仓或清河河口的永丰仓。那时，江南漕船自扬州出发，逢水浅则须停留1个月，4月以后才能渡过淮河进入汴河。开元年间，裴耀卿兼任江淮转运使，对漕运进行改革，制定分段转运法（转般法），即在水运途中确定中转点，设置粮仓，分段转运，最后到达长安（今西安）。扬州成为一个中转点，每年漕粮中转量200万石。后由于安史之乱，江南、淮南一带农业生产衰落，运道受阻，每年中转的漕粮降为110万石，最低年份只有40万石。

北宋转运漕粮的方法沿袭唐代。“两浙有米，可籴于扬（扬州）”（《宋史·河渠三》），然后再由扬州发往汴京（今河南开封市）。宋代漕粮编纲运输，每500料船为1纲。整个北宋时期，江淮漕米运量以真宗（赵恒）大中祥符元年（1008）为最高，达到700万石，从扬州转运的漕粮不少于525万石，占3/4。

整个元代，漕运以海运为主，大运河的作用减退，通过扬州的漕粮很少。

明永乐十一年（1413）以后，漕运推行“支运法”，“其浙西漕粟凡一百六十五万余石，皆自瓜洲坝以通于扬州”（《江苏水利全书》卷十三）。经过扬州的漕粮北运集中于淮安仓，每年分4次递运。明代漕粮经扬州的转运量一直在200万～300万石之间。

清初，漕粮运输仍沿袭明代，采用屯丁（即运军）长运法。江西、湖广各地漕船由大江进入仪征闸，浙江及苏松漕船均由镇江进入瓜州闸，会于三汊河，然后经运河北上。清顺治二年（1645），户部奏定全国岁运漕粮额为400万石，通过扬州的漕粮共324.44万石，占全国漕运量的81%。康熙以后的漕运规模也大致如此。

清康熙十一年（1672），全国开造的粮船有7964艘，到嘉庆十六年（1811）还有6337艘（包括山东、河南）。若按每船每年往返4次计算，每年通过扬州的漕船至少有2万艘次。

清道光以后，漕粮海河兼运，以海运为主。光绪二十七年（1901），漕粮全部改征折实（货币），从此以扬州为转运中心的漕运宣告结束。

图2-1-6 运河古石堤

（二）盐运

西汉初，广陵为吴王刘濞的封地。刘濞利用封地内自然资源十分丰富的条件，积极扩充实力，与朝廷抗衡，“招致天下亡命者”，“盗铸钱，煮海水为盐”（《史记·吴王濞列传》）。为了开辟水上交通，刘濞于广陵城东北20里开茱萸沟（运盐河），自茱萸湾（今湾头）通海陵仓（今泰州）直到如皋蟠溪，东南置白蒲，捍盐通商。“水行满河，不如海陵之仓”（枚乘《上书重谏吴王》），反映出当时淮南盐业的兴盛和扬州、泰州之间盐运的发达。武帝时，设盐官，立盐法，不准私自煮盐，两淮盐的产、运、销统由官府承办。这种制度一直延续到唐代。

唐玄宗开元二十二年（734），江淮转运使裴耀卿“置输场、盐仓，以受淮盐”，并在扬州设立转运院，专门运销淮南通州、泰州诸场的盐。这是扬州设官经营食盐的最早记载。刘晏出任盐铁使以后，改革榷盐法。扬州地区官运官销的盐，一部分改为商运商销，扬州成为盐商汇聚、盐船密集的运输中心。刘晏任职期间，曾因京师盐价暴涨,“诏取三万斛以赡关中,自扬州四旬至都,人以为神”(《新唐书·刘晏传》)。唐文宗(李昂)大和年间(827～835年),两淮盐年产量60万石,由扬州转运的盐为数颇巨。

宋代,扬州成为淮南盐场大宗食盐的输出口岸。两淮盐船经过扬州,接纳通、泰、如三场盐共156.2万余石。除本地销售外,绝大部分用船运送到安徽、湖北、湖南、江西、浙江等省,由官府包销。

南宋高宗(赵构)绍兴末年(1162)后,扬州(淮南)所产销的盐即有30余万席(按每席58.25千克,共有1.75万吨),获利600万～700万缗。仅此一州之数,就超过唐代刘晏任扬州盐铁使时全国盐利的收入。

元至元十四年(1277)置两淮都转盐运使司于扬州,专管盐政。至元十六年(1279),滞停扬州待运外地的盐为58.76万引(每引200千克),共11.75万吨,到至大年间,高达95万引(合19万吨),成为两淮盐场所产食盐“设纲攒运”高度集中的地区。广陵运河中,盐船拥塞,两岸盐仓林立,盐运盛况空前。明代扬州盐运管理制度较元代严密,设置的管理机构也相应增多。

盐课是清政府重要的经济支柱,诚如康熙皇帝所说:“关系国赋,最为紧要”(《两淮盐法志·制诏》)。在全国盐课982万两税银中,两淮盐课竟占607万两,占总数的62%。清顺治九年(1652),两淮盐产量为127.15万引,其中淮南为104.24万引。到乾、嘉时期,两淮盐产量达到清代的最高峰——40万吨以上。每年过仪征批验所的盐多至134万引,共26.8万吨。清道光以后,因“海势东迁,卤气渐淡”(《清史稿·食货四·盐法》),淮南盐产量下降,加之盐课制度消亡,6省行盐制度取消,扬州失去盐运中心地位。

(三)客运

隋以后,江南的官宦、士子、商贾、僧道等人,往来京师间大都取道运河。高官显宦一般乘坐巨大的官舫,有的还是楼船。一般士子则雇乘小型木帆船。元代书法家赵孟頫于元至大三年(1310)从吴兴(今浙江湖州)取道运河至大都(今北京),其间经过广陵,共行34天,每天可“数十舒卷”、读帖,也可面对“船窗晴暖”写字题跋,所乘官舫颇为舒适。

明代扬州运河上有两种行动快捷的客船。一种名江汉课船,船身狭小而长,上面列有10多舱,每舱可容纳1人坐卧,首尾有桨6把,并有小桅篷1座,一昼夜顺水行200多千米,逆水也可行50多千米。淮安至扬州间盐课颇多,所以设此运银。想快速行路之人,亦可附带乘坐。另一种名浪船,俗名天平船。人物载其中,以巨櫓1支,2～3人推摇前行。船上有窗户堂房,行人不分贵贱,都可以付钱乘坐。

清代康熙、乾隆二帝各南巡6次,都取道扬州运河,每次所乘的龙舟、楼船等各类豪华船舶有400～500艘之多。

清康雍乾之际,城内官河上各式画舫,争奇斗艳,供游客乘用。扬州画舫,始于“鼓棚”。“鼓棚”原为泰州盐驳,牵入城河,架以枋楣椽柱。棚顶彩绘人物故事,故称为“画舫”。大者内可置3席,称“大3张”,小者谓之“小3张”。盐驳船的脚划(舢板),装配楣椽,形若“丝瓜架”,遂有其名。此外,还有“飞仙”“牛舌头”“太平船”等。画舫之后,有酒船艄首相随。酒船备有舱灶,烹维扬船菜,专供游人品尝。扬州画舫直至民国初年始见衰减。

清嘉庆六年(1801),泰州至扬州至如皋、东台出现帮船。光绪、宣统年间,还出现信船。所有帮船,都用于客运,并可捎带货物和信件,每日往来,风雨不断。

帮船中有一种快船,船型两头翘、尖底,船棚用竹篾制成半圆形,能前后推动,停泊时不用锚,用竹篙穿过船头小圆洞插入河底固定,舱中最多可载60人,航行时一般用4把橹,并备布兜利用风力。该船于民国17年(1928)由绍兴传入,因航速较普通帮船为快,故称快船。

(四)百杂货运输与钞关

货运 古代扬州的木船货运,有官办与民办之分。货种有木材、毛竹、铁器、砖瓦、瓷器、陶器、丝帛绸缎、布匹、棉花、药材、茶叶、手工艺品(铜器、漆器、玉器)、毡帽、珍禽异兽、牲畜、水产海鲜等。

官办货运,如《旧唐书·韦坚传》载,唐都长安城广运潭内,聚集数十郡的二三百艘货船。其中广陵郡船最为突出,上面堆集广陵所出锦、镜、铜器、海味等贡品。人们还唱着《得体纥那歌》:“潭里船车闹,扬州铜器多……”。北宋时期的花石纲运输,则从江南经扬州,将庞大的太湖石运到宋都汴梁(今河南开封)。

至于民间的商业货运，早在秦汉时期即已出现。那时，由于邗沟的作用，广陵迅速发展起来，成为一方都会。《芜城赋》有“柂以漕渠”句可以为证。

唐代的民间货运空前发展。当时扬州的内外贸易量相当大，并出现许多富商。如“估（贾）客王可久者，膏腴之室，岁鬻茗于江湖间，常获丰利而归”（《太平广记·崔碣》）。更多的是外地商贾到扬州，甚至有的人“世为商贾，往来广陵”。这些商贾往来货运都使用木帆船。

南宋时期，在扬州设“榷货务”，对茶叶等实行专卖。商人批发茶叶后，贩往各地出售。除茶以外，还有丝、酒、醋、木料、瓷器等。

明代，扬州手工业发展迅速，漆器、玉器、金器、刺绣、香粉和市民日用的铜器、铁器、丝织品、竹木器等都靠木船运出。

扬州运河除了是清代的漕运主通道和盐运集散地外，还承担运输建筑材料、纺织品、茶叶以及其他土特产品。

自康熙二年（1663）起，清朝统治者大兴土木，在遵化县马兰峪和蓟县相连接的吕瑞山（又名凤凰山）营造陵寝。到道光二十年（1840）前，先后建成皇太极的后、昭二陵，顺治孝陵，康熙景陵，乾隆裕陵。建陵所需的川、广、云、贵等八省的金丝楠木，江西、浙江烧造的“金砖”，用专门配备的100只驳船，通过大运河转运京师。

顺治年间，清政府开始设局造币。设在北京的铸币局有宝泉、宝源二局，一年可铸币1亿钱。铸造货币所需的铜、铅，多通过运河由云南转运进京师。这同样要途经广陵港。据《清朝文献通考》记载，乾隆三十五年（1770）户部查议，云南向北京运铜，全年达639万多觔（斤）。

清朝统治者为满足自己奢侈欲望，还通过运河转运大量南方消费品。其中，较重要的有金、银、铁、锡、珠、玉、宝石、硃砂、黄丹、降香、白腊、黄蜡、桐油、茶叶以及江宁、苏州、杭州织造的绸缎、纱、绫罗、绢布等。这些物品都要经南运河通过广陵港北上。

清代，扬州的漆器、玉器、香料北运京师。现存故宫珍宝馆的“大禹治水玉山”重4500千克，石料出自新疆和田，乾隆年间运至扬州，历6年才雕制成功，然后运往北京。运到扬州的毛坯当5000千克左右。

清代至民国初，由于盐商的暴富，扬州出现畸形繁荣。进口商品名目繁多，总称为京广杂货（即百货），包括日用必需品、副食品。清末民国初，木帆船货运较古代又有发展。进入扬州的货物有棉布、绸缎、巾袜、针织品、绒衫裤、花边、纽扣、陶器、纸张、机械五金、建筑材料等，出去的有米、面、棉花、油、酒、鲜蛋、鱼虾、酱菜、扬州谢馥春的生发油和香粉以及吴正泰的卫生香等。据民国22年（1933）统计，扬州麦粉厂实产90万包，除本地区销售外，多运往上海和苏南。扬州7家火腿栈年产火腿2.9万只，除本地销售外，以销往上海为多。扬州乾源蛋厂（后有汉兴祥蛋厂）生产干蛋白及湿蛋黄，多运往上海。

木帆船货运，船舶按运输货种类别靠码头集中系泊，时间久远，自成一帮。扬帮船名目繁多。如黄金坝，自古以来设鱼市，由渔船满载来此交易；便益门码头设“八仙”行，专卖菱、藕、芋、柿、虾、蟑螯、萝卜等货，早晚不同，以运送迟速分优劣。其小船在官河行走如飞，称“八仙帮”。福运门码头，有南货行，所售皆大江以南产品，为其运输的船则称为“南货帮”。今钞关河岸是“菜划”帮所在，运郊区蔬菜至镇江出售。运猪、牛、鸡、鹅、鸭、鲜蛋由镇江再转运各地。南门贮草坡（谐音“猪草坡”，至今亦然），系“柴草”帮，瓜洲船装载江芦在此驳运上岸。大水湾有“咸货”帮，由散舱船运输扬州酱菜出口到上海。东关河边系粮帮船，专运粮食由淮、宝、兴、高和邵伯、仙女庙直至扬州，船籍来自下河，又称“邵伯帮”或“盐阜帮”。所谓船帮，多为乡亲组成，同声共息，浪迹江湖，是自发的木船运输组织，有别于明清漕船中的洪门与青帮。

各帮木船来自四面八方，用途各异，船型十分复杂，主要有关驳、楠船、黑鱼鳃、驳船、海塔、海划、江西船、鸦梢、古板、西樟、马头驳、白米船、湖船、江驳、粮划、邵伯划、专航驳、摇船、淮船、山河驳、川船、石梢、洋划、金尾子等不下30多种。

钞关 扬州城南运河在清代设有钞关。据《续文献通考》记载：“舟船受雇装载者，计所载料多宽、路远近纳钞。”钞关主要向过往舟船征收过境税。

扬州钞关始设于明宣德四年(1429),位置在挹江门外。乾隆《江南通志》有这样的记载:"扬州东连吴会,北拥长淮,西接濠滁,东通大海,天下水陆要冲,有关差驻劄。"

扬州钞关所征的税,名目繁多,总称"五饷",即操饷、河饷、抚饷、增饷和斛脚扣饷。操饷、河饷、抚饷按梁头征收(丈量最大型宽,按容积吨计税),每梁头1尺,操饷收正银4分,河饷收正银5分,抚饷收正银7分5厘。增饷和斛脚扣饷则按货担的实际载重量征收,每实货1担增饷按货色不同分科征收,斛脚扣饷,每担收正银9毫。

米、麦、饼、豆、枣、轻货物资的容积载重量由虚折实为:170～300石按3折;300～500石按4折;500～600石按5折,600～700石按6折;700～800石按7折;800石以上按8折,上下水一切杂货统以3折算。折实后,按梁头宽丈量,按科征五饷税银。据《皇朝通典》记载,扬州钞关在乾隆年间,每年收关税20.19万两(白银)。

清代由运河入境货船主要货种征税额一览表

表2-1-1

货种 \ 重量(石)	50	60	70	80	90	100	110	120	160
米、麦、饼豆	八钱二分五厘	九钱一分五厘	一两五厘	一两九分五厘	一两一钱八分五厘	一两二钱七分五厘	一两四钱四分	一两五钱三分	一两八钱九分
上水 糖 纸 杂货	一两一钱八分五厘	一两二钱七分五厘	一两三钱六分五厘	一两四钱五分五厘	一两五钱四分五厘	一两六钱三分五厘	一两八钱	一两八钱九分	—
下水 鱼 蛋 瓜 子 枣、礬、钉	一两二钱七分五厘	一两四钱五分五厘	一两六钱三分五厘	一两八钱一分五厘	—	—	—	—	—

图2-1-7　古运河风光带

除此而外,到清朝末年,又新征零点货税和五饷耗银。无货空船按梁头每尺征银2分5厘,空重船均随收缆银3分。由于关税名目不断翻新,致使货运成本猛增,坑害广大商民。

二、古运河保护利用

古运河从湾头至瓜洲,全长约30千米,历史遗迹林立,人文景观众多。在这段运河沿岸,有祭祀吴王夫差和刘濞的大王庙;有隋代至清代历代帝王由北进入扬州的第一座码头,有康熙和乾隆帝多次驾临扬州的门户,中外友好往来的重要港口茱萸湾;有最繁华的商业街东关街和渡口东关古渡,宋大城东门瓮城遗址,南宋时期阿拉伯式建筑普哈丁墓,浙派建筑吴道台宅第,天主教耶稣圣心堂,佛教长生寺;有个园、何园以及康山街、南河下的盐商豪宅与会馆;有反映扬州古港、水利和城池建筑的古湾头闸、水斗门、龙首关遗址;有鉴真东渡的出发地,明代文峰塔和宝轮寺,以及隔河相望的清帝休憩地龙衣庵;出广陵区向南有康熙行宫名刹高旻寺,古今闻名的瓜洲古渡和瓜洲镇及离宫别苑锦春园。

1991年,市、区两级政府加大城市建设力度,投资2.8亿元,建设瘦西湖活水工程和古运河城区段风光带,完成驳岸工程2.3万米,新建旅游码头11座,安装石栏杆1.7万米;疏浚河道1万米,清除水下淤泥 60 万立方米;完成部分滨河绿化和景点布置,两岸新增绿化面积 45 万平方米,修缮历史遗迹长生寺:完成二道河等 5 座沿风光带配套闸站翻建改造工程。

1998 年起,对 13.5 千米的古运河城区段进行综合整治。先后疏浚淤泥 128 万立方米,搬迁居民 3200 多户,沿河 100 多家工厂退城进园,拆迁危旧房屋、棚户近 50 万平方米,新建绿化 80 万平方米,形成开放性小游园 11 个。市、区两级政府为进一步保护扬州古运河与两岸文化遗存,对北起扬州闸、南至扬州三湾的古运河城区段实施综合整治工程。整治过程中,高度重视古运河综合整治、城市水环境治理及运河两岸文化遗存保护的有机结合,不仅修复保护吴道台宅第、卢氏盐商大宅等文化遗存,还复建东关古城门楼,建成 100 多万平方米的绿化带以及滨河公园,使市区古河道水体清澈、碧波涟涟,两岸风光带芳草绵绵、杨柳依依,运河文化遗存宛如明珠,光彩亮丽,千年古城生机勃勃,更加精致秀美。古运河扬州城区段已成为风景如画的人文之河、繁华之河、生态之河。夜游古运河,已成为扬州旅游的一大特色,坊间甚至有“上北京看长城,到扬州看运河”之说。2011 年 1 月,国际内河航道主席大卫·百灵杰评价道:“扬州对运河保护得很好,两岸历史建筑也保持了原有风貌,遗迹众多,像扬州这样古老的运河保持了原有的风貌,也发挥了航运功能的,世界上独一无二。”

2000 年 4 月,位于古运河西岸河滨绿化风光带中部的“气澄壑秀”和“古河新韵”两个景点落成。“气澄壑秀”景点系中国传统山水园林风格,占地面积 0.3 公顷,堆砌假山,栽植竹、琼花、樱花等各类草木 30 多种、400 多株,铺设草坪 2200 平方米。园中修建古典式双亭及勒石、点石小景。“古河新韵”景点占地面积 0.1 公顷,由亭廊、广场、花木和巨型勒石组成。此外,还建成“拮芳俪浦”等景点。

2002 年年底,古运河扬州城区段西侧风光带基本竣工。风光带以块状绿化景区组成,体现各种不同植被风格,成为市民和游客休闲、健身、游乐、聚会的好去处。白天,人们在这里锻炼、小憩、歌舞;夜间,一串长长的夜灯熠熠发光,与运河中倒影相映成趣。同时,还整修沿岸的吴道台宅第,新建宋大城东门双瓮城遗址公园、唐城南门遗址公园,修建文峰塔、东关古渡景点,修建五台山、便益门、圣心、大水湾等市民广场,为古运河风光带缀上一颗颗晶莹的明珠。

2003 年 2 月,城区古运河东岸风光带整治拉开序幕。2005 年,东岸风光带建成。同年,运河文化公园开建,主要工程为:沿岸通扬桥－渡江桥段、渡江桥－徐凝门桥段、大王庙－湾头闸街景改造,沿岸道路拓宽,污水截流,建沿河码头、广场等;建设南门遗址公园,打通沿古运河滨水绿化空间与荷花池公园的联系,完善古城区沿古运河、二道河、护城河和内秦淮河的带状滨水开敞绿化景观空间体系。自此,全长 13.5 千米的古运河扬州城区风光带建设全部完工,不仅成为市民、游客休闲、娱乐、健身的黄金地段,也成为展示扬州悠久历史文化和优美生态环境的闪亮品牌。

2007～2009 年,中国扬州世界运河名城博览会入城仪式及花船巡游连续三年在东关古渡举行。2010 年,在南门遗址举行。2011 年,第五届运博会在运博永久性会址——京杭之心举行。扬州古运河整治在保护古建筑和生态修复方面取得的显著成效,得到国家文物局充分肯定。国家文物局局长单霁翔在 2009 年第三届运博会上对扬州保护大运河的评价是:“扬州很好地保持了自然和文化景观和谐相处,站在大运河边很难看到其他城市出现的那种建筑不和谐的情况,做到了尊重自然、尊重生态、尊重大运河原始文化景观的要求。”并说:“扬州在大运河的保护方面做了很多典范性的工作,起到了大运河申遗牵头城市应该起的作用”,称赞“扬州是文化遗产保护的最好城市之一”。

第三节 京杭大运河

一、大运河扩建和水运优势

京杭大运河是两千多年历史和现实的见证,是保存中国灿烂文化最为丰富的走廊。大运河全长 1747 千米,流经京、津、冀、鲁、苏、浙 4 省 2 市。运河还是南北文化交流和传播的纽带,与众多重大的历史事件、重要文学艺术作品有着直接而具体的联系。大运河的开凿,形成一个以大运河为主轴,以城镇为节点,带动乡村区域的文化现象。联合国教科文组织关于《保护世界文化和自然遗产公约》已明确列入“遗产运河和文化线路作为新的遗产种类”。大运河不仅代表人类迁徙与流动，代表多维的商品、思想、知识和价值的互动及持续不断的交流，还代表运河文化和地域文明在时间和空间上的交流和相互滋养。大运河的这些特征已构成独特的民族性、真实性、完整性。

大运河实体丰厚，河道有堤防、船闸、堰坝、水柜、码头等，跨河有古桥、古涵，两岸有古关榷、古衙门、古驿站、古仓库、古建筑、帝王行宫、古墓葬等。漫漫历史长河中，大运河文化遗产经受的人为损坏远大于自然损坏，遗产保护任重道远。1952 年，交通部着手规划京杭大运河扩建工程，提出要切实保护好沿线的文化遗产，以减少过多的拆迁而损坏古代文化遗存。扬州是一座与运河同生共长的城市，从沟通中原隋唐的都城长安、洛阳，至连接北京和杭州，并成为中国最早的对外港埠与国际性的商业都会，2500 年间，蕴藏和积淀有极其丰富深厚的文化遗产。为此，大运河扬州段刻意避开城市繁华区域，保留古运河而另选新线。1958 年，京杭大运河扩建工程上马。运河改从湾头南下，经施桥、六圩出江，扬州城区古运河两岸的文化遗存从而免受破坏而得到保护。保护的文化遗存中，著名的为普哈丁墓与南门文峰塔，以及东关遗址与吴道台宅第、盐商古建筑群。

图 2-1-8 京杭大运河成为“北煤南运”主通道

“运”是运河的本质，没有运输就不能称之为运河。隋代前，运河主要是为军事服务；隋代后，江南经济发展较快，“赋出天下，江南居什九”“天下大计，仰于江淮”，大运河成为一条沟通南北的水运大动脉。今日，大运河的政治地位风光不再，但经济地位并没有削弱。在铁路、公路、水路、航空和管道 5 种运输方式中，水运仍据重要地位。运量大、能耗低、二氧化碳排放量少的水运优势，使大运河至今仍然“老当益壮”，为经济社会建设发挥着不可替代的运输功能。仅煤炭一项，每年通过京杭大运河的“北煤南运”量 7000 多万吨。京杭大运河的运量为 3 条津浦铁路单线的总和，外加一条京沪高速公路的运输量，但货物周转量能耗相当于铁路的 69%和公路的 16%，运费仅为公路运输的 1/4。同时，因耗油低，也大大减少二氧化碳排放量。大运河运输功能与文化功能和生态环境功能相得益彰，也是为大运河申报世界遗产加分。

二、大运河保护利用

2004 年 12 月，京杭大运河风光带动工建设。七河之一的壁虎河口段（即汪家窑航段）2100 米航道整治工程启动。整治采取大拓宽方案，长度 3130 米，范围为航道左岸，标准为内河二级通航标准，投资 5230 万元，使行洪通道拓宽近一倍，通航条件显著改善。以航标塔、旅游码头、驳岸、绿化等为标志的茱萸湾生态圈初步形成。

2006 年 7 月，京杭大运河扬州境内“三改二”整治工程开工，目标为改造现状三级航道达到二级航道标准。整治项目主要包括拓宽疏浚、护坡护岸。城区航道两岸实施景观改造，保持运河原有生态景观，达到与城市协调、与自然和谐的目的。长 17 千米、13 种造型的生态驳岸中，种植各式各样的绿化植物，500 米鱼槽设计为动植物安家，1500 米黄石驳岸增添靓景，6 万平方米芦苇保留原始生态。广陵新城

图 2-1-9 京杭大运河“三改二”工程

预留江扬大桥至南绕城公路5千米长的区段，两岸建成百米宽绿化带，建造一批休闲景点。

京杭大运河底蕴深厚的历史文化是广陵区最具竞争力的资源和品牌，广陵新城就是延续这种竞争力的城市载体。它是扬州的新都心，是扬州未来的行政中心、商务中心、金融中心。新城建设以都市核心片、生态旅游片、产业园区片、杭集新镇片四大功能区铺陈布局，打造为集聚现代服务业的智慧城、塑造功能复合化的生态区、促进城市一体化的交通核。

广陵沿河经济的发展水平、发展速度、发展模式代表扬州的发展目标，向产业链、价值链、服务链和生态链的高端不断攀升。广陵区在运河两岸培育一批具有核心竞争力的世界级、国际化、龙头型大企业，走资金密集型、技术密集型、人才密集型的都市产业发展之路。2007年，运河东岸"中国声谷"的打造，拉开广陵中央商务区建设步伐，配套项目迅速跟进。在《中央商务区（CBD）全真规划方案》中，江苏信息服务产业基地（扬州）坐落于广陵新城中央商务区内东侧，面积252公顷，专门用于发展现代服务产业中的IT信息服务业（包括呼叫产业、数据存储产业等）、金融服务业、科技主题地产。2011年，基地实现信息服务及软件产业销售总额10亿元，带动5万人就业，成为华东乃至全国最具品牌影响力的一流国际服务外包基地。因此，京杭大运河畔将是广陵区最具吸引力和最具潜力的热土，更多的创新理念将在这里实践，更多的优秀人才将在这里集聚，更多的财富源泉将在这里迸发。

2011年，京杭大运河扬州城区段初步打造成融交通、旅游、生态、环境为一体的"十里运河外滩风光带"。

沿文昌路南，运河外滩标志性建筑为运河之帆，设置各为21层、24层和30层的三幢高层建筑，总平面布局为"一船三帆、群组结合、功能多元、空间共享"。建筑形态神似风帆，由西向东逐幢增高，并逐步向南退让，在视觉上形成错动的韵律感，寓意乘风破浪、扬帆远航。

京杭运河十里风光带不同于南京的"十里秦淮"，这里呼吸着京杭大运河的都市气息，是景观与文化休闲的完美结合地。京杭运河十里风光带集旅游、生态、环保为一体，漫步其间，滨水、亲水、临水，可独享怡人宜居的城市魅力。

图2-1-10 京杭之心

第二章 淮 河

今广陵区湾头镇以东至江都区仙女镇之间，春秋时是由江达淮的必经之地，汉代以后是盐艘入运之要道，明代开创淮水入江之路，清代淮河入江已成定局，这里成为淮水入江第一门户。新中国成立后，累变多举：大运河改道，抽引江水北送，加之治淮，历经坎坷，致使这里沟（河）纵横交叉，闸、坝众多。河道的开挖，又把本来相连的陆地分割开来，包围陆地，形成"人工岛"，以致今人把这一方土地称为"七河八岛"，其实既不止七河，也不仅八岛。

归江水道的形成有一个从无到有、从小到大的过程，即从先利用原有水道到新开河道，从保明祖陵、保漕运到兼治水患，由淮水入海为主转向入江为主的人工导淮。这个过程所经历的时间，从明万历二十四年（1596）开第一条淮水入江水道——金家湾河算起，到清道光八年（1828）开最后一条入江河道——新河，长达 233 年。

东侧的高水河担负着 500 立方米 / 秒向北送水的任务；当汛期淮水入江流量 1 万立方米 / 秒以上时，可利用运盐闸经高水河至芒稻闸泄洪入江；当江都抽水站排里下河涝水时，通过高水河经芒稻闸，把涝水送入长江。中间部分的金湾、太平、凤凰、新河、壁虎诸河，统称为归江河道，它担负着 1.2 万立方米 / 秒排泄淮河洪水入江的重任。最西侧的大运河是南来北往的水上大通道，每年要输送数以亿吨计的南来北往的货物。

这里的河道有一独特的景象，那就是高水河常年向北流的是江水，归江水道向南流排的是淮水，虽然同为水流，却不同源，各行其道，“江水不犯淮水”。

淮河归江水道及其构成的七河八岛，处于广陵区广陵新城的中枢地位，以其为绿色生态核心区，打造城市绿肺，是彰显广陵“南江北湖”“古、文、水、绿、秀”城市风貌和生态特色的经典之作：以漫道、廊道、绿道、水道为纽带，北部整合凤凰岛、茱萸湾等生态旅游片区资源，建设“七河八岛”世界生态中心；南部以主排河沟通西江、长江水系，修复江洲生态，构建洲上“小江南”；中部做靓廖家沟、大运河、古运河生态廊道，呈现“城河共生、绿水相依”的印象画面。

第一节　七河八岛

一、开金家湾河，有岛之始

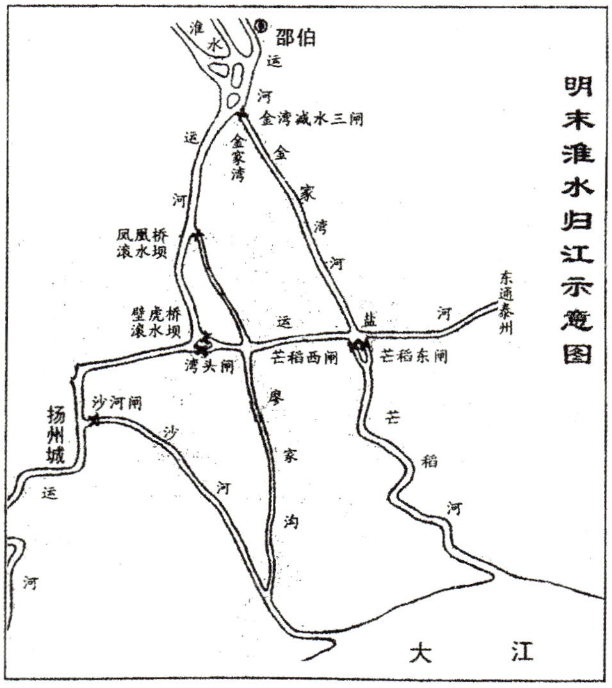

图 2-2-1　明末淮水归江示意图

湾头镇京杭大运河以东至江都区仙女镇高水河以西之间，在明万历二十四年（1596）前，只有南北向的运河和东西向的运盐河及一些不知名的小沟、小河，与周围的乡村没有两样。其时，淮河水不从扬州入江。

万历时，开挖归江水道是为了解决淮河洪水的出路，实施导淮入江。其原因，万历朝前期，水情恶化，高家堰（今洪泽湖大堤）溃决，不仅里下河地区惨遭淹灭，漕运受阻，尤以位于泗州（泗州城于康熙十九年淹没）附近的明祖陵被淹，这使万历皇帝朱翊钧雷霆震惊，迁怒于督河大臣。淮水向何处去，激起一番争论。万历二十年（1592），泗州城中水深 3 尺，再灌明祖陵。万历二十一年（1593），洪泽湖水位上涨，为救明祖陵，万历皇帝派给事中张企程查勘淮河。张提出分黄导淮，其中导淮入江的路线，就是让淮水由在高家堰上建的 3 座泄水闸排出，注入高邮湖，流入邵伯湖，在邵伯南五里许金家湾开金家湾河，再由芒稻河入江。万历皇帝见后“大悦”，遂批准这一方案。万历二十四年（1596），完成分黄导淮工程。金家湾河由此而来。这是淮水入江的第一条正式通道。排水线路由邵伯湖—金家湾河—芒稻河入江，同时由邵伯湖—运河—凤凰桥、壁虎桥（两桥下设有三合土滚水坝）—廖家沟入江，还有经运河至扬州城流到瓜洲、仪征入江口下江。河名也因金家湾地名而来，又名淳家湾河。到清康熙时，该河易名为金湾闸河，后又因运盐名盛，易名为运盐河。今运盐闸至邵伯湖仍保留其名（运盐闸至芒稻闸以高水河之名代替）。由于金家湾河开挖底宽狭窄，只能排淮水十之一二。

“分黄导淮”好景不长，万历二十九年（1601），淮河再次大水，明祖陵再次被淹，“分黄导淮”计划宣告失败。

从《明末淮水归江示意图》可以看出，金家湾河开凿以后，北自金家湾，西南至湾头之间的运河，又自金家湾至今仙女镇之间东偏南的金家湾河，再由西起湾头，东至仙女镇之间的运盐河（今称横河），包围成一个三角形地带，这便是湾头镇至今仙女镇之间一个人工大“岛”之始。

二、重开凤凰河，双岛对峙

清康熙元年（1662）后，运河连年决口。康熙三十八年春（1699），康熙帝第三次南巡，专门巡视河工。他在邵伯登上小船进行查勘。为使老百姓安心，定下“解除下河水害之要筹，必须疏通入江之道”的治水方略，决议将湖水、河水全由芒稻河、人字河（明代金家湾河）排泄入江。他还责令开挖疏通入江口门，亲自抓淮水入江工程的实施。是年，对凤凰河排水口门进行加宽。在明代凤凰桥增建南、北木桥滚水坝，南桥口宽 37 米，北桥口宽 20 米，时称凤凰三桥。康熙三十九年（1700），河道总督张鹏翮见到金家湾（河）排水不畅，为使淮水畅流入江，决心开挖，终于将土质坚硬、多次开挖而未成功的凤凰桥引河（今凤凰河）开挖成功。

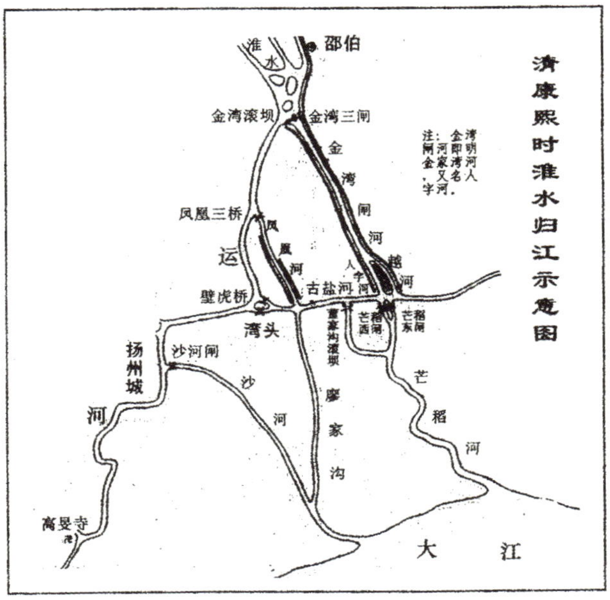

图 2-2-2　清康熙时淮水归江示意图

在康熙帝的重视下，先后完成开挖、加宽挑深凤凰引河，建滚水坝，降低芒稻西闸闸底，建凤凰三桥，修砌董家沟三合土滚水坝等工程。到康熙末年，入江口门宽度达 57 丈（189.8 米）。同期，在运河东堤上建起归海坝，淮水经里下河入海。由于康熙时的淮水归江工程，这时淮水归江的局势已与归海并重。

凤凰河的加宽挑深，使明末北自金家湾，西南至湾头，东偏南至今仙女镇，南至运盐河（今称横河）之间的三角形大岛，变成为两岛。

图 2-2-3　凤凰河

三、拓壁虎、开太平和金湾三河，岛数倍增

乾隆皇帝南巡经过扬州时，看到淮河水入江近，入海远，定下开运河归海坝“为万不得已之计”，最根本大计是要大力兴修淮水入江工程。乾隆南巡中，三次亲临金湾指授机宜。面对河官要开闸排水、盐官要关闸蓄水运盐的争议，乾隆帝作出了断，下令不许芒稻闸再下闸板，长年启放，以减水患。

在乾隆帝关心下，扬州境内的淮河归江工程进入鼎盛时期。乾隆二十二年（1757）起，以归江工程为急工。当时河工兴修规模之大，投入财力之多，史无前例。乾隆时开挖的归江水道有 3 条。

拓宽壁虎河。壁虎河位于湾头镇以北，上与京杭运河相通，下至新河口下，长 1.72 千米。壁虎河开挖时间，史载不详。明万历导淮入江时，有壁虎桥，为砖桥，2 孔，孔宽各 3 米，在桥下设滚水坝，参与排泄淮水。乾隆四年（1739），添建壁虎木桥（北桥），孔宽 6.6 米，乾隆二十一年（1756），建壁虎中桥，孔宽 33 米。乾隆二十三年（1758），改造木桥，孔宽 67 米，史称壁虎三桥，桥下均设三合土滚水坝。道光十年（1830），又将北桥展宽至 30 丈，后被水流冲刷，口门宽展至 100 米。嘉庆时坝废，改筑草坝，名为壁虎坝。1962 年 12 月，万

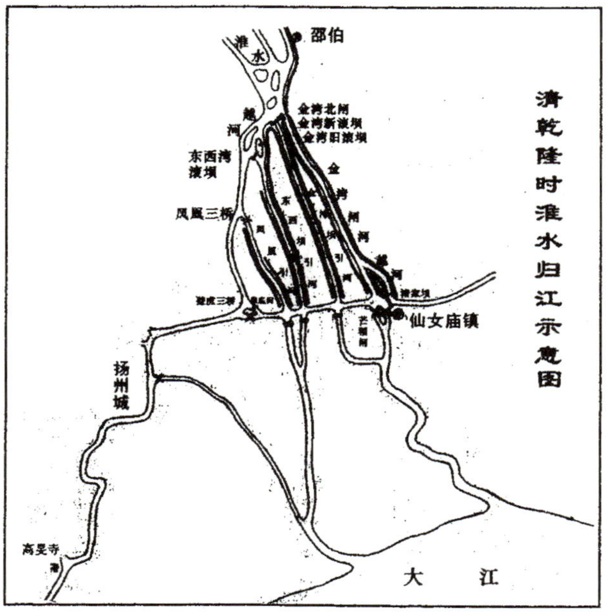

图 2-2-4 清乾隆时淮水归江示意图

福闸建成，取代壁虎坝。

新开东西湾坝引河（即今太平河）。太平河开挖于乾隆十年（1745），时称东西湾引河，上自邵伯湖口，下接横河，长 6.83 千米，以南接石羊沟长 3.09 千米（乾隆八年开挖），今统名太平河（见图 2-2-3）。淮水经太平河，南流入廖家沟，转向东南入江。1971 年，对太平河口裁弯取直，拓浚西湾河，堵闭东湾河。

再开挖金湾坝引河（即今金湾河）。清乾隆二十六年（1761），开挖上自邵伯湖口，南穿横河，下直出董家沟引河一道，时称金湾坝引河，即今金湾河。今连董家沟，统称为金湾河。金湾河在今芒稻闸下约 1 千米处注入芒稻河。

经乾隆时加挑归江水道扩展原河，归江口门达 356 米，淮水归江的局势已较归海为重，归江水道始有排泄淮水的价值。

随着归江水道壁虎河、太平河、金湾河三条河的扩宽和开挖，陆地再次被三条河分隔，致使乾隆时岛的数量倍增。

四、开瓦窑铺新河，再增一岛

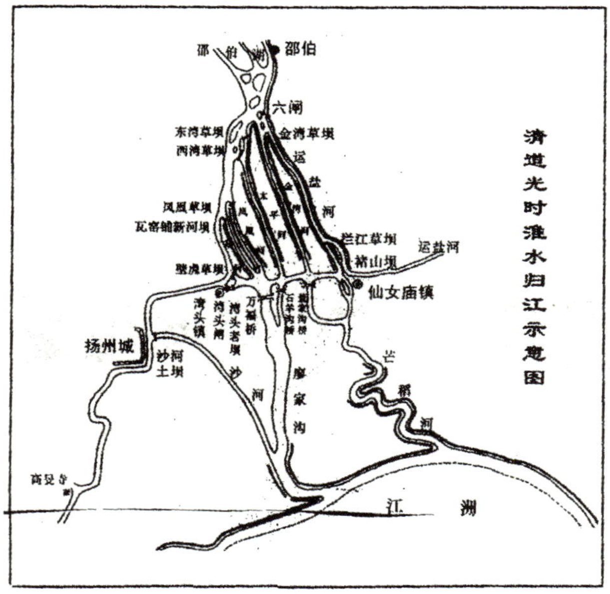

图 2-2-5 清道光时淮水归江示意图

道光时，河道总督张井力主淮水归江，他认为淮水多一分归江之路，即少一分为害之水。道光八年（1828），开挖瓦窑铺新河，河头做拦坝，并建木桥，排泄运河、淮河涨水，穿运盐河，达廖家沟归江，时名为瓦窑铺新河（即今新河）。这是有新河及新河坝之始，是清代开挖的最后一条归江水道。至此，连同以前历代开挖的河道运盐河（明代金家湾河）、金湾坝引河（道光时已称金湾河）、东西湾河引河（道光时已称太平河）、凤凰引河（道光时称凤凰河）共 5 条，归江水道布局全部形成（见图 2-2-4），奠定今日归江水道的格局。

新河开挖以后，又把陆地分开，岛的数量又增加一个。

五、大运河改道，形成红星岛

为适应经济建设发展，1959 年，实施大运河改道，开辟瓦窑铺至六圩入江的京杭运河新航道。瓦窑铺竹家院至湾头镇北壁虎坝的河段作为淮河的排洪水道（今壁虎河以上部分），湾头临镇至扬州电厂一段长 1.1 千米，被废弃，1964 年，在湾头镇筑坝时堵塞。从此，运河离开湾头镇。大运河改道以后，与原来的运河（邗沟故道）之间留下一个岛，名为红星岛（今茱萸湾公园），这是京杭运河至高水河之间最迟形成的一个岛。

六、兴筑高水河，构成芒稻岛东界

高水河位于江都城区西部，是江都水利抽水站实现南水北调、向北送水的河道。南起江都抽水机站，北至邵伯节制闸与里运河衔接，全长 15.26 千米，是江都水利枢纽的配套工程之一。高水河堤防工程于 1963 年春开工兴建，1979 年 5 月全河竣工。该河河线基本沿明代金家湾河的走向，并利用部分金家湾河的遗址，部分结合加筑堤防和平地开河而成。该河兴筑以后，成为芒稻岛的东侧边界。

从明代开挖金家湾河有大岛之始，到红星岛的形成，前后历经360多年。泰安镇占据“岛”的大部分，故有“岛乡”之称。1962年，泰安镇将横河堵断，兴筑公路与陆地相连，于是便有金湾半岛之称。其八岛由东至西依次为：聚凤岛、芒稻半岛、凤羽岛、自在半岛、金湾半岛、山河岛、新河岛、壁虎岛。

第二节 归江十坝

一、归江坝形成的起止时间

《清史稿·河渠志》中没有归江十坝的提法，其名始于民国5年（1916）8月武同举《会勘江北运河日记》。该日记中有这样一段话：“8月25日，船过金湾、东湾、西湾口，又过凤凰及新河口、壁虎桥，南端湾头镇有老坝，再南至扬州城东有沙河坝”。又云“六闸金湾闸下游有拦江、褚山坝，计共十坝，有归江十坝之名”。归江十坝之名自此而始，即自东向西为褚（土）山坝、拦江坝、东湾坝、西湾坝、金湾坝、凤凰坝、新河坝、壁虎坝、老坝、沙河坝十座。这里说的归江十坝是指柴土坝，而不含归江河道上原有的滚水坝。

归江十坝并不是淮水初入江时就有的，也并非刚好是10座，有河官筑的，也有盐官筑的。在归江河道上数得出坝名的远远超过10座。乾隆以前，淮水归江工程是沿明末的做法，利用老河、开挖新河、筑三合土滚水坝、改建旧闸等，每开一条河，两头都有建筑物控制，非闸即滚水坝。乾隆时，为避开芒稻闸水流，筑褚山坝隔断盐船由仙女庙直达湾头。后来商人不愿绕道，于运盐河增筑拦江坝；为恢复盐船由仙女庙直达湾头，后又于芒稻闸下筑芒稻河坝，以拦阻淮水由运盐河经芒稻闸归江。故此才有拦江坝之名，就是说这两座坝最初不是用于淮水归江的。

图2-2-6 太平闸

为了蓄水保证漕运和盐运，最初在金湾、太平、凤凰、壁虎等河穿过里运河与古运盐河时，交叉处都筑有坝（闸），形成两道控制（后来水毁，成一道控制）：即沿里运河除沙河坝（利用老河）口外，有壁虎桥（桥下设滚水坝）、凤凰桥（桥下设滚水坝）、新河滚水坝、西湾滚水坝、东湾滚水坝、金湾三闸；沙河以南，里运河至江口还有坝：沿古运盐河（今老通扬运河）南侧有湾头闸、廖家沟滚水坝、石羊沟滚水坝、董家沟滚水坝、芒稻闸。古运盐河向东，南岸秦塘、白塔等河入江又有坝，东至泰州还有滕家坝。据道光十二年（1832）《淮扬水利全图》，上标有湾头闸、壁虎桥、新河、凤凰桥。又据记载，道光时淮水归江临运河的泄水口门有14个。盐官要运盐，河官要排水，其坝之多，实属罕见，可见归江十坝只是清末民国初的泛称而已。

据记载，归江坝用草坝最初形成时间始为嘉庆十一年（1806）。又载，咸丰四年（1854年）废壁虎三桥改为草坝。咸丰十一年（1861），东湾坝水毁后改为草坝。这说明归江十坝形成柴土坝的最后时间是在咸丰十一年（1861），前后历经56年。

柴土坝自嘉庆十一年（1806）起，一直沿用至1972年金湾闸建成、废坝建闸结束时止，长167年。其施工方法也非扬州独有，嘉庆十二年（1807），江南河道总督副总河徐端著有《迴澜纪要》一书，称筑草坝为“兜缆软厢”法，叙述筑坝施工过程，说明其时草坝已广为应用。

二、归江坝的规模

归江河道口门大小不一，因此坝的长短也不一。随着时间的推移，有的口门被水流冲开变得更宽，有的稍有缩狭。不同时期也不一样（被水冲宽）。至民国时，归江口门总宽970米，是明末淮水入江口门32.66丈（108.87米）的8.9倍。60年代初，归江口门总宽1125米，是民国时的1.16倍。

三、归江坝的施工方法与步骤

归江坝堵筑的材料主要是柴草和土，做成埽，利用土的重量，用绳、桩木联系，沉于水中，以柔克刚，与河底密实断流。江南河道总督副总河徐端称筑草坝为“兜缆软厢”法，在他的《迴澜纪要》中以现身说法，将其施工程序分为提脑揪艄、捆厢船、出占、上水边艄、掩下大艄、预定合龙口门丈尺、出船、合龙、关门艄、二坝同时合龙等几步，并对筑坝的现场管理、人员配备、材料选用等做详细说明。归江坝堵筑方法基本按此进行。

四、归江坝的排洪能力

据民国10年（1921）大水时测量，淮河在洪泽湖以上，洪峰流量1.5万立方米/秒时，八坝全开，壁虎坝泄洪1766立方米/秒，金湾坝1739立方米/秒，新河坝1670立方米/秒，凤凰坝1268立方米/秒。其次为东、西湾坝及拦江坝，土山坝最小，只有95立方米/秒。总计淮水入江泄量8400立方米/秒，占淮河洪水的55%。

五、归江坝与归海坝的交互关系

归海坝建设在先，淮水由归海坝排往大海。归江水道形成后，淮水逐步由归海转向归江。开归海坝要淹里下河，乾隆以后，尽可能由归江水道上的滚水坝及芒稻闸排水入江，一般年份尽可能不开归海坝。水太大则还要开归海坝，因此归海坝、归江坝常常并用。由于归江泄量不足，归海坝作为泄洪辅助设施工程。民国20年（1931），开归江坝后，又开归海坝。

归海坝最后一次运用是民国27年（1938），使用时间237年。归江坝最后一次运用是1972年，使用期比归海坝短18年。

六、归江坝的消失

图2-2-7　金湾大坝

前人在堵塞河道口门（决口）方面所用的办法较多，草坝则是其中之一。归江十坝是柴土坝，是一项过渡性的工程措施。为减轻里下河的水害，将淮水由入海转向入江，淮水入江过程中出现归江坝。归江坝成为扬州遭受水灾的符号。明末“分黄导淮”时，没有用草坝，康、乾时也没有用草坝，说明财力尚可。清代后期，因财力所限，滚水坝、闸发生水毁而无力修复，才改用草坝。清嘉庆十七年（1812），两江总督百龄、江南河道总督陈凤翔就有“为节省草坝启闭工料”建闸的意见。明知堵拆坝劳民伤财，财力受限又无计可施。民国时期，有人感叹，论工程性质是落后的，因无巨款建闸，不得不“暂保其旧耳”（即堵拆坝）。随着经济实力的增长和水利技术的进步，归江十坝的消失是必然的。其消失过程为，桥（桥下设滚水坝）、滚水坝、闸—水毁—草坝—建排洪闸。

新中国成立后，1962年建成土山洞代替土山坝。1958年大运河开挖后，运河以西至古运河之间沙河废，坝也废。1962年，万福闸建成，统控壁虎、新河、凤凰三河，代替凤凰、新河、壁虎三坝。1963年春，开挖高水河时废除拦江坝。老坝久堵不开，早废。1967年，高水河以西至湾头段因高水河开挖横河也废，犹老坝旧址可寻。1973年，建成太平闸代替东湾、西湾坝。1974年，金湾闸建成，代替金湾坝。从此，归江坝消失在历史长河中。

第三节　生态廊道

一、茱萸湾

图 2-2-8　茱萸湾芦荡

由归江水道构成的“七河八岛”，是扬州著名的生态旅游区，位于被誉为“岛乡”的湾头和泰安两镇，其中茱萸湾位于广陵区东北湾头镇，是古运河从北面进入扬州市区的门户。茱萸湾具有非常厚重的历史文化积淀。茱萸湾是西汉吴王刘濞开凿邗沟的起点，也是京杭大运河扬州“黄金码头”所在地。隋炀帝三下扬州，清康熙、乾隆帝六次南巡都经过这里。唐代的茱萸湾还是中国对外往来的一个港口。唐代时，日僧荣睿、普照曾从此登岸，敦聘鉴真东渡日本讲律传法。清代大学士阮元题写的“古茱萸湾”的石额，至今仍镶嵌在湾头古街石拱圈门上。

茱萸湾是一个半岛，占地面积 46 公顷，环岛建有 8 千米长的运河风光带，是一座融水域风光、自然植被、人文景观和现代游乐场所为一体的生态型植物园。

“独在异乡为异客，每逢佳节倍思亲。遥知兄弟登高处，遍插茱萸少一人。”大诗人王维的佳句传神描述，令人对茱萸湾这个自汉代就开始遍植茱萸树的地方心驰神往。茱萸，又名“越椒”，也叫“艾子”，落叶大灌木或小乔木，有吴茱萸、山茱萸和食茱萸之分。茱萸湾的茱萸林不仅面积大，而且种类全，囊括吴茱萸、山茱萸和食茱萸几大种类。

山茱萸的枝干韧劲十足，叶子卵状对生，表面柔毛稀疏。到果期，一串串火红的果子犹如串串小红灯笼，生动多姿。吴茱萸是芸香科植物的一种，分大花吴茱萸、中花吴茱萸、小花吴茱萸等几个品种。叶子比山茱萸大，带有一种特殊的辛辣香气，古人将之结捆成束，趋避蚊虫。食茱萸自古以来就是药食兼用的本草。在辣椒传入中国前，它是川菜辣味香料的主要来源之一。至明代中叶时，食茱萸已成为四川食物中广泛使用的调味品。它的枝干上分布着瘤乳状尖刺，连鸟儿也无法在上面栖息，因此有“鸟不踏”之称。食茱萸是典型的蜜源植物，开花时常吸引许多蝴蝶、蜂类、甲虫等昆虫前来吸食花蜜，形成“蝴蝶树”的奇特景观。

除了各种茱萸，茱萸湾还有不同季节特征明显的植物林带和各类花卉观赏园，雪松林、柿子林、竹林都让人心旷神怡。这里春天有桃花、春梅、樱花、牡丹、芍药、琼花，夏天可以观赏荷花、睡莲、紫薇、月季，秋天金桂、银桂、四季桂和丹桂飘香，冬天则可以看到数十个品种的腊梅。茱萸湾的其他景点还有：登高台、长卿亭、荷风曲桥、水禽湖、野生动物园散养区。

二、聚凤岛

图 2-2-9　聚凤岛

聚凤岛位于大运河、金湾河与高水河的分界处，四面环水，陆地面积 16.67 公顷，是“八岛”中面积最小、最具原生态韵味的湿地小岛，也是江、淮之间，河、湖相间之处一个典型的平原——湖泊湿地标本。岛上河、塘、荡、滩等地貌俱全，地形起伏，树木林立，藤蔓婆娑，水草丰茂，从空中鸟瞰，像一只脖子埋在翅膀之中的凤凰静卧在碧波之上。

聚凤岛是一座缤纷的鸟类天堂。有鸟类26科69种，其中包括国家二级保护动物小鸦鹃、白尾鹞、雀鹰、苍鹰、红隼等，不仅白鹭、夜鹭很容易见到，还可邂逅绿翅鸭、大斑啄木鸟、冠鱼狗、牛背鹭、蓝翡翠和机警、漂亮的普通翠鸟。踏上聚凤岛，随时随地都可以看到大大小小的鸟巢，感受到的不仅是可爱生灵带来的乐趣，更多的是一种自由的心境。

聚凤岛的南部，有一座古朴的廊桥，走上去脚下发出吱吱嘎嘎的响声。站在廊桥上，“内河”的全貌可以饱览大半，各种水生植物铺满水面，不时有水鸟擦着水面掠过。岸边的树木上不是长满青苔、菌类，便是被藤本植物所缠绕、装饰。在七河八岛这个大的湿地范畴之中，聚凤岛上这条蜿蜒的“内河”又形成一个独特的微型生态系统。

三、凤凰岛

图 2-2-10　凤凰岛

凤凰岛生态旅游区位于泰安镇，南连长江，北接邵伯湖。境内江河湖相连，水道纵横，岛屿、森林、芦荡、湿地等自然生态环境良好。

凤凰岛是成熟的生态岛、湿地岛，岛屿面积600公顷。有湿地植物200多种，分布着30多种鱼类和多种两栖动物，如黑斑侧褶蛙、金线侧褶蛙等，是中国宝贵的自然基因库。踏上凤凰岛，穿越一片“刺猬林”，视野一下子开阔起来，浩荡的河面在左侧，浓密的森林在右边。登上高高的木制观景台，凤凰岛全景尽收眼底，几条小河在远处交汇，有一种“波光远影碧空尽，唯见棠湖天际流”的壮美。近处则是密密的芦苇荡和混交林，偶有黑压压的鸟群在芦苇上空腾起，瞬间又消失在芦苇荻花之间。芦苇丛处河道密布，河里的野菱浮生着碧玉般的三角形叶子，一只只小船在迷宫般的河道上行进、徜徉、交会，它们构成一幅人与自然和谐相处的绝美画卷。观景台向北，路边的楝树、栾青桐、旱柳、槐树和枫杨用不同的身姿展现着自身的存在，绿的青翠，白的华美，红的热烈，黄的娇贵。一种名叫泽生香豌豆的植物，会开出艳丽的紫色总状花序，江苏省内都很少见，而在凤凰岛却被大自然很好地保留着。

以凤凰岛为主体的“七河八岛”是江鱼入湖育肥的通道。刀鱼、河豚、鳗鱼、螃蟹等，沿着长江逆流而上，经三江营再沿“七河”到达邵伯湖、高邮湖和宝应湖，享受湖区丰盛的饵料。凤凰岛也是鸟类迁徙的重要通道。候鸟从北方地区循淮河到长江中下游越冬，淮河入江水道是为数不多南北通道之一，也是候鸟补给食物的“驿站”。在高水河，每年冬天可以观测到成群鸽鹬类的候鸟；京杭大运河、壁虎河、新河等则是红嘴鸥的常年“驻地”；太平河边滩涂地也是绿翅鸭的福地。“七河”所在区域，因为觅食区域广，鸟类更易繁殖后代，是候鸟特别是水鸟如白鹭、夜鹭等的永久驻地。

岛上辟有桑果茶园，养殖野鸭、山鸡、天鹅、波瓦羊、梅花鹿和孔雀等。保存和复建的自然人文景观有：归江十坝遗址，清康乾时期建成，地处邵伯湖南部湖口；敕建护国禅寺，原寺位于壁虎岛附近，始建于清乾隆年间，2005年秋，在凤凰岛旅游区大门西侧邵伯湖高岸上重建。岛上还在建设集科普教育、蜂疗养生和文化展示于一体的蜜蜂文化园，通过建设蜜蜂研究所、蜜蜂文化展馆和蜜源植物园，让凤凰岛成为养生之岛。

四、凤羽岛

凤羽岛是“七河八岛”中被凤凰河和新河裹挟的一个狭长小岛。岛上人家不多，有一座简易便桥与外界沟通。来到凤羽岛，能感受到“靠山吃山，靠水吃水”这句老话。七条河流，每一条都深深影响着岛上人们的生活。鱼塘里养着鲫鱼、草欢子，甚至还养着江苏省越来越难见到的塘鳢（广陵人称塘鳢为“虎头鲨”）。“早上布下网，采花去收粮。品酒闻花香，晚上鱼满舱。”这是对岛民生活的生动描绘。他们远离都市的喧嚣和侵扰，半农半渔过着日子，正是人与自然和谐相处的原生之态。

图 2-2-11　凤羽岛

五、泰安温泉

泰安镇东与江都接壤，西邻京杭运河，南连 328 国道，北以邵伯湖为界，面积 32.5 平方千米，环境优美，生态资源丰富，绿化覆盖率达 60%以上。依托丰富的地热资源，泰安被定义为特色“温泉小镇”。

泰安地热资源“家底”丰厚，地热资源分布广、储量大、水质好、温度高，局部地区可达 75℃。更为重要的是，地热水的水质也很好，富含氟、溴、碘、锶、锂、钡等有益于人体健康的微量元素，水质符合医疗水标准，具有医疗价值。泰安温泉应用于以理疗洗浴、供热供暖为重点的精品酒店、旅游度假、房地产业等。近期发展 3 ～ 5 个温泉旅游度假综合开发和循环利用项目，设立露天温泉中医理疗区、温泉养生养颜区、温泉休闲娱乐区和温泉文化体验区等，逐步将凤凰岛建设成为面向国际、国内一流的温泉生态旅游岛。泰安将以温泉整合其他产业，在保持各个特色的同时，联动形成以文化为背景、古城园林和乡村田园为依托、以温泉度假引领的复合型大旅游。

从扬州的空间形态上观察，“七河八岛”处于扬州城市的核心区域，是一个非常重要的生态廊道。从世界城市谱系来看，扬州城市的“七河八岛”是独一无二的。“七河八岛”将成为世界名城扬州版的“纽约中央公园”。

第四节　南水北调

一、江水北调工程

旧时，在非大水年景，淮水被蓄于上中游，下游有时甚至断流；大水年份，淮河洪水来势凶猛，铺天盖地，下游地区则受害无穷。总之，淮水对运河及里下河地区处于可用而不可靠的状态。新中国成立后，治理淮河采取“蓄泄兼施”的方针，淮河中上游建起大大小小的水库，淮河两岸大面积推广农田“旱改水”，中上游需水量日益增大。1959 ～ 1980 年，淮河干流发生断流年份 15 年，累计天数 930 天，其中 1959 年断流 108 天，1960 年和 1967 两年内连续断流 221 天，1978 年断流 217 天，洪泽湖干涸。宿迁以上的京杭运河在 1978 年后的 5 年内，就有 3 年断流，断流时间最长达两个月以上，航运受到较大影响。为了发展工农业生产和航运事业，江水北调，势在必行。

2-2-12　南水北调引河

1958 年，省水利厅进行“江水北调”工程规划，计划一路由廖家沟引水至邵伯湖，抽水入高宝湖北送；一路由南官河自流引江入里下河。后结合南水北调规划，进行多次修改、充实和完善。1960 年冬，滨江电力抽水站站塘土方开工。该站位于万福闸上游，装机容量 1.25 万千瓦，部分主要设备已在上海生产，但站塘施工中遇到流沙，塌方严重。后经扬州专署副专员殷炳山偕工程师许洪武调查研究，向地委建议：滨江电力抽水站迁往芒稻河东新通扬运河河首，既可引江济淮，经京杭运河北上，向里下河地区及垦区送水，又可结合里下河排涝，可一举多得。地委同意后，电请省政府考虑滨江站迁移问题，并派殷炳山等人向省政府反映，后省政府电报通知停工待议。1961 年 4 月，经水电部同意，苏北江水北调工程作调整，原滨江站迁至淮河尾闾芒稻河与新通扬运河交会处，改名江都抽水站。

江都水利枢纽工程，位于扬州市东 14 千米，江都城南，距淮河入江口门约 12 千米。它是淮水北调东引及江水北调的水利枢纽工程。整个枢纽工程由 4 座大型电力抽水站、13 座节制闸、2 个地下涵洞、6 座船闸、2 条输水干河及变电站、输变电线路等组成。4 座抽水站共装机 33 台（套），装机总容量 4.98 万千瓦，设计流量 400 立方米 / 秒，连同备用机，抽水流量 473 立方米 / 秒，是具有灌溉、排涝、调水、洗碱、冲淤、发电、航运及供应城乡工业、生活用水多功能的水利工程。

江水北调工程扎根长江，抽引江水，利用京杭运河苏北段作为输水干道，1961 年开始兴建，至 1985 年年底，基本形成调水工程系统。从长江北岸江都水利枢纽至徐州市，初步建成 8 个梯级，把江水从 2 ～ 3 米高程提高到 30 米以上的高程，调水距离 400 多千米。自建站以来，截至 2011 年年底，4 座抽水站共抽引江水 1342.5 亿立方米，相当于 31 个洪泽湖的蓄水量。

二、南水北调工程

自 1950 年 10 月 30 日毛泽东主席提出“南方水多，北方水少，如有可能借点水来”的宏伟设想，在党中央、国务院领导下，广大科技工作者持续进行 50 多年的南水北调调研工作，进行大量的野外勘察和测量，在分析 50 多种方案基础上，形成《南水北调工程总体规划》。总体规划提出的南水北调工程包括东、中、西三条线路的调水工程，与长江、淮河、黄河、海河形成“南北调配、东西互济”的“四横三纵”总体布局。东线工程调水规模为 148 亿立方米，目的是解决黄淮海平原东部地区的缺水问题。主要目标是提供沿线城镇居民生活和工业用水；提高现有灌区的供水保证率，改善灌溉条件；结合输水，恢复和提高京杭大运河通过能力；利用调水工程设施，提高沿线易涝地区排涝能力。

南水北调工程利用江苏已有的江水北调工程，扩大调水规模，延长输水线路，从长江下游扬州和泰州附近抽引江水，利用扩建的京杭大运河及其平行河道逐级提水北送，经洪泽湖、骆马湖、南四湖和东平湖北上。出东平湖后分两路输水，一路向北，在位山附近穿隧道过黄河后，经临清运河、卫运河、南运河自流到天津。输水主干线长 1150 千米，其中黄河以南 660 千米，黄河以北 490 千米；另一路向东建设胶东输水干线，从东平湖向东送水到山东半岛经济南市输水到烟台、威海市米山水库，长 704 千米。南水北调东线工程拟在 2030 年前分三期实施。一期工程首先调水到山东半岛和鲁北地区。规划工程为抽江水 500 立方米 / 秒，入东平湖 100 立方米 / 秒，过黄河送山东半岛 50 立方米 / 秒，2007 年通水。二期工程增加向河北、天津供水，抽引江水 600 立方米 / 秒，过黄河 100 立方米 / 秒，到天津 50 立方米 / 秒，2010 年建成送水。三期工程继续扩大规模，抽引江水 800 立方米 / 秒，过黄河 200 立方米 / 秒，到天津 100 立方米 / 秒，送山东半岛 90 立方米 / 秒。

全线最高处东平湖与长江高低差 40 米左右，共建 13 个梯级泵站，总扬程 65 米。

南水北调东线工程，广陵区夹江水量占 60% 以上，为调水的主要源头，送水线路有 3 条，分别由引江枢纽抽引江水，将水位提高后经京杭大运河向北送水，这是一条主要的送水通道；第二条线路是从泰州引江河自流引江水，冬春长江潮位低，新通扬运河、泰州引江河自流引江能力小时，由高港抽水站抽提江水补给，经新通扬运河与大运河平行的山阳河送水北上，经潼河提入京杭大运河；第三条线路是从江都东闸自引江水，同样也是经新通扬运河，从山阳河北送江水，经潼河抽提入运河北上。

第三章 长 江

广陵区南临长江镇扬河段，扬中河西首。镇扬河段水道，古时是长江入海河口地段，历史上涨坍频繁，岸线经历巨大变迁。

距今约5000年前，河口沙坝和岸滩淤涨使蜀冈与沙坝相连。公元前486年，吴王夫差在蜀冈下开凿邗沟引江水通淮，冈上筑邗城。自隋唐至明末千年间，因海岸线下降，江中沙洲增多，镇扬河段主泓南移。至清代，江岸线南移达最大限度。

1983年，广陵建区时是纯城区，境域与长江不相毗连。2002年，扬州市行政区划调整，区域东南缘与夹江相连。2011年11月，区划再次调整，原邗江区所属沙头、李典、头桥、杭集、泰安五镇划入广陵区。除泰安镇，其余四镇是沿江圩区，广陵恢复历史上内抱运河、南临长江的地理区位，走向运河与长江融合发展新时期。

2002年8月，扬州市在全省率先启动沿江开发。2003～2011年，沿江地区建设生态农业园，大江风光带初步建成。江洲圩村文化保护利用、船村文化资源挖掘与保护取得重要成果。2007～2011年，江洲圩区开发开放建设北洲功能区，船舶、桥梁、钢材、物流项目集聚效应显著。

图2-3-1 长江黄金水道

广陵区依托长江，形成沿江圩村经济增长极和对外开放的廊道，促进沿江产业集聚，沟通上下游产业链，因势利导，促进对水运需求旺盛的制造业、日化产业和生态农业的发展，带动金融、贸易、信息、保税相关产业的发展，拉动装备制造业和现代服务的发展，促进沿江产业结构优化升级，提升广陵区在全国、全省和全市国民经济中的地位。广陵区已跃升为全国区级经济50强。广陵沿江地区以全区40%的人口、48%的土地，创造全区79%的GDP、82.3%的工业增加值，实现全区90%外贸进出口总额和85%的实际利用外资额。广陵沿江四镇开放开发起步早，后发优势明显，对全区产业布局和发展起到基础性、先导性作用。

第一节 岸 线

一、主泓道的历代变迁

春秋时期。镇扬间大江水道处于长江河段，江面宽阔，南岸的象山、北固山处于江边的半岛，北固山以东以南的江岸线直抵花山湾一线，象山以东的江岸在谏壁、大港以北一线。北岸的江岸濒临蜀冈，自西向东在胥浦、湾头、宜陵一线。

两汉三国时期。长江河口逐渐东移，镇扬间长江水道开始向近河口段转变，南岸的江岸线基本保留在春秋期江岸线位置。北岸由于施桥沙洲淤涨，镇扬间水道形成曲江和大江，曲江北岸在沙河一线，大江北岸在羊尾巴、施桥、扬子津一线。

两晋至隋朝时期。镇扬间长江水道变成近河口段。南岸的江岸线由濒临花山湾一线向北推移至今镇江市中华路北端，大港、谏壁一线江岸进一步向南推移，象山、北固山仍为江边的半岛。北岸由于曲江堙没，施桥沙洲并岸，江北土地十分平旷，江岸线抵达施桥、扬子津以南一线。

图 2-3-2　广陵潮

唐宋时期。南岸的象山、北固山仍为突入江心的半岛，花山湾一线的江岸推移到今镇江市中华路以北一线，谏壁、大港一线的江岸仍向南移动。北岸由于瓜洲并岸，江岸向南大面积推移，抵达今瓜洲镇一线。

元明时期。南岸基本保持在唐宋时期的江岸线上。北岸仍继续南移，到明代晚期，江岸已推移到今瓜洲镇以南约 5 千米处。

清代至今时期。明末清初，江岸南涨北坍，变化十分显著。南岸的江岸，从象山向西一线，不断淤涨，使江心的金山迅速成陆远离江岸，征润州北端已伸展到瓜洲旧城故址位置；象山以东，从谏壁、大港到王家山嘴一线，江岸受到江水冲刷，逐年被蚕食南退，形成目前比较理想的深水港。长江北岸，从明末清初开始，瓜洲、六圩一线坍塌严重，致使宋明两代的瓜洲故城，沦坍于江，六圩轮渡口向北数移其址，至今江岸仍在不断北移。

从以上长江镇扬河段江岸变迁的六个历史时期中，还可发现曾有过两岸以淤涨为主和主泓道北移为主这样两个阶段。

第一阶段，从春秋末年到明代末年，长江两岸均以淤涨为主。由于南岸为长江主泓道流经一侧，所以江岸虽有淤涨，却十分缓慢。在 2500 年左右的时间内，长江南岸仅淤涨 0.75 千米。北岸一侧以沉积为主，江岸淤涨十分迅速，在 2500 年左右的时间内，北岸向南淤涨近 25 千米，使广陵古城越来越远离长江，运河河口数次南迁。

第二阶段，从清初至现在，长江主泓道以北移为主，南岸以沉积淤涨为主，兼有坍塌段，征润州的迅速淤涨，使镇江老港区日趋淤浅闭塞，而谏壁、大港一带却遭江水冲刷日渐南移。北岸的扬州一侧，以冲击崩塌为主，致使瓜洲古城沦于江心。至今，长江镇扬河段北岸仍在不断向北崩塌，这是一个值得注意的现象。

二、江岸变迁原因溯源

从长江镇扬河段两岸变迁的历史来看，明代以前，长江北岸淤涨非常迅速，长江南岸淤涨十分缓慢，这种现象是由地球由西向东自转时，使地球表面的物体在水平运动状态下产生偏转力，北半球向右偏，南半球向左偏。涨潮时，当海水从东向西涌入长江后，由于地球偏转力的作用，海水以流经南岸为主，海水从宽就狭，汹涌澎湃，泥沙很难在南岸沉积下来；落潮时，江水自西向东，水流从狭就宽，水势较为缓慢，江流中泥沙的沉积量大于流失量，长江镇扬段成为长江流水中含沙沉积的主要河床。长江最大流量为 10 万立方米 / 秒，最大含沙量为每立方米 2.29 千克，平均每年挟带 4.86 亿吨泥沙，长江中携带的泥沙成为镇扬间沙洲淤涨沉积的主要来源。5 世纪施桥沙洲的并岸，8 世纪瓜洲的并岸，17 世纪马驮沙的并岸，18 世纪海门诸沙的并岸，19 世纪末 20 世纪初启东诸沙的并岸，都可作为上述理论的佐证。现位于长江入海口的崇明岛，从其发展趋势推测，在今后相当一段时间内，将与江北的海门、启东诸地并岸，至时也将会证明上述论证。

明代以后，镇扬间的江岸面貌逐渐改变，长江南岸大幅度淤涨，北岸大面积崩塌，其主要原因是，镇扬间长江水道的变迁，导致两岸地貌的变迁，而地貌的变迁又成为约束长江水流流向的主要因素。长江水流经仪征、六合地区后，江面逐渐宽阔，水势也缓慢下来，江水中的含沙在这一带逐渐沉积，位于镇扬西部的世业洲便在这种情况下淤涨出水。世业洲的淤涨，使本来较为宽阔的江面变窄，较缓的水流变急，对长江主泓道的改变起到一定作用。当长江主泓道的水流从江水较狭的南岸鲇鱼套涌出后，水流受征润洲的阻挡，直冲东北方向的瓜洲、六圩一带的江岸，在江水常年冲刷下，造成瓜洲、六圩一带江岸的不断崩塌。从清初开始，北岸一直坍塌，仅 1964 ～ 1977 年的 14 年中，北岸都天庙一线江岸坍塌 1275 米，南岸淤涨 827 米，当江水撞击扬州北岸以后，江溜反激而下，经焦南航线直冲南岸的谏壁、大港一线。从各历史时期的资料分析，谏壁、大港一线的江岸，远在今江岸以北一线，由于明代以前遭受海潮的长期冲击，明清以后，遭到南下江溜的冲刷，致使江岸不断向南迁移。而江北岸的新坝滩、高桥滩在逐年淤涨。江溜由大港一带北上，受大路镇王家嘴的阻挡，江溜直线北上撞击江北的嘶马镇沿江江岸，使嘶马江岸年年告急。1988 年 10 月 27 日，嘶马镇前进村长江段，又发生严重塌江，数小时内形成东西长 250 米、南北宽 100 米的大塌口，塌区面积 1.2 万多平方米，致使堤坡开裂，严重威胁北岸人民生命财产安全，南岸扬中县北滩头却日涨愈甚。

长江水道自进入镇扬间后，受地貌影响，江水呈“Z”字形在南北之间撞击运行，造成南北涨塌不一的局面，当北岸为江溜冲击目标时，南岸必然会不断淤涨，当南岸为冲击目标时，北岸也必然会不断淤涨。如瓜洲、六圩和征润洲，大港、谏壁和新坝滩、高桥滩及嘶马镇与扬中县这三组北塌南涨、南塌北涨的相对动态的江岸面貌，足以说明镇扬间长江水道及江岸变迁的基本因素。

第二节 北 洲

一、北洲形成

（一）南新洲

南新洲（安帖小乡）地处头桥镇东南，宦家码头港北，是北老洲的众沙洲之一。中国著名教育家、物理学家束星北就出生于此。因其地势特殊，故单列。开沙崩坍后，南新洲与丹徒县的顺江洲在明成化、弘治年间同期成陆，分属于江都（今广陵）、丹徒管辖。南新洲名字前冠以“维扬”两字，意即扬州的南新洲，距今 500 多年。其时，南新洲距顺江洲江面，宽阔十余千米，曾是长江主泓（航）道，也是军事要冲、税收通道。明清时期，江都、丹徒两县均有汛哨官兵驻扎（见《扬州营志》）。随着时间推移，沙洲的涨坍，南新洲之南，江中又涨出东胜（城）洲、西胜（城）洲、天福洲等沙洲（见清嘉庆《江都县志》图考），也就是有九新、九圣、天福洲等小乡，宽阔的主泓航道变狭成现状。两洲（南北老洲）逐渐连岸，仅剩东西一条小港，建桥名为“四方桥”，成为江都（今广陵）、丹徒两县历史上的分界线。直至民国 38 年（1949）6 月 27 日，县界北移现址。

2-3-3 沙洲风光

（二）北老洲

北洲，也是由若干沙洲逐渐连片而成，故有先有后。早则 600 年以上，如常家沙，据传为明初大将常遇春的封地，称为常家沙。迟者也有 400 年左右，更短者百年、几十年。如李典的大兴、沙头的务本滩等。依据《开沙志》图考四及上卷 23 页，已提及江都县属下的沙洲名称，如再兴洲、卞家圩、预鸣洲、丁家洲、孔家洲、骆家洲、蓝家洲、课洲、安福洲及新涨楠生洲等，以上诸洲都与开沙连界，中有水泓间隔。

元、明期间，江都诸洲向南推进扩大，后因顺江洲的出现，南进受阻。开沙坍没后的空位，基本上为顺江洲和北洲诸沙分别填补，形城南北老洲对峙于江心。

新中国成立初期，北洲 15 个小乡名，有的可能源于当年的小沙洲名称。现按三个大乡管辖范围记述如下：头桥由安阜、伏沙、头桥、安帖、九新、九圣 6 个小乡组成，李典由丰盛、伏固、伏业、李典 4 个小乡组成，沙头由常家、忠兴、再兴、虹接、沙头 5 个小乡组成。

（三）新洲

形成总体晚于南、北老洲，但也有先后。从新洲地貌看，基本上沿太平闸港，向北到红桥镇东，折向新坝的长生桥西江边，新洲分为两部。港西南的六桥、新坝、恩余、永恩小乡成洲时间早于港东北的济福、黑桥小乡。据清嘉庆《江都县志》图考，此时已有六号、六号桥、四号、恩余洲、西（嘶）马桥（圩）、九接桥等村落地名，形成集市。嘉庆年间，距今二百多年，但从沙洲变绿洲，适宜人居，经过漫长时间，多则百年，少则数十年，故形成应在三百年前。天接乡（现已坍没）原属顺江洲，因涨坍无序，坍离顺江与新洲边岸，1949 年，划归北洲区，故时间更应早于新坝。

济福及大、小乾丰江滩从清同治四年（1865）测图看，还未成形。从民国 15 年（1926）测图看，才有若干小沙洲，如仁丰洲、大墩子、大成洲、口兴洲、庆余洲，只有一处有人居住，为义成圩，其余均为芦柴滩。其时，大、小乾丰亦已形成，但仍是芦柴滩。济善洲已经围垦，有东升圩、大有圩、黑桥等地名出现。民国 8 年（1919），刘康遐承租镇江义渡局所有的济善洲芦柴滩围垦，安置西江边丹徒、江都两地坍江灾民。再据《朱秀清烈士传》记载，朱秀清民国 6 年（1917）生，9 岁时，随父到大乾丰垦拓。据此，可以确认，济福洲涨成距今约 150 年；大小乾丰成滩距今百年。

（四）人民滩和新坝滩

人民滩和新民洲（镇江的共青团农场）从出水到现今，约六十多年历史，新坝滩则更迟。该处的地理位置，原是丹徒县第七区的天接乡及镇扬桥、中兴镇、义兴镇等，与新坝有港相隔；隔江西南有黄鳝洲、和尚（畅）洲，由于水情变化，有时前涨后坍，前坍后涨，涨坍不定。到 1949 年，除天吉乡划给江都（今广陵）时，改“接”为“吉”残留一半，其余“一桥两镇”及永恩乡凸出部，由西向东全部坍没。坍势也转为由北趋南，黄鳝、和尚两洲也向东南位移现址。原属丹徒县七区的沙头街及连城、永安、顺江（现属六圩），早已与江北连岸。1949 年，分别归北洲、霍桥两区管辖。

与此同期，由西向东，在丹徒未坍尽的难民洲洲边又涨出一片暗沙，延伸到再兴十三圩，盛长野茅柴。1950 年冬、春，沙头、虹接、再兴三乡农民涉水去沙上抢割茅柴，引发与难民洲居民的矛盾。经过多次协商处理，按暗沙之间的港套走势，靠近难民洲的划归丹徒县高桥区，名为新民洲，北部则属江都县北洲区所有，名为人民滩。次春，各自组织农民下滩植柴，三年柴滩成熟。1963 年，为安置坍江居民，围垦人民滩。1970 年，又围垦新坝滩。1959 年，镇江市围垦新民洲，成立共青团农场。1963 年，省人委决定将农场划归邗江县领导。“文化大革命”后期，又复归镇江市管辖。

二、沙洲开发

当暗沙还在水下时，在强烈的日照下，可显现出影子，称为“水影”。在土地私有的年代，富户得到信息，立即到暗沙所属的县衙申报，依法“纳水影”，即缴纳暗沙土地所有权的税费。经县官亲临江边确认暗沙范围，发给凭证，该暗沙即为缴费者所有，并受到政府保护。随着暗沙逐年升高，枯水季节，露出水面，滩主雇人上滩植柴，变野生茅柴为芦柴（江柴）。这是第一次开发。三年后成为柴滩，滩主雇人“看滩”，防止偷“割青”，影响芦柴生长。冬季大量雇用附近或外地农民来“砍柴”。有的现钱付“刀工”，有的以柴抵“刀工”。每到砍柴季节，很多人拥上滩安营扎寨，因无房舍，用芦柴搭成棚，在高地堆放芦柴，名为“大棚”。曾有“鄂家大棚”“汤家大棚”“尹家大棚”等名称。每家“大棚”柴滩面积以千亩计，多则上万亩。这些“大棚”户主都雇有专业管理人，主管此事者为管账先生。柴滩成熟，每年须向县衙缴纳“芦课”。

图 2-3-4　沿江开发

江水流经柴滩受阻，流速减缓，泥沙大量沉淀，滩面逐渐增高，影响芦柴生长，再加上其他原因，滩主又二次开发。招募无地、少地或受灾农民来承租滩地。承租者须向滩主缴纳数目不等的“押租”，签订契约，按惯例三年不缴租。在滩地四周围岸，只能种一季麦子，因江潮大，围岸漏水，秋熟无保障。人也只能在围岸上搭棚蜗居。这是一种粗放型的围垦，如济福滩、大小乾丰滩等，开始即是如此。

另一种，就是一步到位。围岸按规格标准修筑，围内平整滩面，挖除芦根，开沟渠，建涵闸，利用潮汐，田通灌排，栽种水稻。在规划农田时，也注意居住地的安排。承租者根据自己的劳力、财力来承租居住地和田块的多少。住地和田块仅一沟之隔，邻里间隔比较大，可以种植树、竹，饲养猪、羊、鸡、鸭等，形成村落，如北洲、红桥的济善洲等地，即是如此。

江中沙滩历经几代人的辛勤劳动，才变成美丽富饶的绿洲，再由若干小绿洲，逐渐联围并框，建造大闸，将港岸连接起来，形成现在规模，前后不下百余年。

第三节　圩　村

一、江洲圩村

圩村是建在长江中下游冲积平原和江洲上圩堤内的村庄，广陵江洲圩村最具代表性。江洲圩村有大有小，大者数百户、上千户，小者十多户甚至几户。村庄的名称多与水相关，大部带“圩”字，如头圩、六圩……十二圩等，少数以“坝”“港”“ 宥”等命名，如新坝、邱家港、华家宥等。历经数百年多代人的劳作经营，江洲圩村逐步形成一个规划完整、系统庞大、科学合理且相对独立的圩村农水系统，将抗洪、灌溉、运输、居住等民众的生产生活需求融为一体，形成颇为壮观的圩村和内涵丰富的圩村文化，也成为长江水文化的重要表现形式。

图 2-3-5　扬州船村

据《江苏省邗江县地名录》记载，80 年代，沿江公社（乡镇）以圩、州、坝、滩、港命名的自然村落较多。

如杭集公社（今杭集镇）有韩家圩、接漕圩、公一圩、八圩、合界圩、车家坝、高滩、邱家港等 54 个。

李典公社（今李典镇）有蒿草圩、黄三圩、老圩、蔡洲、安福洲二圩、解小圩、何大圩、丁家洲、小坝、江心洲等 68 个。

新坝公社（新坝镇，后并入李典镇）有义成圩、扇子圩、贾二圩、韩小圩、前嘶马圩、中心圩、沙滩、老坝、安成洲、天圣洲等 53 个。

沙头公社（今沙头镇）有大十圩、姜家圩、十九圩、念一圩、祁家圩、套圩、倪家圩、万字圩、巴斗圩、北卦圩、沙帽圩、人民滩、大坝圩计 117 个。

霍桥公社（霍桥镇，后分别并入沙头镇、汤汪乡）有太平圩、东大圩、邱家圩、角家圩、梅家圩、头圩、老圩、卜圩、九圩、十二圩、巨港、张坝、陈家滩、方滩等 36 个。

头桥公社（今头镇桥）有曹小圩、毛小圩、一圩、后六十二坝圩、六卦圩、母子圩、四十六圩、北五十五圩、大坝口、东圣洲、红毛滩、刘家港头等 214 个。

红桥公社（红桥镇，后并入头桥镇）有永康圩、永东圩、太平圩、永兴圩、大丰圩、南新圩、陈家小圩、小王滩、前泗洲、济善洲、种福洲、三角滩计 19 个。

总计区内江洲和沿江地区，仅以圩命名的自然村落有 450 个之多。

二、船村文化

建筑风格

古代圩村地区四周皆水，且江潮时涨时落，江汛时大时小，圩村地区建房必先挑筑高大庄台，防备水淹。庄台和圩堤虽高，但有时还是遭受洪涝灾害，恐惧洪灾泛滥是圩村民众难以医治的心病。圩村先民绝大多数是移民，人生如随船漂泊，船是他们的精神寄托。圩区先民将庄台挑筑成船的形状，以期水涨船高，避免水患，永保平安的精神诉求。杭集等北洲地区船形庄台现在尚可辨认的还有不少，如陈家圩、车家圩、马湾、周家庄、夏家庄、接漕圩、老圩、公一圩、七圩、母子圩、头圩等。

图 2-3-6　船村陈家祖屋

在诸多船形庄台中，杭集双隆船村堪称代表，庄台特别宽大。一般圩村庄台挑筑进深 20 ～ 40 米，而双隆船村庄台南北进深有 130 米，庄台东西总长 1200 米，两端较窄，中间一段较宽。庄台按船的分舱结构，由康家庄、史家大庄、韦家庄自然划分出前、中、后三舱。船村民众还别具匠心地为庄台筑有象形的桅杆、锚墩、锚链，四周以引潮水系环流，进村的桥梁亦似登船所用跳板。整个村庄前河后港如舟浮水，被媒体誉为“世界上最大的船”。

船村的民居建筑风格与广陵传统的民居建筑明显不同。在建筑的外墙上刻意安装一排好似船上系缆绳的铁环；门厅的屋顶为四架梁船轩式样，与传统民居门厅一般为三架或五架梁结构不同。民居的建筑风格质朴大方，清新简练，体量适中，砖雕、木雕、石雕使用于关键部位，简丽明快，无繁缛之气。

船村包厢建筑别具一格，极为适用。所谓包厢，即在主屋之外，加建坐东朝西或坐西朝东的纵向建筑，对主屋形合围之状，故称包厢。包厢长度一般与主屋数幢房屋进深长度相等。连续 5 间以至 10 多间不等，单独设边门，与正门并列（旁开）连接内外。包厢与主屋间形成狭长的天井，临天井的一边有宽阔的厢廊与边门相通。这种以主屋外加包厢的组合建筑，不同于城市豪门前厅后寝室几进显摆布气派，而讲究在布局上主次分合，经济实用，一户民居就是一个精巧的小型建筑群。此种布局体现出中国水上族群传统文化含蓄内敛之美。

船村图腾

锚墩　船村的村前河对岸原有与庄台对称的两个大土墩，村民称其为锚墩。现存东锚墩，四面环水，卧于村外水边，墩北河沿有磨桥与村庄相连，墩南是一湾荷池。该墩是先民专为拴船村这艘大船而挑筑的，锚墩总面积有 3000 平方米。

磨桥　船形庄台与锚墩之间用磨盘链接而成的桥，人称“磨桥”，从空中俯瞰，犹如一根粗硕的锚链悬于水上。

图 2-3-7　杭集船村锚墩和磨桥

图 2-3-8　磨桥

桅杆　船村先民挑筑两条特别高而长的大田埂对称放置在村庄中前面的农田里，其寓意就是船的两支大桅杆。后来，先民在中舱与后舱结合部增设木制大桅杆，使船村具象性更为鲜明。此桅杆成为船村“车桅灯”活动的重要载体。

车桅灯　每逢元宵灯节期间，全体村民在桅杆小广场举办大型“车桅灯”群体活动。民众以桅杆车灯为中心，焚香祈祷，载歌载舞，祝祷村庄人丁兴旺、五谷丰登，具有原始宗教色彩。灯节期间，桅灯高悬夜空，数里之外江面上，行船可作航标，灯柱与星月同辉。

跳桥　船靠码头系缆绳后，接着便是搭跳板让乘客下船。船村四周环水，民众在屋后河港中心竖木桩，桥分内外两段。内侧为两根木头拼接在一起的固定桥，外侧是一块可抽动的木板，上面钉几个防滑铁扒锔，酷似上船跳板抽动自如，故名跳桥。

船村民俗

船村最早的主人是数百年之前的移民，他们定居到这里，也就把他们心目中的神灵供奉到这里。船村民众宗教信仰，以佛教、道教最普遍。据50年代统计，杭集全乡宗教场所有佛、道两教寺、庙、庵、观30多处，宗教气氛浓郁是船村文化特色。村民家中设置佛龛，建筑佛堂，常年供佛。船村中有许多村民是杭集古东岳庙董事会成员，他们把寺庙宗教活动与地方民俗、民生、文化紧密结合在一起，把原本宗教氛围甚浓的东岳庙会办成农副产品交流、手工业品贸易和各种文化娱乐活动融为一体的民俗文化节日。

遗产现状与保护

船形庄台　四面环水，有与庄台匹配，具有形象指向的锚墩、锚链、船首、船尾和前、中、后舱、桅杆等。进出村庄通过跳桥，整个村庄就是一条大船。

船形建筑　现存古民居建筑，家家进门都是船轩门厅，外墙上固定拴船的铁环，包厢布局，一组建筑就是一艘船。典型的民居建筑有陈氏庭院、李道林宅第、伏业圩史家住宅、纪家夹史家住宅等。

船村水韵　数百年间，通过人工构建并命名许多河、塘、港、渠，融合水意并寄寓特定的文化内涵，如龙池、龙岗、太阳池、月亮湾、舀池、小江口等，一直沿用至今。尤其是东岳庙前的太极水系，占地面积6.35公顷，却不占用农田，以“S”型水系的形式在田野中迴环，形似道家的太极图。以水系表达太极，在道教寺庙建筑中独树一帜。

圩村引潮灌溉水系　因江潮高于农田，先民引江潮灌溉农田，构筑完善的船村灌排水系，江堤、圩堤通过水闸控制，水源丰沛，旱涝保收，使船村成为鱼米之乡。

文物点和古建筑遗址　2007年，第三次全国文物普查确定文物点有：陈氏庭院、李道林宅第、青苔古屋、盐商康毓斋宅第（已拆），古建筑遗迹有：进士第、夏府、胡笔江赠建茅氏书屋、志愿军战士陈恭泰住宅、陈家祠堂与御赐牌坊、史家祠堂（扬州祭祀史可法最早的宗祠）、东岳庙。东岳庙旗杆座高52厘米；荸荠鼓腰部外径94.5厘米，孔径47厘米，面雕四幅神兽图案，为明代遗物。

非物质文化遗产　扬州市非物质文化遗产：船村故事；广陵区非物质文化遗产：印子制作技艺，车桅灯民俗、陈氏笋豆制作技艺等。以上非遗项目的调研、搜集、挖掘整理、申报工作，主要由退休教师、双隆村人陈宜林完成。船村因在古村落历史文化保护利用和社会主义新农村建设中成果丰硕，2009年，获评扬州首批十大最美村庄之一。2010年6月，船村故事入选《扬州市非物质文化遗产名录》（第110号）。

图2-3-9　船村讲堂

第三篇 环境保护

要　目

第一章　环境质量 ………………………………… 81
第一节　大气环境 ………………………………… 81
第二节　水环境 …………………………………… 82
第三节　声环境 …………………………………… 85
第四节　土壤环境 ………………………………… 86
第二章　环境治理 ………………………………… 86
第一节　大气环境治理 …………………………… 86
第二节　水环境治理 ……………………………… 88
第三节　噪声治理 ………………………………… 91
第四节　固体废弃物处置 ………………………… 93
第五节　农业面源污染治理 ……………………… 93
第三章　环境管理 ………………………………… 95
第一节　环境保护制度 …………………………… 95
第二节　排污整治 ………………………………… 97
第三节　环境监测 ………………………………… 100
第四节　执法处理 ………………………………… 101
第四章　生态建设 ………………………………… 103
第一节　绿　化 …………………………………… 104
第二节　生态区建设 ……………………………… 114

1983 年，广陵区环保工作由区建设委员会负责，城区环境监察工作由市环境保护中心站负责。1989 年，广陵区成立环境保护办公室，1991 年 8 月更名为广陵区环境保护局（简称区环保局）。1997 年，区环保局由二级局升格为一级局，列入政府序列，下辖环境监测站、环境监察大队。

1994 年后，为解决区域经济发展中产生的废水、废气、噪声和固体废弃物等污染问题，以毓贤街火锅城整治为抓手，展开全区三产服务业环境监督管理。此后进一步加强对工业污染企业监管、建筑施工监管、噪声污染监管等，有力提升全区生态环境质量。2000 ～ 2005 年，广陵生态建设和环境保护事业发展驶入快车道，投入多、发展快、变化大成为新时期环境保护事业的主要特征。通过南水北调东线水源区生态廊道工程建设、廖家沟生态涵养林和老虎河整治工程、湾头水厂和廖家沟水厂整合工作等系列行动，市区饮用水源地水质达标率为 100%。

农村环境整治初见成效。以生态市建设为载体，以城乡一体化为目标，以生态镇、村创建为重点，建立并完善“组保洁、村收集、镇转运、市处理”的城乡环卫一体化管理模式；在湾头镇二桥奶牛场开展有机废弃物生物（蚯蚓）消解及资源化利用示范工程，消除和降低畜禽粪便和部分秸秆污染。

2011 年，实施区域环境综合整治，建设项目环境影响评价审批率和“三同时”（建设项目中防治污染的设施，必须与主体工程同时设计、同时施工、同时投入使用）执行率为 100%。全区小康环境质量综合指数为 94.20 分。

全面创建“绿色家庭”“绿色社区”“绿色学校”“绿色机关”和“绿色医院”。以每年“六五”世界环境日、世界水日、爱鸟周、普法宣传周等为契机，开展熄灯一小时、“环保杯”乒乓球赛、社区讲座、中小学生夏令营等环保活动。2011 年，全区树立 1500 个“绿色家庭”典型，带动千家万户参与“绿色家庭”创建；创成“绿色社区”18 个（国家级 1 个，省级 2 个，市级 15 个），全区 50% 的社区创成市级以上“绿色社区”。

第一章　环境质量

90 年代末，扬州利用遥感数据对全市生态环境质量进行综合评价，广陵区生态环境质量指数为 50.76，生态环境状况一般。2006 ～ 2011 年，加快生态环境建设步伐，全区的生态环境状况不断改善。2010 年，生态环境质量指数为 72.48。空气中微生物含量低；水体底栖动物未检出寡毛类物种，水质清洁，但湖泊（河流）存在不同程度的富营养化状况；区域范围内植被覆盖度较高，生物丰度较丰富，有有害生物入侵现象。2011 年，生态环境质量指数为 72.90。重点流域地表水中核素浓度在江苏省天然水平范围内，饮用水中放射性监测因子浓度满足国家生活饮用水卫生标准中限值，全区电磁辐射环境质量测点的监测结果均符合国家电磁辐射防护规定。

第一节　大气环境

一、区域大气

1989 ～ 2011 年，广陵区空气环境质量逐年有所改善。空气中二氧化硫（SO_2），1989 年均值为 0.079 毫克 / 立方米，2011 年为 0.031 毫克 / 立方米；总悬浮颗粒物（TSP）1989 年平均值为 0.0856 毫克 / 立方米，2011 年为 0.093 毫克 / 立方米；二氧化氮（NO_2）1989 年平均值 0.044 毫克 / 立方米，2011 年下降到 0.020 毫克 / 立方米；酸雨频率时升时降，1989 年均值为 35.56%，1999 年仅为 0.8%，2005 年为 64.7%，2006 年，酸雨势头得到控制，频率为 47%，其后逐年下降，直到 2010 年反弹至 32.9%，2011 年，同比下降 6.9 个百分点。2002 ～ 2005 年，城区可吸入颗粒物（PM10）为 0.095 ～ 0.113 毫克 / 立方米， 超过国家二级标准，该指标在此后 4 年均超标。2011 年，城区空气质量达到国家空气质量二级标准，影响空气质量的首要污染物是可吸入颗粒物。与 2000 年相比，城区空气中可吸入颗粒物浓度下降 46.1%，二氧化氮浓度下降 42.9%，二氧化硫浓度上升 66.7%。

2011 年，全年日空气污染指数（简称 API 指数）在 19 ～ 186 之间，其中小于等于 100 的天数为 317 天，占全年天数的 86.85%；大于 100 的天数为 48 天，占全年天数的 13.15%。全年 API 平均指数为 70。因此，2011 年广陵区环境空气中二氧化硫、二氧化氮、可吸入颗粒物浓度等指标年均值达到空气质量二级标准，API 指数为 70，空气质量良，级别二级，符合功能区域划分标准。

2011 年广陵区空气质量统计表

表 3-1-1　　　　单位：天

空气质量级别	Ⅰ	Ⅱ	Ⅲ1	Ⅲ2	Ⅳ1	Ⅳ2	Ⅴ	优良天数占全年比（%）
空气质量状况	优	良	轻微污染	轻度污染	中度污染	中度重污染	重度污染	
天数	91	226	41	6	0	0	1	86.85

二、总悬浮颗粒物（TSP）

广陵区影响大气质量的主要因素是夏收、秋收季节农村焚烧秸秆，工业燃煤锅炉排放的烟气，汽车尾气，建筑施工扬尘等。1989 ～ 2001 年，总悬浮颗粒物平均值为 0.315 毫克 / 立方米，超过国家三级标准。该项指标年年超标，年度最高超标率为 100%，最低为 6%。2002 ～ 2011 年，可吸入颗粒物均值为 0.095 ～ 0.113 毫克 / 立方米，低于国家二级标准。

三、酸雨

1989 年后，空气环境质量中二氧化硫及酸雨污染逐年加重，主要由于煤炭等矿物燃料消费量增加，周边地区电厂建设进一步增加区域污染负荷。

1989 ～ 2011 年，广陵区降水 pH 值分布范围在 3.89 ～ 8.85 之间。2005 年，酸雨发生频率大幅上升，降水 pH 均值 4.64，酸雨发生频率 64.7%。此后，酸雨污染情况有所好转。2009 年，降水 pH 均值 6.00，酸雨降雨水量占 26.9%，酸雨发生频率为 10.7%，二氧化硫减排成效正逐年显现。2010 年，降水 pH 均值 5.09，全年酸雨 pH 均值为 4.69，酸雨发生频率 32.9%。酸雨频率、酸度均加重。2011 年，同比下降 6.9 个百分点。

第二节　水环境

一、饮用水水源

广陵区集中饮用水水源地有廖家沟万福闸取水口和三江营取水口 2 处。1989 ～ 2002 年，廖家沟饮用水源区由市环保局直接监管。2002 年 1 月，廖家沟饮用水源区正式划给广陵区管辖。

饮用水监测频次为每月 1 次。广陵区集中式饮用水源地——三江营取水口（扬州第五水厂）、廖家沟万福闸水厂等水源地水质分别为Ⅱ类和Ⅲ类，达标率 100%，水源状况为优。2001 ～ 2011 年，全区供水能力在 500 立方米 / 日以上的乡镇水厂水源地水质达标率平均为 83.42%，部分乡镇水源水质超标因子主要是氨氮、溶解氧。农村集镇集中式饮用水源水质逐年好转，但水质普遍劣于城区水源，以地面水为饮用水源的水质好于地下水源。部分集镇集中式饮用水源水质常年不达标。地表水饮用水源的主要超标项目为溶解氧，地下水饮用水源的主要超标项目为氨氮、总大肠菌群。

根据市环境监测站的监测结果统计，1991 ～ 2005 年，廖家沟断面除 2002 ～ 2005 年石油类检出外，其余监测指标均符合Ⅱ类水质标准；2006 ～ 2011 年，水质符合国家地表水Ⅲ类标准；廖家沟和长江水源地水质中的 80 项有机污染物和重金属监测结果均达到《地表水环境质量标准》中规定的标准限值。集中式饮用水地表水源地特定项目，如重金属、微量有机物、生物毒素等均符合《地表水环境质量标准》中相应限值，达标率为100%。广陵区2个水源地生物监测表明，发光菌急性毒性试验均为低毒水平，底栖动物均未检出寡毛类个体，水质清洁。2011年，广陵区境内的主要河流例行监测结果表明：夹江、廖家沟2条河流水质符合功能区划的Ⅲ类水标准。

二、地表水

1977年5月，扬州地表水监测网建立。1996年，城区地面水监测点位有所调整，其中涉及广陵区的监测点有4个。2007年增加1个，共5个。水质监测项目每年每个断面进行6～12次例行监测。2011年，广陵区涉及的断面由原来的5个增至11个，其中国控断面1个，即京杭大运河扬州段七里河口；省控断面3个，分别为京杭大运河扬州段南绕城公路桥、古运河中药厂南、龙头关西；其他7个断面是市控断面，分别为新开河口、新开河口闸口南、解放桥南、龙头关西（闸北）、染化厂桥南、扬州大桥南、万福闸南（取水口）。11个断面中，京杭运河七里河口、南绕城公路桥、新开河口、扬州大桥南、万福闸南（取水口）5个断面水质符合Ⅲ类水标准，龙头关西、解放桥南断面水质符合Ⅳ类水标准，其他4个断面水质劣于Ⅴ类水标准。以解放桥南断面水质为代表，1989～2011年期间，挥发酚、氰化物、总砷、总镉、总铅、总汞、六价铬等项目大多未检出，高锰酸盐指数1997年以后略有下降，五日生化需氧量均值2000年最劣，其他年份变化不大，氨氮均值2005年有明显下降，石油类均值波动较大。该断面除氨氮介于Ⅳ类和Ⅴ类水之间外，其他指标符合Ⅳ类水标准。2010年6月起，对市区城市河流实施月度巡测，监测项目包括酸碱度、化学需氧量、高锰酸盐指数、氨氮等。2011年，对市区11条主要河流和1个湖泊的28个断面进行监测。其中15个断面达标，达标率53.6%。市区28个水环境监测断面中，水质为Ⅰ～Ⅲ类占35.7%，Ⅳ～Ⅴ类断面水质占21.4%，水质为劣Ⅴ类的断面占42.9%，内河整体水质污染较严重。

根据市环境监测站2011年广陵区11个地表水环境功能区水质监测统计，其中内城河染化厂桥南断面、新开河闸口南断面以及古运河中药厂南断面主要污染物浓度年均值均超标；其余8个断面水质达标，达标率72.73%。

2007～2011年广陵区水域功能区水质达标情况一览表

表3-1-2

河流与断面名称		断面级别			目标水质	水质达标情况				
		国	省	市		2007年	2008年	2009年	2010年	2011年
古运河	解放桥南			√	Ⅴ	Ⅴ	Ⅴ	Ⅴ	Ⅴ	Ⅴ
古运河	龙头关西		√	√	Ⅴ	Ⅴ	Ⅴ	Ⅴ	Ⅴ	Ⅴ
京杭大运河（扬州段）	南绕城公路桥		√	√	Ⅳ	Ⅴ	Ⅴ	Ⅳ	Ⅳ	Ⅳ
京杭大运河（扬州段）	七里河口	√	√	√	Ⅳ	Ⅳ	Ⅳ	Ⅳ	Ⅳ	Ⅳ
内城河	染化厂桥南			√	Ⅴ	Ⅴ	Ⅵ	Ⅵ	Ⅵ	Ⅵ
古运河	新开河口			√	Ⅴ	Ⅴ	Ⅴ	Ⅴ	Ⅴ	Ⅴ
内城河	新开河闸口南			√	Ⅴ	Ⅴ	Ⅵ	Ⅵ	Ⅴ	Ⅵ
京杭运河（扬州段）	扬州大桥南			√	Ⅳ	Ⅳ	Ⅳ	Ⅳ	Ⅳ	Ⅳ
古运河	中药厂南		√	√	Ⅴ	Ⅴ	Ⅴ	Ⅵ	Ⅴ	Ⅵ
廖家沟	万福闸南（取水口）			√	Ⅲ	Ⅲ	Ⅲ	Ⅲ	Ⅲ	Ⅲ
内城河	龙头关西（闸北）			√	Ⅴ	Ⅴ	Ⅴ	Ⅴ	Ⅴ	Ⅴ

2011年广陵区地表水环境功能区水质达标情况统计表

表3-1-3

河流名称	监测断面名称	年监测次数	主要污染物浓度年均值(单位:毫克/升)					断面水质达标情况
			pH值	溶解氧	高锰酸盐指数	化学需氧量	氨氮	
古运河	解放桥南	6	7.4	6.5	3.7	18	0.422	达标
内城河	龙头关	6	7.6	6.3	4.4	19.3	0.987	达标
古运河	龙头关西	6	7.5	6.4	4	17	0.603	达标
京杭大运河	南绕城公路桥	6	7.7	7.8	3.5	16.4	0.235	达标
京杭大运河	七里河口	6	7.7	7.5	3.6	17.3	0.309	达标
内城河	染化厂桥南	6	7.5	3.55	8.0	38.2	3.129	超标
古运河	新开河口	6	7.6	7.7	4.4	19	0.492	达标
内城河	新开河闸口南	6	7.5	6.0	10.4	58.8	3.263	超标
京杭大运河	扬州大桥南	6	7.8	7.6	3.6	16.7	0.287	达标
古运河	中药厂南	6	7.3	5.6	6.7	33.5	1.191	超标
廖家沟	万福闸南取水口	12	7.7	8.5	3.7	15.9	0.132	达标
《地表水环境质量标准》(GB 3838-2002)			6～9	≥5	≤6	≤20	≤1.0	—

三、地下水

地下水可分为潜水(3～5米以内的土质渗漏水)、浅层地下水(5～10米)以及深层地下水(10米以上)3种。广陵区地势是由西北向东南倾斜,基本上是平原地带,潜水埋藏浅,如城区、湾头镇潜水变化在0.5～1.5米之间。城区居民在90年代前大多吃井水。按地质结构分类,井水可分为构造裂隙型含水层、松散岩类承压水层、松散岩类潜水深井水、松散岩类潜水浅井水4种。1989年,沿袭历史,对生活饮用水采样96份,合格率97.92%。每年春、夏季各街道办事处每周定人、定时、定井、定量对生活饮用井水消毒杀菌。1990年,城区对10口饮用水井,于每年4月枯水期和8月丰水期各检验1次。90年代末到21世纪初,由于市区旧城改造发展速度快,在拆迁中,潜水和浅层地下水污染严重,很多井水不能饮用,有的水井被填埋,加之自来水逐渐普及,市区人们不再饮用井水。有关部门每年只对浅层地下水做一次检测。2001年,获检测数据150个。2005年,市区地下水划归市水利部门管理。从当年2月起在市区增设深层地下水质检测站点,全年共检测32个站点,检测项目为23个,饮用水源井和与饮用有直接关系的水井增添细菌类监测。湾头镇、汤汪乡的土井浅层水量欠丰实,速补给量大,深度为5～10米;其下接近饱和含水层。2010年后,随着城镇一体化的迅速发展,广陵区乡镇居民大多用上自来水,而深层地下水Ⅰ、Ⅱ层多为工矿企业打井采水作工业用水。

1989～2004年,地下水水质主要污染物为氨氮、总大肠菌群、细菌总数等。构造裂隙井水质良好,符合国家地下水Ⅲ类标准;承压深井水已经受到一定程度污染;潜水井氨氮和总大肠菌群污染严重,其中总大肠菌群超标率100%。"十一五"期间,市区构造裂隙井水质现状为良好(Ⅳ类),承压井和潜水浅井均为较差(Ⅴ类)。承压层井水质受到一定污染,潜水浅井因受地表地层渗透性影响较大,水质污染较重,主要污染因子为总大肠菌群。

2011年,广陵区地下水水质构造裂隙水井水质为Ⅳ类,承压水井和潜水井水质为Ⅴ类。承压井水主要污染因子为氨氮、砷和总大肠菌群,潜水层水主要污染因子为亚硝酸盐氮和总大肠菌群。

1990～2011年部分年份广陵区地下水水质一览表

表3-1-4

类别	1990年	1995年	2000年	2005年	2010年	2011年
构造裂隙型含水层	所有监测项目都符合饮用水卫生标准	氰化物、总大肠杆菌群超标50%，铁和锰超标，总体符合饮用水标准	各监测指标均符合国家地下水Ⅲ类标准	符合地下水Ⅳ类标准，水质良好	市区监测地下水井10眼，监测构造裂隙井2眼，水质综合评价F分值为2.15，水质良好（Ⅳ类）	水质良好（Ⅳ类）
松散岩类承压水层	有一口井的2个项目超标：细菌总数110个／毫升，铁为1.26毫克／升	5项超标，超标率分别为：总硬度33%，氟化物33%，细菌50%，总大肠菌群50%，锰66.7%	基本符合地下水Ⅳ类标准。仅两项不符合标准：总大肠菌群100%，铁超16.7%	水质劣于地下水Ⅳ类标准，总大肠菌群超标100%	监测松散岩类承压水井4眼，F分值为7.16，水质较差（Ⅴ类），总大肠菌群、氨氮为主要污染物	水质较差（Ⅴ类）
松散岩类潜水深井水	有6项超标：硬度超标60%，非离子氮超标80%，铁超标100%，锰超标100%，砷超标60%，细菌超标60%	3项超标，超标率分别为：锰100%，砷超标50%，总大肠菌群超100%	水质污染严重，劣于地下水Ⅳ类标准，主要有4项超标，氨氮、铁超标75%，砷超标50%，总大肠菌群超100%	水质劣于地下水Ⅳ类标准，主要污染物超标指数为：氨氮50%，总大肠菌群100%，铁25%	—	潜水深井水水质较差（Ⅴ类）
松散岩类潜水浅井水	细菌超指标100%，不符合饮用水要求	水质较差，有6项超标：细菌总数66.7%，总大肠菌群100%，铁、锰、硝酸盐、氰超标率均为66.7%	水质劣于地下水Ⅳ类标准。其中2项超标，大肠菌群超100%，氨氮为50%	水质劣于地下水Ⅳ类标准，主要污染物超标指数为：氨氮50%，总大肠菌群100%	松散岩类潜水浅井4眼，F分值为4.39，水质较差（Ⅴ类），总大肠菌群超标100%，氨氮超标率37.5%	—

第三节　声环境

一、区域环境噪声

1989年，城区环境噪声白天时段平均声级值为62.2分贝（A）声级，接近国家城市区域环境噪声标准中的二类混合区水平。90年代后，区域环境噪声声级值逐年下降。1993年，市区环境噪声达标区覆盖率41.6%，1999年100%。1998年起，均值为54.7分贝（A）声级，保持在国家Ⅰ类区标准值范围内。2011年，城区环境噪声状况稳定在这一水平。

二、道路交通噪声

1989～2011年，城区各道路交通噪声全部符合国家标准，保持在70分贝（A）以下。2011年，道路交通噪声强度等级为一级，质量好。

三、功能区噪声

1989年，广陵区按照城市不同功能区域相应的环境噪声标准进行环境噪声监测。1989～1993年，每年监测值均有超标，以二类混合区和交通干线道路两侧噪声超标最为严重。1994年，功能区噪声执行新标准。1994～2000年，工业集中区和交通干线道路两侧的噪声超标最多。至2009年，累计建成17个单元、40.53平方千米噪声达标区。广陵区城区噪声污染源为生活噪声和交通噪声，其中交通噪声是影响城市区域环境噪声的主要因素。2010～2011年，广陵区交通噪声在国家环境噪声标准范围内。

四、建筑施工和社会生活噪声

2004年，广陵区环境监测站对95个施工现场结构阶段噪声进行测量，结果表明大部分噪声限值超过70分贝（A）标准值，主要噪声源为振动棒、搅拌机等。随着第三产业较快发展，商品流通数量扩张，社区服务、娱乐业、商业网点增加，夜市摊点也带来社会生活噪声问题，餐饮业风机噪声、营业性噪声已成为夜间社会噪声的主要污染源。2005～2011年，广陵区环境监察大队对辖区的建筑施工场所和餐饮服务业强化监管措施，建筑施工场所和餐饮服务业的纳管率逐年提高，2011年达到100%。

第四节　土壤环境

一、土壤

据1983年调查，广陵辖区总体土壤环境质量较好；但农药“六六六”残留相对较高，为0.0198毫克／千克。有些监测点重金属含量相对较高，据市区8个土壤采样点数据，铅平均含量为48.95毫克／千克，镉为0.40毫克／千克，镍为21.46毫克／千克，铜为16.5毫克／千克，汞为0.67毫克／千克，砷为3.56毫克／千克。1990年，土壤肥力状况逐渐改善，有机质和速效磷含量停止下降，呈稳定和上升态势，速效钾含量仍呈下降趋势。“十一五”期间，广陵区土壤质量状况良好，总体达标率为94.8%，土壤主要污染物为无机金属类和有机多环芳烃类。2002年，铅平均含量为24.71毫克／千克，镉为0.12毫克／千克，铜为24.43毫克／千克，汞为0.11毫克／千克，砷为9.76毫克／千克。

2011年，广陵区境内土壤基本呈中性。土层分布明显，耕作层、犁底层厚度为8～10厘米。土质以壤土为主，通气、透水、保水等质量良好，肥力中上。

二、底泥

2001～2005年，京杭大运河扬州市区段（主要在广陵区境内）底泥总体变化趋势不明显，较“九五”期末，砷、铜污染明显减轻，汞、铬、锌污染加重。

大运河扬州市区段底泥共设有6个断面，七里河口断面污染负荷比最大，为21.2%。全段以镉污染分担率最大，为27.8%，其次是锌、铜，污染分担率分别为22.3%、20.8%。古运河扬州市区段底泥污染物，从上游到下游沿程污染浓度逐步升高，污染逐渐加重。

第二章　环境治理

第一节　大气环境治理

一、烟尘控制

80年代末90年代初，市区淘汰所有的燃煤茶水炉。1990年，市政府颁发《扬州市烟尘控制区管理暂行办法》，广陵区全部纳入烟控区建设范围内。1995～2001年，广陵区建成烟尘控制区，其达标面积为22.5平方千米。随着建成区面积不断扩大，2002～2011年，广陵区烟尘控制区达标面积已扩展到70多平方千米，覆盖率为100%。

2003～2011年，开展以淘汰小型燃煤设施为主要内容的大气污染专项整治工作，并将此列入区政府年度工作目标，列为年度为民办实事项目。区政府专门成立大气污染专项整治领导小组，先后拨付专项整治资金50多万元，对完成整治任务的单位进行补助和奖励。2003～2008年，广陵区逐步淘汰1吨以下原煤散烧装置，完成84台燃煤锅炉的拆除改造任务，其中改烧焦炭等清洁能源20台。据测算，共降低耗煤6060吨，减少排放二氧化硫 56.1 吨，减少排放烟尘 5.88 吨。2011 年，广陵产业园和食品工业园的燃气管网已铺设天然气管道 6 千米。是年，广陵区争取到市级环保专项资金 30 万元，在广陵产业园开展 19 家单位 21 台燃煤锅炉的综合整治，拆除 8 台，技改 5 台。通过整治，减少用煤 5000 吨，削减二氧化硫排放量 160 吨。

2004 ~ 2008 年广陵区大气污染专项整治行动拆除锅炉情况统计表

表 3-2-1　　单位：台

年度	2004	2005	2006	2007	2008	总计
拆除锅炉数	15	21	15	18	15	84

二、餐饮业油烟治理

1994 年，区环保、工商等部门联合执法，共投入 344.4 万元，限期整改毓贤街餐馆 15 家。经过整改，全区安装静电式油烟净化装置 165 台（套）、复合型油烟净化装置 23 台（套）、蜂窝式油烟净化板 775 块、废水隔油隔渣装置 350 个。2001 年，广陵区列入市、区政府限期治理的单位有 140 家。按照要求，四眼灶以上的餐饮单位新上静电式油烟净化器，四眼灶以下的餐饮单位有条件的也上静电式油烟净化器，无条件的上蜂窝式油烟净化板。至 2003 年 6 月，全区共完成治理 102 家，关停 34 家，改变经营范围并变为无油烟污染的 4 家。2006 年，先后分 4 批对城区餐饮企业实施以油水分离和油烟处理为主要内容的限期治理，共完成餐饮企业治理任务 263 家。2011 年 4 月，对淮海路两侧的 17 家餐饮单位进行检查和整治，检查饭店实有环保审批手续、环保验收报告、污染物排放许可证是否齐全，并限期整改到位。

三、机动车尾气治理

机动车尾气排放成为大气主要污染源之一。2010 年 2 月，广陵区设立扬州通安汽车性能检测有限公司（扬州市唯一一家拥有检测资质的检测机构，简称通安公司），开展尾气检测并核发机动车环保检验合格标志。2010 年，加强汽车尾气检测管理工作，在通安公司设立尾气监测点和标志发放窗口。全年共核发汽车环保标志 2.23 万份，其中绿标 2.1 万份、黄标 1271 份。2011 年，通安公司尾气监测点通过省、国家检查组检查，资质由 B 级升至 A 级。同年，通安公司全年共核发汽车环保标志 1.69 万份，其中绿标 1.66 万份，占 98.2%；黄标 299 份，占 1.8%。

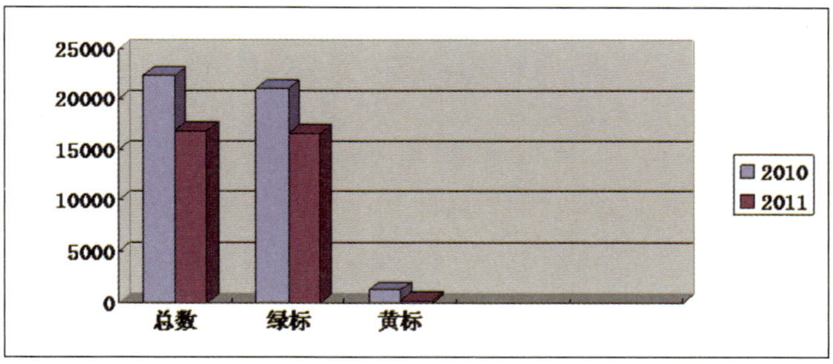

图 3-2-1　2010 ~ 2011 年广陵区尾气监测和标志发放情况图

四、秸秆禁烧与综合利用

1999 年，市政府划定扬州境内的宁通高速、淮江高速、京沪高速、淮江公路两侧各 1 千米范围内为秸秆禁烧区。按照“标本兼治、疏堵并举”原则，广陵区实行区领导挂包制度，由区委、区政府相关领导挂包各镇及开发区，成立秸秆禁烧工作领导小组，层层签订责任状，确保全面开展落实禁烧工作。每年夏收、秋收季节，广陵区组织督查组对全区禁烧情况进行检查，每天从 8:00 ～ 23:00 对农田展开拉网式巡查。对违反者依法进行处罚，组织新闻单位及时公开曝光批评违规者。1989 ～ 2011 年夏收、秋收期间，未发生大面积焚烧现象。

秸秆的出路在于综合利用。头桥等有条件的乡镇，普及秸秆机械化还田技术，做好机械调配、作业奖补、还田监管等工作，确保还田效果。沙头、杭集探索、推广秸秆离田，强化市场运作，购置打包机、粉碎机等设备，培育包括秸秆经纪人在内的各类秸秆综合利用经营队伍，并与永丰余造纸等企业做好对接，建设秸秆收集、贮运、销售、利用产业体系，实现综合利用，从源头上杜绝焚烧秸秆。

第二节 水环境治理

一、辖区内水环境综合治理

(一)高罗河、七里河整治

通过河道疏浚工程的实施,提高乡村河道引排能力,净化河道水面环境,改善群众生产生活条件。1999～2004年,全区清理镇、村河道102条61.2千米,清理土方82.1万立方米,其中乡级河道疏浚土方46.2万立方米,村庄河塘疏浚土方35.9万立方米。高罗河1.4千米,整治1.1千米,驳岸300米,投资200万元;董庄河950米,投资400多万元;横沟河整治2千米,投资650万元;七里河整治300多米,投资200万元。

(二)中沟河整治

中沟河位于南水北调东线廖家沟饮用水源地(廖家沟取水口)以西800米,东至廖家沟,西至联合新庄组,平均水面宽度20米,全长1500米。该河处于饮用水源地二级保护区范围内,系湾头镇联合、万福两村主要排水河道。中沟河水系有2条支流,分别是沙联河、老虎河。沙联河为南北向,南至联合村西,北至万福薛家,全长1800米,平均水面宽度12米,河底高程1.5～1.0米;老虎河南北向,南至中沟河,北至万福村方跳河,河底高程1.5～0.5米,平均水面宽度12米,全长1200米。在中沟河与老虎河交汇处,建有一控制水闸——中沟河闸,此闸在一级饮用水源保护区域内,距万福闸饮用水源厂取水口仅800米。沿线的2家工业污染企业工业废水以及凤凰岛浴室、成贤饭店等企业的污水直接排入中沟河水系。部分农田、蔬菜田化肥、农药过量使用,通过径流排入中沟河。70年代以来,30多年未清淤治理,河中水花生、水浮莲、水蒿草等杂草丛生,水体富营养化严重;居民生活垃圾、污水随意倾倒,加重水体污染,水质恶化发臭,遇高水位排水时,污水直接影响万福闸饮用水源厂取水质量。2008～2010年,从保护水源地出发,广陵区把处于二级保护区范围的中沟河列入整治项目,投资238.6万元,关停万福电镀厂,治理联合油桶清理处理厂,并建立健全廖家沟支流及涵闸监管制度,明确责任主体、责任人。结合广陵新城建设,实施生活污水截流、生态绿化林建设、中沟河闸维修等措施,疏浚区、乡河道77条,总长度140千米,总土方300万立方米;疏浚村庄河道43条,总长度37千米,总土方53万立方米;新建沙河泵站等水利工程,加强对已有水利基础设施的改造维修,提升防汛排涝能力,有效改善河道周边环境,确保市区饮用水源取水口安全。

2009年中沟河生态环境综合整治项目投资概算一览表

表3-2-2

序号	项目名称	数量	单价(元)	金额(万元)	序号	项目名称	数量	单价(元)	金额(万元)
1	生活污水截流	1000米	900	90	4	河坡(岸)植草	28800平方米	10	28
2	河底污染物疏浚	48000立方米	12	57.6	5	中沟河闸维修	—	—	18
3	绿化生态林建设	76800平方米	4.56	35	6	中沟河长效管理	—	—	10
合计									238.6

2010年中沟河生态环境综合整治实施进度一览表

表3-2-3

序号	项目措施	投入资金(万元)	实施时间	
			开工时间	竣工时间
1	中沟河闸维修	18	1月10日	4月下旬
2	生活污水截流	90	4月1日(公园路至沙湾路)	10月底

续表 3-2-3

序号	项目措施	投入资金（万元）	实施时间	
			开工时间	竣工时间
3	河底污染物疏浚	57.6	8月20日(新庄至廖家沟)	10月上旬
4	绿化生态林建设	35	11月(新庄至廖家沟)	11月下旬
5	河坡(岸)植草皮	28	11月(新庄至廖家沟)	11月下旬
6	中沟河长效管理	10	边施工边管理，工程竣工后实施长效管理	

（三）京杭大运河整治

2005年，广陵区组织实施京杭大运河“三改二”（航道标准从三级提升为二级）工程及续建工程。2009年，工程竣工，完成工程投资4.5亿元。动员相关乡镇、街办和园区，共拆迁沿河两岸15米范围内企业和居民100多户，保证国家重点工程顺利实施。

2006年，组织实施京杭大运河东岸环境提升，在文昌大桥向南1千米、向北2千米进行整治、绿化，初步实现“河深、水清、流畅、岸绿”的生态水岸目标。2009年，完成绿化带200米。内容包括建设市民广场、大草坪电影院、创意文化广场、生活风尚广场、水舞广场等主题空间和商业设施。截至2011年，京杭之心开挖工程基本完成，驳岸、景观等施工到位。

（四）古运河整治

1998～2006年，广陵区先后分5期组织实施康山园、洼字街、二畔铺、南门街等古运河两岸地块拆迁工作，积极配合市有关部门对古运河沿线实施景观提升工程。古运河两岸形成道路通畅、生态优美的园林式景观风光带。

二、城乡饮用水水源保护

（一）饮用水水质保护

1997年，饮用水水质符合国家Ⅱ类水标准，水质达标率为99.4%。为保护城区居民饮用水安全，市水环境监测部门对全市10个主要饮用水源区增设监测项目5个，主要包括水量监测、主要化学成分监测。2005年，获得各类数据9300个。2006年4月，在廖家沟水源地增加粉末活性炭处理投放加工工艺流程，市区东部泄洪期自来水水质及口感彻底改善。当年完成万福水源厂7号机组改造，完成三水厂3号机澄清池改造。2011年，广陵区实施《扬州市城市饮用水水源地环境保护规划实施方案》。

（二）廖家沟水源地综合整治

廖家沟（万福闸南侧）是扬州市区主要饮用水源之一，广陵区一直把水源保护作为开发建设的前提条件。1991年，廖家沟水源地的功能区划分为：取水口周围半径100米水域定位为戒严带，严禁停靠船舶、游泳和可能污染水源的任何活动；两侧1000米范围水域为卫生防护带，不得排入工业废水和生活污水，沿岸不得堆放废渣，不得设立有害化学物品仓库、堆栈或装卸垃圾、粪便、有毒物品的码头；1500米范围水域为控制带，不得新建有污染的项目，不得排入工业和生活污水。经检测，市区饮用水水源基本达标。1991年夏季特大洪汛期间，市、区环保部门会同卫生、城建等单位加强对饮用水水源监视性监测，保证洪涝期间市区人民饮用水卫生。2011年，区域范围内乡镇2个自来水厂（廖家沟自来水厂和湾头自来水厂）均取用地表水，总供水量为100万立方米/年，水源地太平河、廖家沟的水质均符合饮用水源水质标准，水源地都按照规范通过审批。

水源保护坚持规划为先，严格环境管理。在廖家沟岸线500米范围内，没有任何工业用地。水源保护区内无畜禽养殖场、垃圾堆放场、水产围网养殖。明确部门责任，严格环境执法。同时，对廖家沟饮用水源区的支河——中沟河进行环境综合整治，对该河流容纳的工业、农业、居民排放的生产、生活污水进行控制和治理，有效地维护饮用水源区的安全。

2000 ~ 2011 年廖家沟水环境质量变化情况一览表

表 3-2-4　　单位：毫克 / 升

监测年份	监测项目								
	溶解氧	高锰酸盐指数	生化需氧量	氨氮	石油类	挥发酚	总砷	六价铬	总氰化物
2000	9.0	3.9	1.2	—	—	—	—	—	—
2001	9.4	3.7	1.2	—	—	—	—	—	—
2002	9.3	4.2	1.6	0.23	—	—	0.001	—	—
2003	8.3	4.3	1.3	0.43	—	—	0.000	—	—
2004	8.7	4.1	1.7	0.40	—	—	0.007	—	—
2005	8.91	3.8	1.7	0.26	—	—	0.015	—	—
2006	8.93	3.442	-1	0.195	0.02	0.0013	0.0011	0.002	0.002
2007	8.216	3.716	-0.667	0.249	1.02	0.001	0.0020	—	—
2008	8.7	3.6	1.25	0.32	0.022	0.001	0.0021	0.0022	0.0021
2009	8.4	3.45	1.22	0.30	0.021	0.001	0.0020	0.0020	0.0020
2010	8.5	3.3	1.20	0.26	0.020	0.001	0.0019	0.0020	0.0020
2011	8.46	3.68	2.0	0.133	0.020	0.0015	0.0033	0.0020	0.0020
评价标准：GB 3838-2002 Ⅲ类	≥ 5	≤ 6	≤ 4	≤ 1.0	≤ 0.05	≤ 0.005	≤ 0.05	≤ 0.05	≤ 0.2

三、生活污水治理

1989 ～ 2003 年，针对市区生活污水处理率较低、污水管网尚未全面接通的现状，在居民住宅区建设的过程中，推广使用无动力污水装置，包括新东方国际外国语学校在内，完成安装 200 多台组。1996 年，城区把石塔小区污水处理厂处理能力扩大到 1.2 万吨 / 日。2001 年，广陵区实施古运河综合整治工程，新建 10 万吨汤汪污水处理厂，完成瘦西湖活水工程。2002 年，城区汤汪污水处理厂一期工程建成。2003 年，广陵区域有重点污染企业 22 家，区环保局加强对 pH 值、COD、总铬、氰化物及铜、镍等国家控制的污染因子的排放月度监测。2004 年，关停污染控制不好的生产线 2 条。2005 年，对市区 9 家重点企业开展氮氧化物排放量监测，对 21 家企业开展排放水污染物总量监测，对 8 所重点企业、医院废水进行监督监测和分析。2010 年，生活污水集中处理率为 89.08％，2011 年为 89.58％。

图 3-2-2　保护水环境活动

四、工业废水治理

1989 ～ 2011 年，区内共治理废水企业 35 家，其中电镀企业 16 家。工业废水治理经费 3000 多万元。2011 年，全区 39 家重点工业污染企业，工业用水总量为 2.15 亿立方米（其中新鲜水量 2099 万立方米，重复用水量 1.94 亿立方米），工业重复用水率 90.23%；已建工业废水治理设施 46 套，废水处理能力 388.86 万吨 / 日，运行费用 2375.9 万元，通过机械、生化、物化等多种治理方法，有效控制工业废水污染对环境的影响。

2003 ～ 2011 年，广陵区实施环保基础设施建设，先后投入 3 亿多元，其中包括广陵区环保局争取环保资金 300 万元。广陵产业园污水管网铺设工程计划总长 40.4 千米。至 2011 年，已完成一期 26.1 千米；广陵产业园内二期污水管网铺设计划 14.3 千米，至 2011 年已完成 5.9 千米。是年，食品工业园管网铺设 4.6 千米，污水提升泵站 1 座，总建筑面积 225.9 平方米，污水提升量 1.6 万吨 / 日。广陵新城铺设污水管网 16 千米，并与广陵产业园接管联网。

第三节　噪声治理

一、噪声达标区建设

1990 年秋，广陵区在创建卫生城市过程中，对市第二运输公司的噪声在 90 分贝以上、严重影响沿街市民生活的 85 辆“195”三轮柴油载货车予以淘汰。广陵区测得 1990 年区域环境噪声平均等效声级为 59.8 分贝。

1991 年，开始建设市区环境噪声达标区，广陵区当年建成 3 个单元、面积 3.13 平方千米环境噪声达标区。1992 年，建成 4 个小区，累计建成 6.65 平方千米。1993 年，广陵区环境保护采用隔声、消声、吸声、减振和移位等措施治理噪声污染源。完成汶河街道 1-5 单元，城南街道 4-2、4-3 单元面积为 4.04 平方千米的环境噪声达标区建设。汶河街道办事处所辖区域全部纳入噪声达标区范围内。市区环境噪声达标区累计面积达 11.64 平方千米，占建成区面积 41.6%。是年 12 月，市政府对广陵区 1993 年度噪声达标区建设工作进行验收。1996 年，广陵区设石塔西路、三元路、琼花路为汽车禁鸣路段，长达 3.5 千米。1997 年，禁鸣路段达 17 千米。1999 年，严格管理建设施工单位、娱乐场所环境噪声排放，实行全城机动车禁鸣，城市噪声总趋势逐步下降。市区噪声达标区覆盖率 100%。2005 年，建成城区汶河路噪声自动监测显示屏，并实现联网运行。市区区域环境噪声平均等效声级值为 54.1 分贝 (A)。2009 年，广陵区累计建成 19 个噪声达标小区，完成噪声达标区建设面积 42.33 平方千米，建成率、达标率、城区覆盖率均为 100%。

1991 ～ 2009 年广陵区部分年度创建环境噪声达标区情况表

表 3-2-5

年 度	创建单元编号（单元）	面积（平方千米）	年 度	创建单元编号（单元）	面积（平方千米）
1991	3-1，4-2，4-3	3.126	2000	7-2	1.673
1992	1-4，2-3，3-2，4-5	3.525	2004	7-1	5.343
1993	1-5，4-2，4-3	4.039	2006	7-3	2.404
1995	2-4	3.950	2007	7-4	4.808
1998	3-3，3-4	1.737	2009	7-6	10.136
1999	4-4	1.585	合计	19	42.326

在噪声达标区建设进程中，区成立工作小组，环境管理监测人员按照“全面调查、分类管理、联合整治”原则，到拟建达标区域内所有街巷、工厂企业、商店学校、餐饮娱乐场所，调查测量工业固定噪声、社会生活噪声和区域环境噪声。共调查单位 966 家，其中工业噪声源 246 家、社会生活噪声源 720 家，测量固定噪声源 1080 个。调查区域环境噪声共布点 450 个，取得区域环境噪声、固定源噪声、社会生活源噪声数据共 1920 个。调查村组 21 个。通过调查摸底，了解区域内各种噪声源的分布情况、扰民情况及环境噪声现状，制定综合整

治方案，以消声、吸声、隔声、减振和移位等治理方法，使其中 386 家单位噪声达标。对严重超标的 12 家单位采取限期整治措施。对治理效果不理想者，政府则采取产生噪音车间搬迁或停产整顿的强制方法。

2010 ～ 2011 年，巩固噪声达标区建设成果，每年省年检考核均保持 100%覆盖率。2010 年，区域声环境昼夜平均等效声级值均低于 55 分贝。2011 年，市区道路交通噪声昼间平均等效声级值 66 分贝，道路交通噪声强度等级为一级。市区噪声强度三级以上路段长度为 0.8 千米，占监测路段总长的 1.5%。市区各功能区昼间平均等效声级和夜间等效声级年均值均达标。各类功能区均符合相应的声环境质量标准要求。

2009 ～ 2011 年广陵区噪声达标情况汇总表

表 3-2-6　　单位：分贝 (A)

年份	功能区噪声							
	1 类		2 类		3 类		4 类	
	昼间	夜间	昼间	夜间	昼间	夜间	昼间	夜间
2009	48.67	42.62	53.48	46.06	58.49	49.91	61.53	52.48
2010	48.83	42.54	53.38	46.22	58.50	49.60	61.43	52.57
2011	48.59	42.51	53.75	46.31	58.35	49.56	61.48	52.53
GB3096-2008	55	45	60	50	65	55	70	55
达标情况	达标							

说明：

1 类声环境功能区：指以居民住宅、医疗卫生、文化教育、科研设计、行政办公为主要功能，需要保持安静的区域；

2 类声环境功能区：指以商业金融、集市贸易为主要功能，或者居住、商业、工业混杂，需要维护住宅安静的区域；

3 类声环境功能区：指以工业生产、仓储物流为主要功能，需要防止工业噪声对周围环境产生严重影响的区域；

4 类声环境功能区：指交通干线两侧一定距离之内，需要防止交通噪声对周围环境产生严重影响的区域，包括 4A 类和 4B 类两种类型。4A 类为高速公路、一级公路、二级公路、城市快速路、城市次干路、城市轨道交通（地面段）、内河航道两侧区域；4B 类为铁路干线两侧区域

二、工业噪声污染防治

1991 年，广陵区对工业噪声污染进行防治。国家规定工业企业的生产车间和作业场所的噪声允许值为 85 分贝 (A)。现有工业企业经过努力暂时达不到标准时，可适当放宽，但不得超过 90 分贝 (A)。是年，广陵区测得工业噪声源 246 家。4 月，对长期影响环境和人民生活的 4 个噪声污染项目作出限期治理决定。扬州电讯仪器厂锅炉紧靠厂北围墙处，围墙外为居民住宅，噪声严重扰民。由市环境保护工程设计室指导整治，经市环境监测中心站测试，符合国家规定的排放标准，通过验收。1991 年，除 1 家单位申请延期 3 个月外，其余均按时完成。1992 年 1 月，对未按时完成治理的单位，实行超标排污费加倍征收，直至治理达标。

1993 ～ 2011 年，责令扬州柴油机厂等 27 家企业限期治理噪声污染。其中，26 家如期完成；对治理效果不佳的 1 家企业，则采取对产生噪音的车间进行搬迁整顿的强制方法解决。期间，工业企业实行退出城区、全部进入工业园区的“退城进园”计划，城区消除工业噪声源。

三、建筑施工噪声防治

1991 年，区环保局要求在辖区建筑施工的企业严格遵守相关法律法规，文明施工。经环保部门审批后方可夜间施工，施工时间不得超过夜间 22:00；工地加强现场管理，尽量减少因人为原因引起的噪声污染，运输车辆进出口尽量避开居民敏感点，且慢速行车，严禁鸣喇叭；加强机械设备日常保养和维修，保证设备良好运行；施工现场设置隔音装置，减少噪声污染。1993 年，区环保局对建筑噪声实施排污保证金制度。1993 ～ 2011 年，对辖区内噪声敏感区域内的施工工地采取巡查、突查等方式进行现场监督执法检查，并公布举报值

班电话，24 小时值班，接受群众举报。加大环保行政处罚力度，对检查中的施工工地环境违法行为严惩重罚，督促施工队加强管理。中、高考期间，停止办理夜间施工核准书，并加强夜间巡查，确保无一例噪声污染投诉，从而有效改善考场周边声环境质量，为考生营造良好环境。2011 年，发放夜间施工核准书 40 份，送达限报通知 52 份，共申报排污工地 91 个，面积 163.3 万平方米。

第四节　固体废弃物处置

一、工业危险废弃物（以下简称危险固废）

广陵区一般工业固体废弃物以煤渣为主；危险废物以电镀污泥为主，主要污染成分为镍和铬，多为电镀行业废水处理的“终态物”，以编织袋或干化池作为贮存方式。1989 ～ 2007 年，工业固体废物产生量为 3900　吨 / 年。2008 ～ 2011 年，工业固体废物处置利用平均率为 100％；危险废物产生总数为 1185.97 吨，综合利用率、集中处置率达 100％。对危险废物的管理与处理，严格执行危险废物“转移联单”管理制度，建立危、废企业工作台账，并在网上进行动态申报和跟踪处置。2010 年，危险固废（主要是化工残渣残液、医疗废物、污水处理后的污泥等）年处理率为 97.14％，2011 年年处理率为 100％。2011 年起，电镀污泥主要由扬州宁达贵金属有限公司处置，涂料废物则运至扬州东晟固废环保处理有限公司，进行集中焚烧。

2008 ～ 2011 年工业危险废弃物产生、处置情况表

表 3-2-7

年份	企业数（家）	危险固废产生情况		危险固废处置情况	
		一般固废（吨）	危险固废（吨）	处置（吨）	贮存（吨）
2008	11	543.3	296.5	270	26.5
2009	11	471.8	117.89	113.3	4.59
2010	9	479	190.02	182.6	7.42
2011	34	71383.65	581.56	558.88	22.68

二、医疗废弃物

1989 年前，医疗废弃物常常被作为生活垃圾处置。2002 年 9 月，国家环保总局将扬州列为全国首批医疗废弃物处置试点城市。广陵区逐步开展医疗废弃物集中处置工作，社区卫生服务站将产生的医疗废弃物每周定期运送到所在镇卫生院，由镇卫生院负责医疗废弃物暂时存放，并明确专人分类收集登记，专业公司依法负责统一运输，集中处置。2005 年 8 月，市环保局等部门与扬州恒星环保公司签订特许经营协议。该公司是扬州市唯一经批准从事医疗废弃物集中处置的单位，负责全市医疗废弃物的收集、运输和处置工作。2006 年 10 月，广陵城区各医疗固废产生单位陆续与恒星环保公司签订《医疗废弃物处理服务协议书》，此后每年续签。2011 年，广陵区 13 家医疗机构医疗废弃物都集中到扬州医疗废弃物处理中心实施安全、无害化处置，集中处置率为 100％。

第五节　农业面源污染治理

一、农业污染源普查

广陵区环境污染除化学工业污水排放外，主要还有种植业、养殖业、农民生活等在生产、生活过程中产生的大量投入品（如药品、商品、肥料、饲料）以及大量的产出物（如人畜粪便、秸秆等），对水源、土壤等农业环

境造成污染。

2007年,广陵区成立农业污染源普查领导小组。2008年,完成全区4个涉农乡镇(街道)农业污染源普查。根据普查资料和广陵区农村实际情况分析,导致境内农业污染的污染源:一是种植污染。境内2004年前的农药使用,有机磷农药占50%以上,其中已明文禁止使用的占有机磷农药的65%,且以高毒、高残留的甲胺磷为主;2004年后,以毒死蜱和吡虫啉为主,使用剧毒农药情况大有好转。肥料施用方法以表面撒施为主。过去三麦、棉花等化肥打洞深施情况,已成为历史,因此,肥料当年的利用率仅30%左右,大多数肥料随雨水或灌溉水流入河中。二是畜禽养殖污染。全区畜禽养殖业畜禽污水日产量35吨,年生产量1.28万吨,处理利用8587吨,污水处理利用率为67.2%;畜禽粪便年产生量5306.37吨,年处理利用量1741吨,处理利用率为32.8%,未处理利用的畜禽粪水,是农村水源污染的重要污染源之一。三是水产养殖污染,污染水源主要是颗粒饲料、晶体敌百虫和粪肥的使用,使水体迅速富营养化,导致水质严重变劣。境内池塘养殖是排入外部水体的主要受体。四是农村生活污染。过去农村生活垃圾部分当做肥料,大部分随意倾倒在周围河沟,基本未经无害化处理,常造成土壤重金属污染;生活污水随意排放,特别是含磷较高的洗涤污水的排放,是造成农村生态环境质量下降的重要原因。

二、污染治理

广陵区采取一系列措施强化对农贸市场的执法检查,严厉查处高毒、高残留农药的使用;积极推广农作物病虫害综合防治,尽量减少农药的使用数量;秸秆全量还田,防治和减轻空气污染及农村水源污染;大力推进户用沼气池建设,改植物加动物的不平衡的"二维"消耗结构,为植物(供给者)、动物(消耗者)、微生物(还原者)三者并存,形成稳固的"三维"自然循环链,建设卫生、节能、环保的生态富民家园。减少农药产生的面污染,增加农田有益动物繁殖量,确保城乡居民吃上"放心菜"。2004年,根据农业部2002年第199号公告精神,区农水局发出《关于禁止使用高毒高残留农药的通知》。文件明确规定,国家明令禁止使用的六六六、滴滴涕、杀虫脒、除草醚、敌枯双、汞制剂、砷、铅类、甘氟、毒鼠强等农药,在境内全面禁止生产、销售、使用。严格禁止甲胺磷、甲基对硫磷、对硫磷、久效磷、磷胺、甲拌磷、特丁硫磷、甲基异硫磷、甲基环柳磷、治螟磷、内吸磷、克百威、涕灭威、灭线磷、硫环磷、蝇毒磷、地虫硫磷、氧唑磷、苯线磷19种产品在蔬菜、水果、茶叶、中草药材及其他无公害农产品中使用。

图3-2-3　秸秆综合利用

减轻焚烧农作物秸秆产生的空气污染。2004年5月,区农水局、环保局联合下发《关于认真做好夏季秸秆禁烧工作的通知》,机关部门分片包干,协同乡镇,组织村组夜间巡逻队,乡镇村组层层签订责任状,明确奖惩制度,扭转以前夏收后村村点火、处处冒烟现象,以此为模式,进入常态化管理。

开展种子、化肥、农药等农资打假活动。2005年3月,区农水局组织行政执法人员,共查处不法经营户10户,查扣违禁农药、假农药10箱,货值0.5万元。每年"3·15"开展的维护农民权益打假活动,不但确保境内粮食生产安全,而且使境内以甲胺磷为主的高毒、高残留农药基本绝迹。

2006年12月,区质量安全工作领导小组成立。2007年,在全区范围内组织实施植被恢复项目3个,一是湾头镇二桥村南圩造林2.8公顷;一是汤汪乡九龙村造林2.87公顷;一是曲江街道丁字河造林0.76公顷,合计项目经费40.7万元。区绿化委员会办公室多次督查,有序推进,确保工程全面到位。

结合改水,改造农村厕所。2007年,境内完成农村改厕500座。2008年,新建无害化卫生户厕500座。

至2011年，李典镇卫生户厕改造率100%；头桥镇全面完成900座改厕任务；沙头镇顺利通过市级改厕普及验收；杭集镇实现改厕全覆盖，被评为扬州市改厕先进镇。

抓好庄台垃圾出村和长效管理。2009年上半年，根据“组保洁、村收集、镇转运、区处理”的城市垃圾处理一体化模式，抓好6个村试点工作，制定实施方案，出台实施意见，明确村组和环卫部门职责，印发告农民书，统一保洁责任牌样式，督促试点村建立保洁队伍，开展突击整洁。下半年在全区范围内推广，涉农乡镇（街道）庄台垃圾集中处理率100%。

疏浚河道，挖除河床污泥秽物。2010年，对全区30条骨干河道（含交界河道迎春河、横沟河）实行长效保洁，每月对保洁河道进行考核检查，根据考核情况进行季度综合评分；结合创建全国文明城市，组织力量对全区河道环境进行疏浚等专项整治，在集中整治的基础上，实行长效管护，明确管护责任。当年疏浚区河道7条，总长18.21千米，通过综合整治，农村河道环境得到根本改善。

制定农业标准，实行标准化生产，控制投入品的种类和数量。2005～2011年，沿江现代农业（蔬菜）产业园区（沙头）申报无公害农产品20个、绿色农产品6个，都得到农业部认证。其中执行行业标准、省地方标准33个，制定企业标准和技术操作规程8个。2011年，重新申报无公害农产品15个。凡是区内申报“三品”（无公害产品、绿色食品、有机农产品）品牌的，必须认真执行省地方标准、扬州市地方标准；有条件的企业，在制定内部管理、规章制度的同时，尽可能制定企业标准，力争做到有标可依、有标生产。2003年，省级万亩长江特色水产品养殖标准化示范区在李典镇实施。2005年，省级万亩无公害蔬菜标准化示范区沙头镇实施，区内所有蔬菜基地均通过“三品”基地认定。2011年，沙头镇万亩无公害蔬菜标准化示范区创建为省级现代农业（蔬菜）产业园区。境内“三品”生产基地的认定，使标准化示范区和标准化生产全面展开。

第三章　环境管理

第一节　环境保护制度

一、环境规划

2005年8月，组织编制《扬州市广陵区环境保护“十一五”规划》，提出广陵区环保总目标：即到2010年，基本建立适应社会主义市场经济体制的环境保护管理体系，环境污染基本得到控制，全面完成区长环境目标责任状规定的各项任务，创建一批绿色学校、绿色社区、生态村和环境优美乡镇，环境法治建设进一步完善，环保监管能力建设进一步加强，并于2010年3月完成该规划重点工程项目情况终期评估。

2007年3月，编制《广陵区“十一五”农村环境综合整治规划》和年度具体实施计划，规划以“全面提升农业生产条件和农民居住环境质量”为目标，以“六清六建”（清理垃圾，建立垃圾集中处理制度；清理粪便，建立人畜粪便规范化处理制度；清理秸秆，建立秸秆综合利用制度；清理河道，建立水面管护制度；清理工业污染源，建立稳定达标排放制度；清理乱搭乱建，建立村容村貌维护制度）为核心，以“两清两改一绿”（清理垃圾、清理河道，改厕、改圈，村庄绿化）为重点，提出“十一五”期间广陵区农村环境综合整治目标及相关保障措施，实现今后五年广陵区“农村生态良好、环境优美”目标管理。此规划的具体整治任务按水体治理、人居环境综合整治、绿色创建、环保能力建设四大工程分解。

2010年7月，编制《扬州市广陵区环境保护和生态建设“十二五”规划》，提出到2015年，工业企业全面实现达标排放，环境保护各项指标全面达到国家生态市建设要求，生态环境质量得到明显改善的总目标；并在环境质量、污染物总量控制、生态环境建设、生态文明建设等方面提出具体目标，提出全区环境保护“十二五”规划重点工程10个项目。

二、建设项目环境影响评价

1989～2011年，广陵区在大力推进产业结构调整的同时，严格执行环境影响评价制度。

在项目审批方面，环境污染防治从源头抓起，从项目设计和审批抓起。执行环境影响评价和"三同时"(建设项目中防治污染的措施，必须与主体工程同时设计、同时施工、同时投入使用)制度。2004～2010年，获批的5项重大环评为:2004年6月，广陵区第一份区域性环评《扬州经济开发区广陵产业园区域环评书》获批;2006年12月，《广陵产业园食品加工区区域环评书》获批;2007年3月，《扬州市杭集工业园区区域环评书》获批;同年12月，《扬州北洲功能区产业区区域环评书》获批;2010年8月，《扬州市广陵产业园南区区域环评书》获批。

2002年后，区环保局均按照环境影响评价报告书、报告表、登记表进行分类管理。此后，新建项目环保审批率、"三同时"执行率一直保持100%。2003～2006年，共完成新建项目审批3124件。2006年2月，国家环保总局下发《环境影响评价公众参与暂行办法》。此后，环境影响评价公众参与制度便真正作为项目审批的重要否决条件之一落到实处。周边居民对拟建项目的实际评价成为项目审批的重要条件之一。2007～2011年，共受理申报项目数1668件，其中工业953件，三产类项目551件，区域开发164件。受理申报项目中，环评书(表)309件，依法劝阻、劝退项目75件，完成116个新建项目的"三同时"验收。

三、小康社会环境质量综合指数考核

1998年，广陵区以创建环境保护模范城市为抓手，以"一控双达标"(污染物总量控制，环境功能区达标、所有工业污染物排放达标)为重点，以改善环境质量、提高群众生活水平为目标，大力开展环境综合整治，狠抓工业污染源达标排放。2000年，顺利通过市环保局组织的"双达标"考核验收。2001年，通过"一控双达标"考核，并在城区着力实施"碧水""蓝天""生态""美化"四大工程。

1999年7月，全面禁止含铅汽油使用，实施电厂脱硫、集中供热、液化气混空站、限燃高硫煤四大工程，同时配以建设烟控区(禁燃含硫量大于0.9%的劣质燃煤)，限期淘汰低档出租车、燃油助力车、二冲程摩托车，清理城区小型燃煤锅炉，对"三产"油烟实行限期治理等系列措施，城区空气质量不断改善。城区空气质量优良天数85%以上，满足国家二级标准。

2001年，配合市环保局组织开展专项整治，解决廖家沟取水口渔民安置问题，建立保护区民警值班室，配备水上巡逻艇，确保廖家沟水源地水质达标率符合要求。1999～2001年，集中式饮用水源地水质达标率为100%。

以2002年为基准年，2003～2005年，扬州市环境质量综合指数分值均高于全省平均水平，位于全省第5名。到2005年，形成4年环境质量基础数据和台账，各年指标达到预期目标要求。2009年，广陵区正式开展环境质量综合指数考核工作。2011年，广陵区环境质量综合指数考核分为94.2分。

图3-3-1 2011年7月，江苏省"千乡万村"环保科普行动走进广陵

环境质量综合指数是按照全年环境空气良好天数达标率、城市水域功能区水质达标率、集中式饮用水源水质达标率和城市环境噪声达标覆盖率，按比例加权计算而得。自2009年起，环境质量综合指数综合得分计算增加公众对城乡环境保护满意度和小康环保考核监督系数。

2003～2005 年扬州市小康社会环境指标分值表

表 3-3-1

项目	2003 年	2004 年	2005 年
综合分数	76.66	72.15	78.18
空气良好天数达标率(%)	68.50	69.40	86.70
水域功能区水质达标率(%)	55.20	56.26	59.10
集中式饮用水源地水质达标率(%)	99.20	100.00	100.00
环境噪声达标区覆盖率(%)	84.60	88.32	85.30

说明：2007 年，广陵区正式开展该项工作；2009 年，市政府正式对广陵区开展小康环境质量指数的考核工作

2009～2011 年广陵区环境质量综合指数综合考核得分表

表 3-3-2

项目	2009 年	2010 年	2011 年
环境质量综合指数(分)	92.13	95.25	94.20
环境空气良好天数达标率(%)	92.70	86	88.16
集中式饮用水水源水质达标率(%)	100	100	100
水域功能区水质达标率(%)	88.80	100	96.30
城市环境噪声达标区覆盖率(%)	100	100	100
公众对城乡环境保护满意度(%)	80.30	80.50	85
小康环保考核监察系数	1	1	1

第二节　排污整治

一、排污许可证申报登记与制度

1989 年，广陵区针对市区燃煤锅炉发放烟尘排放许可证。1992 年，发放试点排放水污染物许可证。通过对企业废水污染源调查，全面开展排放水污染物申报登记，按照各自的污染物总量控制目标，分期分批地核发水污染物排放许可证。1998 年，持证单位 150 家，1999 年为 180 家。为便于统一管理，从 2001 年起，逐步将水污染物排放许可证、大气污染物排放许可证、排污申报登记注册证进行三证合一发放。2002 年，共发放排污许可证 195 家，2003 年发放 250 家，2004 年发放 350 家，2005～2011 年发放 569 家，辖区企业均持证排污。

1990 年，广陵区开始实施排污申报登记制度。1990 年，开始烟尘排放登记，以后陆续开展排放水污染物登记等。1995 年，开展工业企业和建筑施工企业排污申报登记工作。区环保局采取邮寄、电话等方式，向管辖企业下达申报登记通知。企业填写排污申报登记表，工作人员核验后发放排污申报登记注册证。申报单位主要是工业企业，建筑施工企业较少。1996 年，增加三产服务业排污申报登记。2008 年金融危机后，实体经济深受影响，工业企业排污申报登记率从 2007 年的 41.6%骤降至 34.1%，降低 7.5 个百分点。“十一五”期间，排污申报单位数逐年下降，主要是小微企业排污量较少，纳管率偏低。

二、污染源普查

2006 年后，国务院陆续印发《关于开展第一次全国污染源普查的通知》《第一次全国污染源普查方案》和《全国污染源普查条例》。2007 年 11 月，广陵区成立污染源普查领导小组及污染源普查办公室，制定《广陵区第一次全国污染源普查实施方案》。2008 年 1 月至次年 2 月，全区建立 6 个乡镇（街道）普查机构，选聘

专（兼）职普查工作人员 68 人、普查员 115 人、普查指导员 42 人，并先后培训普查员、普查指导员等 320 人次。普查过程中，发放环保部《致普查对象的一封信》和区政府《致全区普查对象的公开信》1600 份。

2008 年 12 月，广陵区普查数据第二次上报终报工作全面完成。普查范围覆盖率 100%，数据质量合格率 100%。其中工业源 915 家（重点源 182 家、一般源 733 家），生活源第三产业 780 家（住宿业、餐饮业 434 家，居民服务和其他服务业 331 家，医院 15 家），机关、事业单位独立燃烧设施单位 2 家，区域生活源 3 家（市区 1 家、建制乡镇 2 家），集中式污染治理设施 1 家（汤汪污水处理厂）。

三、重点污染源限期治理及挂牌督办

1997 年，广陵区首次开展重点污染源限期治理专项行动。首批专项整治老城区三产服务业，要求小工厂、小饭店、小旅社、小歌舞厅“四小”企业改进生产设备和工艺，要求企业排放的水、气、声、渣等均达标。连续几年开展四望亭路美食一条街餐饮服务业整治、皇宫社区餐饮业整治、辖区大气（工业）污染源整治、燃煤锅炉专项整治等，完善油烟处理、静电除尘、烟气脱硫、废水处理、粉尘治理等处理设施，在一定程度上从源头遏制餐饮服务业污染物的排放。

1997 ~ 1999 年广陵区重点污染源限期治理项目一览表

表 3-3-3

企业名称	污染源类别	下达时间	完成时间	治理方法	投资（万元）	新上设施（台 / 套）	新增处理能力
扬州华扬蓄电池公司	噪声	1997 年 10 月	1998 年 6 月	隔声	40	—	—
	废水	1998 年 10 月	1999 年 6 月	净水器	57	5	240 吨 / 日
扬州保来得工业有限公司	噪声	1997 年 5 月	1997 年 8 月	隔声	12	—	—
扬州灯具厂	废气	1998 年 6 月	1998 年 10 月	改用电炉	15	2	36 万立方米 / 年
扬州灯泡厂	废气	1998 年 12 月	1999 年 5 月	改用煤气灶	5	1	56.4 万立方米 / 年
扬州桅灯厂	废水	1998 年 6 月	1998 年 12 月	中和（化学）	12	1	40 吨 / 日
扬州玻璃仪器厂	噪声	1997 年 10 月	1998 年 6 月	搬迁	600	—	—
	噪声	1998 年 6 月	1998 年 10 月	改用油气	2	2	—

2004 ~ 2011 年，广陵区对企业违法违规超标排放污染物实施挂牌督办企业共 15 家，连续 8 年被挂牌督办企业大多为水污染，其次为大气污染。被挂牌督办的企业中，省级企业为 3 家，市级 7 家，区级 5 家。如扬州金属压铸厂，主要从事金属压铸件加工，西侧厂房内有 2 套化铝电阻炉、压铸机机组，产生噪声、废气并扰民，是多年来居民投诉的热点，2005 年被市政府确定为挂牌督办企业之一。经督办后，企业限期整改，后经广陵区环境监测站监测，该企业南侧、西侧界外噪声符合《工业企业厂界噪声限值》Ⅰ类区昼间标准限值。

四、污染物排放总量控制和主要污染物减排

国家 1999 年开始实施污染物排放总量控制（简称总量控制）制度。1999 ~ 2004 年，广陵区制定和落实污染物总量控制计划，对烟尘、二氧化硫、粉尘、化学需氧量（COD）、石油类、氰化物、砷、汞、铅、镉、六价铬、悬浮物、挥发酚和工业固废 14 类主要污染物排放指标实施总量控制，每年按任务分解落实到具体的工业企业，

严格控制总量指标。通过例行监测和不定期抽查相结合，测定污染物排放浓度，同时注意核查申报单位的物料消耗单据，准确计算出污染物排放量，以确保每家排污单位的排污量不超过总量控制目标。2005 年后，根据市政府下达的“十一五”“十二五”期间广陵区主要污染物削减指标，广陵区政府与各乡镇、街办、产业园签订“十一五”期间化学需氧量和二氧化硫总量削减目标责任书，“十二五”期间化学需氧量、氨氮和二氧化硫、氮氧化物总量削减目标责任书，将污染物控制指标、总量削减计划和具体削减措施分解落到实处。

广陵区以“控制增量、削减存量、优化结构”为原则，采取工程减排、结构减排和管理减排等综合措施推进污染减排工作。加快企业结构调整步伐，推进清洁生产，引导企业自觉减排和依法减排，提前完成“十一五”期间主要污染物减排任务。2006 ～ 2011 年，共完成海沃机械有限公司、青岛啤酒（扬州）有限公司等 38 家企业的指导性清洁生产审核验收；完成扬州博扬汽配有限公司、扬州黎光金属制品有限公司、联扬汽车装饰件有限公司等 5 家企业省级强制性清洁生产审核验收；完成 ISO 1400 环境体系认证 12 家；关闭扬州盛丰锌业有限公司等“三高一低”（ 即高投入、高消耗、高污染，低效益）企业 3 家及“十五小”（即小造纸、小制革、小染料、土炼焦、土炼硫、土炼砷、土炼汞、土炼铅锌、土炼油、土选金、小农药、小电镀、土法石棉制品、放射性制品、小漂染）企业 4 家；淘汰落后生产工艺和生产装置设备 96 台（套），完成节能改造项目 8 项，节能量约 4800 吨标准煤。1999 ～ 2011 年，否决污染严重的建设项目 110 个，“三同时”执行率 100%，环境影响评价率 100%。

2005-2010 年广陵区化学需氧量、二氧化硫总量削减目标及年度目标一览表

表 3-3-4　　　　单位：吨

年份	2005 年排放量	2006 年排放量	2007 年排放量	2008 年		2009 年		2010 年	
				目标削减量	控制目标	目标削减量	控制目标	目标削减量	控制目标
化学需氧量	122.21	117.74	138.50	7.93	130.57	4.50	126.07	4.50	121.57
二氧化硫	178.80	173.26	167.82	5.58	161.62	5.58	156.04	5.58	150.46

2011 年广陵区四项主要污染物削减目标一览表

表 3-3-5　　　　单位：%

项目	化学需氧量	氨氮	二氧化硫	氮氧化物
目标削减率	13.28	2.66	13.50	40.85

根据图示，广陵区的二氧化硫排放得到比较有效的控制，其他 3 项污染物治理措施有待加强。

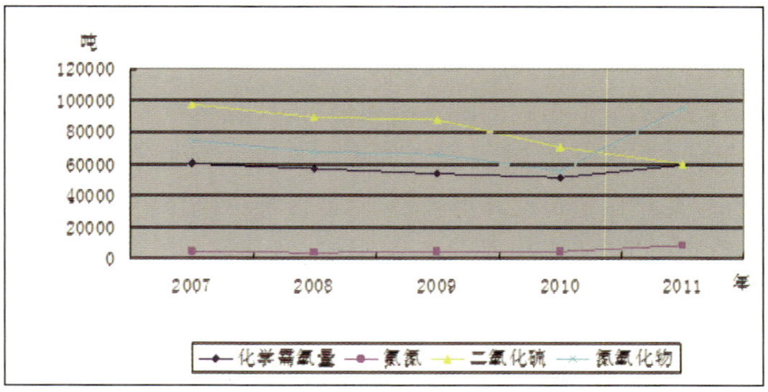

图 3-3-2　2010 ～ 2011 年广陵区主要污染物排放量趋势图

五、排污费征管

1991 年广陵区建立环保机构后，排污收费工作同步开展。征收范围由服务业、个体工商户，逐步扩展到辖区区属工业、企事业单位、市属部分工业企业和建筑施工场地等。1991 ～ 2001 年，广陵区排污收费多以服务业为主，工业较少。2002 年，区划调整后广陵工业企业增多，排污收费逐步以工业为主，占比 44%，当年排污收费额超百万元。2003 年，工业企业排污费大幅上升，服务业的征收，受“非典”影响免收 5 个月。2007 年 6 月，随着污染企业纳管率的提高、收费种类的增多，广陵区根据江苏省调整排污征收标准进行调整。2010 年，排污收费金额为 2001 年的 3.5 倍。

2011 年，头桥、李典、沙头、杭集、泰安 5 个镇划入广陵区，由此带来建筑施工企业排污收费额增多。其中建筑施工排污收费额首次反超工业，占总收费额的 43%，工业占比由 2010 年的 36%降至 30%，服务业占比 27%。由于广陵区固体废物及危险废物排放量小，由环卫部门和固废中心集中收集处置，对固废、危废企业排污费一直未征收。

排污费征收坚持单位自主申报，环保部门审核，所收排污费全额及时上缴国库；严格执行收支两条线，排污费主要用于污染防治、生态保护、系统建设、环保项目等。1994 ～ 2011 年，全区使用排污费 2467 万元，占征收总额的 87.28%。其中用于污染源治理 1580 万元，占收费额的 75%；综合治理 247 万元，占收费额的 10%；用于其他环保项目的占 15%。

第三节 环境监测

一、监测机构

1992 年 6 月，广陵区成立监测站。1994 年，更名为广陵区环境监测站。实有编制 3 人，为全民事业单位，单独建制并隶属广陵区环境保护局。经过 1997 年、1999 年、2002 年几次扩编，2011 年，有事业编制 7 人，实际人数 8 人。

1992 年，配置声级计监测仪器，开展最基本的噪声监测项目。获得监测资格 4 人。2006 年起，由市、区监测站共同完成每年的各项污染源监测任务。

二、污染监督监测

（一）污染源调查监测

1985 年 8 月，由市环保局牵头成立工业污染源调查小组，开展对城区工业污染源调查工作。此后，污染源调查监测成为区监测站的常态化工作，目的主要是查清工业污染的行业分布特征和区域分布特征，找出市区工业污染突出问题，探索行之有效的解决方法。

（二）污染源例行监测

1996 年，广陵区环境监测站每月安排 2 天时间专门用于采样，送市中心监测站，并出具数据型报告。1998 ～ 2011 年，共出具数据型月报 168 份，同时每年 1 月 20 日前向市环境监测中心站报送上年度的环境质量年报。

自 2004 年起，建立重点污染企业月度监测制度。对全区 22 家重点污染企业开展污水排放月度例行监测工作，统一集中采样，送市监测中心站，对国家规定控制的污染因子进行分析，为全区水环境管理和企业水污染防治提供科学依据。

2006 年后，广陵区配合市环境监测中心站每年完成主要河流 24 个断面、42 个采样点、28 个项目的 6 次例行监测和分析，饮用水源地 2 个断面、26 个项目的 2 次监测和分析，2 条主要河流的底泥 12 个断面、10 个项目和 19 个生物底栖的监测和分析，环境噪声 5 个功能区、8 个测试点的 4 次昼夜监测，区域环境噪声 201 个测点、交通噪声 55 个测点的 1 次监测。为提高监测的代表性，市环境监测站还对市区河流监测断面重新论证，优化调整市区环境噪声、功能区噪声、道路交通噪声监测定点，完成市区廖家沟取水口有毒、有害有机污染物监测，完成全国土壤污染状况扬州城区域的调查，完成医院废水监测分析 8 家、工业锅（窑、油）炉的监督监测 88 台（套）。2010 年，广陵区环保局配合市环境监测中心站完成市区地表水、地下水、环境空气、噪声、放射性、环境生物等监测，做好重点污染源监督性监测、减排项目核查监测。2011 年，对 60 多个建设项目竣工完成环保监测。

（三）治理监测企业

1989 年起，对已建环保治理设施工程进行治理效果的定期监测，1999 年监测 5 家，2002 年监测 19 家，2011 年监测 27 家。突击抽查采样，每年 4 ～ 6 次。

1998~2011年广陵区重点污染源废水监测情况一览表

表 3-3-6

年度	1998	1999	2000	2001	2002	2003	2004	2005	2006	2007	2008	2009	2010	2011
监测企业（家）	4	5	5	15	19	23	24	21	21	26	26	24	23	27

（四）排污收费监测

1991年，市区对拥有汽车的单位和个人进行不定期的汽车尾气监测。1992年，对环境噪声进行最基础的监测。2005～2011年，全区噪声、废水、废气的监测由工作人员采样并送至市中心监测站代为监测。为合理收缴各污染企业排污费，每年进行各厂污染物排入环境的浓度、数量的监测，根据其数据确定征收排污费的金额。自实行浮动征收排污费办法后，每月都正常监测企业废物排放量、污染物浓度等项目，为排污收费提供准确依据。

第四节　执法处理

一、工业污染企业监管

1989年后，广陵区对重点企业的日常监管，采取"明察与暗访""白天和晚上""节假日和工作日"三结合的方法定期、不定期检查和抽查，对重点工业污染源检查每月不少于一次，对一般污染源每季不少于一次，认真查处环境违法行为。

2001年，对区属"十五小"企业进行集中整顿，查处和取缔"十五小"企业3家，其中印染行业2家、皮革行业1家。同年，规范建立定期监察、一厂一档、现场留档的重点工业污染源环境监察三项制度和重点污染企业月度监测制度。2004年后，连续8年持续加大对重点企业的日常监管。2004年，与工商部门联合取缔文峰村废旧塑料加工点3个，南小街铝合金加工作坊等；与卫生部门联合开展乡镇卫生院废水治理，督促区属卫生机构实施医疗固废的妥善处理措施，取得较好效果。连续8年开展"整治违法排污企业，保障群众健康"环保专项行动，以重金属污染防治、污染减排重点行业监管、集中式饮用水源地保护、化工和酸洗等重点行业专项整治为重点，累计出动7469人次，检查3534家次，关停企业22家，立案处罚78家。2005～2008年，开展集中式饮用水源地专项整治行动，对水源保护区进行全面调查，查处取缔保护区内砂石码头2个，关停污染项目生产线3条，整治环境违法行为22件，确保水源保护区内无畜禽养殖场、垃圾堆放场、围网养殖。2009年，对区属企业实施排污管道和排污口专项整治行动，整治改造各类排污口36处。同时，开展重金属污染综合防治、医疗固废和危险化学品检查、环境安全隐患排查、核技术利用单位检查等各种专项检查，确保环境安全。2011年，对全区27家重点污染企业进行月度监测，取得监测数据324个。扬州江海新材料（扬州水箱厂）、扬州欣欣食品有限公司、博扬汽配等8家重点企业安装在线自动监控设施并联网，监测与监察达标率大于90%。水源地水质达标率保持在100%。

二、服务业监管

1989年后，随着服务业迅猛发展，由其引起的油烟、烟尘、废水和噪声污染问题日益突出。1994年，以毓贤街火锅城一条街环境污染整治为突破口开展全区服务业环境监督管理。

1997年，广陵区在全市首推服务业项目审批工作。1999年，区环保、公安部门联合执法，对辖区卡拉OK场所展开定期监测。1999～2011年，对全区三产服务业开展专项整治，重点为四望亭路、淮海路、皇宫社区服务业企业。要求企业使用天然气、液化石油气、人工煤气或其他清洁能源，不得使用高污染燃料；厨房炉灶、烤箱等加工设施上方设置集气罩，并安装油烟净化器，油烟排放口应高出屋顶；含油废水应经隔油设施处理后排放，含油污水水质符合国家饮食业单位排放标准。饭店安装隔油隔渣池和油烟净化器，并加上水膜烟罩；浴室业禁止使用污染环境的烟煤，改用清洁能源，逐步过渡到使用热供水。其中2001～2003年，共投入资金43.3万元，治理辖区服务业企业140家。2005年为服务业专项治理的关键年，整治企业增多，整治区域扩大，整治成效明显。解决居民信访不断的大东门、汶河北路餐饮企业、歌舞厅的油烟噪声问题；对巴湘缘火锅、老土灶、宴都食府、东食为天油烟扰民，汶河北路餐饮、娱乐企业及留香居的噪声扰民问题进行检查和处置。当年，市环保局下放红杉树酒店等46家单位的环境监督管理权，委托广陵区环保局管理，至此，纳入区环境监督管理的服务业企业扩展至482家。2011年4月，对淮海路16家餐饮企业进行专项检查，并通过市、区两级验收。

三、建筑施工场地环境监管

1995年，广陵区要求辖区内建筑施工场地限期排污申报，纳入监督管理，纳管率100%；同时组织人员对建筑工地仔细排查，每月至少白天巡查3次，夜查1次，发现新工地，及时送达限报通知和督促排污申报，做到不遗漏一个工地。同时还加大对夜间建筑施工的监管力度。严格按照夜间施工核准书的发放要求进行审批，从严处理那些未经核准夜间建筑施工的单位。

1999～2010年，区环保局协调解决名都华庭、东城国际、扬州人家、文昌百汇、扬名苑等开发项目施工场地环境矛盾。协调过程中，区公安分局、环保局等部门要求施工单位合法施工、文明施工的同时，做好居民解释说服工作，保证施工正常进行，其间共处罚夜间扰民的施工单位7家，向96个建筑工地发放夜查通知。2010～2011年，共发放夜间施工核准书157份，送达限报通知232份，申报排污工地393个，面积330.2万平方米。同时，坚持12369电话值班制度，24小时接受群众举报，接报后及时赶赴现场处理。

四、行政处罚

1989年建立环境保护办公室之初，群众环境保护意识较薄弱，区内小型企业、小作坊、小吃店多，加之企业经营困难、面临改制，环境违法行为基本以口头教育提醒为主，行政处罚较少。1996年11月，区环保局对有环境违法行为的7家企业下达行政处罚决定书，并申请法院强制执行。1999年，国家环境保护总局颁布《环境保护行政处罚办法》，行政处罚方式逐渐用于环保日常工作中。1999～2011年，共行政处理环境违法行为54件，罚款66.7万元，停产2件，强制执行6件。其中2003年和2009年，未出现行政处罚案件。

1992年3月，汤汪乡蒋巷村鱼塘5000千克鱼死亡。经环保部门调查，污染源是扬州印染厂污水排放所致。市环保局责令该厂赔偿水塘每亩损失费3000元。市政府随后要求，自城北湾头扬州闸至南边三湾止的古运河水域不准养鱼。扬州印染厂位于古运河观光旅游的敏感区域，是扬州市重点污染源。该厂废水虽经多年处理，但一直不达标，排入古运河后，对古运河市区段造成严重污染，媒体多次曝光，市民反映强烈。市政府对该企业实施关闭停业处理，消除影响古运河水质的污染源。同年7月，扬州磷肥厂硫酸车间转化器围管腐蚀穿孔，造成二氧化硫泄漏。当时正刮东风，车间南部地区居民眼部流泪，酸气刺鼻。环保部门立即派员沿线排查，责令其停产检修，对全厂进行一次环保法制教育，罚款2000元。

1998年11月，位于市区汶河北路的迪斯科舞厅——扬州天天娱乐有限公司试营业，噪声超标，引起楼内居民强烈反应。为维护居民生活环境权益，环保部门多次组织监测人员到现场监督检查，充分取证；先后监测80多次，反复宣传劝诫。1999年9～11月，3次测得其23时噪声值，均超过功能区居民住宅区标准，处以罚款，并于1999年12月关闭迪斯科舞厅。

2000年6月，古运河出现大量含油污水，经调查，系扬州合成化工厂联苯锅炉燃料油储罐旁的地沟内多年积存的废水被雨水冲入下水道，流入古运河。环保部门当即责令该厂封闭地沟，清除积油，用稻草吸附河面上的燃油，及时清除含油稻草，对该厂行政处罚。由于行政处罚的震慑，该年为处罚案件较多的年份，次年，处罚案件随之下降。2001年，广陵区正山尼龙塑料厂生产过程中产生碱性废水，直接排放到擅自开挖的、无防渗漏措施的池塘中存放，因池塘有缺口，废水最终排入池塘东侧沟渠中。区环保局在执行行政处罚、维护群众合法权益的同时，及时对企业进行引导，帮助企业改正错误。

2011年，进一步加大各类环境违法行为整治力度。开展重金属污染防治专项行动、餐饮服务业综合整治行动、医疗固废和危险化学品专项检查、环境安全隐患排查专项行动。共出动906人次，现场监察453家次，立案查处6家。

五、环境信访处理

广陵区作为扬州市老城区，人口密度大，环境容量小，居民对环境质量要求高，各类环境矛盾相对突出。长期以来，群众环境信访投诉居高不下。1989 ～ 1996 年，办结环境信访 982 件，1997 年办结环境信访 180 件，1998 年办结 200 件，2004 年办结 468 件，2005 年办结 480 件，2008 年办结 480 件，2011 年办结 600 件，办结率 100%。

2005 ～ 2011 年广陵区环境信访件汇总一览表

表 3-3-7　　单位：件

年份	污水	废气	噪声	其他	总计	办结率（%）
2005	49	212	217	2	480	99.4
2006	55	208	226	0	489	100
2007	44	201	217	0	462	100
2008	42	232	175	31	480	100
2009	33	174	250	15	472	100
2010	39	204	389	34	666	100
2011	44	162	354	40	600	100

第四章　生态建设

广陵区生态涵养基础较好。古运河、京杭大运河、廖家沟由西向东，呈“川”字型纵贯全境，与邵伯湖等淮河归江河道一起形成独特的水域和湿地生态环境。1989 年后，广陵区大力推进城乡生态建设，对京杭大运河等境内骨干河道进行整治改造，两岸大量植树造林栽花。完善沿河特色风光带，形成“绿杨城郭”新景观。凤凰岛、茱萸湾的原生态植被，成为城市“绿肺”。2004 年开始建设曲江公园等大型现代园林，提升广陵“园在城中，城在园中”的生态特质和环境优势。按照“以城带乡、以乡促城、城乡联动、整体推进”的要求，全区各乡镇狠抓庄台、河塘绿化和沿河、沿路、沿田绿化，农村绿化等生态建设工程取得长足进展。随着城区快速扩张，绿化面积持续扩大，绿化覆盖率不断增加。2010 年，全区（1 镇、1 乡、4 街道）投入生态建设资金 3.5 亿元，新扩城市绿化面积 98 公顷，改造和完善绿化面积 18.8 公顷；农村完成造林 433.33 公顷，完成四旁绿化 41 万株。2011 年，城区投入“创建国家森林城市”资金 1.2 亿元，完成植树造林 386.67 公顷，新扩、提升绿化覆盖面积 58 公顷，城市绿化水平进一步提高。2011 年，城区绿化覆盖率 36.31%，城市绿地率 35.48%。

图 3-4-1　曲江公园

第一节　绿　化

一、公共绿地

2005年，全区人均绿地面积9.21平方米。2007年，市政府公布首批永久性保护绿地10处，其中广陵区有5处，分别为曲江公园、文昌广场、古运河风光带、荷花池公园和文津园。2011年，全区人均公共绿地面积12.69平方米。

(一)市民游园绿地

荷花池公园绿地　绿地面积2.8万平方米，形成季节分明的绿色空间。公园环境优雅，景色秀美，有大量名贵树木和花木盆景。园内栽种花木百余种：春有杜鹃、茶花、春兰、茉莉，夏有荷花、昙花、睡莲、六月雪、夹竹桃，秋有桂花、菊花、石蒜、一串红，冬有腊梅、天竺等。2003年，公园列为开放式公园。

曲江公园　面积25.36公顷，其中公园建设用地16.28公顷，分为广场、水域、绿地三块。公园三分之一的面积种植雪松、广玉兰、香樟、梧桐等多种名贵树木。昔日的曲江渔场，变成公园绿地，深受广大市民喜爱。2006年，曲江公园列为扬州市义务植树基地。

(二)广场绿地

广陵区有众多大小广场。一类是城市中心广场，如文昌广场（工人文化宫）。文昌广场占地0.86公顷，绿化面积4000多平方米，栽有香樟、银杏、雪松、广玉兰、无花果、黄杨、冬青等乔灌木及少许竹林。一类是古运河休闲广场，如便益门、大水湾等沿河休闲广场。这些在整治打造古运河沿线风光带过程中建成的特色广场，依路傍水，绿树成荫，空气新鲜，休闲设施齐全，还有水阁凉亭、山石小景、砖铺平地和亲水平台，十分适宜中老年人锻炼和休闲。

二、道路绿化

1989年，城区道路绿化主要为街道两旁的行道树。随着城区多次改造和持续扩大，道路绿化发生质的变化。城区重要交通干道，除行道树外，都有绿化隔离岛；不少新建主干道两侧都建有5米退让景观带。贯通城区东西的文昌路，路中还有花草隔离岛。汶河北路东侧有文津园，南至文昌路，北至盐阜路，园中建有亭阁、假山、喷泉，栽有银杏、香樟、栾树、垂杨、女贞、桃树、冬青等乔灌木10多种，园中铺满草皮，间有鹅卵石路蜿蜒穿插。数株大树下，四周围有木条四方座椅，供游人歇憩。

江扬大桥、文昌大桥、扬州大桥和南绕城大桥连接线的道路绿化工程，是城市绿化的重点。2001年，重点实施宁通高速公路绿色通道建设，植树20.94万株，铺设草坪100.6公顷，在交通部和江苏省验收时获得高度评价。2003年，重点实施廖家沟两侧100米宽生态防护林工程、南绕城两侧50米宽绿色通道工程，完成成片造林180公顷，栽种意杨、银杏、女贞、垂柳、雪松等各种灌乔木45万株。其中汤汪乡投入270万元，在南绕城道路两侧建成长7.9千米，面积41公顷，栽植2.45万株银杏的高标准经济林。江扬大桥东接线是扬州市区向东延伸的一条重要绿色干道，起点在江扬大桥东桥头，终点为万福闸，全长3.9千米。2003年，分三期完成该干道绿化工程，共栽培喜树、女贞、红花檵木、法国冬青、瓜子黄杨、金叶女贞、龟甲冬青7个品种乔灌木约50万株。2004～2005年，完成南绕城公路汤汪段两侧50米绿化通道工程，栽有红枫、金丝垂柳、香樟、女贞等10多种景观树及速

图3-4-2　宽敞的杭集镇通组道路

生意杨。同时，在南绕城公路两侧银杏林带间植近万株女贞、河南桧、龙柏等。对廖家沟两侧生态林沟系进行完善，对沿线意杨进行查苗补缺。2006 年，完成便益门路、汤汪连心路等道路绿化 5 千米。2008 年，突出绿色扬州暨大江风光带建设，完成广陵新城文昌大桥东南北各纵深 600 米、文昌东路两侧各 25 米、沙湾路各 20 米的环境整治和绿化景观建设。2010 年，完成扬州东出入口景观提升工程，分获市政府二、三等奖。2011 年，完成文昌东路东延工程、茱萸湾路等绿化工程 8 项，完成南绕城公路市食品工业园段绿色通道建设。

三、河堤岸线绿化

（一）古运河、小秦淮河绿化带

2002 年，建设古运河滨河风光带，新建绿地面积 3.2 公顷。绿化范围包括便益门至五台山大桥、便益门至徐凝门桥运河两岸。加大古运河整治投入改造力度，先后完成 13.5 千米城区段的清淤、驳岸、拆违和沿河两岸各 50 米的绿化带建设，增加绿量，改善环境，科学配置植物群落，形成乔、灌、地被、花草相结合的高低错落、宽阔丰硕的生态绿地景观。绿化树种以垂柳为主，辅以银杏、琼花、桂花、广玉兰、雪松、香樟、红叶李、合欢等 20 多个品种，大、中、小规格齐全。草坪以高羊茅为主，乔木、灌木、落叶植物与常绿植物均植其中。依据古城水系进行梳理规划。至 2007 年，实施河道清淤 60 万立方米，驳岸 23 千米，初步实现死水变活、活水变清，形成古运河沿河绿化风光带。2008 年，古运河生态绿地建设基本完成。小秦淮河是扬州旅游景观之一，北通北城河，南经龙头关通古运河，全长 1900 米。2002 ～ 2008 年，结合小秦淮河的疏浚、驳岸，完成绿化改造工程，新建绿地长约 5 千米，面积 2.3 公顷，植有大叶女贞、紫薇等 30 多个品种。沿河新建园路、木架廊、六角亭、花池、座凳等多个景观小品，成为市民休憩新场所。

图 3-4-3 城河绿化带

图 3-4-4 小秦淮河绿化带

（二）京杭大运河绿化带

京杭大运河纵贯扬州市，区境内城区段全长 27 千米。2006 年后，市、区两级政府开始整治北至江扬大桥南至扬州大桥两岸环境。建设京杭大运河风光带，打造形成融运河文化、现代物流、水上运输为一体的滨河风光带。建设采用亲近自然的水岸绿化模式，绿化带宽度 100 米不等，季节特征明显，构筑具有风景和防护双重作用的林带，同步建设沿河步道等设施。充分结合自然地势、地貌，顺水、顺坡、顺景建设森林植被，形成休闲、步行公园。2006 年，完成两侧绿化（一期）任务；2009 年，完成两侧全部绿化任务。

（三）廖家沟生态绿化带

廖家沟生态绿化带位于广陵新城东侧，包括（广陵）大桥公园及廖家沟风光带两个部分。大桥公园面积 24 公顷，廖家沟风光带从万福闸至廖家沟大桥，全长约 4800 米，面积 96 公顷。

廖家沟是南水北调主通道，水面宽阔，水质纯净，自然生态环境优美。2003 年后，拓宽加固两岸河堤，建设集防洪、交通与观光为一体的堤防大道。建设两侧各 100 米的防护林工程，丰富空间色彩层次，使活水更清、绿树成荫，实现生态共生。其中湾头镇廖家沟 96 公顷沿江绿化工程，栽植品种以优质速生意杨为主。

2005 年，对两侧生态林沟系进行完善，对已植意杨查苗补缺，共完善沟系 8000 米，补植树苗 8000 株。2010 年，绿化带已基本建成。

图 3-4-5　廖家沟风光

四、单位绿化

80 年代，全区机关、企事业单位大搞庭园绿化，普遍种植冬青、黄杨、雪松、宝塔松、龙柏、侧柏、地柏、广玉兰、桂花等常绿树种。1996 年后，大力开展创“绿化模范单位”“园林式单位”活动，驻区各单位在实施新、改、扩建过程中，坚持绿化与建筑同步规划设计，注重植物造景与绿化的艺术性，合理配制乔、灌、花草，使园林绿化空间层次丰富多彩。扬州电力设备修造厂、中国船舶重工集团公司七二三研究所等单位，被市园林局评为园林式单位。

进入 21 世纪后，在做好旧居住区改造的同时，坚持“以人为本”原则，严把新建小区绿化工程设计、建设关，将生态理念引入居住区的环境建设。先后建成荷花池小区、东花园四村、沙中一村、顾庄新村、文昌花园等一批配套设施齐全、环境优美、管理规范的居住小区。

2004 年，在育才小学、汶河小学、汤汪中学等 8 所中小学开展创建市级绿色学校活动，在艺蕾小学开展创省级绿色学校活动。继续巩固连运社区（省级绿色社区）创建活动，在东关社区、文昌花园社区开展创市级绿化社区活动，同时在各社区开展环保宣传、保绿、家庭园艺等系列活动；部分学校与社区联合开展携手共创绿色家园活动。

图 3-4-6　汶河路街景绿化

2005 年，各街道采取“见缝插绿、垂直挂绿”等措施，不断拓宽绿化空间，创建一批“绿化、美化、香化、彩化”的绿化样板工程。汶河街道荷花池小区，投入 200 多万元，进行综合治理，补植提升原有绿化，新（补）植玉兰、黄杨等名贵花木 10 多种近千株。文峰街道连运小区，多方筹措资金，增建绿地，被评为省级绿色社区。是年，按照城市综合整治工作要求，境内南通路、泰州路、汶河路等道路街景工程全部竣工，除美化外墙，主要抓好完善和提升原有绿化水平。

2008 年，广陵区绿化委员会办公室（简称绿委办）积极配合扬州大学附属中学和市文津中学，实施江苏省园林式单位创建。学校围绕人与自然这个主题，将校园绿化建设与校园文化建设有机结合，因地制宜植物造景，营造出众多景观绿地和景观小品。通过省建设厅组织专家考核，两所学校都获得江苏省园林式单位称号。

2009 年，在全区 28 所中小学中开展“弘扬生态文明、共建绿色校园”活动。各学校因地制宜制定绿化规划，采取见缝插绿、拆墙透绿、垂直挂绿、屋顶增绿等多种方式，绿化美化校园。

2010 年，汶河街道组织机关、社区干部、驻地干休所官兵、扬州大学志愿者、社区共产党员义工队、居民代表近 300 人，在石塔桥南树人苑社区居民住宅楼前及空地，共同栽植文明林，栽种蜀桧、龙柏球、女贞、桂花、栀子花、天竺等 300 株（棵），绿化（地）面积 1000 平方米。

五、开发园区绿化

（一）广陵产业园

2002年，广陵产业园按照《扬州市城市总体规划》的“扩大规模、完善功能、优化环境、提高品位”的总体思路，围绕把广陵产业园建设成生产、生活与自然相协调、高质量的“生态型”产业园目标，高标准规划，高起点实施，保证完成园区绿地率30%，绿化覆盖率35%。2004年，对板桥河、高罗河、南刘河进行疏浚、整坡；整治板桥河两岸风光带，完成董庄路、高桥路、塘坝路、808车段、公园南路绿化工程。2005年，建成沙河、长沟河风光带及垃圾中转站周边2.5公顷绿化工程。2007年，投入2亿元精心打造园区入口形象，提升各主干道绿化品位和档次。当年上半年，完成沙湾南路两侧各50米拆迁和绿化工程。对南刘河、沙河等10条小河进行疏浚和驳岸整治，打造“两岸绿柳迎风摇曳，风景衬映清水碧湖”的景观。下半年，对沙湾路、创业路进行路面改造和绿化提升。2008年，对沙湾路北入口进行景观改造，对园内董庄路、元辰路、龙泉路、创业路、银焰路、桃园路、金宛路等主干道两侧5米退让带进行景观绿化。2009年，进行大众港、纵二河、强民港、潮龙港河道整治、绿化提升，对扬霍路、大众港路、三横路、龙泉路等老区路网及安置小区等地段进行配套绿化工作。2010年，完成园内主干道两侧5米退让带景观绿化，面积38.3公顷；完成沿河绿化带25公顷，提升安置小区绿化面积12公顷。2011年，完成园内主干道两侧5米退让带景观绿化10公顷，沿河绿化带15公顷，提升安置小区绿化面积2公顷。

（二）广陵新城

广陵新城区域内水网密布，植被广覆，生态环境优美。通过开发运河廊道，构建京杭之心景观，广陵新城已建设为“一个演绎生态自然与城市生活共生”的美好家园，充分凸现运河特色、扬州风格和时代特征的生态型、园林型的现代都市水城。

2008年，完成文昌大桥东南北各纵深600米、文昌东路两侧各25米、沙湾路两侧各20米以及产业基地周边的环境整治、绿化景观建设，建设绿化30公顷。

2009年，完成“一河三景九路”工程建设。“一河”即大汪河长3000米、宽16米的河道开挖工程，“三景”即科技生态广场亮化项目、京杭之心景观和环境提升项目、大运河东岸环境提升项目，“九路”为长度13.3千米的新城内9条道路。

2010年，文昌东路东延工程开工。工程西起广陵新城内的沙湾路，东接江都开发区舜天路，全长5540米，宽60米，道路中间为10米宽的中央绿化带。2011年，完成文昌东路、沙湾路、京杭路、万福路、扬州东入口、信息服务产业基地北侧地块、茱萸湾路、文昌东路东延、信息服务产业基地二期和京杭会议中心室外景观、京杭之心景观绿化施工。引入朴树、香樟、梧桐、桂花、紫薇、石榴等树种，绿化面积24公顷，被评为扬州市创建国家森林城市先进集体。京杭之心景观工程，包括景观绿化、灯光、喷泉、游艇码头等，总面积6公顷，其中绿化面积2.9公顷。

（三）扬州食品工业园

2007年，扬州食品工业园入口环境绿化工程完成，初现生态工业园雏形。秉承“高科技、无污染、生态型、园林化”的开发理念，按照“一区两带三路”绿化建设思路，完成“一区”（临江路和望江路交接处中间三角地1.34公顷绿化中心区）绿化工程；2008年，完成“两带”（横沟河全线生态型、板块状绿化带，全长2.3千米；宁通高速100米宽防护林隔离带）绿化建设；并做好“三路”（连心路1000米的中间绿道绿化带，新扬圩路、老扬圩路两侧宽20米、长2500米的绿化带，富民东西路两侧各8米的绿化带）绿化规划设计方案。2009年，对鼎兴路、临江路、绿禾路、连心路退让带和横沟河驳岸北侧等进行绿化，新增绿化面积13.67公顷；在绿化布局上，采用乔、灌木和花草相结合的绿化模式，绿化效果与环境结合更加自然、和谐与美观。2010年，对正大、安贝斯2家企业南侧退让带，香来路两侧退让带，古运河东侧退让带以及临江路三联河段进行绿化，栽种香樟、桂花、蚊母、金叶女贞、红叶石楠、樱花、红枫、法青等混合树种，绿化面积2公顷。在已建成横沟河东、西段驳岸的基础上，完成中段驳岸工程，成为园内最南侧总长2300米的防洪线。岸堤植树造林，使其兼具防洪和美化环境功能。吴庄河绿化工程，总长800米，两侧栽有香樟、意杨、垂柳、桃树、柳树、木樨、桂花、冬青以及刚竹等树种，景观十分漂亮。2011年，完成环城高速景观带（临江路至马泊河）绿化工程。在宁通高速南侧绿化带内开挖沟通兼具防洪、排涝、景观、生态功能的河道，河道两岸栽植乔灌木和花草，绿化面积6公顷。完成已建道路行道树树池安装，栽种麦冬，使绿化工程更加精致。完成绿禾路东侧新建厂区退让带绿化工程1000平方米，进一步完善进园企业围墙与道路退让带之间的绿化。

六、名胜旅游区绿化

（一）茱萸湾公园绿化

图3-4-7　茱萸湾千萸林

1958年开挖京杭大运河后，在茱萸湾堆土上开辟苗圃，广植刺槐、黑松、柳树和其他豆科植物，同时试种观赏树木，培育大量树木花卉。1980年，苗圃改建成茱萸湾公园，并陆续大量栽种茱萸、琼花、桂花、桃、柳、松柏、翠竹以及春梅、芭蕉、紫薇、黄杨、牡丹等四季花木。2004年，完成广场绿化7600平方米，加植香樟、法桐、高羊茅草坪、竹子等，建成紫薇园、樱花园，进一步丰富植物景观。

（二）个园绿化

园内绿化以竹为主，却又改变一般园林的布局手法，开门见竹，竹布全园，有斑竹、紫竹、黄皮刚竹、金镶玉竹、方竹、孝顺竹、佛肚竹、罗汉竹、茶竿竹、苦竹、箬竹、白哺鸡及京竹等，宛如一座竹类大观园。其间，多有腊梅、红枫等花木点缀。

（三）何园绿化

园中植物配制独具匠心。半月台旁的梅花、桂花、白皮松，北山麓的牡丹、芍药，南山的红枫，庭前的梧桐、古槐，建筑旁边的芭蕉等等，既有一年四季之布局，又有一日之早、中、晚的变化，极尽人工雕琢之美。

（四）凤凰岛生态旅游区绿化

凤凰岛生态旅游区水域面积138平方千米，岛屿面积6平方千米。岛域植被丰富，拥有多种野生动物和珍贵树种，被专家认为是苏中保存最完好的原生态区。2009～2011年，泰安镇在凤凰岛生态旅游区投资676万元，实施植被恢复工程，种植树木30多个品种20多万株，保育自然野生树种20多万株，建成面积为15公顷的芦苇荡、20多公顷的野生林、16公顷的“候鸟天堂”聚凤岛、5公顷的蝙蝠湖、2公顷的孔雀园，长达8.5千米的林荫小道和6千米的滨水大道，形成“林无边、岛有仙、鸟蹁跹”的生态乐园。

七、花木盆景和古树名木

（一）花木盆景

文峰街道文峰村、曲江街道施井村和沙口村一带，自古就是花木栽培之乡。80年代中期，有花木生产基地9.07公顷，花房50间（1040平方米），盆栽盆景5万多盆，草木花卉1000多种，木本花卉350多种。

80年代，文峰街道文峰村种植茉莉花、白兰花、株兰花和黛黛花等香花；湾头镇80年代建有观叶类、盆景类等苗木的桥园花木场，90年代开辟花木田园30公顷。进入21世纪后，因城市建设需要，花木面积有所减少。至2010年，全区花卉种植面积51.47公顷，年产鲜切花624万枝、盆景18万盆。2011年，全区花卉种植面积50公顷，年产鲜切花707万枝、盆栽观赏作物20万盆。

全区名贵花木主要分5类，其中松柏类126种以上，杉树类15种以上，常绿阔叶类23种以上，落叶阔叶树类60种以上，盆栽花木70种以上。

松柏类主要有宝塔松、雪松、湿地松、黑松、华山松、罗汉松、五针松、璎珞松、金钱松、白皮松、绒柏、侧柏、河南桧柏、蜀柏、铅笔柏、香柏、万峰桧柏、万峰桧球、凤尾柏、焦球柏、黄云柏、罗汉柏、翠柏、花柏、千头柏、地柏、竹柏、刺柏、金塔柏等。

杉类主要有水杉、池杉、柳杉、刺杉、云杉、冷杉、落羽杉、南洋杉等。

常绿阔叶类主要有香樟、广玉兰、桂花、大黄桂、四季桂、丹桂、十大功劳、大叶黄杨、金心黄杨、玉心黄杨、瓜子黄杨、栀子花、海桐、大叶女贞、高杆大叶女贞、法国女贞、金叶女贞、法国冬青、龟甲冬青、夹竹桃、石楠、红叶石楠、龟背竹、蓝天竹、黄天竹、红天竹、棕榈、芭蕉、满院春、丝兰、枇杷、紫藤等。

图 3-4-8 扬州盆景

落叶阔叶树类主要有白玉兰、紫玉兰、红枫、红羽毛枫、绿羽毛枫、鸡爪槭、春梅、榆梅、雀梅、腊梅、垂枝梅、桃花、碧桃、寿星桃、垂枝桃花、红叶桃花、紫叶李、红叶李、西府海棠、贴梗海棠、樱花、丁香、紫荆、加拿大紫荆、斗球、对球、珍珠绣球、琼花、欧洲琼花、紫薇、银薇、木槿、芙蓉、花石榴、海石榴、月季、玫瑰、月月红、五色蔷薇、金丝桃、迎春、黄金雀、一串金、黄棣棠、金银花、六月雪、德国茉莉、白兰花、珠兰花、黛黛花、芍药、结香、牡丹、垂槐、龙槐、中槐、刺槐、合欢、青桐、垂柳、白榆、北美枫香、北美红栎、银杏、苹果、枇杷、梨、柿等。

盆栽花木类主要有红花檵木、各种黄杨、苏铁、五针松、罗汉松、米松、刺柏、云头柏、孔雀柏、真柏、竹柏、紫衫、南洋杉、枸骨、火棘、榆桩、杜鹃、四季杜鹃、茶花、茶梅、雀梅、白兰、含笑、米株兰、鸳鸯茉莉、三角花、福建茶、九里香、月季、雀蝉、花叶橡胶、美国青胶、棕竹、白马骨、虎刺、桂花、肉桂、红叶桂、阴丹、夜合、夜来香、海石榴、黄石榴、玉芙蓉、三色梅、文竹、四香海棠、竹节海棠、紫叶海棠、凤尾竹、十字海棠、一品红、黄珠兰、五宝绣球、吊兰、天竺葵、虾子花、曼陀罗、吊金钟、瑞香、凌霄、青红铁、春兰、夏兰、建兰、四季兰、君子兰、素心兰、鹤望兰、水仙、香橼、柠檬、佛手、金桔、柑桔、四季桔、寿星桔和各品种菊花等。

（二）古树名木

广陵区的古树名木是在特定历史地理条件下形成的生态景观，是广陵人文景观和自然景观的综合载体。在 2003 年普查的基础上，2008 年，区农水局组织林业部门技术人员，结合森林资源二类调查，对全区范围内的古树名木，进行再次普查。同年，市政府出台《扬州市古树名木和古树后续资源保护管理办法》，使古树名木保护有法可依。为此，区绿委办向有古树名木的单位、公园、寺庙、个人送去法律法规宣传资料，强化全社会对古树名木的保护意识。

境内现存古树名木计 176 株，其中树龄在千年以上的银杏、国槐各 1 株。境内古树分属 22 科、26 属、26 种，其中银杏科 65 株、豆科 6 株、茄科 2 株、木兰科 20 株、松科 4 株、黄杨科 22 株、罗汉松科 2 株、忍冬科 6 株、千屈菜科 2 株、木樨科 25 株、榆科 3 株、蔷薇科 1 株、柏科 6 株、胡桃科 2 株、芸香科 1 株、芍药科 3 株、柿木科 1 株、悬铃木科 1 株、冬青科 1 株、金缕梅科 1 株、卫矛科 1 株、山茱萸科 1 株。

2011年广陵区古树名木一览表

表3-4-1

序号	扬州市统一编号	生长地点	树种	树龄（年）	树高（米）	胸径（厘米）	生长状况	序号	扬州市统一编号	生长地点	树种	树龄（年）	树高（米）	胸径（厘米）	生长状况
1	1	文昌中路石塔寺	银杏	1020	15	152	良	89	106	文昌广场东侧	瓜子黄杨	140	7	22	良
2	2	驼铃巷10号	国槐	1020	9	100	一般	90	107	仁丰里82-1	香圆	80	6	26	良
3	3	江苏武警医院	银杏	820	17	164	良	91	108	旌忠寺	银杏	220	23	80	良
4	4	紫藤园饭店	紫藤	720	3	45	良	92	109	市第一招待所	瓜子黄杨	120	5	18	良
5	5	八怪纪念馆	银杏	720	24	150	良	93	110	市第一招待所	瓜子黄杨	120	4	15	良
6	6	仙鹤寺	银杏	720	23	130	良	94	111	市第一招待所	瓜子黄杨	120	5	18	良
7	7	普哈丁墓园	银杏	720	13	170	良	95	112	市第一招待所	瓜子黄杨	220	4	22	良
8	8	赞花巷18号	银杏	600	22	120	良	96	113	市第一招待所	瓜子黄杨	220	5	26	良
9	9	五台山医院	银杏	520	16	110	良	97	114	市第一招待所	瓜子黄杨	220	5	27	差
10	10	五台山医院	银杏	520	16	120	良	98	115	堂子巷4号	银杏	100	19	58	良
11	11	扬州民间收藏展览馆	银杏	520	20	120	良	99	116	市第一招待所	罗汉松	120	5	22	良
12	12	国庆路与文昌中路交汇处	银杏	520	20	140	良	100	117	市第一招待所	紫薇	150	2	15	濒死
13	13	市政协大院	银杏	520	18	167	良	101	121	彩衣街46号	瓜子黄杨	130	12	70	良
14	14	文昌中路扬大附小学校	银杏	530	19	137	良	102	122	永胜街42号	广玉兰	120	12	70	良
15	15	文昌中路扬大附小学校	银杏	520	20	167	良	103	123	田家炳中学	银杏	220	18	74	良
16	17	普哈丁墓园	银杏	400	24	110	良	104	125	湾子街区公安局宿舍	银杏	120	16	58	良
17	21	扬州教育学院第二附属小学	银杏	328	19	110	良	105	126	东关小学操场东南	银杏	120	15	48	良
18	22	市政协大院	银杏	320	16	102	良	106	127	东关小学	银杏	120	15	48	良

续表 3-4-1

序号	扬州市统一编号	生长地点	树种	树龄（年）	树高（米）	胸径（厘米）	生长状况	序号	扬州市统一编号	生长地点	树种	树龄（年）	树高（米）	胸径（厘米）	生长状况
19	23	育才幼儿园	银杏	320	18	90	良	107	128	观巷 29 号	女贞	120	10	54	良
20	24	育才幼儿园	银杏	320	18	84	良	108	129	马家巷 34 号	银杏	200	11	74	良
21	25	东关派出所	银杏	300	13	72	良	109	130	马家巷 34 号	银杏	200	15	64	良
22	26	灯草行 20 号	枸杞	320	2.5	16	良	110	131	东圈门三祝庵	银杏	200	15	64	良
23	27	琼花观	银杏	320	13	80	良	111	132	东圈门 32 号	广玉兰	180	10	68	良
24	28	琼花观	银杏	320	13	108	一般	112	133	艺蕾小学	银杏	120	12	48	良
25	29	艺蕾小学	银杏	320	13	90	良	113	134	艺蕾小学	银杏	120	9	70	良
26	30	七二三所住平园	广玉兰	320	15	90	良	114	136	中国剪纸博物馆	广玉兰	100	16	68	良
27	31	七二三研究所住宿区平园	广玉兰	320	15	90	良	115	137	中国剪纸博物馆	广玉兰	100	15	68	良
28	32	五台山医院	银杏	320	24	100	良	116	138	中国剪纸博物馆	臭椿	100	15	78	良
29	33	施井村	银杏	140	13	50	良	117	139	汪氏小苑	女贞	120	9	40	良
30	34	施井村	银杏	140	16	70	良	118	140	谢馥春工厂	牡丹	120	0.8	—	一般
31	35	金利皮草公司	银杏	220	13	68	良	119	141	谢馥春工厂	牡丹	120	0.8	—	一般
32	39	广陵路市职业高中	广玉兰	240	13	72	良	120	142	谢馥春化工厂	牡丹	120	0.8	—	一般
33	40	广陵路区公安局	广玉兰	140	12	56	良	121	151	市妇幼保健医院	银杏	120	14	80	良
34	41	广陵路区公安局	银杏	120	16	60	良	122	263	扬州教育学院第二附属小学	银杏	210	18	80	良
35	42	广陵路区公安局	银杏	120	16	56	良	123	264	淮海路市公安局	银杏	200	13	90	良
36	43	广陵路区公安局	白皮松	220	12	36	良	124	265	淮海路市公安局	银杏	200	15	76	良
37	47	甘泉路 221 号	瓜子黄杨	170	6	24	良	125	266	石塔宾馆	银杏	200	18	98	良
38	48	头巷 13 号	瓜子黄杨	120	5	16	良	126	267	石塔宾馆	银杏	200	17	76	良
39	49	天海职业学院	银杏	120	15	80	一般	127	268	淮海路憩园饭店	瓜子黄杨	148	6	20	良
40	50	丁家湾 9 号	瓜子黄杨	120	5	16	良	128	269	淮海路憩园饭店	瓜子黄杨	148	6	20	良

续表 3-4-1

序号	扬州市统一编号	生长地点	树种	树龄（年）	树高（米）	胸径（厘米）	生长状况	序号	扬州市统一编号	生长地点	树种	树龄（年）	树高（米）	胸径（厘米）	生长状况
41	51	何园	白皮松	120	8	38	良	129	270	憩园饭店	广玉兰	80	8	51	良
42	52	何园	白皮松	120	8	28	良	130	271	憩园饭店	广玉兰	88	11	51	良
43	53	何园	瓜子黄杨	120	4	18	良	131	272	淮海路憩园饭店	雪松	88	14	64	良
44	54	何园	瓜子黄杨	120	7	14	良	132	273	扬大附小	银杏	200	17	108	良
45	55	何园片石山房	罗汉松	320	12	42	良	133	274	扬大附小	银杏	200	17	76	良
46	56	何园	绣球	120	6	—	良	134	275	江凌花园	银杏	100	13	60	良
47	57	何园	广玉兰	120	16	90	良	135	276	扬州中学	英国梧桐	85	26	98	良
48	58	何园	紫薇	120	4	20	差	136	277	市政协大院西南角	瓜子黄杨	150	3	12	一般
49	59	何园	女贞	120	12	56	良	137	278	广陵区政府	银杏	100	12	64	良
50	60	何园	朴树	120	20	70	良	138	328	育才小学	枸骨	120	7	50	良
51	61	何园	桂花	120	8	14	良	139	331	问井巷 23 号	广玉兰	150	12	55	良
52	62	何园	石楠	120	8	25	良	140	338	七二三所	圆柏	120	14	38	良
53	63	何园	女贞	120	11	50	良	141	386	文昌广场	瓜子黄杨	100	8	26	一般
54	64	何园入口处	瓜子黄杨	120	6	20	良	142	390	木香巷 27 号	瓜子黄杨	150	6	40	一般
55	65	七二三所北区	龙柏	120	8	30	良	143	393	汪氏小苑	枸杞	100	7	48	较差
56	66	七二三所北区	银杏	120	18	86	良	144	396	南通东路卢氏盐商	紫藤	158	3	32	良
57	67	大双巷 3 号	银杏	140	15	60	良	145	398	扬州中学	琼花	120	4	14	良
58	68	大双巷 3 号	银杏	140	15	48	良	146	400	何园	桂花	120	8	16	良
59	69	广陵路军分区	女贞	120	13	54	良	147	401	何园	桂花	120	8	16	良
60	70	个园宜雨轩东	广玉兰	180	13	54	良	148	402	何园	桂花	120	8	16	良
61	71	个园宜雨轩东	广玉兰	180	16	60	良	149	403	何园	桂花	120	8	16	良
62	72	个园西南角	枫杨	90	16	86	良	150	404	何园	桂花	120	7	16	良

续表 3-4-1

序号	扬州市统一编号	生长地点	树种	树龄（年）	树高（米）	胸径（厘米）	生长状况	序号	扬州市统一编号	生长地点	树种	树龄（年）	树高（米）	胸径（厘米）	生长状况
63	73	个园宜雨轩北	圆柏	120	7	38	一般	151	405	何园	桂花	120	8	18	良
64	74	个园夏景假山	圆柏	120	4	20	一般	152	407	小秦淮河务本桥旁	瓜子黄杨	120	7	29	良
65	75	个园夏景旁	广玉兰	180	15	54	良	153	408	东关街道办拆迁指挥部门前	广玉兰	120	18	68	良
66	76	个园夏景西侧	广玉兰	180	15	120	良	154	410	个园宜雨轩西	枫杨	110	27	110	良
67	77	个园	圆柏	120	12	26	良	155	416	个园冬季假山	榆树	100	20	80	良
68	78	扬州大学旅游与烹饪学院	圆柏	220	10	62	一般	156	417	个园宜雨轩西	桂花	100	7	20	良
69	79	扬州大学旅游与烹饪学院	银杏	220	14	80	良	157	418	个园宜雨轩南	桂花	100	8	20	良
70	80	扬州大学旅游与烹饪学院	银杏	120	12	66	良	158	419	个园宜雨轩南	桂花	100	7	20	良
71	81	扬州大学旅游与烹饪学院	银杏	220	15	68	良	159	420	个园宜雨轩南	桂花	100	4	20	良
72	82	扬州大学旅游与烹饪学院	银杏	220	14	60	良	160	421	个园宜雨轩北	瓜子黄杨	100	6	14	良
73	83	扬州大学旅游与烹饪学院	国槐	120	12	65	良	161	422	个园万竹园	桂花	100	3	14	良
74	84	扬州大学旅游与烹饪学院	国槐	120	13	64	良	162	423	个园万竹园	桂花	100	3	14	良
75	85	扬州大学旅游与烹饪学院	银杏	120	16	68	良	163	424	个园万竹园	桂花	100	3	12	良
76	86	扬大旅游与烹饪学院	广玉兰	140	12	80	良	164	425	个园万竹园	桂花	100	3	10	良
77	87	吉的堡幼儿园	银杏	128	15	56	良	165	426	个园万竹园	桂花	100	3	10	良
78	88	吉的堡幼儿园	银杏	128	17	73	良	166	427	个园万竹园	桂花	100	3	12	良
79	89	吉的堡幼儿园	广玉兰	120	13	90	良	167	428	个园万竹园	桂花	100	3	12	良

续表 3-4-1

序号	扬州市统一编号	生长地点	树种	树龄（年）	树高（米）	胸径（厘米）	生长状况	序号	扬州市统一编号	生长地点	树种	树龄（年）	树高（米）	胸径（厘米）	生长状况
80	90	淮海路规划局	银杏	120	16	55	良	168	429	个园万竹园	桂花	100	3	10	良
81	91	淮海路规划局	银杏	120	20	80	良	169	430	个园售票处旁	朴树	100	12	52	一般
82	92	淮海路规划局	银杏	120	20	65	良	170	439	汪氏小苑	琼花	100	6	22	良
83	93	淮海路规划局	银杏	120	15	74	良	171	440	汪氏小苑	琼花	100	5	42	良
84	95	堂子巷4号	银杏	120	18	60	良	172	441	东关小学	女贞	100	14	40	良
85	97	苏北医院	刺槐	80	16	110	一般	173	442	古运河风光带卢氏盐商对面	红花檵木	100	2	30	一般
86	103	广陵区人武部	银杏	120	15	64	良	174	461	何园入口处	丝绵木	80	13	62	良
87	104	广陵区人武部	银杏	120	15	64	良	175	462	八怪纪念馆	琼花	80	5	18	良
88	105	文昌广场	广玉兰	120	10	43	较差	176	463	观巷29号	琼花	80	2.5	16	良

说明：表中“—”处为低于胸高统计标准1.3米

第二节 生态区建设

一、生态示范区建设达标情况

为配合扬州市创建国家生态市，制订广陵区2010～2012年生态市建设三年行动计划（初稿），分解各项指标，确立三年内重点工程项目。

2011年国家生态市建设广陵区达标情况一览表

表3-4-2

	序号	名　称	单 位	目 标	完成情况	达标状况
经济发展	1	农民年人均纯收入	元/人	≥8000	11760	已达标
经济发展	2	第三产业占GDP比例	%	≥40	53.3	已达标
经济发展	3	单位GDP能耗	吨标煤/万元	≤0.9	1.113	未达标
经济发展	4	单位工业增加值新鲜水耗	立方米/万元	≤20	—	未统计
经济发展	4	农业灌溉水有效利用系数	立方米/万元	≥0.55	—	未统计
经济发展	5	应当实施强制性清洁生产企业通过验收的比例	%	100	50	未达标
生态环境保护	6	森林覆盖率	%	≥15	15.88	已达标

续表 3-4-2

	序号	名　称	单　位	目　标	完成情况	达标状况
生态环境保护	7	受保护地区占国土面积比例	%	≥ 17	17.46	已达标
	8	空气环境质量	—	达到功能区标准	92.33	已达标
	9	水环境质量	—	达到功能区标准，且城市无劣 V 类水体	达到功能区标准	已达标
	10	主要污染物排放强度	千克 / 万元（GDP）			已达标
		化学需氧量（COD）		＜ 4.0	0.002049	
		二氧化硫（S02）		＜ 5.0 不超过国家总量控制指标	0.0448	
	11	集中式饮用水源水质达标率	%	100	100	已达标
	12	城市污水集中处理率	%	≥ 85	87	已达标
		工业用水重复率		≥ 80	21.83	未达标
	13	噪声环境质量	—	达到功能区标准	达到功能区标准	已达标
	14	城镇生活垃圾无害化处理率	%	≥ 90	90	已达标
		工业固体废物处置利用率		≥ 90 且无危险废物排放	90	
	15	城镇人均公共绿地面积	平方米 / 人	≥ 11	16.9	已达标
	16	环境保护投资占 GDP 的比重	%	≥ 3.5	2.25	未达标
社会进步	17	城市化水平	%	≥ 55	80	已达标
	18	采暖地区集中供热普及率	%	≥ 65	—	未达标
	19	公众对环境的满意率	%	＞ 90	81.48	未达标

为把广陵区建设成生态示范区，按照广陵区生态系统区域构成和区域功能特点，综合考虑广陵区社会、经济、环境条件及将来发展的需要，2011 年，将全区分为四个生态功能一级区。

2011 年广陵区生态功能区具体划分一览表

表 3-4-3

重点生态功能保护区	茱萸湾风景名胜区
	广陵区三江营饮用水源保护区
	邵伯湖（广陵段）洪水调蓄区、京杭大运河（广陵段）洪水调蓄区、古运河（广陵段）洪水调蓄区
	广陵区重要渔业水域
	长江（广陵）重要湿地、邵伯湖（广陵）重要湿地
	廖家沟清水通道维护区、广陵区夹江清水通道维护区、广陵区芒稻河清水通道维护区
	沿江高等级公路（广陵段）生态公益林
	沙头镇特殊生态产业区 、头桥镇特殊生态产业区
	凤凰岛国家湿地公园
生态农业区	沿湖生态农业区
	沿江生态农业区

续表 3-4-3

人居保障功能区	城中规划区
	其他城镇
南水北调东线水源生态功能保护区	核心保护区
	控制保护区（生态农业功能亚区、生态林业功能亚区、生态湿地保护亚区）

二、创建省级生态工业园

2011 年，广陵产业园地处扬州城市东入口，规划面积 20 平方千米。开发区确立创建省级生态工业园区的工作目标，编制生态工业园创建规划。把“高科技、无污染、生态型、园林化”作为发展宗旨，着力实现由粗放扩张向集约经营转变，由单独开发建设向提高项目承载能力转变，实现产业发展与环境配套的良好互动。建园以来，园区累计完成载体建设总投入近 50 亿元，形成“八纵六横”40 多千米的路网、供水、供电、天然气、排污、路灯、绿化、公交、垃圾处理等基础与配套设施。林木绿化率 35% 以上，优美的生态环境引来各地金凤凰安营创业。

三、生态乡镇和生态村创建

2004 年，湾头镇委托市环境科学研究所编制优美乡镇环境规划。2005 ～ 2009 年，结合小康村和新农村建设，湾头镇各村组抓好基础创建。区环保局对照创建标准，围绕提高农民收入、改善生态环境和生活质量要求，指导田庄村、联合村、二桥村、万福村、沙联村、夏桥村开展生态村创建活动。开展环保进乡村活动，播放环保警示教育片和环境科技片，提高村民生态保护意识。指导村组加大农业产业结构调整力度，控制农业污染面源，加强畜禽养殖粪便及秸秆资源化综合利用，积极发展绿色蔬菜基地，走农业循环经济道路。采取多种措施，禁止秸秆焚烧，减少大气污染，提高秸秆综合资源利用率。经过努力，万福村在生态保护、推进农业先进技术、污染治理、环境优美、生活致富等方面取得明显成效。湾头沙联村利用紧邻廖家沟的优势，种植生态林、观光林 17.33 公顷，绿化河道、庄台，美化村庄环境；推广无害化厕所，清淤河流，建立长效管理机制；大力推广秸秆青储氨化养畜、食用菌生产等综合利用技术，新建垃圾中转场 1 座，推广洁净能源工程。联合扬州大学科技力量，在湾头镇二桥奶牛场开展生物（蚯蚓）消解及资源化利用示范工程，建成一个占地 0.67 公顷的以蚯蚓处理畜禽粪为纽带的体现农业循环经济的生态园，实现秸秆—奶牛—奶牛粪便—蚯蚓—蚯蚓粪—农田的农村循环经济模式。2009 年，湾头镇 6 个村分别通过市级生态村验收。

图 3-4-9 李典田桥村“一河两岸”风光带

图 3-4-10 头桥生态养鸡场

2011 年，杭集镇、头桥镇、沙头镇、李典镇和泰安镇被评为国家级生态乡镇，杭集镇新生村和李典镇小乾村被评为国家级生态村。头桥镇九圣村、迎新村，泰安镇七里村，杭集镇裔庙村、新生村、双隆村和夏庄村，李典镇小乾村、田桥村 9 个村，被评为省级生态乡村；还有 49 个村被评为市级生态村，李典镇田桥村入选“江苏最美乡村”。

四、绿色社区、绿色学校创建

为配合创建国家生态市，区环保局会同区民政局、教育局全面开展“绿色家庭”“绿色社区”“绿色学校”“绿色机关”“绿色医院”系列创建活动。先后组织各街道和相关社区负责人参加全省社区环保工作培训；组织区属重点企业、挂牌督办企业的法人代表参加全市清洁生产培训，了解污染防治的最新动态和技术路线。每年组织开展“6·5”世界环境日大型广场宣传活动，发出“全民动手共创绿色美好家园”倡议，增强市民环保意识和保护环境的自觉性。曲江街道文昌花园社区被评为国家级生态社区；文峰街道连运社区和东关街道琼花观社区被评为省级生态社区，有 14 个社区被评为市级生态社区。

2004 年，连运社区创建成省级绿色社区。社区通过多种形式普及环保科学知识，培养居民良好的环保行为习惯，中国环境在线网站给予充分肯定并作重点推介。2006 年，文昌花园社区成功创建成国家级绿色社区，受到环保部表彰。2010 ～ 2011 年，结合绿色社区创建，文昌花园社区开展争做文明市民活动；龙头关社区开展绿色志愿者启动仪式及保护小秦淮河护绿活动；琼花、何园、新仓巷等社区联合开展低碳生活从我做起活动，参与绿色小街巷活动启动仪式，向居民发放绿色植物 100 多盆。

在绿色学校创建活动中，区环保局与区教育局共同开展“手帕回归”“无汽车接送日”“走进纸厂”“运博会古运河环保行”“绿色行动小主人”等系列活动。教育部门主动把环境教育纳入工作计划和综合实践课内容。各学校普遍重视环境教育。不少学校自编环保校本教材，开展丰富多彩的环保文艺活动、公益活动。东花园小学、跃进桥小学等学校把环保教育纳入教育管理工作体系以及将环保融入社会综合实践课的做法，受到省环保厅领导高度重视与赞扬。2000 年，工人子弟小学首次被确认为省级绿色学校。2006 ～ 2007 年，创省级绿色学校 4 所——艺蕾、东花园、跃进桥、二附小；创市级绿色学校 11 所——育才、汶河、东关街、新东方、广陵、沙口、北柳巷、文峰、汤汪中心、湾头中心小学、新世纪幼儿园。2004 ～ 2011 年，共创成绿色学校 39 所，其中市级以上 26 所。

五、南水北调源头生态廊道保护

廖家沟水源生态功能保护区是国家南水北调东线水源生态功能保护区工程的重要组成部分。涉及广陵区范围的是由湾头镇境内的廖家沟东西岸、京杭大运河、芒稻河西岸组成的一级河道生态林网工程，总长 18.9 千米，工程概算 307 万元。国家要求南水北调东线工程江苏省出水水质必须达到地表水Ⅲ类以上标准。为防止湾头镇镇域污染物进入廖家沟、京杭大运河、芒道河，区委、区政府决定对该地区河岸生态系统进行植被恢复。

2008 年，区政府专门成立南水北调东线水源生态功能保护区一期工程（湾头段）建设领导小组，组织人员研究制定具体方案，并认真组织实施。多次召开专题会议，就工程中生态林网、堤防加固、搬迁污染源、植被建设等 5 个子工程进行具体部署。

生态林网工程。芒稻河西岸陈庄至油库生态林网 4.33 千米，廖家沟东岸罗庄到廖庄 2.33 千米，廖家沟西岸方家至方家跳 3 千米，京杭大运河东岸 4.04 千米。以上范围内，对各村已种树木实行回购，不足部分由镇政府统一补种。树苗由政府按统一投标程序办理，专业绿化队伍包种、包成活，确保国家资金使用安全到位。

堤防加高加宽、恢复植被工程。对廖家沟西岸，从沙东大坝到廖家沟大桥的 5.3 千米大堤，进行加高拓宽，将堤内 15.33 公顷土地置换出来进行绿化。通过对群众说服教育和适当补偿，在沙东大坝至高家村的生态林网工程实施过程中，关闭所有砂石场。

搬迁污染源工程。拆除罗庄组占地 2.4 公顷、有 24 户经营业主的废旧塑料市场，取缔万福戴二组废旧塑料加工点。对地处廖家沟饮用水源区中沟河北侧的电器电镀厂实施全面关停，补偿 80 万元安置职工。

植被建设工程。实施土地置换，开展植被恢复建设。

2008 ～ 2010 年，生态廊道建设工程 5 个区段进展顺利。2008 年完成 9.8 千米，2009 年完成 2.33 千米，

2010年完成2.9千米。树种配置均按方案要求进行，共栽种杆径10厘米以上的水杨柳、意杨3.8万株，另有香樟、雪松、广玉兰、水杉、大叶女贞、红叶李、夹竹桃、钢竹、紫穗槐等。2010年，南水北调东线广陵区湾头镇廖家沟饮用水源区生态廊道建设工程完工。

第四篇 国土资源管理

要　目

第一章　土地规划与保护…………………… 121

第一节　总体规划…………………………… 121

第二节　专项规划…………………………… 123

第三节　耕地保护…………………………… 124

第二章　地籍管理………………………… 126

第一节　土地调查…………………………… 126

第二节　土地登记发证……………………… 128

第三章　建设用地管理…………………… 129

第一节　用地规模…………………………… 129

第二节　用地计划与审批…………………… 132

第三节　征地补偿及安置…………………… 134

第四章　土地市场………………………… 135

第一节　国有土地出让……………………… 135

第二节　土地定级评估……………………… 136

第三节　土地储备…………………………… 138

第五章　土地执法监察…………………… 138

第一节　执法检查…………………………… 138

第二节　案件查处…………………………… 140

1989～2011年，经过几次区划调整，广陵区土地资源发生巨大变化。1989年，区域面积24平方千米，土地均为国有。2002年，区域面积67平方千米，因划入部分乡镇，区内始有集体土地，且占全区面积的三分之二；土地资源管理城乡并重。2008年，区域面积77.66平方千米。2011年，区域面积334.86平方千米，土地资源管理工作重点开始转向乡镇。

1983～1994年，区内土地管理工作一直由市直管。1994年10月，区土地管理局成立，为区属二级局建制，归口区建委。区土地管理局成立后，依法对区属土地进行管理，负责辖区内土地管理法治宣传，居民新建住房（含原地翻、扩建）用地查勘、审核和报批，临时用地审核、审批和管理，协助市土地管理局做好辖区内国有土地使用权划拨、出让前期工作等。1995年9月，市土地管理局将城市居民翻、改、扩建住房使用国有土地审批权下放至区土地管理局。1997年8月，区土地管理局更名为区国土管理局（以下简称区国土局），升格为一级局。2002年1月，市委、市政府决定市区国土部门实行集中统一的管理体制，区级设立国土资源分局。是年3月，区国土局更名为市国土资源局广陵分局（以下简称区分局），作为市国土资源局派出机构。同年，扬州市进行区划调整，广陵区既有国有土地，又有集体土地，土地管理职能新增农村集体土地所有权、使用权登记，土地农转用（农用地转为非农用地）和征收报批，农村宅基地审批等事项。2011年11月，区分局新增城乡建设用地增减挂钩、占补平衡项目库以及基本农田保护等工作。

在国土资源管理中，广陵区坚持土地用途管制，突出土地利用总体规划的基础地位和先导控制作用，在编制城乡建设规划、产业布局规划时，坚持各类用地安排在数据上必须与土地利用总体规划数据一致，保证土地科学利用、有序开发。面对经济社会发展日益迫切的用地需求，采取“用好流量、争取现量、拓展增量、盘活存量”的用地方针，实施项目挂钩联系和跟踪管理制度，精准掌握各类用地需求，精打细算安排用地计划，高效组织用地报批，快速做好供地工作，有力保障重大项目、重点民生工程和基础设施工程用地需求。加强用地管理与服务，实行用地年度计划管理，实施用地预审、竣工验收、现场公示、跟踪巡查等项目用地建设管理制度。稳步推进土地上市工作，根据土地供需状况，合理控制土地上市总量、结构、时序，推动土地市场稳步发展。切实加强资源管护，严格耕地保护责任制，每年均完成耕地和基本农田保护任务；加大耕地建设力度，实施土地综合整治，保证耕地数量动态平衡。完善区、镇、村、组四级土地执法网络，扎实开展各类专项执法检查，严肃查处违法违规用地案件。在国土资源管理中取得保障发展与保护资源“双保”“双赢”，先后获得“省土地执法模范创建工作先进区”“省高标准厂房建设与使用先进地区”“市土地执法模范区”“市国土目标管理一等奖”等称号。

第一章　土地规划与保护

1989～2002年，境内无农用地，以国有建设用地为主。2002年区划调整后，新增2609.75公顷农用地。为有效统筹保护土地资源和保障发展，广陵区严格依照土地利用总体规划、产业发展规划实施管理，加大耕地保护力度。

第一节　总体规划

广陵区位于扬州市中心城区，2011年区划调整前，辖区面积为77.66平方千米。区级土地利用总体规划，由扬州市统一编制。至2011年，区分局配合市国土资源管理局编制完成三轮《扬州市中心城区土地利用总体规划》（以下简称《规划》），前两轮规划期限分别为1990～2000年、1996～2010年，当时境内土地以国有建设用地为主，划为允许建设区。第三轮规划编制工作，期限为2006～2020年。《规划》明确广陵区在期

图 4-1-1 2006 ~ 2020 年广陵区土地利用总体规划图

限内的耕地保有量、基本农田保护和土地整理复垦开发补充耕地任务，其他约束性调控指标分别为建设用地总规模、新增建设用地等。

2011 年区划调整后，广陵区总面积增至 341 平方千米。新划入的头桥、李典、沙头、杭集、泰安 5 镇的乡级土地利用总体规划，于当年编制完成并获省政府批准。

在《规划》编制过程中，广陵区根据上级下达的土地利用约束性指标，如耕地保有量，基本农田保护和土地整理复垦开发补充耕地任务，城乡建设用地规模，新增建设用地占用耕地等指标落实到各个乡镇街道。

2006 ~ 2020 年广陵区土地利用总体规划一览表

表 4-1-1　　单位：公顷

区 域	总面积	允许建设区	有条件建设区	限制建设区	禁止建设区	现状建设用地面积	新增建设用地面积
湾头镇	2290	1081.90	42.60	698.70	466.80	773.80	308.10
汤汪乡	982.70	731.60	0	251.10	0	484.30	247.40
产业园	2217.50	1446	88.70	535.80	147	910.30	535.70
曲江街道	1295	1153.20	0	141.80	0	1079	74.20
文峰街道	573.70	505.0	0	68.10	0	469	36.50
东关街道	310.10	310.10	0	0	0	310.10	0
汶河街道	252	252	0	0	0	252	0
头桥镇	6399.30	1499	247.70	3930.50	722.10	1395.80	103.20
李典镇	7045	1829.40	571.50	3976.40	667.70	1508.90	320.50
沙头镇	5502.70	1107.20	298.20	3753.70	343.60	1021.10	86.10
杭集镇	4037.60	1468.40	244.90	1587.20	737.10	1302.70	165.70
泰安镇	3192.55	833.80	125.15	1484.70	748.90	780.60	53.20
合 计	34100	12218.20	1618.75	16428	3835.10	10287.60	1930.60

说明：该表数字由市国土资源局广陵分局提供

在《规划》实施过程中，区分局以促进土地可持续利用为总体目标，综合考虑资源环境状况和经济社会发展需求，统筹安排各类生产、生活、生态用地，协调各类用地矛盾，控制农用地转用数量与速度，实施土地综合整治，补充一定数量新增耕地，确保规划各项目标实现。

第二节　专项规划

一、产业园区用地规划

（一）广陵产业园

2002年，市政府批复同意建设广陵产业园。产业园区用地规划于当年获得批准。规划范围：东到廖家沟，南临大众港，西依京杭大运河，北至运河东路。北区用地面积1024公顷。规划工业用地、居住用地、公共服务设施用地、绿化用地分别占总建设用地的21.51%、25.53%、12.29%、27.45%。2008年，新并入沙头镇大众等村，对规划重新进行调整。南区规划用地面积828公顷，全园总规划面积1852公顷。以南绕城公路为界，公路以南为工业区，公路以北为商贸区，廖家沟和大运河沿线为生态住宅区。

（二）食品工业园

市食品工业园前身为2005年广陵区在南绕城公路南侧、新扬圩路东侧100公顷区域设立的广陵产业园食品加工区，于当年园区规划获批，次年启动开发建设。

食品工业园东至吴庄河，南依横沟河，西接园区规划的蒋巷路，北临南绕城公路，总体规划面积680公顷，一期规划300公顷，其中工业用地117.67公顷、综合服务用地23.4公顷、绿化用地26.26公顷、道路等设施用地12.67公顷。

（三）商贸物流园

扬州商贸物流园园区东起京杭大运河，西至江都南路，南起同心河，北至运河西路。一期规划于2007年获批，二期规划于2010年获批。其中一期规划面积170公顷，规划范围东至京杭大运河，西至江都南路延伸段，北至七里河，南至绕城公路；二期规划面积149公顷，规划范围东至京杭大运河，西至江都南路，南至七里河，北至运河西路。主要规划生活居住区约60公顷，商业复合区约23公顷，物流集聚区约236公顷。2011年1月，成立商贸物流园管理委员会。

（四）广陵新城

2008年10月，广陵新城启动建设，其一级开发区域（北至现万福路，南至运河东路）850公顷。根据规划，道路广场用地178.3公顷；绿地151.72公顷；居住用地128.24公顷，规划建筑面积231万平方米；水域54.88公顷；预留用地33.64公顷，规划建筑面积84万平方米；弹性用地23.52公顷，规划建筑面积59万平方米；市政公用设施用地5.81公顷；对外交通用地3.91公顷。商业建设用地270公顷，其中江苏信息产业基地规划分三期建设，一、二期共建成建筑面积32万平方米的产业用房，占地17.2公顷；2011年，正在推进三期建设占地11公顷，建筑面积45万平方米。

（五）杭集工业园

杭集工业园始建于2001年7月，规划方案当年获批，园区规划面积1680公顷，一期规划面积800公顷，西至廖家沟，北至王集村王二组，南至琼花路，东至泰李路。实施镇园合一管理体制。

图4-1-2　京杭会议中心

（六）北洲功能区

北洲功能区始建于2006年。功能区规划面积2300公顷，核心区域1200公顷，位于李典镇原新坝沿江地区。沿江岸线近10千米，其中深水岸线8千米，隔堤向外100米处平均水深-8.3米，滩面平均宽度约1千米，平均高程4.5米，年平均最高水位5.8米，最低水位

2.1米，适宜船舶制造的滩涂地2000公顷。

二、土地整治规划

5个镇划入后，境内土地整治规划坚持耕地保护制度和节约用地制度，以提高粮食综合生产能力为目标，对2011～2020年土地整治工作作出安排，包括确定土地整治的规划目标和任务、划定整治区、确定整治项目、制定整治措施等内容。

广陵区土地整治规划整体纳入《扬州市土地整治规划（2011～2020年）》（以下简称《规划（2011～2020年）》），具体项目为：

（一）城区土地整治项目

重点实施旧城改造、“城中村”改造项目。其中旧城改造主要指老城区、老小区、老宿舍、老宅子、老庄台、老市场、老厂房、老街巷“八老”改造，涉及东关、汶河、文峰、曲江街道及汤汪乡区域的村（社区）。“城中村”改造主要是将“城中村”各项管理纳入城市的统一管理体系，通过拆迁改造，提升人居环境。该项目涉及文峰街道、曲江街道、湾头镇、汤汪乡及广陵新城区域的行政村。

图4-1-3　“城中村”改造项目

（二）农村土地整治项目

主要包括两个方面，即农用地整治，通过整治耕地、道路、林网、沟渠等，增加有效耕地面积和提高耕地质量等级；农村居民点整治，通过对村庄进行改造、归并和再利用，使农村建设逐步集中、集约。《规划（2011～2020年）》确立境内土地整治重点项目为：李典镇伏固村土地整治项目、恩余村土地整治项目、沿江村土地整治项目，泰安镇山河村土地整治项目、金泰村土地整治项目，头桥镇安阜村土地整治项目。

第三节　耕地保护

一、基本农田保护

2002年区划调整后，区政府建立耕地保护领导责任制，每年与各乡镇、街道、广陵产业园签订国土资源管理目标责任状，将耕地保护作为责任状的重要内容，严格落实保护责任，凡是耕地保护任务未达标的一律实行一票否决。同时建立区、镇、村、组四级耕地保护巡查网络，实现土地巡查定时、定点、定人，使辖区内的耕地时刻处于有效监控中。至2011年，每年均完成上级下达的耕地保有任务指标。

图4-1-4　土地日宣传咨询现场

1999年，湾头镇、汤汪乡划定基本农田660.58公顷，共分52块，涉及7个村54个组1773户农户。2003年，深入到基本农田地块进行核查，并在土地利用总体规划图和土地利用现状图上，勾画保护块范围并编号，建立台账，摸清家底，以图管地。2004年，根据《全省基本农田保护工作检查方案》，开展基本农田清查，摸清利用变化情况。经查，境内实有基本农田面积303.07公顷，另有357.51公顷经省政府批准调整规划后，供非农建设使用。2005年，区政府投入240万元用于基本农田保护区内排灌站、电力设施等建设。2006年，区分局组织对5处基本农田保护标志牌进行修缮。2007年，市政府印发《关于落实耕地保有量和基本农田保护面积的通知》，取消广陵区基本农田保护考核指标，原有基本农田转为一般耕地。

2011年，头桥、李典、沙头、杭集、泰安5镇基本农田转入广陵区。广陵区耕地中87.96%集中分布在新划入的5个镇，且以灌溉水田居多，达7878.1公顷。东关街道和汶河街道无耕地分布。

图4-1-5　优质稻米基地

2011年广陵区耕地分布情况一览表

表4-1-2　单位：公顷

序号	单位名称	耕地面积	耕地二级地类面积		
			灌溉水田（含望天田）	水浇地（含菜地）	旱地
1	头桥镇	2627.12	2189.08	—	438.04
2	李典镇	2326.90	2042.92	—	283.98
3	沙头镇	2329.36	1809.67	138.78	380.91
4	杭集镇	1152.48	969.35	36.55	146.58
5	泰安镇	1012.74	867.08	1.16	144.50
6	湾头镇	480.16	327.12	3.99	149.05
7	汤汪乡	186.31	0.76	96.23	89.32
8	曲江街道	38.09	—	33.52	4.57
9	文峰街道	22.64	—	18.56	4.08
10	东关街道	—	—	—	—
11	汶河街道	—	—	—	—
12	产业园	566.50	328.62	22.82	215.06
合计		10742.30	8534.60	351.61	1856.09

广陵区始终坚守基本农田保护红线。2011年，将基本农田保护任务进一步落实到具体地块。经划定，全区基本农田共分头桥、李典、沙头、杭集、泰安5个保护区，泰安山河村、杭集双隆村等58个保护片，并建立保护标志牌，完善基本农田数据库，提升基本农田保护的网格化、信息化、精细化水平。为加强基本农田常态化管理，对划定的每一块基本农田均落实保护措施，规定基本农田保护责任人的权利和义务，明确保护区内进行非农业建设应取得合法手续，任何单位和个人不得随意乱挖、乱占、乱建、乱采等，基本农田保护工作实现制度化。

二、土地开发整理

广陵区按照土地利用总体规划，对“田、水、路、林、村”进行综合整治，提高耕地质量，增加有效耕地面积，

图 4-1-6 荒滩变成小游园

改善农业生产条件和生态环境。

2010 年，李典镇组织实施田桥等村土地整理项目，项目涉及田桥、新滩两大片区的 6 个行政村，建设规模 538.01 公顷，净增耕地 18.67 公顷，新增耕地率 3.47%，总投资 1140 万元，是年 8 月竣工。

2010 年 5 月，沙头镇小虹桥、育新、人民滩等村省级土地整理项目启动实施，建设规模 866.67 公顷，总投资 1700 万元。2011 年，完成新增耕地面积 36.3 公顷，净增耕地率 6.98%。

2011 年 9 月，广陵区启动实施湾头镇夏桥村市级重点土地整理工程，建设规模 159.87 公顷，总投资 678 万元，完成新增耕地面积 5.15 公顷，净增耕地率 3.22%。

第二章 地籍管理

区内地籍管理主要内容是土地调查、土地登记发证等业务工作。1994 ～ 2000 年，全区共发放国有土地使用权证 3.95 万本。2001 ～ 2011 年，广陵区（含新 5 镇，即 2011 年划入的头桥、李典、沙头、杭集和泰安 5 个镇，下同）共办理集体土地登记 8.34 万宗，其中集体建设用地使用权 249 宗、集体土地所有权 1034 宗、宅基地使用权 8.21 万宗。

第一节 土地调查

一、地籍调查

1989 ～ 2011 年，区按市统一安排，多次开展地籍现状调查。1989 年 10 月，市土地管理局把扬州市区列为地籍调查的试点之一。试点街坊范围：城区北门外街以东，史可法西路以南，天宁南路以西，长征路以北，面积 7.1 公顷。试点区内有部队、单位、工厂宿舍，公管住宅楼和私人住宅，共 36 宗地，在市区具有一定代表性。在调查试点中，结合用地者的土地使用权申报材料，开展宗地权属状况调查、界址点认定调查和土地利用现状调查。用地双方到现场指界后，埋设界标，勘丈界址边长，填写地籍调查表，绘制宗地草图。权属调查结束后，市土地管理局委托省水利勘测总队采用解析法对街坊内各宗地界址及宗地内的主要建（构）筑物进行地籍测量，绘制地籍图片，用 PC-1500 计算机计算街坊面积和各宗地面积。1990 年 10 月，省土地管理局组织专家组对试点区检查验收，认为试点工作质量优良，达到“权属合法、界址清楚、面积准确”的要求，验收合格。至 1990 年年底，全区共完成南门、北柳巷、彩衣街、皮市街、东关街等 18 个街坊、465 宗地、62.67 公顷面积的地籍调查任务。

1993 年 6 月，市土地管理局在扬州市城区开展全面地籍调查。调查范围：北至黄金坝路北侧以南，南至连运路以北，东至京杭大运河东岸以西，西至排涝河向东，区域面积 44.78 平方千米。其中对广陵区的权属调查中，将调查区划划分为行政辖区基本一致的汶河、东关、广陵、城南 4 个街道 400 多个街坊，以街坊为单位，以 1:500 航测图为工作底图，无图地区先绘制同比例尺地形图。经过外业调查，内业标绘，最后以宗地为单位整理调查成果，按街坊排列，街坊调查完成后，填写该街坊基本情况表。至 1994 年 10 月，除极少数疑难宗地外，权属调查工作基本结束。按规定到现场指界签字率 99.5%以上。

2008 年 5 ～ 11 月，区分局开展第二次农村土地调查工作，逐地块掌握农村土地利用的地类和面积，并以村为基本单位统计汇总，录入专题数据库，建立覆盖全区的集影像、图形、地类、面积和权属为一体的土地调查数据库。经过调查，全区 2008 年耕地减少 28.71 公顷，建设用地增加 38.47 公顷。为实现耕地总量动态平衡，广陵区在无复垦开发项目情况下，先后向高邮、宝应等县市购买耕地指标 28.71 公顷，实现耕地总量动态平衡的要求。

在调查基础上，广陵区及时建立数据库，实现现有多源信息数字化、空间结构化、网络化和标准化，为政府宏观决策、国土资源开发、城市规划建设、环境保护、防灾减灾和农林、水利、电力、交通、通信等国民经济各部门信息化建设提供基础地理信息服务平台。

二、土地利用现状变更调查

2002 年开始，广陵区以年度为单位对土地利用现状变化情况进行调查，满足国土资源管理和经济社会发展的需要。当年，以新调整的行政区域为对象，结合年度用地情况和土地分类标准，开展地籍调查工作。此次调查已基本掌握行政区划调整后广陵区的土地利用变化情况：广陵区原所辖城南街道、汶河街道和东关街道中的 42 个居民委员会划给开发区和郊区，区内城市土地面积 654.76 公顷。原郊区所辖汤汪、湾头乡镇划入广陵区，共增加土地面积 6219.39 公顷。行政区划调整后广陵区实有土地面积 6874.15 公顷，其中耕地面积 2043.87 公顷、园地面积 3.56 公顷、林地面积 102.19 公顷、其他农用地面积 460.13 公顷、居民点及工矿用地面积 2783.41 公顷、交通用地面积 273.53 公顷、水利设施用地 33.85 公顷、未利用地面积 32.31 公顷、其他土地 1141.3 公顷。

2003 年 9 月，区分局对乡镇国土所地籍人员进行业务培训，传达学习新的工作要求，规范调查工作方法，依据 2002 年土地利用现状调查图表和有关数据，对本年度建设用地、耕地占用等地类情况进行补充调查。是年，全区土地总面积 6874.15 公顷。2004 年 10 月，组织各乡镇、街办国土所人员对土地变更调查的内业、外业工作成果进行自查、互查和抽查，全区土地变更调查各项指标均达到要求，做到“实地、账表与图斑”三一致，调查成果全部输入计算机储存，形成地籍资料数据库，做到对内“以图管地”，实现全区地籍信息系统全覆盖。此后按年度依政策开展土地变更调查工作，并形成相应的分幅土地利用现状图及各种数据资料，完成分析报告、情况说明等配套文本，其中 2008 年以后按新地类划分标准进行调查更新。

2002 ～ 2007 年广陵区土地利用更新调查数据一览表

表 4-2-1　　单位：公顷

年度		2002	2003	2004	2005	2006	2007
农用地	耕地	2043.87	1521.58	1437.77	1360.85	1237.11	1130.03
	园地	3.56	3.56	3.56	3.56	3.56	2.93
	林地	102.19	102.01	97.79	94.57	92.06	91.63
	其他农用地	460.13	450.84	438.68	422.29	410.06	398.92
	小 计	2609.75	2077.99	1977.80	1881.27	1744.19	1623.51
建设用地	居民点及工矿用地	2783.41	3311.63	3396.76	3488.15	3601.85	3719.15
	交通运输用地	273.53	286.87	313.73	326.74	356.67	374.06
	水利设施用地	33.85	33.85	33.85	33.85	33.85	33.85
	小　计	3090.79	3632.35	3744.34	3848.74	3992.37	4127.06

续表 4-2-1

年度		2002	2003	2004	2005	2006	2007
未利用地	未利用地	32.31	29.92	29.08	28.80	26.93	26.21
	其他土地	1141.30	1133.89	1122.93	1115.34	1110.66	1097.37
	小 计	1173.61	1163.81	1152.01	1144.14	1137.59	1123.58
合计		6874.15	6874.15	6874.15	6874.15	6874.15	6874.15

2008 ~ 2011 年广陵区土地利用更新调查数据一览表

表 4-2-2 单位：公顷

年度	耕地	园地	林地	草地	城镇村及工矿用地	交通运输用地	水域及水利设施用地	其他土地	合计
2008	1512.15	142.87	20.86	68.34	4247.06	408.25	1355.37	10.70	7765.60
2009	1456.20	138.90	20.86	45.30	4305.37	459.23	1330.24	9.50	7765.60
2010	1398.60	136.59	20.86	12.19	4378.05	486.53	1322.99	9.79	7765.60
2011	10742.34	1679.36	3690.10	46.30	7437.29	1315.28	8418.66	162.96	34100

说明：2008 年开始启用新土地利用更新调查地类表

第二节 土地登记发证

一、国有土地登记发证

1992 年下半年，在区内开始土地造册登记、发放证书试点工作。1993 年 12 月，区内举行试点区域国有土地使用权证发放仪式。

1994 年区土地管理局成立后，配合市局开展国有土地使用权登记发证，负责宣传发动、当好向导、协调矛盾、发证收费 4 项工作。当年 12 月，区土管局全体人员及汶河、东关、广陵、城南 4 个街办负责人参加市局举办的培训班，系统学习土地权属调查、地籍测量、权属纠纷处理及发证收费等工作方法和工作流程，并组成市土地管理局、区土地管理局、街道、居委会、测量队四级五方工作网络。是年，全区共发放国有土地使用权证 214 本。1995 年，区土管局进一步明确土地登记发证职责，坚持谁发证、谁负责，杜绝错、漏、差现象。全年累计发放国有土地使用权证 5830 本，填写土地审批表 2108 份。1996 年，健全台账，实行“拉网式”清查，全年发放国有土地使用权证 1.24 万本。

1997 年，区国土局对未申请登记领证的单位和个人，逐单位、逐门户调查摸底，登记造册，主动做好发证工作。对存在土地权属纠纷、地产交易复杂情况的，要求相关单位和个人主动到市国土局说明情况和原因，申请登记领证，维护自身合法权益。对新核查出的土地，及时下发通知，加快办证进度。是年下半年开始，发证使用国土部统一印制的新版国有土地使用证。结合开展旧证查验换新证工作，坚持“先培训后实践、先试点后全面、先单位后居民”的原则，划片分组，责任到人，逐户上门，实地查验，全年完成 34 个街坊 1705 宗土地证书的查验试点工作，应发新国有土地使用权证 704 本，实发 669 本，换证率 95%。1998 年 5 月，市国土局下发《扬州市市区土地证书查验暂行办法》，土地证书查验工作进一步规范化、法治化。是年，共完成 269 个街坊 1.17 万家土地证书查验，发放单位及居民新国有土地权证 1261 本，收取各种土地规费 24.66 万元。1999 年 1 ～ 7 月，对 70 个街坊 4757 宗土地使用权证进行查验，全区第一轮查验工作结束。是年，为维护房改房所有权人的既得合法权益，根据市国土、市房管、市房改等部门的有关规定，确保所有权人土地证和房产证两证齐全，区国土局集中力量，全年共核发土地使用权证1.9万本。2000年，发放国有土地使用权证210本。此后，根据市国土局分工，广陵区内国有土地登记由市国土局统一办理。

二、集体土地登记发证

2002年，区分局接受市国土局委托，负责办理集体土地所有权、使用权登记发证，统一使用“扬州市政府土地登记审批专用章”，以达到“以证管地、凭证用地”的管理目标。2003年6月，区分局印发《集体土地日常登记实施意见》，明确登记范围及对象为：乡镇集体经济组织和村民委员会拥有的集体土地，乡镇、村、组企事业单位使用的集体土地，农村居民的宅基地。申请人登记时向国土部门提交土地登记申请表、单位法定代表人证明、个人身份证、户籍证明、土地权属来源证明、土地附着物权属证明等有关资料。同时明确1985年、1993年和1997年扬州市郊区所发原宅基地证均作有效合法证件。是年，区分局在湾头镇万寿村对新建、翻建、迁建住宅的村民发放集体土地使用权证工作进行试点。并决定在2003年12月至2004年1月全面开展集体土地所有权登记工作。2003年，共受理集体土地使用权登记144宗，发放集体土地使用权证144本，面积14.08公顷。受理集体土地使用权抵押登记2宗，发放土地他项权利证书2本。

2004年年初，组织专业培训，系统学习法律法规和政策文件，明确要求，规范做法，实行持证上岗制度。上半年，开展土地登记发证专项清理工作，建立专项清理领导小组，制定清理工作方案，统一思想、统一做法、统一要求，依据土地现状图等地籍资料对所登记发证的权属、面积、地类情况严格审查，达到权属合法、面积准确、四址清楚要求。8月中旬，专项清理工作结束。

2006年起，随着广陵区经济社会发展的加快，分局及时调整对集体土地使用权换、发证的工作思路，将发证重点转移到个人主动申请换发证。同时梳理土地登记发证业务，合理细分登记类型，制定从收件、申请、地籍调查、权属审核、注册登记、核发证书等步骤的操作规范，明确登记材料收件要求、登记时限、工作人员职责、工作纪律和报批制度，土地登记发证更加规范有序。至2011年年底，广陵区共办理集体土地登记1.8万余宗，其中集体建设用地使用权15宗、集体土地所有权22宗、宅基地使用权1.8万宗。另外，原邗江区头桥、李典、沙头、杭集、泰安5镇2001～2011年办理集体土地登记6.53万宗，其中集体建设用地使用权234宗、集体土地所有权1012宗、宅基地使用权6.41万宗。

第三章　建设用地管理

随着经济社会发展，各类建设用地需求猛增，为合理使用有限土地资源，区国土部门逐步建立用地计划管理与项目用地定额管理相结合的管理模式，促进保障依法合理用地。同时，为维护土地利用过程中被征地农民的合法权益，建立和完善被征地农民权益保护机制，做好补偿安置工作。1989～2011年，广陵区新城建设、工业园区和国家建设用地需求迅速增长，市、区职能部门有序进行土地征收，保障各类建设用地需求，在湾头镇、汤汪乡、文峰和曲江街道，征收和流转土地2800多公顷。2001～2011年，头桥、李典、沙头、杭集、泰安5镇征收和流转土地1200多公顷。

第一节　用地规模

一、新城和工业园区用地

随着城市建设区域的扩大和工业向园区集中进程不断加快，区内逐渐形成广陵新城以及广陵产业园、食品工业园、商贸物流园、杭集工业园和北洲功能区五大产业园区。2001～2011年，累计征收土地1949.58

公顷。其中广陵新城 29 个项目在湾头镇田庄村、沙联村等共征地 270.38 公顷；广陵产业园 136 个项目在湾头镇万寿村、严安村，汤汪乡龙泉村、宦桥村、高桥村、大众村等共征地 643.2 公顷；食品工业园 21 个项目在汤汪乡横沟村、同心村、连运村、九龙村等共征地 152 公顷；商贸物流园 16 个项目在汤汪乡连运村、曲江街道施井村共征地 68.58 公顷；杭集工业园 34 个项目在杭集镇王集村、龙王村、裔庙村、新生村、双隆村等共征地 82 公顷；北洲功能区 44 个项目在李典镇秀清村、沿江村、新滩村等共征地 733.42 公顷。

二、农村宅基地用地

2002 年前，广陵区无农村建设用地。2002 年，区分局在市行政区划调整后，开始对新划入乡镇农村村民宅基地用地实行计划管理，即由各乡镇根据乡镇土地利用总体规划和村镇建设规划及村民需求情况，每年第四季度预报下年度村民宅基地用地计划，由区分局审核，报经区政府批准后于当年联合行文下达，各乡镇不得随意变更土地用途，不得突破用地计划指标。

2003 年 7 月，区分局印发《扬州市广陵区村民宅基地管理规定（暂行）》（以下简称《规定》），使农村村民宅基地管理规范化、制度化。《规定》要求村民建房尽可能使用原有宅基地、村内空闲地或未利用土地；鼓励建造公寓式住宅，具备条件的村民可将户口迁入中心村所在的行政村组，在中心村范围内申请宅基地建房；明确一户只能拥有一处宅基地，每户不得超过 135 平方米。

村民申请宅基地，必须向所在村组呈送申请报告，由村委会或村民会议讨论定址后，张榜公布，若群众无异议，报乡镇政府审核，并经区规划部门审批，发放建设工程规划许可证。区国土部门根据报送的村民建房申请、乡镇有关部门批准的村民宅基地用地审批表、规划红线图、户口簿、原宅基地使用证等必备资料，严把规划定点关、建房标准关、现场查勘关，在履行审核、批准、公示等程序确定无误后，报区政府审批。宅基地批准后，实行跟踪管理。村民建房前必须有国土所两人以上实地放线，每户跟踪检查不少于 3 次，并做到全过程有检查记录，经竣工验收，符合批准用地规定，发放土地使用证。

2003 ～ 2010 年，区分局共批准宅基地用地 850 户，面积 11.47 公顷。分别为 2003 年 415 户 5.6 公顷，2004 年 162 户 2.19 公顷，2005 年 115 户 1.55 公顷，2006 年 65 户 0.88 公顷，2007 年 30 户 0.41 公顷，2008 年 40 户 0.54 公顷，2009 年 19 户 0.26 公顷，2010 年 4 户 0.05 公顷。2011 年，未批准村民宅基地用地。2001 ～ 2011 年，头桥、李典、沙头、杭集、泰安 5 镇批准宅基地用地 1.29 万户，面积 174.38 公顷。

至 2011 年，全区农村居民点占地 4868 公顷。

2002 ～ 2011 年农村居民点占地面积一览表

表 4-3-1　　　　单位：公顷

年份	2002	2003	2004	2005	2006	2007	2008	2009	2010	2011
面积	933.25	921.07	889	870.80	849.97	820.57	945.36	956.41	986.76	4868

说明：2011 年含新划入头桥、李典、沙头、杭集、泰安 5 镇数据

三、国家建设用地

（一）基础设施建设

2002 年、2003 年，江扬大桥东接线一期工程和东接线延伸段（二期工程）在湾头镇联合村、万福村征地 7.86 公顷。2003 年，运河北路拓宽改造工程和文峰垃圾中转站分别在城东乡新星村、沙口村和文峰街道文峰村征地 6.65 公顷和 0.08 公顷。2004 年，曲江公园在曲江街道新星村、沙口村征地 8.28 公顷，江都南路拓宽和新农路建设在曲江街道新农、施井等村征地 4.13 公顷。2005 年，开发路东延、运河北路延伸和渡江路拓宽改造工程，在汤汪乡九龙村、曲江街道新农村、文峰街道渡江村等征地 17.32 公顷；广陵变电所、特勤消防站，在湾头镇万福村等征地 5.96 公顷。2006 年，渡江南路延伸工程、龙泉路延伸工程、文昌东路延伸工程、运河南路工程，在文峰街道渡江村、开发区龙泉村、汤汪乡同心村等征地 15.48 公顷；扬州汽车东站、粪便无害处理厂、洁源排水有限公司，在汤汪乡同心村等征地 8.97 公顷。2007 年，解放北路拓宽、花

园路（文昌中路至运河西路）在曲江街道新民村等征地 2.49 公顷；江源供水、太平闸翻建、花园路污水提升泵站、垃圾中转站等工程项目，在湾头镇二桥村等征地 11.68 公顷。2008 年，运河南路、开发东路、物流园中心路、杉湾路、联谊路等工程项目，在汤汪乡同心村、连运村征地 20.27 公顷；物流园码头、加气站等，在汤汪乡横沟村等征地 20.9 公顷。2009 年，花园路二期、东花园东路、京杭路、沙湾路等工程项目，在曲江街道沙口村、湾头镇田庄村等征地 24.04 公顷；万福加气站、花园路等工程项目，在湾头镇万福村、曲江街道沙口村等征地 16.78 公顷。2010 年，沙湾路、文昌东路等工程项目，在湾头镇田庄村等征地 28.68 公顷；运河港码头二期、运河港码头三期、公交站台等工程项目，在汤汪乡连运村、湾头镇沙联村等征地 25.43 公顷。2011 年，运河南路、扬州 328 国道工程，在汤汪乡连云村、同心村、横沟村等征地 18.7 公顷；污水站、公交首末站等项目，在湾头镇万福村、联合村等征地 20.2 公顷。2002 ～ 2011 年，城市基础设施建设累计征用土地 263.9 公顷。

（二）科研、教育、卫生事业建设

2002 年，市经济房发展中心在城东乡农科队征地 37.57 公顷。扬州新东方外国语学校在湾头镇联合村征地 23.65 公顷，用于新校园建设。2002 年和 2004 年，江苏里下河地区农业科学研究所在湾头镇二桥村、夏桥村分别征地 58.26 公顷和 3.93 公顷。2003 年，市广济医院新建医疗综合用房在湾头镇田庄村征地 0.97 公顷。2003 年、2004 年，先后有市汤汪中学、市田家炳中学、扬州女子中学、扬州世明双语学校和市沙口小学，在汤汪乡连运村、湾头镇沙联村、曲江街道沙口村等征地 24.8 公顷，用于教学楼、附属用房及运动场地建设。2005 年，市质监所在开发区万寿村征地 0.8 公顷，用于建设试验楼；市解放桥小学在曲江街道新民村征地 0.86 公顷，用于建设教学楼、艺体中心、综合楼及附属用房；省复员退伍军人精神病医院新建门诊综合楼，在曲江街道新民村征地 0.16 公顷。2006 年，扬州技师学院、职业高级中学（市七中）、工商银行培训学校，在曲江街道新民村、湾头镇联合村、田庄村等共征地 10.74 公顷。2007 年，信息产业服务基地呼叫中心在湾头镇沙联村征地 11.8 公顷。2008 年，市第六中学在曲江街道新民村征地 2.18 公顷。2009 年，扬州大学在汤汪乡横沟村征地 3.9 公顷。2010 年，市土地储备中心在曲江街道沙口村征地 1.8 公顷。2011 年，育才小学、科技创业中心楼、科技园，在湾头镇联合村、开发区龙泉村共征地 7.42 公顷。2002 ～ 2011 年，科研、教育、卫生事业建设共征用土地 188.84 公顷。

（三）民居工程建设

2002 年，扬州经济适用住房发展中心，先后在城东乡和汤汪乡征地 37.38 公顷，建设文昌花园、文昌北苑和连运小区等。2003 年，江苏苏房房地产开发实业公司和市土地开发储备中心，在文峰街道连运社区征地 14.55 公顷，建设连运小区经济适用房和城中村改造安置房。2005 年，为建设区社会福利院及沙口村住宅用地项目，在湾头镇万福村、曲江街道沙口村等征地 0.83 公顷。2006 年，为建设杉湾花园经济适用房，在文峰街道文峰村征地 8.12 公顷。2007 年，为建设产业园安置房、杉湾花园二期、名城建设安置房，在曲江街道太平村、新农村，产业园宦桥村、龙泉村，汤汪乡九龙村等征地 41 公顷。2008 年，为建设产业园安置房二期、杉湾花园三期，在产业园宦桥村、龙泉村，汤汪乡九龙村等征地 16.8 公顷。2009 年，为建设名城安置房、物流园安置房、杉湾四期，在曲江街道太平村、汤汪乡九龙村、文峰街道文峰村等征地 25 公顷。2010 年，为建设物流园安置房、古运新苑、产业园安置房、杉湾五期，在汤汪乡九龙村、曲江街道太平村、产业园宦桥村、汤汪乡连运村、文峰街道文峰村等征地 62 公顷。2011 年，为建设杉湾六期、古运四期、江六安置房，在汤汪乡九龙村、曲江街道太平村等征地 15.9 公顷。2002 ～ 2011 年，民居工程建设征用土地计 221.58 公顷。

（四）其他建设

区公安分局、基层派出所办公用房，区民政局老年服务中心用房，文峰寺扩建，街道社区服务中心等项目，在汤汪乡连运村、文峰街道文峰村等共征地 7.74 公顷。

第二节　用地计划与审批

一、用地计划

1989～1995年，广陵区使用国有土地计划，由市土地管理局统筹安排。1995～2002年，区国土部门主要负责城市居民翻、改、扩建住房使用国有土地审批。2002年，区内国有土地、集体土地兼有，在集体土地中农用地和非农用地并存，用地计划管理方法发生变化。区分局根据城市发展规划和经济社会发展需求，结合重大项目、重点工程用地、预约登记等情况，每年第四季度编制下年度用地计划，预报重要产业、重大工程、基础设施、民生项目等用地指标及占用地类。农用地为指令性计划，非农用地为指导性计划，计划统一上报市国土局。次年，市国土局按批次下达区内用地指标，非农建设占用耕地指标由市政府下达区政府。每年用地计划指标不得突破，否则以违法供地处理。2002～2011年，全区农用地计划分别为194.88公顷、218.38公顷、167.5公顷、171.2公顷、30公顷、30公顷、30公顷、30公顷、36.67公顷和43.33公顷，总计951.96公顷。

2007年开始，为保障重大项目建设，广陵区积极申报“点供”（对市、县超过一定投资规模的，符合国家和省产业政策及环保要求，特别是高新技术类产业的重大工业项目，由省国土厅直接点供安排用地计划）和独立选址项目，争取省国土资源厅对重点项目直接下达用地指标。对每年申报的项目，区政府组织牵头，区国土部门全程负责相关工作，实行部门联动制，协同区发改委、规划局、环保局等相关部门，配合做好项目核准、规划定点、环境评估、注册等各项前期准备工作，纪检监察部门全程开展效能督查，保证重大项目用地需求。2007～2011年，累计获批农用地面积252.11公顷。2010年，广陵区报批“点供”和独立选址数量居全市第一，受到市国土局通报表扬。

2007～2011年广陵区“点供”和独立选址用地项目获批一览表

表4-3-2　　单位：公顷

年份	类型	项目	用地指标
2007	点供	信息产业基地、暻泰车材	27
2008	点供	玛切嘉利	27.60
2009	点供	奔多	22.74
	独立选址	物流码头一期、沙湾路	47.30
2010	点供	江新电子、巨鑫钢管、广陵新城数据维护、太极新材料、江苏一重	45
	独立选址	沙湾路、文昌东路延伸	25.30
2011	点供	巨超重工	10.37
	独立选址	江六高速、328国道	46.80
合计			252.11

二、用地审批

1995年9月，城市居民翻、改、扩建住房使用国有土地审批权下放至区土地管理局。区土地管理局根据《扬州市市区城市居民新建、扩建住宅使用国有土地暂行办法》，制定《扬州市广陵区办理居民住房翻改建工作实施细则》（以下简称《细则》）。《细则》规定居民申请用地，需赴现场查勘，并严格把好报批面积、居住人口、四址界定等关口。在实际实施中，以原有旧宅基为主，批准新增用地量少。

2002年，区分局逐步建立初审制度。建设项目用地审核报批前，对用地界址、土地类别、地上附着物等实行现场查勘制度。同时对建设用地审批程序、报批材料内容和要求、税费标准进行公示，提高审批透明度。

重点建设项目，从商谈协议到交地放线，实行“一条龙”服务，坚持特事特办、急事急办，不断提高办事效率。用地批文下发后，区分局组织用地单位和被用地单位协调用地矛盾，现场划定四址，放线钉桩，确保建设单位及时依法用地。建设项目竣工后，实行验收制度，对建设项目占用土地的位置、界址、面积、用途等及时验收，符合审批要求的发给土地使用证。

为保证审批用地的各项要求和有关规定得到真正落实，有效杜绝征而不供、供而不用、少批多用等违法建设行为，区分局建立项目跟踪管理制度。每个用地项目获批后，按照批准用地面积，会同用地单位到现场丈量放样，埋设界桩，交付土地，亮牌施工；施工过程中，对项目用地实施跟踪检查不少于 3 次，确保单位严格按批准文件用地。

区分局不断优化服务效能，建立项目挂钩联系和跟踪服务制度。每年年初主动深入乡镇、街道、园区，掌握用地需求，预排用地项目，合理安排建设用地指标，将指标向重大项目、民生项目和高科技、高效益、高附加值项目倾斜。在用地报批过程中，全力组织好各类征地材料，迅速催缴征地资金，争取早上报、早获批。用地批准后，及时组织供地，按照具体地块，逐宗制定详细供地方案，倒排时间节点，高效做好控规等材料组卷工作，用最短时间完成供地流程，保障玛切嘉利（中国）有限责任公司、扬州英瑞汽车材料有限公司、江苏巨超重工机械有限公司等一批重大项目及时落地。

图 4-3-1　广陵区土地登记网上审批现场发证

三、用地管理与服务

广陵区积极推进节约集约用地工作，充分挖掘自身用地潜力。落实国家、省、市关于严把土地供应闸门、提升土地利用效益。2003 年，依据《江苏省建设用地指标体系》，按定额指标及单位面积投资强度确定供地数量，产业园投资额不得低于 80 万元／亩。2004 年，对注册资本 1500 万元以下的民资项目、注册资本 180 万美元以下的外资项目，原则上不单独批租土地，投资强度由 80 万元／亩向 160 万元／亩过渡。2005 年，对进园项目严格按照《建设项目用地预审管理办法》预审建设项目用地，对不符合规划和达不到投资规模要求的项目不予上报，对不符合环保要求、低技术含量项目严格控制，对投资额低于 500 万元的一般项目原则上不单独供地。2006 年起，明确单位面积投资强度低于 180 万元／亩，容积率低于 0.7，建筑密度低于 30%，绿化率小于 30%，项目用地面积小于 1 公顷的不予供地。当年，对产业园内 1 个未按合同规定到资的注册项目取消进园定点计划，对 2 个批准供地满一年未动工建设的项目限期责令开工建设。建立以单位 GDP 耗地下降率为主要内容的节约集约用地考核奖励机制。2009 ～ 2011 年，全区单位 GDP 耗用建设用地下降率分别为 68%、87%、85%。2010 年，规定对用地规模低于 1 公顷、投资总额低于 5000 万元人民币的项目不单独供地。对新增工业项目用地，要求乡镇工业集中区每亩投资强度达到 250 万元以上，注册资本金不得低于总投资的 50%。完善项目供地与投资强度、生产规模和产出效益挂钩机制。

充分利用空间资源，鼓励用地企业兴建多层标准厂房，特别是四层以上的高标准厂房，鼓励企业走集约型的“立体化”用地模式。至 2011 年年底，各园区共建成高标准厂房建筑面积 30 多万平方米。其中曝泰车材兴建高标准厂房 10 万平方米，容积率达 1.8，建筑密度为

图 4-3-2　节约集约用地宣传

48%，成为高标准厂房建设与使用的典范。

针对项目实施过程中产生的闲置用地，区分局定期开展城镇土地利用现状调查，进企业，看地块，查台账，全面查清各地块审批、供应、实际使用情况，掌握闲置用地“家底”。在此基础上，对闲置用地采取土地置换、收回再供、插建项目等方式供给急需用地的项目使用。2002～2011年，累计盘活闲置用地135公顷。

第三节　征地补偿及安置

一、征地补偿

2002年5月起，区分局按照《扬州市征地补偿安置暂行办法》（以下简称《办法》）对被征地单位或个人给予补偿。《办法》规定区内耕地每亩年产值：稻麦地1200元，旱谷地1200元，蔬菜地1700元。征用耕地的，按平均年产值的9倍进行补偿；征用精养鱼池的，按邻近耕地平均年产值的10倍补偿；征用其他养殖水面的，按邻近耕地平均年产值的5倍补偿；征用果园或其他经济林地的，按其邻近耕地平均年产值的10倍计算；征用其他农用地的，按邻近耕地平均年产值的8倍计算；征用未利用土地（含粗放鱼塘及一般水面）的，按邻近耕地平均年产值的8倍计算；征用农民集体所有的非农业建设用地的，按其邻近耕地平均年产值的9倍计算。青苗补偿费一般按一熟作物的产量计算，能如期收获的不予补偿。补偿标准：小麦、油菜600元／亩，水稻650元／亩，蔬菜850元／亩，棉花700元／亩。

2004年4月起，调整征地补偿标准：土地补偿费中征用耕地补偿标准，由年产值的9倍调整到10倍，征用前3年平均年产值的最低标准，粮田为每亩1600元，蔬菜地每亩2500元。青苗补偿费：麦子、油菜800元／亩，水稻850元／亩，蔬菜1300元／亩，棉花800元／亩。区委、区政府组织区纪监、国土、审计、财政、农水等部门对全区征用土地补偿费用使用和管理情况进行专项整治。整治过程中，发现应收取的补偿费中有560万元下发到村后，未能再分配到组、到户。主要原因有上级分配规定不够细化，到村后难以再分配；组级分配方案不统一；部分村转为实物投资，以收益再分配。对此，区政府责成责任单位将560万元土地补偿安置费用按规定兑付到组、到户，并将各项数据输入计算机。11月，全区清查工作通过省政府检查验收，得到被征地农民充分肯定。

2005年1月，区分局制定《失地农民基本生活保障实施细则》。2007年，区分局会同区人力资源和社会保障等部门，针对产业园历史遗留问题多的情况，创新工作办法，实行“退费进保”“新老同进”“差额补齐”办法，解决322名农民进社保问题。2008年，根据本地经济发展状况及物价指数变化情况，区政府在当年7月调整被征地农民基本生活补助费。同时针对沙头镇部分村组划入广陵区的情况，区国土部门对新征土地按照广陵区有关标准执行，并做好新旧政策衔接工作，实现平稳过渡。

2011年，广陵区按照市政府决定，从4月起调整征地补偿标准。

土地补偿费　城市规划区内：农用地、建设用地2.1万元／亩，菜地3万元／亩，未利用地1.05万元／亩。城市规划区外：农用地、建设用地1.8万元／亩，未利用地0.9万元／亩。

安置补助费　城市规划区内：2.3万元／人；城市规划区外：1.7万元／人。

青苗费　城市规划区内：麦子、油菜1000元／亩，水稻1200元／亩，蔬菜1800元／亩。城市规划区外：麦子、油菜900元／亩，水稻1100元／亩，蔬菜1500元／亩，棉花1000元／亩。

二、农业人口安置

2002年，区分局对征用耕地安置补助费，按照征地面积计算。征地前，被征地单位农业人口人均耕地1亩以上的，安置补助费为该耕地平均年产值的5倍；人均耕地不足1亩的，从6倍起算，人均耕地每减少0.1亩，安置补助费相应增加1倍，但最多不得超过年产值的15倍。2004年4月起，对征用耕地安置补助费，按照需要安置的被征地农民人数计算。耕地补助费标准为1.7万元／亩，其他农用地安置补助费，按照该土地的土地补偿费标准的70%计算，征用未利用地和非农用地不支付安置补助费。需要安置的征地农民人数＝被征地数量÷征地前人均占地数量。2002～2011年，全区征地共安置农业人员5.01万人，另外，头桥、李典、沙头、杭集、泰安镇安置农业人员 7488 人。

2005 年，区政协部分委员提出提案，反映曲江街道 2443 名被征地农民中，50 岁以上的有 831 人，失地农民有后顾之忧。是年 9 月，区政府制定《关于贯彻〈扬州市征地补偿安置和被征地农民基本生活保障实施暂行办法〉的意见》（以下简称《意见》）。《意见》规定集体土地征为国有后，从该集体经济组织产生的符合安置条件的人员，经公示和审核后，可按月领取生活补助费和养老金，所需资金从土地出让收益、土地补偿费和安置补助费及相关利息收入中提取。根据《意见》，广陵区首先以曲江街道新农村文昌二期项目被征地农民为对象，开展基本生活保障试点。是年底，该项工作在全区推广，共有 287 名农村居民领取生活保障卡，凭卡每月领取生活费，并享有就业培训、优先就业等权益。至 2011 年，全区已有近 2 万名被征地农民享有基本生活保障，确保被征地农民短期生活水平不下降，长远生计有保障。

第四章 土地市场

1989 年前，国有土地使用实行无偿、无流通、无限期供地方式。单位建设或其他工程需使用国有土地，由公产管理部门无偿划拨。法律上禁止土地出租、买卖、交换。1990 年 5 月，《中华人民共和国城镇国有土地使用权出让和转让暂行条例》发布施行，对经营性用地实行有偿出让供地。1992 年 9 月，国家改革土地使用制度，实行有偿、有流通、有限期供地方式。按照职权划分，广陵区土地出让由市土地部门统一管理。2001 ～ 2011 年，全区有偿出让供地 985 宗，面积 1610.26 公顷，挂牌出让总金额 134.15 亿元，为经济社会发展提供有力资金支持。

1994 ～ 2003 年，区国土部门完成两轮地价定级与评估工作。2002 ～ 2011 年，协助市土地储备中心，在区内收购、征用土地 269.31 公顷。

第一节 国有土地出让

1994 年，广陵区土地市场推行“五统一”，即统一规划、统一征地、统一开发、统一管理、统一出让的土地供应和管理运行机制，扩大出让范围，规范出让行为，对商业、金融、旅游、商品房开发等经营性用地和外商独资企业用地全部实行有偿、有限期出让。对福利房、拆迁安置房等属于政策性照顾项目用地实行收支两条线，在办理出让手续后由政府确定减免。土地出让范围由经营性用地扩大到工业用地，由单位用地扩大到个人用地，土地市场机制逐步形成，为城市基础设施建设集聚资金。

为加强土地资产管理，规范土地使用权流转，深化土地使用制度改革，1998 年 12 月，市政府明确，如果将行政划拨的国有土地使用权出租或用于经营产生收入的，必须经国土管理部门批准，采取出让或租赁方式进行处置。采取出让方式处置的，可以一次性缴纳土地出让金，也可以分年缴纳土地年租金（房地产开发用地除外）。采取租赁方式处置的，缴纳土地年租金。

1999 年广陵区国有土地级别年租金最低保护价表

表 4-4-1 单位：元 / 平方米

土地用途	一级	二级	三级	四级	五级	六级
商业用地	32.00	22.20	15.20	10.40	7.20	4.80
工业用地	8.00	5.60	3.90	2.70	1.80	1.20
其他用地	6.00	4.00	2.80	1.90	1.20	0.80

1999 年 1 月，区国土局受市国土局委托，对区内拥有国有土地使用权的单位和个人，有下列情形的，一律按年度收取土地年租金：将行政划拨土地使用权随同地上建筑物出租；改变用途，用于商业、金融、旅游、娱乐等经营性活动，作联营条件联合经营；改制企业以租赁方式取得土地使用权等。区国土局根据土地级别和用途，以最低保护价为基础，低标准起步，逐步到位。改变用途的土地年租金按出租标准的 80% 收取。是年，全区共征收土地年租金约 100 万元。2000 年，全年对区内 645 家单位和个人征收土地年租金 170 多万元。2001 年，土地年租金征收管理，突出资金到位，及时督办，小区集中整治，全年共办理单位和个人土地出租或改变用途用地 596 宗，收取土地年租金 198 万元。2002 年 4 月，因工作突出，区分局获市国土局颁发的土地年租金征收一等奖。2005 年 6 月，把土地证书查验和征收年租金结合起来开展双月突击活动，成立催缴小组，做好后续工作，确保租金入账。对无正当理由，拒不缴纳年租金的个别单位采取下发限期缴纳通知书，或通过新闻媒体曝光、申请法院强制执行，完成收缴工作。2002 ～ 2011 年，累计收取年租金 2000 多万元。

2001 年，根据扬州市《国有土地使用权招标、拍卖出让办法》（以下简称《办法》），广陵区城市规划区范围内的土地招标拍卖由市国土部门统一负责。该《办法》明确规定以招标、拍卖方式出让用地类别、出让程序、出让方法，进一步规范土地出让行为。2008 年，为解决工业用地出让周期较长的问题，广陵区在全市首开工业用地“批次征地、整体挂牌”出让先河，顺利完成食品工业园天味食品项目挂牌出让，办理流程由 68 天压缩至 28 天，受到企业投资者欢迎。

2004 ～ 2011 年，广陵区完成协议出让商业及住宅用地 245 宗，面积 106.48 公顷，协议出让总金额 7.27 亿元；挂牌出让商业及住宅用地 114 宗，面积 514.49 公顷，挂牌出让总金额 10.78 亿元；挂牌出让工业用地 100 宗，面积 327.49 公顷，挂牌出让总金额 7.01 亿元；划拨用地 160 宗，面积 477.77 公顷；租赁 29 宗，总租赁面积 31.6 公顷。另外，2001 ～ 2011 年，杭集等 5 镇完成商业用地出让 36 宗，面积 54.8 公顷，出让金额 4.28 亿元；完成工业用地出让 490 宗，面积 607 公顷，出让金额 7.8 亿元；完成划拨出让 12 宗，面积 26.4 公顷。

第二节 土地定级评估

1994 年 8 月，区土管局根据市土地定级估价委员会的部署要求，开展定级估价工作，对区内土地的自然和经济属性进行综合鉴定，划分等级体系，估算各级别土地的平均价格。是年 9 月中旬，完成各类样点采集 3050 个，其中广陵街道 450 个、汶河街道 666 个、东关街道 460 个、城南街道 709 个，区土管局直接采集样点 765 个，并绘标各街道调查样点采集图 4 幅，房屋出租、出售样点图 2 幅，对市区 4 个二级商服中心进行数字统计。1995 年 6 ～ 8 月，区土管局与区核查办共同进行地价调查和评估工作，经过宣传发动、填表申报、资产评估及审核确认 4 个阶段，完成区属 27 家国有企业 119 宗地块土地资产评估工作，并对其中 19 家单位土地资产进行确认。此次调查，由市土地管理局与省金陵土地资产评估高新技术公司共同参与，对市区土地级别和各级别内商业、工业、住宅用地进行定级估价工作，形成基准地价。

1995 年广陵区基准地价一览表

表 4-4-2

单位：元 / 平方米

类别		一级	二级	三级	四级	五级	六级
商业用地	平均	3200	2700	1600	1100	700	400
	变幅	2900 ～ 3800	2200 ～ 3000	1300 ～ 2200	900 ～ 1300	500 ～ 900	250 ～ 500
住宅用地	容积率	1.78	1.68	1.51	1.46	1.23	1.00
	平均	1750	1500	1050	850	650	350
	变幅	1600 ～ 1900	1300 ～ 1600	900 ～ 1300	700 ～ 1000	500 ～ 800	250 ～ 500

续表 4-4-2

类别		一级	二级	三级	四级	五级	六级
工业用地	平均	1100	900	650	550	400	300
	变幅	1000 ～ 1200	750 ～ 1000	600 ～ 750	500 ～ 600	320 ～ 500	250 ～ 350
综合地价		3000	2200	1300	800	500	300

依据基准地价，对区内所有企事业单位和居住用地资产进行评估，区属国有企业土地资产量 3914.42 万元。其中商业用地土地资产量 3668.19 万元，占 93.7%；工业用地资产量 228.35 万元，占 5.8%；住宅用地资产量 17.88 万元，占 0.5%。

2003 年 6 月，区启动第二次土地评估定级工作。此次评估定级采用“特尔菲”测定法，确定市区综合土地定级、分类土地定级（商业用地、住宅用地、工业用地）因素因子指标体系及权重和市区级别基准定价评估宗地地价修正因素因子指标及权重。至 2005 年，市区土地定级和基准地价全部完成。

2005 年广陵区商业用地级别地面基准地价一览表

表 4-4-3　　单位：元 / 平方米

土地级别	一级	二级	三级	四级	五级	六级	七级	八级
基准地价	5300	3500	2500	1800	1200	750	550	350
变幅	3000 ～ 7600	1500 ～ 5500	900 ～ 3600	800 ～ 2800	600 ～ 1800	300 ～ 1200	300 ～ 800	200 ～ 500
容积率	1.9	1.6	1.4	1.2	1.0	0.9	0.9	0.8

2005 年广陵区商业用地级别楼面基准地价一览表

表 4-4-4　　单位：元 / 平方米

楼层工地级别	一级	二级	三级	四级	五级	六级	七级	八级
一	4686	3769	3182	2520	1867	1200	900	583
二	2259	1615	1364	1080	800	—	—	—
三	1423	—	—	—	—	—	—	—

2005 年广陵区住宅用地级别地面基准地价一览表

表 4-4-5　　单位：元 / 平方米

土地级别	一级	二级	三级	四级	五级	六级
基准地价	2300	1620	1030	720	520	325
变幅	1700 ～ 2900	1240 ～ 2000	760 ～ 1300	540 ～ 900	400 ～ 640	225 ～ 425
容积率	1.4	1.3	1.1	0.9	0.8	0.7

2005 年广陵区住宅用地级别楼面基准地价一览表

表 4-4-6　　单位：元 / 平方米

楼层 / 工地级别	一级	二级	三级	四级	五级	六级
一	1620	1210	890	767	617	464

续表 4-4-6

楼层 / 工地级别	一级	二级	三级	四级	五级	六级
二	1700	1270	997	844	716	464
三	1927	1440	1032	882	617	—
四	1830	1343	970	706	—	—
五	1620	1222	792	—	—	—
六	1506	992	—	—	—	—
七	1296	—	—	—	—	—

2005 年广陵区工业用地级别基准地价一览表

表 4-4-7　　单位：元 / 平方米

土地级别	一级	二级	三级	四级	五级
基准地价	600	450	350	270	210
变幅	400 ～ 800	250 ～ 650	200 ～ 500	140 ～ 400	120 ～ 300

第三节　土地储备

区土地储备由市级土地储备机构统一实施，范围为城区及近郊，主要是通过征用市区范围内集体土地、收回闲置土地、调整不合理配置用地和土地置换等行为取得土地使用权，实现土地资产保值增值。

2002 年起，市土地开发储备中心对区内集体土地开始进行土地收购，作为乡镇建设、城中村改造及河道整治等储备用地。2002 ～ 2011 年，市土地储备中心在区内中心城区范围内，共收购、征用土地 269.31 公顷。

第五章　土地执法监察

广陵区委、区政府十分重视土地管理法治建设，支持区国土部门开展各类土地管理普法活动，提升社会各界依法依规用地意识。1996 年后，每年“地球日”“土地日”“法制日”期间都组织土地法规宣传教育。推进土地执法监察，严肃处理违法占用土地资源案件，1995 ～ 2011 年，土地执法巡回检查共查处土地违规案件 312 宗，专项监察检查处理各类违法用地 3017 宗。开展土地执法创建活动，落实各级政府责任，强化违法用地源头治理，实现全区国土资源管理工作法治化。2011 年，广陵区创成省土地执法模范创建工作先进区。

第一节　执法检查

一、巡回检查

1995 年，区土管局制定巡回监察制度，开展土地执法检查，坚持“以防为主、查防结合”的监察工作方针，规定检查人员每月巡回检查不得少于 8 次。是年，区政府先后召开土地行政执法检查会议 4 次，区属有关单位根据用地情况，对照土地法规，采取自查、自报、自纠的方法，规范用地行为。区土管局全年共向有关单位下发建设项目用地报告表65份，收回49份，其中违法用地单位32家。对19家单位补办临时用地手续，对情况复杂、影响较大的3家租用集体土地的单位，上报市土地管理局处理。

1996～2000年，平均每年巡回检查150多次，共查处居民违法用地101宗，罚款5.44万元。2001年后，区国土局针对城区街巷多，违法用地相对隐蔽，居民住宅擅自翻、改、扩建禁而不止特点，进一步落实"以防为主，查防结合"的工作方针和动态巡查责任制。改变常规巡查办法，决定每周二为土地巡回监察日，采取集中力量分片监察的做法，明确职责，严格执法责任制，要求专人查处、专人记录，发现一起，查处结案一起。

2003年，巡查监察96次，制止违法用地16宗。其中较为严重的有5宗：未批先建用地2宗，面积2.09公顷，区分局责令停工；未经批准用地2宗，其中1宗占地面积0.07公顷建别墅，区分局下达限期拆除的行政处罚决定，另1宗占地面积0.66公顷，用于围墙建院，动员其自行拆除，退回土地；少批多用1宗，占地面积4.63公顷，补办用地手续。

2004年3月，汤汪乡九龙村擅自占地0.3公顷建墓园，经市、区国土执法人员现场调查，下达责令停止违法行为通知书予以制止。是年，曲江街道新民村违法占地0.79公顷建厂房及附属用房；湾头镇2家企业违法占地0.84公顷建厂房，案发后均上报市国土局，下达行政处罚决定后全部纠正。全年巡查110次，发现违法用地16宗，制止8宗。

2005年，区分局坚持"事前防范与事后查处相结合"的土地执法监察思路，全面推行动态巡回检查责任制，"划片包干、责任到人、纵向到底、横向到边"，将关卡前移；同时采取集中互查和突击抽查相结合的措施。

2009年，为加强部门联动，确保及时制止、及时查处国土资源违法行为，区分局联合区人民法院、检察院、公安分局、监察局、城管局下发《关于在查处国土资源违法案件工作中加强协作配合的意见》，对土地巡回执法监察中发现违反土地利用规划、"未批先用"、"以租代征"、乱搭滥建等违法用地行为进行严肃查处。全年共巡回监察90多次，发现违法用地25宗，面积21公顷，均及时制止。

2011年，严格实行周报制和月报制，巡查发现并查处土地违法违规案件15宗，面积37公顷，收缴罚没款370.06万元，移交责任人6人。

二、专项监察检查

1997年7月，区政府召开全区非农建设用地大清查动员大会。组织人员对1991年1月至1997年7月各类非农建设用地开展清查。全区共清查各类非农业建设用地559宗，面积145.77公顷；划拨土地使用、交易、出租、抵押、转让1706宗，面积29.09公顷；经营性房地产开发项目用地19宗，面积19.23公顷，全部按照有关土地法规予以处理，如期完成清查工作。

1999年8月，对区内非法转让土地情况进行全面调查，查出个人非法转让土地84宗，面积0.73公顷；单位非法转让土地14宗，面积4.19公顷。对此，全部按照有关土地法规办理合法的用地手续。

2002年2月，开展土地批租专项整治工作，历时9个月，共查出各类违法用地635宗，面积151.49公顷。其中单位354宗，面积147.56公顷；个人281宗，面积3.93公顷。11月底，结合广陵区实际，对全区历史遗留的违法用地分别视情况给予处理，对符合条件的165宗单位建设用地和201宗个人住宅用地，给予补办合法用地手续。

2004年，对广陵产业园建设用地进行清查。园区经营性用地41.23公顷，均严格按照市政府招标拍卖的规定方式出让供地。园区建设用地实行集中统一管理，产业园区共征用土地207.82公顷，其中董庄路延伸段、团结路，面积3.51公顷，补办合法用地手续，其余用地手续完备，用地合法。

2006年，区委、区政府成立"两违"专项整治工作领导小组，时任区长担任领导小组组长，推进全区"违法用地、违法建设"专项整治工作。通过开展"两违"拆除宣传月活动，全区共拆除新发生违章建筑3800平方米，退出非法占用土地4公顷。

2007年2月，广陵区用一个多月时间，开展"两违"整治工作。湾头镇建立镇、村、组三级联动一体化组织网络，层层签订控制"两违"工作责任状，明确各村内新增违法建筑3户以上或违建面积300平方米以上，实行一票否决制，不得参与评优评先，对其主要负责人通报批评，并视情况给予党纪政纪处分。汤汪乡对全乡村民住房建立台账档案，对“两违”现象比较严重的村组干部进行诫勉谈话。文峰“两违”整治动作大，速度快，一周内共拆除开发东路和扬圩路的违章建筑近3000平方米。全区共拆除违章建筑5850平方米，退出非法占用土地1.33公顷。

2009年，省国土资源厅下发《关于开展土地“十日清查行动”的紧急通知》，区委、区政府会同市国土局在广陵产业园，就全区土地利用和土地执法相关问题进行现场办公，对供地报批和土地执法检查整改等工作提出明确要求。通过“十日清查行动”，维护土地法律法规严肃性，对土地违法行为人员产生较大震慑作用。

三、土地卫片执法检查

2008年，首次开展土地矿产卫片（卫星照片）执法检查工作。卫片执法中发现，2006年1月至2007年7月，广陵区新增建设用地36宗，面积101公顷，其中有12宗地（16家单位）违法违规，用地面积13.4公顷。区分局配合市国土资源局并会同区纪委、区监察局等相关部门进行联合查处，先后送达行政处罚决定书16份，责令11家单位退还非法占用的集体土地9.75公顷，并自行拆除在非法占用土地上的厂房和附属用房，责令5家单位退还非法占用的集体土地3.66公顷，没收在非法占用土地上的建筑物并处罚款262.2万元。同时，配合区纪委先后对两名相关责任人给予党内警告处分。

2009年2月，国土资源部办公厅下发《关于开展2008年度卫片执法检查的通知》，确定扬州市区为国土资源部2008年度卫片执法检查地区之一。区委、区政府主要领导先后听取区国土部门的专题汇报，对相关工作提出明确要求。制定工作方案，组织专人深入项目用地现场，对监测图斑逐宗进行核对，摸清项目基本情况、违法事实及成因，全面掌握第一手资料，并形成汇总材料。根据要求，区分局对所有违法图斑进行梳理和分类，逐个明确整改措施，落实责任单位和责任人。整改过程中，区政府先后召开专题会议6次，区政府办、监察局、国土分局组成综合督查组，深入推进整改工作。

2010年，卫片执法发现广陵区2009年度共涉及新增建设用地图斑32个，总面积116.55公顷（含耕地面积65.32公顷），其中合法图斑25个（项目20个），面积110.15公顷；违法图斑4个（项目1个），面积5.62公顷；伪变化图斑3个，面积0.77公顷。2009年度，广陵区违法用地数量下降明显，违法用地与新增建设用地的宗数比、违法用地占用耕地与新增建设用地占用耕地比例均控制在5%以下。

2011年，区分局围绕“保双零”，强化土地执法监察工作，认真做好土地卫片执法检查。广陵区新增建设用地图斑60个，面积249.2公顷，其中合法图斑51个、违法图斑9个。违法图斑均按要求清理整改到位，违法用地现象得到有效遏制，违法用地面积占新增建设用地总面积的2.79%，违法占用耕地面积占新增建设用地占用耕地总面积的3.85%，实现“零问责”“零约谈”目标。

第二节 案件查处

2002年，城东乡太平村大庄组非法占用0.13公顷集体土地并建成21间营业用房，国土部门查清违法事实后，决定没收大庄组新建的占地面积0.09公顷的21间营业房。行政处罚决定送达后，该单位在法定期间内既不申请复议，也不起诉、不履行。对此，市国土局向市中级人民法院提出强制执行申请。市中级人民法院立案审理后认为，国土部门作出的行政处罚决定认定事实清楚，程序合法，适用法律准确，裁定准许强制执行。

2005～2006年，湾头镇夏桥村朱家组有6户建房。经调查，确认该6户未经批准，在朱家组集体土地上建设住宅楼，面积0.13公顷。2007年7月，区分局配合市局对该6户进行立案查处。没收该6户在朱家组集体土地上建设的住宅楼，并处罚款共1.81万元，有关党组织给予相关负责人党内警告处分。

2008年，汤汪乡连运村三里村民小组在未办理合法用地手续情况下，占用汤汪乡连运村三里组的集体土地0.1公顷建设房屋。5月，该村民小组建成房屋23间。2009年1月，市国土局作出行政处罚决定：没收该组在非法占用的集体土地上建设的房屋，处罚款1.49万元。卢姓商人在未办理合法用地手续情况下，占用湾头镇夏桥村夏庄组集体土地2.02公顷建厂房及附属用房。12月，市国土局作出行政处罚决定：卢某自行拆除在非法占用的集体土地上建设的厂房和附属用房，恢复土地原状，处罚款4.05万元。余姓村民在未办理合法用地手续情况下，占用湾头镇夏桥村夏庄组集体土地0.04公顷建设房屋1幢，市国土局作出行政处罚决定：余某自行拆除房屋，恢复土地原状，处罚款7520元。

2009年，食品工业园一家企业在未办理合法用地手续情况下，占用汤汪乡横沟村花园组、三联组集体土地1.32公顷建设房屋，区分局工作人员对其下达《责令停止土地违法行为通知书》和《责令改正违法行为通知书》，该单位不听劝阻，继续施工，陆续建成房屋5幢。市国土局作出行政处罚决定：没收该企业在非法占用的集体土地上建设的房屋，处罚款13.2万元。湾头镇一企业在未办理合法用地手续情况下，占用湾头镇联合村丁家组集体土地1.06公顷建房。区分局对该公司先后下达《责令停止土地违法行为通知书》和《责令改正违法行为通知书》，但该公司不听劝阻，继续施工，陆续建成房屋8幢。市国土局作出行政处罚决定：没收该企业在非法占用的集体土地上建设的房屋，处罚款10.65万元。

2010年，产业园一企业在未办理合法用地手续情况下，占用高桥村徐家组集体土地进行非法建设。区分局先后下达《责令停止土地违法行为通知书》和《责令改正违法行为通知书》，但该单位不听劝阻，继续施工，陆续建成房屋5幢（合计建筑占地面积0.34公顷），共圈占土地面积0.48公顷。2011年，区分局予以立案。市国土局作出行政处罚决定：没收该企业在非法占用的集体土地上建设的房屋，处罚款4.76万元。

2011年，区分局监察大队在动态巡查中发现，汤汪乡九龙村谢庄村民小组在未办理任何手续情况下，擅自在该组庄台西侧鱼塘空地上新建房屋，占地面积0.13公顷。分局工作人员立即进行制止并下发《责令停止违法行为通知书》。4月，区分局联合汤汪乡人民政府对该违章建筑进行强制拆除。产业园一企业在未办理合法用地手续的情况下，占用广陵产业园龙泉村董庄二组、塘坝组集体土地3.42公顷建设房屋5幢。区分局予以立案并作出行政处罚决定：没收该企业在非法占用的集体土地上建设的房屋，处罚款34.15万元。湾头镇二桥村一企业在未办理任何手续情况下，擅自在二桥村廖庄组搭建钢架结构厂房，占地面积0.33公顷。分局工作人员发现后立即进行制止并下发《责令停止违法行为通知书》，但该企业不听劝阻陆续施工。区分局联合湾头镇人民政府对该违章建筑进行强制拆除。

第五篇 人口

要　目

第一章　人口状况…………………………………… 145

第一节　人口总量…………………………………… 145

第二节　人口密度与分布…………………………… 147

第三节　人口变动…………………………………… 148

第二章　人口结构…………………………………… 150

第一节　性　别……………………………………… 150

第二节　年　龄……………………………………… 151

第三节　民　族……………………………………… 153

第四节　职　业……………………………………… 153

第五节　教　育……………………………………… 157

第六节　家　庭……………………………………… 157

第三章　人口控制…………………………………… 159

第一节　机构队伍　………………………………… 159

第二节　生育政策…………………………………… 160

第三节　宣传教育…………………………………… 161

第四节　管理与服务………………………………… 163

1989～2011年，广陵区先后参加三次全国人口普查。1990年全国第四次人口普查，全区常住人口30.02万人，男女性别比为110.54（女=100，下同）。2000年全区常住人口32.86万人，性别比为103.79。2010年全区常住人口31.8万人，性别比为99.12。2011年，广陵区户籍人口49.65万人，性别比为98.80。

23年间，随着生态环境改善、生活水平和社会医疗保险水平提高，人民群众的健康水平不断提高，广陵区人口死亡率处于较低水平，自然增长率逐步下降。1989年，人口出生率10.78‰，人口自然增长率6.13‰。2000年，出生率10.00‰，自然增长率4.58‰。2010年，出生率8.49‰，自然增长率2.05‰。2011年，出生率7.71‰，自然增长率0.79‰。

“七五”（1986～1990年）期间，区计生工作贯彻“宣传教育为主，避孕节育为主，经常性工作为主”的方针，人口再生产的类型由高出生、低死亡、高增长型向低出生、低死亡、低增长型转变。1990年12月，《江苏省计划生育条例》（以下简称《条例》）颁布施行，计生工作由行政管理手段为主，向采用教育、经济、行政、法律的综合管理手段转变，逐步形成齐抓共管、综合治理的格局。“八五”（1991～1995年）期间，计生工作逐步向宣传教育、综合服务、科学管理相统一的机制转变，形成人口与经济、社会、资源、环境协调发展和可持续发展的新趋势。“九五”（1996～2000年）期间，逐步建立以宣传教育为先导、优质服务为主体、依法行政为规范的管理机制，抓好创建合格基层单位（居委会）工作。“十五”（2001～2005年）期间，对人口和计划生育工作进行综合改革，逐步建立“依法管理、村（居）民自治、优质服务、政策推动、综合治理”的新机制，以科学发展观统筹解决人口问题，人口数量得到控制，人口素质得到提高。“十一五”（2006～2010年）期间，贯彻落实《中共中央国务院关于全面加强人口和计划生育工作统筹解决人口问题的决定》和省、市《关于切实加强人口和计划生育工作统筹解决人口问题的意见》等文件，以项目建设推动人口计生工作，以品牌服务提升人口计生工作，以关注民生聚力人口计生工作。

1989～2011年，广陵区计划生育工作涌现出一大批先进集体和先进个人。被省政府、省委宣传部、省人事厅、省计生委表彰为先进集体9次，先进个人14人次；被中宣部和国家计生委表彰为先进集体7次，先进个人13人次；获国家计生委颁发计划生育工作先进工作者荣誉证书149人。

第一章　人口状况

1989年，广陵区户籍人口为29.49万人。1990年为30.15万人。 1991～2010年，年度常住人口在30万～52万人间波动。2002年、2008年、2011年，广陵区历经三次行政区划调整，对区人口总量的变化产生较大影响。2011年，全区户籍人口为49.65万人，人口总量增长50%以上。

1989年，广陵区人口密度为每平方千米1.19万人。1990年，每平方千米1.22万人。2002年起，区人口密度呈降低之势。2002年为4505人，2010年为4391人，2011年为1483人。导致人口密度降低的主要原因是2002年和2011年的区划调整，先后有8个乡镇划入区内。

1989年，广陵区有暂住人口1.31万人。2000年为14.18万人，2011年为14.46万人。

（说明：人口普查统计常住人口数据，其他年份统计户籍人口数据）

第一节　人口总量

1989年，广陵区户籍人口10.3万户29.49万人。

2002年，湾头镇、汤汪乡、城东乡划入广陵区，3乡镇常住人口分别为2.81万人、1.75万人、1.24万人。市公安局广陵分局梅岭派出所、便益门派出所所辖地区交由江阳分局管辖，划至维扬区常住人口数分别为

4.7 万人、3.53 万人。汶河派出所和五里庙派出所也有部分辖区同时划由江阳分局管辖，分别划出常住人口 7263 人和 480 人至维扬区。是年底，广陵区户籍人口为 11.52 万户 30.15 万人。

2008 年 6 月 8 日，邗江区沙头镇大众村，高桥村，中兴村项一组、项二组划由广陵区管辖，划入常住人口 2096 户 8000 人。是年底，广陵区户籍人口为 11.7 万户 31.43 万人。

2011 年，原邗江区头桥镇、李典镇、沙头镇、杭集镇、泰安镇划入广陵区。划入户籍人口为：头桥镇 1.34 万户 4.36 万人，李典镇 1.16 万户 4.05 万人，沙头镇 1.13 万户 3.67 万人，杭集镇 1.13 万户 3.7 万人，泰安镇 6743 户 1.98 万人。是年底，广陵区户籍人口为 17.31 万户 49.65 万人。

1989 ~ 2011 年广陵区人口情况一览表

表 5-1-1　　单位：人

年份	年末总户数（户）	人口数（人）					人口变动数（人）									
							出生			死亡			迁入		迁出	
		合计	常住户口人员	未落籍常住人口	男	女	合计	男	女	合计	男	女	省内迁入	省外迁入	迁入省内	迁往省外
1989	103042	294947	294917	30	159516	135431	3179	1650	1529	1371	758	613	9152	1887	5026	1150
1990	106506	301475	301446	29	162685	138790	3091	1539	1552	1549	815	734	8476	1332	5763	1199
1991	109810	307418	307391	27	165644	141774	2719	1350	1369	1534	830	704	7628	1400	5185	1215
1992	113651	315822	315806	16	169927	145895	2810	1382	1428	1631	908	723	10562	1245	5041	1073
1993	114964	324832	324827	5	174445	150387	2892	1449	1443	1511	758	753	11750	1448	6507	1003
1994	111499	302253	302251	2	159339	142914	3115	1575	1540	1553	860	693	10048	1190	4264	599
1995	115707	310427	310425	2	162475	147952	2885	1421	1464	1385	705	680	10314	1143	4995	684
1996	118689	316239	315981	2	164613	151626	3185	1534	1651	1541	799	742	10109	831	5971	802
1997	120972	322750	322748	2	167236	155514	3070	1494	1576	1598	857	741	10926	1372	5316	828
1998	120911	321125	321071	54	165402	155723	2643	1296	1347	1765	932	833	8173	771	6880	1008
1999	121852	324046	323846	200	165687	158359	2938	1452	1486	1528	890	638	10910	934	9944	663
2000	116769	328630	328590	40	167374	161256	3286	1677	1609	1780	976	804	13018	742	8418	1151
2001	117519	331692	330176	1516	168799	162893	2207	1106	1101	1553	871	682	12534	956	8306	1102
2002	115155	301536	301470	66	152120	149416	2365	1172	1193	1663	859	804	4960	618	2657	893
2003	114876	305399	305315	84	153449	151950	2481	1254	1227	1818	990	828	6754	995	2588	615
2004	115467	306812	306601	211	153820	152992	2206	1123	1083	1665	915	750	5475	773	1502	2061
2005	114020	305203	305073	130	152899	152304	2454	1303	1151	1809	976	833	4731	841	3886	578
2006	113748	304840	304694	146	152679	152161	2308	1211	1097	1774	920	854	4688	854	3025	533
2007	114065	305787	305679	108	152936	152851	2552	1299	1253	1864	1014	850	4165	908	2565	516
2008	117009	314334	314252	82	157007	157327	2675	1398	1277	1909	1050	859	3558	1180	2731	800
2009	116668	315890	315855	35	157580	158310	2481	1294	1187	2099	1160	939	3070	1084	1875	779
2010	118350	318043	318023	20	158318	159725	2701	1426	1275	2050	1118	932	3301	1091	1525	597
2011	173084	496479	496310	169	246739	249740	3829	2008	1821	3436	1888	1548	3754	1542	1745	886

说明：此表数据为区公安部门统计数字。从 2009 年起，未落籍常住人口纳入非农业人口数中统计

第二节　人口密度与分布

根据1990年全国第四次人口普查广陵区普查结果，其人口密度情况见下表：

1990年全国第四次人口普查广陵区人口密度情况一览表

（1990年7月1日零时）

表5-1-2

单位	户数（户）	家庭户		集体户		人口（人）	男（人）	女（人）	占全区总人口(%)	面积（平方千米）	人口密度（人/平方千米）
		户数（户）	人口（人）	户数（户）	人口（人）						
广陵	20498	20292	63374	206	2770	66144	33614	32530	22.03	6.0	11204
城南	23783	23453	74884	330	9474	84358	44870	39488	28.10	6.5	12978
汶河	21187	20838	65060	349	14416	79476	41730	37746	26.47	6.0	13246
东关	19121	18854	60661	267	8549	69210	36565	32645	23.05	6.2	11163
市公安局	22	6	7	16	1040	1047	581	196	0.35	—	—
合计	84611	83443	263986	1168	36249	300235	157630	142605	100.00	24.7	12155

2010年全国第六次人口普查广陵区人口密度情况一览表

（2010年11月1日零时）

表5-1-3

单位	户数（户）	家庭户		集体户		人口（人）	男（人）	女（人）	占全区总人口(%)	面积（平方千米）	人口密度（人/平方千米）
		户数（户）	人口（人）	户数（户）	人口（人）						
东关街道	16892	16656	41574	236	1261	42835	20808	22027	8.18	3.11	13773
汶河街道	13259	12662	34563	597	2460	37023	17468	19555	7.07	2.52	14692
文峰街道	19303	18705	54341	598	2864	57205	29462	27743	10.91	5.74	9966
曲江街道	40718	39452	114726	1266	8228	122954	62964	59990	23.47	12.95	9495
杭集镇	11565	11004	38053	561	3152	41205	20733	20472	7.87	40.38	1020
李典镇	12403	11538	36599	865	8366	44965	24951	20014	8.58	65.89	682
沙头镇	11169	11096	36881	73	496	37377	18560	18817	7.13	55.03	679
头桥镇	13627	13428	39345	199	1075	40420	19737	20683	7.72	63.99	632
泰安镇	6144	6060	18237	84	629	18866	9142	9724	3.60	31.93	591
湾头镇	8547	7809	25565	738	3116	28681	14726	13955	5.48	21.34	1344
汤汪乡	7824	7513	22629	311	1162	23791	12464	11327	4.54	9.83	2420
产业园	8482	7360	22876	1122	5678	28554	15619	12935	5.45	22.18	1287
总计	169933	163283	485389	6650	38487	523876	266634	257242	100	334.89	1564

说明：此表含2011年划入广陵区的头桥、李典、沙头、杭集、泰安5个镇的统计数据

第三节 人口变动

一、自然变动

1989年，广陵区共出生3179人，死亡1371人，出生率、死亡率和自然增长率分别为10.78‰、4.65‰和6.13‰。2000年，出生3286人，死亡1780人，出生率、死亡率和自然增长率分别为10.00‰、5.42‰和4.58‰。2011年，出生3829人，死亡3436人，出生率、死亡率和自然增长率分别为7.71‰、6.92‰和0.79‰。

1989～2011年广陵区人口自然变动情况一览表

表5-1-4

年份	总人口数（人）	出生人数（人）	出生率（‰）	死亡人数（人）	死亡率（‰）	自然增长人数（人）	自然增长率（‰）
1989	294947	3179	10.78	1371	4.65	1808	6.13
1990	301475	3091	10.25	1549	5.14	1542	5.11
1991	307418	2719	8.84	1534	4.99	1244	4.05
1992	315822	2810	8.90	1631	5.16	1179	3.73
1993	324832	2892	8.90	1511	4.65	1381	4.25
1994	302253	3115	10.31	1553	5.14	1562	5.17
1995	310427	2885	9.29	1385	4.46	1500	4.83
1996	316239	3185	10.07	1541	4.87	1644	5.20
1997	322750	3070	9.51	1598	4.95	1472	4.56
1998	321125	2643	8.23	1765	5.50	878	2.73
1999	324046	2938	9.07	1528	4.72	1410	4.35
2000	328630	3286	10.00	1780	5.42	1506	4.58
2001	331692	2207	6.65	1553	4.68	654	1.97
2002	301536	2365	7.84	1663	5.52	702	2.33
2003	305399	2481	8.12	1818	5.95	663	2.17
2004	306812	2206	7.19	1665	5.43	546	1.78
2005	305203	2453	8.04	1798	5.89	655	2.15
2006	304840	2308	7.57	1774	5.82	534	1.75
2007	305787	2552	8.35	1864	6.10	688	2.25
2008	314334	2675	8.51	1909	6.07	766	2.44
2009	315890	2481	7.85	2099	6.64	382	1.21
2010	318043	2701	8.49	2050	6.45	651	2.05
2011	496479	3829	7.71	3436	6.92	393	0.79

说明：此表数据为扬州市公安局广陵分局提供

二、机械变动

1989年迁入1.1万人，迁出6176人，机械增长率为16.49‰。2000年迁入1.38万人，迁出9569人，机械增长率为12.75‰。2011年迁入5296人，迁出2631人，机械增长率为5.37‰。

1989～2011年广陵区人口机械变动情况一览表

表5-1-5

年份	迁入数(人)	迁出数(人)	净增数(人)	机械增长率(‰)
1989	11039	6176	4863	16.49
1990	9808	6962	2846	9.44
1991	9028	6400	2628	8.55
1992	11807	6114	5693	18.03
1993	13198	7510	5688	17.51
1994	11238	4863	6375	21.09
1995	11457	5679	5778	18.61
1996	10940	6773	4167	13.18
1997	12298	6144	6154	19.07
1998	8950	7888	1062	3.31
1999	11844	10607	1237	3.82
2000	13760	9569	4191	12.75
2001	13490	9408	4082	12.31
2002	5578	3550	2028	6.73
2003	7749	3203	4546	14.89
2004	6248	3563	2685	8.75
2005	5545	4464	1081	3.54
2006	5542	3558	1984	6.51
2007	5073	3081	1992	6.51
2008	4738	3531	1207	3.84
2009	4154	2654	1500	4.75
2010	4392	2122	2270	7.14
2011	5296	2631	2665	5.37

三、流动人口

1989年，全区暂住人口1.31万人。2000年，暂住人口14.18万人。2001年，首次出现在扬州务农的暂住人员，人数为14人。2006年，暂住人口33.06万人。2011年，暂住14.46万人。

1989～2011年广陵区暂住人口情况一览表

表5-1-6　　单位：人

年份	人数	男	女	务工	务农	经商	服务	因公出差	借读培训	医病疗养	保姆	投靠亲友	其他
1989	13124	7746	5378	3739		1312	4018		266		130	3600	59
1990	25740	13623	12117	7792		1066	3452		868		242	7513	4816
1993	23811	13881	9930	15191		1257	800	24	124	8	138	4776	1493
1994	23812	13712	9470	14515		2021	1049	18	224	1	107	3449	1798

续表 5-1-6

年份	人数	男	女	务工	务农	经商	服务	因公出差	借读培训	医病疗养	保姆	投靠亲友	其他
1996	65676	41809	23867	14110		4128	1642	16539	6393	6055	310	4043	12456
1997	79962	48671	31345	19074		6771	3846	15812	5191	8135	5279	4649	11205
1999	100487	51478	49009	11296		3739	2417	6	224	3	126	2380	80296
2000	141791	80283	61508	12820		14332	1476	38236	2455	5976	114	2683	63699
2001	179849	121391	58458	8471	14	3233	1128	73921	1299	2673	55	1642	87413
2002	38858	23239	15619	22713	621	9436	2557	34	1311	58	102	1869	157
2003	285844	171372	114472	35031	2129	15921	2656	51848	1572	396	116	760	175415
2004	48020	30960	17060	29317	1089	10521	4602	76	753	45	109	717	791
2005	286630	179181	107449	63937	4245	26054	14919	33402	5201	1034	2465	2368	133005
2006	330632	206901	123731	59977	720	22677	10172	60583	8966	2098	414	1547	163478
2007	116689	74301	42388	83078	563	14776	5866	1406	7131	208	277	909	2475
2008	112890	72876	40014	78984	1036	15417	5937	1455	5952	312	346	1035	2416
2009	148964	93579	55385	95866	857	20228	8598	835	6916	233	316	2310	12805
2010	205910	133847	72063	147030	1240	22976	12960	1374	9894	36	210	3224	6966
2011	144590	94053	50537	93091	636	15569	14345	1088	4924	174	218	1095	13450

说明：此表 1991 年、1992 年、1995 年、1998 年缺资料

第二章 人口结构

1989 年，广陵区男女性别比为 117.78。其后，广陵区常住人口的男女性别比逐年下降。2011 年，男女性别比为 98.80。1990 年，广陵区常住人口中，汉族占 98.78%，少数民族占 1.22%。2010 年，广陵区常住人口中，汉族占 99.49%，少数民族占 0.51%。广陵区常住人口中，0 ～ 14 岁年龄段比例，1990 年为 16.69%，比 2010 年高 6.09 个百分点；15 ～ 59 岁年龄段比例，1990 年为 73.68%，比 2010 年高 2.04 个百分点；60 岁以上年龄段比例，1990 年为 9.63%，2010 年为 17.76%，说明广陵区进入人口老龄化城市的进程正在加快。

第一节 性 别

1989 年，广陵区户籍人口 29.49 万人，男女性别比为 117.78。2000 年，广陵区户籍人口 32.86 万人，男女性别比为 103.79。2010 年，广陵区户籍人口 31.8 万人，男女性别比为 99.12。2011 年，广陵区户籍人口 49.65 万人，男女性别比为 98.8。

1989～2011年广陵区人口性别比情况一览表

表5-2-1　　单位：人

年份	性别		性别比（女=100）	年份	性别		性别比（女=100）
	男	女			男	女	
1989	159516	135431	117.78	2001	168799	162893	103.63
1990	162685	138790	117.22	2002	152120	149416	101.81
1991	165644	141774	116.84	2003	153449	151950	100.99
1992	169927	145895	116.47	2004	153820	152992	100.54
1993	174445	150387	116.00	2005	152899	152304	100.39
1994	159339	142914	111.49	2006	152679	152161	100.34
1995	162475	147952	109.82	2007	152936	152851	100.06
1996	164613	151626	108.57	2008	157007	157327	99.80
1997	167236	155514	107.54	2009	157580	158310	99.54
1998	165402	155723	106.22	2010	158318	159725	99.12
1999	165687	158359	104.63	2011	246739	249740	98.80
2000	167374	161256	103.79				

第二节　年　龄

1990年第四次全国人口普查，广陵区常住人口30.02万人，其中男15.76万人，女14.26万人，分别占52.50%和47.50%。总人口中，0～14岁年龄段的5.01万人，占16.69%，其中男2.56万人，女2.45万人，分别占该年龄段人口数的51.14%和48.86%。15～59岁年龄段的22.12万人，占73.67%，其中男11.82万人，女10.3万人，分别占该年龄段人口数的53.42%和46.58%；60岁以上的为2.9万人，占9.64%，其中男1.39万人，女1.51万人，分别占该年龄段人口数的47.82%和52.18%。

2010年第六次全国人口普查，广陵区常住人口52.39万人（含2011年划入的5镇人口），其中男26.66万人，女25.73万人，分别占50.90%和49.10%。总人口中，0～14岁年龄段的5.55万人，占10.60%，其中男2.97万人，女2.58万人，分别占该年龄段人口数的53.49%和46.51%；15～59岁年龄段的37.53万人，占71.64%，其中男19.15万人，女18.38万人，分别占该年龄段人口数的51.01%和48.99%；60岁以上的9.3万人，占17.76%，其中男4.55万人，女4.75万人，分别占该年龄段人口数的48.87%和51.13%。

1990年广陵区人口年龄状况一览表

（1990年11月1日零时）

表5-2-2　　单位：人

年龄组（岁）	人口数			占总人口数(%)		性别比（女=100）
	合计	男	女	男	女	
0～4	17504	9066	8438	3.02	2.81	107.33
5～9	16795	8477	8318	2.82	2.77	101.91
10～14	15810	8084	7726	2.69	2.57	104.63

续表 5-2-2

年龄组（岁）	人口数			占总人口数(%)		性别比（女=100）
	合计	男	女	男	女	
15～19	25689	14212	11477	4.73	3.82	123.83
20～24	41624	23915	17709	7.97	5.90	135.04
25～29	33049	16972	16077	5.65	5.35	105.57
30～34	28844	14790	14054	4.93	4.68	105.04
35～39	26262	13426	12836	4.47	4.28	104.53
40～44	20847	10805	10042	3.60	3.34	107.60
45～49	16721	8907	7814	2.97	2.60	113.99
50～54	15258	8114	7144	2.70	2.37	113.56
55～59	12883	7018	5865	2.34	1.95	119.52
60～64	10160	5515	4645	1.84	1.54	118.73
65～69	7648	3825	3823	1.27	1.27	100.05
70～74	5362	2403	2959	0.80	0.99	81.21
75～79	3193	1286	1907	0.43	0.64	67.44
80及以上	2586	815	1771	0.27	0.59	46.05
合 计	300235	157630	142605	52.50	47.50	110.54

2010年广陵区人口年龄状况一览表

（2010年11月1日零时）

表 5-2-3　　单位：人

年龄组（岁）	人口数			占总人口数(%)		性别比（女=100）
	合计	男	女	男	女	
0～4	17994	9623	8371	1.84	1.60	114.96
5～9	18228	9786	8442	1.87	1.61	115.92
10～14	19298	10291	9007	1.96	1.72	114.26
15～19	35484	19265	16219	3.68	3.10	118.78
20～24	40593	21313	19280	4.07	3.68	110.54
25～29	36601	18495	18106	3.53	3.46	102.15
30～34	40314	20279	20035	3.87	3.82	101.22
35～39	44131	22214	21917	4.24	4.18	101.36
40～44	55281	27826	27455	5.31	5.24	101.35
45～49	46718	23521	23197	4.49	4.43	101.40
50～54	37925	19169	18756	3.66	3.58	102.20
55～59	38275	19386	18889	3.70	3.61	102.63
60～64	31591	16194	15397	3.09	2.94	105.18
65～69	21378	10852	10526	2.07	2.01	103.10

续表 5-2-3

年龄组（岁）	人口数			占总人口数（%）		性别比（女=100）
	合计	男	女	男	女	
70～74	16400	8116	8284	1.55	1.58	97.97
75～79	12111	5614	6497	1.07	1.24	86.41
80～84	7399	3244	4155	0.62	0.79	78.07
85～89	3108	1105	2003	0.21	0.38	55.17
90～94	882	288	594	0.05	0.11	48.48
95～99	152	47	105	0.01	0.02	44.76
100及以上	13	6	7	—	—	85.71
合　计	523876	266634	257242	50.90	49.10	103.65

说明：此表含2011年划归广陵区的头桥、李典、沙头、杭集、泰安5个镇的人口数据

2011年，全区49.65万人中，18岁以下的6.4万人，18～35岁的10.92万人，35～60岁的21.95万人，60岁以上的10.38万人。60岁以上人口占总人口的20.90%，其中60～69岁的5.29万人，70～79岁的3.18万人，百岁以上的71人。根据联合国1982年规定的60岁以上人口超过10%和65岁以上人口超过7%的标准，广陵区早已进入老龄化行列。

第三节　民　族

区内民族以汉族为主，占常住人口的99%左右；少数民族有30多个，以回族为主，其他民族人口均不足百人。1990年全国第四次人口普查中，广陵区常住人口中共有民族22个，其中汉族29.66万人，占98.78%；少数民族3669人，占1.22%。少数民族中，回族3493人；不足百人的少数名族中满族73人，蒙古族26人，朝鲜族15人，白族10人，壮族8人，藏族7人，土家族6人，苗族4人，畲族4人，仫佬族、锡伯族和俄罗斯族各3人，傣族2人，侗族、彝族、布依族、瑶族、高山族、纳西族、达翰尔族各1人，未识别民族5人。

2000年，广陵区常住人口32.86万人，其中汉族32.46万人，占98.78%；少数民族4016人，占1.22%。少数民族中，回族3845人，满族79人，蒙古族29人，朝鲜族18人，白族13人，藏族8人，苗族6人，其他民族18人。

2010年，广陵区常住人口52.39万人，其中汉族52.12万人，占99.49%；少数民族2651人，占0.51%。少数民族中，城区2391人，农村76人，分回、满、蒙古等18个族别，另有从新疆、青海、西藏、云南、内蒙等地到扬经商和打工的少数民族流动人口每年近6000人次。

2011年，广陵区户籍人口49.65万人，其中汉族49.34万人，占99.38%；少数民族有回族、侗族、苗族、土族、壮族等30多个，共3060人，占0.62%。少数民族中，回族最多，有2216人，占72.4%。

第四节　职　业

1990年、2000年和2010年，广陵区分别对17.98万名、2.24万名和 2.77万名在业人口进行抽样调查，并就其职业分类和行业分类进行统计。在职业分类中，国家机关、党群组织、企事业单位负责人所占的比例分别为10.11%、2.84%和1.76%，呈下降趋势；农、林、牧、渔劳动者比例分别为0.23%、1.30%和5.81%，呈上升趋势；各类专业技术人员所占比例分别为19.68%、16.85%和9.56%，有明显下降。在对在业人口行业分类统计中，1990年、2000年和2010年的农、林、牧、渔业比例分别为0.97%、1.37%和5.86%，显示该行业从业人口比重明显增加。建筑业比例分别为3.05%、4.28%和6.85%，显示该行业从业人员比重较快

增加。商贸、餐饮业比例分别为11.67%、20.29%和20.75%，显示广陵区第三产业在90年代快速发展，进入新世纪后，从业人员比例能稳定在90年代末的水平上。

1990年广陵区在业人口职业分类抽样调查情况表

（1990年11月1日零时）

表5-2-4

职业	人数(人)	构成(%)
国家机关、党群组织、企事业单位负责人	18191	10.11
各类专业技术人员	35389	19.68
办事人员和有关人员	13039	7.25
商业工作人员	15286	8.50
服务性工作人员	12981	7.22
农、林、牧、渔劳动者	415	0.23
生产工人、运输工人和有关人员	83892	46.65
其他劳动者	644	0.36
总 计	179837	100.00

2000年广陵区在业人口职业分类抽样调查情况表

(2000年11月1日零时)

表5-2-5

职业	人数(人)	构成(%)
国家机关、党群组织、企业、事业单位负责人	635	2.84
各类专业技术人员	3773	16.85
办事人员及有关人员	3633	16.22
商业、服务业人员	6571	29.35
农、林、牧、渔、水利业生产人员	290	1.30
生产、运输设备操作人员及有关人员	7480	33.41
其他劳动者	7	0.03
总 计	22389	100.00

2010年广陵区在业人口职业分类抽样调查情况表

（2010年11月1日零时）

表5-2-6

职业	人数(人)	构成(%)
国家机关、党群组织、企事业单位负责人	487	1.76
各类专业技术人员	2653	9.56
办事人员和有关人员	2449	8.83
商业、服务业人员	7936	28.61
农、林、牧、渔劳动者	1613	5.81

续表 5-2-6

职业	人数(人)	构成(%)
生产工人、运输工人和有关人员	12532	45.17
其他劳动者	72	0.26
总　　计	27742	100.00

1990 年广陵区在业人口行业分类抽样调查情况表

(1990 年 11 月 1 日零时)

表 5-2-7

行业	在业人数(人)	构成(%)
一、农、牧、林、渔业	1739	0.97
二、矿业及木材采运业	34	0.02
三、电力、煤气、自来水的生产和供应业	4048	2.25
四、制造业	95698	53.21
五、地质勘探和普查业	393	0.22
六、建筑业	5478	3.05
七、交通运输、邮电通信业	10423	5.80
八、商业、饮食业、物资供销及仓储业	20983	11.67
九、住宅管理、公用事业管理和居民服务业	7573	4.21
十、卫生、体育和社会福利事业	5370	2.98
十一、教育、文化艺术事业	13505	7.51
十二、科学研究和综合技术服务事业	1834	1. 02
十三、金融、保险业	2148	1.19
十四、国家机关、政党和群众团体	10564	5.87
十五、其他行业	47	0.03
总　计	179837	100.00

2000 年广陵区在业人口行业分类抽样调查情况表

(2000 年 11 月 1 日零时)

表 5-2-8

行业	在业人数(人)	构成(%)
一、农、牧、林、渔业	306	1.37
二、采矿业	70	0.31
三、制造业	8890	39.71
四、电力、煤气及水的生产和供应业	431	1.93
五、建筑业	959	4.28
六、地质勘查业、水利管理业	62	0.28
七、交通运输、仓储及邮电通信业	1149	5.13

续表 5-2-8

行业	在业人数(人)	构成(%)
八、批发和零售贸易、餐饮业	4542	20.29
九、金融、保险业	476	2.13
十、房地产业	177	0.79
十一、社会服务业	1730	7.73
十二、卫生、体育和社会福利业	568	2.54
十三、教育、文化艺术及广播电影电视业	1358	6.07
十四、科学研究和综合技术服务业	299	1.34
十五、国家机关、政党机关和社会团体	1325	5.92
十六、其他行业	47	0.21
总　计	22389	100.00

2010年广陵区在业人口行业分类抽样调查情况表

（2010年11月1日零时）

表 5-2-9

行业	在业人数(人)	构成(%)
一、农、林、牧、渔业	1617	5.83
二、采矿业	39	0.14
三、制造业	12231	44.09
四、电力、燃气及水的生产和供应业	280	1.01
五、建筑业	1899	6.85
六、交通运输仓储和邮政业	1166	4.20
七、信息传输、计算机服务和软件业	275	0.99
八、批发和零售业	4690	16.91
九、住宿和餐饮业	1066	3.84
十、金融业	319	1.15
十一、房地产业	388	1.40
十二、租赁和商务服务业	290	1.05
十三、科学研究、技术服务和地质勘查业	126	0.45
十四、水利、环境和公共设施管理业	129	0.46
十五、居民服务和其他服务业	883	3.18
十六、教育	737	2.66
十七、卫生、社会保障和社会福利业	414	1.50
十八、文化、体育和娱乐业	203	0.73
十九、公共管理和社会组织	897	3.23
二十、其他行业	93	0.34
总　计	27742	100.00

第五节 教 育

2010年第六次全国人口普查资料显示，全区6周岁及以上人口共50.2万人，按受教育程度分，其中不识字或识字很少的1.69万人，占3.36%；小学文化程度的11.53万人，占22.97%；初中文化程度的19.28万人，占38.40%；高中文化程度的11.07万人，占22.06%；大学专科文化程度的4.36万人，占8.68%；大学本科及以上文化程度的2.27万人，占4.53%。

与1990年第四次人口普查结果比较，不识字或识字很少的占比下降5.17个百分点，小学文化程度的占比上升2个百分点，初中文化程度的占比上升8.84个百分点，大学专科文化程度的占比上升0.38个百分点。

1990年、2010年广陵区6周岁及以上人口受教育程度情况一览表

表5-2-10

受教育程度	1990年第四次人口普查		2010年第六次人口普查	
	人数(人)	比重(%)	人数(人)	比重(%)
不识字或识字很少	23857	8.53	16873	3.36
小学	58684	20.97	115279	22.97
初中	82694	29.56	192766	38.4
高中	75680	27.05	110740	22.06
大学专科	23228	8.30	43588	8.68
大学本科及以上	15626	5.59	22745	4.53
总 计	279769	100	501991	100

说明：此表为2010年第六次全国人口普查资料，含2011年新5镇的人口资料

第六节 家 庭

一、家庭构成

1990年，广陵区共有家庭户8.34万户，其中单身户5229户，一对夫妇户8135户，二代户5.18万户，三代户1.13万户，四代户292户，一代户和其他亲属、非亲属1158户，二代户和其他亲属、非亲属1742户，三代户和其他亲属、非亲属720户，四代户和其他亲属、非亲属31户，其他3090户。二代户比重最高，占62.06%。

2010年，广陵区（含“新5镇”）共有家庭户16.33万户，其中一代户5.67万户、二代户6.82万户、三代户3.66万户、四代户1880户、五代及以上户2户。二代户比重最高，占41.77%。

2010年第六次全国人口普查广陵区家庭构成一览表

（2010年11月1日零时）

表5-2-11 单位：户

地区	家庭户户数	一代户		二代户		三代户		四代户		五代及以上户		
		户数	比重(%)	户数	比重(%)	户数	比重(%)	户数	比重(%)	户数	比重(%)	
东关街道	16656	7608	45.68	6845	41.10	2174	13.05	29	0.17	—	—	—
汶河街道	12662	4616	36.46	6011	47.47	1995	15.76	40	0.32	—	—	—
文峰街道	18705	6325	33.81	9080	48.54	3221	17.22	79	0.42	—	—	—

续表 5-2-11

地区	家庭户户数	一代户		二代户		三代户		四代户		五代及以上户		
		户数	比重（%）	户数	比重（%）	户数	比重（%）	户数	比重（%）	户数	比重（%）	
曲江街道	39452	12548	31.81	19449	49.30	7283	18.46	172	0.44	—	—	—
杭集镇	11004	2949	26.80	3830	34.81	3907	35.51	317	2.88	1	0.01	—
李典镇	11538	4133	35.82	3706	32.12	3425	29.68	274	2.37	—	—	—
沙头镇	11096	3310	29.83	3772	33.99	3728	33.60	286	2.58	—	—	—
头桥镇	13428	5514	41.06	4493	33.46	3198	23.82	223	1.66	—	—	—
泰安镇	6060	2291	37.81	1971	32.52	1676	27.66	122	2.01	—	—	—
湾头镇	7809	2328	29.81	2887	36.97	2443	31.28	150	1.92	1	0.01	—
汤汪乡	7513	2652	35.30	3187	42.42	1592	21.19	82	1.09	—	—	—
产业园	7360	2376	32.28	2965	40.29	1913	25.99	106	1.44	—	—	—
总　计	163283	56650	34.69	68196	41.77	36555	22.39	1880	1.15	2	—	—

说明：含2011年划入广陵区的头桥、李典、沙头、杭集、泰安新5镇的人口数据。根据《2010年扬州市广陵区人口普查资料》编辑说明第九条，上表总计中五代及以上户所占比重很小，故空白

二、户籍构成

据广陵区第四、五、六次全国人口普查材料统计，1990年以三人户最多，占总户数的43.67%，其次为四人户，占18.65%；2000年仍以三人户最多，占44.52%，其次为两人户，占22.61%；2010年三人户最多，但比重略下降，占32.67%，两人户比例上升到25.10%。

1990年第四次全国人口普查广陵区户籍构成一览表

（1990年11月1日零时）

表 5-2-12　　　　单位：户

地区	家庭户户数	一人户		二人户		三人户		四人户		五人户	
		户数	比重（%）	户数	比重（%）	户数	比重（%）	户数	比重（%）	户数	比重（%）
广陵街道	20292	2126	10.48	3179	15.67	8910	43.91	3669	18.08	1573	7.75
城南街道	23453	2382	10.16	3351	14.29	10236	43.65	4365	18.61	2062	8.79
汶河街道	20838	2054	9.86	3302	15.85	9230	44.29	3812	18.29	1681	8.07
东关街道	18854	1752	9.29	2809	14.90	8051	42.70	3717	19.71	1646	8.73
市公安局	6	5	83.33	1	16.67	—	—	—	—	—	—
总　计	83443	8319	9.97	12642	15.15	36427	43.67	15563	18.65	6962	8.34

地区	家庭户户数	六人户		七人户		八人户		九人户		十人及以上户	
		户数	比重（%）	户数	比重（%）	户数	比重（%）	户数	比重（%）	户数	比重（%）
广陵街道	20292	491	2.42	195	0.96	92	0.45	28	0.14	29	0.14
城南街道	23453	587	2.50	222	0.95	137	0.58	49	0.21	62	0.26
汶河街道	20838	473	2.27	159	0.76	74	0.36	30	0.14	23	0.11
东关街道	18854	486	2.58	193	1.02	108	0.57	50	0.27	42	0.22
市公安局	6	—	—	—	—	—	—	—	—	—	—
总　计	83443	2037	2.47	769	0.92	411	0.49	157	0.19	156	0.19

说明：一人户指从家庭中分离出来单立的户头或从外地迁移来一人单立的户头；单身户指原有家庭成员中分离出去或死亡后只剩一人的户头

2010 年第六次全国人口普查广陵区户籍构成一览表

（2010 年 11 月 1 日零时）

表 5-2-13　　单位：户

地区	家庭户户数	一人户		二人户		三人户		四人户		五人户	
		户数	比重（%）	户数	比重（%）	户数	比重（%）	户数	比重（%）	户数	比重（%）
东关街道	16656	3743	22.47	4934	29.62	5395	32.39	1433	8.60	949	5.70
汶河街道	12662	1823	14.40	3663	28.93	4728	37.34	1320	10.42	920	7.27
文峰街道	18705	2327	12.44	4667	24.95	7090	37.90	2383	12.74	1824	9.75
曲江街道	39452	5294	13.42	8827	22.37	15979	40.50	4544	11.52	3829	9.71
杭集镇	11004	1098	9. 98	2166	19.68	2848	25.88	1813	16.48	2162	19.65
李典镇	11538	1191	10.32	3231	28	2840	24.61	1797	15.57	1920	16.64
沙头镇	11096	1111	10.01	2510	22.62	2882	25.97	1808	16.29	2122	19.12
头桥镇	13428	1772	13.20	4223	31.45	3393	25.27	1872	13.94	1692	12.60
泰安镇	6060	765	12.62	1809	29.85	1477	24.37	905	14.93	881	14.54
湾头镇	7809	878	11.24	1639	20.99	2202	28.20	1298	16.62	1350	17.29
汤汪乡	7513	1118	14.88	1711	22.77	2286	30.43	1134	15.09	1009	13.43
产业园	7360	998	13.56	1611	21.89	2217	30.12	1047	14.23	1213	16.48
总　计	163283	22118	13.55	40991	25.10	53337	32.67	21345	13.08	19871	12.17

说明：含 2011 年新划入 5 镇的人口数据

第三章　人口控制

1989 年至 2002 年 10 月，广陵区计生工作实行“条包块管、以块为主”的管理体制，由区计生委统一管理区内各系统、各街办（乡镇）、驻扬各单位的计生工作。2002 年 10 月至 2011 年 12 月，按照国家计生委、民政部、中国计划生育协会《关于加快城市社区建设的意见》，将原管理体制改为“属地管理、单位负责、居民自治、社区服务”的管理体制。遵循“两个转变”（ 计划生育工作思路和工作方法两个转变）、“三为主”（计划生育工作以宣传教育为主、避孕节育为主、经常性工作为主）的工作方针，拓宽思路，改革创新，实施人口与计划生育工作的战略转移。

1989 ～ 2011 年，广陵区计划生育率长期保持在 98% 以上，人口再生产，从高出生、低死亡、高增长转变为低出生、低死亡、低增长，稳定在低生育水平。

第一节　机构队伍

一、组织机构

1983 年，设扬州市广陵区计划生育委员会（以下简称区计生委），为区政府工作部门。1990 年，区计生委内设广陵区计生药具管理站（全民事业单位）。2002 年 3 月，扬州市广陵区计划生育委员会改名为扬州市广陵区计划生育局。2005 年 4 月，更名为扬州市广陵区人口和计划生育委员会（以下简称区人口计生委），负责全区人口和计划生育管理工作。

区人口计生委负责实施广陵区人口和计划生育中长期规划、年度计划和事业发展规划，对人口和计划生育规划执行情况进行监督和评估；拟订广陵区人口和计划生育具体政策规定和实施办法，负责协调推动有关部门、群众团体履行人口和计划生育相关职责，完善计划生育利益导向机制，促进人口和计划生育政策在相关部门工作中的衔接配合；依法管理人口和计划生育技术服务工作，指导、监督广陵区公共服务中心的有效运转，依法规范计划生育药具管理等工作。

二、队伍建设

1989年，区计生委在编人数8人，2005年17人，2011年14人。1989年，扬州城区计划生育干部队伍（含专兼职）为591人。2004年，有乡镇（街道）计生工作人员23人，社区计划生育服务员45人。2011年，广陵区11个乡级政区及产业园，全部配备专职计生助理，每个村（居）都有计生服务员（村由妇女主任兼任）。基层计生专干合计184人，其中社区计划生育服务员 54 人，村计生专干（妇女主任）91人，乡级干部39人。

区计生委定期对从事计划生育工作的专、兼职人员进行综合培训，不断提高机关人员、基层工作人员的专业水平和工作能力。1989～1997年，举办计划生育干部培训班46期，培训4500多人次。1998～2005年，举办培训班24期，培训计划生育工作人员2037人。2006～2011年，举办各类专业培训9次，培训人员1340人次。

第二节　生育政策

一、计生管理

先后制定一系列计划生育管理和服务工作制度，如《扬州市广陵区人口与计划生育管理实施办法》《关于进一步加强流动人口计划生育管理和服务工作的意见》《关于进一步加强企事业单位人口与计划生育管理和服务工作的意见》《关于计划生育基本项目免费技术服务的有关规定》《广陵区计划生育服务承诺》《扬州市广陵区社区人口与计划生育工作规范》《社区计划生育居民自治公约》《规范照顾再生一孩申报、审核工作的意见》等，对照顾生育办理程序、申报方法、审批及公示要求都作出明确规定。

2006年，办理及查验流动人口婚育证明和计划生育免费服务项目等办事程序，为近1000人次提供政策咨询服务。发放流动人口计划生育婚育证明300本，为计划生育困难家庭发放计生优抚证314本。2008年，办理人大代表议案、政协委员提案3件，接待来信来访57起，查处违法生育行为91起。对外出打工、经商人员发放流动人口婚育证明150本；为未持户籍地流动人口婚育证明的3000人发放流动人口计划生育临时服务证。2009～2011年，计接待群众来信来访480件。

2006～2011年，区委、区政府先后出台《关于印发广陵区人口和计划生育工作意见的通知》《关于开展〈关爱女孩行动〉的意见》等文件。2009年，区人口计生委认真落实《人口计生委财政部关于实施“三项制度”工作的通知》《农村部分计划生育家庭扶助制度》《江苏省独生子女伤残死亡家庭扶助制度实施意见》。

二、政策奖励

1983～2004年，广陵区对男女双方实行晚婚（且属初婚）者，双方增加晚婚假7天；晚育者除按规定享受产假外，再给予晚育假一个月。妇女在产假期间领取独生子女证者，可再享受保健假14天。所增加的婚假、产假期间，工资照发，工分照记，不影响全勤评奖。户口在本区，工作满一年以上的临时工、合同工、代课教师与正式人员同样享受。对领取独生子女证者，发给儿童保健费，每季10元，从领证起至孩子满14周岁止。独生子女可优先入托、入园、入学。其幼托费、小学至高中的学费全部报销，独生子女统筹医疗费全报，农村社员独生子女免缴合作医疗费。若双方均从事农业生产，则独生子女托费、学费、药费均由生产队（组）负担。分配住房、社会招工，在同等条件下，优先照顾独生子女户。有条件按标准多分一个人的住房面积和宅基地，郊区按标准多分给一个人的自留地，或每年发给现金10元。领取独生子女证的父母年老退休时，按退休规定加发5%的退休金。在评奖、评模、提干、晋级、入党、入团时，都要把晚婚和计划生育作为考察的条件之一。

2005 年 3 月，广陵区施行《扬州市广陵区人口与计划生育管理办法》。鼓励公民晚婚晚育，提倡一对夫妇只生一个孩子；符合晚婚年龄依法登记结婚的夫妻延长婚假 10 天，夫妻双方晚婚的，双方享受，一方晚婚的，一方享受。对晚育的，女方产假为 120 天，剖腹产的为 140 天。对依法生育，并在小孩出生后 90 天内自愿领取独生子女父母光荣证的，女方增加 14 天独生子女保健假，给予男方护理假 10 天。职工按上述规定休假视为出勤，不影响工资、奖金及福利待遇。农村居民及城镇无业人员晚婚晚育的，由户籍所在地的人民政府给予表扬和奖励；凡自愿只生育一个孩子的夫妻或依法收养一个孩子后不再生育的，以及依法生育两个孩子，其中一个孩子死亡后不再生育，均可申请领取独生子女父母光荣证；自领证之日起至孩子 14 周岁止，每年可领取 20 元以上的独生子女父母奖励金；在办理退休手续时，可以按其退休前月工资的 5% 每月增发退休金。对农村部分计划生育家庭，实行奖励扶持制度，每人每年补助 600 元，由区、乡财政共同支付；父母系机关、团体、事业单位正式人员和聘用人员，其独生子女入托、入园、入学的管理费、学杂费和医疗费予以报销。企业视实际情况参照规定执行。

2009 年 1 月起，提高农村部分计划生育家庭奖励扶助标准，由每人每月不低于 50 元提高到不低于 60 元。2011 年，独生子女伤残家庭特别扶助金标准从每人每月不低于 80 元和 100 元分别提高到不低于 120 元和 150 元。在公益金中一次性列支不低于 3000 元帮扶金，让独生子女家庭在遭遇不幸时第一时间感受到政府的温暖和关怀。2011 年 1 月，区计生委根据市政府《关于对持独生子女父母光荣证退休的企业职工实行一次性奖励的实施意见》，对 1996 年 1 月 1 日以后退休时未享受加发 5% 退休金待遇的持证退休职工，一次性发放奖励金 3000 元。区内持证退休职工 2298 人拿到一次性奖励金。

第三节　宣传教育

一、媒体宣传

1989～2011 年，利用广播、电视、报刊、人口计生网、中国移动信息平台等媒体传播国情、国策和新型生育文化。

1991 年，区计生委创办《广陵计生》简报，作为宣传国策、交流工作、传播信息的工作平台。2004～2011 年，共出刊 76 期。

图 5-3-1　全国计划生育优质服务

2006～2011 年，区人口计生委组织大型宣传活动 18 次，在国家、省、市各类报刊以及区内政务信息上发表文章 310 多篇，发布网上信息 660 多条，电视专题报道 18 次，广播电台报道 6 篇。2009 年，《中国人口报》头版刊登 2 篇题为《广陵区打造人口计生公共服务品牌》和《广陵区以项目建设推动计生工作发展》的文章。江苏省广播电台《人口纵横》栏目专题报道 1 次，并获省好新闻一等奖。2010 年，《中国人口报》头版刊登题为《广陵区积极开展生育关怀行动》的文章，第二版刊登题为《着力打造社区人口计生“幸福工程”》《广陵区计生宣传有声有色》和《广陵区举办宣传品展评活动》的文章，4 月，《扬州日报》A3 版整版刊登题为《广陵区着力打造人口计生“幸福工程”》的文章。2011 年 9 月，《中国人口报》刊登题为《广陵区重视出生人口性别比》的文章，《江苏人口信息》第 6 期专版报道广陵区文峰街道人口计生工作的先进经验和做法，为区内经济社会发展营造良好氛围。

二、知识教育

人口学校　1989～1991 年，区计生委组织市、区各系统、街办、驻扬各单位，开展人口与计划生育基础知识教育。1992 年 9 月,区计生委、区计生协会和扬州医学院共同创办广陵婚育学校,以医学院为教学基地,开设"新婚和优生指导""母婴保健""科学育儿""人口知识"等课程,常年办班,学习结束发给结业证书。1994 年后,各街办、乡镇,先后建立婚育学校。1999 年 6 月,改称广陵人口学校,承担人口基础知识普及教育任务。至 2005 年,全区共办班 336 期,参加学习结业人数 2.9 万人。2006 ~ 2011 年,区计生委建立乡级人口学校 8 所。与区公安、工商、教育、民政、劳动、妇联等部门,联合开展"关注青少年、关注青春期""关爱母亲""关心女孩健康成长"等教育工作,使流动人口主动接受和融入当地政府管理与服务之中。

基础知识教育 区计生委先后与市计生技术指导所联合举办"婚、孕、产、育"科普基础知识学习班。与市文化部门联合举办新婚学校放映活动,受教育的青年 2.4 万人。与市计生委、计生协会先后联合举办"性文明展览""生殖与健康大型图片展览"等大型科普图片展,参观展览群众累计近 8 万人。制作婚育知识夹,发放青春知识卡片,设置计划生育咨询服务台,免费咨询服务。组织订阅《人生》《婚育之友》近 1000 份,发放计生知识袋 3 万多只,传授人口与计划生育知识。

2001 ~ 2005 年,组织专家进学校、进社区,举办青春期健康、孕产期健康、预防艾滋病等知识讲座 100 多场。2006 年,分别在 6 个乡镇、街道举办各类培训 270 期。2010 年,在各乡镇(街道)、产业园举办优生优育知识讲座 7 场。2006 ~ 2011 年,举办计生知识讲座 144 次、计生知识座谈会 95 场、计生知识竞赛 58 场。

三、集中教育

图 5-3-2 广陵区人口计生委宣传台

1989 ~ 2011 年,区计生部门注重抓好集中性宣传教育,运用各种形式宣传计划生育、优生优育科普知识。

1989 ~ 1999 年,先后 8 次分别与区计生协会、区环保局、市卫生局、市计生协会联合举办"为独生子女服务一条街""计划生育宣传服务一条街""计划生育、优生优育、生殖保健、宣传咨询服务一条街"活动,设置宣传、咨询服务台 160 个,组织医务人员、计划生育干部、计生协会会员 3700 多人走上街头,宣传计划生育、优生优育。2001 ~ 2005 年,先后组织各系统、驻区各单位、各乡镇、街道、区属各单位反复宣传计划生育法律法规。组织 3000 人参加市人口计生知识竞赛,有 3 人获二等奖,3 人获三等奖,18 人获纪念奖。2005 ~ 2011 年,先后与市计生指导所、瘦西湖公园、区文化局、区计生协会、区体委、市人寿保险分公司联合举办独生子女书画展、人口书画展、城区独生子女优生优育成果汇报演出、独生子女现场创作书画赛等活动。

2006 ~ 2011 年,多层次、多渠道、多形式推进计划生育优质服务体系建设。打造新农村建设文化路 8 条、新型生育文化特色村居(庄台、楼栋)9 个、计生特色中心户 30 户,建立生育文化展示厅 7 个、新家庭文化屋 5 个、乡级独立人口学校 4 所。杭集镇、头桥镇、李典镇世代服务站创成省级优质服务示范站。李典镇建成人口雕塑文化广场,被评为江苏省"双新"(新农村、新家庭)计划生育示范岗。

四、婚育新风

1999 年,区政府召开婚育新风进万家活动动员大会,把该项活动列入计划生育宣传工作中心内容。区委宣传部与区计生委联合组建工作组,在城区 30 个居民委员会开展"婚育新风进万家"活动试点。同时开展"四进四比"〔思想教育进家庭比思想觉悟,三优(优生、优育、优教)知识进家庭比人口素质,传统美德进家庭比家风家貌,政策法规知识进家庭比遵纪守法〕活动,使婚育新风进万家活动更具吸引力。同年,印发《致广大群众的一封信》4000 份,宣传倡导科学、文明、进步的婚育观。2000 年,在东关、城南、广陵、汶河 4 个街道办事处，分别召开现场会，推行南河下居委会开展婚育新风进万家活动的经验。同年9月，区委、区政府召开“婚育新风进万家”活动经验交流会。2001年，区人口学校办班45期，培训新婚育龄妇女2272人次。江苏电视台制成专题片《情暖万家——琼花故里新风》，在江苏卫视《人口家庭》栏目播出。2002～2005年，区计生委先后三次调整、充实婚育新风知识传阅的内容和范围，发放婚育新风知识集传阅夹3400册，传阅4万人次。

2006～2010年，开展“五进”（进企业、进市场、进校园、进社区、进家庭）助推婚育新风进万家活动。区财政投入近百万元建设人口文化广场4个。制作宣传展板159块、公益性广告牌298块、宣传栏79个、人口计生工作纪实片2部、各种宣传资料10多万份（册），进一步扩大婚育新风宣传。开展“婚育文明好、勤劳致富好、关系和谐好、道德风尚好、卫生整洁好”的计生幸福家庭评选活动，创计生幸福家庭100户。

五、关爱女孩

2004年，区计生局印发《关于开展“关爱女孩行动”的意见》。区计生局会同区委宣传部、区教育局、卫生局、妇联、共青团广陵区委，在社区、学校开展关爱女孩行动，运用多种形式进行宣传教育。各乡镇、街道召开关爱女孩行动座谈会，开展知识竞赛、印发宣传册、出黑板报等活动，受教育人数10万余人。是年，江苏卫视对广陵区呵护女孩成长的家庭典型事迹作专题报道。

图5-3-3　深入社区开展人口和计划生育咨询服务活动

2005年，举办“树婚育新风，关爱女孩健康成长”演讲会，开展关爱女孩行动专题调研。核实独生女家庭1.75万户，其中特困家庭516户，组织社会力量资助贫困家庭70户，结对帮扶162户，3360户困难家庭享受低保户照顾。2006～2011年，帮助517户计生困难女孩户办理计划生育优抚证，为312户计生困难女孩户办理最低生活保障，为计生女孩困难家庭免费赠送3000余份计划生育系列保险。2006年，在扬州市计生系统关爱女孩知识竞赛中，广陵区获第一名，并代表市参加省关爱女孩知识竞赛活动。2009年，在扬州市关爱女孩知识竞赛活动中，广陵区获得第一名。

第四节　管理与服务

一、计划目标管理

1989～2005年，区政府实行计划生育工作目标责任制和承包责任制，制定《计划生育工作目标责任书》和《计划生育工作承包责任书》。2006～2011年，由区计生部门牵头，与13个部门、单位联合行动，向乡镇、街道下达目标责任书，作为“一票否决”的硬性指标。2011年，区政府与7个乡镇、4个街道、产业园以及27家企事业单位签订“十二五”期间《人口和计划生育综合治理目标责任书》，与17家流动人口相对较多的单位签订《流动人口计划生育管理和服务双向协议书》。各系统、街办、驻扬单位实行层层分解、层层承包，横包到边，纵包到底，使人口出生指标落实到各级、各层和育龄人群。次年年初，召开广陵区承包兑现大会，公布考核评议结果，书面通报表彰奖惩。

二、常住人口管理

广陵区常住人口（1989～2002年称户籍人口，2002年后改称常住人口）计生工作，坚持党政一把手总负责、企业法人代表负责制。常住育龄人群按其隶属关系分类管理，即有固定工作单位的，由单位负责管理其婚、孕、产、育；无固定工作单位的，由其户籍地（居住地）的乡镇、街道、村（居）委会、社区负责管理；青少年由其所在学校负责对其进行青春期健康知识教育。

"七五"至"八五"期间，常住育龄人口婚、孕、产、育实行"四证一卡"和签订计划生育合同的管理办法，即凭婚姻状况和居民身份证领取结婚证，结婚后领取计划生育卡，怀孕后凭计划生育卡换取生育证，生育后凭出生证领取独生子女证。"八五"期末，江苏省计划生育1%抽样调查结果，广陵区各项指标均名列江苏省城区第一名，受到省计生委和市政府表彰。"九五"期间，采取"三证换一证"的管理方法，即用结婚证、身份证、人口学校结业证，换取准生证，缺一不可。

2003年2月，区计生局印发《关于计划生育有关证件办理的暂行规定的通知》，从2003年2月24日起，"取消一孩生育证的发放"，依据《江苏省人口和计划生育条例》，"男女双方经依法登记结婚且均未生育过，即可生育一个孩子"，对申请照顾再生一孩的育龄夫妇到女方户籍地的乡镇政府或街道办事处提出申请，经区计生局批准，领取生育证方可生育。

区人口计生委严格按照政策规定研究审批照顾生二胎工作，一年四次，每季度末进行。审批过程中，坚持"两公开，一监督"，即公开照顾生育二胎政策、公开申报手续的审批程序，广泛接受群众监督，张榜公布7天，建立举报信箱。坚持"三级"（单位、系统、区人口计生委）集体讨论。2006年4月1日起，使用全省统一的批准再生育一个孩子生育证。1989～2011年，区人口计生委共批准1631对育龄夫妇照顾再生一孩，无一例违规审批。

三、流动人口生育管理

1989～1991年，广陵区贯彻实施《江苏省流动人口计划生育管理暂行规定》和扬州市《关于加强流进人口计划生育管理有关问题的通知》。1997年，区委、区政府下发《关于开展流动人口计划生育专项治理年活动的实施意见》。2000年始，区计生委下发《关于加强流动人口计划生育管理工作的意见》，流动人口计划生育实行属地化管理（谁用工、谁管理）。

（一）分级分类管理

区政府负责流动人口计划生育管理规章制度制定和检查落实，每年与各系统、街办、驻区单位签订《人口与计划生育目标管理责任书》，明确流动人口计生工作与常住人口一样管理与考核。各系统、单位实行法人代表负责制。

区计生委负责业务指导，组织实施各项任务；系统、街办、驻区单位负责建立流动人口档案，督促用工单位按要求做好计生工作。先后推广工艺系统"专管成线，严把四关（进厂关、妇检关、验证关、教育关）"、二畔铺居委会"群策群力，加强流动人口管理"，扬州纱厂"加强临时、合同工计生管理"，以及市公安局广陵分局、扬州建筑工程公司、市政工程公司、城南街办等单位管理流动人口计生工作的经验，使区流动人口计生管理工作逐步走向规范化。

（二）服务管理新机制

2006年，将流动人口管理和服务纳入现居住地管理，与常住人口一样，做到同宣传、同教育、同管理、同服务、同待遇。有流动人口200多人享受计划生育基本项目免费服务，近1000人得到政策服务、技术服务以及帮扶服务。

2008年，在汶河街道四望亭社区实施流动人口计生服务管理"一二三四五"项目工程，即建立一个新市民驿站，设立两个服务窗口（计生世代服务岗、计生世代服务室），形成"三位一体"（党政干部为龙头，计生干部为骨干，计生协会为依托）管理服务网络，健全四项工作制度（学习登记制度、服务管理制度、联系协调制度、考核评比制度），开展"五项服务"，为广陵区流动人口管理服务工作树立标杆。

2010年，建立政府主导、计生牵头、部门联动、社会参与的流动人口计生工作新机制，明确区、乡镇（街道）、村（社区）三级流动人口服务与管理工作的职责和考核办法。在区人口计生公共服务中心增挂流动人口计划生育服务中心牌子，在流动人口相对较多的村、社区或大型集贸市场建立新市民驿站。

2011年，提升四望亭路新市民驿站，建成文昌商圈流动人口服务品牌。建成曲江商品城人口计生新市民驿站。驿站内设有流动人口计生公共服务室、新家庭文化屋、亲子园和人口学校，为市场新市民提供特色服务。免费为18～49岁周岁的成年育龄妇女办理与查验流动人口婚育证明151本，为符合一孩生育条件的流入夫妇办理一孩生育服务证34本，发放生殖保健服务证42本，为流入人口开展服务8201人次、孕环情监测2550人次、生殖道感染综合防治1250人次、计划生育手术70例。

四、避孕节育

（一）签订责任书

1990～2011年，把避孕节育指标写进与各部门、系统、单位（包括驻扬各单位）签订的《计划生育工作承包责任书》（1996年后改称《人口计划生育目标责任书》）中，作为工作承包内容必须完成的任务。

广陵区实施单位与育龄夫妇分别签订《扬州市广陵区已婚育龄夫妇生育、节育合同书》（1997年8月后改称《扬州市广陵区已婚育龄夫妇计划生育合同书》）、《扬州市广陵区流动人口计划生育合同书》（1997年8月改为《扬州市广陵区流动（出）人口计划生育合同书》和《扬州市广陵区流动（入）人口计划生育合同书》。在合同书中，明确甲乙（单位、育龄妇女）双方的权利和义务以及违约责任。

（二）发放药具

1989年聘用退休工人和借用厂医具体负责药具发放。1990年3月，区药具管理站负责区内药具管理与发放工作。区内40个系统、405家工厂企业、4个街道、120个居委会、25家驻扬单位，配有专、兼职药具管理发放人员692人，设置药具专柜456个，药具商业零售点11个。2002年行政区划调整后，广陵区共有专、兼职药管员343人（其中专职37人），负责指导育龄人群正确使用药具、避孕方法，为知情选择提供咨询和随访服务。2006年，广陵区除有专兼职药管员200多名负责避孕药具的宣传、发放和随访服务工作外，还有免费药具IC卡自动发放机4台，自动售套机50多台，20多家大德生医药连锁店设免费发放专柜，各村（居）都有开放式计生免费发放药具专柜。2009年，区人口计生委利用育龄妇女使用口服药跟踪服务项目载体，对广陵区服用避孕药人员完善建档。2006～2011年，免费发放药具33.39万板（盒），药具有效率99%以上。

1990～2011年广陵区避孕药具使用情况一览表

表5-3-1　　单位：人

年份	已婚育龄妇女	口服及针剂	放环	外用药	避孕套
1990	67573	6086	3190	1004	76666
1991	63622	7032	3073	1020	5200
1992	67023	6386	2680	1057	5816
1993	65906	6781	2500	1073	7068
1994	71444	5329	2832	1224	7302
1995	72195	4111	3302	834	7713
1996	74433	3449	2993	1287	7672
1997	72882	5635	2530	1344	7918
1998	73980	3641	1950	851	7296
1999	74247	4951	1839	1393	7246
2000	74042	5402	1555	1188	7821
2001	69660	3846	1467	1434	6322
2002	53428	4147	560	998	4801
2003	53534	2250	348	504	3138
2004	52638	3653	466	796	3454
2005	52937	1240	589	638	6526

续表 5-3-1

年份	已婚育龄妇女	口服及针剂	放环	外用药	避孕套
2006	53297	567	464	105	7537
2007	54415	447	344	52	9188
2008	55635	411	303	45	10194
2009	58244	183	236	34	11585
2010	58805	113	196	33	13359
2011	95071	96	100	33	14693

（三）技术指导与服务

1989～2011年，对区内所有育龄夫妇（含外地流入3人以上的育龄人群），因人制宜进行节育技术指导，选择安全、有效、适宜的避孕节育措施。

1997年，实施计划生育优质服务，建立避孕节育全程服务和生殖保健记录卡、服务手册，对育龄妇女进行避孕节育、生殖保健医学监护。1999～2002年，各系统、单位、街办推行计划生育优质服务。2002年6月，区政府成立区避孕节育和生殖保健服务系列工程领导小组，下发《关于在全区开展避孕节育和生殖保健服务系列工程的工作意见》。至2003年，有育龄妇女2.5万多人接受技术服务，对患有疾病的1.2万多人及时进行对症治疗，全面完成孕妇筛查任务。2004～2005年，进一步拓展深化技术优质服务内容，下发《关于计划生育基本项目免费技术服务的暂行规定》《关于做好避孕节育知情选择的工作意见》，开展针对性的技术服务工作。

（四）重点和特殊育龄人群管理

重点育龄人群管理。重点育龄人群是指生一女孩后思想不稳者、近期人流者、人岗（户）分离者、重组家庭者、个体户及无固定职业者、随土地征用进单位者、哺乳期妇女及痴呆傻者。1989～2011年，各系统、单位对重点育龄人群的管理方法是，单位（社区、居委会）与重点育龄妇女签订已婚育龄夫妇生育、节育合同书；把好工作变动关、定期妇检关、验照换照关、年终评比关；坚持逐人建账、逐人家访、逐人落实长效节育措施、逐人孕情见底。

特殊育龄人群管理。特殊育龄人群是指无业、离岗、下岗女职工，流进或婚进人员（含辞退、解聘、终止合同、待业、岗前培训人员）。1993年6月，区计生委给各系统、街办、驻扬各单位印发《关于做好离岗女职工计划生育管理的通知》。

2000年3月，印发《关于做好特殊人群计划生育管理、服务工作意见》（以下简称《意见》），重申对特殊人群实施计划生育管理办法：特殊人员离开岗位要办理好计划生育联系函，接收单位及时签订计划生育合同；建立健全特殊人群台账、档案；凡是流进或婚进人员，须持户籍地婚育证明或国家流动人口计划生育证明，单位（个体、私营）方可签订录用合同；在辞退时，妇检未孕，书面通知户籍地（居住地）的居委会（村委会），纳入当地正常管理。外地来扬个体经营者，计划生育管理工作由工商部门负责；外来务工者，计生管理工作由用工单位负责；凡外地来扬经营、务工育龄人群，均须持有户籍地出具的全国统一使用的国家流动人口计划生育证明，方可在扬就业；关、停、并、转单位的育龄职工计生管理工作，须及时函告户籍地社区（居委会、村委会），纳入正常管理。2001～2011年，继续执行《意见》规定的管理办法。

（五）信息管理

1992年，广陵区建立孕情检查制度，实行“季查、季清、季落实”。1995年，建立统计信息库。1997年，运用微机管理，按时、准确上报统计报表。1998年，下发《关于加强计划生育文秘信息的工作意见》，组建城区计划生育信息员队伍。2002～2003年，统计信息工作实施“以块为主，条块结合”的管理体制和“谁管理、谁服务、谁统计、谁考核”的管理原则，实施育龄妇女信息报告单、已婚育龄妇女信息卡和村（居）工作手册制度。2004 年，建立区、乡镇（街办）两级信息例会制度，每月交流信息。是年 5 月，建立社区计生信息系统，为各社区配备专职计生信息服务员 44 人。2005 年，实施“一单、二卡、一册、一集”计生信息台账制度，即育龄妇女信息报告单、广陵区计划生育优质服务记录卡（分常住人口记录卡和流动人口记录卡两种）、村（居）计生工作手册和广陵区计划生育活动资料集。是年 10 月，广陵人口计生网站开通。2010 年，实现人口信息的常态化、长效化管理。

（六）药具管理

1990 ～ 1999 年，先后举办药具管理培训班 28 期，获得药具管理上岗证书 2407 人。2003 年 7 月，实行属地化管理，管辖范围相应调整。2006 ～ 2009 年，乡、村计生专干 248 名进行药具业务知识培训，全部取得上岗证。2010 年，区计生药具系统进行药具岗位练兵，提升药具管理工作人员的业务能力和服务水平。曲江街道办事处被省人口计生委评为“十一五”时期计划生育药具工作先进集体。

每年下发《计划生育药具管理工作目标》《计划生育药具工作要点》，明确年度工作目标、工作要求和考核办法。2004 年，始建立区、乡镇（街道）、村（社区）三级药具发放体系。药具发放供应以单位发放为主、市场零售为辅。各村、社区设开放式药具柜，免费让育龄人群自取。2011 年，区药具应用率 98％以上，药具使用率 99％以上，药具发放率 100％，随访服务率 98％以上。

1989 ～ 1991 年，药具管理侧重抓节育措施落实率和有效率，抓完善规章制度，抓技术咨询服务，注重调剂药具品种余缺，管理市场药具零售点。1991 年，广陵区获扬州市药具管理一等奖。1992 ～ 1994 年，开展药具规范化管理竞赛活动。1995 ～ 2001 年，推广使用集宣传、业务、药具、协会工作为一体的基层基础新台账。2001 年 6 月，省检查组到扬州检查，广陵区药具应用率为 99.9％，有效率为 99.4％。2002 年，区内有药具供应点 25 个（市场药店除外），每年进行年审。2011 年，巩固拓展城区避孕药具社会化免费发放 IC 智能卡的范围，发挥避孕药具在控制计划生育工作中的重要作用。

五、晚婚晚育

（一）推行晚婚晚育

广陵区深入宣传晚婚晚育，运用法律调控、合同约束、精神鼓励等多种形式推行晚婚晚育。1988 ～ 2000 年，《计划生育目标责任书》中规定的晚育率均在 94％以上。2001 年修订的婚姻法对法定婚龄作了规定，“十五”期间，晚婚率未写进《计划生育目标责任书》中，晚婚率有所下降。2004 年，晚婚率为 73.33％，2011 年，晚婚率为 80.02％。

1989 ～ 2000 年，区计生委把提倡晚婚晚育政策融入到各种宣传活动中，并将晚婚晚育指标、任务要求写进每年的《计划生育承包责任书》和《计划生育目标责任书》，实行“一票否决制”。1991 年 11 月，区计生委根据《江苏省计划生育条例》有关条款，与区委政法委、区法院、公安局、司法局、监察局、法制局共同拟订《广陵区未婚青年晚婚晚育合同书》，凡男年满 25 周岁、女年满 23 周岁初婚的，女方年满 24 周岁生育第一个孩子的晚育的青年男女签订合同。至 1992 年 3 月，区内各系统、各单位签订晚婚晚育合同书全部结束，其中还有部分合同到区公证处进行公证。

（二）严禁违法生育

1989 ～ 2011 年，广陵区逐步实施计划生育合同管理制度。对已婚育龄妇女违法生育的，所在单位根据《江苏省计划生育条例》（2002 年 12 月 1 日起改按《江苏省人口与计划生育条例》）给予行政、经济处罚。根据国家《社会抚养费征收管理办法》，广陵区制定《关于进一步做好社会抚养费征收工作的意见》。征收的计划外生育抚养费，实行“街道收、区管、财政监督”的管理体制。

1988～2011年广陵区晚婚情况一览表

表 5-3-2

年份	女性初婚总人数	晚婚人数	晚婚率%	年份	女性初婚总人数	晚婚人数	晚婚率%
1988	1811	1722	95.09	2000	2516	2380	94.59
1989	2264	2194	96.91	2001	1280	1151	89.92
1990	2301	2230	96.91	2002	1264	1127	89.16
1991	2410	2351	97.55	2003	1267	1007	79.47
1992	2488	2451	98.51	2004	1627	1193	73.33
1993	2455	2420	98.57	2005	998	753	75.45
1994	2409	2377	98.67	2006	1458	1167	80.04
1995	2480	2448	98.71	2007	1517	1146	75.54
1996	2570	2563	98.68	2008	1582	1226	77.50
1997	2590	2550	98.46	2009	1578	1161	73.57
1998	2545	2466	96.90	2010	1262	932	73.85
1999	2558	2425	94.80	2011	1677	1344	80.02

六、优生优育

（一）分类指导

1992年，创办广陵人口学校，常年开设新婚和优生指导、孕产期母婴保健、科学育儿知识、人口知识与计划生育政策法规等课程，组织育龄人群分类、分期、分批培训。至2005年，举办优生优育学习班336期，参培结业2.93万人。2006～2011年，举办优生优育学习班100多期。

对育龄人群实行分类指导：对未婚青年宣传指导晚婚晚育，对新婚青年宣传优生优育知识，对已怀孕妇女宣传孕妇保健知识，对育龄妇女与配偶宣传只生一个光荣。1998年6月起，区计生委对已怀孕妇女发放孕妇保健通知单，到市妇幼保健所建立孕期保健卡，接受优生优育、孕期营养、自我保健、围产期检查指导。2003年4月起，对新婚夫妇统一免费发放“生殖保健夫妇服务证”。2007年，在社区服务中心设立计生服务窗口，发放新婚期、孕产期优质服务项目单，进行婚前孕前医学检查、预防出生缺陷干预、早孕建卡、产前筛查、新婚避孕等指导。

（二）婚前检查

1988～2003年，对未婚青年男女办理婚姻登记之前，要求婚姻当事人到指定医院进行婚检。如有暂不适宜结婚问题，暂缓登记。对未到法定婚龄或男女双方是近亲（指直系血亲和三代以内的旁系血亲）和患有医学上认为不宜结婚的疾病对象，不予登记。婚姻当事人在办理登记结婚时，发放结婚人员宣传“小册子”（1988～1993年），1993年改发《新婚手册》。1995年，要求结婚对象在领结婚证时看录像，接受婚前教育。1994年2月至2003年10月，按《结婚登记管理条例》规定执行，继续推行婚检，禁止近亲结婚。2003年10月起，执行新公布的《婚姻登记条例》，实行结婚登记告知单制度，婚姻当事人到婚姻登记机关办理结婚登记时，要阅读结婚登记告知单并签名。

（三）出生缺陷干预

出生缺陷干预（简称BDI），是“稳定低生育水平，提高人口素质”的主要措施。2002年10月，广陵区全面启动出生缺陷干预工程，成立BDI工程领导小组，调查摸底，落实筛查对象，建立筛查转诊机制，将筛查出的高危人群转诊到市、省妇幼保健院进行产前查治。2004年10月，制定《广陵区出生缺陷二级干预实施方案》，规定乡镇、街道计生指导员，村、社区计生服务员每月对新婚、怀孕对象上门访视。在一级干预的基础上，宣传二级干预知识。在孕妇知情同意后，向已孕 15 ～ 20 周 +6 天的中孕对象发放预约通知书，转诊到扬州市妇幼保健中心筛查。2002 ～ 2004 年，完成育龄妇女查治 3.73 万人，占已婚育龄妇女的 71.3%，并对患有疾病的育龄妇女及时落实治疗。积极实施出生缺陷干预工程，出生缺陷一级干预率 91.35%，大大提高出生人口素质。完成早孕妇女 954 名出生缺陷二级干预随访结局工作，回访率为 95.5%。2006 年 9 月，在省专业技术人员的指导下，组织相关人员参加对 867 名出生缺陷干预项目筛查的儿童进行随访调查，随访见面率 94.65%。2010 年，开展"以人群为基础的出生缺陷研究与检测"工作，对"十五"期间参加出生缺陷干预项目的儿童 1010 名进行体格检查和智力筛查。

（四）孕期保健和生殖保健

1989 ～ 1998 年，广陵区以市属 4 所医院（苏北人民医院、市人医、市妇幼保健院、市中医院）和区属红十字医院为扬州城区计划生育、孕产期保健、生殖保健定点单位。1998 年 6 月，区内各系统、街办、驻扬单位，对已安排生育怀孕妇女，发给孕期保健通知单，到妇幼保健所建立孕期保健卡，定期进行围产期保健检查。2002 ～ 2004 年，实施育龄妇女生殖感染综合防治工程（RTI 工程）。至 2005 年，累计查治育龄妇女 3.27 万人。2006 ～ 2011 年，开展生殖道感染查治 7.57 万人次。2009 年，免费筛查 1.34 万人，对筛查后需复查的 289 名及需要活检的 418 名进行后续服务。此外，加大对育龄妇女生殖道感染查治的力度，查治 1 万多人。

图 5-3-4 广陵区组织开展生殖健康咨询服务

七、计划生育服务

（一）服务体系建设

2005 年，开通广陵区计生网。2004 年 6 月，下发《广陵区计划生育服务体系建设实施意见》，设置区、乡镇（街道）、村（社区）三级服务网络。明确区、乡镇（街道）、村（社区）三级各自的优质服务范围、服务流程、服务标准和考核、评估方法。2006 ～ 2011 年，建立市、区、乡、村（社区）四级宽带网络和城区计生信息系统。

2006 年，依托市计划生育指导所为区级技术服务阵地，乡镇（街道）设有计划生育咨询服务室，村（社区）设有计划生育服务室，形成三级计生服务体系。为育龄妇女进行生殖道感染综合查治 2 万多人次，育龄群众享受计划生育基本项目免费服务 1667 人。是年 10 月，国家计生委药具发展中心吕凌部长一行，对广陵区已婚育龄妇女避孕药具使用现状进行抽样检查，并在曲江小商品市场召开流动人口育龄妇女座谈会，对基层计生药具工作情况给予高度评价。2007 年，启动东关街道人口计生世代服务站和文昌花园社区、四望亭社区世代服务室的试点工作。为育龄群众 2.4 万名提供免费技术服务，为已婚育龄群众 3000 多名提供知情选择。2009 年，广陵区建立人口信息数据库，将管理融于服务之中。2011 年，完善人口家庭服务网络，建立人口家庭服务阵地，开展 11 项人口家庭服务项目。

（二）技术服务

2002 年，成立区避孕节育和生殖保健服务系列工程领导小组，各乡镇（街道）也相应成立领导小组，下发《关于在全区开展避孕节育生殖保健服务系统工程的工作意见》。同年，制定《扬州市广陵区育龄妇女生殖道感染防治工程实施方案》，实施生殖道感染（以下简称 RTI）综合防治工程。至 2005 年，接受检查的育龄妇女累计 3.27 万人，检查率 82.7%。对患有疾病的育龄妇女，逐人建立保健档案，实行跟踪服务。2006 ～ 2010 年，免费为已婚育龄群众进行生殖道感染查治 6.22 万人，为已婚育龄群众进行宫颈癌早期筛查 1.34 万人。2011 年，组织 RTI 检查，查治 1.35 万人。

“五期”服务。对孕产期对象，介绍出生缺陷干预知识；产假期内提供指导知情选择，落实避孕节育措施。对避孕期对象，提供知情选择咨询服务，指导落实避孕节育措施。对不孕育对象提供诊治、引导服务。对更年期妇女，提供终止避孕节育措施服务。2004 年 6 月，制作《广陵区计划生育优质服务工作规范及考核评估一览表》，将服务内容、评估考核标准融汇到“六大工程”（深化避孕节育知情选择工程、避孕节育不良反应监测随访服务工程、育龄妇女生殖道感染综合防治工程、出生缺陷干预工程、重视男性生殖健康工程、关爱青少年性与生殖健康工程）工作中。

避孕药具发放。2001 ～ 2005 年，免费发放药具 IC 卡 600 多张、智能卡 5900 多张，为育龄群众提供便捷、安全、健康的优质服务。2007 年，制作各种免费药具使用卡 3400 多张。配合省人口计生委在扬州拍摄多渠道免费药具发放电视片。至 2011 年，广陵区药具应用率、有效率均为 99%以上。

病残儿鉴定。病残儿是指因先天性（包括遗传性和非遗传性疾病），或后天性患病、意外伤害致残、目前无法治疗，或经系统治疗仍不能成为正常劳动力的儿童。区人口计生委负责区内病残儿鉴定的管理工作。医学鉴定工作由市计划生育指导所组织的专家组负责，每年鉴定两次。1989 ～ 2011 年，广陵区经扬州市计划生育指导所专家组鉴定的病残儿共 714 人。

（三）帮扶服务

2001 ～ 2005 年，区政府 14 个部门联合下发《关于对计划生育相关困难群众实行优先优惠帮扶的实施意见》，落实帮扶对象，发放计划生育困难家庭优抚证 307 本，对符合政策的帮扶对象发放扶助金 211 人。2004 年 5 月，转发市委宣传部等 13 部门《关于对计划生育相关困难群众实行优先优惠帮扶的若干意见》。至 2004 年，对 363 户独女特困户进行帮扶救助活动，筹集资金 10.17 万元；社区通过政策（政府）购买工作岗位和社区计生协会组织妇女发展项目 71 个，帮扶下岗育龄群众就业 3047 人。2007 年，确认新增奖扶对象 77 人，发放奖扶金 17.63 万元；特扶对象 161 人，发放扶助金 15.1 万元。2008 ～ 2011 年，共发扶助金 13.53 万元、奖扶金 21.66 万元。为农村居民、城镇无业失业居民 2.09 万人兑现独生子女父母奖励金 42.07 万元。

图 5-3-5 区计生干部发放独生子女奖扶金

2006 ～ 2011 年，发放计生困难家庭优抚证 314 本，对计生困难家庭增加低保金 15%；为 1600 多户困难家庭赠送计生系列保险；推荐上岗人数 1993 人；区、乡各级计生协会新增妇女发展项目 71 个，帮扶自主创业 1185 人，争取小额贷款 195 万多元；建立“爱心超市”“慈善超市”28 个；赠送彩电 30 台等。《中国人口报》先后报道广陵区着力打造社区人口计生“幸福工程”和积极开展“生育关怀行动”的做法。

1989 ～ 2011 年广陵区人口自然增长和计划生育情况一览表

表 5-3-3

年份	年平均人口数（人）	已婚育龄妇女数（人）	出生人口数（人）	计划生育人数（人）	计划生育率（%）	出生率（‰）	自然增长率（‰）
1989	290546	51972	3179	3177	99.94	10.94	6.22
1990	298211	67573	3091	3090	99.97	10.37	5.17
1991	302392	63622	2778	2775	99.89	9.91	4.12
1992	311620	67023	2587	2587	100	8.30	3.07

续表 5-3-3

年份	年平均人口数(人)	已婚育龄妇女数(人)	出生人口数(人)	计划生育人数(人)	计划生育率(%)	出生率(‰)	自然增长率(‰)
1993	320327	65906	2890	2890	100	9.02	4.31
1994	331243	71444	3336	3336	100	10.07	5.21
1995	351935	72195	2943	2943	100	8.36	4.26
1996	375527	74433	3223	3221	99.94	8.58	5.07
1997	388094	72882	2910	2906	99.86	7.50	3.92
1998	401592	73980	2637	2634	99.89	6.57	0.81
1999	408945	74247	2504	2500	99.84	6.12	0.64
2000	404861	74042	2584	2580	99.85	6.38	2.06
2001	403156	69660	2113	2108	99.76	5.24	-1.12
2002	305650	53428	1138	1136	99.82	3.72	-2.40
2003	310263	53534	1039	1038	99.90	3.35	-2.62
2004	287743	52638	1660	1655	99.70	5.77	1.07
2005	272391	52937	1313	1312	99.92	4.82	-0.87
2006	274146	53297	1235	1235	100	4.50	-0.11
2007	275362	54415	1823	1813	99.45	6.62	2.05
2008	276057	55635	1574	1554	98.73	5.70	1.31
2009	281871	58244	1653	1636	98.97	5.86	1.58
2010	299302	58805	1771	1753	98.98	5.92	1.33
2011	318472	60353	2015	2001	99.31	6.33	1.81

说明：此表由区人口计生委提供；不含新5镇的人数；年平均人口数即年度年头与年尾人口数之和除以2的数字

1989～2011年广陵区已婚育龄妇女计划生育情况一览表

表 5-3-4

年份	实际生育人数(人)		已婚育龄妇女人数(人)	已领证人数(人)	领证率(%)	采取节育措施人数(人)
	一孩数	两孩及以上人数				
1989	3111	68	51972	33704	64.85	48173
1990	3045	46	67573	40547	60.00	59418
1991	2705	73	63622	45301	71.20	55158
1992	2525	62	67023	49236	73.46	58444
1993	2855	35	65906	42494	64.48	57345
1994	3302	34	71444	—	—	62798
1995	2906	37	72195	49901	69.12	63297
1996	3178	45	74433	52537	70.58	65912
1997	2862	48	72882	51597	70.80	66889
1998	2592	45	73980	49012	66.25	66684
1999	2465	39	74247	50490	68.00	66440
2000	2542	42	74042	49156	66.39	66984

续表 5-3-4

年份	实际生育人数(人)		已婚育龄妇女人数(人)	已领证人数(人)	领证率(%)	采取节育措施人数(人)
	一孩数	两孩及以上人数				
2001	2085	28	69660	45382	65.15	62155
2002	1120	18	53428	37016	69.28	50245
2003	1008	31	53534	35550	66.41	49262
2004	1594	66	52638	25018	47.53	46401
2005	1270	43	52937	26595	50.24	47413
2006	1181	54	53297	26883	50.44	47891
2007	1699	124	54415	26844	49.33	48086
2008	1458	116	55635	26723	48.03	48864
2009	1517	136	58244	28183	48.39	51043
2010	1632	139	58805	28682	48.77	51678
2011	1848	167	60353	29205	48.39	52863

说明：此表由区人口计生委提供；不含新5镇的人数

1989～2011年广陵区计划生育情况一览表

表 5-3-5

年份	已婚育龄妇女人数(人)	计划内生育人数(人)	节育人数(人)	计划生育率(%)	节育率(%)	婴儿出生性别(女:100)	晚婚率(%)
1989	51972	3177	48173	99.94	92.69	107.80	96.91
1990	67573	3090	59418	99.97	87.93	99.16	96.91
1991	63622	2775	55158	99.89	86.70	98.57	97.55
1992	67023	2587	58444	100	87.20	122.25	98.51
1993	65906	2890	57345	100	87.01	100.41	98.57
1994	71444	3336	62798	100	87.90	106.05	98.67
1995	72195	2943	63297	100	87.68	109.76	98.71
1996	74433	3221	65912	99.94	88.55	115.15	99.73
1997	72882	2906	66889	99.86	91.78	107.56	98.46
1998	73980	2634	66684	99.89	90.14	112.31	96.90
1999	74247	2500	66440	99.84	89.49	108.15	94.80
2000	74042	2580	66984	99.85	90.47	117.14	94.59
2001	69660	2108	62155	99.76	89.23	118.50	89.92
2002	53428	1136	50245	99.82	94.04	110.35	89.16
2003	53534	1038	49262	99.90	92.02	116.00	79.48
2004	52638	1655	46401	99.70	88.15	105.44	73.33
2005	52937	1312	47413	99.92	89.56	111.09	75.45
2006	53297	1235	47891	100	89.86	104.81	80,04

续表 5-3-5

年份	已婚育龄妇女人数（人）	计划内生育人数（人）	节育人数（人）	计划生育率（%）	节育率（%）	婴儿出生性别（女:100）	晚婚率（%）
2007	54415	1813	48086	99.45	88.37	112.22	75.54
2008	55635	1554	48864	98.73	87.83	105.22	77.50
2009	58244	1636	51043	98.97	87.64	107.92	73.57
2010	58805	1753	51678	98.98	87.88	107.13	73.85
2011	60353	2001	52863	99.31	87.59	103.74	80.14

说明：此表由区人口计生委提供；不含新划入5镇的人数

第六篇 城乡建设与管理

要　目

第一章　城市规划…………………………… 177

第一节　1982 ～ 2000 年总体规划 ………… 177

第二节　2002 ～ 2020 年总体规划 ………… 178

第三节　2011 ～ 2020 年总体规划 ………… 179

第二章　城区建设…………………………… 180

第一节　道　路 ………………………………… 180

第二节　桥　梁 ………………………………… 187

第三节　河　道……………………………… 194

第四节　城区防洪…………………………… 196

第五节　老小区整治………………………… 202

第三章　公用事业…………………………… 205

第一节　供　电 …………………………… 205

第二节　供　水……………………………… 206

第三节　供　气……………………………… 209

第四节　城市公交…………………………… 210

第四章　镇村建设…………………………… 211

第一节　集镇建设…………………………… 211

第二节　村庄建设…………………………… 213

第五章　城市管理…………………………… 215

第一节　管理体制与队伍…………………… 216

第二节　综合管理…………………………… 218

第三节　环境卫生管理……………………… 223

1989～2011年，广陵区历经3次区划调整，面积不断扩大，人口逐步增加，城乡面貌发生较大变化，在国内外的知名度、美誉度不断提升。人文、生态、精致、宜居成为广陵区特色，水环境整治、人居环境改善、城市亮化美化、古城保护利用、数字化城市管理都走在全市前列。城乡空间渐次拓展，形成“文化内涵看古城老街、生态环境看七河八岛、城市形象看广陵新城、经济实力看沿江北洲”的城市布局。

1989年，广陵区规划由市规划办公室负责。2002年1月，设立扬州市规划局广陵分局。自1985年省政府对扬州市城市总体规划作出批复后，扬州市先后制定1982～2000年、2002～2020年、2011～2020年3个城市总体规划；制定广陵新城规划、广陵新城产业园规划、食品工业园规划、商贸物流园规划4个分区规划，扬州市老城区街坊控制性详细规划12个。首轮规划将城市性质确定为：“历史文化名城和具有传统特色的旅游城市”。2011～2020年规划将广陵区性质定义为“链接扬州城与江都城的中心枢纽，演绎生态自然与城市生活相共生的现代都市水城，都市型工业与现代服务业相结合的产业集聚中心”。

传承城市文脉，彰显城市特色。二十几年来，广陵区重视古城保护，在维护古城风貌、文化遗产保护、非物质文化遗产传承、文化博览城建设、旅游业发展、老字号复兴、老小区整治改造、绿杨城郭再现工程等方面都取得较大成效。1998年，公布东关街、湾子街、仁丰里和南河下4个历史文化街区，并试点整治东关历史文化街区。2006～2011年，大力发展文化旅游产业，努力将广陵古城建设成为世界文化遗产、民俗旅游和休闲宜居之城。2011年，创成国家森林城市，区内新增绿化面积170万平方米。提升改造廖家沟、大运河沿线等重点区域绿化景观，完成植树造林440公顷，其中成片林260公顷。

村镇建设特色鲜明，城乡一体和谐发展。2011年，原属邗江区的5个镇并入广陵区后，加上原属的已融入城市的3个乡镇，广陵区村镇面积扩张，建设规模随之扩大，各乡镇大力推进集镇建设、环境保护、绿化美化，呈现出乡村园林化特色。

1989～2011年，几经分合，逐步形成相互配套的城市管理体系和比较合理的城管规章制度。2002年5月，市城市管理行政执法局广陵分局（以下简称区城管执法分局）成立。2006年，广陵区政府拨款120万元，在全市率先建成数字化城市管理指挥中心区级平台，与市数字化城管指挥中心联网。广陵区4个街道、35个社区全部接入区数字化城市管理网络，覆盖面积超过15平方千米（占全市数字化城管系统覆盖总面积60%以上）。年平均城市管理执法8万余次，满意率均在98%以上。2006年后，区城管部门每年参与重大节庆活动的市容环境综合整治，以及商贸中心、夜市排档、校园周边等专项整治，为扬州市创成卫生城市、生态城市、全国文明城市并获得联合国人居奖等作出重大贡献。

第一章　城市规划

第一节　1982～2000年总体规划

1985年，省人民政府对扬州市城市总体规划作出批复。该轮总体规划的年限是1982～2000年，规划的范围以扬州市广陵区与郊区为主，涉及邗江县的一部分。首轮规划根据城市的历史、现状和发展的可能性，将城市的性质确定为：“历史文化名城和具有传统特色的旅游城市。”城区用地规模1990年控制在25平方千米以内，2000年控制在35平方千米以内。

规划按功能分成五大区，即风景游览区——以瘦西湖、平山堂、古唐城遗址为主体，结合市内小秦淮和其他水系，组成主要风景游览网络。市区东北郊的湾头镇，规划为风景游览镇。文教科研区——主要集中在城市西郊，靠风景区边缘，环境安宁，适于作教育科研用地。生活居住区——以老城区为主，并适当向北发展，居住55%的城市人口，同时在老城区外围逐步新建12个住宅小区，规划安排45%的城市人口。使密度过高的老城区得到疏散，并方便群众生活与职工上下班，减轻城市交通压力。工业区——考虑工业现状、主导风向、用地条件、运输协作等因素，设7个专业工业片。建材工业片：跨市区古运河东北段两侧；电器仪表工业片：靠近老城区东侧；食品工业片：在市区东郊古运河与大运河之间；塑料制品与小五金工业片：在东南郊运河路以西、江都路以南；机械工业片：在市区南郊；化学工业片：在市区西南，古运河三湾以东；纺织工业片：在西南郊扬宁公路南侧，适当向西扩展。对外交通运输和仓库区——宁启铁路线从城市北郊穿过，京杭大运河扬州境内北段将成为铁水联运中心，其西侧为铁路客货站与汽车对外的客运中心，南侧设置运河客运码头。拓宽同心河、跃进河，沟通大运河与古运河作为过境航道，北侧设置水运码头与仓库区。大运河两岸仍作仓库、码头区。

第二节　2002 ~ 2020 年总体规划

2001 年，市政府对总体规划进行修编。第二轮城市总体规划的重点是市域城镇体系与沿江开发、城市用地发展方向与功能布局、综合交通体系与重大基础设施布局、历史文化名城保护及生态环境保护、建设时序安排。规划的期限是以 2001 年为规划基准年，近期至 2007 年，中期至 2010 年，远期至 2020 年，远景至 21 世纪中叶。规划范围主要包括老城区、东部分区和河东分区，总用地面积大约为 50.8 平方千米。

（一）老城区

用地范围：东至古运河，西至二道河，北至护城河，南至古运河一线，用地面积约 5.1 平方千米。

该区域是扬州历史文化名城重要体现区域、城市重要的文化旅游商业地区、具有传统特色的居住场所。规划以保护老城区整体风貌为前提，遵循“整体控制、积极保护、合理保留、全面改善”的原则进行逐步整治，注重改善居住环境，加强基础设施承载力，鼓励发展有传统特色的零售业和旅游业，力争将老城区建设成为能够体现扬州传统文化、商业发达、居住舒适、富有魅力的城市中心。

（二）东部分区

用地范围：东至大运河，北、西至古运河，南至南绕城公路，用地面积约 2.33 千公顷。

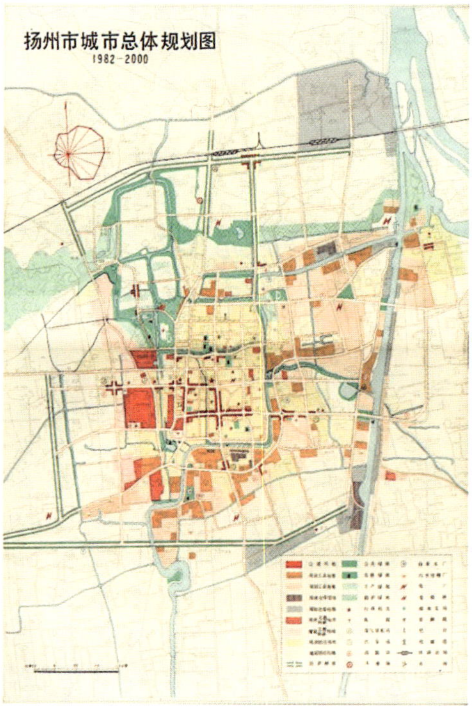

图 6-1-1　1982 ~ 2000 年扬州市城市总体规划图

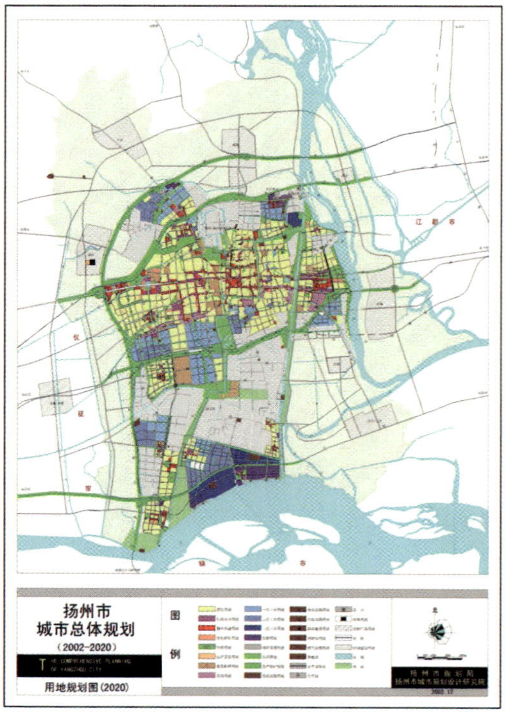

图 6-1-2　2002 ~ 2020 年扬州市城市总体规划用地规划图

东部分区紧邻老城区，以生活居住为主，规划通过对城中村改造，逐步搬迁沿古运河的传统工业和有污染的工业，建设功能齐全的居住小区，增加商贸和文化设施，将其作为老城区商业文化功能的补充，并着力打造古运河、大运河风光带。

（三）河东分区

用地范围：东至廖家沟，西至大运河，南至大众港，北至茱萸湾，用地面积 2.24 千公顷。

该区域与东部分区隔河相望，是一个集居住、商贸、科教、工业为一体的综合性城市分区。规划在河东区域重点发展大型专业市场、科研教育和高新技术产业，并沿文昌东路建设城市副中心。

第三节 2011 ~ 2020 年总体规划

2011 年年底，扬州进行区划调整，广陵区新增头桥、李典、沙头、杭集、泰安 5 个镇。总体规划中对广陵区的性质定义为：链接扬州城与江都城的中心枢纽，演绎生态自然与城市生活相共生的现代都市水城，都市型工业与现代服务业相结合的产业集聚中心。规划提出“产城融合，六区联动”。六区主要包括：凤凰岛生态湿地、茱萸湾公园等生态旅游区，都市核心区，产业园区，南部发展区，古城保护区，东部发展区。此轮规划的期限，近期为 2011 ~ 2015 年；远期为 2016 ~ 2020 年；远景展望至 21 世纪中叶。规划范围东至芒稻河、南至长江、西至古运河、北至茱萸湾，规划用地面积 12.22 千公顷。

发展引导上，有序调整老城区功能，逐步迁出机关办公和部分对交通干扰较大的学校和单位，适当减少居住人口，增加休闲旅游功能，改善居住条件，提升老城区活力，加快外围分流道路建设，实行差异化停车策略，减少老城区交通压力；延伸古运河旅游线，重塑滨水区活力；合理安排杭集片区新 328 国道以北区域建设时序，控制铁路通道与枢纽设施用地，为东部客运枢纽及周边开发预留建设条件；严格保护廖家沟、芒稻河等生态廊道，有序推进凤凰岛旅游开发。

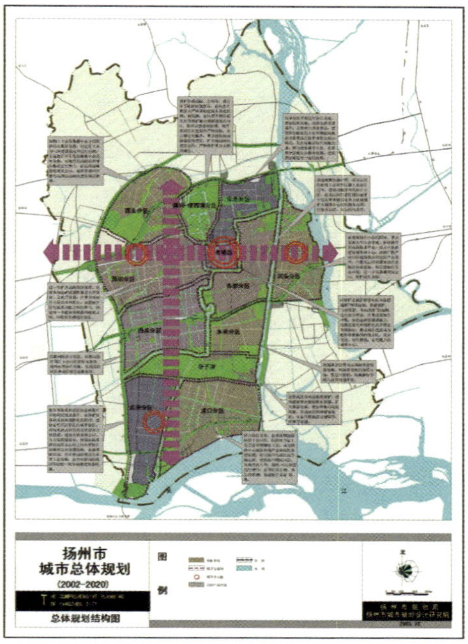

图 6-1-3 2002 ~ 2020 年扬州市城市总体规划结构图

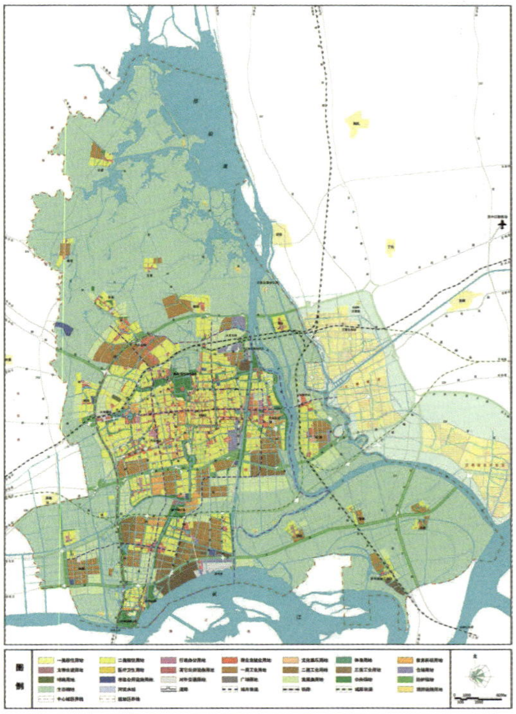

图 6-1-4 2010 ~ 2020 年扬州市城市总体规划用地规划图

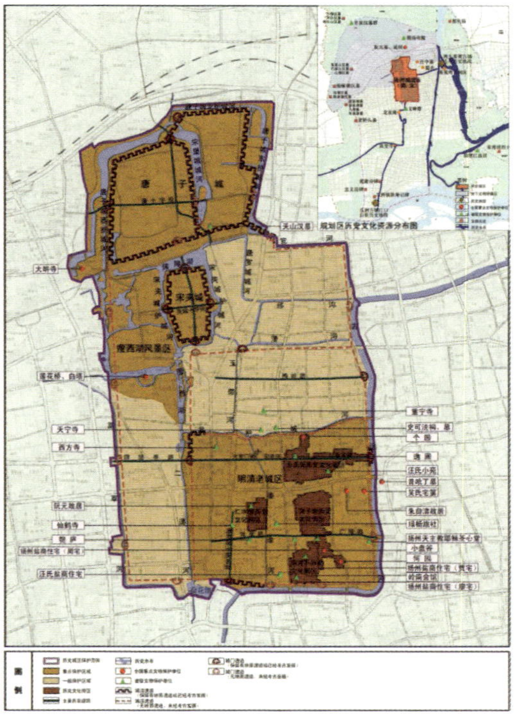

图 6-1-5 2010 ~ 2020 年扬州市城市总体规划历史文化名城保护规划图

第二章　城区建设

80 年代初期，扬州建成区基本属于广陵区辖区范围，凡属市政范畴的道路、桥梁、河道、涵闸、绿化、路灯等建设与管理职能，都集中在扬州市市政管理处，为“市属区管”。1988 年，广陵区市政建设与管理职能从由广陵区管辖逐渐转为市建委管辖。

1992 年，市政建设进一步提速，老城区道路改造后形成琼花路、三元路、石塔路等东西向干道和汶河路、国庆路等南北向干道。2000 年开始，城区老小区改造工作列入议事日程，不断加大资金投入，加快整治力度，解决突出问题，完善小区功能，美化小区环境，提升居民生活和城市品质，被誉为“民心工程”“德政工程”。2001 年 9 月，以世界华商大会代表到扬州参观为契机，实施大规模城市环境综合整治工程，对城市出入口进行综合整治，拓宽改造文昌中路，建设文昌广场。2004 年，市区城市建设和环境综合整治加大投资，市区人居环境进一步改善，城市品位和综合竞争力显著提升。是年，顺利通过国家卫生城市复查、国家节水型城市考核和“中国人居环境奖”现场考察。12 月，扬州市被建设部授予“中国人居环境奖”称号。至 2005 年，路网密度不断加大，结构日趋合理，城区道路通行能力提高。

2006 年，扬州成为当年中国唯一获得“联合国人居奖”的城市。2007 年，广陵辖区开始泰州路运河风情街和“双东”文化风情街建设。

2010 年，市区完成城市建设投资 116 亿元，其中基础设施建设投入 40 亿元；全市完成村镇建设投资 54.65 亿元，城市路网体系进一步完善。区境内先后建成五台山东路、花园北路等 12 条道路，启动文昌路东延、江都路延伸和廖家沟大桥、芒稻河大桥等重大项目建设，广陵新城、广陵产业园等新区、园区道路建设同步推进。第五水厂一期等重大功能性设施建成并投入运营，日供水量增加 20 万立方米，完成市区区域供水全覆盖。城市规划展览馆和市民中心等项目有序推进，新铺、改造供水管道 64 千米、污水管网 62 千米、天然气管道 249 千米，翻建街巷 66 条。全年完成新建、改建电网项目 16 个，新增主变容量 191 万千伏安。

图 6-2-1　文昌广场一角

2011 年，广陵区城市主城区功能进一步完备，甘泉路、广陵路和彩衣街改造基本完成。运博会永久会址建成并投入使用。城庆广场、科技馆、体育中心体育场开工建设。

第一节　道　路

一、一环路及环内主要道路

一环路　又称内环路，1951 年 3 月，拆除扬州全部城墙 8750.5 米，除西面沿用新马路［民国 26 年（1937）筑，今淮海路］外，其余东、南、北三面都修筑马路，形成“口”字形环城路。内环路面宽 5 米，长 6320 米。东为泰州路、南通东路，南为南通西路，北为盐阜东路、盐阜西路，西为淮海路，以新中国成立时苏北行署辖淮海、盐阜、南通、泰州等地命名。同时，拓宽十字街道，形成“外有环城路，内有十字路交叉口为辕门桥”的“田”

字形市区道路网络。广陵商业老字号都聚集于此。

辕门桥　位于国庆路、渡江路、广陵路和甘泉路交叉路口。清顺治初年，驻扬州清军驻扎在新城教场的东西两侧，即东营、西营。四周深挖壕堑，南边一道壕沟上架设桥梁，称为辕门桥。此后200多年中，壕沟逐渐填平，辕门桥市井日趋繁华，街道两侧商铺林立。民国年间，辕门桥街头是扬州最繁华的闹市口，呈“丁”字形。时称江苏四大商业街区，即南京新街口、苏州观前街、镇江大市口、扬州辕门桥。

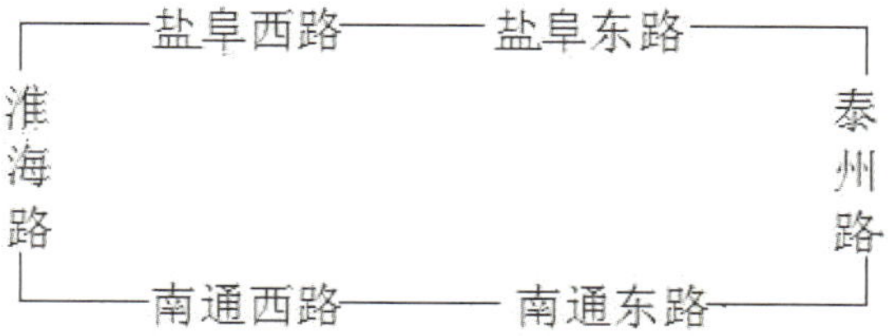

图 6-2-2　扬州市区内环路示意图

（一）东西向主要道路

盐阜东、西路　盐阜路东起泰州路，西至淮海路。全长2100米。以国庆路、史可法路交叉口为界，分为盐阜东路和盐阜西路。始建于1951年。1955年、1974年、1978年先后改建，1998年翻建，重新铺设地下管线。2005年实施综合整治工程，路幅宽18～22米，混合车行道宽14米，沥青混凝土路面，人行道铺花岗岩火烧板，设置盲道等无障碍设施。盐阜路紧傍北城河，路北一侧建城垛，附会古城墙。河岸建风光带，植物种类20多种。沿路有众多扬州文化遗存。

四望亭路　东起汶河北路（四望亭），西至扬子江路。1995年扩建，考古发现宋大城西门遗址，建成宋大城（西门）博物馆。2003年翻建，路幅22～28米，混合车道。

文昌中路　东接文昌大桥，西至扬子江路。广陵区境内西至骑鹤桥。1958年，拆除县府街（又叫学前街），建成东起文昌阁，西至淮海路的一条宽18米的马路，为文昌路发端，曾名石塔路。1978年，从文昌阁向东，拓宽三元巷建三元路。1985年，拆除大莲花桥、黄家园、琼花观街等街巷，建琼花路。1998年，市地名办公室取消道路原名称，统称为文昌路。文昌路分为东、中、西路三段。解放桥至扬子江路为文昌中路。2001年10月，拓宽文昌中路（文昌阁—解放桥）至40米，机动车道双向4车道，宽15米，机非分隔带各2米，非机动车道两侧各5.5米，人行道两侧各5米。文昌路是扬州经济繁荣、商贸辐辏、生态优美的景观大道，也是扬州文化积淀深厚的主干道，民谚称之为“唐宋元明清，从古看到今”。文昌路东端已与江都区连接，与仪征市相接的文昌西路工程正在建设。

萃园路　原名贤良街。东起国庆路，西至北柳巷萃园农贸市场。长250米，宽12米。因位于萃园东而得名。路东端有基督教堂，称萃园路礼拜堂，民国12年（1923）由美国传教士毕尔士创建。

广陵路—甘泉路　是广陵古城东西向主干道。“文化大革命”期间曾改称为东方红路，1981年恢复原名。广陵路，东起泰州路（跃进桥西），西至国庆路。全长1150米，宽约12米。始建于1951年，拓宽缺口街为江都路，拓宽左卫街为广陵路，现统称广陵路。从明清经民国，直至80年代，广陵路均为扬州繁盛街道之一，有文物保护单位10多处。1990年，广陵路拓宽改造，中间为8米混合车道，两侧各有2米人行道，皮市街以东段为沥青混凝土路面，以西为水泥混凝土路面。2011年，进行道路整治，按城市二级次支路标准实施，改为沥清砼路面，敷设雨、污水管道各1110米。

甘泉路　东与广陵路相接，起于国庆路，西至淮海路。全长760米，宽12米。1951年，用城墙砖铺砌路面，改称甘泉路（因路北有甘泉县县衙而得名）。1955年，翻建成沥青路面。1990年4月翻建，为沥青混凝土路面。2011年，从古城保护的角度出发，进行道路整治，

图 6-2-3　广陵路

图 6-2-4 甘泉路

图 6-2-5 南通路

总体格局不变，敷设雨、污水管道各 810 米，保留清甘泉县衙署门厅等老建筑，人民商场、五交化大楼也恢复原貌。

南通路 东接泰州路，先往南向，沿古运河至大水湾转向西，直至西端与淮海路相接。以徐凝门路为界，分为南通东路、南通西路。全长 2849 米。始建于 1951 年，1968 年、1971 年先后改建，1998 年大修。2003 年，南通东、西路拓宽改造，路幅 25～26 米，快车道双向 4 车道 14 米，沥青混凝土路面，人行道铺面包砖，设置盲道。路东和路南为古运河风光带。

（二）南北向主要道路

泰州路 濒临古运河（西岸），北起盐阜东路，与高桥路相接，南至南通东路。全长 1573 米。始建于 1951 年，1966 年、1980 年先后改建，1998 年泰州路南段至跃进桥段大修，1999 年泰州路北段大修。路幅 25～40 米，快车道双向 4 车道 14 米，沥青混凝土路面，人行道铺花岗岩火烧板及彩色陶瓷砖，设置盲道。

徐凝门路（北段） 北起广陵路，南至南通路。始建于 1973 年。因南端位于古城徐凝门而得名。1994 年 4 月，徐凝门街拓宽建路，向北拆除方圈门、蒋家桥，延伸至广陵路，全长 648 米，宽 22 米，为水泥混凝土路面。何园位于徐凝门路 66 号。

国庆路—渡江路 国庆路北起盐阜路，南至广陵路。1951 年，其南端拆除辕门桥、教场街、鹅颈项湾等街巷，以竣工于国庆节前夕而名；北端拆除运司街，建史可法路，后两条路统称国庆路。国庆路曾是广陵古城最繁华的一条老街道。1950 年，市区第一家国营百货商店——苏北百货公司门市部在辕门桥国货商场原址开业。1970 年后，扬州最大的国营综合性市场——人民商场于国庆路南路口开业。1984 年，扬州友谊商店在国庆路北端开业。国庆路成为名店老铺集中、经营商品齐全的“老字号”一条街。百年老字号还有天宝银楼（旧址）、惜余春茶社（旧址）、三和四美酱菜（门市部）、谢馥春香粉铺、绿杨春茶叶店、大麒麟阁茶食店、亨得利钟表店、中国照相馆、光明眼镜店、紫罗兰理发店、吴正泰香店（旧址）、梁福盛漆器店（旧址）等。

渡江路 北接国庆路，南至南通路。1951 年拆除砖街始建，1954 年、1989 年改造，1990 年翻建，长 480 米，宽 8 米，水泥混凝土路面，两侧人行道宽 1～2 米。

汶河路 汶河为隋唐时南北向官河。1959 年，汶河填平，筑汶河路。北起盐阜西路，南止南通西路，全长 1855 米。1964 年、1969 年，进行两次较大规模改造，路宽 14 米。以文昌阁为界，分为汶河北路、汶河南路。汶河北路南接文昌阁，北至盐阜西路。长 680 米，宽 14 米，初为泥结碎砖路面。1992 年 7 月，拓宽改造，道路宽度 34 米，其中机动车道双向 4 车道，宽 15 米，非机动车道两侧各 5.5 米，人行道两侧各 4 米。路东侧改建为文津园。1996 年，汶河北路改造人行道。2002 年 6 月，启动汶河北路综合整治工程，道路宽 30～65 米，机动车道双向 6 车道，宽 23 米，非机动车道两侧各 5.5 米，人行道两侧各 6 米。

汶河南路 南接南通西路，北至文昌阁。长 1175 米，宽 14 ～ 30 米。1991 年 3 月，汶河南路文昌阁至甘泉路口段拓宽改造，道路宽度 26 ～ 30 米，采用混合车道。2002 年 6 月实施汶河南路综合整治工程，道路宽度 34 米，机动车道双向 4 车道，宽 15 米，非机动车道双侧各 3.5 米，人行道双侧各 3 米。

淮海路 南接南通西路，北至盐阜西路。全长 1950 米。始建于民国 26 年（1937），为使南门外公路汽车直达北门外瘦西湖风景区，由江都县建设局招募私营王殿记营造厂承包施工，路宽 12 米，初名新马路。1951 年，改名淮海路。1953 年、1957 年、1965 年、1989 年先后改建。1989 年，淮海路中段（文昌路—甘泉路）大修。2003 年，淮海路南段（甘泉路—南通西路）拓宽。2005 年，淮海路北段（文昌路—盐阜西路）拓宽，路幅 26 米，机动车道 7 米，沥青混凝土路面，人行道铺花岗岩火烧板，设置盲道。

沿路历史遗存有江苏省扬州中学［清光绪二十八年（1902）］、两淮盐务稽核所旧址［民国 10 年（1921）］、憩园（王柏龄故居，民国）和明嘉靖维扬书院旧址（扬州大学附属中学）。

二、二环路及环内主要道路

1988 年，随着扬州城区扩大，逐步启动二环路建设。广陵区所辖区域二环路为"]"字形环城路。区境北面以五台山大桥桥东为起点，向东建五台山路。其东为江都北路（今为江都路），北起五台山路，南接运河西路。南面东起江都北路，西接江阳东路，再向西至江阳东路与江阳中路交接的二道河止。

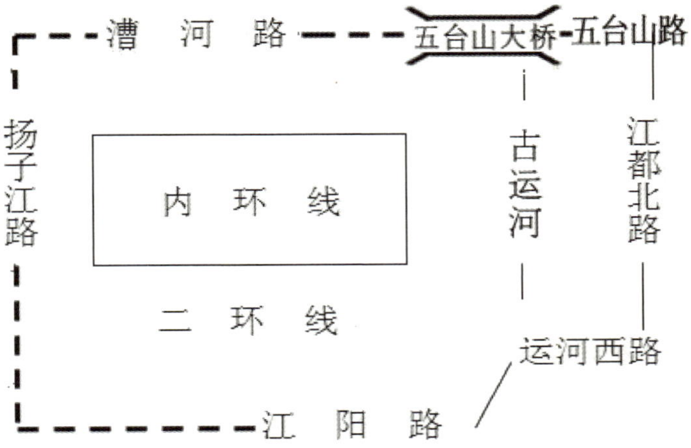

图 6-2-6 市区二环路示意图（图中实线部分在广陵区内，虚线部分不在广陵区境内，以下同）

（一）东西向主要道路

五台山路（西段） 1995 年，以五台山大桥东为起点，向东建五台山路，东至江都路，全长约 400 米。2001 年，新建道路宽度 40 米，机动车道双向四车道，宽 14 米，非机动车道两侧各宽 14 米，人行道两侧各 5 米，沥青混凝土路面，人行道铺面包砖，设置盲道。

安康路（西段） 西经便益门大桥接盐阜东路，东至江都路，2007 年新建，东接已建成的安康路东段。长 690 米，宽 22 米，混合车道。

解放北路（西段） 西起解放桥，东至江都北路。1988 年建成，长 780 米，宽 34 米。2009 年，解放北路西段进行拓宽改造。长 690 米，宽 35 米，双向四车道。

文昌中路（解放桥—文昌大桥段） 2002 年，文昌东路向东延伸至运河北路，接文昌大桥。长 2500 米，宽 35 米。机动车道双向 4 车道，宽 15 米，机非分隔带各 2 米，非机动车道两侧各 5.5 米，人行道两侧各 5 米。

运河西路（跃进桥—江都路） 西起跃进桥，东接扬州大桥，全长 2360 米，原名江都路，因位于京杭大运河西侧而改名。1960 年兴建，1965 年、1979 年改建，宽 40 ～ 50 米，机动车道双向 4 车道，水泥混凝土路面，非机动车道沥青路面。2001 年，运河西路与运河东路作为扬州市城市环境综合整治首条拓建出入口道路，路幅拓至 50 米，机动车道双向 6 车道，宽 23 米，机非分隔带各 2 米，非机动车道双侧各 5.5 米，人行道双侧各 6 米，铺设花岗岩火烧板。

江阳东路 起于通扬桥，西南接江阳中路，东北至运河西路。原为扬州过境公路（328 国道），长 2900 米。2001 年，江阳路拓宽改造，路宽 50 米，其中机动车道双向 6 车道，宽 23 米，机非分隔带各 2 米，非机动车道双侧各 5.5 米，沥青混凝土路面。人行道双侧各 6 米，铺设花岗岩火烧板。

（二）南北向主要道路

江都路 原名江都北路。北起五台山路（原漕河路），南至运河西路。全长 2525 米。1988 年，新建江都北路（原称大庆路），北起解放东路（现文昌中路），南至江都路（现运河西路），长 1250 米。1996 年，江都北路向北延伸至解放北路，长 454 米，宽 32 米。2003 年，江都北路全线拓宽改造，将原新民路部分改名为江都北路（现为江都路），路幅宽 30 ～ 40 米，沥青路面。车行道为双向 4 车道，宽 14 米，慢车道双侧各 5.5 米，人行道双侧各 2.5 ～ 7.5 米，人行道铺混凝土预制面包砖，设置盲道。

2011 年，江都路延伸，形成城市“东二环”。延伸工程包括江都路的南延和北延。南延工程从施井路至新 328 国道，长 2300 米，宽 40 米。北延工程从五台山路至北环路（含古运河大桥），长 3450 米，宽 50 米，其中五台山路至古运河的南段于 2011 年开工建设，并北接从北环路至上方寺路的北段。江都路延伸工程完工后，城市“东二环”，南起新 328 国道，北到北三环全线贯通。

桑园路 北起五台山路，南至安康路。长 770 米，宽约 10 米，为老小区桑园新村道路。桑园得名于地处五台山岗地有始建于民国 6 年（1917）的扬州蚕种场，为全省最早的一个蚕种场。

解放南路 南起运河西路，北至文昌东路。长 740 米，建于民国 24 年（1935），为扬仙路（扬州—江都仙女庙）一段。1991 年拓宽至 22 米，中间为 12 米水泥混凝土混合车道。2006 年，进行拓宽改造工程，道路宽 35 米，双向四车道。2008 年，解放路再次拓建，实施从解放桥至江都北路段的拓宽改造。

徐凝门路（南段） 1999 年 11 月徐凝门路向南续建，从南通路（徐凝门桥）延伸至江阳东路。全长 1220 米，宽 22 米，为水泥混凝土路面。

渡江南路（北段） 1959 年始建，北自渡江桥，向南至三里桥。1962 年、1982 年两次改造。1988 年，全路长 1220 米，宽 30 米，沥青路面。2010 年，拓宽道路，宽 34 米，机动车道双向 4 车道，宽 15 米，非机动车道双侧各 3.5 米，人行道双侧各 3 米。

荷花池路 南接江阳路，北至南通路。全长 710 米，宽 8 米。1967 年、1984 年两次修建。1997 年，道路拓宽至 15 米，混合车道。2002 年，实施荷花池路综合整治工程，路宽 34 米，机动车道双向 4 车道，宽 15 米，非机动车道双侧各 5.5 米，人行道双侧各 4 米。

三、三环路及环内主要道路

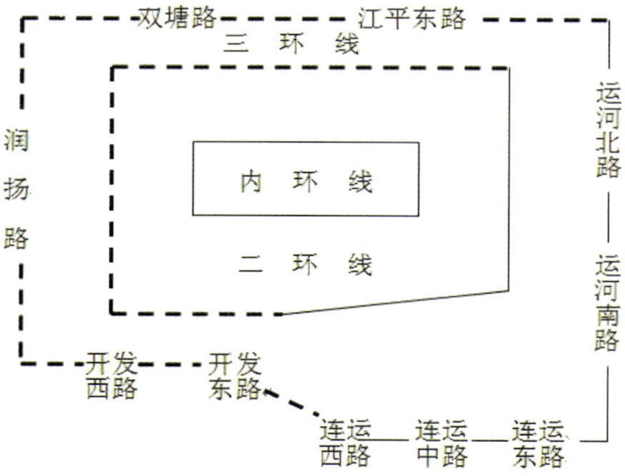

图 6-2-7 市区三环路示意图（图中实线部分在广陵区内，虚线部分不在广陵区内）

2003 年，以运河北路改造为起点，扬州实施三环路建设项目。三环路设计方案中，今广陵区所辖东面为运河北路、运河南路，南面为南绕城公路（今沪陕高速公路）北侧开发路和连运路。至 2011 年，广陵区所辖扬州主城区主要道路东扩至廖家沟西侧沙湾北路、沙湾中路和沙湾南路，文昌中路扩建到芒稻河西，与江都区相接；南面建有连运路；西面建有宝塔南路、文峰路。

（一）东西向主要道路

太平路 西起五台山路，东至京杭大运河。因路段属太平村而得名。长 1600 米，宽 12 米。

五台山路（东段） 由江都路向东延伸，至江阳大桥。路长 1540 米。2001 年，新建道路宽 40 米，机动车道双向四车道，宽 14 米，非机动车道两侧各宽 14 米，人行道两侧各 5 米，水泥混凝土路面，人行道铺面包砖，设置盲道。

佳园路 西起观潮路，东至运河北路，长 800 米，宽 12 米，建于 2006 年。为住宅小区间道路，路南为骏和天城小区和曲江新苑，路北为运河佳园小区和三星小学。

安康路（东段） 原名新农路，东段西起江都路，东至运河北路。建于 2005 年。路长 1540 米，宽 22 米，混合车道。

解放北路 解放北路沿江都路向东延伸至运河北路，长 1540 米，宽 35 米，机动车道双向 4 车道，宽 15 米，非机动车道双侧各 5.5 米，机非分隔带各 2 米，人行道双侧各 4.5 米。 2007 年，完成拓宽改造工程。2009 年，解放北路扩建工程完工。

文昌中路（解放桥至文昌大桥段） 该路段长1540米，宽35米。机动车道双向4车道，宽15米，分隔带各2米，非机动车道两侧各5.5米，人行道两侧各5米。2002年兴建，2003年10月竣工。

运河西路（跃进桥至扬州大桥段） 路段长1340米，宽50米，建于2001年。机动车道双向6车道，宽23米，机非分隔带各2米，非机动车道双侧各5.5米，人行道双侧各6米，铺设花岗岩火烧板。

施井路 西起江阳东路，东至运河南路。建于2010年。西段（东花园东路至江阳东路）拓宽改造工程实施，道路长390米，路幅宽22米。

开发东路 全路西起扬子江中路，东至运河南路。1993年新建，因其为扬州开发区第一条道路而得名。广陵区所辖西起古运河，东至运河南路，全长1980米，宽40米，双向四车道。2006年竣工。人行道铺混凝土预制面包砖，设置盲道。2008年，开发东路从渡江南路延伸至运河南路，全长2589米。

连运路 2011年新建。东自运河南路，西至古运河东，全长3260米，宽35米。因经连运小区而得名。为市区南三环路段。

（二）南北向主要道路

新星路 北起太平路，南经解放北路至运河北路。按城市支道Ⅱ级标准设计，分西路和南路两个路段。其中新星西路全长780米，以安康路为起点，与五台山路相交，宽12米，8米混行车道，两边各2米人行道；新星南路全长480米，以新星西路为起点，与运河北路相交，宽16米，10米混行车道，两边各3米人行道。2009年建成。沥青混凝土路面，倍力砖铺砌人行道。

运河北路—运河南路 运河北路北起宁启铁路南，广陵所辖区内北起古运河夫差桥，向南经五台山路、安康路、解放北路、文昌中路，止于运河西路，长5975米。南段始建于1960年，1974年续建，由解放北路延伸至太平路，1990年改建。2002年，运河北路拓宽改造，道路自市政养护处沥青场处西移，与五台山路交会。路幅由8米拓宽至50米，中央分隔带8米，机动车道双向6车道，宽23米，机非分隔带各2米，非机动车道两侧各4.5米，人行道两侧各3米。

运河南路始建于60年代，路幅宽5～15米，混合车道。北自运河西路，南至太阳宫，全长1600米。2007年3月，运河南路（运河西路至南绕城段）拓宽改造工程启动，总长度3000米，路宽从15米拓宽到50米。2008年，实施运河南路延伸工程，从开发东路向南延伸至南绕城公路，全长1200米。2011年，实施运河南路延伸一期工程，北起南绕城，南至沪陕高速，道路全长560米。道路与运河南路建成段一致，按城市道路主干路Ⅰ级标准实施。路幅宽50米，双向4车道，沥青路面。

花园路 2009年，新建花园路（五台山路至古运河段），全长673米，宽30米。2010年，新建花园北路（安康路至五台山路段），全长800米，宽22米。同年，实施花园路连接工程。工程南起解放北路，北至安康路，全长503.9米，宽22～25米。2011年竣工。

新民路 2009年新建。北起太平路，南接运河北路，全长990米，宽12米。因道路建在原新民村而得名。

东花园东路—汤汪路 东花园东路北起施井路，南至七里河，全长570米，宽22米。2009年10月，东花园东路拓宽改造工程开工，2010年3月完成。汤汪路北接东花园东路，南至横沟河，全长3000米，宽16米。

联谊路 北起江阳东路，接徐凝门路，南至连运路，全长1670米，宽18米。2009年改造。因所在原联谊村而得名。

渡江南路（南段） 原为老扬（州）（六）圩公路。北自三里桥，南至沪陕高速，下接望江路和临江路。1962年、1982年两次改造。全长3400米，宽30米。2009年，道路拓宽竣工，宽34米，机动车道双向4车道，宽15米，非机动车道双侧各3.5米，人行道双侧各3米。

文峰路 北起江阳东路，南到宝塔路，长1392米。2011年，实施文峰路改造工程。改造后，宽度仍为18米，中间设12米宽的混合车道，两侧为3米宽的人行道，两侧设置路灯，栽植树木，沥青路面。地下埋设直径1～1.5米的雨水管道。

四、三环路外主要道路

（一）东西向主要道路

万福路 2011年，新万福路建设工程完成立项和规划选址。新万福路是城市主干路网中东西向干道，包括改造段和新建段。其中：西段（史可法路—廖家沟西侧）为改造段，长4870米，规划红线宽40米；东段（廖家沟东侧—江都龙城路）为新建段，长2760米，规划红线宽45米。沿线跨越古运河、京杭大运河、廖家沟、太平河、金湾河五条河流，桥梁总长1720米。现有五台山大桥和江扬大桥实施加宽，廖家沟桥、太平河桥和金湾河桥为新建桥梁。西段改造段为城市主干道，设计时速50千米／小时，东段新建段为城市快速路，设计时速80千米／小时，桥梁按公路一级荷载等级标准建设。项目总投资20.15亿元。

文昌东路 2010年4月，文昌路东延广陵段开工，西起广陵新城沙湾路，东接江都区舜天路，全长5540米，宽60米。工程包括廖家沟大桥（1150米）、芒稻河大桥（440米）。沙湾路至廖家沟东段，长1420米；廖家沟东至芒稻河段，长1600米。跨越廖家沟、芒稻河，新建横跨廖家沟的广陵大桥和横跨芒稻河的仙女庙大桥。2011年8月，文昌东路起点段（沙湾路以东、廖家沟以西的路段）基本建成。

健民路 位于文昌东路以南，运河东路以北。2005年起兴建，工程一期东起汽车东站西支路，西至秦邮路，道路按城市主干道二级标准设计，长1100米，宽36米。2009年，二期道路东起秦邮路，西至京杭路，全长530.6米，宽36米，双向4车道，机动车、非机动车车道中间以2米宽的绿化带隔离，两侧各设1.5米宽人行道。2010年建成。

运河东路 原为328国道一段。西起京杭大运河，东至廖家沟。宽40～50米，快车道双向4车道，水泥混凝土路面，慢车道沥青路面。2001年，运河东路作为扬州市城市环境综合整治首条拓建出入口道路，路幅拓至50米，机动车道双向6车道，宽23米，机非分隔带各2米，非机动车道双侧各5.5米，人行道双侧各6米，铺设花岗岩火烧板。

东西向道路还有：银焰路、华洋路、大众港路、名城路、汽车东站北路、京杭路、七里河路、第三横向干道、元辰路、董庄路、绕城北辅道、绕城南辅道、强民路、中心路、横三路、杭府路、富民路、利民路、琼花路、兴隆路、翟庄路、龙王路、三星路、城北路（宁通辅道）。

（二）南北向主要道路

沙湾北路—沙湾中路—沙湾南路 为贯穿广陵新城和开发园区南北主要城市干道。沙湾北路南起文昌东路，北至万福路。全长1928.45米，路幅宽50米，双向4车道，机动车、非机动车车道中间以4.7米宽的绿化带隔离，两侧各设4米宽人行道，全线设置两组公交港湾停靠站。2010年建成。沙湾中路北起文昌东路，南至运河东路，与沙湾南路相接。沙湾南路北起运河东路，南至扬霍路、董庄路交叉路口。道路全长5821米，其中扩建4171米，增加1650米，设计红线宽50米。

秦邮路 秦邮路一期从运河东路至文昌东路，全长910米，道路红线宽36米，沥青路面。秦邮路二期工程南起文昌东路，北至万福路，全长2100米，宽36米。2010年改建完成。秦邮路南段北起运河东路，南至扬霍路。运河东路至名城路段，长490米，宽24米。

京杭北路—京杭中路 为广陵区位于京杭大运河以东，平行于京杭大运河的新建主干道。京杭北路北自万福路，南至文昌中路，与京杭中路相接。京杭中路北接京杭北路，南至运河东路。2009年下半年建成通车。全长2600米，宽40米，全线设置五组公交港湾停靠站。

七里河路至南绕城路段，长1812米，宽40米。大众港路至华洋路段，长1828米，宽40米。

南北向道路还有：宝林路、安林路、滨河路、桃园路、汽车东站西支路、茱萸湾路、龙泉路、站西南路、沙河路、许庄路、金盛路、廖家沟路、城西路、曙光路、三笑路、兴园路、通洲路、九龙—高露洁路。

第二节 桥 梁

一、跨小秦淮河桥梁

小秦淮河，北连北城河，南经龙头关，流入古运河，全长约2000米。沿河人家枕河而居，单门独院，粉墙黛瓦，偶有新建楼房则飞檐翘角，格扇花窗。道旁石栏围岸，桃柳相间，芳草萋萋，行走沿河如在画中。横跨小秦淮河上的砖石结构的单孔桥梁有十余座。

北水关桥 位于小秦淮河北端，冶春南，桥堍沿盐阜西路。桥下原为镇淮门水关。1951年，筑环城路，拆去水关。1955年改建为长28米，宽14米的单孔砖拱桥，1986年拓建为城区第一座汉白玉栏杆桥。

大东门桥 位于北水关桥之南，是彩衣街上唯一的桥。建于明嘉靖年间，原为木吊桥，为扬州四水关六吊桥之一，民国16年（1927）改建砖石拱桥。新中国成立后多次维修。清乾隆年间文人沈复落魄之日携其爱侣芸娘寓居大东门桥畔，创作《浮生六记》。50年代，大东门桥周边非常热闹，有布店、文具店、纸张店、炒货店，还有浴室。

务本桥 位于大东门桥之南。建于清光绪十二年（1886），1987年重建。宽2.3米，长12米，砖拱结构。以清代运司公廨西北侧的一处官堂——务本堂而得名。务本桥东便是百年老校北柳巷小学，旧为正谊书院。校园内有纪念汉代大儒董仲舒的董子祠。

董子桥（新翠园桥） 位于务本桥南百米处， 因建在三元路上而得名，又称新翠园桥，后融入文昌中路。新萃园桥原在旧城八巷东端，原是一座砖石桥，始建于民国20年（1931），民国27年重建。三元路开通后，于1980年建成新桥，宽18.8米，长17.2米，为钢筋混凝土双曲拱桥。1998年更名为董子桥。

萃园桥 位于董子桥南。建于民国20年（1931），民国27年重建为砖拱平桥，1965年扩建。宽6米，长6.1米。因邻近萃园得名。

小虹桥 位于萃园桥南。宽2.7米，长11.2米。建于清代，民国2年（1913）改建，1976年修缮。由桥向东南方向拾级而上通南柳巷，向西北上斜坡分两岔道，一通旧城五巷，一通萃园桥农贸市场。桥形蜿蜒，河水清冽而得佳名。

新桥 位于小虹桥南，东通南柳巷，西接北城根东巷。民国10年（1921）建。宽2.7米，长11.6米。下半部为砖拱结构，上半部白石栏杆，桥形宽绰。新桥西现为天和娱乐城，此地历史上曾建有扬州城最早的公共图书馆。过新桥往东行经西营、参府街到得胜桥，可到百年老店——富春茶社。

公园桥 位于新桥南。是建于民国7年（1918）的砖拱桥。宽3.8米，长11.6米。桥因其西侧有公园得名。又名图书馆桥，因旧时桥附近有图书馆。

小东门桥 位于公园桥南，老甘泉街上，以明旧城小东门取名。初建于明代，原为小东门外木吊桥，后改建为砖拱平桥。1951年拓宽街道时修建，两侧加宽至8米，为钢筋混凝土梁板。史载，明代史可法在扬州抗清城破后在此被俘。

图6-2-8 小东门桥

兴隆桥 位于小东门桥南不足30米，新中国成立前为木板桥，后改为砖拱桥。桥东通埂子街，桥西通小东门街南弯道处。

如意桥 位于龙头关北百余米。桥东经太平码头通埂子街，桥西通南城根、大舞台。清同治七年（1868）建，为宽2.7米、长15米的砖拱结构桥梁。1978年维修。

龙头关（南通西路桥） 位于南通西路上。是一座上桥下闸的建筑，始建于明代。1951年

图 6-2-9 如意桥

拆城墙时，在龙头关南建南通西路桥，为钢筋混凝土拱肋桥。1978 年，在小秦淮河南端和古运河交接处兴建钢筋混凝土人行桥，桥下建闸控制小秦淮河水位。2003 年，拓宽南通西路，将龙头关桥和南通西路桥合二为一。龙头关桥原两个石雕的龙头兀立在桥洞两侧，龙头拱立着三个鲜红的篆书大字“龙头关”，这里便是小秦淮河的尽头。关为水关，近旁就是钞关。旧时水关上面，铺三块大长条石，人们可挑担进出城。

小秦淮河桥 位于钞关西后街，长 10 米，宽 6 米，2004 年改建。

二、跨二道河、二道沟、南护城河主要桥梁

双虹桥 位于二道河中段。此段东岸是扬州中学，前身是仪董学堂，创办于清光绪二十八年（1902），素以名师荟萃、人才辈出著称。

响水桥 位于古城南门外运河南街北首。清代改建，后又重建。原为砖台木桥，桥下有闸板阻水，后毁。1954 年大修，1964 年改建为钢筋混凝土板梁。由于地势突降，桥下流水形成约 2 米左右的水位落差，常年流水响声不断，由此得名。

图 6-2-10 响水桥

迎薰桥 位于南门外街北首。清代城厢图上标为南门外木吊桥。民国 12 年（1923），改建为砖拱桥。因原为南门吊桥，南风又称熏风，取自唐诗“薰风自南来”，故桥名为迎薰。现为扬州市文物保护单位。

青园桥 位于南护城河上，迎薰桥以东。据沈括《梦溪笔谈·补笔谈》，青园桥也是唐代扬州二十四桥之一，宋代后毁。2006 年重建。

洒金桥 位于汶河路南端。明代单孔砖石拱桥，东西走向，横跨于原汶河南端（唐代官河）。其底座基础为青石质，在近外侧有石槽，具有节制水位兼防御双重功能的桥闸，重修后水关废弃，成为进出城门瓮城的通道。拱券上的铭文砖为“咸丰二年（1852）二月六日修”。扬州解放后拆除城墙，填平汶河，诸桥埋入地下。2005 年，发掘南门时古桥重见天日。现为扬州市文物保护单位。桥名与扬州“金竹禅院”神话传说有关。

图 6-2-11 青园桥

图 6-2-12 洒金桥

天星桥　位于南门古运河旁沿河街南首。原为木桥，清代修建为石梁桥。1978 年，拆除老桥，改建为双孔钢筋混凝土桥，桥下附建闸板拦水。

通江门桥　位于南门二道沟与古运河交汇处。桥面南北跨度 38.3 米，东西宽 20 米。2010 年，在建成通江门闸基础上架设亭子。上部为“三亭桥”组合，是亭、桥、闸“三合一”桥梁。

图 6-2-13　通江门桥

二钓桥　位于通江门桥西南门外街，二道沟中部。如同吊桥，上设木质桥门和悬索，桥门上书“二钓桥”三字；桥下则是暗藏在水中的金属闸门。2010 年改建。

二道沟桥　位于南门外街西侧，北连接运河前街。清代为二道沟闸，后废闸为桥，民国时期重建。1958 年，改建为钢筋混凝土简支梁桥。2010 年 9 月改建拓宽，全长 14 米，宽 33 米，桥两侧建有不对称亭廊。

图 6-2-14　二道沟桥

三、跨北城河桥梁

丁溪桥　位于卷石洞天景区跨北城河西段，毗邻丁溪水榭。《扬州画舫录》载，榭下之水，“其源有二，一自保障湖来，一自南湖来，至此合为一水，而古市河经鹤嗉北岸来会，形如丁字，故名丁溪……”1989 年新建，为人行木板桥，髹红漆。

新北门桥　位于北城河西段，老北门桥西。民国 26 年（1937）筑新马路开辟新北门时始建，为石台木桥。新中国成立后改建，为钢筋混凝土梁板桥。

图 6-2-15　新北门桥

老北门桥　位于新北门桥东约 200 米处，天宁门桥西。原为北门外木吊桥，后改建为石台木面。1950 年重建，1965 年，改建为钢筋混凝土梁板桥。

天宁门桥　位于天宁寺前，史公祠桥西。原为天宁门外木吊桥，始建于明代，清代改建为石台木面。1959 年重建，1967 年改建为钢筋混凝土双曲拱桥。

史公祠桥　位于史公祠门前。

史公桥　位于史可法路南首，史公祠桥东侧，广储门桥西。1975 年，兴建为单孔双曲拱桥。

广储门桥　位于新广储门桥西。原为广储门外木吊桥，清同治年间建为砖拱桥。1977 年、1988 年先后维修加固。

新广储门桥　位于个园北门前，广储门桥东侧。1988 年兴建，为单孔砖拱平桥。

邗江医院桥　位于联合桥西，后安家巷北，原扬州市第四人民医院前，为双曲拱桥。

图 6-2-16　史公祠桥

联合桥 位于石狮桥西，扬州漆器厂前，为混凝土拱桥。2010 年翻建。新设计为单幅桥，全长 24.87 米，主拱圈跨径 16 米，桥梁宽度为 10 米。

石狮桥 扬州工艺美术馆大楼前，位于跨北城河东首。

莱茵小镇桥 长 65 米，宽 38 米，桥栏杆柱头为石狮。

图 6-2-17 史公桥

四、跨古运河桥梁

30 年代中期前，古运河扬州市区段，两岸交往仅依靠浮桥、摆渡，主要有湾头渡、盐厅渡、高公渡（高桥渡）、陈公渡（蚕种场至北来寺渡口）、三茅庵渡、东关浮桥、缺口小街渡、徐凝门渡、福运门浮桥、钞关渡、马摆渡和龙衣庵渡 12 个渡口。

民国 12 年（1923），扬州历史上第一条公路——扬圩（六圩）公路筑成通车后，扬（州）霍（霍家桥）、扬（州）天（天长）、扬（州）仙（仙女庙）、扬（州）六（六合）等路段也相继开通汽车，以扬州城为中心的陆路交通网络逐步形成，在古运河上增设桥梁成为大势必然。民国 24 年（1935），始建第一座简易公路木桥——通扬桥。至 2009 年夫差桥建成通车为止，古运河市区段上有桥梁 12 座。

三湾大桥 位于古运河文峰塔西南侧，横跨古运河三湾段，在联结广陵区与扬州经济开发区的界河上。2005 年 10 月开工新建。桥长 120 米，宽 35 米，双向 4 车道，是市区三环路上的一座主要桥梁。工程由广陵区、开发区和扬农集团共同出资建设。翌年 9 月竣工通车。

通扬桥 位于江阳路。民国 24 年（1935）筑通扬公路时建桥，故得名。原为木结构简易公路桥，两中孔为平旋开启式活动孔，为“开合桥”。又称为“平旋式”桥，即把两孔桥联在一起，在两孔之间的桥墩上，安装机器，使这两孔桥围绕桥墩旋转 90 度，与桥的原来位置垂直，让出两孔航道，使船只上下航行。该桥全长 74.4 米，8 孔，中间两孔通航，孔径各为 12.2 米。

1964 年，将桥身改建为块石台钢筋混凝土排架的双曲拱桥。由于竣工于 1966 年年底，一度更名为红卫桥。1968 年，改建为块石桥台钢筋混凝土灌注桩排架 4 孔双曲拱桥。1983 ～ 1985 年，在拓宽 328 国道扬州段的同时，再次将通扬桥改建为 4 孔预应力钢筋混凝土 T 型梁桥，长度延至 93.79 米，宽增至 23.5 米，载重 20 吨。

渡江桥 位于渡江路南首，通扬桥东北。原东侧河面上有座大荣桥，建于民国 36 年（1947），以捐资建桥的旅沪扬州理发师任大荣命名。1953 年建造的渡江桥，为钢筋混凝土桥台、木结构桥面公路桥。为纪念中国人民解放军横渡长江而命名。1964 年，改建为钢筋混凝土桥面。1982 年扩建桥面，两侧加宽至 21.8 米，并改建为下部钻孔灌注桩、上部为装配式钢筋混凝土 T 形梁结构。

图 6-2-18 渡江桥

2005 年，为进一步美化古运河风光带环境，渡江桥在原址上又进行改建。改建后的桥梁为主跨为 46 米二次抛物线空腹式钢筋混凝土拱箱梁，外立面装饰为石腹拱。同时，还在桥面两侧，建筑具有明清风格的廊亭，成为古运河风光带中古朴而又靓丽的一景，市民称为“廊桥”。

徐凝门桥 位于徐凝门路北。是古运河上连接南通路和江阳路的一座重要桥梁。该桥 1975 年 3 月开工，1977 年 10 月竣工，为一孔钢筋混凝土高低肋双曲拱桥。长 55.6 米，宽 12.6 米，载重 15 吨。

柳叶桥（大水湾人行景观桥） 位于徐凝门桥北首大水湾处。建于 2008 年。为全钢制人行台阶式景观桥，长70米，宽3～7米。由法国MARC MIMRAM设计事务所设计。该桥造型别致，远远望去，形似柳叶飘落在古运河上，俗称“柳叶桥”。

跃进桥　位于广陵路东首。1960年6月动工，1962年5月竣工通车，为排架T形梁钢筋混凝土桥。建造时正处在经济困难时期，经费不足，物资匮乏，近20米宽的桥墩虽已浇制成功，限于财力，桥面只铺设8米宽。20年后，1981年加宽扩建桥面，利用原有钢筋混凝土墩，将桥面拓宽至19.5米，并分设机动车车道和行人道。此后，跃进桥又几经修建改造、美化、亮化，加设廊道，而今已成为古运河又一个靓丽的景点。

解放桥　位于文昌中路。1951年兴建，定名为解放桥，为扬州城市第一座钢筋混凝土桥。1984年扩建，2004年改建。全长70米，桥面宽40米，桥梁主跨25米，中间的快车道为双向6车道，与文昌路等宽。新桥造型独特，四角设亭，古朴典雅，石刻护栏庄重大方。亭内匾额高悬楹联醒目。其一亭悬匾名“月照花林”，从唐代扬州诗人张若虚的《春江花月夜》中摘出。亭柱的联语摘自晚唐诗人皮日休七律《扬州看辛夷花》颈联：“一枝拂地成瑶圃，数树参庭是蕊宫。”其二匾额是“淮南盛事”，柱联为唐朝诗人赵嘏七律《广陵答崔琛》颔联：“朱楼映日重重晚，碧水含光滟滟长。”其三匾额是“春风十里”，柱联是五代宋初文学家、书法家徐铉七律《登甘露寺北望》颈联：“芳草远迷扬子渡，宿烟深映广陵城。”其四匾额是“广陵弄潮”，柱联为唐朝诗人李绅七律《宿扬州》颈联：“夜桥灯火连星汉，水郭帆樯近斗牛。”匾题和楹联描绘出灯火辉煌、星光满天、水陆商道交会的广陵古城繁华景象。

便益门大桥　位于盐阜路东端、原三茅庵渡口附近，南距解放桥720米。2004年4月建成通车。桥梁总长85米，宽20米，其中，机、非混合车道为14米，两侧人行道各3米，结构为三跨预应力连续梁，加两跨14米简支桥梁。立面结构轻盈美观。桥梁西接线设计采用南北匝道方案，使上下行车分流，既显现古运河风光带的迷人风景，又能满足交通需求和尽可能减少对已建成道路的破坏。

桥西临盐阜路立面上一四组土红色壁画，为代表不同时代扬州地标4座塔：古运河上的唐代石塔、隋代栖灵塔、明代文峰塔、清代白塔。桥下人行过道墙壁有《运河魂》大型壁画。

图 6-2-19　徐凝门桥

图 6-2-20　柳叶桥

图 6-2-21　跃进桥

图 6-2-22　解放桥

图 6-2-23　五台山大桥

五台山大桥　位于新万福路与高桥路交界处。大桥东通五台山路，西连漕河路，1997 年 6 月竣工通车。全长 259 米，宽 30.6 米，与古运河成 24° 斜交，其中主桥 5 跨，为单悬臂加挂梁结构，东引桥 3 跨及西引桥 4 跨，均为 20 米预应力空心桥梁简支结构。桥面下部结构皆为钻孔灌注桩，平均桩长 31.93 米，最长深桩长 40.75 米，全桥共计用钻孔桩 113 根、单悬臂梁 38 片、挂梁 19 片、板梁 216 片。大桥桥体宏伟壮观，栏杆及灯具均采用不锈钢制品。该桥为广陵区与邗江区的界桥，桥东为广陵区，桥西为邗江区。

江都北路大桥　位于古运河水上游览线最北端，紧临大王庙、禅智寺。2011 年 12 月开始建设。设计桥型优美流畅，采用“27.5+45+27.5”米预应力混凝土连续 V 构 +13 米简支南引桥。全长 106 米，桥宽 40 米，中间为 21 米宽的快车道，两侧各为 2 米机非分隔带、4.5 米非机动车道和 3 米人行道。

扬州闸桥　位于太平北路。1970 年 10 月，淮河入江水道二期工程全面开工。其配套工程中的扬州闸桥位于市区东北郊、京杭大运河与古运河交汇处西侧、原城北公社黄金大队境内，上接京杭大运河，下连古运河，为汛期挡洪防涝的重要屏障，由套闸、船闸、公路桥等部分组成，是一项水利、水运和陆上交通综合利用的工程设施。闸顶高 8.5 米，洞口为 2 孔，每孔净宽 4 米，船闸航道为 1 孔，孔宽 12 米，过闸最大流量为 470 立方米 / 秒，总投资 103 万元。1972 年 5 月建成，闸上公路桥亦同时通车。闸桥建成通行不仅便利市区东北片古运河两岸的交通，而且将城北、城东两个乡连为一体。

夫差大桥　位于运河北路古邗沟附近，北接站前路，直通铁路货站。为纪念筑邗城开邗沟的吴王夫差，命名为夫差桥。该桥桥南为广陵区，桥北为邗江区。 2007 年 7 月开工，2009 年 4 月竣工通车。为 6 跨等截面预应力连续箱梁桥，长 214 米，宽 50 米。该桥建成，将北三环路与运河北路连为一线，使长 9 千米的市区三环路全线贯通。

五、跨京杭大运河桥梁

50 年代后期，扬州临城段古运河改线，采取避开市区，裁弯取直的措施，从湾头壁虎坝至六圩江口另开挖京杭大运河。

扬州运河大桥　位于扬州东郊京杭大运河、运河东西路上。1959 年 2 月开工，次年 6 月建成，耗资 136.4 万元。大桥宽 12 米，其中行车道宽 7 米，长 194 米，计 7 孔，中间通航孔为净跨 50 米的钢筋混凝土系杆拱，其余 6 孔皆为长 20 米的“T”型梁，荷载等级达汽 -15、挂 -80，时为扬州区域内规模最大、技术标准最高的公路桥。大桥居扬州交通枢纽区，刚建成就成为扬州和省陆运交通大动脉。1982 年 2 月，扬州大桥进行拓宽改造。先在桥的南侧建一座尺寸相同、中孔为钢桁架的新桥，通车后拆除老桥桥面和中孔系杆拱。老桥改造后与新桥合为一体，形成宽 24 米、上下行车道分开的高等级公路桥。拓宽改造工程 1985 年年底完成，耗资近 900 万元。1985 年 9 月，长 54.6 米、高 12 米、宽 9.1 米、自重 668 吨的原旧桥桥身（含桥面和钢筋混凝土系杆拱）拆离原址，由浮船载着驶向宝应，并在运河宝应段继续服役，创造出运河航运史上的奇迹。

图 6-2-24　扬州运河大桥

文昌大桥　位于京杭大运河与文昌中路交界处。文昌大桥的建成使扬州市区与江都之间依靠扬州运河大桥“单线联系”的局面得以改变。全长650米，主跨126米，宽度45.6米。2007年12月，文昌大桥全部贯通。该桥是扬州城市东西大动脉文昌路上的一座主要桥梁，也是京杭大运河市区段跨度最大、宽度最宽的一座桥梁。同年12月29日正式建成通车。

江扬大桥　位于京杭大运河与新万福路交界处。2001年，由扬州江扬船厂部分筹资兴建，桥因厂而得名。三跨下承式钢管系杆拱结构，长248米，宽23.6米。2002年竣工通车。新万福路修建时，江扬大桥进行拓宽。保留现有桥梁，在距其以南3米处，加建一座“姊妹桥”。新建桥梁的跨度提升为单跨120米。新、老江扬大桥的总宽40米，与路宽相当。

六、跨廖家沟桥梁

广陵大桥　位于廖家沟与文昌东路交界处。2011年2月开工建设。大桥由两幅桥梁组成，中间预留12米空间作为未来的轨道空间。双向六车道设计，桥梁总宽55米，总长度1202米。大桥共分9跨，分东西侧引桥和主桥三部分，形成圆弧曲线。主桥上部结构为一连梁拱组合体系，下部结构为9孔，桥孔的跨度由中间最大60米向东西过渡至27.5米。横跨碧波之上的九孔大桥气势宏伟，桥上分列六座古色古香木亭。

万福闸桥　位于扬州市区东郊凤凰、新河、壁虎三条河道汇流处的廖家沟上，万福桥跨越淮水入江河道廖家沟。原有木桥始建于咸丰二年（1852），曾是苏北历史上第一长桥。后毁于战火和水灾。民国23年（1934），在原址上兴建钢筋混凝土排架公路桥。1959年，为治理淮河入江水道，于万福桥上游兴建万福闸桥，1960年建成，老万福桥废弃而拆除。

七、跨越七河八岛桥梁

太平闸桥　位于扬州市东郊太平河上，万福闸与扬州头道桥之间，建于1972年，系淮河入江水道控制工程之一。闸身结构型式以“轻”“薄”“拱”为主要特点。全闸共24孔，每孔净宽6米，总宽167米。闸底板为钢筋混凝土连续反拱结构，并与岸墙连成整体，24孔不分缝。上扉门为钢丝网水泥板梁结构，下扉门为双曲扁壳结构。太平闸也是扬州市区通往江都陆路交通的咽喉要道。

图6-2-25　文昌大桥

图6-2-26　江扬大桥

图6-2-27　广陵大桥

图6-2-28　万福闸桥

金湾闸桥 位于广陵区与江都区交界处，北起邵伯湖，南入芒稻闸下游。金湾闸建于1973年，同万福闸、太平闸、芒稻闸、运盐闸一起，共同担负着淮河入江水道行洪1.2万立方米／秒的排洪任务。金湾闸共22孔，每孔净宽6米，总宽160米。闸底板为分期浇筑混凝土连续反拱底板，底板高程为－3米（废黄河基面，下同），闸顶高程7.5米，闸门下节为钢筋混凝土板梁式，上节为双曲扁壳钢丝网水泥结构，上下两节用支铰联结成一体，每孔用双点双节活塞杆顶升式油压启闭机驱动。金湾闸属大型水闸，设计流量3200立方米／秒。

壁虎大桥 位于湾头镇壁虎河上。西通湾头镇健康路，东接山河村路。1991年，山河村民集资140多万元，在壁虎岛与湾头镇之间建起壁虎坝大桥，彻底解决山河村人靠摆渡才能到湾头镇的难题。

第三节 河 道

一、主要河道

（一）城区河道

安墩河与二道河 位于城区西侧的一条南北向河道。北与瘦西湖风景区相连，南接古运河，宽约22米，全长3200米。1996年，完成安墩河驳岸工程，沿河两岸建300米驳岸。1997年完成安墩河（无线电二厂西侧）沿河块石挡土墙和栏杆130米。2004年，对安墩河实行综合整治。工程北起荷花池，南至古运河（安墩闸），全长1100米，共疏浚4.6万立方米，新（改）建驳岸1000米，铺设沿河小道3300米，绿化面积0.55公顷，安装路灯90盏，拆迁房屋1800平方米，砌筑围墙480米。二道河，北与瘦西湖大虹桥水域衔接，南接荷花池公园经安墩河与古运河相通，全长1795米，是瘦西湖的重要排水通道，也是市区一条重要的排涝河道。

小秦淮河 位于老城区中部。小秦淮河系扬州城区的一条内河，又名城河，全长2千米。南北走向，贯穿全境。南起龙头关与古运河相通，北至北水关与北城河相连。明嘉靖三十四年（1555）后，扬州增筑新城，该河变成新、旧二城之间的界河。

80年代，市政府对小秦淮河进行综合治理，彻底疏浚从龙头关到北水关的河道，拆除两岸违章建筑。同时对河道两侧驳岸护坡，新建仿石水泥栏杆，在两岸河堤上铺设水泥釉砖路面行人道，植以垂柳、碧桃等花草树木，并沿两岸安装路灯。

头道河 头道河为明朝筑城时，由取土坑形成的南北向河道。北端与二道河相连。1978年，代号"782"工程的三元路（今文昌路）及西门头道河至小秦淮河的地下人防工程同时开工，头道河被填埋。如今，石塔桥南的原头道河已成为公园。只有集贤新村、扬州中学等与石塔桥南、桥北主干道的落差，依稀可见当年这里曾有城墙、河道。

（二）古运河及各支河

古运河 古运河扬州段从瓜洲至湾头全长约30千米，广陵辖区的河道北首始于邵伯船闸，往南经邵伯湖之尾闾湖道，于扬州船闸以东分流：一脉为京杭大运河新道，向南直下施桥船闸于六圩入江；另一脉向西经扬州船闸入古运河旧道，宛如飘带绕古城而过，过回旋弯曲的"三湾"，至扬子桥水分两路入江。

沙施河 位于扬州船闸西侧，曲江街道太平村境内。北接古邗沟，南接七里河，是京杭运河与古运河之间南北方向的灌排河道，又称中心河。该河分为两段：北段称新太河，北端起于古运河扬州闸之西800米处，南至曲江闸，长2210米，开挖于1967年；南段沙施河，也叫新开河，是新太河向南的延伸，由曲江闸至七里河，流经城东乡沙口村、施井村，长2400米，开挖于1973年。两河道全长4610米，今统称为沙施河。河面宽15～25米，河底高程2～3米，岸坡坡比1∶2.5。与该河汇通的有丁字河、曲江河、施井河（已填没）。河道上有新旧桥梁10座、引排闸2座，泵站2座。

北城河 扬州古城的北护城河，又称北城壕。东起古运河，西至瘦西湖的西园曲水景点，与二道河北端相接，与瘦西湖相通。全长2400米。北城河也是广陵区与邗江区的北界河。经过精心打造，沿河两旁已经成为扬州地方特色的展示区，扬州工艺展示销售中心、个园、史公祠、天宁寺（中国佛教博物馆）、冶春茶社、红园花鸟市场和卷石洞天盆景园分布在沿河两侧。北城河东河口建便益门闸，与古运河相连。该河以天宁

图 6-2-29　今日北城河

寺御码头为界，分东西两段：西段为明初张德林筑扬州旧城时的北护城河，东段是明嘉靖三十四年(1555)扬州知府吴桂芳和石茂华筑扬州新城时的北护城河。

沙河　东关古渡东岸有沙河坝，为淮水归江十坝之一，废弃于1976年。沙河，至少在唐时已被称为曲江。1959年京杭大运河扬州段开挖时，沙河被截为两段。西段数十年来已被淤填废没，今仅见曲江公园潭水一勺。东段尚存，自京杭运河东堤至廖家沟羊尾（古沙河港）注夹江，长约7000米。

七里河　位于广陵区东南城乡接合部汤汪乡内。东有通运闸连京杭大运河，西有七里闸接古运河，全长5700米。该河流经地带有多家企业，污染较重，经整治，大多企业已关停并转，该河污染正不断得到治理。七里河自九龙桥向北折而东，沿扬州古城南郊至大运河，长5500米，称西七里河。大运河东至沙河称东七里河，长约1500米，已淤浅闭塞。

同心河　九龙桥南有蒋巷排涝河贯东西，又称同心河。长3800米，西接古运河，东连京杭大运河，挑浚于70年代中期，河东、西口均建节制闸。

横沟河　挑浚于民国37年(1948)。

大众港　西起京杭大运河，东至沙河，是广陵经济开发区的重要排涝河和生态河道。

二、河道整治

(一)城区东部水系治理

2006年，对古运河东片区骨干排水河道——沙施河进行污水截流及河道综合整治，在河道两侧敷设污水截流管道，收集沿岸排入河道的污水，分段排入市政污水管网。同时对河道进行护岸整治，在沙施河北端拆建太平闸站，新建两座滚水坝。整治后，沙施河水质改善。2011年，继续整治与其相连的太平河、丁家河等几条支河。截断重点直排污水管，对重污染河段清淤；建设曲江泵站，通过活水工程引水冲污，在河道内建水质改善工程。

实施曲江公园沟通涵洞工程。涵洞在京杭大运河侧设控制洞，上设启闭机房，竖井内设铸铁闸门一道，采用液压启闭机启闭。引水管涵直径1.5米，长度分别为290米、220米。出水管涵直径2米，长9.4米，均为钢筋混凝土管道，与京杭大运河相通。

布设生态填料、充氧、种植物，净化河道水质。填料总容积6000立方米，分布于曲江公园内新开引水河、鸿泰支河与沙施河交叉口、沙施河与太平河交叉口、太平河与丁家河交叉口。每个水质净化点建设鼓风机房15平方米，通过曝气机给水体充氧。设置淹没式组合生态浮床1.15万平方米，选配黄菖蒲、西伯利亚鸢尾、海寿花、水芹菜、空心菜等植物。

工程路线：起点为曲江泵站，沿曲江公园南侧绕行到西北出口，过文昌东路涵洞，进入鸿泰支河，再注入沙施河。水流从沙施河折向北过解放北路、安康路，到达沙施河、太平河岔口，一路沿沙施河一直向北，过五台山路，经太平闸进入古运河；一路沿太平河向东北，过五台山路向东到达运河北路，分成两支：一支为丁家河继续向东经涵洞进入京杭大运河，一支仍为太平河沿运河北路西侧向北到达太平路，折向东，所换水经涵洞进入京杭大运河。

(二)七里河整治

七里河的主要功能是用于农业灌溉，但随着经济发展和沿河环境改变，七里河水质发生变化。该河两岸共有19家工业企业，每年向该河排放295万吨废水，周围3万多居民又为该河每年增加164万吨的生活污水。而大运河为给淮河污水“腾仓”，水位偏低，无法直接对该河换水。

2007年8月至2009年8月，区政府对七里河进行长达两年的全面整治。主要包括清淤、驳岸、沿河小道和绿化等，并配套实施污水截流工程，以改善沿河居民的生活环境，提高城区东南部的防洪排涝能力。

通运闸站位于京杭大运河与七里河交汇处以西700米处，占地面积约0.33公顷。1991年7月，曾因洪水倒塌，当年修复。闸站具有引排双向功能，即使在京杭大运河处低水位时，也能通过通运闸抽引京杭大运河水入七里河换水排污。同时，市、区联动共治，有计划地对附近污染严重的企业实施限期整改或迁移。2007年8月，先行开工通运闸到三里桥段。11月中下旬，开工三里桥到七里闸段。工程主要实施清淤疏浚、驳岸改造，新建或修缮沿河小道，实施污水截留送汤汪污水处理厂处理。涵闸部门对该河增加换水量和换水频次。2009年8月，西段700米风光带建成。

（三）二道河、安墩河整治

2003年，二道河实施整治，使沿岸景观得到改观。2007年3～4月，二道河实施综合整治，河道工程为荷花池清淤，搭建游船码头，清除水面废弃船只及漂浮物。陆上工程为整治荷花池内国防园环境，补植沿岸绿化，整修出新亭台、码头、亲水平台、踏步等基础设施，拆移河边全部5个垃圾房和数十个垃圾箱，完善邵庄段和来鹤桥南东侧污水截流，拆除来鹤桥东岸南侧破旧房屋及沿线视线范围内的披棚和违章建筑，在沿河重要节点建喷泉、喷雾和假山等。空中整治为对河道沿线有碍景观的房屋墙体、屋顶、阳台、屋檐等进行美化，整治、整修沿河路灯、杆线、招牌，并提升沿河亮化水平。整治全部按期结束。

2011年，实施二道河景观提升工程。包括荷花池环境整治，邵庄拆迁，设施完善，整治拆违及沿河绿化、亮化、美化等。计增植乔（灌）木1.3万多株，铺设草坪6000多平方米；拆除邵庄房屋137户；对来鹤桥、骑鹤桥、放鹤桥和荷花池小拱桥4座桥梁进行立面美化；沿河供电杆线迁移下地，管沟铺设，电信过河管线迁移，沿河小道、踏步、栏杆等设施整修出新；在骑鹤桥南、北新增喷泉、滴水景点2处；沿河64座房屋楼宇的阳台、墙体维修，30幢房屋红瓦喷黑；对沿河绿化、建筑进行亮化工程。

（四）小秦淮河清淤工程

2011年，对小秦淮河进行整治。工程投入180万元，实施河道清杂、水下清淤、淤泥固化和外运等。小秦淮河生态清淤南起龙头关，北至北城河，全长近2千米。

第四节 城区防洪

一、排水规划

《扬州市城市排水规划（2011～2020）》提出，到2015年，市区基本实现排涝设施全面达标，全面消除易淹易涝片区，基本消除城市内涝影响正常生产生活秩序的现象。实施改造前，广陵区积淹水情况较严重区域主要有：汶河南路南端、国庆路（教场南侧）、渡江南路（三里桥以南段）、南通东路（1912前）、解放北路（少年宫前）、开发路（三湾大桥东侧、联谊路段）。

改造规划范围以城区为主，中心城区为东至廖家沟、壁虎河一线，南至长江、夹江一线，西至扬溧高速，北至扬溧高速、槐泗河一线，面积为309平方千米。广陵区的杭集镇、沙头镇、李典镇、头桥镇纳入统筹改造范围。

排水系统实行雨污分流制。老城区结合旧城改造分期建设污水排水系统，采用截流式合流制作为过渡系统，完善原有雨水系统，逐步实现雨污分流；新区建设实行雨污分流制，建设城市污水处理厂，将生活污水集中处理后排放。汤汪污水处理厂规划建设规模为40万吨/日，尾水排入长江，主城区周边城镇分片建设小型污水处理厂，有条件的对污水厂尾水进行回收综合利用。至2010年年底，境域内雨水管道服务面积率90%。市政道路都同步建设雨水管道，新建改造雨水管道管径为600～1500毫米，主要排水口设置在建成区河道，包括古运河、沙施河、七里河、邗沟河、北护城河、小秦淮河、二道河。2011年，主城区重点积水路段整治工作完成，老城区主次干道雨污分流的排水体系基本建立，基本消除社会反响大、影响面广的积淹水区，且已经受住暴雨考验。

二、排水管网

老城区排水管网　老城区面积 5.09 平方千米，主要道路布局呈方格网状，内城河水系与古运河将老城区环绕其中。经多年改造，汶河路、国庆路、泰州路、盐阜路、文昌中路、甘泉路、广陵路、南通路等主要道路，已铺设排水管道，管径为 300 ～ 800 毫米。老城区内部管道多为雨污水合流管道，主要在古运河、北城河、二道河及小秦淮河、护城河上设置溢流口。该区雨水管暴雨设计重现期为 0.5 年，截流倍数为 2 倍。

东部地区排水管网　东部的城郊接合部，新建道路已设有雨污分流排水管道，其余街巷排水管网实施不够完善，基本上仍是雨、污合流就近排放，排放的水体出口有古运河、七里河、大运河等河道。2011 年，古运河、沙施河完成截污工程，大运河、七里河截污工程稳步实施，雨水管暴雨设计重现期为 1 年，古运河截流管截流倍数为 1 倍，其他截流管截流倍数为 2 倍。

京杭运河东部地区排水管网　该区域南部为广陵产业园，北部为广陵新城。南部建设较早，已经初具规模，管网基本形成，都为雨污分流。由于建设时序先后，有些污水管道在河道设置污水临时排放口，尚未接入污水管网。该区雨水管暴雨设计重现期为 1 年。

三、雨水管道

1988 年，市区排水管道总长度为 157 千米，多采用混凝土管道，雨污合流，就近排入城河。主干道管径最大为 1000 毫米，次干道、支道管径以 600 毫米、400 毫米、300 毫米为主，老城区小街巷除逐步铺设管径 600 毫米混凝土管道替代 500 毫米 ×700 毫米旧式方沟外，尚存有明清至民国时期旧式方沟不足 2000 米。90 年代初期，新建、改建道路均采用混凝土管道。市政养护处根据每年年初制定的老城区街巷翻建计划，逐年减少旧式方沟长度。1992 年，规划建设新城区和开发区，排水管道长度平稳增长。

1997 年，随着扬州创建国家卫生城工作的深入，市政府决定在今后道路工程建设中实施雨污分流，雨水管道与污水管道分设，雨水就近排入河道，工业、生活污水经污水管道集流后输入污水处理厂统一处理。1998 年，文昌路开始铺设管径 1000 毫米的雨水管道。2001 年，扬州市开始实施三年综合整治工程，排水管道建设迈上新台阶，铺设的雨水管径达到 1500 毫米。长度长、重量轻、安装维护方便的 UPVC 管、玻璃钢夹砂管、HDPE 管开始取代混凝土管，部分用于主次干道排水管道建设，老城区旧式方沟经过 10 多年翻修、改造，尚存长度不足 1000 米。至 2005 年年底，新建成的区域已完全雨污分流，老城区在旧城改造时，有条件的都实施雨污分流。至 2011 年，雨水干管总计长度约 348 千米，总管道长度超过 600 千米。部分管道施工中，开始采用非开挖顶管施工新技术。

2011 年广陵区主要雨水管道情况一览表

表 6-2-1

<table>
<tr><th>序号</th><th>道路名称</th><th>管 径（毫米）</th><th>长 度（米）</th><th>排入水体</th></tr>
<tr><td>1</td><td>文昌路</td><td>600 ～ 1000</td><td>20250</td><td>沿山河、人工湖、新城河、蒿草河、二道河、小秦淮河、古运河、沙施河</td></tr>
<tr><td>2</td><td>江阳路</td><td>600 ～ 1000</td><td>12900</td><td>新城河、花园沟、安墩河、古运河</td></tr>
<tr><td>3</td><td>淮海路</td><td>500</td><td>1600</td><td>二道河</td></tr>
<tr><td>4</td><td>汶河路</td><td>600</td><td>1800</td><td>护城河</td></tr>
<tr><td>5</td><td>汶河路</td><td>800</td><td>1000</td><td>响水河</td></tr>
<tr><td rowspan="2">6</td><td rowspan="2">国庆路</td><td>600</td><td>750</td><td>护城河</td></tr>
<tr><td>600</td><td>1200</td><td>古运河</td></tr>
<tr><td>7</td><td>国庆路</td><td>600</td><td>1200</td><td>古运河</td></tr>
</table>

续表 6-2-1

序号	道路名称	管 径(毫米)	长 度(米)	排入水体
8	南通路	600	1300	古运河
		300	600	
		400	1000	
9	渡江路	600	1200	古运河、七里河、东风河、胜利河、七里河
		600 ～ 1200	11200	
10	江都路	600	4800	古运河
11	五台山路	500	450	古运河
		600	70	
12	五台山路	600	1100	沙施河
		800	450	
		1000	550	
13	解放路	600	500	古运河
		1000	600	
		1200	400	
14	徐凝门路	800	1400	古运河

四、污水管道

1998 年始，着手进行污水截流管网建设。2001 年后，建设速度加快，每年完成污水管道超过 40 千米，管径 400 ～ 1800 毫米不等。服务范围为扬州主城区，服务区域面积约 130 平方千米，管道服务面积普及率为 70%。至 2011 年，广陵区河道污水截流管道 27.07 千米，道路污水管道 168.67 千米。

2011 年广陵区河道污水截流管道情况一览表

表 6-2-2

序号	截流管管径(毫米)	水体	管道长度(米)	服务区域
1	400 ～ 800	小秦淮河	3596	老城区
2	1000	北城河	1768	
3	1400 ～ 1500	古运河	3499	
4	400 ～ 600	二道河	2227	
6	300 ～ 600	沙施河	6292	
7	500	七里河	640	东部分区
8	400 ～ 1000	古运河	6544	
9	800	古运河	2122	
10	1000	安墩河	381	西部分区

2011年广陵区道路污水管道情况一览表

表 6-2-3

序号	道路名称	污水管径(毫米)	管道长度(米)	所在分区
1	运河东路	400～800	5919	河东分区
2	扬霍路	300～400	1217	
3	董庄路	500～1000	3334	
4	滨河南路	400	437	
5	沙湾南路	400～600	3152	
6	南泉路	400～600	2306	
7	开发东路	500～600	3241	
8	名城路	500～1000	3843	
9	宝林南路	400～500	1734	
10	江阳大桥东接线	400～500	5154	
11	文昌东路	400～500	3404	
12	银焰路	500	1350	
13	其他	400～800	14162	
14	太平路	400～500	4999	东部分区
15	江都路	400～1000	4228	
16	七里河路	800～1200	8150	
17	解放北路	500～700	3028	
18	新民路	400～600	5139	
19	运河西路	400～700	3221	
20	施井路	1000～1600	2022	
21	渡江南路	400～1200	4411	
22	开发路	400	3622	
23	连运路	1200	1876	
24	汤汪路	1400～1800	2519	
25	运河北路	300～600	6973	
26	江阳东路	600	1877	
27	花园路	500～800	2361	
28	新农路	400～600	2109	
29	扬菱路	400～800	10871	东北分区
30	长春路	400～500	2565	
31	运河北路	500	5092	
32	邗沟路	500	2684	
33	竹西路	600	2152	
34	漕河路	800	1380	
35	梅岭路	400～500	1356	

续表 6-2-3

序号	道路名称	污水管径（毫米）	管道长度（米）	所在分区
36	史可法路	400	1646	东北分区
37	盐阜路	800 ～ 1000	4306	
38	其他	400 ～ 600	8737	
39	淮海路	600	1602	老城区
40	汶河北路	400 ～ 800	1115	
41	国庆路	600	628	
42	文昌中路	600	3125	
43	文汇路	1000 ～ 1500	3806	
44	曙光路—工业园路	500 ～ 800	4667	
45	翟庄路	400 ～ 1000	2169	杭集镇
46	琼花路—曙光路—利民路	400 1200	3980	
47	其他	400 ～ 800	998	

五、污水处理厂建设

1996 年，市区建设第一个污水处理厂石塔污水处理厂，设计日处理污水能力 1.2 万吨。由于选址不当、局部管网不畅通等原因，该处理厂未能达到设计目标，2000 年弃用。2002 年，原截流污水通过污水提升泵站提升后，并入汤汪污水处理厂污水干管。

1998年11月，建设汤汪污水处理厂，选址汤汪乡丁长村。设计日处理污水能力18万吨。工程分两期实施，一期工程 2002 年 4 月建成投运，设计日处理污水能力 10 万吨；二期工程 2003 年 7 月开工，设计日处理污水能力 8 万吨。2008 年，投入试运行。汤汪污水处理厂占地面积 8 公顷，与其配套的污水管网（含污水截流工程）总长度约 130 千米，污水提升泵站 12 座。服务范围东至杭集工业园，西至新城河，北至江阳工业园，南至汤汪乡，服务面积 79.28 平方千米，服务人口约 47 万人。尾水排入施桥船闸下游，最终入长江。

汤汪污水处理厂污水处理工艺采用 SBR 改良型工艺，即循环活性污泥法。

处理印染、化工等工业废水，因其污染物浓度高，化学结构复杂，可生化性差，污水处理工艺先采用水解酸化＋氧化沟工艺，再采用 SBR 改良型工艺。

2011 年广陵区污水处理平均进出水水质情况一览表

表 6-2-4　　单位：毫克 / 升

处理项目	平均进水水质	平均出水水质
CODcr	479	57.8
BOD5	223	17.2
SS	279	14.5
NH4—N	18.13	5.66
TP	3.62	0.82

说明：各项生产指标均达到设计要求，符合《城镇污水处理厂污染物排放标准》中的一级标准

六、排涝设施

历史上扬州城区各出水口多建闸或溢流坝，采用自流或人工翻排水的方式保持内河水位和防洪排涝、灌

溉需要。70年代，在便益门、七里河入古运河处增建机械翻排水设施。1991年7月特大洪灾后，市涵闸河道管理处正式建立，隶属市建委领导。该处同时也是扬州市市区联合防汛指挥部的一个常设机构，下设便益门管理所、通运管理所、安墩管理所，管理通运闸、安墩闸等7座涵闸和二道河、小秦淮河、北城河等11条河流。城区涵闸和河道实行“一条龙”管理，确保市区河道水面清洁卫生。2001年，结合瘦西湖水环境整治工程，为提高市区闸站的提排能力和河道换水能力，先后翻建改造古运河沿岸的高桥闸、便益门闸、钞关闸、响水河闸、二道沟闸，新建瘦西湖引水总站，防洪标准（重现期）为100年。2002年，便益门闸、钞关闸、二道沟闸等河闸翻建工程全面竣工，市区净增排涝能力11.8立方米/秒。2003年，完成二道河、头道河的综合整治。汛期，城区各闸站全部开机可达2200多台，最大排水量1300万立方米以上。

通运闸站 位于运河南路，七里河与京杭大运河交汇处以西约700米处。始建于70年代。通运闸站占地面积0.33公顷，主要包括排涝泵站、节制闸、过水箱涵、管理用房和相关配套等，闸站具有引排双向功能。1991年7月倒塌，当年修复。该闸站自备变压器两台，容量1500千瓦，立式轴流泵9台，其中900ZLB-100型水泵5台，配套功率155千瓦，单机流量2.3立方米/秒;700ZLB-100型水泵4台，配套功率80千瓦，单机流量1.1立方米/秒。东侧防洪节制闸为双孔箱涵，设计自排流量20立方米/秒，西侧活水节制闸闸孔净宽6.0米，设计过流能力15立方米/秒。

七里闸站 位于七里河西端与古运河交汇处。自备变压器一台，容量400千瓦，轴流泵及80千瓦配套电机4台，提排流量6立方米/秒，节制闸单孔，设计自排流量20立方米/秒。1995年，实施七里泵站改建工程:增设800ZLB-125立式轴流泵2台，配套功率为2×80千瓦（电动机），直接传动。设计排涝流量3立方米/秒。泵室底板高程为▽1.5米，电机层顶面高程6.0米;泵房面积32平方米，附设配电房，内设3台配电柜:出水池为侧向出水，底板顶面高程4.30米;出水渠道为矩形明渠出流，渠顶高程7.0米。工程竣工后，提高市区南部，特别是七里河沿岸工业区的提排能力。

太平闸站 位于沙施河与古运河交汇处。2005年，翻建改造。闸站自备箱变电设备一台，容量200千瓦。泵站布置800QZ-100D潜水泵2台，单机流量1.5立方米/秒，配套功率75千瓦。采用闸站结合形式，中孔为泄水孔，孔径4.0米，两侧为泵室，净宽2.0米。中孔采用平面钢闸门挡水，配双吊点液压启闭机。

安墩闸站 位于安墩河与古运河交汇处。拥有机组8台，机房装机容量为640千瓦，机排能力11.6立方米/秒，自排流量20立方米/秒。

二道沟闸 位于二道沟与古运河交汇处。2002年，翻建改造。闸站采用二层框架结构，闸门净宽5米，自重8吨，启闭机选用船闸用卷扬式启闭机，功率7.5千瓦。

黄金坝闸站 位于邗沟河与古运河交汇处。1994年建成。闸站上部结构二层，水下设三孔，中孔为节制闸，净宽4.5米，两侧为泵站，净宽为3.0米，总宽13.1米，顺水流方向长9.8米。邗沟河两侧设5米长水泥混凝土护坡，古运河侧设6米长消力池。节制闸设计流量20 立方米/秒，正常水位4.7米时，可通过宽4米、高3.6米的游船。泵站为2台ZBL轴流泵，每台设计流量1.5 立方米/秒，电机功率80千瓦。中孔节制闸设两扇4.5米×5.5米钢闸门，用3吨手电两用螺杆启闭机启闭。节制闸自排或自引能力不能发挥作用时，可控制闸门启闭机开启，启闭机作为泵站的进出水流通，具有能引能排双向功能。

便益门闸站（套闸） 位于古运河与北城河交汇处。2004年，翻建改造。主要包括泵站、套闸和管理用房等，房屋采用仿古建筑，与周围环境协调。泵站向内河补水2～2.5立方米/秒，向外河排涝5.5立方米/秒。套闸可通行中等画舫船。自流过闸流量20立方米/秒。上下闸首采用铰接式分缝底板下布置防渗搅拌桩。闸首净宽5米，闸室净宽8米，长30米。上下闸首门和闸室底高层为真高2米。上下闸首与闸室及上下游翼墙均采用对称布置。套闸为双向水头，采用钢结构三角门，选用2.5吨螺杆启闭机。闸室内北侧布置提排泵站一座，泵站选用立式轴流泵3台，角度为0度，单机流量1.8立方米/秒，配套功率为95千瓦。出水池往古运河方向布置2米×1.5米出水涵洞，往北城河方向布置1.2米×1.2米出水涵洞，每节涵洞12.6米长。

钞关闸站 位于小秦淮河与古运河交汇处。2001年，翻建改造。闸站由泵房和管理用房组成。泵室净宽2.6米，中间设置闸门。闸门为双吊点，净宽3米。闸站选用两台轴流泵，转速为580转/分，配套电机功率为95千瓦/台。管理用房为青瓦仿古建筑。古运河侧挡墙底板下采用直径60厘米水泥搅拌桩加固。

第五节 老小区整治

一、老小区整治改造过程

2000年开始，市政府采取财政补贴方式，要求原开发建设单位对其开发的住宅小区进行专项整治。2001年后，政府采取以奖代拨方式，投入900万元。区政府每年都将老小区整治工作列为年度为民办实事项目，并明确整治标准。2009年前，全区范围内建于1996年前、位于中心城区的老小区共125个，楼房1117幢，建筑面积280多万平方米，居民4.5万户13.5万人，大部分是开发的商品房和单位自建宿舍。受历史条件局限，这些老小区绝大多数是开放式小区，设计标准低，公用配套设施缺乏，没有规范的物业管理，年久失修欠养，道路破损严重，雨污管道堵塞不畅，居住环境较差，居民要求整治老小区的呼声十分强烈。广陵区先后对顾庄、治淮新村等20个老小区进行综合整治，建筑面积170万平方米。2002～2007年，先后对东花园小区、安乐街坊、莲花街坊、新兴巷小区进行综合整治。2008年，投入3632万元，对沙北二村、工人新村、南小街、集贤三村等8个小区280幢楼55万平方米进行整治。整治内容和项目为：进行雨污分流及地下管网改造、敷设煤气管道，新改建小区道路、停车位，安装邮政信投箱，绿化补种，路灯亮化，化粪池清淤，环卫设施配套，墙面粉刷修葺等。整治惠及居民8301户约3万多人。

2009年，广陵区落实市政府办公室关于《转发市房管局〈关于加强市区老小区综合整治的实施意见〉的通知》，明确综合整治原则与目标。对市区1996年以前建成、建筑面积在2万平方米以上，房屋年久失修、配套设施缺损、环境脏乱差的老小区进行综合整治，确保整治后的住宅小区环境整洁、功能完备、设施齐全、管理规范。对2万平方米以下的零星住宅，并入毗邻的小区，实施统一整治。

广陵区老小区整治费用，按照市、区各半原则，由市级财政补贴50%；供电、供水、电信、邮政、广电、燃气、路灯等管线和设施设备整理、整修或新建所需费用，由各部门、单位自行承担。整治后老小区实施长效管理的，经市房管局考核验收后，通过“以奖代补”方式，给予3年物管补助。整治过程中涉及的各项规费，有关部门能免则免，不能免则缓。市、区财政将市区老小区综合整治补贴费用列入年度财政预算，确保整治经费落实到位。

2009年，广陵区将鸿泰家园小区作为整治试点，随后在集贤一村、集贤二村、化工新村3个老小区全面推开，8月底前整治全部竣工。投入3000万元对沙北二村二期、东花园河南片、化工新村、集贤一村、集贤二村5个老小区进行环境综合整治。2010年，对东花园（河北片）、荷花池、顾庄新村、桑园北村、大草小区、渡江南路大院、扬机厂宿舍等老小区进行整治，涉及楼房190幢，建筑面积58万平方米，惠及居民近9000户3万多人，资金总投入5100多万元。2011年，突出整治老小区整体环境、地下管网、小区绿化、公共设施等项目整治重点，分“提前整治、全面实施、补差拓展”3个阶段，推进综合整治工作。是年，投入近7000万元，对苏农一村、螃蟹巷小区、连运小区（一期）、王巷新村、石塔桥南等13个老小区进行环境综合整治。整治面积近80万平方米，惠及居民近4万人。

二、主要小区综合整治情况

（一）东花园区

建于70年代，曾是扬州最好的小区。总建筑面积14万平方米，常住人口5640人。30多年过去，小区严重老化，道路、排水、化粪池、车棚等公共配套设施年久失修；雨天道路坑洼积水，下水道和化粪池漫溢，整体环境脏、乱、差。由于开发年代早，小区未封闭，设施不配套，管理水平差，偷盗现象时有发生。2009年，对小区进行综合整治：拆除破损路面，拆除道路两边违章建筑，重新铺设小区道路，主干道路面浇筑混凝土，路沿外侧及绿化区域采用混凝土漫水坡；清淤、疏通原有下水管道，更换雨水管道，更换安装钢纤维复合窨井盖座框；清淤疏通原有化粪池，不能疏通的则新建污水净化池；迁移道路两侧影响采光和安全的高大树木，恢复被占用的公用绿地，补植被损坏的树木和绿化；外粉沿街部分严重斑驳的墙体，更换部分落水管；施行智能化管理，小区封闭，安装技防设备；维修出新受损的垃圾箱、垃圾房、公厕，不足部分按标准配备；统一安装住户信报箱，利用小区空地设置汽车停车位50个。整治完成后，由所在街道办事处牵头，协调社区成立小区业主委员会，对小区实行全方位管理。

（二）八大家小区

建于80年代，总建筑面积15万平方米，常住人口5886人。整治前，整体环境脏、乱、差，主下水道为雨污合流混凝土管道，常被淤泥粪便堵塞，臭水漫溢。2009年，对八大家小区进行整治。整治方案与东花园小区基本一致。拆除违建，铺设道路；清淤疏通下水管道，清淤或新建化粪池；迁移部分影响采光和安全的高大树木，恢复被占用的公用绿地，补植被损的树木和绿化；外粉部分外立面严重斑驳的墙体，更换部分落水管；引进智能化管理，小区封闭，安装技防设备；维修出新受损的垃圾箱、垃圾房、公厕，并按标准配备；为每户统一安装信报箱；设置汽车停车位50个；由所在街道办事处牵头，协调社区成立小区业主委员会对小区实行全方位管理。八大家小区整治于6月底完工。

（三）化工新村

建于70年代，共有11幢居民楼288户，总建筑面积1.77万平方米，常住人口1450人。整治前，下水管道常被堵塞，臭水漫溢，且未配套建设车库，乱搭乱建现象严重，车辆失窃经常发生，整体环境脏、乱、差。2009年，进行综合整治，整治方案与东花园、八大家小区一致。小区改造6月上旬施工，8月底完工。

（四）集贤一村

建于90年代，共有8幢居民楼150户，总建筑面积1.1万平方米，常住人口585人。2009年，进行综合整治，整治方案与以上小区相同。其中有：重新铺设道路，清淤并疏通被堵塞的270米下水管道，更换雨水管道122米，更换波纹管83米，补植被损的树木和绿化900平方米等。

（五）集贤二村

建于90年代，共有8幢居民楼437户，总建筑面积1.7万平方米，常住人口1748人。2009年，进行综合整治，整治方案与集贤一村相同。其中有：道路两侧各拓宽50米进行改造，清淤并疏通原有被堵塞的630米下水管道，重新更换雨水管道428米，更换波纹管312米，补植被损的树木和绿化3500平方米等。小区改造6月上旬施工，8月底完工。

（六）安乐街坊小区

建于80年代。2006年整治，翻建区间道路150米917平方米，铺设排水管道178米，疏通管道65米，新建化粪池3座，新增绿化面积72平方米，拆除各类违章建筑100多平方米，外墙出新2.1万平方米。

（七）新兴巷小区

2007年7月，对小区进行环境综合整治，翻建改造道路，疏通更新管道，重建化粪池，出新墙体立面，补植绿化。

（八）工人新村小区

改建于80年代末，曾是扬城最早的职工居住小区之一。20多年都处于无人管理状态，2008年7月进行整治。整治后，当年年底成立业委会，聘请物业管理。

（九）荷花池小区

整治工程2010年4月开工。小区旧貌换新颜，是市区老小区实施长效管理的典型。

（十）渡江南路46号、90号、98号大院

原为亚星客车厂宿舍，有22幢楼房及平房。 2010年3月，社区召开大院居民听证协调会。月底，大院整治工程开工。文峰街道在了解到居民“用电难”问题后，及时帮助居民解决难题。98号大院是原邗江公路处宿舍，有两幢楼房48户居民，5月，大院召开整治听证会。46号大院有7幢楼198户住户，2004年，由社区牵头，经居民听证后确定设立传达室，每户每月收门卫费3元。

（十一）苏农一村

建于50年代，位于头道河边，是一个只有60多户居民的老小区，原苏北农学院最早教授宿舍区。2010年整治。2011年12月，区老小区整治办组织广陵、原维扬两区相关人员，对苏农一村等整治后的老小区长效管理措施落实情况进行督察。成立基本物业服务中心，建立规章制度，小区保安、保洁等物业服务人员配备到位。

（十二）王巷新村

建于90年代初期，位于曲江街道沙北社区内。由于建成时间早，公共设施严重老化，小区的主干道坑坑洼洼，每逢雨天，老人害怕摔倒都不敢出门。2011年进行整治，项目涉及路面、化粪池和绿化等。改造后的王巷新村道路变得平整干净，出行非常方便，小区主干道两侧增加很多绿化园圃。

2006～2011年广陵区主要老小区整治情况一览表

表6-2-5

序号	街道	社区	项目名称	建筑面积（万平方米）	楼栋数（幢）	户数（户）	人口（人）	投入资金（万元）	整治年份
1	东关	皮市街社区	安乐街坊	2.1	16	510	2040	270	2006
2	东关	皮市街社区	莲花街坊	2.3	18	574	2296	300	2006
2006年度小计				4.4	34	1084	4336	570	
3	汶河	四望亭社区	新兴巷	2	7	290	960	250	2007
2007年度小计				2	7	290	960	250	
4	汶河	石塔社区	集贤三村	2.7	14	418	1380	77.87	2008
5	文峰	三里桥社区	工人新村	2.8	15	448	1478	78.62	2008
6	汶河	通泗社区	南小街	1.3	7	210	693	39.03	2008
7	曲江	沙口社区	沙北二村（一期）	13.2	70	2094	6910	378.46	2008
2008年度小计				20	106	3170	10461	573.98	
8	曲江	沙口社区	沙北二村（二期）	4.8	19	558	1842	326.88	2009
9	汶河	石塔社区	集贤一村	2	8	236	780	95.39	2009
10	汶河	石塔社区	集贤二村	2.4	10	294	971	149	2009
11	文峰	八大家社区	东花园河南片	31	125	3672	12118	2117.43	2009
12	文峰	化工社区	化工新村	2.5	10	294	980	171.58	2009
2009年度小计				42.7	172	5054	16691	2860.28	
13	汶河	荷花池社区	荷花池小区	10	38	1520	4560	1140	2010
14	文峰	八大家社区	扬机厂宿舍	8	14	336	1008	298	2010
15	文峰	三里桥社区	亚星客车厂宿舍	6.5	22	880	2620	720	2010
16	曲江	东花园社区	东花园河北片	17	58	2346	7038	1680	2010
17	曲江	二畔铺社区	桑园北村	5	19	760	2280	570	2010
18	曲江	顾庄社区	顾庄新村	7.5	28	1120	3360	840	2010
19	东关	宋都社区	大草小区	4	16	640	1920	500	2010
2010年度小计				58	195	7602	22786	5748	
20	汶河	四望亭社区	螃蟹巷小区	2.5	12	710	1824	432	2011
21	汶河	树人苑社区	石塔桥南小区	8	37	522	2100	960	2011

续表 6-2-5

序号	街道	社区	项目名称	建筑面积（万平方米）	楼栋数（幢）	户数（户）	人口（人）	投入资金（万元）	整治年份
22	汶河	荷花池社区	苏农一村	2	10	78	210	240	2011
23	汶河	龙头关社区	南门街小区	7	23	685	1823	720	2011
24	文峰	连运社区	冶金厂宿舍步家	3	12	361	1000	360	2011
25	文峰	连运社区	连运一期	6.5	18	744	2080	780	2011
26	文峰	宝塔社区	文峰路小区	5.5	36	930	1135	660	2011
27	曲江	沙北社区	沙中一村	11.65	52	1530	4090	1320	2011
28	曲江	施井社区	施井新村	8.15	32	933	2799	900	2011
29	曲江	沙北社区	王巷新村	5.5	24	738	2114	660	2011
30	曲江	五里庙社区	群发小区	4	16	543	1013	480	2011
2011 年度小计				63.8	272	7774	20188	7512	

第三章　公用事业

1989～2011 年，广陵区公用事业建设和服务水平提升迅速。1989 年后，扬州市区电网建设力度进一步加大，市区四周电网建设竣工运行，使广陵区居民用电得到有效保证。1989 年，城区总设计日供水能力 11.5 万立方米，供水普及率 94.4%。2011 年，市区日最高供水能力 60 万立方米。1989 年前，扬州居民以石油液化气和煤炭为主要燃料，焦炉管道煤气开始使用。1992 年，供气管道向新建住宅小区延伸。1999 年，天然气开始使用。自此，市区气源更加充足和多元，燃气设施也逐步健全。2011 年，市区天然气供气量 9446.88 万立方米。1989 年，市区公交线路 11 条，营运线路总长 127 千米，有车辆 60 辆。2011 年，城市公交线路 97 条，营运总长 1287.7 千米，共有营运车辆 1191 辆。公交车辆的档次、品位和服务质量不断提升。2005～2011 年，城区累计完成公交基础设施建设投资 9647 万元，基本消除境内各乡镇公交盲点，达到镇镇通公交，形成以城区为主，辐射周边乡镇的公共交通网络。2006 年，推行公交 IC 卡。2009 年，市区投入 600 万元，实现与南京公交领域“一卡通”互联互通。

第一节　供　电

一、供电机构

1992 年，组建扬州供电公司。1997 年 12 月，电力系统完成股份制改造。1999 年，将市区供电所与用电科组建为电力营销部。

二、电网建设

1988 年 1 月至 1991 年，全年实施市区 10 千伏曲江线、10 千伏水厂线动力与生活照明线路改造工程，保障市民生活用电；完成市区东关街—彩衣街—西门街—师院南大门 3000 多户居民用电进户线的大修改造；开展市区低压配电区改造，重点解决国庆北路文教宿舍区等处生活用电电压低的问题。经过 5 年努力，1992 年 9 月，扬州供电局通过能源部、省电力局的电网调度自动化达标验收。

1997 年 7 月，市区第一座室内布置、占地最省、主变和散热装置分体、可远方监控无人值班的 110 千伏琼花变电站建成投运，标志着城区电网结构得到调整，城网老化落后状况得到改善。该工程将高压电源通过地下电缆输入城区，在负荷密集的市区中心建成容量 2×40000 千伏安的变电站，市区 10 千伏线路。

1998 年，市区 7 座 110 千伏变电所均实现无人值班。市区负控系统监测面达到 70%，可控面达到 15%。城网建设与改造工程正式启动。完成 1998 ～ 2000 年扬州市城市电网建设与改造工程计划和项目可行性研究报告的编制，被国家计委正式列入全国 29 个城市电网建设改造工程计划。至年底，完成投资 1.4 亿元，一户一表安装 5000 套。区内沙北新村、王巷新村等居民小区电网改造基本完成，长期困扰居民用电电压偏低现象得到改善。

1999 年，城网工程全年完成投资 1.61 亿元，新增改造配电台片 263 个，新增改造分段开关 215 台，完成居民一户一表改造 1.3 万户。由此使市区部分 10 千伏线路实现手拉手供电，供电半径进一步缩小，城区配电网络结构得到完善，城区供电可靠性和电能质量进一步提高。

2000 年，完成城网建设与改造投资 1.47 亿元。2001 年，城网建设与改造工程共完成投资 1.52 亿元，最高负荷和最高日用电量分别较上年上升 19.6% 和 15.09%。2002 年，历时 3 年，总投资 6.6 亿元的扬州城市电网改造工程以总得分 98.1 分的高分通过省公司组织的竣工验收。

2005 年，投运项目有 220 千伏蜀冈变电所至扬州电厂线路及扬州电厂出线调整工程、220 千伏广陵输变电所等工程。2006 年 12 月，220 千伏广陵输变电工程投运。2008 年 6 月，220 千伏李典输变电工程竣工投运。"十一五"期间，新建 500 千伏扬州西变电所与江都 500 千伏变电所，构成市域 500 千伏电网。在江都北部建设 220 千伏扬庄变电所，在扬州市区西北部邗江区境内建设 220 千伏邗江变电所，在邗江区西南部建设 220 千伏开发变电所。市区四周电网建设广陵区的用电得到有效保证。2011 年，市区共有 220 千伏变电所 2 座，另在扬州发电厂设有 2 台联变，将部分 220 千伏容量直接降为 110 千伏供给市区的 110 千伏变电所，建设东北变电所、李典变电所。

第二节　供　水

一、供水机构

扬州自来水公司始建于 1959 年。1964 年，建成扬州第一座水厂。2009 年，更名为扬州自来水有限责任公司。至 2011 年，隶属于扬州市城建国有资产控股（集团）有限责任公司，主要从事自来水生产经营，自来水管道安装，自来水水质检测，供水管道设计，试压、检漏，水表检定修校等项业务。2011 年，公司资产总额为 39.8 亿元。供水规模 60.5 万立方米 / 日，市区供水覆盖率为 100%。

二、全社会用水

1992 年，供水综合指标：扬州市区供水量 6368.55 万立方米，超计划 3.4%，比上年增 11.58%；售水量 5786.31 万立方米，超计划 1.5%，比上年增 10.51%；最高日供水量 20.78 万立方米，首次突破 20 万立方米；水质综合合格率 99.8%；出厂水 26 项检验指标全部符合国标。新增用户 612 户，其中：工业用户 14 户、商业用户 57 户、居民用户 421 户。平均日供水 17.5 万立方米。1995 年，全年供水 7321.2 万立方米，售水 6703.22 万立方米，产值 3572.04 万元，发展用户 961 户。管网水质综合合格率 99.2%，管网水压综合合格率 98.4%，管网漏修及时率 100%。

2009 年 8 月，沙头自来水厂水泵停机，公司通往沙头社区供水管网阀门开启，沙头镇沙头社区与市区实现并网供水，2 万多沙头居民与市区居民一样用上自来水。

2010 年上半年，完成湾头镇、沙头镇的并网供水，年底实现杭集镇的并网供水。9 月，原霍桥水厂正式进行管网衔接，有近 2 万人享受到优质自来水。经济重镇杭集镇的管网施工于 2011 年完成并网供水。

三、水价管理

1992 年，征收自来水增容费。征收对象为扬州市区行政区域内所有申请接水的新用户（含居民个人接水用于生产、经营的），居民个人申请接水用于生活的免交增容费。征收标准原则上按本市供水工程的造价计收，每立方米460元。旧城改造的成片住宅区增容费扣除原有的供水量后按新增的供水量征收。市区民用自来水价格由0.22元/立方米调为0.30元/立方米（含城市公用事业），工业用水和经营性用水价格由0.30元/立方米调为0.42元/立方米。

1993年6月，调整市区自来水价格：市区生活用水（居民、行政事业单位、民政福利单位、社会团体、学校、幼儿园用水）价格每立方米调整到0.35元，工业用水和经营性用水价格调整到0.45元。增容费征收标准：企业、事业（指经营性）单位用水，水厂建设费征收标准由0.10元/立方米调整为0.20元/立方米（使用地下水也按此标准征收）；自来水增容费征收标准由460元/立方米调整为600元/立方米。

1994年4月，调整市区各类自来水的销售价格，生活用水（含居民生活、机关、部队、学校、幼儿园民政福利机构和市政、环卫绿化、园林等公益用水性用水）每立方米调到0.45元，工业用水（不含饮料生产和医院用水）调到0.55元，商业服务业（包括各类经营性公司、个体工商业户、文化娱乐场所、饮料生产和建筑业用水）调到0.60元，宾馆饭店、招待所用水调到0.70元。1994年，征收水增容费管网材料差价，按增容费的30%收取。征收对象与增容费收取对象相同。新建商品房为便于操作，统一每平方米加收10元，老城区单个居民安装自来水免收。

2009年6月，召开扬州市区“十一五”民用自来水价格改革听证会。形成改革方案，市区居民自来水价格自12月起，由每立方米2.57元调至2.77元，同时实施阶段式水价。按每户4人计算，每月基本用水量为22立方米，22.1～30立方米之间为2.77元/立方米的150%即4.16元/立方米，超过30立方米的单价为5.54元。最低生活保障和特困职工，继续每户每月免收5立方米水费。工业、商业、宾馆饭店由2.57元/立方米调至3.53元/立方米，建筑和特种行业调至4.53元/立方米和5.53元/立方米。

2011年扬州市区自来水价格组成表

表6-3-1　　单位：元/立方米

类别	基本水费	水资源费（含南水北调工程基金）	污水处理费	到户价
居民生活用水	1.47	0.20	1.10	2.77
工业生产用水	2.23	0.20	1.10	3.53
商业经营用水	2.23	0.20	1.10	3.53
宾馆饭店用水	2.23	0.20	1.10	3.53
建筑行业用水	3.23	0.20	1.10	4.53
特种行业用水	4.23	0.20	1.10	5.53

四、市区自来水管网建设

随着经济社会发展和供水需求，不断加强市区管网建设。1992年，结合城市道路建设工程，调整汶河南路的管道，共铺设DN600（“DN”为管道口径，下同）毫米管道400米，与南通西路管道连接，铺设汶河北路DN800毫米管道760米，与盐阜路干管相连。此外，将解放南路三水厂的DN400毫米出水管调为DN600毫米。结合宝塔路水泥路面的施工，调整宝塔路DN300毫米管道700米，常府巷DN150毫米管道600米，城区供水条件得到有效改善。为配合市经济技术开发区建设，共铺设管道5730米，其中广陵段DN300毫米管道1020米。

1993年，全年铺设DN100毫米以上的各类管道2.68万米，主要有：增铺第一水厂水管道DN800毫米管道4千米，过古运河，经黄金坝路、梅岭大道、盐阜路至汶河北路与市区管道相接并网。此外，调整毓贤街的管道DN300毫米管道500米，调整立新路三水厂浑水道300米。

2000年后，管网材质全部采用球墨铸铁管、聚丙烯PPR管新铺管道，并逐步更换往年铺设的钢筋混凝土水泥管、灰口铸铁管、镀锌管。2000 年，普查浑水管线上违章建筑物，历时两个月，共发现违章建筑物 69 处 872 立方米，逐步予以清除。2001 年，按照市政府部署，突击补装市区消防栓，共安装消防栓 477 只。

2004 年，废除万福源水厂 1 号、2 号浑水管道。结合市区道路改造，调整淮海路、邗沟路、泰州路、东关街等管道，全年共完成市区主干管铺设 80 千米。2005 年，实施市区管网改造（一期）工程，铺设沙湾路、渡江路、扬瓜路、扬菱路等道路管道 20 多条，为凤凰东巷、施井、城东翟庄等小区实施管道调整 40 多处，共完成主干管铺设 80.4 千米。市区供水干管爆管抢修次数明显降低。区境内供水范围已南到长江边，东到大运河以东，超过 300 平方千米，初步形成辐射周边乡镇的区域供水格局。

随着道路的延伸，供水区域的扩大，2005 年，城区供水主干管以 DN1200 毫米、DN800 毫米为主，市区 DN100 毫米以上供水管道长 543 千米，DN50 毫米及以下供水管道长 661 千米，主城区供水管网覆盖率 100%，并向湾头、汤汪等周边乡镇供水。城区管网已形成环状供水，管网密度、管径大小布置合理，水压、水量均衡。

五、水厂建设

（一）万福源水厂

位于湾头镇万福闸南廖家沟岸边。始建于 1977 年，1984 年扩建后，输水规模 15 万立方米 / 日。1998 年，扬州自来水公司水源厂更名为万福源水厂。2002 年，投资 200 多万元改造万福源水厂配电设施。万福源水厂日供水能力 30 万立方米，是第一水厂和第三水厂的取水口。

（二）瓜洲源水厂

位于瓜洲镇运西园林场。承担广陵区部分地区水源。1996 年建成投产，原为第四水厂配套取水泵房。1998 年，更名为瓜洲源水厂。2004 年，在长江取水头部设置浮漂，封闭围护。

（三）第一水厂

由万福源水厂、净水厂和浑水输水管线组成。净水厂，位于扬州市古运河和江都北路交叉口。浑水管线，管道自万福源水厂往北至万福路，沿万福路向西，穿越大运河后沿五台山路向西敷设至江都路，沿江都路向北敷设至一水厂厂区。始建于 60 年代。1989 年 4 月，市自来水公司实施一水厂扩建 10 万立方米 / 日供水工程。1991 年 7 月，工程竣工供水。随后，进行二期工程，相继完成一水厂加矾、加氯间和机修间施工。1993 年 7 月，三期工程竣工供水，一水厂供水量 15.5 万立方米 / 日。1998 年，改建一水厂加矾加氯间，安装自动加矾加氯系统，2000 年 5 月投入运行。

一水厂提标改造工程包括：拆除原 3 座滤池及反冲洗水塔，新建滤池（处理规模为 15.5 万立方米 / 日）、反冲洗泵房、配水混合池及废水回收池各 1 座，并对厂区部分设备、自控及工艺管道进行相应调整。2011 年元旦前开工建设。

2011 年市第一水厂提标扩建工程概况一览表

表 6-3-2　　单位：立方米 / 日

项目名称	工程概况			备注
	改扩建前	改扩建后	增减量	
万福源水厂（取原水）	15.5 万	36.75 万	+21.25 万	对万福源水厂取水泵房电气系统进行改造
净水厂（产净水）	15.5 万	35.0 万	+19.5 万	净水厂扩建供水规模 20 万立方米 / 日，建设深度处理规模 35 万立方米 / 日，包括预处理、常规处理、深度处理、污泥处理工艺等
浑水管道（输原水）	15.5 万	36.75 万	+21.25 万	现有一条 DN1200 浑水管道，输水能力 15.5 万立方米 / 日；改扩建新增一条 DN2000 浑水管道，总输水能力 36.75 万立方米 / 日

（四）第二水厂

位于古运河三湾下游。1972 年 9 月建成供水，设计供水能力 1 万立方米 / 日。1980 年作为向市区西南化工区供水的专供水厂，后经技改，实际供水能力增至 1.2 万立方米 / 日。因作为源水的古运河污染严重，水质日益恶化，出厂水各项指标均不能达标，于 1990 年 10 月停产，改由第四水厂向西南化工区供水。

（五）第三水厂

位于原城东乡林庄。建于 1976 年。以廖家沟为水源，供水能力 5 万立方米 / 日。1999 年，对二级泵房、配电房、加矾加氯间和有关设备进行改造，实现加矾加氯自动化，是一座卫生整洁、环境优美的水厂。

（六）头桥水厂（第五水厂）

图 6-3-1　扬州市第五水厂

2007 年 4 月，省发展和改革委员会批准立项，工程总规模日供水 40 万立方米，分两期实施。一期工程位于头桥镇，总占地面积 15.08 公顷，建设规模日供水 20 万立方米。主要建设源水厂 1 座、净水厂 1 座、浑水管线 5 千米、清水管线 34.9 千米。工程概算总投资 3.87 亿元。2008 年 5 月动工，2010 年 5 月建成供水。第五水厂三江营源水厂位于九圣村长江大堤内侧，占地面积 1.35 公顷。源水厂取水口设计日取水 60 万吨。厂区南侧布置取水泵房及变电所，东侧布置高锰酸钾预处理和粉末活性炭应急处理设施，源水流量、耗氧量、氨氮、浊度等水质指标全部实现在线检测。第五水厂净水厂位于安帖村，占地面积 13.45 公顷。净化工艺采用“机械混合 + 折板絮凝平流沉淀池 +V 型滤池 + 氯消毒，并预留深度修理”工艺流程，具有出水水质好、运行稳定、构筑物少、结构相对简单、投资节省等优点。整个生产过程自动化程度高，流量、压力、浊度、酸碱度、余氯、溶解氯等各类指标全部实现在线监控。出厂水水质执行 GB5749-2006 全部 106 项标准，各项水质指标均达到或优于标准。

（七）乡镇水厂

湾头自来水厂位于湾头镇湾头村湾头组，杭集自来水厂位于杭集镇徐桥村利民路，泰安自来水厂位于泰安镇金桥西路，沙头自来水厂位于沙头镇三星村。2009 ～ 2011 年，因实现全市区域并网供水，上述乡镇水厂先后停机关闭。

第三节　供　气

一、供气机构

1988 年，扬州居民使用石油液化气和煤炭为主要燃料，焦炉管道煤气开始启用。1992 年，供气管道向新建住宅小区延伸。1999 年，天然气最先在西部新区使用。从此，扬州气源更加充足和多元，燃气设施也逐步健全。2000 年，市政府印发并实施《扬州市燃气管理办法》。2005 年，扬州天然气输送管道全线贯通。11 月，新疆天然气正式输入，年供应计划 1200 万立方米。当年 12 月，由市城建国有资产控股（集团）有限公司与中国燃气、海峡科技合作中心共同投资组建扬州中燃城市燃气发展有限公司（以下简称扬州中燃），注册资本 3.69 亿元。

扬州中燃继承原市燃气总公司的全部经营范围，公司拥有天然气接收门站 1 座、高中压调压站 3 座、中中压调压站 4 座、压缩天然气释放减压撬 1 座、高压管网 28 千米、中压管网 350 千米、低压管网 950 千米、天然气加气站 9 座，形成完备的天然气供应体系。天然气的应用范围已涉及民用、餐饮、中央空调、锅炉、冶炼、切割、车辆等行业。公司燃气管网覆盖范围东至芒稻河，南至沿江工业园区，西至扬溧高速、杨庙一带，北至扬溧高速两侧。“十一五”期间，完成市区天然气门站建设及置换工程，市区14万户用上高效、清洁的天然气；扬州城区燃气气化率达97.01%。2011年，实现供应的乡镇有李典、沙头、杭集等。

二、价格管理

1995年，煤气价格进行调整，民用气价格由每立方米0.50元提高到0.75元，工业及机关企业团体用气由每立方米0.70元提高到1.05元，营业性用气由每立方米0.90元提高到1.60元，从7月抄表收费起执行。2000年4月，省物价局、建设厅制定《江苏省液化石油气价格行为规范》。2006年11月，市物价部门出台天然气收费标准，居民生活用气价格试行为每立方米2.20元；学校学生食堂、部队生活区、养老院（敬老院）生活用气实行居民用气价格；工业用气、商业服务用气以及其他用气价格为每立方米2.30元，允许上下浮动15%。居民灶具、燃气热水器具改造由天然气经营单位与用户协商确定；新安装天然气用户初装费参照管道煤气收费标准，每户3300元。

第四节 城市公交

一、公交线路

1988～1989年，市区有公交线路11条，线路总长度127千米，公交站台163座。1996年，开始设置公交灯光站台，新站台采用不锈钢材料制作。1999年，公交总公司首推12路标准型无人售票车20部。2001年，在原1路的基础上，又推出2路和8路为“爱军线”，现役军人可免费乘坐“爱军线”上的公交车。同年，开辟公交66路晚班车。2002年，开始建港湾式灯光站台，共103座，设有休息凳。2006年12月，市区已使用28年的公交月票及各种乘车证件退出历史舞台，由城市一卡通代替。2009年年底，市区所有建成小区都通公交。2011年，扬州市在杭集镇召开全市镇村公交现场推进会。是年，杭集镇开通镇村公交线路3条，李典镇开通镇村公交线路4条，市区新增公交车辆119辆。

2011年，市区（不含江都区）计有公交车1191辆，是1989年的19.85倍。有公交线路67条，是1988年的6倍。线路总长1287.7千米，是1988年的10.14倍。

二、站台建设

1989年，市区在友谊路8号建成停车场地1.4万平方米。1992年，新增站台39座，共223座。1994年，新增站台24座。1996年，共补建、改建公交站台22座，设置果壳箱并配置灯光。至2002年，共建成站台154座，其中灯光站台18座、港湾式灯光站台103座、一般站棚33座。灯光站台式样新颖，设有休息凳，橱窗展示内容丰富，有健康教育知识、公民道德规范、市民守则、名人哲理箴言，历史文人歌咏扬州的诗词等。2003年，新建港湾式灯光站台70座，硬化地面站台54座。2004年，新建港湾式灯光站台51座，停车、回车场3500平方米，补齐市区站杆、站牌180块。2005年，新建港湾式灯光站台50座，补齐市区站杆、站牌220块。2007年，改造仿古公交站棚32组，初步改变市区公交场站多头建设、布局无序、外观不协调和管理混乱的状况。2010年，全年新（改）建公交站棚58座，建成汽车东站、运河北路公交停车场和文昌花园、动物之窗、杉湾公交首末站。2011年，新（改）建文昌东路、运河北路等地公交站棚50座。

第四章　镇村建设

广陵区重视镇村基础设施建设，一个以古城为根、新城为核、特色小镇组团发展的新格局已初步形成。镇（乡）村建设科学规划，合理布局，推行集中居住，便利农民生活，节约土地资源。村居科学发展，依托大庄，促进人口集聚，保护古村，传承历史文脉。至2011年，新5镇农房总面积646.82万平方米，人均36.42平方米。

第一节　集镇建设

一、发展战略

在扬州城市总体布局中，广陵区的发展方向为东西聚合，南拓北优。东西聚合：加快古运河与芒稻河之间的中部地区旧城改造和新城建设；优化土地使用，强化公共服务功能，完善设施配套；构建东西快速交通系统，强化城市东西方向联系，推动城区东西片区功能与空间整合。湾头镇、泰安镇、杭集镇在其中，汤汪乡已融入中心城区。南拓：优化完善扬州南部沿江地区产业布局，提高土地开发强度；同步建设居住生活配套设施，强化互动发展，借助既有产业优势，扩大规模，延伸产业链，同时加强生活居住配套，完善公共服务设施，形成以工业为主导、配套设施相对完善的区域。头桥镇、李典镇、沙头镇在其中。北优：优化完善城北地区用地布局，含湾头镇、泰安镇部分地区。

二、规划编制

1991～1993年，邗江县城乡建设局对1984年编制的村庄建设规划进行调整和完善。1994年，李典镇集镇规划经邗江县政府批准组织实施。1996～1997年，完成小城镇总体规划，抓中心村规划制定等基础性工作。1999年，乡（镇）人民政府和规划编制单位联合编制村镇规划。2000年，区政府印发《扬州市小城镇绿化规划编制技术要点》，规范全区小城镇绿化规划编制工作。2004年，完成小城镇消防专项规划的编制和技术论证。2006年，组织镇村布局规划审批工作。2007年，编制重点镇修建性详细规划。2010年，对李典、沙头、头桥、杭集、泰安等镇镇区总体规划进行编制和修编，完成头桥镇等镇区控制性详细规划编制工作。2011年，根据总体规划进行重点中心镇建设。各重点中心镇镇区道路网络基本形成，供水、排水、垃圾处理等市政公用设施加快建设，建成汤汪污水处理厂，实现生活垃圾中转站全覆盖，教育、卫生、文化、体育、社会福利等公共服务设施逐步健全，重点中心镇综合承载能力增强。

三、空间组织

在市域范围内，构建“一带一轴”的城镇空间组织结构。“一带”为沿江城镇带，“一轴”为淮江城镇发展轴。沿江地区依托区域东西向交通廊道，形成一条市域经济社会发展水平和城市化水平最高、空间与功能联系最为紧密的城镇带，沿淮江城镇轴上整合强化节点城市和城镇，通过轴带结合，引导市域生产要素进一步合理流动、集聚，指导区域性基础设施建设，促进区域协调发展。

广陵区所属集镇在沿江城镇带的有头桥镇、李典镇、沙头镇，在淮江城镇发展轴上的有湾头镇、泰安镇、杭集镇和汤汪乡。

四、基础设施建设

（一）道路

区内各镇从当地实际出发，统筹协调道路建设。主要表现为四个结合，即建新路与拓宽改造老路相结合，镇内道路与过境道路相结合，增加数量与提高路面质量相结合，街道拓宽与集镇旧房改建相结合。资金筹集来源于政府补助、开发、集资、赞助等渠道。1990～1995年，全区集镇街道建设投入较多资金，新建街道100多千米。其中杭集镇发展较快。1987年年底，该镇街道总长1.32千米，均为普通路。1995年，街道全长发展为8千米。其中普通道路4千米，面积3.04万平方米；高级、次高级道路4千米，面积3.21万平方米。至2000年，杭集镇街道长16千米，面积26.06万平方米，硬化、黑化率100%，质量为全区乡镇之最。2003～2011年，广陵区落实省交通厅农村“通达工程”道路建设，共建设道路25条，总里程37.93千米，总投资1.53亿元。

头桥镇

西贝大道。北起丰裕桥，南至弘扬路，全长2400米。2011年，由区政府投资200万元建设。

李典镇

花园东、西路。花园西路西起典前街，东至花园东十字路口，全长350米；花园东路西起十字路口，东至三圣路，全长350米。

花园南、北路。花园北路北起光阳花苑，南至十字路口，全长250米；花园南路北起十字路口，南至李朴线，全长500米。

沙头镇

人民路。北起镇北，南至503乡道，分为北路、中路、南路。全长5千米。

迎宾路。西自镇西，东至陈祠路，分为东路和西路。全长2千米。

三星路。西自人民路，东至天诚北路接笔江路。分为西路和东路，全长6千米。

杭集镇

曙光路。始建于1958年。南起杭府街，北与扬泰公路衔接。70年代，修成砂石路。1992年冬，南段约660米扩建成宽20米的水泥沥青路。1996年，从春艺宾馆到宁通公路立交道口修成36米宽的主干道，沥青路面，取名曙光路。2005年，对曙光路全面改造，路宽22～36米，长2860米，水泥路面，人车分行。旁栽常绿乔木香樟，电力、通信线落地下埋，雨水、污水管道分设，路灯、地灯、装饰灯一应配套，这是市乡（镇）第一家路灯、清水、污水配套齐全分流工程，2007年竣工。2008年，曙光路在4处岔道口安装红绿灯，公交209路由杭集直通扬州西站。2011年，区政府决定分别投资1.47亿元和8200万元在杭集镇建设曙光北路和三笑大道南延段。

三笑大道。北起四通路，南接琼花大道，全长3千米。

琼花大道。西起曙光路，东至泰李路，全长2.4千米。

泰安镇

凤凰岛路。北起凤凰岛公园，南至新万福路（原扬泰公路）全长12千米。2010年，实施凤凰岛路美化亮化。

金桥路。分为西路和东路，全长9千米。2011年，东、西两座新桥全面竣工，彻底解决芒稻、自在半岛百姓的出行难题。

湾头镇

长安路。为穿越古镇中心一条干道，西起京杭运河，东至壁虎河边，全长约1.6千米。

茱萸湾路。北起茱萸湾风景区，南至万福路，南端与五台山路岔口和秦邮路北端路口对接。长约1.9千米。南段1.3千米道路拓宽至24米，北段0.6千米拓宽至16米。2011年，道路由原混合车道改造为单独机动车道，人行道、非机动车道混合，与机动车道之间用绿岛分隔。道路配套路灯、绿化，地下排水管道实现雨污分流。1月改造，3月完工。

（二）绿化

1988年，绿化尚未被纳入集镇整体规划。1996年后，各乡镇对集镇绿化建设加大资金投入，集镇绿化覆盖面积明显增加，如李典镇中心港一河两岸工程。至2011年年底，人均绿地面积5.83平方米。

（三）供水

1987年，李典镇建自来水厂，供集镇居民用水。1988～1996年，各乡（镇）均建有自来水厂。2000年，自来水普及率，镇建制集镇为95.42%，乡建制集镇为91.26%。

2010年，市政府在头桥镇建成扬州第五水厂。全区乡（镇）实现并网供水，原乡（镇）所建水厂停机关闭。

（四）电力照明

1987年，集镇仅有主要街道配设路灯。1998年后，随着集镇街道扩展，集镇实施亮化工程，主要街道照明配套率100%，次要街道照明配套率达85%，集镇高大建筑物周边安装轮廓灯和射灯。2011年年底，集镇持有路灯量是1987年的7.35倍。

2008年，杭集镇建成110千伏变电所一所。

2011年，湾头镇有变电所2所。头桥、杭集、李典、沙头供电所获市委、市政府颁发的"文明单位"称号。

（五）农村住宅建设

1990～2011年，集镇住宅建设不仅速度快，规模大，而且建筑质量、建设方式都有较大变化：钢筋混凝土砖混结构楼房居多数，住宅建设变零星分散建设为集中开发住宅小区，集镇住宅开始向商品化方向发展。2011年，区政府加强公租房建设。投资1亿元在李典镇建设滨江职工服务中心一期工程，600套房屋2.6万平方米。是年，加强农民集中居住区建设；投资5800万元，在头桥镇开工建设大同小区1.7万平方米；投资3400万元，在沙头镇建设农民集中居住区二期2万平方米；投资1800万元，建设霍桥农民集中居住区1.3万平方米；投资1.4亿元，在杭集镇建设建新东苑安置区5.5万平方米；投资7000万元，建设太阳能农民集中居住区一期4.4万平方米；投资9000万元，在杭集镇建设双隆集中居住区3.7万平方米；投资1600万元，在李典镇建设江洲小区四期1.5万平方米；投资6000万元，在泰安镇建设泰安农民集中居住区4万平方米。

图6-4-1　沙头镇农民集中居住区

第二节　村庄建设

一、基础设施建设

（一）道路

1989～1990年，村庄道路由所在地域行政村对原有道路修补、改造；资金投入逐渐增加。1991年，村庄道路建设纳入农村基础设施规划，区、乡财政安排专项资金。1991～1995年，村庄道路建设加大投入，道路状况有所改观。1997年、1998年，资金投入均在1000万元以上，村庄道路建设步伐加快。1999年，杭集镇投入资金358万元，铺设灰黑色村级道路，长19千米、9.5万平方米，初步实现道路网络化目标。至2011年，全区村庄道路建设投入资金累计8003.22万元。村庄道路总长1921千米，其中普通道路1632千米、847.44万平方米；高级、次高级道路274千米、377万平方米，基本实现通村公路黑色化，通组公路砂石化。

图6-4-2　杭集农民别墅——三笑花苑

(二)房屋

1989年后,全区农村两次出现建房高潮。1990年始,农户以新建砖木结构平房为主,部分农户翻建砖木、斗子空心墙楼房。1995年,农民住宅建成面积为历年最多。1997年后,村庄又一次出现建房高潮,房屋一般为砖混实体,少数框架结构。屋面多为琉璃瓦,外墙装饰砖贴面,造型新颖多样,具有时代感。点式楼、别墅楼亦不鲜见。2011年,新5镇合计17.76万人,人平均农户面积36.42平方米。

2011年广陵区新5镇农房及人均面积一览表

表6-4-1

乡镇名称	总建筑面积(万平方米)	楼房面积(万平方米)	瓦房面积(万平方米)	人均面积(平方米)
头桥镇	149.94	55.37	94.57	34.38
李典镇	168.78	50.93	117.85	41.64
沙头镇	145.73	46.49	99.24	39.39
杭集镇	111.67	27.9	83.77	31.91
泰安镇	70.7	17.88	52.82	33.67
合计	646.82	198.57	448.25	36.42

(三)绿化

区内农民历来有家前屋后绿化植树习惯。一部分农户为美化家庭环境,栽种水杉、池杉、龙柏、黄杨等常青树。1988年,全区林木覆盖率9.98%。1990年后,不少农户将竹林、十边地、承包地改栽种银杏、猕猴桃、枇杷、水蜜桃、茶树等经济林木,既增加收入,又绿化、美化环境。2011年,全区林木覆盖率16.18%,其中农村林地面积4497.8公顷,林木覆盖率14.6%。

二、重点村选介

(一)头桥姚港村

位于头桥镇北部,紧临夹江,东、北与江都区张纲镇隔江相望,西与李典镇联盟村接壤。共有9个自然村庄、14个村民小组502户1640人。耕地面积100.53公顷,人均耕地面积0.06公顷。2000年,村组道路全部砂石化,村民住房全面得到改造,20%农户翻建二层楼房,村庄排列整齐,户户通水通电。村连续多年获得区文明村、双文明村称号。1996～1998年,被命名为区小康村。2001年5月与八江村合并为安阜村。

(二)头桥济福村

位于头桥镇东南部,与镇江市丹徒区高桥镇接壤。共有13个自然村庄、10个村民小组524户1641人。耕地面积111.87公顷,人均耕地面积0.07公顷。2000年,村组道路全部砂石化,村民住房全面得到改造,40%农户翻建二层楼房,村庄排列整齐,户户通水通电。1996年,被命名为省电话小康村。1998～1999年,被命名为区文明村、市文明村;1999年被命名为市级科普文明村。后与义成村合并为福成村。

(三)李典黄桥村

位于李典镇东北。共有4个自然村庄、15个村民小组440户1554人。耕地面积88.47公顷,人均耕地面积0.06公顷。2000年,全村有427户盖新房,其中楼房110户。利用集体积累资金25万元,新建自来水厂,免费供应村民用水。投资10万元,整修村组公路,村组道路实现砂石化。村建有文化体育活动中心和卫生室,浴室免费向村民开放。1993年,入选《江苏名村志》。

(四)李典秀清村

位于李典镇南端,濒临长江。秀清村是为纪念江镇武工队队长朱秀清烈士牺牲于韩小圩而得名,共有36个村民小组1191户3509人。耕地面积141.47公顷,人均耕地面积0.04公顷。2000年,全村各组铺设砂石路,部分建成水泥路。在隆兴组征地0.92公顷规划为中心村,建成33幢别墅。村多次被区政府表彰为先进单位和文明村，被评为市级文明村。

（五）李典田桥村

位于李典镇北部。该村以“小康村”“市级示范村”为目标，推进新农村建设，累计投入1000多万元，实施通组道路建设、河塘整治及绿化、亮化、美化工程，村容村貌焕然一新，人居环境明显提升。通村组道路硬质化率100%，主干道绿化覆盖率100%、亮化率90%以上，卫生户厕改造率100%。2009年以来，连续三年投入500多万元建成农民公园4个，为村民健身、休闲、娱乐提供场所。2011年，被扬州市授予“优美乡村”称号。

（六）沙头邱卜村

位于沙头镇北部，北与广陵产业园接壤。原是沙头镇村级经济困难村。1997年，与港商合资建设扬州市首个村级工业园——富佑工业园。2011年，有民营、个体企业80多家。先后建设霍桥大道、文汇路、富佑大道和通组道路；安装路灯，绿化造林；建起村办公楼，在全区率先建成小康村。便民服务中心大楼占地面积0.12公顷，农民广场健身器材、大屏幕电视、长廊一应俱全，是村民休闲、娱乐、健身佳处。广场对面，“一河两岸”青石驳坡，河水涟漪，波光粼粼；河岸上，杨柳摇曳，姹紫嫣红，一幅田园乡村美景。

（七）杭集裔庙村

位于杭集集镇北部，宁通高速公路穿村而过。1997年，镇政府将裔庙村北部21.33公顷农田辟为镇北农业示范区。经过三年建设，建成两纵两横砂石路4条，衬砌渠道1000米，路边栽有观赏花木。通组公路全部硬质化，水泥路面占70%。曙光大道纵贯全村南北，裔庙段成繁华商业街。

（八）杭集新生村

位于杭集镇所在地。1997年启动建设，征地1.53公顷，首批12户农民进村建房。1999年，区政府印发《关于进一步推进中心村建设的实施意见》，从土地置换流转、减免建设税费等方面明确一系列优惠政策。是年，再次征地4.33公顷，44户农户进村建房；建房坚持“十统一”建设管理，即统一规划设计，统一施工队伍，统一正负零，统一尺寸大小，统一屋顶高低，统一外墙装饰，统一房瓦色彩，统一镂空式围墙，统一地面高度，统一净化池；农户可自建也可委托代建。同时，建成长350米、宽18米、面积6300平方米的琼花大道高等级水泥路面，配套下水道、管线等。建成新生小学。该村住宅小区于2000年年底建成。2011年，农民人均收入2.19万元，居全区各村之首。

（九）泰安山河村

位于泰安镇西南。四面环水，淮河入江水道的新河、小新河纵贯南北。全村由凤凰、壁虎、幸福3岛组成。1992年前，全村有渡口4个，村民外出全靠渡船。1990年夏，洪水暴发，交通全部中断。1991年，壁虎坝大桥开工，全长227.5米。1992年11月，建成通车。1998年，建造壁虎坝大桥至村部水泥路，长1028米，宽4米；同时为东庄、西庄、后庄3个村民小组铺筑砖路1200米，宽3米。1997年，山河村被区委、区政府授予小康村铜牌。2000年，被授予“文明村”称号。

第五章 城市管理

1989年后，广陵区一直致力于建立和完善城市管理体系，强化城市管理工作。从广陵区主要领导兼任市城市管理委员会办公室（以下简称市城管办）主任，到改组区综合管理办公室，再到成立区城市行政管理局，向（街道）乡镇派驻执法大队，广陵区城市管理体制和运行日渐科学，逐步形成相对完善的城管执法格局。

第一节 管理体制与队伍

1989年，广陵区城市管理委员会及其办公室围绕承担“以经济建设为中心、城管服务为重点”的工作任务，履行政府宏观管理城市职能，统筹、指导、协调、检查、督促城市管理工作，制定和实施综合治理城市的方案，检查城市管理法规的贯彻落实，实行“条包块管，以块为主，条块结合，各负其责”的城管体制。1992年11月，广陵区城市管理委员会办公室改组为广陵区城市综合管理办公室（以下简称区综管办），与区爱国卫生办公室（简称区爱卫办）合署办公，负责全区城市管理工作，同时承担创建国家卫生城的各项任务。

1998年12月，区综管办、区爱卫办各自独立办公。区综管办负责全区城市管理工作，领导广陵区城市管理监察队伍，指导各街道办事处城市管理的业务工作；区爱卫办负责重大环境卫生治理、爱国卫生等工作。1999年，广陵区城市管理监察大队成立，在区综管办和市城管监察支队领导下从事广陵区城管监察工作，负责辖区内街巷、住宅区、河道管理和监察执法。

2000年2月，国务院法制办复函同意江苏省政府在扬州市开展相对集中的行政处罚试点工作。8月，扬州市广陵区城市管理委员会（以下简称区城管委）及其办公室成立，与广陵区建设委员会合署办公。区城管办由区城市综合管理办公室、区城市管理监察大队、区创建全国文明城市办公室合并组成。

2000年11月，市城管监察支队广陵区大队成立，主要负责完成市城管监察支队交办的工作任务，指导区内城市管理行政执法工作。市城管监察支队广陵区大队管辖萃园路等17条路段。

2000年扬州市城市管理监察支队广陵区大队管辖路段一览表

表6-5-1

序号	路段	界址
1	萃园路	国庆路路口—文昌中路路口
2	国庆路	盐阜路路口—人民商场
3	渡江路	人民商场—南通路路口
4	广陵路	泰州路路口—人民商场
5	甘泉路	人民商场—淮海路路口
6	解放南路	解放桥转盘—跃进桥转盘向西至泰州路路口
7	立新路	解放南路路口—江都路路口
8	解放北路(西段)	解放桥转盘—江都路路口
9	玉器街	漕河路路口—盐阜东路路口
10	梅岭东、西路	友谊路路口—马太巷巷口
11	史可法东、西路	北门外大街路口—马太巷巷口
12	长征路	友谊路路口—北门外大街路口
13	长征西路	北门外大街路口—史可法路路口
14	土坝路	大学南路路口—荷花池路路口
15	徐凝门路	广陵路路口—江阳东路路口
16	大学北路	文汇东路路口—四望亭路路口
17	大虹桥路(东、西段)	玉带河小区—新北门转盘、大虹桥—念四路路口

2002年5月，成立扬州市城市管理行政执法局广陵分局（以下简称区城管执法分局）、广陵区环境卫生

管理办公室（以下简称区环卫办）；区环卫办列为区城管执法分局下属部门。同年4月，成立扬州市公安局广陵分局城市管理治安办公室（以下简称区城管治安办），为扬州市公安局广陵分局（以下简称区公安分局）派出机构，接受区公安分局、区城管执法分局的双重领导，办公地点设在区城管执法分局内。7月，成立扬州市广陵区城市管理局（以下简称区城管局），与区城管执法分局为两块牌子、一套班子，承担广陵区范围内的城管行政执法和城市管理工作。广陵区委常委会明确，区城管局对全区城市管理和行政执法工作实行统一管理，对全区城管执法的行政、业务工作实行垂直领导；区城管局下属各中队办公地点设在街道，党团组织放在街道，街道城管科负责人可兼任中队负责人职务；各中队干部任免以条为主，充分尊重和听取街道意见。

图6-5-1 垃圾分类

图6-5-2 晨曦中的清洁工人

2005年1月，广陵区在各街道设立城管执法大队（各街道中队改称街道大队），进驻街道试点工作，首批试点街道为曲江街道、文峰街道，相应成立曲江大队、文峰大队。3月，成立汶河大队派驻汶河街道，成立机动大队负责全区重大城市管理案件和违法建设的查处。通过试点，派驻大队有效改善辖区内市容环境综合状况。在试点工作取得成功后，又分别向东关街道派驻东关大队，向湾头镇、汤汪乡派驻湾头中队、汤汪中队；形成市—区—乡镇（街道）三级城管执法网络。

2006年7月，区政府明确各街道办事处城管执法大队管理路段范围。

2006年广陵区各街办城管执法大队管理路段一览表

表6-5-2

序号	街 办	管理路段
1	汶河街办	甘泉路（小东门桥以西）、淮海路、文汇东路东段、南通西路（小秦淮河以西）、荷花池路、江阳路（汶河段）、土坝路、南门街、通泗街、毓贤街
2	东关街办	国庆北路、国庆南路、盐阜路、泰州路、广陵路、徐凝门路、甘泉路（小东门桥以东）、南通东路、南通西路（小秦淮河以东）、渡江路、萃园路
3	曲江街办	东花园东路、东花园路、城东路、施井路、江阳东路（曲江段）、运河西路、运河南路、曲江南路、曲江北路、运河北路、江都南路、江都路、解放南路、解放北路、立新路、文昌中路（解放桥至钢铁厂段）、新农路、老运河北路、五台山路、太平路、太平北路
4	文峰街办	徐凝门路南段、渡江路南段、扬圩路、江阳东路（文峰段）、宝塔路、文峰路、文峰南路、联谊路

2008年8月，区城管执法分局成立车巡督查组。2009年1月，市城管执法局明确各分局接合部管理责任。规定管理区域以桥为界的，管理到整个桥面并向对方桥头外延伸10米；以路为界的，管理至道路中心线。

2011年3月，广陵区撤销区爱卫办，职能划入区卫生局；其原先实际承担的街巷保洁、门前四包、社区数字化城管等城市管理职能，划归区城管局、区环卫办。从5月开始，各派驻城管大队在重点抓好辖区内主次干道市容管理同时，将管理范围向街巷小区延伸，与社区共同加强街巷小区管理。建立城管中队或城管队员联系社区制度，与社区一起做好社区市容管理工作。同时，完善广陵区城市管理联席会议制度，定期研究会办城市管理中重大问题。8月，区城管执法分局为城管队员配备电动车进行巡查。巡逻线路以市区主干道、商业区、宾馆、广场、风景旅游区、国内外嘉宾经常观光的道路为重点。广陵辖区内文昌中路、汶河南、北路等为特别巡查线路。巡逻时间为早8时至晚7时。同月，区城管执法分局将查处违法建设的管理职能下放到各辖区大队。职能调整后，区城管执法分局机动大队职能为负责全区违法建设查处的指导、协调、督查，协同对群发性违法建设的查处控制；其余大队在原有的负责路面综合管理的职能外，增加查处辖区违法建设的职能。

第二节 综合管理

一、占道经营管理

图 6-5-3 环境工作会议

1989年9月，市城管委公告，严禁在市区主干道及两侧摆放影响市容环境的各种堆放物，严禁占道经营。1990年，在石塔西路52号南建立一座二层楼招商市场，将西门车站附近的个体摊点迁入场内经营。1991年，市、区两级政府包括各街道办事处联合行动，妥善安置84户个体户进入江都路、大虹桥路招商市场经营。1992年，城管部门按照“六不影响”（不影响市容、秩序、卫生、绿化、商店经营、居民生活）的原则，会同区工商、交警、市政、环卫、防疫等部门，对临时占道点统一规划、统一定点；对临时摊点发放临时占道许可证、夜市经营许可证；在主干道两侧宽阔处安置临时摊群11处；增加夜市点5个；新辟文昌、渡江灯光夜市，安置摊位200多个，统一安置有照（证）工商户900多户进入市场经营。1998年11月，对148个下岗职工临时经营占道点实行一年内免收占道费的优惠扶持政策。2000年1月，在部分地区设立临时摊点疏导点，并收取占道费，标准为：常驻经营者每摊位每月30元，临时进场经营蔬菜者每摊位每日0.50元，临时进场经营其他项目者每摊位每日1.00元。每摊位占道长度不少于1.5米。3月，将部分路段设为下岗和失业人员摊点临时路段。

2000年广陵区第一批市区下岗和失业人员临时摊点疏导点一览表

表 6-5-3

摊点疏导路段（地点）	主办单位	经营时间	经营项目
老念四路南段	广陵区工商局	白天	农贸市场
老念四路中段、北段	广陵区工商局	白天	综合
萃园路	广陵区市场办	夜市	小吃
苏农路东段、史可法路等处货架、文化路北段	广陵区工商局	白天	百货、水果、修理

续表 6-5-3

摊点疏导路段(地点)	主办单位	经营时间	经营项目
东关街农贸市场	市第一食品厂	白天	农贸综合
市区各类市场空余摊位	相关市场	白天	综合
立新路东段南侧	广陵区	白天	水果、修理

2002 年 9 月，区城管局成立摊点疏导管理中心，设立疏导中心办公室，专门负责广陵区内马路、街巷、小区摊点疏导点的管理，归口区城管局市容科管理。对市区经营早市、熟食摊点进行重新定点，安排在支干道、街巷、城郊接合部和住宅小区内。2003 年 3 月，推出富春“放心早餐”，在指定时间、指定路段摆放由富春食品集团统一供货、统一餐车样式的早餐摊点。9 月，区城管局对辖区范围内的小手工业者进行规范管理，首先对“三本”（本市户口、本人经营、本人下岗）人员经营的自行车摊点进行定点、定人、定面积、定规范的“四定”管理，并签订责任协议书；区城管局市容科与广告公司合作，为经营户免费发放统一制作的自行车修理便民服务车 100 辆和遮阳伞 100 顶。

2007 年，区城管局在详细调研、选址后，实施汤汪乡疏导点、连运农贸市场改造，建设江都路顾庄农贸市场疏导点并完成原住户搬迁。2008 年，针对夏季瓜果摊点大量增加的现象，于每年 6 月开始加强对占道瓜果摊点的管理。2009 年 3 月，在毓贤街试行摊点自治管理，开创“流动性经营户自治管理”新模式。2010 年 6 月，在市区严禁向瓜果机动车占道经营户收取管理费用。2011 年 6 月，明确广陵区夏季瓜果临时疏导点 22 个，分别位于土坝路、江阳中路、江阳西路、运河西路等 12 个路段，摆放时间从 6 月 5 日至 9 月 10 日。

报刊亭设置管理 2000 年 9 月，成立市区报刊亭整治工作领导小组。按照“科学设置、合理布局、规范经营、严格管理”的总体要求进行整治，报刊亭对促进下岗职工再就业，方便群众文化生活需求，维护社会治安，发挥一定作用。2002 年 9 月，公开招标增设一批报刊亭。2004 年 9 月，广陵区街道社区、住宅小区需要设置报刊亭的，由区城管局报市城管局审定后，提交相关部门例会确定后实施；报刊亭的规划定点、占道许可、工商登记、邮政行业经营许可、文化许可等相关手续，按照行政审批规定统一由邮政局负责办理。2009 年，完成广陵区 37 个报刊亭的“以旧换新”置换工作。

二、路段环境管理

1989 年，广陵区政府出台《扬州市区主干道市容环境卫生管理暂行规定》，重点加强“两横”（广陵路—甘泉路、琼花路—三元路—石塔路）、“两纵”（国庆路—渡江路、汶河路）、“两环”（环城路、二环路）、“两站”（扬州车站、西门车站）的管理，以军民共建、警民共建、厂街共建、商街共建的形式加强市区路段管理，并在广陵路、汶河路、渡江路等市区主要干道开展创建文明路活动。广陵区各街道办事处相继成立“包市容整洁、包卫生清洁、包绿化完好、包设施无损” 的“门前四包”管理委员会，建立 35 个路段责任管理领导小组，划分 116 个管理段，与 1570 多家单位、商店签订责任书，组织 1400 多人上路段执勤，并检查责任制落实情况。同时将路段管理范围向城郊拓展，发布《关于加强城郊接合部道路管理的通告》，召开市区街道、郊区乡镇政府和驻地单位会议，对地处城郊接合部的文峰路、江都北路等路段加强管理。1990 年 7 月，推行承包路段管理模式，突出系统（局）包路工作，落实路段长责任制，组织市区 41 个系统（机关）、驻扬单位承包 39 条主干道，在三元路、石塔路、汶河中路、琼花路开展市容市貌目标管理的试点工作。1991 年，进一步加强“门前四包”责任管理，通过采取经常性检查与重点抽查相结合的办法，实行日考核、周检查、月评议、半年初评、年终总评，推动“门前四包”深入开展。沿街各单位的责任书全部由区属各街道办城管卫生科受街办领导委托，与沿街各单位、商店负责人签订。1992 年 1 月，将原 41 个机关、系统、单位承包 39 条主干道，增加到 67 个责任单位承包 55 条主干道。在市区 21 条主干道实施容貌“达标”管理。1995 年，在抓好主干道管理的同时，逐步向城郊接合部、小街巷、住宅区深入，重点突出对“五子十乱”（车子、摊子、堆子、牌子、棚子；乱挂乱晒，乱堆乱放，乱搭乱建，乱摆乱设，乱倒乱泼）的管理。1996 年，将路段管理内容具体化、质量标准化，为考核路段承包责任部门提供依据，定期组织专人对市区67条道路进行“梳篦式”检查，对路段管理中的交叉点、空白点，重点抓、反复抓。形成三级管理（定人员、定范围、定标准），即单位负责门内达标、“门前四包”，路段牵头单位负责全路段的综合管理，街、居负责全方位督查到位。

2000年，道路硬化、美化，垃圾袋装化管理成为创建工作重点。7月，将“门前四包”调整为“门前六包”，增加包门前人行道硬化，包门前无乱贴乱画、乱堆乱放、乱挂乱晒、乱搭乱建等相关内容。2002年3月，按照“管理重心下移”工作思路，对市区综合承包的10条路段进行调整：市城管执法局负责运河东路等10条路段管理，区城管执法分局负责老城区国庆路、广陵路、甘泉路、渡江路等35条路段管理。4月，市政府将市区文昌东路、文昌中路、文昌西路、四望亭路、汶河北路、汶河南路、荷花池路等道路上的交通秩序、环境卫生、街景容貌、“门前六包”等项管理工作，统一交由市交警支队负责，相关部门、单位配合。2004年，市城管局确定区城管执法分局管辖的淮海路南段、运河北路，市城管执法局直属分局管辖的友谊路南段、盐阜西路达到市容和环境卫生管理达标路段标准，命名为市容和环境卫生管理达标路（段）。2005年，建立市容环卫责任区制度，进一步细化“门前六包”考核办法，加大考核力度，强化区及街办（乡镇）的管理责任。市区6407家沿街单位、个体经营业主签订“门前六包”管理责任书。2006年4月，市政府将原由市交巡警支队和市城管执法局直属分局包干管理的12条市区主要干道调整给区城管执法分局管理，市城管执法局直属分局22名正式执法人员及2名空额编制随之下划到区城管执法分局。8月，广陵区开展创建市容管理示范路活动。2008年11月，文昌中路中段（国庆路—骑鹤桥）顺利通过省“市容管理示范路”考核评审。2010年8月，开展文昌中路、四望亭路创建文明管理示范路活动。由区委书记、区长挂包，分别成立文昌中路创建综合协调组和四望亭路创建综合协调组，开展创建路段文明管理示范路活动。2011年，对渡江南路加强长效管理，实行“三定”（定人员、定范围、定标准）管理，明确专人分段管理，加强巡查和奖惩力度，与沿街商户逐户签订市容环卫责任告知书，签订率和责任区覆盖率均100%。

三、街景街貌美化

1989年，由市城管部门组织对市区主要街道实施街景美化工作。1990年，结合创建卫生城活动，组织对市区500多条街巷住宅外墙面进行刷白出新；帮助沿街商店整修店貌，装饰橱窗；并对主干道路牙提白。1996年，采取先拆除后安装的方法，逐路清理沿街店面的雨阳篷，重新安装统一规格、统一式样、统一高度、色彩鲜艳的雨阳篷2860个。1998～2000年，组织对城市主要道路及繁华地段的建筑物前置围墙进行调查，对部分沿街单位实施围墙镂空、透景及墙体彩化改造。2002年，将市区运河西路、盐阜东路、盐阜西路、文昌中路、汶河北路、汶河南路、荷花池路、淮海路等重点路段沿街单位的封闭式卷帘门，改造成玻璃门和玻璃窗。2011年，对老城区琼花观周边、宋城名都、1912街区等处进一步统一仿古风格设置，提升街景品味。

四、广告店招管理

90年代初，铁皮广告、灯杆布旗广告、过街横幅和直接写（画）在外墙体等建筑物上的广告比比皆是，造成视觉污染，影响城市面貌。区工商、规划、城管、交通等部门多头管理，效力不彰。1995年7月初，市政府明确市城管办是市区户外广告、宣传品设置的主管部门，由市城管办会同相关部门办理设置许可证，制定较为严格的制度，实行规范化管理。9月，市财政、物价部门配套出台设置、悬挂、张贴、摆放户外广告、宣传品的收费（城市空间有偿使用费）标准。同时，对市区户外广告进行大规模的清理整顿，拆除横幅、路牌、灯箱广告4620处，面积1.3万平方米，取缔非法小广告制作窝点25处。同时采用查、追、清、罚等办法，查处“牛皮癣”（城市公共场合非法张贴或者涂写的小广告）3000处。1999年4月，对市区有关路段广告灯箱的使用

图6-5-4　路灯外业

权（每 10 杆为 1 组）采取有底价招标，33 家有广告经营权的单位参与投标，最终 8 家单位中标，共拍得 12 组广告灯箱使用权。同时，明确灯箱广告设置原则为：一路一造型，每条路的灯箱广告形成整体；技术、材料创新；抓好质量，确保安全。

2000 年，根据市政府制定的《户外广告管理暂行规定》，5 月，随着南绕城公路的全程贯通，在东、南、西三个出口设置宣传扬州形象的大型标志型广告，向来往宾客展示扬州美好形象。2001 年 8 月，在市区主次干道增设一批公共广告栏，用于单位和个人临时发布信息、广告和宣传品。10 月，广陵区公共广告栏增加至 66 块。2002 年，对市区户外广告设置进行宏观规划。8 月，户外广告设置审批工作进入市政府行政审批中心，由行政中心服务大厅城管窗口统一受理。2003 年，办理户外广告许可证 116 处。其中南通路、徐凝门路设置牌匾式店招，使店牌与其建筑风格相对协调；配合“双东”线环境整治，按照统一标准重新设置店招 85 块。2008 年，完成第一批 3 处共 5 块广告泊位拍卖工作。

2009 年，根据扬州市市区户外广告设置审批联系会议印发《扬州市市区店招店牌设置管理规范》《扬州市市区非经营性户外广告审批、设置和管理规范》要求，广陵区对文昌阁周边及文昌中路实施 LED 亮化改造。10 月，对辖区内沿街店面老鹅、“小八匠”等便民服务摊点，免费置换遮阳伞 1500 把；与相关单位协调，提供 3 块公益性广告位交区文明办统一制作和设置。2011 年，对文昌中路、汶河南路、荷花池路等 10 余条主次干道沿线 454 块 LED 显示屏进行拆除，对甘泉路、广陵路、彩衣街的 700 块废旧广告、店牌店招进行拆除。

五、违法建设处置

1989 年，针对文昌阁地区附近个别单位、商店及个体户违章乱搭乱建现象，市城管办会同公安、交警、工商、环卫等部门对其进行整顿。1990 年，拆除违法建设 1600 处 2 万平方米；拆除、搬迁影响市容的售货亭 354 个，占总数的 80%。1992 年，拆除东花园住宅区违法建设 178 户。1997 年，开始实行联合执法，违法建设的执法由市规划部门牵头，市公安、法院、工商、城管委、城建监察大队、土地等部门配合。主要拆除住宅小区及楼群区域违建车库，小区周边及内部小块菜地等。

1999 年，查处违法建设职能重新归城管部门履行。城管部门按照“全面控制、制止、拆除市区主干道、风景区新的违法建设，逐步查处历史遗留的违法建设”的工作思路，共查处违法建设 1414 件，拆除面积 5232 平方米。2002 年 11 月，市政府宣布暂停审批老城区民房建设项目，除个别危房维修外，老城区拆建工程全部暂时停止；区城管执法分局加大对老城区规划监察执法力度，发现违法建设一律从严查处。

2004 年 12 月，便益门大桥东接线拆违，对法院下达自行拆除裁定后仍拒不执行的 25 户违法建设进行强制拆除。2005 年，先后组织对扬圩路、曲江公园、洼子街、产业园等地专项拆违整治 15 次，零星强制拆违 196 件，申请法院强制执行 86 件，拆除各类违法建设 2.1 万平方米，封闭违章破墙开门 200 处，制止正在进行的违法建设 5000 平方米。2011 年，共查处各类违法建设案件 1360 件，拆除违法建设 430 件，拆除总面积 4.9 万平方米。其中 5 月，组织拆除湾头镇废旧品市场私自搭建的披棚达 8750 平方米。当年 11 月到年底，新划入 5 镇开展集中拆违行动 2 次，拆除违法建设面积 800 平方米。

六、重点地段综合治理

（一）文昌商圈综合治理

文昌商圈处于扬州市区中心，地理位置突出。文昌商圈附近流动摊点、出店经营、人员庞杂等问题也日益突出。2005 年 4 月，开展文昌商圈市容环境综合整治，成立文昌商圈市容整治办公室，广陵区政府具体组织实施，整治范围是东至国庆路口，南至甘泉路口，西至文昌中路石塔桥，北到盐阜西路一线。共出动执法人员 2200 人次，执法车 600 辆次，强制取缔群众反映强烈的烧烤摊点 6 个。2011 年，区城管执法分局实行非机动车巡查和分局局长带班巡查机制。每天由一名分局领导带队在关键节点、关键时段组织属地大队非机动执法车、机动执法车进行市容巡查，维护市容秩序。

（二）皇宫巷治理

2002 年，针对文昌商圈内最大的摊点聚集区皇宫巷内流动摊点占道、门面房出店经营、环境卫生较差、油烟扰民问题进行整治，共暂扣物品 400 多件，同时晚上 7:30 ～ 11:30 不间断巡查执法，防止摊贩回潮。其后每年，区城管执法分局联合相关街道、社区和交警、工商等部门，对皇宫巷进行整治。同时，“专群结合”，加强对该地区的长效管理。2010 ～ 2011 年，区城管执法分局与相关街道、社区多次协商后达成协议：将皇宫巷暂时列为临时疏导点，但只有星期六、星期日、节假日才能在此摆摊，其余时间一律禁止。

（三）甘泉路、广陵路综合整治

2010 年 8 ～ 10 月，扬州市综合整治甘泉路、广陵路。由于两路处于古城核心地段，街道两侧文物古迹和历史遗迹多，整治中既改善两路建筑，又注重历史文脉保护。整治内容包括，两侧沿街建筑街景整治，甘泉路（国庆路—汶河南路）全长 800 米，综合整治涉及沿街房屋建筑面积 4.01 万平方米，其中文保建筑 290 平方米、单位建筑 4175 平方米、直管公房 1.11 万平方米、私有房屋 4547 平方米；广陵路（泰州路—国庆路）全长 1200 米，综合整治涉及沿街房屋建筑面积 4.8 万平方米，其中文保建筑 2578 平方米、单位建筑 2.93 万平方米、直管公房 8284 平方米、私有房屋 4547 平方米。对沿街广告牌、店牌店招整治，将沿路全部 520 块店招拆除，统一更换为风格一致、体现古城风貌的店招；局部更新地块 9 个，面积 2.66 公顷；对道路及沿路基础设施，包括道路、绿化和供水、排水、污水、燃气、供电、通信、广电等管网进行综合改造。

七、数字化城市管理

图 6-5-5 数字化城管指挥平台

（一）平台建设

数字化城市管理是应用数字技术、采用万米单位网络格管理法和城市部件管理法相结合的方式，实现城市管理空间细化和管理对象的准确定位，建立以监督、指挥为两个轴心的新机制，形成监督中心发现问题、指挥中心派遣任务、职能部门解决问题的城市管理新流程，从而实现精确、敏捷、高效、全时段、全方位覆盖的城市管理。

2005 年 7 月，扬州市被建设部确定为全国首批数字化城市管理试点城市。市政府投资专项资金 6750 万元，用于数字化城市管理平台和各个分项系统。平台建设采用 GPS 卫星定位与基站定位相结合，实现城市管理监督员的精确定位；采用 WINMAX 无线宽带数字传输技术，实现可移动的视屏监控。

2006 年，广陵区政府拨款 120 万元，在全市率先建成数字化城市管理指挥中心区级平台。在 4 个街道、35 个社区和 1 个行政村的接收终端也全部安装接通，并全部接入全市数字化城市管理系统，覆盖面积 15 平方千米作为试点区，4 月，广陵区数字化城市管理区级平台率先通过市级专家组验收。6 月，与市级平台同步开通试运行。区指挥中心面积 110 平方米，内设综合科、派遣协调督查科。

（二）运行机制

2006 年，区数字化城管指挥中心在全区逐步形成由专业执法队伍、街道、社区、相关责任部门相衔接的案件处置网络，由专职管理人员、社区干部、社会志愿者为协调的案件应急处置网络。

2007 年，区数字化城管指挥中心建立和完善指挥大厅管理制度，制定案件派遣管理规定、计算机安全管理规定、值班制度等一系列规章制度，启动对大厅数据信息接收处置人员的考核。在平台运行中，确定向街道派遣联络员制度，加强案件处置的协调力度和督查力度。同时，通过电话查询和定期访问，加强对各街道、社区数字化终端的技术指导与服务，保证区各相关职能部门终端案卷的正常接收与回复。

2008 年，整合城管、环卫、街道、社区处置力量，加强对突发事件的快速反应能力，提高案件处置率。2009 年，完善数字化城管案件接收、查处、反馈机制，推动城市管理由主次干道向小街巷延伸，由城区、近郊向乡村扩展，实现城乡管理一体化和全覆盖。2010 年，实行数字化城管案件处理责任制，实行层级问责、层级传压，采取“定责任、定时间、定进度”管理办法，将每一案件处置责任明确到部门、落实到人，对重大问题、疑难案件及时上报。

2011 年，区数字化城管指挥中心对 36 个社区终端运行状态逐一进行检查，保证区数字化城管网络的完好和数字化城管信息的良好传输。通过建立健全案件全程跟踪督办制度、完善案件派遣协调和督办机制，提高案件结案率。

2006 ~ 2011 年广陵区数字化城管案件结案率一览表

表 6-5-4

年份	总案件数（件）	结案数（件）	结案率（%）	按时结案数（件）	按时结案率（%）
2006（试运行）	5782	5261	90.99	4105	71.00
2006（正式运行）	22631	22178	98.00	18838	83.24
2007	132202	132003	99.85	95978	72.60
2008	121345	120993	99.71	78920	65.04
2009	113487	111217	98.00	76513	67.42
2010	44685	43914	98.27	27805	62.22
2011	54119	53529	98.91	43481	80.34

第三节　环境卫生管理

一、道路保洁

（一）保洁范围

1989 年，区环境卫生管理处负责南至渡江南路、西至石塔路、东至解放北路、北至盐阜路范围内的所有主干道的清扫保洁。1990 年，市政府创建卫生城市目标任务确定后，按照“凡路必扫”要求，调整清扫保洁范围。1991 ～ 1996 年，区环境卫生管理处清扫保洁逐步扩大到东至大运河、西至排涝河、南至七里河、北至邗沟路范围内的主干道、人行道、绿岛、花圃、旅游区和国道线，实行全方位卫生保洁。保洁范围从 1988 年的 6.7 平方千米扩大到 1996 年的 24.5 平方千米，增长 3.6 倍；清扫保洁面积由 32 万平方米增加到 154 万平方米，增长 4.8 倍。2002 年随着行政区划的调整，广陵区城市建设步伐加快，环卫保洁实行市场化作业。至 2011 年年底，广陵区主要干道清扫保洁道路 114 条，保洁总面积约 346.50 万平方米，街巷道路清扫保洁 682 条，保洁面积约 57.51 万平方米。

（二）市场化保洁

2007 年，按照市政府《关于全面推进市区道路清扫保洁市场化的通知》《关于进一步加强背街小巷环境卫生保洁工作的通知》，区政府组织实施环卫保洁市场化作业。区环卫部门按照《中华人民共和国招投标法》和《中华人民共和国政府采购法》等相关法律规定，依照江苏省环卫行业劳动定额和质量标准，对标的进行详细测算，制作标书；在扬州政府采购网等主要网站和新闻媒体发布招标公告，面向全社会公开招标；区环卫办针对道路和街巷的不同特点，在中标公司刚接手时，本着“扶上马、送一程”的原则，与物业公司进行全方位无缝对接，同时提供保洁三轮车等工具支持，保证市场化道路清扫保洁质量始终保持在一个较高标准。

中标物业公司负责道路、人行道和巷道的清扫保洁，负责沿路垃圾容器的保洁和清洗，负责沿路巷口、街口、叉道口、巷内及与其他路段交界处延伸 10 米（包括大型岔路口）的垃圾收运和清扫保洁，负责道路、街巷地面、墙面（包括卷帘门）、公共设施上“牛皮癣”的清除和沿路绿化带、绿岛、树池、树坑内杂物的清除。

作业方式为每日上下午各集中清扫一遍，在清扫保洁时间内，道路、街巷实施限时保洁，道路、街巷出现垃圾和漂浮物等现象，在 20 分钟之内解决。所有具备机械化清扫条件的道路必须实施每日不少于“两扫两保”（不少于双边各 4 遍）的清扫作业。中标物业公司无条件完成节假日、重大检查、重要保障任务及突击任务时的清扫保洁工作，并保质保量按时完成下达的各项工作任务。

二、垃圾管理

（一）垃圾存放收集

1989 年，市区生活垃圾存放收集沿袭传统方式，将废弃物倒入附近的垃圾池，由清运工人装车运至垃圾中转站。这种存放方式易滋生蚊蝇，散发异味，极不卫生。1990 年后，市政府投入大量资金，历经“房屋”式垃圾箱法、晚间摇铃收灰法、塑料袋装法等探索。1995 年，在垃圾袋装化试点工作取得成效的基础上，将试点范围扩大到石塔路、三元路、琼花路、解放东路、江都北路、四望亭路、国庆路、渡江路、广陵路、甘泉路以及新民、顾庄、大草巷、莲花、沙中一村、淮海、东花园等主要干道和规范化管理的住宅小区，确保垃圾“不出门、不见天、不落地”。1997 年，市政府专门颁发《扬州市生活垃圾袋装化管理暂行规定》，全面推广垃圾袋装化管理。拆除垃圾箱 1362 只，投放垃圾桶 4000 多只，增加袋装垃圾收运工 400 余人，垃圾袋装化覆盖率达 90%以上。坚持巡回督查奖惩制，克服垃圾收集不到位、少收、漏收现象。2002 年，市政府发出“向垃圾宣战”的动员令，发动各行各业加大资金投入，在生活小区和垃圾桶破损严重的街巷，统一新建具有上下通水、排气口、分类存放容器的垃圾房。

2007 年起，逐步淘汰垃圾清运人力板车，添置电瓶式垃圾转运三轮车，垃圾中转次数、数量等较之人力板车均有大幅度提升。2008 年，在“双东”历史街区等重点区域，增加人力、车辆和环卫设施，实施“定时收集、巡回收集”的方法；在淮海路餐饮一条街，建立夜间垃圾收运制度，将收运时间延长至凌晨 4 ：30，解决环卫作业结束后垃圾滞留路边的现象。

2011 年，为进一步解决淮海路、四望亭路等美食集中餐饮道路餐厨垃圾产生的地面油污污染等问题，开展餐厨垃圾专项治理工作，定期、不定期组织对上述路段路面进行去污清洗行动，确保路面整洁。

（二）垃圾清运

1989 年，区环卫部门加大对垃圾中转站改造，增加运输车辆，改善作业条件，逐步实现无害化、密封化、压缩化运输方式，提高清运过程的机械化和文明程度。1990 年，将“人工土台”式中转站翻建为月台式、吊斗式中转站、机吊密封式垃圾中转站。1997 年，为杜绝抛、冒、滴、漏现象，将垃圾集装箱运输车改为密封运输车。1998 年起，建设压缩式垃圾中转站，使垃圾在中转站压实后吊装运输，一车次运输量相当于以往三车次。2002 年，成立广陵区环卫办，广陵区垃圾清运工作由区环卫办负责。

1990 年，新建沙北、石塔垃圾中转站，改建新民、大水湾的土台式为机械吊装式垃圾中转站。1995 年，继续改造沙北垃圾中转站。2003 年，新建文峰路、公园路、同心路垃圾中转站。2005 年，新建太平、南郊、文昌花园和广陵产业园垃圾中转站，改造双虹桥和大水湾垃圾中转站。2010 年，新建古运新苑垃圾中转站，提升改造徐凝门、文昌花园、施井、联谊、文峰垃圾中转站。2011 年，新建鼎兴路和公园路垃圾中转站，提升改造连运北苑、南郊垃圾中转站。2011 年年底，广陵区共有垃圾中转站 17 座。

2003 ~ 2011 年广陵区垃圾清运数量一览表

表 6-5-5

年份	运量（车次）	运量（吨）	年份	运量（车次）	运量（吨）
2003	14873	79274	2008	29939	132434.17
2004	25601	109980	2009	16018	111000
2005	26378	127100	2010	26259	195800
2006	27636	133880.5	2011	18056	165000
2007	24955	143111	合计	209715	1197579.67

三、环卫设施建设与管理

（一）公厕建设

1989年，市环境卫生管理处直管公厕262座，其中绝大部分为旱厕。1998～2001年，随着老城区改造，部分旱厕拆除，新建水冲式公厕27座。2002年，广陵区直管公厕212座，其中旱厕38座。2003～2004年，共新（改）建公厕26座。2005年，新（改）建东关252号大院、安墩巷、翟庄等公厕14座，封闭群众意见反映较大的正大巷和二郎庙公厕2座。2006年，新（改）建粉妆巷19号等公共厕所15座。2007年，新（改）建文化里等公共厕所9座。2008年，新（改）建中小街中段等公共厕所13座，发动社会单位建设内外合用公厕2座。2009年，新（改）建解放桥农贸市场公厕等公共厕所52座。2010年，新（改）建施井村西庄组等公共厕所24座。2011年，新（改）建达士巷56号隔壁等公共厕所27座。至2011年年底，广陵区共有直管公厕266座，全部为二类以上水冲式公厕。

（二）公厕管理

1989年后，区环卫部门每年都改造、新建公厕。改造后的公厕内外环境整洁，如厕环境干净、舒适。增设坐式蹲位，满足老年人群的如厕需要；增加节水设备，用水量得到控制；安装电灯，方便群众夜间如厕；更新卫生设施，服务功能更齐全。仿木建筑采用木结构屋顶，小瓦屋面，统一建材与规格，与周边环境协调。2009年年底，广陵老城区5.9平方千米范围内旱厕全部淘汰。

1989～1991年，公厕保洁采取定点到人，要求达到地面清、蹲坑清、墙壁清、无痰迹、无粪垢、无尿碱、无蛛网。夏季采取每日消毒，其他季节采取隔日消毒。1992年，推行公厕保洁管理与社会监督相结合，将消毒人员工作标准、保洁职责、保洁工号、维修单位、联系电话张贴公开，增强管理透明度。1997年，环境卫生管理部门依据公厕管理标准和要求，对街巷公厕实行一人管四厕，一日两清。凡是收费水冲式公厕实行定时开放，及时保洁。2000年，改造旅游景点周边公厕，增加残疾人通道。沿街各大商场、饮食店在建设中一律配备厕所，对外开放，免费服务。

2003年，调整收费标准。化粪池清坑、疏通、清运、处理、消毒服务费300～500元/坑，生态公厕保洁管理费每人每次0.2～0.4元，老城区公厕对周边群众提供免费服务，风景区及车站码头公厕免费开放。2010年，辖区内所有生态公厕全部改造成为二类以上水冲式公厕，并取消收费。2011年，借鉴道路、街巷保洁市场化的成功经验，对汶河街办辖区公厕实行市场化运作。最终，天际物业中标，获得汶河街办辖区51座环卫直管公厕的1年保洁权。

（三）清运处理

1989年后，随着旧城改造步伐加快，粪便清运由用板车发展到以机械化的真空吸粪车。除老城区必须用人力车清运的小街巷外，其余均实行机械化操作清运。1992年，维修新民、南郊、西亚粪场的储粪池设施。1997年，按照创建“国家卫生城”检查考核标准，进一步改造新民、南郊粪场，全面维修西亚粪场，整治内外环境，拆除乱搭乱建，种植绿草植被，粪场设施建设达到无害化要求，环境建设达到园林化、整洁化标准。为进一步合理处置粪便，改善人居环境，2005年，在汤汪乡同心村新建1座无害化粪便处理场，采用过滤、脱水进行固液分离工艺，粪水经贮液池直接排到汤汪污水处理厂。

（四）城乡垃圾统筹管理

2006年，市政府提出关于积极推进城乡统筹发展的战略方针，推进城乡环境卫生管理一体化进程，广陵区随即实施城乡垃圾统筹处理。该项工作由区农工办牵头负责。成立“两个队伍”，即各村成立村组道路保洁队伍（原则上每个村民小组必须配备1～2名保洁员），并配齐专业的清扫保洁工具；区环卫办乡镇保洁中心建立专业垃圾清运队伍，调整和配足垃圾收集、清运人员，保证垃圾日产日清。各乡镇在村民居住区、道路等处放置垃圾桶，设置垃圾房，建造垃圾收集转运点。做到生活垃圾收集、清运、中转运输等环卫设备城乡共享共用。2007年，区环卫部门与辖区内所有行政村、社区、村民小组实现无缝衔接，日垃圾转运量从20吨增加到近70吨，垃圾处理率约为85%。2008～2011年，每年城乡垃圾处理率均在90%以上，实现农民生活垃圾出村（组）、出镇、出乡、出园区的目标。

(五)环卫特种作业车辆

2002年前,环卫特种作业车辆由市环卫处统一负责管理。2002年区划调整后,由广陵区环卫办负责,当年共有各类作业车辆37部,其中吊斗车3部、翻斗车6部、密封车6部、压缩车8部、拉臂车3部、装载机1部、扫路机1部、洒水车2部、三卡吸粪车2部、真空吸粪车5部。2011年,添置拉臂车3部。经逐年更新改造,至2011年年底,广陵区环卫办共有环卫特种车辆、机械54部(不含已报废车辆),其中吊斗车3部、翻斗车2部、密封车2部、压缩车4部、拉臂车19部、装载机4部、扫路机2部、洒水车6部、三卡吸粪车3部、真空吸粪车9部。

第七篇 交通 邮电

要　目

第一章　交　通……229

第一节　基础设施……229

第二节　运　输……236

第二章　邮　政……240

第一节　设　施……240

第二节　邮　路……241

第三节　邮　务……242

第三章　电　信……245

第一节　电报　传真……245

第二节　固定电话……245

第三节　移动通信……246

第四节　互联网……248

1989～2011年，广陵区交通运输事业、邮电事业发生深刻变化，基础设施、产业结构和服务质态都有巨大提升。交通投资体制的重大突破带来高速公路建设零的突破。1996年，南绕城高速公路使环城过境车流的瓶颈状况大为改善；干线公路建设有较大进展，沿江高等级公路横贯区境内东西，泰李高公路沿对角线方向插入广陵腹地，而扬余公路则纵贯北洲全境。农村公路从泥路时代快速走向水泥路时代。至2008年，全区实现村村通公路，镇村通黑色化道路，形成区、乡、村道路纵横交错的公路交通网。广陵固业港于2009年建成，与扬州港互为犄角，互相补充，实现江河海联运。依托长江、运河和高速公路优势，广陵区规模化、集约化物流基地正在形成，李典镇的木业物流中心，木材年吞吐量200万立方米，是全国最大的内河木材集散地；三笑物流中心位于杭集工业园，以第三方物流为主要业务，年运输产值突破2亿元，营销网络遍布全国各市、县，吸纳杭集周边30%的货运量以及十几个大型制造企业的物流外包业务。

2011年，区境内邮政业务量8.26亿元。"小报架，大文明"活动获评当年全省邮政"为民服务"十佳新事。邮政企业发展邮政电子商务，开展经营道段工作，加强"流动邮局"服务，做好客户维护开发，推动邮政产品创新服务，优化生产作业组织，确保包裹邮件处理时限，调整邮政支局交接频次和市趟邮路，节省邮政成本。

电信部门精心实施"畅快光网"行动和"精彩无线"行动，扩建区域呼叫中心；移动通信公司发挥"移动信息专家"优势，为政府、金融、电力、交通、公安等部门提供移动信息化方案；联通公司规范管理体系，统一服务标准，提高管理效率和客户满意率，通过新业务演示、用户体验等形式加大业务推介力度，提升整体服务水平。

第一章　交　通

20世纪末，陆续翻修、兴建芒稻河船闸配套工程。1998～2005年，京杭运河扬州段进行"三改二"（三级改二级）整治。2000～2005年，建成京杭运河扬州段电视监控系统。2008年下半年起，广陵区在京杭运河上新建12个千吨级泊位码头，使用京杭大运河岸线1584米，实现江河联运，设计通过能力为487万吨/年。2009年，固业港建成，占有京杭运河岸线800米，2000吨级泊位码头8个，总投资2.8亿元。运河港项目被省商务厅批准为江苏省商务服务平台。2009年2月，扬州市与淮安市共同扩建运河集装箱物流平台，在淮扬之间开辟京杭运河集装箱物流航线，每两天一班，双船对开。

1997年2月，全面开工建设扬州南绕城高速公路。这是途经广陵区的第一条高速公路，于1999年6月全线建成通车。2006年4月，建成经过广陵区的干线公路——沿江高等级公路。2011年，市区公路普通货物运量3432万吨。

农村公交从2000年开始推进公司化经营。2004年，开始发展农村公路通达工程；区、乡、村实行"1、2、3"工程，即区、乡、村汽车在10分钟、20分钟、30分钟时间内可驶上高速公路。2011年7月，杭集镇开通镇村公交线路3条。是年，李典镇开通镇村公交线路4条。

第一节　基础设施

一、公路

（一）高速公路

扬州南绕城高速公路　70年代建成的宁通公路（328国道）过境线，路幅窄，靠近市中心，加之公路逐渐街道化，人流密集，堵塞不畅。1995年，省、市政府决定往南新建南绕城公路，扭转交通瓶颈。该路是国道海宁线（328国道）市区过境段。西起宁扬公路八字桥互通立交桥，经古运河、渡江南路、运河南路、京杭运河、沙湾路，东迄廖家沟大桥，全长18.1千米，路基顶宽26.5米，双向4车道，预留6车道，沥青混凝土路面；全部控制出入口，设计行车速度100千米/小时，工程总投资6.1亿元。全路段征用土地110.4公顷，拆迁房屋4.6万平方米，路基土方267万立方米，软基处理8.74千米，涵洞36道，通道34道，互通式立交1处，分离式立交2处，防护工程9.9万立方米。该路于1996年6月在古运河大桥奠基。9月，扬州交通建设投资开发有限公司作为建设业主与香港威亨国际有限公司、香港嘉华银行和香港嘉华国际财务公司四方在深圳签订贷款2600万美元的协议书，时为省市基础设施建设第一个利用港资项目。该工程于1997年2月开工建设，1999年6月全线建成通车，实际工期28个月。工程质量为优良级，该工程使过境交通速度和通行能力大大加快。

扬州西北绕城高速公路 2004年10月建成，与扬州南绕城公路对接，扬州市区周边形成环城高速公路，标志着全省第一条绕城高速公路闭合，包括广陵区在内的6个县（市、区）。“县县通高速，环城架高速”目标实现。

（二）干线公路

沿江高等级公路 沿江高等级公路扬州段全长80.76千米，西连南京市化学工业园区，穿越扬州沿江港口工业区，东接泰州港口工业园，连结江苏省黄金江岸的“四市四桥四港”（南京市、扬州市、泰州市、南通市；南京长江大桥、润扬长江大桥、泰州长江大桥、苏通长江公路大桥；南京港、扬州港、高港、南通港），是沿江产业带的交通大动脉。沿江高等级公路广陵区段西接灰管桥下游150米处跨京杭大运河，经南部沙头、李典、头桥镇过夹江，东从夹江特大桥出境，在江都区接上336省道。2004年5月，京杭运河特大桥和夹江特大桥同时开工。同年11月，沿江高等级公路邗江北洲段19千米破土动工。2005年12月，京杭运河特大桥全桥贯通，夹江特大桥建成。2006年4月该路建成通车。

泰李高公路 泰李高公路全长33.95千米，是连接扬州市广陵区泰安镇、李典镇与镇江市丹徒区高桥镇的一条南北向干线公路，也是广陵区“三横四纵”大交通格局的重要组成部分。泰李高公路北起扬州凤凰岛生态旅游区，穿越扬州西北绕城公路、宁启铁路和泰安镇，经328国道进入杭集镇，后跨沪陕高速公路并设置互通式立交，继续向南跨越夹江，从李典镇东侧利用原扬佘路扩建，与沿江高等级公路平交后，再向南布设新线避开新坝社区，经北洲工业园区（李典镇），最终到达丹徒区高桥镇。项目采用双向四车道一级公路标准，设计速度80千米/小时，路基宽度24.5米。杭集至沿江高等级公路段工程概算为2.16亿元，2009年11月，田桥大桥西半幅开工建设。2010年6月，杭集至沿江高等级公路段西半幅9.01千米全部破土动工。

扬佘公路 扬佘公路即北洲公路，西起扬州运河大桥，经霍桥集镇、沙头镇、李典镇、红桥集镇，至头桥佘家坂码头，全长28.50千米。2004年起，投资2000万元对沙头、李典、头桥段分段进行改造，建成宽9～12米的水泥混凝土路面，其中华扬湾至吴桥1.90千米、红桥至双桥1.40千米为沥青混凝土路面。

至2011年年底，广陵区境内等级公路总里程641.12千米，公路密度为182.16千米/百平方千米。其中高速公路18.10千米、一级公路23.93千米、二级公路110.97千米、三级公路68.57千米、四级公路400.63千米、等外公路18.92千米。公路客运站场3个。

区级管养的农村公路计604.1千米，其中县道104.94千米、乡道245.80千米、村道253.36千米。杭集镇、李典镇顺利通过省级公路管养及安保示范镇验收。

（三）通达工程

自2003年起，广陵区落实省交通厅农村“通达工程”计划。2003年，建成“通达工程”道路2条，分别为汤汪乡的连运西路和曲江街道的新太路，总长1.59千米，总投资130多万元。2004年，建成“通达工程”道路7条，分别是湾头镇的田庄路、湾万路，汤汪乡的汤汪南路和汤汪北路、严家中心路，曲江街道的团结路，文峰街道的吴家西路。总长8.34千米，总投资1200多万元。2005年，建成“通达工程”道路3条，分别为扬圩路一期工程，按城市主干道二级标准拓宽改造；汤汪乡的连运东路；湾头镇的沙湾路。总长8.1千米，总投资9189万元。2006年，建成“通达工程”道路4条，分别为汤汪乡的连心路，湾头镇的泰安路、夏桥路，产业园的沙湾南路。总长为6千米，总投资1660万元。2007年建成“通达工程”道路2条，分别为汤汪乡的九龙路、湾头镇的茱萸路。总长6.3千米，总投资350万元。2009年，建成“通达工程”道路4条，分别为湾头镇的蔡吴路、二桥路、常青路，汤汪乡的后孙路。总长为2.9千米，总投资200万元。2010年，建成“通达工程”道路3条，分别为沙湾路、朱家路、通江路。总长4.7千米，总投资2530万元。自2004年起，“通达工程”道路两侧的排水沟、绿化、路灯等配套设施也同时实施。2003～2011年，全区共建设农村“通达工程”道路25条，总长37.93千米，总投资1.53亿元。

二、公路桥梁

（一）跨京杭运河桥梁

扬州南绕城公路京杭运河大桥　位于汤汪乡境内。东西向跨越京杭运河，东接广陵产业园，西接汤汪乡。该桥全长716.16米，主桥宽30米，引桥宽26.5米，双幅分离式布置中间空1.0米。桥体分布为9×30米＋50米＋70米＋50米＋9×30米，其中两端引桥为18孔、30米跨预应力工字型组合简支梁桥，50米＋70米＋50米主桥为预应力单箱室连续梁桥，肋板式桥台，柱式墩，钻孔灌注桩基础，是桥主桥采用钢盆式支座，D160毛勒缝；引桥采用橡胶板式支座，D80毛勒缝。桥主跨全做桥面防水层，桥面铺装采用3＋4厘米二层，AK-16沥青混凝土。该桥主体工程开、竣工日期为1997年3月和1998年9月。1999年6月通过交工验收，为优良级工程。设计荷载为汽－超20吨、挂－120吨。总投资5441万元。

西北绕城高速公路京杭运河特大桥　位于京杭运河的太平河河口南侧及凤凰河河口北侧。在扬州西北绕城高速公路上，连接泰安、槐泗两镇。该桥主跨采用120米变高度连续箱梁跨越京杭运河西侧主航道，50米等高度预应力连续箱梁跨越京杭运河东侧泄洪河槽和中间浅滩，西侧河岸采用30米装配式预应力混凝土连续箱梁，桥跨布置为：4×50米＋5×50米＋（75＋120＋75）米＋6×30米＋7×30米，桥梁全长1118.20米；主桥中墩采用空心薄壁墩，其他下部构造采用双柱式墩，三柱式台，钻孔灌注桩基础。该桥采用主跨120米预应力混凝土连续梁，跨径时为江苏内河连续梁之最。桥设计单位为江苏省交通科学研究院，监理单位为江苏交通工程咨询监理总公司，由中铁第十九工程局第二工程处中标承建。工程于2001年10月开工，2004年9月，通过交工验收。工程质量等级评定为优良级，投资额8427万元。

京杭运河特大桥　位于南绕城公路大桥和沿江高等级公路大桥之间，全长1131米，双向6车道。京杭运河特大桥是广陵区内河第一座斜拉桥，是江六高速横跨京杭大运河的主要桥梁。该桥为双塔双索面混凝土斜拉桥，单孔跨径最大248米。主塔采用H形钢筋混凝土桥塔，塔高70.3米，承台上方约33米处设一道横梁，横梁上面浇筑桥面。2010年3月开工，2011年9月交工。

（二）跨夹江桥梁

扬州沿江公路夹江特大桥　位于扬州市夹江入江段三江营水域。大桥桥南是长江，北面是芒稻河，全长1061米，其中主桥长184米，引桥长877米。大桥主跨采用52＋80＋52米三孔悬浇预应力变截面连续箱梁；引桥采用30米装配式预应力混凝土先简支后连续组合箱梁。桥跨布置为4×30米＋5×30米＋5×30米＋4×30米＋（52＋80＋52）米＋6×30米＋5×30米。大桥左右两幅分开布置，单幅桥宽12.25米，中空宽度1.0米，桥全宽25.5米。主桥下部结构为钻孔灌注桩基础，桩径直径1.6～2.0米，桩长62～72米；引桥下部结构为钻孔灌注桩基础，桩径直径1.6～2.0米，桩长42～67米。立桩盖梁通过系梁与桩连接。全桥共有灌注桩160根，其中直径2.0米，桩长62～72米的40根；直径1.6米，桩长57～67米的104根；直径1.2米，桩长42米的16根；30米预制箱

图7-1-1　夹江大桥

梁232片。桥梁设计荷载汽超-20、挂-120，设计行车速度80千米/小时，通航等级Ⅴ级。双向四车道，桥面铺设沥青混凝土，由中交第二航务工程勘察设计院设计，省交通规划设计院承担审核和施工监控，实行设计“两院制”；由江苏省润扬交通工程集团有限公司施工，中国公路工程咨询监理总公司为工程监理。该桥建成通车的同时，由航行警示标志及集群式钢管护墩桩组成的防撞系统同时施工完成并投入使用。桥梁于2004年5月开工，2005年12月全桥架设成功，2006年4月通车，2007年4月竣工验收。工程质量为优良级，工程投资为7610.33万元。

田桥大桥 位于李典镇。跨沙头河东延小夹江，桥梁北端位于杭集镇新联村，南端位于李典镇田桥村，为泰李高公路控制性桥梁，桥梁上部结构主桥采用50米连续T梁，引桥采用40米部分预应力混凝土组合箱梁，钻孔灌注桩基础，桥梁全长959.40米，全宽12米，设计荷载为公路-Ⅰ级，采用沥青混凝土路面。省交通厅按照撤渡建桥奖励办法补助1727万元。2011年建成通车。

图7-1-2 田桥大桥

（三）跨古运河桥梁

南绕城公路古运河大桥 位于汤汪乡与汉河镇交界处。宁通公路南绕城高速公路东西向跨越古运河，1996年兴建，1999年竣工。长185.8米，宽29.60米，桥面净宽23.5米。重力式桥墩，桥面铺设沥青混凝土。桥孔最大净空高度3.3米，结构为钢筋混凝土，载重为汽-20吨，桥下通航。

（四）跨廖家沟桥梁

万福闸桥 位于湾头镇与泰安镇交界处。万福桥始建于清道光二十九年（1852），东西向跨越廖家沟，初为人行木桥，长456米，桥面宽6米。毁于太平天国战火，后修复。1927年，军阀孙传芳攻打扬州时再毁。1931年，桥身被大水冲毁。1934年，于原址建永久性桥梁，下部为钢筋混凝土桩排架墩，上部为二梁式钢筋混凝土桥面，45孔，长455米，宽6米，载重15吨。民国27年（1938）冬，抗日战争中，桥面2孔及3个排架墩被炸毁，1952年修复。1959年，为治理淮河入江水道，控制水位，在万福桥北新建万福闸桥，桥闸合用，桥面通车，下为节制闸，设65孔，桥长466.8米。1960年竣工通车。

廖家沟大桥 位于宁通一级汽车专用线的特大型桥梁。始建于1989年。东西向横跨廖家沟，距万福闸下3.7千米，为多孔钢筋混凝土桁架公路桥，主桥为预应力混凝土箱形连续桥梁，最大跨度为70米，引桥为预应力简支T梁，下部构造为钻孔灌柱桩，桥长786.9米，桥面（中）高程12.8米，桥面宽23米，双向4车道，与路基顶同宽。1991年9月完成桥面合龙，12月交工验收。其中主桥为45米＋70米×3＋45米变截面预应力连续箱梁，实体式墩身，基础采用钻孔灌注桩，桩径用直径120厘米、150厘米预两种，桩长52～63米。引桥为16孔30米预应力简支T型梁；引桥桥墩为双桩式，基础为直径100厘米、180厘米摩擦桩，桩长50～60米。行车道上下行各7.5米，中央分隔带1米，人行道上下行各2米，紧急停车带上下行各1.25米；车速100千

图7-1-3 生态廖家沟

米/小时，载重汽-20吨、挂-100吨。1992年6月通车，投资4330.8万元。

（五）跨芒稻河桥梁

头道桥 位于泰安镇与仙女镇交界处。始建于清道光二十九年（1849），为人行木桥，后修缮，又称董家沟桥。东西向跨越金湾河，西接万福路，东接江都区。民国25年（1936），改建为公路桥，新桥下部为钢筋混凝土排架墩，上部为木质结构桥面。1967年又改建，桥宽6米，全长180米，荷载8吨。1988年再建，拓宽2倍。

芒稻河大桥 位于泰安镇与仙女镇交界处。建于海宁线（328国道）扬江段芒稻河上，大桥长456.9米。主桥为预应力混凝土箱形连续梁，引桥为预应力T梁，桥面全宽23米。交通部第二公路工程局第二工程处施工，设计荷载为汽-20吨、挂-100吨。工程总投资1.29亿元，其中交通部拨款2300万元、省交通厅投入1.06亿元。1993年，通过交工验收。

（六）跨太平河桥梁

太平新桥 位于泰安镇太平河上，东西向，连接启（东）扬（州）高速公路，平板桥。桥长170米，宽15米。2011年年底竣工。

（七）跨金湾河桥梁

泰安新桥 位于金湾河上，东西向。2010年8月，泰安新桥与太平新桥同时开工建设，平板桥。桥长170米，宽15米。2011年年底竣工。

（八）跨其他河流桥梁

壁虎坝大桥 坐落在壁虎河上。桥长244.7米，桥宽6米，T型梁，载重汽-15吨。1992年11月竣工。

利民桥 位于汤汪乡境内。是跨沙河的第二座桥梁，也是连接广陵产业园主干道沙湾南路和董庄路的重要通道。2005年10月开工，2006年11月竣工。

三、航道、船闸、渡口、码头、航标

（一）航道

长江 广陵区长江江岸西起沙头河口，东迄三江营，长11.5千米。从北洲干河口至三江营，长1.5千米为易坍段。1982年起，坍势趋向上游。1986年起，对此段开始护岸治坍。至2000年年底，护岸治坍工程共投入资金7722.8万元，抛护石块215.97万吨。

古运河 参见第二编第一章第二节。

京杭大运河 参见第二编第一章第三节。

芒稻河 为广陵区、江都区的界河，南自长江口三江营，沿途经过头桥镇、仙女镇，到达邵伯镇，汇入苏北运河，全长36.8千米。原航道等级为五级，2005年8月，经交通部、省政府批准为航道三级、维护等级五级。三江营至芒稻闸下游最高通航水位6.4米，最低通航水位±0米，航道常年通航吨位为700吨，最大通航吨位1000吨；通航保证率在95%以上。芒稻河为淮河泄洪入江的干流，河宽水深，通航条件良好，起着京杭运河航道复线作用。2011年，芒稻河有跨河桥梁12座，其中铁路桥2座（宁启铁路桥及其复线桥梁），其余均为公路桥梁。沿线设有航标6座，其中示位标1座、横流标1座、侧面标4座，航道沿线有船闸2座，过河电力线16道，通信电缆1道，水下过河管道1条。

（二）船闸

施桥船闸 施桥船闸为复线船闸，按建闸时间分为一线船闸、二线船闸和三线船闸。一线居中，二线在杭集镇境内，三线在施桥镇境内。一线船闸位于杭集镇和施桥镇分界的京杭大运河上，是大运河通往长江江口的船闸。1959年10月始建，1961年建成通航，造价800.7万元。一线船闸按照国家二级通航标准设计，闸室长230米，宽20米，门槛最小水深5米；最低通航水位：上游3.5米，下游0.4米。设计通过量为2100万吨，一次可通过2000吨级船队，全年日夜通航。二线船闸位于一线船闸东侧、翻水河面，与一线船闸轴线相距150米，两船闸上闸首齐平。1986年5月开工建设，1988年11月建成通航。闸室长230米，宽23米，门槛最小水深5米；上下游引航道一线、二线船闸共用，上游长520米，下游长1009米。设计单向通过能力为2100吨，共投资3330万元。京杭运河船闸扩容工程施桥三线船闸位于一线船闸西侧，两闸中心距100米。

施桥三线船闸工程按二级船闸标准扩容建设，规模 23 米 ×260 米 ×5 米，设计最大通航船舶等级 2000 吨级，设计年通过能力 1.5 亿吨。主要建设内容包括船闸主体工程、引航道工程、远调站码头、停泊锚地、船闸基地工程及工作船锚泊区、闸阀门及机电设备制作安装、房屋建筑、景观绿化、闸区工作桥、施桥运河大桥、新筑防洪堤、标志标牌、土方及临时工程、航道工程等。船闸下游入江口门段航道 3.73 千米按二级航道标准整治。三线船闸年单向设计货物通过能力为 7581 万吨（2030 年），过闸船舶主要有 2000 吨货船、1000 吨货船和船队。项目总投资 5.8 亿元。工程于 2009 年 4 月开工建设。工期 3 年 7 个月。

1990 年 12 月，施桥船闸在全国同行业中率先开发使用“施桥船闸微机综合自动化管理系统”，实现船闸运行由人工运作向微机科学调度的历史转变。2005 年 11 月，施桥船闸实施全省航道系统计算机联网收费，实行“一站式”服务。原中间房改造为电子监控室，对船闸运行现场各岗位及船舶进出闸各环节全程监控。

施桥船闸一线船闸于 1990 年、2005 年进行两次大修改造，二线船闸于 2000 年进行大修改造。

芒稻船闸 坐落于芒稻河上，是沟通长江和京杭大运河水上交通的重要门户。1989 年 12 月，该船闸应用沉井技术改建下游航道右侧驳岸 191.52 米，1992 年 5 月完工，为江苏省航道系统航道驳岸新工艺，闸上设公路桥，净宽 7 米，两旁各设人行道 1.5 米。2011 年，船舶通过量达 2045.52 万吨。

芒稻船闸先后进行两次大修。1991 年大修，于 10 月开工，12 月竣工，工程总投资 115.61 万元。大修主要项目为闸门、阀门、电气、助航设施、土建、机房翻建 6 项工程 48 个分项。主要实施上下游闸门底轨更换、下游闸门增设浮箱、4 个阀门井增设检修平台和铁爬梯、阀门启闭机运转件全部更换、闸室墙面硅粉砂浆修补、机房翻建、电气改造等。大修首次采用硅粉砂浆修补等新工艺。2001 年大修，于 11 月开工，2002 年 1 月竣工。工程总投资 700.9 万元。大修主要项目为闸门，阀门、土建及助航、电气改造等 6 个工程 37 个分项。主要实施闸门门体更换、阀门启闭机改造、上下游机房改建、电气化改造等。大修中，电气控制首次采用 PLC 可编程序控制器，阀门启闭机采用液压启闭等新技术新设备。2011 年，芒稻船闸列入扩容改造计划。

1989 年，芒稻船闸通过船舶主要为挂机船、拖轮、驳船，占通过船舶总量的 95% 以上，过闸船舶的平均准载吨位为 70 吨。1996 年，挂机船占 30%，驳船占 69%，平均准载吨位为 103 吨；90 年代末，单机船开始出现，占过闸船舶总数 2% 左右。进入 21 世纪，化肥、农药、钢材、建材、燃油等货种呈上升趋势。芒稻船闸下游设计最高通航水位 6.4 米，通过最大吨位 1250 吨（准载吨）。

（三）渡口

沙头镇渡口 京杭运河有渡口 4 个：高桥渡口在 1993 年撤销；施桥船闸渡口（又叫王家渡口）在 80 年代末施桥船闸二线船闸建成后不用；施桥大桥渡口（又叫尹桥渡口）和束桥渡口，在京杭运河东，80 年代撤销。

1989 年，廖家沟有渡口 1 个：霍桥渡口通杭集。1993 年后停运。

杭集镇渡口 1989 年，设有 9 个渡口。2011 年年底剩 1 个渡口：翟家湾渡口。

翟家湾渡口位于芒稻河小岛上，翟家湾（王桥村）至张纲渡口是居民生产、生活向外联系的唯一通道。渡口于 1949 年设立，渡口年运输量在 1.5 万人次。70 ～ 80 年代，用水泥船，90 年代后，用钢质船。

廖家沟有 8 个渡口：严桥—罗桥渡口，专门运砂石，是杭集唯一的货运码头；徐桥—霍桥（1993 年撤）在芒稻河上：曹庄渡口、大摆渡渡口、小摆渡渡口、韩湾渡口、朱家渡口、田桥—李典渡口，均在 2011 年前撤销。

汤汪乡渡口 1989 年，在京杭大运河上有 1 个渡口，在角里村。

开大运河时，把角里村切成两块，没有桥，生产队有一条木船，配两个船工，连接河东、西，方便居民往来。2006 年，建成南绕城公路桥，渡口停运。

头桥镇渡口 1989 年，在夹江有 3 个渡口。佘坂渡口、佘维渡口、河口渡口，皆为老渡口：佘坂渡口有 2 条船，佘维渡口和河口渡口各有 1 条船摆渡。1990 年前，渡船为水泥船。90 年代后，改为钢质船。2007 年，夹江大桥建成，3 个渡口停运。

李典镇渡口 1989 年，在夹江有 3 个渡口。华家窅渡口，由李典华家窅到镇江，80 年代停开。新坝渡口，经共青团农场到镇江，1997 年停开。田桥渡口，是夹江上的田桥到杭集的渡口，2011 年年底停运。

泰安镇渡口 曾经渡口很多，70 ～ 80 年代，建泰安大桥后渡口停运。

（四）码头

公用码头　2002 年后，古运河不再进行客货运输，古运河上的公用码头全部撤销。公用码头主要分布于京杭大运河两侧。

1988 ~ 2011 年广陵区公用码头货物吞吐量统计表

表 7-1-1　单位：万吨

年份	吞吐量	年份	吞吐量	年份	吞吐量
1988	271	1996	210	2004	350
1989	259	1997	209	2005	401
1990	218	1998	192	2006	631
1991	169	1999	190	2007	689.4
1992	156	2000	208	2008	1066.24
1993	149	2001	235	2009	719.8
1994	194	2002	250	2010	691
1995	196	2003	357	2011	702.7

固业港码头　位于汤汪乡境内。东临京杭大运河，南临沪陕高速出入口，西临运河南路，北临开发大桥（在建）、扬州大桥。固业港码头岸线总长 800 米，陆地面积 13.27 公顷，港池面积 6.67 公顷，2000 吨级泊位 8 个，室内库 1.57 万平方米，室外堆场 2.5 万平方米。固业港金属城位于运河南路 99 号。商务配套办公楼 5.2 万平方米，总投资额 2.8 亿元。2009 年 2 月开工，12 月竣工。固业港主要为生产资料、生活资料等各种物资提供港口装卸、仓储、物流等配套服务，其中以钢材交易为主营项目。

图 7-1-4　固业港

市场内进驻扬州钢材贸易经营企业 150 多家。扬州 90% 钢材贸易大户入驻，年经营贸易总额占扬州市钢材交易总额的 60%。另外江苏、永钢、中天钢铁、江西萍钢等大型钢厂均在市场设库。

汤汪作业区码头　汤汪作业区码头位于京杭大运河扬州市区段西岸。东临京杭大运河，西临运河南路，南起同心河，北至七里河，占地面积 33.67 公顷，岸线全长 1049 米，总投资 6 亿元。2008 年 7 月，交通部下发《关于扬州内河港广陵港区汤汪作业区码头工程使用港口岸线的批复》，是省、市规划试点的内河重点港口和广陵区商贸物流园区水路运输的重要节点。京杭大运河扬州段沿线原有各类货物码头 70 多座，多属自主开发，设施差，规模小，吨位低，布局零乱，岸线利用率不高。商贸物流园码头建成，这些码头撤销。项目建设配合京杭大运河“三改二”工程，有效整合岸线及码头资源，建设现代化、规范化的货运港口，从而提高岸线利用率。项目新建泊位及锚泊区 12 个，其中 10 个 1000 吨级（兼顾 2000 吨级泊位）和 2 个 500 吨级码头泊位。设计通过能力 487 万吨 / 年，货物吞吐量为 465 万吨 / 年，主要吞吐物资为钢材、矿建材料（主要是陶瓷和地砖、不含矿石）、木材（不含熏蒸）、盐、粮食、农牧产品、机械电器设备、轻工医药产品等固体物资。工程分为三期实施：一、二期工程投资 3.5 亿元，占地面积 19.33 公顷，岸线长 672 米，建设 6 个 1000 吨级（兼顾 2000 吨级泊位）和 2 个 500 吨级码头泊位及锚泊区，及相关配套设施。2009 年 2 月，商贸物流园运河港正式开工建设，2010年1月，运河港一期工程投入试运营，吞吐量28万吨。是年，商贸物流园管委会将七里河以北划为商贸物流园码头二期用地。规划用地范围东至京杭大运河，南至七里河，西至江都南路，北至运河南路，用地面积150公顷。二期码头设计及控制性详细规划由扬州市城市规划设计研究院负责编制，规划于是年11月，报扬州市规划委员会审查并获得通过。2011年，运河港三期工程开工建设。三期工程投资3亿元，占地面积14.1公顷，岸线长377米，建设4个千吨级（兼顾2000吨级）码头泊位及配套商业区和仓储区。

尹桥码头 位于沙头镇京杭运河东侧，沙头北侧，面积2公顷。河西泊位运输生活资料，建有生活资料仓库；河东泊位主要是用铁驳船从仪征运送砂石等建筑材料到扬州。各种生活用品及建筑材料再由陆运到扬州各地。2011年，在廖家沟霍桥一侧兴建砂石场，占地面积7公顷。

严桥码头 位于杭集镇廖家沟。有严桥码头、罗桥码头，在小夹江有韦家码头、田桥码头。严桥渡口。专运沙石，是杭集镇唯一的货运码头。

旅游码头 位于泰安镇境内聚凤岛。

芒稻砖瓦厂码头 位于芒稻村的私营砖瓦厂。码头运送砖瓦，通过水路和陆路运出。

（五）航标

自50年代起，航道部门开始在内河航道布设航标，为过往船只指示航道界限、河口位置、经济航线和浅滩航道信息。1989～2011年，在芒稻河上设航标6座。2011年，对芒稻河上6座航标安装遥控遥测设备；聘请有经验的群众协管员，对航标进行管理，保证航标标位正确、灯光明亮、闪光周期准确。

2005～2011年芒稻河通航航标情况一览表

表7-1-2

序号	类别	名称	设置时间	岸别	设标地点	结构形状	视距（千米）	标色	闪光周期	功率
1	航行标志	位标	2002年	八江口	右	框架铁塔	2	红	4闪8秒	12伏20瓦
2	航行标志	侧面标	1988年	芒稻闸上游	左	框架灯柱	2	白	单闪4秒	6伏4瓦
3	航行标志	侧面标	1992年	鸡毛帚	右	框架灯柱	2	红	单闪4秒	6伏2瓦
4	航行标志	面标	1992年	王庙	左	框架灯柱	2	白	单闪4秒	6伏2瓦
5	航行标志	面标	1992年	高水河口	左	框架灯柱	2	白	单闪4秒	6伏2瓦
6	信号标志	流标	2005年	王庙	左	4米灯船	2	白	顿光	4伏6瓦

第二节 运 输

一、陆路货运

（一）铁路运输

扬农化工铁路专用线2011年运输量为8.53万吨，主要货种为苯、对硝基氯苯、硝酸、溶剂油、片碱、农药等，运往新疆、辽宁、宁夏、安徽、湖北等地。

2011年扬农铁路专用线运输量表

表7-1-3 单位：吨

序号	品名	运输量	始发地
1	苯	60500	西北、新疆、武汉、内蒙古西部等——扬州
2	农药	936	扬州——新疆

续表 7-1-3

序号	品名	运输量	始发地
3	对(邻)硝基氯苯	9650	扬州——宁夏
4	硝酸	4200	安徽——扬州
5	溶剂油	7000	辽宁——扬州
6	片碱	3000	新疆——扬州

(二)汽车货物运输

区内普通货物运输交易市场经历代管、代营、驻点管理的过渡阶段。1988 年,市区组成装卸运输服务公司,对市区普通货物实行代管代营、驻点管理,对外地的 13 家单位、500 多名营业户及相关的运输工具实行管理。1989 年,又接纳从事短途运输的外地单位 20 家,共有 33 家。1990 年起,加大发展大吨位、低油耗重型车和轻型车,控制中型普通货车的增长,优先发展集装箱、零担、冷藏、大件及特种专用车辆运输。市区建成 1 个功能比较完备的货运交易市场和 1 个分市场。年组货能力逾万吨,年货运交易量 1.2 万吨。同期,随着公路快速建设和机械化作业程度不断提高,板车、三卡机动车、拖拉机退出货运市场,汽车发展成为货运的主力军。1992 年,区货运量达到 267.6 万吨。1996 ~ 1998 年,货运交易市场逐步培育成熟。驻点管理、组建货运交易到接纳社会车辆进场交易,组建有形货物运输交易市场。1998 年,区货运东分场建成营业。进入 21 世纪,大力推进货运规模化和集约化经营。货运企业达到二级资质的 1 家,三级、四级资质的各 2 家。2002 年,杭集依托牙刷、五金、医疗器械市场,发展定向运输,开辟 9 条快速货运班线。2003 年,最长的货运班线 4000 千米。是年,快速货运班线由上年的 9 条发展到 25 条,覆盖北京、西安、武汉、兰州等 24 个城市,投入货车 395 辆、专用货车 95 辆,并建成占地面积 3.33 公顷的标准营业房 3200 平方米、仓库 3000 平方米的快速货运基地,为发展物流产业提供有利条件。2006 年,广陵区公路货运,载重汽车 6367 辆、2.43 万吨。2010 年,广陵区公路货运 2985 万吨,货物周转量 35.56 亿吨千米。2011 年,广陵区公路货运量 3432 万吨,货物周转量 42.19 亿吨千米。

(三)危险品运输

1989 ~ 1999 年,危险品运输处于分散经营状态。2000 年 2 月,以扬农集团车队为基础,扬州市公路货物运输交易危险品运输交易市场揭牌营业,开创由国有大型企业集团牵头承办道路运输有形市场的先例。2002 年,连续 3 年整顿危险品货运市场,对从业人员全面审查,企业资质审查率、车辆技术审查率、从业人员资格审查率和从业人员培训率 4 个 100%。2005 年,组建以运输化工原料为主的瑞达危险品运输公司,危险品运输车辆 GPS(行驶记录仪)安装率 100%,公司化经营 100%。2011 年,全区有危险货物运输车辆 967 辆,货车平均吨位每辆 5.6 吨,比上年增长 9.8%。

二、农村公交客运

起步于 80 年代中期,大多为个体户经营。线路以扬州至各乡镇农村公路客运班线为主,车型由大通道客车及农四轮客车组成,市场秩序比较混乱。1989 年起,政府引导个体农公中巴车组成多种形式的联合体,抱团闯市场,联合体占到整个个体经营户的 70%。2000 年,开始推进公司化和公交化经营。2004 年起,大力实施发展客运为目的的农村客运班车工程。2005 年,随着省农村“通达工程”逐步实现,全区集约经营的力度进一步加大,有偿使用线路,车辆全部调整给具有经营资质的企业经营。至 2005 年年底,所有乡镇兴建客运候车亭。客运班车全部实现城乡一体化客运。2011 年 7 月,除市内公交 209 路直达杭集外,205 路、208 路市内公交在镇内通过,镇村公交 301 路、302 路、306 路、307 路、308 路、309 路覆盖其他 8 个行政村,杭集成为村村通公交的第一镇。同年,李典镇开通镇村公交线路 4 条。

三、水上客运

1989 年,除扬州轮船公司继续从事客运外,其他公司均停止客运。市区水运企业客船 43 艘 5388 个客位。

90年代，由新坝经江心洲—共青团农场—六圩—线，可乘汽渡到镇江。90年代后，客源渐少。1996年，水运企业纷纷停止水路客运，水路客运出现小客船分散经营。由于缺乏站埠设施，出现沿河岸任意上下客、乱收费、逃避税费以及安全等问题。扬州市陆续出台水路客运治理整顿措施，运输许可证和营运证的发放率100%；开放公用型站埠设施，鼓励专业客运码头向社会开放，做到“船靠岸，人归点”；改造水上运力结构，规定凡跨区（县）经营的小客船全部更换成钢质；净化营运管理，做到统一班次时间，统一价格，统一票据，公开班主姓名，公开亮牌经营，公开标明沿途停靠地点。2001年，开展全国“水上安全管理年”活动。2002年，市政府颁布《扬州市旅游船舶安全管理办法》，将风景旅游区水上交通安全工作纳入法治化轨道，为全省首例。由于公路客运业快速发展，农村通达工程全面实施，2005年，区内已停止水上客运。

四、联运 物流

（一）联运

1988年，扬州轮船公司扬州站和扬州市运输公司在区境内联合成立扬州联运公司，率先实行江河联运。公司加入华东地区联运协调委员会，进入华东7省市的联运网，成为长江联运联营总公司集团成员，并被批准设立长江联运联营总公司扬州办事处，为打通长江黄金水道的联运提供组织保证，之后又成为南京区域经济协调会联动协作委员会成员，使苏、皖、赣三省沿江区域的16个港口和腹地城市之间的异地托运和相互代办中转成为可能。是年9月，成立车船货运服务部，开办江海联运。1989年，首次对水陆货物运输企业进行年审。1991年，联运企业效益明显提高。1996年，扬州市港务总公司兼并联运总公司。扬州市港务总公司拥有固定资产8500多万元，经营范围、经营项目和整体运作功能得到进一步拓展和增强，很快形成规模优势。2000年，停止发展水泥船和500吨级以上内河大铁驳船，谋求发展海运运力。2002年，业务总量34.53万吨，其中联运业务量7.22万吨。是年，管理部门对24家联运企业进行调查，有三分之二的企业注册资本在50万元以下，30%的企业只有几个人、1～2辆车，平均固定资产只有67万元；企业规模小，导致服务功能单一，货物集结时间长，周转速度慢，企业效益低下。列统企业2002年全年业务收入仅1984万元，税前利润只有135万元，人均税前利润不足2700元，其中约40%的企业处于勉强维持的境地。联运企业呈萎缩趋势，联运业务量仅占货运业务总量的1/5。联运企业主要业务发生转型，以配载为主，联运为辅。

（二）现代物流

起步于80年代，90年代后物流业得到拓展。21世纪初，物流业加强物流信息化和网络化建设。2001～2011年，现代物流全面发展。区境内出现比较有影响的物流企业有杭集镇的三笑物流、现代物流中心等，推广应用中运网、华夏网和GPS卫星定位系统等信息化网络。2001年，成立快速货运专线。扬州市运输公司、扬州华南服务有限公司等3家企业进入市场运作，淘汰市区落后的人力货运三轮车，选择长安牌0.6吨箱式货车共110辆投放市场，按照“统一车型、统一标识、统一颜色、统一价格”规模经营的原则，得到社会各界的认可和欢迎。2002年，现代物流中心正式挂牌运作，开辟快速货运班线。货运出租车对小批量货运进行快捷、方便、高效地补充。2004年7月，根据市场需求，在市区再次投放100辆一吨的货运出租车，车型为上汽集团生产的赛宝型多用途运输车（单排座），由扬州市九洲运输公司、扬州华南服务有限公司购置车辆，投放经营。区境内有17家货运站，上百家小型代理点。由于多数分布在城区内部，规模小，设施差，不具引导管理社会车辆能力，后被通运商贸城陆续淘汰。2006年6月，商贸物流园管委会委托南京财经大学和扬州市城市规划设计研究院有限公司编制《扬州商贸物流中心规划》。2007年6月，通运商贸城一期建成开业，入驻企业9家，志胜仓储物流中心、苏宁电器区域物流中心签约入驻。2009年12月，农副产品交易中心果品区开业。广陵商贸物流区已形成贯通苏南、苏北、全国各地的交通运输网络，以及由广陵产业园、食品加工园、杭集工业园、328国道市场带集聚而成货源集散地。扬州市商贸物流中心（商贸物流园）占地面积7.3公顷，其中交易大厅和信息服务中心6000平方米、仓库3万平方米，分装配送车间3000平方米，配套停车场、车辆维修部、加油站，成为区域性生活资料商贸交易集散地。一期规划面积1.7平方千米，以生活资料为主，生产资料为辅，集散商品批发交易，仓储配送，信息服务为一体的现代化物流园区。

三笑物流有限公司原隶属于江苏三笑集团，成立于1998年。2005年，成为独立法人单位的第三方物流公司，更名为三笑物流有限公司。公司占地面积 8.67 公顷，有 30 家零担物流业户，拥有覆盖全国各省、市完善的物流配送网络，并配有扬州至乌鲁木齐、昆明、成都、重庆、长沙、上海、福建、广东 8 条专线。2005 年，拥有各种车型的车辆 106 辆 860 吨位。至 2006 年，境内大小物流公司有近百家。2008 年，扬州三笑物流有限公司获 2007 年度江苏省道路货运 50 强称号。2010 年，杭集镇对全镇物流市场进行整合，组建三笑物流园。园内共有物流企业 79 家，主要有三笑、丰华、大宇、永顺等。拥有自有加租用车辆 2000 辆，总运载能力达 6 万吨，从业人员 2500 人左右。占地面积近 14 公顷，分 A、B、C、D、E、F 6 个物流分区。占地 6 万平方米的主体仓储中心与多功能信息服务中心在 2011 年完工，主要从事货物运输、仓储服务。建有物流商务中心、信息管理中心、停车场。公司为企业办理营业执照、运输许可证、税务登记证等。该平台为十几个大型制造企业进行物流外包服务，为众多客户提供全方位的物流服务。公司 20％的物流企业在全国大中型城市都设有营业分部。公司通过 ISO 9001 质量体系认证，先后评为扬州市重点物流企业、江苏省 50 佳运输质量服务企业、国家 3A 级综合服务型物流企业。2011 年，三笑物流园运输产值突破 2 亿元，地方税收超千万元。

2009 ~ 2011 年广陵区三笑物流园物流设备投入统计表

表 7-1-4 单位：台

设备类型	2009 年	2010 年	2011 年
运输车辆	80	120	135
叉车	45	49	66
货架、主体库	100	120	164
托盘	6	15	25
自动化分拣系统	200	250	320
信息技术产品	8	15	26

2009 ~ 2011 年广陵区三笑物流园购置车辆情况统计表

表 7-1-5 单位：辆

分 类		2009 年	2010 年	2011 年
载重(吨)	重型 GVM ＞ 14 吨	10	15	20
	中型 6 吨＜ GWM ≤ 14 吨	2	8	15
	轻型 1.8 吨＜ GWM ≤ 6 吨	4	6	8
	微型 GVM ≤吨	2	3	2
分车型	牵引车	12	16	23
	普通货车	4	11	15
	自卸车	0	1	3
	专用车	2	3	4

（三）冷链物流

2009 年前，扬州冷链物流正处于起步阶段。市区对外服务的冷库库容近 2 万吨。其中运河北路亲亲畜禽冷冻食品批发市场 3500 吨，市外贸冷库 2000 吨，亲亲集团 2500 吨，联谊农贸市场 3000 吨，三里桥冷库 7000 吨，另外还有原市水产供销公司和家禽研究所的两座冷库合计 1000 吨。亲亲畜禽冷冻食品批发市场和亲亲集团担负着扬州市区 40％的冷冻食品储藏和批发任务，成为市政府“菜篮子工程”重点基础设施之一。2010年,新建投产的冷库达到2.5万吨。2011年,有营业性质冷库总容量为4.5万吨。普查资料表明,扬州市范围内涉及冷链物流的企业法人单位有2423家,其中仓储业、运输业616家。扬州作为淮扬菜之乡,冷冻食品的吞吐量大,至2011年年底,扬州市区冷库库容近8万吨。还有医疗药品、设备、血液均需要冷链运输服务,当年扬州农产品冷链物流仍以自营物流为主,物流配送业务大多由经销商完成。

第二章 邮 政

1989年前,扬州邮政设施简陋。随着经济发展,扬州邮政业务随之扩大,不但有信报、汇兑、包裹,还开设邮储、集邮和邮品、鲜花礼仪送递、特快专递、快递、商函、电汇等业务。在生产手段、组织形式和运行机制等方面发生巨大变化,机械化、自动化、信息化程度提高,计算机在邮政各生产环节大量运用。政府花大力气解决百姓的信报箱。1998年,邮、电分开经营。1998年12月,迎来扬州邮政开办100周年。1999年,邮政实现扭亏为盈。2001年12月,使用近百年的汇款通知单退出历史舞台,让位给更迅速、更方便的电子汇兑。扬州邮政的网络伸向世界各地,国际的信函、包裹、快件、特快专递相继开通。2011年,为增强企业核心竞争力,改(扩)建局、所38个,调整邮政支局交接频次和市区邮路,节省邮政成本,推进信息化建设。是年,网点主要设备完好率99.22%。

2000年,邮政中心局QC小组获"国家优秀QC小组"称号。2001年4月,文昌邮政支局获"全国青年文明号"称号。2003年,该支局营业员吕茜优质窗口工作被省局命名为"吕茜一、二、三窗口服务工作法"。2009年,夏静在中国邮政集团邮政分拣技能比赛中,获得个人全能第4名。2011年,员工业绩计分制度推进营销体系建设,获全国邮政"为民服务十佳新人新事"称号;扬州邮政局荷花池支局和文昌支局获评2007～2009年度江苏省群众精神文明建设先进单位;"市区邮政小报架、大文明"获评2011年度全省邮政"为民服务"十佳新人新事。

第一节 设 施

一、基础设施

1988年,陆续淘汰包裹收寄机。1991年3月,扬州邮电局与中国新型建筑材料公司在区内东花园小区两住宅小区建设的市区第一批集群信报箱投入使用,把开放式信报箱改为封闭式。市区新增邮电所1个,累计13个;通邮率92.18%。新建1个集邮活动中心。1997年7月,扬州邮政枢纽中心正式投入运营,主体6层,局部9层,建筑面积2.2万平方米,总投资2400万元;新建邮储"绿卡工程"中心机房,并与全国联网。9月底,市区3064幢住宅楼房实现通邮率100%。1998年,邮电分营。是年,邮政局在市区主要干道增加灯光信箱11个。2000年,市政府把"便民用邮户籍工程"纳入政府工作目标和为民办实事项目,主要是对新建住宅楼房通邮设施进行配套,对住宅楼通邮设施进行改造和完善。年底,通邮率100%。按国家统一标准对市区17个网点进行标准化改造;联网电子化支局47处的报警系统,全部与"110"联网。2005年,住户信箱新建和改造2万户,由开放式信报箱改为封闭式。内部语音网覆盖市区网店,新购置东花园支局和杭集支局营业用房,新建邮政综合办公大楼等。2008年,扬州市区有服务网点53处,其中提供全功能服务、联网电子化支局44处。2011年,改(扩)建局、所38个,其中精品网点5个;改造金融自助区19处,建成仓储分拨中心7个。

二、邮政专用设备

1989年,邮政内部处理设备有邮件升降机、包裹细分机、报刊捆扎机等。1989年后,投入使用晶体管包裹收寄机、电子计息器，因功能单一和不联网，1993 年被淘汰。1991 年，随着计算机的普及，先后增加微型计算机、打印机（包括条码打印机、袋装打印机）和网络终端、手持终端设备。1992 年 2 月，市区邮政储蓄、报刊发行实行微机管理，安装包裹自动分拣设备。1993 年 9 月，扬州邮电局投资 170 万元，从台湾引进具有 90 年代国际先进水平的 168 自动语音信息系统。系统内存 200 小时 140 万字的政策法规、邮电业务、金融股市、医疗保健、文化娱乐、科技专利、国内国际商情等语音信息。是年，市区各支局先后安装自动取包机设备，安装营业窗口微机操作系统；市区实现邮政储蓄通存通兑；1995 年，特别专递业务中使用微机跟踪查询系统，保证 24 小时内答复用户查询结果。1996 年，从日本进口 NEC 信函自动分拣和国产包裹自动分拣系统安装调试完成，处理能力 3 万件 / 小时。各邮政支局逐步建成电子化邮局，市区主要支局设置“邮政多媒体信息查询系统”；集邮业务使用计算机管理，加快集邮售票速度；全市新增邮政储蓄微机网点 97 个。为适应邮储绿卡网的需要，增加小型计算机、高速打印机、路由器、交换机、服务器、打卡机以及防火墙。1997 年，设备总投资 3000 多万元，其中有引进 NEC 连体式信函分拣机及红框理信机；安装贵阳通信机械厂生产的 YES01 型色刷分拣机，主机分拣率 2400 ～ 3600 件 / 小时；安装 YTB01 型推式悬挂输送机，整机生产率 900 袋 / 小时；新增自动取款机、点钞机、捆扎机、邮资机、传真机、复印机等营业设备。1998 年，文昌支局营业窗口安装监控系统，其他网点相继安装监控设备和 POS 机。1998 年，全区拥有计算机设备 674 台、网络服务器 8 台、网络路由器 23 台。2000 年，邮简函件处理系统安装调测投入生产。2002 年 8 月，扬州邮政局投资 2100 万元，研制开发的“邮政自助缴费机”通过江苏省邮政局验收，并获得省邮政科学技术进步一等奖。2003 年，邮政自行开发“绿卡实时充值手机话费”系统，该系统获 2004 年度国家邮政局技术进步三等奖和省邮政技术进步二等奖。2003 年，创新开发商务客户管理系统、邮储活期客户管理和邮储异地交易管理系统、人工成本管理系统，并上线运行。2011 年，完成防雷检测，全年网点主要设备完好率 99.22%。新增 ATM（自动柜员机）44 台，营业窗口增加“一米线”“叫号机”“客户座椅”等设施。

三、邮政营销网点

1989 年，区内设有邮政营销网络。城区设中心支局 3 个。根据需要，增设友谊邮电所和东花园邮电所，增设汶河报刊门市部。1991 ～ 1994 年，增设琼花邮电所、萃园代办所、汶河代办所 3 所。1994 年，市报、早报直投面 50%。1996 年，建成电子化支局 17 个，实现邮政窗口营业“一台清”服务。1996 年，成立储汇分局、商函公司。开办香港到付业务、“点到点”直投、保险以及代客报关业务。1998 年，邮电分营后，邮政营业网点从坐商服务向上门营销服务转变。1999 年，投资 160 万元的扬州邮局客户服务中心系统建成，并正式投入使用；新增 POS 网点 22 个。2001 年 5 月，推进城乡一体化营销，广陵区营业网点以支局形式开展营销并向各营业网点辐射。广陵邮政支局下辖汶河、车站、东花园、琼花、文峰、广陵、汤汪邮政所；文昌支局下辖梅岭、城北邮政所，四望亭邮政营业处，文昌、友谊邮政所；曲江支局下辖跃进桥邮政营业处，曲江、湾头、头桥、杭集、泰安、沙头、李典邮政所；江阳支局下辖新城、运西邮政所。2004 年，建设社区邮政服务中心 30 处，邮政报刊亭总计 178 个。城市营业网络实施二级管理，报刊发行、集邮、函件、速递、物流和储汇 6 个部门营销和网点营销均为独立的经营体制，形成全方位营销网络，专业公司对各营业网点提供业务支持，经营各类邮政业务。

2011 年，邮政营销注重专业间联动，形成内部营销网络体系；出台《扬州邮政局员工营销业绩计分实施细则》，全年局员工超劳动业绩计分增长 59%。是年，网络可用率 99.99%。

第二节 邮 路

一、邮运线路

1998 年，为确保邮运资金的安全，邮政储蓄运钞车安装 GPS 系统，并与区公安分局 110 值班室联网，可自动跟踪、定向、定位。2000 年 3 月，为加速邮递业的发展，增加汽车 3 辆；同时对 3 台运钞车进行更新，配置 MS5020XYC98 款专用运钞车。2001 ～ 2011 年，为优化内部邮路组织，实行邮运车辆集中调度使用、科学配载，并逐步实现驾押合一。1988 ～ 1998 年，在市区境内汽车邮路分别为：扬州市区—头桥—杭集线，运河西路—八里—瓜洲线。1998 年，市区邮路总长度 1411 千米。2000 年，市区汽车邮路调整为 4 条。2004 年 3 月，扬州—苏州国际特快专线邮路开通。4 月，扬州—南京物流快速邮路开通，扬州—镇江二班邮路开通。8 月，扬州—南京三班报刊、特快快速邮路开通，扬州—镇江一班邮路延伸至常州。10 月，开通扬宁三班邮路，扬州—上海一级干线汽车邮路开通，实现扬州市与 135 个城市特快专递邮件次日达到。2005 年，为延伸扬—沪邮路，调整扬—苏邮路，提高运行效益。开通一级干线邮路一条、二级干线邮路 6 条，委办邮路 1 条，市县邮路 13 条，市内转趟 12 条，农村邮路 15 条。邮路总长度 4233 千米；邮政运输机动车辆 200 多辆，车辆行驶 365 万千米。2008 年，邮路总数 28 条，单程长度 2661 千米。2011 年，全区营销网络有各专业公司和大客户服务中心、全功能服务的网点、11185 服务热线。

二、邮政车辆

1989 年前，邮电合一期间，全区邮件转运、干线运输以汽车运输为主，市内邮件投递以自行车递送为主。邮政使用的解放牌、跃进牌卡车，至 1989 年报废。1989 年后，商包日益增多，邮政运输能力明显不足。1991 年，邮运汽车增加至 50 辆。1992 ～ 1996 年，相继增加邮运汽车，汽车总数 100 辆。1997 年，更新邮运汽车 21 辆。2005 年，有各种吨位邮政汽车 200 多辆，其中海关监管车辆 6 辆；主要干线和特殊车辆均配备 GPS 系统，实行全程跟踪和查询。

三、邮政综合信息平台

1998 年，邮电分营，根据省邮政局要求，建设邮政综合计算机网，为邮政业务提供网络基础传输平台和叠加综合管理平台。该系统包括：邮政业务网、邮政金融网、邮政管理网。是年，“11185”邮政综合业务平台实现全省业务联网运作，“183”网站初步建成功能完善的电子商务网站。1999 年，完成邮政电子化支局账务系统建设，完成邮储网点监控设备安装。11 月，投资 160 万元的扬州邮局客户服务中心系统正式投入使用。该系统通过“184”“185”特别服务号接入，在全省邮政企业为首家。2002 年 8 月，报刊订销系统安装调试成功。同年，完成电子汇兑网点系统的建设。2004 年 7 月，“185”客服系统升位为“11185”。2005 年，电子化支局按全国统一版本升级上线、投递信息平台运行使用。2006 年后，邮政信息化完成邮储指纹认证系统、邮储银联系统、商函投递信息系统、邮储稽查系统、速递手持终端系统、综合业务平台二期工程、报刊发行信息系统、金融国际业务系统、集邮业务系统等建设，上线运行。2008 年，综合业务平台系统上线运行。商函制作分拣系统上线运行。量收系统上线运行使用。2009 年，速递客户揽收系统上线运行使用。“11185”全区联网改造工程建设完成；2010 年 3 月，“中邮快购网”扬州店开业，网上有 4 大板块：网上商城、自助缴费、网上邮局、趣味互动。采用实体运作、商业化运行；2010 ～ 2011 年，经过全面升级改造的投递信息平台正式运行使用。

第三节　邮　务

一、传统业务

邮递及邮资　1989 年后，城区邮政经营业务为邮件寄递、汇兑、报刊发行、集邮、邮政储蓄和其他业务 6 类。1989 年 8 月，文昌、曲江支局办理国际、国内特快专递业务。信函业务日渐冷落，传统业务增长缓慢。1990 年 7 月，国内邮政资费调整，每件给据邮件加收 0.10 元附加费，印刷品邮件每千克征收 0.10 元的附加费，印刷品资费、函件挂号费、邮政包裹资费等也适当提高。1992 年 7 月，邮政资费调整，函件航空费每 10 克由 0.05 元调为 0.10 元；邮政快件资费始重 100 克以内，每 20 克或其零数由 0.80 元调为 1.00 元；续重 101 ～ 5000 克，每 100 克或其零数由 1.00 元调整为 1.20 元。同时，正式对外开办国际汇兑业务。1993 年，江苏省政府同意调整邮政通信建设费，给据邮件和印刷品邮件由 0.10 元调至 0.20 元。同年，为适应商业包裹的发展，放宽商业包裹的重量、尺寸限度，恢复收寄香烟两条为限的包裹。

包件和信函　1994 年 12 月，开始使用邮政编码和新标准信封。1995 年随着邮政传统业务在信息化、市场化的冲击下趋向衰落，商业信函（以下简称商函）随着市场经济的发展被拓展，市区邮政实现商函的策划、设计、制作一条龙服务。是年，信函件6839万件，比上年增长15.4%，其中商业信函量占很大比重。各主要邮政指标在“七五”期末基础上翻两番，在1980年基础上翻四番。1996年，市区邮政正式经营广告业务。1997年4月，扬州《邮递广告》刊物创刊，首期发行6万份。1998年后，邮政相继拓展现代物流、快递、电子邮政、代理保险、代办电信业务、手机短信业务、代收公共事业费、演出票代理、代发工资等业务。1999年，添加邮简制作设备和邮简处理系统，信函类业务重点转向商函和账单业务发展。该年为邮政独立运营的第一年，实现扭亏为盈，其中城区增长20%。2000年10月，对部分尺寸及重量范围内的包裹试行按地址投递到户。2002年9月，为提高邮政汇款速度，国家邮政局试办2小时电子汇款业务，由客户自行通知收款人取款。2007年，为市公安系统提供寄递19.9万件执法告知单服务。2011年，完善《营销人员岗位等级评定实施办法》，出台《扬州邮政局员工营销业绩积分实施细则》，开发业绩计分软件。全年员工超劳动业绩计分177.7万分，同比增长59%。

二、报刊发行及零售

1989～1998年，报刊发行和零售为邮电局传统发行业务。1996年，完成党报党刊销售任务。1998年5月，成立报刊零售批销中心，单独运作，扩大分印、包销业务。1999年7月，开通扬州—上海《故事会》杂志专线；《中国工商报》在市区分印发送。2000年3月，开通江苏省零售畅销报刊《故事会》无锡—扬州专线。6月，《经济导报》在扬分印发送，实施早报早投。2001年，《扬州日报》广陵区实行买断包销。6月，《中国消费者报》南京局接办，扬州局发运。2003年1月，《扬州日报》自办发行。5月，苏邮音像店正式对外营业。10月，苏邮音像店被省文化厅评为江苏省正版音像示范店。9月，《文汇报》在扬州分印，广陵区当天见报。同年，报社自办发行增多，邮局报刊订销量减少。2006年，扬州邮政局报刊业扭转多年收入下滑局面，城区收入增长7.6%。2007年，借助旅游旺季商机，销售图书204万元，向社会市场渗透，取得《大众证券报》《股市早8点》等报刊的区域代理权。2010年，报刊发行日常收订流转额比上年增长18%。

2010～2011年，优化邮运网络和生产流程，调整邮路，解决《现代快报》《扬州晚报》等报刊的早报早投问题。取消纸质封发清单，实现全网全流程普通给据邮件封发无纸化；在干线、区内等运能较高的邮路中使用集装笼，简化封发和开拆环节，提高装卸、分拣效率。

三、集邮和邮品

1988年12月，市区开办集邮信托部，办理邮票、邮品等信托、寄送业务，春节期间明信片有奖销售业务等。1993年，郑板桥诞辰300周年，是年11月，邮电部发行《郑板桥作品选》特种邮票首发式在扬州举行。邮票设计者为潘可明。邮电部副部长刘平源参加首发式。1996年3月，朝鲜国家邮政部门发行《扬州二十四桥风景区》小型张邮票一枚，是枚小型张面值50朝鲜分，折合人民币6元，这是由外国发行的首枚扬州风景邮票。1997年，邮电局与亚举赛筹委会、团市委联合发行“97亚洲举重锦标赛”有奖明信片50万枚，为亚举赛筹资30万元。1998年11月，中国和瑞士联合发行《瘦西湖和莱芒湖》特种邮票一套2枚，面值分别为50分和540分。1999年，为庆祝澳门回归祖国，国家邮政局于12月发行《澳门回归祖国》邮票一套2枚、小型张1枚。2000年，为配合“烟花三月”旅游节及“二分明月”文化节，邮政局与瘦西湖、大明寺等12家旅游点及扬州宾馆、新世纪大酒店等21家宾馆共同发行18.2万张门票式明信片和15.1万枚宾馆业明信片。2001年，扬州邮政局举办庆祝中国共产党成立80周年集邮展览，共展出邮集56部，其他藏品6部。10月，在扬州邮电局四望亭营业厅举办中韩双边集邮展，展览由扬州市集邮协会提供的曾获1999年世界邮展镀金奖《拱桥》邮集，韩国提供曾获1999年世界邮展镀金奖《宝贵的石油资源》等共计26框416个贴片。2002年9月，经国家邮政局批准，中秋节邮票首发式在扬州举行。2005年，开发《扬州美女千秋佳韵》邮册。是年4月，扬州邮政局举办《千年跨越》“润扬长江公路大桥”专用邮资暨纪念邮品首发式。该系列邮品由国家邮政局批准，中国集邮总公司设计印刷发行，有《千年跨越》纪念邮册，《烟花三月》纪念邮册，《润扬长江公路大桥》个性化版票，个性化小本票，《扬州与镇江》风光联体明信片，《润扬长江公路大桥》邮资封等。《千年跨越》邮品中版票采用的单体、双联体、三联体、四联体的表现形式，属全国首例。4月，市妇联、邮政局共同策划的《自古扬州出美女》个性化邮票小版张发行，小版张以“如意”专用邮票为主图，个性化附票内容为赵飞

图 7-2-1　《扬州园林》特种邮票

图 7-2-2　京杭大运河特种邮票

燕、刘细君、大乔、小乔、芍药女、上官婉儿、田贵妃、柳依依、潘玉良的肖像，展示扬州历代女性的容貌、气质和文化修养。10 月，国家邮政局策划，北京邮票厂印刷《扬州美女》个性化邮票系列第一辑《扬州美女千秋佳韵》小版在扬州发行，11 月，《自古扬州出美女》8 枚贺年有奖明信片发行。11 月，《扬州民间传说》贺年有奖明信片（第二辑）发行，一套 5 枚。内容是“饭后钟声”（唐代）、“水关镇龙”（明代）、“长堤春柳”（清代）、“黑婆婆巷”（清代）、“插柳避灾”（清代）。由方薪策划、谢崇山作画，郑万钟、曹东辉撰文。2007 年 4 月，《扬州园林》特种邮票首发式在瘦西湖公园熙春台举行首发式。一套 3 枚，“个园”“何园”“徐园”各一枚，面值均为 1.30 元。2009 年 3 月，《石涛作品选》一套 6 枚特种邮票首发式在扬州八怪纪念馆举行。9 月，《京杭大运河》特种邮票首发式在扬州迎宾馆举行。该特种邮票包括邮票 6 枚、小型张 1 枚。2010 年 10 月，《梅兰竹菊》特种邮票暨《扬州八怪》邮册首发式在扬州八怪纪念馆举行。特种邮票有 3 枚，主图选用金农的《绘梅花册》、郑板桥的《兰竹图册》、李蝉的《菊花图》等绘画作品，发行的小版票首次采用扇形样式。2011 年 4 月，扬州市委、中国集邮总公司、江苏省邮局公司举办《江上青烈士诞辰一百周年纪念邮册》首发式。《纪念册》每册 24 页，内容分“风流辈出绿杨城”“犹记先贤江上青”“时势危难激英雄”“热血铸就《前进曲》”“教书育人谱新篇”“卢沟晓月映忠魂”“致力抗战走征途”“凌云壮志山河动”“血染淮北秋山红”“大星陨落浩气存”和“永恒的怀念”11 个篇目，内含 8 枚版《天安门》主图个性化邮票 1 版，配《扬州园林》《中华人民共和国国旗国徽》等小版邮票。

四、邮政快递

1997 年 4 月，在市区 4 个支局成立速递分公司，开通“185”特快揽收电话。开发点到点直投业务和国际到付业务；扬州到香港特快邮件实行 48 小时寄达。1998 年，邮政物流业务实行全市联运合作，实现资源共享。2000 年 1 月起，全省开办“邮政限时专递”业务。扬州至上海邮件实现次日上午 11:30 前投交用户；寄往南京、徐州、常州、镇江、无锡、苏州、盐城、泰州、南通限时专递邮件，实现次日上午 10:30 前投交用户。4 月，中国速递国际快件业务开办。8 月，国内快递包裹业务正式开办。2001 年，市邮政通信行业管理办公室与市区相关执法单位对社会速递公司进行检查，韵达、申通、天天、路通、一目和豪帮等公司每天的收寄量约为 30 ～ 80 件左右，属起步阶段。2003 年，社会快件公司达 28 家，国际货代企业有 4 家。其中申通、天天、韵达、路通（闪电）等速递公司日均量约为 200 ～ 300 件。2004 年 1 月，为增加“次晨达”国内特快业务单独分发功能，邮电局对电子化支局系统升级。2005 年 1 月，扬州与沿江地区同时开办特快专递“次晨达”业务。7 月，开办高校录取通知书特快专递寄递业务。同时，凭借中速快件上海直发的优势，发展发往西欧、大洋洲、中东等地区的国际特快业务，国际速递业务收入保持 28.3% 的增长，扬州被国家邮政局列为”全国邮政速递发展 60 个重点城市”之一。同时全面启动中国、澳大利亚、中国香港、日本、韩国和美国邮政 EMS 邮件诚信服务项目，该服务将诚信经营的理念引入跨境速递服务。2005 年年末，已登记注册的社会快递公司 35 家。扬州邮政物流有国际货运一级代理资质，具有国际陆、海、空运一级代理业务资质，拥有 3.3 万平方米的仓储、分发和转运中心，配备各类自动装卸、输送和分拣处理设备。2006 年，在经济较发达中心集镇设立 17 家速递公司。是年，进口邮件速递时限提前一天，速递“次晨达”业务日均 750 件，“次日递”业务日均 1700 件，居全省前列；国际包裹业务收入增幅列全省第四位。2007 年 6 月，扬州邮政速递正式实行市县一体化经营。共有分公司

35个，车辆105辆，中邮快递收入比上年增长66.7%。2008年，邮政速递物流分销“富春”包子，总体规模和单项品种均创新高。2008年12月，扬州市邮政速递物流公司成立。

第三章 电 信

1989年后，特别是进入21世纪，固定电话、移动电话、互联网迅速改变着人们的生活。电话、电报、BP机、“小灵通”相继更新，变化之快超乎寻常。1993年，开通168自动语音系统，具有90年代国际先进水平。1994年，开通省市间电视电话会议系统，是年底，扬州电信通信能力的装备水平已基本达到发达国家的程度。经济的发展推动电信的发展，而电信又往往走在经济发展的前头，引领着经济水平、生活水平的提高。1996年5月，中国公用计算机互联网江苏接入网扬州服务节点建成开通，这是由工业社会向信息化社会发展的重要转折点。1999年，扬州进行信息港建设。进入21世纪后，信息化建设提速前行。2005年，电子政务平台建立。2011年，广陵区百户家庭计算机拥有量70台，完成城区142座移动通信基站的美化改造和共建共享。

第一节 电报 传真

一、系统

1989年，电报电路分为省际一、二级电路和省内二级电路。省际二级电路为扬州至上海，电缆载波传输通报方式为电传自动转报。省内二级电路为扬州至南京，其中扬州至南京方向主要通过电缆载波、明线载波、无限传输方式，采用电传自动转报及人工转报两种通报方式。1989～1993年，电报交换量逐年大幅增长。1991年2月，扬州及泰兴64线程控自动转报设备开通，广陵区支局及湾头、杭集、头桥、李典均开设终端机，直接进入全国自动电报网，实现电报通信自动化。1996～2011年，电信业务持续快速发展，传统的电报业务萎缩。随着经济的发展，社会交往的频繁，各单位、部门间使用传真机日益普遍。

二、设备

在电报通信发展的过程中，随着通信技术的提高和社会对通信需求的增加，电报设备先后安装人工莫尔斯机、自动电报机、传真机、用户电报交换机、无线电设备等。1991年2月，64线程控电报交换机开通，实现电报通信自动化。1993年12月，长途电信大楼竣工。大楼位于运河西路，6层框架结构，总投资1000万元，总建筑面积为5430平方米。1996年，新建开通数字移动电话扬州交换系统（GSM），形成模拟、数字网并存的格局，形成可供5万～6万部移动电话上网的通信能力，建成开通中国国际计算机互联网（CHINANET-JS）扬州服务接点，提供全功能国际互联网服务。1989-2011年，各单位、各部门按照需要购买各种类型的传真机，有的私人也购置传真机，有的传真机、电话、录音机三机合一。

第二节 固定电话

1989年前，扬州市区使用的是纵横制模拟交换机电话。1989年，扬州首次引进比利时上海贝尔通信公司S1240数字程控设备4000门，标志着市区电话设备由纵横制电话向数字程控电话的过渡，已极大提高电话自动化程度。是年，市区市话局用交换机容量达1.4万门，其中纵横制交换机容量1万门、程控交换机4000门。实际安装电话容量达9388门。1990年，市区新扩容市话程控交换设备容量1万门。“七五”计划期间，市区通信能力实现成倍增长。“七五”期末市话局用交换机总容量净增7000门，比“七五”期初增加1倍；市内电话机总数1.9万部，电话普及率5.95部/百人，比“七五”期初2.77部/百人增加3.18部。1991

年，扬州市话号位由5位制上升为6位制。是年，程控交换机容量占市话交换机总容量的比重由1990年的8.8%上升到56.8%。1993年，市区邮电部门按照“箱宜户主、一户一线、盒进单元、就近下线、墙壁电缆、留电备线”原则，用两年时间实现市区居民每户有一对电话线。1994年，全市市话户线到户率89%，率先在全省开放图数结合的微机配号系统和112集中受理系统，缩短装机时限和障碍历时，成立现场快速装机服务队，先后布点32处，现场装机1550部；开发168和磁卡话费查询系统，解决话费查询难问题；增设服务网站，方便用户使用电话，并成立用户终端维修服务中心；增设公用电话亭、话机维修点，基本解决用户修电话难问题；全市长途交换机容量1.5万路，长途业务电路1.3万路，开放联结世界许多国家和地区的国际通信网，并开通无线寻呼和数字电话，长途电话数字化率11%。开通省到市的电视电话会议系统。1994年年底，市区邮电通信能力的装备水平已基本达到发达国家的程度。1995年，市话交换实现数字程控化。移动电话A网三期和B网一期扩容工程竣工投产，安装开通EMX2500型和AXE—10型移动交换机，新增基站28个，市话交换机39.6万门，比上年增长29.4%。1995年，市区住宅电话增至6.41万部，住宅电话普及率35.4部/百人；公用电话总数1948部，比上年增长381%。是年末，市话普及率32.1部/百人，比“七五”增加26.15部，比1990年增加12.3部/百人。1995年全年完成电信业务总量7.15亿元，其中长途3.02亿元、市话2.49亿元，分别比上年增长31.6%、68.7%。是年，全面超额完成年度和“八五”计划的各项目标，实现主要通信发展指标在“七五”期末的基础上翻两倍、在1980年基础上翻四番的奋斗目标。1995年8月全市电话号码全部由6位制升为7位制。1996年，开通“110”治安报警、“120”医疗急救、“122”交通事故报警等特服号码，开通“170”话费查询、“180”投诉电话、“189”客户咨询等特服号码。全市18%的电话交换机实现无人值导，建立长途传输网监控系统。市区电话平均装机时限由过去的两个月缩短到8天。1997年，市区电话装、拆、移机服务实行“五个一”，即一个工号、一身标志服、一双鞋套、一只工具包、一份评价表来规范客服。1998年，扬州邮、电管理分营，分别纳入国家邮政局和中国电信系统，实行垂直领导。2000年，共发展公用电话1164部（其中卡式公用电话836部）。先后在宾馆、饭店、商场、医院、学校、繁华路段及住宅小区设置大量IC卡、998卡式电话机，并试用部分多媒体公用电话，满足多层次用户通信要求。至“九五”计划期末，市话（中央国有）局用交换机总容量45.24万门，比“八五”计划期末提高14.2%。2001年3月，扬州电信分公司当天受理固定电话2030户，使扬州地区固定电话总数达到100.17万户，用户数超百万大关，电话主线普及率22.36线/百人。2002年5月，正式推出“家家E”固定电话网短信息业务。2003年7月，市政府“12345”公开电话正式开通。是年，扬州电信扬州分公司推出114号台“市话秘书”服务，市民只需拨打“114”，就可得到有关婚庆、家教、租房、旅游等30多个行业的企业服务。同时把所有人工服务整合到1000号平台，并于10月升位至10000，成为大型综合呼叫和服务受理中心。2004年，全市固定电话（含小灵通）166.86万户，当年新增21.11万户，增长12.6%。2005年，全市新增固定电话（含小灵通）用户12.53万户，总数179.39万户。2011年，扬州市区划调整，原邗江头桥、李典、沙头、杭集、泰安划入广陵区，广陵区固定电话数为14.6万户，23年增长14.55倍。

第三节 移动通信

一、拓展运营

中国移动公司扬州模拟移动电话网（A、B网）于1992年12月、1993年8月先后开通。1993年，国家二级干线宁扬光缆开通运行，发展BP机7042部、移动电话574户。是年9月，扬州邮电局开通“168”自动语音信息系统。当年率先在全省开通“127”自动寻呼系统，并实现“126”人工自动漫游功能。1994年，新建扬州移动电话交换局。1995年，移动电话A网三期和B网一期扩容工程竣工投产，安装开通EMX2500型和AXE—10型移动交换机，新增基站28个；“全球通”数字移动电话系统安装使用，全市为一个同步区，统一进入全省联网无线寻呼系统，实现省内自动人工漫游；全市形成以四次群光缆和数字微波为主的星状骨干传输网。

1995年12月，扬州移动通信公司成立，全球通数字移动电话G网开通。对移动电话机和BP机、传真机实行进网许可证制度，对经批准销售和维修的单位发放准销证及准维证，净化通信终端设备市场。1995年年底，市区有3家非邮电系统企业经营电信业务，开办无线寻呼台，分别为市区华能、安讯、八一台。扬州市区社会台寻呼用户为5954户，占寻呼用户总数的10.92%。其中华能台为5.99%，安讯台为2.65%，八一台为2.28%。1996年，新建开通数字移动电话扬州交换系统（GSM），形成模拟、数字网并存的格局，可供5万～6万部移动电话上网的通信能力，建成并开通中国国际计算机互联网（CHINANET-JS）扬州服务接点，提供全功能国际互联网服务。1997年，在全国率先推出移动电话“购机购号”“购机租号”“购号租机”“租机租号”4种服务业务。5月，移动电话放号1.84万部，市内放号1.46万部，移动电话数超过室内电话3824部。是年，无线寻呼（BP机）11.93万户，移动通信（大哥大）2.44万部。A网先后进行5期扩容，建基站48个；B网进行3期扩容，建基站29个。扬州市区（含邗江）A、B网移动电话累计用户1.26万户、5365户。在1998年长江抗洪期间，扬州电信无偿安装防汛电话26部，租借移动电话39部。组织通信维修小分队派驻江堤，提供无偿服务。

1999年，是邮电分营后扬州电信独立运营的第一年，电信企业以此为契机加快改革步伐，坚持以市场为导向，促进发展，提升服务水平。7月，扬州全市GSM和全国GSM网同步实现由10位升至11位。具体办法在“全球通”139～135号码后加“0”。同时，中国联通扬州分公司也由10位升至11位，由此用户容量可扩大至以前的10倍。扬州联通分公司新增8008289130免费咨询电话服务。是年，国务院印发《关于解决计算机2000年问题的通知》，市政府明确，由市信息办具体负责宣传指导，组织协调，检查督促和技术支持。信息部门在高危日（1999年12月31日～2000年1月1日）实行48小时值班。广陵区计算机信息系统顺利实现“零点跨越”，平安进入2000年。

2000年，扬州市电信市场多元化架构初步形成，中国电信、中国联动、中国移动、中国卫通4家公司展开竞争；无线寻呼市场竞争激烈，由1999年的7家减少到6家，分别是国信、联通、金盾、苏讯、江河、万立通寻呼台。从6月起，扬州市电信行业管理职能由省邮电管理局直接行使。2000年，新增计算机上网端口8000个，总数达1.1万个；ATM宽带网建设步伐加快，市区3个信息化示范小区建成；市职教中心率先开通百兆上网专线。

2001～2005年，市广电局对全市有线电视网建设和改造地下光缆骨干网和电缆分配网，至2005年，建成主干光缆管道100.2千米，建设光节点231个，电缆主干线488千米；建设小区地下管道400千米，分配网4048千米，全网光缆干线和70%的分配网已达到750M以上的传输带宽，年底数字电视进入试运行。2004年，全市有电信、移动、联通、铁通、网通、江苏通信、卫通7家通信企业。是年7月，扬州市通信行业协会成立。

2008年11月，中国移动、中国电信、中国联通、中国铁通、中国卫通、中国网通六大通信运营商完成合并重组。其中中国电信收购原来联通的CDMA网络，形成并购后的中国电信；中国联通GSM网与中国网通合并为中国联通；中国铁通被并入中国移动；中国卫通并入中国航天科技集团；最终形成体改后的中国移动、中国电信、中国联通和中国卫通。扬州各分公司也先后按此模式重组合并。2009年3月，扬州电信、扬州移动和扬州联通3G网络先后投入商用。3G手机无线宽带上网速度最高可达每秒3.1兆字节，比2G提高20倍。年底，3G在扬州市覆盖率达90%。2010年，全市移动电话普及至92部/百人。

2011年，实施城区142座移动通信基站美化改造。2009年、2010年、2011年，中国电信扬州分公司广陵区局累计拥有移动客户分别为3.1万户、4.2万户、5.3万户（2011年不含新划入的5个支局数据）。

二、无线市话

2001年，扬州无线市话（小灵通）业务开始，是年7月，设备安装工程开工。2001年，初期容量为4000线，10月无线市话在扬州投入试运行并正式向社会放号。无线市话初期开放语音业务、来电显示业务。2002～2005年间，先后开放无线市话短信业务、来电寄存业务、小灵通E-mail业务、无线上网业务、预付费业务、彩铃业务、灵通秘书台业务等。2002年，扩容至1.2万线。2002年末，无线市话用户4.5万户；2003年年末，容量40.23万线，无线市话用户17.3万户，比2002年净增2.8倍，无线市话业务量列全省第二位。2004年

10月，全省无线市话短信与移动短信实现互通试运行，省内无线市话用户还可以向上海市、河北省、吉林省等移动用户发送短信。由于无线市话业务体现"绿色环保""经济实惠"的产品形象及价位优势，至2005年年底，系统总容量95.4万线，全市无线市话用户增至46.8万户。业务收入同比增长33.7%。随着移动电话的进一步发展，无线市话用户逐渐转网成移动电话，用户逐步萎缩。随着国家明令要求无线市话2015年退出市场，让出频道，至2011年年底，广陵区无线市话用户已不足3万户。

第四节　互联网

一、电信数据网

1994年，电信数据网业务开通使用。1996年8月，开办互联网窄带拨号业务。1998年5月，扬州电信在苏中地区率先开通VOD视频点播系统，实现网上实时动态传播图像。2001年9月，扬州宽带网正式推出，向用户提供VOD、网络电视、网络游戏等多种应用。2002年9月，扬州电信依托Loyaa3.0信息采编系统，开通由中共扬州市委宣传部、扬州电信公司、新华社江苏分社联合主办的"今日扬州"网站，成为江苏13个地级市中首家与新华社合作的综合性对外宣传新闻网站。2004年2月，扬州电信宽、窄带网络整合为一张网络，扬州电信构建的宽带城域网是扬州市区唯一实现全覆盖的宽带城域网，出口带宽已40G，占全区域互联网出口带宽的90%以上。可以实现ADSL、ADSL2+、FTTx+LAN、光纤等多种接入方式，能充分满足客户的上网浏览、网络视频、VOD和视频电话（NGN）等多种业务需求。对高等级跨区专线电路，通过CN2承载网络，采用VPLS/MPLS技术，能够很好地满足客户多层次组网需求。扬州电信宽带48小时安装及时率98.1%，宽带障碍预处理成功率50%以上。2005年，全市电信ADSL用户达11.95万户，LAN终端用户2.29万户。扬州电信网站以扬州公众门户——"扬州热线"、扬州宽带门户——"扬州宽带网"、扬州政府门户——"中国扬州""今日扬州"为三条主线。2006年4月，全面实现行政村"村村通宽带"上网工程。省公司在扬州召开现场会，推广扬州建设经验。9月，扬州电信与扬州教育局携手推出扬州教育网同步课程。此业务由市教育局组织教学经验丰富的专家、教授在扬州教育网上开设课程。电信用户登录扬州宽带网（WWW.YZVOD.COM）或扬州教育网（WWW.YZJY.COM.CN）进行定制点播，即可足不出户同步接收到名师的辅导讲课。2007年，重点完成"村村通"工程、宽带网络优化和固网升位等工程，不断推进宽带网络优化建设力度。全面实施宽带网络优化工作，扬州本地网出口带宽由原来的20G扩容至40G。2009年6月至2010年10月期间，扬州电信开展并完成"无线扬州"二期工程的建设工作，将网络覆盖范围从主城区25平方千米拓展到整个城区90平方千米。二期工程投资2800万，新建基站室外覆盖AP386个，基站室内覆盖AP共415个。新增无线覆盖道路16条，道路长度约50千米。二期工程建成后，扬州90平方千米范围内的主要交通干道、星级宾馆、政府办公楼、工业园区、市民广场、交通枢纽都实行覆盖，实现C+W连续覆盖，提供不间断的高速宽带无线上网，为"无线扬州"的行业应用提供有力的平台支撑。2010年，互联网应用普及率超过65%。2011年，扬州电信公司坚持城市FTTH改造和"光进铜退"(以″窄带＋铜缆″为主网络向以″宽带＋光纤″的网络转变)为主体，有线无线协同建设的原则，实现城市20米、农村8米全覆盖，全年累计完成城市52.35万户住户的光网覆盖改造，主城区光网覆盖率达92.9%，进一步提升光网资源利用率。2009年、2010年、2011年，中国电信扬州分公司广陵区局累计拥有宽带客户分别为4.3万户、4.9万户、5.5万户。

二、数据通信业务

1994年年初，开通使用数据通信业务。数据通信业务包括DDN（数字数据网）业务、帧中继业务、ATM业务和新视通业务。DDN业务利用光纤、数字微波或卫星通信等数字传输通道和数字交叉复用设备组成，为用户提供高质量的数据传输通道，传送各种数据业务。是年12月，全市10个县（市、区）实现与江苏省分组交换数据网联网。1997年年末，全市分组交换节点机端口数为718个，分组交换PAD端口数630个，数字数据网节点机端口数1646个。是年，分组交换用户数为346户，数字数据用户数为633户。至"九五"期末，2000年，全市分组交换节点机端口数为1456个，数字数据网节点机端口数为4102个，分组交换用户558

户，数字数据网用户 2639 户（个）。至“十五”期末，DDN 业务收入为 413.43 万元，分组交换业务用户收入为 3.94 万元。由于 DDN 数字数据业务激剧上升，2005 年，分组交换业务不再开放。

1998 年开始的帧中继业务，是在用户—网络接口之间提供用户信息流双向传送，并保持顺序不变的一种承载业务。是年，市区帧中继交换机端口数为 8 个，帧中继用户数为 0。至 2000 年末，仅限扬州市区有帧中继及 ATM 国内业务用户数 15 个。至 2001 年年末，宽带业务网帧中继端口数 1 个，帧中继国内业务用户为 47 个。至“十五”期末帧中继业务用户数为 95 个。

2000 年开始，ATM 业务真正实现语音、数据和图像等宽带综合业务数字网，具有电路交换和分组交换的双重性，使交换速度大幅提高。2001 年，宽带业务网 ATM 端口数 110 个。2011 年年末，扬州帧中继 /ATM 网端口总数 688 个。

第八篇 古城保护

要　目

第一章　古城变迁与保护规划…………………… 253

第一节　明代前古城…………………………… 253

第二节　明清古城……………………………… 255

第三节　老城区保护规划……………………… 255

第二章　城　河…………………………………… 259

第一节　小秦淮河……………………………… 259

第二节　二道河—二道沟……………………… 261

第三节　北城河………………………………… 262

第三章　城垣遗址………………………………… 264

第一节　西门遗址……………………………… 264

第二节　南门遗址……………………………… 265

第三节　东门遗址……………………………… 266

第四节　北门遗址……………………………… 266

第四章　历史文化街区(地段)………………… 267

第一节　南河下………………………………… 267

第二节　仁丰里………………………………… 271

第三节　湾子街………………………………… 273

第四节　教　场………………………………… 278

第五章　古街巷…………………………………… 280

第一节　老城区古街巷………………………… 280

第二节　汶河(路)变迁　……………………… 283

第三节　文昌路胜迹…………………………… 284

扬州古城，始于公元前486年吴王夫差所筑邗城。楚怀王十年（公元前319），在邗城原址重筑，称广陵城。秦、汉时，广陵先后置县、置郡，设诸侯国。隋开皇九年（589），广陵始称扬州。城池在蜀冈上。唐代，在蜀冈子城南建罗城，形成两重城。宋代筑“大城”“堡城”“夹城”，是谓宋三城。元末，张德林取宋大城西南角筑城，史称“明旧城”。嘉靖时在旧城东接筑新城。明清扬州旧城、新城即今广陵老城区，是扬州古城保护的核心区。

扬州2500年的建城史，给古城留下极其丰厚的历史文化遗产：如始于春秋末、止于明清的数代扬州城遗址及古城壕；历代留下的具有鲜明时代和地域特色的历史建筑；国家、省、市级文物保护单位；保持浓郁传统风貌的历史文化街区，500余条历史悠久、遗存丰富、整洁雅致的传统街巷等。清代中期，扬州成为漕运枢纽和全国最大的盐业中心，成为全世界10个拥有50万以上居民的大城市之一。多年的历史积淀，使扬州5.09平方千米的老城区成为国内历史风貌保存比较完好的古城之一。这些丰厚的历史文化遗存，是扬州古城的灵魂和精华所在，也是古城保护的工作重点。

1989～2011年，广陵区依据扬州城市总体规划、分区规划和老城区街坊控制性详细规划等，开展古城保护工作，做好古建筑和古迹保护。以会馆、祠堂、大宅、衙署、宗教建筑和古民居为重点，有计划地开展修复工作，先后修复近60处古建筑。落实规划明确的“一条主脉、两条轴线、四个历史文化保护区、六组传统建筑群”的整体保护措施，结合历次城市综合整治，先后完成文昌路、汶河路重大城建工程，对国庆路、渡江路、甘泉路、广陵路等进行数次整治。先后对上百条古街巷进行整治和维修，不仅保护历史遗存，还改造下水道，铺设道砖或水泥、沥青路面。对东关街、仁丰里、南河下和湾子街历史文化街区，根据街区条件，开展综合整治，积极修建保护。2010年，东关街获文化部授予的“中国历史文化名街”称号。

第一章　古城变迁与保护规划

自春秋末（公元前486）吴王夫差筑“邗城”，至明嘉靖三十五年（1556）增筑新城，2000余年中，战国、秦汉、六朝、隋、唐、宋、元、明、清各时期皆有修筑扬州城的记载。因不同历史时期政治、经济、文化诸因素的作用，扬州城池位置经历由北向南、从冈阜到平原的变迁。明代旧城和新城，东、南以古运河，西、北以二道河、北护城河为界河，古城面积5.09平方千米。

扬州老城区（明旧城、新城）是扬州市城市总体规划两大保护片区之一，是古城文化载体和历史遗存展示区域。

1989～2011年，古城传统历史风貌得到全面保护。其保护重点是古城遗址、各级文物保护单位及历史建筑，历史文化保护区和城市总体环境。科学配置古城各项基础设施，通过综合整治、修建完善，彰显城市特色和传统风貌。将古城区逐步建设成为商贸发达、居住舒适、极具文化魅力的城市中心区，在保护历史文化名城中发挥引领作用。

第一节　明代前古城

公元前486年，吴王夫差在蜀冈上筑邗城，冈下开邗沟，沟通江淮。城址位于蜀冈东峰，城周长4930米，面积1.56平方千米。位于江淮之间，临江滨海，位置优越。

战国时代，楚怀王十年（公元前319）在邗城原址，重新筑城，改名广陵城。秦代，始皇二十四年（公元前223）秦灭楚，广陵为九江郡属县。

刘邦封侄刘濞为吴王，都广陵，领3郡53城。公元前195年，在楚广陵城基础上扩建东郭城。新建东郭城1.27平方千米，吴国都城总面积为2.83平方千米。汉景帝三年（公元前154）刘濞谋反，被杀。徙汝南王刘非为江都王，刘濞故地遂为江都国。其后吴都广陵先后为广陵国都和广陵郡、广陵侯治所。

三国时代，广陵郡处于魏吴两国争战之地，城郭屡遭损毁。直至吴王孙亮五凤二年（255），“使卫尉冯朝城广陵，拜将军吴穰为广陵太守”，于汉吴国都城原址，再次筑城。

东晋太和四年（369），大司马桓温徙镇广陵，征徐州、兖州民于蜀冈原址筑广陵城。魏、晋、南朝时，广陵先后是东吴、东晋、宋、齐、梁、陈的领地，成为江北抵御或进攻北朝的据点。刘诞于大明二年（458），发民筑广陵城。不久，刘诞反叛。大明三年（459），孝武帝派大将军沈庆之讨伐。克广陵，诛刘诞，广陵城变废墟，鲍照作《芜城赋》，广陵又称“芜城”。

隋文帝杨坚统一中国，广陵曾短暂称吴州。隋开皇九年（589）改广陵郡为扬州。邗城、广陵称扬州始此。大业三年（607），改扬州为江都郡。隋炀帝按京城规模形制在蜀冈城内营建江都宫城和宫殿，在冈下运河两岸建市肆。隋炀帝对古邗沟故道全线拓浚，扬州成为南北交通枢纽。

唐代，扬州是淮南道首府。武德七年（624），扬州设立大都督府。武德八年（625），治所从丹阳移至扬州。自刘濞筑广陵城，历汉、魏、晋、宋、齐、梁、陈直至隋、唐初，广陵城址一直位于蜀冈之上，史称衙城。有城四门：东华门、西华门、中书门（南门）、北门。

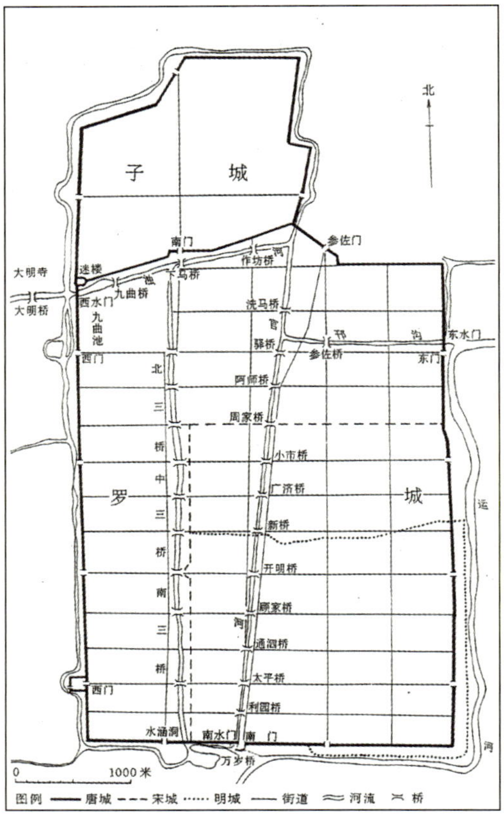

图 8-1-1 扬州唐城示意图

唐代大规模筑城有两次：一次在唐德宗建中四年（783）十一月，“淮南节度使陈少游领卒戍于盱眙。闻难，即日还广陵深沟高垒，缮甲完守”。版筑土垣，门阙处砖砌加固，对蜀冈上子城和蜀冈下罗城进行修理和建筑。第二次较大规模筑城在乾符六年（879），高骈出镇淮南，“缮完城垒”，版筑土垣，城墙外加砖包墙。唐代扬州罗城城址范围：东城墙北起原东风砖瓦厂，向南顺城濠，过邗沟经黄金坝，沿运河西侧向南过高桥（宋大城东北角）、便益门街（明新城东北角），过东关街顺北河下至康山街，大体为南北一条直线，全长 4200 米。西城墙：北接观音山（子城西南角），向南直至原双桥毛巾厂，全长 4100 米。南城墙：东起康山街，向西沿南河下过埂子街南口，顺南通西路，经大学路南口，向西到原双桥毛巾厂，全长 3100 米。北城墙：东起原东风砖瓦厂，向西至平山变电所后，向西北延伸与衙城（子城）东南城墙角相接，全长 1470 米。唐罗城加蜀冈上子城总周长为 17960 米。

唐末五代时，藩镇割据。杨行密于唐昭宗天复一至三年（901 ～ 903），据扬州为吴王，对蜀冈上、下城垣修筑加固。后周显德五年（958），周世宗进入扬州，定武将军韩令坤，取故城（罗城）东南隅筑城，周长 7600 米，史称“周小城”。四至：西城墙由原广陵区委党校城墙角直线向南与唐罗城南城墙相接，南北长约 3000 米，西侧头道河是护城河。北城墙由（区党校）城角向东至高桥，长约 2000 米，“周小城”南城墙、东城墙与唐罗城叠压，为同一城基。显德六年（959），淮南节度使李重进改筑成“州城”。宋太祖建隆元年（960）统一天下，“周小城”成为宋代扬州州城。

北宋 160 多年，唐代子城，废置未用。

南宋，扬州为淮东首府，是初期抗金、后期抗元的前方基地，城池多次修建或增筑。建炎元年（1127），江东制置使吕颐浩，改筑州城成宋大城。绍兴年间（1131 ～ 1162），郭棣知扬州，利用唐子城遗址筑堡城。在蜀冈下，筑夹城，周长 2700 米，南北长方形，用以联络州大城与堡城，形成上有“堡城”，中为“夹城”，南有“大城”的“宋三城”，是南宋王朝在江淮间战略要地。宋嘉定（1208 ～ 1224）年间，扬州主管、淮东安抚使崔与之，为防金兵南下，对宋大城采取挖沟浚濠，筑瓮城，开月河，置吊桥，将夹城改筑为砖包城。金亡，元兵迅速南下，两淮宣抚使贾似道于宝祐二至三年（1254～1255），将堡城改筑为砖包城，更名“宝祐城”。增筑圃城，周长5700米，将平山堂包在城内，加筑外濠。景定元年（1260），李庭芝为江淮制置使，兼知扬州，改筑圃城为砖城（又名平山堂城），控制蜀冈中峰和西峰，同时加固宋三城。

元代，扬州属扬州路。至正十三年（1276），扬州为大都督府，置江淮行中书省，治所驻扬州。元代，扬州夹城、堡城荒废。

第二节　明清古城

一、明旧城

元至正十七年（1357）十月，朱元璋部将张德林截城西南隅筑城而守。城四至：南城墙沿用唐罗城城墙的一部分（西起荷花池东至小秦淮河）；西城墙沿用宋大城西城墙与唐罗城南城墙相接；北城墙、东城墙由扬大附中西北角向东沿北护城河南侧，至小秦淮河西岸向南筑与唐罗城城墙相接，城周长5900米。城门五：北镇淮门（北门）、西通泗门（西门）、南安江门（南门）、东宁海门（又称先春、大东门）、东南小东门。

二、明新城

明嘉靖三十五年（1556）二至十月，知府吴桂芳为防倭寇，在旧城东面接筑新城，石茂华继之。南、东、北三面周长5140米，城门七：南挹江（钞关）、左便门（徐凝门）、东南通济门（缺口）、东利津门（东关）、东北便门（便益门）、北广储门、拱宸门（天宁门）。水门二座跨小秦淮河，南水关名龙头关，北水关称拱宸门水关。城址范围为：南城墙与旧城东南城墙相接，向东沿今南通西路、南通东路后转向北，沿泰州路筑至盐阜路，沿路折西与小秦淮河北端旧城东北墙角相接。

元至正年间（1341～1368），所筑城称旧城，明嘉靖年间（1522～1566），所筑城称新城。此后，新、旧两城是扬州城有机组成部分，构成古城整体。

三、清至民国城

清代至民国，沿用明代扬州城垣，对原城垣进行整治修缮。

新中国成立后，1951年，拆除全部明代城墙，筑成泰州路、盐阜东路、盐阜西路、南通东路、南通西路，与淮海路相连接，形成古城内环城路。

第三节　老城区保护规划

一、保护规划要点

1989年1月，市人大常委会审议通过扬州古城保护规划。1997年，审议通过第二轮城市总体规划。2002～2004年，通过老城区12个街坊控制性详细规划。2004年审议通过东关街、仁丰里、湾子街、南河下4个历史文化保护区控制性详规。

（一）规划范围

东至古运河，南至古运河一线，西至二道河，北至护城河，面积为5.09平方千米。

规划区范围与明旧城、新城区域一致。1982年，国务院公布的全国首批历史文化名城文件，记述扬州：“春秋吴王夫差开始在这里筑‘邗城’，隋朝开凿大运河以后，更成为南北交通的要冲，工商业发达，文化繁荣，是历史上闻名的商业城市和中外友好往来的港口”，特别点明扬州城的历史地位和特殊作用。

（二）规划指导思想与原则

实行“整体控制，积极保护，合理保留，局部改造，全面改善”原则。全面保护延续古城传统格局和风貌特点；点、线、面相结合，系统保护历史遗存和环境，通过整治、局部改造、合理保留、旧房改建等方式，使老城区交通、市政设施及生活居住环境得到全面改善。

（三）老城区功能

体现名城内涵的核心区域，重点旅游商业地区，传统特色居住场所。

（四）保护体系

包括保护要素、保护框架和保护层次。

扬州市老城区保护要素简表

表 8-1-1

类型	特点	实例、分析
城市格局	逐水而城，历代叠加	如双瓮城遗址（宋至清代城墙叠加）等
	双城街巷体系	旧城规整有序，新城自由多变
	水城一体	古运河、北护城河、二道河、小秦淮河
城市风貌	平缓型城市空间	东关街街区等
	匀质细腻的城市肌理	湾子街街区
	南秀北雄的建筑风格	园林建筑、会馆建筑
城市园林	自成一派，星罗棋布，以园亭胜	如个园、何园等
城市文化	雅俗共赏，南北交汇，东西兼容	扬州八怪画派，道教、佛教、伊斯兰教及西方教派，扬州评话，淮扬菜系，漆器、玉器、剪纸、绒花等
历史遗存	历史悠久，内容丰富	岭南会馆、盐商住宅、吴道台宅第、城门遗址、董子祠、仙鹤寺、罗聘故居、文昌阁等。

说明：简表要素依据《扬州市老城区控制性详细规划大纲说明书》

保护框架：点、线、片、面相结合，重点保护好历史文化遗存及其环境，形成“一条主脉，两条轴线，四个历史文化保护区，六组传统建筑群”的保护系统，将古城一、二类风貌全部覆盖，整合为综合型保护框架。全面体现传统文化，展示城市历史，延续城市文脉，彰显城市底蕴，为申报世界文化遗产，建设世界名城核心区打好基础。

保护层次：按照“绝对保护，重点保护，一般保护，风貌协调”四个层次进行保护和控制，分别采取“修旧如旧，保外改内，保护视线，保持格局和延续风貌”的保护方法。

二、保护规划重点控制

（一）一条主脉及两条轴线

一条主脉

古运河是古城保护主脉。保护和整治好古运河滨水环境、桥梁、沿河建筑、绿化景观及旅游线路，体现和强化古运河历史文化内涵。

两条轴线

水轴（小秦淮河）：小秦淮河位于明清新旧城间，贯穿老城区，区位极其重要。保护滨河地形地貌、沿线古桥、驳岸、栏杆、码头、绿化景观等，体现地方传统特色、传统民居特点和意境。

陆轴（四望亭路—大东门街—彩衣街—东关街）：唐代老城区东西主要街道，街道东、西两端发掘出宋大城西门及唐宋东门遗址。保护要与历史街区相结合，保护沿线传统建筑及街道界面、商业街景。

（二）四处保护区

东关街历史文化保护区　东至泰州路，西至国庆路，南至东圈门—三祝庵—地官第一线，北至个园及下总门一线。总用地面积 32.5 公顷。

重点保护：传统老字号商业建筑 17 处。

历史人文：东圈门名人故居 15 处。

多元宗教文化：佛教、道教、伊斯兰教、基督教建筑保存较多较完整。

扬州园林特色：国家级文保单位个园、汪氏小苑、逸圃及省文保单位武当行宫、冬荣园。

仁丰里历史文化保护区　北至旧城七巷，南至曹李巷—公园桥一线，西至迎春巷—史巷一线，东至小秦淮河。总用地面积9.64公顷。

重点保护：鱼骨状特色唐代里坊制街巷体系。

特征：河城一体空间特征。

意境：小秦淮河"小桥流水人家"意境。

湾子街历史文化保护区　东至新民巷，西至国庆路，北至古旗亭—莲花桥东巷一线，南至广陵路，总用地面积22.5公顷。

重点保护好浓厚的市井气息：以手工业、行业、商业命名的传统街巷众多，仍有17处老字号店面。

朴实的民俗风情：新中国成立后，此街区改造量最少，传统市井习惯和民俗风情特征显著。

众多宗教建筑：明代至民国的道教、佛教、基督教宗教建筑6处。

独特城市肌理：湾子街两侧"向心式"弧形空间肌理。

南河下历史文化保护区　北至广陵路，南至南河下中段及花园巷一线，东至徐凝门路，西至傅家甸、渡江路一线。总用地面积23.93公顷。

重点保护好盐商建筑群：盐商居住、盐业活动主要场所，现存大量盐商住宅、会馆。

传统园林空间布局：园林众多，有国家级文保单位4处、省级2处、市级15处；风格独特，并与住宅有良好空间关系。

（三）六组传统建筑群

北矢巷传统建筑群位于8号街坊内，保护用地面积为2.29公顷。

牛背井传统建筑群位于12号街坊内，保护用地面积为1.59公顷。

正谊巷传统建筑群位于2号街坊（西北、南），保护用地面积为1.58公顷。

弥陀巷传统建筑群位于2号街坊（东北），保护用地面积为1.66公顷。

小草巷传统建筑群位于4号街坊内，保护用地面积为0.71公顷。

居仁里传统建筑群位于10号街坊内，保护用地面积为2.11公顷。

三、分项保护规划

传统街巷

对文化保护区和传统建筑群街巷，保护原有尺度和空间布局、传统建筑立面形态；保护历史性建筑、古树名木等历史要素；保护好街巷走向和空间布局，体现"双城街巷体系"特色。

历史建筑

对文保单位及有价值的传统建筑严格保护。老城区165处文保建筑，要求按原样修复，"修旧如旧，以存其真"。对传统建筑保护要求坚持外观原样修复原则，内部在保持原有结构前提下合理改造。

老城区道路

规划城市级道路骨架"三纵、两横、一环"。

三纵：汶河路、渡江路—国庆路、徐凝门路—皮市街—观巷。

两横：文昌中路、广陵路—甘泉路。

一环：南通东、西路—泰州路—盐阜东、西路—淮海路。

街坊道路分为街坊主干道、街坊次干道两级。

老城区广场

沿城市主次干道布置休闲和集散型广场；以传统建筑为广场背景，规划建设城市广场15处；规划建设商业、金融中心地段停车场，停车库总计33处。

旅游体系

建立旅游空间体系、完善传统服务体系，健全配套设施体系，创新名城旅游品牌。

以盐业、传统商业、宗教、民俗、人文为主题，建设 7 条主题游览线，12 个主题游览区及 32 个主题游览景点。

建设控制

结合古城特色，以街巷、水系等界线划区和编号为 12 个街坊。

街坊地段按相对完整范围界定“保护用地、整治用地和可改造用地”3 类保护与更新模式。

街坊内建筑采用“保护、保留、更新”3 个层次整治保护。

四、街坊控制性详规

1 号街坊　东至汶河北路，南至文昌中路，西至二道河，北至护城河。严格控制西方寺、憩园周边用地及建筑风格。保护用地在宋大城西门遗址、西方寺、憩园、古木兰院（石塔）和文昌阁、四望亭等处。商业、服务、旅游及居住为主要功能。

2 号街坊（东北）　东至国庆路，南至彩衣街，西至小秦淮河，北至盐阜路。保护用地主要在妇幼保健院以南、彩衣街北、国庆路西、弥陀巷以东弥陀巷传统建筑群。居住、文教、医疗为主要功能。

2 号街坊（西北、南）　东至国庆路、小秦淮河一线，南至文昌中路，西至汶河北路，北至盐阜路、彩衣街一线。保护用地在正谊巷、珍园、董子祠等地段，传统建筑群在正谊巷两侧，石灰巷西侧。城市商业中心组成部分，商贸、旅游、居住为主要功能。

3 号街坊（北）　东至定慧巷及二郎庙南巷一线，南至东关街，西至国庆路，北至盐阜路。保护用地为个园、逸圃、曹起溍故居及准提寺、武当行宫等。居住、旅游为主要功能。

3 号街坊（南）　东至观巷，南至文昌中路，西至国庆路，北至东关街。保护用地有三片：一是诸氏盐商住宅及东侧有价值的传统建筑较为集中地段；一是东圈门街区内壶园、刘文淇故居、汪氏小苑及丁氏盐商、马氏盐商住宅；一是整治后的东关街街面沿线。居住、旅游为主要功能。

4 号街坊　东至泰州路，南至文昌中路，西至观巷、二郎庙南巷、定慧巷一线，北至盐阜路。保护用地冬荣园及周边地段。居住、文教、商业、旅游为主要功能。

5 号街坊　东至汶河南路，南至甘泉路，西至二道河，北至文昌中路。文昌阁城市商业中心组成部分，商业、居住为主要功能。

6 号街坊　东至国庆路，南至甘泉路，西至汶河南路，北至文昌中路。包括小秦淮河保护轴及仁丰里历史文化保护区，教场民俗风情游览区。居住、文化娱乐、民俗游览为主要功能。

7 号街坊　东至皮市街，南至广陵路，西至国庆路，北至文昌中路。湾子街历史文化街区，进一步确定街区保护和更新模式，整合文化资源，强化传统街巷体系特征。居住、旅游、商业服务为主要功能。

8 号街坊　东至泰州路，南至广陵路，西至皮市街，北至文昌中路。传统建筑群为北至花井南巷，南至广陵路，西至螺丝结顶、北矢巷一线，东至崇德西巷，包括吴道台宅第、朱自清故居、紫竹观音庵、耿鉴庭故居及北矢巷、螺丝结顶街巷风貌区。居住、商业服务为主要功能。

9 号街坊　东至汶河南路，南至响水河，西至二道河，北至甘泉路。医疗卫生、教育科研为主要功能，兼有一定商业及居住功能。

10 号街坊　东至渡江路，南至古运河，西至汶河南路，北至甘泉路。保护用地主要在刘氏庭院、匏庐、愿生寺、汪鲁门盐商住宅等地段。商业服务为主要功能。

11 号街坊　东至徐凝门路，南至古运河，西至渡江路，北至广陵路。是传统风貌较完整街区。南河下历史文化保护区以居住、旅游为主要功能。

12 号街坊　东至古运河，南至古运河，西至徐凝门路，北至广陵路。保护用地主要在曾公祠一线及卢姓盐商住宅一线，以居住、商业、文化娱乐为主要功能。

第二章　城　河

广陵古城，河流碧波荡漾，百转千回。古运河、护城河水气清新，随风拂面，给人水乡风韵之感。城河与运河是亲缘最近的，不但水同源，而且都曾承载着千年漕运，见证着广陵兴衰的历史。北城河是明清扬州城的北城壕，是今广陵与邗江区的界河。广陵城东面和南面的古运河原本就是城河，二道沟、二道河是与古运河相交的两条河道，曾泛过帝王的龙舟和广陵驿的轻舸，城中汶河从盛唐到明清都留有漕运的码头。

第一节　小秦淮河

小秦淮河是广陵古城的一条内河，南起龙头关与古运河相通，北至北水关与北城河相连，过御码头，再向西千米许即进入瘦西湖。明嘉靖三十五年（1556）后，扬州增筑新城，它就成为新、旧二城之间的界河和要道。

小秦淮河其名始于清初康熙年间，时为扬州繁盛地段之一，两岸河房清雅别致，河里游船来往如梭，白天游人不绝，晚上灯火通明，笙歌盈耳，通宵达旦。因其两岸风光景色几可与金陵秦淮河相媲美，故得名小秦淮。其时，扬州有“北安西亢”一说，说的是扬州有两户最大的盐商园林，“北安”指东关街安家巷的安麓邨园林，“南亢”即小秦淮河南端的亢氏“亢园”，人称“百间房”。另外还有小东门外的“柘园”、春晖园，小东门东南隅的城南草堂，小东门外北河沿的小秦淮、小东园，七巷东首的萃园，西营九巷的珍园，大东门外的吴园，大东门北河沿的大涤草堂等。不仅于此，河两岸的市肆也颇为兴盛，其中又以各种食肆为最盛。李斗将这种盛况有声有色地记述在《扬州画舫录》里。此外，梨园和书场等娱玩场所也多围聚在小秦淮两岸。

清乾隆六十年（1795），徽商余观德修理龙头关河道（小东门以南河段），并筑太平码头，使小秦淮河至瘦西湖全线贯通，游人可从太平码头，乘画舫途经小东门、大东门吊桥下，再入北城河游览瘦西湖。清道光、咸丰后，扬州盐业衰败，战事频仍，小秦淮河两岸楼台陆续颓毁，花木凋零，河道淤塞。清咸丰举人徐兆英在《扬州竹枝词》中有描述：“小秦淮畔水迢迢，垂柳荫浓好系桡，可惜画船箫鼓歇，至今卅载不通潮。”

民国 23 年（1934），江都县建设局出官款疏理小秦淮河道，并在公园东侧建筑码头，此时瘦西湖游船可直泊小秦河畔公园门前。民国年间，王振世《扬州览胜录》记述：“瘦西湖画舫停泊处共有五。在城内者其地有二：一在公园门前，一在图书馆桥（今新桥）西岸。在北门外者其地有三：一在丰乐下街、一在问月桥、一在绿杨村。”

民国 26 年（1937）抗日战争爆发后，小秦淮河多年失修，不少地段成为死水河。民国 38 年 1 月扬州解放，百废俱兴。是年 10 月，扬州市疏浚城河委员会成立，城建部门开始对小秦淮河着手疏浚。同时，又在公园至平山堂长达 6 千米的水域疏理河道，清除障碍，从而为小秦淮河通游船奠定基础。解放初期，扬州为苏北行政公署所在地。1951 年春，历史上盛况空前的苏北物产展览交流大会在扬州举办。为弥补陆路交通不足，公安、交通、城建等部门发挥水路交通优势，组织游船，以舟代步，将瘦西湖游船延伸至城内小秦淮河公园门前，以解决展

图 8-2-1　小秦淮河

交会期间交通问题。成立瘦西湖游船联营会，计有大小游船130多条，在城里新桥和城外天宁门、问月桥、新北门、五亭桥、平山堂等景点建筑船埠，修筑码头。50年代，为扬州游船史上鼎盛时期。每逢节假日或旅游旺季，上海、南京、苏州、无锡、杭州、北京、沈阳、西安等地客人到扬州观光旅游。他们先在新胜街绿杨、义和、广陵、中西、大陆等旅社下榻，或就近投宿于南柳巷旅馆，次日步行数百步，便可先在富春茶社品尝美点佳肴，然后在新桥码头登舟，游览蜀冈－瘦西湖风景名胜区，饱览扬州西北郊“两堤花柳全依水，一路楼台直到山”的山光水色，那时凡在此登舟游览过瘦西湖的人，无不留下“天下扬州秀，妙在水上游”的美好印象。

进入80年代，市政府对小秦淮河进行综合治理，彻底疏浚从龙头关到北水关河道，拆除两岸违章建筑，同时对河道两侧驳岸护坡，新建仿石水泥栏杆，在两岸河堤上铺设水泥釉砖路面行人道，植以垂柳、碧桃等花草树木，沿岸安装路灯；小秦淮河水清澈，碧波荡漾，两岸风光美不胜收。

民国至解放初，在小秦淮河西岸旧城根脚下，曾有5座时称扬州“第一”的建筑物。

第一座公共图书馆　最早的公共图书馆坐落于北城根15号内。清宣统元年（1909），江都县视学汪锡恩、甘泉县视学蒋彭龄，捐资将15号原建筑改建为“扬州第一图书馆”。民国2年（1913），扬州历史上最早的《扬州日报》创刊于此。在该馆门前的小秦淮河上，建有一座图书馆桥（今新桥），可直通南柳巷、新胜街一带。

第一座河滨公园　该园始建于宣统末年（1911），由扬州各大商家集资在废城基上兴建，占地面积约1公顷。大门建在南柳巷大儒坊，游人可走过一座砖石拱桥（公园桥）出入公园。园内中部构大厅三楹，额曰“满春堂”，为游人品茗之所。厅前植紫藤四五，构木为架，花时绿荫如画，落英满阶。厅西为“迎曦阁”，阁前有湖石立峰一，系九峰园遗石，名为“南园遗石”。厅南桂花厅，设茶座。桂花厅南为大餐厅、茶社。厅西有署名“伫月峰”草堂3间，园内还配有荷花池塘、峰石假山、水榭花廊及木架紫藤走廊等建筑物体。四时花木点缀其间，环境十分优美。该园又称扬社公园。抗日战争中渐毁圮，今不存。

第一家电影院　民国24年（1935），上海大中华电影制片厂经理蒋伯英到扬州，通过地方名流阮余山和大律师戴天球的关系，买下公园戏院的房产，并委派江西人罗文轩为经理，对大戏院进行修缮装饰，使之成为扬州最早的以放电影为主，又能演戏的影剧院。戏院楼上下计800多个座位。开业后放映的第一部电影是《火烧红莲寺》。1952年，位于北城根的南京大戏院由剧场办公室接收，作为苏北电影院的分院。

第一座大舞台　大舞台戏院是一座略带西洋风格的建筑，坐北朝南，大门面对太平码头，东傍小秦淮河边，西临南城根脚下。戏院分前后两进，前进为楼上下各七间的两层砖木结构楼房，门楼上方为横立“大舞台”三个大字。这个舞台设计比较科学，台口呈扇面形，三面伸向空阔的观众席，在舞台下面还放置8只大水缸，起到声响共鸣作用。程砚秋、荀慧生、尚小云、赵燕侠及尚明珠、梁慧超等一批艺术家曾在大舞台献艺，使其遐迩闻名。

图8-2-2　萃园饭店

第一家政府招待所　萃园位于小秦淮河西岸中段。《扬州览胜录》记载：“清宣统末年，丹徒包黎先筑大同歌楼于此。未几，毁于火。民国七、八年间，盐商集资改建是园。四周竹树纷披，饶有城市山林之致。园之中部，仿北郊五亭桥式，筑有草亭五座，为宴游之所。”扬州解放以后，人民政府接管萃园。50年代，萃园与西部仅一墙之隔的胡显伯家“息园”合并，改建为扬州市第一招待所，为扬州第一家政府招待所，园门位于旧城七巷东首。1980年，拓宽三元路，大门改建于园北，建门厅于路南，今为文昌中路495号。萃园布局独特，建筑秀美，花木繁茂，环境洁雅，成为小秦淮河河滨一景。1982年，被定为市级文物保护单位。

第二节　二道河—二道沟

二道河紧连二道沟，从广陵古城西部由北至南再折向东，与古运河相交成L形，全长3.2千米。旧时古运河水在古城南门沿挡军楼旧址南侧进二道沟，过通江门，向西进入荷花池，再经荷花池西北角的雨花庵处转向北，进入二道河。河之北段就进入瘦西湖南，俗名“牛大汪”（柳湖半塘）。再向北，过大虹桥，就到达风景秀丽的瘦西湖。

二道河北拉着瘦西湖，南牵着荷花池，如带碧水，将两颗美丽的城市明珠连缀在一起。河两岸风光秀美，人工喷泉、亭台、亲水平台和鲜花垂柳，相互映衬，如诗如画。二道河北端紧连瘦西湖风景区，与北城河一道，构成风景优美的三角区，为广陵古城西北的重要景区。主要景点有柳湖半塘等5处。

柳湖半塘位于二道河北端西侧，与二道河相通，是扬州大学瘦西湖校区一处幽静之地。塘边依依杨柳，池中荷花香气清幽。池塘西侧的杨柳之下，有一方石碑，上书“半塘”两个大字，碑旁立有一尊铜像——一位儒雅矍铄的老人戴着眼镜，安静地远望。此处为纪念国学大师、全国首批博士生导师任半塘（原名中敏、又名二北）教授之所。

绿杨城郭位于西园曲水与卷石洞天之间。在清乾隆年间北郊二十四景“城堙清梵”之内，旧属闵园，有厅三楹，额曰“绿杨城郭”，为闵园风景最佳处。联云：“城边柳色问桥晚，楼上话枝拂座红。”绿杨城郭之名取自清王士祯《浣溪沙·红桥》中的“红桥风物眼中秋，绿杨城郭是扬州”。

西园曲水北郊二十四景之一，即古之“西园茶肆”。地处瘦西湖与南湖水以及北城河水交汇处，水势曲折，因形势而得名。此景以水取胜，水中有岛，岛外有桥，流水淙淙。沿水一路，有明清两代的建筑。歌吹厅、薜萝水榭、拂柳亭、南漪石舫、浣香榭临水而立，高低起伏的长廊时隐时现，厅馆连贯一体。西园曲水代表性建筑是浣香榭，雕栏槅扇，石船瓦顶，俨然湖上画舫。

图8-2-3　二道河

图8-2-4　柳湖半塘

图8-2-5　绿杨城郭

虹桥修禊四面环水，为清倚虹园旧址。清顺治年间，扬州推官王士祯曾在此修禊虹桥，留下《冶春绝句》而得名。修禊是古已有之的消灾祈福仪式，后来演变成中国古代诗人雅集的经典范式，其中以发生在东晋会稽山阴的兰亭修禊和发生在清代扬州的虹桥修禊最为著名。当年，文人墨客“虹桥修禊”，游兴勃发，泼墨挥毫，笔下汩汩流淌出一首首赞美广陵风光的佳句，极一时之盛。此处景观1997年修复，岛上回廊蜿蜒曲折，缓坡高低错落，设饮虹轩、饯春堂二厅。

扬派盆景园扬派盆景历史悠久，风格独特。因其精湛的技艺，别致的造型，列为中国盆景五大流派之一。精品区陈列盆景千余盆，包括历届盆景获奖作品，有第一届盆景评比展一等奖“巧云”、第六届世界花博会金奖“腾云”等。还保存有清代几对盆景，如清银杏盆景“雄风”“玉蝶”，桧柏盆景“龙盘”“虎踞”等。园内除树桩盆景外，还陈列大量水石盆景，用石种类很多，有斧劈石、龟纹石、沙积石、钟乳石等，石块堆积在盆中错落有致，构筑高山流水的气势。

二道沟东接古运河，西连荷花池，全长不到300米。2010年5月，二道沟进行整治，拆除原节制闸，改建为可行船的套闸。二道沟与古运河交汇处建通江门。桥面南北跨度38.3米，东西宽20米，是一个“水门三亭桥”组合。桥上亭子顶部为小青瓦歇山顶，大木柱支撑，顶部距离地面6.6米，地面铺设罗底砖，亭内设置石凳，供游人休息。亭上匾额上书“城阖锁钓”，桥上篆书“通江门”三字。通江门牌匾，北面是“江山四望”，东面是“山平水阔”，桥南是“花明绮陌”。通江门为一座水城门，通江门桥与闸门建设结合在一起，桥成为控制室，游船过二道沟时，闸门启闭由此控制。通江门以西百余米有拱桥一座，名“馆驿桥”，桥拱宛如半月，与水中倒影相交，呈现出美轮美奂的一轮满月。桥边围墙内旧称皇华亭是古广陵驿遗址。明嘉靖六年（1527），扬州知府王松主持修建。李斗的《扬州画舫录》记述：“馆驿，前扬州皇华亭也。郡中沿运河之城门，为便益、东关、缺口、徐宁、钞关五门，皆无皇华亭。至钞关二道沟，下馆驿前，乃建马头邮亭，为来往长宫候馆，额曰‘春满江城’。亭后大路入南门。”馆驿桥向西不足百米，是桥型简朴的二钓桥。二钓桥向西数十米，即是建于二道沟与荷花池相交处的二道沟桥，桥上建有亭廊，人在其间，向西可观赏荷花池美景，向东可远眺“水门三亭桥”，十分有趣。

2011年4月18日，“绿杨城郭”精品水上游览线正式亮相。从瘦西湖东堤码头，经二道河进入荷花池，过二道沟套闸，至古运河东关古渡，全长约5千米。整个游览行程为50分钟。

图 8-2-6　广陵驿遗址

第三节　北城河

北城河是明清扬州城的北城壕，西连瘦西湖、二道河，东通便益门古运河，中连小秦淮河，全长2.4千米，今为广陵、邗江区界河。早在明清时期，这里就是古城秀丽的水道，是二十四景“北郊佳丽”的组成部分。河两岸曾经聚集着众多私家园林、酒楼茶肆，亭台楼阁鳞次栉比、水榭回廊参差萦回，更有清代八大名刹之一的天宁寺巍峨峙立。河中画舫如云，分柳穿花，衣香人影，美不胜收。当年康熙、乾隆皇帝下江南驻跸扬州，这里是两朝天子最爱逗留之地。天宁寺西园作为乾隆行宫，在行宫前建有御码头专供皇帝登舟下河游湖。北岸上下买卖街曾经是荟萃人间奇珍异宝的“丰市层楼”景观。钱泳《履园丛话》记述他于乾隆五十二年（1787）秋到扬州时看见这里的情景：“自天宁门外起，楼台掩映，朱碧新鲜，宛入赵千里仙山楼阁中。”

得天独厚的历史遗存和近年较好的保护，今日北城河沿岸仍然是扬州最美丽的所在。树木参天，林壑深幽，水榭亭廊错落参差，依稀保留着令人心动的自然风致和人文气息。傍河盐阜路上，文物商店、古籍书店、漆器、玉器、文房四宝、字画古玩等商铺比邻而开，成为一条扬州历史文化和工艺美术云集荟萃的风雅名街。街边由女贞、松柏、梧桐、槐树、杨柳等交织密布的生态河岸，枝干盘曲，花叶交织，层层叠叠，浓荫翠帐，遮挡和过滤都市马路的尘嚣，营造出一片水木清华的人间静域。河西段是乾隆水上游览线起点的御码头与龙舟画舫、水绘阁、香影廊、冶春茶社以及红园花鸟市场，沿河而筑的茅椽小筑曲栏勾连，古色古香，与碧水绿杨相映成趣。河东段有历史名胜史公祠，更有近年建成的工艺美术馆广场和莱茵苑小区及沿河步行街，生态人文，相得益彰，古风新韵，珠联璧合，演绎并诠释着当代多姿多彩、美轮美奂的亲水生活。主要胜迹有“红园”绿杨邨、梅花岭等。

“红园”绿杨邨　红园毗邻北城河，是一个经营花木盆景和金鱼、笼鸟的老字号。位于老北门外问月桥至新北门桥东、北城河北岸一线，原为“绿杨城郭”。这里背冈面水，沿岸绿柳，编竹为篱，花木扶疏，是赏景和休闲的绝佳之处。70 年代，红园吸纳金鱼养殖专业户，在绿杨邨沿河地带建成金鱼养殖基地。金鱼养殖场依河而建，有高高的院墙与外界隔绝；墙外种着一排高大的女贞树，终年郁郁葱葱。院墙面河有一铁门，只有当铁门开启时，人们方可一窥院内鱼池的风光；鱼市门前有口砖砌的大水井，用水泵将水抽至高处的蓄水池，再由水管输送到各个鱼池。红园培育的金鱼以本地传统名种为主，体型优美，色泽鲜艳，不仅在江苏省内产量居首，而且远销到海外许多国家，有着良好的声誉；不仅是红园的金鱼，还有盆景和鸟类都曾在国内外受到追捧，远销到欧洲、东南亚等地。北城河边曾搭有棚子沿河设摊开店，从这里走过，五彩缤纷的花木，叽叽喳喳的鹦鹉，令人目不暇接。

图 8-2-7　梦回冶春香影廊

小苎萝村　地处小秦淮河北端西岸与北城河西段南岸的交汇处、冶春园的香影廊对岸，绿杨城郭旁，面积 0.27 公顷，建有 180 米长的紫藤长廊和高耸奇特、曲折幽深的黄石假山。小苎萝村原是瘦西湖游船停靠之所，村民多以弄船为业，而撑篙摇橹者多为年轻女子，人称船娘。这些年轻女子不施粉黛，素面朝天，犹如出水芙蓉，别具天然之美。游客们常把她们比做西施，因西施出生在浙江诸暨苎萝村，故称此处为小苎萝村。

冶春　位于北城河旁，最为出名的是早茶。河水涓涓，绿植簇岸，坐在玻璃窗前吃着扬州早点，看着游船在河道间穿梭，美景美食都在身边。冶春位于北城河北侧东岸一线，其地原为乾隆年间“丰市层楼”景区。冶春园由原来的丰乐街（即下买卖街）和邑人余继之（清末民初的假山设计大师）冶春花社、餐英别墅三部分组成。冶春花社园门由王景琦题书“冶春”二字。园内花木繁茂，四时飘香，还有一假山，玲珑有致。后建草堂数间，附设茶肆，四方游人多集于此品茗小酌。冶春茶社临河建房，依水而筑，半架坡面，飞檐翘角，间以扇形朱栏相连。东

图 8-2-8 史公享殿

为“水绘阁”木质门额一方，相连14间。东侧6间以草代瓦，西面8间半草半瓦。香影廊居中，半草半瓦，临水一面围以木栏，倚窗凭栏，桥上行人，桥下流水，对岸花木，河中行舟尽收眼底，颇有村野情趣。

梅花岭 明代扬州筑新城，开挖护城河。万历二十年（1592）在新城广储门外，浚河挖出的土堆积成岭，岭上栽植梅花，建亭台楼阁。梅花岭的出名，其实应该归于明末抗清英雄史可法。全祖望《梅花岭记》记载，顺治二年四月二十五日，扬州城陷落，史可法拔刀自杀未果，大骂敌人被杀。史可法曾留下遗言：“我死后，应把我葬在梅花岭上。”史德威遍寻忠骸不着，就把他的衣帽葬于梅花岭。后来，扬州人把广储门桥西、北城河北岸以北称为梅岭。王振世《扬州览胜录》载，民国年间，岭上下种梅数十株。从清初的诗作中可以看出，那时的梅花岭已是一抔荒丘，只是明梅犹在。

便益门码头 码头自古设鱼市，由渔船满载到此交易。设“八仙”行，专卖菱、藕、芋、柿、虾、蟫螯（亦作“车螯”）、萝卜等货，早晚不同，以运送迟速分优劣。其小船在官河行走如飞，称“八仙帮”。有南北货，所售皆大江以南产品，为其运输的船则称为“南货帮”。“菜划帮”，运郊区蔬菜至镇江出售，运猪、牛、鸡、鹅、鸭、鲜蛋由镇江再转运各地。“咸货帮”，散舱船运输扬州酱菜出口到上海。东关河边粮帮船，专运粮食由淮、宝、兴、高和邵伯、仙女庙而直至扬州，船籍来自下河，又称“邵伯帮”和“盐阜帮”。

第三章 城垣遗址

扬州古城是国内历史风貌保存比较完好的古城之一，是体现扬州古代文明的核心区域，它汇集扬州城最为丰富的历史遗存和最为丰厚的文化底蕴。1984年8月，在南通西路建设工地发现唐代南门遗址。1995年11月，西门街工地发现扬州宋大城西门遗址。1995年，扬州唐宋城遗址考古研究成果被评为“八五”期间全国十大考古新发现之一。1997年1月3日，扬州城遗址被国务院定为第四批全国重点文物保护单位。2000年年初，在东关街与泰州路交汇处发现唐宋城东门遗址。2003年初，在漕河路发现宋大城北门遗址。至此，基本弄清扬州城门遗址（隋—宋）的四址所在地。

第一节 西门遗址

1995年11月，江苏扬州唐城考古队在扬州市西门街（今四望亭路）对其进行抢救性考古发掘，发掘总面积约7000平方米。遗址历经五代、北宋、南宋和明清时期。发掘揭示出城门、马面、瓮城、道路等重要遗迹，并发现大量唐至明清时期的重要文物。西门遗址考古成果（包括宋代三城的钻探及宋大城西门的发掘）获1995年度全国重大考古发现提名奖。

北宋西门 北宋建立后长达一百五十年内，基本沿用五代西门形制。北宋晚期，为抗击金兵，在主城外侧，利用五代马面，改筑为长32.2米、宽12.6米的瓮城，城门平面形制为凸字形，并在西南侧开瓮城门。北宋晚期，扬州西门主城门和瓮城门门洞为砖构券顶式。

图 8-3-1　宋大城西门遗址

南宋西门　南宋，扬州成为抗金前沿战场和防御重镇，南宋西门在北宋晚期西门基础上，加厚城墙，加固瓮城，缩小城门，提高防御能力。

明清西门　明清时，扬州城主城墙沿用南宋大城西城墙，在瓮城内加设一道城墙，西门经历五代、北宋、南宋、元、明、清，沿用近千年。

扬州市对遗址实施原址保护，南部瓮城区及西门遗址砖构券顶式瓮城门洞作保护性复原展示。1998 年 10 月建成开放的扬州宋大城西门遗址博物馆。2011 年，进行提升和完善，是一座保护、展示、解读扬州西门遗址历史文化的专题博物馆，占地面积 0.12 公顷，仿宋串楼面积 380 平方米，分遗迹展示和文物陈列两部分。

第二节　南门遗址

图 8-3-2　南门遗址广场

1984 年 8 月，在广陵区南通西路发现南门遗址，由南京博物院、扬州博物馆与扬州唐城遗址文物保管所联合对南门遗址进行抢救性考古发掘。1984 ～ 1986 年间，发掘面积约 2000 平方米，基本理清。地层依次叠压为唐、五代、北宋、南宋至元、明、清的层次关系；发现遗迹有城门、土城垣、石砌城垣、瓮城马面、道路等，堪称扬州古城发展历史的一个缩影。

2007 年，扬州文物考古研究所对南门遗址进行第二次发掘，发掘面积约 2500 平方米，揭示出包含唐、北宋、南宋、明、清等多个时期修筑的陆门遗址和与水门、水关遗址相关的遗迹，基本弄清南门遗址的总体形制布局，南门遗址虽经历 1200 年，但位置始终未变，城城相叠，沿袭至今，被考古界、史学界、建筑界誉为中国古代的城门通史。

南门遗址是唐代遗址，出土城墙砖上的文字也有唐代风格。

历史上的南门是一个水陆交通枢纽，南门遗址东部包含主城墙和主城门、瓮城墙和瓮城门等在内的陆门遗址，遗址西部为横跨汶河的水门和水关遗址，唐、五代、两宋、明清时期都曾多次修建和修缮过南门。唐宋时期，南门的陆门和水门是两个既相互关联、又相对独立的城门，明清的南门则是集陆门和水门为一体的城门。

2010 年 9 月，建成南门遗址保护展示馆，由展示大厅和局部地下考古层组成，总建筑面积 2700 平方米。馆内设有“扬州城遗址巡礼”专题展览，通过模型、图片、文献资料，以光电显示形式向参观者传递古城深厚历史文化底蕴，展示扬州城前世今生。

2010 ～ 2011 年间，南门遗址展示馆周边 1.3 万余平方米内，相应建设保护性构筑物绿地广场，对外开放。

第三节　东门遗址

图 8-3-3　东门遗址

2000 年 3 月，在东关街与泰州路交汇处拆迁工程中，发现唐宋城东门遗址。2005 年，又先后对东门遗址进行 4 次考古发掘，发掘面积为 7000 多平方米。唐宋东门遗址始建于唐代，历经五代、北宋、南宋和元。南宋时期，城门结构为一门一洞，城门外有瓮城。唐时主城墙被叠压在五代和两宋时期的门址之下。五代时期，城墙较唐代东移约 2 米。

北宋城墙外侧包砖在五代城墙外包砖的基础上向内收缩约 1.2 米，城门经五代、北宋时期多次修缮，基本沿用原有型制。南宋时期，扬州城市性质由商业都会转变为军事重镇。

南门主城门门道也在北宋城门基础上向上收缩，形成宽 4.1 米的主城门。主城门东部东西约 7.2 米，门道两侧边壁为砖砌直立壁面。

瓮城内铺地北高南低，利用地势自身坡度进行排水，瓮城外有一东西 23 米、南北约 60 米的平台，平台高于东侧城壕约 5.4 米，形成一个临城濠的台地。

扬州东门遗址保存最完整、最精华、最复杂的是宋代城门的防御系统，由内而外，由主城墙城门、瓮城、城外敌楼、宽阔的护城河（运河）以及河对岸的敌台组成。瓮城内有连通各门的路道、辅道及碎石拌石灰夯筑的便道。

2009 年，复建东关城楼，内设展示厅室。城门东侧建 1 万余平方米遗址广场，可参观原城墙、路道、台地、水井等遗迹，建成雕塑、展示宣传牌、栏，供群众游览、观光。

第四节　北门遗址

2003 年年初发现宋大城北门遗址，遗址地处万福西路西端南侧，距北门桥正北 1000 米处，现属邗江区。2003 ～ 2007 年 3 次对遗址进行考古发掘。为完整记述古城遗址保护，越界记述。

图 8-3-4　宋大城北门遗址

宋大城北门始建于五代。周世宗显德五年（958），在故城东南隅筑周小城。南宋建炎元年（1127），知州吕颐浩修城，大砖砌筑，史称“宋大城”，市河即汶河，70 年代填为汶河路，纵贯其间。北宋时加筑瓮城，南宋时扩建加固瓮城并重修水门。元代，沿用南宋末期瓮城结构。元末，北门毁弃。主城门在南宋时改建，开在瓮城南侧城墙上,沿用南宋城门西壁,东壁处修补加筑,缩小门洞宽度。

2004 年 3 月,发掘出宋大城北门水门遗址。证实嘉靖《惟扬志》“宋三城图”中北门瓮城西侧确有水门,东西跨玉带河(唐、宋时为“官河”)。水门距主城门中心 37 米,水门宽 7 米,南北进深 37 米。水门两侧石砌边壁,边壁由摆手及甃石、地钉、木桩等组成。东侧石壁上残留一限制闸板的滑槽。出土南宋嘉定六年(1213) 重修水门的石碑。碑文 987 字,详记水门重修经过、规模、用料、用工及修造管理等,是扬州城建史上极重要的文物资料。

宋大城北门是扬州城唯一的水陆设施并存城门,也是全国少见的第二座水门。北门遗址的发现,最终确定宋大城东、西、南、北四个主城门位置。国家文物局将宋大城北门、水门遗址列为 2004 年度中国重要考古发现之一。

第四章　历史文化街区(地段)

扬州历史文化名城内涵的核心区域,是老城区保护规划中明确的保护控制重点。历史建筑是构成古城完整格局、传统风貌、历史变迁、历史记忆的重要内容,保护古典历史建筑是保护历史文化名城主要内容。在历次城市综合整治中,广陵区根据规划要求,积极落实保护措施,做好古城古街巷和传统建筑保护工作。

四个历史文化保护区为:东关街历史文化街区、南河下历史文化街区、仁丰里历史文化街区和湾子街历史文化街区,其中东关街历史文化街区单独设篇记述。

第一节　南河下

一、街区概况

南河下街区内有完整的盐商建筑群体、传统园林和文物保护单位。元至顺四年(1333),已有盐商赁居扬州河下一带,因街在古运河大堤之下,故称“河下”。河下街原分南、中、北三段。当年,盐筴富商挟资而来,家居河下,河下乃称极盛。历史变迁,城市改造,中河下、北河下已残缺不全,只有南河下老街尚有旧貌。自明成化、弘治后,伴随两淮盐政的重大改革,大量盐商汇集扬州,形成颇具影响的南河下盐商社区。这里有盐商住宅群落,有盐引票证交易区引市街,有住宅园林花园巷。盐商上交天子,下结官员,亦官亦商,富可敌国。在报效捐输朝廷的同时,有的暴殄天物,穷奢极欲,有的效仿孟尝君,风雅好客。于是,姑苏名优络绎奔赴河下,苏唱街就是优伶聚集之地,南河下遂成昆曲和皮黄第二故乡。南河下有国家和省市重点文保和历史风貌建筑百余处。其中全国重点保护单位 5 处:何园、小盘谷、汪氏盐商住宅、卢氏盐商住宅、贾氏(贾颂平)盐商住宅;省级 3 处:岭南会馆、扬州盐商住宅(廖宅、周宅);市级文保单位 26 处。

二、文化遗存

明永乐十三年(1415),陈瑄奉命总督漕务,率领扬州军民治理疏通扬州古运河,把挖出来的弃土堆在扬州城外的东南,形成康山。康山街虽不长,却是扬州城最有名的古街之一。

明弘治十五年(1502),状元康海受贬居此。康海工诗文,尤擅散曲与杂剧。当朝大宦官刘瑾弄权,排斥异己。康海为救时任户部郎中李梦阳,违心地去刘瑾家说情,刘瑾后因谋反罪被杀,康海反被牵连削职,流放到扬州。而李梦阳官到相位,但他对康海为救他而背上黑锅之事,早已忘却。康海作杂剧《中山狼》,鞭挞李梦阳忘恩负义:“子系中山狼,得志更猖狂。”

明崇祯年间,大理寺卿姚思孝返籍扬州,在康山原址构筑园林,并请大书法家董其昌为康山家园题额“康山草堂”。清大学士阮元在祖宅火灾后,迁此,度过晚年。

康山街 20 号是曾公祠，原为盐宗庙。因曾国藩死于任上，帝昭命各省建祀，扬州利用盐宗庙祀之。盐运使方浚颐建于清同治十二年（1873）。盐宗庙主祀宿（夙）沙氏，陪祀胶鬲、管仲。宿沙氏是中国最早发明煮盐的人。胶鬲是殷商末年商纣王的名大夫，后被周文王举为重臣。管仲，春秋齐国贤相。

康山街 22 号是卢氏盐商住宅，为康山草堂旧址，全国重点文物保护单位。清光绪二十年（1894），江西盐商卢绍绪（1843—1905）购得，历时三年，建成卢庆云堂。是晚清扬州占地最广、屋宇最多的盐商豪宅。

花园巷中段北侧有安徽会馆（今 723 所内），清光绪三十二年（1906），在安徽会馆内设立康山镇中心国民学校。民国 27 年（1938），在花园巷衣业公所内设立私立忠恕小学。

徐凝门街是古城东南一条南北向街道，北起广陵路，南至南通东路，直南可上徐凝门桥。明嘉靖三十五年（1556）扩建扬州新城时，街南建有徐宁门。为纪念唐代诗人徐凝，徐宁门后改为徐凝门。

徐凝门街 77 号何园，又名“寄啸山庄”，全国重点文物保护单位，园主何芷舠（1835—1919）。1998 年，将园内玉绣楼改建成何氏家族史料陈列馆，恢复主人的卧室、书房及何家千金的闺房。陈列馆中有《何氏大同宗谱》以及图片资料，再现何氏家庭中走出祖孙双翰林、兄弟双博士、父女双画家、姐弟双院士的风采。何芷舠父亲何俊（1797—1858），于道光二年（1822）中举，道光九年（1829）中进士，先后任南河、海阜、海防同知，桂林知府，政声大著，又调任江苏省粮道、两淮盐运使，江宁、江苏布政使等职。何芷舠的长子何声灏（1864—1941），在江南贡院乡试中中举。何芷舠次子何声焕，其长子何世桢（1894—1972），毕业于东吴大学，先后担任上海学联会会长、东吴大学教授、上海大学教务长。其弟何世枚（1895—1972），不屈的爱国民主主义者和著名的政治活动家。兄弟两人均为博士。何芷舠的长房次孙何适斋，“三十以后不为吏”，以书画自娱，成为有名的书画家。何适斋的长女何怡如，自幼喜欢书画，师从何家姻亲、国画大师黄宾虹，成为女性丹青高手，其画作深受张大千赏识。民国 37 年（1948），由张大千、黄宾虹等人发起，在上海中国画苑举办“何适斋何怡如父女书画展览会”。何芷舠的曾外孙女王承书，工程物理学家，国家核同位素分享科学学术奠基人，中科院院士。何芷舠的曾孙何祚庥，粒子物理、理论物理学家，中科院院士。世称姐弟双院士。此外，何芷舠的次子何声焕，命其子世桢、世枚在上海创办持志大学。

花园巷东端北侧，清乾隆年间建有“片石山房”一座。初为吴家龙别墅，后几易其主，光绪年间何芷舠购得。今成为何园的重要组成部分。古典园林泰斗罗哲文一“锤”定音，“晚清第一园”花落何园。

广陵路街南 263 号建有二分明月楼。园主员氏，建于清道光年间，光绪间为盐商贾颂平所有。园中七楹长楼，檐下悬钱泳书题之“二分明月楼”横匾，取唐代大诗人徐凝《忆扬州》诗“萧娘脸薄难胜泪，桃叶眉尖易觉愁。天下三分明月夜，二分无赖是扬州”，遂使“二分明月”成为扬州城名片，扬州亦称“月亮城”。园东之楼阁，两层，歇山顶，阁下有水井 1 口，石栏上镌刻“道光七年杏月员置”。园西沿墙筑有曲廊，中有重檐之“伴月亭”。

南河下大武城巷 1 号，3 号，5 号，为盐商贾颂平（1880—1944）住宅，全国重点文物保护单位。

大树巷 42 号是小盘谷，2006 年，被定为全国重点文物保护单位。小盘谷原为清乾隆至嘉庆年间（1736～1820）的徐氏家园。清光绪三十年（1904），两江总督周馥购得徐氏旧园重建。周馥（1837—1921），随李鸿章办洋务、治水利、修铁路、办学堂达 30 多年，从候补知县累迁至封疆大吏。清光绪二十七年（1901）周馥接任直隶总督兼北洋大臣。清光绪三十年（1904），署两江总督兼南洋大臣。这一年，他选择扬州作为自己的终老之地，著有《易理汇参臆言》《负暄闲语》《玉山诗集》《周悫慎公全集》。其后代名人辈出，以学者、教授居多。

南河下东段南侧（21 号）是当代著名画家鲍娄先（1874—1958）住宅，鲍娄先 17 岁时县试第一名，后就读于武汉师范，曾任扬州两淮中学、江苏省立第八中学国文、国画教员。与吴昌硕、王一亭等名家多有交往。擅写花草、古藤、枯树，用笔苍劲有力，厚重渊雅，刚柔相济，浓淡适宜，尽得神气。吴子培评其画云：“缭而曲，往而复，则得襄阳皱、瘦、透三字诀者。”

南河下 26 号花园巷西端北侧的平园，是李鸿藻公馆（今 723 所内），市级文物保护单位，民国初年盐商周觐臣所建，《民生报》报馆曾设于此。

南河下68号湖南会馆,市级文物保护单位,是原建于明代的棣园,清初称小方壶。道光二十四年(1844),由包松溪重建,史称“棣园”。光绪年间,湖南盐商购下棣园,改建湖南会馆。两江总督曾国藩阅兵扬州,下榻于此。

湖南会馆东是江西会馆,为廖可亭、周扶九、萧云甫(时为在扬三大赣商)出资兴建。

南河下118号的廖可亭宅院,正厅梁上悬挂着三块巨匾,中间“世彩堂”三个大字,是李瑞清书。东匾“同规往哲”,西匾“乡国垂型”,分别为民国总统黎元洪、徐世昌所书。廖可亭为曾国藩幕僚,善洞察形势,因与太平军作战有功而受清廷嘉奖,授以业盐,以此发家。

廖可亭宅院东邻原是盐商萧恒才寓所。1949年秋,中国人民解放军苏北军区,在萧恒才宅院旧址改建人民剧场。

南河下170号是汪鲁门(1859—1940)宅院,全国重点文物保护单位。汪泳沂,字鲁门,曾任山阳(今淮安市楚州区)县令、海州(今连云港市)知州,后又在清江浦(淮阴)以二品候补道协办漕运。汪鲁门弃官经商,任两淮盐业商总,成为扬州最后一批有影响的盐商之一。该宅于民国八年(1919),花费白银六千五百两购自刘氏。大门西端有“汪世德堂”界碑石。是现存盐商住宅中规模最大、保存较完整的住宅建筑。

南河下174号是湖北会馆,由鄂籍盐商建于清同治年间,市级文物保护单位。经2008年全面维修,保存完好。

相传李白曾在南河下北侧的两条街巷中居住过,扬州人便把他住过的地方叫做居士巷和李官人巷(引市街)。李白先后三次到扬州,第一次到扬州时是27岁,散金十多万,离开扬州时,写下《广陵赠别》诗:“玉瓶沽美酒,数里送君还。系马垂杨下,衔杯大道间。天边看渌水,海上见青山。兴罢各分袂,何须醉别颜!”40岁时再次来到扬州,期间,写下《留别广陵诸公》《题瓜州新河饯族叔舍人贲》等诗文。54岁时又一次到扬州,与刘禹锡一起登上栖灵塔,写下《秋日登扬州栖灵塔》诗一首。

木香巷5号是清朝爱国疆吏、原广西巡抚张联桂(1838—1896)老宅。光绪十八年(1892)张联桂就任巡抚后,正值中越勘界,他在与法国人谈判中不惧威胁,据理力争,将金龙洞等地划回中国,捍卫国土和民族尊严。其爱国精神深受后人赞颂。另一宅第在广陵路218号,为市级文物保护单位。后张联桂的侄孙张彭瑜,与吴引孙胞弟吴筠孙的孙女吴征珏喜结连理。

新仓巷4～16号是岭南会馆,省级文物保护单位。始建于清同治八年(1869),卢、梁、邓、蔡姓盐商集资修建,光绪九年(1883)增建。照厅东廊壁上有《建立会馆碑记》《扬州岭南会馆章程》《扬州各商捐款》碑石3块。

新仓巷37号的絜园为市级文物保护单位,是近代思想家、文学家、史学家魏源(1794—1857)故居。魏源为道光二年(1822)举人,曾任江苏布政使幕僚、东台知县、兴化知县、高邮知州等,在里下河地区兴修水利,改良稻种,人称“魏公稻”,政声颇佳。主持《皇朝经世文编》纂修,对盐政、海运、水利诸多建言。《海国图志》是中国近代史上第一部全面系统介绍世界历史地理的巨著,它以林则徐《四洲志》为蓝本,并参考历代史志,以及明清有关岛志中的相关资料编撰而成。魏源是中国近代史上“开眼看世界的第一人”,曾与林则徐、龚自珍结宣南诗社,提倡经世致用之学,与龚自珍并称“龚魏”。

新仓巷50号曾住有著名篆刻大师蔡易庵(1900—1974),当代扬州印坛盟主。著名篆刻家桑宝松为其弟子。蔡易庵治印出入秦汉,师古不泥;以楷书入印,淳雅古朴,前无古人,且培育后来者不遗余力。

引市街31号、33号是方尔咸(1873—1927)住宅。12岁时,与兄方尔谦(1872-1936)同中秀才。光绪十五年(1889),中乡试第一名。次年,赴京会试,结识梁启超、谭嗣同,诗酒唱和,同游京都。曾客游武昌,入张之洞幕数年。返乡后,一度致力办学。臧谷(1834-1910)创冶春后社,清同治三年(1864)后,方尔咸参加其中。辛亥革命后,扬州成立淮盐科,徐宝山委其负责,分利其中,遂成巨富。

引市街84号是民国初年,军阀徐宝山(1862—1913)的宅第,市级文物保护单位。徐出身盐枭,受清廷招抚,后为军阀,因剿灭“邦匪”,维持地方有功而升迁为统领,民国初年任扬州督军。民国2年5月徐宝山被炸身亡后,其二夫人孙阆仙(1883—1947)于民国8年(1919)舍宅为庵,民国10年建祇陀林。

丁家湾20号是清咸丰同治年间湖广、云贵总督张亮基（1807—1871）的住宅。张氏门楼似北京清式金柱样式。清咸丰皇帝曾先后手书“福”字两幅、“寿”字一幅赐张亮基，制作匾额，至今仍保存在家中。

丁家湾59号、88～92号、102号均是清末盐商许榕楫（1865—1932）的深宅大院。保存完好的88号门楼，仍有砖雕“丹凤朝阳”福祠残迹。许姓住宅装饰极为讲究，蕴含祥瑞礼义，装修整体格调和谐，古朴典雅。其孙许国志，1954年，与留美麻省理工学院博士、杭州淑女蒋丽金相识，结为伉俪，经周恩来总理安排，一起回国的还有钱学森、蒋英夫妇和其他归国学者及家属30人。许国志对于新中国科技事业的崛起，作出了重要贡献。1995年，当选中国工程院院士。蒋丽金是北京大学博士生导师、全国政协常委、中国科学院院士。

设在丁家湾118号的四岸公所，市级文物保护单位。为清、民国初湖南、湖北、江西、安徽四省盐务运销、核定、平衡盐价会商之所。

巴总门在引市街南段东侧，为200多年前安徽歙县盐商巴源绶、巴慰祖的宅第。巴源绶在扬州业盐，致富。其子巴树恒继承家业，经营盐业有奇谋，敛财成为巨富。巴慰祖（1744—1793），为巴源绶胞弟，工八分书，收藏金石最富。巴氏是一位学识丰厚，精通文艺，有广泛艺术才华的文人，是篆刻艺术家，技法工整秀劲，构思精妙绝伦。

广陵路219号是湖广、闽浙总督卞宝第（1824—1892）故居，为其父卞士云于浙江巡抚兼管盐政任上购建。卞宝第为咸丰元年（1851）举人，捐纳为刑部主事，历官礼科给事中、浙江道监察御史、河南布政使，后擢升福建巡抚，湖南巡抚，湖广、闽浙总督，兼管福建船政，有“手缩七印，昭垂国史”之称。咸丰、同治中，屡上疏言时政，参劾不职官员，以敢言著名。中法战争时，筹治长江防务。光绪十八年（1892），以疾解职，卒于家中。著有《方岳采风录》《抚湘公牍》等。《清史稿·卞宝第传》记载：“宝第有威重，不为小谨，驺从甚盛，所至诛锄奸猾，扶植良愿，民尤感之。”

三、旧商铺

南河下历来是商业繁盛之地。福运门又叫新城门。福运门一开，这里就成车水马龙的热闹商区。靠近城门口的南北街道上，有饼面店、茶馆、酒楼、饭店和肉店、鱼摊等，成为一条商业街。有开创于民国6年（1917）的圆大酱园，民国10年在80号开业的协信纸店，民国29年在16号开业的仁记酱园。直到新中国成立前，街道两侧仍有顾大昌米行、唐氏宝康米行。

徐凝门街上花园巷口有一家坐西朝东、回民开的牛肉店。徐凝门外街虽然不足百米长，但沿街两侧也是商店一家紧靠一家，如民国13年（1924）开业的镇大酱园，民国32年开业的王复兴豆腐店、曹三杂货店、刘氏炒货店等。新中国成立后，城墙拆除，徐凝门街延伸到古运河边的渡船码头。1956年公私合营后，不少店面改成居民住宅，但街上仍有小百货店、国营油粮店、酱园、机面店、银行、豆腐店、煤炭店、裁缝店、药房、车櫇木作坊、茶食店、蜡烛厂、烟酒店、理发店等。

引市街历来是商业兴旺之街。如光绪十七年（1891）在引市街2号开设的张氏豆食店，民国元年（1912）在92号开业的华兴理发店，民国17年刘声如开办的同济医院，民国27年在44号开设的镇和酱菜园。在东西向街道的东端北侧有一座老字号浴室，名叫万鑫氏浴室。在南北向街道的东侧有一家五洲旅社，也是一家老字号的旅社，自民国24年开业，直到现在仍在经营。除此而外，还有当典、衣局、茶水炉、饺面馆、烧饼店、煤炭店。直到解放前后，还有人在引市街开店，如1949年开业的华美鞋店，1950年开设的大元春饼面店、永翔寄售商店等。

四、维修保护

南河下街区保护维修的发展愿景以历史文化为平台，配套精品酒店和民居客栈，打造吃、住、游、购、娱于一体的特色旅游休闲文化街区。南河下73号民宅，南河下88-1号、2号民宅，南通东路40号民宅等12处改建为民居客栈后，深受游客欢迎。

南河下街区盐商文化特色显著，街区保护主要为改善交通、居住环境，对文保单位进行修缮，形成合理街巷体系。重点整治丁家湾（南北向）、居士巷、南河下、新仓巷、苏唱街等街巷，四岸公所、岭南会馆、祇陀林、湖南会馆、何园、小盘谷、卢氏、王氏、廖氏盐商住宅等建筑，在地段空间则彰显统领作用。同时保护构成历史风貌的门楼、马头墙、古树、古井等人文景观。传统巷道以修复为主，其他巷道则整治改善，提升街区观赏性。

1989 年 10 月，全国重点文保单位何园修复假山水池，重建片石山房，石涛人间“孤本”再现于世。岭南会馆全面修缮。2002 年，汪鲁门住宅门楼南墙外倾，拆除重建。2006 年，再次修缮。2010 年又一次全面整修。

1991 年 3 月，整修二分明月楼，新建方亭、月牙桥，修复假山等。

1994 年，对徐凝门街进行拓宽改造，拆除民宅，将路面拓宽为 10 多米的水泥路，在两侧建起富有民国风情的一条街。沿街开设茶馆、饭店、休闲中心、服装、日用品商店、医院等，重现昔日徐凝门街的繁华。进入 21 世纪，蒋家桥街拓宽统称徐凝门街。

2001 年，对广陵路南侧、康山街南侧街巷路面及南河下几条支巷进行翻修，铺黄条石路面。2004 年，对新仓巷、青莲巷等进行整修。2010 年，将南河下街改建为中间石板两旁青砖路面，对下水管道进行扩容。

2001 年 4 ～ 5 月，对南河下 32 号支巷、88 号支巷、118 号支巷进行翻建，铺设水泥方砖 300 余平方米，建雨水井 34 座，建窨井 11 座，铺下水管道 250 米等，彻底改变雨天遭水淹难以行走等情况。几年后，再次对部分原砖石混铺路面进行改建，改为路中石板两旁青砖立铺，道路状况得到改善。

2004 年，对仓巷巷道进行过整修。2010 年，岭南会馆被省文物局列为“江苏省大运河沿线重点文物抢救保护工程”，为此，进行全面提升性维护、修补墙面、补做砖雕饰物，修复完好重现昔日风貌。

2005 ～ 2006 年，全面修复盐商卢绍绪卢庆云堂。修复后的卢庆云堂与盐宗庙、康山草堂等古遗址构成康山运河文化园。2009 年，再次增建，形成 1912 街区。2006 年，盐宗庙与卢氏住宅一并修整。2007 年“4•18”国际经贸旅游节时，重塑三位盐宗的塑像，供游客瞻仰。

2009 年 5 月，扬州泰达发展有限公司与扬州房产局合作，投入 6000 万元，对小盘谷进行维修。2011 年，园林部分整修竣工。

2010 年，对汪鲁门盐商住宅东花园修复。

2011 年初，对永宁巷、状元巷、木香巷等进行全面整修，拆除原巷路面，铺设下水管，设置雨水井，并对巷内坡道、台阶等进行整治。

第二节　仁丰里

一、街区概况

仁丰里历史文化街区地处扬州旧城中心，在扬州文昌商圈范围内。老街巷的静谧、悠闲，成为扬州旧城风貌最古老的记忆。

仁丰里至今保留唐代里坊制的鱼骨状街巷格局，主巷平直，全长 700 米左右。总占地面积 12 公顷。街道两侧排列着从头巷到十巷 10 条支巷，支巷如鱼骨般整齐有序地穿插在鱼背上；名人有曹宪、李善、阮元、王柏龄、陈六舟、黄益之以及明万历辽东巡抚李植，都御史李栩，兵部侍郎曾铣，书画家戴虎卿，清广东巡抚、两广总督晏端书等，名居有阮元家庙、赵氏庭院、怡庐等，名建筑有旌忠寺内文选楼、阮元家庙内文选楼等，名寺(观)有仙鹤寺、旌忠寺、赞化宫遗址等。东侧的小秦淮河是扬州新旧城界河，曾几度繁华，为扬州城内街肆，茶楼、店铺、歌馆的汇集之地。

二、文化遗存

曹李巷是仁丰里街区有名的巷道。

住曹李巷的曹宪（541—645），隋唐时期文字学家，曾编撰《桂苑珠丛》100 卷，训注过《博雅》，分为 10 卷，藏于秘阁。另编有《扬州记》。一生最大的成就是著有《文选音义》，创立“文选学”。李善（630—689），曹宪弟子，学问渊博，擅文选注释。40 岁著成《文选注》60 卷。其注征引繁富，疏证详明，成为后人辑录佚书、考查佚书的重要凭籍。为曹宪之后又一文选学大师。他还撰《汉书辩惑》30 卷。他的另一贡献是将文选学由江淮传播到中原黄河流域。李邕（678—747），李善之子，因任北海太守，人称“李北海”，唐代书法家、文学家。博览群书，过目不忘，与诗人高适、李白、杜甫友谊很深。李北海长期在外为官，仍念念不忘家乡扬州，对扬州的琼花亦情有独钟，曾作《琼花》诗一首："仙馆见琼姝，风香戴蕊珠。玉容偏雅淡，国色自清腴……"

曹李巷6号、8号、10号全部是陈仲云之子、安徽巡抚陈六舟的家产。陈氏在扬州有"一门三进士，父子二传胪"的殊荣。陈仲云的孙子陈重庆曾任湖北武昌盐法道台。陈仲云的重孙陈含光（1879—1957），工诗词、骈文，擅书画，终身不仕。民国初，参与纂修《清史稿》。

仁丰里23号，为"现代东方讲史第一人"、名震中外史学家黎东方的住宅。黎东方（1907—1998），其父黎淦，清朝举人，仕于江南。黎东方受业于国学大师梁启超，又曾师从法国史学权威马第埃教授，学贯中西。民国20年（1931），获法国巴黎大学文科博士学位，付以"最荣誉记名"（为20世纪该校获得此项殊荣之第一人）。民国20年至民国26年，先后任教于北京大学、清华大学、中山大学、东北大学、复旦大学。与傅斯年、李济等同为中国史学会的发起人之一。民国37年归国任贵州大学历史学系主任。1954年，与林语堂在新加坡共创南洋大学。自中国文化大学教席退休后，定居在加利福尼亚州的圣地亚哥市，专注写作。出版《细说三国》《细说元朝》《细说明朝》《细说清朝》以及《细说民国创立》等书。

仁丰里89号是周挹扶家园辛园。1958年后，为汶河街道办事处。

旧城三巷为曾铣家祖宅。曾铣（1509—1548），明嘉靖八年（1529）进士。任兵部侍郎，总制陕西三边军务。多次击退鞑靼人的侵扰，深得嘉靖帝信任，死后葬扬州西门外，并在广储门外立祠堂供奉。

四巷11号，曾住过一位晚清画家戴虎卿（1866—1945）。他的画路很广，花卉人物，翎毛鱼虫，工笔泼墨都能得心应手。

七巷4号是萃园，原为潮音庵故址。今文昌中路459号，市级文物保护单位。萃园门上嵌清盐运使方浚颐辅题"萃园"门额。包黎先筑大同歌楼于此。民国7～8年间（1918～1919），盐商集资改建为园。汪伪第三师师长熊育衡于民国31年把萃园改为衡园，并将萃园桥也改为衡园桥。与东首萃园仅一墙之隔的息园，为民国16年胡震购得毁败的大同歌楼旧址上重建。胡震（1881—1948），字显伯，清光绪三十一年（1905），相继参加光复会、同盟会的活动。民国时期大律师，苏北火柴厂厂长，镇扬电灯公司股东、总经理，曾两次营救革命志士江上青。新中国成立后，息园、萃园合二为一，统称萃园。

萃园路2号，原称贤良街浸会堂。市级文物保护单位。民国6年（1917），美国南浸会在扬州贤良街购得房产开办懿德女校。后女校他迁，传教士毕尔士在原址兴建贤良街浸会堂。始建于民国12年，砖木结构，总面积1020平方米，是一座集主日学与大礼堂聚会为一体的教堂。抗日战争期间，被日军强占改作电影院、咖啡馆。民国35年，由教会收回重修。1981年，经批准对外开放，恢复宗教活动。1985年全面整修。

八巷内，民国初，曾开过一家广陵花社。客人们都是一些文人雅士。每到夕照衔山、华灯初上之时，曲房内便锣鼓喧天，歌声缭亮。

九巷22号是建于清代的珍园，今在文昌中路北侧492号。1962年，定为市级文物保护单位，为盐商李锡珍的家园。楼西筑隔墙，门楣额"柘庵"。宅前东壁门，原嵌有清嘉庆二十四年（1819）修《兴善庵记》碑石一通。院西置一六角形井栏，栏壁刻"泉涌"二字，背面刻"珍园主人习真氏题，岁在丙寅天中节"字样。如今的珍园，已经成为扬州城核心商圈的商业新体验。扬州的金字招牌"陆琴脚艺"，全球美发名牌的"沙宣"，川菜精英的"巴国布衣"，红遍世界的冰淇淋大亨"冰雪皇后"都在此落户。

稽家湾巷内是周树年（1867—1952）寓所。他精研史地，对世界各国的自然经济、山川地形，均能熟记通晓，如数家珍。光绪二十八年（1902），受聘于仪董学堂（今省扬州中学前身）任教。光绪末年被推选为扬州第一任商会会长。

曹李巷巷底，原甘泉街上有一座私家花园，名曰匏庐，省级文物保护单位。为民国初年镇扬汽车公司总经理、安徽教育厅厅长、江苏淮扬道尹卢殿虎所建，由当代扬州造园名家余继之构筑。匏庐园虽不大，但委婉紧凑，绿叶扶疏，有葱郁之气。

旌忠巷2号是旌忠寺，现为市级文物保护单位。陈宣帝太建年间（569～582），天台僧人智顗大师到扬州弘佛法而建寺。旌忠巷东端北侧有一文选楼，相传萧梁时，昭明太子萧统在此编集《文选》30卷。据明《嘉靖惟扬志》："旌忠教寺在府治东南，即梁昭明太子文选楼遗址。"隋大业年间（605～618），智顗弟子智藻弘扬天台宗教义，隋炀帝亲临听讲，遂成当时名刹。北宋咸淳年间（1265～1274），祀精忠武穆王岳飞，改名功德院，赐名旌忠寺。清光绪三十年（1904），僧人镜如在疏理沟道时，得宋人隶书“旌忠寺”三字石额。文选楼藏有《大藏经》5000 卷，1992 年 9 月 19 日毁于火灾。

毓贤街阮家祠堂，2002 年，被立为省级文物保护单位。阮元（1764—1849），显宦、大儒，清扬州学派领袖。清乾隆五十四年（1789）中进士，曾督学山东、浙江。嘉庆、道光时，会试副总裁。历任礼、兵、户、工诸部侍郎，浙江、河南、江西巡抚，漕运总督及湖广、两广、云贵总督。清道光十五年（1835），拜体仁阁大学士。阮元一生著述近 600 卷，凡经史、天文、历算、舆地、方志、金石、诗词、校勘、训诂无不涉及。其著《广东通志》被海内外学者奉为典范。

三、旧商铺

仁丰里 4 号，有一家百年澡堂双桂泉浴室；五巷 62 号万国理发店于清宣统三年（1911）开业。该街区老字号商店主要集中在甘泉街。旧时，甘泉街是一条商业街，是小东门街的延续。街上有各种各样的商店，以副食品店为主，如清光绪三十一年（1905）在 38 号开业的夏源豆腐店，民国 27 年（1938）许元才在街上开办的天顺昌茶食店，民国 29 年在 17 号开业的大陆茶社，民国 30 年在 66 号开设的复兴源饼面店，民国 36 年蒋玉桃在 4 号开创的大中华茶食店，民国 37 年王长松开办的庆昌茶食店，1951 年在 9 号开设的群顺光饼面店；街上还有牛肉店、布店、杂货店、百货店和民国元年在 18 号开业的聚隆祥纸号。

四、维修保护

小秦淮河在新中国成立后多次疏浚基础上，2002 年，清淤 4 万立方米，建驳岸 1400 米，铺滨河小道 4500 平方米，配麻石栏杆 3500 米，修缮桥梁 7 座（大东门桥、务本桥、新萃园桥、萃园桥、公园桥、小东门桥、小虹桥），重建古桥 1 座（新桥），沿河绿化 6000 多平方米，河侧设管截生活污水等。

甘泉路 211 号卢殿虎宅，2008 年全面揭瓦，部分落架大修，保持古宅原貌，修旧如旧。2010 年，又全面修缮、装饰。上修屋面，铺整瓦脊如旧，下补缺损地坪，对建筑梁柱等木件油漆一新，原样恢复原建筑、庭院、假山。

自 1984 年起，旌忠寺开始全面修建，1991 年竣工。原藏经楼 1992 年遭火焚毁，随后复建，并再次从北京请来《龙藏经》。

阮元家庙于 2009 年 2 月全面修缮，重建门前青砖照壁御赐圣迹“开门见喜”，复建奉恩楼、文选楼等。

甘泉路 194 号的原甘泉县衙署的大门楼，仍旧比较完整地存留着，是老城区仅存的县衙建筑。50 年代到 70 年代，邗江县委、县政府机关一直设在这里。经过大修，破损的檐口、屋面均已修复。

进入 21 世纪，毓贤街拆迁西段南侧住户，建设仿古建筑的饮食商区，原工人文化宫广场改造为文昌广场。2004 年，毓贤街西段北侧房屋全部拆迁，建成文昌百汇商业中心。2011 年，仁丰里修建私家庭院 23 家，其中建成旅游驿站（民宿客栈）11 处，组织旧城街巷游。

第三节　湾子街

一、街区概况

湾子街历史文化街区位于扬州老城中部，是一条由西南向东北斜的街道，且街道中间弯曲如弓背，是明清、民国初期盐商和市民自发形成的街坊格局。新中国成立前后，手工业、商业发达，是木梳、雨伞一条街，以手工业、商业命名的传统街巷众多，老字号云集，至今仍有富春茶社、小觉林素菜馆、大麒麟阁茶食店、寄园旅社、永宁泉浴室、三星浴室等 17 处老字号店面。尚有众多宗教建筑，如明代至民国建立的三义阁、地藏庵、藏经楼等道教、佛教、基督教建筑 6 处。历史上湾子街市井文化氛围浓郁。现今街区功能已从繁华的商业街演变成为民居为主，居住用地占街区近 80%。

二、文化遗存

湾子街到达士巷，东北角连向东关古渡，西南角通向钞关。人们在两个码头换船时，需奔走于两者之间，

"斜街"是当时自发形成的捷径，是运河码头交通枢纽的重要历史见证。湾子街是扬州城在农耕文明中规中矩的方格路网与近现代工商文明欢快的放射状路网之间徘徊的特殊足迹，也应合、记录着相当于明中晚期的第一次世界经济浪潮。湾子街到达士巷一线在周边的网格内形成波涌浪卷的浅向肌理，与旧城棋盘式里坊格局各显神韵。

湾子街71号是诗词学者、浙江大学中文系教授盛静霞（1917—2006）住宅。她与"一代词宗"夏承焘合著的《唐宋词选》，半个世纪中多次重印。

湾子街197号是方浚颐（1815—1889）晚年的居住地，方浚颐在清同治八年（1869）任两淮盐运使，建"梦园"，在扬州任内，励精图治，对咸、同年间兵燹后的扬州城修复和晚清扬州文化事业振兴作出巨大贡献。

板井巷38号、40号为许幸之（1904—1991）故居，市级文物保护单位。许幸之，现代著名油画家、美术史家，中央美术学院教授。民国5年（1916），随吕凤子学画，曾任中华艺大西洋画科主任。

石牌楼是一条弯曲枝丫的巷道。由湾子街东侧巷口进入。石牌楼7号，清道光年间吴熙载（1799—1870）居住。吴熙载原名廷扬，字熙载，后改字让之，号让翁，扬州人，包世臣入室弟子，善书画，尤精篆刻。印作法邓石如，运刀如笔，迅疾圆转，痛快淋漓，率直潇洒，方中寓圆，刚柔并济。在明清篆刻史上，具有举足轻重的地位。光绪初年，盐商许公澍购老屋重建，现为市级文物保护单位。东路住宅由扬州名儒陈含光（1879—1957）长期租住。其曾祖陈仲云、祖父陈六舟分别中道光、同治殿试第四名传胪。父陈重庆，以书法著称。陈含光，清光绪举人，民国初年受聘于北京清史馆，与缪荃孙、杨度等纂修《清史稿》。民国2年（1913），返回扬州，受聘讲授骈体文。民国24年，受聘于扬州国学专修学校任教。民国26年，日军占领扬州，迫令他出任自治维持会长，他坚不就职。日军无条件投降后，他急书"八年坚卧，一旦升平"一联，首悬于门，以示庆贺。陈含光诗、书、画并称三绝，近世作者罕与其匹。20年代被誉为光（绪）宣（统）诗坛108将之一。陈含光的篆书秀劲挺拔，净无芥尘，风姿如大家闺秀，无一笔拖泥带水；笔尾如锥，似衣带曳地，浑厚秀硕。与吴昌硕、黄宾虹、林散之、齐白石为至交。著有《人外庐文集》《含光诗集乙集》《台游诗草》《含光骈体文稿》《读史随笔》等。民国34年抗日战争胜利后，陈含光发起建立"涛社"。"涛社"是扬州历史上著名的书画团体，取名源自纪念石涛、神往广陵涛之意。成员有陈含光、鲍娄先、江轸光、石楚青、张晏公、蔡巨川、刘声如、张甘亭、王启明、卞仲飞、陈悔之、张迹冷、戈湘岚、林雪岩、耿鉴庭和凌绍夔、史鉴、吴云、刘苑华、赵八雁、孙龙父以及徐干如、卞绍梓等人。石牌楼7号西路住宅曾是黄汉侯（1902—1976）的居住地，黄汉侯生于盐业之家，扬州金融家、金石书家，好书画，尤喜牙刻，专攻晋唐名家法书，得其精髓，开创扬州牙刻微雕技艺。

俞牖云（1899—?），鸳鸯蝴蝶派作家。六岁入湾子街私塾开蒙，25岁后去上海教书。精于诗学、金石学。存有诗集《姑存手抄》等。民国18年（1929），出版《春光艳影录》，再版时更名《柳暗花明》。此后出版短篇小说集八篇。30年代，任上海《时代报》副刊《天问》主笔，撰写长篇小说《白莲》。

清末，皮市街上程氏染坊，其独女程舜仪，自幼许配给居住韦家井的熊成基。清光绪三十四年（1908）秋，时任安庆马炮营起义军总司令的熊成基起义失败后，东渡日本。后奉孙中山、黄兴之命，从日本到东北筹集革命经费，因奸人告密，被清政府杀害。民国元年（1912）3月12日，孙中山亲自参加苏皖烈士熊成基、赵声等人追悼会。会后，灵柩运回故里安葬。熊成基灵柩抵扬州徐凝门码头时，全城沸腾，万人空巷，程舜仪专程由海安赶来接未婚夫灵柩。1973年清明节，程舜仪离开人世。1984年春，与熊成基墓合葬。

耿家巷以耿氏名医而得名。其第六代传人耿鉴庭（1915—1999）医术高超，医德高尚，把耿氏医术推向巅峰。民国21年（1932），悬壶独立应诊，形成父子双星耀空，双峰并峙的格局。1955年耿鉴庭奉调进京，成为全国中医界首屈一指的医术、医理、医史大家。世袭咽喉科，并将家传秘书《喉科正宗》献给国家。

巷内住有一位小学教师卞家隆，丈夫是孙际洲（1914—1991），民国31年（1942）起，在国民政府外交部供职，任驻塞内加尔大使馆三等秘书期间，于1971年3月调往越南西贡，途经日内瓦时，宣布起义回归大陆。定居扬州，夫妻团圆。孙际洲曾先后任江苏省扬州中学图书馆、扬州市图书馆副馆长，扬州市第一届、第二届政协副主席。

皮市街万寿寺始建于唐代，初名东隐庵，明景泰七年（1456），重建。清嘉庆二年（1797），改名万寿寺。

咸丰三年（1853），遭兵焚，后僧源浩重修。光绪二十九年（1903），印真人入京迎请藏经乘，得内务府请准颁发《龙藏经》（即《大藏经》）一部，计 7000 多卷。

风箱巷 6 号有一座建于清末的“蔚圃”，省级文物保护单位。是李蔚如的产业。原属盐商程汇新产业，民国时李蔚如购得，为扬州工绘事的叠石名家余继之设计，园虽不大，但山石、水池、厅阁游廊、花木栽培，繁简得宜。

风箱巷 16 号、18 号、22 号建于民国，是裕丰钱庄经理人杨庆鸿的住宅“杨氏小筑”，占地面积仅 60 多平方米，是余继之所设计最小的玲珑型园林。被中国园林专家、同济大学教授陈从周，作为“小中见大的园林佳作”，收入《扬州园林》专著。1982 年，公布为市级文物保护单位。杨庆鸿（1882—1956），善书法、绘画、诗词，后任扬州市钱业公会会长。

原宛虹桥火星庙巷口有李涵秋（1874—1923）寓所——韵香旧馆。李涵秋为通俗小说家、鸳鸯蝴蝶派代表人物，中秀才后致力古文词章，兴远游之志。民国 10 年（1921）在沪主编《小时报》，兼为《小说时报》和《快活林》等报刊撰写小说。代表作《广陵潮》（原名《过渡镜》）发表于汉口《公论报》、上海《大共和报》等报后，其他各报刊亦纷纷约稿连载其长篇小说。其一生著有长篇小说 36 部、短篇小说 20 篇、笔记 20 篇、诗集 5 集、杂著 5 篇。

流水桥原有一座占地面积 3.33 公顷的私家园林——休园，建于明代崇祯年间，是工部司务郑侠如（1610－1673）在宋代朱氏园故址上重建。郑侠如出身于盐商家族。明崇祯十二年（1639）贡生。工诗文，著有《三休园文诗》《休园诗余》等。清顺治初年（1644），郑侠如归田隐世，不问红尘，购地建筑休园。该园是清代扬州著名的私家园林，是当时扬州园林中，结构最为复杂，营造最为艰巨，也最为杰出的代表作。

30 年代，花井南巷内曾住有汪伪政府专机“建国号”的副驾驶员管序东（1922—2004）。民国 34 年（1945）8 月 20 日上午 8 时，飞行主任周致和，飞行少尉管序东，黄哲夫、赵乃强、黄文星、沈时槐 6 人驾驶汪伪政府专机“建国号”从扬州机场出发，一直飞向延安，成为弃暗投明、飞向人民怀抱的第一架飞机。8 月 21 日，在发给党中央、毛泽东主席致敬电上，6 个人都改用新的名字，周致和改名蔡云翔，管序东改名顾青。8 月 24 日，党中央派车将他们接到王家坪八路军总部。总司令朱德、参谋长叶剑英以及罗瑞卿、杨尚昆、胡耀邦等中央领导亲自接见。8 月 28 日，毛泽东、周恩来和王若飞在机场接见全体驾机起义人员。1984 年，中央军委向顾青颁发起义证书，享受地市级待遇，并任扬州市广陵区政协常委。

夏玉台（1866—1930）世居沙牌坊，出身于说书世家。祖父夏国祥、父亲夏子兴均系扬州说书人，祖传说《岳传》和《平妖传》。夏玉台拜评话艺人兰玉春为师，学说《三国》。驰骋书坛 50 年。听众一致公认，前书要听康国华，后书要听夏玉台。

湾子街中段有洪池（红茅厕）巷，扬州女画家吴砚耕（1910—2006）在此巷内出生。吴幼年从父学画，得其意趣，画菊别具一格，与张永寿的剪纸菊、钱宏才的通草菊，并称为“扬州三菊”。曾任扬州市政协常委，中国美术家协会会员、扬州国画院高级美术师，著有《吴砚耕画集》。

灯草行原名屯草行，与明代扬州设牧马监有关，为屯集马草之处。灯草行 41 号住着扬州画家戈宝健，他父亲、伯父、堂兄都是文坛名宿。戈湘岚（1904—1964），戈宝健父亲，扬州女婿，夫人袁素珍（1908—2001）是画家袁雨棠之女。戈湘岚以画马闻名于世，曾有“北徐（悲鸿）南戈（湘岚）”的美誉。新中国成立后，戈湘岚的作品《春耕》和《骏马图》在展览中展出，《春耕》深得毛泽东赞赏，被中国美术馆永久收藏。郭沫若看过《骏马图》后，欣然在画上题诗。戈公振（1890—1935），戈宝健伯父，曾在上海主持《时报》和《申报》前后近 20 年，面对黑暗势力，他“铁肩担道义，妙手著文章”，体现铮铮铁骨。其 200 多万字的专著《中国报学史》是我国第一部系统的新闻史学专著。戈宝权（1913—2000），戈宝健堂兄，民国 24 年（1935），为天津《大公报》特派记者常驻苏联，抗日战争爆发后回国。在武汉参加周恩来领导的新华日报社工作，并由周恩来介绍加入中国共产党。民国 34 年在红岩村，毛泽东主席夸他为“俄国文学家”。刘少奇应斯大林之邀，秘密访问苏联时，戈宝权为正式成员。他是新中国成立后被任命派往国外的第一位外交官，同时也是新中国科学院早期院士。1986 年，戈宝权将 500 万字译著和 2 万多册藏书捐赠给江苏省人民政府。

三多巷14号是扬州评话艺人王少堂（1889—1968）的故居。伯父王金章、父亲王玉堂均为扬州评话艺人。王少堂曾被选为扬州市人民代表、苏北文联常委、全国曲艺工作者协会副主席、第四届全国人大代表、中国文联委员、江苏省曲艺研究会会长。

古三义阁为山西盐商于明嘉靖年间建，原名关侯庙，祀关羽。清康熙四十三年（1704），僧深玉重修，增祀刘备、张飞，更名“三义阁”。

皮市街旧时有众多庙宇，板井巷内有太平庵、种善庵，宛虹桥有都天庙、地藏庵、众香庵、藏经院，风箱巷有观音庵，耿家巷内有接引庵等。

1962～2011年湾子街区市级文物保护单位简表

表8-4-1

名称	年代	地点	类别	公布时间(年)	建筑历史及保存现状
王少堂故居	清末民国初	三多巷	近代历史遗迹	1962	占地面积240平方米，八间、四厢、一披、一小院，建筑面积100平方米，典型传统民居，正房、厢房保持完好
许幸之故居	民国	板井巷38号、40号	近代历史遗迹	2008	东西两轴线，前后各四进，部分改建，保存一般
许公澍住宅	清	石牌楼7号	古建筑	2008	火巷分东西两路，南北各三进，大门西路北向，陈从周称之为扬州北向住宅一例
张联桂故居	清	广陵路218号	古建筑	2008	门楼花厅已毁，楠木厅保存较好
梅花书院	清	广陵路248号	古建筑	2011	扬州古书院唯一遗址，400余年，三易其址，国内专课举人书院，保存较好
杨氏小筑	民国	风箱巷22号	代表性建筑	2008	分住宅、花园；园西建筑三进，园后厅房二进。构思巧妙、自然成趣、保存完好
刘庄	清	广陵路272号	古建筑	2008	厅房装修破坏严重。花园住宅楼后，四个院落。北有楼阁临虚，贴壁假山，凿地为池，缘岸垒石
扬州教案旧址	清	皮市街147～149号	古建筑	2008	大门向东，占地面积800平方米，两幢二层楼，前楼面阔三间，后楼面阔五间，年久失修，屋面漏，墙有倾斜
藏经院	清	宛虹桥58号	古建筑	2008	明万历年建，清重建。院门南向，前有照壁。山门殿三间。内供弥勒佛，护法韦驮、四大天王。居民用，保存好
地藏庵	清	宛虹桥34号	古建筑	2008	明万历年建。专收藏佛经。咸丰火毁，同治重建，光绪增修。现存庵一座，现为民居，保存好
东岳庙	清	湾子街224号	古建筑	2011	旧城东岳庙（明）下院行宫，咸丰火毁，同治年间重建，曾为看守所，后为宿舍。破损严重。2011年遭大火，屋面毁损
李氏住宅	清	石牌楼14号、16号	古建筑	2008	坐北朝南，分南北两部分，北部完好，南部门厅已改，其余尚可
广陵路250号民居	清	广陵路250号	古建筑	2008	国民中央银行旧址，厅坐南朝北，照厅、楠木厅、廊房保存较好，部分装修有改动
广陵路252号民居	清	广陵路252号	古建筑	2008	楠木厅、住宅楼规模较大，保存较好。屋有渗漏，有白蚁危害
小圃	清	夹剪桥10号	古建筑	2008	清同治户部主事陈象衡建，东西两轴，前后各两进。大厅、住宅楼、花厅等年久失修，厅南园林破坏严重

续表 8-4-1

名称	年代	地点	类别	公布时间(年)	建筑历史及保存现状
通运南街16号民居	清	通运南街16号	古建筑	2008	坐北朝南,门楼保存较好,风貌优良,建筑内已作修整
湾子街210号民居	清	湾子街210号	古建筑	2008	东西两进楼房、一进平房组成。东为平房,三间两厢。西为四合院式串楼,上下两屋,保存完好
林氏住宅	清末民国初	石牌楼24号	古建筑	2008	水磨砖雕大门,住宅坐北朝南,前后四进,保存基本完好
蒋氏住宅	清末民国初	风箱巷2号	古建筑	2008	水磨砖雕门楼,面阔三间。住宅分东中西三路,保存基本完好
陈氏盐商住宅	清末民国初	广陵路306号	古建筑	2008	东西两轴线,东轴线前后二进,西轴线前后三进,保存完好
玉井巷11号民居	清末民国初	玉井巷11号	古建筑	2008	东西两轴线,东轴线三进住宅,西轴线四进住宅,原花园已毁
刘氏盐商住宅	民国	饺肉巷1号	近代代表性建筑	2008	大门北向,门楼已毁,有照壁,东西两列,均为三进,第一进平房,二、三进为两层串楼式住宅。建筑高大轩敞,砖雕、房檐砖细、讲究
邱氏园	民国	广陵路292号	近代代表性建筑	2008	大厅、二厅、住宅楼年代久远,局部装修有毁,西部花园已毁

说明:王少堂故居为私房,余均为直管公房

三、旧商铺

旧时,三义阁巷有较多细木手工作坊在此经营,其后旅馆业兴起,从民国元年(1912)寄园旅馆开业后,民国28年、民国32年、民国35年直至民国38年,陆续有新新、美成、荣华、寿年旅馆开业。至今,寄园旅馆等仍在经营,因旅馆历年修缮,始终保持传统风貌,遗韵仍在,甚为典雅。

皮市街在清代已成皮货街市,南段为南皮市街,卖皮衣帽、马蹄袖、皮毯褥等软件皮货;北段为北皮市街,卖皮带、皮靴、皮鞭等硬件皮货。随着皮市发展,卖牛肉、蒸笼、芝麻等摊、店兴盛起来。旧时,皮市街上还有不少其他各式各样的商店。如天宝斋茶食店、达仁医院、荣顺源饼面店、福昌酒店、鑫华理发店、林园餐馆等。清同治五年(1866),英籍传教士戴德生在皮市街27号建中式楼房两幢,前幢为教堂,此为扬州市区最早的教会建筑。

罗湾街昔日也是各种商店星罗棋布的热闹街道,至民国时,仍有许多商人在街上开业,主要有德生裕烟店、徐鸿茂饼面店、琼芳阁茶食店、泰泉酒号、谦泰恒南货店等。

湾子街在明清及民国初时,商业繁华。街上的木梳、制花、盆桶等手工业集中,多为前店后作。除木器手工作坊较多外,香粉店也是星罗棋布。民国时期,城区有80多家香粉店,其中20多家就设在湾子街上。湾子街上仅民国时期开设的百货商店就有10多家,还有大成旅馆、万和酒店、同仁颜料店、祥和五洋商店、万泉酒店、远东理发店、福春成茶食店和刘顺兴饼面店等。紫罗兰理发店是扬州20年代开业最早的理发店,开业于清朝末年,最初店就开设在湾子街上,由剃头名匠周岭章带领3个儿子开办,原店名为"顶鑫剃头店"。在湾子街224号的东岳庙南、湾子街中段曾有一个较大的马市场,后改称马市口。

旧商铺现今尚存6处:富春茶社,位于得胜桥35号,是中华老字号商铺,建于清光绪十一年(1885);小觉林素菜馆,位于广陵路298号、300号、302号,清末,妙心庵住持觉林师太出资设店;大麒麟阁茶食店,位于国庆路52号,周明泉等创办于民国元年(1912),是座前店后作、现做现卖的老字号商铺;寄园旅馆,位于三义阁65号,创办于民国元年,古风遗韵犹在,至今正常营业;永宁泉浴室,位于三义阁,民国初创建,与扬州浴室、双桂泉浴室等是扬州沐浴业的老字号；三星浴室，位于古旗亭街南侧，民国初创建，已历百年，至今生意兴隆。

四、维修保护

1989～2011年期间，主要对破损街巷路面及设施进行养护维修。其中1989年，对石牌楼、大芝麻巷、水致祥巷等路面维修；1991年，对三义阁、风箱巷、崇德巷、广陵路北侧支巷等维修；1996年，对湾子街、永胜街两侧支巷及大狮子巷、蛇尾巷等维修、铺设道板；2001年，对通运街、三义阁、通运南街、石牌楼、万寿街、流水桥、大流芳巷、风箱巷、永胜街等18条街巷进行翻修，建支沟、铺路板，增设雨水井等；2004年，对板井巷、洪池巷、风箱巷等铺设面包砖路面。

2006年，对皮市街进行拓宽改造，街长630米，路宽12米，为混合车道，两侧人行道以长砖立铺，沿街设路灯，临街房屋整修，街容有较大改观。

2011年年初，对达士巷进行整修，拆除巷道路面，铺设下水管道，新建雨水井等。至9月底，以面包砖全线铺装巷道，改善街巷居住环境。

第四节 教 场

一、文化遗存

（一）教场街

教场原是明清两代的兵家教练场所。占地面积7.02公顷，东傍永胜街，西界南柳巷，南依新盛街，北临贤良街。明洪武四年（1371），在扬州设立扬州卫指挥使司。江南行省都督马步水军大元帅常遇春，在扬州新城内设立百亩教场供操练、习武之用。明嘉靖三十五年（1556），扬州知府吴桂芳在旧城东接筑新城，教场位于城市中心，军事功能有所增强。清顺治年间，少量部队驻防扬州，教场两侧设营房，为东营、西营。清康熙四年（1665），分兵驻防高邮、宝应等地。教场有座高大的牌楼，上面嵌有"我武维扬"四个大字，意为武功强盛，军威高扬。

康熙南巡时，徽商汪简臣捐资，建筑南北通道的教场街。清乾隆二年（1737），徽商汪承炳又捐资修缮东西通道，至此教场的东西南北皆被打通。乾隆三年（1738），教场四面建起一千多间民房，地盘逐渐被"蚕食"。清乾隆三十二年（1767），教场被迫迁至城西蜀冈下。

教场北的惜馀春，老板高乃超，诗文功底深厚，是冶春诗社、谜社成员。原先在教场中心开设的可可居酒楼，因坐客都是潦倒文人，每天在那里吃酒咏诗，赊账太多而关门。后只得在教场北又开设惜馀春。"惜馀春"取自于唐代诗人贾岛的诗："三月正当三十日，春光别我苦吟身。共君今夜不须睡，未到晓钟犹是春。"书法家吉亮工所写"人生行乐"四字狂草被做成漆牌，置于店柜之上。臧穀题写店名"惜馀春"三个大字。惜馀春的常客多数都是冶春后社的社友和竹西后社的谜友，多是些知名学者、书画大师、奇才异士。如小说家李涵秋、李伯通、程善之、贡少芹、肖畏之、董逸沧，国画大师梁公约，诗人臧穀、肖畏之、董逸沧，书法大师吉亮工、陈含光，词曲宗师任中敏，"联圣"方地山（尔谦），相棋国手王浩然，灯谜大仙孔剑秋，古琴演奏家高治平，笛子名手谢春江等等。一代大儒康有为一生曾两度到扬州，第一次是光绪八年（1882），第二次是民国10年（1921）。康有为第二次到扬州，曾造访惜馀春。

扬州的书场大都在教场内，东有凌云阁、同乐书场，南有天盛书场（后改为永乐书场）、鹿鸣书场、竹如轩书场和醒民书场；北有同兴书场（后改为柳村书场）。扬州书坛名家辈出，艺人康国华在教场西北角的柳村书社说《三国》，靠近柳村的五家书社，分别邀请王少堂说《水浒》、戴善章说《西游记》、朱德春说《八窍珠》、樊紫章说《施公案》、郎照明说《绿牡丹》。这就是史称"五虎"大战康国华。

扬州人养鸟从宋代开始，明清两代便十分盛行。善养金丝雀、画眉、百灵、云雀、八哥、鹦鹉、娇凤、八色鸟、黄雀、蜡嘴鸟等。教场北部曾为斗蟋蟀的娱乐场所。

教场北首有安全救火会，系群众性救火组织。救火会内建有四层（假五层）望火楼。有火情则鸣钟聚众，规定东面着火敲一下，依次是"一东二西三南四北"，钟声敲几下，各救火会员就奔向那个方向救火。

乾隆三十三年（1768），于新风巷（原名马神庙巷）创办扬州营义学。民国时改建为马神庙小学。抗日战争期间，改设江都县立中学，后改建成江都县民众教育馆。新中国成立后，在此建立扬州图书馆。

（二）新胜街

新胜街东半段有8家旅社，由西向东依次为绿杨旅社、中西旅社、大陆旅社、江北旅社、天成旅社、广陵旅社、义和旅社和正扬旅社。

绿杨旅社取名于清代诗人王渔洋《浣溪沙·虹桥》"绿杨城郭是扬州"诗句。民国14年（1925），无产阶级革命家肖楚女到扬州，曾住该旅社，房价大洋一元二角一天。同年5月，中共党员、共青团中央执行委员恽代英以国民党上海执行部秘书名义应邀到扬州中学演讲时，也住绿杨旅社。驾驶汪伪政府"建国号"专机的周致和、管序东在起义前住绿杨旅社密谈起义事宜。抗日战争期间，一中国妇女在绿杨旅社二楼杀死一名日军军官，于凌晨悄然逃去不知所终。

民国27年（1938）6月18日出版的《抗战文艺》第1卷第9期，署名鲍雨的通讯《扬州的日兵在自杀》，报道日本士兵宫毅一郎到大陆旅社找慰安妇，双方一见，竟是未婚妻秋子，羞愧难当，秋子在大陆旅馆上吊自杀，宫毅在左卫街上一家小旅馆自杀。

江北旅馆，附设小饭店，后业务扩大，正式对外经营，取名"菜根香饭店"。主要服务对象是黄包车夫、搬运工人和平民百姓。20年代末，开始供应炒饭，主要品种有清蛋炒饭、桂花蛋炒饭、三鲜蛋炒饭、什锦蛋炒饭，由于品种多，口味美，简易便行，声誉日隆，发展成为日后飘洋过海、有华人处必有的"扬州炒饭"。新中国成立后，菜根香店址迁国庆路。

新胜街旧有纻秋园一座，是《扬州画舫录》作者李斗（1749—1817）故居。自乾隆二十九年（1764）起，撰写《扬州画舫录》，历时31年而成，计18卷，24万余言。另著有《岁星记传奇》2卷、《奇酸记传奇》4卷、《永报堂诗集》8卷、散曲集《艾塘乐府》1卷。

二、旧商铺

（一）教场街

教场地处老城区中心，是农副产品、手工业产品的集散地，集民俗文化大成的群众性大型娱乐场所。旧时，扬州教场与北京天桥、上海城隍庙、南京夫子庙、镇江大市口齐名，是老扬州吃喝玩乐的热闹场所。

教场东西南北通道打通后，民房的乱建乱搭也日渐加剧。到乾隆三年（1738），教场四面已建起了一千多间房屋，教场被迫外迁，留下一块空地，作为盐务公地，教场从此成为商业集中之地。清末至民国期间，教场先后有过30多家茶馆、酒楼。20年代初，同时营业的就有19家。有坐北朝南的惜馀春茶社（后改名为荣华楼），有陈万兴（人称陈小七子，卖生熟牛肉、牛肉汤、牛肉锅贴）牛肉店。再向南为"复兴园""悦斋"素菜馆、"品香"素菜馆，有"静春园""第一楼"，专营清茶干丝。"兴隆楼"西隔壁是"老龙泉""春园""茗园""日照轩"（后改为老聚宝、醒民书场）、"如意园""碧罗春茶社"（后改为新丰斋饭馆）、"四时春"饺面店、"汉阳楼"茶馆（后来先后改为朝阳楼、四海升平楼、正阳楼）。改为正阳楼后，在楼的下面有一爿糕点店，名为糕点店实为扬州最早的粥店，除供应五花八门的风味小吃外，还供应四季粥。春暖花香卖"白糖豌豆粥"，夏日酷暑卖"籼米绿豆粥"，秋风送爽、丹桂飘香时卖"桂花香血糯"，寒冬腊月卖应时的"八宝腊八粥""糖藕糯米粥""惯宝宝粥"。隔壁是"小觉林"素菜馆和月明轩茶楼。正阳楼对面，坐东朝西为九如分座茶社。

另外，教场内有一座民国19年（1930）开设的龙海泉浴室。民国35年，改名中央浴室。"文化大革命"期间，更名群众浴室，后改名教场浴室。

民国时期新兴的照相业在教场开业最早的是四美照相馆，后又相继开设梁园、国际、镜中天等照相馆。民国23年（1934），在教场开设王昌石牙科诊所。教场街还有一爿大德生药店。

五六十年代，教场内还有补锅的行当。"杨七"最为有名，扬州城500多条街巷都留下他的足迹。

2011年，有共和春分店、老土灶、刘婆串串香、菲比商务会所、天谜服装、朗香服装、龙飞达男装等商家进场营业。

（二）新胜街

新胜街两侧有珠宝古玩、金银首饰、皮货衣帽、胭脂花粉、妇女化妆用品商店数十家，扬城达官显贵、盐商大贾、富户闺秀，不时光顾逛街购物，因此有“女人购物街”之俗称。随着清代后期扬城盐务衰退等影响，资金外流，经济不兴，奢华商品销售日见萧条，但街处城市中心，商家调整经营，转向旅社服务等业。随着旅馆增多，人来客往愈加繁忙，八大家旅社旁陆续开大兴馆、聚兴馆、桃花宫、四五六、新宴酒楼、菜根香（1958年迁至国庆路）、一枝香、四源春和新亚九家酒楼，各有特色。

三、维修保护

2007年，扬州证大商旅发展有限公司提交教场改造一期方案。至2009年年底，教场·秦淮坊一期建成240多间单元商业用房（1.85万平方米），开街运营。望火楼、正阳楼茶馆、教场浴室按原建筑外形进行复建。新建商业街临国庆路西侧，由南至北地面铺砌青石板，刻有“新春巷、碧螺春巷、惜馀春巷、四时春巷”作为四条连街通道。

第五章 古街巷

广陵古街巷历史传承悠久、文化积淀深厚。街巷名由，多种多样：有的以街巷方位、建成先后为名，如头巷、二巷、三巷等；有的以商业手工业技艺为名，如彩衣街、皮市街、玉器街、风箱巷等；有的以名人或家族姓氏为街巷名，如常府巷、田家巷、耿家巷等；有的以官衙所在地、著名人物为名，如太傅街、大儒坊、贤良街、旌忠巷、三元巷等；有的以军事设施为名，如教场、东营、西营、永胜街等；有的以城门命名，如东关街、南门街、大东门街等；有的以寺庙庵观为名，如琼花观街、万寿寺街、东岳巷、三祝庵巷、马神庙巷等；还有以花草树木为名，如芍药巷、双桂巷、石榴巷、木香巷、大树巷等，不一而足。

第一节 老城区古街巷

一、甘泉路

（一）街道整治

甘泉路西起淮海路，东至人民商场十字路口，全长1002米。原名西段甘泉街，中段小东门街，东段多子街。2011年2月始，甘泉路综合整治工程实施，东起国庆路，西至汶河南路，总长760米。施工方市政工程处按城市二级支路标准，新铺沥青路面5776平方米、人行道3344平方米，地下雨污水分流铺设雨水、污水管道各810米，同年9月工程全线竣工。沿街可见屋面铺设青砖小瓦，商铺配装古色古香的花格木窗、木质铺搭门，与古城风貌相协调。

（二）文保单位、历史建筑保护

甘泉县衙门厅

位于甘泉路194号。市级文物保护单位。甘泉县衙门厅是城区仅存的县衙建筑遗存。清雍正十年（1732），设立甘泉县。现存县衙门厅为清同治八年（1869）重建，坐北朝南，三开间，两侧八字墙拱卫，木门、门梁、门前石鼓、石板路保存尚好，门厅内廊有衙房两排，南侧檐口、屋面已有破损。

匏庐

位于甘泉路211号。匏庐分东、西两个小庭园，整个建筑北长南宽，形似瓢葫芦，取名“匏庐”。

2008年，全面揭瓦，部分落架大修。2010年，又全面修缮、装饰。

（三）老字号商铺、历史建筑保护

共和春饺面店 位于甘泉路79号。原七开间四层楼店房为扬州历史建筑。民国22年（1933），王学成在蒋家桥创建四美春面馆，后迁址大儒坊，更名为共和春饺面馆。店中有锅贴、虾籽饺面、水晶麻团、青菜锅饼、双酥麻饼、四喜汤圆等10余种小吃。

绿杨冷饮店 位于甘泉路40号。民国初年，盐商蒋益斋修建，面积约300平方米，是扬州传统回字形串楼和欧式巴洛克风格门楼相结合的中西合璧商业建筑。其时，前店后作，现做现卖。现为扬州市历史建筑。

春生洗染店 位于甘泉路30号。民国元年（1912），浙江绍兴人徐蔡夫妇创办，由蔡良英掌管，经营有方，生意红火，为扬州洗染业之首，是一座百年老店，现经营正常。

甘宓特眼科诊所 位于甘泉路北侧，南柳巷南端，坐东面西。甘宓特（1907-1963）生于土耳其，民国21年（1932）伊斯坦布尔医科大学毕业后，远涉重洋到扬州，开设甘宓特眼科诊所。1963年5月9日，突发心脏病辞世，终年56岁。是一位对扬州人民友善的外国人士。原诊所房屋仍在。

二、广陵路

（一）街道整治

广陵路东起泰州路，西至人民商场，全长1150米。原名东段缺口街，后名江都路，西段左卫街，后名广陵路。1990年4～8月，扬州市政工程公司按二级支路标准实施翻建，人行道及路牙按标准铺砌，并调整跃进桥上坡竖曲线，巷道交接处统一安装道板；对原苏北电影院、消防队门前路面予以调整，更为平整。2011年2月，新铺沥青路面8056平方米，铺设人行道4664平方米，敷设雨水、污水管道各1100米，同年9月全线竣工。

（二）文保单位、历史建筑保护

广陵路遗存近20处文物保护单位和历史建筑，内涵丰富，类别多样，保存状况良好。

沿线文保单位名称、类别、产权或管理单位如下。

梅花书院（省级文物保护单位、市教育局）；天主教堂（省级文物保护单位、市宗教局）；刘庄（市级文物保护单位、市房管局和广陵公安分局）；文公祠（市级文物保护单位、东关街办）；钱业会馆（市级文物保护单位、市国税局）；四岸公所（市级文物保护单位、市房管局）；张联桂住宅、卞宝第故居、邱氏园、丁氏住宅均为市级文物保护单位，产权单位均为市房管局；震旦中学礼堂（市级文物保护单位、扬州军分区）；252号民居（市级文物保护单位、市粮食局）；250号民居（市级文物保护单位、人民银行）；306号民居（市级文物保护单位、东关街办）；另外还有：218号美国圣公会圣三一堂、352号同松药号药店房屋、清代晚期小觉林素菜馆等。这些文物保护单位、历史建筑大多用材名贵，有较多楠木厅，且装修精良，布局规整，具有时代代表性和历史文化价值。

清末至民国期间，广陵路上钱庄、银号、票号、盐号、银行数十家，为旧时金融街。资本雄厚、运营较好的有怡大、华隆、恒丰、惠余、元丰、志和、恒泰祥、信和、永康、德余10家。

（三）重要商业建筑

苏北电影院 位于广陵路316号。原名大上海影剧院。民国38年（1949），扬州煤炭业理事长、大申蜡烛店老板朱瑞清、国华大药房老板吴彭龄、庆宝银楼老板丁树芝等，合资买下孙立人公馆，翻建成大上海影剧院。1950年夏，苏北文联接管后，更名为苏北文联电影院、苏北电影院。“文化大革命”期间，曾名为东方红电影院。现已歇业，底层门面房出租。

原人民银行扬州支行 位于广陵路320号。扬州解放后的首家银行，承担市区金融业务。建筑三层，底层中为门厅，东西各四间，铁栅栏大门。现空关。

原扬州第一副食品商店 位于广陵路南侧。“文化大革命”中，曾名东方红副食品商店，二层七开间建筑。60年代时是城区重要的副食品商店。

原扬州市商业局办公楼 位于广陵路328号。临街二层楼，入内为两幢办公楼。现为扬州市商业联合会及市外商投资企业协会、市美发美容与摄影协会、市烹饪协会、市沐浴协会、市三把刀文化交流合作中心等办公用房。

三、国庆路、渡江路

（一）街道整治

国庆路、渡江路是纵贯老城区南北的干道，解放初命名，曾是扬州繁华商业街，有众多百年老字号商铺。

国庆路北起史可法路桥，南至人民商场，全长1316米。清代陆续打通相连街巷，成为宽4～5米的街道。1951年，改造北端原运司街，南段原辕门桥街、教场街、鹅颈项弯，拓宽成行车道8米的混凝土道路，两侧以城墙砖铺砌2米宽人行道。80年代至2011年，路东，先后建成环球商场（现世纪联华）、鸿兴牛肉店等商业楼。大部分民房拆危、装修门面店，美化街景市容。路西，2000年，由市机关事务管理局建成3幢仿古式商业楼。2003年，修建彩衣街菜场，改为地上、地下营业。

渡江路北起人民商场，南至渡江桥，全长629米。1951年，拓宽原翠花街、砖街建成。道路建设标准和断面形式，与国庆路相同。1990年曾翻建。

（二）老字号商铺保护

谢馥春香粉店 位于国庆路51号。谢宏业于道光十年（1830），在下铺街租房创办谢馥春香粉店，后将店迁至徐凝门扩大经营。清同治三年（1864），谢宏业之子谢怀与母亲戴氏购辕门桥街一处二层楼作为新店址至今。

菜根香饭店 位于国庆路115号。清代后期，扬州新胜街成“八家旅馆、九家酒楼”一条街。菜根香饭店是其中之一，1958年，迁址国庆路。至2011年，建店已有103年。

1958年后，丁万谷、李魁南、王春年相继领衔掌勺，生意日隆。80年代初，对饭店按传统建筑改造重建，扩大经营规模。扬州举办琼花艺术节之初，菜根香饭店曾举办淮扬菜系列产品展示，受好评。发展创新“饭菜合一”的扬州炒饭，其桂花蛋炒饭、火腿蛋炒饭、三鲜蛋炒饭、什锦蛋炒饭等，成为扬州餐饮业一块金字招牌。

三和四美酱菜店 位于国庆路132号，为三和四美酱品专卖店。四美酱园创于清嘉庆元年（1796），为沈氏四兄弟创办，取名“四美”；又因酱菜有“鲜、甜、脆、嫩”四大特色，“四美”闻名遐迩。清代，扬州酱菜被列为宫廷御膳小菜。三和酱品店创办于民国16年（1927），创业者取松竹梅岁寒三友之意，又指酱菜色香味俱佳，取名与四美异曲同工。1998年，三和与四美组建为扬州三和四美酱菜有限公司。2010年，由东关街搬入扬州食品工业园区，由传统生产向现代化生产过渡。成为中国调味品著名品牌企业50强，被商务部认定为首批中华老字号企业。

绿杨春茶叶店 位于国庆路124号。清光绪三十四年（1908），扬州仙女庙镇隆泰茶叶店主景鉴澄，将店迁至扬州三义阁街口，不久，迁址国庆路设景吉泰茶庄（1956年改用今名）。是店善于调制茶品，技艺精深。

大麒麟阁食品店 位于国庆路52号。周明泉、陈国良、王瑞清光绪二十七年（1901）创办大麒麟阁食品店。以“前店后作”“现做现卖”的方式，生产四时馃子（茶食）、维扬细点，深受顾客青睐。主要产品有：京果粉、桃酥、大小京果、芝麻糖、花生糖、浇切糖、云片糕、蜂糖糕、蜜三刀、薄脆及定制各式寿桃、寿糕等近百种，随节令变化，有数十种常年供应。大麒麟阁糕点列全国八大糕点帮式之一，精、香、脆、酥特色为消费者认可。

2006～2011年，大麒麟阁已在扬州、泰州两市境内开设加盟连锁店50家，成为苏中地区产销规模最大的传统糕点生产基地。

紫罗兰理发店 位于国庆路25号。剃头名匠周玲章于清光绪二十一年（1895）在湾子街开设顶鑫剃头店，民国15年（1926），迁址新胜街，开创男女式分项服务，店名紫罗兰理发店。1956年，迁至现址，面积扩大至200多平方米，座椅增至32张，有40多位中青年理发师从业，拥有吴广才、刘德田、仇长春等特级理发师。2002年，被中国美发美容协会授予“百年理发店”知名企业称号。扬州理发业在全国理发四大流派中独树一帜。紫罗兰理发店被称为扬州理发人才的“黄埔军校”，众多美发师曾在此受训。

中国照相馆 位于国庆路29号。赵月秋创办于民国31年（1942），原址苏唱街。民国34年店迁甘泉路。新中国成立后较长时间内，中国照相馆业务满满，市民中流传“要拍全家福，就要到中国”的口头禅。1964年，搬入现址。

吴正泰香店 位于国庆路32号。清道光十六年（1836），吴敬梓后人吴康平携弟到扬州，于北门城外开一爿小香店，取名“吴天宝”。清咸丰三年（1853），吴氏全家迁往仙女庙镇，开吴正泰香店。清光绪二十二年

(1896)，吴康平返扬州，在现址开香店，亦名吴正泰香店。清光绪三十二年（1906）吴氏三儿子吴淦泉继承父业，店名加“清记”二字，以示中兴。生产的辟瘟香、幸福香等6种产品，分别在民国4年（1915）、民国10年、民国14年、民国22年，获南洋劝业赛会物品奖。

国庆路、渡江路一线，还有富春茶社、大德生医药连锁总店、光明眼镜店连锁总店等中华老字号商店。新中国成立后建成的人民商场、五交化商楼、群众艺术馆、新华书店、鸿兴回民食品店，今均正常经营。（参见第十六篇第五章第二节）

第二节　汶河（路）变迁

一、汶河与汶河路

唐代汶河为市河、漕河，长1900多米，最宽处有60米，是当时城区漕运的主河道。市河沿岸南北走向的商业街，“百货所集”“列置邸肆”，是重要的商业繁华区，手工业作坊区。唐诗名句有“春风十里扬州路”（杜牧《赠别》），“夜市千灯照碧云”（王建《夜看扬州市》），“华馆十里连”（韦应物《广陵遇孟九云卿》，“隔海城通舶，连河市响楼”（李洞《送韦太尉自坤维除广陵》）等即指扬州街市及汶河的繁盛。宋代，汶河是宋大城城区的中心河道。明代，汶河经历元末的战乱，成为通运柴草小船的小河，河水一度干涸。明洪武元年（1368），江南行省都督马步水军大元帅常遇春重新疏浚河道。明永乐十九年（1421）以后，重开运河漕运，扬州再度成为南北漕运的咽喉，全国盐务中心和富商聚居最稠密的城市，汶河也恢复生机。明弘治九年（1496），扬州府同知叶元在汶河上建文津桥，明万历十三年（1585），桥上修建文昌楼。清代，汶河依然发挥着重要的作用。民国5年（1916），拆除新旧城间相隔城墙，大量砖块泥土倒入汶河，河道逐渐淤塞。1959年全线填平汶河，修筑汶河路，汶河自此消失。1964年、1968年先后对汶河路进行改建，成为古城南北主要道路。1980年，进一步拓宽汶河路。1992年7月，汶河北路拓宽至34米。1996年汶河北路改造人行道。2002年，汶河北路综合整治，道路宽65米，机动车道双向6车道。汶河南路1991年道路宽26～30米，仍采用混合车道。2002年，实施综合整治工程，道路拓宽至34米。

二、名胜古迹

四望亭　位于汶河北路西侧、四望亭路东端路中。市级文物保护单位。南宋嘉定年间（1208～1224），淮东安抚使崔与之始建。明代，改建为江都县学文奎楼，后名魁星阁。康熙、雍正年间，曾三次修葺。咸丰三年（1853），太平军副丞相林凤祥、大将李开芳镇守扬州，“架木四望亭，伺城外”，观察清军动静，故称四望亭。1952年9月至1953年8月，再次维修四望亭。

四望亭为砖木结构，三层八面，八角攒尖葫芦顶，每层飞檐翘角，凌空挺拔。二、三层四面皆有窗。底层砖墙，四面拱门与十字街相通，有“过街亭”之称。

文津园　位于汶河北路横断面中央、主车道与东侧半边街之间。南起文昌阁，北至盐阜路，东西宽20米，南北长约800米，是市区第一批永久性绿地，为古城中心绿肺。1993年，搬迁居民200户，投资1000万元，逐步建设完善。该园绿化以大乔木为主，园内亭轩、假山、曲桥、水池、各式座椅点缀其间。面对文昌阁方向，置巨蛋形花岗石一块，浅刻“文津园”三个大字。

仙鹤寺　位于南门街111号。又名清白流芳大寺，江苏省文物保护单位。中国最早的一批伊斯兰教礼拜寺之一，同广州光塔寺、泉州麒麟寺、杭州凤凰寺齐为中国伊斯兰教东南沿海的四大名寺。也是扬州现存最早的清真寺。宋西域伊斯兰教先贤穆罕默德十六世裔孙普哈丁建。寺内建筑，分别形如鹤嘴、鹤颈、鹤身、鹤翼、鹤足、鹤尾、鹤目。设计十分巧妙。

南门遗址　位于汶河路南首。1984年8月，发现南门遗址，进行抢救性考古发掘。2007年，对遗址再次全面发掘。2010年9月，建成唐罗城南门遗址保护展示馆。至2011年间，南门遗址展示馆周边1.3万余平方米内，相应建设保护性构筑物、绿地、广场等，对外开放，是展示扬州唐城遗址重要场所。（参见本篇第三章第二节）

三、重要商业建筑

万家福商城 位于汶河北路1号。2011年，商品销售额4亿元，利税3123万元。多次被省消费者协会授予“百城万店示范店”称号。（参见第十六篇第一章第六节）

时代广场 位于文昌中路537号。1999年建成，建筑面积6.88万平方米，地下室1.3万平方米，地上五层，局部六层，钟楼八层，外观气势雄伟、典雅现代，内部豪华舒适、温馨宜人，集购物、美食、休闲、娱乐、文化、健身、旅游、停车服务为一体的一站式现代商都，为市区第一家大型购物中心。2002年开业，2011年，营业收入6亿元。（参见第十六篇第五章第一节）

金鹰国际购物中心 位于汶河南路120号。市区营业额最高的百货零售企业。县府街南侧东段在1958年拆除南小街居民住户，建成沿汶河路一带二层商街式建筑。1985年，将原二层商街式建筑拆除，在文昌阁西南临汶河路一线，动工建设综合性商业饮食服务为一体的扬州大酒店，建筑面积为1.6万平方米，其主楼六层，南北裙楼3～5层，企业前身为扬州商场。2001年，南京金鹰国际集团对扬州商场兼并重组，以中高档商品消费群体为目标，组合国际时尚品牌。经营面积3万平方米，2011年，实现销售额15.6亿元。（参见第十六篇第五章第一节）

蓝天大厦 位于汶河北路42号。区境内第一家四星级酒店。1997年2月建立，2008年改制，经营面积2.1万平方米。2011年，营业收入2599万元。（参见第十六篇第五章第一节）

东方商品城（东方小商品市场） 位于汶河南路59号。1993年12月开业。一楼经营百货系列，二楼精品男女装、床上用品，三楼精品童装。消费群体主要对象是工薪阶层和近郊乡村，与万家福商城、金鹰国际购物中心错位经营，价格相对比较便宜，交通方便，深受普通市民欢迎。

第三节 文昌路胜迹

一、肯特园

位于头道河旧址。由扬州市友好城市美国肯特市出资，1998年5月建成。面积0.24公顷，园内有南北略长八角形金属亭，亭下置瓷砖拼贴，展示有肯特风情的美国儿童美术作品8幅。亭前铜制铭牌为：“谨以此肯特园敬赠予中国江苏省扬州市人民，借以表示我们两市之永恒及亲切之友谊。”与1988年建成的“树人苑”相连，总面积1.44公顷，成为市第三批永久性绿地。

二、唐石塔

位于文昌中路路中间。石塔寺前身为晋代蒙因显庆禅寺，南朝刘宋元嘉十七年（440），改名惠照寺。唐先天元年（712），改名安国寺，唐乾元二年（759）又改为惠照寺，后又改名木兰院。

唐开成三年（838），获古佛舍利，为瘗藏佛舍利而建石塔，名石塔寺至今。1978年，扩建石塔寺巷为石塔路，将石塔及唐代银杏一株留于路中，成为一处长百米的路中心绿岛。西端唐代石塔，六角攒尖葫芦形塔顶，五层六面，石质塔体，稳实端庄。各层有飞檐，檐边雕饰各式花纹图案，塔角微翘，塔周有石龛，塔周石栏，上下两层，石栏上刻龙、凤、牛、马等动物。

三、唐银杏

位于文昌路中心绿岛。东部有树龄1060余年唐代银杏一株，高20多米，树冠直径18米。精巧庄重的唐石塔与高大舒展的唐银杏，两件千年国宝构成石塔路一景。绿岛路北，东西相隔数十米，两两并排，有四棵古银杏树。汶河小学门前（府学旧址）有两棵530年树龄的明代银杏树，其西四五十米处，有两棵210年树龄的银杏树，稍北处，为一阔五楹两层明代楠木楼。唐石塔、古银杏、明楠木楼，相互映衬，成为古代文化与现代文明交相辉映的城市景观。

四、新马路

现名淮海路。民国26年（1937）镇江扬州汽车开通后，在古城西城墙南北各增开一门，分别为凯旋门（新南门）、和平门（新北门），南北二门之间以府西街（府署之西而名）、县西街（县衙之西而名）为基础，扩建为路幅12米、车行道8米、全长1950米的泥结碎砖新马路，成为扬州城内第一条可通汽车的街道。建路时，两侧栽500多棵悬铃木（俗称法国梧桐）作为行道树。新中国成立后，新马路改名为淮海路。70多年过去，路两边的悬铃木树冠相接相拥，绿叶扶疏，淮海路已成为绿树街廊。

五、县府街

位于淮海路口至文昌阁。扬州解放前，县府街长百余米。路北西段原为江都县衙，东段原为扬州府8县共有府学孔庙。新中国成立后，扬州市委、市政府（县级）等机关设于此。1983年地改市后，西段为广陵区党政机关用地，东段为市政协办公场所。1995年，广陵区政府拆除南大门及部分房屋，改建为过街楼仿古式综合大楼，临街底层为商业用房。1998年，市政协拆除原市府礼堂，改建为仿古式五层办公楼，同时建大门、院墙、门卫用房。

六、紫藤园

位于紫藤路与淮海路交汇处。街南侧西段原为元代大都督府署用地，明清府署、民国县党部都曾设于此。新中国成立后，为培养工农干部，曾设江苏省文化干部学校。1971年，改为扬州地区第二招待所。同时将位于府前街（今通泗西街）原大门改为北大门临石塔路。1990年，原府署用地一分为二，南部仍为招待所，因所内有一棵历经元、明、清三代至今仍长势旺盛而极负盛名的730多年的古紫藤，而改名为紫藤园商务宾馆。

七、文昌阁

位于汶河路文昌路交汇处。又称文昌楼，省级文物保护单位。明弘治九年（1496），建文津桥。明万历十三年（1585），桥上增建文昌阁。万历二十三年（1595），阁遭火焚。次年，江都知县张宁重建。阁高24.25米，砖木结构，三层圆檐，上盖筒瓦，顶檐圆锥形，置葫芦顶，平面八角形，底层砖墙，四面拱门，二、三层有木格窗。1952年8月，对文昌阁笫正保护，直至1953年工程维修竣工。1959年，城市改造，填没汶河，文津桥埋入地下，桥上文昌阁则立于地面之上。

随着城市建设的不断发展，文昌阁及周边地区逐渐成为扬州市区繁华的商业中心和交通要道，成为扬州古城的重要标志。为保持古城传统风貌，凸显文昌阁的标志形象，文昌阁周边临街建筑，均以文昌阁为参照物，对新建筑物的高低进退、外形、装修加以控制。

八、三元路

原三元巷东起仁丰里，西至文昌阁，是一条宽仅2～3米的小巷。乃为纪念吕溱（宋仁宗时）、王昴（宋徽宗时）及李易（宋高宗在扬钦点）三位扬州籍状元，建有文津坊。吕溱才识过人，辩讼立断，世人与包拯并提，称他为“吕龙图”。王昴官起居舍人、秘书少监，分经、史、子、集四库，委官校对，遇有脱落讹误，另以别本校正印行称善本，他的图书分类方法，长期为后世沿用。李易，授江阴军判官，与江阴守臣胡纺协力坚守，使江阴免遭金兵侵犯。明嘉靖四年（1525），扬州知府蒋瓒见文津坊年久失修，为昌明圣学，弘扬勤奋学习之风，重修牌坊称“状元坊”，坊上刻三位状元官讳、职衔，以“景慕先贤，以励后世”。清康熙元年（1662），两淮巡盐御史胡文学再次重修，改称三元巷。1978年2月，扬州建设从头道河至小秦淮河全长1000米的人防工程，同时对三元巷、旧城八巷拓宽改造，始名“三元路”。1982年建设，总长620米。

九、珍园

位于文昌中路、小秦淮河西岸。市级文物保护单位。原为清末盐商李锡建家园，占地面积约1.2公顷。园门东向，造型独特，形似古式拱形座钟，上嵌篆书“珍园”石额。入园东南筑湖石假山，山有洞曲，下临水池，曲桥数折架池上，过曲桥可至洞口。池中植睡莲，养金鱼。园内有百年瓜子黄杨一棵。假山西侧回廊与院西南方亭相连。再西经花瓶门通内宅，门楣额书“柘庵”。内宅原为庵堂，后改为二进平房，屋前有花圃。后进院西有湖石围砌花坛一座，曲池一泓。珍园现与新建商业建筑分离，自成区域，可从九巷22号进出。

2006年6月，珍园饭店进行改建，总用地面积2.1公顷，建筑面积1.31万平方米。临街如意楼东西长60米，坡顶四层，地下一层，楼南建有珍园广场。墙面书有“珍园”“冶春茶社”。新建筑东临小秦淮河，临河建滨河小道，形成缓坡、台阶步道、河滨绿化等新景观。

民国17年（1928），中共扬州特别支部位于原珍园饭店东侧河边。2006年3月，决定迁址在珍园饭店范围内重建，列一碑作为扬州早期党的活动遗址。

十、萃园

位于文昌中路312号，今称萃园城市酒店，市级文物保护单位。

清宣统三年（1911），丹徒人包黎先于潮音庵故址筑大同歌楼。民国7～8年（1918～1919）间改建为萃园，作宴游之所。民国31年（1942），改名衡园。新中国成立后为扬州市政府第一招待所，并将西部的胡显伯息园并入。90年代，始名萃园城市酒店。

入大门左首，80年代建三层楼，名冠芳园，东至小秦淮滨河小道处，楼南数米外积土“如山如阜”，高3～5米，无缓坡，似从土中长出，颇具气势。土阜侧曲池一泓，湖石为岸更添天成之感。土阜西南石阶可登临，或东上或折而南下。冈上有亭一座，绿树环护，甚为雅静。土阜南有楼名“揽翠阁”，临小秦淮河，外观典雅古朴、色调素淡。阁之西，饭店南侧仿古三层楼，北墙悬“萃园”字匾，面对酒店大门。“萃园”楼西，有二层“君临苑”，偏北有二层“宏图府”。饭店以楼相围合，院中设停车场。原四面廊方厅已不存，以新构“清心赏月亭”及枯井、湖石代之。酒店建筑具传统特色，形态古朴优美，旅寓功能齐全，古今交融得体。

“萃园楼”西南侧，有东西向院墙，院墙南为息园旧址，圈以保护。

广陵区部分古街巷维护情况简表

表8-5-1

序号	街巷名称	走向	起讫点	街巷现状			历史遗存
				长度（米）	材质（路）	维修（年）	
1	天宁门街	南北向	天宁城门口、彩衣街	206	面包砖	2011	—
2	南北柳巷	南北向	小秦淮河东、甘泉路北	1000	面包砖	2009	董子祠
3	皮市街	南北向	广陵路、罗湾街	630	花岗岩	2006	蔚圃、庙宇8处
4	徐凝门街	南北向	广陵路、南通东路	310	沥青	1994	何园
5	三义阁	东西向	永胜街、国庆路	216	面包砖	1991	永宁泉浴室
6	康山街	东西向	南河下、北河下	309	麻石	2001	曾公祠（盐宗庙）、意园
7	南河下	东西向	康山街、埂子街	1850	麻石	2001	盐商会馆6处
8	毓贤街	东西向	仁丰里、南门街	204	沥青	2004	阮元家庙、安定书院旧址
9	湾子街	东北斜西南	罗湾街、打铜巷	673	面包砖	1996	宗教6处
10	弥陀巷	南北向	彩衣街、盐阜路	277	面包砖	2004	罗聘故居、旌德会馆
11	常府巷等	南北向	甘泉路、小三巷	400	沥青	80年代	四眼井
12	达士巷	东西向	渡江路、埂子街	350	面包砖	2011	浙绍会馆
13	永宁巷	弯弯曲曲	木香巷、状元巷、达士巷	300	面包砖	2011	永宁宫
14	状元巷	弯曲多分叉	渡江路、木香巷、永宁巷	370	面包砖	2011	宋代状元蔡薿牌坊
15	木香巷	多条短巷	渡江路、状元巷	78	面包砖	2011	张联桂故居
			永宁巷、南河下	220			
16	当典巷	东西向	埂子街北段、西侧小秦淮河	98	面包砖	2010～2011	—
17	巴总门	东西向	引市街南段东侧	84	面包砖	2006	巴源绶巴慰祖宅
18	风箱巷	东西向	皮市街、石牌楼	200	面包砖	2001	2号、6号、22号名园3处

续表 8-5-1

序号	街巷名称	走向	起讫点	街巷现状			历史遗存
				长度(米)	材质(路)	维修(年)	
19	皇宫巷	东西向	院东街 院大街	150	沥青	1999	两淮巡盐察院署
20	阮家大院	东西、南北	福寿庭、大东门街、十巷、观风巷	1000	道砖等	2010～2012	—
21	新华东巷	东西向	福寿庭、观风巷	200	道砖等	2010	—
22	北城根	南北向	大东门桥、北水关桥	300	水泥	2011	—
23	北城根东巷	南北向	小东门桥、小虹桥	300	面包砖	2011 年后	—
24	小虹桥(巷)	南北向	小虹桥、萃园桥	200	面包砖	2011 年后	—
25	九巷	T 形	文昌路、十巷、院东街	1000	面包砖等	2010	珍园
26	十巷	东西、南北	九巷、阮家大院	1500	水泥	2010	—
27	正谊巷	东西、南北	大东门街、北门街、水井巷、石灰巷	1500	道砖	2011 年后	—
28	石灰巷	东西、南北	大东门街、正谊巷	500	道砖	2010	—
29	水井巷	南北向	大东门街、石灰巷	50	道砖	2010	—
30	下铺街	东西向	南城根、小三巷、南门街	305	水泥	2011	—
31	南城根	南北向	龙头关、甘泉路	400	道砖	2011	—
32	南城根东巷	南北向	龙头关、如意巷	200	道砖	2011	—
33	运河西街	东西向	钞关西河边、响水桥	100	道砖	2000	南门遗址
34	运河西后街	南北向	运河西街、南通西路	50	道砖	2000	—
35	圆通里	东西向	南城根、南城根、小三巷	60	道砖	2011 年后	三和酱品原厂址
36	极乐巷	东西向	运河西街、供电局	50	道砖	2000	—
37	永兴里巷	南北向	龙头关、圆通里	70	道砖	2011	—
38	南城根小三巷	南北向	南通西路、常府巷	200	道砖	2012	—
39	堂子巷	东西向	卸甲桥、南门街	300	沥青	2004	—
40	史巷	南北向	甘泉路、毓贤街	350	沥青	2006	—
41	嵇家湾	南北向	文昌路、旧城六巷	100	沥青	2011 年后	怡庐
42	永丰巷	东西向	南城根、常府巷	300	道砖	2000	—
43	浴堂巷	东西向	南城根、常府巷	300	道砖	2010	—
44	大狮子巷	东西向	南城根、常府巷	200	道砖	2000	—
45	小狮子巷	南北向	大狮子巷、浴堂巷	400	道砖	2000	—
46	兴隆桥西	南北向	如意桥、小东门桥	600	石材	2001	—
47	通泗西街	东西向	汶河路、淮海路	250	沥青	2011	大都督府旧址
48	大梅家巷	L 型	淮海路、集贤庄、四望亭路	600	水泥	1989	—
49	集贤巷	东西向	大梅家巷、西延	150	面包砖	2007	—
50	石塔北街	南北向	石塔桥、四望亭路	350	水泥	1990	宋大城西门遗址
51	石塔南街	南北向	文汇东路、石塔桥	1000	沥青	2011	中美肯特友好园
52	紫藤路	东西向	汶河路、淮海路	250	水泥	2011	紫藤宾馆 元代紫藤

续表 8-5-1

序号	街巷名称	走向	起讫点	街巷现状			历史遗存
				长度(米)	材质(路)	维修(年)	
53	驼岭巷	东西向	汶河路、淮海路	250	水泥	2011	八怪纪念馆、千年古槐
54	新兴巷	南北向	驼岭巷中段向北	100	水泥	2007	—
55	头巷	东西向	仁丰里、北城根	150	面包砖	2011年后	—
56	二巷	东西向	仁丰里、北城根	100	道板砖	2008	—
57	小二巷	L型	仁丰里、北城根	100	道板砖	2008	—
58	三巷	东西 南北	仁丰里、北城根	250	道板砖	2008	明兵部侍郎曾铣宅
59	大三巷	东西向	仁丰里、南门街	100	面包砖	2011	—
60	小三巷	南北向	二巷、三巷、中段连成工字	100	道砖	2008	—
61	四巷	东西向	仁丰里、小虹桥	150	面包砖	2011年后	晚清画家戴虎卿宅
62	五巷	东西、南北	仁丰里、四巷、小虹桥	180	沥青	2011年后	—
63	小五巷	东西向	仁丰里、迎春巷	200	面包砖	2011年后	—
64	六巷	东西、南北	向阳巷、五巷、萃园桥	350	沥青	2008	—
65	七巷	东西	萃园桥、嵇家湾	300	面包砖	2008	息园旧址
66	通运街	南北向	大莲花桥、夹剪桥	101	沥青	2001	—
67	通运南街	东西向	通运街、湾子街	93	沥青	2001	—
68	永胜街	南北向	古旗亭街、三义阁	411	沥青	2001	—
69	参府街	东西向	国庆路、松风巷	141	面包砖	2010	28号参将府旧址
70	青莲巷	L型	苏唱街、广陵路、犁头街	206	面包砖	2011年后	—
71	丁家湾	T型	徐凝门、四岸公所	212	—	—	—
			四岸公所、苏唱街	90	—	—	—
			四岸公所、新仓巷	160	—	—	—
72	石牌楼	T型	三祝巷、湾子街	215	面包砖	2011年后	吴熙载、陈含光、黄汉候故居

说明:"常府巷等"含卸甲桥、张甲桥、大实惠巷

广陵区部分重点街巷情况简表

表 8-5-2

序号	街巷名称	走向	起讫点	长度(米)	历史遗存
1	得胜桥街	东西向	永胜街、国庆路	103	富春茶社
2	大东门街	东西向	大东门桥、汶河北路	350	—
3	彩衣街	东西向	国庆路、大东门桥	320	30号门楼等3处文保单位
4	埂子街	南北向	小秦淮河东侧南、钞关	560	愿生寺
5	南门街	南北向	南通路、甘泉路	850	仙鹤寺
6	仁丰里	南北向	甘泉路、文昌中路	700	鱼骨状街主街、千年古巷数十条
7	新胜街	东西向	国庆路、南柳巷	250	绿杨旅社等

续表 8-5-2

序号	街巷名称	走向	起讫点	长度(米)	历史遗存
8	古旗亭街	东西向	通运街、国庆路	250	广陵琴派 10 代传人刘少椿宅
9	苏唱街	东西向	丁家湾、渡江路	200	扬州浴室
10	北河下	南北向	康山街、田家巷	708	—
11	犁头街	东北斜西南	广陵路、渡江路	98	—
12	引市街	L 型	南河下、万安巷、渡江路	350	巴总门、廖可亭宅、方尔咸宅、徐宝山宅
13	丁家湾	T 型	徐凝门、苏唱街、新仓巷	510	张亮基故居、许榕楫住宅
14	粉妆巷	南北向	甘泉路、下铺路	400	洪友兰故居
15	粉南巷	东西向	粉妆巷南段西侧、南门街	137	清文学家吴绮旧址
16	曹李巷	东西向	仁丰里、史巷	105	陈仲云故居
17	旌忠巷	东西向	仁丰里、南门街	208	旌忠寺
18	居士巷	南北向	南河下、丁家湾	204	11 号兴善寺
19	东岳巷	L 型	北小街、盐阜路	102	东岳庙
20	赞化巷	东西向	史巷、南门街	250	道观赞化宫
21	通泗街、南小街	南北向	甘泉路 紫藤路	460	紫藤园
22	中小街、北小街	南北向	文昌中路 盐阜路	400	文昌阁、四望亭
23	旧仓巷	东西向	通泗街、淮海路	200	—
24	新仓巷	东西向	居士巷、引市街	200	岭南会馆、嘉兴会馆、魏源故居
25	观风巷	南北向	旧城十巷、大东门街	103	—
26	螺丝结顶	弯曲多分叉	崇德西巷、羊肉巷	224	—
27	太平码头	东西向	埂子街中段西侧	29	—
28	大、小武城巷	南北向	丁家湾、广陵路	108	贾颂平宅
29	羊胡巷	东西向	徐凝门街中段东侧、北河下	307	—
30	元宝巷	东西向	徐凝门街中段东侧、十八家巷	148	—
31	水致祥巷	T 型	得胜桥东段南侧	63	—
32	耿家巷、小耿家巷	东西向	皮市街中段东侧、沙牌坊	200	耿鉴庭故居
33	南讲经墩	南北向	彩衣街、萃园桥	283	—
34	北讲经墩	南北向	彩衣街、北水关桥	439	—
35	如来柱	L 型	刁家巷、丁家湾、大树巷	184	—
36	大、小十三湾	南北向、弯曲	达士巷、甘泉路	210	—
37	大流芳巷	南北向	十八家、广陵路	211	叶秀峰故居
38	小流芳巷	东西向	十八家、大流芳巷	130	—
39	大、小羊肉巷	弯弯曲曲	渡江路东侧	208	王万青故居
40	大描金巷	南北向	刁家巷、广陵路	140	—
41	小描金巷	东西向	大描金巷中段、徐凝门街	66	—
42	马神庙巷	东西向	国庆路、新风巷	25	—
43	二圈门	T 形	国庆路、东营五、七巷	116	—
44	鸡鸭巷	东西向	国庆路、东营头巷	25	—

续表 8-5-2

序号	街巷名称	走向	起讫点	长度(米)	历史遗存
45	新风巷	L 型	东营七巷、谢总门	105	—
46	东营头巷	东西向	小井巷、东营	98	—
47	东营二巷	东西向	二圈门、东营	95	—
48	东营三巷	东西向	二圈门、东营	95	—
49	东营四巷	东西向	二圈门、东营	98	—
50	东营五巷	东西向	二圈门、东营	95	—
51	东营六巷	东西向	二圈门、东营小五巷	93	—
52	东营七巷	T 型	二圈门、如意巷	110	—
53	如意巷	Y 型	东营七巷、永胜街	120	古井(井栏新)
54	崇俭巷	Y 型	东营、永胜街	125	—
55	无名巷	东西向	永胜街、通运西街	52	—
56	通运西街	南北向	古旗亭街、夹剪桥	114	—
57	夹剪桥	东西向	永胜街、通运街	116	—
58	卞家巷	东西向	通运西街、通运街	38	—
59	太平巷	东西向	通运西街、通运街	47	—
60	饺肉巷	门字型	大井巷、湾子街	194	—
61	大井巷	南北向	饺肉巷、通运南街	112	—
62	罗甸巷	东西向	永胜街、饺肉巷	99	—
63	大莲花桥	南北向	文昌中路、古旗亭街	69	—
64	莲桥东巷	东西向	大莲花桥、仁寿里	101	—
65	仁寿里	Y 型	莲桥东巷、玉井巷	101	—
66	玉井巷	东西向	通运街、洪池巷	219	玉井,另有两口古井
67	芦刮刮巷	南北向	玉井巷、湾子街	110	—
68	洪池巷	南北向	玉井巷、湾子街	115	—
69	谢总门	南北向	古旗亭街、如意巷	106	—
70	古旗亭小井巷	南北向	古旗亭街、谢总门	121	古井(口已封)
71	东营小五巷	南北向	东营六巷、东营五巷	81	—
72	东营	南北向	如意巷、得胜桥	205	古井(口已封)
73	小头巷	南北向	东营二巷、得胜桥	92	—
74	得胜桥小井巷	南北向	得胜桥、得胜桥	38	—
75	富春巷	南北向	得胜桥、三义阁	153	—
76	明月巷	东西向	永胜街、湾子街	50	—
77	无名巷	东西向	永胜街、湾子街	50	—
78	花局巷	南北向	石牌楼、广陵路	177	—
79	三祝巷	南北向	风箱巷、广陵路	207	—
80	张家大院	东西向	湾子街、蒸笼巷	151	—
81	蒸笼巷	L 型	张家大院、蛇尾巷	76	—

续表 8-5-2

序号	街巷名称	走向	起讫点	长度(米)	历史遗存
82	蛇尾巷	T 型	风箱巷、张家大院、茂圣桥	115	—
83	肖家井	L 型	张家大院、蛇尾巷	142	古井
84	茂盛桥	南北向	宛虹坊、风箱巷	121	—
85	茂盛桥东	L 型	茂盛桥、风箱巷	115	—
86	小风箱巷	南北向	宛虹桥、风箱巷	140	—
87	宛虹坊	南北向	板井巷、肖家井	233	—
88	宛虹坊小井巷	南北向	宛虹坊、蛇尾巷	36	—
89	宛虹桥	T 型	风箱巷、宛虹坊、皮市街	277	宛井
90	大丰巷	东西向	湾子街、灯草行	114	—
91	灯草行	Y 型	湾子街、宛虹坊、肖家井	265	戈湘岚故居
92	真君寺巷	东西向	新民巷、皮市街	41	—
93	新民巷	L 型	板井巷、宛虹坊	228	—
94	板井巷	Y 型	路灯台、皮市街	157	—
95	鱼皮巷	南北向	湾子街、板井巷	185	—
96	铁锁巷	南北向	湾子街、板井巷	116	—
97	路灯台	南北向	三多巷、板井巷	250	—
98	三多巷	南北向	湾子街、鱼皮巷	192	王少堂故居

说明：通泗街、南小街、中小街、北小街为与汶河路相平行的一条南北向街道，旧时四条街首尾相接。南起甘泉路，北至盐阜路

广陵区部分街巷（建筑物）名称变更简表

表 8-5-3

序号	现用名	曾用名	变更原因	遗存或演变情况
1	文昌中路	原石塔路、三元路、琼花路、旧石塔寺巷、县府街、三元巷、旧城八巷、琼花观街、双忠祠巷、黄家园、紫气东来巷、罗湾街	主干道建设	唐石塔唐银杏路中绿岛内
2	汶河路	北门街、开明桥(街)	主干道建设	市河填塞成路
3	甘泉路	缎子街(多子街)、邗江路、小东门街	次干道建设	1951 年拓宽成路
4	广陵路	左卫街、缺口街、东方红路	次干道建设	1951 年拓宽成路
5	国庆路	辕门桥街、教场街、鹅颈项弯、运司街	次干道建设	1951 年拓宽成路
6	渡江路	砖街、翠花街	次干道建设	1951 年拓宽成路
7	四望亭路	西门街、县学街、十八湾	次干道建设	1951 年拓宽成路
8	淮海路	新马路、府西街、县西街	对外交通发展	成内环道路
9	通泗西路	府前街	—	—
10	通泗街	府东街、府南街	—	—
11	毓贤街	选楼巷、太傅街	—	—
12	南、北柳巷	柳巷、大儒坊	—	董子祠

续表 8-5-3

序号	现用名	曾用名	变更原因	遗存或演变情况
13	水致祥巷	水字墙巷	—	—
14	赞化巷	赞化宫巷	—	—
15	观巷	水仓巷	并入观巷	—
16	萃园路	贤良街	—	萃园路礼拜堂
17	引市街	李官人巷	—	—
18	徐凝门大街	徐凝门街、徐凝门外街，蒋家桥街	城门名街	纪念徐凝，提升知名度
19	驼岭巷	西方寺巷	—	—
20	新胜街	新盛街、翠花街	—	—
21	南河下	河下街	—	盐业会馆、盐商住宅
22	康山街	中河下、轿坊巷（部分）	—	卢氏盐商住宅、盐宗庙
23	状元巷	状云巷（1965 ～ 1981 年）	—	—
24	新风巷	马神庙巷	—	—
25	崇俭巷	多宝巷	—	—
26	新民巷	真君巷	—	—
27	南北讲经墩	姜家墩	—	—
28	马监巷	马家巷	—	—
29	曹李巷	糙米巷、桃李巷	—	—
30	埂子街	钞关街、埂子上	—	—
31	五福巷	五谷巷	—	—
32	苏北人民医院	星桥街（星桥西街）、屈巷	—	医疗用地
33	集贤一村、二村	小梅家巷 张回巷 五明巷，集贤庄	—	住宅小区
34	红杉树大酒店	向阳巷	—	临街建筑
35	银杏商场	大灯笼巷	—	临街建筑
36	世纪联华超市	小灯笼巷	—	临街建筑
37	莲花街坊	功德东西巷、功德南巷、炭箕作	—	—
38	安乐街坊	槐树北巷、轿坊巷、吃吃看巷、油货巷	—	—
39	百盛商业大厦	三祝庵巷、双忠祠巷	—	双忠祠遗址
40	宋城名都	田家巷、新古三巷	—	仿宋商业建筑群
41	古运河风光带	砚池街，东关外南河边，大水湾，缺口南、北河边，福运门外东、西河边，徐凝门外西河边，钞关东、西河边	改善市民居住条件，搬至住宅区	滨河绿化成景点，提升完善成运河风光带
42	东关街	金桂园巷、王总门、徐总门、狄家店、野鸡巷	并入东关街	—
43	教场·秦淮坊	碧螺春巷、买春巷（新春巷）、二圈门、三圈门、雀笼巷	商区改建，巷已不存	商街改造一期工程

第九篇 东关历史文化街区

要　目

第一章　规划建设 …… 295

第一节　保护规划 …… 295

第二节　街区建设 …… 297

第二章　文化遗存 …… 298

第一节　东关街 …… 298

第二节　东圈门 …… 303

第三章　商　肆 …… 304

第一节　老字号 …… 305

第二节　新店铺 …… 308

第三节　传统工艺门店 …… 310

扬州城厢东关一带在距今1200多年的唐代中叶已形成坊市。东关街这条通衢大道，是扬州运河文化的代表。东圈门是与东关街平行并列的街道。市委、市政府将东关街、东圈门两条街结合起来共同规划、整治、开发，形成文韵十足的“双东”历史文化街区。

2000年，市政府获得国家文物局批准的历史街区专项保护经费300万元，开始启动东关历史街区保护与整治工作。2001年，市四届人大常委会第三十次会议，通过《扬州老城区控制性详细规划大纲》，确定老城区范围内首批保护的有东关街、南河下、仁丰里、湾子街四个历史街区。2002年《扬州历史文化名城专项规划》中，划定东关历史文化街区范围，要求对传统商业街——东关街、东圈门至地官第这两条横向轴线及尚存的老字号商铺、文物保护单位、宗教建筑及名人故居等传统建筑，按历史原真性、风貌完整性、生活延续性原则予以保护和整治。在发挥居民的主观能动性前提下，循序渐进地发掘街区潜力，避免原住居民的大规模动迁。在2006年“联合国人居奖”评选中，扬州按照“外部保持风貌、内部设施配套”要求，对东关历史街区的老住宅改造维修，受到评委肯定，全票通过。2007年，市委、市政府提出将“双东”打造成扬州历史文化的集中展示区、古城申报“世遗”的核心区、古城保护可持续发展的示范区。

2000～2011年，累计投入10多亿元，在东关历史街区内对一批文化古迹与公用设施进行保护性修缮，如个园南部住宅、逸圃、壶园、武当行宫等，修复街南书屋，整治危旧房屋3000多户，整修老街巷26条，增加绿地、公厕、停车场设施。保护非物质文化遗产，如扬州玉雕、漆器髹饰技艺、剪纸等民间工艺。

2010年6月，东关街被评为第二批中国历史文化名街。2011年3月，东关历史文化街区获批国家AAAA级旅游景区，当年到东关街区旅游人数300万人次。

第一章　规划建设

扬州中德技术合作“生态城市规划及管理（2002～2007）项目”，是由商务部和德国经济发展部正式签约的技术合作项目。德方先后派遣3批专家到扬州，提供技术支持、咨询和资金援助。东关街区的“文化里”示范民居的改造，是双方技术合作的成功范例。2008年，东关街区实施东关街西段（国庆路至马监巷）街景改造与美化以及李长乐故居、逸圃、华氏园、胡仲涵故居、武当行宫、壶园等整治工程。

2009年年初，市名城建设公司委托东南大学城市规划设计院，编制《扬州东关历史文化街区保护规划》（以下简称《保护规划》）。8月初，省建设厅组织专家评审，8月下旬，经市政府批准予以实施。市政府聘请刘太格、吴良镛、王景慧、阮仪山等为顾问，加强对东关街区保护整治工程的指导。街区建设分为古建筑修复、古街巷修缮、环境整治以及搬（拆）迁安置等项工作。

第一节　保护规划

一、规划范围

东关历史文化街区北至盐阜路，南到文昌路，西临国庆路，东至泰州路，规划总用地面积77.54公顷。保护范围是东关街两侧文保单位，传统风貌建筑较为集中，空间格局保存完好，需严格控制的区域，用地面积32.47公顷。

二、规划目标

为东关历史文化街区的历史文化保护、城市建设和城市管理提供控制管理的法律依据和工作框架，为规划区的社会经济发展新阶段提供可持续发展的功能与内容。

三、工作重点

在保护的前提下，有序更新，改善环境，提高居民的生活质量。实施传统商业、城市旅游和文化经营的重新定位，充分展现街区所包涵的遗址文化、名人文化、园林文化、书香文化、商业文化、近代工业文化的氛围，推动东关街区经济发展。

四、重点保护利用对象

空间格局与街巷肌理　保护东关街、东门、运河码头的空间格局、尺度与传统风貌，控制沿街建筑高度，对沿街风貌障碍建筑和东门遗址环境进行整治，强化“河—城—街”的历史格局；对街区内的历史街巷，保持和延续其传统格局、肌理和尺度，保护和恢复传统街巷的历史名称。

文物保护单位　规划范围的各级文物保护单位有个园、东门遗址、汪氏小苑、逸圃、冬荣园、琼花观、武当行宫、准提寺、曹起溍故居、李长乐故居、刘文淇故居、诸姓盐商住宅、丁氏盐商住宅、马氏盐商住宅、壶园、包世臣故居等。

历史建筑　除文物保护单位外，具有一定的历史、科学、艺术价值，能够反映某个历史时期（包括新中国成立后）历史风貌和地方特色的建（构）筑物，定为历史建筑。保护历史建筑的风貌与建筑元素，不成片拆除历史建筑，根据其历史文化价值和完好程度进行修缮。对符合历史建筑条件的，由市政府公布为历史建筑。

其他物质文化遗存　包括规划区内古树名木、古井、古建筑门楼、墙面、界石等实行就地保护，说明和展示其历史文化价值。对零星的古建筑家具、石雕、木雕构件，采取馆藏或集中保护的方法。

五、公共活动空间

保留并适当增加规划区内的主要巷弄和公共活动空间，形成“两轴、五核、六节点”的公共活动空间体系。

“两轴”　一为保护并强化东关街的传统商业轴；一为花局里主街延续至东圈门 16 号主街一线。其南段突出名人文化（东圈门 16 号、李长乐故居）与书香文化（街南书屋）的空间氛围，北段突出特色商业空间（花局里）氛围。

“五核”　三和四美厂址以北的社区活动广场，东门遗址广场，街南书屋小游园，个园与琼花观两个公园。

“六节点”　三和四美传统酱品展示园、美食广场、谢馥春厂区、艺蕾小学、东圈门 16 号、李长乐故居，形成小型的公共活动空间。

六、旅游规划

（一）旅游资源分类

根据旅游资源的分布特点，现有旅游资源可分为：三线、三片、十八点。

三线：东关街（千年古街），地官第（名人会聚），个园—东圈门 16 号轴线（东关文化综合轴线）。

三片：个园一片（逸圃、曹起溍故居、胡仲涵故居、安氏园、个园）——园林游览；东圈门 16 号一片（江上青故居、熊成基故居）——红色旅游；汪氏小苑一片（汪氏小苑、丁氏盐商住宅、马氏盐商住宅、洪兰友故居）——盐商文化与名人故居游。

十八点：指 18 个景点，其中主要景点为：东门遗址、四美酱园、琼花观、馥园、街南书屋，次要景点为：冬荣园、许靖华故居、金粟山房、准提寺、山陕会馆、包世臣故居、武当行宫、三祝庵、华氏园、李长乐故居、郭坚忍故居、盐务会馆、诸姓盐商住宅。

（二）旅游服务设施

规划在东门遗址、个园以北、东圈门 16 号以南以及东关街西入口附近共设游客服务中心 4 处，以东门遗址服务中心为主。

规划合理设置“吃、住、行、游、购、娱”服务设施，其中餐饮设施 6 处，住宿设施 2 处，娱乐设施 5 处，购物方面安排 4 处，游览路线可由游客根据实际情况安排选择。

交通方面：大型机动车停车场 4 处，分别位于个园北门处、东圈门 16 号南面、东门遗址旁边和东关美食广场停车场。历史街区内以电动观光车与步行为主，在东门遗址旁设有电瓶自行车停车场 1 处，在规划区内设有多个公共自行车换乘点。

第二节　街区建设

一、古建筑修建

2000～2011 年，市区累计投入 10 多亿元，完成个园南部住宅、逸圃、李长乐故居、武当行宫、胡仲涵故居、冬荣园的修缮，复建曹起溍故居、熊成基故居，壶园二期停车场建设；长乐客栈、街南书屋古建筑的修缮与复建等项目，总计建筑面积 1 万平方米以上。

二、古街巷修缮

（一）东圈门街至地官第街的修缮

2000 年，复建东圈门街西首的东圈门城楼，为扬州古城保护的开篇之作。

2001 年，完成东圈门街、三祝庵街、地官第街一线的道路工程及东圈门沿街两侧建筑和街景保护，汪氏小苑维修。地面各类杆线全部下地，铺设各类管线 5728 米、麻石路 2900 平方米，拆除沿街不协调建筑近 600 平方米，改造和修缮临街建筑 4982 平方米，总计投入 2300 万元。

（二）东关街修缮

2003 年 2 月，东关街一期保护和整治工程启动，范围为国庆路—马监巷的道路及沿街两侧房屋，全长 580 米，新铺设麻石路面 600 米、2809.33 平方米，拆除街道两侧违章建筑及部分影响古城风貌的建筑物 1707 平方米，各种杆线下地，新铺各类管线 2408 米，安装仿古路灯 20 套，修缮沿街房屋 35 间（其中收购 15 间），投入工程资金约 1650 万元。初步形成东关街—个园—马监巷—汪氏小苑—东圈门“古巷风情游”的旅游线路。2003 年 5 月，市政府举行“古巷风情游”首游式，投入 20 辆黄包车供游客乘坐。

2004 年 2 月，东关街二期工程（马监巷—东关古渡）开工，线路总长约 550 米，全面整治道路及沿街两侧房屋，投入资金 4200 万元。至 2005 年年底，完成马监巷—观巷段地下管道铺设及路面底层混凝土浇筑。

东关街街面整治工程对沿街建筑进行逐户勘测设计，依照“修旧如旧”原则，再现青砖小瓦马头墙、木板门、花格窗的街景，用地面积 2.49 公顷，建筑面积 1.29 万平方米。2011 年，沿街设清代市井人物青铜塑像，有厨师、剃头匠，还有磨剪铲刀、修脚匠，栩栩如生。

（三）“鱼骨状”街巷体系保护

东关街拥有比较完整的明清建筑群及“鱼骨状”街巷体系。其特点是多而奇：在不足 1 平方千米范围内，有 100 多条首尾相通、千奇百怪的大街小巷；短而窄：一般街道宽度在 3 米左右，巷道仅为 1～2 米，长度多在一二百米，短的仅二三十米；曲而幽：蜿蜒曲折，内外相通。这种路路相通的巷道，将文物古迹、深宅大院、名人故居、古树名木、寻常百姓的生活场景点缀其间，形成独具魅力的街巷景观。这些在不同历史时期形成的街巷有：广储门街、臣止马桥、便益门大街、羊巷、芍药巷、观巷、问亭巷、浴堂巷、马监巷、谢家巷、小太平巷、文化里、薛家巷、韦家井、马坊巷、斗鸡场、五谷巷、五

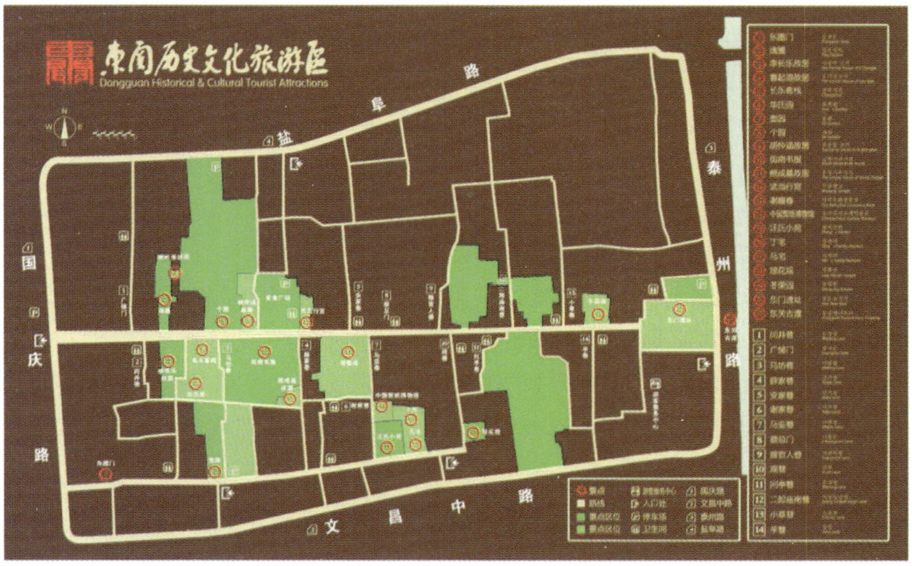

图 9-1-1　东关鱼骨状街巷体系示意图

谷南巷、问井巷、探花巷、沙锅井、大莲花桥、大方巷、牌坊巷、大草巷、小草巷、二郎庙南巷、二郎庙东巷、二郎庙西巷、二郎庙北巷、二郎庙前巷、定慧巷、雅官人巷、蔡总门、马总门、剪刀巷、樊家园、后安家巷、前安家巷、卞总门、江家桥、仁丰里、金桂圆巷、王总门、徐总门、礼拜寺巷、水仓巷、财神庙巷、新古三巷、三祝庵巷等。

三、搬迁安置

搬迁对象分居民和企事业单位两类。2000～2011年，共搬（拆）迁住户2120户、单位40家，搬（拆）迁面积20万平方米。建成32万平方米的名城运河佳园及北苑两个安置小区，提供安置房源2846套，解决东关历史街区及古城保护项目住户搬（拆）迁安置工作。40家搬迁单位补偿到位。完成三和四美酱品厂搬迁、安家巷通道整治，建成东关美食广场、东关社区办公楼、东关街民居式别墅等。

第二章 文化遗存

东关街与东圈门街平行并列为东西走向。而马监巷、观巷、羊巷等则为南北走向，多条街巷首尾相连，东西南北衔接，方正闭合。东关街和东圈门合称为“双东”历史文化街区等，是广陵古城形象的重要标志，也是古城文脉传承的重要载体。市、区两级政府将两条街结合起来，共同规划、整治、开发，全面体现广陵古城的传统文化，彰显古城文化底蕴。

东关街是扬州近代工商业开始起步的发祥地，街内尚存老字号店铺19家，有名人故居15处，有保存完好的准提寺、琼花观、武当行宫、三祝庵、礼拜寺、圣公会神在堂等宗教文化建筑。街区有国家级文保单位个园、汪氏小苑、逸圃等，武当行宫、冬荣园、准提寺等省、市级文保单位23家。街区除主干道长街外，并有保存完整的“鱼骨状”明清建筑风格的古街古巷100多条。

第一节 东关街

东关街在扬州老城区的东北，西与彩衣街相连，东到利津门（东门），长1122米，宽4.3米，是扬州城区一条较长的街道，也是扬州古城北部东西向的主要街道。

东关街东出口有著名的唐宋古城遗址，是全国重点文物保护单位——扬州城遗址（隋至宋）的重要组成部分。遗址面积1.25公顷。1951年拆城墙时，在东关城门口南门侧，发现一个壁橱式拱形门洞，在城墙基下有一口水井，灰砂石井栏，内壁两旁有一副“邗江无二水，广陵第一泉”的石刻对联，正中上方有一方石额，上书“广陵泉”三字。2005年，市政府决定建设东门遗址公园，恢复瓮城墙300米，建木栈道560平方米、道路1500平方米、广场2500平方米，总占地约1公顷。信步其间，吊桥空悬，炮台岿然，宋井深邃。2009年，参照宋代“营造法式”，复建一段东门城墙及重檐门楼。登楼远眺，古运河杨柳依依，廊桥卧波；渡口牌坊飞檐翘角，气宇轩昂；回眸东关街，中外宾朋摩肩接踵，一派繁华景象。

东城门外、古运河边是旅游景点东关古渡。唐敬宗宝历二年（826），罗城内官河水浅淤塞，阻滞漕运，盐铁转运使王播开七里港河，绕罗城城南、城东，此处始为东城门外渡口。明嘉靖年间，在扬州旧城东侧建新城，当时扬州共有十二门，其中东曰利津门，俗称东关。江北商旅到扬州多从东关进出。70年代，仍有一对木船终日摆渡。1999年，建“东关古渡”牌楼。2004年12月，“东关古渡——古运河风光带”被评为扬州新十景之一。

2007年9月，为迎接“中国扬州世界运河名城博览会暨运河名城市长论坛”开幕，由中国工艺美术大师朱炳仁创作的运河巨幅铜画《大运千秋》，镶嵌在东关古渡码头东立面墙上。该幅铜画长28米，高2.5米，再现公元七世纪初隋炀帝杨广乘龙舟巡游扬州运河的历史画面。

东关街东出口北的泰州路 99-1 号是马可·波罗纪念馆。该馆是经外交部同意、国家文物局批准的国内唯一的马可·波罗纪念馆。80 年代开始建设，2011 年 4 月 18 日对外开放。马可·波罗（1254—1324）出生于意大利威尼斯。元大德二年（1298），他参与威尼斯同热那亚这两个意大利城邦的海战，战败后被俘入狱，在监狱里绘声绘色地讲述着自己亲眼所见的神奇东方，对面坐着的是作家鲁斯蒂谦，后者将记录下来的故事撰写成《马可·波罗行纪》。元代的扬州是江淮地区的政治、经济、文化、军事中心。书中记载马可·波罗在扬州为官三年。《马可·波罗行纪》记述马可·波罗在东方最富有的国家——中国的见闻，激起欧洲人对东方的热烈向往，对哥伦布等探险开辟新航路，产生巨大影响。

东关街 90 号（原东关街仁丰里巷内），朱自清民国 12 年至 19 年（1923 ～ 1930）居住于此巷内一座有串楼的小庭院。为紧缩开支，朱家便让出楼下并租给一庄姓人家居住，其后人就是世界乒乓球单打冠军庄则栋。

东关街 98 号是冬荣园。冬荣园为陆英旧居，又称“陆公馆”，是陆姓盐政官员女儿陆英的出生地。陆英的二女儿张允和嫁给语言学家周有光，三女儿张兆和嫁给一代文学大师沈从文。

东关街小草巷内的张允和故居，建于清代末年，张允和（男）为晚清扬州书画家，素工四体书，尤擅丹青，山水规仿宋元。抗日战争期间，与陈含光等共建涛社。抗日战争胜利后与何其愚、顾伯逵、耿鉴庭、戈湘岚、鲍娄先、陈含光、林雪岩、金佩鱼等人两次聚会，亦书亦画，共祝胜利。

东关街 167 号，1998 年新建私人庭园“祥庐”。占地面积 120 多平方米，园林 40 多平方米。园子里有廊、亭、阁、桥、花、鱼等，种有花草 30 多个品种。园主人为杜祥开。近年来，祥庐一次次进入扬州乃至国内多家媒体的镜头，成为扬州私家小庭园的代表。

东关街 243 号是 2005 年在谢馥春香粉铺宅院上扩建的馥园。

东关街 250 号～ 262 号的山陕会馆，是山西、陕西盐商在扬州设置的会馆，也是扬州最早的盐商会馆。新中国成立后，为治淮总指挥部招待所。

东关街 309 号的小玲珑山馆为马氏住宅，又名“街南书屋”，藏书甲于东南。其园林建筑素有“街南书屋十二景”之称。马曰琯著有《嶰谷集》《沙河逸老小稿》，编辑书籍数种；马曰璐著有《南斋集》等。马氏兄弟曾主持韩（邗）江吟社，定期举办诗会，汇集成册。在出版事业上，印有《经义考》《渔洋感旧集》《许氏说文》《广韵》《字鉴》，世称“马版”。雍正末年，马曰琯曾捐资建设梅花书院，振兴地方教育。每遇水灾及青黄不接时，设粥厂施粥；为东关街、便益门、广储门一带铺石板路；疏通水系，兴修水利；设水上救生船，救死扶伤；雇工设义渡，便利交通。

图 9-2-1　街南书屋

乾隆三十八年（1773）开四库馆，书征天下，马曰璐之子马裕进书 776 种；次年，清高宗赐《古今图书集成》一部、《平定伊犁金川诗图》一幅，并于所献《鹖冠子》书上题词。二马名望遍及大江南北。

东关街 300 号是一座道观，原名真武庙，后称武当行宫，省级文物保护单位，明宣德三年（1428），郡守陈贞重建。正德元年（1506），中都（今安徽凤阳）商人葛钦修。清光绪二十八年（1902）年初，为纪念西汉大儒江都相董仲舒，两淮盐运司程仪洛等人用盐务经费，在武当行宫内创办仪董学堂。光绪三十二年（1906），改称两淮中学堂，后分别改称淮扬合一中学（校址羊巷）、江苏省第八中学。民国 16 年（1927），与江苏省第五师范学校合并成立江苏省扬州中学。2008 年，市政府筹资维修后，在此布置“道教陈列”。山门殿内以图文展示中国道教的信仰、礼仪、神仙、人物、经典、组织、文学艺术，并介绍中国道教四大名山（江西龙虎山、四川青城山、安徽齐云山、湖北武当山）。中殿檐下悬“真武殿”横匾，殿中供奉真武大帝像，两壁布置扬州道教符箓图说。

东关街谢家巷13号，为抗日救亡时期江都县文化界救亡协会旧址。革命烈士陈素（1915－1938）故居，在此房隔壁。

东关街306号、312号是胡仲涵故居，建于民国年间，市级文物保护单位。胡仲涵，民国年间银行家，早年在南通开设泰龙钱庄，后在上海中南银行任经理。故居占地面积0.16公顷。2008年全面整修后，古钱币陈列馆曾设在306号内。

东关街355-9号是方尔谦（1872—1936）故居。方尔谦13岁中秀才。父亲带方尔谦、方尔咸俩兄弟过江游焦山时，寺院方丈有心试他们的才情，当即指着山上四面佛，口诵上联："面面皆空佛"，方尔谦不假思索，应答："高高在上人"。方尔谦16岁选拔为贡生，因无意仕途，即就馆授徒谋生。后任京师大学堂（北京大学前身）教授。方尔谦精文史，善鉴赏，尤善制联，有"联圣"之誉。北大历史教授周一良积极辑录方尔谦散佚对联，汇编成《大方联语辑存》刊布于世，为中国珍贵的文学遗产。

东关街356号是全国文物保护单位逸圃。清光绪二十一年（1895），李鹤生在扬州创办惠余钱庄，宣统二年（1910）修建逸圃，历时三年，后归国民党军长颜秀武。楼底层装有精美的镶彩绘瓷析画隔断（碧纱橱）12扇，是清光绪初景德镇画家金品卿所画花鸟画，为珍贵文物。

图9-2-2　张玉良纪念馆

东关街358号是女画家张玉良纪念馆。张玉良（1895—1977），长期旅居法国，是中国近代女画家中最早走出国门，学习西画的杰出代表。原名陈玉清，后改名张玉良。生于扬州，父母早逝，少年飘泊芜湖，被舅父卖入青楼。芜湖海关监督潘赞化将张玉良救出火坑，改名潘玉良。民国7年（1918），张玉良在上海美专学习油画。民国10年，考得官费赴法留学，后进里昂中法大学和国立美专。民国12年，她考取巴黎国立美术学院，与徐悲鸿同班。两年后，成为罗马国立学院第一位中国女画家。潘玉良归国后，曾任上海美专及上海艺大西洋画系主任，后任中央大学艺术系教授。曾先后举办个人画展5次，出版《潘玉良油画集》，被誉为"中国西洋油画中第一流人物"。民国26年，潘玉良重返法国深造，开始她长达数十年客居异域的生活。曾任巴黎中国艺术会会长，多次参加法、英、德、日及瑞士等国画展。

东关街388号是革命烈士曹起溍故居，现为市级文物保护单位。曹起溍（1906—1931），扬州早期中共党组织领导人。2009年，曹起溍入选"50位为新中国成立作出突出贡献的江苏英雄模范人物"。同年10月，故居按原貌重建，设烈士生平事迹陈列馆，并对外开放，成为扬州红色旅游景点之一。

东关街400号是盐务会馆旧址，隶属两淮盐运使衙署，是盐业、运输、税收的场所与关隘。民国年间，归淮南盐务局。同治年间，会馆前有"盛世岩关"圈门，后拆除，石额今在扬州博物馆内。会馆内有蔼园，为清末民国初，两淮盐运使司录事吴佩江所建，砖雕门额"蔼园"，张允和书。

个园南门在东关街，北大门在盐阜东路10号。清嘉庆二十三年（1818），两淮盐业商总黄至筠购得东关街原寿芝园旧址修竹万杆，建园林宅院，并以他的别号命为"个园"。1988年，个园被国务院公布为第三批全国重点文物保护单位。2010年，布置盐商生活展览馆，恢复个园主人黄至筠的生活起居场所、黄家小姐绣楼、黄家四公子书房和卧室，以及厨房的陈展布置和生活场景，即为个园史料陈列馆。展馆中有一张陈士榘将军在扬州个园与江渭清、袁仲贤的合影。解放战争中，个园曾作为渡江战役三野八兵团指挥部。

羊巷23号是清道光年间江西布政使陈仲云（1781—1841）宅第金粟山房。金粟山房建于清道光年间，辛亥革命初期，陈重庆（1845—1928）扩建。陈氏有"一门三进士，父子两传胪"之美誉。陈仲云与儿子陈六舟（1827—1896）均为传胪。孙子陈重庆为举人，官至湖北武昌盐法道台。重孙陈含光（1879－1957）10岁能赋诗，16岁中秀才，清光绪举人，终身不仕，民国初，参与纂修《清史稿》。

观巷25号、27号、29号，曾先后住过清朝两名举人：包世臣，吴安业。

包世臣（1775—1855），清代书法家、书法理论家和经济学家。嘉庆举人。其思想传承清初黄宗羲、顾炎武、颜元、李恭等人，时与魏源、龚自珍、张琦、周济等人唱和，推动乾、嘉、道、咸年间学风的转变，成为近世启蒙思想家之一。包世臣行书、草书、隶书及篆刻皆为时人所折服。扬州人得其传教者甚多，其佼佼者有吴熙载、杨季子、梅蕴生等。包世臣学识渊博，喜兵家言，自称："慎伯中年书从颜、欧入手，转及苏、董，后肆力北魏，晚习二王，遂成绝业"。包世臣的主要学术成就在于通过书论《艺舟双楫》等鼓吹碑学，对清代中、后期书风的变革影响很大，至今为书界称颂。曾撰《策河四策》，著有《安吴四种》《艺舟双楫》《清朝书品》，另刻《小倦游阁法帖》三卷。

吴安业（1806—1886），清代医学家。祖父吴锡麒、父吴清鹏均为进士及第，曾任京官和地方官。道光十四年（1834），吴安业中举，二十四年"甲辰大挑"，拣选下第举人时，又被候选。但吴安业两次录用候选均未赴任，后随父迁居扬州，设存济药局于观巷，于诗文之外，兼学医术。吴安业医术精湛，医德高尚。以大量精力从事《理瀹骈文》（初名《外治医术》）的写作，历20年艰辛，终于在同治三年（1864）成书。此书付印行世后享誉极高，曾被各地一再刊行。吴安业被人们誉为"外治之宗"。

马监巷2号是中国剪纸博物馆。2007年建成开放，建筑面积2000平方米。集民间剪纸传统文化展示、科研、教学、参观、购物于一体。

图9-2-3　中国剪纸博物馆

马监巷34号的清真寺，又叫礼拜寺，市级文物保护单位。系清代康熙五十三年（1714）古元秉所建。30年代，扬州有回民近2万人，自然聚居于六座清真寺周边。六寺即南门街仙鹤寺、东关对岸的回回堂、南门外礼拜寺、钞关外礼拜寺、卸甲桥礼拜寺及马监巷清真寺。马监巷清真寺阿訇阮德昌是近代扬州回民中第一位赴麦加朝觐者，为支持阿訇赴麦加朝觐的愿望，回族企业家金全德主动出资，为阮德昌办妥出国护照。礼拜寺内有口怀清井，清兵屠城时，樊家园居民罗仁美的继室李氏等十三位坚贞不屈的妇女，为免城破后受辱，积薪自焚，其中七位少妇跳入井中殉节，后世称为"七姑奶奶井"。

马监巷内住有一位享受国务院特殊津贴、改变扬州酱菜发展史的酱品专家贾硕诚。1985年，研制出"多酶糖化速酿稀甜酱"技术，使制酱时间大大缩短，由原来的3个月缩短到两周，并可机械化生产。

谢家巷的"谢馥春"已有180多年历史，20世纪时与杭州的"孔凤春"、苏州的"月中桂"被人们称为全国的三大化妆品"老字号"。

二郎庙巷在东关街中段北侧，以二郎庙而命名。隋代赵昱与赵冕斩蟒为民除害，后人立庙祀之。原二郎庙为明正统年间修建。

二郎庙北巷24号原有一座普陀寺，建于清康熙初年。巷内建有一座新私家园林德翠园。

雅官人巷北侧原有爱园一座，是清康熙年间刑部主事汪蛟门所构筑，作为读书处所，后更名为"百尺梧桐阁"，乾隆曾亲临此园并题"百尺梧桐阁，千年枸杞根"对联。此阁与康山草堂、街南书屋齐名。汪蛟门即汪懋麟（1639—1688），其诗和唐宋于一炉，其文法欧（阳修）、曾（巩），质坚而气厚，为清康熙年间诗坛十才子之一。康熙六年（1667）中进士，后授内阁中书，曾以刑部主事入史官为纂修官。至康熙十七年（1678），刻著《百尺梧桐阁集》20卷、《悔斋诗》6卷和《重建平山堂记》。

李长乐（1838—1889）故居位于东关街历史街区街南五福巷41号，现为市级文物保护单位。李长乐自幼家贫失学，清同治元年（1862），入淮军任营官，作战骁勇，先赐花翎，后赐黄马褂。累官至湖北、湖南、直隶提督。故居为李长乐于同治初年购建，经维修后于2008年对外开放。

盐阜路东路24号的准提寺，现为省级文保单位。始建于明，为管理盐务的疏理道公廨。明代末年改建为准提寺。供奉的准提观音为佛教诸佛之母，心性纯净，皎洁如月。康熙十二年（1673）重修。雍正年间，重建山门与大殿，成为扬州一大名刹。咸丰三年（1853），除大殿外皆毁于兵火。同治、光绪年间复建。新中国成立后，响应毛泽东"一定要把淮河修好"号召，将准提寺作为治淮指挥部，钱正英在此坐镇指挥，后改为水利物资仓库。2002年全面修缮，现为民间收藏博物馆。

东关街疏理道的安定书院，首建于清康熙元年（1662），由两淮商士捐资兴建。院址原在城东北之三元坊（今毓贤街西段）。当时胡文学为两淮巡盐御史，为纪念其先人宋代大儒胡瑗（胡瑗字翼之，泰州人，祖籍陕西安定，又称"安定先生"，毕生从事教育事业），故名"安定书院"。康熙南巡时，曾赐书院"经术造士"额。雍正十一年（1733），巡盐御史高斌、盐运使尹会一重建安定书院，增建学舍，悬康熙所赐额于堂上，名声大振。同治四年（1865），两江总督兼理盐政李鸿章命运司李宗义兴复书院。因旧址重建花费甚大，至同治五年（1866），由运司丁日昌先借梅花书院开课。同治七年（1868），于东关街疏理道巷口之西新建安定书院。至清末，兴新式学堂，书院遂废。

东关街准提寺巷口的广陵书院，清康熙五十一年（1712），由知府赵宏煜建。初为义学，乾隆二十五年（1760），改为竹西书院。乾隆四十六年（1781），知府恒豫、马慧裕先后移建于准提寺巷口，更名为广陵书院，专课童生。光绪二十八年（1902），改为广陵校士馆。

疏理道位于东关街中段北侧，准提寺内，是管理盐务的机构。明万历四十五年（1617）设立，派员清理两淮盐政，"疏官课，理积引"，以保证国家的盐税收入。未几裁并，朝廷遣户部郎中、两淮盐法疏理道袁世振往扬州重建，改开中制为纲运法，将200万积引编做圣、德、超、千、古、皇、风、善、九、微十纲，一纲行旧引，九纲行新引，既疏通旧引，解救内商，派新引又照顾边商，并且确立窝商世袭行盐的垄断地位。实行近二百年，为扬州盐业的畸形繁荣创造契机。

东关街疏理道梅花书院，初为明嘉靖年间广储门外的湛公书院，后巡盐御史朱廷玉改名为甘泉山书馆，万历三十三年（1605）又改为崇雅书院，崇祯年间废。清雍正十二年（1734）马曰琯重建，用今名。同治五年（1866），盐运使李宗羲移梅花书院于东关街疏理道巷口官房内。同治七年（1868），盐运使丁日昌移至左卫街（广陵路248号）重建。书院山长，多名师大儒。先后有王步青、陈祖范、杭世骏、蒋士铨、赵翼、姚鼐、茅元铭、蒋宗海、洪桐等。书院培养出的著名学者有几十人，如段玉裁、王念孙、王引之、任大椿、梁国治、汪中、洪亮吉、孙星衍、刘台拱、顾九苞等。

安岐（1683—1746）旧居位于安家巷内，安岐父安尚义作为高丽贡使来到北京城，父子两人后均为康熙时权相明珠的家臣，凭借明珠政治势力，在天津、扬州经营官府垄断的盐业，数年暴富。后以自家的盐业为经济后盾，其收藏之富、鉴赏之精，名扬海内。著有《墨缘汇观》一书。该书汇录书法、碑帖、名画，有三国魏仲繇《荐季直表》、西晋陆机《平复帖》、明代董其昌法帖；名画有东晋顾恺之《女史箴图》、隋展子虔《游春图》；名画亦止于董其昌。在安家巷北端，原有一安氏园，后售于个园主人黄至筠。光绪年间为太史刘滙年家园，易名"约园"，今已并入富春花园茶社。

华氏园位于东关街南斗鸡场4号，现为省级文物保护单位。华氏园为清代建筑，本是盐商华友梅家园。2007年由市政府进行维修，2008年对外开放。

东关街曾住有一位"象棋界孟尝君"——张毓英（1896—1971）。其伯曾祖父张集馨官署山西巡抚，著有《道咸宦海见闻录》。张毓英在疏理道的私宅专辟棋室，遍请外埠弈棋高手到宅对局。赢有奖，负也有薄赠，因此四方名棋之家，群集张氏之门。张曾作抄本《张宅弈乘》与《扬州选局》。后于民国十五年（1926），从中精选，编成《象棋萃鲭》一书，自费刊印，遍赠海内棋友。

第二节 东圈门

东圈门是由东圈门街、三祝庵街、地官第街一线组成，长约700米。东临蕃釐观，西接两淮盐运使司衙署，南傍繁华商业街文昌路，北倚清代、民国时期成片老房旧屋。

东圈门形成于明代正德年间，系明代为拱卫两淮都转盐运使司衙署而建，又称“宾阳门”。2000年，依据《两淮盐法志》中相关资料重建。2005年，东圈门城楼成为东关历史文化街区启动街巷游的出发点。衙署门前旧为运司街（今国庆路），八字门前有东西辕门，南北牌楼，对面有照壁。衙署门厅是扬州盐务经济上仅存的一处古建筑，现为市级文物保护单位。两淮都转盐运使司，始置于元代，简称“运司”。明清时，两淮都转盐运使司其规模为全国盐司之冠，管辖两淮（淮南、淮北）盐务，具体掌管食盐运销、征课、盐引兑解以及缉拿私盐案件等。下辖泰州、海安、通州三分司。两淮盐业经济为大清王朝提供巨额税收。清政府的财政收入，额征盐课几乎占全国盐课的一半。衙署门前旧为运司街，2001年大修，是中国盐业和红学研究的重要遗存。

东圈门58号是殷如璋故居。据2005年1月10日《扬州日报》载，殷家是书香门弟，其远祖殷峤是唐代开国元勋。其后祖殷令名、殷仲容，是与欧阳询、虞世南齐名的大书法家。殷如璋是清代同治十年（1871），二甲第十七名进士，与鲁迅祖父周福清同科。殷如璋高中进士后，被点为庶吉士翰林，在京城翰林院任编修，后升任通政司参议。殷如璋一生清廉，全部积蓄，只在扬州东圈门盖一处杉木祖屋，上挂“进士及第”。殷如璋死于任上，皇帝诏示灵柩运回扬州城内老宅祭奠，一时轰动全城，后安葬在唐城西华门。

东圈门22号为壶园，亦称“瓠园”，为清同治年间江西吉安知府何廉舫（1816—1872）家的园林。何廉舫为清道光年间举人，免官后，到扬州经商盐业，同时亦为曾国藩门下幕僚。曾国藩督两江时“每按部扬州，必枉车骑，诗酒流连，往往竟日”（《甘泉县续志》）。1953年，园中“花石纲”钟乳石山水盆景移置瘦西湖小金山。2008年，壶园依照历史旧貌予以修复。现园中设有古城保护展示厅。

东圈门20号为祁氏山林旧址，是清三代帝师、一朝阁老祁隽藻（1793—1866）之孙祁友蒙花园住宅。祁隽藻为嘉庆十九年（1814）进士，著名诗人。历任国子监祭酒，户部、兵部、礼部尚书，直至体仁阁大学士，兼任道光皇帝的上书房总师傅、咸丰皇帝的太子太保、同治皇帝的弘德殿授读。因此有“三代帝王师”之称，谥号文端。祁友蒙父亲祁世长以翰林院编修累迁至工部尚书。祁世长去世后，清廷赐10岁的祁友蒙主事衔，先后任同知、候补知府、湖北知府。辛亥革命后，祁友蒙组织谜社“竹西春社”。祁友蒙去世后，祁氏山林渐废。他的儿子祁式潜，从小在扬州生活，是南京“一二·九”学生运动领袖。“七七”事变后，任南京学生界抗敌后援会负责人，并赴扬州重建中共扬州支部；后在芜湖、武汉、皖北等地从事抗日活动。新中国成立后，祁式潜曾担任中共中央军委联络部上海联络局专员兼秘书长等职。

东圈门16号是江上青故居。江上青（1911—1939），原名江世侯，江苏扬州人，出生于一个中医兼职员的家庭。16岁参加革命。民国17年（1928）、民国18年两次被捕入狱，民国19年冬出狱。民国26年，江上青等人组织江都县文化界救亡协会流动宣传团，溯江而上宣传抗日。先后任中共皖东北特别支部书记，国民党安徽省第六行政区专员公署秘书兼保安副司令、第五游击纵队司令部政治部主任。民国28年牺牲时，年仅28岁。2009年9月14日，江上青被评为100位为新中国成立作出突出贡献的英雄模范之一。

东圈门14号旧称青溪旧屋、刘氏书屋，是清代经学家刘文淇（1789—1854）故居，市级文物保护单位。刘文淇学贯群经，精于史地，是扬州学派的中坚。毕生治《春秋左氏传》，有《左传旧疏考证》《扬州水道记》等传世。其子、其孙、其曾孙也都是有名的学者，是名副其实的书香门第。1992年10月，前进厅房和小轩毁于火，后按原貌重建。

东侧的薛家巷是一条南北向巷道，有平地隆起的旱桥，名曰“臣止马桥”，相传因明正德四年（1509）明武宗朱厚照巡幸扬州时，自东关入城，文武百官迎驾于此。后百姓口中近音而讹称此桥为“陈芝麻桥”。

东圈门中间一段叫三祝庵街。旧时将祝人多寿、多富、多子孙，称为“三祝”。三祝庵街38号的三祝庵，始建于明万历三十八年（1610），历传弟子17代。庵为圆形草屋，为尼姑所居。此庵原山门殿、大雄宝殿、观音殿等俱全，庵内供奉的帝尧，“其仁如天，其智如神，就之如日，望之如云”。清“扬州八怪”重要人物金农，曾寓居于此。

三祝庵长廊前，为双忠祠遗址。双忠祠原在梅花岭畔，清咸丰年间毁。同治十三年（1874）重建。祀南宋抗元名将李庭芝、姜才。李庭芝（1219—1276），字祥甫，湖北随州人，两淮制置使。姜才（？—1276），濠州（今安徽凤阳）人，通州副都统。南宋德佑二年（1276），两人抗击元兵同守扬州，突围被执后牺牲。祠坐北朝南，原有建筑分东西两路，各为三进平房。祠堂毁于1966年。西部庭院内有“双忠祠”门额。1993年拆除。今在遗址上建“双忠祠大照壁”，作为纪念。照壁墙高4.4米，长7米。

三祝庵东侧的文化里旧有石额“牌坊巷”，古称施家巷。清末民国初，因熊氏、沈氏在此巷设有私塾而闻名，故名文化里。文化里是古城保护改造的典范街区，狭长的巷子两侧是历尽沧桑的旧门楼和参差排列的马头墙，青砖黛瓦的老民居中，添置现代化设施。文化里居民自编自演的《文化里的新生活》，于2008年随市政府代表团进京展示，并在2010年应联合国人居署邀请参加菲律宾“世界城市联盟公共政策论坛”的演出。

火星庙遗址位于三祝庵6号，火星庙是火德真君庙的俗称，始建于唐代。传说农历六月二十三日为火德星君诞辰，民间农历正月初七祀火星，立庙甚多。明洪武三年（1370），在马监巷司前三铺建火星庙。

地官第10号为洪兰友（1900—1958）故居，原系民国初年江苏省代理省长马士杰三子马叔昂之宅，又称“马氏盐商住宅”，民国25年（1936）转卖给洪兰友。洪兰友毕业于上海震旦大学法科研究院，著有《法学通论》。马士杰（1863—1946），清末举人，曾任内阁中书。中华民国成立后，先后任江苏都督府内务司司长、运河工程局总办等职，达六七年之久。民国5年，马士杰在扬州买下同松参号。民国8年，与韩国钧等人创办泰源盐垦公司。民国12年，在镇江和瓜洲士绅开办轮渡，成立普济轮渡局，购置“普济”号轮渡船，方便两岸百姓。

地官第12号是丁姓盐商住宅。丁敬臣清光绪六年（1880）生于江苏江都，光绪年间捐为监生，授知县，官至修补知府。上海开埠后从事洋务，弃官经商。清光绪二十三年（1897）德国占领青岛以后，丁敬臣在青岛开设悦来公司、悦升煤矿公司，先后担任设在青岛的江苏、浙江、安徽、江西四省的三江会馆会长和青岛中华商务总会会长。民国10年（1921）中国政府收回青岛以后，他又兼任永裕盐业公司经理。丁氏在抗战期间曾先后担任大阜银行董事长、国文书院董事长、兴发公司监察等职务，战后转至台湾。

扬州女画家李圣和（1908—2001）曾住在地官第12号。李圣和别号印沧老人，家学渊源，擅书画，能诗文。意之所适，笔亦随之。有诗、书、画“三绝”和“扬州女才子”之称。

地官第14号是汪氏小苑，民国21年（1932）盐商汪伯屏所建。全国重点文物保护单位。是扬州保存最为完整的清末民国初盐商住宅。

东圈门东便是琼花观，今址文昌中路62号。始建于西汉成帝元延二年（前11）。其前身是西汉时代所建的后土祠，供奉主管万物生长的后土女神，至今已有两千多年的历史。唐僖宗中和二年（882），经淮南节度副使高骈增修。北宋至道二年（996），名相欧阳修贬任扬州太守，因见蕃釐观内的琼花树叶茂花繁，洁白可爱，首咏《琼花诗》：“琼花芍药世无伦，偶不题诗便怨人。曾向无双亭下醉，自知不负广陵春。”北宋政和年间（1111～1118），改祠名为“蕃釐观”，并由宋徽宗钦赐匾额。观中的三清殿，原是兴教寺楠木大殿，于80年代整体搬迁到琼花观。今蕃釐观是由扬州市政府出资于1993年重修，历时三年，耗资1800万元。

第三章　商　肆

清末民国初年，东关街成为众多商铺的聚集地，成为商店林立、热闹繁华的街道，比较有名的旧商铺有40多家。至今存有百年老字号商铺19家。2008～2011年，东关街建有新店铺197家。

第一节 老字号

东关街是东乡进入扬州的主要干道，衣、食、住、行的各类商店应运而生，主要商铺有40多家。东关街53号是清同治元年（1862）开业的潘广和五金电料商店，还有创办于清光绪二十七年（1901）的夏广盛豆腐店。218号是清宣统元年（1909）开业的东同兴鞋店，开办于民国期间的老字号店有224号乾大昌纸店，895号庆康祥纸店，65号詹太和纸店。街上茶食店有6家，均为民国期间开业。为俞华龙、俞根良开设的龙华阁，凌根伯、凌少宽开设的大兴，王永朝、王致安开办的大禄，张友庆开办的庆升店，分别在32号和139号开设的庆丰和凌大兴。18号是震泰昌香粉店，239号是张恒兴洗染店，69号是周广兴帽店，35号是顺泰南货店，157号是协丰南货店。97号是恒昌油麻号，111号是德昌油麻号。18号是福康祥颜料店，96号是永兴颜料店。44号是福泰宏酒店。58号是刘家饭店。207号中美理发店。1950年，在480号开设得月香饼面店，31号国泰兴颜料店。其他还有张洪兴寄售商店、富记寄售商店、朱德记面店、樊顺兴伞店、曹顺兴箩匾老铺、孙铸臣漆器作坊、源泰祥糖坊、孙记玉器作坊、董厚和袜厂等。民国21年（1932），陶寿人在东关街开办寿人医院。

图9-3-1 工艺品门市部

东关街上最出名的店铺是140号的四美酱园。同一街上还有6家酱园。原东关街上的羊巷有福铭园茶馆并书场一座。

一、谢馥春香粉铺

位于东关街237号的店于2009年4月营业。店面为马监巷、东关街口西边的两层小楼。二楼沿口悬“中华首妆”黑漆金字匾，店面西侧院门悬冯其庸题“谢馥春”匾。

清道光十年（1830）创立的谢馥春香粉铺，为中国第一家化妆品企业。传统产品鸭蛋粉、冰麝油及香件（誉称东方固体香水），人称谢馥春“三绝”。民国4年（1915），获巴拿马国际博览会银质奖章，成为当时中国化妆品第一品牌。

谢馥春香粉铺原址在扬州城南下铺街，由谢宏业所创。店主取“谢馥春”为名，因主人姓“谢”，而“谢”字本为凋零衰退，商家大忌，后加“馥春”二字：其一，“馥”为香气，符合香铺特性；其二，“馥”与“复”同音，与“春”字相连，有回春之意，更有春光永驻的良好祝愿。同治三年（1864），谢宏业之妻戴氏及子谢怀，在辕门桥大街购一处房屋，楼上下共10余间，作为谢馥春新店址（今国庆路门市部）。此时，戴春林、薛天锡香粉铺相继歇业，谢家便将戴、薛两家有经验的师傅招进店中。后人称扬州香粉业的这段历史为“三家归谢”。戴氏与谢怀母子经营3年，生意兴隆，又购瓦匠营巷住宅（今谢家巷，即厂址）。就在谢馥春蒸蒸日上之时，23岁的谢怀因病去世，其子谢松甫仅两岁，仍由戴氏主持店务及作坊生产。谢馥春从谢宏业创始，历经谢怀、谢松甫、谢箴斋，及至谢崇德、谢崇光弟兄二人，五世绵延，福祚不绝。1952年春，当时正值抗美援朝，谢家捐赠半架飞机给中国人民志愿军，传为美谈。

谢馥春的发展史上有三件大事：一为商标案，一为巴拿马博览会银质奖章，一为与《红楼梦》的渊薮。

商标案发生在民国2年（1913），案由是谢馥春的“五桶”商标被大江南北13家化妆品商铺冒用。北洋政府大理院受理此案。为维护谢馥春的正当权益，店主人向县政府呈请并获得批示，以黑漆木牌，用红漆画出“五桶”标识，并以金字告白如下：“本店城里仅此一家，此并无分铺，请认明辕门桥谢馥春老铺五桶商标为记，庶不致误，本号主人谨白。”后经大理院终审，责令13家商铺具结悔过，风波得以平息。谢馥春的商标案以中国近代史上第一件商标纠纷案而载入史册。

第二件是民国 4 年（1915），万国巴拿马博览会在美国旧金山召开，谢馥春送展的香件类“文雅佩玩”，获得博览会银质奖。奖章正面是博览会会徽浮雕，反面是裸体的亚当与夏娃，造型精美。这次奖章的获得，不仅是谢馥春走出国门，飘香异域，为扬州人民争光，也成为当时中国香粉业的最高荣誉，奠定谢馥春在同行业中领军的位置。

第三件是与《红楼梦》的不解之缘。80 年代，红学家冯其庸联合中国艺术研究院及红楼梦研究所，在谢馥春挂牌成立“红楼梦化妆品研究室”。关于扬州香粉，清嘉庆十九年（1814）成书的《补红楼梦》二十二回记载：“花花公子薛蟠在埂子上，到戴春林家，自己买了好些香货，带回以备送人之用。”可见这些官场与闺中宠爱之物，产地多在扬州。

2008 年结合东关街改造，谢馥春打造成为前店后厂式景区。新建两层楼三栋，楼道相连，辟为扬州美女美妆博物馆。修复馥园、长廊、水池及三间花厅。香粉铺悬挂着商业部颁发的“中华老字号”匾。

二、戴春林香粉铺

位于东关街 181 号。《扬州画舫录·卷九》载：“天下香料，莫如扬州。戴春林为上，张元书次之。”清代戴春林香铺位于埂子上，即埂子街，开设于明崇祯年间。“戴春林家”四字，传为董香光所书。

据《清宫扬州御档》记载，乾隆三十三年（1768）八月初一日“奏呈两淮总商黄源德采办物件清单事”，清单中除紫檀凉阁陈设绣件、自鸣钟、竹器、狮子铜鼎、各式灯件外，还有“香袋各件银三百四十七两”，说明在乾隆年间扬州的香粉香件已作为贡品入宫。乾隆四十九年（1784）成书的《红楼梦》中，借平儿的嘴夸耀扬州的香粉，“这粉轻、白、红、香四样俱佳，搽在脸上匀净润泽，不像别的粉那样涩滞……”。清同治四年（1865）刻本《片玉山房花笺录》云：“戴春林香铺相传开自前明，其来已久，货亦极佳。”由此可见，康乾盛世时扬州香粉的代表首推戴春林，此话不谬。

清咸丰三年（1853）太平军攻占扬州期间，戴春林香粉铺歇业。清光绪七年（1881）刻本《江都县续志》载：“香粉亦扬州特产，……昔时戴春林最有名，继起者薛天锡，最后则谢馥春……迫近薛天锡亦渐衰微，惟谢馥春贸易称盛。”薛天锡以香件闻名，谢馥春以藏香和头油取胜。戴春林香货延续首创“千金五香艳天下”美妆文化。“五香”为香粉、香头油、香眉黛、香膏、香件。明清时，扬州戴春林香粉香件深受中国女性青睐。最兴旺时期，在上海同时有 11 家戴春林香粉店开张，大抵集中于昼锦里一带，即今上海山西中路中段。

2011 年 12 月，戴春林香粉铺在扬州东关街上重新开张。店铺坐南朝北，位于东关街与观巷交叉口的繁华地段。戴春林香粉的母粉是用精选的云母粉，加上天然珍珠粉和扬州邵伯的糊粉坊专为其生产加工的石粉、米粉、豆粉，再加上鸡蛋清，按一定的比例调制而成。母粉还要用白兰、茉莉、珠兰、玫瑰等时令鲜花薰吸香味，使其具有天然花香，再制成块状、珠状和粉状上市销售。扬州有句谚语：“美人一身香，穷汉半月粮。”

三、四美酱园门市部

图 9-3-2　东关酱园

位于东关街 136 号、371 号。四美酱园门市部店堂宽敞，木质柜台上整齐排列着青花瓷酱菜缸。柜台西头竖立金字黑漆大招牌，上书“四美酱园”四字，为已故扬州书画家李圣和所书。柜台上首有“山珍海错名唯重，野蔌园蔬味亦奇”的雕花横联。

四美酱园创建于清代嘉庆元年（1796），至今已有 200 多年历史。初为扬州沈氏四兄弟创办，四美酱园最初之所以取名“四美”原因有二：其一，此酱园由沈氏四兄弟共同创办，乃四人之合力；其二，“四美”取自《滕王阁序》中“四美具，二难并”。“四美”，即良辰、美景、赏心、乐事。

后因沈氏兄弟经营不善，于清同治三年（1864）将酱园转让给镇江人赵氏，仍名“四美”。此时，酱园只有三间店房、一个小院、七只酱缸。年产量一般在一二百担黄豆，产品为酱油、腐乳、各色精制小菜。民国初年，扬州四美酱园已成为郡城中著名的酱园，民国4年（1915）获得过巴拿马国际博览会奖。民国18年向民国政府工商部注册“四美”商标。同年，获江苏省农矿产品展览会褒奖证书和奖章，民国19年，获西湖博览会奖状和金质奖章。经赵氏六代人的努力，1951年，四美酱园固定资产1360万元，占地近0.4公顷，有两处作坊、198间房屋，成为扬州资本雄厚的酱园之一。

2010年，坐落在东关街130号、138号的扬州三和四美酱菜有限公司整体迁入食品工业园。

四、富春花园茶社

位于盐阜东路9号。富春茶社在古城区有两处，一在国庆路的得胜桥，一在东关街的安家巷，业主都是陈蔼亭、陈步云父子。得胜桥的是店面，安家巷的是住所及花园。后来安家巷的也经营茶馆，称为富春花园茶社。

清光绪十一年（1885），陈蔼亭租赁得胜桥无名小巷内民房十余间、空地若干，开辟“富春花局”。陈霭亭故后，富春花局由其子陈步云继承。杜召棠《惜余春轶事》载：“陈步云起鹏，以营富春茶社名。初为一花局，以文人时止，因售茗焉。改茶社时，精研不辍，见惜余春（茶肆）座客常满，欲窥其奥，屡往流连，遍尝诸食，卒取所长，更精制之。于应用物件，虽一箸一盂，必日涤数次，桌凳手巾，更无论矣。不数年间，富春之名大震。……君购广储门安家巷刘湝年约园遗址莳花，可十余亩。”

民国16年（1927）上半年，旧书店老板邱翁邀请朱自清和余冠英至富春品茶。朱自清一边啜着香茗，一边凝神看着烫干丝的师傅的动作。在《扬州茶馆》中写下：“先把一大方白豆腐干飞快地片成薄片，再切成细丝放在小碗里，用开水一浇，干丝便熟了，逼去水，抟成团锥似的，再倒上麻酱油，搁一小撮虾米和干笋丝在尖上就成。说得迟，那时快，刚瞧着切豆腐干，一眨眼就端来了。”

富春点心有“天下一品”的三丁包、“扬州双绝”的千层油糕和翡翠烧卖。

五、绿杨春茶叶店

位于东关街388号、390号的店于2009年4月营业。

扬州茶商以徽商居多。清光绪三十四年（1908）前，徽商景殿元于江都仙女庙经营茶叶，取名吉泰。继之，景鉴澄开设景吉泰茶叶店，取其“吉祥康泰”之意。经过多年创业，在扬州同业颇有盛名。景吉泰为保证茶叶质量，仅收春茶而不收夏秋茶，对茶叶加工更是精益求精。认真筛选，细心烘烤，精心保存；有时还现烘现卖。加工的茶叶，远销淮阴、高、宝、兴、泰等地。景吉泰茶庄的楹联是：“吉地产金枝玉叶，泰西通海客山商。”茶叶商标为“五马”，曾在旧实业部注册。

景吉泰茶叶店1956年公私合营，先归扬州茶叶公司，后属扬州茶场。“文化大革命”时，店号改称立新茶叶店，后又称绿杨春茶叶店。2000年进行股份制改革，成立扬州绿杨春茶叶有限公司。景吉泰、绿杨春的名号以无形资产40万元入股。

六、大麒麟阁茶食店

位于东关街245号的店于2009年4月营业。民国元年（1912），扬州人周明泉、陈国良和王瑞，各出500担大米作股本办起大麒麟阁茶食店。经营业务由周明泉主持。糕点名师崔国礼制作的芝麻牛皮糖和蜂糖糕，堪称大麒麟阁茶食店的绝活：牛皮糖甜而不腻，含在嘴里特别有咬嚼；蜂糖糕的甜味来自于淀粉发酵转化的葡萄糖，与白糖的甜味浑然两样。民国26年，周明泉病逝，郑广仁为经理。郑广仁支持崔国礼研制出同行中独一无二的京果粉，因京果粉用纸包装后，还未来得及过街，油便透出纸外，有“不过街”的美誉。10多年内，大麒麟阁的花式品种突破100个。传统茶食“小八件”(眉公饼、太师饼、黑麻、白麻、一条线、小佛手、小苹果、菊花饼)，造型生动，味不雷同，为扬式糕点的代表。

大麒麟阁是前店后作、现做现卖的老字号店铺，主店位于国庆路52号。店招颇有特色：牌底色为大红，中有金光闪闪的一匹龙首、马形、鳞身的麒麟，下有扬州书法家魏之祯的隶书铜字“大麒麟阁”。

七、清真鸿兴民族饭店

位于国庆路292号。前身为清真林源兴鸡鸭店，创立于光绪二十七年（1901），是扬州经营清真鸡鸭熟

图 9-3-3　清真鸿兴民族饭店（林源兴鸡鸭店）

食业的第一家。创始人林广丰，是一位虔诚的穆斯林。2000 年，江泽民回到家乡扬州，曾回忆起小时候在东圈门小吃店喝牛肉汤的情景，赞不绝口，所指小吃店即为“林源兴”。

1956 年公私合营，“林源兴”更名为清真鸿兴小吃店，尤以牛肉锅贴、牛肉馄饨最为有名。1997 年，扬州食品总公司投资百万元，在“林源兴”原址北侧重建清真鸿兴民族饭店。饭店占地面积 0.2 公顷，建筑面积 3000 多平方米，共 6 层，是集商、住、餐饮、娱乐、休闲、会议等多功能于一体的特色民族饭店。1999 年，鸿兴民族饭店被确定为市区唯一的国际旅游定点清真餐饮，先后接待 16 个省市的穆斯林嘉宾和 9 个阿拉伯国家的贵宾。2003 年中国首届民间、民族菜肴华西美食节中，鸿兴民族饭店获金牌 5 枚。2004 年 2 月，以扬州唯一的清真特色餐馆获登《江苏老字号·名店名录》。

第二节　新店铺

一、长乐客栈

位于东关街 357 号。店名依清代爱国名将李长乐故居名命名。长乐客栈以古建筑为多，由民国初年钱业经纪人李鹤生的逸圃、清末民国初盐商华友梅的华氏园，以及清代名将李长乐故居三处古宅院修缮、扩建而成，是集历史风貌、传统特色、时尚休闲于一身的精品酒店。2009 年 4 月开门揖客。内设三大区域：逸圃为尊贵区，客房多红木雕花家具，再现逸圃当年的豪华而不失古朴的风貌，以接待小型商务团队为主；中部李长乐故居、华氏园为民居庭院；东侧是酒店公共区域，包括大堂酒吧、餐饮包房、多功能厅、宴会厅、水院景观、高档商务及会议区域；西侧是客房区域；南端的壶园，再现园主人亦商亦儒的生活情趣，为高端酒店重要的区域。

图 9-3-4　长乐客栈

二、龙飞休闲中心

位于泰州路 107 号。清乾隆年间的广陵涛浴室，即后来东关街 38 号的东泉浴室。20 世纪末，泰州路拓宽和东门遗址广场兴建，东泉浴室被拆，在原址附近建龙飞休闲中心。2000 年年初开业。该浴室服务周到、规范、热情；毛巾、浴衣清洁、卫生专用；可看电视、休憩以及修脚、足底按摩，还有美发美容、电脑室、棋牌室等服务设施。浴资也保持在市区浴室的中等价位。

三、半度雨棚咖啡馆

位于东关街 156-1 号。2011 年 10 月营业。坐北朝南，两间店面。门外西山墙外有一方空地。不高的墙口悬着“半度雨棚”中英文店招，乳白色玻璃门上勾勒出一杯热咖啡。小屋绿色宜人，壁灯温情脉脉，有人称之为东关古巷中最让人留恋的咖啡馆。原来老房子是五架梁，南面临街曾先用雨棚搭出一个空间，店名“半度雨棚”即取此意。咖啡品种不多，价格不贵，调制口感好。

四、扬八怪姜糖店

位于东关街263号、94号。分别于2009年4月、2011年10月营业。263号店面是朝北的两间楼上下。在铺子里，放着4个圆凳，提示“各位游客，累了请坐”。

姜糖最早发源于南方，是用生姜提炼姜汁和红糖混合制成。扬八怪姜糖店的汤虎，为扬州大学旅游学院烹饪系的一名学生，2010年12月，他和另外2位同学商定，在扬州东关街上开一家姜糖店，把姜糖这个传统美食发扬光大。考虑到现代人的口味，他们将姜糖产品创新出芝麻、花生、瓜子、红枣等8种怪口味的姜糖，戏称为“扬八怪”，并注册“扬八怪”的商标。他们立志创业发展，得到市政府的支持，陆续在瘦西湖景区和西区开设分店。《扬州晚报》曾以《3大学生瞅准“甜蜜”商机》为题，报道他们半年时间开出3家“扬八怪”姜糖连锁店的故事。

五、民族风情布艺坊

位于东关街45号。2011年10月营业。从东门城门口拐角进入东关街，左首第一家是一栋半弧形小二层楼，古色的青砖黛瓦，高高的女儿墙，镂空的围栏与现代玻璃拉门和橱窗有机地结合在一起，一楼沿口有一行红色立体字“民族风情布艺坊”。

扬州船娘的衣服就是出自民族风情布艺坊，中式的旗袍，刺绣，盘扣，镶边，既可追忆到民国风情，又可捕捉到当下最时尚的气息。这里的每一款衣服都是店家设计然后“绣行天下”，引得上海滩和苏锡常一带的无数佳丽，到这里试穿新衣。

六、园兴园养生煲汤馆

位于东关街384号、440号。2009年4月营业。一式三间花格门窗，挂落。右上首有扬州“三把刀”餐饮行业名店和文明诚信经营户两块铜牌，左上首有养生名宴（四季养生宴·冬宴）和养生名菜（淮扬复春汤）一对银底红字的奖牌；门头正中是大红金字匾，上书“园歆园精致淮扬菜”几个大字，两扇对开玻璃门，别致透明，站在街上也能看到店堂里高朋满座。

园兴园，包括东关街440号“四迎春食府”，是扬州40年代的老字号餐饮店。这两家在民国年间因为首创“翅汤煮干丝”和“柳叶凤鹅”两道淮扬名菜而名满扬城。2009年4月，这两家歇业70多年的老字号复业开张，且是同一个店主。

七、聚香斋黄桥烧饼店

位于东关街359号。2009年4月营业。聚香斋坐南朝北，三间门面，中间门头上悬挂“聚香斋”三个大字。店堂里霓虹闪烁，西边是“独此一家，别无分号”，东边是“品尝正宗黄桥烧饼，请认准聚香斋商标”。店内制作的豆腐脑颜色洁白，细腻光洁，调料有酱油、香菜、榨菜、虾皮和麻油。黄桥烧饼有大小之分，有咸、甜两种口味，咸的有肉松、火腿，甜的有芝麻、豆沙之类。还有“草鞋底”烧饼和荠菜烧饼等品种。

图9-3-5 聚香斋黄桥烧饼店

八、皮包水饭庄

位于东关街153号，2011年10月营业。一幢坐南朝北的两层楼，楼面正中悬栗色大匾“皮包水”三字，是集郑板桥字。“皮包水”是指扬州人上午喜欢喝茶、爱泡茶馆的一种习惯。两旁楹联为：“从来名士能评水，自古高僧爱斗茶。”饭庄不仅以维扬早点取胜，菜肴也价廉物美，兼以曲艺名家坐堂献艺，引来顾客盈门。

九、花局里

建于2008年4月，位于个园东侧的仿古商业街。占地面积1.4公顷，建筑面积8307平方米。辟有淮扬美食、传统工艺、茶馆酒吧、文艺展演、旅店客栈以及盐商园林六大特色区域。富春茶社，原名“富春花局”。仿古商业街的所在地正是昔日富春花局。于是此商业街命名为“花局里”。

2011年5月，花局里围绕青年创业和文化创意旅游项目，打造全国首个“青年文化休闲街区”。 个园国际青年旅舍、青年创业交流中心、青年书吧、青年高新人才俱乐部、青年社团之家、扬州报业传媒集团文化艺术产品展示中心先后入驻，形成一个以青年人为主的文化沙龙、文化创意、文化休闲的主导片区。同时，多方合作打造“两岸风情”观光夜市：再现扬州唐代“夜市千灯照碧云”的风貌；升级“空中花园”，提升街区立体绿化；设固定货亭20个、流动花车100个，其中台湾及东南亚商品食品摊位与大陆商品及扬州特色食品各占一半。花局里夜市入口有舞台表演，游客可在观看表演的同时品尝各类特色美食。2011年夏，花局里街区策划“激情夏日狂欢节”。活动期间迎客10多万人次。

十、东关美食广场

位于东关街中段原艺蕾小学校区内。2010年始建。广场总投资约5700万元，占地面积0.72公顷，地上新建建筑面积4588平方米，保留建筑面积252平方米。以通往广场中心的牌楼与戏台为界，沿街建筑的西侧为风味饮食，包括川菜馆、湘菜馆、粤菜馆、韩国料理等；东侧是小吃广场，主要是中国特色小吃和异域风味小吃等。广场中央的牌楼上匾额为 “淮南丽瞩”，柱上的楹联为 ：“馥馥清风来月牖，枝枝画意入云栏”，均为清乾隆皇帝于扬州的手迹。广场北有石板路直通盐阜路，另有大草巷向东连接泰州路。东关美食广场为老城区珍园、大水湾1912以外的第三个夜市集聚区，常举办国内外知名小吃或夜市小吃一条街等活动，摊点众多，场面极为热闹。

图9-3-6 美食广场

第三节 传统工艺门店

一、广陵古籍刻印社门市部

位于东关街182号。2011年10月营业。门市部楼上古色雕花栏杆和窗棂，楼下悬“广陵古籍刻印社”匾，大堂里有排列整齐的书架和新版的书籍。

雕版印刷是将文字、图像转印于纸张的工艺技术。唐代诗人元稹有“扬越间多作书模勒乐天（白居易）及余杂诗卖于市肆之中”之说；唐五代时扬州已跻身于全国6大印刷中心之一。清代以后，康熙年间天宁寺里的扬州诗局奉旨开刻《全唐诗》，后人誉之为“中国雕版印刷第一书”。尚能保留雕版印刷技艺的有扬州、北京、武汉、南京、江西许湾、福建四堡等地。广陵古籍刻印社是全国唯一完整保存该技艺的单位。

附：雕版印刷入选世界非遗名录

2008年，广陵刻印社应邀赴北京中国艺术研究院——中国非物质文化遗产保护中心，参加申报世遗研讨会。2009年2月，文化部确定，扬州广陵刻印社、江苏南京金陵刻经处和四川德格印经院三地的印刷技艺组合为“雕版印刷”，联合申报世界非物质文化遗产。9月30日，联合国教科文组织保护非物质文化遗产政府间委员会在阿联酋首都阿布扎比作出决议，中国雕版印刷技艺被列入人类非物质文化遗产代表作名录。印有联合国科教文组织和非物质文化遗产“会徽”的证书（英文）译文是：“保护非物质文化遗产公约政府间保护非物质文化遗产委员会将中国雕版印刷技艺列入非物质文化遗产名录，入选联合国科教文组织非物质文化遗产名录有助于提高公众对非物质文化遗产及其重要性的认识，同时有助于推动文化多样性的交流。”下面是“联合国科教文组织总干事松浦晃一郎（签字）”落款日期是2009年9月30日。证书仅此一份，存放在申报主体单位——广陵古籍刻印社。

2009年10月，作为第61届法兰克福国际书展的主宾国，国家副主席习近平在开幕式上向各界赠送的礼品，是边长30厘米、高50厘米的锦盒，里面装着黄亮的金丝楠木阳刻着的“書”字，由广陵刻印社制作。

2010年10月，以广陵古籍刻印社为申报主体的中国雕版印刷技艺，入选世界“人类非物质文化遗产代表作名录”的授牌仪式在扬州举行。

图9-3-7 广陵古籍刻印社

二、扬州漆器店

位于东关街367号、372号。2011年10月营业。清末至民国年间，扬州漆器作坊多至40余家。其中最著名的扬州梁福盛仿古漆玩号，创于清代中叶，光绪至民国年间工人有300余人，年产漆器1万件左右。品种有雕漆、螺钿、周制、刻漆、彩绘勾刀等。

现代扬州漆器艺术，主要有点螺、雕漆、雕漆嵌玉、刻漆、平磨螺细、彩绘、雕填、骨石镶嵌、楠木雕漆砂砚、磨漆画等10大工艺门类。数十件扬州漆器精品被选为国礼赠送给外国元首，30多件作品陈列于中南海紫光阁、人民大会堂、钓鱼台国宾馆、外交部大楼和香港、澳门特别行政区公署等重要场所，还有多件作品被国家征集为珍品收藏。2005年，获准实施国家地理标志产品保护。2006年，扬州漆器髹饰技艺列入首批国家级非物质文化遗产保护名录。

三、扬州玉器店

位于东关街63-1号、85号。2009年4月营业。扬州玉器有炉瓶、人物、花卉、雀鸟、走兽、山子雕、佩饰等类别。70年代初琢制的白玉《宝塔炉》，1986年琢成的白玉《五塔》，同年琢制完成的碧玉山《聚珍图》，1990年运用“山子雕”工艺琢成的白玉山《大千佛国图》等，经国家评定为珍品，收藏在中国工艺美术馆。翡翠《螳螂白菜》，为中国工艺美术大师江春源的代表作。2004年，获第五届中国工艺美术大师作品暨工艺美术精品博览会特等奖，后为上海世博会江苏馆镇馆之宝。

2006年，扬州玉雕列入首批国家级非物质文化遗产保护名录。

四、扬州湖笔厂门市部

位于东关街414号。2009年4月营业。毛笔，是中国最古老的书写工具。中国毛笔制作技艺有宣笔、湖笔、水笔、李福寿毛笔“四大流派”，扬州湖笔是四大流派之一。扬州湖笔（也称扬州水笔）以“其麻胎作衬，涵水不漏”而独树一帜。扬州湖笔制作技艺，经106道工序，以羊毛、黄鼠狼、山兔毫、鼠毫等制作而成，品种有210多个，具有尖、齐、圆、健等特点，分水盆、装套、旱作三个环节。关键工序，全凭艺人的手感、舌感和目测。扬州湖笔精选笔杆，与笔头相得益彰。普通的以竹为杆，高档的笔杆由楠木、海梅、牛角、玉、象牙、瓷、雕漆、景泰蓝等高档材料制成。

图 9-3-8　张秀芳工作室

五、张秀芳剪纸馆

位于东关街 350-1 号。2009 年 4 月营业。江苏省工艺美术大师张秀芳，民国 32 年（1943）出生，国家级非物质文化遗产剪纸艺术代表性传承人。1956 年，随叔父张永寿学艺，经刻苦钻研，其剪纸艺术日臻成熟。1981～1986 年，先后数次去德国、美国、日本等国家作剪纸艺术表演。1992 年，被列入中国民间名人录。2007 年，作品《鹤舞云霄》获第八届中国民间文艺山花奖。2008 年作品《百鸟争艳》获第九届中国工艺美术大师作品暨国际艺术精品博览会金奖。

六、吴晓平刺绣馆

位于东关街 350-2 号。2009 年 4 月营业。江苏省工艺美术大师吴晓平，1953 年出生，高级工艺美术师，江苏省非物质文化遗产刺绣艺术代表性传承人，扬州市民间文艺家协会理事。

新中国成立后，以陈淑仪、陆树娴为代表的扬州刺绣艺人，发展创新富有诗情画意的仿古绣和神韵天然的写意绣。仿古绣是以古人书画作品为底本进行刺绣创作，所谓“以针为笔，以线为墨，以旧有水墨画作为蓝本进行再创作”。吴晓平师从扬绣大师陈淑仪，追随中国画的笔墨情趣和文化内涵，运用层层运染的手法，绣出中国画原作的笔墨神韵。创作出《海峤春华》《鱼鹰》《云舒浪卷》等一批优秀作品，获中国工艺美术大师作品暨工艺美术精品博览会金奖等多项大奖。

2006 年，扬州刺绣列入首批江苏省非物质文化遗产保护名录。

2011 年广陵区东关街商铺一览表

表 9-3-1

一、传统工艺			
序号	东关街门牌号	店铺名称	经营范围
1	357 号西侧 2 号	彩云之南	民族工艺品
2	357 号西侧 1 号	丽人艺社	丝绸工艺品
3	357 号东侧 1 号	扬八怪	刺绣、地方工艺
4	89-1 号	瓷艺坊	瓷器
5	89 号	糊涂斋	书画工艺品
6	85 号	五亭玉器	玉器、漆器等工艺品
7	79 号	王景玉轩	玉器工艺品
8	78 号	福禄社	民俗工艺品
9	71 号	忆江淮	装饰工艺品
10	64 号	杨先生咖啡馆	咖啡馆兼营工艺品
11	63-1 号	金玉满堂	玉石工艺品
12	55-2 号	扬州灯彩	剪纸、工艺画和旅游纪念品
13	55 号	问心斋	旅游工艺品
14	51 号	生活怀客坊	民族服装、民族工艺品
15	49 号	扬州八怪艺术传播中心	文化艺术礼品

续表 9-3-1

16	412 号	扬州剪纸博物馆	剪纸陈列及研究
17	406 号	蓝花布庄	丝绸工艺品
18	397 号	问心斋	服饰工艺品
19	381 号	大清盐号	兼营传统工艺品
20	379 号	蓝花布庄	蓝印花布系列工艺品
21	373 号	香阁艺舫	旅游工艺品
22	372 号	鑫利达	漆器工艺品
23	368 号	大清乾隆馆	家居工艺品
24	367 号	鑫利达	漆器
25	364 号	瓷艺坊	家居工艺品
26	363 号	瓷艺轩	景德镇瓷器
27	354 号	惠风堂	文化艺术品
38	350-3 号	李烈烽剪纸研创室	剪纸展示销售
29	350-2 号	吴晓平刺绣馆	刺绣展示销售
30	350-1 号	张秀芳剪纸馆	剪纸展示销售
31	328-1 号、328-2 号	扬州三把刀	旅游工艺品
32	319-1 号	蓝花布庄	服饰工艺品
33	317-1 号	安祺扇庄	旅游工艺品
34	315-1 号、317 号	安琪扇庄	旅游工艺品
35	313 号、315 号	文壁记	旅游工艺品
36	30-2 号	古城刀剪店	旅游工艺品
37	296 号	静中缘	旅游工艺品
38	292-1 号	天泽居	旅游工艺品
39	289 号	雾中花盐水鹅，宝苏钱币艺术馆	特产经营，钱币展览
40	283 号	赵元帅	红木家具、装饰品
41	270-3 号	千壶居	旅游工艺品
42	270-2 号	庆元堂	旅游工艺品
43	270-1 号	诗韵庐	玉器
44	261 号	锦艺工艺传播中心	民间工艺礼品
45	260 号	家天下红木坊	红木装饰品
46	256 号	鑫利达工艺品商场	漆器工艺品
47	253 号	古艺馆	古玩工艺品
48	251 号	静中缘	旅游工艺品
49	250 号	信缘阁	漆器、玉器
50	239 号	名玉坊	玉器工艺品
51	233 号	百草园	工艺品
52	230 号	元泰和	木制工艺品
53	229 号	竹西人家	红木工艺品
54	224 号	小家碧玉	旅游工艺品

续表 9-3-1

55	220 号	广陵红木	古玩、红木工艺礼品
56	206 号(西)	东北特产	旅游工艺品
57	197-1 号	尚玉房	玉器工艺品
58	193 号(东半)	七彩小屋	工艺品
59	179 号	翠熙	玉雕工艺品
60	175 号	扬州红木	工艺品
61	154 号	扬州玉器	少数民族工艺品
62	150 号	民族工艺品世界	民族工艺包、饰品
63	123 号	龙泉宝剑	龙泉宝剑、竹简工艺品
64	119 号	绣行天下	刺绣工艺品
65	114 号	藏貅阁	风水玉器工艺品
66	104-3 号	天祥工艺品商店	陶瓷工艺品
67	104-2 号	怡雅斋	奇石
68	104-1 号	红绣坊	绣品、玉器
69	100 号	宜兴紫砂直销，曾氏芝麻酥	紫砂工艺品
70	99 号	伯馀堂	蓝花布艺、唐装
71	国庆路 441 号	龙门服饰	古典服装制作
72	国庆路 436 号	沈氏布庄	古典服装制作
73	168-9 号	东关三把刀总店	三把刀
74	132 号	大红门，三把刀专卖店	工艺品、三把刀
75	121 号 2/3	扬州三把刀	益智玩具
76	121 号 1/3	奇品堂	旅游工艺品
77	357 号西侧 3 号	蘑菇杂货	民族工艺品
78	106-1 号(东)	大东关足艺	红木家具、足艺
二、餐饮服务			
序号	东关街门牌号	店铺名称	经营范围
1	95-1 号	扬州长鱼面馆	特色小吃
2	95 后进 1-6 号	半亩荷塘	酒吧
3	79 号西侧	赖氏四喜汤圆	小吃(四喜汤圆)
4	61 号	汉南米线	餐饮
5	476 号	惜壶茶楼	茶吧
6	472 号	吴记饼店	系列烧饼
7	470-1 号	黑芝麻糊四季补品老店	芝麻糊
8	470 号	东关特色小吃	茶食
9	437 号	八怪臭豆腐	臭豆腐
10	434 号	绿色吴家粥铺	吴家绿色粥铺
11	395 号	餐乐园	维扬小吃
12	389-1 号	东关炒饭	炒饭
13	389 号	东关街四喜汤圆总店	四喜汤圆

续表 9-3-1

14	387 号	赵氏叠汤圆	汤圆
15	384 号、440 号	园兴园、四迎春食府	餐饮
16	369 号	东关烧烤	无烟烧烤
17	361 号	李记酥糖，十里香串吧	无烟烧烤
18	359 号	聚香斋黄桥烧饼店	特色小吃，黄桥烧饼、豆腐脑
19	294 号	酷比客冰淇淋西式快餐	快餐食品
20	260 号后方 1	龙卷风	餐饮、小吃
21	248 号	赵氏叠汤圆	汤圆
22	223 号	九里香牛肉汤	旅游小吃
23	207 号	粗茶淡饭	藕粉圆特色小吃
24	168-8 号	粽子嘉兴	嘉兴粽子
25	156-1 号	半度雨棚咖啡馆	咖啡
26	153 号	皮包水饭庄	餐饮
27	141 号	大嫂美食	台湾小吃
28	131 号	润心斋	糖糕
29	127 号	狮丝鹅淮扬馆	淮扬小吃
30	116 号	九里香牛肉汤	旅游小吃
31	102 号	酥香缘	特色小吃
32	101 号	盐商小吃	小吃
33	68 号	卡洛咖啡	咖啡
34	433 号	张氏理发店	理发经营展示
35	372-1 号	靳氏烧饼	烧饼制作

三、旅游产品

序号	东关街门牌号	店铺名称	经营范围
1	357 号东侧 2 号	怡心阁	姜糖
2	263 号、94 号	扬八怪姜糖店	姜糖
3	77 号	孟宗筷子店	旅游用品
4	76 号	三言茶礼	茶叶、茶具
5	74 号	绿叶专卖店	茶叶、茶具
6	70 号	扬州三把刀经销总部，爱尚扬州淘宝店	土特产
7	60 号	东北三宝	东北特产
8	45 号	民族风情布艺坊	民族服装
9	国庆路 439 号	老北京布鞋	北京布鞋
10	国庆路 438 号 东关街 478 号	七色麻衣饰	品牌古典服装
11	435 号	东关绒绒编织	绒线编织
12	432 号	协泰行	协泰行参茸
13	429 号	五谷丰麻花王	茶食
14	425 号、425-1 号、 425-2 号	扬州小商品	旅游工艺品

续表 9-3-1

15	388 号、390 号	百年老店绿杨春茶叶店	茶叶
16	383 号	扬州特产坊	地方土特产
17	373-1 号	世鸣蜂蜜园	蜂产品
18	371 号	酱园	酱菜销售及传统工艺展示
19	358-1 号	君雅连环书屋	连环画、毛绒玩具
20	370 号	薛家粮店	粮油产品
21	319 号	扬八怪姜糖店	食品制作
22	318-2 号	皇品扬州特产	土特产
23	297-1 号	李氏姜糖坊，储秀坊	酥糖
24	245 号	大麒麟阁	预包装食品
25	244 号	太白酒坊	酒坊
26	237 号	谢馥春	谢馥春香粉
27	226 号	李记糖坊	酥糖
28	220-1 号	丽君工艺坊	长毛绒玩具
29	218 号	扬州专营恒顺处	镇江香醋
30	200 号	扬州七彩礼品有限公司	礼品
31	197 号	运河春茶庄	茶庄
32	196 号	魔术坊	魔术玩具
33	172 号	五谷丰老字号	传统茶食
34	169-1 号	北京布鞋	北京布鞋
35	169 号	奇乐绒绒	旅游纪念品
36	163-2 号	老杨药膳酥	芝麻酥、瓜子酥
37	161 号	三和四美	土特产和酱菜
38	160 号	特色零食大世界	土特产
39	156 号	钜园茶食店	茶食
40	147-1 号	莲花坊	玩具百货、箱包皮具
41	136 号	东关酱园	三和四美酱菜
42	135 号	旅游工艺品	茶餐饮、旅游工艺品
43	133 号	步步莲花	文化衫、挂件
44	131-1 号	百味香河北迁西野生栗子专卖店	炒货
45	118 号	扬州手工艺特产	书画、女性饰品
46	117 号	百味轩商行	超市
47	106-1 号(西)	魔术坊	魔术玩具
48	181 号	戴春林香粉铺	化妆品、香件等
49	59 号	彩云之南	家居饰品
50	377 号	花布庄	花布制品
51	278-1 号	百诚特产	服装
52	255 号	随缘斋	起名、礼品
53	247 号	沸青	服装

续表 9-3-1

54	199 号	集雅斋	旅游小件
55	178 号	蚕美女	丝绸
56	173 号	陶笛部落	陶笛
57	157 号	大地蓝丝绸	丝绸家纺
58	126 号	丝绸之家	民族服装、挂件
59	111 号	汉依汉舞	民族服饰
60	95 号	onepolar	休闲户外运动用品
61	62 号	阳光户外俊驰店	户外运动用品
62	206 号(东)	自由人户外	户外旅游用品
63	299 号	储秀坊	杂货
64	298 号	研庐翡翠,熊太郎精品玩具屋	翡翠,精品玩具
65	318-1 号	彩虹堂	丝织品、玩具
66	317-2 号	蓝花布庄	丝绸、蓝花布庄
四、文化用品			
序号	东关街门牌号	店铺名称	经营范围
1	328-3 号	瑰宝斋	古玩
2	观巷 117 号	廊桥遗梦	书吧
3	414 号	扬州湖笔厂门市部	文房四宝工艺品
4	193 号(西半)	湖宝斋	文房四宝
5	182 号	广陵古籍刻印社门市部	古籍刻印及销售
6	292-2 号	和惠轩	字画和古玩
7	278-2 号	邮缘轩	邮票
8	259 号	金晶书画工作室	书画
9	280 号	韦小宝古玩行	古玩工艺品
10	249 号	宇龙轩	古玩
11	235 号	昊古斋	古玩字画
12	234 号	绪壶园	书画
13	231 号	金润阁	裱画配框
14	176 号	和福堂	字画、玉器和铜器
15	268 号	佰草缘	连环画
五、旅 店			
序号	东关街门牌号	店铺名称	经营范围
1	357 号	长乐客栈	城市精品酒店
2	242 号	七夕客栈	客栈
3	159 号	同福客栈	精致休闲会所

第十篇 园林

要　目

第一章　古典园林……………………………… 321
第一节　旧园寻踪……………………………… 322
第二节　小苑别业……………………………… 325
第二章　寄啸山庄……………………………… 328
第一节　景　观……………………………… 328
第二节　片石山房……………………………… 331
第三节　造园艺术……………………………… 331
第三章　个　园……………………………… 332
第一节　景　观　……………………………… 332
第二节　宅　第……………………………… 334
第三节　楼轩亭阁……………………………… 335
第四节　造园艺术……………………………… 337
第四章　小盘谷……………………………… 338
第一节　旧城·新城小盘谷……………………………… 338
第二节　亭园构筑……………………………… 340
第五章　市民公园……………………………… 341
第一节　茱萸湾公园……………………………… 341
第二节　荷花池公园……………………………… 343
第三节　曲江公园……………………………… 343
第四节　文津园……………………………… 344
第五节　五台胜境……………………………… 344
第六节　康山文化园……………………………… 345
第六章　当代宅园……………………………… 345
第一节　现代园囿……………………………… 346
第二节　小型宅园……………………………… 348
第三节　宅园布局与意境……………………………… 353

广陵地处江淮之间，大运河与长江交汇之处，历来为东南形胜、漕运枢纽、经济重镇、人居天堂。广陵园林艺术百川交汇，园林风格南北相融，园林美景数不胜数，从而造就广陵园林在中国古典园林中独领风骚之地位。这里有隋炀帝、宋高宗，清康熙、乾隆帝留下的离宫别苑，也有名闻遐迩的何园、个园、小盘谷等"城市山林"；既有皇家园林金碧辉煌、高大瑰丽的巍峨壮观，又有江南园林小桥流水、曲径通幽的婉约风情。诚如清《扬州画舫录》载："杭州以湖山胜，苏州以市肆胜，扬州以园亭胜，三者鼎峙，不分轩轾。"

明清时期，扬州盐业繁荣，巨商富贾与各流派园林巨匠向广陵集聚，大兴土木，营造宅园。众多的名宅庭园设计独特，建筑精美，格调高雅，别具一格，在中国城市名宅庭园中具有重要地位和影响。其中官员吴道台宅第、李长乐宅；盐商卢绍绪宅、贾颂平宅、周扶九宅、汪鲁门宅和汪伯屏的"汪氏小苑"；文化精英和学者"扬州八怪"金农、罗聘故居，马曰琯、马曰璐的"街南书屋"，刘文淇宅、包世臣宅、魏源宅、方尔咸宅；百年老店谢馥春宅铺，当代名人朱自清宅、江上青宅等，都是艺术精湛的宅园作品。已列入全国文物保护单位的名宅有：何园、个园、吴氏宅第（吴道台宅第）、小盘谷、朱自清故居、汪鲁门盐商住宅、贾颂平盐商住宅、卢绍绪盐商住宅、逸圃等；省级文保单位有：蔚圃、匏庐、廖可亭盐商住宅、周扶九盐商住宅、冬荣园、罗聘宅（朱草诗林）、华氏园、阮家祠堂和住宅、胡笔江故居等。

广陵为扬州主城区。90年代起，区内园林绿化事业发展有序，成绩斐然，取得多项荣誉。1997年2月，扬州被省政府命名为省级园林城市。2003年12月，被建设部命名为国家园林城市。个园、何园、汪氏小苑、吴道台宅第、二分明月楼、萃园、珍园、刘庄、怡庐以及仙鹤寺、蕃釐观（琼花观）、普哈丁园、武当行宫等历史名宅庭园、名刹古寺都得到有效保护。1998年，公布四个历史街区，大规模疏浚护城河道，保护古运河在内的城市文脉。2007年，打造"双东"历史街区。荷花池公园、曲江公园及位于"七河八岛"地区的茱萸湾风景区、凤凰岛风景区先后建成并对市民开放。位于老城区的古运河景观凸显优良的生态品质。当代宅园，小中见大，均为新私家园林，个个别有风味，各具神韵。至2011年，广陵城区绿化覆盖率37%，绿地率33.97%，人均公共绿地面积10.63平方米，绿地面积2286.32公顷。

第一章　古典园林

广陵园林建筑在汉代初现雏形，南朝刘宋时初具规模。隋炀帝杨广"长阜苑内，依林傍涧，竦高跨阜，随城形置"离宫别馆，既有崇殿峻阁、复道重楼，又有风轩水榭、曲径芳林，将皇家建筑与山水园林巧妙结合，建筑规模盛于汉代宫苑之"歌堂舞阁""弋林钓渚"（鲍照《芜城赋》）。唐代，广陵园林得到进一步发展，出现私家竞造园林风气。唐代诗人姚合诗云"园林多是宅，车马少于船"，这种宅与园的结合，标志广陵园林从宫廷苑囿向私家园林转变。唐末，扬邑屡遭破坏，已是"二十四桥空寂寂"。北宋前期，邑内园林有所恢复，构筑风格进入山水园林阶段，湖山峰石开始出现。南宋初年，扬州成为保卫南宋的屏障。于战马倥偬之际，宋端平三年（1236）制使赵葵在堡城统制衙内"建万花园"。元代，广陵园林处于低落时期，受此期画风影响，此时园林结构以平远山水或单一题材为主。明代，园林复兴，构筑有简有繁。简者，一园一景，重在意趣；繁者，一园多景，重在叠水，写意山水园林风格已趋成熟。清代，广陵为南北盐运与漕运的咽喉，经济文化出现再度繁荣的局面，全城大小园林百余处，其艺术风格与特点堪称中国古典园林的典范。明清两代，"扬州名园甲江左"。特别是康熙前后，有王洗马园、郑御史园、卞园、员园、贺园、冶春园、南园、篠园等八大名园，将扬州园林艺术推向顶峰。后因战乱和经济衰败，这些名园大都被毁坏，但旧典籍中尚存的园林图录刻石和画家描绘的园林史料弥足珍贵。清代晚期，随着盐业衰败，广陵园林一蹶不振。民国时期，广陵园林仍呈颓势。

新中国成立后，广陵园林逐步复苏，城市园林有较快发展。80年代起，城郊出现一些私家园林。这些园林将徽派建筑与广陵传统宅园组合为一，将广陵地域文化和园主人心境情怀凝聚在山水建筑之中。街巷小苑，小巧精致，素面淡雅，多山水小园韵味。室内多传统旧式家具，建筑多精美砖雕、石雕、木雕，园内多古树名木。园子因地巧思，园基方寸之间，花木亭台无不出奇制胜。

第一节 旧园寻踪

一、乔氏东园

图 10-1-1 乔氏东园图

位于汤汪乡甪里庄。清康熙四十九年（1710），晋商乔逸斋在此修建清初扬州一代名园——东园。东园建成后，乔家挚友、时任两淮巡盐御史的曹寅为东园八景逐一取名，并为之逐一题诗，其椐堂、几山楼、心听轩、西池吟社、分喜亭、西墅、鹤厂、渔庵，曹寅、宋荦等均有题跋。王士祯《东园记》载："辛卯初夏，门人殷彦来书，为其友乔君逸斋征余文，纪其东园之胜，且绘图邮示。披卷谛视，不自觉其意移焉……""乔君斯园（指东园），独离城市，林木森蔚，清流环绕。因高为山，因下为池；隔江诸峰，耸峙几席；珍禽奇卉，充殖植其中，抑何其审处精详而位置合宜也。余足迹未经，不能曲写其状，姑就图中所睹，已不啻置身辟疆、金谷间矣。"东园在清代大儒阮元编辑《广陵诗事》之时已称扬州三大废园之一，东园八景亦随之湮灭。

康熙四十九年（1710），著名界画高手袁江所绘《东园胜概图》卷，现藏于上海博物馆。郭俊纶在1973年1期《文物》月刊重点介绍，叹为清代广陵园林杰构。此园虽建在计成"影园"之后，却是扬州有实图可考的最早园林。

二、九峰园

位于今荷花池公园。旧称南园，世为汪氏别业。九峰园为乾隆南巡时赐名，且御书"九峰园"匾额。南园起初为盐运使何煨在荷花池畔所建的别墅，清初为安徽歙县汪氏（玉枢）所得。乾隆二十六年（1761），其子汪长馨于江南购得太湖石九尊，大者过丈，小者及寻，玲珑剔透，相传系宋代花石纲遗物。《扬州览胜录》载："度小桥至水亭，亭据砚池上，颜曰临池。池水沦涟，广逾数顷。隔岸一望平远，篱落村墟，人烟竹树，历历在目。其东为长堤，沿堤高柳夹峙，又东至小厅，曰一片南湖。厅右为烟渚吟廊，厅左数折为竹亭，亭西面琅玕千个，长廊带其前。"园临砚池，隔岸有文峰塔，景名"砚池染翰"。园旧有澄空宇、海桐书屋、玉玲珑馆、雨花庵、深柳读书堂、谷雨轩、风漪阁诸胜。乾隆南巡游此，大加赞赏，赐名御书九峰园，并纪事略。后奉旨选二峰

图 10-1-2 九峰园遗石

图 10-1-3 九峰园木刻图

送往京师御苑，扬州尚存二峰，一在瘦西湖，一在史公祠，称“南园遗石”。嘉庆之后园渐圮，咸丰年间废而不存。2009年，由康、雍、乾三朝元老，著名书法家钱陈群所书的《御题九峰园记》老拓片在扬州被发现。《御题九峰园记》拓片中详尽记述“九峰园”佳话。钱陈群，康熙六十年（1721）进士，官至刑部左侍郎，是乾隆皇帝重要代笔人。此拓片共十册页，从纸质判断，应为清晚期遗物。从拓片字体看出其深厚的书法功力，既有唐人楷书底子，又有东坡遗意。

三、倚虹园

位于今北门桥畔，是王士祯赋冶春诗处。倚虹园一为虹桥修禊，一为柳湖春泛。后转运使卢雅雨亦于此修禊。据《扬州画舫录》卷十载：“倚虹园之胜在于水，水之胜在于水厅。自桂花书屋穿曲廊北折，又西建厅事临水，窗牖洞开，使花、山涧、湖光、石壁褰裳而来。夜不列罗帏，昼不空画屏，清交素友，往来如织。晨餐夕膳，芳气竟如凉苑疏寮，云阶月地，真上党熨斗台也。”倚虹园“园门在渡春桥东岸，门内为妙远堂，堂右为饯春堂。临水建饮虹阁，阁外方壶岛屿，湿翠浮岚。堂后开竹径，水次设小马头，逶迤入涵碧楼，楼后宣石房，旁建层屋，赐名‘致佳楼’。直南为桂花书屋，右有水厅面西，一片石壁，用水穿透，杳不可测。厅后牡丹最盛，由牡丹西入领芳轩，轩后筑歌台十余楹。台旁松柏杉槠，郁然浓阴。近水筑楼二十余楹，抱湾而转，其中筑修禊亭。外为临水大门。筑厅三楹，题曰‘虹桥修禊’。涵碧楼前怪石突兀，古松盘曲如盖，穿石而过，有崖峻嶒秀拔，近若咫尺。其右密孔泉出，迸流直下，水声泠泠，入于湖中”。

图 10-1-4　倚虹园

四、城闉清梵

位于原老北门外，问月桥西，今汶河北路北端，小芒萝村旁，毕、闵两园在其内。临河面城，旧为舍利禅院。乾隆十六年（1751）南巡，赐名“慧因寺”，候补道衔毕本恕筑寺之大士堂小门至香司亭；四面种木樨，前开八方门。右临河有涵光亭、双清阁、听涛亭，曲廊水榭，低徊映带。西为斗姥宫，在文武帝君殿右，康熙皇帝赐“大智光”三字额，其旁为别苑。正殿供老君像，殿之上为斗姥楼。殿之右，有小屋六楹，旁设小门，由长廊入邃室，额曰“南漪”。后一层建一厅，额曰“绿杨城郭”，厅有联云：“城边柳色向折晚（温庭筠句），楼上花枝拂座红（赵嘏句）。”盐课提举闵世俨、知府衔汪重耿先后修建。乾隆四十八年（1783），知府衔罗琦又加以修葺。其西为药园，旧为种花人所居。是园久荒，无迹可寻。

五、棣园

位于南河下。始建于明，清初归陈汉瞻，筑“小方壶”；乾隆年间归黄阆峰，名“驻春园”；后归洪钤庵，又名“小盘洲”；道光二十四年（1844）包松溪购而新筑，改建为“棣园”。同治年间（1862～1874），为太平军将领李昭寿所有。光绪

图 10-1-5　棣园十六景图册

图 10-1-6 棣园遗迹

初，湘籍盐商仿《红楼梦》大观园改建为湖南会馆。“棣园”石额系阮元手书。会馆原占地面积7公顷多，由东、中、西三路住宅并列组群，有房屋100多间，现存砖雕大门楼是扬州保存最大、最完整、最古朴雄浑的会馆门楼。门楼对面为八字形大照壁，照壁后有“湘园”及附属建筑。园门南向，磨砖门楼上方，石刻“棣园”仍在。门楼东壁上嵌山僧几谷手绘《棣园图》刻石，并有阮元与梁章钜题跋。门楼西墙原嵌半部《棣园吟咏》石碑已圮移他所。园之东有一阁飞檐，名“小钟阿”；阁南坡下，叠湖石山子一座，取洞庭湖内钟乳石，名曰“盘窝”，山石垒叠之奇实为罕见。门楼向东，旧有一道复廊，与“掩映花光”角门相接。转至“小钟阿”，门内以宣石与湖石相间，其一峰突起，山麓植十丈青桐。回首东向，门额上题“香风满径”四字。园之西有一座歌台，紧挨黄石山子。旧有串楼与门楼相连，转又与东阁相接。歌台对面，为一戏厅，方梁矩柱，极其规正。清代中叶，全国各地戏曲先后会演于扬州，广陵古城内时有歌台戏楼众多，如今只留下二三例，数棣园歌台保存最好，对研究扬州戏曲史弥足珍贵。戏台上曾悬楹联“后舞前歌，此邦三至；出将入相，当代一人”，因时任两江总督曾国藩到扬驻节此园，此楹联是众盐商为其祝寿演戏所作之谀辞。戏台之后有楼屋数间，楼之西南构湖石山子一座，山上老松一株，有凌云之势。楼厅之间原为鱼池，今已填没，但石梁与水中峰石尚露地表，犹见昔时“曲沼观鱼”陈迹。棣园以东，系道光年间梁章钜所寓支氏宅，现已与棣园连成一气。乡人蒋氏珍藏《棣园十六景图册》与包松溪《自记》，载棣园占地面积近4公顷，园中筑有“洁兰堂”。堂前旧植既古且大之枫树一株，高出屋角，垂阴半轩。堂之后，为“沁春楼”，登高尽览全园。楼下为“小玲珑馆”。堂之前、楼之后为“曲沼”所在，乃观鱼之所。又园内旧称“连柯别墅”；与“小方壶”相对，为“育鹤轩”。“竹趣”之右，为“小山余韵”。芍田之前，为小池。尚有“翠馆听禽”与“平台眺雪”诸景。《棣园全图》计16幅，为清代著名画家王素（字小梅、小某）所画，为写真实景，极精美。如曲沼观鱼，小池环堂，堂之后、楼之前有石桥可憩，倏鱼荇藻，时有濠梁之乐。棣园景物，皆一一收画图。是园多有毁坏，遗迹尚存。

六、平园

位于花园巷西首。与棣园后门相对，为盐商周静成重建。园在住宅西偏，门楼南向，迎面有敞厅三间。折向西行，有园门为月洞形，门额上刻楷书“平园”二字。门内园林转向南北。园分前后两部，间以一道花墙。墙上数辟绿釉瓷板花窗，新颖典雅。园南稍偏东，植广玉兰两株，百年古木，绿叶梢头，白云絮然，花香四溢。花墙正中，辟一圆门，面南门额刻“惕息”二字，面北门额刻“小宛风和”四字。园北大院落，南向有花厅五楹，净几明窗，两山墙稍间与次间，间以楠木屏条四扇，上刻名人字画，填以锭蓝与石绿，淡雅沉静。院东西两墙上各有角门，东角门上题“夕照明邨”，西角门上题“朝晖净郭”。沿南墙北向，圆门左右，各有湖石山子一叠；山侧东植凌霄黄杨，西种木樨碧梧。院虽不大，实则明净。庭院东首已自成小小院落，花木疏疏落落。客室间悬一幅梓翁所作松树，墨沈淋漓。其间壁上有当代名人孙龙父与王板哉书画数幅。棣园、平园为何氏“寄啸山庄”蓝本，而何园则青出于蓝而胜于蓝。

图 10-1-7 平园

第二节　小苑别业

一、蔚圃

位于风箱巷6号，后门宛虹桥17号。民国初年建，市级文物保护单位。呈规整长方形，从东到西宽约32米，南北纵长52米，占地面积约0.17公顷。原有各类老屋大小合计60多间，建筑面积1000多平方米。蔚圃原属盐商程汇新产业，民国时卖给李蔚如，由此称之为“蔚圃”。

图10-1-8　蔚圃

蔚圃住宅布局规整，庭园精致。住宅由东、西二路并列，中夹南北向火巷。曾为广陵街道办事处办公地址，其中蔚圃庭园在1983年由市房地产公司重修。大门楼砌筑考究，呈八字形，磨砖对缝砌筑。门上首镶有二道磨砖额枋；其上为磨砖匾墙框景，内镶磨砖六角锦，亦称龟背锦；再上置木作天花板，整体门楼显得宽阔挺拔。越过大门楼进入庭院，东侧仍见历史遗存廊道阶沿石。旁朝南二道门上原有石额，书“蔚圃”二字。跨过二道门，穿过门披廊，即进入蔚圃庭园。

朝南迎面是厅堂一顺五间，其中三间为花厅，两侧梢间为偏房。花厅三间构筑之材与形式全取“方”意，方形柁梁，方形桁条，方形椽子，方形柱子，柱下鼓磴、石磉亦是方形。厅内铺地是方砖，原有隔扇装修中棂条也是套方花样。东面三间走廊上楣子是套方图案，西边走廊壁间镶吊角罗底砖是方形，西南隅构筑凉阁（亦称船厅）平面格局也是方形。构筑无处不方，为扬州砌房造屋的一种规矩，即东路厅堂用圆料、圆作，西路厅堂用方料、方作，其意有圆有方，左圆右方，有男左女右之意，也就是东面为男厅，西边为女厅。

厅前两侧有廊，一接朝北门廊，一接西南隅歇山式半阁。半阁上翘角临空，绕以美人靠临虚。阁台下壁间砖雕海棠框景，中镶砖雕佛手、桃子、石榴、葡萄等果实，寓意多福、多寿、多子孙。阁下曲池一泓，鱼翔浅底，终年不涸。池边白色石栏围之，面北依壁叠砌湖石假山一座，峰、洞、水、鱼、花、木俱全，布局精当，为民国初年造园名家余继之手笔。花坛至今尚留百年以上瓜子黄杨一株，其茂盛之叶超过屋檐。该圃不大，但山石水池，厅阁旁廊，俱备花木扶疏，有幽深自在之趣。

二、刘庄

图10-1-9　刘庄

位于广陵路272号。建于清光绪年间，原名“陇西后圃”。民国11年（1922）归于盐商刘景德，重新修葺，故名“刘庄”。市级文物保护单位。现仍为广陵公安部门使用，修缮保养较好。

住宅占地，南北长130米，东西最宽处50米，计0.65公顷，各类房屋150多间，建筑面积近3000平方米。横有四路住宅组群并列，纵有三进、五进连贯延伸。

从东向西，第一、第二路住宅，前后主房各五进，面阔三间，体量高大。第三路住宅，前后主房四进，面阔皆为一顺五间铺排，为其体量最大的一组老屋。第四路住宅，前后主房四进，面阔三间。各路朝南均有磨砖雕花门楼，东西并列，独立组合，又有耳门相通。其中第三路首进原仪门门楼保存较好。门垛旁屹立磨砖柱，柱旁浮雕菊花、卷草，其上匾墙樘内嵌钭角锦及樘内四个角端也雕饰菊花、卷草，丰满舒卷自如。砖柱顶端突出饰物，是一枚如意，如意头中嵌“卍”（万）字，如意柄中嵌挂一双柿子。三者结合，其寓意“万事如意”。楼宅后天井一方，存《刘庄记》碑刻一块。

宅后花园分为四个院落。前院月门东向，门额上书“馀园半亩”。园内坐北朝南花厅三楹，厅前置廊，西接东轩。朝东壁间存碑 4 块。花厅有短廊接半亭，沿南墙以湖石筑花坛，栽琼花、腊梅、枇杷、天竹，另有百年名木白皮松一株。短廊西北侧为西院，修竹亭亭，黄石叠山，有蹬道上串楼。由前院东北出门进东院，北有楼阁临虚，湖石贴壁作山，山前凿池，缘岸垒石，池上架石桥，山水相映，花木扶疏。东置曲廊与北端朝南楼宅相连，拾级登临，可俯视园景。朝西门额上题隶书“绿漪”二字。后院在东西两院之北，有古树广玉兰一株，山石少许。出前院月门向南为深巷通南首房屋。出月门巷北沿花厅东墙壁间嵌明代《泼墨斋法帖》等碑共计 21 块。花厅后西北隅原有黄石假山及老屋庭院。院落意在换景，在宅间造园，所以“馀园”一角，占地仅“半亩”。

刘庄有一座清代戏台，台呈长方形，坐西朝东，面阔三丈余，深一丈二尺，高出地面约四尺许。台后一堵高墙，犹如回音壁。

三、杨氏小筑

位于风箱巷 22 号。市级文物保护单位。园主杨鸿庆（1882—1956），先后任扬州钱业公会会长、扬州商会会长。购旧宅以修，继建成花厅，依地势构筑小园。

园西南建一亭，外有斜坡、长廊连通花厅。园内堆湖石为山。掘池二，一池中巨石形似“小孤山”，一池有石桥通石洞竹林。园主人命名并手书园内各景。假山名“若谷”，喻意形如“虚怀”。小池名“勺泉”，实指拳勺之水，有听泉之乐。花厅前后一兰一桂，命名为“金桂玉兰花馆”。园内植松、竹、梅、天竺、枇杷、柿、杏等花树果木。石围花坛，种牡丹、海棠、紫薇等。园内多处点缀茶花、云柏、五针松等盆栽。每每花香四溢，人常驻足，不忍离步。角亭因之名“猗香”。亭东南竖一巨石，击之声若铜钟大吕。园景可谓声香色形俱全。园中部又建花墙，隔内外园，内外反复观赏，景色变换，深邃而空濛。该园设计精巧，由造园名家余继之、余长和策划设计，名匠相生建造。陈从周教授赞之：小园咫尺面积，前后分隔得宜，无局促之感，反觉左右顾盼生景的妙处，欣然命名为“杨氏小筑”。

四、怡庐

位于文昌中路嵇家湾 3 号。民国初年建造。市级文物保护单位，为市烟酒总店使用。怡庐民国初为扬州德春钱庄经理黄益之私宅。扬州造园名家余继之构筑。

住宅由东、西二路并列组群，中夹火巷一道。东路以住宅为主，西路以庭园为主。原有各类老屋大小合计 40 多间。扬州解放后，由黄益之后人黄印西、朱芷湘夫妇继承的老屋还有 20 多间。西路庭园与住宅部分，1956 年对私改造后，被全部公管。今存西南隅庭园及庭园中厅、廊、室、厢大小合计 16 间，附属山石、花木保存基本完好。

图 10-1-10 怡庐

怡庐建筑特色，可以概括为用地经济，娇小精致，恬淡别致，憩居雅趣。西南隅庭园住宅，东西宽不足 15 米，南北纵长不足 20 米，占地面积约 280 平方米。怡庐庭园不大，不足 60 平方米，天井也很小，不过 10 多平方米，然厅、堂、室、厢、庭园、天井均构建小巧，比例匀称，空间尺度、假山体量、花木点缀、名人题额点睛，无不恰到好处。

东院南端朝东对开门，内有游廊环其东南，廊北与花厅相接。厅后有狭长天井，北墙叠雪石小山，翠竹修长，蓊郁清幽。花厅西侧有一道花墙，假山依墙而叠，花木扶疏，鹅卵石铺地，在雅致中增添几分清静。中有月洞门，磨砖镶边，其上磨砖砖雕围之卷草花纹，门额中间白矾石浅刻篆书“两宜轩”，为陈含光所书。墙西部，院内南北各构小屋一间，总其名为“两宜轩”，南面一间额提浅刻小篆“寄傲”，北面一间额题“藏拙”。两间小屋，南北相望，虚窗相对，似藏如拙，布局雅致，既可作读书之所，又可为小憩之地。真“两宜”也。

五、蛰园

位于彩衣街北侧34号、38号，杨总门11号、12号。市级文物保护单位。蛰园是一座晚清园林住宅，系李曾麟（振青、振卿）1906年购得彩衣街34号、38号金氏住宅十进及杨总门11号、12号杨氏廊楼一座改建修造而成，至今已有100多年历史，有园名石额、茶庐、琉砂井等遗迹。

图10-1-11　蛰园

园林占地面积约0.2公顷，原有房屋98间、花园4个，庭院依据石涛《青莲草图》设计。主园由花园、花厅、庭院、书斋、茶庐组成，厅堂由门楼、大厅、二厅、藏书楼、后花园组成。园门西向，成月洞形，额嵌“蛰园”二字石。园于两厅之间，掇湖石为山，架空突起而孤。又于依山傍岩处，植木樨一株，虽系孤本独木，却也郁郁葱葱。两厅之前，园地稍宽，垒土为岗，岗上叠石，馀栽花木，小有山林气息。园东北隅，以湖石筑坛，上植黄杨，干虬而枝曲，丰姿多态，似由盆景中移来的旧植，为园林增色不少。时世变迁，藏书楼于解放初拆除，现仅存门楼（局部）、大厅、二厅、花厅、书斋、五进、七进、廊楼主楼，共有房屋45间。

六、魏氏园

图10-1-12　魏氏园

位于永胜街40号。市级文物保护单位。为市图书馆古籍部使用。2007年古旗亭社区使用后，修缮一新。园主魏次庚，籍贯湖南衡阳，晚清时出生，除经营盐业外，还在打铜巷开古玩店。

魏氏园东部为住宅，西首不规则余地为园林，主次鲜明。住宅计四进，皆为三间两厢。旁皆配套房小院，与起居部分，实连而似分，互不干扰。园林前狭后宽，前部邻大门处有杂屋，后部划分作前后两区。前区筑四面厅名“吹台”，郑板桥书额为“歌吹古扬州”。配以山石、玉兰、青桐，面对东南角建有小阁。后区为前区的陪衬，又东西划为两大部分，东部置旱船，旁辅小角，花墙下叠加黄石山，栽天竹黄杨，穿花墙外望，景色隐约。园虽不大，而置两大建筑物，尚宽绰有余，乃利用花墙划分得宜，互相得以因借，从而增加空间层次。50年代，原有四面厅、船厅已分别移至瘦西湖公园、盆景园。魏氏园造园风格独特，著名作家冰心、著名建筑学家陈从周曾造访该园。

第二章 寄啸山庄

图 10-2-1 寄啸山庄

寄啸山庄又称何园，建于清光绪年间，是晚清园林建筑代表作。1988 年，何园列为第三批全国重点文物保护单位，国家 AAAA 级旅游景区，首批全国重点园林。何园位于徐凝门街南段，乃清乾隆年间双槐园旧址。占地面积 1.4 公顷，建筑面积 7000 多平方米，占 50%，密度极高，反映清后期园林建筑密度高而错落有致的特点。主要景观有 10 处。园内有大槐树两株，传为双槐园故物。“寄啸山庄”园名取自陶渊明“依南窗以寄傲，登东皋以舒啸”之意，园主何芷舠，故而又称“何园”。光绪九年（1883），园主何芷舠 49 岁从湖北汉黄德道台任上壮年致仕，归隐扬州，购得吴氏片石山房旧址，斥巨资良材建造大型私家住宅园林，前后历时 13 年之久。何园是扬州大型私家园林中最后问世的一件压轴之作，2005 年，中国文物学会会长、园林泰斗罗哲文题壁为“晚清第一园”。何氏家族与中国近代史上几个赫赫有名的大家族关系十分密切：与北洋大臣李鸿章、光绪皇帝老师孙家鼐是同乡加儿女亲家，进退与共；与光绪皇帝另一位更有名气的老师翁同龢以及清廷重臣、洋务派代表人物张之洞也有姻亲关系。园主人何芷舠少年得志，官运亨通，归隐扬州 18 年后（1901），垂老之际，弃园不顾，举家南迁上海。解放后，何园为扬州市园林部门管理，作为公园开放。“文化大革命”期间，曾被扬州无线电厂、723 所等单位占用。2006 年 8 月，何园收回何家祠堂相关产权，对其修缮一新。

第一节 景 观

一、牡丹厅

牡丹厅位于东花园，其东墙歇山顶尖上有一幅“风吹牡丹”砖雕。整幅作品大拙中见大巧，细密中藏神奇，在创意、布局、章法、刀法各方面都有与众不同的特点，是清代晚期难得一见的精品。加之厅前广植牡丹，牡丹厅因以得名。

二、贴壁假山

贴壁假山嵌在东花园船厅东北对面风火墙上，长 60 多米。上有盘山蹬道，下有空谷相遇，水绕山谷。山

图 10-2-2 牡丹厅

图 10-2-3 贴壁假山

上有月亭，过月亭可登上复道回廊。贴壁假山沿着墙面走向，一路攀缘，状若游龙腾蛟，搅动万千气象。该贴壁山是江南园林中享有盛名的登楼贴壁山，也称扬派贴壁山。贴壁山的山腰里，藏着一条高低盘旋、曲折迂回的石阶小路，一直通往翰林公子读书楼。

三、船厅

船厅面阔 15.65 米，进深 9.5 米。正前方一条方石板甬道像是登船的跳板，厅檐下低低的台阶好比船上的甲板。四周以鹅卵石、瓦片铺地，花纹作水波状，给人以水居的意境，故名船厅。船厅四周用通透玻璃镶嵌花窗，有“人在厅中坐，景自四边来”的意境。

图 10-2-4　船厅

四、读书楼

翰林公子读书楼位于船厅西侧僻静清幽之处，是何园文脉的象征。楼外地面花街用鹅卵石铺成精美的图案，有九只栩栩如生的梅花鹿，寓意有长久的俸禄（“九鹿”）。何氏家族从何芷舠父亲这辈起先后通过科举获得功名，当上大官。楼内陈设有其子何声灏当年考试的试卷、高中的捷报。

图 10-2-5　读书楼

五、水心亭

西园水池中的水心亭，又叫小方壶。方壶，是神话传说中的海上仙山。在园中构筑水心亭，乃取向往海上仙山的缥缈意境。水心亭呈方形，整座建筑小巧玲珑，景致工整，四面临水，飘逸精巧。亭外四面有一围石栏杆，北面有一座湖石搭建的小桥通向蝴蝶厅，南面有曲桥与长廊连接。水心亭又被称为戏亭。亭子西面有一个小平台，天晴时人可以在平台上演剧，下雨时则可在亭中轻歌曼舞，水面的回声还可增加音响效果。人们在水池周围复道回廊里，无论阴晴都可以欣赏精彩演出。“花间隐榭，水际安亭，游廊曲回，修篁弄影”。水心亭曾多次举办过全国昆曲艺术家的曲会和京剧票友的大型演唱会。《红楼梦》《还珠格格》《毕昇》等 100 多部影视剧也将此处作为影视场景。

六、蝴蝶厅

蝴蝶厅面阔七间。正厅三间向前突出，侧厅后敛如翼，整体造型像一只蝴蝶，因而得名。该厅是主人待客用宴之处，也叫“宴厅”。蝴蝶厅斜对水心亭，厅的东、南、西三面均有山石呼应，峰峦聚散，山林叠翠，廊轩环曲，楼台若有若无。厅的命名又增加园景的生动与灵性，让人浮想联翩。电视剧《红楼梦》“元宵开夜宴”

图 10-2-6　水心亭

图 10-2-7　蝴蝶厅

就在这里拍摄。厅内陈列数十幅名人字画，如清代扬州著名画家陈重光所绘《春江水暖鸭先知》。

图 10-2-8 湖石山

七、湖石山

池东南有湖石假山一座，与水心亭隔水相望。从建园意境上来讲，这座假山有“空山新雨后，天清晚来秋”的空灵境界。

八、同仁馆

该馆以“同仁”二字命名，为 40 年代张旭光在何园创办的一所学校——同仁中学。此馆所在地，就是一间当年书声琅琅的教室。同仁馆是海峡两岸和世界各地同仁学子永不忘怀的建筑，同时也是联结海峡两岸和世界各地炎黄子孙的纽带。

九、玉绣楼

一百多年前，何家的老少主人们，就在这样的一个园居空间里生活。玉绣楼的主体建筑是前后两座砖木结构二层楼，既采用中国传统式的串楼理念，又融入西方的建筑手法，如采用法式的百叶门窗、日式的拉门、法式的壁炉、铁艺的床等等。此外，在住宅建筑功能和人性化需要方面，也有一些细节体现，如地面设通风孔、地下建近两米高的透气层等等。

图 10-2-9 玉绣楼

1998 年，将园内玉绣楼改建成何氏家族史料陈列馆，展示何家的一些实物和文献资料、主要成员生平史料，恢复主人卧室、书房、闺房，再现何家家训、祖孙翰林 [何俊（1797—1858），何声灏（1864—1941）]、兄弟博士 [何世桢（1894—1972），何世枚（1895—1972）]、父女画家（何适斋，何芷舠的长房次孙；其长女何怡如）、姐弟院士（王承书，何芷舠的曾外孙女；其弟何祚庥）、爱国后辈（何芷舠次子何声焕命其从美国学成归来的儿子何世祯博士在上海创办持志大学；曾孙何祚熙，共产党员，16 岁投笔从戎，在其影响下，何祚龢、何祚融、何祚庥、何祚榕、何祚永等都走上革命道路）等感人故事。

十、清楠木厅

玉绣楼南面是一座面积为 160 平方米的“与归堂”，是目前扬州保存最大、最完整的一座楠木厅，为主人会客的地方。楠木厅融合西方建筑手法，正厅两侧的窗户，用的是整块 4 平方米大、9 毫米厚的玻璃，采光效果极好。

图 10-2-10 清楠木厅——与归堂

第二节 片石山房

图 10-2-11 片石山房

片石山房为何园园中园，位于何园东南部。清光绪九年（1883），何芷舠从吴姓人家买下片石山房。清钱泳《履园丛话》卷二十载：片石山房内“二厅之间，湫以方池。池上有太湖石山子一座，高五六丈，甚奇峭，相传为石涛和尚手笔”。石涛是清代成就很高的山水画家，开辟扬州画派，为扬州八怪先驱。石涛遍访名山大川，“搜尽奇峰打草稿”，晚年侨居扬州，留下叠石的人间孤本——片石山房。片石山房于1989年复修，门楣上的“片石山房”额系移用石涛墨迹。此园的设计，以石涛画稿为蓝本，顺自然之理，行自然之趣，表现出石涛诗中“四边水色茫无际，别有寻思不在鱼。莫谓池中天地小，卷舒收放卓然庐”的意境。

进入片石山房，门厅有滴泉，为“注雨成瀑”之景。南岸三间水榭别具匠心。西室有半壁书屋。石涛诗云：“白云迷古洞，流水心澹然。半壁为书屋，知是隐真仙。”中室涌趵泉伴有琴床，琴音幽幽，泉水潺潺。东室有古槐根作棋台，似见一竹石图，形成琴棋书画融一炉的构园风格，显示扬派园林文人画风味。

园偏西有湖石山子挺拔奇峭。山腹中空，内藏一所石屋，可作夏日消暑的好地方。它本非自然而追逼自然，出自人工却巧夺天工。缘峰岩之右，越石梁，踏磴道，可攀至绝顶。磴道之西有老梅一株，叶枝蔓生，浓阴掩路，游人如履山阴之道。山巅巨石凌空，循左峰拾级而下，尽如履险，心悬汗津。园偏东又有湖石山子一撮，山石亦中空。西、南两面皆有谷口，可绕行登至山巅。磴道上空，有老藤一架，旁有罗汉松一株，蒙茸成阴，显山林深邃之意。山石之南为明楠木厅，是何园保存年代最久的一幢建筑，距今已有400多年。厅西侧有一“不系舟”，就像船只从外面航行归来，坐在舟上可俯视池鱼。

园中假山丘壑中的“水中月”，是片石山房中假山在水中的倒影奇观，蕴藏着大智大觉的禅机佛理。此处是扬州白天赏月的最佳处，盈盈池水中可见一轮明月随波荡漾，随着视角的不同，还产生或圆或缺的变化，十分有趣。

第三节 造园艺术

一、山水空间，疏密有致

何园建筑密度对于园林来说太大，但置身园中，不但没有拥挤感，反觉得处处收放有度，疏密有致，小中见大，层次分明。这与设计者精心构思与布局分不开。东花园为接待区，以通透敞亮的牡丹厅和船厅为代表，水景旱做，配以气势雄浑的贴壁假山，给人以宽阔的感觉。西花园为赏乐区，以水心亭为中心，山水相依，人景合一，加上特有的水上舞台功能，成为享受艺术人生的绝佳处。园居院落作为生活区，相对独立，而又似隔非隔，安静清雅，尽享天伦。

二、复道回廊，内外互通

片石山房为修养处，弥漫文人气息，既有别开生面的耳目之娱，又有哲理思考之乐。何园是私家园林的完整形态，它的各个部分既独立成章，又环环相扣，互相渗透，这主要归功于园林串楼艺术成就最高的复道回廊。全长1500米的复道回廊，腾挪、缠绕于园中建筑之间。复道凌空，内外分流，回廊曲折，高低错落，构成园林内部的四通八达与回环变化之美，把廊道建筑的功能和魅力，发挥到极致。晴明天气，日出月落，复道两边的透空雕花栏杆交错投影，流光溢彩。不管是烈日炎炎，还是雨雪霏霏，借助这条廊道，人们可以无忧无虑徜徉园内，悠闲自在流连美景。其中一段双面回廊中间夹一道墙而形成；一条廊内分出两条走道，廊的跨度因此显得很宽，大方气派；又被称为“内外廊”，起到分流交通作用。串楼上下可开可阖，晚间闭合后可用吊篮传递物品。

三、建筑精美，用料精致

何园建筑用料十分考究。如花窗就是用定型烧制的水磨抛光青砖，又叫金砖。整个园子组成环环相扣、内外有别、居游两便的人居环境，中国私家园林的建筑审美和居住功能在此达到高度和谐。

四、创意新潮，布局新颖

何园集扬州园林精髓大成，融西洋建筑元素，成为中国园林史上的一个奇葩。园主何芷舠购得原有片石山房旧园（小花园）扩建新园时，打破前寝后园的传统格局，将园居住宅玉绣楼安置在东南片石山房、东面东园、北面大花园、西面怡萱楼小院这四个景区的中间位置，这在园林史上是独一无二的。何园的设计思想类同于网络型、发射状的布局，尤其在园林点、线、面的处理上，创造性地通过全园 1500 米的各式廊道和节点，使两层园居上下能够四通八达地到达任何一个景点，交通走廊作用发挥到极致。

第三章 个 园

个园南大门位于东关街 318 号，北大门位于盐阜东路 10 号。1988 年，个园被国务院列为第三批全国重点文物保护单位。1992 年，《人民日报》海外版将其与北京颐和园、承德避暑山庄和苏州拙政园并称为“全国四大名园”。先后获江苏省风景名胜区示范点、科普教育基地，多次获得省级文明单位称号。2005 年被评为国家 AAAA 级旅游景区。2006 年年底，通过 ISO9000 质量管理体系和 ISO14000 环境体系认证。70 年代末 80 年代初，个园中四季假山、曲池亭廊楼堂，由园林部门逐步修复。本世纪初，收回住宅部分，恢复前寝后园格局。

个园是一处典型的私家住宅园林。园主黄至筠（1770 — 1838），又称黄应泰，字韵芬，又字个园。个园乃清嘉庆二十三年（1818），黄至筠在明代寿芝园旧址上重建，因园主爱竹，“个”者，竹叶之形，故名。黄至筠原籍浙江，因经营两淮盐业而寄籍扬州府甘泉县，为清嘉庆、道光年间两淮盐业八大商总之一。前后向朝廷捐输数十万两白银，清廷赐他“盐运使”的荣誉官衔。道光年间（1821 ～ 1850），盐政改制，商总的作用大不如前，黄至筠不负众望，将扬州盐界的局面维持一段时间。黄至筠还是位画家。《扬州画苑录》说他“素工绘事，有石刻山水花卉折扇面十数个，深得王（翚）、恽（寿平）旨趣”。道光十八年（1838）黄至筠卒。咸丰十年（1860），个园毁于太平天国战火。同治年间（1862 ～ 1874），卖给镇江丹徒盐商李文安。李家入主个园 60 年左右，时间最久，期间将个园逐步完善，乃个园最完整的时期，大多假山乃以李家漕船的压舱石所建。

个园住宅原有福、禄、寿、喜、财五路建筑，间以火巷，现存福、禄、寿三路。

第一节 景 观

个园以“四季假山”闻名。春景在桂花厅南的近入口处。沿花墙布置石笋，似春竹出土，呼应竹林，报道春消息。夏景在园的西北，立有一座苍古浓郁、玲珑剔透太湖石假山。假山临池，洞谷幽邃，秀木紫阴，水声潺潺，清幽无比。秋景是黄石假山，拔地数仞，悬崖峭壁，洞中设置磴道，盘旋而上，步移景变，引人入胜。山顶置亭，形成全园的最高景点。冬季假山在东南小庭院中，倚墙叠置色洁白、体圆浑的宣石（雪石），犹如皑皑白雪未消。又在南墙上开四行圆孔，利用狭巷高墙的气流变化产生北风呼啸、漫天飞雪的气氛。通过庭

图 10-3-1　个园四季风光

院西墙圆洞空窗，可以看见春山景处的翠竹、茶花，冬将去，春来临。四季假山各具特色，表达出“春山艳冶而如笑，夏山苍翠而如滴，秋山明净而如妆，冬山恬淡而如睡”的美妙意境，又有“春山宜游，夏山宜观，秋山宜登，冬山宜居”的诗情画意。

春景　位于住宅北，庭园入口处。左右各有花台，台上翠竹亭亭，缕缕阳光映射竹影于园门墙上，形成“个”字形的花纹图案，烘托着园门之上的“个园”匾额。竹丛中，插植着石绿斑驳的笋石，以“寸石生情”之态，状出“雨后春笋”之意，点破“春山”主题：“一段好春不忍藏，最是含情带雨竹。”春山景点还采用“隔景”手法：一进门就有假山翠竹隔断园景，园子显得曲折幽深，但同时又在园门两边的院墙洞开漏窗，假山也不过于高大，不会完全堵断园内之景，做到隔景与示景和谐完整的统一。

夏景　位于园中西北角。夏景叠石以青灰色太湖石为主，以一座六七米高的太湖石假山为主体。东与抱山楼、秋山相接。叠石尽显太湖石凹凸不平和瘦、透、漏、皱的特性，有云翻雾卷之态，远观舒卷流畅，近视玲珑剔透。山上古柏，枝叶葱郁；山前池水，深入山腹，碧绿的池水将整座山体衬映得格外灵秀。池中游鱼嬉戏穿梭于睡莲之间，静中有动，极富情趣。池塘右侧有一曲桥直达山腹洞室，洞室幽深，即使炎炎夏日，步入洞中也会顿觉清凉。洞室可以穿行，拾级登山，数转而达山顶。山顶有一亭，名“鹤亭”，傍依虬曲老松，凌云欲去。山上磴道，东接“抱山楼”。回首再看假山，山洞石缝，广玉兰盘根错节，石阶两旁，雨打芭蕉，亭亭玉立；浓阴披洒，绿影丛丛，更添夏山郁郁葱葱。

秋景　秋山位于个园东部。整座山体用安徽黄山石叠成，呈棕黄色，如刀劈斧砍，雄伟壮观，相传为清代大画家石涛的杰作。山体分中、西、南三座，外形高峻突兀，内部结构复杂。石洞、石台、石磴、石梁与山中小筑交错融合在一起，有平面的迂回，更有立体的盘曲，形成一条扑朔迷离的山中立体游览通道。上山有三条蹬道，一条两折之后仍回原地，一条可行两转，逢绝壁而返，唯有中间一路，可以深入群峰之间或下至山腹的幽室。进入山腹，如入峡谷，险奇之处随时可见。山隙古柏斜伸，与嶙峋山石构成苍古奇拙的画面。中峰高耸奇险，山顶有拂云亭，下有石屋，可容十几人，内设石桌、石凳、石床，通风良好，四季干燥，颇具生活意趣。沿腹道攀援而上可至山顶，其拂云亭，乃全园制高点，俯瞰四周景观，顿觉心胸开朗，满园佳境，尽收眼底。悬崖石隙中，又有松柏傲立，其苍绿的枝叶与褐黄色的山石恰成对比，宛如一幅秋山图景。

冬景　冬景位于庭园南墙之下，用宣石（石英石）堆叠。宣石又称雪石，内含石英，石质晶莹雪白，迎光则闪闪发亮，背光则熠熠放光。每块石头几乎看不到棱角，给人浑然而有起伏之感。假山背靠高墙，几乎终年不见阳光，远远望去似积雪未消。地面亦用白石铺成裂纹状。南面高墙上有二十四个风音洞，后面的巷风袭来，时而发出呼啸之声。造园者不仅利用“雪色”来表现冬天，还巧妙地将“风声”也融合到表现手法中去。当人们面对端庄、静穆的冬景，感叹一年终了之时，蓦然回首，可窥见西墙洞窗露出春景一角，顿生“冬去春来”的联想。

第二节 宅 第

一、东路建筑

图 10-3-2 清美堂

东路首进为清美堂，是园主接待一般性来客和处理日常事务的地方。“清美”喻意以清为美，为官清正廉明，做人清清白白。厅前三面置廊拱卫，厅堂构架造型特征为抬梁式，形制简朴，做工考究。厅堂明间后步架置屏门，两次间置木雕落地罩。此厅有楹联两副，一副是：“传家无别法非耕即读，裕后有良图惟俭与勤。”为黄家家训。还有一副悬于屏门之上：“竹宜着雨松宜雪，花可参禅酒可仙。”诠释黄至筠亦商亦儒的双重身份。

东路楠木厅为黄家餐厅，三间两披廊格局，构造甚为考究。厅堂装修前置木雕阁扇，后置屏门。两次间是木雕落地罩，周围墙壁置合墙板。厅内直柱粗挺，柱下白矾石柱磉“天圆地方”，线脚简洁，造型洗练。厅内中间是三个大理石镶面的圆形大桌和圆形矮凳。屏门悬宋人山水及扬州八怪之一金农所撰漆书楹联：“饮量岂止于醉，雅怀乃游乎仙”。立柱楹联：“家余风月四时乐，大羹有味是读书。”此厅架构圆柱、圆梁、圆椽，厅内设圆桌、圆凳，楹联抱柱又借论酒谈羹发人生感悟，“圆”是取团圆、团聚之意，符合宴请聚会的场所氛围。

二、中路建筑

以“福”为主题。前进为正厅，中进和后进为住宅，称之为前厅后寝。此住宅格局三间两厢，体量较大，装修规整。檐口瓦头滴水及门窗槅扇，皆为倒挂蝙蝠，寓意“福到”。

中路汉学堂是大宅门主厅，是黄家正式的礼仪接待场所。此厅柏木架构、柏木轩梁，亦称之为柏木厅。整个构架造型简练，古朴雄浑，当为明代遗构。厅内家具陈设为扬州传统布置格局，桌椅所有文饰均为竹叶形状。楹联中间所悬竹石图也是后人仿板桥作品。两边抱柱联为：“三千余年上下古，一十七家文字奇。”太师壁两边是木刻落地罩阁，陈列两个扇面拓片，一是工笔花鸟，一是仿宋人小品人物山水，作者均为黄至筠。

图 10-3-3 汉学堂

屏门后是“倒座”三间，通常为接待礼仪服务备事之用。后面各进为儿女子孙居所。中路中进是黄至筠次子黄奭夫妇的居所。黄奭主要从事辑佚工作，和同时代另外一位学问家马国翰齐名，被称为“辑佚两大家”。黄奭十分推崇汉学，治学严谨，著名学者阮元称其“勤博”。富家子弟能以勤奋博学留名，当属不易。中进室内太师壁挂“四时读书歌”一幅，楹联一副，楹联字体为大篆：“漫研竹露裁唐句，细嚼梅花读晋书。”书房悬有条屏一幅：“扬子江头吹白萍，年年愁杀雨淋淋。春风不识离亭苦，先遣长条向客青。”此诗作者刘琴宰是黄奭的夫人，两淮盐运使的女儿，扬州有名的才女。

三、西路建筑

为个园中最高建筑，也是扬州古民居中最高厅堂，以“寿”为主题。西路住宅遗存主房前后三进，是黄家内眷集中生活、活动的场所。前进为厅堂，中进与后进为二层楼宅。檐口瓦头滴水是寿桃图案，门窗槅扇采用仙鹤图案。三面置回廊，两侧设耳门，皆明三暗五格局。在封建社会受“礼”制等级制度规矩，庶民只能有正房三间，民间为避开规矩就巧妙地采取明三暗五组合。梢间前置小天井，筑花坛，非常雅静，具有私密性，作闺房、书斋、密室之用。

首进“清颂堂”为杉木构架，正厅三楹，旁设套房，套房前置小天井。厅前置三面回廊，天井白矾石（汉白玉）铺地，四面见方。因黄至筠晚年“清誉有佳”而名清颂堂。厅内家具八仙文饰古朴精致，抱柱上的楹联是：“几百年人家无非积善，第一等好事只是读书”。此厅是黄氏家族聚会祭祀场所。厅后步架上有阁，曾安放列祖列宗牌位，也是时而排戏唱“堂会”的地方。廊墙上有两对 1.5 米 ×2.5 米磨砖大花窗。透过海棠锦、龟背锦文饰，东边可见几竿疏竹，西边可见一株腊梅，清雅之极。后进为楼宅，仍然为三面置廊，明三暗五。楼下是正房卧室，从屏门后楼梯可上楼，楼上是闺房绣楼，有女儿家的卧房、书房、娱乐室、沐浴房等。

图 10-3-4 清颂堂

第三节 楼轩亭阁

一、抱山楼、一字长廊

位于园中部偏北，为个园的主体建筑。一列长楼，广七楹，横贯东西，把夏山和秋山连为一体。马曰琯兄弟构建“街南书屋”时所筑，名“看山楼”。黄至筠购得“街南书屋”后改名“抱山楼”。抱山楼长廊犹如凌空飞架天桥，在空间连接两山，廊上漫步，似跨越夏秋两个不同季节。楼上有一匾曰“壶天自春”，泰州王冬龄所书。“壶天自春”取《个园记》中“以其目营心构之所得，不出户而壶天自春，尘马皆息。”其意是个园空间虽不及名山大川，但其景为世外桃源，人间仙境之意。“壶天”最早是道教用语，出自《后汉书》。苏轼游扬州诗句中有：“壶中春色酒中仙，骑鹤东来独惘然。”两旁抱柱，悬扬州当代书画名家李圣和撰书一联：“淮左古名都，记十里珠帘，二分明月；园林今胜地，看千竿寒翠，四面烟岚。”楼下的嵌壁石刻上，有园主黄至筠画的一幅扇面，中间画的是树、石、水，远处露出一只小船，船上还有一人。画左题道：“拟宋人小品个园 黄至筠”，下押一章：“个园画印”。楼下有平台，有山石，珍卉丛生；隔水有屋宇相峙，两侧有亭台峨立。楼西端连接夏山，有小道直通楼上。楼之东又接复道廊四楹，再与黄石秋山相接。楼上南侧也为长廊，护以木栏，可凭栏观赏厅堂亭桥山池花木之景。

图 10-3-5 抱山楼

图 10-3-6 一字长廊

图 10-3-7 丛书楼

二、丛书楼

位于园东南角，是园主人藏书、读书地方。倚山而建，造型别致。下层北墙紧倚黄石秋山南峰岩壁，上层平面作曲尺形。楼上东部突起部分建黄石山岩上，从山上看，只有一层。楼上下无梯可通，需绕行楼后沿黄石山蹬道方可进入。楼南有小庭院，西侧有高大青桐一株，枝叶青碧延伸至洞窗之外。石罅积土多生萝藤，满墙攀援匍匐，绿壁满目，更添清静雅致。丛书楼原主人是清代扬州盐商马曰琯和马曰璐两兄弟，当时的藏书量是“前后二楼，藏书百厨”。丛书楼在历史上最辉煌的一页就是清朝编写四库全书之时，成为南方藏书家中献书最多的一家，乾隆皇帝为此特别表彰马家兄弟。该楼后并入个园。

图 10-3-8 宜雨轩

三、宜雨轩

位于园之中部，原名桂花厅，为园主待客聚会之处。宜雨轩前后山墙，由精致的木雕和当年从欧洲进口的珍贵玻璃构成，在厅内可将四面景色一览无余，所以又称“四面厅”。通透的窗棂和玻璃，可以毫无阻拦地欣赏园中奇花佳木、四季假山及与之相对的抱山楼。朝南而望，到处是绿意盎然，近处是青竹、丛桂。

透过围墙上四个水磨石砌的漏窗及月洞门，还可以看到竹石小景。近景远景既内外有别，又隔而不闭。这种以内外互对互借来增加园景深度的造园手法，是造园家精心设计的“漏景”，也是个园独特之处。檐下抱柱上有对联“朝宜调琴暮宜鼓瑟，旧雨适至今雨初来”，表达园主在轩内的精神爱好。尤其是下联，既是紧扣“宜雨”建筑特征，又表达园主喜爱友朋聚会的雅兴。宜雨轩两边为寻句廊，木雕长椅，中间配有放茶放书的小几。朋友聚会，可在此吟诗推敲。

四、住秋阁

位于园东秋山南峰上，面西而建，坐东朝西，除东面外，三面都设有窗户。室内宽敞明亮，站在阁前可远望秋山和园中亭景。山阁一体，朝夕与山光共舞，年年共秋色常住。门前有郑板桥所撰的楹联：“秋从夏雨声中入，春在寒梅蕊上寻。”世人皆怕秋日萧瑟，而园主人少时境遇坎坷，中年事业成功，人生得意，极力渲染秋的主题，是秋山以物状人最精彩的总结。

五、清漪亭

位于抱山楼之南。是一个秀丽、娇好的端庄小亭。亭面西悬一匾“清漪”，有楹联：“何处箫声，醉倚春风弄明月；几痕波影，斜撑老树护幽亭。”

图 10-3-9 住秋阁

图 10-3-10 清漪亭

六、透风漏月轩

位于秋山西南，一座南北敞达，东西用墙围闭的小厅。屋角起翘较小，屋面平缓，造型厚重。清朝帝王南巡扬州，为了“迎銮”，不少园林建筑仿照北京建筑款式。这幢叫“透风漏月”的小厅也不例外。原是马曰琯兄弟构建“街南书屋”时所筑，名“透风透月两明轩”，实为二轩，一曰透风，二曰透月。黄至筠购得“街南书屋”并为一轩，改名“透风漏月轩”，为园主清赏山光水色、清风明月之处。厅内有对联：“春夏秋冬山光异趣，风晴雨露竹影多姿。”为潘慕如所书。轩内另有一联：“虚竹幽兰生静气，和风朗月喻天怀。”表达园主爱好虚竹、幽兰静所之美，在和风朗月中体悟天道酬勤的本意。由扬州著名书法家、篆刻家蒋永义书。

第四节　造园艺术

一、布景精妙，赏心悦目

步移景异，小中见大。个园体量不大，但游在其中却总感觉走不完，且每次游览所获景色也不尽相同，这便是园子精妙所在。通过多种设计手法，达到步移景异的效果。景色多，自然就会把行走的时间拉长；时间长，就会觉得园子“大”。设计者让四季假山形态各异，含奇美山岳于一园，融灵动江湖于一池，可谓一拳则太华千寻，一勺则江湖万里。小中见大的园林设计手法在个园发挥到极致。

图 10-3-11　灵动生姿

先抑后扬，形成对比。个园为北园南屋布局，南部建筑中有一窄道，北窄而南阔，成楔形。由此入园，先经过局促空间，转经廊道，不时有景色从漏窗中透出。至花园入口，可见个字园门，花窗粉墙，月门洞开，竹青填色。门外两个花池，内栽玉竹，伴以石笋，以寸石生情之态，尽述春意盎然。透过月洞门便见春山，乃“开门见山”的传统做法。转过春山，景色顿时明亮。设计者通过“先抑后扬”的构思，由窄到宽，由昏暗到敞亮，凸显出园子的特色与美景。

园在画中，框景之妙。游人不仅会被“雨后春笋”吸引，而且也会被月洞门内的春山画面所打动：若隐若现的山中小路，曲折变化的湖石，摇曳婀娜的花木，典雅精致的亭阁，似一幅静止的画，又像一本动态的书，看画人也成为画中景。框景手法为人们游园增添奇妙的乐趣，游人可以用“门”作画框，还用窗框、廊柱、石洞、对称的植物为画框素材，去欣赏“框”中美景。

欲言又止，漏景蕴藉。灰墙上不时出现各式漏窗。东南角命名为“透风漏月”的小筑是最好范例。游人从冬山而下，就能感受到肃穆的冬季，正感叹一年终了之时，蓦然回首，惊喜发现西墙上一花窗，透露春景一角。通过虚隔窗眼，窗外景色忽明忽暗，虚幻迷蒙，显出内敛谦逊之趣。

精在构思，巧于因借。园有内外之分，景有远近之别。外有好景，造园者想方设法引入园中；若无特别景致，则在园中设立望远之处，欣赏远方天高云淡风轻月朦之景。个园假山，登顶有亭，环顾四周，清风徐来，别有情致。

二、分峰叠石，意境奇特

扬州园林以园亭胜，尤以叠石胜。个园的叠石突破以形态变化的窠臼，用石头表现春夏秋冬季节变化，意境奇特。叠石的选料主要为湖石和黄石。湖石叠石充分表现“皱、漏、透、瘦”的特点，给人以玲珑剔透感。个园夏山在这方面做足文章，整座假山浑然一体，疏密有致，美轮美奂。荷塘中兀立一块高 2 米多的鱼骨似的太湖石，为镇园之宝。黄石叠石突出“险、峻、奇、变”的效果。个园的秋山，用两个角度不同的桥栏点缀在半山脚，体现出崎岖不平的山路和盘旋蜿蜒的栈道及桥下山涧小溪流淌的意境；山上亭子只露出两个角，显示出山腰楼阁后的崇山峻岭。山中洞穴“直路不通弯路通，亮处不通暗处通”，则是平处出险，变幻莫测。

三、依势理水，灵动生姿

个园理水设计和水景为取“自然”之意的上乘之作。园内有曲池三处，一于湖石夏山之南，一在宜雨轩和抱山楼之间，一在涵虚堂之前。

湖石夏山前的曲池，四周以湖石叠驳，池北部深入夏山之腹洞穴，有青石板桥通入，可穿岩径水。夏山西部岩壁陡立，清泉自五六米高处飞流而下，哗哗作响，在池中漾起圈圈涟漪。曲池南岸、东岸，散置湖石，有的如矶，可小坐其上，观池中云天、游鱼、睡莲、山影、树阴；有的向池中重叠，如亲水平台，可俯身照影，一掬甘露。湖石与山势浑然一体，山水相依，山濒水而更幽，水近山而更秀。

桂花厅和抱山楼之间的曲池，特点有三：一为曲折婉转，分支回流。水面时阔时狭，委婉多姿。池之西端，大片水面伫停抱山楼前，一支径向宜雨轩东北角流去，池之曲隐去水的来源去路，凸显延伸水景之观。一为湖石驳岸，堆砌自然。堆石内凹处如穴如窦，外凸部如坡如坎。清漪亭东，湖石架设小桥二，湖石础柱，自然可亲。沿岸散叠湖石小景，随岸曲延，参差高下；下与驳岸湖石小品相接，上与抱山楼夏山湖石余脉相连，形成层次繁多的湖石山景。一为绿树倒映，一池春色。曲池沿岸石隙植绿竹，种迎春，四周高树林立，碧藤悬垂。水面养植一两丛睡莲，一潭曲池景色丰富。

涵虚堂之南婉转而开阔，池上厅堂、曲廊及一重檐亭构成景观。水面平桥、步石、岛屿、石矶；池四周黄石围砌，曲折高下；池东南叠石上淙淙泉流，沿岸石间植柳、松、竹、石楠等，宛自成景。

三处曲池理水艺术高超，以曲生姿，形成回流不尽之态；以石生幽，呈现深邃苍古之美，以花生情，尽显锦绣宜人之色。

四、竹为魂魄，君子渊薮

万竿竹海，荟萃海内佳品。竹是个园的魂魄。面积大，占地 1.2 公顷；数量多，近两万竿；品种多，有 60 多种，特别是一些稀少的名贵品种，如龟甲竹、斑竹、金镶玉竹、玉镶金竹、慈孝竹、铺地竹、佛肚竹等。

以竹为魂，君子之风使然。园主人黄至筠认为竹子“本固、心虚、体直、节贞”，有“君子之风”。汉学堂中堂楹联为郑板桥所撰：“咬定几句有用书可忘饮食，养成数竿新生竹直似儿孙。”这不仅是园主对竹的崇尚和挚爱，也是他对子女的殷切期望。同时，竹林是个园的重要组成部分，园中竹元素随处可见，住宅中也有竹制家具，家具上有雕刻的竹子图案；墙壁上悬挂有关竹子的字画和对联。“竹”是个园园林的艺术之魂，个园以对竹文化的追求，尽力营造超然脱俗的境地，在竹环境中洗涤心灵。

第四章　小盘谷

陈从周推崇扬州小盘谷在个园、何园之上，他说：“此园假山为扬州诸园中的上选作品，山石与建筑物皆集中，对比明显，用地紧凑。以建筑与山石、山石与粉墙、山石与水池、前院与后园、幽深与开朗、高峻与低平等对比手法，形成一时难分的幻景。花墙间隔非常灵活，山峦、石壁、步石、谷口等叠置，正是危峰耸翠、苍岩临流、水石交融、浑然一片，妙在‘以少胜多’的艺术手法。虽然园内没有崇楼与复道廊，但是幽曲多姿，浅画成图。廊屋皆不髹饰，以木材的本色出之。叠山的技术尤佳，足与苏州环秀山庄抗衡，显然出于名师之手。”

2006 年 5 月，小盘谷被国务院批准为第六批全国重点文物保护单位，2010 年 12 月，经维修后对外开放。

第一节　旧城·新城小盘谷

一、旧城小盘谷

位于古城南部堂子巷，又称秦氏意园。建于清乾隆六十年（1795），叠石为苏州名匠戈裕良手笔。主人秦黉，乾隆年间进士，因母亲有病，归里侍奉左右。适乾隆南巡，秦黉被纳入召见之列，乾隆问："扬州旧城和新城有何异处？"秦要言不烦："新城盐商所居，旧城读书人所居。"上点头，于是乾隆赐额"旧城读书处"。秦黉的儿子秦恩复，步乃父后尘，科举及第，也中进士。当年的秦氏庭院颇为风光，"方庭数武，濬水筑岩，极曲折幽邃之致"，庭院命名为小盘谷。这所"小盘谷"，早于大树巷周氏的庭院，周馥在扬州建小盘谷时，秦氏意园已倾圮。咸丰时，园遭损坏，山亦损塌，秦氏后裔一直世守家业。清晚期至民国间，有一定修复，并未易主。现堂子巷6号简陋的围墙院门，虽破旧不堪，但昔日大宅精工细琢的雕花大门容姿仍在。有两颗巍然挺拔的古银杏，枝繁叶茂，蓬勃峥嵘，为杂乱的后园洒下大片阴凉。

二、新城小盘谷

位于丁家湾大树巷42号（丁家湾83号）。新城小盘谷是一座名声极大的园林，清光绪三十年（1904），两江、两广总督周馥购徐氏旧园重建。占地面积0.5公顷，建筑面积1400多平方米。

图10-4-1　新城小盘谷

"盘谷"之名，出于唐人韩愈《送李愿归盘谷序》。园门石额"从笔意上看来，似出陈鸿寿（字曼生，杭州人，西泠八家印人之一，生于乾隆三十二年，殁于道光二年）之手"（陈从周《扬州小盘谷》）。《南画大成》（十五）载，嘉庆七年（1802），浙江陈鸿寿（1767—1822）曾客邗上，作《古柯兰石图》。小盘谷即筑于此时。从园名题额看，此时园内有叠石山景，有峰有壑，嶝道盘曲，有盘谷之势，方与园名相合。据周馥后人回忆，园内湖石叠山，老辈称为九狮图山。陈从周教授说，其如叠卷石洞天石景九狮山董道士的手笔，或受九狮山影响而叠成。董道士是扬派叠石成熟时期的代表人物，小盘谷园内湖石山，或为董氏手笔，或为受其影响的王庭余的作品。从叠石手法、技艺而言，扬派叠石飘挑手法明显，又证明不是苏州戈裕良的作品，应为扬派叠石匠师之作。

小盘谷在清代有三任主人：蒋超伯，字叔起，江都人，道光二十五年（1845）进士，累官至按察使。同治十一年（1873），自岭南归，同年葺小盘谷。蒋超伯诗文著作颇丰，诗中有《春初独坐小盘谷集苏》八首，后有《小盘谷薛苏》七种八卷等，皆在小盘谷内著成。园后又易主。至光绪七八年间，归两淮盐运使徐文达。后由两江总督周馥购得徐氏旧园重修而成。周馥（1837—1921），字玉山，号兰溪，安徽建德人，一说东至人。早年为李鸿章幕僚，是追随李鸿章40多年的晚清名臣。甲午战争后任四川布政使，山东巡抚，两江、两广总督等。有《玉山诗集》。周馥一生最大贡献是协办洋务，建树之丰，无人能匹。集官宦、工商为一体的周馥家族早年名满天下。

小盘谷占地很小，建筑物和山石也不多，但妙在集中紧凑，以少胜多，即小见大。小盘谷总体分为三部分。西部为住宅区，院落式客房；中部为一大厅，大厅左右为火巷；巷东即花园。园中有湖山秀石，名为"九狮图山"，是小盘谷的镇园之宝，因其山石外形如群狮探鱼而得名。园门西向，月洞门上嵌"小盘谷"石额。园分东西两部分，中以聚于一墙之复廊、花窗、假山分隔。北端墙头倚山建一单檐六角亭，可眺两边景色。南偏廊间辟有桃形门洞，又让东西两园相通。园之精华，多在西园。园内苍峰耸翠，径盘水曲，与楼、堂、桥、阁、亭、廊、竹树，共纳方寸之地，皆在一泓曲水两岸展开，又组合得宜，疏密相间，错落有致。

西园南端，有湖石假山，高下耸峙。山北，朝东有曲尺形花厅。转入厅后，方见一深池自厅后逶迤北去。沿厅后游至一水阁，阁之南、东、北三面皆临水。花厅水阁隔水与池东石山、走廊、花墙、竹树相对。池上有曲桥通于东岸，桥尽即入山洞。洞内空间宽广，穴窦通光，内置石几、石桌，可以茗棋。洞右西向临水，可沿阶下至池边。西有湖石假山，临池直上，峰险壁峭，峦起岩悬，高九米，名为九狮图山。主峰北延山岩临池水口石上，镌有"水流云在"四字，出于杜甫五律《江亭》："水流心不竞，云在意俱迟。"

第二节 亭园构筑

图 10-4-2 庭院深深

图 10-4-3 豁然开朗

新中国成立后，小盘谷由驻扬州部队接管，在园中创办二零速成中学，部分房屋改为学员宿舍。1958 年，由地方政府接收，在园内设茶叶加工厂。1973 年，由扬州市商业局牵头，建小盘谷招待所，复建桂花楼。2000 年，由扬州市房产公司收回园林部分，部分房屋作办公用房。1982 年，小盘谷被定为省级文物保护单位。2006 年 5 月，被国务院批准列入第六批全国重点文物保护单位名单。

小盘谷多年无大修，古建筑破损严重，假山石头松动，散石坠落，园内杂草丛生。2008 年，市政府同意实施小盘谷修复工程。由广陵新城泰达公司承建。工程本着修旧如旧原则，在保持原有布局和风貌基础上，对其建筑和园林进行适当清理、整合和修复。

修复后的小盘谷分为三个部分，西部原住宅部分为客房功能区（会所），中轴部分为小盘谷相关主题展示区，东侧为景观区。三个区通过两条南北贯穿的火巷相连接。经过改建，小盘谷客房功能区建筑面积 3200 平方米，集精品餐饮、高档房间、园林旅游于一体，成为广陵“古巷游”佳境。2010 年 12 月，对外开放。修缮后的园林景观分别是：九狮图山、群仙拜寿、东园、西南角庭院、清池理水和溪流水景等。

九狮图山位于小盘谷西园东北角，主峰仍在。恢复九狮图山的玲珑妖娆，加固山体内的石洞，扩洞外步石，在山尽头的蹬道东侧的墙壁及墙体转角处，增加贴壁假山和转角假山。峭壁上汉白玉栏杆降低高度，烘托假山外观。

图 10-4-4 渠道亭角

图 10-4-5 九狮图山

"群仙拜寿"景观保持完整，利用有形态的中小太湖石对假山点缀。造型石像猴脸，远眺山石上有一只只小猴子引人遐想，它们或坐，或站，或蹲，或踞，形态各异。楠木花厅前至群仙拜寿假山之间以黄道砖铺砌，做成原有园路，园路旁至假山边铺以卵石。

东园内增加峰石置景及六角亭一座。六角亭前置乌石数块，后衬以翠竹。从西园由桃形门进入东园，主路直通花房。园内设花径、小道，连接主路并通达东花厅、六角亭及山顶风亭。

西南角庭院内置湖石花池三座，池内点石，种植牡丹、芍药，由卵石做成园路贯穿其中。

重现溪流水景。小盘谷苍岩临水，溪谷幽深，碧水映景，如入仙境。加固水岸石基，恢复池边点石青藤，补植睡莲，置放锦鲤，谷口再现"水流云在"旧景。

小盘谷有山有水，在山洞北侧与东侧陡峭石壁之间，水上无桥，以相互连缀石块供人行走。以石代步，称为"掇步"，《扬州画舫录》称为"约略"，也称作"步石""踏步"。步毕拾级登顶，为全园最高点，左盼水阁凉亭，右顾琼楼玉宇；仰视云幻天际，俯瞰深谷窈窕。此处为小盘谷精萃之地。

第五章　市民公园

1989～2011年，广陵区在注重恢复、保护和重建名园的同时，紧紧围绕市政府创建"中国最佳人居环境奖城市、全国生态示范市、国家园林城市、国家森林城市"目标，投入巨资，大力抓好市民公园和市民广场等公共绿地建设，并坚持城乡绿化一体化要求，突出景点，刻意品牌，齐抓共建，将园林要素融入城体，融入市民公园，使市民公园成为城乡绿化、方便市民休闲和发展旅游的重要平台。至2011年，区内市民公园建设较好的主要有茱萸湾公园、荷花池公园、曲江公园、文津园、五台胜境和康山文化园等。

第一节　茱萸湾公园

位于广陵古城东北，是一座植物园。园内春季桃花，夏季芙蕖，秋季金桂，冬季腊梅，四时相序变化，有"荷风曲桥""梅山春深""芍药婵娟""寒梅傲雪""茱萸古韵"等观赏景点。景区内有扬州双市花——琼花和芍药。琼花是稀世之花，叶柔而莹泽，花大如盘，色白如玉，以妩媚花姿引人入胜。芍药观赏区是景区中最大的园圃，拥有数百个芍药品种和数万株芍药。此处还辟有全省各地市树、市花种植园。茱萸湾以早年广植茱萸而得名。茱萸是中国传统名贵植物和优良药材，有山茱萸和吴茱萸等品种，每年二月先开花，后长叶，到冬季再结果。如今有茱萸林2公顷，植茱萸1500株。芍药园南，是由拼纹石小径、木榉亭和金桂、银桂、四季桂及丹桂共同构建成的桂花园。桂花枝繁叶茂，四季常青，花开万点金。与桂花园相邻的是紫薇园。紫薇又名百日红，俗名怕痒树、无皮树。紫薇不仅可供观赏，而且能吸收有害气体，也是制作盆景的好材料。紫薇园南，是茱萸湾的最高处——梅花山。山四周遍植骨红、乌梅、"扬州黄"等数十个品种梅花，冬季可踏雪赏梅。

图10-5-1　水禽湖

茱萸湾景区内有扬州动物园。进景区大门，右侧是"荷风曲桥"观鱼区。一座曲桥长

图 10-5-2　“扼江控淮”碑亭

百米，桥型优美，栏杆仿树桩造型，尤显古朴。桥畔鱼池中，放养数万条锦鲤和其他观赏金鱼。荷风曲桥外水面是“水禽湖”，湖中有黑、白天鹅，鸳鸯和斑头雁等珍贵禽鸟。水禽湖北侧是“猴岛”，根据《西游记》中描写的花果山仿造，四面环水，池杉围绕，奇石嶙峋，洞曲幽深，“主峰”高十米，下方是篆书石刻“水帘洞”。猴岛东面和西面，建有木制观景台，可观赏灵猴跳跃、攀援、进退争斗的姿态。猴岛西面是“猛兽园”。园内地形起伏，植被丰富，大树参天，有假山、瀑布、竹林、小木楼、叠石水池，分别建有“狮园”“虎园”和“熊园”。“猛兽园”南为食草动物区。一条 200 米长的木栈桥成 V 型穿越其间，这里饲养着麋鹿、梅花鹿、斑马、骆驼、岩羊等食草动物。木栈道旁是宠物观赏区，圈养有小羊、香猪和小白兔。此地还有一处芦苇飘荡的湿地，是鹤生态园，可以观赏“鹤立鸡群”“鹤舞九天”情景。“猛兽园”东有海狮表演馆，为海洋性动物表演展示中心。该馆采用钢结构顶开式天然采光设计，看台可容纳 500 多名观众。海狮“演员”来自南非，从小就受到音乐、舞蹈科目的专门训练，智商相当于 7 岁儿童，能表演顶球、钻圈、空翻、水上芭蕾、交谊舞、打伞、接吻等 70 多个精彩节目，并可与游人合影留念。猛兽表演馆邻近海狮表演馆，有大型猛兽狮、虎、熊和山羊、蟒蛇等表演精彩节目。备受游人喜爱的游乐设施散布全岛，有水上快艇、划船、跑马场、情侣自行车、卡丁车、碰碰车、空中飞椅、原始乐园，也有现代都市人素质拓展训练营地——攀岩、云梯、空中断桥等。游览之余，游客还可享受景区提供的快餐、野炊、烧烤服务。

2002 年，茱萸湾公园原样修复蝴蝶厅，辟为茶社。蝴蝶厅为歇山式古典建筑，三楹，建筑面积 170 平方米。庭院中植两棵广玉兰。同年，维修碑亭。碑亭为四角重檐四方亭，位于蝴蝶厅与灯塔之间，绿色琉璃瓦，大理石碑，碑顶、碑座雕有云头、波浪纹饰。碑南向刻有“扼江控淮”四字，连同碑文皆为扬州水利专家陈泽浦书。茱萸湾二期工程于 2002 年 11 月开工，2003 年 4 月竣工。工程主要由停车场、门厅、园路、曲桥、拱桥五部分组成。停车场位于公园大门东侧，占地面积 0.7 公顷。门厅东侧为 3 块高低不等的白色帆樯。西侧立一花岗岩壁刻，内容为唐代诗人刘长卿《送子婿崔真甫、李穆往扬州》诗，由金陵章炳文书。园路位于公园东侧运河边，全长 1500 米，由冰裂纹片石铺成，由南至北经曲桥、越拱桥、过平台，抵达灯塔。曲桥与拱桥相连，钢筋混凝土结构，九曲中环，仿土黄色松木板桥面，全长 140 米。

2003 年 10 月，茱萸湾公园开通水上游览线。全程 7 千米，起点于园内“荷风曲桥”景点，沿途经邵伯湖、壁虎河。游客乘舟游览可欣赏水中新河岛、凤凰山林海、石壁虎遗址、万福闸雄姿、“扼江控淮”碑亭等景观。

2005 年 6 月，茱萸湾“环岛水上游”项目开航。水上游览项目有：游灯塔、壁虎坝大桥、环游红星岛、新河岛、凤凰岛、万福闸等景观，可以畅游清澈宽阔的环形水域、郁郁葱葱的风光带。位于茱萸湾风景区北端的扬州航道灯塔，是京杭大运河与古运河交汇处标志性建筑，6 月开工，12 月竣工。灯塔为 7 层六角形，塔高 22 米，上 2 层为木结构仿古建筑，下 5 层为框架钢筋混凝土结构。塔顶正北、西北、东北面均安装钢化玻璃，夜间透光效果好，灯塔所需电源用太阳能。灯塔四周设白矾石镂空栏杆。

第二节 荷花池公园

图 10-5-3 荷花池公园全景

位于古城西南，荷花池路西侧。占地面积 11.4 公顷，其中水面面积 5.3 公顷，是在明清名园——影园、九峰园遗址上新建的一座现代风貌与传统风格相融合的市民公园。原名南池、砚池，因池中广植荷花而称为“荷花池”。清李斗《扬州画舫录》城南录载：“南池距九莲庵不远，南池即莲花池。”影园遗址在荷花池北部，头道河、二道河之间，双虹桥以南数亩范围内，园内大量植荷。影园是中国造园名家、明代《园冶》作者计成亲自设计、营造，是有据可考的历史名园。

1981 年，在荷花池建南郊水上公园。公园呈半岛形，绿树成荫。建古典砖木厅房一座。厅房三楹，三面回廊，飞檐翘角；六角风亭居西北高阜，檐下六面饰精雕花板。园内栽花木百余种，花香四季：春有杜鹃、茶花、春兰、茉莉，夏有仙人昙花、睡莲、六月雪、夹竹桃，秋有桂花、菊花、石蒜、一串红，冬有腊梅、天竹等。四季常绿的有铁树、五针松、南洋杉、龟背竹等。园内陈列大量盆景，树种有黄杨、雀梅、榆桩、罗汉松、刺柏等。园内有花房，内置小型湖石假山，旁有水池，假山有滴泉。公园池面放养观赏鱼，池南辟作苗圃。1996 年，公园利用荷花池东部水域，开辟东区观荷景点。1998 年，又建成西区观荷景点。荷花池植荷面积已达 1 公顷。1999 年，公园开始缸栽荷花引种工作。在专家指导下，引种后栽杆成活率和开花率均超过 90%，并顺利渡过 1999 年的“冷冬”。至 2001 年，公园先后从中国荷花研究中心引种品种荷花约 200 多种，培育缸（盆）栽荷花、碗莲 2000 缸（盆）。引种后，公园不断提高荷花养护管理水平，积累成功经验。莲的栽培也取得成功，先后两次在全国荷花展览“碗莲栽培技术评比”中获奖。碗栽“滴翠莲”出现并蒂莲奇观。随着品种荷花规模不断扩大，荷花池公园连续三年与瘦西湖公园联办“荷花节”。荷花已成为公园的品牌花卉，公园也成为全市荷花的生产培育基地。每年夏日，荷花盛开，争奇斗艳，清香四溢，无论远观，还是近赏，自有一番情趣。

1996 年，继荷花池公园一期工程完工后，园林局筹资 500 万元，建成游泳池及附属设施，于 7 ～ 8 月向游人开放，接待泳客 5 万多人次。后因建设规划调整，游泳池被改建他用。

第三节 曲江公园

位于文昌中路与观潮路及运河北路交叉口。总面积 15.8 公顷，为市民休闲活动的开放式公园。2004 年，广陵区政府负责承建。公园前身为曲江鱼塘、庄台民房、少量菜地和水塘，所在地相传为当时的曲江口。园取名自汉代枚乘的《七发》。清·费饧璜《广陵涛辩》云：“春秋时，潮盛于山东，汉及六朝盛于广陵。唐、宋以后，潮盛于浙江，盖地气自北而南，有真知其然者。”枚乘《七发》中载：“将以八月之望，与诸侯远方交游兄弟，并往观涛乎广陵之曲江。”后即以“广陵涛”称广陵曲江潮。汉时其势浩大，蔚为壮观。此后，随着长江所挟带的泥沙日益淤积，长江口门日渐东移，广陵潮形成洪涛的条件越来越弱。唐大历年间后，广陵涛完全消失。

公园内建有门前广场、园径、园林建筑，有大片湖面，并种植近百种乔灌木。随着京杭大运河风光带的建设，公园通过东、北两个方向通透的景观视廊，与运河景观带连成一体，成为文昌大桥西桥头重要的景观节

图 10-5-4　曲江公园

点。湖水、喷泉、花坛、水池、曲径、桥梁、木廊、叠石、亲水平台、阳光水岸、照明地灯以及起伏的地形、丰富的植被，被近 7 公顷绿树掩映，形成四季园林，赏趣不绝。从公园南大门进入，前行 100 米处便是 9 公顷的人工湖，向东通往中心广场，向西则通往游乐场。中心广场四面环水，高处为大理石铺成，水岸是一排木板铺成的百米长堤。从中心广场向正东方向和东南方向放射出两条小路，前者通往钓鱼台、公园茶肆以及游船港湾等，后者则通向湖心亭等地。从湖心亭向北，路经茶馆、芍药园，过小石桥，又有两条小路，向东直通东小门，向北则是绕湖石路，通往游乐园。

第四节　文津园

图 10-5-5　文津园

位于汶河路东侧。1993 年建。由南区文昌广场、中区街心花园、北区小苎萝村组成。文津园是广陵区大型城市花园，占地面积 3 公顷。园内植多种高大乔木。南区文昌广场有歇山单檐丁字阁和湖石假山，有大型喷泉、游乐场所和工人影院等。中部街心花园有喷泉、八角亭、曲桥和无双亭。北区小苎萝村有黄石假山。文津园经多次景观提升，特别是 2002 年，上海交通大学有关专家设计改造方案，旨在营造“城市山林”意境，制作叠石小品，使文津园的景观更加符合“山小、水瘦、亭胜”的特点。2007 年 7 月，文津园与荷花池、蜀冈西峰等被定为城区首批永久性保护绿地。

第五节　五台胜境

图 10-5-6　五台山水景广场

位于五台山大桥东侧桥堍南北两边。2005 年建成。造园者因地制宜，筑就一座向河而立，南北绵延，以水景为主的市民休闲公园。桥南园西濒运河清波，向东地势渐高如坡冈。入园向南，坡下卧一清池，330 平方米大小，有曲桥三折，通于池上方亭，与池水西北岸边三角水亭遥相呼应。池水西南岸边叠湖石山一座，四五米高。水池向南，地势渐高，清浅水池绕一重檐八角亭周围。亭西有水道南北迂回，层层蓄水，形成百米宽的三叠瀑布，奔向运河。池东向南，竹间小路蜿蜒。再南有“银杏园”，新植百株高大银杏和桂花。桥北地势亦如桥南。半坡上辟一水池，池中植菱，岸边生苇，池南水上架一木桥。池水沿水渠北上，渠上架有两桥，一平，一拱。池、渠周匝，花木繁茂。西边近运河处为亲水广场，岸长百米，水边置大小卵石无数，水草丛丛，作河滩状。桥北，园阔百余米，南北长亦如此，虽无亭廊之设，但西岸漕河，垂柳掩映，南巡御道看帆，成为此园借景。

第六节　康山文化园

图 10-5-7　康山文化园

位于古城东南隅，古运河南流西折水曲处，俗称大水湾。世纪之交，于古运河风光带建设时动工兴建，2005 年建成。康山文化园是一组集古典名园康山草堂、卢氏盐商豪宅、意园及水边亭廊桥榭等为一体的古典园林建筑群，又是一处以康山草堂为文化背景，以卢氏豪宅建筑、水文化博物馆、淮扬烹饪博物馆及盐商文化为展示主体、山水园景情韵兼收并蓄的文化园林场所。园区面积广阔，越南通东路分为南北两区。南区以绿化风光带上芳草茂林为依衬，有一组亭廊楼台，照影于古运河曲岸水滨。西起一座重檐楼阁，楼东有厅堂、曲室 20 余间与之相接，并沿北流小河岸逶迤而去。小河东亦有楼堂厅阁接连展开，沿运河两岸上绵延。南端小河入古运河水口，一拱形石桥卧波。这组建筑地势临河低平，坡岸高起，组合参差，加上檐角飞举，筑成岸边一组美丽的古典建筑群。

北区，西侧有水文化博物馆，位于康山文化园五号楼一楼，占地面积 520 平方米。依次为“水的历史”“水的文化”“水的治理”“水的利用”四部分，以实物、图片、文字、影像等多种形式，展示扬州水环境整治前后的变化和水乡民俗风情。水文化博物馆北，隔康山街东端尽头，为盐商卢绍绪豪宅。卢宅之东，冈阜隆起，坡间点以黄石，遍栽竹树。冈顶，一重檐六角亭，临风而立，为复建之数帆亭。

第六章　当代宅园

广陵自古多富庶人家，其物质追求多以宅园为神往。无奈战火频仍，焚去许多画川别业。改革开放后，寻常百姓、小康之家频添若干袖珍型园林，弥补城区缺少新苑新景的缺憾。当代宅园不以恢宏气势见长，而是见微知著，小中见大，方寸之地可见绿竹阡陌，烟霭流霞，小桥流觞，香雪柳浪，池中鱼欢，枝头鸟唱。各园神韵，眩目迷离。有云“园之美，萃于山水；园之妙，藏于堂奥；园之曲，若断若续；园之深，宜冬宜春”。当代广陵宅园恰如古珍，值得细细玩味。对这些新私家园林，中央电视台等各路媒体报道渲染，四方游客观光传播。其中的木香园，还作为古城区当代人居的实证资料，为扬州获联合国人居奖增色。这些新私家园林不但充分体现扬州园林构筑的艺术水平，更反映出扬州人民在温饱后追求更高层次精神享受。

第一节　现代园囿

图 10-6-1　盆景园

图 10-6-2　曲沼方壶

一、武静园

位于缺口河东南段 62 号。80 年代，由陈武夫妇创建。园名以园主及夫人李静之名合成，武和静恰又寄以“动以寓静，静中见动”的盆景造园艺术之意。后其子陈革为园主，并有所增建。占地面积近 2 公顷，园门北向。门前建有牌坊，上额“武静园”三字，气势古朴。过牌坊南行数丈，拾阶渐上，园门“武静园”大理石额，为书法家魏之祯所书。入门向南，地势步步高升，迎面有六角风亭立于坡上。亭檐匾曰“胜似春光”为书画家王板哉书。两侧抱柱联曰：“以少胜多，瑶草琪花荣四季；即小观大，方丈蓬莱见一斑。”移用书画家李圣和所撰书扬州盆景园的柱联。亭东，置湖石立峰；亭西，叠湖石假山；山麓凿有曲池，湖石驳岸，内蓄红鱼。沿池上汀步至峰后，建“问月山房”小楼。小楼与东边高树森郁、峰石兀立的坡道成夹峙之势，使园西部层楼、风亭、云廊、立峰、假山、曲池、花木之区构成壶天之景。离风亭往东数步，过一月洞门，即入盆景苑。苑之北端建一三楹古典式小楼，额曰“江月楼”，为康有为女弟子萧娴所书。苑之东端，有带廊平屋三楹；苑内设雀梅、黄杨、枸骨、火棘、五针松、桧柏、榆桩等类精品盆景数十，其中亦多历次国内盆景展会扛鼎之作。苑南建单面长廊九间，向西延至风亭及湖石山池之南，以屏障园外之物。东边廊下，南墙上砌什锦暗窗数面，上嵌浅刻砖雕，中间一幅为陈李夫妇肖像。园内特色有二：一为古木森森。东山坡上有老槐两株，皆近百年之物。风亭东银杏一株，寿近八十，皆高十数米，碧叶漫天。江月楼东侧一女贞，亦近百年，而树干有婀娜之势，挺拔向上，为女贞古木中珍品。一为盆景灼灼。问月山房及江月楼多贮海内明清以来各式古盆景精品，古朴、浑厚、雅致，凸显扬州盆景艺术文化源远流长。

二、玉龙花苑

位于汤汪乡九龙村徐庄。该园是一座林木深秀、颇有韵致的山水园林，占地面积 0.53 公顷。80 年代，由园主人朱玉龙耗时十年建造而成。花苑无论在山水泉石、竹树花木，或在楼堂亭廊，以及文化意蕴方面，既吸收扬州派古典山水园林文化传统，又在诸多方面体现新意。

自古“名园依绿水”。花苑地处古运河三湾，文峰塔崇其北，高旻寺踞其南，花苑居中，三湾湿地公园延袤四周。似运河水湾拥抱着一块绿色翡翠。花苑由东园、中园、西园三部分曲折相连构成。东部前濒小河，西南走向狭长而弯曲；西部方整，为主景园区。然

图 10-6-3　曲径通幽

后依地势高下，低则掘为曲池方沼，高则积土叠石成山，植竹树木，宜亭则亭，宜廊则廊，起楼堂，缀盆景，山水园林，清丽如画。

花苑园门东向，入门为东园。东园东南隅有湖石山，山下曲池清波西流，穿行一白石拱桥下，潆洄一六角重檐待月亭前，止于西南绿树荫中。园之北侧东建长廊，中筑厅堂曰“居安堂”，前有抱厦、歇山顶。厅西连以短廊，南折再接一小厅。东园内建筑南疏北密，长廊之后绿竹萧萧，竹间一湖石立峰，似人长揖，主人谓为“玉人迎宾”。堂前古木苍遒，高枝与檐翼掩映。园中桃、柿果熟季节，群鸟争食；香橼黄时，满园芳馨。

东园西南隅辟有一月洞门，上额“玲珑”，为进入中园之门。入门随竹间双面空廊宛转而前，至一东向厅堂，悬“居仁乐苑”匾额。堂内陈设清雅，壁间多名人翰墨。堂前有绿竹掩映，古木苍茂，路旁多榆桩、雀梅盆景。迎面而翼然者为“听雨亭”。中园置景，时疏时密，玲珑有致。伫立听雨亭，透过亭西短墙上月洞门和西面什锦空窗，西园山水竹树楼堂隐约可见。

图 10-6-4　剑阁巍峨

入西园豁然开朗，紧贴隔园花墙植满翠竹。竹林前建南北走廊，廊西凿地为曲池，池西水际叠湖石山。山之西建三楹南向厅堂一座，明堂间檐外悬“兰香雅室”横匾，堂内陈设多古典意味，为迎宾饯客之所。堂后曲池之北，有单面廊遮护，堂内外有盆盆春兰，清雅芳馨。西园南侧，面堂而立者为峰高峦起之黄石山，东有小楼曰“凝玉”，西有高楼曰“景曦”。山上有亭耸立，为眺望园外古运河三湾湿地公园佳处。山中道路盘纡，木阴悬藤，山麓置五针松盆景数十，一派苍翠。园西北曲廊之西，有便门通园后花圃。

花圃刻意营造文化氛围。厅堂楼廊的匾额楹联皆出自名家翰墨，还收藏书画名家大家作品，如吴湖帆、秦剑铭的山水，康宁、李嘉存的花鸟，舒同、萧娴、沈鹏的书法，以及演艺界孙道临、陈述、仲星火的题赠。在画室，悬挂扬州画界名家朱旭、郭荣、高顺康、鞠伏强合作的一幅丈二巨幅国画。这些字画，见于匾额，悬于楹柱，陈列堂壁，使花苑山池花木间氤氲文人气韵。花苑常有书画家、演艺家、作家、诗人们雅集，扬州、镇江两市作家协会“双城记”笔会曾在花苑举办。

花园多花，有迎春、棠棣、碧桃、紫荆等，应时开放，四季芬芳。亭前有梅，廊畔有兰，池中睡莲，堂后腊梅。绿竹丛丛，垂柳临水，金桂、芭蕉、海桐、红叶李婆裟掩映。苑中多大树，居安堂、兰香雅室前有近百年枫杨，居仁乐苑前有高大香橼，园后圃中还有四百年枸杞。果树以东园为多，有桃、柿、石榴、香橼、蜜橘等，但凡成熟，沉沉甸甸，缀满枝头，果香四溢。花苑内更多盆景，高低参差置于镂空青石座架上，榆桩、雀梅年代久远，夭矫而古朴，柏树、五针松造型别致，遒劲苍润，总数 300 盆。尤称奇者，一厅堂内，一段数十万年松木化石，木质纹理状如鸟羽，形似鳞甲，十分罕见。

玉龙花苑有堂三、亭三、楼二、桥二、宛转跌落之廊近 200 米，湖石山二，黄石山一，湖石、灵璧、立峰若干，大小池二，山石池泉、飞檐翼角尽在繁花高树掩映中。

三、涵碧园

位于杭集镇。涵、韩同音，为知名企业家韩国平私园。90 年代，扬州第一座农民别墅区“三笑花苑”落成，该园处花苑之中。进入庭园，园中有园，景分四季。全园分小园、西园、主园、后园四个层次。小园虽小，但极为精细，设计有一年四季景色。往左为一海棠门，进入小园，半廊迎门，沿廊置扬州八怪墨迹石刻。经鹅卵石径，进凝翠轩，为单独院落，似乎四周景色全由此凝聚，为全园最幽静之处。出凝翠轩进入四季景色，由四道砖砌艺术门分隔。首先进入的是春景。春景由翠竹、石笋、春兰、春梅组成，春意盎然。过艺术门，进入夏景，夏景由高大乔木组成，植被采用夏鹃，形成夏日浓阴之势。秋景有石榴、秋桂、金叶女贞、红枫等乔灌木，地面由黄石片、黄石假山、黄石磴道组成，既增加纵深感，又形成硕果累累的秋光亮色。最后进入冬景。冬景由蜡梅、天竹、五针松组成，松竹梅笑迎飞雪，预示万物复苏、春回大地。

进入西园后豁然开朗。迎面是一座假山，主峰高约5米，可兼作磴道，进入西楼“香影楼”。香影楼名取清代诗人王渔洋“衣香人影太匆匆”之意。向右折去，有一半亭，与回廊相结合。由半亭进入主园，古树迎面而立。但见老虬参天，为八百年紫薇，来自云南深山，为涵碧园绿树镇园之宝。过回廊，进入主楼“天光阁”。阁名取自宋人朱熹著名诗篇《观书有感》：“半亩方塘一鉴开，天光云影共徘徊。问渠哪得清如许，为有源头活水来。”暗合主人事业如日中天，有朋来自四方。两旁为“斗酒双柑，四时风物待游人；湖光山石，三月烟花来胜侣”的巨幅楹联。此楼为园主人接待宾朋场所。

涵碧园的假山很有特点。山之西部，后倚北墙，前临曲池，依照湖石皴纹，层层相叠而起，高约9米，主峰直上青霄，奇峭秀逸。石间有磴道可上，峰顶有一四面八方亭，全园景色尽收眼底。亭旁有小溪，潺潺的溪流连绵不断顺雨道而下，跌水之声，淙淙吟吟，胜似天籁。亭东山体陡峭，山势骤断。俄尔山势又起，倚北墙，逶迤东南行，止于曲池水际。

涵碧精华在后园。参天古树包围中，一座高阁巍峨屹立。阁位于园东，取名紫气东来。阁分三层，第一层与外接约200平方米的宽大平台相连；第二层为贵宾会见厅，康乾风格装潢，古色古香；站在第三层上，可俯瞰全园景色。后园内古树古木，费尽主人的心思。树木以银杏、香樟、枣树、石榴为主，约200余株，每株都在50年以上，最老的一株银杏树已有200年以上树龄，3人难以合抱。

第二节　小型宅园

一、箕山草堂

图10-6-5　箕山草堂

位于徐凝门街元宝巷8号。园主人许旭东取尧时许氏先祖、高士许由谢却功名隐居箕山之典而命名小园。传说后来尧又让已经隐居的许由做九州长，许由很厌烦，便去颍水边洗耳。明代诗人高出在其《箕阴避暑》诗赞道：“枕流多少高人卧，不独当时洗耳泉。”小苑前厅与后房中间是园子，园中东为小瓦木柱回廊，中间青砖通道，西为假山、水池、花圃，古色古香，方正有序。许旭东买老宅子后重建，进门有一排格子门，绕过格子门，东侧为10米长廊，一侧有半透明花窗。园林住房一览无余，其厅堂和房间都是中式结构，配以青砖、黛瓦、大红门，假山、古木、小泉水。园子里栽植香橼树、石榴树。假山叠得平稳舒坦，池塘清水流于石隙之下。国内知名经济学家华生（时任燕京华侨大学校长），童年时曾在其外祖父家的该老宅中度过。多年后，他携夫人铁凝（时任中国作家协会主席）造访过该园，旧园新景令二人唏嘘不已。

二、木香园

位于木香巷3-1号、2号。由徐鹏志、徐鹏光弟兄的前后3个园子组成。前园约20平方米，栽时令花草，

图10-6-6　木香园

如蔷薇、金银花、天竺、木香花。园中有旋梯，可登高观赏古城风貌。后园面积约40平方米，园内有高大的枇杷、青竹，用鹅卵石、瓦片铺作水波纹的地面，是中国古典园林中典型的“水地旱做”。中园是木香园的主园，约7 0平方米，有角亭、假山、瀑布、拱桥、鱼池、喷泉及40多种植物花草。园子风格中西合璧，在建筑材料和手法上既体现中式技法，也大胆使用罗马柱、喷水池、西式门楼等元素。园子西北角，有亭名曰

“熙秋”，是主人取父母姓名中的各一个字。其母亲先祖为清光绪年间爱国疆吏张联桂。扬州作家杜海为之作《熙秋亭记》。小池上有桥曰“吟月”，按瘦西湖内莲花桥式样制作。园将拆，殊应保护。

三、祥庐

位于东关街167-7号。园主杜祥开将城市园林与乡村野趣糅合在一起，构筑颇有章法，以名人字画、勒石诗词、匾额楹联点缀其间。50多平方米的院内，有小桥曲水、亭台假山、锦鲤畅游、花香鸟语。有四季花草30多个品种。步出海棠门，数节石雕栏杆将园林实景与院子分开。房前还有一对小圆石鼓，建一座小红桥，红的栏杆，大理石的桥板，对面三阶，连接着小院和东南面角亭。亭上绕满爬山虎和凌霄枝蔓，绿叶与橘红花色相间，一些细嫩的枝条垂下檐口。角亭内置两张藤椅，可对坐两人，品茶闲谈间，满园景色尽收眼底。半角亭抱柱上楹联是：“鹃开花弄影，琴弹鱼跃波。”楹联中“鹃、开、琴”镶嵌有园林主人、妻子及女儿的名字。园中松果、土基墙、篱笆、芦苇、草鞋、草屋这些小细节，显出闹市中的田园风味。

图10-6-7　祥庐

图10-6-8　滴翠园

四、滴翠园

位于甘泉路南城根。原为破旧房屋，经主人宗国强精心设计，合理布局，精细打造，建成一幢新型仿古建筑。园内转弯拐角，曲径回廊，青砖小瓦，古色古香，但内部厨房、卫生间均为时尚设计。学者誉为“现代潇湘馆”。园门对开，门上有环，叩开轻启，可见中式雕花门楼。微型庭园有假山、水池、小石桥。假山上的植物从不浇水却四季常青，妙处就在假山用吸水石堆成，水能自动向上吸渗。水池上小石桥只有2个手掌大小，却因坐落在小巧玲珑水面之上饶有趣味。园主对茶文化很有研究，经常有扬州文化艺术界名人前去品茗唱诗。进六角门，穿小长廊，转弯处看到天井。走廊连着房子四周，文人聚会可将雅座设于回廊一圈。院里照壁，与天井相对，照壁砖刻大福字。

图10-6-9　听雨书屋

五、听雨书屋

位于丁家湾85号。宅主胡炳泉。大门里一条二三十米的夹巷，拐弯后豁然开朗，别有洞天。经过一道石板小桥，有一座漂亮精巧的木质小亭，青色面包砖地面古色古香。小桥南边一棵龙爪槐，枝干弯弯曲曲攀至墙头，凌霄花枝叶布满假山。客厅将院落分为南北两处。春天，南院月季花姹紫嫣红；夏天，北院爬山虎翠绿欲滴；秋天，丹桂飘香；冬日梅花暗香。宅主于1992年买下这间老宅。“听雨书屋”取元代虞集《听雨》诗中“忽听春雨忆江南”之意。

六、梦溪小筑

位于广陵路傅家甸内。长15米、宽7米的小庭院，花草葱郁，流水潺潺。以陆游的《小筑》诗意取名：“小筑清溪尾，萧森万竹蟠。庵庐虽逼仄，庭户亦平宽。”小筑内有竹，几丛半人高的紫竹，秀美、丰盈，在冬天依然挺拔俊俏，绿意葱葱。院墙上“惠风和畅”四个字令人顿觉一阵和风吹来，神清气爽。一块形态俊俏略显峭拔的山石，迎门而立，像小童喜迎朋客。鹅卵石铺成小径。一条弯弯的涓细小溪自西往东，曲折前行，中间经过一个小涵洞，一直拐到枇杷树下。络石藤绕"溪"而过，蜿蜒附于西墙之上。一年四季草木葳蕤，数十株兰花在微风中摇曳。还有三只人工鸟窝与置水米小碗，引得野鸟每日自来觅食喝水，啾啾之声不绝。

图 10-6-10 梦溪小筑

图 10-6-11 真赏园

七、真赏园

位于湾子街灯草行 41 号。为"北徐南戈"之称的近代著名画家戈湘岚旧宅。主人是戈湘岚的小儿子戈宝樾。老式的三厢房后，不大的园子内亭台楼阁，小桥流水，假山花墙，错落有致。一株腊梅，几株翠竹，还有桂花、紫藤、天竺等名贵花草，把小园装扮得绰约多姿。一棵粗大的枇杷树一角探出墙外，另一角和亭台的飞檐携手。枇杷树下一石柱圆桌，配小圆凳四张。角亭上的拱匾与抱柱皆为书法家启功真迹，悬"真赏"横匾，其抱柱上联：白鹭下田千点雪，下联：黄鹂上树一枝花。

八、栖凤会馆

位于埂子街水仓巷。主人王元凤。门上一副对联："青砖小瓦马头墙，山水阁廊七架梁。"横批为"新老七间"。因自家房屋共有七个房间，对联因此而来。屋顶上密布玄色小瓦，屋檐飞起翘角，红色雕花木窗洞开，墙壁青砖砌成。房屋三层：一层客厅房间，二层阁楼，三层天台。空间宽敞，前后两进，200 多平方米。门厅至堂屋小院里有水池一方、各种盆栽绿植、假山和白鹤雕塑。水池紧贴青砖墙壁，有对联一副："水在石中流，鱼在水中游。"一侧青砖墙上，有一显眼的圆形砖雕，上有花朵、鹿等吉祥图案。一株高大笔直的棕榈树从一楼"贯穿"阁楼走廊木板，枝叶探到二层屋檐下，又将一楼景致与二楼空间诗意地衔接。隔壁是愿生寺，时而传来寺庙檐角上风铃和僧侣诵经之声。

图 10-6-12 栖凤会馆

九、逍遥苑

位于金鱼巷。进门为门厅，过天井是大客厅。转过大厅，即是后院。40 多平方米的院内，有芭蕉树、番瓜树等数十种植物，山水亭廊一应俱全。院内花厅的一扇平开窗户颇为奇特：木格移窗，整扇窗户没有一根钉子，只要沿着刻出的凹槽滑动到卡口处，窗户便可关上，而且严丝合缝。园主人王烨，祖父是盐商总管王振声，房子为祖传。退休后，他花费大量时间改造小院，加筑亭廊、池塘、假山、树木，才有如今这样植物繁茂的后院。

图 10-6-13 逍遥苑

十、悦园

位于丁家湾。进门沿路走到房屋西边夹巷，在仅有 20 多平方米的狭长甬道内，假山、小桥、水池、葡萄架，应有尽有。爬山虎如绿瀑蜿蜒而下，一棵笔直的棕榈树足有两层半楼高。沿楼梯上到阳台，便是园主人苏扬自建的奇石馆，有珊瑚石、吸水石、斧劈石、钟乳石、木化石，平台上葡萄架与夹巷内植物浑然连成一片。悦园构造新奇独特，虽然地方不大，但是空间利用合理，因地制宜，利用狭长巷道，改造出与众不同的袖珍版瘦西湖，将空间利用得淋漓尽致。

图 10-6-14　悦园

图 10-6-15　紫园

十一、紫园

位于吕庄巷。是设计师焦谛的寓所。焦谛为清代通儒焦循之后。因园内有一株百年紫藤而名。紫藤架下，青石板冰裂铺地，自然对应，妙趣天成。竹筒引来山泉，注入一泓清水，几尾游鱼，充满生机。院内散落置放石凳、石几，古石雕纹饰精美，石灯映影，流水潺潺。紫园主人擅长绘画和设计，园在宅前，室内有牛仔酒吧。园中紫藤缘架盘曲，绿荫如盖。园西池水婉转曲折，上有低平小桥。西南墙下，置放几块断石残碑，墙壁间镶嵌着一方方青花瓷片。竹、木、石自然材质的运用，尤为古朴，小园里流动着雅逸的文化韵味。

十二、逸苑

位于皮市街戴家湾。园主徐宝珠。“秋从夏雨声中入，春在寒梅蕊上寻”。园主利用有限空间砌亭建阁造园林。进门西段为活动空地，东段建一圆圈门，后为玄关，远看似深宅大院，实际占地只有几平方米。东南建一角亭，在亭后小屋上建“飞来阁”，飞檐翘角似雄鹰展翅，气势雄伟。

十三、德翠园

位于二郎庙北巷。“春夏秋冬山光趣，风晴雨露竹影摇”。园主人孙德俊沿自然地形，顺南墙置一片竹林，旁边有假山，山前一池清水。东院墙边有大树一株，遮天蔽日。园中及楼上平台置盆景百余盆，一派生机盎然。

图 10-6-16　同伊园

十四、同伊园

位于大武城巷。园主赵枫。小园与古巷高墙相互映衬，院内山、石、池、厅典雅庄重。地面均鹅卵石铺就，图案精美细致。东墙花窗各不相同，园内幽静安逸。

十五、匀池

位于仁丰里。园主张呈生。小苑面积约 100 平方米。中间水池花圃，东边有花房一座。西边靠门有百年香橼树一株，每年秋季结果上千，香味溢满整条小巷。院内有花木数十种，自然生态，四时芳华。

十六、李宅小苑

位于国庆路东营二圈门。园主李耀谦为名中医。整个庭园庄重简洁，亭式门楼，波浪花墙。北面一排平房走廊安装落地玻璃，采光充分。院中置石桌石櫈，山石不大而挺拔，花木不多而精致。

十七、月庐

位于永胜街。园主王心宗。花园是一长方形的小园，约 70 平方米。南边一角是一座湖石小假山，另一

图 10-6-17　月庐

角是一丛修竹。东面与北面墙边有一廊檐，廊下植木香、凌霄各一，凌霄已攀援于屋顶。过圆形二道门后是并排的两幢房屋，东边三间两厢式正房是堂屋、卧室及书房，西边房屋是客厅及另一卧室。每幢前面的天井，都铺着卵石。正房前的“五福临门”图案，选料上乘，别具一格，精美程度并不多见。天井中一左一右放置两盆铁树，还有近十盆君子兰与几盆菊花。花台上种有桂花树。客厅门通后院，60 多平方米。院中有井，抽出水来洗衣浇花，冬暖夏凉。

十八、陶园

位于湾子街 155 号。园主人陶永林 2008 年购买市区老宅，打造成私家庭园。四合院内廊柱环抱，清一色雕花门，上半段是花格，下半段是雕刻。雕刻的图案既有松竹梅“岁寒三友”，也有“喜鹊登梅”“松鹤延年”。18 平方米的天井内，有假山、小桥、鱼池。室内，宫灯悬挂，家具陈列古色古香。

十九、晶园

位于新仓巷。园主史杏听。晶园位于小巷深处，由北至南三进房屋，两方天井。山石小路，竹林、花草布置在天井两侧。主人精于书法，厅堂书房挂满书画作品，山光花影与墨韵书香融融交织。

二十、明咏园

位于万寿街沙牌坊。面积约 100 平方米。园主葛明伟、顾永萍夫妇酷爱园林艺术。小园为旧宅翻建，石天井、格扇窗、砖雕楼、木柱廊，典型的扬州民居格调。四处悬挂的红灯笼，更增添吉庆祥和的气氛。园子南端用 18 吨太湖石叠起一座假山，山下大金鱼池，颇有气势。花园方正宽敞，有花有草有奇石，一口古井在中间，东西两面建有木柱廊房。

图 10-6-18　明咏园

二十一、笑月楼

位于沙口姜庄 24 号。园主陈宝亮、吴汉文夫妇是扬州山水、人物画家。山庄两层小楼，到处可见艺术品。爬墙虎、凌霄花爬满院墙。室内摆放着去全国各地采风带回来的牦牛头、藏刀、经轮、海螺等，客厅上方一块玻璃屋顶。室内阳光灿烂，室外芭蕉碧绿，桥下红鱼嬉游，营造出天人合一的艺术庭园。

二十二、荣园

位于达士巷 55 号。园主万荣光。进门后有一条生机盎然的花草甬道抵达砖砌圈门。园门上工艺雕花铁门。小庭院清雅秀丽，有花、有草、有石头，可观、可品、可栖留。

第三节 宅园布局与意境

扬州宅园很有地方特色，有别于北京四合院，也有别于上海石库门，是扬州人按照自己生活习惯和思想观念而创造出的一种封闭式院落结构。从平面布局看，传统扬州城市民居有以下几种类型："一"字型（包括"I"型）"L"型、"H"型、"Π"型，"口"字型、"日"字型、"田"字型及多进"日"字型等。小户人家受经济条件限制，多采用"一"字型或"L"型，中等家庭多采用"H"型、"口"字型和"Π"型。富商大贾和官宦人家则采用"日"字型、"田"字型或多进"日"字型。扬州传统民宅均以木结构作为房屋框架，每进多为三间，进深多为七架（也有小的为五架梁，大的为九架梁），檐高 3 ～ 4 米，房屋建得高大宽敞。由于扬州有梅雨季节，夏天又十分炎热，有的人家还采用降低出檐，外设走廊等方法，使房屋的主体部位处于阴影之中，既可遮阳，又能防雨。外临街巷的房屋山墙或后檐墙，为防偷盗，一般不开窗。若室内光线不足，多用开"天窗"办法来补救。"天窗"是在朝南的屋面上开一窗洞，上覆玻璃遮雨。"天窗"下悬挂可活动的竹帘或布帘，冬日拉开，阳光直射室内；夏天遮上，屋内又回归阴凉。尽管住房大小不等，但每一户人家都有天井。天井主要功能是通风、采光。但扬州另有一说，叫："四水归堂"，因为天井的四面是四间屋的屋面，屋面上的雨水都会淌到天井里。有的人家讲究"肥水不落外人田"，在天井一角备有大缸，专门用来存蓄雨水。这雨水又叫"天落水"，用此水烹茶待客，为上宾之礼。这一大缸的雨水还另有妙用，万一发生火灾，这缸水可解燃眉之急。

图 10-6-19 民居格局"四水归堂"

扬州住宅通常朝南，堂屋普遍采用敞厅式。堂屋南有隔扇门，通常为六扇，可装可卸，夏日卸下可以通风纳凉，冬日装上能够遮挡严寒。堂屋北侧又有屏风隔扇，从左右两侧绕过屏风隔扇，为堂屋北门，由此可以进入后进宅院的天井。若家中有婚丧寿庆一类大事，敞开南北隔扇，可使堂屋与前后天井通联，既扩大活动空间，又便利庞大物品进出。普通民众有小型宅房即可安居。小型宅房占地不大，常见为三间两厢。正房三间，中间为堂屋，左右为卧房，两厢则为厨房、书房。平民百姓家大门多在旁侧厢房前，进门有过道，旋到天井。天井稍大，在一角设有花坛，植以春兰秋菊，以示季节更替。小型宅院结构紧凑，经济实用。稍富裕的人家则拥有中型宅院。中型宅院一般有正屋二至三进，有大门，也有后门。前进有门房、客厅，中进有厅堂、书房，后进有住房、卧室。再后有厨房、小院。小院为小花园，植有四季花木，稍大一点的，还筑有小亭、水池。每一进都有天井，天井两侧为厢房，厢房可与正房通联，以利通风采光。这种宅院扬州为数较多，"朱自清故居"可称范本。大型宅第占地 1 公顷多，有五至七进宅房，每进宅房用途各异。前有门堂、轿房。进门有客厅、书房。中间几进为住宅。住宅或为高大的平房，或为高低错落的小楼。若为楼房，则楼上下有串楼、复道、回廊相通。各进住宅可通联为一体，又可各自独立。再后则为厨房、杂屋及仆佣住房，统称为"下房"。旁侧有夹巷使整个院落前后贯通。夹巷外侧是高墙，既可防盗，又可避邻居火灾，故又叫"火巷"。这种宅第通常都有后花园，花园内有书房、花厅、客厅及各种亭台楼阁、水池山石等，是主人休闲娱玩、迎宾待客的佳处。

扬州民居以规整严谨院落式为单元，组群布局，规模宏大，栋宇鳞次。不论房屋大小，间、厢、披、廊等配置适当，比例均整。不论室内外都有较好空间组合，并因地制宜布置庭园。外观青砖黛瓦，清水磨砖门楼，雄浑古朴，与江南粉墙黛瓦，黑白相间，简约小巧有明显区别。屋面坡度由峭到曲到翘，具有韵律感。内观，房与房，房与天井、庭院、火巷之间纵横深邃、互联通透，虚实相生。空间组合，变幻意境灵活有度，讲究效能。装修雕琢洗练大气，排列讲究对称和谐。在砌房造屋意识上讲究中轴贯穿，两厢对称。房屋构架取三、五、七架，进深为三、五、七进单数组合，体现奇数为阳、偶数为阴的风水意识。

私家园主有自己的住房，具备基本装修能力和基本建设资金，都喜欢园林；家中有十数平方米以上面积的室外空间。在他们精心构建的私园里，曲径山架、粉墙黛瓦、绿萝蔓爬、小桥流水，处处彰显主人的匠心独运。

民居小庭园的特点是小、巧、精、特。一曰小：面积小，空间小，景观小，采用的造园材料数量体量一应俱小，投入花费也小。老城居民不管贫富，宅不管大小，只要有一个属于自己的小院，都能够兴造。一曰巧：兴建这样的小庭园，犹如螺蛳壳里做道场，要把小园造好，创意、构思，布局、置景，必须尽心运思，巧用、巧借、巧避、巧变、巧替，无所不用其巧。一曰精：精心安排，精打细算，精巧制作，最后达到精致效果。小而精，弱势就成优势。一曰特：不拘于成法，不迎合别人，小庭园完全是主人性格爱好品位志趣的载体和演绎。每个造园者都可各依条件，各逞所好，各显神通。所造之园，园园相异，各有千秋，均不雷同。

第十一篇 历史建筑

要 目

第一章 名人故居……………………………… 357

第一节 先烈故居………………………… 357

第二节 贤达故居………………………… 359

第三节 商贾府第………………………… 366

第二章 衙署 会馆 书院……………………… 373

第一节 衙 署………………………… 373

第二节 会 馆………………………… 374

第三节 书 院………………………… 377

第三章 庙观堂祠……………………………… 380

第一节 佛教建筑………………………… 380

第二节 道教建筑………………………… 384

第三节 伊斯兰教建筑……………………… 385

第四节 基督教建筑……………………… 386

第五节 天主教建筑……………………… 387

第六节 祠 堂………………………… 387

古建筑构成广陵古城的肌体，其工艺精雕细琢，构筑精美奇巧，风格古朴典雅，制作精益求精，特色鲜明，美轮美奂，为不可移动的宝贵文物。广陵地处中国南北之间，明清时晋商和徽商带来的北方匠师与皖南工匠轮番掌作，尤其清康、乾两代君主带来的紫禁城艺术样本，在这里互相参酌，糅合宫廷建筑与南北民间建筑风格，形成扬派建筑独特的营造法式。古城内代表性古建筑主要有寺庙、会馆、园林、富商宅院、普通民居等。豪门府邸以汪氏小苑、卢氏大院、个园、何园等为代表，多为盐商所建。《扬州画舫录》谢溶生序中所谓“增假山而作陇，家家住青翠城闉；开止水以为渠，处处是烟波楼阁”，即指亦是宅院亦是园林的商贾庭院。这些宅第布局规整，装饰精湛，庭院精巧玲珑，古风雅韵深邃。近年修复的吴道台宅第，则是浙派建筑的硕果仅存者。清人钱泳在《履园丛话》中说：“造屋之工，当以扬州为第一，如作文之有变换，无雷同，虽数间小筑，必使门窗轩豁，曲折得宜。”广陵名居以青砖黛瓦、清水原色、工整见长。院落封闭，沉静古朴。建筑色彩以灰、棕色为基调，白色为辅。空间组合特色要素为石鼓（石箱、石蹬）、照壁、大门、仪门、福祠、天井、火巷、宅园等。普通民居建筑也很考究。住宅一般为院落式，以面阔三间的厅（堂）为主体，门楼有砖雕，院内以石（砖）墁地，居住区明洁宁静，前寝后园，井然有序。步入古城巷陌，幽深的庭院，密集的民居，间以古树、老井，寻常百姓人家，堪比神仙洞府。

民国年间，战乱频仍，强寇入境，百姓颠沛流离，同时西风东渐，在短暂的和平岁月，广陵古城已出现“洋房”，主要以西式建筑或中西合璧样构为主。教会办建筑有浸会医院、美汉中学、震旦中学。教堂有缺口天主教圣心堂、基督教翠园路礼拜堂、便益门神在堂、北柳巷真道堂。新式旅馆有新胜街的绿杨、中西、大陆、江北、天成、广陵、义和及正扬旅社等西式楼宇。还有洋人把持、日本人高洲太助负责管理的两淮盐务稽核所，办公楼在盐运使衙门内，为两层欧罗巴式洋楼；另一处为大汪边西式别墅。旧的富豪势力衰落后，新的权贵崭露头角。民国 11 年（1922），国民党中央执委王柏龄在家乡建憩园，东院砖雕门楼，水门汀地面，承传统民风又有时代气息；西院青砖红瓦，玻璃花窗，院内栽种苍松、广玉兰，颇有西洋格调。同年，银行家胡笔江在南部沙头镇建起豪宅。民国 13 年（1924），国民党中央执委叶秀峰在家乡建叶林，从美国、日本引进珍稀树种，叶林遂成为名贵植物园。与此同时，何园玉绣楼也装上壁炉、烟囱、老虎窗。民国时期的公共建筑还有中山纪念堂、教场望火楼、树人堂、南京大戏院、扬州图书馆、体育场、蚕种场、私立平民中学、同仁医院、大舞台等。追记明清至民国期间的老建筑，由此可折射出老房子身后丰富多彩的史实。

第一章　名人故居

广陵名人故居建筑规格工整，装饰华美，雕镂玲珑，布局奇妙。大都临河一带，外观修整挺健，高墙四环；多条轴线，考究对称；深苑封闭，厅堂相连；前厅后寝，区别内外。主建筑有门厅、客厅、卧室、套房、杂房、密室等。日照、通风、给水排水合理解决；绿化、花园、花厅、串楼组合，巧妙点缀；装修豪华，家私配置中规中矩，比例尺度匀称，务使居之者适，观之者畅。清道光十一年（1831）后，两淮盐法改革，纲盐改票制，扬州盐商逐渐败贫，湖上未建新园，旧园多经易主，渐至倾圮。咸丰兵燹，广陵大宅尽遭摧折。同治、光绪以后，湖上园林，小有修葺。城内住宅兴建极少，园主人多为归里官员和文士。至民国年间，所建住宅趋小型化。

第一节　先烈故居

一、熊成基故居

位于韦家井 6 号，为熊成基少年居住处，市级文物保护单位。熊成基（1887—1910），字味根，扬州人。1904 年夏，考入安庆安徽武备学堂，不久参加光复会。1908 年 11 月，熊成基密议发动安庆起义，被推为革命军总司令。起义失败后辗转到东京,他加入同盟会,宣统元年(1909)秋,化名回到哈尔滨。次年1月,因谋刺海军大臣载洵未遂被捕。 同年2月27日,于吉林就义。民国元年(1912),熊成基灵柩运回扬州,葬平山堂万松岭(今大明寺栖灵塔南),立石"味根熊公墓",又在瘦西湖东(省工人疗养院)辟熊园纪念烈士。后因故熊园未落成。民国17年,国民政府颁《褒彰熊成基烈士令》,"依陆军上将例追恤"。1957年8月,熊成基墓被江苏省人民委员会定为革命纪念物类一级文物保护单位。2010年,为纪念熊成基就义100周年,故居按原貌重建,占地面积280平方米,前后共三进,内设"熊成基生平史料陈列馆",展示面积近170平方米,再现熊成基从军报国、安庆起义、壮烈牺牲、光耀千秋等历史场景,供世人瞻仰。

图11-1-1 曹起溍故居

二、曹起溍故居

位于东关街338号(原金桂园巷),为市级文物保护单位。曹起溍(1906—1931),扬州人。中国共产党扬州党组织首任领导人,革命烈士。民国14年(1925)5月,由恽代英介绍加入国民党左派组织。民国16年秋,加入中国共产党。历任中共扬州最早的党组织——省立第八中学党支部书记、中共扬州临时县委书记、中共扬州县委书记、城区区委书记和中共泰县县委书记。民国18年8月16日,在泰州被捕,在狱中写下"虎丘战罢转焦山,砥柱中流非等闲"等壮丽诗篇。民国20年2月24日,从容就义于镇江北固山下,年仅25岁。2009年,曹起溍入选"50位为新中国成立作出突出贡献的江苏英雄模范人物"。同年10月,曹起溍宅作为"扬州党史纪念地和爱国主义教育基地"对外开放。故居用地约300平方米,建筑面积169平方米。大门朝东,入门小院一方,小院南北各有房屋一间,进门沿廊道北而西行入二道门。二道门处有厢房连南北各四间主屋,围合成后院。院周设廊,青石铺砌。西厢房北侧设后门。南院有大树,修缮时去树建50多平方米房屋,与主屋通连,布置为"烈士生平事迹陈列馆"。北面四间主屋陈设曹起溍居家生活的堂屋、卧室等。曹起溍故居现为革命传统教育基地,红色旅游景点。

三、江上青故居

位于东圈门16号。江上青(1911—1939),原名江世侯,扬州人。出生于一个中医兼职员的家庭。民国16年(1927),考入南通中学高中部,加入中国共产主义青年团。次年夏,转入扬州中学高中部,同年冬,以学运骨干分子被捕入狱。民国18年6月,出狱后,改名江上青。8月,入上海艺术大学学习并加入中国共产党,后任艺术大学党支部书记。是年10月,再次被捕。民国19年冬,出狱。民国26年7月卢沟桥事变后,江上青等人组织成立江都县文化界救亡协会流动宣传团,从扬州出发,溯江而上,广泛开展抗日宣传,组织动员民众参加抗日斗争。民国27年春夏时节,江上青遵照党组织指示到安徽,在大别山区的六安、寿县、颍上、固始、商城一带开展抗日宣传工作。同年11月,江上青任皖东北特别支部书记,同时担任国民党安徽省第六行政区专员公署秘书兼保安副司令、第五游击纵队司令部政治部主任。民国28年7月29日,江上青遭地主反动武装袭击牺牲,时年28岁。江上青墓位于江苏泗洪县烈士陵园内。2009年9月,江上青被评为100位为新中国成立作出突出贡献的英雄模范之一。

四、陈素故居

位于谢家巷13号。市级文物保护单位。陈素(1915—1938),原名陈德铭,扬州人。12岁,进入扬州中学初中部读书。民国17年(1928)秋,秘密加入中国共产主义青年团。在校期间创办《夜袅》《地硫》等刊物。"九·一八"事变后,陈素在镇江中学任学生自治会学术部长,编刊物,出墙报,宣传抗日救亡,被开除出校。回扬州后,陈素继续进行革命活动,被组织转为中国共产党党员。民国24年秋,陈素辗转至日本明治大学读历史。

民国26年（1937）春，陈素提前回国，在私立扬州中学（今新华中学）当历史教员，和江上青等筹建江都县文化界救亡协会，开展抗日救亡运动。同年11月，陈素和江上青、赵敏、莫朴、卞璟、潘树声等23人，组成江都县文化界救亡协会流动宣传团，从扬州出发，途经仪征、六合、江浦和合肥、舒城，到达国民党安徽省政府暂住地六安，推动各地的抗日救亡活动。次年夏，陈素被派到国民党政府军131师政治部任秘书兼政工队长，也是该队中共党支部书记。9月，131师奉命转移大后方休整。10月，陈素身患疟疾，深夜行军至湖北省房县沙河镇附近，因坐骑失足跌入水塘中，不幸牺牲，时年24岁。陈素故居为一座清末民国初的四合院民房，建筑面积约200平方米，亦称江都县文化界救亡协会旧址。

第二节　贤达故居

一、吴引孙宅

位于泰州路45号，又称吴道台宅第。2006年6月，被公布为全国重点文物保护单位。为晚清浙江宁绍台道道员吴引孙出资，吴引孙、吴筠孙兄弟两房共有的大型私人住宅。吴引孙历任浙江宁绍台道道员，广东按察使，署理甘肃、新疆布政使、巡抚等职；吴筠孙曾任登州（山东蓬莱）、泰安、济南知府，兼任山东省提学使，直隶永定河、湖北荆宜兵备道道员，民国时任江西民政长署秘书长，病殁任上，官声甚佳。宅第建成于清光绪三十年（1904），共分5路，计有房屋百余间（俗称九十九间半），原占地面积0.80公顷，现存建筑面积5600平方米。藏书楼模仿宁波天一阁，第二、第三、第四轴线完全仿造宁绍台道衙署，聘请浙江匠师到扬州营建，主要建筑材料亦采自浙江。该建筑规模宏大，结构精巧，雕饰精美，是扬州独具一格的古建筑群，也是与杭州胡雪岩宅、无锡薛福成宅齐名的“江南三大名宅”之一。整组建筑为浙派风格，局部采用扬州传统手法。

宅第东大门系道台府第总门，门前旧为北河下街。进入大门，过一天井，即为仪门。仪门南向，为厅式建筑，五楹，中间三楹为门厅，上悬“传胪”二字，为吴筠孙题。两侧分别为轿班、账房。仪门左右有约1.5米高的石鼓一对，系青石制成，对面为照壁。仪门以内主要建筑都是正南正北，并从东至西排列成井然有序的东、中、西三轴线，在中轴与西轴之间以2米余宽的火巷相隔。火巷南端尽头有土地祠，设砖刻神龛。

东轴线。从南至北由大门厅、洋楼、观音堂、亭、金鱼池、测海楼组成。洋楼为欧式建筑，上下两层，坐南朝北。一楼东间用作书房，其余两间为客厅；二楼为起居室及卧室。每间均设有西式壁炉。过洋楼北的小花园是观音堂。观音堂之北为又一庭院，由凉亭、金鱼池、测海楼和东、西两边廊道组成。凉亭参照宁波天一阁前凉亭的造型和做法，相对而建，为六角攒尖顶。凉亭北为金鱼池，池深约6米，乃为防火贮水而设，池中央有一井。金鱼池北为测海楼。吴氏测海楼仿宁波天一阁而建，是晚清民国时期中国著名的藏书楼。楼名取“瓠瓢可以测海，管中可以窥豹”之意。测海楼为两层五楹，楼南设廊，二楼檐下正中悬篆书“测海楼”匾额。一楼沿用吴引孙祖父吴次山藏书处“有福读书堂”，正厅中间屏门上方悬吴筠孙题的“有福读书堂”匾，室内为会客之处。东首为主人书房，西首为子孙读书处。正厅中间开一长方形“藏书吊装孔”，为搬运图书之用。正厅屏门之后设楼梯可上二楼，为藏书之处。吴引孙花费20多年时间，通过各种途径大量购书，测海楼藏书计8020种、近25万卷，包罗中外，蔚然大观，而其中的善本和孤本更为珍贵。

中轴线。从南至北由仪门、轿厅、爱日轩、前厨房、后厨房组成。轿厅三楹，为主人出行乘轿及宾客停轿场所。爱日轩三楹，主要用作接待宾客，亦作为中秋供月、除夕新年接送天地、祭奠祖先场所。厨房之北建筑，原用作柴房和厕所。

西轴线。从南至北由对厅、滋德堂、中进住宅、后进住宅组成。对厅模仿宁绍台道衙署前厅设计，正厅五楹，正中三楹为厅堂，左右各有静室一楹，东西两端各有过道一间，可通南面院落。滋德堂模仿宁绍台道衙署大堂设计，正厅五楹，两侧各有一间过厅（道），可通北面中进住宅，为“明五暗七”。居中三楹为厅堂，是吴家正式的会客厅，厅前建有回廊，转角处不立角柱，其上置悬臂梁，下吊木雕花篮。厅内与廊中木构件及石柱础皆雕刻精致华美，风格独特；门窗槅扇等装修皆保持浙江建筑特色。滋德堂之北为中进住宅。中进住宅模仿宁绍台道衙署办公设施设计，正屋五楹。

该宅于2003～2005年修缮。2005年4月18日，吴道台宅第对外开放。2009年，再次修缮，复建芜园。芜园在宅第东面，东西宽40米，南北不足百米，种植松、柏、杉、竹和四季花卉，辟林中小道。园中立有“吴氏四杰”雕像，即吴白匋（征铸）、吴征鉴、吴征铠、吴征镒四弟兄。吴白匋，文学家、戏剧家；吴征鉴，医学寄生虫学家、医学昆虫学家；吴征铠，中科院院士、物理化学家、核化学家、化学教育家；吴征镒，中科院院士、植物学家，2007年中国国家最高科学技术奖获得者。

二、罗聘宅

位于弥陀巷42号，为省级文物保护单位。罗聘（1733—1799），在“扬州八怪”中年辈最晚，但其画兼擅众长，自辟蹊径，别具一格。罗聘把他在扬州的住所称为“朱草诗林”。宅第坐北朝南，系扬州传统的三合院结构。东侧住宅与花厅间用一长廊隔开，廊中有六角形小门相通，现此门已闭，东侧房舍已改易。廊西为园，保存完好。园内有书斋“香叶草堂”，堂前原有池。书斋前西南依墙筑一半亭，原有晚清金石书画名家吴让之题“倦鸟巢”亭额。半亭之西有面东客座三小间，以短廊相接。罗聘及其妻儿均善画梅。“梅家画派”在此宅内生活有数十年。1986年，进行修复。2011年，修缮后的罗聘故居——朱草诗林正式对外开放。

图11-1-2　罗聘宅

三、张联桂宅

位于广陵路218号，为市级文物保护单位。张联桂（1838—1897），字丹叔，又字韬叔，江苏江都浦头人。清光绪十五年（1889）迁广西布政使。光绪十八年（1892），升授广西巡抚。光绪二十年（1894），中日战争爆发，张联桂反对议和，力争不得，愤懑致疾，终被病免，光绪二十三年（1897）卒。宅第在扬州老城区有两处，一在木香巷5号，一在广陵路218号。前者称“春晖堂”，又称“老公馆”；后者称“延禧堂”，又称“新公馆”。张联桂广陵路的宅子是他任广西巡抚后购买，光绪二十年（1894），张联桂因病免职归里养病居此。占地面积0.21公顷，房屋70多间，建筑面积1000多平方米，由东西两路和东北隅住宅一组及火巷、庭园等组群。此宅中，楠木厅是其亮点。楠木厅至少有100多年历史，在张联桂购之前即存在。楠木厅正厅五间，面阔17米多，进深9米多，建筑面积160平方米。大厅面柱梁用料较粗，扁作柁梁，构架为抬梁式，雕琢并不繁富。硬山封檐，两侧山墙平檐口以下青整砖扁砌，檐口以上山尖部分整砖。楠木厅门楼上，雕刻着两幅精美的含有基督教内容的砖雕。左边一幅砖雕为“耶稣受难”图，右边一幅砖雕是“基督诞生”图。楠木厅整体建筑低于外面地面，虽已破败，仍很有气势。

四、陈六舟宅

其一位于东关街羊巷23号，为市级文物保护单位。故居坐西朝东，八字门楼，两侧大理石墙面刻有陈六舟故居“金粟山房”简介。房主人陈仲云曾任清道光年间江西布政使。“一门三进士，父子二传胪”佳话中的二传胪，即指陈仲云、陈六舟父子二人。陈彝（1827—1896），字六舟，号听轩。陈仲云的孙子陈重庆乃扬州大名鼎鼎的书法家，瘦西湖长堤上歇脚亭内的横匾“隄柳长春”及抱柱上的楹联即其手笔。陈仲云的重孙陈含光，为文学家、书画家，工诗擅画，精通骈文，曾受聘于扬州国学专修学校任骈文教授。民国初参与纂修《清史稿》。金粟山房为陈重庆扩建而成，有面阔五间的屋子三进，昔有“苍松合抱，翠竹成林，花日争妍，画廊相接”之胜。

其二位于曹李巷2号、4号、6号。2号门内，东侧有一火巷可见原平面格局。4号、6号内，现住户自行搭建，杂乱不堪，房屋老旧，同一屋面小瓦大瓦、青瓦红瓦杂陈，住房之间留尺余窄巷供出入。宅第原布局形态全失。6号墙上有市级文保单位标牌。

五、胡笔江宅

图 11-1-3　胡笔江宅

位于广陵区沙头镇晨星村胡家墩。2002 年 10 月，被公布为省级文物保护单位。胡笔江（1881—1938），谱名敏贤，号笔江，亦署辟疆，清光绪七年（1881）三月二十九日，生于江都县中兴洲（今扬州市广陵区沙头镇胡家墩）。胡笔江为新中国成立前金融界杰出代表人物，是民国时期的金融家、创业救国实业家，对创建中南银行、投资国内实业、发展民族资本主义工业作出巨大贡献。抗日战争爆发后，他积极为政府谋划战时经济与后方金融。民国 27 年（1938），应国民政府财政部之邀，他从香港飞赴重庆途中，突遭日机袭击，不幸遇难。国、共两党领导人发唁电，送花篮和挽联，给予极高评价。胡笔江生前为家乡的医疗、教育、慈善事业作出巨大贡献，成为当地教育青少年成才的楷模。其故居始建于民国 10 年，建筑面积 5274 平方米。分南、北两处宅第，主建筑南宅第，次建筑北宅第。故居建筑规模宏大，风格独特，是扬州沿江圩村代表性建筑。2001 年，政府筹集 40 多万元，按照不改变文物原状的维修原则，对故居南宅第的部分墙体、整个屋面进行抢救性维修。2007 年，该故居被省委宣传部、省文物局列为“江苏省名人故居（纪念馆）、古民居抢救保护工程”首批十大项目之一，并拨专款进行维修。

六、王柏龄宅

位于淮海路 42 号内，为市级文物保护单位。王柏龄（1889—1942），扬州人。是同盟会早期会员，曾任孙中山大元帅府高级参谋，黄埔军校参谋长、代理教育长，北伐军第一军副军长、总预备队指挥，江苏省政府建设厅长，国民党第三、四、五届中央执行委员。其故居为青砖红瓦中西结合的楼房，房屋 62 间 8 厢，坐北朝南，分东、中、西三路，占地面积 0.23 公顷。东路前后二进，格局一致，明三暗四两厢中式砖木结构平房，单檐硬山七架梁住宅。西次间连套房，套房前有小天井一方。东路房屋后拆除。中路前后四进，布局规整中式木结构房屋，正屋面阔三间，左右两厢。第一进为三间五架梁房屋，第二进与第三进均为七架梁三间两厢房屋，第四进为七架梁三间两厢楼房。西路房屋中西合璧，明为二层，实为三层，洋楼称“憩园”，民国年间构筑。洋楼在花园北首朝南，平面布局成不规整“山”字形。主房南向五间，东西二壁各有耳门通偏厅。厅后步廊中置北向木楼梯上二楼、三楼。二楼为住宅，前有宽敞阳台。三楼有南向三角形老虎窗三座。洋楼墙面青砖勾缝，部分青砖印有双钱、花草图案，屋面红瓦铺盖，四面落水，起伏错落。洋楼西

图 11-1-4　王柏龄宅

图 11-1-5　中坐者为孙中山，其身后为王柏龄

沿墙有湖石假山，向南直抵西南角三面角亭，亭连接北向修廊八间。洋楼东亦有修廊八间，南接朝北修廊，北接月门。入内有庭院，庭院北有房舍三间。院西南接修廊，西廊有门通洋楼。前后廊相连，形成曲折回廊。

七、叶秀峰宅

位于大流芳巷21号。叶秀峰（1900—1990），扬州人。曾任国民革命军总部机要科秘书、中国国民党中央政治会议常务秘书、江苏省政府委员等职。其间，创办镇江东南中学、南京江南水泥厂、南京郊外实验农场。民国二十四年（1935）11月、三十四年5月，当选为国民党第五、第六届中央执行委员。民国三十七年（1948），当选为行宪国民大会代表，并兼任国民大会主席团主席。去台湾后，任台"新闻通讯事业协会"理事长，并任"广播公司"监察人。1990年2月8日，病逝于台湾。叶氏故居坐西朝东，建筑面积500多平方米。原正大门门樘已不存。一侧的墙壁上，留有两个石鼓，石鼓镶嵌有花纹，残缺不可辨认。原有一座砖雕福祠，已毁坏。故居共前后三进。第一进七架梁厅堂三间，面宽10多米，进深7米。厅前上置船厅（也称卷棚），前置木隔扇，后置木屏门，方砖地面。厅前有左右厢房各一间，上有槅窗，下砌条砖槛墙，天井青石铺地。如今，除船厅完好，其他多有损毁。第二进房屋为明三暗四七架梁构建。第三进房屋，厅堂板壁保存完好，红褐色的板壁把室内衬得古色古香。

八、丁宁宅

位于双桂巷12号，为清代建筑。丁宁（1902—1980），扬州现代女词人，被誉为中国现代三大杰出女词人之一，先后师从扬州名士陈含光、程善之、戴筑尧等学习诗词，很快就在诗词创作上崭露头角。她的词作《昙影楼词》曾在龙榆生主编的《词学季刊》上以"专号"的形式发表，影响很大。她还与当时的著名诗词名家龙榆生、夏承焘等相识，并交流唱和。丁宁一生共写词作204首，去世后，由她的同事、朋友、学生等共同努力，集为《还轩词》五卷本油印成册，1985年正式出版发行。故居坐北朝南，八字门东向。房屋前后三进，第一进为明三暗五式，东套间为丁宁读书处。后两进均为面阔三间，进深七檩，西北面为花园。房屋布局基本保存原貌。

九、王少堂宅

位于三多巷10号，为市级文物保护单位。王少堂伯父王金章、父亲王玉堂均为扬州评话艺人，擅说武（松）、宋（江）、石（秀）、卢（俊义）四个十回。王少堂（1889—1968），7岁从父学艺，9岁以艺名少堂登台，12岁正式从业，其说书神形兼备，描摹殆尽，被誉为扬州评话"四大名家"之一。新中国成立后，王少堂任中国文联委员、江苏省曲艺研究会会长等职务。故居占地面积240余平方米，主房八间四厢，外加一披屋和一座后院，建筑面积100多平方米。主房的平面布局是扬州规整的典型传统民居形式。主房前后对合二进，八间四厢，是前五后七、左右为三的三、五、七构架形式。中间为天井。进入大门，迎面置一排屏门，平时走旁边绕行，遇有大事将屏门中门打开。门樘左右由板壁相隔各一间。地面方砖铺地。朝南正房三间，明间堂屋前置格扇，次间卧室设耳窗，与两旁厢房玻璃窗格相同。厢房与卧室相连通透，地面铺木地板。厢房窗下槛墙用青砖单面墙砌筑，东厢房隔出一厢作过道，穿过其过道，小天井一方。南北间对应房屋各一间，通常称之"暗四"。朝南一间东接披屋一间作厨房，北墙有后门通后院。院落不大，有老井一口，汉白玉石井栏雕饰披巾花纹。

十、束星北宅

位于广陵区头桥镇安帖村四圩组13号。束星北（1907—1983），广陵区头桥镇人。中国早期从事量子力学和相对论研究的物理学家之一，"中国雷达之父"。毕生致力于中国教育事业与科学研究，后转向气象科学研究，晚年为开创中国海洋物理研究作出贡献。束星北出生的头桥"束家老宅"，乡民习惯称之为"束家大瓦房"。宅地紧临夹江特大桥和沿江高等级公路头桥段。史上束家老宅倚堤朝西，并排四个大门，前后两进，大小30多间。家塾、书斋单独砌于箍江大岸上。南山头特挑土叠成高地，栽竹种树，蔚成园林，门前则是人工开凿的束家荷塘。

十一、耿鉴庭宅

位于耿家巷。耿鉴庭（1915—1999），谱名作镛，学名永龄，扬州人。耳鼻喉科专家、医史学家、文献学家。精研文史、考古、金石、校勘、训诂、地方掌故等，与陈从周、黄汉侯等都有交往。新中国成立后，耿鉴庭曾以扬州医界代表身份被推举为扬州市人民代表，积极投入扬州医药卫生界和文化界各项振兴工作，曾为苏北文化保管委员会常委，对扬州文博图书事业建设作出一定贡献。故居由28号与32号两所住宅组成，占地面积760平方米，建筑面积270平方米。耿家巷在清中期始形成巷子，时称为太平巷。因耿氏祖居此地，且耿氏数代为医有名气，而改名耿家巷至今。32号为扬州普通传统民居，大门朝南，其西数十步出巷头即抵皮市街。进入大门，小天井一方，东、西两侧各接披屋一间。天井北隔墙一道，中开一门，入内天井一方，朝南主房一进，五架梁式，三间两厢，体量不大。堂屋前六扇槅扇，棂条木刻“十字八方套四方”图案，下裙板浅刻如意纹式图案。厢房窗扇棂条图案与堂屋槅扇棂条图案对应，窗扇下横长坐窗“十字海棠式”图案，均为此进老屋增添几许古韵特色，为清同治后期所建。主房堂屋东房间内后沿墙边侧，曾设一暗门通连后一过厢，过厢东置耳门通28号庭院。过厢北设一小门至一小天井。天井朝南有一室，是28号主房西边套房密室。

十二、刘文淇宅

位于东圈门14号，为市级文物保护单位。亦称“青溪旧屋”“刘氏书屋”。刘文淇（1789—1854），字孟瞻，仪征人。毕生治《春秋左氏传》，有《左传旧疏考证》《扬州水道记》等传世。其子刘毓崧、孙刘寿曾均治经学，皆有所成。曾孙刘师培对经学、小学及汉魏诗文有精深研究，被蔡元培聘为北京大学教授。前进为厅房，西南有小轩，原额“艺榭”，为刘师培少时读书处。西部花园内原筑有方亭书屋。1992年10月，前进厅房和小轩毁于火，后按原貌重建。故居大门朝南，面临东圈门街。对开墨漆大门，门下置枕石一对。条砖勾缝门楼，乱砖清水墙，方砖贴面。整座建筑西为花园，东为住宅，主房前后三进，中轴贯穿。入大门为一院落，西折为北向照厅三间，南向正厅三楹。厅南置步廊，两侧有八角小门，东通火巷，西通花园。后进为“明三暗四”住宅，前置步廊，两侧耳门分别通次房和火巷。廊西有门通花园。后天井东有套房一间，西有披房。向东是七架梁老屋三间两厢，一方天井。西边花园有书亭一座，植桂、柏、柿、石榴、榆、枫及竹等花木，一年四季，叶绿花香，清影迷人。

十三、祁友蒙宅

位于东圈门20号。祁友蒙（1883—1931）的祖父祁寯藻（1793—1866），字叔颖，一字淳甫，避讳改实甫，号春圃、息翁，山西寿阳人。清朝大臣，三代帝师。清嘉庆十九年（1814）进士，由庶吉士授编修，累官至体仁阁大学士、太子太保，谥号文端。其父祁世长以翰林院编修累迁至工部尚书。祁世长去世后，清廷赐祁友蒙以“主事”之衔，其时才10岁。成年后任同知赴河南，因治水有功，升为“候补知府”，两年后任湖北知府，并成为浙闽总督卞宝第之婿。《芜城怀旧录》云：“祁寯藻之孙，浙闽总督卞宝第之婿祁友蒙，官湖北知府归来扬州，购东圈门街北何氏楼，以栖遁焉。”辛亥革命后，祁友蒙组织谜社“竹西春社”，以射虎为乐。祁友蒙擅长以《红楼梦》人物编谜，传诵一时的有：“莫等闲，白了少年头”，谜底为惜春；“天气预报”，谜底为晴雯；“出家无形”，谜底为“空空道人”。祁友蒙去世后，祁氏山林渐废。惟门楼以北，长楼以南，余荒园一区，有山石散落，古木稀疏。街坊邻里，呼为“祁家大院”。

十四、李长乐宅

位于五福巷41号。李长乐（1837—1889），字汉春，安徽盱眙人（含江苏盱眙）。家贫，幼失学，7岁即喜挟弹射飞鸟。清同治元年（1862），入淮军任营官，因作战骁勇，擢千总，赐花翎。清同治四年（1865），赐黄马褂。历任湖北、湖南、直隶提督。后驻芦台，扼天津大沽。清光绪十五年（1889）卒，谥勤勇，葬于扬州二道山赵庄。此宅为同治初李长乐购建，占地面积0.20公顷，分东、中、西三路，房屋80多间，现存中路门楼及二进、西路三进和西花

图11-1-6 长乐客栈院景

厅，余皆荡然。2008年，政府对所存建筑及花园予以修缮，增设李长乐生平展示馆。

十五、方尔谦宅

位于东关街355-9号。方尔谦（1872—1936），扬州人，字地山，号无隅，别号“大方”。“一宋一廛”是其书斋名，系从黄丕烈“百宋一廛”的书斋名拟化而来。藏书家黄丕烈曾收罗宋版书百部之多，友人顾莼颜谑其室为“百宋一廛”，方尔谦亦雅好收藏，但终老仅收宋版书一部，故戏号为“一宋一廛”。尔谦13岁、弟尔咸12岁时同中秀才，人称“扬州二方”。16岁，以精研蒙古史选拔为贡生。他无意仕进，光绪十五年（1889），出门远游，就馆授徒谋生。后任京师大学堂（北京大学前身）教授。精于文史，善于鉴赏，尤善制联，有“联圣”之称。戊戌变法后，发表言论抨击袁世凯。袁为笼络其心，延为家庭教师。后与其次子袁克文建立师生情谊，结为儿女姻亲。民国4年（1915），方尔谦到天津为《津报》主撰社论，词意精整，深明共和大义。反袁将领蔡锷去世后，方尔谦代小凤仙撰挽蔡锷联：“不幸周郎成短命，早知李靖是英雄。”

十六、方尔咸宅

图11-1-7 方尔咸宅门楼

位于引市街31号、31-1号、33号和渡江路44号总门内。从引市街至渡江路，东西长56.25米，南北宽29.5米，占地面积0.16公顷。存旧屋37间14厢，另改建3间3披屋，建筑面积1100多平方米，大小天井13方及小苑1座。为市级文物保护单位。方尔咸（1873—1927），字泽山，别号无诤，扬州人。清光绪十五年（1889），17岁中举人。曾为两江总督张之洞幕僚，悉盐务，与盐商多有交往，推为盐场场董。与其兄方尔谦同年中秀才。精史地、考据，工联语、甲骨文，提为拔贡。方宅坐西朝东，呈八字屏风状。墙体厚实，砌筑精工，磨砖对缝，缝细如丝。门楼磨砖额枋，匾墙镶嵌砖雕，上雕凤凰，中雕梅花、荷花、菊花、牡丹，下雕福、禄、寿三星人物图像。两边有磨砖砌八字墙。“文化大革命”中，砖雕为泥灰覆盖，保存完好。

图11-1-8 方尔咸宅闺房

十七、吴尚先宅

位于观巷25号、27号、29号。清代名医吴尚先诊所。吴尚先（1806—1886），原名樽，又名安业，字师机、杖仙，晚年自号潜玉老人，钱塘（今浙江杭州）人。父亲吴清鹏，道光十四年（1834）中举。吴尚先幼承家学，无意仕途，随父寓居扬州，以学医为业，悬壶济世。同治三年（1864），撰《理瀹骈文》一书，付印后享誉极高，一再刊行。同治四年（1865），在今观巷设存济药局，延请高手专司摊膏，随到随治，人乐其便。因疗效显著，求治者与日俱增，最多时达到月诊万人有余。吴尚先被誉为“外治之宗”。观巷25号、27号、29号是一座前后三进的大宅院，前进是照厅，中进是住宅，后进有花园。由于药源缺乏，吴尚先把后进的花圃改种药草。后移居公道桥。《增修甘泉县志·卷十三》载：“安业，道光甲午举人……居公道桥，终年足不入城市，远近贫病，无力医药，赖吴生活者以千百计。”1995年，为纪念“存济药局”建立130周年，中华医药学会代表团立石碑一块，上书“清代医药学家，《理瀹骈文》作者吴尚先（1806—1886）存济药局遗址。”

十八、张允和宅

位于东关街小草巷内，建于清代末年。张允和（1868—？），仪征人，居扬州，庠生，故居原有房屋3路13进计100余间，为扬州传统民居纵深进数最多者。晚清扬州书画家。民国年间董玉书《芜城怀旧录》云：“张允和，字甘亭，仪征邑生，午桥先生从侄。居东关街。素工四体书，尤擅丹青，山水规仿宋元，精细工秀，悉有规矩。”张午桥咸丰年间曾任广东廉州知府、侍读学士，住扬州地官第12号，名“冰瓯仙馆”。张允和常对照家中收藏，反复临摹，日不间断。及长，书画技艺日臻成熟，间作小诗亦佳。民国18年（1929）4月，扬州设立救济院，张允和任院长，借东关街臣止马桥前（武当行宫）两淮中学校址办公。每年经费额定2400元。抗战时期，张允和与陈含光等15名画家在扬州“晴社”基础上，追慕石涛，建立“涛社”，社址在缺口街“三一堂”内。民国35年（1946）3月、8月，与何其愚、顾伯逵、耿鉴庭、戈湘岚、鲍娄先、陈含光、林雪岩、金佩鱼等两次雅集，亦书亦画，同庆抗战胜利。年近八旬，犹挥毫不辍，人得之若拱璧。故居部分损毁，中、西两路保存尚好。

十九、朱自清宅

其一位于东关街90号，即原东关街仁丰里巷内。为二层平房。朱自清（1898—1948）原名自华，号秋实，后改名自清，字佩弦。现代散文家、诗人、作家、学者、民主战士。民国12年（1923）至民国19年，朱自清父亲朱小坡一家住此。其时，朱自清在北京大学读书。被人们誉为“白话诗中的离骚”的《毁灭》、“白话美术文的模范”的《桨声灯影里的秦淮河》以及《背影》《荷塘月色》等文章的发表均是在这7年之中。朱家大门朝东，内宅是一座有串楼的小庭院，楼上下各三大间是正房，对面狭窄的走廊可放杂物。后为紧缩开支，便让出楼下租给庄姓人家。庄家主人庄雪洲，是个教书先生，儿子庄惕深娶上海红极一时的哈同义女，其子即乒坛名将庄则栋。

图11-1-9　朱自清宅

其二位于安乐巷27号。清同治年间建，是扬州常见的乱砖清水墙传统民居。大门朝东，入内门堂两间，一间为门房。门堂西右侧天井一方，朝南客座两间，室内合墙板、木地板，天花置竹席仰尘，西间有门通后进住宅。进二道门为朱宅正屋。朝南正房三间，朝北对照三间，左右为厢房。左右厢房为朱自清事迹陈列室主展厅。展厅伫立朱自清塑像，上方为江泽民题词“清芬正气传当世”后进朝南正房三间，朝东厢房一间，为朱自清事迹陈列室。朱自清故居，1992年，作为江苏省爱国主义教育基地对外开放。2002年8月，经过修缮、扩建和重新布展对外开放。2006年5月，被国务院公布为全国重点文物保护单位。

二十、包世臣宅

位于观巷25号、27号、29号小倦游阁。在琼花观西门对面，叩小门入内，转弯有一座老宅，砖雕门楼和青砖地坪宛在，门缝里依稀可见树木葱茏。包世臣（1775—1855），字慎伯，号倦翁，安徽泾县人，清嘉庆举人，书法家。自署其居为“小倦游阁”。后移居至西门外倚虹园。撰《策河四略》，曾致书太守伊秉绶，请急赈里下河灾民。举荐士子入梅花书院。包世臣师从邓石如，书法篆刻为当时所推崇。偶亦作画自娱。著有《安吴四种》《艺舟双楫》《清朝书品》，另刻《小倦游阁法帖》三卷。此宅后为清代名医吴尚先居所。

二十一、洪兰友宅

位于地官第10号。原系民国初年江苏省代理省长马士杰三子马叔昂之宅，又称“马氏住宅”。民国25年（1936），转卖给洪兰友。洪兰友（1900—1958），名作梅，江都（今扬州）人，毕业于上海震旦大学法科研究院，著有《法学通论》。曾任国民党第五、第六届中央执行委员，国民大会秘书长、内政部部长，1949年去台湾。故居由住宅和花园组成。住宅前后七进，由南向北依次为大门、仪门、正厅及住宅四进。北部花园，园内有花厅及书斋。住宅东有火巷，贯穿南北。火巷东现存一进住宅及花厅。2010年，依原样修复，并新开腰门，与隔壁丁氏盐商宅第的花园相通，恢复历史上两宅一体的格局。

二十二、梅曰强宅

位于剪刀巷29号山陕会馆内。梅曰强（1929—2004），字南移，祖籍江西省湖口县，生于南京，系“广陵琴派”第十一代传人。曾任中国音乐家协会会员，南京市音乐家协会理事，中国琴会常务理事，南京乐社委员兼古琴组长，广陵琴社、梦溪琴社名誉理事，铜山县古琴研究会顾问。“广陵琴派”始于清初顺治年间，是具有影响力的大琴派。三百多年中，传承有序，大家辈出，名谱广布海内。梅曰强民国33年（1944）正式拜古琴家汪建候先生为师，学习古琴和国画。1952年，拜金陵古琴家夏一峰及广陵派第十代传人刘少椿为师。经三年刻苦钻研，琴艺大进。他弹奏古琴风格以广陵派之绮丽细腻、跌宕多变、刚柔相济、音韵并茂为主，兼收浙派之豪放清雅，川派之激荡狙狂，金陵派之文雅高逸而自成一家，曾在南京师范学院任课外古琴老师。1992年，南京市政府授予其"南京市首届文学艺术奖"。其退休后迁居扬州，在扬州师范学院任课外老师，在东关街区设"梅曰强琴馆"，为振兴广陵派琴艺，不遗余力，课琴传艺，桃李成蹊。2000年10月，梅曰强制作的古琴被市政府作为国礼赠送给法国希拉克总统。

二十三、魏源宅

位于新仓巷37号，为市级文物保护单位。魏源（1794—1857），字默深，湖南邵阳人。近代思想家、文学家、史学家。清道光十五年（1835），购扬州新城仓巷旧宅院，改建为絜园，寓居扬州。其"近代开眼看世界"第一书《海国图志》在这里写成。中英南京条约签订后，其辞去两江总督裕谦幕中职务，回扬州过起"书斋"生活。絜园坐北朝南，院门朝东，分东、中、西三路，南有花园。花园原有荷塘、鱼池，池上架白石桥，池周有湖石、黄石假山。东沿置曲廊，南构书斋，西有船厅，北有花房。现仅门楼存残壁，了无遗迹，旧景难寻。

二十四、卞宝第宅

位于广陵路219号。卞宝第（1824—1892），字颂臣，清咸丰元年（1851）举人，累官至湖广、闽浙总督。任中平反冤案，抵御外敌，救赈灾民，对国策多有建言。其宅内原有主房前后五进，东有花园、鱼池，西有庭院。南首楼房1996年毁于大火，现存串楼两进及"凝香馆"匾额。

图 11-1-10 卞宝第宅串楼

第三节 商贾府第

图 11-1-11 卢绍绪宅

一、卢绍绪宅

位于康山街22号。原康山草堂旧址。清光绪二十年（1894），江西盐商卢绍绪（1843—1905）购地，耗银七万八千两，历时三年，建成卢庆云堂。占地面积0.55公顷，有房九进，宽敞宏大，雕饰精美，是扬州现存最大的盐商住宅。50年代初，被军管，成为军服厂、火柴厂、制药厂、糖果厂厂房。1981年9月，遭火灾，焚毁照厅、大厅、三厅、女厅和宴会厅等，被毁面积1250.7平方米，仅存门楼、意园、书斋、藏书楼、凉亭和百年紫藤，所幸墙体尚存。2005～2006年，市政府拨款全面原址修复卢宅。修复后的卢宅，匾墙式门楼，疏朗大气；墙面砖雕，图案取材多样，瑞兽、花草、树木、器物、人物、屋宇，精心组合，寓意吉祥；卢宅墙体青整砖、青灰丝缝扁砌到顶。整座住宅宽敞宏大，庆云堂、淮海厅、兰馨厅、盐德厅，厅厅相接。

二、汪鲁门宅

位于南河下170号。现存九进房屋90间，总建筑面积1700平方米，是一组排列整齐的建筑群，为广陵区现存规模最大的盐商旧居。汪鲁门（1859—1940），名汪泳泊，字鲁门，祖籍安徽歙县。先后任山阳（淮安）县令、海州（连云港）知州，后又在清江浦（淮阴）以二品候补道协办河道工程。汪有过人的魄力和谋略，在盐商中威望崇高，被推举为商总。住宅内大部分建筑为上楼下厅结构，楼上每个房间之间均相通，形成“串楼”。大门迎面为砖雕福祠。右边仪门硕大壮观，磨砖飞檐，做工细腻。最为考究与精美的要数面南正厅，一顺四间，上下八间，是扬州现存盐商住宅中体量最大、最为完整的楠木厅。厅内圆柱、构架、大梁、山界梁、金童柱、楞枋、步川、椽子、雕饰构件无一不是楠木。柁梁为月梁式，直径 0.6 米。山界梁与柁梁之间金童柱为方木形，其下端垫为斗口式（栌斗）。其上脊梁端不用金童柱，而用大斗口承托。木椽为方形。厅前船篷轩跨度 2 米多。木作缀以雕饰，工艺洗练、圆熟、直率，彰显楠木本质之美。与其他许多古建筑一样，汪鲁门宅也处处体现对“吉祥如意”的追求。门上角砖雕“琴棋书画”；正门之后仪门图案为“寿”字，四周蝙蝠围之，上首如意对称，下为花瓶上插三戟，意为“称心如意，五福盘寿，平升三级”。

图 11-1-12　汪鲁门宅串楼

三、廖可亭宅

位于南河下 118 号，为省级文物保护单位。廖可亭，江西临川人，原为曾国藩幕僚，由于洞察时势，抓住机遇，辞官经商，成为扬州八大盐商之一。其宅坐北朝南，东西两路组群布局。东路主房前后七进，有门楼厅、照厅、正厅、住宅楼三进。大门对面有高 3 米、宽 4 米一字形照壁。入内迎面砖雕福祠残留。右侧深巷直北通后。左侧第二进为磨砖仪门。仪门整体面阔五间，高大墙面及峭拔门楼皆磨砖砌建，浑然一色，气势恢宏，扬城少见。面北照厅五间与两侧厢廊组成三面回廊，拱卫面南第三进楠木厅。五间正厅通面阔 17.77 米，进深 9.40 米，面积 167 平方米，气宇轩昂。正中魏体“世彩堂”匾额，为清光绪年间两江师范学堂（南京大学前身）监督李瑞清所书。宋代、清代二朝皇帝都对世彩堂廖姓有封赏，廖可亭悬此匾额以显门阀高贵荣耀。厅堂次间左右悬两块匾额：一为黎元洪所书“同规往哲”，另一为徐世昌所书“乡国垂型”。三块匾额经数十年磨难，为劫后遗珍。民国 26 年（1937），日军侵入扬州，廖宅大院被占作三井洋行，厅堂吊装天花板，将匾额遮挡。“文化大革命”时，居民郭阿根等用报纸封掩匾面，匾额得以完好保存。正厅后住宅楼三进，皆面阔五间四厢，楼上置廊。楼檐板镶磨砖裙边以护楼板。楼下各进有腰门可通前后。各进厢房有耳门通东、西火巷，天井均为青石板铺地。西路主房前后五进，面阔三间四厢，皆为楼房。首进、二进改建为居民住宅。后三进楼房，制式一致，两侧有厢楼，前后相连。

图 11-1-13　廖可亭宅徐世昌题“乡国垂型”匾额

图 11-1-14　廖可亭宅黎元洪题“同规往哲”匾额

四、诸春山宅

位于国庆路 340-346 号。为市级文物保护单位。清末盐商诸际华建，后长子诸春山继承。诸春山命宅为“青云山馆”。占地面积0.10余公顷，现有老屋70余间，保存完好。诸宅面南磨砖八字门，过门堂迎面磨砖仪门颇为清丽，栏板砖雕完好。面南正厅三楹，古朴宽敞，装修讲究，木雕紫竹飞罩，取材名贵的花梨木，镂空雕饰，工艺精美，丝毫无损。飞罩后六扇高大屏门，面北为抄手步廊，天井为青石板地面。面南明三暗四住宅，两侧厢房为磨砖龟背纹锦，细腻规整。面东墙上有扇面式“青云山馆”题额。诸宅厅、宅、廊、厢均有门与客座、套房、小天井相通，与另路住宅的书斋、密室、闺房、小天井，大小互济，曲折相通，分合自如，富于变化。诸宅正房连套房，套房通书房，书房有密室，大、小天井可互通连的独特布局，正合六角门上阴刻石额“藏密”之意。西又一路住宅前后三进，宅北有小苑。小苑面东门上嵌砖额“馀园”，为扬州黄汉侯书。出小苑通探花巷。苑东有附房两间两厢，设防空地下室，完好可用。诸宅小苑墙上架砌云山式花墙，龙蛇游走，生动壮观。

五、汪竹铭宅

位于东圈门历史街区地官第14号。又名“汪氏小苑”。由盐商汪竹铭、汪泰阶父子两代人购建。占地面积0.30公顷，建筑面积1680平方米，房屋97间，是扬州保存最为完整的清末民国初盐商住宅，也是扬州典型的三间二厢格局组群的传统民居。1962年5月，被扬州市人民委员会公布为市级文物保护单位。2002年10月22日，制花厂搬出，被省政府公布为省级文物保护单位。汪氏祖籍安徽旌德，以制作、销售皮货为业。太平天国时，汪氏到扬州经营盐业。

图11-1-15　汪竹铭宅

其宅横为三路并列，纵为主房三进延伸，前后中轴贯穿，左右两厢对称。正厅旁厢边廊，堂后寝室耳房。汪氏小苑的房屋分两期营造，中纵部分、西纵部分为盐商汪竹铭（1860—1928）在清朝末年所购，东纵部分由汪家的4个儿子在民国初年扩建。该园面南而建，入门，迎面有砖雕福祠，俗称“土地祠”，用于早晚烧香敬神。正宅与东宅间有火巷贯通。住宅区的四角有“可栖徲”“小苑春深”“迎曦”等4个庭园，与住宅融为一体。

中路主厅树德堂是汪氏小苑的主要住宅。面南而建，三楹，上置柏木卷棚，南部整面木制槅扇，槅扇下部为花纹相同的单面阳雕。北侧中间设门，平时封闭，开时门与通道通连。堂中间上悬“树德堂”三字匾。堂高大，陈设庄严肃穆。树德堂以北有天井，设有对应的门，东可通火巷，西可通西路房。第二、三进分别为汪竹铭长子汪泰阶、三子汪泰科居室。第四进为佛堂静地，面阔三楹，为毗邻附房，与西路女眷幽室相通。

西路住宅，前后三进，内设天井，前厅后寝。正厅秋嫮轩系汪竹铭购置地官第14号住宅后，首次扩建的厅、园、宅之一，主要供其二女和其他女性居住。此轩面南而建，三楹，轩正中上悬“秋嫮轩”匾，两旁有落地罩槅。“秋嫮轩”前的天井南置一月洞门，上嵌“可栖徲”石额，下有月牙形的汉白玉踏步。月洞门的东、西两侧有花纹相同的长方形的水磨青砖透空花窗，可见园景。入月洞门，门楣南向嵌“挹秀”二字。此园景色宜人，东、南、西边有湖石堆叠的3个形状不同、大小不等的花坛，其中西边花坛上植有一株女贞树，树龄120年。另有百年枸杞、多姿茉香。园内西南隅构一精致船厅。

东路住宅前有一小庭院，其东南角有紫藤与屋檐相连，有“紫气东来”之意。紫藤旁湖石叠砌的花坛上植百年琼花一株。正厅春晖室为汪泰阶（伯屏）在民国二十一年（1932）扩建，取唐代诗人孟郊《游子吟》诗句“谁言寸草心，报得三春晖”之意。春晖室原为园主人的会客厅，三楹，室中上悬“春晖室”三字匾，其下嵌有6块天然大理石，是汪竹铭的4个儿子从云南选购而来。天然大理石镶嵌在花梨木的大屏风上。屏风下面的浮雕群板上有双狮盘球、双鱼、聚宝盆、暗八仙、如意、四季花等，精美绝伦，阮仪三教授称赞为“不可多得精品”。室正中上悬西式吊灯，为德国制造。

室后幽室前后两进。过天井即为四子汪泰第居室。后进东厢房内有暗室、暗橱，地板下有藏宝洞，为当时主人藏贵重物品之用。又过一天井为次子汪泰麟居室。

汪泰麟居室之北，有一花墙将南部住宅与北部花园隔开。花园分为东、西两处。东花园内有湖石堆叠的花坛3个，东部花坛植百年核桃树、百年柏树，中部花坛植百年鸳鸯石榴树，西部花坛植美人蕉、金桂、腊梅、紫薇等名贵花木。园路中部有井一口。园东北角有房屋3间，设有楼阁。底层作存贮粮食仓库之用，楼阁为女仆就寝之所。园西北有一室两用房，西为浴室，东为花房。园西有一汉白玉月洞门，其上有“迎曦”“小苑春深”石额，门下有如意踏石。穿过月洞门，即进入西花园。

西花园内有牡丹台。牡丹台西有“居易”门，为西路女眷们的幽室后宅门；牡丹台东有“遗庵”门通火巷。与牡丹台相对而建的分别是书斋、花厅、轿房。书斋紧依花墙而建。西墙北侧倚壁设一海梅大橱柜，上嵌全身玻璃镜，此为假象，实为暗门，打开可通后窄巷。橱柜旁有小门通花厅。花厅，即静瑞馆，明间设置落地罩槅，两次间设置飞罩。罩槅木雕用材取之珍贵的金丝楠木，采用双向透雕技法，冰裂纹式样，正反一样，堪称一绝，为扬州木雕艺术的杰作。花厅前空地有地下室（即防空洞），为园主人“九一八”事变后，为防日军轰炸而建造。

六、周扶九宅

位于青莲巷19号。北至广陵路347号、349号、351号。又称“贻孙堂”。市级文物保护单位。周扶九（1834—1921），江西吉安人，从经营盐业起步，进而又从事金融业、房地产业、纺织业等近代实业。住宅南北长73.64米，东西宽50.18米，占地面积0.37公顷，原有各类房屋150多间，总建筑面积3100多平方米。主房由东、中、西三路及三道长短不一的火巷组合。除中路前面的照厅、正厅拆除改建以外，余房格局基本完整。其建筑形式以中式建筑为主，也有两幢西式建筑。庭院中间点缀山石花木，四周墙体厚实高耸。

图11-1-16　周扶九宅

南部中式楼房，朝南一顺五间，楼上下十间，合计建筑面积250平方米。朝北也是一顺五间，楼上下十间，面积与朝南相等。东西两侧置厢楼，围成四合院。中式楼后北部两幢西式建筑楼宅相互对应。朝南一幢二层楼，面阔三间，前后隔成六间相连，外加南北走廊各一道，楼上下合计建筑面积506.70平方米。房屋砌在麻石台基上面。台基式样类于须弥座式。嵌在台基侧面地板风洞为铸铁浇制花饰。台基以上砌筑墙体用砖分为两种颜色。砌方形砖柱的用红砖，砌墙面的用青砖，皆为扁砌到顶。窗门扇颜色为棕红色。楼栏杆为铁制如意花瓶式，喷刷黑漆。数种不同色彩对比，醒目鲜艳。窗头砖砌半圆式拱圈。门头砖砌尖顶式拱圈。屋面为四坡面、四落水，屋面还加气楼窗。朝北一幢西式楼宅体量只有朝南楼宅面积一半，建筑面积242平方米。但造型和风格一致。

七、许公澍宅

位于石牌楼7号，为市级文物保护单位。挂牌“汉庐”。清道光年间，书画、篆刻皆精的吴熙载（让之）居住于此。光绪初年（1875），盐商许公澍购原“全节堂”老屋，后来一直为许氏后人许维峻承业。原有房屋合计三十一间五厢一披。许宅大门朝北，由火巷相隔成东、西两路并列。东路主房前后三进，西路主房前后对合二进。许氏住宅利用一个总门，入内两路不同的住宅并列东西两侧，平面布局、庭院间距比例均当，通风采光充足，为扬州传统民居北向住宅平面布局典型一例。宅门角缀砖雕雀替，门侧立一对汉白玉门枕石鼓，对开两扇实木大门。

东路住宅。扬州名儒陈含光当年以“陈光禄堂”承租此东路全部房屋住用。进入仪门，随门披廊一道，青石板小天井一方。门廊两侧相接朝南、朝北客座各一间。朝南客座门窗隔扇、木雕灯笼、锦式花饰依旧完好，此乃陈含光挥毫作书画之所。越过小天井，向东穿过厢廊过道，青石板铺就大天井一方，朝南七架梁厅屋三间，西次间原有门通西客座陈含光书画室。厅房东廊置耳门通东小天井，天井南置小楼上下各一间。厅堂南置照厅三间。穿过厅堂明间腰门向南又一天井，朝西有耳门通西巷，朝北有三开间楼宅，楼上下共六间。

西路住宅。朝南、朝北对合两进，皆面阔五间。朝东、朝西对称厢房各两间，置合成四合院格局。庭院宽敞，青石板铺地，庭院中植一株近百年黄芽，枝杆弯弓苍劲。朝南五间室内装修，隔扇门窗、屏门、合墙板、天花板、卧室地板、堂屋方砖地一应俱全。其隔间用可活动隔扇隔断，按需自由分合。西梢间与西厢房交接处置落地木雕冰裂纹式月门罩格。扬州金石书家黄汉侯居之，坐东朝西厢房即其工作室。黄汉侯（1902—1976），字良伟，扬州人。为郭沫若文友。金石书画尤精，特别是牙刻，为扬州乃至华夏一绝，方寸牙板能刻上千字，以摹晋、唐、宋名家书法见长。

八、许蓉楫宅

位于丁家湾 59 号、88 ～ 92 号、102 号，后门广陵路 250 号。又称“尊德堂”。许榕楫（1865—1932），字云甫，祖籍安徽歙县许村，清末民国初，在扬经营谦益永盐号、汇昌永钱庄。民国初年，任扬州食商公会会长。丁家湾许氏老宅群合计占地面积 0.40 公顷，房屋大小合计 180 多间，建筑面积 3000 多平方米。整体布局、构架基本完整。从丁家湾 88 ～ 92 号房屋横向连排，五路并列，纵向三进、五进不等。住宅坐北朝南，第一路前为磨砖门楼、福祠，后为住宅三进。第二路为花厅、客座以及杂房。第三路建筑前后五进，前三进均为厅房，四、五进为三间两厢二层楼房。第四路建筑前后三进，首进为厅房，其余两进均为三间两厢二层楼房。第五路建筑前后五进，首进为平房，面阔四间，第二进为卷棚厅房，其余均为三间两厢二层楼房并置外廊。

丁家湾 90 号为许氏谦益永盐号。入内有巷直北，巷首东折面南二道门磨砖罩面，入内对合二进，六间二厢。面南一进，四面皆置格扇，其后面北三间，天井一方，朝南前后楼宅二进，皆三间二厢布局。前后相连串楼。天井东首入月门至花厅二间。巷首西折面南正厅三楹，前置船篷轩，正间上悬“尊德堂”匾额。丁家湾 92 号入门楼东折，前后客座五进，独立各一间，前置独立小天井一方。小天井精致清幽，皆有门通西火巷。巷西主房现存前后四进，面阔皆三间。丁家湾 102 号，主房前后三进，均为明三暗四式。广陵路 250 号房屋为许云甫与梅甫合股的“汇昌永钱庄”，占地面积约 0.15 公顷。原有房屋前后七进，现存六进，建筑面积近千平方米。主体建筑保存完整，皆面阔三间，第二进楠木厅体量较大，古朴轩昂，用料肥硕，柱径达 0.40 米。厅后楼房前后共三进，平房一进，再后原有花园、角亭。现为市级文物保护单位。

九、贾颂平宅

位于大武城巷 1 号、3 号、5 号和丁家湾 1 号、广陵路 263 号。为第七批全国重点文物保护单位。贾颂平（1880—1944）曾任天津大陆银行董事、上海太平银行董事，与胡笔江、李寿如等一起列入上海市人民银行档案库收藏的《银行名人录》。宅第包括庭园、二分明月楼园林两部分，占地面积 0.32 公顷。其中庭园是清光绪年间盐商贾颂平所建；二分明月楼园林是道光年间员氏所建，光绪年间贾氏购得并入。贾氏最盛时，大、小武城巷一带，以及二分明月楼园林，都是其宅第和园林。

二分明月楼位于广陵路 263 号。为市级文物保护单位。1991 年 3 月，园林部门正式开工修复，1995 年底，基本建成。复建后的二分明月楼园林除主楼及东隅黄石山基本保持原貌外，其余则紧扣赏月意境作较大改动，新建夕照楼、迎月楼、扇面亭、伴月亭及长廊。园因清钱泳题额“二分明月楼”，取意唐诗人徐凝《忆扬州》诗：“萧娘脸下难胜泪，桃叶眉头易得愁。天下三分明月夜，二分无赖是扬州”而名，是广陵“旱园水做”的孤例。

图 11-1-17　贾宅后园——二分明月楼

进园门，有一平廊。廊壁有六方古朴的砖刻，刻唐诗《春江花月夜》（张若虚）、《寄维扬故人》（张乔）、《送孟浩然之广陵》（李白）、《忆扬州》（徐凝）等于其上。平廊建一亭，集金农墨迹悬横匾“伴月”，亭柱联：“留云笼竹叶，邀月伴梅花。”廊尽接登楼，楼悬“迎月”匾额，楼前一联：“朗抱开晓月，高文激颓波。”

主楼二分明月楼坐北朝南，面阔七间，重檐硬山顶，飞檐翘角，取势空灵。前置通廊，作美人靠，可凭栏赏月。主楼折角向东，黄石山一座，嶙峋峭拔，又在山上依山势筑东阁三间，西向主楼和东部夕照阁相连，明月西沉时可依阁送月；西南角，又置迎月楼三间，与东阁遥遥相望，月上东山时可在阁中迎月。楼阁都在园的周边，既挡住园外的噪声，又在较为窄小的天地内留下中部开阔的空间，而东阁西阁的错置，较好避免严整、拥塞，代之疏朗、开阔，形成幽雅、宁静的氛围。

园内有井一口，井栏刻“道光七年杏月员置”。园中的小品，扇面亭、伴月廊、月亮桥，门洞漏窗或如满月，或似残月，或像新月。亭廊桥畔铺地以碟瓦卵石，似成水面涟漪，其间巧点黄石，又似水面汀屿。夕照楼，悬集郑板桥墨迹“夕照”匾额。楼上东墙，匠心别运，以雕花隔扇贴之令人深幽莫测。楼底层开敞，内置“黄石贴壁”假山、“曲水流觞”水池。敞厅前为露台，设有黄石棋桌、坐凳。梅溪吟榭在园之角，造型新颖，呈扇面状，上挂一联：“荷风送香气，松月生夜凉。”“水”与“月”最有亲缘，二分明月楼前掘水池一汪，池上有月牙桥，两片新月形的桥栏，倒映水中，与水中月相接，宛若满月一轮。此时的名楼佳境，恰似楼前集吴让之墨迹楹联所云：“春风阆苑三千客，明月扬州第一楼。”

十、李鹤生宅

位于东关街356号，亦称“逸圃”。2006年，被公布为江苏省文物保护单位。占地面积0.35公顷，建筑面积2363平方米。清宣统二年（1910），钱业经纪人李鹤生购得朱氏旧宅拆除重建。民国元年（1912）告竣。原黑漆大门上有浅刻楹联“扬州古明月，陋巷旧家风。”大门南向，西部为住宅六进。东部前院为园，迎门堂建八角门，上额隶书“逸圃”二字。入内沿东院墙贴壁为山，上建半亭，园北有花厅、书斋，宅后有藏书楼等。花厅南向，外廊天花皆施浅雕。厅后为一院落，有小轩三间，内置紫檀木罩隔，雕刻精美。园西楼屋三楹，内有精美的镶瓷板绘画格扇，保存完好。扬州住宅园林中，园林多半建在住宅之后，唯此在住宅东侧，与住宅并排。中国园林专家陈从周曾经说过，逸圃与苏州曲园相仿佛，用曲尺形隙地布置，但比曲园巧妙，形成上下错综、左右参差、境界多变、绝处逢生的格局。2007年8月，市政府启动逸圃修缮工程。修缮后的逸圃作为长乐客栈的重要组成部分，2009年4月，对外营业。

十一、何莲舫宅

位于东圈门22号，亦称“瓠园”，系清代盐商宅园，为市级文物保护单位。据《甘泉县续志》载，此园为“江阴何莲舫太守栻罢官后所筑”。何栻（1816—1872），江阴人，字莲舫，亦字廉昉，号悔馀。太守为湘乡曾文正公（曾国藩）门下士，曾公督两江时，“每按部扬州，必枉车骑，诗酒流连，往往竟日”。何莲舫以“壶”字名园，因“壶”有方、圆之异，《仪礼·燕礼》载：“卿大夫用方，直方为义也；士旅食用圆，顺命为宜也。”何氏兼及自己昔日士大夫与当下经商的身份，即不论方圆，皆可。何莲舫是先买旧宅后东扩壶园，中间以火巷为界。火巷西边有客厅、住宅、书房（名悔余庵）、藏书楼，东边是壶园，有红肥绿瘦轩、绿池、石舫、曲廊等，占地面积0.60公顷。存广玉兰一株。园中原有北宋宣和年间花石纲遗物——钟乳石山水盆景，1953年，移置瘦西湖内小金山。西部住宅存房屋三进，有楠木厅。2007年，壶园依照历史旧貌予以修复。

十二、华友梅宅

位于斗鸡场4号，亦称“华氏园”，盐商华友梅家园，清代建筑。为省级文物保护单位。东园西宅，园坐北朝南，有花厅三间，窗明几净，绿池绕之。厅之东南雪石作山，厅北有黄石透迤与层楼相接，山有磴道，逐级上楼，即《园冶》所云之“楼山”。1982年，假山移去，现花厅、北楼仍存。2007年，华氏园原貌修缮。2008年，对外开放。

十三、陆静溪宅

位于东关街98号，亦称“冬荣园”，清代盐商住宅，为省级文物保护单位。建筑面积近0.17公顷，分布在东、中、西三条轴线上。东、中轴线前后共五进，主厅中梁上有雕饰，门楼砖雕精美。园林部分已毁。园中花厅1984年移建瘦西湖西园曲水。此园垒土为山，山势自西南向东北平衍，与后院房舍相连。院北馆舍三间，接以两厢，绕以抄手游廊，成庭园四合之势。植以怪石，参差错落，遍种松梅。2010年，依原结构修缮。冬荣

图 11-1-18 冬荣园中厅

园原主人是合肥张氏，后将宅院转卖给祖籍安徽、供职于两淮盐运司的陆静溪。陆家女儿陆英，又嫁给合肥张氏。陆英待人接物，理财办事，周到妥帖，膝下四个女儿个个才貌双全。其女张兆和嫁给优秀的文学家沈从文。

十四、胡仲涵宅

位于东关街306号、312号。胡仲涵是扬州民国年间银行家，曾任上海中南银行经理。宅第临东关街，面阔36米，占地面积0.16公顷，存有老屋38间，另有十厢五披屋，建筑面积670多平方米。东关街306号宅，八字磨砖对缝门楼，墙面砌砖加工刨磨，光洁细腻。福祠墙东侧为南北火巷，西侧磨砖对缝仪门。入仪门照厅三间，面南正厅三楹，柏木构架，两侧厢廊。后进为明三暗五格局住宅，室内合墙板后有暗橱、暗壁、暗门。西套房西板壁内暗连两间暗房，有门可通312号后进东房间。此暗房北墙与东套房床后均有小门通北侧窄巷，北有门通后庭院及花厅。庭院置花台，叠湖石假山、假山曲池，石栏围护。花厅为中西合璧建筑，三面置廊。底层有60余平方米地下室，完好可用。出入口在花厅西间地板之下，暗壁、暗门、壁内、床后、地板下曲折隐蔽似迷宫。东关街312号宅为胡氏偏屋，面北照房三间，面南正厅三楹，两旁厢廊，正厅前置槅扇，后置屏门。厅台穿腰门，与后进三间两厢相通连。

十五、卢殿虎宅

位于甘泉路221号，亦称“匏庐”，省级文物保护单位。民国初年，扬州实业家卢殿虎（1876—1936）建，扬州造园名家余继之构筑。占地面积0.16公顷，建筑面积750平方米。匏庐之名，因宅第利用余地巧构两小园于主房之侧，形似生出两个葫芦瓢，别致而灵动。2008年，全面揭瓦、部分落架大修，保持古宅原貌，修旧如旧。修复后的匏庐前宅后院，东部为宅，前后三进，西部为园，构小园两个。入匏庐小巷，条石竖铺，两侧旺砖立砌为道。主门东向门鼓石一对，有仙鹤衔桃和鳌鱼图案。从住宅进入花园，园分东、西两部分。东园门上嵌“匏庐”石额，以花墙游廊通连。园北有曲尺形小轩三间，轩南有池一泓，东南方亭倚墙，雕栏临水。东园折向北进入西部可栖园。园中南向花厅一座，面阔三间，劈园成南北两半。北部墙下黄石花坛，芭蕉数丛，绿叶扶疏。南部湖石假山，西南角水阁临池，百年黄杨一株，增小园古意。池水清碧，可见鱼戏浅底、倏然无影之妙趣。池周黄石驳岸，池水逶迤曲折，疑墙外潜流而入，形成“山本静，水流则动”的效果。园西角门上刻“留馀”二字，似别有洞天，入内却回归来时路，达到“景愈藏，景界愈大的效果”。2010年，全面修缮、装饰。

图 11-1-19 卢宅贴壁假山

图 11-1-20 卢殿虎宅——匏庐

十六、马曰琯宅

位于东关街309号。为清雍正、乾隆年间盐商马曰琯（1687—1755）、马曰璐（1697—1766）兄弟宅院。因其在东关街南，故称“街南书屋”。书屋东至薛家巷，北至东关街，南至韦家井，西至马坊巷。现存老屋两进，封火墙尤具特色。街南书屋最负盛名的当数甘泉县令龚鉴所赠太湖巨石，故书屋又被称作“小玲珑山馆”。马氏藏书10余万卷，“甲东南”。清廷编纂《四库全书》时，马氏后人献书776种，为南方之最，乾隆赐《古今图书集成》一部。马氏兄弟勤敏好学，工诗，人称“扬州二马”。其人品、诗文、藏书、功绩皆善，人称中国南方最著名的儒商之一。与诗人程梦星等结社的诗文之会，以小玲珑山馆为最盛。袁枚诗赞：“山馆玲珑水石清，邗江此处最知名。”60年代，扬州史公祠存有玲珑山石一块，上有阴刻篆书“玉山并立”和“玲珑山馆”方印。2011年复建街南书屋时，此石回归。

第二章　衙署　会馆　书院

“扬州繁华以盐盛”。明清时期，扬州盐业兴盛，带动扬州古城的繁荣。因盐业兴起而出现各类管理盐务的官员办公场所，成为扬州盐商时代兴盛的见证。会馆是中国明清时期出现的一种地方性的同乡利益整合组织，是旅居他乡的同籍人自愿自发组织起来，作为联络同乡团体桑梓址住的场所。扬州作为明清时期中国著名的工商城市，有″东南第一商埠″之称，在前清时代更有被列入世界十大城市之美誉，现今仍保留着众多的工商会馆和盐业公所的历史遗存。康熙、乾隆之际，扬州书院极其昌盛，“东南书院之盛，扬州有其三”。清代扬州书院拥有丰富的教学资源、先进的教学理念和当地盐商雄厚的财力支持，为扬州书院营造出良好的教育环境。安定、梅花书院得名师执掌，素著教声，桃李满园，人才济济。其中梅花书院为当时国内唯一专课举人的书院，也是扬州唯一尚存的书院古迹。桐城派文学家姚鼐、皖派学者洪桐都曾在书院任掌院。扬州书院的兴起与发展，为之后形成的清代扬州学派打下坚实基础，对清代的教育、文化事业的发展和学术繁荣作出巨大贡献。造就不少博学硕儒，尤其是清乾嘉后，扬州学派中的汪中、王念孙、刘台拱、朱彬、江藩、焦循、阮元、王引之、黄承吉、刘文淇、刘宝楠等大学者皆出自梅花书院。

第一节　衙　署

一、疏理道

位于准提寺内。《扬州府志·公署志》记载：“疏理道在利津门（今东关）内，明万历四十五年（1617），设以疏通盐法，未几裁并。”明中叶，盐法败坏，奸佞擅权，强占盐引，严重影响国课收入。朝廷遣户部郎中、两淮盐法疏理道袁世振往扬州，于利津门内建衙署，疏理盐法，称“疏理道”。改开中制为纲运法，将200万积引编做圣、德、超、千、古、皇、风、善、九、微十纲，一纲行旧引，九纲行新引，既疏通旧引，解救内商，派新引又照顾边商，并确立窝商世袭行盐的垄断地位。

二、盛世岩关

位于明代查验场盐的稽核机构盐务会馆东侧。东关街286号西山墙与街南277号东山墙之间，原砌筑一道圈门，高约两丈，石额题曰“盛世岩关”。盐商凭引自盐场提盐，运扬入仓，等候稽核，然后始可转运各岸销售。清光绪丁亥年（1887）四月，由一品顶戴置理两淮盐运使程恒生、三品顶戴即补道知扬州府事宜霖、甘泉县事舒朝旵、四品衔补用知府江都县谢延庚、按察使衔督扬州保甲江苏即补道赵济川等重建。新中国成立后，因街道整治拆除。石额藏市博物馆内。

三、两淮都转盐运使司衙署(门厅)

位于文昌中路与国庆路交叉口西北角。明正德十五年（1520），盐运使李锐在衙署东、南、北修建三座门楼，围墙相连，成朝开暮合的“司前三铺”。清咸丰兵燹后，同治八年（1869），两淮盐运使方浚颐重建。时有房990间，今存衙署门厅。衙署门厅坐西朝东，悬山结构，屋面盖筒瓦，面阔三楹14.4米，进深五檩6.3米，脊高7.7米，两侧清水八字墙至国庆路边，门前一对石狮。2000年，对门厅落架大修，修复门厅前八字墙、道

图 11-2-1　两淮都转盐运使司衙署（门厅）

路等，复其旧貌。现为市级文物保护单位。

四、两淮盐漕察院

位于皇宫广场。原为清代两淮盐漕察院驻地，朝廷管理盐业的监察衙门。清康熙四十三年（1704）起，曹雪芹祖父曹寅被指定兼任巡视两淮盐运监察御史，隔年到扬州署理盐政时居此。曹寅署理盐政期间，江淮各地朝贡物品均先陈列于扬州盐政院署后，再转运北京，故俗称皇宫；康、乾二帝南巡驻跸天宁寺行宫，御用器具保存于此，为悦圣意亦名皇宫。两淮盐漕察院西侧客厅后，曾有名泉"桃花泉"，筑有井台及桃花泉书屋，是曹寅与宾客赋诗唱和之处。光绪年间为万寿宫、盐义仓。民国 14 年（1925）3 月，孙中山先生在北京逝世，皇宫主建筑改造为"中山纪念堂"。1949 年 5 月建的私立集美中学、1951 年建的私立新华中学，校址都在皇宫内。

五、甘泉县衙（门厅）

位于甘泉路 194 号，为市级文物保护单位。甘泉县衙门厅是城区仅存的县衙建筑遗存。清雍正十年（1732），设立甘泉县。现存县衙门厅为清同治八年（1869）重建，坐北朝南，三开间，两侧八字墙拱卫，木门、门梁、门前石鼓、石板路保存尚好，门厅内廊有衙房两排，南侧檐口、屋面已有破损。

图 11-2-2　两淮盐务稽核所

六、两淮盐务稽核所

两淮盐务稽核所有别墅和办公场所两处。两淮盐务稽核所别墅，位于淮海路 33 号，为市级文物保护单位。民国十年（1921），用盐业税收款建造，为两淮盐务稽核所外籍人士的别墅，是一座红瓦屋面、四面坡顶、四方形两层西式洋楼。楼内有客厅、卧室与办公用房，配置较高档的生活设施。1952 年春，改为大汪边招待所。同年底，改为江苏省交际处扬州招待所，先后接待刘少奇、谢觉哉等人。底层南回廊围护露台。步入拱门，为红漆花旗松木地板小客厅，过客厅为小楼内庭，上覆厚实木地板为顶，北侧倚墙有宽大厚实木楼梯登二楼。楼上楼下，分隔若干大小房间为办公室。其楼形制未变，木地板、木楼梯、木门窗，用板厚实、结构严谨、走动无声响。

两淮盐务稽核所办公场所在两淮都转盐运使司衙署内。抗日战争期间，被日军占领，并于此设日军苏北宪兵司令部。是一幢两层红瓦屋面、四坡顶的西式洋楼，东西稍长，中部两层向南突出，底层露台；二楼室内置阳台，东西 12 间，设办公室和会议室。使用部门"修旧如旧"，保持原建筑风貌。

第二节　会　馆

一、旌德会馆

位于弥陀巷 1 号、3 号、5 号、7 号，为市级文物保护单位。旌德会馆是安徽旌德盐商为主在扬州创办的会馆，是扬州最早设立的会馆之一。扬州城区内原属旌德会馆产业的老房子颇多。据史料记载，城区内彩衣街 90 号、92 号、94 号、75 号，国庆路 360 号（原史可法路 123 号）、339 号，埂子街 146 号（原埂子街 152 号），皆有原属旌德会馆的产业。旌德会馆还渗入到房地产投资，设立旌德会馆公有房产筹备委员会，并刻有印章。同时制作"扬州旌德会馆仅有房产租赁契约"文纸格式，专门对外出租、管理房屋，收取租金。据现存清康熙五十年（1711）十一月老房契记载："立卖民地民房文契，许蓼齐今将祖遗承分民房一所，坐落大东门外司前三铺大街、弥陀寺巷口西首朝南地方……出卖给梅德盛名下永远为业，当日凭字中估值时价白银捌佰伍拾两……。"其中大东门外司前三铺大街，即今彩衣街；弥陀寺巷口，即今弥陀巷口。以梅德盛的名义买房之后即作为旌德会馆产业，原契纸上印记也曾注明"此系旌德会馆公有产，无论何人不得抵押变卖"。此房契是现今扬州发现最早的房契，而旌德会馆是有房契见证的扬州最早的会馆。当年旌德会馆的平面布局，老房群架构仍依稀可辨，房屋体量轮廓尚存，门面房屋、斑驳老墙、质朴构架、幽深火巷、散碎青石板地面，尚能见证旧筑。

二、盐务会馆

位于东关街400号，为市级文物保护单位。至今保存三进古宅。从东侧巷内朝东八字门楼入内，天井一方，第一进南首朝北照厅三间，正间朝南大门首现存砖额浅刻张允和书"蔼园"二字。第二进朝南一顺五间，前置走廊，两旁置厢廊，曾有匾额"观乐堂"。窗门槅扇灯笼锦式及堂屋方砖、卧室地板、壁板一应俱全，完整如初，古色古香。第三进匾额"庆远堂"，明三暗五格局，后有小园一座，内有水井一口及散落的山石和少许花木。

三、四岸公所

位于丁家湾118号，为市级文物保护单位。四岸公所，是指清、民国初期湘（湖南）、鄂（湖北）、赣（江西）、皖（安徽）四省盐务通商口岸联合办公之所，是四省大盐商核定平稳盐价，商讨产、供、销、运等事宜聚会决策的地方。根据民国36年（1947）卢干庭为四岸公所领取的土地所有权状核定记载，原四岸公所占地面积七亩零一厘四毫、4670多平方米，其范围东与丁家湾116号毗连，南邻丁家湾街，西至立贞堂巷（现改为立志巷），北抵左卫街（今改为广陵路），即今广陵小学大门位置。原有各类房屋大小90多间，由东、中、西三路组合。四岸公所的大门楼在东路南首，磨砖砌筑，面阔三间，四个方形砖柱冲天，五个幅面似屏风展示，其中三幅在一条横面上，两旁八字型幅面延伸宽阔，呈凹字型。屋脊架设空透十字海棠锦花脊。屋檐飞砖线脚中间以小方口形排列，有凸有凹，有立体感，此做法为扬州门楼檐口飞砖所独有。其下两道额枋磨砖贴面宽阔精致，简洁大方。正间上匾墙四面框边砖平浮雕卷云套环锦围之，樘内磨砖嵌的六角锦中又套线刻六角锦，樘内四角雕角花，中间雕海棠锦。门上首两额枋：上额枋有四幅砖雕，下额坊有三幅砖雕，其下两端与门角雀替亦有砖雕。"文化大革命"初期，被白石灰粉饰。原大门两旁有一对竖立石鼓，现只剩基座残迹。正门两旁腮墙内嵌磨砖六角锦和匾墙樘内式样一致。腮墙上首两角雕对称角花，"文化大革命"期间，亦被灰泥涂封。两侧展现八字屏风墙樘内嵌斜角锦方砖。四岸公所八字屏风大门楼下勒脚，全为汉白玉贴面。东路现存楼宅三进，构架尚存，均改造为居民住宅。中路、西路在广陵小学南首，存楠木厅三间，偏厅及火巷一条。

图11-2-3 四岸公所

四、淮南公局

位于广陵路290号（原为左卫街84号）。清光绪年间淮南盐务办公场所，后又为盐业场运食商事务所。有老屋大小160余间，建筑面积2000余平方米。房屋布局：横，主要由东、西两路并列组群；纵，南北主房前后九进连贯延伸，加上其后厨房、附房、花园内花厅、厅楼等则达十三进之多。正宅与副宅之间火巷有瓦卷篷七道，北首水井一口。楼宅几度易主，新中国成立后，先后被卫生防疫站、一〇〇军事无线电二厂、电讯仪器厂、中百公司占用，后因发展需要而拆除改建，现仅剩副宅中楼厅、倒座。其中楼厅古朴，寿字形雕栏杆及其上柏木制作船篷轩，依旧完好。

五、钱业会馆

位于广陵路163号、165号，为市级文物保护单位。广陵路，昔为左卫街，曾有数十家钱庄、银号、票号、盐号、银行立足于此。钱业会馆早在清道光年间即存，直至新中国成立时还有占地面积一亩二分四厘，各类房屋 20 余间，由两路住宅并列，前后住房各四进、三间二厢前厅后室格局，房屋旁有火巷南北相通相隔。据遗存清同治七年（1868）特殊“房契”勒石碑刻记佐证，清道光二十一年（1841）钱业会馆即在左卫街上设立，后因咸丰三年（1853）兵燹，房屋凋残，复又由各钱庄筹款重修。当年的钱业会馆就在今广陵路工商管理所和其西一墙之隔税务所办公场地，现尚存一座面阔三间的宏敞大厅及数间老屋，面貌依旧。

图 11-2-4　岭南会馆

六、岭南会馆

位于新仓巷 4 ～ 16 号之间，为省级文物保护单位。岭南会馆是扬州现存会馆中最为完整的会馆，所存老屋、碑刻有一定的史料和艺术价值。岭南会馆原占地面积近 0.5 公顷，屋宇近百间。组群布局由东、中、西三路住宅并列，中间两道深巷相隔相通。东路原有砖雕门楼和当年祀神演剧的戏台，戏台东有花园，北头今存老井一口。新仓巷东头厕所内面东墙壁尚嵌当年“岭南会馆界址”石额。中路主屋前后五进，面阔皆三间，分别为门楼、照厅、正厅、殿宇，两旁置披廊，殿后筑楼宅二进。中路建筑中，八字砖雕大门楼与入内朝南的正厅极为考究。朝南大门楼墙壁面全为清水磨砖砌筑，门楼面阔 12.3 米，正面主牌楼檐高 9 米，两翼对称，次楼相对略低，烘托主楼之雄势，显示台阁气象。进入大门为照厅三间，高 7.9 米，构架亦考究，置船篷轩。面南正厅三楹，高敞轩豁，端庄气派，通面阔 12.3 米，檐高 4.7 米，出檐深远达 1.3 米。厅前走廊宽达 2.3 米，并与两侧厢廊连接。正厅为楠木构架，厅前廊上置圆料船篷轩，厅前槅扇中的棂条为宫式图案，三间内厅皆置屏门。

七、湖南会馆

位于南河下街 68 号，为市级文物保护单位。始建于明代，数度兴废，几易其主。清光绪初年，由湖南众盐商出资购之，为“湖南会馆”，曾国藩到扬州时即住其所。当年湖南会馆四址范围：南邻南河下街，北至原花园巷，东与原江西会馆相连，西至居士巷。大门对面原有一座大照壁，后拆。照壁南原建有“湘园”，专为湖南籍同乡到扬州的贫寒士子提供食宿。大门之内，有房屋百余间，前宅后园。住宅部分有三路。大门楼一顺五开间，楼上下共十间，现存楼上下八间。过门楼即青石板天井。面南仪门内有正厅，楠木构架，其后还有数进房屋，后拆除改建楼房。现除门楼排房外，其余均无痕迹可寻。大门楼以东原有一对开门楼，进入此门，有一宽阔火巷，直北抵后花园。会馆北端西侧，仍遗存当年旧筑一幢，面阔三间，单檐歇山式，歇山尖上尚存砖雕如意卷草，很是大气。此旧筑从形式上看为四面厅，四面有翼角飞翘。除正房三间外，四面置轩廊，为船篷轩式。从结构上看为方厅，其柱、椽、石鼓磴皆是方形，连装饰楣子的雕刻图案也为方形。其东尚存极考究的厅堂，面阔三楹，高敞轩昂，用料肥硕，柱径 0.4 米，大梁径 0.6 米，圆作，构架为圆料回顶式。进深 10 多米，面阔 12 米，面积 120 多平方米。前后置宽阔的船篷轩，又连宽阔轩廊。廊轩为鹤胫式，精致大度，向东折接北向走廊，在厅前两侧也接厢廊，廊道宽敞，很为少见。

图 11-2-5　湖南会馆

八、湖北会馆

位于南河下西端 174 号，与汪鲁门住宅毗连，为市级文物保护单位。会馆坐北朝南，原占地面积 900 多平方米。新中国成立初，老屋剩二十三间四厢，建筑面积 672.46 平方米。由东、西两路及火巷一道组合而成。

东路房屋原有五进，有门厅、照厅、正厅、厢廊、后宅、楼屋。首进原有五间四厢，由门厅、排房组合而成。后被翻改建成一排七间、上下共十四间的二层楼房。现在东路主房仅剩正厅及其后楼宅一幢，皆面阔三间。正厅面阔11.3米，进深10.6米，檐口高4.9米，建筑面积120平方米。构架为柏木制作，用料粗硕，柱直径0.33米，月梁式的大柁梁直径0.5米。厅前后皆施卷篷轩，轩廊宽2.25米，卷篷上弯椽曲如满弓状。其构架局部造型独特，雕饰也很精致。正厅前两旁厢廊和前照厅已不存。正厅后楼宅，原是作念佛楼之用，现为民居。西路住宅原有前后三进院落，现已全部改建。

九、浙绍会馆

位于达士巷54号，为市级文物保护单位。占地面积700多平方米，遗存老房子十六间四厢三披，建筑面积458.58平方米。会馆大门楼面东，原门框、门扇不存，两侧墙垛虽水泥粉饰，但旧迹可辨。门上首旧横木“门龙”还在，再上匾墙仍存。大门宽2米，高3米，两侧青砖砌筑高墙耸立，彰显当年门楼气势。主厅前正门高阔，磨砖砌筑。内门厅三间，面南正厅三楹，构筑宽阔高峻。厅前置船篷轩，轩弯椽柏木制作，轩廊比寻常厅堂宽敞，宽2.5米，扬城少见。厅内构架为杉木，圆料直柱，用料粗硕，抬梁式，圆作，原木本色，不施油漆，亦未缀雕饰，显得古朴庄重。柱下显露磉石造型为质朴覆盆式，为清中期特色。厅上原有乾隆署题匾额，后毁。据《重修浙绍会馆记》碑记，浙绍会馆至今已有230多年历史，是扬州现存会馆中有碑刻记载史证的最老会馆。

十、山陕会馆

位于东关街250～262号，为市级文物保护单位。其为山西、陕西盐商在扬州设置的会馆，也是扬州最早的盐商会馆。原馆址在旧城南门街，毁后，迁移至东关街。会馆占地面积0.33公顷，原有老屋百余间，横有东、中、西三路并列组群，纵有前后主房七进连贯。布局为前厅后宅，有后楼及花园，具有山西建筑特色。北端墙脚嵌“山陕会馆地基北墙界址”碑刻，旧迹仍存。山陕盐商势力雄厚，精于理财，明嘉靖年间，曾组织家丁五百抵御倭寇，筹建扬州新城。在扬州名人以西安府康海、平阳亢氏最为知名，遗有康山草堂、三义阁等古迹。新中国成立后，江苏省治淮总指挥部接管其作治淮招待所。

第三节　书　院

一、安定书院

位于扬州旧城三元坊附近（今文昌广场）。安定书院是扬州一所古老的书院。清康熙元年（1662），两淮商士所建。其时，适逢监察御史胡文学来扬州巡视两淮盐政，他将胡瑗木主置书院堂内，并为书院题写“安定”院额，意在纪念宋代大儒胡瑗。康熙四十四年（1705）南巡时，曾驾临安定书院，并赐“经术造士”匾额，为书院指明办学宗旨。自此后，扬州府城及属县办学浪潮风起云涌。

雍正十一年（1733），盐运使高斌同意扬州商士“仿省会辟书院”的申请，决定重建安定书院，“乃集商士，清故址正方位”。“商士踊跃莫肯后”，捐钱八千，不到一年时间，安定书院很快得到恢复。

乾隆八年（1743），梅花书院并入安定书院，时生员120人。

乾隆五十八年（1793），盐运使曾燠增修学舍，重订规条，于生徒中录其优秀者，仿照宋代上舍之例增膏火，起初专课生监，同治后，童生亦可入院读书授课。生徒初以60人，后增至数百人。此时扬州安定书院，经雍正至乾隆年间，已发展成为与江宁省会相颉颃的著名书院，为科举输送大批人才，也造就扬州学派的一代学人。

咸丰年间，安定书院毁于兵燹。

清同治年间，署盐运使李宗羲、盐运使丁日昌二人均对安定、梅花二书院甚为关心。同治七年（1868），李宗羲上书议请将原盐政提供军务的每月一千余两资金，作为恢复书院的费用，先开童生课。是年，为恢复书院，丁日昌将梅花书院迁至左卫街（今广陵路），原东关街疏理道口改建安定书院。

由于扬州盐商富裕，经济繁荣，安定书院待遇也较其他州府高。山长束修银各四百两，伙食银各三百两。

优裕的经济条件，促进安定书院的发展。安定书院为提高办学质量，聘请国内名儒大师为院长或主讲。据清代李斗所著《扬州画舫录》记载，安定书院掌院共 23 人，大都为进士出身，学有专长。

安定书院在教学制度、内容和方式等方面，和全国书院一样，受科举制度的影响很深，书院完全成为科举的预备场所。安定书院一向规定为生监肄业的地方，书院的教学方式主要是定期进行课试，称为考课。考课分官课和馆课两种。所谓官课，就是由官府出题考试，安定书院一般由盐官或知府出题考试，定每月初二为官课；所谓馆课，也称山长课，就是由山长（亦称掌教）出题试之，定每月十六日为馆课。

在安定、梅花两院肄业的生徒中，不少人成为中国历史上著名的学者，据《扬州画舫录》记载的有几十人。其中最为突出的有清代训诂学者、经学家段玉裁，著有《说文解字注》，亦研究古音，作《六书音均表》等。其弟段玉成，亦精于训诂之学，都曾肄业于安定书院。王念孙，音韵训诂学家，探究古书文义，从声音以通训诂，撰《广雅疏证》《古韵谱》等。其子王引之继承其父王念孙音韵训诂之学，世称高邮王氏父子。任大椿，曾任礼部主事，充《四库全书》纂修官。梁国治，浙江会稽（今绍兴）人，少时肄业安定书院，官至东阁大学士兼军机大臣，工书法。汪中，哲学家、文学家、史学家，工骈文。洪亮吉，经学家、文学家，通经史、音韵训诂及地理之学。孙星衍，经学家，对经史、文学、音韵、诸子百家、金石碑版等都曾涉及，有所钻研，工篆隶，精校勘，擅诗文。刘台拱，字端临，其学长于考订，而于声音文字尤深，有《论语骈枝》《汉学拾遗》《荀子补注》诸作。顾九苞，字文子，博通经史，长于毛诗三礼。扬州安定、梅花书院所以能培育出这批著名人士，与当时一批名家学者主持书院，热心讲学是很有关系的。这也是扬州书院在中国教育史上的重大贡献。

二、梅花书院

位于广陵路 248 号。原址在广储门外梅花岭崇雅书院旧址。梅花书院是扬州古老书院之一，距今已有近 500 年的历史，是国内唯一专课举人的书院，也是扬州唯一尚存的书院。现为江苏省文物保护单位。梅花书院其历史可上溯至明嘉靖年间。嘉靖六年（1527），国子监祭酒湛若水到扬州考绩讲学，扬州贡生葛涧为其师在广储门外建“甘泉行窝”作讲道之所。后巡盐御史朱廷立改建为甘泉山书馆，又称甘泉书院。嘉靖三十七年（1558）废圮。万历二十年（1592），扬州知府吴秀开浚城壕，掘出的淤泥在空地上堆成了一座土岭，并在上面植梅数百株，而成梅花岭，又于岭前建“偕乐园”，以作在扬州停留的州县官吏休憩之所。吴秀把这一带总称为“平山别墅”，并将这些建筑用作为诸生讲学之所，知府朱锦为此作碑记。其时巡按御史牛应元到扬州，将其改为崇雅书院。明末阉患大禁书院，书院复毁。

图 11-2-6 梅花书院

清雍正十一年（1733），巡盐御史高斌、运使尹会一，“以广陵郡，人文渊薮，亟宜振兴，议即旧址重建”。雍正十二年（1734），由东关街小玲珑山馆马曰琯出资，在广储们外梅花岭崇雅书院旧址恢复书院，改为梅花书院。

梅花书院院舍齐备，环境幽美，筑讲堂 5 间。前列三楹为门舍，其左为双忠祠，右为萧孝子祠，又三楹为仪门，题以梅花书院之额。升阶而上，为大堂，凡五重，复道四周，又进为讲堂，亦五重。东构号舍 64 间，旁立隟宇为庖厨浴福之所，西有土阜，高丈许，谓梅花岭。岭上构数楹，虚窗当檐，檐以外凭墉而立，四望烟户，如列屏障，下岭则虚亭翼然，树以梅桐杂木，四时花卉。可见规模之大。

清乾隆元年（1736），两淮总商汪应庚捐资 5 万金重修学舍，并以 113 万金购学田，岁入归书院。乾隆四年（1739），巡盐御史三保重定梅花书院诸生膏火，由运库支给。乾隆八年（1743），梅花书院并入安定书院，梅花书院的房舍复归马氏。梅花书院与扬州安定书院同例，均由盐务延师掌院。

乾隆四十二年（1777），马曰琯的儿子马振伯呈请将梅花岭处原梅花书院楼宇归公。运使朱孝纯接受呈请，遂谕商捐修，廓新其宇，亲自书写“梅花书院”匾额镌刻于门上，延请文学家姚鼐掌院。至此，书院由盐官承办，进入最为辉煌的“盐官兴学，盐商助学”、名师高学往来汇集的历史时期。其后，又在盐运使曾燠、盐政阿克当阿等人关注下，延请耆宿名儒当教师，培养出许多社会有用的栋梁之才。

嘉庆十三年（1808），两淮盐政阿克当阿增加梅花书院诸生学额，提供并增加膏火以作生员中优秀者的奖励。还招举人到书院就读，开始时仅30人，此后到书院就读的外地举人发展至100多人。嘉庆十四年（1809），值礼部试士阿克当阿给梅花书院举子发放路费进京参试。一次送考就有4人被选中，其中洪莹殿试第一，高中状元，梅花书院名声更振。为让举子有更大的会文之所，阿克当阿捐廉四千余金，加洪氏所捐二千金，在梅花书院建起文昌楼五楹，作为孝廉课会文之所，同时设状元厅。一时间，梅花书院声名远播，时与著名的岳麓书院、嵩阳书院、应天书院、白鹿洞书院齐名。同治七年（1868），盐运使丁日昌在左卫街重建书院，由名书法家吴让之书写“梅花书院”雕成石额。

光绪二十八年（1902），梅花书院改为尊古学堂。光绪三十四年（1908），改为两淮师范学堂。

梅花书院名人荟萃，影响深远，对清代扬州文化、教育的发展，以及扬州学术之繁荣所起的作用及影响巨大。

梅花书院其所以出名，关键是有一批名师硕儒在此任教。梅花书院自扬州府同知刘重远亲自授课后，先后有两淮盐政使朱续晫、扬州知府蒋嘉年、高士钥，江都县令朱辉、甘泉县令龚鉴等前往讲课。梅花书院办学经费全部从两淮盐运中开支。在梅花书院，成绩优异的还有优奖银。据记载，每位正课生每月最高可获银7.2两。

梅花书院遗址在广陵路。现存旧屋有楠木厅一座，书楼两座，长廊一条，“梅花书院”石额一块。1990年，扬州市文管会和市教育局联合对梅花书院进行全面修缮。全部采用旧材料。在敦接楠木柱脚时，采用旧楠木，色泽相似；屋面仍采用旧小青瓦、旧旺砖、旧猫头、滴水；墙体砌筑仍用旧青乱砖、青灰丝缝；门楼做细清水墙，院墙檐口挂“超五层”砖；窗盘、门贴等均采用旧青砖、方砖、油灰嵌缝砌筑。并在校门口砌磨砖门楼一座。梅花书院楠木大厅前三面回廊。厅后接二进二层木楼，皆面阔三间，前后主房三进处于同一中轴线上，中庸规整。功能上，各进明间后檐墙原来都设置中门，使之前后贯通，按需分合，二进楼宅前后对峙，又互相串接。后面的二进楼，高耸挺拔，左右高墙夹崎，突出其森严庄穆之势。二进厅东有大门楼一座，门北接长廊17间，直北修长廊60余米。两座六角小门上首嵌砖额浅刻篆写“文苑”“馨庭”。市政府将梅花书院遗址辟为扬州书院博物馆。

三、维扬书院

位于府城西门内仰止坊。原址在扬州大学附属中学内。明嘉靖五年（1526），巡盐御史雷应龙建，维扬书院遂为巷名。雷应龙（1484－1527），字孟升，别号觉轩，明代蒙化府人。明弘治十七年（1504）举人，正德九年（1514）继取进士，初授福建莆田县令，升任北京都察院御史。嘉靖五年（1526），任两淮御史，建维扬书院。后巡盐御史陈蕙、洪垣相继修饰。嘉靖十四年（1535），巡盐御史徐芝南“成维扬书院，聚校官弟子讲业其中，示之规约，时临诲之，赡之廪，既置田亩以为可继”。巡盐御史徐九皋将维扬书院改新，内有六经阁祠堂，祀周、程、张、朱。资贤门资贤堂、丽泽门志道堂，湛公有记，厥后御史彭端吾、崇祯年间巡漕御史杨仁愿复葺。

四、其他书院

（一）资政书院

位于府堂东（今紫藤园）。明成化间知府王恕建。内有群英馆，知府邓义质建，后知府冯忠重修，南昌张元征为记。王恕（1416－1508），字宗贯，号介庵，又号石渠。明三原（今属陕西省）人。明景泰五年（1454），王恕由大理寺左寺副外迁扬州知府，成化年间创办资政书院。资政书院在明代中叶地方官员开办的书院中具有代表性，不少学生后成为官僚。据明张元征记中所载，资政书院有“堂三楹，左右厢各十楹，外为门一楹，左右掖之，券厢各轩书”，王恕“自任简郡，邑学弟子若干员，居业其间，每听政暇亲与讲习其功课，虽大寒暑不废，昼或夺于公务，暮必如故，事至夜分”。

（二）崇雅书院

位于广储门。为明嘉靖巡盐御史朱廷立所建。朱廷立（1492—1566），字子礼，号两崖，湖北通山县人。受学于王守仁。嘉靖二年（1523）登进士。嘉靖六年（1527），升任河南道御史，嘉靖八年（1529），任两淮盐政，著有《盐志》，后收录于《四库全书》，出任四川督抚。嘉靖十四年（1535），任畿辅学政。嘉靖十八年（1539），任礼部右侍郎，因政局难处回故里。嘉靖七年（1528）朱廷立建崇雅书院，旧名甘泉行窝。御史闻人铨、刘宗仁，知县王惟贤先后增修。嘉靖十五年（1536），御史陈蕙为置田5.33公顷。嘉靖十七年（1538），御史洪垣增田2.20公顷。嘉靖三十七年（1558），废圮。万历二十三年（1595），巡按御史牛应元改名崇雅书院。

（三）虹桥书院

位于北门外。康熙两江总督于成龙建。于成龙（1617—1684），字北溟，号于山，清山西永宁州（今属山西省吕梁市）人。谥清端，赠太子太保。于成龙明崇祯十二年（1639）举副员，清顺治十八年（1661）出仕，历任知县、知州、知府、道员、按察使、布政使、巡抚和总督，加兵部尚书、大学士等职。在20多年的宦海生涯中，三次被举“卓异”，以卓著的政绩和廉洁刻苦的一生，深得百姓爱戴和康熙帝赞誉，以“天下廉吏第一”蜚声朝野。虹桥书院至明末废。

（四）广陵书院

位于府治西。初名义学。康熙五十一年（1712），扬州知府赵宏煜建，并置田2.33公顷为岁修费及教学者膏火。雍正十三年（1735），知府高士钥改名课士堂。乾隆二十五年（1760），知府劳宗发改名竹西书院。乾隆四十六年（1781），移于东关街，更名广陵书院，专课童生。

第三章 庙观堂祠

扬州宗教建筑类型丰富，特点鲜明，从中可以体味其不同时期的建筑组群布局信息，被称为“实物的历史”。佛教寺庙的布局，将主要殿堂布置在中轴线上，配殿分两侧，表现出“居中为正”“长幼为序”“内外有别”的思想。殿堂内部结构一般为木构架，以抬梁式结构为主，以柱网为基本手段。主殿内柱顶部离梁达丈余，将内柱组成井形构架，用枋、斗、拱纵横层叠而上，逐层出挑，形成托座，梁的荷载通过斗拱传递到柱上。所有木构件，不用铁钉，用榫铆连接。清代，梁直接架在柱上，用木桁架取代斗拱。与木构架相关的附件如天花、藻井、柱础、门窗、台基、栏杆及彩绘，也广泛运用。扬州道教、天主教、基督教的建筑布局、结构没有固定格式。伊斯兰教清真寺的大殿坐西朝东，使穆斯林不忘朝觐伊斯兰教圣地麦加。2011年，全区有庙观堂祠30多处。

第一节 佛教建筑

一、准提寺

位于盐阜东路南侧治淮新村内。原为明代疏理道公廨，明代末年改建为准提寺。为江苏省文物保护单位。雍正年间（1723～1735），御史陈伯闻和老师孙仲彝鼎力主持和募化，重建山门和大殿，成为扬州一座名刹。道光八年（1828），对准提寺进行整修。咸丰三年（1853），除大殿外皆毁于兵火。同治、光绪间，重修复建。新中国成立后，曾为治淮指挥部，后改作水利物资仓库。

2001年，曾拟迁建准提寺，后经学者呼吁，市政府决定原地修缮保护。2002年元月动工，当年底四进主体建筑维修完工。维修坚持修缮有据，修旧如旧，保持历史风貌。

准提寺门朝南，南至北为山门殿、天王殿、大雄宝殿和藏经楼。第一进山门殿，上嵌“大准提禅寺”石额。第二进天王殿，面阔五楹，门上嵌“不二法门”石额。第三进大雄宝殿，屋脊正中南面“风调雨顺”四字，北面书“国泰民安”。大殿前西侧一颗古银杏，历500年风雨，生机盎然。第四进两层藏经楼面阔五楹，檐口处悬“山藏海纳”匾额。楹柱上悬楹联两副，中间一副为集句联：“近水楼台开梵宇，平山栏槛倚晴空。”两边楹柱上挂楹联：“作客为谁听二分明月箫声依稀杜牧，主人休问有一管春风词笔点缀扬州。”藏经楼正脊为瓦条筒花脊，两端有龙吻和砖细吻座；中部是“双龙戏珠”砖浮雕，南、北面分别安装“佛日增辉”和“莲华藏海”砖雕字匾。藏经楼内侧梁柱间均为榫铆连接，花纹图案简洁，反映明代建筑特点。

2005年4月，准提寺作为扬州民间收藏展览馆对外开放。不定期举办各类收藏品展览、鉴赏和交流活动。各大殿院落两侧厢房，租作经营各类民间藏品、古玩、字画、漆器、玉玩杂件的营业用房。

二、西方寺

位于驼岭巷18号，为省级文物保护单位。西方寺的前身是隋朝所建的避风庵，原址地濒大江，风浪作时客舟皆泊庵前。唐初于庵前掘得石佛三尊，唐太宗闻其事，特敕赐“西方禅寺”额。后圮。唐永贞元年（805），僧智宪迁建西方寺于今址。明洪武五年（1372），僧普德重建。清康熙年间，有南源禅师驻寺30多年，有托钵偈30多首，刊入《百丈清规》行世。该寺前后三进，东有厢房，西有菜园，房屋共40间。清乾隆年间，“扬州八怪”之一金农曾寄居西方寺内，度过晚年。清咸丰三年（1853），西方寺除大殿外，皆毁于兵火。同治、光绪年间，相继复建。西方寺现存建筑仅明代大殿和晚清复建的廊房、方丈室。殿后有古银杏树一株，树干数围，枝叶繁茂，为明代遗物。大殿面阔五间15.67米，进深五间15.39米，下有简单的石台座，上为重檐歇山顶，所有构架多为楠木制成。柱顶做卷杀，成覆盆形式。所有梁架全部露明造，正中缝做抬梁形式，为月梁形制。大殿内彩绘系五彩遍装，不用藻井。主要部分梁、檩、枋的彩绘保留宋代风格，次要部分花纹与底色多用青绿色及黄白色相互衬托，为明代早期彩绘风格。柱子、斗栱原来都有彩绘，现仅存小片彩绘和一些痕迹。90年代初，市政府为纪念金农，决定于该寺建立扬州八怪纪念馆，复建金农故居、修缮大殿和相关建筑。1993年11月，郑板桥诞辰300周年纪念日时对外开放。重修后的西方寺前后三进，房屋40间，建筑面积1604平方米，辟建五个展览厅室。2000年，再次对展厅加以修缮，完善门厅至大殿两侧的碑廊，新辟东院，建方亭一座，堆砌假山，种竹栽花置草坪，提高全馆总体环境，形成“千年银杏”“鹤池窥冰”“莲池映月”“竹泉幽静”等新景。

三、旌忠寺

位于旌忠巷2号，为市级文物保护单位。相传为梁朝昭明太子萧统文选楼旧址。史载南朝梁武帝时昭明太子萧统，在此组织文人选录先秦至梁的诗文辞赋，汇编成中国现存最早的一部各种文体代表作品《文选》六十卷。旌忠寺就是在文选楼旧址所建。

寺门朝南，上嵌“旌忠寺”石额一方。南朝陈宣帝太建年间（569～582），天台僧人智顗大师在扬州弘法，在文选楼旧址兴建寂照院。南宋隆兴年间祀忠武王岳飞，改名功德院。元至元年间，重建大殿，明、清屡经增修。清光绪三十年（1904），僧人镜如在疏理沟道时，得宋人隶书“旌忠寺”石额，复寺名。寺外立圈门，上嵌“古文选里”额。民国初年，寺僧法权募资重建大楼五楹，楼前题“梁昭明太子文选楼”额，楼下题“六朝遗址”额。文选楼亦名藏经楼，藏有清代重要佛教经典——乾隆版《龙藏》一部，7000余卷，是扬州珍藏的古文物之一。

图11-3-1　旌忠寺山门

1981年12月，旌忠寺对外开放。1984年，开始修缮，大雄宝殿为宋代遗存，原址重修，整体升高50公分。1989年4月，主体修复工程竣工，殿内佛像，全部重塑，1991年完工。1992年，藏经楼遭火焚。1995年，重新修复，并从北京请回乾隆版《龙藏》经卷。大殿中央供毗卢佛，佛坛后是“海岛观音”群像。大殿东墙有释迦牟尼八相成道白玉石巨型浮雕。藏经楼下，供奉缅甸佛教徒所赠释迦牟尼玉佛一尊。山门殿两侧为钟、鼓楼。现为扬州市佛教协会住地。

图 11-3-2 愿生寺大殿

四、愿生寺

位于甘泉路埂子街146号。民国初期原是一当铺和旌德会馆。民国19年（1930），扬州大盐商萧云浦之妻（系在家修行居士）出资兴建该寺，为长生寺下院。

愿生寺庙门朝西，对面一堵大照壁（现已不存），两边砌八字墙。山门殿是上下各五开间的楼房，翘角飞檐。开大门三洞（现开一大门），门前置一对石狮。正门上方嵌砌一块“愿生禅寺”石额。殿堂内塑有四大天王、弥勒佛及护法神王灵官。第二进是大雄宝殿，殿内南悬钟、北架鼓，正中佛台上塑释迦牟尼佛及两个弟子，两侧供奉十八罗汉，佛台背后浮塑海岛观音，殿后侧两边各塑有文殊、普贤菩萨。第三进是上下各四间的藏经楼，一层供奉西方三圣，楼上收藏大藏经及大乘经典。第四进是三间翘角殿房，里面塑有地藏菩萨。殿两侧各有一过道通往东侧的佛教文化展示厅、放生池、上客堂及辅助用房。佛教文化展示厅内供奉法身4.8米阿弥陀佛。过道房的南北两侧各建有七间楼上下的串楼。在山门殿北面有三间明代所建的楠木厅，为扬州市文物保护对象，里面供奉3.3米玉质卧佛一尊。楠木厅之东有单体木结构房屋七间，为斋堂。寺内共有房屋99间，为民国期间扬州建造最大的庙宇，首任住持可端。愿生寺是老城区最大的寺院。为落实党的宗教政策，2006年开始，市政府着手将愿生寺内的住家搬迁。2008年，愿生寺归还佛教协会。市佛教协会请来四大佛教名山之一九华山的释融善大师担任愿生寺的住持及修复委员会主任。2010年，愿生寺修复工作启动，投资3000多万元，历经3年，修缮完工，对外开放。

五、文峰寺

位于城南古运河东岸，宝塔路16号，为省级文物保护单位。寺因文峰塔而名。该塔建于明万历十年（1582）。清康熙七年（1668）正月，山东郯城大地震，波及扬州，塔尖倾倒覆地。次年，天都闵象南捐资修葺，将塔尖增高一丈五尺。咸丰三年（1853），寺遇兵火，木质结构全部毁坏。由万寿寺住持寂山等募资主修。文峰塔为七层砖木结构楼阁式宝塔，每层八拱门，底层回廊式做法，二至七层为挑廊做法。塔身青砖青瓦，是塔的主要建筑构件。塔高近50米，塔顶为八角攒尖屋顶，远处眺望，文峰塔既玲珑又雄伟，呈现中国古塔建造的高超技艺。文峰塔下为文峰寺，寺门朝西，面临运河。这里原称湾子，文峰塔寺建成后，改称宝塔湾。寺门前立一碑，上书“古运河”三字。唐代高僧鉴真和尚第二、四、六次东渡，都从此入长江。清代康熙、乾隆皇帝南巡，也从这里经过。文峰寺已成为扬州塔、寺、园合一的宗教场所。经省宗教部门和市政府批准，于2000年对外开放，并将扬州市第五中学内的明代建筑、市级文物保护单位万寿寺的大雄宝殿、藏经楼、戒台搬迁至文峰寺修复。文峰塔作为扬州标志性建筑物，曾多次出现在明信片上，从清末民国初到现在达10枚之多。2009年8月第三届运河名城博览会期间发行的《中国大运河》一套6枚邮票，扬州文峰塔入选第5枚。

图 11-3-3 文峰寺

六、祇陀林

位于引市街84号。为市级文物保护单位。原为民国初年军阀徐宝山宅第。民国8年（1919），徐氏二夫人孙阆仙皈依佛门，舍宅为庵，始名祇陀精舍。民国10年，祇陀林建成，成为尼众清修场所。她堂妹（徐宝山三夫人）剃度出家后任住持，法号了悟。了悟之后，住持明智，曾任扬州市佛教协会副会长、名誉会长。祇陀林有山门、大雄宝殿、念佛堂、玉佛堂、祖堂等37间房舍。多年来，仅对殿堂房舍进行内部装修，建筑老旧，部分外墙有细微裂缝。1983年，重修大雄宝殿，供奉1982年从镇江金山寺请来的释迦牟尼佛像。在大殿南廊新开庵门。庵门朝南，门呈拱形，门上嵌住持明智所题“祇陀林”金字石额。同年，被江苏省批准为对外开放女众道场。进庵门，大雄宝殿，南向三楹。大殿后为两进各三间法堂。法堂后有方丈室、寮房，东侧三间为念佛堂。过天井为玉佛殿，供1990年缅甸佛教徒赠送释迦牟尼玉佛一尊。东侧有祖堂，面南三间，供历代祖师灵位和照片。庵门东南有面西大门，入门原为“佛国桃源”花园，旧有金鱼池、芍药台、牡丹台等，其黑色峰石极有名，现仅存空台基地。再东隔以黄墙，月洞门正面嵌“不二法门”额，背面有“般若门”额。

图 11-3-4　祇陀林山门

图 11-3-5　祇陀林正殿

七、三祝庵

位于三祝庵街38号。始建于明万历三十八年（1610），历传弟子17代。旧时祝人多寿、多福、多子孙，称为“三祝”，故名。庵为圆形草屋，为尼姑所居。此庵原有山门殿、大雄宝殿、观音堂等，庵内供奉帝尧。扬州八怪中的金农，曾寓居于此。2008年12月，三祝庵修缮工程竣工，现为琼花观社区邻里中心。

三祝庵长廊前，有“双忠祠”照壁，高4.4米，长7米，正中为“福”字砖雕。照壁南原为双忠祠旧址，即纪念李庭芝、姜才两位南宋抗元名将之所。80年代，拓建文昌路时拆除，今立照壁纪念。

图 11-3-6　三祝庵旧址——琼花观邻里中心

八、长生寺

位于跃进桥北侧，古运河东岸，为市级文物保护单位。长生寺原名长生禅林。清嘉庆十六年（1811），僧大茎募化扩建，并改名为寺。咸丰三年（1853），毁于兵火。光绪三十四年（1908），僧竺仙以画化募，始重建殿5楹，后其徒性莲、普霞等继续营造，规模渐复。长生寺寺门朝西，迎古运河而开。山门殿5间，寺门上方嵌砌一块“长生禅寺”石额。殿前两侧砌八字墙，门前一对石狮。第二进是大雄宝殿，面阔5间，重檐翘角。第三进是上下各5间的藏经阁。后众僧陆续离寺，中轴线上的殿、楼及北部的建筑，均被拆除改建，仅南部三层弥勒阁及37间寺房尚存。其阁呈八角形，上下三层，阁顶为铜质葫芦，是传统的佛教建筑。2000年，一场大火烧毁仅存所有的寺房和弥勒阁。2002年，市政府按原貌重建。

九、香阜寺

位于扬州城古运河东岸，新民路31号。旧称“小五台”。相传三国时建寺。清康熙二十二年（1683），僧野静重建。乾隆三十八年（1699）南巡时，赐“香阜禅寺”匾额，为扬州二十四丛林之一。寺门前古运河弯道处曾设华表一对，额为“华封献祝”与“云蒸霞蔚”。乾隆诗注云：“从香阜寺易轻舟，由新河直抵天宁寺行宫。”现存庙产十余间及树龄500年以上的银杏树两株。据考古发掘，这一带曾为汉唐墓葬区。

十、紫竹观音庵

位于槐树脚小井巷5号，为市级文物保护单位。因观音菩萨的道场在普陀山紫竹林，故称。《法华经》载："苦恼众生，一心称名，菩萨即时观其音声，皆得解脱，是名观世音。"唐人避太宗（李世民）名讳，改称观音，后代沿用。庵房东侧门有石额"紫竹观音庵"，注为"民国二十五年正月住持融慈建造"。前后三进，第一进面阔七间，二、三进均为面阔五间，第三进为大殿，进深七檩，前廊为海棠纹卷棚，东西两侧配有廊房。

第二节　道教建筑

图 11-3-7　武当行宫

一、武当行宫

位于东关街300号，为省级文物保护单位。明宣德三年（1428）建。明正德元年（1506）安徽商人葛钦修。嘉靖四十三年（1564），含山人耿氏在是庙立"武当行宫"碣。清咸丰三年（1853），武当行宫毁于兵火，除大殿外皆废。光绪年间，海州分司徐绍垣重修。光绪二十八年（1902）于此创办仪董学堂（扬州中学前身），后为东关第二小学、艺蕾小学。"文化大革命"中，对武当行宫山门石额以灰泥涂盖予以保护。2007年，按宫观原形制、建筑结构，对山门殿、中殿（真武殿）、大殿（三清宝殿）及其东廊房等，采取揭瓦不落架大修手法进行整修。破损的墙体，局部挖补用同规格旧砖修砌。对窗棂和受虫蚁侵害失去承载能力的桁条、木椽等进行更换，材料、尺寸与原件相同，做到修旧如旧，以保其真。2008年，武当行宫全面修缮竣工，对外开放。

二、琼花观

位于文昌中路62号，为市级文物保护单位。琼花观又名蕃釐观。前身是汉成帝元延二年（前11年）的后土祠，至今已有2000多年历史。唐时曾名唐昌观，宋太宗至道二年（996）王禹偁任扬州太守时，写琼花诗二首，诗前小序曰："扬州后土庙有花一株，洁白可爱且其树大而花繁，不知实何木也，俗谓之琼花云。"其后，欧阳修、韩琦任太守时，皆诗赞之，琼花观名动海内。明、清屡次修缮，民国时改作江都县立中学。1990年，市政府决定原址修复蕃釐观。1993年动工，1996年竣工。重建后的蕃釐观，观门朝南，门前四柱三档石牌坊，横额刻"蕃釐观"三个大字。左右石柱，上圆下方，左雕赤乌，象征太阳；右雕玉兔，象征月亮。牌坊后三间单檐观门，上悬"山门殿"横匾，门前置雕有太极图石鼓。进观门长长甬道，两侧各植四株琼花。甬道尽头，"三清殿"立于高基平台上。三清殿系1993年整体迁移于此的明代兴教寺大雄宝殿，现为扬州美术馆管理，作艺术作品展览用。三清殿后为琼花园，园门悬"琼花园"匾额，门旁楹联："明月三分州有二，琼花一树世无双。"门东侧于1999年复建琼花台，上建宋代风格两层无双亭，台上植琼花一株。东北置湖石假山，假山旁构六角小亭，悬"玉钩洞天"匾额。亭中玉钩井，为蕃釐观遗构。亭西琼花轩，坐西朝东，面阔三楹，周有回廊。轩西北建楼两层，坐北朝南，楼前有座东西向照壁。照壁两边过园门即为琼花园后门，门柱楹联："江南江北无二本，花开花谢几千年。"2004年4月，琼花观对外开放。

图 11-3-8　琼花观

第三节　伊斯兰教建筑

一、普哈丁墓园

位于文昌中路167号。普哈丁墓园始建于南宋，是中国唯一安葬穆罕默德圣裔的墓园。2001年6月，国务院公布墓园为全国重点文物保护单位。墓园由古清真寺、墓园、园林三部分组成，占地面积1.5公顷。墓园大门西向，临古运河，门前设码头。拱门上嵌“西域先贤普哈丁之墓”石额一方，署“乾隆丙辰重建”。门内右侧有拱门，通古清真寺院落。礼拜殿坐西朝东，面阔五楹，是穆斯林做礼拜场所。进门石阶甬道，直通墓园门厅，门厅上嵌“天方矩矱”石额。过门厅为墓园中心院落，门厅左为祠堂，院东为讲经堂；北门亭壁上嵌重修墓园《先贤历史纪略》碑。过北门亭即为墓地，普哈丁墓安置在北边亭屋内。墓东北的古银杏树有800年历史。普哈丁墓右南侧，为南宋建炎三年（1278）西域先贤撒敢达墓，左南侧有明朝在中国归真的西域先贤马哈谟德、展马陆丁、法纳等人墓亭。西北角建有一座亭屋，陈列扬州南门外出土的四块元代阿拉伯人墓碑。东北角清真寺中轴线上建有两层塔阁式望月亭，塔尖饰月牙，窗呈阿拉伯式莲花瓣状。

1989～2011年间，多次维修整治保护墓园古遗迹。1995年，为提升沿街园景园貌，沿解放南路建造部分伊斯兰建筑风格商业和管理用房。2010年，整修原有水房并增建20平方米水房，同时对园内建筑进行油漆，保护出新。2011年5月，将在甲午战争中壮烈牺牲的回族将军、民族英雄左宝贵衣冠冢前的一对石羊（石羊为光绪钦命所置，一度移至瘦西湖公园），重新置于墓道旁。园东北临文昌路为普哈丁墓园北门。2002年6月，普哈丁墓园被批准为扬州市爱国主义教育基地。陕西、甘肃、青海、宁夏等省、区大批穆斯林每年都到墓园祭扫敬贤。巴基斯坦、约旦、也门、阿富汗、毛里塔尼亚、孟加拉、日本、美国等国伊斯兰教人士也常来瞻仰先贤。

图11-3-9　普哈丁墓园

二、仙鹤寺

位于南门街111号，为省级文物保护单位。仙鹤寺，又名礼拜寺，为中国伊斯兰教著名的四大清真寺之一，与广州怀圣寺、泉州清净寺、杭州凤凰寺齐名。该寺始建于南宋咸淳年间（1265～1274年）。建筑面积828.42平方米。相传为穆罕默德十六世裔孙普哈丁创建。明、清年间多次重修。明洪武二十三年（1390），哈三重修。嘉靖二年（1523），商人马重道与住持哈铭重修。寺内保有宋、元、明、清时代的伊斯兰文化遗迹，为中外穆斯林所珍视，在海内外享有盛名。仙鹤寺整个建筑与古柏树等布局成鹤形。寺门东临南门街，照壁为鹤嘴，大门堂为鹤头，南北厅房为鹤翅，南北院内两口古井为鹤眼，南北两棵柏树为鹤腿，大殿后竹林是鹤尾。寓意吉祥，称为“仙鹤寺”。门楼上悬“礼拜寺”金字匾额。入内玉带墙上嵌“仙鹤寺”石额，开有月门。倚墙宋代银杏树有730年树龄（一级保护古树）。树东拱门上嵌“普今独后”石额；拱门北为狭长甬道，东墙上有“奉天命遵圣言”额；西侧垂花门上“止敬”横匾，门框有“慎尔出语”“敬尔威仪”对联。入垂花门，礼拜殿坐西朝东，殿阔五楹，分前后两殿，前后殿中墙满设阿拉伯经字罩格和百字赞木质匾。正中窑窝，木板浮雕阿拉伯文《古兰经》经

图11-3-10　仙鹤寺

文和图案，红漆底，描金字，庄重肃穆。左侧有香案，右侧宣谕台，上置八角亭，亭内藏《古兰经》。后殿南北小院各长三棵柏树，树龄700多年，为一级保护古树。大殿南山墙侧有明代所建望月亭。院南有明代建三间七架梁厅房，称“老厅”，又叫“诚信堂”。老厅南院有宋井一口，宿舍、厨房各一间。2010年，重修门前照壁、疏浚清理古井、复修厅堂等，殿宇修葺复新。

建寺700多年，历届政府均明令保护。仙鹤寺于1995年被公布为省文物保护单位，扬州市对外宣传采访基地，也是扬州穆斯林爱国爱教敬主拜主的神圣场所，为扬州穆斯林协会会所。除正常星期五主麻日聚礼和每日五时拜的礼拜外，每逢伊斯兰教的三大节日——开斋节（又称肉孜节）、古尔邦节（又称宰牲节）、圣纪节，穆斯林都要到寺中参加庆典活动。

三、清真寺

位于马监巷34号，为市级文物保护单位。清康熙五十三年（1714）建。原有门厅、牌坊、礼拜殿、照厅等，现存礼拜殿及房屋数间、古银杏树两棵。礼拜寺内有口怀清井，咸同兵燹时，七位少妇跳入井中殉节，后世称为“七姑奶奶井”。清真寺的阿訇阮德昌（1875—1957），住家在紧邻该寺的浴堂巷内，品格“满闵”，忠厚诚信，深受回民爱戴。系扬州市第一届政协委员，是近代扬州回民中第一位赴麦加朝觐的使者。30年代，扬州有回民近2万人，自然聚居于六座清真寺周边。六寺，即南门街仙鹤寺、古运河东的回回堂、南门外礼拜寺、钞关外礼拜寺、卸甲桥礼拜寺及马监巷礼拜寺。

第四节 基督教建筑

图11-3-11 礼拜堂

一、礼拜堂

位于萃园路2号，原称贤良街礼拜堂，为市级文物保护单位。民国12年（1923），由美籍传教士毕尔士创建。属基督教浸礼会教派。砖木结构，十字形屋顶，鱼鳞瓦屋面，建筑面积1000多平方米，是一座集主日圣经学与大礼拜聚会为一体的教堂。礼拜堂大门朝南，过门厅，中间是基督教徒做礼拜的礼堂。两侧有供主日圣经学作为教室的20多间房，均有隔门，拉开隔门与礼堂连通，可容纳千人。礼堂前方有讲台和浸池。浸池供浸礼用。讲台上方设唱诗台，供圣诞节和复活节活动时唱赞美诗用。唱诗台上方有一穹形墙柱，柱上刻有“惟耶和华在他的圣殿中。全地的人，都当在他面前肃敬静默”金字。讲台后两层平顶楼房，为办公室、会议室、接待室及牧师住所等。抗战期间被日军强占，民国35年，由教会收回重修。1981年，经省政府批准成为扬州基督教开放教堂。1985年，全面整修，市基督教两会亦在此办公。2003年4月，被评为扬州市模范宗教活动场所。

二、基督教堂（“扬州教案”旧址）

位于皮市街147～149号，为市级文物保护单位。同治七年（1868），英国传教士戴德生租用此屋，创建扬州最早的基督教堂。此前，有法国传教士于同治六年（1867）在扬州三义阁设育婴堂，仅半年多即死去24名婴儿，激起民愤。次年夏，扬州民众毁坏教堂，赶走教士，酿成“扬州教案”。同年11月8日，英国驻上海领事麦华陀率4艘军舰前往南京，迫使曾国藩和继任的两江总督马新贻接受英方要求，罢免扬州地方官，发表公告并赔偿损失，邀请传教士返回扬州。此事件成为当时全国影响甚大的教案。教案旧址现存两幢南向二层砖木楼房，院子里有水井一口。

三、神在堂

位于便益门街107号。是基督新教的一座哥特式教堂，建筑面积457平方米，由中华圣公会创办。圣公会是基督新教的一个教派。圣公会在扬州的教堂有便益门神在堂、广陵路218号圣三一堂；学校有便益门美翰中学、信成女中。神在堂位于教会学校美汉中学内。美汉中学于清光绪三十四年（1908），由美籍圣公会会长韩忭明创办于扬州左卫街。宣统二年（1910），迁址便益门内。在学校筹办过程中，美国海军大将美翰曾捐巨款，故名美翰中学。民国建立后，为表示中美友好，改称美汉中学。美汉中学是上海圣约翰大学的附中，其毕业生可以直升大学。美汉中学设国文、英文两科，将现代英语教育引进扬城。韩忭明在创办学校的同时，于民国13年（1924）在学校南区建成神在堂和两幢牧师住宅楼。牧师楼上下两层，每层各有一个客厅。神在堂2010年修缮，2011年8月竣工，除破损的楼顶、地板更新外，墙体、尖形拱门、侧廊、窗户均保持原貌。

第五节　天主教建筑

圣心堂　位于北河下25号，为省级文物保护单位。又名耶稣圣心堂。清同治十二年（1873），上海法籍神父刘德跃在扬购地扩建。光绪四年（1878），在堂内创办达艺小学，后改名达德小学，为江苏省第一所教会小学。教堂为中世纪哥特式建筑，屋尖竖铜十字架，室内用彩色水磨地坪，两侧有十扇矢形窗，镶红、蓝、黄三色玻璃，西端祭台中央，供耶稣圣心像。

图11-3-12　圣心堂

圣心堂系欧洲中世纪哥特式建筑，但大门有扬州地方特色。大门朝东，门前有照壁，大门砌水磨砖刻门楼，门楼上方嵌“天主堂”石额一方。“文化大革命”初期，教堂外部的十字架及钟楼被拆，内部祭台等物被毁，教堂被改作车间。1983年，市政府将天主堂等建筑退还给天主教爱国会，并拨款12万元维修。1985年12月，扬州天主教徒隆重举行复堂仪式，南京教区钱惠民主教主祭。今教堂建筑面积1302平方米。教堂门有三扇。墙上开三扇圆形窗户。大门两侧各建一座钟楼，高16.65米，内有十根雕着十字花形的红漆柱，柱以白矾石为础。顶呈拱形，外装拱形门。教堂屋脊高10.05米，顶上装铜质十字架，重80千克。教堂内地面用彩色水泥和石子铺设。两侧墙壁共开十扇矢形窗户，均以红、黄、蓝三色玻璃装配。西山墙上部开一直径12米的圆形窗户，用彩色有机玻璃镶嵌成十字架图案。阳光照射，色彩斑斓，庄严美观。堂前中央设一大祭台，正中供奉一尊耶稣圣心像，左边供圣伯多禄像，右边供圣保禄像。大祭台两侧各设一小祭台，北侧供露德圣母像，南侧供圣若瑟像。教堂两边墙壁上悬十四处苦路油画像。2006年10月16日，联合国副秘书长、人居署执行主任安娜·蒂贝琼卡特地到天主教堂参观朝拜圣体。圣心堂东南神甫楼，市天主教爱国会在此办公。

第六节　祠　堂

一、董子祠

位于北柳巷小学内，为市级文物保护单位。祠祀汉江都相董仲舒。祠旧在运署公堂后，即董子故宅。明宣德年间，两淮都转盐运使何士英建。正德年间，先为正谊书院，后改为正谊祠，贮《春秋繁露》一部。清康熙赐“正谊明道”额，易名为董子祠。历任运使屡有修建。祠堂面南四楹，中供董子像。同治十年（1871），盐运使方浚颐复修祠堂并建仪董轩，景仰前贤。

修复后的董子祠大殿明代建筑风格依旧。大殿前有卷棚、单层硬山双坡顶，构架硕大粗实，前檐额枋置

图 11-3-13　董子祠

“品”字斗栱，五架梁、正脊桁条下设攀间斗栱。地面方砖，阶沿青石铺设。祠前东廊建碑廊，嵌石碑9块，有《书院重振记》《君子五德》《董子石刻像》《同治年重修董子祠记》《乾隆年重修董子祠记》等。重修祠记为乾隆、同治年原碑，是研究董子祠变迁的珍贵资料。全面修葺的董子祠前西侧南北建廊一列。祠门上额书“汉大儒董子祠”六个颜体大字。殿内设漆雕屏一列，彩绘董子画像，两边配汉代砖画日、月、星、马、车图像，再现董仲舒“天人感应”学说。左屏宣示儒家“仁、义、礼、乐”，右屏示中国古代“金、木、水、火、土”五行学说。大殿东西配漆挂屏八幅，隶书董子名言名句十条，为学习、教育、教师责任、人之使命、教化培养，传承孔子“名正言顺”“不耻下问”及治国理政、仁义道德等儒家经典格言。大殿正中上方悬“正谊明道”匾额。殿内悬两副对联：“正其谊不谋其利，明其道不计其功”和“习六艺，述五经，师表圣贤垂万世；上三策，相二王，尊儒功德足千秋”。

二、阮元家庙

位于毓贤街6号、8号，为省级文物保护单位。建于清嘉庆年间(1796～1820年)，清学者阮元的家祠。阮元(1764—1849)，字伯元，号芸台，仪征人。乾隆年间进士，曾任浙江巡抚、漕运总督、江西巡抚、河南巡抚、两广总督、湖广总督、云贵总督等要职，晚年拜体仁阁大学士、太子太傅。其一生致力于学术研究，被尊为“三朝阁老，九省疆臣，一代文宗”。祠堂占地面积0.15公顷。祠东为阮氏故居，始建于清嘉庆九年(1804)，建筑临街面南，分为东、中、西三部分。2009年2月，阮元家庙全面修缮，重建门前青砖照壁御赐圣迹“开门见喜”，复建奉恩楼、文选楼等。东路为太傅宅第、起居会客用房。最后一进奉恩楼，为供奉御赐物品的厅房，楼下供奉阮元半身铜像，手持书籍，神态安详，一代大儒平实淡定的神态，至为可亲。中路为家庙。门厅置汉白玉石狮两只，门厅上方嵌“阮元家庙”匾额，两侧红底柱白色漆书楹联“万古流芳昭祖德，千秋垂泽纪宗功”，后有柱书“睦族敦亲尊祖训，尊贤敬老葆宗风”。墙壁书有阮元尊崇的“忠、孝、节、义”四个大字。家庙第一、二进之间有“文选泉”井一口。由中路转至东路厅房，长长的火巷墙壁上悬挂两把弓箭，端墙置活动箭靶，为子孙和学生课余射箭习武强身之用。西路为书房和隋文选楼等。东庑陈列图片展示阮氏家庙的演变历程，西庑陈列由仪征迁居扬州后的阮氏家族史籍。隋文选楼位于家庙北侧，曾是阮元藏书治学场所，木质花格门窗，砌镶在青灰色砖木厅房上。2011年，文选楼辟为扬州学派展览馆。

图 11-3-14　阮元家庙

三、文公祠

位于广陵路119号，市级文物保护单位。光绪十六年(1890)建，祀清代大学士文煜。大门朝东，建筑南向，有门厅、飨堂、过亭、祠堂及附房。祠堂面阔三间，硬山顶，进深七檩，正脊高8米，梁架有雕饰，斗拱完好。廊亭内有八角藻井及彩绘。文煜(1820—1884)，满洲正蓝旗人，费莫氏，字星岩。曾任江宁布政使、江苏布政使、山东巡抚、直隶总督、福州将军、刑部尚书、总管内务府大臣等要职。光绪七年(1881)，授协办大学士。光绪十年(1884)，复拜武英殿大学士，以病乞罢，不久病故，赠太子少保，谥号“文达”。咸丰兵燹，文煜孤军守城，保全里下河，朝廷准于扬州建专祠。

四、双忠祠遗址

位于东圈门390号。原在梅花岭畔。清咸丰间（1851～1861），毁。同治十三年（1874），重建。祀南宋抗元名将李庭芝、姜才。李庭芝（1219—1276），字祥甫，湖北随州人，两淮制置使。姜才，濠州（今安徽凤阳）人，通州副都统。南宋德佑二年（1276），两人抗击元兵同守扬州，突围被执后牺牲。祠坐北朝南，原有建筑分东西两路，各为三进平房。祠堂毁于1966年。西部庭院内有“双忠祠”门额。1993年，拆除。今在遗址上建“双忠祠大照壁”，作为纪念。

五、谢安祠遗迹

位于文昌路国庆路交汇处西侧。谢安（320—385），字安石，东晋政治家。两度出镇广陵（今扬州），于江都邵伯筑堤坝、兴水利，为民除患。东晋孝武帝太元八年（383），运筹帷幄，组织指挥淝水之战。古银杏树植于明代，是祠堂仅有遗存，距今500多年，为一级保护古树。树旁立碑记：“谢公祠在原运司街（今国庆路）西、盐运使司衙署南侧，祀东晋太傅谢安。传此地为谢安故宅。”清雍正九年（1731），建谢公祠。开拓三元路（今文昌中路），拆除残存建筑，祠内古银杏存于路中。

六、盐宗庙

位于康山街20号。市级文物保护单位。清同治十二年（1873），两淮都转盐运使方浚颐率两淮盐商，在古城东南运河边康山处捐建盐宗庙。盐宗庙原占地面积0.1公顷，庙南有照壁，建有门厅、照厅、祠堂、后船厅、戏台。现存门厅、照厅、祠堂三进，计9间2廊，建筑面积280平方米。盐宗庙面南，门上方嵌“盐宗庙”三字楷书汉白玉石额，“文化大革命”中，以灰泥封遮得以完好保存。祠堂内供奉夙沙、胶鬲、管仲三位盐业祖师，后世尊为“盐宗”。据相关资料，全国仅自贡、扬州、泰州三市设有盐宗庙，同时供奉三位盐宗的仅扬州一地。2006年，大运河申报世界遗产，盐宗庙作为运河文化重要遗迹，被江苏省文物局首选为修复保护项目，全面整修，剔除门额灰泥重现盐宗庙石额。门厅两侧房间陈列“曾国藩巡视扬州”的历史图片及物件，前院西墙面为“曾国藩船巡扬州”大型砖雕。后院天井正中置铸“盐宗庙”三字大铜鼎，背面铸盐宗庙历史及修复情况文字。天井西廊壁嵌市政府祭盐宗的砖刻长篇祭文。第三进祠堂正中置2007年4月新雕三位盐宗汉白玉雕像，每尊高约2米，重约3吨，神态端庄，栩栩如生。祠殿东西大幅扬州漆画“两淮煮海为盐图说”展示盐业生产场景。祠顶大梁、山板处，人物、山石、花卉、动植物等彩绘仍清晰可见。盐宗庙是扬州水运、盐业发展重要历史地位的实证。2006年年底，全面修葺，2007年4月对外开放。

同治十一年（1872）二月，曾国藩卒于两江总督兼两淮盐政任上，“事闻，（帝）震悼，辍朝三日。……（诏命）各省建立专祠。”扬州利用原盐宗庙改祀曾国藩，人称“曾公祠”。

图 11-3-15　盐宗庙

第十二篇

开放　开发

要　目

第一章　招商引资…………………………… 393

第一节　招商组织…………………………… 394

第二节　招商政策…………………………… 395

第三节　投资环境建设……………………… 399

第四节　招商活动…………………………… 401

第五节　招商成果…………………………… 408

第二章　广陵新城…………………………… 410

第一节　规　划……………………………… 410

第二节　建　设……………………………… 412

第三节　项　目……………………………… 415

第四节　江苏信息服务产业基地(扬州)…… 419

第三章　开发园区…………………………… 422

第一节　广陵产业园………………………… 422

第二节　杭集工业园………………………… 426

第三节　食品工业园………………………… 430

第四节　商贸物流园………………………… 432

第四章　对外经贸…………………………… 434

第一节　出　口……………………………… 435

第二节　进　口……………………………… 437

第三节　境外投资与劳务合作……………… 437

广陵区的招商引资工作起步于1986年。当时区域面积24平方千米，广大干部群众在“螺蛳壳里做道场”，谋求经济大发展。1989年，创办第一家中外合资企业——华扬蓄电池有限公司。是年，扬州鞋厂在毛里求斯开办区第一家境外企业。5月，扬州灯泡厂与香港博捷实业公司合资，成立扬捷照明电器有限公司。1992年12月，区委三届三次全会提出以外向型经济为突破口带动经济发展，加快利用外资，兴办合资企业。1993年，兴办第一家商贸领域台商投资企业——扬州丰祥商业有限公司。扬捷、欣扬、圣扬3家合资企业被省计经委、省外经贸委等部门列入1993年度“江苏省外商投资企业经济效益百佳”前50名。1996年5月，区第四次党代会提出实施结构优化、科教兴区、外向带动、协调发展战略，把发展外向型经济、推进招商引资作为加速区域经济发展的突破口。

1998年，区成立招商局。2003年7月，区政府成立招商引资工作领导小组，加强对全区招商引资工作组织、指导和督查。2006年12月，区委六届二次全会提出推进区域经济“八个倍增”“两个提速”，奋力实现“率先达小康，三年倍增，五年再造一个新广陵”发展战略。招商引资连年取得长足推进。至2011年，共引办外资项目424个，累计合同利用外资35.08亿美元，实际利用外资11.64亿美元。1989～2011年，招商引资过程经历“是商就招、是资就引”到“择商而招，选资而引”的转变；招商项目经历由传统招商到吸引巨资优资、增资扩股、鼓励高新技术产业落户，从追求量到注重质的转变，招商内容经历由单纯招商引资到招商选资、招才引智“双招双引”的转变。

2002年启动广陵产业园建设，规划面积1852公顷。至2011年，初步形成都市型工业区，有20多个国家和地区的200多家企业在园区落户。2011年，工业园区投资总额161亿元，园区工业总产值203亿元。2006年年初，广陵区建设以生活资料为主，生产资料为辅，集商品批发交易、港口物流、仓储配送、信息服务为一体的商贸物流园，园区总面积340公顷。2007年6月，成立食品工业园，总体规划面积680公顷，其中一期占地面积300公顷。三大园区产业集聚效应逐步显现。

2006年5月，广陵区委坚持高起点规划设计、高品质环境配套理念，规划建设广陵新城，规划总面积2250公顷。8月，新城核心商务区建设全面启动，占地面积850公顷。至2011年，累计投资总额103.45亿元，累计招引各类高端人才2万多人。现代化的“声谷”智慧新城、大型城市综合体和现代化公交系统，在广陵新城拔地而起。

广陵区的开发园区，以“三资”企业为载体，以出口加工为主导方向，结合东部城区商务中心（CBD）建设，到2004年，外贸出口呈现全面增长态势，民营企业的外贸增长也呈现出一定后劲。2001年，全区实现出口交货额7000万美元。2011年，全区完成出口总额10.56亿元。

第一章　招商引资

80年代后，广陵区成立招商引资机构，先后为对外贸易经济合作局、招商局、商务局和投资促进局。随之选拔和培养一批懂经济、勇开拓、熟悉外经外贸业务的招商引资人才，营造“亲商、安商、富商”氛围。广陵各园区从产业洼地逐步发展为投资兴业的一方热土。

1989年，区委、区政府以发展“三来一补”（来料加工、来样加工、来件装配和补偿贸易）、“三资”（中外合资、中外合作、外商独资经营企业）企业为重点，突出发展外向型经济。1994年，以实施外向带动作为发展经济重要战略，坚持量质并重，以质为主，多形式、多渠道、多方位招商引资，以企业为主，倡导小型化、经常化招商方式，借助优惠政策面向台胞、侨胞、港澳同胞专向招商。

1997年，区委、区政府坚持“外向带动”战略，利用驻外机构和境外中介组织常年招商，以外引外，串联招商，大力推进招商引资和项目建设。

2001年7月，区委召开五届二次全体（扩大）会议，对全区招商引资和发展私营个体经济工作进行全面动员部署。其后，历任区领导都带队赴境内外推介招商，举办多种经贸洽谈会、投资推介会、商机说明会，开展全区招商引资“百日会战”，把全区机关干部推向招商引资主战场，进一步推动全区招商引资深入开展。2011年，全区完成合同利用外资7.65亿美元，完成市政府下达指标的147.58%，完成实际利用外资2.63亿美元，完成市政府下达指标的101.31%；新批外资项目47个，增资转股项目15个，其中合同外资项目500万～1000万美元项目11个，1000万美元以上项目34个；新开工项目18个；全区外商投资企业实现总产值188.27亿元，销售147.36亿元，利税15.74亿元。

第一节 招商组织

一、机构

对外贸易经济合作局 1988年5月，区建立对外经济贸易委员会，主管全区外经、外贸工作。其前身是区计划经济委员会对外经济贸易科。1992年10月，成立扬州市外商投资咨询服务中心，隶属区对外经济贸易委员会。2002年，区个体私营办公室并入对外经济贸易委员会。是年5月，区对外经济贸易委员会更名为区对外贸易经济合作局，为区政府工作部门。内设机构3科1室：外国投资管理科、外贸外经管理科、招商科和办公室。主要职能是实施对外贸易、经济合作和外商投资的具体政策，拟订外经贸和外商投资政策措施；分析、研究全区投资情况，拟订和组织实施全区外贸进出口长期规划及发展战略，负责外商投资项目审批或报批；指导、协调、管理全区招商和利用外资工作，做好区内各类投资项目论证、洽谈，负责全区与国内企业和民营经济的经济合作。2004年，区外经局职能相应调整，除做好对外商投资企业审批、服务、统计外，对全区招商引资工作履行组织协调、统计汇总、督促考核、指标分解及相关政策宣传研究等职能。

招商局 1998年8月，区成立区招商局，与对外经济贸易委员会合署办公，招商局局长由区外经委主任兼任。2004年5月，区委、区政府决定进一步加强专业招商力度，从相关单位抽调人员充实区招商局。招商局从外经局分离，独立运作，专职从事招商引资工作。主要职能为根据全区发展战略、经济发展规划及园区产业发展方向，有计划、有重点开展招商活动，着重引进有一定体量、一定科技含量、一定质态的优势工商项目，负责引进项目指标统计。内设机构为办公室和招商科。

招商引资工作领导小组 2003年7月，区成立招商引资工作领导小组，由区长任组长，区委副书记、常务副区长和分管副区长任副组长，各职能部门主要负责人为成员。其主要职能是对全区招商引资工作实行统一领导，对招商引资工作中出现的重大问题和矛盾及时研究解决，保证全区招商引资工作健康快速发展；建立领导成员碰头会、项目定点会商、领导小组成员单位述职等制度。因人事变动，区委、区政府在2004年6月、2008年8月两次调整区招商引资工作领导小组。领导小组下设办公室，办公室设区外经局，由外经局局长兼办公室主任，招商局局长兼办公室副主任。招商办作为全区招商引资工作日常办事机构，负责协调、督查、培训、考核等工作。

商务局 2011年1月，区组建区商务局，将原对外贸易经济合作局职责整合划入区商务局，加强国际服务贸易、服务外包产业、电子商务发展统筹协调，推进贸易和投资便利化，维护公平对外贸易秩序等职能。增加口岸建设、管理、发展职能，主要职责是负责全区商品进出口管理工作、对外经济合作工作，管理和监督对外承包工程、劳务合作和境外就业等，拟订全区对外贸易发展规划，指导服务全区利用外资工作，指导外商投资工作，配合园区做好转型升级、创新考核和开放型经济统计上报等。内设办公室、外国投资管理科、对外贸易科、对外投资和经济合作科、园区管理科和口岸科6个职能科室。同时，挂区口岸办公室牌子。

投资促进局 2011年1月，区成立投资促进局，内设科技人才科、重大项目科和办公室。主要职责是制定全区投资发展战略、目标和招商引资政策，组织参加国内外重大投资促进活动，推进国内外投资合作项目洽谈、签约和跟踪、协调、服务，负责重大投资促进产业项目组织、包装、论证、宣传、推介，制定全区科技创新创业招商战略、规划和发展计划，管理全区科技孵化器、中小企业创业园、留学生创业园，牵头打造科技招商平台和重要基地。

二、队伍

1996 年，选派外经人员赴昆山开发区跟班见习。1998 年，加强外经人员队伍建设，举办招商项目人员培训班，认真做好招商项目谈判服务工作。每个项目都成立谈判小组，拟定谈判方案，明确主谈人员。1999 年 4 月，区委、区政府决定区外经委、招商局、开发区管理办公室合署办公，并明确其主要工作职责是招商引资，吸引外商、国内客商到广陵区投资兴业和进行多种形式合作。合署办公后，目标更加明确，职责更加集中，内外关系理顺，队伍更加强化。5 月，区政府聘请 18 名重要中外客商和市政府驻外办事处负责人为区招商引资经济顾问。各经济主管部门和乡镇、街道都设立招商办，并明确 1 名分管负责人主抓招商引资工作，将有一定招商专业技能人员调到招商第一线，配备必要硬件设备，提供招商经费。

2001 年 11 月，在区委党校举办首期招商引资培训班，各经济部门、乡镇街道和重点企业分管负责人及业务骨干共 51 人参加培训。区政府有关领导介绍当时利用外资形势和招商引资定位，市外经委、市工商局、市国税局、扬州海关分管领导，就涉外经贸法律法规、外商投资企业登记管理、外资企业管理、税收优惠政策、海关通关流程等相关专业知识进行详细讲解。

2003 年 7 月，区分管领导和市有关部门负责人组织驻外办事处工作人员，以当时国内外招商引资形势、理论政策、实务操作以及外事礼仪等为重点进行一次培训。是年，安排一定数量部门和乡镇、街道招商引资负责人赴新加坡和上海对外贸易学院学习深造，提升招商素质和能力。

2004 年，区委、区政府抽调精干力量充实到区招商局和产业园招商处，强化招商局的专业招商职能。同时，各乡镇、街道、经济部门都把招商引资工作放在更加突出位置，配备精兵强将充实招商引资第一线，进一步细化目标任务，强化激励机制。

2009 年 8 月，区委举办招商引资干部业务培训班。由各专业园区介绍产业园主导方向、国内外产业状况、产业扶持政策、区内引进重点和落户政策。在业务培训基础上，按各人专业特长进行分工，持续打造一支熟悉经贸、掌握政策、经验丰富的专业化洽谈招商队伍，以提高招商引资成功率。

2011 年 1 月，区招商引资工作动员大会召开后，区委组织部、区招商办联合在区委党校举办为期 3 天的招商引资培训班，130 名来自各乡镇街道、园区、部门的学员参加培训，分管副区长张贵联到会讲话并授课。

图 12-1-1　招商业务培训班

第二节　招商政策

一、优惠政策

1999 年 5 月，区政府转发市政府《关于鼓励外商和市外大中型企业在市区投资的若干政策意见》，结合区内实际，制定《广陵区招商引资优惠政策》。

（一）行政事业性规费优惠

工业用地出让金除开发成本及上缴省部分外，其余免收；城市市政公用基础设施配套费减收 50%；5 年内免收副食品发展基金；地方教育附加费本级留成部分，3 年内先征后由财政返还 50%。

工业用自来水增容费减少 50%；供配电增容费实行分期收取，报装时收 50%，其余半年内缴清。

环境影响评价报告书（表）编制费、建筑施工场地噪声超标排污费减收 50%；免收环保报建费、建设项目环境鉴定费、施工噪声排污证费，免收卫生许可证费和卫生工程设计费（饮食服务业减半收取）。

（二）新增所得税优惠

注册登记和正常经营“三资”企业扩大投资规模1000万元以上者，以上年度应缴纳所得税为基数，其新增所得税形成本级财政增收部分，实行“二免三减半”优惠：头两年先征后全额返还，后三年返还50%。

（三）兼并、收购、参股中小型企业优惠

凡兼并、收购、参股区中小型企业，在原企业注册地继续生产经营，并接收原企业职工50%以上，可享受第二条优惠。

（四）金融支持

对外商和市外大中型企业在区新办企业，在信贷、结算、票据承兑和贴现、资信评估、信息咨询、项目论证等方面，与本区企业同等对待，提供全方位金融服务。对产品有市场、有效益、信誉好的企业合理资金需求，推荐给银行及时提供贷款支持；对兼并、收购区企业，如资金周转有暂时困难，只要符合贷款条件，推荐给银行优先发放流动资金贷款；对有真实商品交易行为的资金融通，有关银行可给予票据承兑和贴现，中国人民银行优先给予再贴现支持。

（五）特别优惠

对于外商和市外大中型企业兴办的高新技术生产项目、投资在1亿元以上项目以及收购、兼并特困企业特殊投资项目，区政府专题作个案处理，在用地、规费、税收等方面给予特别优惠，实行特事特办。

2003年7月，区委、区政府根据国家和省、市规定，进一步修订和完善《广陵区招商引资优惠政策》。

（六）土地、建筑规费优惠

对注册资本100万美元以上外资项目，注册资本1000万元以上民资、内资项目，在办理土地使用权出让手续时，土地出让金按每亩5万元一次性征收。对注册资本300万美元以上外资项目或注册资本3000万元以上内资、民资工业项目，采取“一企一策”“一事一议”的办法，在供地规模和优惠条件等方面作个案处理。

凡进入产业园区有一定规模的高科技、无污染生产型项目，除国家和省市必须收取规费基金外，减收或免收区级建筑规费。

（七）税收优惠

关税、进口环节增值税 对符合《外商投资产业指导目录》鼓励类、有关转让技术的外商投资项目，在投资总额内进口的自用设备，除《外商投资项目不予免税的进口商品目录》所列商品外，免征关税和进口环节增值税。

外国政府贷款和国际金融组织贷款项目进口的自用设备、加工贸易外商提供的不作价进口设备，除《外商投资项目不予免税的进口商品目录》所列商品外，免征关税和进口环节增值税。

对符合上述规定的项目，按照合同随设备进口的技术及配套件、备件，也免征关税和进口环节增值税。

外商投资企业出口商品，除国务院另有规定外，出口关税税率为零。

企业所得税 外商新办并注册纳税的生产性、开发性“三资”项目，实际外资到资额在200万美元以上企业，从获利年度起，前三年免征企业所得税，后四年按10%的税率计算减征企业所得税，免征地方所得税。凡超过国家规定优惠部分，先征后返还。

市外大中型企业在区新办企业，实行所得税本级财政分成部分二免三减半优惠：从获利年度起，头两年先征后全额返还，后三年返还50%。

对进产业园区新办生产性外商投资企业，享受国家企业所得税“二免三减半”的有关政策优惠，期满后税率降为15%，超过15%的部分通过奖励措施由区级财政返还。

对进产业园区新办注册外资额100万美元以上，经营期15年以上的生产性外商投资企业，除实行国家“二免三减半”政策以外，在国家规定优惠到期后的连续3年内，由区政府在次年年初按其所缴所得税地方净分成部分给予50%返还。

外商投资举办的产品出口生产企业，在依照税法规定免征、减征企业所得税期满后，凡当年出口产品产值达到当年企业产品产值70%以上的,经有权部门认定,可以按照税法规定的税率减半办法征收企业所得税。外商投资举办的先进技术企业经有权部门认定,依照税法规定的免征、减征企业所得税期满后仍为先进技术企业的,可以按照税法规定的税率延长3年减半征收所得税。

外商将其企业税后利润在广陵区再投资,经营期5年以上的,经税务机关批准,可退还再投资部分已缴纳的企业所得税的40%;如属"两型"(产品出口型和技术先进型)企业,可全部退还其再投资部分已缴纳的企业所得税。

对进产业园区新办的内资和民资生产型企业,其注册资本达1000万元以上的,企业所得税2年内由区政府在次年按其所缴纳所得税额地方净分成部分给予等额奖励。

增值税、营业税、消费税 新注册纳税生产性"三资"企业,3年内其上缴增值税、营业税本级财政分成部分,返还50%。

新办生产性高新技术项目,除享受国家、省有关政策优惠外,其上缴增值税、营业税财政分成部分,从产品销售之日起,实行"二免一减半"优惠:头两年全额返还,第三年返还50%。

新办一般性生产企业,从产品销售之日起,其上缴增值税、营业税财政分成部分,实行3年内全额征收部分返还:第一年返还50%,第二年返还30%,第三年返还20%。

外商投资企业生产货物自营出口或代理出口实行"免、抵、退"税。"免"税是指免征该企业出口产品生产销售环节的增值税;"抵"税是指企业可用购买国内原料所负担的进项税金抵内销货物的应纳税额;"退"税是指在一个季度内,抵顶税额大于应纳税额而抵顶不完时,对未抵顶完的税额部分予以退税。

外商投资企业以来料加工、进料加工贸易方式进口的货物,免征进口环节增值税、消费税,加工货物出口后,免征生产环节增值税、消费税。

在产业园内新注册纳税的生产性"三资"企业,其注册资本达100万美元以上的,3年内其上缴的增值税、营业税本级财政分成部分由区级财政返还50%(原区内纳税企业搬迁至园区,不享受此项优惠)。

对进产业园的内资和民资企业,其注册资本达1000万元以上的,2年内由区政府在次年按其所缴增值税额地方净分成部分给予50%的奖励(原区内纳税企业搬迁至园区,不享受此项优惠)。

外商投资企业购买国产设备,根据国家有关规定享受优惠政策。

(八)其他优惠

对到广陵区投资兴办各类项目的客商及其子女,在就医、保健、入学等方面提供各种方便。对广陵区经济发展、财政收入有突出贡献的投资者,授予荣誉称号,并根据贡献大小给予奖励。

凡到广陵区和产业园投资兴办项目的所有前置手续,在投资方提供资料齐全的情况下,由中方企业、相关部门或产业园管委会负责办理。

二、责任落实

重点项目领导挂包制 2005年7月,区委、区政府决定,对产值达5000万元以上重点工业企业、销售超亿元重点商贸企业、注册资本100万美元以上重点外资项目、注册资本1000万元以上重点民资项目实行区领导挂钩联系制度,其余项目由园区、乡镇街道、部门领导进行挂包。同时对全区重要产业明确有关领导联系协调,以进一步推进全区重大项目、重要产业、重点企业发展。2008年4月,区委、区政府印发《关于重新明确区领导挂钩联系全区重点企业、重点项目、重要产业和两城三区、乡镇、街道以及社区、村分工的通知》。8月,又印发《关于进一步加强区领导、机关部门挂钩联系工作的通知》,制定《区领导挂钩联系"三服务"重点企业分工一览表》。全区认真梳理未全部到资或到资未开工的外资、民资项目,组织力量跟踪对接,定期走访联系,形成一个重大项目一位领导牵头、一套工作机构负责、一抓到底的服务机制,对重大项目引进和实施,区委、区政府主要领导到位指挥。

重大项目服务小组制 2004年,区委、区政府专门成立重大项目服务小组,对在手项目,明确工作进度,挂图作战;对意向性项目,明确责任人,紧盯不放;对重大项目,从审批登记到生产经营,全程跟踪服务,帮助协调解决投资建设、生产经营过程中出现的矛盾和问题。所有项目引进单位相应成立项目服务小组,实行定人员、定要求、定责任、定奖惩。服务小组实行“一站式”“保姆式”服务,确保项目按时按质实施。

项目会商协调制 2000年,区政府建立项目会商协调制。工作重点围绕项目建设,对招商引资重大项目由区政府分管领导每月定期召开项目过堂分析会,对项目进行集中会办,通报项目实施进度,组织区规划、土地、建设、环保、工商、税务、消防等部门人员,针对项目实施过程中遇到的问题进行会商,帮助协调解决投资建设、生产经营过程中遇到的困难和问题,协调矛盾,推动项目到资,加快项目投产。

督查考核制 2001年8月,区政府制定《广陵区引进外资、民资考核奖励办法》《2001年广陵区经济工作目标考核奖励暂行办法》,在考核内容上,侧重外资到账、项目开工,在激励机制上,侧重项目质态、综合效益,真正用招商实效来排位次、定奖惩、用干部。在考核中,对引进外资、民资实行“一票否决制”,完不成年度目标任务,取消各类评比资格。同时实行“一把手负责制”,其工作绩效作为干部选拔主要依据,从经济利益和干部使用上形成导向。是年,区政府成立经济工作目标责任考核领导小组,由区政府主要领导任组长。2003年区招商引资工作领导小组成立后,加大招商引资力度,每年下发全区招商引资工作实施意见,对全年引进外资、民资目标提出具体指标,下达各经济部门、乡镇街道。区委、区政府每月召开全区或部门招商引资督查会,分析经济形势,督查目标完成进度。年底,对园区、乡镇街道、经济主管部门招商引资指标任务完成情况进行考核,逐项目到场核对资料。考核认定后,报区招商引资领导小组,复核确认,公布考核结果。下年初,召开全区总结表彰和动员大会,奖励兑现完成指标单位,表彰招商引资先进单位和个人。

三、奖励机制

为进一步突出外向型经济的主导地位,加快实施工业强区方略,区委、区政府充分调动广大干群招商引资热情,从税收、用地和配套政策等方面给予投资者优惠,同时实行“一事一策”和“绿色通道”举措,使广陵区投资环境大为改善,吸引一大批中外客商共襄广陵振兴大业。

1989年,区政府制定《发展外向型经济的奖励办法》。1992年8月,为调动各方面寻找工业、现代服务业投资,增强技改项目积极性,区委、区政府制定《关于对寻找500万元以上投资、技改项目予以奖励的暂行办法》,规定对区机关部门或个人凡引进500万元以上项目,每个项目奖励1000元,超过指标数,每个项目奖励2000元。1993年3月,区政府制定《关于对引进资金实施奖励的暂行办法》,规定引资100万～500万元,按额度的1.5%给予奖励;引资500万～1000万元,按2%给予奖励;引资1000万元以上,按2.5%给予奖励。

1996年8月,区政府制定《关于对引进资金的中介单位和个人实施奖励的暂行办法》和《关于鼓励发展开放型经济的暂行奖励办法》,规定举办1家以上合资企业,按外方投资额5‰对有关人员予以奖励,引资10万美元以上,按到账资金总额1‰～2‰给予奖励。各经济主管部门每年工作指标及奖励措施列入承包责任书,年终由区考核领导小组进行考核,凡未能完成指标,取消双文明建设先进集体评比资格。在全区开展“外贸生产先进企业”“最佳外贸经营企业”和“双优外商投资企业”创争表彰活动。

2001年8月,区政府制定《广陵区引进外资、民资考核奖励办法》。2002年12月,区政府制定《广陵产业园招商引资奖励暂行办法》。2003年7月,区委、区政府对原有奖励办法进行修订完善,制定《广陵区招商引资奖惩办法》,决定区财政每年安排50万元以上奖励基金,园区、乡镇街道、经济主管部门每年安排相应奖励基金,按引资规模、新增所得税地方净分成部分给予50%或等额奖励;对项目介绍人引荐项目,按规定标准奖励。同时,明确处罚措施,第一年招商引资未完成任务,扣减20%年度综合奖金,单位主要负责人向区委、区政府作书面报告,说明原因;第二年未完成任务,扣减40%年度综合奖金,对其主要负责人进行诫勉谈话,全区通报批评;连续三年未完成任务,扣减50%年度综合奖金,对主要负责人采取组织措施。

2007年2月,区委、区政府对奖惩办法进行修订,鼓励引进体量大、带动性强、科技含量高、产品关联度大的项目,对新批准、新开工、竣工投产合同外资项目和注册资本民资项目,规定奖励数额;并明确产业园区、乡镇街道和经济主管部门按照谁受益、谁奖励原则,对引荐项目单位和个人予以奖励,可以自定标准。

2004 ~ 2011 年广陵区招商引资先进单位和个人情况一览表

表 12-1-1

年份	2004	2005	2006	2007	2008	2009	2010	2011
先进单位(家)	9	8	10	8	4	9	10	12
先进个人(人)	26	26	30	30	32	33	33	38

第三节　投资环境建设

一、推介宣传

图 12-1-2　2009 年 3 月，广陵区赴香港开展招商推介活动

1994 年 9 月，利用’94 中国扬州金秋赏月会和扬州工业产品展销会，编印《广陵投资指南》，向国内外发布寻求合作信息。此后，每年根据交通基础设施的改善和经济发展形势，制作《广陵投资指南》《广陵区投资项目册》《投资广陵——宣传光盘》等。《广陵投资指南》内容包括：地理概况、交通优势、人文环境、人力资源、基础配套、主导产业、园区概况、优惠政策等。1997 年 10 月，区委、区政府决定将 1998 年作为外商投资软环境建设年。2002 年后，适应区情发展和招商引资需要，设计制作广陵区中英、中韩、中日“三版合一”投资推介光盘，中英、中日、中德投资指南等资料宣传袋，策划包装 45 个涉及工业、三产和存量资产寻求合作项目，汇编为项目集。

二、服务企业

1992 年 7 月，区政府下发《关于加快工业企业利用外资项目审批速度的通知》，决定凡投资总额在 100 万美元以下项目，区政府及有关部门不再专题召开论证会，由区外经委审批把关“一个章生效”。是年，区政府制定《广陵区合营企业主管部门加强对外商投资管理暂行办法》，明确主管部门在管理中应正确处理好与合营企业董事会的关系，尊重董事会在合营企业中最高决策权和总经理职权。

1998 年，区委、区政府组织开展对外商投资企业意见征询活动，由区领导带队，深入外资企业，广泛征询意见，分类梳理。凡能在区领导权限范围内解决的问题，限期解决；对超越权限范围的问题积极向上级反映，沟通协调。同时，对有困难和问题的外资企业分别进行现场办公，帮助企业排忧解难，促进企业良性运转。

2001 年 8 月，成立区外商投资咨询服务中心和区私营个体经济服务中心，为外商和民营经济提供政策信息咨询，全程帮办一切投资相关手续，协调解决投资建设、生产经营过程中出现的矛盾和问题。

2008 年，区政府与市外经局、工商局、外管局、税务局等涉外部门密切联系，全力配合，对全区 144 家注册登记企业进行全面梳理审核，112 家企业通过年检，占总数 78%。为支持中小企业到境外发展，鼓励参与国际市场竞争，是年，为金飞驰、路易运动用品等 17 家企业发放国际市场开拓资金 77.3 万元，发放 2007 年开拓资金 73.5 万元，兑现 2008 年度出口企业退税差额补贴资金 196.43 万元。

三、建立项目库

针对项目偏少、载体不多、体量不大的情况，区认真加强招商引资基础工作。1996 年，建立招商引资项目库，入选 35 个项目中有 3 个列入扬州市招商引资重点项目。1999 年，围绕“调整、引进、发展”三项重点工作，开展“找伙伴、找靠山、找人才”活动，指导企业研究发展方向定位，依据国家产业政策导向和企业发展定位设计项目，梳理、整合资源，不断调整、充实、发展招商引资项目库。2001 年，区外经局制作多语种版本推介光盘及投资指南，建立园区招商网站，策划包装335个寻求合作项目。2003年，区政府组织有关人员走访乡镇、街道和部门，深入基层进行项目调研，挖掘发展潜力大、吸引力强、符合区情的项目资源，统一收集，系统整理，充实项目库。

四、找准招商定位

逐步提高招商引资质态，由“求量”向“求质”转变，由“单一”向“并举”转变，由“优惠”向“优化”转变。2005年，重点实施电子信息、机械制造、汽车及零部件、食品加工等产业招商，引进适合广陵产业导向项目。2007年，通过走访英瑞车材、雅力士汽配、可瑞尔科技、双扬机械区工业四大主导产业重点企业，现场交流，了解企业发展概况、上下游产品链情况、扬州周边地区产业配套能力等，形成专题产业招商资料。组织人员了解各园区总体规划、开发现状、招商重点和准入门槛。根据区规划分局和国土分局所提供资料，掌握土地招商地块分布情况，注重挖掘区内土地、物业存量资产，为引进服务业商家打好基础。通过分析产业发展状况，结合园区开发载体实际，理清招商引资思路，找准产业导向招商定位。

五、强化效能监察

2001年，区政府成立投资服务效能监察中心，持续对各部门服务招商引资和发展个体私营经济情况进行跟踪监督，接受和处理投诉和举报，查处各种名目吃、拿、卡、要以及“三乱”现象。2007年4月，区政府制定《2007年广陵区政务公开工作要点》，规范政务公开内容，明确工程招投标、土地出让、产权交易等重大事项必须向社会公开。区公用事业单位公开办事程序、收费、纪律和时限等。区纪委、监察局强化效能监察，服务企业发展。2009年，制定《关于对机关部门服务企业进行效能监察的实施意见》，促进依法行政，督促各部门将执法权限、服务事项以及办事依据公开，量化行政处罚权，共清理规范执法权1210项。强化首问负责制、一次性告知制、限时办结制，运用电子监察系统对审批流程全程跟踪，提升工作效率和服务质量。区监察、财政、人事、物价、科技等部门共同开展“政策企业行”活动，走访企业，确保优惠措施落实到位。

六、招才引智

2004年6月，区委成立广陵区人才工作领导小组。区委书记任组长，区委组织部部长、分管副区长任副组长，区委、区政府部门主要负责人为领导小组成员。领导小组下设办公室，由区人事局局长兼办公室主任。2007年，区委、区政府实施人才优化发展战略，坚持招商引资与招才引智同部署、同推进、同考核。区委、区政府先后制定《高层次人才引进奖励规定》《引进海外高层次人才创业项目奖励办法》及其《实施细则》，并设立2000万元人才工作专项基金，用于对引进高层次人才资助和奖励。2009年4月，扬州第一家区域性国家级博士后工作站落户广陵产业园，与扬农集团和联环药业博士后工作站一道，共引进4名博士后在站工作。中电科技扬州宝军电子有限公司被省科技厅确定为省级企业院士工作站，获得省科技厅100万元扶持。是年，共引进18名高层次领军人才，143名支柱产业发展急需专业技术人才。

2009年，召开全区首届人才工作大会，对2007年、2008年引进的15名高层次人才兑现奖励68.2万元。为吸引和鼓励高层次人才带项目、带资金、带技术到区创新创业，区政府制定《高层次创新创业项目政策扶持意见》。区组织人事部门编印《人才引进与项目扶持政策指南》，深入重大项目谈判一线，提供人才政策与业务咨询服务，推进人才与项目同引进、共集聚。2010年3月，中组部首批“千人计划”入选者、昌和公司董事长、博士俞昌成为项目扶持受惠第一人，获得最高300万元资助。在全省首家发行规模5000万元集合信托债权基金“荷塘月色”，为嘉和散热器、怡丰通信、巨人机械等5家科技创新型企业发展注入活力。人才奖励、项目扶持以及信托投资规定“三位一体”，构成一套独具广陵特色的高层次人才创新创业政策体系。

2011年7月，区委进一步调整充实区人才工作领导小组，由区委组织部部长兼领导小组办公室主任。制定《区人才工作联席会议制度》《广陵区“十二五”人才发展规划》，建立高层次人才服务中心，将人才工作专项基金追加至3000万元。修订《广陵区引进高层次人才与创新创业项目奖励资助办法（试行）》，加大人才奖励力度。依托产业园国家级区域性博士后工作站，建成博士后企业分站11家，建成企业院士工作站4家。至2011年年底，全区共有国家“千人计划”人才7人，获省“双创”计划资助11人，获省“企业博士集聚计划”人才资助11人，获“绿扬金凤计划”资助33人。

第四节 招商活动

一、亲情招商

1990 年，区委、区政府在积极办好蓄电池厂、扬捷照明等中外合资项目同时，在全区开展“我为经济架金桥”活动，要求全区所有部门、单位和干部职工，委托国（境）外亲朋好友，联络现有合作伙伴，利用各种关系，争取更多合资合作项目，引进境外资金、技术和管理经验，促进招商引资有较大发展。扬州绣品厂、伞厂、皮革机械厂、桅灯厂分别与日商、韩商和港商、台商进行合资、合作接触。是年 7 月，灯泡厂与台商合作，成立欣扬电器有限公司和新源电真空器件有限公司。1993 年 10 月，区委、区政府召开大会，庆贺扬州灯泡厂率先在全区实现产值创亿元、利税创千万元，号召全区向灯泡厂学习，抢抓机遇，多方招商，对外合作；抓住外向带动战略，积极与港商、台商合作，引进技术、资金，转换机制，搞活内部管理。是年，区第二服务公司与台商合资成立扬州丰祥商业有限公司（万家福商城），打破扬州市商业零售业企业利用台资零的记录。扬州商场与日商合资成立大明服装有限公司，开创商业企业办工业、以工促商先河。1994 年，区物资总公司胡德山利用在美国亲戚，牵线搭桥，引进 10 万美元长期无息贷款，促成区直物资系统历史上第一笔外汇业务进账。整流器厂是一个资产 230 万元、年销售 263 万元的集体企业，在“架金桥”活动中，发动干部职工走亲访友，牵线搭桥，走出一条从引进内资到境外办企业，尔后再从境外返回境内投资创办外资企业发展之路，形成“一企三跨”（跨行业、跨地区、跨国界）、“一厂三外”（外资、外贸、外经）新格局，做大做强，成立扬州四菱集团。扬州粉末冶金厂继 1992 年争得国家能源投资公司 1158 万元粉末冶金结构节能材料项目后，1993 年，与日本保来得粉末冶金集团共同投资 1320 万美元，建成年产 5 亿只微型含油轴承和 2000 吨粉末冶金结构件的现代化生产企业。1995 年，又获得国家计委能源投资公司支持，得到 2500 万元专项贷款。是年 9 月，城南街道组成寻求项目小组，到民政部、冶金部、中国电子学会、祝邦新技术研究所，采取“谈、访、报、挂”方法，寻求到合作项目 1 个、新产品 19 个。2001 年，汶河街道主攻民资招商，盯人盯项目，以诚信服务感人，全年引进民资突破 1000 万元。

二、推介招商

1994 年 5 月，区举行小型商业企业公有民营招标和租赁活动。扬州第二副食品公司下辖前进副食品商店、翠园烟酒二店等 8 家亏损商业企业参加招标，经过报价和激烈竞标，确定 8 位中标人。是年，利用’94 中国扬州金秋赏月会和扬州工业产品展销会，寻求合作客商。扬州房地产开发公司与日商合资成立扬州日模广兴房地产有限公司。全区利用外资项目 13 个，新批“三资”企业 10 家，有 3 家合资企业增资。实际利用外资 666.32 万美元。

1996 年，区组织精干招商班子赴中国香港、中国台湾、日本、韩国开展专业化、小型化招商活动，并随市组团赴美国、加拿大洽谈招商。组织企业参加’96 扬州友城产品展览会暨经贸洽谈会。是年，新批新加坡杨扬冷冻食品有限公司等外资企业 3 家，实际利用外资 425.05 万美元。1997 年，重点组织企业到新加坡、中国台湾、中国香港招商。全年新办合资项目 2 个，实际利用外资 500 万美元。

1998 年，组织企业以韩国、日本为重点，出境招商，成功落实华扬蓄电池厂增资、灯泡厂汽车灯具、工具二厂食品机械和模具项目。当年新办外资企业 2 家，增资扩股项目 2 个，实际利用外资 661.74 万美元。

1999 年 5 月，区委、区政府到南京举办私营企业招商引资洽谈会，区委书记介绍招商引资优惠政策，区长对招商引资项目进行重点说明，会上共签订 17 个意向项目，其中年内落实 4 个。区先后组织 20 多家企业参加南京新加坡企业集团洽谈会、厦门国际投资贸易洽谈会、上海高科技博览会、湖州长江三角洲大中城市产权交易会等活动，并先后邀请中国台湾、中国香港和美国、加拿大、新加坡客商到区就投资项目进行磋商。是年，实际利用外资 600.48 万美元，是市政府下达任务的双倍。

2000 年 3 月，区领导带队两次赴台商密集地区的广东东莞招商。10 月，组织企业参加省金秋经贸洽谈会。全年实际利用外资 305.81 万美元，新办合资企业 3 家、外商独资企业 3 家。

2001年，招商引资力度加大。一方面“走出去”，区委、区政府领导分别带队到东莞、昆山等地招商，参加在深圳等南方城市举办的大型招商活动。区个体私营经济办公室组织企业到浙江温州、台州、乐清等地招商引资，达成一批合作意向。汶河街道主攻民资招商，全年引进民资突破1000万元。另一方面“请进来”，邀请境内外客商到区考察洽谈，收到较好效果。全年实际利用外资407.5万美元，兴办外资企业5家。

2002年，区领导多次带队赴深圳、东莞、厦门等地招商，多次组团到澳大利亚、韩国和中国台湾、中国香港等国家和地区出境招商。同时，组织经济主管部门和企业参加扬州市赴上海投资推介会、香港投资推介会、厦门投资贸易洽谈会、南京金秋经贸洽谈会等。在厦门举行广陵区投资推介会暨项目签订仪式上，有4个外资和4个内资项目签约；在南京举办的金秋经贸洽谈会广陵区项目签约仪式上，有7个外资和8个内资项目签约。是年，实际利用外资1010.4万美元，新办外资企业16家，新开工项目11个。

2003年，全区围绕区委、区政府“发展要有新思路，工作要有新突破”要求，加快赴外招商引资活动。3月，区领导带队赴日本、韩国招商；5月，组织各乡镇、街道和部门到深圳、中山、东莞、广州招商；6月，区领导带队到广州、珠海、深圳、温州招商，并在东莞举行投资环境推介会，在深圳举行“南方行”招商项目集体签约仪式，有6个项目正式签约；7月，区领导带队赴上海、苏州招商；8月，组织企业参加2003年中国·扬州国有资产重组招商大会，并在上海举办广陵区投资环境说明会暨项目签约仪式，共有16个项目签约；9月，在厦门举行投资环境推介说明会暨项目签约仪式，共签约112个项目；10月，区领导带队赴日本招商，分别在大阪和名古屋举行项目环境推介会；11月，区领导带队赴澳大利亚、新西兰招商，洽谈意向项目。全年新办项目40个，增资转股项目9个，合同利用外资7395.66万美元，完成市政府下达的5000万美元目标，超出47.9%，实际利用外资2151.35万美元，实现新办外资项目、合同利用外资、实际利用外资、利用内资、自营出口5项指标新突破。

2004年，区委、区政府召开全民创业动员大会，发动全民招商，强化专业招商，精心组织境内外各类招商活动，推介广陵，寻求合作，客商源、信息源、项目源不断增多。区领导带头赴招商引资第一线，先后组织香港行、台湾行、上海行、宁波行、广东行、欧洲行等招商活动，先后在青岛、南京、上海、宁波、深圳举办广陵区投资环境推介会，洽谈落实一批项目。为巩固招商引资成果，6月，开展招商引资“项目落实月”活动；9月，开展招商引资“项目开工月”活动。全年新办外资项目42个，增资转股项目18个，实际到账4188.9万美元，超额完成市政府下达的全年目标。

2005年5～6月，区领导带队赴北京、上海、杭州招商；8月，在上海、深圳开展项目推介活动；9月，在福州举办汽车及零部件产业发展专题商机说明会、食品工业园专题推介会；10月，组团赴北京等地招商，同时举办“金秋十月”项目集中开工仪式；11月，组织南方行招商活动，产业园、各乡镇和相关部门派出招商小分队12个，拜访签约客商、有项目在谈并基本落实客商、有投资意向客商及大集团公司负责人90人。是月，在广州举行电子信息产业推介及项目签约会。全年新办外资项目33个，增资转股项目8个，新开工项目25个，实际利用外资9945.7万美元，超过前4年之和。

2006年，区领导带队，有针对性地赴北京、深圳、上海等地招商。7月，在深圳举行广陵区南方招商成果汇报会暨项目签约仪式；8月，举办全区项目集中开工仪式；9月，借助“厦洽会”举办10周年之际，在厦门、福州、泉州、广州招商；12月，区领导分别组团到温州、广东、“厦漳泉”、武汉、成都等地招商，对落实中的项目进行跟踪拜访，与当地商会、物流协会进行点对点对接。全年合同利用外资1.73亿美元，完成市政府下达指标的115.21%，实际利用外资5746.88万美元，完成市政府下达指标的114.94%。

2007年，区委、区政府抓住市在外组织大型招商活动契机，主动出访。5月，赴日本、韩国；8月初，赴美国、加拿大开展经贸考察，在加拿大举办广陵投资环境推介会。8月中旬，赴南京、北京就信息产业项目开展专题招商。9月，在厦门、福州、泉州、深圳招商。12月，围绕进区的外资企业上下连接，赴欧洲洽谈高精度钢管项目。区内每个月都有部门、单位组织小分队赴外商投资密集区、高新技术密集区洽谈项目。全年新增外资项目43个，增资转股项目27个，实际利用外资8309万美元。

2008年，推行党政主要领导外出招商“AB”制，即区党政主要负责人轮流在外招商，确保1名主要负责人在招商引资第一线。围绕产业重点，组织小分队先后赴意大利、新加坡、美国、墨西哥和北京、上海、广东、浙江、福建等地招商。8 月，全区举办大型招商引资活动 4 个。9 月 7 日，在福建石狮举办商机说明会暨签约仪式；18 日，举办广陵区城建项目招商推介会，签约项目 6 个；24 日，在南京举办中国·扬州信息服务外包产业论坛，签约项目 9 个。实际利用外资 1.21 亿美元，新增民资注册资本 56.7 亿元，在全市率先提前超额完成任务。

2009 年 4 月 21 日，中国扬州信息服务外包大会开幕。在江苏信息服务产业基地（扬州）项目推介会上，来自金融保险、专业外包、软件开发等行业近 400 名代表参会，现场签约 21 个项目。6 月，突出项目到资和开工，围绕主要产业，组织小分队先后到中国台湾、中国香港和意大利、英国以及上海、广东、苏南等地，瞄准大企业、高新企业开展招商活动。全年实际利用外资 1.83 亿美元，率先提前完成市下达指标。

图 12-1-3　2011 年 4 月，玛切嘉利投产仪式

2010 年，针对不同产业，组织产业招商队伍，实行专门招商。2 月，区政府主要领导带队赴黑龙江亚布力参加中国企业家论坛。3 月，区委主要领导带队赴土耳其、印度洽谈项目；3 月下旬，在香港举办项目签约活动，签约项目 5 个，总投资 2.8 亿美元。5 月，在上海世博会开展意大利客商专题招商活动。6 月，参加市组织的武汉科技创新、产业合作招商活动。8 月，赴欧洲开展液压产业招商。9 月，赴澳大利亚、新西兰开展专题招商。10 月，在浙江台州举办广陵投资说明会。全年实际利用外资 2.26 亿美元，新增民资注册资本 76 亿元，全部率先提前完成任务。

图 12-1-4　2011 年 4 月，广陵产业园在上海举办液压产业推介会

2011 年，围绕转型发展、跨越发展，继续强势推进招商引资。除参加市组织的英国信息产业推介会、苏港现代服务业推介会、“科技创新、产业合作”培训及在大连、长沙、深圳开展推介活动外，区领导带队赴日本、韩国、意大利、德国、欧洲招商 10 多次。举办各种项目洽谈会、推介会、说明会、恳谈会、经济合作会 8 次，签订落实一批项目。全年实际利用外资 2.63 亿美元，新批外资项目 47 个，增资转股项目 15 个，均率先超额完成市下达指标。

1996～2011 年广陵区主要招商活动情况一览表

表 12-1-2　　单位：个

年份	活动名称	主办单位	地点	参加人员	签约项目
1996	扬州友城产品展览会暨经贸洽谈会	扬州市	扬州	区及部门、企业领导	3
1997	经贸洽谈会	广陵区	中国台湾 中国香港	区及企业领导	2
1998	对外经济贸易洽谈会	广陵区	韩国 日本	区及企业领导	4

续表 12-1-2

年份	活动名称	主办单位	地点	参加人员	签约项目
1999	对宁私营企业招商引资洽谈会	广陵区	南京	钱小平、卢穗明等	17
1999	投资贸易洽谈会	广陵区	厦门	卢穗明等	5
2000	招商投资洽谈会	广陵区	东莞	区及部门、企业领导	6
2000	“烟花三月”国际经贸节	扬州市	扬州	区委、区政府领导等	5
2001	招商引资洽谈会	广陵区	深圳 昆山	区委、区政府领导等	5
2002	投资推介会暨项目签约仪式	广陵区	厦门	区委、区政府领导等	4
2002	南京金秋经贸洽谈会广陵项目签约仪式	广陵区	南京	区委、区政府领导等	7
2003	“南方行”招商项目集体签约仪式	广陵区	深圳	孔令俊、阚肖虹、董德利、薛高辉等	6
2003	投资环境说明会暨项目签约仪式	广陵区	上海	阚肖虹、董德利及经济部门负责人	16
2003	投资环境说明会暨项目签约仪式	广陵区	厦门	孔令俊、阚肖虹、董德利等	11
2004	广陵商机说明会	广陵区	扬州	孔令俊等	25
2004	招商引资推介会	广陵区	泉州	阚肖虹、薛高辉等	3
2004	扬州商机说明会暨签约仪式	扬州市	宁波	孔令俊、薛高辉等	3
2004	扬州商机说明会暨签约仪式	扬州市	深圳	孔令俊、薛高辉等	11
2005	润扬大桥与扬州沿江开发高层论坛	扬州市	上海	孔令俊、薛高辉等	7
2005	汽车及零部件产业专项商机说明会	广陵区	福州	王玉新、张勤、薛高辉等	2
2005	服务业商机说明会	广陵区	上海	阚肖虹、薛高辉等	9
2005	广陵商机说明会	广陵区	北京	董德利及乡镇街道、部门负责人	5
2005	“金秋十月”项目开工仪式	广陵区	广陵产业园	王燕文、孔令俊等	7
2006	广陵商机说明会暨项目签约仪式	广陵区	市迎宾馆	王玉新、孔令俊、阚肖虹等	33
2006	南方招商成果汇报会暨项目签约仪式	广陵区	深圳	王玉新、孔令俊、薛高辉等	8
2006	广陵投资环境恳谈会	广陵区	温州	孔令俊、薛高辉等	6
2007	广陵区商机说明会暨项目签约仪式	广陵区	市迎宾馆	孔令俊、陈锴竑、董德利等	15
2008	广陵区商机说明会暨项目签约仪式	广陵区	扬州	孔令俊、陈锴竑、董德利等	30
2008	广陵区投资环境说明会	广陵区	石狮	孔令俊、张贵联等	9
2008	信息服务外包产业论坛	扬州市	南京	王玉新、孔令俊、陈锴竑等	9
2008	广陵科技创新、产业合作推介会	广陵区	北京	孔令俊、陈锴竑等	21
2008	广陵科技创新、产业合作推介会	广陵区	上海	孔令俊、陈锴竑等	12
2009	广陵区商机说明会暨项目集中签约仪式	广陵区	西园大酒店	孔令俊、陈锴竑、董德利等	30
2009	信息服务外包大会暨江苏信息服务基地推介会	扬州市	广陵区	王燕文、孔令俊、陈锴竑、董德利等	21

续表 12-1-2

年份	活动名称	主办单位	地点	参加人员	签约项目
2009	清华国际设计管理大会扬州论坛	广陵区	广陵区江苏信息服务产业基地	王玉新、陈锴竑等	8
2009	广陵商机说明会	广陵区	深圳	孔令俊、陈锴竑、薛高辉、张贵联等	17
2009	现代服务业商机说明会暨房地产项目推介会	广陵区	扬州西园大酒店	孔令俊、陈锴竑、薛高辉等	19
2009	广陵区液压产业专题推介会	广陵区	上海	孔令俊、陈锴竑、陈曦等	5
2009	江苏信息服务产业基地北京推介说明会	广陵区	北京	孔令俊、陈锴竑、张贵联、陈洁等	10
2010	扬州民资招商推介会	扬州市	宁波	张贵联等	4
2010	"名城扬州港澳行"广陵签约仪式	扬州市	中国香港	孔令俊、张贵联等	5
2010	商机说明会暨项目集中签约仪式	广陵区	产业园	孔令俊、陈锴竑、董德利、夏祥生、薛高辉等	20
2010	信息服务外包大会暨数字扬州展示体验中心开展仪式	扬州市	广陵新城	王燕文、谢正义、孔令俊、陈锴竑等	16
2011	广陵商机说明会暨项目集中签约仪式	广陵区	扬州	陈锴竑、陈曦、董德利、赵长松等	19
2011	液压产业推介会	广陵区	市迎宾馆	陈曦、董德利、赵长松等	
2011	服务业暨楼宇经济商机说明会	广陵区	华美达凯莎酒店	陈锴竑、陈曦等	12
2011	项目集中开工投产仪式	广陵区	产业园	陈锴竑、陈曦、董德利、赵长松、张震宇、张贵联等	
2011	液压产业专题推介会	广陵区	上海	陈曦、张震宇等	

三、"烟花三月"节庆招商

2000年4月15日～5月15日，市委、市政府举办首届中国扬州"烟花三月"国际经贸旅游节。2002年始，改为每年4月18日～5月18日，一直延续至今。借助这一平台，区委、区政府成立广陵区"烟花三月"经贸节暨招商引资组委会，由区委书记任名誉主任，区长任主任，区人大常委会主任、区政协主席、区委常委、常务副区长、分管副区长任副主任，各园区、乡镇街道、部门"一把手"为成员，举全区之力，制定实施方案，确定招商引资目标，做好项目、资料、客商邀请等准备工作，力争全年招商引资目标过半完成。

2000年，邀请客商30多人，达成合资意向项目5个，落实项目1个。2002年，邀请100多名客商到区投资考察，举办区投资环境推介会，签约外资项目3个，协议利用外资3300万美元；签约民资项目10个，计划投入2.5亿元。2003年，邀请境内外客商200多人，其中外商80多人，举办广陵区投资环境推介会暨项目签约仪式；集中一批外资、民资项目举行开工、竣工、投产仪式；新签外资项目235个，其中500万美元以上项目4个，合同利用外资802万美元，实际利用外资185万美元；新签民资项目35个，其中1000万元以上项目5个，注册民资2.2亿元。

2004年年初，为确保"烟花三月"节招商引资任务落实，区委、区政府分别召开动员部署会、指标任务分解会、招商引资进展项目过堂会。"烟花三月"节期间，成功举办第3届广陵区投资环境推介会暨项目签约仪式。全区新批外资项目25个，其中合同利用外资500万元以上项目5个，平均注册资本241.9万美元。

2005年，区"烟花三月"节组委会举办广陵区商机说明会暨项目签约仪式、广陵区项目集中开工仪式。

针对实际利用外资到账偏少、未达序时进度情况，从 4 月 1 日～5 月 20 日，开展 50 天“项目落实月”活动，做到签订一批投资项目，注册一批外资项目，促进一批项目开工，落实一批项目投产，并将具体指标分解落实到园区、乡镇、街道和经济部门。活动期间，合同利用外资 1 亿美元，实际利用外资 4000 万美元，民资总投入 18 亿元，注册民资 9 亿元，开工外资项目 11 个，开工 1000 万元民资项目 20 个。

2007 年 5 月 18 日，在广陵新城隆重举行广陵区项目集中开工投产仪式暨广陵新城天顺花园项目奠基典礼。作为 2007 中国 · 扬州“烟花三月”国际经贸旅游节胜利闭幕的重要组成，广陵区共有 13 个项目正式开工投产，其中外资项目 6 个，总投资 5200 万美元，注册资本 2540 万美元，分别是天顺花园项目、硕包科技项目、海越物流装备项目、天灿光源项目、欣宏食品项目、汉世纪投资管理项目；民资项目 7 个，总投资 4.4 亿元，注册资本 1.82 亿元，分别是户外运动用品项目、广菱电子项目、天艺家具项目、怡丰通讯项目、矿工机械项目、冷冻市场项目、光彩印务项目。

图 12-1-5　2007 年广陵区项目集中开工投产仪式

2009 年“烟花三月”节期间，以“科技创新、产业合作”为主题，邀请中外客商 900 多人，其中外商 300 多人。4 月 17 日，在西园大酒店举办扬州广陵商机说明会暨项目集中签约仪式，签约外资项目 45 个、民资项目 24 个。4 月 19 日和 5 月 18 日，分别举行“外资、民资项目开工、开业投产日活动”。4 月 21 日，举办江苏信息服务产业基地（扬州）项目推介洽谈会。4 月 26 日，在产业基地举办中国留学人员创新创业大赛入园项目视频对接洽谈会。各乡镇、街道及园区结合自身实际，组织专题招商推介活动。为确保“烟花三月”节期间完成全年招商引资过半任务，4 月，全区开展“项目落实月”活动，促使项目早签约、早开工、早投产。至 5 月 18 日，协议注册外资 3.1 亿美元，实际到账 1.5 亿美元，签约 500 万美元以上外资项目 32 个；民资投入 63 亿元，注册资本金 42 亿元，签约注册资本 3000 万元以上民资项目 24 个。

2010 年“烟花三月”节期间，共邀请客商 1056 人，其中外商 241 人、内商 815 人。客商层次较高，重要客商中世界 500 强和国内 500 强企业高层管理人员增多，包括台湾亚洲商会联合总会、越南（中国）商会、温州华人华侨联合总会等大型行业协会客商，IT、金融、保险、电子商务行业客商、专家达 160 人。4 月 17 日，举办广陵区商机说明会暨项目签约仪式，签约项目 55 个。当日，在产业园举行摩逸光电技术研究中心（江苏）有限公司揭牌仪式。4 月 18 日，参加市签约项目 4 个。4 月 19 日，外资、民资项目集中开工、开业、投产，31 个项目开工、投产，其中外资开工项目 16 个，总投资 4.46 亿美元，合同利用外资 2.77 亿美元。4 月 21 日，举办中国扬州信息服务外包大会暨数字扬州展示体验中心开展仪式，签约项目 16 个。4 月 25 ～ 26 日，举办第 5 届“春晖杯”中国留学人员创新创业大赛新闻发布会暨项目网上视频洽谈会，签约项目 10 个。

图 12-1-6　2011 年广陵区商机说明会

2011 年“烟花三月”节期间，区举行 11 项主题集中、形式新颖、效率明显的招商活动。4 月 17 日，举办广陵区商机说明会暨项目签约仪式，共签约协议外资 2000 万美元以上项目 10 个，成功注册 5 个。4 月 19 日，举办玛切嘉利投产庆典。4 月 21 日，举办软件和信息服务外包大会。4 月 24 日，在第 3 届“网洽会”上，20 名“千人计划”和“海聚计划”学者、100 名硕博士高层次人才相约广陵，现场签约代理信息系统、氟药科技项目、数据挖掘项目等高科技人才项目12个，其中由“千人计划”和“海聚计划”人才领衔项目占一半，博士卢寿福的氟药科技、博士蒋亚洪优讯网项目等成功注册。

四、“百日会战”

2003年8～11月，区委、区政府决定开展为期100天的招商引资“百日会战”。8月，区领导带队赴昆山、吴中、无锡招商。汤汪乡、东关街道由党政负责人带队，组织招商队伍，分别赴苏南、浙江、上海等地招商，拜访、接待中外客商，洽谈意向合作项目。区政府在上海举办投资环境推介说明会，有16个项目签约，其中外资项目10个，总投资5330万美元，注册资本2753万美元；民资项目6个，总投资3.5亿元，注册资本0.48亿元。9月，在厦门举办投资环境推介说明会暨项目签约仪式，有11个项目签约，其中外资项目7个，总投资1660万美元，注册资本1140万美元，合同利用外资1039.5万美元；民资项目4个，总投资1.8亿元，注册资本3118万元。10月，台湾电子行业、汽车行业、生物科技行业等5批客商到区考察，洽谈合作意向，签订一批投资合作协议。11月，区组团赴日本考察，在大阪、名古屋举行专场推介说明会。

2004年，区委、区政府修订招商引资考核办法，加重实际到账外资考核权重，加大对规模项目考核奖励力度，明确不能完成招商引资任务的处理措施。各乡镇、街道、部门进一步加大招商引资力度，细化目标措施。10月，区委、区政府召开“百日会战”动员大会。区招商引资领导小组每周召开一次项目落实情况过堂会或督查会，每月对“百日会战”成果进行通报。11月，由区委书记、区长带队赴广东珠三角地区招商，在深圳分别举办商机说明会、联谊酒会暨项目签约会，共签约外资项目14个，总投资1.6亿美元，注册资本1.2亿美元，其中签订合同项目4个，协议外资3700万美元；协议外资200万美元以上项目10个，500万美元以上项目6个，1000万美元以上项目5个。

2005年8月，全区召开招商引资“百日会战”动员大会。会后，各乡镇、街道、部门制订具体实施计划，排定外出招商人员、时间、地点、新增客商和洽谈项目明细表，由区招商引资领导小组牵头组织招商活动。是月，赴深圳、东莞开展“南方行”招商，在深圳召开项目恳谈会。9月，组织“闽浙行”招商，在泉州举行投资环境推介会；组织“北京行”招商活动，在青岛邀请日、韩客商，召开项目恳谈会。10月，举行“广陵新城”推介暨项目签约会。11月，围绕服务业、汽车及零部件、电子信息、精密机械、食品加工等重点产业开展专题招商。

2008年8月，在区委、区政府召开的“百日会战”动员大会后，全区举办大型招商引资活动7次，邀请客商500多人。是月，赴北京开展高新技术产业“孵化器”招商活动，重点吸引高新技术产业落户广陵。9月，在福建石狮举办商机说明会暨项目签约仪式。同月，组织召开城建项目招商推介会。在南京举办信息服务外包产业论坛。11月，分别在西安、北京、上海围绕“科技创新、产业合作”举行大型推介活动。

2009年7～10月的全区“百日会战”活动，突出狠抓外资到账，确保实际利用外资指标；突出狠抓专题招商，推进新项目签约；突出狠抓项目开工建设，争取早日投资达效；突出狠抓国家积极财政政策机遇，推动民资国资项目落实。其间，区及各单位党政主要负责人坚持AB制招商，每个主要负责人外出招商实际时间不少于30天。8月，由广陵产业园承办，围绕液压机械、液压油缸及其他精密机械进行专题招商。9月上旬，由商贸物流园承办，围绕现代物流、现代仓储、冷链物流、星级酒店、商务中心进行专题招商。9月下旬，由曲江街道承办，围绕汽车电子、检测、车灯、保险杠、车用散热器进行专题招商。10月上旬，由食品工业园承办，围绕食品加工、包装、机械项目进行专题招商。10月中旬，由湾头镇承办，围绕太阳能光伏配件、产品应用、清洁能源进行新光源、新能源、新材料专题招商。10月下旬，由广陵新城承办，围绕现代服务业、软件研发、数据处理等进行专题招商。12月，区召开“百日会战”总结表彰大会，区委、区政府、区人大、区政协领导出席。会上，表彰奖励产业园、汤汪乡等13家单位。

2011年，参加10月市政府日韩招商活动。多次赴欧洲等地招商。11月5日，在北京举办广陵区现代服务业推介会。11月8日，参加市政府在深圳召开的科技创新产业合作推介会。

第五节 招商成果

一、利用外资

1989年年初，扬州蓄电池厂与印度尼西亚蓄电池工业有限公司合资，挂牌成立扬州华扬蓄电池有限公司，启动全区招商引资工作。1991年，新办合资企业5家，完成外贸交货额5125万元，比上年增长12.5%。扬州灯泡厂与台商、港商合资后，完成利税487万元，比上年增长189.9%。1989～1992年，全区兴办合资企业19家，投资总额2032万美元，合同利用外资1037.26万美元，实际利用外资1069.58万美元。区工业合资企业实现产值9536.8万元，创利税1037.36万元，其中利润876.6万元。1993年，新批“三资”企业15家，项目总投资3164万美元，注册资本1715.35万美元，合同利用外资1772.62万美元，实际利用外资949.62万美元。合资合作领域从工业扩展到商业和房地产业。1994年，全区利用外资项目13个，总投资1804.48万美元，注册资本1106.72万美元，合同利用外资1110.79万美元，实际利用外资666.32万美元。扬州灯泡厂完成工业产值1.61亿元，实现利税1688万元，人均创利3.31万元，成为全区工业排头兵，并被市政府评为市工业十佳“突变企业”。1996年，实际利用外资425.05万美元。外资企业有效促进区内产业结构调整，扬重机械有限公司吸收、消化意大利皮革机械制造技术，产品档次跃居全国同行之首，实现区整机产品出口零的突破。1998年、1999年、2000年，实际利用外资分别为661.74万美元、600.48万美元、305.81万美元。

2001年，区委、区政府将招商引资作为扩大对外开放、发展区域经济重要战略措施，“走出去，请进来”，对外引资力度加大，全年实际利用外资407.5万美元。外商独资华督电子、可瑞尔传感器项目，总投资2500万美元。2002年，合同利用外资1029.22万美元，实际利用外资1010.42万美元。外资工业企业销售、利税、利润占全区工业比重分别达25.64%、50.25%、73.2%。外资项目投资主体多元化，逐渐形成以中国台湾、中国香港为主导，兼顾日、韩，面向东南亚、承接欧美的引资格局，较好拓展招商引资范围和渠道。

2003～2005年，合同利用外资、实际利用外资完成率和同比增幅在全市名列前茅。2005年，合同利用外资1.84亿美元，是1989年的2840倍，年平均增长64.23%；实际利用外资9945.7万美元，是1989年的1535倍，年平均增长58.17%。

2006～2011年，招商引资持续增长，合同利用外资1.73亿美元、2.96亿美元、4.31亿美元、5.23亿美元、6.6亿美元、7.65亿美元，实际利用外资0.57亿美元、0.83亿美元、1.21亿美元、1.83亿美元、2.26亿美元、2.63亿美元，民营注册资本19.92亿元、41.46亿元、56.7亿元、58.5亿元、78.96亿元、150亿元。

至2011年，全区合同利用外资33.08亿美元，实际利用外资11.64亿美元；新批项目424个，增资转股项目162个。

1989～2011年广陵区外资利用情况一览表

表12-1-3

项目 年份	新批项目数（个）	增资转股项目数（个）	合同利用外资（万美元）	实际利用外资（万美元）
1989	1	—	6.48	6.48
1990	2	1	68.90	68.90
1991	5	2	68.36	68.36
1992	1	1	893.52	925.84
1993	2	—	1772.62	949.62
1994	2	3	1110.70	666.32

续表 12-1-3

项目 年份	新批项目数(个)	增资转股项目数(个)	合同利用外资(万美元)	实际利用外资(万美元)
1995	4	1	174.73	124.96
1996	3	1	250	425.05
1997	2	2	35	500
1998	2	7	1355	661.74
1999	2	2	32	600.48
2000	6	3	802	305.81
2001	8	3	1332.50	407.50
2002	16	5	1029.22	1010.42
2003	40	7	7395.66	2151.35
2004	37	14	11372.11	4188.91
2005	31	7	18355.38	9945.70
2006	40	12	17281.97	5746.88
2007	43	21	29562	8309
2008	31	18	43139	12109
2009	46	23	52275.90	18317
2010	53	14	65998	22601
2011	47	15	76500	26300
合计	424	162	330811.05	116390.32

二、合资企业利税

1989年，扬州华扬蓄电池有限公司建成开业后的第一年，共创利税236万元。是年，区财政收入1679万元。1992年，扬州灯泡厂与港商合资后，抓住机遇，连续兴办4家合资企业，年产值超过6000万元，利税超过700万元。区财政收入2388万元。1993年，全区列统投产的14家外资企业实现产值1.93亿元，利税1739.42万元，分别占全区工业产值、利税的46.39%、41.33%。上缴区财政份额比上年增长2.33%。1995年，外资企业在工业经济中“龙头”作用日益显现，实现产值2.53亿元，销售1.81亿元，利税3622.5万元，其中利润2991.81万元，分别占全区总量的44.5%、31%、53%、77.4%。1997年，外商投资工业企业销售占全区列统企业比重上升到56.07%，利税上升到72.07%，利润上升到98.22%，出口创汇上升到68.49%。1998年，外资工业企业产值、销售、利税、利润分别占全区工业企业的67.7%、55.4%、82.1%、99.3%。区财政收入实现9000万元。2002年，外资企业销售占全区工业销售收入22.45亿元的35.62%，利税占全区总额1.61亿元的70.42%。2002年后，外资企业运行质态良好，企业产值税收贡献大，区财政收入稳步提高。2007年，全区外资企业实现税收1.65亿元，同比增长63.36%。区财政总收入突破20亿元，比上年增加5.5亿元，增长38%。在财政总收入中，税收收入完成16.85亿元，比上年增长27%，非税收入及政府性基金完成3.17亿元，比上年增长153%。2009年、2010年、2011年，全区外资企业实现总产值42.38亿元、54.27亿元、185.27亿元，实现销售39.94亿元、51.44亿元、147.37亿元，实现利税5.39亿元、7.70亿元、15.74亿元。2009年、2010年、2011年，全区分别实现财政总收入26.53亿元、33.52亿元、55.80亿元，外资企业为全区财政收入增长作出重大贡献。

1994～2011年广陵区外商投资企业销售税收情况一览表

表12-1-4 单位：万元

年份＼项目	销售额	利润	税收
1994	10739.67	1982.57	294.83
1995	18135.70	2991.81	630.69
1996	26949.35	2716.88	795.65
1997	33827.03	3650.66	486.05
1998	41976.35	5424.82	1468.12
1999	46086.95	6205.82	2466.97
2000	54705.52	8150.09	3563.03
2001	55261.96	5804.40	4363.20
2002	79976.68	8729.93	2607.61
2003	107529.34	10216.28	4005.35
2004	162762.28	13388.56	4528.14
2005	213956.34	16080.97	6532.94
2006	277324.62	23889.40	10115.15
2007	434364.43	41240.41	16501.62
2008	418041.48	25519.97	18105.68
2009	399391.75	35979.46	17972.36
2010	514385.60	46830.14	30158.49
2011	1473694.58	105932.82	51418.20

第二章 广陵新城

2008年10月，中共广陵区委常委会第六十六次会议决定成立广陵新城工作委员会和广陵新城管理委员会。广陵新城建设自2006年启动，至2011年，逐步形成一级土地开发、二级项目建设、三级运营管理的建设运作体系，全面推进规划策划、拆迁安置、投资融资、工程建设、招商引资等各项工作，建成京杭之心、世界运河名城博览会永久性会址、信息服务大厦、信息服务产业基地一期二期、天顺花园安置小区、育才小学东区校、文昌东路、沙湾路、京杭路等一批重点项目。配套工程有文昌大桥、广陵大桥、扬州客运汽车东站、北京新东方扬州外国语学校等。

第一节 规 划

一、区域优势

战略节点 广陵新城作为江广融合地带一个重要区域，具有巨大的开发价值和广阔的发展前景。随着扬州大交通格局的形成和完善，地处城市东部的广陵新城已成为毗邻江都、近连泰州、远接苏南、辐射苏北的中间地带和战略节点，具有明显的地理位置优势。

生态环境　广陵依水而建，因水而兴，缘水而发。广陵新城以东地域水网密布，植被广覆，是扬州最大的城市氧吧，具有无可比拟的生态资源。

文化底蕴　自古以来，古运河和京杭大运河作为进入扬州的门户和通道，既见证扬州历史上的数度繁华兴盛，也蕴藏丰富的历史文化和众多的名胜古迹。

空间载体　区域内拥有大面积建设预留地，具备良好的开发条件，这些为拓展城市空间，加快经济发展，尤其是为加快信息产业等现代服务业的发展提供优越载体保证。

二、产业布局

制造集聚区　运河东路以南区域，面积10平方千米。产业定位以都市型工业和商贸服务业为主；南绕城公路以南，着力引办科技含量高、辐射带动力强的工业项目，不断做大精密机械、汽车及零部件、电子信息等支柱产业。

核心商务区　运河东路以北至新万福路以南区域，面积约8.5平方千米。依托扬州数字城市基础设施条件与信息资源优势，确立“承接资源、吸引投资、错位发展、重点突破”思路，产业定位以现代服务业为主，突出信息服务业、软件产业。全面改造提升传统商贸业；通过空间布局，优先发展特色服务业，引进新业态，完善新设施；强化招商引资，大力发展总部经济、现代物流、金融服务、商务、会展等现代服务业。

生态旅游度假区　新万福路以北区域，面积约4平方千米。产业定位以茱萸湾、湾头古镇生态、文化旅游业为主，辅以特色餐饮、玉器雕刻、地方特色工艺品展示与销售等服务业。立足湾头古镇的资源特点和古镇特色景观，进行保护性开发利用，积极呼应凤凰岛、茱萸湾旅游业急剧升温态势，逐步建设完善配套服务设施，增添新兴服务项目，打造集生态旅游、休闲度假、康复疗养等为一体的东部生态旅游度假区。

三、规划设计

根据“规划先行”原则，广陵新城在建设之初，通过对城市经济发展的分析、文化传统及历史文脉的梳理、未来发展的合理预期，对国内外先进规划理念进行吸纳与创新，将区域合理定位、精心设计、精当规划，以指导广陵新城长远发展。至2011年年底，累计投入6000多万元，聘请国内外10多家知名规划设计公司，做好高水准、全方位、多层次、宽领域的各项城市设计及专项规划。

（一）发展目标

愿景目标　建设最能体现名城扬州“古代文化与现代文明交相辉映”的核心区域。

概念规划　作为扬州城市建设的主战场、主阵地，从环境看，广陵新城是“一个演绎生态自然与城市生活相共生的现代都市水城”；从产业看，广陵新城是“一个传统商贸与现代服务相揉合的现代服务业中心”；从区位看，广陵新城是“一个链接广陵区与江都区的重要枢纽”。

从扬州城市化发展进程及经济发展的内在动力出发，邀请知名咨询公司世联地产对广陵新城进行战略发展定位策划。将广陵新城定位为“以生态化为开发理念，以都市产业为发展核心，集商务、休闲娱乐、文化艺术、都市居住、城市旅游为一体的生态水城”。立足长远，对新城整体定位、功能定位、战略定位、形象定位以及空间布局进行规划分析，对用地指标及开发建设进行指导。

（二）总体规划

广陵新城CBD城市设计　中央商务区由新加坡雅思柏设计事务所设计，规划大师刘太格主持。该城市设计主要是从指标控制角度对广陵新城CBD区域开发及建设进行引导，将CBD建设成为扬州市未来商业、金融中心。

“两河两路”核心区城市设计　京杭大运河、廖家沟，文昌东路、运河东路由全球500强AECOM（艾奕康）公司设计。该城市设计通过对“两河两路”区位优势分析以及立足于整个广陵新城的发展，将“两河两路”区域定位为广陵新城的核心启动区。

（三）专项规划

市政规划　由深圳市政规划设计院设计。包括道路、交通、给排水、电力电信、管线综合、环卫、燃气等市政专项规划，形成系统的市政规划框架，以达到指导市政工程项目分阶段实施的目的。规划编制中，除保证规划的系统性，还就新城规划建设“共同沟”“低势绿化”等新课题进行专项研究，确保新城市政规划的创新性和领先性。

水系规划 由江苏省水利勘察设计院设计。规划面积11.4平方千米。广陵新城区水系规划与流域规划、区域规划、城市总体规划以及相关规划相协调，遵循全面规划、综合治理、因地制宜、分期实施的原则。其中防洪排涝规划依托淮河入江水道治理和扬州城市防洪建设，通过巩固外围防洪堤圈，改善内部排涝水系，建立广陵新城区独立防洪排涝体系；治涝措施上，合理划分排水分区，实行高低水分开、内外水分开，以自排为主，机排为辅，充分利用已有工程设施。广陵新城水系规划工程的实施，可有效提高区域防洪排涝标准，改善区域生态环境。

产业规划 由世界知名房地产咨询公司戴德梁行进行规划。产业规划对扬州市产业发展进行分析，对产业发展结构、产业定位进行研究。

生态环境规划 由美国易道公司规划设计。将未来的广陵新城建设成为区域性生态标杆，打造区域现代生态名城。广陵新城生态环境专项规划从地理学、生态学、资源环境学、生态景观学等多方位对生态宜居城市进行充分解读，结合已有的规划与设计从生态环境的角度进行全面系统分析，并作出综合评价与建议。广陵新城生态环境专项规划设计包括水资源与水环境、生态环境、能源、生态旅游等专项规划，是在现有新城控制性详细规划布局基础之上，构建一个生态基础设施完善、空间布局合理、生态良性循环的可持续发展的“生态新城”，并进一步细化各生态节点的重要参数，用来指导广陵新城的开发建设，创建“宜居生态新城”。

“智慧广陵”规划 由神州数码完成。规划包含智慧增长、智慧商旅、智慧管理、智慧生活、家园文化五个体系，通过信息化技术，建设智能建筑、智能住宅、智能广场、智能小区和智能城市。“智慧广陵”提出声谷人力推进工程、商旅智能终端建设工程、人本医疗工程、云服务中心等构想，为新城总体运营、投资服务中心、160米高层等项目的智能化设计提供参考依据，提升新城内涵。

能源规划 由东南大学进行设计。立足于将广陵新城建设成为生态示范新城，对广陵新城现有能源进行梳理，与生态规划相联系，建设成可持续发展的新城。

灯光照明规划 由东南大学设计院设计。照明规划结合广陵新城总体规划，将城市照明和城市建设的发展紧密联系起来，通过完成照明框架系统建设和城市夜间景观配套建设，优化市民夜生活环境，改善城市夜间景观，塑造广陵新城独特的现代都市水城特征和时代风貌。

第二节 建 设

一、资金筹措

面对新城建设前期只有投入、少有产出的实际，采取借壳上市等形式，多方筹措资金。至2011年年底，实现自有投资76.23亿元，其中一级开发投资55.12亿元、二级开发投资21.11亿元。融得开发资金47.84亿元，其中资本金投入0.55亿元、金融机构融资18.9亿元（信托7.37亿元，银行贷款11.53亿元）、企业融资21.6亿元（其中天津泰达股份14.6亿元）、土地收入5.89亿元、征地款返还0.9亿元。共投入现金46.95亿元，其中一级开发投入26.52亿元、二级开发投入12亿元、税款1.53亿元、还款5.66亿元、分红1.24亿元。

二、拆迁安置

2007年6月，新城启动拆迁工作。管委会强调每一个环节都进行公示，一把尺子量到底，确保所有程序在阳光下运行。领导班子成员深入到拆迁户讲解城市规划、拆迁政策，对被拆迁人的姓名、房屋面积、人口等信息进行全方位多层面公示，每一环节做到实事求是，实现阳光拆迁、阳光安置、阳光补偿。

2007～2011年，在“有情拆迁、让利于民”的拆迁政策指导下，管委会克服拆迁工作点多、面广、量大、矛盾复杂、时间紧迫的实际困难，完成2731户居民、147家企业的搬迁，搬迁总面积86.69万平方米。

三、基础设施

（一）道路

2006～2011年，广陵新城建设道路8条，总投资2.28亿元，建设总长度14.52千米，均为沥青路面。

文昌东路　文昌东路为广陵新城区域内横向主干道，通过文昌大桥与市区文昌中路对接，通过广陵大桥与江都区舜天路对接。第一期工程西起文昌大桥，东至沙湾路，长2200米。2006年8月开工建设，2007年12月竣工。工程投资6986万元。第二期工程西起沙湾路，东至广陵大桥，长761米，2010年7月开工建设，2010年12月竣工。工程投资1668万元。第三期工程西起广陵大桥，东至杭集，长500米。工程投资1600万元。路幅60米，其中快车道双向各11.25米，慢车道双向各5米，中央绿岛10米，快慢车道隔离带双向各4.25米，人行道双向各4.5米。

沙湾路　第一期工程南起运河东路，北至文昌东路，长863米。路幅50米，其中快车道21.6米，慢车道双向各5.5米，快慢车道隔离带双向各4.7米，人行道双向各4米。2006年8月开工建设，2007年12月竣工。工程投资1900万元。第二期工程南起文昌东路，北至万福路，长3168米。2009年7月开工建设，2010年5月竣工。工程投资4000万元。

汽车东站西支路　南起运河东路，北至健民路，长581米。路幅16米，其中快车道10米，慢车道、人行道混合双向各3米。2008年2月开工建设，4月竣工。工程投资298万元。

汽车东站北支路　东起沙湾路，西至汽车东站西支路，长245米。路幅16米，其中快车道10米，慢车道、人行道混合双向各3米。2008年2月开工建设，4月竣工。工程投资126万元。

健民路　一期东段：东起沙湾路，西至汽车东站西支路，长300米。路幅36米，其中快车道15米，慢车道双向各3米，快慢车道隔离带双向各1米，人行道双向各1.5米。2008年3月开工建设，4月竣工。工程投资1463万元。二期：东起秦邮路，西至京杭中路，长410米。路幅36米，其中快车道15米，慢车道双向6米，快慢车道隔离带双向各1米，人行道双向各1.5米。2009年8月开工建设，2010年4月竣工。工程投资668万元。

京杭路　一期工程南起运河东路，北至文昌东路，长863米。路幅40米，其中快车道15米，慢车道双向各4.5米，快慢车道隔离带双向各4米，人行道双向各4米。2008年6月开工建设，2009年4月竣工。工程投资1230万元。二期工程南起文昌东路，北至万福路，长1720米。2008年6月开工建设，2009年9月竣工。工程投资2452万元。

U型支路　南端与京杭中路对接，北端与京杭北路对接，长1009米。路幅16米，其中快车道9米，慢车道、人行道混合双向各2米。2009年8月开工建设，12月竣工。工程投资515万元。

茱萸湾路　南起万福路，北至茱萸湾公园，长1900米。南段1200米，路幅24米，其中快车道17米，慢车道、人行道混合双向各2米，快慢车道隔离带双向各1.5米；北段700米，路幅16米，其中快车道9米，慢车道、人行道混合双向各2米，快慢车道隔离带双向各1.5米。2011年1月开工建设，3月竣工。工程投资1460万元。

图12-2-1　江六高速公路汤汪互通

（二）京杭之心景观工程

项目由艾奕康环境规划设计（上海）有限公司设计，江苏华建建设股份有限公司承建。2008年7月举行奠基仪式，2010年12月成功开坝放水。工程包括景观、绿化、灯光、喷泉、游艇码头等，总投资1.12亿元，总面积6万平方米，其中绿化2.9万平方米。2011年9月建成并对外开放。

该项目是广陵新城的门户，是扬州京杭大运河十里外滩最大型的特色主题景观，西傍京杭大运河，北倚文昌东路。项目占地面积约40公顷，包括市民广场、大草坪电影院、创意文化广场、生活风尚广场、水舞广场、内湾公园等主题公共空间及一些高端金融、商业、酒店建筑。其中，水域面积10公顷，借鉴杭州西湖成功经验，综合采用声、光、电系统，打造成广陵新城的“慧眼”、京杭大运河的“心脏”，再造活力四射的现代水岸，丰富运河文化，凝聚水街商机。

（三）绿化

广陵新城区域内绿化以水系和道路为依托，结合功能项目绿化点有机连接成完整的绿化系统。2007～2011年，完成文昌东路、沙湾路、京杭路、茱萸湾路、京杭之心景观工程、会议中心、皇冠假日酒店、育才小学东区校、产业基地一期二期、信息大厦等路段、功能项目绿化施工，投入资金2.16亿元，绿化面积70万平方米，共有香樟、紫薇、龙柏、朴树、石榴、银杏、雪梅等乔木5万多株。

2007～2011年广陵新城拆迁项目一览表

表12-2-1

序号	项目名称	被拆迁户情况			被拆迁面积（平方米）			安置套数（套）	安置面积（平方米）	拆迁时间
		居民（户）	企业（家）	合计（户）	居民	企业	合计			
1	沙湾路（运河东路—文昌东路）	37	1	38	9559.06	336.92	9895.98	91	9724	2007-6-1
2	文昌东路（秦邮路—沙湾路）	65	9	74	15777.93	11394.19	27172.12	166	17128	2007-5-31
3	信息产业基地	78	1	79	23439.10	77770.02	101209.12	234	24814	2007-8-5
4	京杭路、京杭之心	202	5	207	66183.67	16866.58	83050.25	666	72195	2008-2-24
5	京杭运河风光带	201	15	216	3611.96	12185.02	15796.98	191	18775.59	2008-3-9
6	沙湾路二期（北段）	100	3	103	28357.10	5844.56	34201.66	284	29322	2009-3-13
7	安置小区	—	11	11	—	13265.41	13265.41	—	—	2009-3-18
8	健民路	—	21	21	—	21223.10	21223.10	—	—	2009-5-21
9	信息产业基地二期	34	—	34	11653	—	11653.00	103	10267	2009-6-17
10	田庄29户	29	—	29	9731.17	—	9731.17	87	9302	2009-7-24
11	京杭路U型支路田庄四组	111	3	114	35628.76	1216.74	36845.50	373	39296	2008-2-24
12	文昌东路东延工程	90	4	94	23589.98	651.14	24241.12	227	22247	2010-3-9
13	运河东路－宁通高速绿化带（东入口段）	68	—	68	14629.68	—	14629.68	143	14144	2010-3-20
14	生态科技广场（新城广场）	325	5	330	89580.74	1184.61	90765.35	872	86902.29	2010-3-31
15	462号地块	222	6	228	14559.96	8698.06	23258.02	256	23886.79	2010-6-10
16	天顺花园四期	—	12	12	—	14520.84	14520.84	—	—	2010-9-6
17	公交回车场	—	2	2	—	2296.42	2296.42	—	—	—
18	田庄商业水街（田庄河、大汪河、秦邮路综合环境整治项目）	266	11	277	86003.67	6965.51	92969.18	797	80144.62	2010-11-25
19	茱萸湾路	54	16	70	7342.52	11349.06	18691.58	60	6076	2011-1-9

续表 12-2-1

序号	项目名称	被拆迁户情况			被拆迁面积(平方米)			安置套数(套)	安置面积(平方米)	拆迁时间
		居民(户)	企业(家)	合计(户)	居民	企业	合计			
20	文昌东路东延(夏桥)	90	4	94	28847.9	1819.3	30667.20	228	22783	2010-12-24
21	茱萸湾路环境提升工程	76	4	80	22764.47	314.19	23078.66	227	22575	2011-3-3
22	广福花园	168	2	170	41954.3	638.77	42593.07	447	44507	2011-3-3
23	华远地块	98	3	101	28454.77	2090.63	30545.40	270	26804.56	2011-3-21
24	育才小学	127	6	133	35112.24	541.67	35653.91	339	33778	2011-3-28
25	京杭之心(南)环境综合整治	174	2	176	23970.13	4319.63	28289.76	268	27495	2011-8-15
26	信息产业基地西侧	116	1	117	30439.31	167.3	30606.61	322	31209	2011-11-8
合计		2731	147	2878	651191.42	215659.67	866851.09	6651	673375.85	—

第三节　项　目

一、信息服务大厦

位于京杭大运河东、廖家沟西，扬州 E-CBD 核心区域。2008 年 5 月动工，2009 年 8 月封顶。信息服务大厦共 19 层，是广陵新城第一幢高楼，具有广陵新城地标性效果。由杭州张雷建筑设计事务有限公司设计，上海殷行建设集团有限公司承建。占地面积 1.66 公顷，基底面积 1637 平方米，建筑面积 2.83 万平方米，总投资 1.2 亿元。1 ～ 2 层为公共空间及信息产业服务管理办公室，3 ～ 17 层为 5A 级写字楼，其中 3 ～ 12 层对外招商，已有宁时代等一批高科技项目入驻。18 层为会务层，19 层为观光层，每层均有服务区、休息区及商务交流区。负一层设有地下车库。

信息服务大厦绿化率 30%，生态办公，户外空间有花园休憩区。设施配套先进，宽带设施好，网速快，无线网络和有线网络均已配套，1 层、17 层设有电子显示屏，2 层、15 层有项目宣传电子屏及沙盘。楼宇内配有商务中心和高档运动、休憩健康中心。所用装饰配件均为知名品牌装修材料、专业隔音板、节能型电器、节能环保建材。

二、京杭会议中心

位于文昌大桥南、京杭大运河东。南临京杭之心人工湖，东邻京杭中路。由上海思纳建筑设计有限公司设计，江苏华建建设股份有限公司承建。2010 年 6 月动工，2011 年 3 月封顶，9 月交付使用。投资 2 亿元，占地面积 2.36 公顷，建筑面积约 2.1 万平方米，地面 3 层，地下 1 层，建筑高度 23.9 米。地下有停车位 168 个，地面有大车停车位 20 个。

作为世界运河名城博览会永久性会址，京杭会议中心为唐代建筑风格，造型敦厚稳重，端庄气派，古典风格与现代元素交融。会址顶部形状似倒扣的“斗”，整个建筑俗称“覆斗帽”。该造型采用经典唐风中规格最高的形式——庑殿。

图 12-2-2　京杭会议中心

京杭会议中心分为3层，有大、小会议室9间（其中一间可拆分为三间），可满足各类大、中、小型会议使用。

一层有一个可容纳1000多人开会的大会议厅；西侧有两个多功能厅，单个厅面积140平方米，均有贵宾休息室；东入口有两个小休息区，中间是总服务台，可为与会人员提供报到及小件寄存服务。

二层有大、小会议室5间，其中一间国际会议室，可容纳90人；一间国际会晤厅，可容纳50人左右；一间可容纳42人开会的大型圆桌会议室；一间可容纳18人的国际贵宾接待室；一间可容纳20人会议的长桌会议室；另设一个商务中心和一个小的会议间歇休息区。

三层有会议室3间，其中有24人的分组讨论会议室2间；一间可拆分会议室，需要时可拆分为20人讨论会议室3间；可容纳8人办公的办公室4间；8人办公的会议中心管理办公室2间，36平方米的领导办公室2间。目前三层会议室暂作运河文化布展厅使用。

2011年9月，2011中国·扬州世界运河名城博览会暨首届全球设计城市峰会开幕式在京杭会议中心举行。世界运河名城博览会中心平时承接各类大中型会议，兼顾小型演出功能，成为扬州各类会议主要的举办场所之一。

三、天顺花园安置小区

位于联合村境内。为村民拆迁安置小区。东距沙湾北路约20米，西至秦邮路，南临天顺南支路，北依万福路。小区占地面积23.87公顷。2007年开始建设。至2011年，已建成住宅楼68幢2284套，建筑面积31.37万平方米，入住率93%。其中一期2007年10月开工，2008年10月竣工，建筑面积6.9万平方米，绿化面积3.13万平方米，商业面积450平方米，住宅房14幢510套；二期2010年3月开工，12月竣工，建筑面积7.47万平方米，绿化面积2.61万平方米，商业面积550平方米，住宅房17幢570套；三、四期2011年3月开工，12月竣工，建筑面积17万平方米，绿化面积5.95万平方米，住宅房37幢1204套。

小区居住环境优美，基础设施较为齐全。绿化面积占总面积的32%。小区内东西向的景观溪流——中沟河，长约1500米，宽6米。小河两侧建有小亭、假山和小桥，还有物业管理公司、幼儿园、社区卫生服务中心、便民超市、健身活动场地等。

四、三间院生态庄园酒店

位于广陵新城信息大厦东侧。占地面积23.67公顷，绿化覆盖超过85%，集餐饮、客房、会议于一体。建筑分别由清华大学、南京大学建筑设计院设计，以四合院设计风格元素，集中国传统文化与扬州地域文化为一体，体现尊贵、私密、幽静、高雅的特色。

餐饮区 2008年10月开工，2009年4月竣工，总投资5000万元。共有餐饮包厢20多间，餐饮区域主要分水、竹、石3个庭院，每个庭院的装修和设计都各有特点，包厢的工艺品也都突出环保特点。因水、竹、石和中国传统文化的儒、道、释文化有所联系，故3个院落也被称为儒院、道院和禅院。此外，餐饮区域还设有外围平台、亲水平台、茶室，可供宾客冷餐、垂钓、品茗等。

客房区 2010年12月开工，2011年3月竣工，总投资3400万元。整体是徽派建筑风格，因四面环水，故名“四水塘”。客房主要有4院、3亭构成，4院为乾院（总统套房2间）、坤院（景观套房5间）、泰院（大床房12间）、易院（贵宾接待室、20人左右中型会议室、容纳60人会议用餐的多功能厅），3亭为诠释水文化的雨亭（红酒吧）、川亭（大堂吧）、云亭（茶道吧）。

五、天顺幼儿园

位于天顺花园安置小区内。为广陵新城管委会主办的一所公益性、普惠性公办幼儿园。2007年10月开工，2008年10月竣工。占地面积约0.5公顷，建筑面积2000多平方米。有大、中、小、托4个年龄段9个班级，可容纳约300名幼儿入园。园内幼儿生活、保健、教育教学设施完善，每班均配有电子琴、多媒体教学设备、空调、电视机等现代化设施；拥有户外塑胶操场、大型游乐玩具，设有图书室、创意美术室、潜能开发室、生活体验室、多功能厅等课外活动场所。该园师资队伍年轻、专业、敬业，均通过正规考试招聘入园。

六、扬州市育才小学东区校

位于广陵新城中央商务区核心区。东临廖家沟，南邻广陵新城高档滨水居住区，西临未来商务和行政中心集中区，交通便利，环境优美。是市委、市政府2011年“一号文件”提出的重大民生工程，是优化教育布点、推进广陵基础教育均衡发展的实事工程。总投资1.5亿元。2011年9月动工。占地面积8.38公顷，建筑面积3.9万平方米。最高4层21米，容积率0.487，建筑密度18.36%，绿化率51.02%，设计地下机动车停车位88个、地上机动车停车位11个、非机动车位700个。学校设有3个出入口，主入口在东边滨水路，次入口和后勤入口在西边规划环河路。学校共有建筑12栋，其中1～5号楼为普通教室，6号、7号楼为专业教室，8号楼为后勤楼（食堂），9号楼为会议楼，10号楼为体育馆，11号楼为综合楼，12号楼为门庭及家长接待中心。

学校内部配备400米跑道的专业足球场和多项体育设施，配有自然教室、仪器室、音乐教室、乐器室、美术教室、书法教室、语言教室、计算机室、劳动技术教室、多功能教室、舞蹈教室、图书阅览室、科技活动室、心理咨询室，设有大、中、小报告厅，还设计仁爱、仁人、爱知、求实、真性、诗歌6个主题广场。建设规模为12轨72个班，可容纳3240名学生就读。校园以扬州特色、育才文化、小学教育为核心，结合小学生的生理和心理特点，通过地域化生活场景、教育品牌的空间解析、素质教育的典范空间，营造体验式校园环境、故事化生活场景。

七、艾米1895电影吧

位于信息产业基地二期17号楼综合生活配套楼4楼。占地面积0.2公顷，是扬州唯一的24小时电影文化休闲场所。提供会所级服务标准的私人影厅，可提供2人情侣、3人家庭、5人聚会和多人豪华聚会等不同规格的包房式观影服务。

艾米1895电影吧由12个观影标准3人厅、7个情侣厅、1个聚会6人厅、1个19人贵宾厅和1个55人的同步影院构成。基于全球电影海量片源，影片库超3000部，每周约20部正版影片更新，并能为特定观众预约制定影片，成为属于观众自己的电影院。影厅区别于传统的电影院，创造出一种全新的观影模式，通过自助式设备与专人电影顾问，配合内线电话、贴心小食，打造专属空间、海量片源、随心点播的新型观影空间，让每一位前来观影的顾客体会优质贵宾待遇。

八、皇冠假日酒店

位于京杭大运河东、京杭之心水湾。2010年6月开工建设，2011年12月封顶。占地面积2.39公顷，建筑面积5.3万平方米，由地下1层、裙楼4层、塔楼10层组成。建筑总高71.6米，总投资5亿元。

图12-2-3　皇冠假日酒店

酒店设计定位于会议中心的配套设施建筑，设有各类客房319间，同时集会议室、全日餐厅、特色餐厅、可容纳45桌同时就餐的宴会厅、室内恒温游泳池、健身房等休闲、聚会、商务多功能于一体。

酒店建筑外观延续会议中心的唐代建筑风格，端庄气派，古典与现代元素交融。歇山顶的中式建筑风格与楼身的现代流线弧度相得益彰。酒店内部装饰以纯净、淡雅、明快的米黄色调作背景，衬托高品位的家具、灯具及艺术品陈设，结合突出的立体感与节奏感，烘托出高雅的文化氛围。

九、京杭水镇

位于京杭之心东、皇冠假日酒店南。2011年6月开工。占地面积1.87公顷（其中河道0.2公顷，宽15米），建筑面积2.84万平方米（其中地下8847.8平方米、地上1.96万平方米）。总投资1亿元。项目东西长132

米，南北长 142 米。整个地块从北至南分为 A、B、C 三个地块，B 为河道。A、C 地块南北两侧的四层建筑总标高为 23 米，其中一到三层层高 4.2 米，四层层高 4.8 米；中间的两层建筑，总标高 14.7 米，一层层高 4.2 米，二层层高 4.8 米；沿河建筑总标高 8.7 米，一、二层层高 3.9 米；地下车库层高 3.6 米。

京杭水镇西面临近京杭之心景观旅游区，北侧为京杭国际会议中心和皇冠假日酒店，一条规划水系从其中间穿过，连贯京杭之心和廖家沟，构成整个运河文化风情京杭水镇。京杭水镇在规划设计上，将西方现代商业空间与传统中式尺度进行完美结合，诠释全新的水街理念；在建设理念上，全力打造一条复合型、体验型的商业街区，一个展示运河文化的户外博物馆，一座生态低碳的绿色小镇。

十、市民中心广场

位于特色商业水街中心节点位置。北靠规划中的市行政服务中心，西接京杭之心，是新城人文景观的视觉中心节点、城市标志形象的展示中心。2011 年 8 月开工，占地面积近 7 公顷，总投资约 4.2 亿元。地面部分由上海艾斯弧建筑设计有限公司设计。功能上主要分文化艺术展示空间、热感空间、活力运动空间、集散广场空间、综合交流空间及餐饮休闲广场。景观功能区在基地内对称布置，层次处理，加强各个区域的可达性和联系性。广场地下人防建筑面积 7 万平方米，设有精品商业区、超市、影院、游泳健身馆、停车场等。扬州是一个因水而生的城市，广场以水的波浪为灵感进行设计，以广场文化纪念元素打造入口区域，凸显纪念广场文化特色，用 2500 年城建历史故事打造一条艺术雕塑廊道，以点式景观为主串联整个林荫漫步道。广场建成后，成为辐射周边乃至整个广陵新城的集休闲、娱乐、健身、集会于一体的开放性生态广场，是广陵新城城市形象的标志性地区。

图 12-2-4 市民中心广场

十一、文昌大桥

位于文昌中路东。是市区文昌路向东延伸、跨越京杭大运河至广陵新城的一座大桥。桥面全长 650 米，宽 45.6 米，双向 6 车道，沥青路面。2006 年 9 月开工建设，2007 年 12 月竣工通车。工程总投资 1.63 亿元。

十二、广陵大桥

位于文昌东路东。是文昌东路向东延伸跨越廖家沟连接江都区的重要节点，也是扬州城建史上单体最长、工程量最大、投资最多的市政桥梁工程。大桥按城市Ⅰ级主干道标准实施，全长 1202 米，宽 55 米，双向 6 车道，沥青路面，设计时速为 60 千米 / 小时，防洪标准为 300 年一遇。主桥结构设计采用拱梁组合体系，以河中小岛为中心对称布置，9 孔 2 联，并在桥头和河中小岛上设立 6 个仿古观景亭。整个桥体外形为多孔拱形结构，长虹卧波，气势雄伟。2011 年 2 月开工建设。工程投资 3.65 亿元。

十三、扬州汽车客运东站

位于运河东路 800 号。为广陵新城的南大门。占地面积 4.96 公顷（含公交场站），建筑面积 3.5 万平方米，分两期实施。一期工程建筑面积 1.46 万平方米，其中站房面积 1.14 万平方米，辅助用房面积 951 平方米，地下建筑面积 2200 平方米，玻璃敞廊面积 1658 平方米。一期工程 2007 年 5 月开工建设，2008 年 7 月竣工开业，总投资 9500 万元。

十四、北京新东方扬州外国语学校

位于联合村内。西起京杭北路，东至秦邮路。由北京新东方教育科技集团投资 3.5 亿元兴建，是一所小学至高中 12 年一贯制的寄宿制学校。学校占地面积 23.67 公顷。2003 年开始建设。总体由清华大学建筑学院设计，其风格彰显人与自然和谐、东西方文化融合和环境友好教书育人的原则。建筑面积 14 万平方米，有教学楼、办公楼、图书馆、体育场馆、学生公寓、餐厅、多媒体教室、科技及艺文等功能教室和各项体育设施。校园一年四季绿树浓荫，数十种花木点缀其间。

第四节　江苏信息服务产业基地（扬州）

一、规划

江苏信息服务产业基地（扬州）是由市政府和原省信息产业厅联合共建的专业特色园区，是中国最早专注以呼叫产业为核心的专业园区，涉及数据处理、应用软件研发、IT 培训咨询、移动互联网、电子商务、工业设计等产业。基地始建于 2007 年。规划面积 252 公顷，坐落于广陵新城，东邻廖家沟，西至京杭大运河，处于扬州电子商务中心核心区域，交通便捷，区位优势独特，生态环境优美。计划总投资 50 亿元，2011 年，投资已逾 18 亿元。

2007 年 8 月，产业基地成立之初，戴德梁行房地产咨询（上海）有限公司规划将呼叫中心、数据服务及城市信息化应用系统软件和具有扬州特色的 IT 培训作为信息服务产业基地的支柱产业，将其打造成全国最大的呼叫与数据服务产业集聚地。经过四年的持续建设，产业基地已形成一期、二期共 32 万平方米物业空间。

2011 年年初，扬州市出台《软件服务业综合体规划建设方案》，提出重点规划建设软件服务业综合体，由国际知名咨询策划安永（中国）公司为基地重新进行产业定位策划，推动产业基地二次创业定位。

（一）发展定位

根据安永公司编制的规划方案，通过“标杆研究结合上位规划”“产业研究结合内部诊断”与“竞合分析结合内部诊断”的“内外三结合”原则，重新制定产业基地二次创业定位，调整 2007 年产业基地成立后的发展战略，紧紧依托产业基地实际和发展基础，深挖软件与信息服务产业资源及潜力，实现基地的产业升级与经济和社会价值的全面提升。

（二）产业定位

基础提升、核心支柱以及战略先导三大信息服务产业提升发展层级与定位组合：基础提升产业层级包括 IT 技术服务、业务流程服务、信息服务外包、行业共享服务和数字内容服务；核心支柱产业提升层级包括行业应用软件、电子商务、嵌入式系统和高新技术产业实现相关业务；战略先导产业提升层级主要为移动互联产业相关业务及服务。

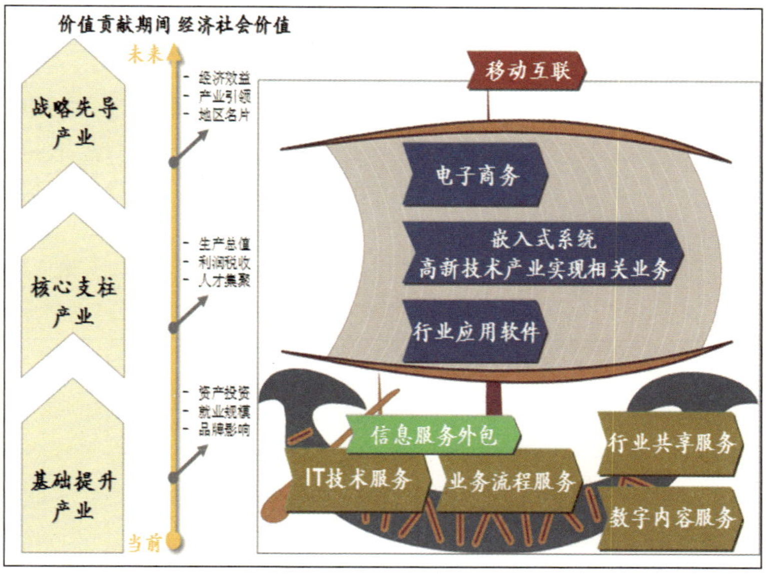

图 12-2-5　信息服务产业基地产业定位及组合 TGGG 示意图

（三）园区定位

确立“SAIL——扬帆计划”作为信息服务产业基地未来园区发展定位，并赋予园区崭新内涵——以服务之声、融合之声、智慧之声和引领之声诠释园区全面启航的时代强音。服务之声是实现信息服务产业跨越升级，打造新型信息服务产业集群，迅速拓展 IT 技术服务、业务流程与行业共享服务、信息服务外包等高附加值信息服务产业。融合之声是力争与现代制造业无缝融合，打造“两化”（工业化、信息化）融合产业集群，大力发展电子商务、嵌入式系统、高新技术产业设计开发实现等产业。智慧之声是紧抓城市智慧创意优势彰显，以在广陵区成立的智慧城市研究院为载体，以智慧广陵新城建设为契机，大力发展智慧城市应用软件研发、创意设计与数字内容制作以及专业人才培训等相关产业，打造智慧创意产业集群，提升城市智慧、智力与智能。引领之声是立足新兴产业领域开拓引领，打造移动互联网络产业集群，加快互联网特别是移动互联网发展，在电信移动增值、智能移动终端应用系统、数据处理（新一代 IDC、地图数据、金融保险数据等）以及信息安全等业务领域确立行业领先地位，引领行业发展。

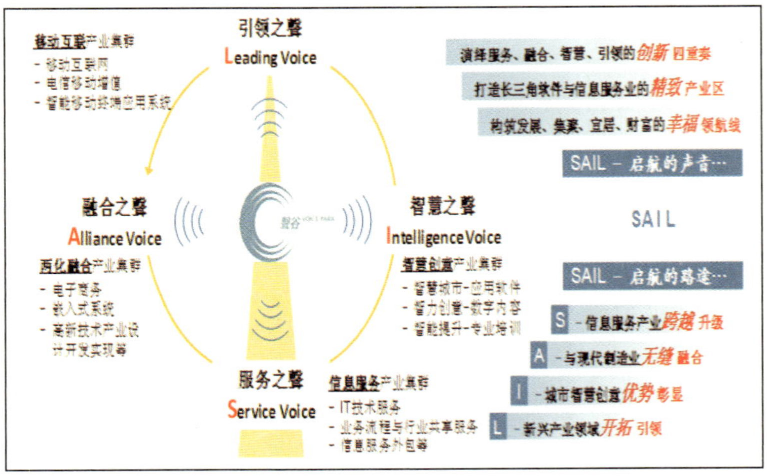

图 12-2-6 信息服务产业基地园区定位及内涵示意图

二、建设

（一）推介活动

产业基地连续举办五届中国扬州软件与信息服务外包大会，举办三届“春晖杯”中国留学人员创新创业项目（扬州）视频对接洽谈会；举办金融及电子商务呼叫数据专家研讨会、新人力论坛、清华国际设计管理大会扬州论坛、中国扬州广陵新城江苏信息服务产业基地北京推介说明会、“中国声谷杯”扬州市大学生村干部创新创业大赛；协办英国伦敦扬州软件和信息服务业推介会、美国名校留学生代表创新创业扬州行座谈会、2011 中国智慧城市规划与建设高峰论坛，通过举办一系列活动，进一步打造“中国声谷”国际品牌。组织参加第二届、第三届、第四届中国国际服务外包合作大会，第五届、第六届中国（南京）国际软件产品博览会，进行产业基地专题布展宣传，推介信息服务产业基地特色；参加北京中关村留学人员创业园协会第一届会员大会，获得会员单位授牌；参加省软件园区产业公共服务平台及体系建设讨论会、省两化融合产业服务园建设现场会，交流工作经验；参加第四届中国互联网草根站长大会、第十届中国软件业务收入前百家企业发布会、长三角现代服务业合作与发展论坛等活动，扩大“中国声谷”的品牌影响力。接待各类参观交流 500 人次以上。

（二）项目申报

至 2011 年年底，园区共申报国家、省、市、区各相关部门各级各类计划 168 项，获批项目 72 个，累计争取资金 2000 万元以上。其中，园区企业获批项目 58 个，项目类别涵盖软件企业项目、CMM/CMMI 认证企业项目、高新技术企业项目、工程技术研究中心企业项目等 10 多个。园区品牌建设获批项目 14 个。

2008 ~ 2011 年江苏信息服务产业基地（扬州）园区品牌建设获批项目一览表

表 12-2-2

序号	品牌名称	授予部门	授予年份
1	江苏省现代服务业集聚区	江苏省发展和改革委员会	2008
2	江苏省软件和信息服务产业园	江苏省信息产业厅	2008
3	江苏省信息安全应用技术研究与推广	江苏省信息化工作领导小组办公室	2008
4	“春晖杯”创业大赛创业基地	“春晖杯”中国留学人员创新创业大赛组委会	2009
5	江苏省国际服务外包示范区	江苏省商务厅	2009
6	江苏省级科技创业园	江苏省科学技术厅	2009
7	扬州市创业带动就业民本工程——孵化基地	扬州市劳动和社会保障局	2009
8	扬州市女大学生创业实践基地	扬州市妇女联合会、扬州市女企业家协会	2009
9	中国呼叫中心能力建设管理规范——专业园区示范单位	中国呼叫中心能力建设管理规范工作组	2010

续表 12-2-2

序号	品牌名称	授予部门	授予年份
10	北京中关村留学人员创业园协会会员单位	北京中关村留学人员创业园协会	2010
11	扬州市小企业创业基地	扬州市中小企业局	2010
12	江苏省博士后创新实践基地	江苏省人力资源和社会保障厅	2011
13	江苏省信息服务产业基地（扬州）留学人员创业园	江苏省人力资源和社会保障厅	2011
14	江苏省重点培育小企业创业基地	江苏省经济和信息化委员会	2011

（三）人才建设

随着沪宁高铁开通，扬州逐渐融入上海、南京都市圈，凸显“三线城市的用人成本、一线城市的智力支持”独特优势，具备优越的就业价值取向。园区依托扬州丰富的中级人才资源，尤其是职教发达，统筹考虑就业经济，解决大量中端人才就业。根据广陵区信息产业高速发展、人才需求密集，软件外包集聚区相对中低端等特点，园区每年培训和输出专业人才不少于 1 万人。

2008 ～ 2011 年，园区通过各种渠道引进“千人计划”“双创人才”等各类高层次领军人才 9 人，支柱产业急需的专业技术人才 25 人，引进安永、安博中程等国际国内知名培训机构，采用定制培训、资格培训等多种合作模式培养人才。

三、项目

至 2011 年年底，产业基地已有中国电信、中国移动、中国联通、神州数码、江苏易图数据、百度、一号店、易迅网等 90 多家软件与信息服务类企业相继入驻。其中，外资项目 4 个，国家高新技术企业 2 家，软件企业 12 家；软件产品数 55 个，软件著作权数 110 个，专利申请数 20 件（其中国际专利申请数 4 件）；建成 8000 个座席，近万人在园区办公。

（一）信息产业基地主体项目

江苏信息服务产业基地（扬州）一期占地面积 10.02 公顷，建筑面积约 14 万平方米，其中专业呼叫中心产业楼 7 幢、5A 级信息服务大厦 1 幢，配套综合服务楼 3 幢，配备有多功能阶梯会议室、食堂餐厅、咖啡馆、宿舍公寓、休闲健身场所等。二期占地面积 18 公顷，建设单体建筑共 8 幢，其中产业楼 4 幢、设计大厦 1 幢、数据楼 1 幢、配套服务楼 2 幢。

（二）信息服务大厦项目

参见本篇第二章第三节第一目。

（三）一园多址项目

中国声谷·文峰电子商务园。位于渡江南路 130 号。建筑面积 8400 平方米，办公用房 123 间。以金属电子交易企业为主，依托现代互联网技术，形成金属交易信息、网上物流配送、电子支付交易等为一体的电子商务支撑服务平台。

中国声谷·昌运电子商务园。位于文昌中路 8 号。建筑面积 5000 平方米，办公用房 300 间。以销售建筑材料电子商务企业为主，打造金融贸易信息采集、网上物流配送、电子支付交易等为一体的电子商务支撑服务平台。

中国声谷·东关科技孵化园。位于北河下路 23 号。建筑面积 2480 平方米。以引进高科技人才、高新技术企业和具有创新能力及市场开发前景的企业滚动孵化为主。

第三章 开发园区

2002年8月，市政府批准成立广陵产业园。广陵产业园地处扬州城市东部，2002年启动建设后，贯彻执行区委、区政府《关于进一步加快广陵产业园建设与发展的意见》和《广陵产业园招商引资奖励办法》，经过10年开发建设，已成为江苏沿江开发带具有一定规模的产业园区。2011年年底，已有20多个国家和地区的200多家企业落户，园区主要经济指标年年攀升。广陵产业园坚持“生态、人文、科技”的规划理念，建设都市型工业区、商贸流通区和商品住宅区，互相配套有机整体。作为扬州市城市副中心，园区内规划有商务办公、研发中心、金融中心、基础教育、医疗卫生、休闲公园等公共设施。投资总额161亿元，注册资金136.2亿元。是年，工业总产值203亿元。

1987年，杭集三业产值过亿元（1.23亿元）。1999年，完成乡村企业改制，民营企业迅速发展壮大。2001年，工业企业数386家，其中私营企业317家。全年工业产值28.7亿元，初步形成牙刷、新型包装材料、旅游用品三大类产品生产基地。2001年7月，获批设立杭集工业园。园区交通便捷，环境优美，被纳入扬州市“一区四园”之列。2011年，园区工业产值290.21亿元，利税27.78亿元。杭集已成为世界最大的牙刷生产基地、新型材料生产基地和旅游用品集散地。该园于2011年年底划入广陵区。工业园第一期规划面积800公顷。规划范围东至泰李公路，西至廖家沟，河边预留200米滨河生态绿地；南至琼花路一线，北至王集村王一、王二组一线。2001～2011年，累计开发建设5.5平方千米，政府基建投资9亿元，有企业150多家，项目投资55亿元。建成园区道路七纵九横框架，总里程35千米；拥有11万伏变电所两座；日产3万立方米自来水厂两家；工业废水、生活污水由专用管道直送扬州汤汪污水处理厂。

2005年2月，广陵区在南绕城公路南侧、新扬圩路东侧，成立广陵产业园食品加工区。2006年8月，成立指挥部。2007年3月，启动开发建设。园区在基础设施、生态环境等方面完成开发建设总投入13亿元。累计引进项目43个。其中，外资项目12个，总投资3.7亿美元；民资项目31个，总投资54.2亿元。2011年，实现产值10亿元，利税1.02亿元。

2006年年初，区委、区政府决定建设扬州市商贸物流园，并成立指挥部，注册登记扬州广贸物流开发公司。该园是市区唯一以生活资料为主，生产资料为辅，集商品批发交易、仓储配送、信息服务为一体的物流园区。2007年9月，成立投资服务中心。至2011年，运河港二期完成，三期开工。完成固定资产投入9.1亿元。当年新增民资注册资本3.6亿元，合同利用外资1780万美元，实际利用外资435万美元，完成财政收入4820万元。

第一节 广陵产业园

一、规划

（一）北区控制性规划

规划范围 东至廖家沟，南至大众港，西至京杭大运河，北至运河东路，总用地面积1024公顷。

规划目标 优化产业布局，改造完善区域道路系统，提高居住环境，建设一个配套设施完善、产业布局合理、展现新城形象的城市新区。

功能定位 主要功能为工业新区、居住生活片区；布置适量市级公共服务设施。

用地性质 依据功能定位，片区的主要土地用途为居住用地及工业用地。

规划措施 提升土地利用价值，完善相应基础配套设施；完善道路体系，明确道路等级；沟通河流，完善水网系统;建造滨河防护绿化带和道路防护绿地。

（二）南区控制性规划

规划范围　东至廖家沟,南至迎春河,西至京杭大运河,北至大众港,总用地面积 827.91 公顷。

规划目标　建设都市型工业区,使其服务社会化、用地集约化、管理数字化。力求创造一个高效、集约、便捷、清洁、优美、安全的生态型产业园区,为投资者提供一个理想的投资环境。

功能定位　主要由三大部分组成,即生产功能,服务于自身的公共设施配套功能,城市居住功能,使其成为广陵区新的经济增长点。

用地性质　依据功能定位,片区的主要土地用途为工业用地。

规划措施　同北区控制性规划。

二、建设

2002 年 8 月,产业园建设启动。4 个月完成一期 4661 平方米的拆迁工作,建成 1500 米的“一纵”沙湾路和 4000 米的“两横”（京杭路、秦邮路）道路。2002 ～ 2011 年,园区投入 50 亿元用于基础设施与配套建设,建成 8 纵 6 横 21 条 56.3 千米道路和 17 座桥涵,水、电、排污、绿化、路灯等配套设施同步竣工,创业中心宿舍楼、办公楼、拆迁安置小区等一批配套工程投入使用。

（一）道路

通过 10 年开发建设,园区内道路框架已经形成,配套设施逐步完善。至 2011 年,共建设主干道路 24 条,累计里程 56.3 千米,铺设道路总面积 136.12 万平方米。园区形象全面提升,项目承载能力快速加强,已搭建成一个良好的投资平台,成为中外客商竞相投资的热土。

2011 年广陵产业园园区主干道路一览表

表 12-3-1

序号	道路名称	道路起止点		长度（米）	宽度（米）	面积（平方米）	已建总面积（平方米）
1	滨河路	运河东路—华洋东路	运河东路—扬霍路	1050	30	31500	89460
			团结路—江六高速	1932	30	57960	
			江六高速—华洋路(待建)	1382	30	41460	41460
2	京杭路	运河东路—华洋东路	七里河路—南绕城	1812	40	72480	177720
			大众港路—华洋路(在建)	1828	40	73120	
			运河东路—七里河路(待建)	803	40	32120	
3	安林路	运河东路—银焰路	运河东路—扬霍路	1167	18	21006	21006
4	秦邮路	运河东路—华洋东路	运河东路—名城路	490	24	11760	83340
			名城路—第三横向干道	1530	30	45900	
			董庄路—北辅道	1070	24	25680	
5	宝林南路	运河东路—华洋东路	运河东路—开发东路	1430	22	31460	118120
			南绕城—元辰路	620	22	13640	
			元辰路—大众港路	520	12	6240	
			大众港路—华洋路	1855	36	66780	
6	龙泉路	运河东路—华洋东路	扬霍路—华洋东路	3187	25	79675	105075
			运河东路—扬霍路(金韵路)	1270	20	25400	
7	站西南路	运河东路—第三横向干道	运河东路—银焰路(南刘路)	1268	6	7608	7608
			银焰路—华研电力(南刘路)	222	10	2220	2220

续表 12-3-1

序号	道路名称	道路起止点		长度(米)	宽度(米)	面积(平方米)	已建总面积(平方米)
8	桃园路	第三横向干道—大众港路	第三横向干道—大众港路	790	16	12640	12640
9	沙河路	第三横向干道—沙湾南路	第三横向干道—沙湾南路	1014	12	12168	12168
10	沙湾南路	运河东路—华洋东路	运河东路—董庄路	2250	30	67500	140850
			董庄路—大众港路	500	30	15000	
			大众港路—江六高速	1167	50	58350	
11	许庄路	运河东路—第三横向干道	银焰路—联通线缆	855	8	6840	6840
12	金盛路	秦邮路—龙泉路	秦邮路—龙泉路	837	16	13392	13392
13	名城路	滨河路—沙湾南路	滨河路—东方名城	318	25	7950	31950
			秦邮路—金韵路	800	30	24000	
14	七里河路	滨河路—宝林南路	滨河路—宝林南路	1368	16	21888	21888
15	银焰路	滨河路—许庄路	许庄路—开发东路	1472	8	11776	39782
			滨河路—宝林南路	1273	22	28006	
16	开发东路	滨河路—茱萸南路	滨河路—宝林南路	1233	24	29592	55617
			许庄路—扬霍路	1041	25	26025	
17	第三横向干道	滨河路—茱萸南路	滨河路—秦邮路	880	22	19360	59576
			许庄路—宝林路	1828	22	40216	
18	元辰路	宝林南路—桃园路	桃园路—舜元机械	1074	15	16110	16110
19	董庄路	滨河路—沙湾南路	沙湾路—兰扬弹簧	2125	25	53125	53125
20	大众港路	滨河路—沙湾南路	滨河路—沙湾南路	2962	22	65164	65164
21	绕城北辅道	滨河路—强民路	滨河路—强民路	2894	14	40516	40516
22	绕城南辅道	滨河路—强民路	滨河路—强民路	2940	14	41160	41160
23	华洋东路	滨河路—茱萸南路	京杭路—龙泉路	1486	40	59440	59440
24	强民路	大众港路—华洋东路	大众港路—江六高速	1077	25	26925	43925
			南辅道—国源油	680	25	17000	
合计				56300			1361152

(二)水利

沙河泵站新建工程 位于沙河南端入廖家沟处。2008 年 10 月开工,2009 年汛期投入使用。占地面积 0.88 公顷。泵站设计排涝量 10 立方米/秒,主要功能是抽排沙河径流的涝水。投入使用后,抽排动力由 5.1 立方米/秒增加至 15.1 立方米/秒,抽排标准由不足 5 年一遇提高到 10 年一遇。

红旗河综合整治工程 位于广陵产业园。该工程是《扬州市城市防洪规划》中确定的城区东片重点治涝工程之一,也是水利建设为沿江经济开发和城市建设服务的重点项目之一。2008 年,对红旗河及其支流疏浚整治 4.28 千米(其中红旗河 2.63 千米、董庄河 1.08 千米、中套河 0.57 千米),拆除沿线阻水坝涵 12 处。

大众港整治工程 位于广陵产业园。大众港西起京杭大运河,东至沙河,全长 3.12 千米,是广陵产业园内重要的排涝生态河道。整治工程 2009 年年底开工建设,2010 年 2 月底,完成河道清淤、土方开挖、河坡整理,完成土方 11.31 万立方米。3 月下旬,进行滨河绿化施工,因地制宜,栽种香樟、女贞、国槐、翅皮榆、垂柳等;穿插布置涉水、休闲景点。中国扬州"烟花三月"国际经贸旅游节前,全部完成河道整治、生态景观绿化建设施工，形成水域绿化的特色和亮点，立体感受“水清、岸绿、景美”的视觉效果。

高罗河水生态修复工程　位于广陵产业园规划第三横向干道北侧。河道西起沙河，全长 1.13 千米。高罗河排水出涵后至廖家沟。现状河道口宽 10 ～ 32 米，河底高程 2.5 ～ 3.0 米，河道断面萎缩严重。为保障廖家沟水源地水质安全，2011 年，实施高罗河水生态修复工程。2 月，完成招投标工作，3 月，完成河道疏浚开挖及水下生态设施建设，“4•18”前，完成绿化工程施工。

沪陕高速南绕河整治工程　位于沿扬州市南绕城公路南侧。该工程西起蒋桥港，穿纵一河、潮龙港、纵二河、强民港，东至纵三河，全长 3.43 千米。2011 年 11 月开建，主要包括开挖整治河道 3.43 千米，完成土方量 23 万立方米。

（三）绿化

建园初，广陵产业园提出创建“生态型、园林化、高科技、无污染”园区要求，把绿化工作放在十分重要的位置。园区以建设沙湾路、扬霍路、大众港路沿线景观为主导，以企业厂区、生活区为景观核心，同步建成景观绿地融合、绿地网络成型配套的“生态园林型”园区。经过 10 年建设，广陵产业园对工业用地、居住用地、公共设施用地、绿化用地进行科学配比，园区绿化面积近 30 万平方米，绿化覆盖率 35%。

园区始终将绿化工作与招商引资、项目建设并举，在大众港路、龙泉路、宝林南路、强民路等道路工程施工中，协助相关部门开工建设污水管网、自来水管网和电力线路改造，配套花木绿化。建立完善园区市容环境管理常态化机制和管理内控机制，加强园容园貌维护和秩序管理。园区绿化呈现出四季常绿、三季有花、树木成林、绿叶成荫、水岸花明、移步换景的生态园林景观。

三、项目

2002 年 8 月启动广陵产业园建设后，当年共签约进园外资、民资项目 15 个。经过 10 年产业聚集，产业园逐步形成船舶重工、液压机械等四大主导产业，尤其是船舶重工、液压装备产业已成为广陵产业园产业聚集、特色发展的主导产业。液压装备产业形成上、中、下游整个产业链。至 2011 年，广陵产业园先后引进项目 345 个。其中，民资项目 228 个，累计利用民资 71 亿元；外资项目 117 个，累计合同利用外资 17.43 亿美元，实际利用外资 8.65 亿美元。

（一）项目载体

2008 年，批准设立园区国家级博士后科研工作站。目前下设 11 家企业分站。在园区的分站企业有 6 家（海沃、万方、广菱、怡丰、联通、嘉和）。累计进出站博士后 8 人，其中出站 1 人（万方电子），在站 7 人（万方电子 3 人，怡丰、海沃、宝军、嘉和各 1 人）。2009 年，开工建设省级高新技术创业服务中心。2011 年 9 月，被省科技厅批准为省级高新技术创业服务中心。累计拥有孵化场地 10 万平方米。在孵企业 10 家，总注册资本近 1 亿元。2010 年，经省质监局批准，建设省级液压机械产品质量监督检验中心。中心于 2011 年 9 月开工建设，总建筑面积 2.5 万平方米。一期建筑面积 1.8 万平方米已于 2011 年 12 月底主体封顶。

图 12-3-1　2010 年 10 月，在上海举办广陵产业园液压产业基地说明会

2008 年后，广陵产业园以液压装备为特色产业，建设代表未来扬州现代工业水平的液压高新技术集聚区。累计完成载体建设总投入近 50 亿元。先后引进海沃机械、玛切嘉利、巨超重工等液压产业龙头项目 ARGO—HYTOS 液压阀、Dhollandia 液压尾板、Kotec 活塞杆、Mevis 液压五金件、Lamep 油缸滑片等产业配套项目，建成全市首家国家级区域性博士后科研工作站、省级高新技术创业服务中心、省级液压机械产品质量监督检测中心、表面处理中心以及液压特色产业基地、科技企业加速器等，初步实现从上游材料到中游部件再到下游

产品的液压装备完整的产业链，形成“技术平台+孵化器+产业基地”一条龙创新发展体系，加速挺进“世界液压之都”。2010年10月，广陵区在上海举办广陵产业园液压产业基地说明会。2011年，液压产业规模产值137亿元，占园区工业产值的50%以上。

2011年，园区拥有国家级高新技术企业16家、省级研发机构6个、市级研发机构18个，省级品牌2个、市级品牌8个，拥有发明专利15件、实用型专利近200件。与清华大学、哈尔滨工业大学、上海交通大学、浙江大学、华中科技大学、重庆大学等国内高校院所建立产学研合作项目近50个。累计开发各类新产品250多项，其中60多项被认定为省高新技术产品，5项被评为国家级重点新产品。承担省重大科技成果转化项目2个，认定国家火炬计划项目5个。园区累计引进高层次创新创业人才20多人，其中通过博士后科研工作站引进人才8人，累计获批市“绿杨金凤计划”及市“优秀博士”项目10个。新增楼宇面积30万平方米，其中整合楼宇20万平方米，主要项目为明发商业广场、金盛国际家居、科技创业园、人才交流中心。

（二）主要经济指标

2004年，广陵产业园实现工业总产值2.56亿元，工业销售产值2.37亿元，利税3500万元。

2005年，园区全部工业生产总值16.94亿元，规模以上工业产值12.1亿元，实现销售11.5亿元；市场集贸成交额5.5亿元，全社会固定资产投入10.8亿元，税收入库6500万元。

2006年，实现业务总收入47.7亿元，规模以上工业产值24.5亿元，销售23.8亿元，利税1.98亿元；完成市场集贸成交额6.5亿元，商贸营业额3.15亿元，全社会固定资产投入15.32亿元，实现税收入库1.1亿元；合同利用外资9000万美元，实际利用外资4000万美元，民资注册资本4.9亿元。

2007年，实现业务总收入85亿元，完成工业生产总值65亿元，全社会固定资产投入23.63亿元，规模以上企业完成工业总产值56亿元，销售54亿元，利税5.5亿元，实现税收入库2.08亿元；合同利用外资1.65亿美元，实际到账外资6922.5万美元，完成民资注册8亿元。

2008年，实现业务总收入150亿元，规模以上企业完成产值120亿元，商贸营业额4.18亿元，集贸成交额10.6亿元，利税8.8亿元；实现固定资产投资28.7亿元，新增规模企业10家。

2009年，实现业务总收入180亿元，完成工业生产总值120亿元，规模以上企业完成工业总产值100.5亿元，销售95.72亿元，利税10.1亿元，税收入库4.5亿元；商贸营业额5.43亿元，集贸成交额13.75亿元，自营出口1.12亿美元，实现财政收入6.5亿元；全社会固定资产投入41.3亿元；实现合同利用外资1.9亿美元，实际利用外资9100万美元，民资注册8.3亿元。

2010年，完成工业生产总值165亿元，全社会固定资产投入40.42亿元；规模以上工业企业完成产值150.8亿元，销售137.3亿元，利税14.51亿元，实现税收入库5.3亿元，财政收入10亿元；合同利用外资4.23亿美元，实际利用外资2.47亿美元，民资注册资本12.26亿元。

2011年，完成工业生产总值203亿元，规模以上企业完成产值173.1亿元，销售156亿元，利税17.1亿元，实现税收入库6.5亿元，财政收入10亿元，全社会固定资产投入50亿元；合同利用外资1.86亿美元，实际利用外资0.7亿美元，民资注册资本13.55亿元。

第二节 杭集工业园

一、规划

杭集工业园由省城乡规划设计院设计。功能定位：结合土地利用总体规划和江苏省重点乡镇建设规划，发展以牙刷、日化、旅游用品为主导，以新型包装材料为延伸的产业模式，把杭集镇建设成为介于广陵区和江都区之间的重点中心镇。环保要求：园区在规划设计和实施中，要求所有污染排放必须达到国家排放标准，排入市政管网，以一类企业进园为主，控制二类企业，严禁三类企业进园。用地性质：杭集工业园与集镇的建设统一规划，同步进行。曙光路与东西向的杭府街为商业主街道，居民小区、医院、休闲场地等也以曙光路为主轴，由北向南散落分布，城西路、利民路、兴园路等为工厂集结区，用地性质呈多样化。进园项目根据用地需求和投资规模大小，确定规划选址。最佳工业用地应提供给实力雄厚的公司，重点吸引主要厂家。工业园除提供基础建设配套齐全的工业用地给厂家自建厂房外，还建设一部分标准厂房，对小微型企业降低门槛，促其进园创业。工业用地以生产性项目为主，规划工业项目所需行政办公及生活设施用地不得超过总用地面积的7%，严禁在项目用地范围内建造住宅、宾馆等非生产性配套设施。

二、建设

1986年，建成第一座水厂；2000年，建成第二座水厂，日产自来水3万立方米，保证园区生产生活用水。1998年，建成第一变电所；2010年，建成第二座11万伏变电所。厂区及道路垃圾专人日清日运。整个园区绿化面积65.3万平方米，人均18.14平方米。

园区道路设计为七纵九横，构成交通框架。七纵即七条南北向主干道，由西向东为廖家沟路、城西路（伟业路）、曙光路、三笑路、兴园路、通洲路、九龙—高露洁路；九横即东西向主干道，由南向北依次是杭府路、富民路、利民路、琼花路、兴隆路、翟庄路、龙王路、三星路、四通路（宁通辅道）。至2011年，七纵九横道路建成35千米。2010年，开通园内公交219路；2011年，开通301路、302路。镇内公交沟通10个村及集镇工业园区。时代公交209路纵穿工业园区，直达扬州长途汽车总站。

2008年，政府投资7300万元，将排污管道穿过廖家沟江底，直送汤汪污水处理厂。琼花、三笑等大型企业安装污水净化设备，并投入正常运转。至2011年，园区40家企业污水排放进入管网。

三、项目

（一）政策举措

2001年7月工业园建成后，为杭集的民营企业提供良好的发展空间。镇党委、政府一手抓园区基础设施建设，一手抓招商引资。2001～2003年，共进驻企业85家，项目资金投入10.7亿元，开发利用面积3.5平方千米，基础设施投入1.5亿元。2003年，园区产值35亿元。2004年，成立工业园管理委员会，进行产业项目建设招商。

充分利用市政府举办“烟花三月”旅游节和沿江开发推介会等机遇，广泛邀请国内外客商到园区考察投资，同时组织小分队走出去。2005年，走出去21次，请进来15次，拜访、接待客商118家，签订利用外资协议8份，办理成功4份；完成协议注册外资2960万美元，实际到账2114.8万美元。为扶持众多小型企业进园发展，管委会在园区内部划出10.67公顷土地，投资8000万元建标准厂房4.5万平方米，内设牙刷、旅游用品、包装、彩印4个功能区，约30家小型企业进创业园发展。

2005年、2006年，连续两年在扬州京华大酒店举办“中国牙刷之都”论坛，推介杭集，吸引数百名客商洽谈业务。

工业园强化水、电、路硬件建设，营造完善的基础设施和优良的生产、生活环境，以优越的软、硬环境吸引客商投资创业。除执行国家、省、市制定的优惠政策外，在土地出让、税务征收、厂房利用、能源供应、基础设施配套等方面给予投资者更多优惠。园区在特殊情况下，一事一议，采用灵活优惠办法。至2011年，共进驻企业155家，产值290亿。2004～2011年，工业园区注册外资5.32亿美元，实际利用外资2.4亿美元。

2001～2011年杭集工业园产业项目建设情况一览表

表12-3-2

年份	累计开发面积（平方千米）	累计基建投资（亿元）	累计进园企业（家）	累计项目投资（亿元）	园区产值（亿元）	利税总额（亿元）
2001	0.5	0.3	7	1.9	—	—
2002	0.8	0.7	27	2.9	—	—
2003	3.5	1.5	85	10.7	35.00	3.50
2004	3.5	2.3	123	10.7	41.81	3.78
2005	3.6	3.1	123	25.0	53.12	4.67
2006	3.6	3.1	128	25.0	66.51	5.56

续表 12-3-2

年份	累计开发面积（平方千米）	累计基建投资（亿元）	累计进园企业（家）	累计项目投资（亿元）	园区产值（亿元）	利税总额（亿元）
2007	5.0	5.5	148	45.0	102.84	10.11
2008	5.0	5.5	148	45.0	144.63	12.26
2009	5.0	6.0	150	50.0	192.22	17.23
2010	5.5	9.0	150	55.0	240.45	24.81
2011	5.5	9.0	155	55.0	290.21	27.84

说明：2005 年，杭集工业园建创业园

2004 ~ 2011 年杭集工业园注册外资及实际到账情况一览表

表 12-3-3　　单位：万美元

年 份	2004	2005	2006	2007	2008	2009	2010	2011
注册外资	3337.5	2960.0	3737.0	4460.0	8884.0	12235.0	8670.0	8940.0
实际到账外资	1184.0	2114.8	1857.0	1578.5	3515.0	4034.0	4800.0	4950

（二）日化旅游用品

日化旅游用品业是杭集继牙刷之后的新兴产业。起步于 90 年代初期，当时全国旅游业发展较快，宾馆、饭店增多，与之相配套的客房用品紧缺。杭集人瞄准商机，把一次性牙刷配上小牙膏、头梳、洗发液、沐浴液、小肥皂等产品用塑料盒精心包装，美观而又实用，深受消费者欢迎，业务量迅速扩大。许多厂家纷纷效仿，进而发展到客房的床上用品、洗浴的拖鞋、一次性筷子及针线包等，逐渐形成五大类近百个品种，分别是洗漱类，如毛巾、牙刷、浴液等；客房类，如被单、枕套、纸茶杯等；卫生类，如蚊香、垃圾袋、卫生纸等；餐饮类，如一次性筷子、酒具、袋泡茶等；标牌类，如钥匙牌、客房标识牌、提示牌等。

2003 年，该业产值突破 10 亿元。2011 年，产值 79.31 亿元，占全镇工业产值的 30%。企业数 120 家，职工 8248 人，与之配套的企业 1500 家，辅助劳力 3000 人以上。

日化旅游用品是适应旅游业发展的新型行业。开始品种单一，以手工制作和半机械化生产为主。随着数量的增大和品种的增多，逐渐出现专业户和相关企业，手工及半机械化也逐步被机器及自动化取代；品种向客房、餐厅扩充，产品由中低档向中高档转移，如牙膏原料从上海中华牙膏厂、广西两面针等企业进货，肥皂从苏州皂片厂进原料皂粒，纺织品从南通、常熟、江阴等地正规厂进货。产品包装力求精美，印刷清晰美观，赢得客户和市场。2003 年，生产企业专业户 2000 家，其中规模企业 50 家，产值 10.52 亿元。2004 年，广西柳州两面针股份有限公司进驻工业园，征地 2.67 公顷，项目总投资 1.2 亿元，专营高档酒店用品，2005 年 6 月竣工投产，带动永春、中成等一批中小企业。2006 年，全年产值 19.95 亿元。2011 年，杭集工业园专业生产日化旅游用品的企业共 120 家，其中年产值 500 万元的 36 家，1000 万元以上的 31 家。产品销往北京、上海、广东、浙江等全国各地城市和台湾地区，并远销日本、中东等国家。年产值 79.31 亿元，占国内销售市场份额的 50%。杭集成为全国日化旅游用品的集散中心，旅游用品占杭集整个工业比重的 30%。2008 年，中国日用杂品工业协会、中国塑料加工协会联合命名杭集镇为“中国酒店用品之都”。

2001 ~ 2011 年杭集工业园日化旅游用品产值、利税情况统计表

表 12-3-4　　单位：亿元

年份	2001	2002	2003	2004	2005	2006	2007	2008	2009	2010	2011
产值	8.17	9.35	10.52	12.03	15.94	19.95	31.71	43.31	57.66	72.14	79.31
利税	0.70	0.77	0.92	1.13	1.40	1.67	3.04	3.68	5.28	6.44	7.37

（三）新型包装材料

新型包装材料包括各类合成树脂所制成的片材、板材及薄膜材料，如聚丙烯（PP）、聚乙烯（PE）、聚氯乙烯（PVC）等，涵盖升级产品如高阻隔、高阻燃聚苯乙烯（HIPS）、真空镀铝膜及镀铝片材、激光镭射材料、三维光学材料及 PVC 智能卡片等，广泛应用于食品、医药、服装、文房四宝、五金器具、装饰材料等各行各业所需的包装。因其无毒、透明、随物塑形而受到广泛欢迎。

1984 年，杭集装潢工艺厂（琼花集团前身）首先引进聚氯乙烯片材，生产牙刷吸塑包装盒，为牙刷包装服务。1995 年，江苏琼花集团成立，经过多年发展，引进生产设备 60 多台（套），建成两条自动生产流水线，主要生产聚氯乙烯硬片，年产量 1500 多吨，供镇内牙刷生产厂家包装用。1998 年，投资 5000 万元引进德国真空镀铝膜生产线，生产镀铝膜和镀铝膜片材。2000 ～ 2001 年，投资 2.7 亿元引进镭射激光材料和高阻隔药用包装材料生产线。2005 年，投资 2800 万元生产环保型 PVC 包装材料，投入 5000 万元生产智能卡基材。2006 年，杭集 PVC 片材占全国总产量的三分之一，成为新型包装材料的生产基地。

2000 年，成立江苏琼花集团有限公司，下设江苏琼花高科技股份有限公司、扬州琼花新型材料有限公司、扬州海克赛尔新材料有限公司、扬州诺亚化学有限公司、扬州三维光学材料有限公司 5 家子公司，从事各类片材板材及镀膜材料更新换代产品的研究、攻关，形成九大系列 100 多个产品。2003 年起，带动一批中小型生产企业，如三星塑胶有限公司、杭集富平生活用品厂，主要生产 PVC 片材。2011 年，琼花集团年产聚氯乙烯（PVC）5000 吨、聚丙烯（PP）1000 吨、烫金材料 2000 吨、烯烃材料 1000 吨。

2003 ～ 2011 年杭集工业园新型包装材料年产值情况统计表

表 12-3-5　　单位：亿元

年 份	2003	2004	2005	2006	2007	2008	2009	2010	2011
园区产值	9.45	11.13	11.98	13.76	18.57	23.95	25.31	28.58	32.52
其中琼花集团产值	9.12	10.62	11.41	13.00	15.54	20.06	20.06	22.07	24.97

四、园区效益

（一）集聚产业

2000 年 7 月，世界 500 强企业——美国高露洁棕榄公司与三笑集团合资，使杭集成为全球最大的牙刷生产基地。占国内市场 80% 份额，同时外销 50 多个国家和地区。随之，五爱、明星、新大生、杰英特等一批中等规模的企业先后崛起。至 2011 年，牙刷规模企业 80 多家，从业 1 万多人，年产牙刷 40 亿支，产生中国名牌 1 个、江苏省名牌 8 个、扬州市名牌 12 个。2003 年，牙刷产值 17.54 亿元，2011 年为 132.18 亿元。

因牙刷业而带动旅游用品业。2000 年，杭集生产旅游用品的厂家和个体户共 928 家，其中中小企业 68 家，年产值 8 亿元。旅游用品厂家以两面针（扬州）酒店用品有限公司为主。2007 年，产值 2.29 亿元，并带动一批中小企业，使杭集形成旅游用品集散中心。镇内有旅游用品生产企业 2000 家，其中 2011 年进园企业 120 多家，年产值 31 亿元。

新型包装材料以琼花集团为领头企业。琼花集团至 2005 年累计投资 3.98 亿元，研制生产真空镀铝片材及镀铝膜，引进德国高阻隔医药包装材料生产线，使产品不断更新换代，始终掌握销售市场的主动权。2001 年，销售额 5.8 亿元，2011 年为 24.97 亿元，同时带动三星塑胶等一批中小型企业。至 2011 年，杭集工业园是国内最大的塑胶片、板材和烫金材料、金属化装饰材料的生产基地。PVC 片材的产量占全国总量的三分之一。

（二）带动相关服务业

牙刷业、旅游用品业的发展促进纸质包装业的发展。安徽山鹰纸业股份有限公司进驻工业园后，拥有现代化瓦楞纸生产线 6 条，年产 1 亿平方米瓦楞纸和 1000 万平方米的包装箱。2005 年，产值 1.15 亿元。2011 年，产值7.31亿元，同时带动100家小型纸箱生产厂家发展。

随着私营工业发展，货运量猛增，物流业应运而生。其中扬州三笑物流公司2005年跻身全国物流500强企业，年主营收入9100万元，利润500.8万元。其他如丰华、大宇、永顺等企业，年营业额均在500万元以上。2006年，新增货运企业100多家。至2011年，整顿后的物流企业共79家。镇政府出面组建三笑物流园。

（三）工业反哺“三农”

工业发展促进农业现代化进程，农村劳动力大量转移。2000年后，90%的农村主要劳动力从工经商，种田变成副业。因有资金保障，农业机械化进程加快。1996年，私人购置大型农业机械61台（套），杭集镇基本实现耕作、播种、栽插、收脱机械化，劳动力得到进一步解放。1997年，王集、裔庙两个村改造低产田，建成农业示范园46.67公顷。1999～2000年，双隆、陈圩两村建成双千亩高产农业园区。

由于从工经商，农民收入增加，人均月工资2000元左右。即使是闲散的半劳动力也有事可做，人均月收入600～1000元。2011年，镇人均居住面积45平方米以上，有线电视入户率100%，私家车8100辆，摩托车2.08万辆，参加新型社会养老保险8178人，占应参保人数的90%以上。

（四）坚持环保第一

作为招商引资的前置条件，园区禁止三类污染企业进园。2002年，先后拒绝3家造船厂进园。2003年，85个进园项目先后通过区环保局环保预审和环境影响的评估。坚持环保设施与主体工程同时设计、同时施工、同时投产，进园企业年初都签订环保目标责任状。园区实行污水排放许可证制度。入驻工业园企业及服务性行业有42家排放污水，都实行排污登记，由上级环保部门核发排污证。大型企业、重度污染企业强制安装污水处理设备，确保排放水能够灌溉农田。三笑、琼花、三江塑化公司和邗江电镀厂安装排污设施，年处理废水141.86万吨。至2006年，入园企业有26家使用锅炉，其中8家烟尘超标排放锅炉配备除尘和水膜处理设备，排放达国家规定标准。2007～2011年，园区管委会坚持环保第一理念，建立管委会与企业联动机制，明确双方职责，强化日常巡查，年终评比考核，实行一票否决制，确保工业污水、废气达到排放标准。

第三节　食品工业园

一、规划

园区规划用地东至京杭大运河，南至横沟河，西至古运河，北至南绕城公路，总体规划面积680公顷。秉承“生态、文明、绿色”发展理念，目标定位于打造“华东唯一，国内一流，国际知名”的食品产业专业集聚区。“十一五”期间，园区着力于基础设施建设、生态环境打造、拆迁征地赔青等先期工作，先后投入总计9.8亿元用于一期（前期）1.8平方千米的开发建设。“十二五”期间，园区启动一期后续1.2平方千米的开发建设。至2011年，园区完成一期的开发建设任务。

（一）规划原则

立足扬州食品产业的传统优势，注重产业链延伸，打造集原材料种养殖、食品深加工、展销展示、科研孵化为一体的综合食品园区。

（二）区位条件

园区距南京禄口国际机场约1小时车程，距上海虹桥国际机场、浦东国际机场约3小时车程，距扬州泰州机场仅20分钟车程，距扬州火车客运站20千米。沪陕高速公路穿园而过。园区内上高速仅需2分钟，距南京1小时、上海3小时、北京8小时车程。

二、建设

2005～2006年，主要着力于产业布局、规划，做好产业项目准备等前期工作。2007年，启动开发建设。园区秉承“高科技、无污染、生态型、园林化”开发理念，遵循社会、环境、经济三者效益结合原则，合理布局，分期建设，滚动开发，3平方千米规划范围内采用集中供热、供气、雨污水分流和污水集中处理，基础设施、环境提升等配套设施日趋完善，达到“九通一平”。

（一）道路建设

连心路　总长 910 米，路宽 25 米，总投资 1800 万元。2006 年 3 月开工建设，2007 年 12 月投入使用。

陈介路（绿禾路）　总长 686 米，路宽 16 米，总投资 800 万元。2006 年 10 月开工建设，2007 年投入使用。

富民东路（鼎兴东路）　总长 907 米，路宽 25 米，总投资 1800 万元。2007 年 3 月开工建设，2008 年 8 月投入使用。

富民西路（鼎兴西路）　总长 800 米，路宽 25 米，总投资 1600 万元。2007 年 3 月开工建设，2008 年 8 月投入使用。

望江路　总长 832 米，路宽 25 米，总投资 1600 万元。2007 年 3 月开工建设，2008 年 8 月投入使用。

鼎兴中路　总长 500 米，路宽 25 米，总投资 1200 万元。2008 年 10 月开工建设，2010 年 3 月投入使用。

联谊路（香来路）　总长 850 米，路宽 25 米，总投资 1600 万元。2008 年 10 月开工建设，2010 年 3 月投入使用。

（二）供气、供热

2006 年，供气管道从威亨热电厂铺设至园区，总长 6 千米，总投资 1300 万元。每小时供气量超过 80 吨，气压 4 ～ 6 千克。至 2007 年，铺设完成 5 千米，下半年竣工并开始供气，为区内企业的生产提供必要的能源。

2008 年，供热支管道完成施工前期所有准备工作。供热主管道工程（威亨热电厂至园区）总长 6 千米，总投资 1600 万元。是年底，铺设完成 5400 米。2009 年，园区供热主管道、供热支管道（东、西线）全部完工，直埋管横穿道路和企业大门，整体科学合理，美观实用，达到节能减排环保效果，为投资环境增添新的亮点。

（三）供电、治水

2007 年，迁移改造 110 千伏高压供电线路 3.5 千米，总投资 800 万元。

2008 年，东庄雨水管道工程全长 230 米，总投资 150 万元；九龙高压杆线全线 7 千米，年内工程施工过半；35 千伏高压杆线迁移工程已做好施工所有准备工作；同时鼎兴中路（总长 500 米，总投资 850 万元）、香来路（总长 765 米，总投资 1300 万元）、连心路污水提升泵站（总建筑面积 225.9 平方米，设计污水提升量 1.6 万吨 / 日）年内开工建设。

2009 年，建成连心路污水提升泵站，总投资 250 万元；35 千伏高压杆线迁移和九龙 20 千伏高压线工程（由吕郊变电站穿越食品工业园到南郊变电站）全部竣工。

2010 年，五里庵排涝站开工。该站位于食品工业园西南侧，横沟河与古运河交界处，担负着扬州东南片区的防洪排涝任务。设计抽排流量 7.5 立方米 / 秒，3 台立式轴流泵，单机设计排洪流量 2.5 立方米 / 秒，配套功率 180 千瓦电机，工程总投资 900 万元。2011 年汛期前竣工，确保园区安全度汛。

2011 年 9 月，完成五丰冷食 4800 千伏安专变电外线的管线工程。管道采用 10 孔 PVC 管，总长 2400 米，投资 400 万元。

（四）景观绿化

2007 年，园区着力打造“一区两带三路”绿化。“一区”即渡江南路和扬圩路交接处、中间三角地面积 1.34 公顷的绿化中心区，运用铺装、雕塑、花池和假山，进行景观设计。“两带”即横沟河全线生态型、板块状绿化带，全长 2.3 千米；宁通高速 100 米宽防护绿化隔离带。“三路”即连心路 1000 米的中间绿岛绿化，新、老扬圩路两侧宽 20 米、长 2500 米的绿化，富民东、西路两侧各 8 米绿化，全力打造绿荫生态园区。工程于 2008 年年底全部完工。

2009 年，园区坚持总体规划、分步实施、自然融合、协调统一、因地制宜原则，对已建道路（鼎兴路、临江路、绿禾路、连心路）退让带、横沟河驳岸北侧等进行绿化，新增绿化面积 13.67 公顷。

2010 年，园区主要为连心路南侧退让带，正大、安贝斯南侧退让带，香来路西侧退让带，鼎兴东路北侧退让带，绿禾路东侧退让带，雪冠、古运河东侧退让带以及临江路三联河段绿化，采取以香樟、桂花、金叶女贞、红叶石楠、樱花、红枫、法青等植物混合栽种的方式，绿化面积 2 公顷。

2011 年，完成环城高速景观带（临江路至马泊河）工程，在宁通高速南侧绿化带内开挖兼具防洪、排涝、景观、生态功能的河道，并在河道两岸进行环境整治、地形堆叠、绿化栽植。绿化布局采用乔灌木和花草相结合的复层绿化模式，路侧植树6公顷，河道两岸栽植4公顷。绿化景观效果突出，与环境的结合自然、和谐、美观。打造食品园区风光带。

（五）河道整治

2007年，横沟河生态护坡驳岸开工建设。总长2300米，总投资1200万元。采用自嵌式景观挡土墙和连锁式护坡进行施工，构建亲水平台。2008年竣工。

2009年，对三联河、马泊河进行疏浚、整治，消除园区在汛期形成内涝的隐患，提高防洪排涝标准。在2008年建成横沟河（东、西段）驳岸的基础上，2009年年底，开工建设横沟河（中段）驳岸。

2010年，完成横沟河（中段）驳岸工程。该工程总长600米，总投资300万元。工程实施后形成园区最南侧总长2300米的防洪线。吴庄河是园区一期开发建设范围最东侧的边界河道。园区对吴庄河进行裁弯拉直整治，年内完成设计、编标、图纸审查等前期工作。

2011年，完成吴庄河整治工程。河道两岸采用自嵌式挡土墙和连锁式护坡新工艺，全长850米；另建设箱涵一座，工程总投资1000万元。

（六）扩容区建设

2010年，依据《扬州市城市总体规划》，完成园区东西扩容地块控制性详细规划文本。扩容后园区规划范围：西至古运河，南至横沟河，东至京杭大运河，北至南绕城公路，总用地面积306公顷。其中东至联谊路，南至横沟河，西至周庄河路，北至南绕城公路为一期用地，其余外扩部分为二期用地。新的控制性详细规划结构体现用地的合理调整与延续。一期工程中，老扬圩路和渡江南路之间为商住用地，其余为工业用地；在老扬圩路和渡江南路之间规划为公共设施用地及居住用地。二期工程中，周庄河路和周庄河支路之间为工业用地，其余为弹性用地；东扩部分中，联谊路与运河南路之间为工业用地，除保留的市政公用设施用地外，其余为弹性用地。

2011年9月，园区开工建设鼎兴路东、西延伸段工程及其相应配套工程。道路总长1500米，宽度25米，供水、路灯、通讯、行道树等相应配套设施同步建设到位，工程建设总投资3500万元。工程的实施将原有鼎兴路东、西向延伸，形成总长约3.7千米的园区主干道。

三、项目

参见第十四篇第二章第三节。

第四节 商贸物流园

一、规划

园区位于扬州市区的东南方向。东起京杭大运河，西至江都南路，南起同心河，北至运河西路，总面积约340公顷。园区综合规划和开发分两期进行。一期规划面积170公顷，用地范围东至京杭大运河，西至江都南路延伸段，北至七里河，南至绕城公路。2011年，已建成运营的有通运商贸城、运河港、东方国际食品城、市农副产品交易中心、金地带汽博城、志胜仓储物流中心、盐业智能化配供中心、水利物资仓储中心等项目。主要功能包括仓储配送、货物集散、流通加工、信息服务。

功能布局由六大区块构成，分别为港口作业区、仓储配送区、综合商品交易区、生产资料仓储交易区、盐业及农副产品仓储交易区、公共配套综合服务区。

二、建设

园区注重改善生态环境，致力于实现“路灯亮化、空气净化、生态美化”目标。投入1亿元资金，拓宽道路，疏通河道，植树造林，园区面貌大为改观，基本实现纵横贯通，绿树成荫，相互连接。

2011 年扬州市商贸物流园部分基础设施建设项目一览表

表 12-3-6

序号	项目	占地面积(公顷)	征地费用(万元)	拆迁费用(万元)	工程造价(万元)	合计(万元)
1	中心路	1.87	424	3280	630	4334
2	横三路	0.80	364	—	540	904
3	横二、横三桥	—	—	—	384	384
4	横一桥	—	—	—	48	48
5	中心河整治	4.30	—	—	2869	2869
6	中心河绿化	—	—	—	350	350
7	七里河路	0.79	115	650	323	1088
8	角里河橡胶坝	—	—	—	300	300
9	江都路东侧绿化	—	—	—	180	180
合计						10457

三、项目

园区成立后，围绕发展都市型工业、建设现代服务业集聚区的要求，注重建设专业型、高附加值、有利于产生集聚和辐射效应的特色市场，初步形成“一港三城二中心”（运河港、金地带汽博城、通运商贸城、东方国际食品城和农副产品交易中心、钢材批发交易中心）的项目支撑和商贸加物流的产业特色。

（一）商贸服务

园区成立初期，承担市内一批“退城进园”项目，将原大桥副食品城、工业品市场、联谊和亚龙水果批发市场整建制搬迁至园区，并统筹安排土地拆迁、项目建设、人员安置等众多复杂问题。根据发展现状和产业定位，着眼于“高端化、经营性、智慧型”三大特色，通过“走出去”和“请进来”方式，吸引一批现代服务业项目，如金地带汽博城、通运商贸城、东方国际食品城和农副产品交易中心、钢材批发交易中心等相继入驻，形成“农副产品、五金建材、汽车用品、电子数码”四大板块，彰显“物流信息、仓储配送、电子商务、商业会展、公共服务”五大功能，为市、区经济发展和产业转型升级做出应有贡献。

批发市场　以安置“退城进园”项目的东方国际食品城、亚联农副产品交易中心为代表，辅以销售五金电器的通运商贸城，紧邻园区的曲江装饰城、扬州市水产批发市场，使园区逐步成为集五金建材、农副产品批发和零售为一体的现代服务业集聚区。其中东方国际食品城无论是投资规模、营业面积、配套设施、入驻商户、经营品种等，在扬州甚至苏中地区都有一定影响。一期近 300 家商户入驻，业务范围涵盖糖酒、副食、茶叶、干货、南北货、洗化等上千种商品，年批发成交额达百亿元。亚联农副产品交易中心果品区是市政府“为民办实事”工程，一期占地面积 7.6 公顷。2009 年年底，完成联谊、亚龙果品市场的整合入园，初步规划定位为大宗农副产品的交易、配送中心，逐步发展成为地区农副产品集散中心、交易中心、信息中心、价格形成中心及物流配送（含冷链物流）中心，是扬州市最大的果品批发交易市场。

图 12-3-2　2009 年，运河港一期工程开工典礼

展销中心　以五金机电城为代表，一期项目着眼于打造高标准、高起点、功能全、服务好的苏中地区重要汽配专业化市场，兼具汽车贸

易、配件销售、商贸服务等多种服务，集汽车交易、服务、展示、维护等功能，具有规模宏大、环境美洁、交易广泛的特点。销售交易区，包括整车销售、大型机械市场、二手车市场，基本满足多样化购车需求；同时配以修理备用区，主要是汽车大型修理服务、汽车快修服务、汽车配件超市、汽车美洁保养服务等；以及生活服务区、汽车旅馆、休闲娱乐等。管理服务区，汽博城管理机构和金融、保险、工商验证、税费稽征、公证、车管、车检、车辆控购、汽车信息服务中心、机动车拍卖中心等相关机构集中办公，为展销中心服务。此外，入驻园区的盐业智能配供中心，建有智能化营业厅、现代化办公场所、大型包装盐成品库和散盐原料库，承担着市区范围内盐业用品仓储、配送、稽查等功能；水利物资仓储中心主要用于抗洪救灾物资的储存、配送、发放等。

（二）港口物流

2009年2月，为配合京杭运河航道改造升级，建设规范化、现代化的货运港口，提高岸线利用率，园区启动运河港工程建设。项目总投资6亿元，占地面积33.67公顷，岸线全长1500米，经交通部批准使用的靠泊岸线长1049米，规划建设12个泊位及锚泊区。

运河港工程一、二期工程由固业集团投资3亿元建设；三期工程由中港金属城投资建设，投资额3亿元。一期工程占地面积10.33公顷，岸线长300米，建设千吨级泊位6个和装卸货运区。2009年12月，投入试运营。二期工程由一期向北到开发大桥，建设500吨级泊位2个和装卸货运区，占地面积9公顷，岸线长372米。2011年，港池建设完成，货场投入使用，商务办公楼主体工程竣工，商务会所投入使用。三期工程从开发大桥向北到七里河，占地面积14.34公顷，岸线长377米，建设千吨级泊位4个及配套商业区和仓储区。

运河港建设运营后，园区物流质态进一步优化，实现公交、铁路、水运、航空全方位、立体式的物流运输模式，进一步奠定省级重点物流基地地位。按照“商贸枢纽、智慧运筹”发展思路，积极推进“智慧物流”建设。物流园与中国电子商会、南京信息工程学院、东南大学、台湾物联网联盟合作成立智慧物流孵化园，开发面向扬州地区的物流信息收集发布平台，力争将园区建成全国物联网应用技术示范基地，逐步实现专业市场交易信息化、电子化、智慧化。2011年，扬州农副产品交易中心信息系统和电子结算平台、运河港码头钢材市场交易结算平台相继建成运营，东方国际食品城食品溯源系统和电子交易平台、志胜仓储城市生活用品电子配送平台即将建成。商品电子交易系统开发，给买卖双方交易和市场管控带来极大利好：既杜绝现金交易行为，减少卖方人力成本，提高过磅结算速度，减少过磅环节，市场交易秩序也有所好转；又加快买方采购速度，保证量价公平；同时，能实现交易品种、数量、价格、流向等买卖双方信息可追溯，保障商品质量和安全，防止和追索欺诈和伪劣商品。

第四章　对外经贸

1989～2011年，广陵区对外贸易逐步从计划经济向市场经济转变，进出口商品结构逐步优化。23年间，广陵区累计出口35.1亿美元，进口9.6亿美元。1989年，出口商品交易额4466.76万美元。1996年，全区出口额首次突破千万美元，为1199.76万美元。2006年，全区出口额首次突破亿美元，为1.55亿美元，比1996年增长11.92倍。2011年，随着扬州市部分行政区划调整，原邗江区5个工业强镇划入，全区出口规模大幅提升，出口额迈入10亿美元大关，为10.56亿美元，比2006年增长5.8倍。随着改革开放政策的实施，经济发展的内外部条件得到改善，广陵区企业的经济实力不断增强，对外经济技术合作蒸蒸日上。

第一节 出 口

一、出口商品

1989 年，广陵区共有 17 家企业生产 23 类轻纺工业品，通过外贸公司代理出口。当年出口商品交货额 4466.76 万美元。出口地区为美国、加拿大、欧洲、日本、东南亚、中东、非洲、南美洲等 40 多个国家和地区。1989 ～ 2011 年，广陵区进出口商品检验工作统一由扬州出入境检验检疫局受理，负责实施进出口商品的法定检验和监督管理。

1990 年，广陵区所属企业扬州桅灯厂获得进出口经营权，开始少量自营出口。1991 年起，自营出口逐步成为主流出口方式，经营主体为三资企业，代表企业为扬州华扬蓄电池有限公司、扬州灯泡厂、扬州保来得工业有限公司。这一时期，广陵区自营出口商品主要有蓄电池、桅灯、玩具、化妆品、绒花、漆器、速冻菜、药棉、货车、大小客车，出口地增加到 100 多个国家和地区。

2003 ～ 2005 年，全区有 52 家企业取得进出口经营权，出口品种达 300 多种。2005 年，出口商品交货额 18.06 亿美元，是 1989 年出口交货额的 40.43 倍，年平均增长 26.01%。当年，实现自营出口 0.9 亿美元。

2006 年，广陵区自营出口 1.55 亿美元，与上年同比增长 33.5%，出口企业数为 79 家。2007 年，广陵区自营出口 2.35 亿美元，同比增长 51.6%，出口企业数增长到 104 家，其中出口 1000 万美元以上企业 7 家。

2009 年，受全球金融危机影响，出口订单同比下降近三成，出口额下降 21.1%。为此，商务系统出台“一揽子政策”，包括较大幅度降息、调整出口退税政策、加大对中小企业的资金扶持力度、加强对企业运营的跟踪调研、建立预警防范制度、优化出口结构、净化投资环境等，保障全区出口形势的总体平稳。

2011 年，原邗江区李典、头桥、沙头、杭集、泰安 5 个镇划入广陵区后，全区出口规模大幅提升，轻工、汽配、医疗机械等专业市场逐步成型，产业配套功能进一步完善。出口企业增加 130 家，其中出口 500 万美元以上企业增加 8 家，出口 1000 万美元以上企业增加 6 家，出口过亿美元 2 家，出口总额 10.56 亿美元（其中剔除 5 镇为 5.34 亿美元）。

1989 ～ 2011 年广陵区出口产品交货额及出口额统计表

表 12-4-1

年份	出口产品交货额(万美元)	自营出口额(万美元)	年份	出口产品交货额(万美元)	自营出口额(万美元)
1989	4466.76	—	2001	33271.96	2982.96
1990	4451.68	1.07	2002	73683.41	3862.52
1991	5114.99	27.55	2003	104963.54	4578.09
1992	7089.9	192.43	2004	145121.72	7326.16
1993	11771.31	391.32	2005	180619.29	8997.45
1994	15680.59	405.04	2006	—	15500
1995	22542.3	867.55	2007	—	23495
1996	20843.98	1199.76	2008	—	34265
1997	25234.66	1863.4	2009	—	33604
1998	30409.47	2821.2	2010	—	43422
1999	32155.75	2984.28	2011	—	53444
2000	36951.65	3147.35			

说明：表中“—”为资料短缺、不全；2011 年李典、头桥、沙头、杭集、泰安 5 镇数据未统计在此表中

二、重点出口企业选介

扬州阿波罗蓄电池有限公司 位于扬州市扬子江南路18号。该公司为澳大利亚独资企业，是国内蓄电池首家外商投资企业。1991年，该公司生产的华扬牌蓄电池首次销往中国台湾，当年出口商品交货额47.1万元。1992年，产品开始出口到澳洲。1993年，企业获“全国机电产品出口先进单位”称号。1994年，获“中国轻工业出口创汇优秀企业银奖”称号。1997年，被确认为高新技术企业。2000年，低温型起动用免维护铅酸蓄电池获国家级火炬计划。2001年，通过ISO 9001质量体系认证。2005年，开发出全密闭免维护蓄电池并投产，当年自营出口额1210.05万美元。2006年，自营出口1966.46万美元。2007年，自营出口3867.56万美元。2008年下半年，该公司划出广陵区，划进市开发区。

扬州灯泡集团有限公司 位于扬州市江阳中路45号。该公司是世界最大的氖灯制造企业集团，辖扬州仁林科技有限公司、扬州扬捷照明电器有限公司、扬州巨扬电器有限公司。拥有氖灯及LED全自动生产流水线150条，年产各种氖灯15亿只，60%以上产品直接出口，销往欧美、中东、东南亚、南美等30多个国家和地区。2005～2010年，集团出口以扬州扬捷照明电器有限公司为主体，累计出口567.28万美元。2011年起，以扬州巨扬电器有限公司为主要出口公司，当年自营出口312.8万美元。

扬州保来得工业有限公司 位于扬州市祥和路9号。该公司由保来得（香港）工业股份有限公司与扬州盛得机械有限公司1992年合资成立。产品70%以上外销，主要生产铜基、铁基、混合基，拥有品牌“Prorite”（保来得）。1994年，产品首次出口到中国香港、中国台湾和日本等地，当年出口商品交货额2706.27万美元。1996年，先后被评为国家大型企业、江苏省知识密集型和技术密集型企业、江苏省高新技术企业。1997～1999年，被中国外商投资企业协会评为全国外商投资双优企业、省出口创汇先进单位。2000年，更名为扬州粉末冶金有限公司。2005年，更名为扬州保来得科技实业有限公司。实现出口商品交货额2.19亿美元，自营出口额1826.31万美元，占全区三资企业当年出口额的20.30%。2007年3月，划出广陵区。

江苏扬农化工集团有限公司 位于扬州市文峰路39号。该公司为生产农药、氯碱、精细化工产品的企业。其控股的江苏扬农化工股份有限公司是国内规模最大的新型仿生农药拟除虫菊酯生产基地，2002年4月成功上市。公司建有工程设计院、化工研究所、博士后科研工作站，自备铁路线。2002年，通过ISO9001（2000版）质量体系认证，2004年，通过ISO14001环境管理体系认证。2008年起，扬农化工集团有限公司及扬农化工股份有限公司由市属企业划入广陵区出口企业。2008～2011年，累计出口2.97亿美元，年平均增长34%。

2000～2011年杭集镇、沙头镇、头桥镇、李典镇、泰安镇出口额统计表

表12-4-2　　单位：万美元

年份	2000	2001	2002	2003	2004	2005	2006	2007	2008	2009	2010	2011
出口额	2600	3000	3200	3500	5518	8672	10711	24459	41947	72492	124744	105621

三、出口品牌和基地建设

出口品牌 2009年，扬农化工集团有限公司的“扬农”商标、扬农化工股份有限公司的“墨菊”商标入选省级出口品牌，江苏兴盛刷业有限公司的“兴盛”商标、扬州文峰塔鬃刷有限公司的“文峰塔”商标入选市出口品牌。2011年，扬农化工集团有限公司的“扬农”商标和扬农化工股份有限公司的“墨菊”商标双双入选2011～2013年度江苏省重点培育和发展的国际知名品牌，嘉和散热器有限公司申报的“纵横”商标和兴盛刷业有限公司的“兴盛”商标成功入选2011～2013年度扬州市出口品牌。

出口基地 2003年，杭集镇被国家授予“中国牙刷之都”称号。2007年，被确定为省重点产业集群100强之一。杭集工业园被评为省级日化科技特色园区。2008年，获“中国酒店用品之都”称号。2010年，被授予“扬州杭集日化产业集群品牌培育基地”称号，被江苏省商务厅授予“江苏省旅游日化产品出口基地”称号。该基地拥有公共检测平台——国家洗漱用品质量监督检验中心、科技创新平台——扬州杭集创意设计园、交易展示平台——锦都国际酒店用品城、物流平台——三笑物流园。

2011 年广陵区出口基地国际国内知名品牌一览表

表 12-4-3

品牌等级	品牌名称
国际知名品牌	高露洁、安泰士
国内驰名商标或名牌产品	驰名商标:5A　　中国名牌:5A、睡的香
省级名牌产品	江苏省名牌产品 10 个:倍加洁、5A、CORONA、天诗美景、晨洁、洁特、口玉、健牌、新感觉、皇佳
	江苏省著名商标 9 个:倍加洁、5A、天诗美景、晨洁、洁特、口玉、笑爽、晨笑、健牌

说明：5A 谐音五爱

第二节　进　口

1989 年,广陵区有 5 家企业进口 7 个项目的生产设备,进口额 447.52 万美元。90 年代,进口商品主要是化工原料、棉花、船用机械设备等。1989 ~ 2000 年,全区年平均进口额 1000 万美元。

2001 年,全区加工贸易迅速发展。企业进口主要以原材料为主,全区进口 1716.86 万美元。2005 年,广陵区有 26 家企业实现进口 3554.47 万美元,是 1988 年的 7.94 倍;三资企业进口 3464.54 万美元,占总进口额的 97.47%。2001 ~ 2011 年,全区年平均进口额 8730 万美元,其中 2011 年进口 3.36 亿美元。主要进口地为中国台湾以及欧盟、日本、韩国、美国、东盟、巴布亚新几内亚等。

第三节　境外投资与劳务合作

一、境外投资

1989 ~ 1995 年,外经企业主要是 “挂靠横联”,挂靠外经业务好、有对外签约权的“中”字头大公司,实施二、三级承包。1993 年 8 月,扬州四菱电子有限公司在俄罗斯联邦设立扬州赛尔有限公司。1996 ~ 2011 年,江苏华建建设股份有限公司申报并获得外经贸部批准的对外工程承包经营权。2005 年 10 月,江苏华建建设股份有限公司在新加坡设立江苏省华建（新）建设股份有限公司,2006 年 2 月,设立苏扬建筑工程有限公司。2008 年 4 月,扬州富扬对外贸易有限公司在日本设立办事处。2008 年 8 月,中国扬州国际经济技术合作有限公司在新加坡设立代表处;11 月,在日本设立代表处;2009 年 4 月,在日本冈山县设立办事处。

2005 ~ 2011 年广陵区境外投资情况一览表

表 12-4-4

境外投资机构	国家地区	投资额(万美元)	批准日期
江苏省华建（新）建设股份有限公司	新加坡	50	2005 年 10 月 17 日
扬州市富扬对外经济贸易有限公司日本办事处	日本	5	2008 年 4 月 28 日
中国扬州国际经济技术合作有限公司驻新加坡代表处	新加坡	5	2008 年 8 月 25 日
中国扬州国际经济技术合作有限公司日本代表处	日本	5	2008 年 11 月 20 日
中国扬州国际经济技术合作有限公司日本冈山县代表处	日本	5	2009 年 4 月 1 日

二、劳务输出

1988 ~ 1992 年,广陵区对外劳务合作是由外经公司挂靠有对外劳务合作经营权的大公司向外输出劳动力为主。1993 年 5 月,扬州市政府批准由 5 家公司联合组成中国扬州国际经济技术合作公司(隶属广陵区),

扬州开始拥有第一家有对外劳务合作经营权的公司。2000 年，扬州市富扬对外经济贸易有限公司经外经贸部批准获得对外劳务合作经营权。两家公司的成立，使广陵区对外劳务合作的路子变宽，劳务营业额有较大幅度的提高。

2008 年起，对外派企业招收外派劳务人员初审意见权下放到劳务人员所属辖区，广陵区开始对广陵籍的外派劳务人员进行备案登记。1993 ～ 2011 年，广陵区先后外派各类劳务人员 1.85 万人次。

2008 ～ 2011 年广陵籍外派人员初审统计表

表 12-4-5　　单位：人

初审时间	外派公司	外派国家（地区）	辖区人员数	工种
2008-12-12	淮安金泰国际经济技术合作有限公司	卡塔尔	1	建筑工
2009-4-10	镇江建工建设集团有限公司	俄罗斯	1	冷作工
2009-8-18	锦宸集团有限公司	乍得	1	技术工
2010-1-26	中国航空技术国际工程有限公司	日本	1	缝制工
2010-7-21	常州钢构建设有限公司	加蓬	2	建筑工
2010-11-21	中商集团经济合作有限公司	日本	6	食品工
2011-07-26	镇江华星国际贸易集团有限公司	日本	1	喷漆工
2011-12-28	上海外经贸人力资源有限公司	日本	3	缝纫工

三、对外劳务企业选介

江苏省华建建设股份有限公司　位于扬州市文昌中路 468 号。公司前身是 1982 年 5 月成立的江苏省建筑安装工程公司一公司，1996 年获对外经济技术合作经营权。1997 年 3 月，整体改制为江苏省建筑安装工程股份有限公司。1998 年，通过 ISO 9001 质量体系认证。2002 年 6 月，获国家房屋建筑工程施工总承包特级资质，并获机电安装工程施工一级总承包、市政公用工程施工二级总承包，以及建筑装修装饰工程、钢结构工程、消防设施工程、起重设备安装工程、建筑智能化工程 5 个专业承包一级资质。2002 年 9 月，更名为江苏省华建建设股份有限公司。2003 年，通过 ISO 14001 环境管理和 GB/T 28001 职业健康安全管理体系认证。2004 年，通过质量 / 环境 / 职业健康安全管理体系整合认证。2010 年 10 月，获建筑行业（建筑工程）甲级设计资质。2011 年 12 月，获房屋建筑工程监理甲级资质。承建工程以高层、大体量为主。

扬州市富扬对外经济贸易有限公司　位于扬州市立新路 9 号。该公司成立于 1998 年，是商务部批准授予对外劳务经营权的外经贸企业，是中国对外承包工程商会、中国中日研修生协力机构的会员企业。公司通过中国质量认证中心 ISO 9001:2000 质量管理体系的认证，为 3A 资信企业。公司每年向境外派遣各类劳务（研修生）近 1000 人次，主要分布在日本、新加坡和中东部分地区，为扬州地区对外劳务（研修生）合作的龙头企业，也是扬州市唯一经国家批准、可以从事新加坡建筑劳务的窗口企业。

中国扬州国际经济技术合作有限公司　位于扬州市徐凝门大街 136 号。该公司成立于 1993 年，是扬州市首家经商务部批准，既有外派劳务经营权、出国劳务培训权，又有进出口贸易经营权的对外经贸专业公司，系中国对外承包工程商会会员、中国纺织品进出口商会会员、中国轻工业产品进出口商会会员、中日研修生协力机构成员、江苏省进出口商会理事单位、江苏省经济技术合作会员单位。公司成立后，派往国外从事技术交流、研修和劳务合作的人员有 4500 多人。公司设有海外研修部、国际劳务部、国际贸易部、留学部、国际旅游部、国内旅游部、航空票务中心、外联接待部等，常年向日本、韩国派遣缝纫、纺织、园艺、焊接、铸造、机械加工、水产加工、食品加工、印刷、家具技术研修生、技能实习生，向亚洲、拉丁美洲、欧洲、中东等国家派出工程、生产操作和服务行业劳务人员。

第十三篇 农业

要　目

第一章　农业经济综述…………………………… 441
　第一节　农村经济体制改革………………… 442
　第二节　农业区划…………………………… 445
　第三节　农业经济结构……………………… 445
　第四节　农业综合开发……………………… 448
　第五节　农村经营管理……………………… 449
　第六节　农产品质量安全管理……………… 450
　第七节　小康村建设………………………… 451
第二章　沿江现代农业(蔬菜)产业园 ……… 452
　第一节　基础设施建设……………………… 452
　第二节　专业载体和服务平台……………… 453
第三章　种植业………………………………… 455
　第一节　粮食作物…………………………… 455
　第二节　油料作物…………………………… 458
　第三节　蔬　菜……………………………… 460
　第四节　新品种、新技术 ………………… 463
　第五节　病虫草害防治……………………… 465
第四章　畜牧业………………………………… 467
　第一节　家　畜……………………………… 467
　第二节　家　禽……………………………… 469
　第三节　疫病防治…………………………… 471
第五章　水产业………………………………… 472
　第一节　种苗繁殖…………………………… 472
　第二节　水产养殖 ………………………… 473
　第三节　鱼病防治 ………………………… 476
第六章　林　业………………………………… 477
　第一节　林　木……………………………… 477
　第二节　果　桑……………………………… 482
　第三节　花　木……………………………… 482
第七章　农业机械……………………………… 483
　第一节　农机应用…………………………… 483
　第二节　跨区作业…………………………… 485
　第三节　安全监督…………………………… 485
第八章　农业水利……………………………… 486
　第一节　河　道……………………………… 486
　第二节　农田水利…………………………… 486

广陵区建区时，有城无乡，国民经济以二、三产业为主。2002年后，广陵区始有农林牧渔产业。是年，成立区农业水利局，挂农村工作办公室牌子。2011年，广陵区农业生产的规模由小到大。同年，成立区农业委员会，增挂区农工办、农业资源开发局、农业机械管理局牌子；水利局单设。区下辖7个乡镇、2个涉农街道、83个行政村，全区农业生产的发展空间更大，为国民经济一、二、三产业全面均衡发展提供更加宽广的平台。

2002年后，区委、区政府坚持以保供增收奔小康为目标，大力发展以蔬菜为主体的特色农业。2004年开始，实施“三补贴、两减免”（种粮直补、购买良种补贴、购买农机具补贴，减免农业税、减免农林特产税）惠农政策，农民生产积极性提高，区内农林牧渔各业全面提升。

2005年，区成立新农村建设工作领导小组，制定三年全面小康先行村创建规划。2008年，区所有行政村全部达到小康村目标。2005年后，城乡一体化建设步伐进一步加快，原广陵区的3个乡镇，7年中为城市建设提供土地面积971.63公顷，占2002年耕地面积的57.31%。

2006年后，区委、区政府大力推进农村“三大合作”（农民专业合作社、农村土地股份合作社、农村社区股份合作社）组织。2011年，农村三大合作组织228个，其中农民专业合作社69个、农村土地股份合作社51个、农村社区股份合作社108个，为农村生产力的发展提供坚强的组织基础。

2002～2011年，紧紧围绕建设“都市型、生态型、观光型农业”目标，按照“开发农业、建设农村、致富农民”要求，区内现代设施农业、绿色生态农业、休闲观光农业都得到长足发展。2011年，区农林牧渔业现价总产值15.17亿元，其中农业总产值8.24亿元，占农林牧渔总产值的54.32%；林业产值0.33亿元，占2.18%；牧业产值2.17亿元，占14.3%；渔业产值3.52亿元，占23.2%；服务业产值0.91亿元，占6%。全区粮食总产11.08万吨，比2001年增加1.67万吨，上升17.75%；油料总产2474吨，比2001年减少3270吨，下降56.93%；生猪、家禽年饲养量分别为8.98万头和181万只，比2001年下降近三分之二；水产品总量2.56万吨，比2001年增加1.56万吨，上升156.86%；向市场供应蔬菜19.26万吨，比2001年增加7.21万吨，上升59.83%。充足的农副产品，为市区的“菜篮子”有效供给和稳定物价提供坚强保证。

第一章 农业经济综述

1989～1997年，区内农业、农村工作紧紧围绕农业增效、农民增收、农村发展的总体目标，继续深化农村经济体制改革，不断调整农业产业结构。1998年，在家庭联产承包15年不变的基础上，按照“大稳定、小调整”方针，继续开展农村土地二轮承包工作，承包期30年不变。2000年后，随着农村劳动力快速转移，土地流转推开，推动土地向专业大户、主导产品和产业集聚。良种补贴、种粮直补、农机补贴、农资增长补贴得到全面落实。大力推进农村税费改革，严格控减农民负担。2005年后，实施市政府制定的“农民人均增收千元、全面奔小康”计划，在辖区内全面开展农村环境综合整治等全面小康村建设活动；强力推进农村“三大合作”组织，有效加快建设新农村、全面达小康步伐。

在农业结构调整方面，区内坚持区域特色，种植业坚持“缩粮扩经”，发展蔬菜产业；养殖业坚持发展食草畜禽、特种水产。至2011年，全区蔬菜产值5.06亿元，占农林牧渔总产值15.17亿元的33.36%，占种植业8.24亿元的61.41%；渔业产值3.52亿元，由农林牧渔产值的第三位升至第二位。区内二、三产业的快速发展，成为农民就业、创业、增收的重要渠道。2011年，全区粮食总产量11.08万吨，油料总产2474吨，向市场供应蔬菜19.26万吨，农民人均收入15250元。

第一节 农村经济体制改革

一、农村税费改革

农村税费改革经历两个阶段。2000～2003年，主要是“三取消、两调整、一改革”，即取消乡统筹费，取消农村教育集资等专门面向农民征收的行政事业性收费和取消政府性基金集资等；调整农业税、农林特产税；改革村提留征收使用方法。改革后，农民依法承担农业“两税”（农业税、农林特产税），按20%的标准随税增加附加费，按不超过20元／人年的标准实行一事一议集资。采取三年过渡办法，减少“两工”（义务工、积累工）和以资代劳负担，以二、三产业从业人员交积累的方式补偿。基本实现“农民减负、农村稳定、村级运转”的目标。2004年起，全面取消两税。按照“以工哺农”原则，采取政府补贴、乡镇代缴方式，广陵区在全市率先免征农业税，农民原需缴纳的蔬菜每亩84.08元、粮食每亩64.68元的农业税及附加全部免征，湾头、汤汪、城东3乡镇农民负担减轻130多万元，人均26元。

2005年12月29日，第十届全国人民代表大会常务委员会第十九次会议决定:1958年6月第一届全国人大通过的《中华人民共和国农业税条例》，自2006年1月1日起废止。农业税的取消，标志着中国历史上存在两千多年的“皇粮国税”的终结，农村改革进入一个新的阶段，即以乡镇机构、农村义务教育和县乡财政管理体制改革为主要内容的综合改革阶段。

二、完善农村土地承包经营制度

2002年前，湾头镇、汤汪乡先后推行“两田制”(人分口粮田、劳分责任田)、统分结合的双层经营体制、“双向承包”（集体包服务、农户包任务）责任制等，土地流转也逐步推开。

2003年，《中华人民共和国农村土地承包法》颁布实施，农民长期而有保障的土地承包经营权受到法律保护。土地承包经营权流转的形式出现多样化，主要有转包、转让、互换、出租、入股等。

2004年，由于国家出台“两减免、三补贴”惠农政策，即减免农业税、农林特产税，实行种粮、购买良种、购买农机补贴，加之“非典”影响，农民工回流，出现农民缩短转包期、要回流转土地等现象。为规范农村土地流转行为，减少纠纷，全区建立农村土地流转台账，统一执行省制定的土地流转示范合同文本，建立健全土地流转合同档案。湾头镇建立土地流转服务组织，为农民提供信息、合同文本、合同签证服务。

2005年，以《江苏省农村土地承包经营权保护条例》出台为契机，继续加大农民土地承包经营权保护力度，认真做好农民土地承包经营权证补、换、发工作，全年补换发证书到户4000本。

2006～2011年，积极鼓励农户以土地承包经营权入股，大力推进土地股份合作社组建，农户依据入股份额获取保底租金，将农村劳动力从土地中解放出来，从事二、三产业，提高经济收入。

三、农村三大合作经济组织建设

（一）农民专业合作

2006年9月，区政府制定《关于促进农村合作经济组织加快发展的意见》和《广陵区农村“三大合作”组织实施方案》，指导全区合作经济组织规范发展。2007年，《中华人民共和国农民专业合作社法》颁布实施，全区组建4个农民专业合作社。至2011年，全区累计组建农民专业合作社36个，涵盖养殖、种植、社会化服务等多个方面。农民专业合作经济组织在创新农村经营制度、提高农民组织化程度、发展现代农业、增强农村经济竞争力和增加农民收入等方面，发挥出积极有效作用。

（二）农村土地股份合作

2006年，新组建5个土地股份合作社，入股土地面积9公顷，其中入股农户195户，设立农户股145股。2007年，汤汪乡同心村土地股份合作社成为全区首家以村为单位的土地股份合作社。每年支付农户一定数额的土地租金，让农民在获得长期而相对稳定收益的基础上，从土地中解放出来，从事二、三产业，获取打工收入。同时，村组集体将合作社的土地对外发包，为村组增加收入，从而取得“双赢”效果。年末，全区共组建12个土地股份合作社，入股土地面积近66.67公顷，设立农户股900多股，平均每股年收益1516元。至

2011年，全区组建土地股份合作社18个，有超过70%的面积用于发展高效农业。

2011年广陵区农民专业合作社、土地股份合作社一览表

表13-1-1

序号	合作社名称	工商注册成员数(人)	注册成立年份	产品注册商标名称	地址(镇、村)	理事长
1	湾头夏桥花木专业合作社	5	2007	—	湾头镇夏桥村	朱邦顺
2	湾头庆宝渔业专业合作社	5	2008	—	湾头镇夏桥村	夏庆宝
3	湾头夏桥宝金土地股份专业合作社	215	2008	—	湾头镇夏桥村	田金花
4	香雅花木盆景专业合作社	5	2008	—	湾头镇联合村	戴万仁
5	兴牧生猪专业合作社	5	2009	—	湾头镇	袁　标
6	汤汪九龙蔬菜专业社	7	2007	—	汤汪乡九龙村	许广友
7	强民菌类专业合作社	7	2011	—	汤汪乡同心村	方武玖
8	同心香菇专业合作社	6	2010	—	汤汪乡同心村	韩　勇
9	兆丰大豆专业合作社	5	2010	—	汤汪乡同心村	蒋兆华
10	杭集镇新生安康蔬菜土地股份专业合作社	337	2011	—	新生村	林　森
11	杭集镇绿农蔬菜专业合作社	219	2008	—	杭集镇曙光路	王兴奎
12	双隆金浩土地股份专业合作社	903	2010	—	双隆村	聂　宁
13	杭集镇双隆金扬韭菜专业合作社	286	2009	—	双隆村	史　军
14	杭集镇八圩蛋鸡养殖专业合作社	106	2010	—	八圩村	尤　政
15	杭集镇新联养殖专业合作社	52	2008	—	新联	张学平
16	双隆金棚土地股份专业合作社	515	2008	—	双隆村	史　军
17	牧翔畜禽养殖专业合作社	6	2010	—	头桥镇弘扬路	陆　瑛
18	头桥镇富民机插秧专业合作社	5	2009	—	头桥镇水利站	朱长明
19	头桥镇润禾农业一条龙服务专业合作联社	3	2010	—	头桥镇弘扬路	刘如虎
20	头桥镇安帖特种水产养殖专业合作社	20	2009	—	头桥镇安帖村	丁　林
21	江水特种水产养殖专业合作社	120	2009	江军	头桥镇新华九组	王根金
22	头桥九圣水产专业合作社	25	2008	—	头桥镇九圣村	梁　鹏
23	头桥镇庆丰土地股份专业合作社	1135	2008	—	头桥镇庆丰村	张学龙
24	头桥镇新桥村金土地股份专业合作社	275	2010	—	头桥镇新桥村	任金庭
25	圣灵农业科技特种经济作物专业合作社	18	2009	迎新	头桥镇迎新村	秦祥宏
26	泰安镇欣荣农机合作社	115	2009	—	泰安镇金泰北路49号	胡元明
27	凤凰岛众成奶牛专业合作社	5	2008	—	泰安镇七里村	周同萍
28	裕丰有机农业专业合作社	7	2009	—	泰安镇勤俭村	黄庆文
29	沙头镇艾莎特禽蛋专业合作社	8	2009	仙姬江滩	沙头镇三星西路2号	蒋勇军
30	沙头镇鑫穗家禽养殖专业合作社	308	2009	—	沙头镇育新村卫星组	宗关平
31	沙头镇利民机插秧专业合作社	5	2009	—	沙头镇邱卜村江湾组	邱隆树

续表 13-1-1

序号	合作社名称	工商注册成员数(人)	注册成立年份	产品注册商标名称	地址(镇、村)	理事长
32	沙头镇富达土地股份专业合作社	276	2010	—	沙头镇育新村夹当组	姚 飞
33	沙头星运水生蔬菜专业合作社	108	2011	—	沙头镇五星村	薛明亚
34	上品食用菌专业合作社	5	2010	上品菌业	沙头镇小虹桥村丰圣组	宗新军
35	沙头镇银土地股份专业合作社	168	2009	—	沙头镇潮龙村	吕 骏
36	沙头镇人民滩农业园土地股份专业合作社	805	2008	—	沙头镇农业园	戎利宝
37	沙头镇双福土地专业合作社	286	2010	—	沙头镇小虹桥村	徐胜利
38	江业特色水产专业合作社	53	2010	江业	沙头镇三星村	张孝宏
39	沙头镇溢仙蔬菜专业合作社	50	2008	溢仙	沙头镇人民滩村	秦长安
40	李典镇裕民村土地股份合作社	453	2008	—	李典镇李典村	朱砚芳
41	李典镇秀清村土地股份合作社	205	2008	—	李典镇秀清村	栾正荣
42	李典镇恩余村土地股份合作社	273	2008	—	李典镇恩余村	李红旗
43	李典镇田桥村土地股份合作社	177	2008	—	李典镇田桥村	吴光明
44	李典镇长生村土地股份合作社	447	2009	—	李典镇长生村	程宝清
45	李典镇小乾村土地股份合作社	285	2009	—	李典镇小乾村	王 健
46	李典镇沿江村土地股份合作社	15	2009	—	李典镇沿江村	颜国明
47	李典镇伏固村土地股份合作社	384	2010	—	李典镇伏固村	王如生
48	李典镇黄桥村土地股份合作社	484	2010	—	李典镇黄桥村	焦大新
49	李典为民机插秧合作社	8	2006	—	李典镇农机站内村	潘治杰
50	李典永兴特色水产专业合作社	18	2007	—	李典镇沿江村	颜国明
51	新联花卉专业合作社	105	2008	—	李典镇联桥村	严兴扬
52	庆春鹅业专业合作社	13	2008	—	李典镇黄桥村	焦大新
53	天发蔬菜专业合作社	16	2010	—	李典镇花园路 2 号	丁祖发
54	李典荣达植保服务专业合作社	24	2008	—	李典镇花园路 2 号	孙维平

(三)农村社区股份合作

农村社区股份合作是将农村集体资产(主要是经营性资产)折股量化给农民(社员),实行民主管理,按股分红。

2006 年,农村三大合作发展的重点为推进农村社区股份合作制改革,原则上只要村组拥有集体经营性净资产,都必须明晰产权、量化股份,组建社区股份合作社。明确提出净资产在 10 万元以上的组都要组建社区股份合作社,三年内实现全覆盖。当年,新组建农村社区股份合作社 3 个,享受股权人数 58 人,平均每股年收益 2567 元。同时,在文峰街道渡江村启动以村为单位的改革试点。至 2007 年,新组建农村社区股份合作社 15 个,享受股权人数 1500 人,平均每股年收益 2567 元。同时,在文峰街道渡江村组建全区首家以村为单位的农村社区股份合作社。2008 年,按照“发展、规范、创新、提高”的工作思路,坚持“在发展中规范,在规范中提高”的原则,曲江街道完成 3 个村级社区股份合作社、10 个组级社区股份合作社,文峰街道完成 1 个组级社区股份合作社。汤汪乡、湾头镇组建 18 个组级社区股份合作社,共折股量化集体经营性净资产 3620

万元，设置股份8248股，享受股权人数5430人，平均每股年分红842元。2010年，新组建农村社区股份合作社16个，其中村级4个、组级12个。2011年，新组建村级社区股份合作社13个，全部实行单独建账核算。全区村级农村社区股份合作社实现全覆盖。

2011年年底，原邗江5个镇划入，同时划入农村社区股份合作社9个，全区农村社区股份合作社89个。

四、农村集体经济合作社

2011年前，全区所有行政村没有一个真正依法建立的集体经济组织，一直是由村民委员会代行集体资产经营与管理职能。村经济合作社的依法组建，有效解决集体资产管理主体缺位、经济职能错位问题，与村党组织、村民委员会共同形成“三驾马车”格局，分别管理村级组织的“党务、村务、经济”三项职能。2011年年底，区组织相关部门深入调查研究，全面启动组建村经济合作社工作。

第二节　农业区划

1979年，扬州农业综合区划委员会将全地区分为里下河、高沙土、沿江、丘陵、沿湖5个农业区。广陵区分属其中3个农业区。

高沙土农业区。汤汪、湾头、城东3个乡镇均属高沙土农业区。境内土质沙性大，土壤养分低，有机质含量仅1%左右。90年代中后期至2007年，3乡镇种植业由粮食为主转变为以蔬菜为主，蔬菜成为广陵区第一大农作物。2008年，又以稻麦两熟为主。2011年，蔬菜面积占耕地面积的44.94%。由于农田基本建设长期投入，灌排条件大大改善，加之蔬菜面积很大，因此，该区域的土质和地力情况有很大改变。

丘陵农业区。泰安镇属丘陵农业区，位于扬州市丘陵农业区东端。地面高程10米左右，水土流失较重，养分含量较低，有机质含量不足1.5%。由于镇内有贯穿南北的凤凰河、太平河、金湾河、高水河等河流，经人工长期劳作经营，该镇农田条田成方，土壤养分有较大提高。种植业以稻麦为主，水稻比重略大，占粮食总产的54.21%。2011年，该镇耕地面积1012.74公顷，其中水田867.08公顷，占85.62%。2010～2011年，蔬菜生产发展较快。

沿江农业区。杭集、李典、沙头、头桥4个镇隶属沿江农业区。该农业区表土多为中壤或重壤，土壤深厚，有机质平均含量在2%以上；地势较为平坦，地面高程3米左右。4个镇农副业水平较高，交通发达，农业经济发展较快；种植业仍以稻麦为主。进入21世纪，4个镇的蔬菜生产发展较快，以沙头镇为核心的万亩无公害蔬菜生产基地是广陵区现代农业的亮点。2011年，4个镇有蔬菜面积2240公顷，占耕地总面积9300公顷的24.09%。棉花仅李典镇少量种植。

2005年，扬州农业区划将全市农业区调整为里下河（含沿湖）、沿江（含高沙土）、丘陵3个农业区。至2011年年底，湾头镇、汤汪乡、头桥镇、李典镇、沙头镇、杭集镇6个乡镇为沿江农业区，泰安镇属丘陵农业区。

第三节　农业经济结构

一、耕地面积

随着城区的持续扩张，市郊的耕地面积不断减少。湾头镇、城东乡、汤汪乡3个乡镇，1989年年初有耕地面积2026.99公顷。至2001年，耕地面积减少到1726.68公顷，下降14.82%。划入广陵区后，至2011年，原3乡镇耕地面积仅834公顷，比1988年减少1192.99公顷，下降58.86%。新5镇随着城镇化建设等多种原因，耕地面积也呈逐年下降趋势。2001年，耕地面积10240公顷。至2011年，为9190公顷，10年减少1050公顷，下降10.25%。

2001～2011年广陵区耕地面积情况一览表

表13-1-2 单位：公顷

年度	年末面积	其中		年度	年末面积	其中	
		3乡镇	新5镇			3乡镇	新5镇
2001	11970	1730	10240	2007	10850	1110	9740
2002	11930	1700	10230	2008	10500	1060	9440
2003	11740	1520	10220	2009	10380	1010	9370
2004	11460	1500	9960	2010	10300	960	9340
2005	11190	1210	9980	2011	10020	830	9190
2006	11040	1180	9860				

说明：1.数据来源于维扬区、广陵区、邗江区统计年鉴

2.耕地面积不含农民自留地约720公顷

3.3乡镇指原湾头镇、汤汪、城东乡；新5镇指2011年划入的李典、沙头、头桥、杭集和泰安镇

二、业态比例

在耕地面积大幅度下降的情况下，全区种植业产值继续保持较好的发展势头，林业也有较快发展，渔业产值先降后增。2002年，原湾头、城东、汤汪3乡镇各业产值占农业总产值的比例，种植业占64.56%，林业占0.40%，畜牧业占24.18%，渔业占4.83%。2011年新5镇划入后，各业所占比例有明显变化，种植业8.24亿元，占农业总产值的54.31%，为各业之首；林业3270万元，占2.16%，居各业末位；畜牧业2.17亿元，占14.28%，比重持续下滑；渔业3.52亿元，占23.22%，由原来的第3位上升到第2位，成为区内仅次于种植业的重要产业；服务业占6.04%，略有下降。

2001～2011年广陵区3乡镇农业各业产值情况一览表

表13-1-3 单位：万元

年份	农业总产值	种植业		林业	牧业	渔业	服务业
		产值	其中蔬菜				
2001	25074	16279	10036	38	5678	1501	1578
2002	25400	17451	10191	107	6536	1306	—
2003	20647	11933	10380	25	5581	1438	1670
2004	19649	11735	10061	19	5541	778	1576
2005	19061	11627	10400	219	4680	680	1855
2006	17620	13469	11914	18	2356	539	1238
2007	16038	10481	8983	19	1804	446	3288
2008	19973	12485	9554	573	4719	789	1407
2009	19299	12587	9632	501	3958	861	1392
2010	20592	13702	8138	705	3864	885	1436
2011	151698	82385	46037	3270	21666	35219	9158

说明：2011年含新划入的5个镇；2002年服务业统计资料缺失

种植业内部结构中，粮食、油料、蔬菜播种面积占当年耕地面积的比例：原湾头、城东、汤汪3乡镇，粮食播种面积所占比例，2001年为78.61%（复种面积，下同），2005年开始上升，2008年大幅上升，达172.04%；

至 2011 年，粮食播种面积占耕地面积比例为 143.65%。新 5 镇粮食播种面积占耕地面积的比例，2001 年为 127.05%，2005 年 137.07%，至 2011 年，基本保持稳定。油料生产 3 乡镇播种面积除 2008 ～ 2010 年保持 13.54%～ 15.09%较高比例外，其余各年为 12%左右；新 5 镇油料播种面积所占比例，2001 年为 23.59%，以后逐年下降，2011 年为 11.94%，减少 11.65 个百分点。蔬菜面积所占比例，3 乡镇基本上是逐年下降，由 2001 年的 139.94%下降到 2011 年的 55.25%；新 5 镇恰巧相反，由 2001 年的 8.50%逐年上升到 2011 年的 24.09%。

2001 ～ 2011 年广陵区粮油蔬播种面积占耕地面积比例一览表

表 13-1-4 单位：%

年度	3 乡镇播种面积比例			新 5 镇播种面积比例		
	粮食	油料	蔬菜	粮食	油料	蔬菜
2001	78.61	12.54	139.94	127.05	23.59	8.50
2002	75.29	11.88	147.53	124.14	23.92	12.09
2003	69.08	9.93	125.99	124.85	22.78	13.84
2004	70.67	9.27	128.67	131.73	23.85	13.07
2005	90.91	12.23	137.11	137.07	19.94	15.34
2006	102.54	12.71	166.95	144.02	18.69	16.70
2007	101.80	11.71	139.84	139.26	13.03	16.76
2008	172.64	15.09	128.30	138.38	13.56	17.88
2009	177.23	14.85	89.11	140.27	14.48	18.39
2010	180.21	13.54	79.17	138.93	13.91	22.30
2011	143.65	11.05	55.25	140.04	11.94	24.09

说明：2011 年含新划入的 5 个镇

三、种养大户

在农业发展中，广陵区坚持以稳定农村土地承包关系为基础，加快发展土地集中型、合作经营型和统一服务型农业适度规模经营，以提高农业规模化、产业化、集约化水平。1989 年开始，发展种粮大户和多种经营养殖大户。2003 年开始，土地流转依法、有偿，比较规范。2005 年后，种植大户发展较快。2011 年，全区 3.33 公顷以上的种粮大户 132 户，占种植业总户数 48742 户的 2.71%，稻麦两熟播种面积 1741.2 公顷，占稻麦播种面积的 12.20%。其中承包 6.67 公顷以上的种粮大户 46 户，承包 30 公顷以上的 4 户。李典镇秀清村戴启松，经营面积 33.57 公顷，生产稻谷 30.97 万千克、小麦 18.72 万千克，向国家出售粮食 43.50 万千克；杭集镇双龙村杭敏根，经营面积 36.67 公顷，生产稻谷 33.55 万千克、小麦 19.25 万千克，出售粮食 51.12 万千克；最大的种粮大户泰安镇金湾村王业均，经营面积 43.33 公顷，生产稻谷 33.15 万千克、小麦 21.78 万千克，出售粮食 49.95 万千克，取得明显的经济效益。

在畜牧业生产中，2011 年，有符合市、县级规模大户标准的奶牛养殖户 3 户，其中泰安镇勤俭村阚庄组刘正平（姗叶奶牛场）存栏 125 头，同镇七里村七里组周同萍（凤凰奶牛场）存栏 175 头，为市级奶牛养殖大户；沙头镇西大堤王兴茂（润扬奶牛场）当年存栏 48 头。符合市、县级规模大户标准的生猪养殖户 49 户，其中符合市级规模 3 户。头桥镇国玉村谢文礼出栏生猪 511 头，年末存栏 97 头；头桥镇迎新村李明全出栏生猪 528 头，年末存栏 180 头；李典镇恩余村综合养殖场张娟美当年出栏生猪 656 头，年末存栏 543 头。符合县、市、省级养殖规模大户标准的蛋禽养殖户分别为 2 户、4 户和 2 户，其中杭集镇八圩村河涧养殖场张进宏年末“海蓝”蛋鸡存栏 2.2 万只，汤汪乡同心村何小浩年末蛋鸡存栏 1.9 万只。肉禽规模养殖大户符合县级以上标准

12 户，其中沙头镇人民滩村陈长生当年出栏肉鸭 1.9 万只，年末存栏 0.9 万只，年饲养量 2.8 万只。

第四节　农业综合开发

1989 ～ 1993 年，区内农业综合开发始终强调“两个着力、两个提高”，即以农业主产区特别是粮食主产区为重点，着力加强农业基础设施建设，提高农业综合生产能力；着力推进农业和农村经济结构战略性调整，提高农业综合效益，增加农民收入。农业以增加粮食、蔬菜等大宗农作物产量为主要目标实施重点区域开发。以农田水利基础设施建设、内外三沟配套为主题，积极推广稻麦棉油叶龄模式栽培、测土配方施肥等农业实用技术。1988 ～ 1989 年，城东乡改造新农、新星两村连片蔬菜基地 74.27 公顷，总投资 77.96 万元。整个工程建成蓄水池 123 个，泵站 6 座，防水坡 85 座，铺设暗管 7001.4 米，水泥路面 1000 米，新太河驳岸 400 米，完成土方 12.5 万立方米。1991 年遭遇百年未遇的洪涝灾害后，沿江的李典、头桥、沙头等镇，退耕还林、退耕还渔面积 44 公顷。

1994 ～ 1998 年，以农业增产、农民增收为主要目标实施全面开发。1994 年 9 月，国家正式批准建设扬州市高科技农业示范区。每年由国家安排 10 亿元专项贷款，连续建设 5 年，项目资金总额为 50 亿元专项贷款。项目实施范围为京杭大运河、淮江一级公路两侧连片地带。区内 8 个乡镇全部列入示范区，每年接受贴息贷款 1600 万元。项目重点工程有优质稻米、花卉盆景、稚鳖等。项目实施后，农田基础设施建设得到进一步提升，水稻品种更新速度加快，原来以增产潜力较大的迟熟中粳武运粳 8 号、早熟晚粳武运粳 7 号为主，逐步由米质优、产量高的武香粳 14 所替代，并提前完成“水稻全面粳稻化”工程项目。湾头镇、汤汪乡的花卉苗木也有所发展。

1999 ～ 2003 年，以支持和促进农业结构调整为主要目标转型开发。2002 年，汤汪乡对无公害蔬菜、花木科技示范园进行规划建设。2003 年，汤汪乡无公害蔬菜示范基地项目被列入省级农业综合开发计划。示范区总投资 135 万元，建设规模 333.33 公顷。项目实施地点为连运、同心、横沟和九龙 4 个行政村。

2004 ～ 2011 年，以建设生态农业、现代农业为目标，推进综合开发。其中 2004 ～ 2008 年，沙头、李典、头桥 3 个镇实施中低产田改造，投入开发总资金近 2000 万元。在沙头镇实施的“两类结合试点”项目，一方面要求进一步彰显土地治理成效，另一方面要求在连片治理的土地上，必须把农业综合开发提高到一个新的层次。2006 年，沙头镇以现代农业产业园区为核心，建成休闲、观光、餐饮等多种功能的沿江生态农业科技示范园区。2009 年和 2011 年，在泰安镇实施丘陵农业综合开发项目。2 个项目合计投入开发总资金 935.7 万元。2009 ～ 2011 年，沙头、头桥 2 个镇 8 个村继续实施中低产田改造项目，开发总投资 1900 万元。2004 ～ 2011 年，国家和省共在区内投入开发总资金 4950 万元。区委、区政府坚持以大开放引进大项目，以大项目促进大开发，以大开发促进大发展理念。2010 年，向省、市申报联谊农副产品批发市场迁扩、锦通食品新建冷链物流、朝苏冷冻市场扩建、解放桥农贸市场改造、湾头镇沙联草莓生产 5 个高效农业设施建设项目，向上争取资金 485 万元。2011 年，沙头现代农业（蔬菜）产业园区争取省、市财政资金 1750 万元，园区自筹 2180.59 万元，进一步强化基础设施建设，顺利将万亩无公害蔬菜生产基地创建为省级现代农业产业园区。

图 13-1-1　沙头镇观光农业——游客采摘茄子

第五节　农村经营管理

一、集体资产管理

由于家庭联产承包责任制初期出现集体资产“分”得过多的情况，到80年代后期，区内农村相继出现“空壳村”，导致农村普遍出现农机老化、水利弱化、地力退化、服务缺失现象。

2006年，划入广陵区的原3乡镇21个行政村和1个片区，总农户1.92万户，农业总人口5.37万人。三业总产值36.9亿元，村级可支配收入65万～346万元，总计3421万元，村平均162.9万元；农民人均纯收入6042～9905元，平均7319.42元。

2010年，按照省统一部署，区内认真开展清产核资工作，并重新进行农村集体资产确权发证，83个村（含新5镇）获扬州市颁发的“农村集体资产产权证”。2011年，开展加强农村集体资金、资产、资源（以下简称“三资”）监管工作，区委、区政府出台《关于加强农村三资监管工作实施意见》，组织区内所有行政村开展清产核资工作。区农业委员会会同区纪律检查委员会、监察局、财政局、审计局、国家土地管理分局成立联合检查组，逐乡镇、街道进行检查，推进清核工作。

二、财务管理

1989～1998年，《农村合作经济会计制度（试行）》出台，全区推行新会计制度，实行农村财会人员持证上岗。2001～2005年，农村财务管理重点转到推行会计电算化管理、落实“村账乡管”制度、继续实行“村务公开”三项主要工作。2002年，会计电算化乡镇11个（含街道和邗江区划入乡镇），占总乡镇的100%；区内11个乡镇全部实行“村账乡管”，而且“双代管”（既管账，又管钱）。

2003年，全面启动“四个一”工程，即“一证”民主理财证，“一簿”民主理财财务公开记录簿，“一栏”村务公开栏，“一箱”村务公开意见箱。2005年年底，有2个乡镇被命名为扬州市农村财务管理规范化建设示范乡镇。2006年，开展“创建省级农村财务管理规范化合格镇村”活动，湾头镇沙联村被省农林厅命名为“全省农村财务管理规范化合格村”，曲江街道被市委农工办确定为“全市农村财务管理规范化示范乡镇”。2007～2011年，在坚持“组按季公开、村半年公开”的基础上，持续开展财务管理规范化示范镇村创建活动。湾头镇、沙头镇、头桥镇先后被命名为“全市农村财务管理规范化示范乡镇”。

三、减轻农民负担

1990～1994年，市委、市政府先后下发《关于切实减轻农民负担的规定》等3个文件，规定农民负担总量控制在上年人均收入的5%以内，“两工”总量控制在每个劳动力每年负担25个工日以内。

2002年，区内蔬菜每亩征收农业税84.08元，粮食每亩征收农业税64.68元；根据菜地、粮田面积，核定到户方案不变；全区（涉农3乡镇，下同）确定农业税计征面积1400公顷；填发农民负担监督卡1.35万张，对困难户、纯农户适当减免，实行先减后征。“两工”按照逐年递减、三年取消的原则，乡镇、街道每个劳力减少10个工日。

2003年，区内农民实际负担132.33万元，比2002年实际负担减少38万元，下降22.31%，人均减负26.52元。并及时将省税改办、减负办、省物价局联合发布的《关于农村税费改革政策和涉农收费给全省农民群众的公开信》发放到每户农民手中，明确收费项目、标准。当年发放农民负担监督卡1.44万张。

2004年，中央出台“三补贴、两减免”惠农政策后，广陵区在全市率先减免农业税。减轻农民负担的工作重点转为监督管理。当年实现以政府补贴、乡镇代交的方式，减轻农民负担130多万元；同时，对全区623.96公顷水稻，以每公顷300元直补18.72万元；以后各年，改种稻直补为种粮直补，进一步减轻农民负担。2006年后，农机农用柴油价格优惠2%，并优先供应，每台农机都有1张“优惠、优先”双优卡。2009年后，农田每公顷农资综合补贴1440元。

2011年，国家用于区内粮食生产补贴、良种补贴、农资增支补贴、农机购买补贴等各种补贴，合计182万元。同时区政府拿出192万元，用于农村基础设施建设和农村水利建设，比上年度增加近50万元。

为确保农民负担减轻不反弹，区政府继续抓好化解农村村级债务、规范农村财务管理、加强农村集体资产管理三项相关工作。

第六节 农产品质量安全管理

一、农业标准化建设

1989年起，区内主要农作物高产叶龄模式得到全面推广，农业标准生产已有较好基础。

进入21世纪，对农业投入品质量和各生产要素进行规范管理，农业标准化工作走上正轨。2001年，全面开展“三品”（无公害农产品、绿色产品、有机农产品）食品基地建设和“三品”品牌认证工作，农产品质量从农产品基地建设抓起，从田头抓起，从源头上加强产地环境建设和无公害农业投入品的管理。2003年，李典镇建设万亩长江特色水产品养殖标准化示范区，由区标准局、长江系家鱼原种场和农业部门的专家，共同制定标准和各阶段的技术操作规程。2005年，沙头镇建设万亩无公害蔬菜标准化示范区，园区内所有菜地均通过基地认证，20个无公害农产品、6个绿色农产品得到农业部认证（有效期3年）。在实施过程中，引用国家标准和行业标准26个。2011年，示范园区重新申报无公害农产品15个，其中引用行业标准7个，并由农业部门与标准局共同牵头，制定无公害蔬菜企业标准8个、技术操作规程8个。同时，园区制定企业内部管理标准41个，切实做到有标生产、有标管理、有标操作。是年，区内所有豆制品都实行标准化生产。

二、质量安全监管

广陵区从2001年开始执行“无公害食品行动计划”，当年在联谊农贸批发市场设立蔬菜农药残留检测点，从此开始农副产品质量安全检测等管理工作。

2006年，《中华人民共和国农产品质量安全法》（以下简称《农产品质量安全法》）正式颁布施行。同年，区农水局成立农产品质量安全工作领导小组。2007年，认真贯彻落实国务院召开的专题会议精神，扎实开展农产品质量安全专项整治，打击非法生产、销售禁用农药、兽药、饲料添加剂和化学物质行为，实施农产品质量信息可追溯性管理，在农副产品生产的源头切断和排除产品质量安全隐患。2011年，在城区7个农副产品批发市场及24个农贸市场设立检测室。

图13-1-2 联谊批发市场检测室抽样检测农产品

安全检测体系 2004年开始，区畜禽检疫站在东郊家禽批发市场、联谊家禽批发市场设立检疫办公室。2007年，区农水局成立“放心消费”创建活动领导小组，进一步强化农产品质量安全监管。至2011年，按照“五有、三统一”（有场所、有人员、有制度、有设备、有经费，统一持证上岗、统一规章制度、统一记录台账）的要求，在31个农副产品市场建立检测室，检测结果进行公示。同年，明确石塔、彩衣街、萃园桥、解放桥、跃进桥、顾庄、文昌生活广场、渡江桥、华亭和大桥10个农贸市场为省级重点检测单位，荷花池、萃园、宝塔、大舞台、方圈门5个农贸市场为重点检查单位。至此，已初步建成覆盖全区的农副产品快速检测体系。

市场准入制度 2001年，江苏联谊农副产品批发市场（扬州）被列为首批省级农产品批发市场准入试点。2003年开始，全区20家农贸市场对蔬菜、水果、食用菌、畜产品和水产品5类农产品实行市场准入制度，设立8个蔬菜农药残留检测点和5个“瘦肉精”检测点，实行例行监督检测。2004年，市区31家农贸市场实行市场准入制度，新增2个蔬菜农药残留检测点和1个“瘦肉精”检测点。2005年，新增1个水果农药残留检测点、1个乳制品抗生素检测点和1个水产品抗生素检测点。全年配合市农产品质检中心例行监督检测14

个批次，其中蔬菜7次、水果1次、水产品2次、畜产品4次。2011年，区内各市场共检测蔬菜10.14万批次，水果2912批次，水产品2178批次，检疫生猪13.6万头，家禽1546.6万只。沙头万亩现代农业（蔬菜）产业园为确保上市蔬菜质量安全，2005～2011年，园区农产品检测中心每年检测上市蔬菜约3000批次。

安全执法检查　2004年，区农水局开始农业行政执法。是年，配合市工商、商贸、卫生、质检等部门，对市区168户豆制品生产户、180户经营户进行调查和专项整治。最后，133家生产企业停业整顿，取缔“黑”作坊10多户、无证无照经营户50多户，查封劣质大豆6000多千克。同年，市、区相关部门联合对汤汪乡35户豆制品作坊进行突击检查，收缴电磨13台，责令无证照的19户停业。2006年，扬州绿苑有限公司一期工程两条机械化生猪屠宰线投入生产，日屠宰量1200头。生猪屠宰执法人员，做到进场凭免疫和检疫证明，出厂“一证一花”（检疫合格证和检疫滚花）齐全，确保杜绝不合格肉品出场上市，并定期定向开展生猪“瘦肉精”检测工作。2008年，针对“三鹿奶粉”事件，严格审核奶牛场的防疫条件，对饲料、防疫、消毒、牛奶去向等严格把关，定期采样送检，未发现不合格牛奶。2009年，区内累计屠宰检疫12万头生猪，检出不合格肉品900千克，全部实施无害化处理。当年，区畜禽检疫站以核发“动物防疫合格证”为契机，出动人员360多人次，车辆120多台次，发放“动物防疫合格证”227份，查处违法案例6例，处理不合格肉品2500千克，全部实施无害化处理。

2011年，全年累计检疫生猪13.6万头，报检冷冻产品2178车次，检疫猪肉4286吨、牛肉1570吨、羊肉180吨、禽产品2730吨，报检家禽4117车次，检疫家禽546.6万只。共发放动物防疫合格证4份，出具动物产地检疫证明7200份；出具动物产品检疫证明8.33万份，动物及动物产品运输证明1.28万份；动物防疫执法286人次。

应急管理制度　根据《农产品质量安全法》《扬州市重大食品安全事故应急预案》等法律法规和文件，2007年10月，区农水局建立“放心消费”创建活动领导小组，同时明确农产品质量安全应急工作职责，并制定应急预案。一旦发生农产品质量安全事故，由该小组及时调查、溯源，并根据有关法律法规及时处理，确保反映迅速，处置果断，上报及时。

第七节　小康村建设

2005年，广陵区成立新农村建设工作领导小组，制定全面小康先行村创建3年规划，下发《广陵区社会主义新农村建设实施意见》。为确保先行村创建小康村成功达标，区委、区政府结合保持共产党员先进性教育活动，从区级机关中选派4人到4个先行村任职，帮助创建。通过近一年的努力，湾头镇田庄村、汤汪乡连运村、曲江街道沙口村、文峰街道渡江村4个先行村创建“小康村”达标成功。

2006年，按照创建全面小康村的总体目标，选择9个村作为创建全面小康村的示范村，其中湾头镇沙联村为市级示范村，其余8个村为区级示范村。区委组织部从区相关部门抽调年轻干部到创建示范村挂职。各创建村也都成立工作领导小组，形成上下合力，切实开展工作。

在创建全面小康村的过程中，环境整治成为创建的一大主题。9个创建村共投入资金976万元，新建农村道路36千米，疏浚河道淤泥14万方，新建垃圾池（箱）38个，清运垃圾2.5万吨，植树5.2万株，改厕500座。在改善农村环境面貌的同时，创建村还开展廉政文化进农村活动，组建村民监督委员会，建立健全村干部“述、询、评”制度，开展“创建省级农村财务管理规范化合格镇村”活动。

2006年度创建的9个村得分都在90分以上，农民人均收入都在8000元以上。

2007年，区委继续下派青年干部到最后9个村挂职，明确主攻目标，积极发展村级经济，增加农民收入。2007年年底，宦桥村等9个村（片区）验收综合评分也都在90分以上，顺利通过全市检查验收。至此，广陵区管辖的21个行政村和1个片区，村村建成小康村，区内乡村面貌发生极大改变。

2006年广陵区创建小康村9个村实绩一览表

表13-1-5

镇村名称	农民人均纯收入(元)	新型农村合作医疗覆盖率(%)	劳动就业率(%)
广陵产业园万寿村	8150	95.7	91.0
湾头镇沙联村	8426	99.6	91.0
湾头镇二桥村	8068	87.9	92.0
湾头镇夏桥村	8543	98.5	99.0
汤汪乡九龙村	8134	96.9	91.4
曲江街道施井村	8692	97.0	97.5
曲江街道新农村	8398	96.6	98.6
曲江街道新民村	8750	96.1	100
文峰街道文峰村	10149	96.1	99.58

2008年1月25日,《扬州日报》C1版以《广陵区村村都是小康村》为题进行专题报道。

新划入广陵区的5个镇在小康村建设过程中,在继续发展产业经济的同时,大力实施碧水工程、绿化工程、四通工程、亮化工程以及改水改厕工程;大力修建市(村)民广场公园,实施通组公路硬质化;大力开展新农合、新农保工作,合力推进农民集中居住区建设。1995年,李典镇被扬州市政府评为扬州市小康镇。2005年,杭集镇10个村全部建成小康村,并被评为扬州市改厕先进镇。2007年,李典、头桥、沙头3个镇各村建成小康村。2008年,泰安镇各村建成小康村。至2011年,5个镇59个村的农民人均纯收入均有较大幅度提升,其中有3个村超过2万元,18个村超过1.5万元,其他38个村都在1.2万元以上。

第二章 沿江现代农业(蔬菜)产业园

1989年,湾头镇田庄村成为扬州市20个农业现代化试点村之一。1993年,杭集镇、田庄村为试点单位,试点内容以农村小康和农村现代化为主题。1996年,杭集镇、湾头镇和新生村、田庄村又成为全市农业现代化试点单位,主要围绕"农业现代化、工业集约化、乡村城镇化、精神文明化"4个重点进行试点示范。

2003年后,开展新农村建设,坚持传统农业向现代农业、生态农业转变,不断调整产业结构,促进业态转型升级。以沙头镇为代表的各农业乡镇,坚持推广农业技术和现代装备武装农业,大力推广蔬菜设施栽培,蔬菜生产成为广陵区特色产业。2011年,地处沙头镇的万亩无公害蔬菜基地建设成为现代农业示范区典范。

第一节 基础设施建设

2003～2005年,沙头镇万亩无公害蔬菜生产基地初具规模,共建设每座1000平方米的连栋大棚2座、钢架大棚1235座、竹架大棚1105座,防虫网联片覆盖栽培38.67公顷,喷滴灌117公顷,新建水泥路7.2千米、砂石路38.8千米,渠道43.3千米,泵站15座。2005年后,所有蔬菜生产均通过"三品"(无公害产品,绿色农产品,有机农产品)基地认证,20个无公害农产品、6个绿色农产品得到农业部认证,引用国家和行业农业标准33个。2011年,扬州沿江现代农业(蔬菜)产业园区,狠抓基础设施建设,优化园区运行质态,完善公共服务平台,顺利将沙头万亩无公害蔬菜生产基地创建为省级现代农业园区。是年,新增蔬菜基地面积

166.67公顷，常年蔬菜种植面积1000公顷，其中设施栽培面积800公顷，播种面积2466.67公顷，年蔬菜生产能力超过5万吨，产值1.5亿元。

图13-2-1　2011年沙头现代农业示范园智能大棚

2010～2011年，园区利用扬州市“菜篮子”工程项目1000万元、省财政750万元、自筹2180.59万元，合计投入3930.59万元，共新建各种大棚2200座（其中智能大棚200座、钢架大棚800座、水泥桩大棚1000座、竹架大棚200座）；新建喷滴灌53.33公顷；新增防虫网26.67公顷、遮阳网26.67公顷、杀虫灯90盏、性诱剂黏虫板2000个；新建夹江过江大桥1座，红星、黄港支河桥各1座；新建水泥道路6.8千米，砂石路2.3千米；新建涵闸5座、涵洞14个；新建8吋、12吋泵站各1座，26吋泵站2座；新建衬砌渠道4.6千米，开挖疏浚园区沟渠、河道15千米。至此，园区大棚生产加工向智能化发展，灌溉向喷滴灌发展，温湿度自动控制，对蔬菜虫害采取物理防治与化学防治相结合。

第二节　专业载体和服务平台

园区通过招商引资、土地股份合作、资产重组和技术改造，重点培植出一批生产规模大、产品档次高、带动能力强的合作组织及农业龙头企业。2011年，园区在原有7家龙头企业的基础上，引进江苏上品现代生态农业发展有限公司、扬州京城农业开发有限公司，一并发挥龙头带动作用。江苏上品现代生态农业发展有限公司是一家新兴的民营高科技食用菌生产企业，研发使用国内最先进的地源热泵式环境处理系统，可以不受季节限制周年生产双孢菇，双孢菇单产达到25～30千克/平方米。生产双孢菇的基质主要是稻麦秸秆、畜禽粪、黑土，年消耗秸秆量670公顷以上，能有效地提高秸秆综合利用，减少环境污染。双孢菇收获后的“废菌料”再制成生物有机肥，用于还田生产有机农产品，实现污染物零排放。该公司的有机肥可供园区930公顷菜地使用，形成园区产业良性循环。新型、高效、环保的优质产业，具有很强的生命力和发展前景。同时，公司成立的上品食用菌专业合作社，辐射带动周边7个行政村近500户农户共同致富。扬州京城农业开发有限公司是区内唯一一家台资农业企业，注册资金250万美元，承包面积133.33公顷，以种植本地蔬菜品种为主。同时引进、选育适合本地栽培的台湾新品种，应用台湾生产、经营管理新模式。

图13-2-2　江苏上品现代生态农业发展有限公司的双孢菇生产大棚

2004～2011年，园区有4家农民专业合作社，拥有会员516人，种植面积450公顷，分别进行不同品种的蔬菜生产与销售。绿杨现代生态农业有限公司2004年8月成立。公司生产的青菜、萝卜、菠菜、茄子、青椒、黄瓜等20多个产品获无公害农产品品牌；先后投入650万元，建设66座日光温室；投入1200万元，新建3200平方米智能温室，配备移动苗床，进行穴盘育苗。生产的蔬菜由绿色蔬菜专业合作社经销。扬州淮扬蔬菜开发有限公司2006年3月成立，职工286人，占地面积33.33公顷。有现代化大棚17公顷，固定资产447万元，净菜加工厂房2000平方米。与省农科院、扬州大学合作，示范选育美人指、巨峰、金手指等多种葡萄良种，其专业合作社2008年销售额650万元。沙头生态农业有限公司2006年8月成立，注册资本500万元，职工141人。产品由溢仙蔬菜专业合作社营销。品牌有“沙头西瓜8424”“特小凤”“黑美人”西瓜，“伊丽莎白”香瓜等，年产西瓜、甜瓜8600吨。江苏上品现代生态农业发展有限公司的上品食用菌专业合作社2010年12月成立，注册成员9人，公司生产的双孢菇食用菌全部由专业合作社统一销售。各合作社因地制宜发展会员，大力推广科学实用技术，对社员实行“五统一”，即统一品种布局，统一技术规程，统一配方施肥，统一防病治虫，统一订单销售。2011年，溢仙蔬菜专业合作社被省科技厅评为“江苏省科技型农业专业合作社”。

图13-2-3 沙头镇8424西瓜

2005年后，园区先后投资1000多万元，于2010年建成以“三新”（新品种、新技术、新模式）为核心的扬州市现代农业展示中心，展示基地1.5公顷。中心先后引进新品种70个，其中引进帮达豇豆、布利塔茄子、8424西瓜、章姬草莓等新品种22个；引进并培育空中红薯、巨人南瓜、老鼠瓜、奶油白菜、非洲红茄等新、奇、特品种近50个。推广穴盘育苗技术、病虫害生物防治技术、双孢菇周年化生产技术等新技术5项；引进树体栽培、营养液膜栽培等新模式8个。2011年，新申报15个无公害农产品，制定企业标准和操作规程8个。

2004～2006年，现代农业示范园区先后建立科技服务超市、工厂化育苗中心、科技培训中心、农产品检测中心、产地蔬菜批发市场5个公共服务平台。科技服务超市主要为广大菜农提供优质种子、生物农药、有机肥料、农膜等生产资料，建立档案，有效监管蔬菜生产的投入品，确保农产品质量安全。同时，配合园区管理委员会开展技、物结合的系列服务。工厂化育苗中心共投资300多万元，建设育苗连栋温室大棚2座（4000平方米）。2007年起，利用扬州大学研发的蚯蚓粪作为基质，进行蔬菜优质种苗标准化生产与示范。全年繁殖供应各类蔬菜优质种苗500多万株，既解决一家一户育苗难的问题，又提高园区的良种良法覆盖率。科技培训中心先后与省农科院蔬菜研究所、扬州大学等大专院校、科研院所合作，成立研究生、博士生科研工作站，为园区内创业者提供技术支撑。同时，对园区内所有菜农适时举办农产品质量安全培训班，普及《农产品质量安全法》及《江苏省农产品安全条例》，提高菜农的法律意识。2011年，园区共举办培训班18期，培训人员1560人次。农产品检测中心每天对园区内上市蔬菜进行抽检，将检测结果通过互联网传送到扬州市农产品质量安全检测中心，合格产品贴标上市，不合格的一律就地销毁。2011年，检测各类蔬菜3000批次，未检测到农药残留超标的蔬菜产品。产地蔬菜批发市场共投资800万元，占地面积1.33公顷，设有配送中心、检测中心、仓储中心（附设冷库）、净菜中心，为整个园区种植户服务。2011年，配送中心已为扬州市区24家蔬菜平价超市、企事业单位、学校、大型超市、社区平价店等配送蔬菜，平均价格低于市场价的15%以上。

第三章　种植业

2003年，认真抓好新阶段“菜篮子”工程，在耕地面积下降较快的情况下，粮油生产仍然取得较好成绩，蔬菜生产发展迅速，形成区内特色农业。至2011年，全区粮食总产11.08万吨，比2001年增加1.67万吨，上升17.75%；油料总产2474吨，比2001年减少3270吨，下降56.93%；蔬菜总产量19.26万吨，比2001年增加7.21万吨，上升59.83%。

1989～2011年，农作物栽培技术不断进步，育苗技术、病虫草害防治技术都有新的进展。1992年，推广应用群体质量栽培技术，实现从数量型栽培向质量型栽培转变。2003～2011年，推广精确定量栽培技术，优质、高产、高效、节本，农作物栽培进入一个新阶段。

第一节　粮食作物

一、面积产量

1989～1995年，以粮食生产为主，实行稻麦（油）轮作，农作物布局较为单一。1995～2004年，由于油菜面积扩大，蔬菜生产异军突起，原城郊3个乡镇的粮食生产不再是农业生产的主要方面。2005～2011年，因种粮直补和粮食实行保护价收购，全区粮食播种面积由之前14千公顷左右增加到16千公顷左右，上升12%以上。粮食总产首次突破10万吨大关。新5镇粮食单产，2006年突破每公顷6900千克后，一直保持较高水平。2011年，每公顷7169千克，创历史新高。

2001～2011年广陵区粮食生产情况一览表

表13-3-1

年度	播种面积（公顷）			总产（万吨）		
	合计	其中		合计	其中	
		3乡镇	新5镇		3乡镇	新5镇
2001	14280	1360	12920	9.41	0.87	8.54
2002	13981	1281	12700	9.12	0.84	8.28
2003	13805	1045	12760	7.84	0.59	7.25
2004	14184	1064	13120	9.48	0.64	8.84
2005	14781	1101	13680	9.83	0.62	9.21
2006	15410	1210	14200	10.66	0.82	9.84
2007	16240	1130	15110	11.14	0.67	10.47
2008	16360	1830	14530	11.43	1.27	10.16
2009	16350	1790	14560	11.57	1.24	10.33
2010	16040	1730	14310	11.5	1.53	9.97
2011	15980	1710	14270	11.08	0.85	10.23

说明：数据来源于维扬区、广陵区、邗江区统计年鉴。播种面积指夏秋两熟复种面积之和

二、水稻

1989～1991年，区内水稻以籼稻为主。1990年，杂交水稻面积为历史最多年份，占水稻面积65%左右。此期间水稻单产、总产均有历史性突破。1989年每公顷单产首次突破7500千克。粳稻仅李典、头桥、沙头等镇零星种植，占水稻面积5%左右；常规中籼稻占水稻面积30%左右。1991年，遭遇百年未遇的洪涝灾害，沿江地区的水稻受灾严重。灾后改种面积近320公顷，其中补种早稻146公顷、绿豆11公顷、其他秋粮100公顷、蔬菜63公顷。

湾头镇科学种田水平在扬州市处于领先地位，曾承担多项国家、省、市农业科技课题。70年代即是江苏农学院教学、科研、推广三结合基地。70年代中期开始，江苏农学院教授、著名作物栽培学家凌启鸿等以田庄村为基地，进行水稻、三麦大面积稳产、高产栽培新技术的研究。1985年，"水稻品种不同生育类型叶龄模式"高产栽培技术和小麦"小壮高"技术在该镇研究成功。90年代，湾头镇在13个村中开展"吨粮杯"竞赛活动。在首次比赛中，田庄村各项指标第一，获得冠军，捧到金杯。为此，《人民日报》1992年6月14日头版专门对湾头镇田庄村的新闻进行报道。

1992～1996年，农业产业结构调整力度进一步加大，水稻种植面积逐年下降。1992年，提出"扩粳压籼"，粳稻面积逐年增加。1993年后，大力推广"肥床旱育"育秧新技术。1994年9月，国家计划委员会正式批准建设扬州市高科技农业示范区，重点工程有优质稻米等。1996年，肥床旱育已占水稻面积的50%。

1997～2000年，粳稻面积继续扩大，逐步呈现籼粳并存、以粳为主的局面。成功实现水稻品种结构的战略性调整，主要推广的品种为增产潜力较大的迟熟中粳武运粳8号、早熟晚粳武运粳7号。1998年，每公顷单产首次突破8250千克。

2001年后，湾头、汤汪、城东3个乡镇的水稻面积持续下降，由1360公顷下降到1130公顷。2008年以后大幅度上升，上升幅度60%以上。其他5个镇，2001～2011年的水稻面积基本稳定。除泰安镇部分村组种植杂交水稻外，已基本实现粳稻化。2004～2005年，水稻条纹叶枯病特大发生，原来种植的武运粳、武香粳等高产品种损失惨重，随即推广发病较轻、产量较高、米质较优的宁粳1号和抗条品种扬粳9538为主。2004年，国家出台"两减免、三补贴"惠农政策，农民种田积极性得到保证，当年5个乡镇水稻面积7620公顷，比2003年增加650公顷，上升9.33%。

2006年后，区内曾大力推广麦套稻技术。2009年，推广面积达到最大，有四五百公顷。但因麦套稻田块杂草稻（俗称"红米杂稻"）逐年加重，出苗不匀，其后几年种植面积便迅速下降。相反，麦子收割后经浅旋耕直接播种的直播稻却不推而广。直播稻操作方便，且因播种迟而不会发生条纹叶枯病，产量明显高于发病田块，因此，2007年后，直播稻面积迅速增加，超过人工栽插、机插秧和人工抛秧的各种栽培方式面积。2010年后，机插秧和塑盘抛秧技术都有较大改进，步式手扶插秧机由高速座式插秧机代替，机插秧和塑盘抛秧面积有所扩大，而直播稻田中杂草稻逐年累积增加。2011年，直播稻面积开始下降，约占水稻总面积的35%。2001～2011年，区内水稻单产都维持在较高水平，除2003年每公顷8000千克以下，其余年份都在8000千克以上，最高的2002年单产8997千克。

图13-3-1 2011年头桥镇万亩水稻高产示范方

2001 ~ 2011 年广陵区新 5 镇秋粮及水稻产量情况一览表

表 13-3-2

年份	播种面积（公顷）	单产（千克／公顷）	总产（万吨）	其中水稻		
				播种面积（公顷）	单产（千克／公顷）	总产（万吨）
2001	8010	8539	6.84	7350	8748	6.43
2002	7660	8695	6.66	6780	8997	6.10
2003	8010	7278	5.83	6970	7633	5.32
2004	8510	7979	6.79	7620	8399	6.40
2005	8570	7666	6.57	7710	8016	6.18
2006	8650	8116	7.02	7830	8455	6.62
2007	8540	8220	7.02	7710	8612	6.64
2008	8060	8251	6.65	7250	8690	6.30
2009	8030	8394	6.74	7240	8840	6.40
2010	7890	8226	6.49	7080	8664	6.12
2011	7850	7962	6.25	7090	8717	6.18

说明：数据来源于邗江区统计年鉴，2011 年为部门资料

三、三麦

1989 ～ 2011 年，区内三麦内部种植结构变化较大。从“七五”开始，积极扩大产量潜力较大的小麦面积，大幅缩减大元麦种植面积。1989 年，大麦占三麦总面积 15%，2005 年后只占 5% 左右。1989 年后，元麦零星种植，1993 年后不再种植。

1989 ～ 1991 年，为夏粮种植面积最多的时期，播种面积稳定在 6000 公顷以上。扬麦 5 号为当家品种。

1992 ～ 1996 年，实施农业结构调整，果、蔬面积发展较快，夏粮及小麦面积逐年减少。扬麦 158 号为当家品种。

1997 ～ 1999 年，夏粮和小麦面积均有所恢复。1998 年，遭受历史罕见冻害和洪涝灾害后的严重渍害，小麦单产水平跌至前 20 年的最低，每公顷产量不足 3500 千克。

2000 ～ 2011 年，湾头、汤汪、城东 3 个乡镇进行新一轮农业结构调整，夏粮和小麦面积急剧下降。其他 5 个乡镇的小麦面积，2001 ～ 2005 年先增后降，2006 年开始逐年上升，2009 年、2010 年已升至 6000 公顷以上。夏粮和小麦单产小步慢跑，稳定上升，2005 年后，基本维持在每公顷 5000 千克以上。2003 年，扬麦 11 号为当家品种。2011 年，扬麦 16 号为当家品种。

2001 ~ 2011 年广陵区新 5 镇夏粮及小麦产量情况一览表

表 13-3-3

年份	播种面积（公顷）	单产（千克／公顷）	总产（万吨）	其中小麦		
				播种面积（公顷）	单产（千克／公顷）	总产（万吨）
2001	4910	3462	1.70	4320	3426	1.48
2002	5040	3214	1.62	4460	3206	1.43
2003	4750	2990	1.42	4190	2983	1.25
2004	4610	4447	2.05	4070	4079	1.66

续表 13-3-3

年份	播种面积（公顷）	单产（千克／公顷）	总产（万吨）	其中小麦		
				播种面积（公顷）	单产（千克／公顷）	总产（万吨）
2005	5110	5166	2.64	3960	4293	1.70
2006	5550	5081	2.82	4530	4305	1.95
2007	6580	5243	3.45	5420	4170	2.26
2008	6470	5425	3.51	5360	4963	2.66
2009	6520	5506	3.59	6250	5584	3.49
2010	6440	5404	3.48	6190	5477	3.39
2011	6420	6199	3.98	6340	6246	3.96

说明：数据来源于邗江区统计年鉴，2011 年为部门资料

四、旱谷杂粮

旱谷杂粮的主要种类，夏熟为蚕豆、豌豆，秋熟为大豆、玉米、薯类。

（一）蚕豆、豌豆

2001 年，种植蚕豆、豌豆 300 公顷。2002 ～ 2011 年，种植面积 300 ～ 500 公顷，总产量 1200 吨左右。多数农户将青豆作蔬菜上市，经济效益较好；成熟的蚕豆主要供制酱原料。豌豆以幼苗作为时令蔬菜上市，春节前特抢手；春季 3 ～ 4 月气温回升，豌豆苗即大量上市。

（二）大豆

大豆因品种不同而果蔬两用。青豆作蔬菜上市效益较高，黄豆作为豆油、豆制品的原料，是旱谷杂粮中最重要的作物。1988 年，种植约 250 公顷，2003 年近 500 公顷。2003 ～ 2011 年，常年种植 500 ～ 600 公顷，总产量 1800 吨左右。

（三）玉米

1989 年后，玉米均为双交品种，基本实现杂交化目标。糯玉米和甜玉米作嫩玉米上市；秸秆粉碎后可作青饲料，也可成熟后收老玉米作饲料。随着奶牛生产的发展，玉米作为优质青饲料的面积随之扩大，如湾头镇二桥奶牛场建立后，二桥村年种植玉米面积就有 23.33 公顷。1989 年，全区种植 100 公顷，2001 年扩大到 200 公顷。2002 年后，每年种植面积 140 多公顷，总产量 1000 多吨。

（四）薯类

1989 年开始，薯类面积逐年减少，由 1989 年的近 300 公顷下降到 2011 年的 165 公顷，总产量 1340 吨，与 1989 年持平略增。

第二节 油料作物

1989 ～ 2001 年，油料种植面积稳步上升，2001 年种植 2668 公顷。2002 年开始下降，至 2011 年，全区油料作物面积仅有 1190 公顷，比 2001 年减少 1478 公顷，下降 55.40%。单产水平年度间有一定差异，但总体上升趋势明显。2001 年，每公顷单产突破 2000 千克，产量最高的 2006 年，单产突破 2500 千克。栽培方式以大田耕翻后人工移栽为主，基本做到先栽菜、后种麦，边栽菜、边种麦，栽好菜、种好麦的要求。2003 年后，区内曾大力推广浅旋移栽、机条播、稻田套播等简化栽培技术，推广数年后，终因水稻让茬太迟，产量不高而又以育苗移栽为主。大田管理全面推广油菜秋发冬壮高产技术。

1989 ～ 2000 年，油菜以高产的甘蓝型油菜当家。2001 年后，以高产、出油率高的优质油菜当家，单产水平迅速提高，油菜品种基本实现杂交化、甘蓝化、优质化。2006 年，每公顷单产 2548 千克，为历史最高水平。

2001～2011年广陵区油料生产情况一览表

表13-3-4

年度	播种面积(公顷)			总产(吨)		
	合计	其中		合计	其中	
		3乡镇	新5镇		3乡镇	新5镇
2001	2668	217	2451	5744	452	5292
2002	2649	202	2447	4781	575	4206
2003	2479	151	2328	4788	384	4404
2004	2514	139	2375	5535	352	5183
2005	2138	148	1990	4887	374	4513
2006	1993	150	1843	5099	445	4654
2007	1399	130	1269	3238	233	3005
2008	1440	160	1280	3499	360	3139
2009	1507	150	1357	3717	405	3312
2010	1429	130	1299	3624	393	3231
2011	1190	80	1110	2474	166	2308

说明：数据来源于维扬区、广陵区、邗江区统计年鉴

2001～2011年广陵区新5镇油料生产情况一览表

表13-3-5

年份	播种面积(公顷)	单产(千克/公顷)	总产(吨)	其中油菜籽			花生面积(公顷)	芝麻面积(公顷)
				面积(公顷)	单产(千克/公顷)	总产(吨)		
2001	2451	2159	5292	2468	2075	5121	17.00	65.87
2002	2447	1719	4206	2356	1742	4104	19.30	71.30
2003	2328	1891	4404	2243	1901	4264	20.60	64.80
2004	2375	2182	5183	2295	2190	5025	14.53	65.73
2005	1990	2268	4513	1904	2279	4340	19.13	67.73
2006	1843	2525	4654	1756	2548	4475	21.20	65.53
2007	1269	2368	3005	1192	2383	2840	19.07	58.20
2008	1280	2452	3139	1216	2470	3083	16.47	47.67
2009	1357	2440	3312	1288	2455	3163	17.80	51.07
2010	1299	2488	3231	1231	2355	2900	18.87	45.20
2011	1110	2079	2308	1070	2023	2165	40.00	80.00

说明：数据来源于邗江区统计年鉴

其他两类油料作物为花生、芝麻，历年种植面积都不大。2011年，区内种植花生仅40公顷，芝麻80公顷。其中高沙土地区花生面积20多公顷，芝麻20公顷，以花生居多；沿江地区花生种植面积20公顷，芝麻面积60公顷，以芝麻为主。花生成田块种植，芝麻以成块种植为主，在山芋等田块中套种也较普遍。

第三节 蔬 菜

一、产值比重

1989年后，蔬菜的生产、销售进一步放开。1992年，市政府出台《关于深化蔬菜产销改革的意见》后，除对小青菜为主的几个大宗品种计划种植外，其余蔬菜种植全部放开。2003年，开始推进新阶段“菜篮子”工程，大力推进蔬菜设施栽培和无公害标准化生产。

蔬菜是仅次于水稻、三麦的第三大农作物，单位面积经济效益较高，产值在种植业甚至农牧渔业总产值中，都拥有重要位置。2003～2009年，蔬菜产值占农林牧渔总产值均在50%左右，最高的2006年占三分之二。2003～2007年，占种植业产值的80%以上，最高的2005年占89.45%。2007年后，因林牧渔业发展较快，蔬菜所占比例略有下降。2011年，蔬菜年产值占农林牧渔总产值的30.35%，占种植业产值的55.88%，仍然超过粮食、林业、畜牧业和水产业，居各业之首。

2001～2011年广陵区3乡镇蔬菜产值情况一览表

表13-3-6

年份	农林牧渔总产值（万元）	种植业（万元）		占农林牧渔业总产值（%）	占种植业（%）
		产值	其中蔬菜产值		
2001	25074	16279	10036	40.03	61.65
2002	27030	17451	10191	37.70	58.40
2003	20647	11933	10380	50.27	86.99
2004	19649	11735	10061	51.20	85.73
2005	19061	11627	10400	54.56	89.45
2006	17621	13469	11914	67.62	88.45
2007	15978	10481	8983	56.22	85.70
2008	19973	12485	9554	47.83	76.52
2009	19299	12587	9632	49.91	76.52
2010	20592	13702	8138	39.52	59.39
2011	151698	82385	46037	30.35	55.88

说明：数据来源于广陵区统计年鉴，2011年广陵区数据含新5镇

二、品种资源

（一）原有主要品种

1988年，全市进行品种资源调查，当年区内种植的主要蔬菜为11类159个品种，其中白菜类有21个品种，甘蓝类有包菜6个、花椰菜5个计11个品种，根茎类有红白萝卜16个、胡萝卜3个、大头菜1个计20个品种，葱蒜类有球葱2个、韭菜2个、葱4个、本地大蒜1个计9个品种，茄果类有番茄14个、辣椒3个、茄子6个计23个品种，瓜果类有黄瓜4个、西葫芦5个、西瓜2个、菜瓜4个、冬瓜3个、丝瓜2个、南瓜3个计23个品种，豆类有毛豆9个、菜豆4个、扁豆3个、豇豆4个、蚕豆3个、豌豆3个计26个品种，绿叶菜类有菠菜2个、茼蒿2个、蕹菜1个、莴苣1个、香芹菜2个、苋菜4个计12个品种，薯类有山药、土豆、菊芋（洋生姜）、红薯计4个品种，芥菜类有大头芥、雪里蕻2个品种，水生类有水芹菜、茭白、荷藕3个品种，菇类有蘑菇、香菇、平菇、金针菇4个品种。

（二）引进蔬菜新品种

1989年后，区内先后从本地科研机构和外地引进蔬菜新品种61个，主要分布在六大类。至此，已有蔬菜品种11类220个。

白菜类　引进小杂56、丰抗70、矮抗青、绿星、热抗青、京冠、矮脚黄7个品种。

甘蓝类　引进春丰、日本雪山2个品种。

茄果类　引进苏抗8号、9号，毛粉，霞粉，402，早粉，强丰，金鹏，合作906，苏粉1号、2号11个番茄品种，苏椒3号、锡椒2号、海丰1号、通椒1号、湘研10号、汴椒、洛椒7个辣椒品种。

豆类　豇豆引进帮达1号、帮达2号、特选帮达1号、特选帮达2号、扬豇40、扬豇12、特选豇28-2、白豇2号、宁豇3号、青皮豇10个品种；菜豆引进供给者地刀豆（地刀）1个品种，毛豆引进台湾292、荷兰豆2个品种。

瓜类　黄瓜引进津杂1号、2号，津春4号、5号，中农6号，宁丰3号6个品种；丝瓜引进五叶香、江蔬1号2个品种；西瓜引进苏密1号、抗病苏密、新登、小兰、小凤、甜王7号6个品种。

绿叶菜类　引进生菜、菊花脑、二白皮莴苣、津南实芹、开封玻璃脆芹、西洋芹6个品种。

（三）名特优品种

扬州乳黄瓜　又名乳瓜，是驰名中外的名特产蔬菜，有千年栽培历史。可鲜食，中后期采摘幼嫩小瓜腌制酱黄瓜。具有“鲜、甜、脆、嫩”和“色、香、味、形”俱佳的特色，是扬州酱菜中的珍品。传统产区以城东乡（今曲江、文峰街道）、汤汪乡一带为主，年种植40～50公顷。

晏种萝卜　地方优良品种，有150多年栽培历史，秋季栽培。主要产地在城东乡（今文峰街道文峰村、渡江村）一带，年种植80～100公顷。根茎呈卵圆形或圆形，耐寒，肉质细密，皮薄，味甜而脆嫩，白皮白肉，鲜食和加工腌制皆宜，是扬州酱菜萝卜头的原料；每公顷产量25～30吨。在田间贮存可延至第二年春节上市。

扬州小青　地方优良品种，栽培历史150多年，是区内主要冬季青菜品种之一。植株品质优良，纤维少，霜后味甜，有“冬吃青菜赛羊肉”之美称。植株头大、棵矮、束腰，叶梗肥厚向内窝，呈匙形，每公顷产量30～40吨。

扬州高脚白菜　地方传统品种，栽培历史150多年。植株分板叶型和花叶型两个品系。开春后至立秋种植为小苿菜；秋冬栽种多作汤菜、大菜（腌菜），供应周期长。

二青　地方传统品种，栽培历史150多年。品种耐寒性强，植株直立，叶柄扁平，叶面平滑，叶色绿。露地越冬，于翌年3～4月上市，可鲜食或加工干菜，是堵“春缺”主要品种。

老乌　地方传统品种，栽培历史150多年。耐寒性强，植株直立，叶色深绿而发亮。品种有白、黑老乌两个品系，尤以黑老乌耐寒性强，品质好，是越冬青菜中抽薹最晚的品种，是堵“春缺”主要品种之一。

青菜苔　地方传统品种，较耐寒，品质好，叶色绿。以食嫩茎为主，主茎生长快，节间长，分枝较多，开春后即上市。

六十子早大白菜　地方传统品种，栽培历史100年左右。菜株包头型，品质较好，但抗病性略差。以今文峰街道文峰村栽培较为集中。单株净重2～2.5千克，每公顷产量30～40吨。

三、生产沿革

1982～1992年的10年中，农村实行家庭联产承包责任制后，蔬菜生产也实行联产承包，因供应城区居民“菜篮子”责任重大，蔬菜种植生产关系虽已改变，但计划经济的管理方式没有改变。1992年后，蔬菜种植才基本放开。

1988年，湾头、城东、汤汪3乡镇耕地面积为2026.99公顷，蔬菜面积562公顷，占27.73%。2001年，3乡镇的蔬菜播种面积2421公顷，占耕地面积比例139.94%，粮食蔬菜播种面积比例为1∶1.78。2002年后，由于城市扩张、耕地面积快速下降等原因，蔬菜种植面积逐年下降，蔬菜占耕地面积比例、粮蔬比同时下降。至2011年，3乡镇蔬菜播种面积仅400公顷，占耕地面积比例仅48.19%，粮蔬面积比下降到1∶0.38。与2001年相比，蔬菜播种面积减少2021公顷，下降83.48%；占耕地面积比例减少85个百分点，粮蔬面积比下降1.40。

图 13-3-2 大棚蔬菜——“扬州青”

新5镇随着种植业结构调整和市场空间增大，蔬菜播种面积逐年增加。2001年，蔬菜播种面积为870公顷，占耕地面积比例仅8.50%；粮食与蔬菜播种面积比例为1:0.07。2011年，蔬菜播种面积2240公顷，比2001年增加1370公顷，上升157.47%；占耕地面积比例为24.09%，比2001年增加15.59个百分点；粮蔬比上升到1:0.16，增加0.09%。

蔬菜播种面积，新5镇逐年增加，正好填补3乡镇下降的面积。2001～2008年，全区蔬菜播种面积基本稳定3000公顷以上，2009～2011年，为2600～2800公顷。时令蔬菜供需基本平衡，农贸市场货源充足，价格较为平稳，新阶段“菜篮子”工程成效显著。

2001～2011年广陵区蔬菜生产面积产量情况一览表

表13-3-7

年份	播种面积(公顷)	每公顷产量(吨)	总产量(万吨)	年份	播种面积(公顷)	每公顷产量(吨)	总产量(万吨)
2001	3291	36.62	12.05	2007	3129	35.25	11.03
2002	3745	34.74	13.01	2008	3048	36.81	11.22
2003	3329	35.27	11.74	2009	2623	42.09	11.04
2004	3232	36.32	11.74	2010	2843	38.76	11.02
2005	3190	36.39	11.61	2011	2640	72.95	19.26
2006	3617	36.13	13.07				

说明：数据源自于维扬、广陵、邗江区统计年鉴

2001～2011年广陵区3乡镇和新5镇蔬菜生产情况一览表

表13-3-8

年度	播种面积(公顷)	其中		总产量(万吨)	其中	
		3乡镇	新5镇		3乡镇	新5镇
2001	3291	2421	870	12.05	7.88	4.17
2002	3745	2508	1237	13.01	8.39	4.62
2003	3329	1915	1414	11.74	6.67	5.07
2004	3232	1930	1302	11.74	6.72	5.02
2005	3190	1659	1531	11.61	5.57	6.04
2006	3617	1970	1647	13.07	6.23	6.84
2007	3129	1530	1599	11.03	3.71	7.32
2008	3048	1360	1688	11.22	3.83	7.39
2009	2623	900	1723	11.04	3.61	7.43
2010	2843	760	2083	11.02	2.98	8.04
2011	2640	400	2240	19.26	1.57	17.69

说明：数据来源于维扬区、广陵区、邗江区统计年鉴

为提高蔬菜产量和品质，2002年后，市财政连续3年每年拿出30万元，用于市郊发展防虫网覆盖栽培技术。至2011年，区内有遮阳网186万平方米，防虫网44万平方米。2004年，汤汪、湾头、曲江街道、文峰街道共建有蔬菜大棚2610个。2005年，沙头镇建成万亩无公害蔬菜生产基地，建有联栋大棚2座（2000平方米），钢架单栋大棚1235个，竹架大棚1105个。2011年，又新建各类大棚2200个。至2011年，区内保有塑料大棚9000个以上，以钢架大棚为主。

四、"菜篮子"工程

1988年，市政府成立扬州市蔬菜工作领导小组。1995年，市政府成立扬州市绿色食品工作领导小组。2002年，国务院印发《关于加强新阶段"菜篮子"工作的通知》，明确要求新时期"菜篮子"工作要以保障长期稳定供给为目标，让城乡居民真正吃上"放心菜""放心肉"。同年，市政府连续下发《扬州市无公害蔬菜管理试行办法》等4个文件。2003年，要求市区3年左右基本实现主要"菜篮子"产品（蔬菜、畜禽、水产品及水果产品）无害化生产、加工、流通，达到无公害农产品的质量要求。从此，广陵区新阶段"菜篮子"工程拉开帷幕。是年，汤汪乡建设优质无公害蔬菜示范基地333.33公顷。2004年，区农水局根据农业部2002年199号公告，制定下发《关于禁止使用高毒高残留农药的通知》，特别强调在蔬菜生产上严禁使用甲胺磷等有机磷农药，切实做到关口前移，源头控制。2005年，区农水局为汤汪乡、湾头镇、曲江街办、文峰街办培训菜农2000人次，全区培训5000人次以上。2011年，培训无公害技术，推广防虫网使用技术等6000人次以上。2005年，以沙头镇为核心的万亩无公害蔬菜生产基地，年产无公害蔬菜2万多吨。2011年，沙头镇计有塑料大棚4542个，无公害蔬菜生产面积1000公顷以上，年产各类蔬菜4.8万吨。除沙头镇外，其他各乡镇拥有塑料大棚4500个以上。

图13-3-3 沙头现代农业示范园联栋大棚

第四节 新品种、新技术

一、新品种

（一）水稻

杂交中籼稻 1989～1995年，以汕优63为当家品种。1995～2002年，先后推广汕优559、丰优香占、Ⅱ优084等品种。2002年后，Ⅱ优084当家，搭配种植汕优136等品种。

中籼稻 1989～2000年，以种植南京11号为主。2000年后，推广扬稻6号为主。

中粳稻 1992年，缩籼扩粳，推广面积较大的有武育粳3号、盐粳2号、武运粳7号、武运粳8号、武香粳14、武粳15等品种。2004年水稻条纹叶枯病特大发生后，逐步推广宁粳1号、淮稻9号、扬粳9538、扬辐粳7号等抗耐条纹叶枯病新品种。直播水稻面积扩大后，主要推广徐稻6号、武运粳21等早中熟中粳品种。

（二）麦类

小麦 1987～1994年，主要推广扬麦5号。1995年开始推广扬麦158。2002年起，扬麦11号在区内迅速推广。2011年前，种植的品种还有扬麦13号、扬麦14号、扬麦16号等。

大麦 1989～2011年，大麦除种植矮早三、早熟3号以外，推广面积较大的有苏引麦2号、单二等品种。

（三）油菜

1989～1995年，甘蓝油菜以胜利油菜、宁油10号、沪油23、汇油50等品种为主。1996年，开始推广高产的甘蓝型油菜秦油2号。2000年后，推广高产优质的"双低"(低芥酸、低硫代硫苷)杂交油菜油研7号、8号。2003～2011年，推广产量潜力更大、出油率更高的"双低"杂交油菜秦优7号；期间，少量种植的还有扬油1号、4号、6号等品种。

(四)大豆

1989年后，先后引进的大豆品种有乌沙豆、黑豆、早大豆、晚大豆、五月白、六月白、七月白、八月掛、台湾292等品种，但仍以苏协1号当家。1994年后，以种植洪311、淮豆4号、皖豆15等品种为主。

(五)山芋

80年代后，基本上一直以徐薯18为主。

二、新技术

(一)轻型栽培新技术

小麦免(少)耕机条播　1984年，湾头田庄大面积示范推广。1988年，田庄小麦全部实行机条播，区内机条播面积已占小麦总面积的10%～15%。但由于机械老化、补充更新不及时等原因，至2005年，机条播面积仅占小麦总面积的4.58%。2011年秋播，已少见机条播田块。

小麦板茬浅旋播种技术　80年代中期开始大面积推广，1988年，达小麦总面积的69.02%，1989～2011年，小麦板茬浅旋播种仍为主要播种技术。

稻套麦、板茬麦播种技术　稻套麦、板茬麦是小麦播种期遇长期阴雨、烂耕烂种不可避免的情况下，不经耕翻直接在稻板田播种的抗灾应变措施。1999年，因秋播期间阴雨连绵，稻套麦取得较好效果，比烂耕烂种麦田增产10%以上。2005年，区内稻套麦和棉套麦的面积，占小麦总面积的6.08%。这两种方法，因小麦扎根浅、草害重、产量不高，一般年份不推广。

麦套稻栽培技术　90年代初，江苏里下河地区农科所在全市多点示范麦套稻栽培技术。进入21世纪，该技术与麦秆全量还田相配套，组装成一项新的麦套稻栽培技术。2008年前后，作为全市重点农业技术进行推广。缺点是出苗不匀，杂草稻严重，根系不深易倒伏。2011年，区内推广面积已很少。

水稻直播技术　2004～2005年，水稻条纹叶枯病特大发生，发病田块严重减产，直播稻因播种迟、不发病、产量高，种植面积井喷式发展。2007年后，区内种植面积远远超过其他栽培方式的单项面积。杂草稻的发生与麦套稻基本相同。直播稻分水直播和旱直播两种。机械动力充足的以水直播为主，旋耕可较深，草害也较轻；旱直播较水直播更省工，但草害较重。2011年下降到35%。

塑盘抛秧和机插秧技术　塑盘抛秧省工省本，农民不再"面朝黄土背朝天"，区内1994年开始试验示范。2002年开始，在湾头田庄村、沙头等现代农业示范区推广机插秧技术。2004年实现购买农机补贴后，李典、头桥等乡镇机插秧示范推广速度加快。这两种技术在2010年以后得到不断完善和改进，且基本能避免"红米杂稻"危害，推广面积不断扩展，2011年，占水稻面积50%以上。

(二)育苗新技术

水稻肥床旱育技术　1966～1994年，水稻育秧均为湿润育秧，这是育秧史上的第一次重大变革。1994年以后，全面推广肥床旱育，这种育秧方式是育秧史上的又一次重大变革，省工、省秧田、省水、省种子、省肥料，壮秧效果十分明显。

软盘、塑盘育秧技术　利用软盘、塑盘，播种已催芽的稻谷，播后置于秧地管理，是机插秧和抛秧的主要育秧方式。

棉花干籽播种技术　1990年开始，李典镇示范推广棉花苗床脱绒棉籽干籽播种。翌年全面普及，彻底改变常年棉苗烂种、出苗不全的状况。

蔬菜育苗技术　80年代中后期，城东乡、汤汪乡农科站利用大棚育苗，为菜农提供番茄、大椒、茄子、黄瓜等蔬菜秧苗，不但满足全乡种苗供应，还把种苗直接销售到其他县市。90年代，市郊部分菜农曾建有几十幢坐北朝南、三面用砖或泥垒成斜面约45度角的日光温室，向阳面与顶面用薄膜密封保温，作秋冬期育苗温床。2001～2011年，区内大面积推广蔬菜设施栽培，育苗技术得到进一步改进，不同蔬菜品种使用不同的基质播种育苗，基本替代原来堆制的营养土。

（三）群体质量栽培技术

1985年，江苏农学院院长、教授凌启鸿等人在湾头镇田庄村，成功研究出水稻品种不同生育类型叶龄模式群体质量栽培技术，使农业科技水平发生质的飞跃。80年代末，小麦、棉花和油菜的高产叶龄模式也先后研究形成，区内农业生产逐步科学化、模式化。2003～2011年，在群体质量栽培的基础上，又推广扬州大学农学院的精确定量栽培技术，省工、节本、优质，高产效果更加显著。

（四）秸秆还田技术

从80年代末开始大力推广稻麦留高桩秸秆还田技术。据沙头镇1994～2005年连续12年秸秆还田后土壤理化性状变化情况测定，与1994年对比，2005年的有机质含量增加1%，上升38.76%；速效磷含量每千克增加7.2毫克，上升107.46%；速效钾增加26.9毫克，上升43.95%；容重每立方厘米降低0.13克，下降10.74%；稻麦基础地力产量每公顷增加570千克，上升9.09%。2011年，头桥镇秸秆综合利用率95%以上，其中秸秆机械化还田面积占二麦、水稻种植面积80%以上。

1994~2005年沙头镇秸秆全量还田后部分年份土地理化性状变化情况表

表13-3-9

年份	稻麦基础地力产量（千克／公顷）	有机质（%）	速效磷（毫克／千克）	速效钾（毫克／千克）	容重（克／立方厘米）
1994	6268.50	2.58	6.70	61.26	1.21
1998	6732.00	3.25	12.10	80.30	1.08
2001	6774.00	3.30	13.50	81.80	1.09
2005	6838.50	3.58	13.90	88.10	1.08

（五）测土配方技术

1982年，开始示范推广测土配方技术。至2005年，推广面积约占水稻种植面积的45%。农业部2005年启动全国测土配方施肥项目，2006年，泰安、杭集、沙头、李典、头桥5个镇列入测土配方施肥项目实施区。

第五节 病虫草害防治

一、种类

1989～2011年，主要农作物的病虫草害共89种。1989年后，各乡镇一改传统的应急防治为源头防控综合治理，对全区农业生产稳定发展起到较好的保障作用。

（一）病害

主要农作物病害共30种。

夏熟作物小麦的病害主要有赤霉病、梭条花叶病、纹枯病、白粉病4种。油菜有菌核病、病毒病、霜霉病、白锈病4种。

秋熟作物水稻病害主要有条纹叶枯病、纹枯病、恶苗病、稻曲病、稻瘟病、云形病、叶尖枯病、稻粒黑粉病、胡麻叶斑病、霜霉病和黄矮病11种。

蔬菜虫害主要有猝倒病、霜霉病、软腐病、灰霉病、炭疽病、病毒病、枯萎病、早疫病、晚疫病、白粉病、线虫病11种。

（二）虫害

主要农作物虫害共41种。

夏熟作物小麦虫害主要有粘虫、麦园蛛蛛、麦叶蜂、灰飞虱、蚜虫、二化螟6种。油菜虫害主要有蚜虫、菜粉蝶、潜叶蝇、金龟子、地老虎、蝼蛄 6 种。

秋熟作物水稻主要虫害有大螟、二化螟、三化螟、纵卷叶螟、灰飞虱、白背飞虱、褐飞虱、稻螟蛉、稻苞虫、稻蓟马、稻黑蝽、稻象甲、黑尾叶蝉、负二蝗 14 种。

蔬菜虫害主要有菜粉蝶、蚜虫（桃蚜、萝卜蚜）、小菜蛾、斜纹夜蛾、甜菜夜蛾、烟粉虱、菜螟、豆荚螟、猿叶虫、小猿叶虫、黄曲象跳甲、美洲斑潜蝇、番茄斑潜蝇、豌豆彩潜蝇、蜗牛 15 种。

（三）草害

杂草主要分水田、旱田两类，危害较重的共 18 种。

水田杂草 有矮慈菇、节节草、鸭舌草、稗草、三棱草和异型沙草 6 种。

旱田杂草 有硬草、日本看麦娘、看麦娘、野燕麦、毒麦、猪殃殃、繁缕、巢菜、马唐、鳢肠 10 种。

杂草稻 是推广麦套稻、直播稻连作后发生的一种新的杂草类早熟籼稻。因其分蘖力强，严重挤压水稻生长空间，如不拔除，能导致栽培稻基本失收；又因其抽穗早、易落粒，极大增加下年发生基数。抢收的杂草稻减产五成以上，且只能做饲料用。

加拿大一枝黄花 加拿大一枝黄花是一种对农业生产、生态环境有巨大威胁的外来有害生物，是重点检疫对象。2002 年，在湾头镇等地首先发现，主要传播地为公路沿线，呈零散发生。因其繁殖能力极强，虽经每年大力人工拔除，至 2011 年，公路沿线仍零星可见。

二、防治

80 年代末，乡镇农技推广部门根据市县病虫发生预报，利用黑板报等宣传工具，指导广大农户用药防治。1992 年开始，各乡镇农技站物技结合，开方卖药，搞好经营促服务。1995 年，农业部《农药管理条例实施办法》颁布后，农业、林业部门开始大量经营农药，成为农药市场的主力军。

2001 年，杭集镇率先开展专业植保服务，实行专业承包。由承包单位或承包人与农户定项目、定时间、定面积、定收费标准，镇村农业负责人公证。2004 年，沙头镇 2170 公顷水稻中，由各村植保专业服务队统防统治的面积为 1800 公顷，占应防面积的 82.95%。当年水稻灰飞虱、褐飞虱、纵卷叶螟特大发生，全镇条纹叶枯病病株率平均 2%～3%，远低于全市病株率平均 12%以上的危害程度。纵卷叶螟未造成水稻大面积“白叶”，褐飞虱也未造成水稻后期“冒穿”倒状。

2004 年，农药市场全面放开。为减少高毒、高残留和有机磷农药的使用量，是年，区农水局在汤汪乡九龙村进行生物农药防治蔬菜病虫害的试验示范。化学农药使用量减少三分之二，防治成本下降 50%，既减轻环境污染，又降低生产成本。同年，区农水局制定下发关于禁止使用高毒高残留农药的通知，严禁在区内生产、销售、使用六六六、DDT、敌枯双、除草醚、杀虫脒、汞制剂、砷、铅类、甘氟等高毒、高残留农药；严禁在蔬菜、瓜果、茶叶、中草药材等无公害农产品中使用甲胺磷等 19 种有机磷农药，以确保广大群众的生命安全。

2004～2008 年防治水稻条纹叶枯病期间，各乡镇根据区农水局病虫情报先后发布 5～8 次特辑，放大张贴，指导农民用药。

2009～2011 年，农业部门应用电视字幕滚动、专家田头现场指导、广播讲话等现代服务手段，指导全区农作物病虫草害防治。2011 年，全区防治面积 2.43 万公顷（播种面积），占应防面积 98%。

第四章　畜牧业

在对外开放、对内搞活改革方针指导下，广陵区放宽农村经济政策，开放农村集市贸易，提高猪、禽、蛋、奶收购价格，畜牧业生产得到全面发展。1989 年后，区内畜牧业逐步由传统副业转向规模化、集约化、商品化生产。由于畜禽发展迅速，1991 年，取消城镇居民猪肉凭票供应。1994 年后，围绕“大力发展蛋禽生产、稳定发展生猪生产”，畜禽规模养殖和养殖专业户有较大发展。2004 年发生禽流感后，全区牧业生产急剧下降，年饲养量逐步减少，至 2011 年，以生猪和家禽为主体的畜牧业生产，只有 2001 年的三分之一。

第一节　家　畜

一、猪

（一）品种繁育

80 年代后，区内农户饲养瘦肉型杂交一代猪为主。猪的繁殖传统方法为自然交配。1983 年，郊区建立人工授精站，在各乡镇推广。1998 年 5 月，市畜牧兽医站在红桥乡（现属头桥镇）召开猪统一供精现场会和农民输精员新型仿生输精技术培训班。从此，猪人工输精普及率每年均在 80% 以上。由于三元肉猪消费市场前景良好，1999 年，红桥乡综合养殖场建成全市第一个县级苏太猪扩繁场，占地面积 7.87 公顷，建猪舍 12 幢，首批引进二元母猪苏太母猪 100 头、苏太公猪 2 头，并先后建立两个苏太猪三级扩繁场。2005 年，湾头等镇引进苏太母猪 32 头，每头补贴农户 700 元，并免费技术培训和上门指导。因体制原因，2000 年后停止生猪品种选育工作。

（二）生产管理

实现联产承包责任制后，养猪业发展蓬勃兴旺。1989 ～ 1993 年，全区生猪生产稳步发展，年饲养量维持在 20 万头以上。1994 ～ 2004 年，年饲养量在 25 万头以上，年出栏 15 万头以上，年末存栏 6 万～ 10 万头，为较快发展阶段。其中 90 年代，城东乡有 3 个大型猪场：新农猪场，称万头猪场；施井猪场，有猪 6000 ～ 7000 头；太平洋猪场，有猪 5000 多头。2002 年，湾头镇、汤汪乡、城东乡有百头以上猪场 18 个，承包千头以上的猪场 2 个。2005 ～ 2011 年，全年饲养量在 9 万～ 19 万头。全年出栏 10 万头左右，年末在栏 4 万头左右，年饲养量、出栏数、年末存栏数均少于上一阶段。同时，产值同步减少：2005 年 3386 万元，2006 年 1749 万元，2007 年 1154 万元，2008 年才恢复到 3368 万元，处于 80 年代水平。此外，养猪专业户坚持养猪、养鱼结合，实现良性循环。不少渔场兼办猪场，汤汪甪里渔场每年饲养生猪 500 头。1989 年起，全面推广生猪“四改一添”（改养土猪为土洋杂交一代猪，改喂单一饲料为配合饲料，改熟食稀喂为干湿料生喂，改吊架子育肥为一条龙育肥；在饲料中添加猪用复合饲料）的先进管理技术。

2001 ～ 2011 年广陵区生猪生产情况一览表

表 13-4-1

年份	年饲养量（万头）	年末存栏（万头）	年出栏量（万头）	出栏率（%）
2001	26.88	9.27	17.61	65.51
2002	26.14	8.50	17.64	67.48
2003	25.00	7.91	17.09	68.36

续表 13-4-1

年份	年饲养量(万头)	年末存栏(万头)	年出栏量(万头)	出栏率(%)
2004	22.22	6.41	15.81	71.15
2005	19.97	6.16	13.81	69.15
2006	17.20	5.74	11.46	66.63
2007	14.29	4.94	9.35	65.43
2008	12.79	4.33	8.46	66.15
2009	12.66	4.28	8.38	66.19
2010	11.13	3.77	7.36	66.13
2011	8.98	3.45	5.53	61.58

说明：数据来源于维扬区、邗江区、广陵区统计年鉴

2011 年，区内有符合县级规模生猪养殖大户（出栏 50 ～ 499 头）44 户，分别出栏 50 ～ 480 头；有符合市级规模养殖大户（出栏 500 ～ 1999 头）3 户，分别出栏生猪 511 头、528 头和 656 头。

二、牛

（一）耕牛

耕牛原以水牛为主，品种主要为海子水牛。黄牛由原来役肉兼用逐步转为肉用为主。黄牛以本地黄牛为主，也有少量混北种黄牛。随着农业机械化的推广应用，80 年代，耕牛进一步减少。2010 年，耕牛年末存栏仅 247 头，比 2001 年 358 头减少 111 头，下降 31.01%。区内养牛以泰安镇为主；主要是饲养黄牛，以作肉用。

至 2011 年，耕牛饲养方式以一家一户为主；耕牛繁殖仍采用传统的自然交配方式。

（二）奶牛

1981 年，建成湾头乡田庄奶牛场，1988 年，有奶牛 31 头。1983 年，地方财政补助 21 万元，建设湾头乡二桥奶牛场。1988 年，该场有奶牛 34 头。2002 年改制后，由个人承包。2011 年，奶牛场有牛棚 15 间、房屋 18 间，占地面积 1500 平方米，日产奶 1.2 吨，年产值 90 万元。

2001 年，泰安镇有奶牛 130 头。2003 年，全镇投入 450 万元，建设七里、勤俭、南江 3 个奶牛场。2009 年，全镇有 500 头。至 2010 年，全镇有奶牛 320 头，其中经产牛 157 头，当年自产牛犊 18 头。2011 年，达市级养殖大户规模标准的养殖户 2 户，分别为泰安镇勤俭村刘正平，饲养 125 头；泰安镇七里村周同萍，饲养 175 头，合计存栏 300 头。符合县级规模养殖大户 1 户，年饲养 48 头。

1989 ～ 2000 年，区内有奶牛 100 多头，年产牛奶 760 吨左右。2001 年年末，栏存奶牛 280 多头，年产牛奶 1754 吨。2003 年，2530 吨，创历史最高产量。2004 ～ 2010 年，每年产牛奶 2000 吨以上。2011 年，全区有奶牛 482 头，年产牛奶 2300 多吨。新 5 镇在 90 年代末，发展奶牛 200 多头。21 世纪初，发展较快。2009 年，602 头，9 年发展近 400 头。2010 年，有所下降，2011 年，下降到 348 头。奶牛饲养品种主要为中国荷斯坦牛（黑白花奶牛）。所产牛奶，均由扬州大学实验农牧场统一收购消毒，加工成“学生饮用奶”，并为市民提供丰富营养品。

图 13-4-1　湾头二桥村奶牛场

奶牛繁殖全部采用冷冻精液人工授精，奶牛管理历来比耕牛精细。

2005年，扬州大学实验农牧场有奶牛700多头。2010年，日供应鲜奶20万瓶，其中推广学生饮用奶5万多瓶。为确保牛奶质量，实验农牧场制定奶牛饲养标准和奶牛高效饲养操作规程，严格按标饲养、生产、加工。该场按照建立现代企业制度要求，注册成立国有全资公司扬大康源乳业有限公司，从事鲜奶、酸奶等乳饮料的生产、加工及销售。2010年7月，正式投产。至2011年，康源乳业在扬州食品工业园一期投资5000万元，建成年产鲜奶2.75万吨的生产线；注册资本2000万元，占地面积4.8公顷；实现年销售9000万元，新增利税1060万元。

另外，区内大牲畜还有马、骡、驴等，2004年后，已基本少见。

三、羊

李典、头桥一带农户有养羊传统，红（头）桥羊肉远近闻名。1992年，贯彻市政府关于“积极开发食草畜禽”的方针，加快畜禽结构调整，区内养羊生产得到较快发展。2002年，全区养羊总量5.42万头，达历史最高峰。2004年以后，随着农村劳力向城市转移，从事养羊人员减少，养羊生产呈逐年下降趋势。2011年，全年饲养2.44万头，其中出栏1.58万头，年末存栏0.86万头，出栏率64.75%。

四、兔

农户家兔养殖历史悠久，但因兔产品受国际市场影响较大，养兔业发展经历多次曲折。1984年后，外贸收购价逐步降低，养兔量迅速下降。2011年，区内年饲养量仅3428只。

第二节　家　禽

一、饲养概况

家禽以养鸡为主，一般占70%以上，养鸭占15%以下，养鹅占15%以上。

2001～2011年广陵区家禽饲养情况一览表

表13-4-2　　单位：万只

年份	饲养量	出栏数	年末存栏	年份	饲养量	出栏数	年末存栏
2001	518	401	117	2007	315	245	70
2002	507	404	103	2008	301	232	69
2003	503	383	120	2009	284	214	70
2004	465	359	106	2010	272	203	69
2005	368	295	73	2011	181	134	47
2006	348	277	71				

说明：数据来源于维扬、广陵、邗江区统计年鉴

2001～2011年广陵区新5镇家禽饲养情况一览表

表13-4-3　　单位：万只

年份	鸡			鹅			鸭		
	全年饲养	年末存栏	出栏数	全年饲养	年末存栏	出栏数	全年饲养	年末存栏	出栏数
2001	287	64	223	68	6	62	52	9	43
2002	284	58	226	67	5	62	52	8	44
2003	287	69	218	79	12	67	58	11	47
2004	295	75	220	65	10	55	62	12	50
2005	237	46	191	52	7	45	45	9	36

续表 13-4-3

年份	鸡			鹅			鸭		
	全年饲养	年末存栏	出栏数	全年饲养	年末存栏	出栏数	全年饲养	年末存栏	出栏数
2006	237	60	177	52	6	46	54	8	46
2007	220	52	168	48	6	42	32	8	24
2008	206	51	155	49	8	41	33	8	25
2009	191	49	142	49	8	41	33	8	25
2010	184	52	132	43	5	38	31	7	24
2011	121	35	86	27	3	24	21	5	16

说明：数据来源于邗江区统计年鉴

图 13-4-2 现代化养鸡场

二、鸡

1984 年，各乡镇掀起养鸡热潮。本地品种多为肉蛋兼用型鸡，主要为三黄鸡、草鸡等。2003 年以后，全面推广由江苏省家禽研究所、扬州市农业局和泰州畜牧兽医职业技术学院联合选育的“新扬州鸡”。引进的蛋用型鸡品种有自来航、洛岛红、希塞斯、星杂 579、苏禽 862、红育等。引进的肉用鸡品种有白洛克、红波罗、海佩科、星波、AA、迪高等。汤汪乡角里村顾春生饲养罗斯鸡 1230 只、红育鸡 900 只。城东乡渡江种鸡场占地面积 1.33 公顷，圈存种鸡 1 万只。1995 年，该场安装高科技产品 YH-4JS 移动监视系统，实现鸡场管理现代化。是年，人均产值 20 万元，人均创利 3 万元，当时在养禽业中处于领先地位。1996 年，畜禽养殖内部结构调整力度加大，许多大户转向养殖蛋鸡，禽蛋数量 1989 ～ 2001 年逐年上升。2002 年，年生产量 4358.23 吨，达最高峰。2003 年开始，逐年下降。2005 年，湾头、汤汪、曲江、文峰有养鸡大户 12 户，其中饲养 1 万只鸡以上的有 2 户。文峰街办渡江村建设的种鸡场，投入资金 20 万元，饲养蛋鸡 8 万只。2008 年，沙头镇兽医站站长蒋勇军发起成立扬州市沙头艾莎特禽蛋专业合作社，生产“江滩”“仙女座”牌绿壳鸡蛋，入社农户 110 户，饲养蛋鸡 1.3 万只。2009 年，销售绿壳鸡蛋 100 多万枚，销售额 100 多万元。2010 年，全区饲养鸡 193.5 万只，其中年末存栏 55 万只，出栏 138.5 万只。年产禽蛋 3690 吨。2011 年，养鸡 133 万只。

2001 年，新 5 镇养鸡总量 287 万只。2004 年，饲养量为 275 万只。受国内禽流感的影响，2005 年，养鸡 237 万只，比 2004 年减少 38 万只，下降 13.82%。2006 年后，继续下降，2011 年，养鸡仅 121 万只。

三、鸭和鹅

1989 年后，养鸭得到发展。农户饲养的鸭以高邮麻鸭为主，也有少数农家饲养绍鸭、番鸭和康贝尔鸭。养鸭模式以成趟规模养殖为主。少的几百只，多的几千只，甚至上万只，2005 年，汤汪乡九龙村夏邦朝养鸭 1 万多只。每户鸭农都倚河傍塘搭建棚舍，供晚上歇息产蛋。2011 年，区内有符合县级规模肉禽养殖大户（出栏 2000 ～ 19999 只）12 户，其中养鸭 5 户，出栏肉鸭 5000 只以上 3 户。沙头镇人民滩村陈长生养肉鸭 2.8 万只，年出栏 1.9 万只，年末存栏 0.9 万只。

扬州养鹅有悠久历史，唐·姚合《扬州春词三首》中就有“有地惟栽竹，无家不养鹅”的词句。1989 年后，养鹅有较快发展，并带动城郊“扬州老鹅”生产加工户大量增加。饲养的鹅以太湖鹅为主，部分农户饲养四季鹅（灰鹅）。2006 年后，大力推广“扬州鹅”。鹅以食草为主，成本较低；四季鹅个体大，生长快，且常年能孵化小鹅，故养鹅数量多于养鸭数量。2001 年后，推广种草养鹅新技术。扬州白天鹅食品公司抓住时机，引进美国黑目草大面积推广，公司赢利，农民得益。据统计，农户每种草 1 公顷，可饲养肉鹅 3750 只，或饲养种鹅 1800 只，效益 3 万～3.75 万元。2011 年，符合县级规模养殖大户 7 户，年出栏 5000 只以上 1 户，沙头镇沙头村苏海洋年出栏种鹅 5000 只。

图 13-4-3　扬州鹅

四、肉鸽

肉鸽由菜鸽（乳鸽）和淘汰的信鸽两部分组成。1989 年，成立广陵区、郊区等 4 个信鸽分会，至 2011 年，全区由原来的几万只发展到 10 多万只，每年因淘汰而作为食用的信鸽有 6 万～7 万只。2001 年，泰安、李典、沙头镇开始发展乳鸽养殖，但发展不快。2010 年，3 个镇上市乳鸽仅 4 万只。2011 年，全区上市肉鸽 10 万只以上。

第三节　疫病防治

一、防治机构

1989～2002 年，畜禽疫病防治工作由扬州市郊区畜牧兽医站负责。2002 年 6 月，成立扬州市广陵区畜牧兽医站，同时挂扬州市广陵区畜禽检疫站、扬州市广陵区兽医卫生监督所牌子。同年 8 月，3 个乡镇兽医站（扬州市湾头镇、汤汪乡、城东乡兽医站）分别更名为扬州市广陵区湾头畜牧兽医站、扬州市广陵区汤汪畜牧兽医站、扬州市广陵区曲江畜牧兽医站。2002 年 10 月，《江苏省动物防疫条例》正式施行，区内动物防疫灭病工作走上法制轨道，一些危害严重的疫病得到有效控制。2002 年，区政府成立防治牲畜 5 号病指挥部。2003 年，针对冠状病毒种病毒引起的动物疫病，区政府成立动物疫病快速反应领导小组。2004～2011 年，为应对“禽流感”等严峻形势，区政府组建广陵区重大疫病指挥部。指挥机构由区长负总责，分管区长为主要责任人，农业行政主管部门负责人为副职，并建立相应的工作机构。

二、主要疫病

（一）畜病

猪瘟　80 年代后，推广猪瘟免疫程序，发病死亡率接近于零。

猪气喘病　80 年代，及时采取治疗措施，猪气喘病得到控制。

猪丹毒　80 年代后期，开展猪瘟、猪丹毒三联苗常年防治，疫情流行基本得到控制。

猪高热病　俗称“猪流感”。该病传播快，发病率高，目前尚无特效药物治疗，病原尚未确认。沿江地区的头桥等镇是老病区，每年 6 月下旬到 8 月上中旬，都会发病。2009 年，发病来势凶猛，发病率 22.8%，因控制得力，死亡率仅 0.98%。通过药物对症治疗和改善饲养管理，常年死亡率降到 1%以内。

（二）禽病

鸡新城疫　此病 1950 年后年年流行。1989 年，全面实施市兽医站“提高家禽成活率”项目，配套坑坊消毒、苗鸡共育等，已基本杜绝苗鸡感病。

禽霍乱　80 年代后，此病经常发生，病死率高，抗菌素防治效果较好。

禽卵黄性腹炎（蛋子瘟） 70年代前，散见于养鹅业。70年代后，鸡、鸭、鹌鹑都有零性发生。此病为传染性病。1977年后，连续4年发生。90年代后为偶发病。

鸡传染性法氏囊病 此病首例发生在1983年。1988年，曾暴发流行，死亡率20.2%。1990年后，多次较大范围流行。2003年后，防治工作重点由防治转向预防，此病得到有效控制。

鸡葡萄球菌病 此病首例发生于1985年，发病率为13%，死亡率为60%。1989年后，仅零星发生。

禽流感 禽流感是2000年后从国外传入的高危传染病。一旦发病，家禽便会大批死亡。区内因防控有力，2004年、2009年均未波及。

三、疫病监管

预防禽流感是疫病监管中的重大事项，各级政府和农牧等部门都作为头等大事来抓。2004年疫情暴发期间，区防治重大疫病指挥部与乡镇政府、农牧部门层层签订工作目标责任状。区委、区政府多次召开紧急会议，组织24小时值班，建立零报告制度；筹措资金20万元，用于疫苗消毒和前期工作经费。区农牧部门强化宣传发动，强化免疫注射，强化外堵疫情、内防检疫，严禁疫区的、无检疫证的家禽进行交易。并严把畜禽"进场关""屠宰关""出厂关""消毒关"，加强对辖区内"四场"（规模养殖场，家禽屠宰场，批发市场，交易市场）的监控，每天保证消毒一次。根据市防治重大疫病指挥部的统一部署，区政府还出台《广陵区高致病性禽流感防治预案》，并组建由区农牧、公安、工商、商贸、卫生等部门组成的应急分队；在警情没有解除前，所有农贸市场都停止活禽交易。由于政府领导坚强有力，措施落实全面有效，区内没有发生一起疫情。2008年12月至2009年1月，省内东台、海安两地又发生禽流感疫情，警讯再起，区政府组织相关部门联动联防，严防死守，至2011年年底，区内未发生一起病例。

第五章　水产业

广陵区河流纵横，为水产业的稳步发展提供良好基础。1989～2011年，区内水产业始终坚持"以养为主"发展战略，连续五年（1986～1990年）参与全市高产量、高效益丰产竞赛活动；通过1989年启动的"百万亩非耕地开发"，积极扩大养殖水面；大力发展特种水产养殖。实现水产业从粗放经营向集约化经营转变，从追求数量向追求质量转变，从开始以常规水产品为主向特种水产与常规水产共同发展转变。2011年，渔业产值3.52亿元，占农林牧渔总产值15.17亿元的23.2%，成为仅次于种植业的第二大产业。

1989年后的广陵渔业发展，总体可分为两个阶段。1989～1995年，为调整发展阶段。主攻常规养殖品种调整，稳定鲢鳙，压缩草鲤，扩大鲂鲫，以鲫代鲤，水产品总量稳中有升。1996～2011年，为提升发展阶段。一手抓常规水产生产，增加池塘养殖面积，积极推广精养、套养等先进技术；一手抓特种水产养殖，积极引种，迅速推广，快速发展，水产业产值迅速提高，成为区农业生产中重要支柱产业。

第一节　种苗繁殖

一、常规鱼苗种生产

1989年后，区内常规鱼种苗生产继续保持稳定发展势头，国有水产养殖场仍然是苗种生产的主体。

地处沙头镇的原江苏邗江长江系家鱼原种场始建于1970年，是全省唯一培育长江系青、草、鲢、鳙四大家鱼的原种单位，为全国3家长江系四大家鱼原种场之一。该场有养殖水面201公顷，利用沙头河（现名沙头水库）水面100公顷的长江自然生态环境，专门培育长江系四大家鱼原种后备亲鱼。1987年，被确定为省级长江系四大家鱼原种场。1990年，长江系家鱼原种场建立异育银鲫生产基地。1991年7月的百年未遇洪涝灾害，使不少鱼种池变成空塘，原种场为此建立秋繁鱼苗技术攻关领导小组。至8月28日，全场产出鱼苗812万尾。秋繁鱼苗分发到4个乡镇渔场，采取稀放、精养、强管的快速育种技术进行培育，育成仔口鱼种299万尾，育成率36.8%。1993年，原种场产苗1.9亿尾，比上年增长33.33%。同年，从中国水产科学研究院长江种子库引进方正鲫400千克进行繁殖。

1995年，家鱼原种场投产异育银鲫5000组，产苗3154万尾，异育银鲫在区内迅速普及，其他所有鲫鱼品种全部淘汰。1995年11月，家鱼原种场起草的《长江系四大家鱼原种选育技术路线及初步设计方案》，通过农业部专家组审查，该场正式被认定为国家级长江系四大家鱼原种基地，并于1998年4月获得国家级水产原种场资格。该场在满足江苏水产养殖发展需要的同时，还向上海、浙江、山东、安徽等13个省、自治区、直辖市512个良种生产单位提供后备亲鱼和各类鱼苗。2002年后，成鱼池套养鱼种技术日趋成熟，区内各乡镇所需鱼种，主要来自于养殖水体套养夏花培育鱼种自给。

曲江渔场是乡镇级水产养殖场。2004年，因城市建设需要，养殖场被改建为曲江公园。

二、特种水产苗种培育

1993年后，扬州特种水产河蟹蟹苗、加州鲈鱼、鳜鱼等种苗的人工繁育实现零的突破，先后建起包括水产原种场在内的3个特种水产种苗基地，主要从事幼蟹、鳜鱼夏花培育。

（一）幼蟹培育

1990～1994年，江苏省淡水水产研究所研究员张杭西在宝应县长沟特种水产养殖场，进行网箱蟹苗培育五期幼蟹试验获得成功。用五期幼蟹进行稀放精养，当年即达到上市规格的“一步成蟹”技术，1994年后在区内迅速推广，河蟹产业迅速崛起，成为水产业一枝独秀的特色产业。

1992年后，随着河蟹养殖面积的扩大，长江扣蟹资源日渐枯竭，天然幼蟹价格暴涨。1996年，扬州市农业发展总公司建成内陆地区规模最大的人工配制海水蟹苗繁育场。1998年，大批量生产蟹苗，特种水产种苗基地从此具有可靠、就近的蟹苗来源渠道，当年区内培育幼蟹近一亿只。

（二）鳜鱼种苗繁育

鳜鱼（鳜花鱼、桂鱼），母亲鱼在鱼苗孵化成活后即将其吞食，大多数亲生鱼苗因之丧生，因此繁殖难度较大。沙头长江系家鱼原种场联合高邮市司徒乡渔场等，1995年，投产鳜鱼亲鱼28组，育成夏花35万尾。长江系家鱼原种场长期利用长江鳜鱼原种生产鳜鱼夏花，1996～2011年，年生产规模稳定在10万～20万尾，基本满足需要。

（三）虾类种苗繁育

克氏螯虾又称淡水小龙虾，一般在上年9～10月或当年3～4月选留亲虾作种苗放养。罗氏沼虾苗主要来自浙江和苏南地区。其他虾类繁殖虾苗如青虾直接在鱼种池混养，罗氏沼虾池轮混养或蟹池混养即可。

第二节 水产养殖

一、产量

水产养殖始终坚持一手抓开发、一手抓提高的方针。水产养殖的产量占渔业总产量的70%以上。1989年后，实施组织非耕地开发。1990～1994年，沿江乡镇，积极改造低洼、低产、低效农田，建设连片规模渔场，完成非耕地资源开发44公顷。2000年，水产养殖面积比1989年翻一番，水产品产量9117吨，比1989年翻两番。2011年，池塘养殖面积1989公顷，水产品总量2.56万吨，比2001年的9974吨增加1.56万吨，上升156.41%。

2001 ~ 2011 年广陵区水产品产量情况一览表

表 13-5-1　　单位：吨

年份	总产量	其中		年份	总产量	其中	
		3 乡镇	新 5 镇			3 乡镇	新 5 镇
2001	9974	1747	8227	2007	16647	636	16011
2002	11654	1769	9885	2008	17511	612	16899
2003	12313	1113	11200	2009	17037.5	638.5	16399
2004	12018	786	11232	2010	17824.5	625.5	17199
2005	14643	728	13915	2011	25620	588	25032
2006	16710	626	16084				

池塘养殖是水产养殖的主体，养殖产量占养殖总量的 70％左右。池塘养鱼每公顷单产，1989 年在 3000 千克左右，1995 年在 4500 千克左右，2005 年 5500 千克左右，2011 年在 6000 千克左右，都比河沟养鱼高 5 倍。发展特种水产后，池塘由原来养鱼为主转变为主要养殖蟹虾。河蟹一般每公顷 1500 千克左右，罗氏沼虾 1500 ～ 3000 千克，青虾 900 ～ 1200 千克，单位面积经济效益远远高于单纯池塘养鱼。水产养殖，其产量、效益均以李典镇最好。2010 年，李典镇生产常规成鱼 4309 吨、螃蟹 711 吨、青虾 386 吨、基围虾 300 吨、龙虾 877 吨、黄鳝 310 吨、螺蛳 324 吨、河蚌 416 吨、泥鳅 420 吨，均居区各乡镇之首；罗氏沼虾 39 吨，居头桥、沙头镇之后。2011 年，新 5 镇水产品总量比上年增长 45.54％。

捕捞历来以内江内河捕捞淡水产品为主，区内捕捞产量占总产量的 30％左右。1954 年后，少数渔民随外出船队出海捕捞。1988 年后，已无人出海捕捞。1988 年，湾头镇方家渔业组有 17 户 105 人，有渔船 17 条（其中机动船 3 条）从事内河捕捞。由于该组捕捞区域正是扬州自来水厂取水口，2000 年年底，每条船补贴 9 万元，安置船民上岸定居，并适当安排工作。李典镇沿江村为专业渔业捕捞村，2011 年，全村 424 户 1676 人，渔船 389 艘，登记在册的渔船 195 艘，继续从事淡水捕捞。

二、品种

80 年代，区内养殖品种以草鱼为主，因个体较大，不适宜居民日常消费，市场上季节性过剩较多；鲤鱼也因个体较大，且因口味习惯，向来不受扬州城乡居民喜好；城乡居民对鲫鱼和鳊鱼较为偏爱；鲢（白鲢）鳙（花鲢、血鲢）市场价格较低，且能常年上市。为解决 80 年代中期后出现的季节性鱼货过剩及长期存在的鲫、鳊等优质鱼脱销问题，广陵区根据“稳定鲢鳙、压缩草鲤、扩大鲂鲫、以鲫代鲤”的调整思路，积极改变养殖模式，发展以肥水鱼（鲢鳙）为主的养殖品种，同时适当搭配吃食鱼（青、草、鲤、鲫、鳊）的养殖品种。通过几年努力，草鱼由第二养殖品种退居为第三养殖品种，鲤鱼则由第三养殖品种退居为第四养殖品种。八九十年代，区内曾先后推广过日本大阪鲫（白鲫）、河南彭泽鲫、高邮鲫等品种，这些品种均不尽人意而全部淘汰。同在 90 年代初引进的异育银鲫，综合优势最为明显，1995 年后得到全面推广。90 年代末，由于大力推广全价配合颗粒饵料养殖技术，鲫鱼在常规鱼养殖产量中比重迅速提高，上市规格稳步上升，2005 年，已成为常规鱼养殖第一大品种。

特种水产品种主要有河蟹、青虾、罗氏沼虾、龙虾、基围虾、黄鳝等。2010 年，新 5 镇共养殖特种水产 4439 吨，其中龙虾 1428 吨，为第一大产量水产品种；河蟹 1158 吨，为第二；黄鳝 715 吨，为第三；青虾 574 吨，基围虾 300 吨，罗氏沼虾 208 吨，泥鳅 56 吨，分别居 4 ～ 7 位。水产品总量 17199 吨。

三、养殖

（一）常规水产

80 年代后期，坚持推广综合养殖先进技术。1988 年，汤汪乡角里渔场养殖生猪 150 头、蛋鸡 2500 只、鹅 1500 只，种黑目草 1.33 公顷；鱼池 13.6 公顷，年产鱼 120 吨。这种“以草养鱼、以草养鹅，以家禽粪肥草、以家禽粪肥水，以肥水养殖肥水鱼”的种养结合技术，是当时郊区综合养殖的典型。是年，原曲江渔场养殖生猪50多头、蛋鸡1000只、蛋鸭1500只，直至渔场被征占前的20年中，同样走综合养殖的路子。

图13-5-1　2011年李典镇渔业喜获丰收

80年代末，各渔场由传统的春季一次放养鱼种苗，改为冬季放种苗，夏季再增放夏花；由传统的放养同一档次的鱼种苗，改为放养多档次的鱼花，如鲢鳙增放一两个大规格鱼种。通过调整，每年4月下旬，渔场即可陆续起捕成鱼上市，至9月底的成鱼上市量，比调整前增加50%；同时还大大减轻成鱼的载塘量，使在塘鱼生长速度加快。不少渔场还在成鱼大量起捕时，分期分批套养夏花，为下年度培育大规格鱼种，这样可以减少鱼种池面积，扩大商品鱼的养殖。

1990～1995年，区内水产部门配合市水产局参与省水产局组织的《池塘“三高”模式化养殖技术》等课题，狠抓生产条件的改善和良种推广，参与渔场单产都达到翻一番的目标。

（二）特种水产

80年代开始，发展特种水产养殖。李典镇朱正兵等60多户特水养殖户，组建渔业股份合作联合体，从1990年开始，包地建池，养殖蟹、虾、甲鱼等特种水产，养殖面积33.33多公顷。

1990年后，河蟹价格一路走俏。1994年，每千克200多元，大规格的河蟹每千克卖到400多元。10多年的高位运行极大地刺激河蟹养殖面积。1996年后，积极推广种草养蟹、繁螺养蟹和“稀、大、高”生态健康河蟹技术，研究推广河蟹套养鳜鱼、套养青虾等立体养殖新模式，大力推广罗氏沼虾高产高效综合配套技术，增产增效效果十分明显。养殖水域由最初的池塘养蟹，逐步发展到河沟养蟹、稻田养蟹；养殖方式由单纯的池塘散养发展到网围养殖、网栏养殖、提水养蟹等；养殖品种也由原来的单一养蟹发展到鱼蟹混养、鱼虾混养、虾蟹混养、蟹塘套养鳜鱼等。

90年代中后期，引进繁殖的淡水小龙虾，生长快，个头大，食性杂，出肉率高，且价格远低于当时河蟹，深受城乡居民欢迎。一般在每年9月放养种虾，次年5～6月份，即捕捞作商品虾上市。在春季放养未达商品规格的虾种，在放养1个月左右，即可上市。青虾养殖最早始于80年代后期，利用鱼种池中适当布一点水草，放养抱籽虾，在不另投喂饵料情况下，每公顷可获150千克左右商品虾，增效6000多元。区内80年代末期引进此项技术后，通过配置增氧机和投喂适口饵料，鱼种产量不减少，商品虾每公顷可产300～400千克，每公顷增效1.2万～1.8万元。后又发展池塘单养，每公顷单产900～1500千克。90年代初，河蟹套养青虾成为青虾养殖的主要形式；后蟹池大批套养鳜鱼后，蟹池套养青虾面积有所下降。

鳜鱼属优质鱼类，1995年长江系家鱼原种场繁育幼苗成功后，逐步推广。90年代后期，河蟹养殖水面套养鳜鱼技术得到大面积推广，并成为区内鳜鱼养殖的主要形式和产量的主要来源。每公顷河蟹养殖水面放鳜鱼种增效2000元以上。2002年，推广苏州吴江市专池养殖经验，每公顷产鳜鱼7000千克左右，增效15万元以上。

另外，还养殖罗氏沼虾、基围虾、黄鳝、泥鳅等特种水产。

淡水河蚌育珠，因其投资少，收益大，见效快，曾被誉为“点金播银”的养殖项目。60年代后，淡水珍珠销路时俏时疲，育珠生产几起几落。80年代末，国际市场对淡水珍珠需求回升，加上国内珍珠加工业的兴起，每公顷珍珠蚌放养纯效益达10多万元，成为农村水产养殖中的黄金产业。区内河蚌育珠面积产量，1997年达最高峰，育珠面积67多公顷，年产珍珠4吨以上。以后价格急剧下降，1999年，珍珠价格走入谷底，每千克仅100元左右。2010年，仅李典镇育珠201千克，沙头镇育珠200千克，面积和产量只有1997年的十分之一。2011年，育珠面积不足3公顷。

四、管理

1989～1995年，渔业生产调整和扩大管理范围，突出渔业资源和生态环境保护，完善各项渔业管理制度，强化法律责任，进一步明确以法治渔要求。

1996年，区水产管理部门会同工商部门，捣毁一家非法制造电捕器的地下工厂，没收销毁电捕器400多台（套），使电捕鱼猖獗现象得到遏制。

2002年，农业部决定在长江干流试行禁渔期制度。每年4月1～10日，区水产部门配合市渔政管理站，统一开展"清江"行动，重点检查从事刀鱼生产渔船持证情况，取缔江边网簖、地笼。在4～6月"春禁"期间，配合市级管理部门，检查境内长江段禁渔情况。2003年后，清江行动提前到3月底进行，以确保4月1日起长江内无捕鱼船只。

本着"取之于渔，用之于渔"原则，区农业部门每年配合扬州市开展人工增殖放流。2004年6月，扬州市参加由省统一组织的长江渔业资源增殖放流活动，100万尾四大家鱼鱼苗主要由长江系家鱼原种场提供。2005年6月，在润扬大桥江面举行"维护长江生态，保护生命之河"为主题的增殖放流活动。200万尾四大家鱼鱼苗，由原种场等5家国有水产部门共同提供。2006～2011年，广陵区均参加省、市组织的增殖放流活动。

第三节　鱼病防治

一、种类

（一）鱼类皮肤病

细菌、真菌性皮肤病　常见病有白皮病、白头白嘴病、赤皮病、疖疮病、打印病和水霉病6种，尤以白皮病和水霉病对鱼种生产威胁较大。

寄生虫引起的皮肤病　常见病有碘泡虫病、斜管虫病、小瓜虫病、三代虫病、钩介幼虫病和锚头鳋病6种，以斜管虫病、锚头鳋病对鱼种危害最大。

藻类引起的皮肤病　主要为打粉病。

（二）鳃病

细菌、真菌性鳃病　常见有细菌性烂鳃病和鳃霉病2种。

寄生虫引起的鳃病　主要有鳃隐鞭虫病、鳃碘胞虫病、车轮虫病、指环虫病和中华鳋病5种，对鱼种生产危害很大。

（三）鱼肠道病

主要为细菌性肠道病，为目前饲养鱼类中最严重疾病之一。

（四）其他器官病

病毒性其他器官病　主要有草鱼出血病、鳜鱼暴发性传染病2种。

细菌性其他器官病　主要为鱼类暴发性出血病。

（五）非寄生性鱼病

食物缺乏引起的疾病　主要是跑马病。因食物缺乏而鱼苗结群围鱼塘圈游"跑马"。

不良水质引起的疾病　主要有泛塘、弯体病2种。因水中溶解氧气不足和新开鱼池水中含重金属盐类过多，或鱼缺乏钙质引起。

二、防治

1989～2011年，常见鱼病有鱼类皮肤病、鳃病、鱼肠道病、其他器官病、非寄生性鱼病五大类。主要病害有26种，其中在鱼种池危害鱼苗鱼种的病害23种，占88.46%；3种非寄生性鱼病，占11.54%。23种鱼病中，9 种病害既危害鱼苗鱼种，也危害成鱼，占 34.62%，因此，鱼病预防的重点是鱼种池。

此外，区内特种水产养殖先后出现过罗氏沼虾白体病、螃蟹抖抖病。区水产职能部门坚持一手抓鱼病基本知识的普及培训工作，使养殖户能及时正确判断病情；一手抓防治重点，突出彻底清塘消毒，辅之以其他治疗措施，使鱼病得到很好控制。同时及时送药下乡、诊断到塘，举办现场讲座，有效防止病害蔓延。

第六章　林　业

1989 ～ 2011 年，全区林业生产主要分为两个阶段。1989 ～ 2000 年，主要抓好农田林网建设、绿色通道建设、江滩“兴林灭螺”工程，大力发展花木、茶果等工作。2001 ～ 2011 年，紧紧围绕市政府创建“中国最佳人居环境奖城市”“全国生态示范市”“国家园林城市”“国家森林城市”目标，组织实施城区改造，大力开展公园、游园和绿化广场等公共绿地建设。同时，以实现城乡绿化一体化为目标，按照“以城带乡、以乡促城、城乡联动、整体推进”的总体要求，突出抓好农村沿河、沿路、沿田、沿庄台四旁植树，狠抓绿色生态建设。特别是 2003 年中共中央、国务院作出《关于加快林业发展的决定》后，林业生产进入全面发展时期，林、果、花木生产都得到迅速发展。2009 ～ 2011 年，建成 18 个省级绿化合格村、16 个省级绿化示范村；在绿化和林业发展创建活动中，广陵区发挥了其主阵地、主战场和主力军作用。

第一节　林　木

一、林木资源

（一）森林资源调查

进行森林资源复查，是发展林业生产的最基础性工作。省、市林业部门根据国家统一部署，在 1990 年、1995 年、2000 年、2005 年连续 4 次进行森林资源复查。2008 年，区农水局利用 RS（遥感技术）、GPS（全球定位系统）、GIS（地理信息系统技术）的“3S”高科技监测手段，完成区内森林资源二类调查工作，调查结果首次到乡镇级。调查表明，至 2008 年年底，全区（含新 5 镇）土地总面积 34100 公顷，其中林业用地面积 5602.21 公顷，占 16.43%；非林业用地 28497.79 公顷，占 83.57%。在林业用地面积中，有林地面积 4807.65 公顷，占 85.82%；灌木林地面积 179.53 公顷，占 3.2%；未成林造林地面积 517.49 公顷，占 9.24%；苗圃地面积 15.54 公顷，占 0.28%；宜林地面积 82.0 公顷，占 1.46%。有林地面积中，乔木林地面积 4646.89 公顷，占 96.66%；竹林面积 160.26 公顷，占 3.34%。森林覆盖率 14.36%，林木绿化率 14.58%。

活立木蓄积 25.28 万立方米，其中乔木林蓄积 24.33 万立方米，占 96.24%；四旁树蓄积 0.89 万立方米，占 3.54%；散生木蓄积 5.66 立方米，占 0.22%。

按林种结构分，有林地面积中，防护林面积 1510.08 公顷（其中水源涵养林面积 172.59 公顷，占防护林面积的 11.43%；护岸林面积 416.88 公顷，占 27.61%；护路林面积 190.55 公顷，占 12.62%；水土保持林面积 686.46 公顷，占 45.46%；农田防护林面积 43.60 公顷，占 2.88%），占有林地面积的 31.41%；特殊用途林面积 785.47 公顷（其中环境保护林 740.59 公顷，风景林 44.88 公顷），占 16.34%；用材林面积 1449.15 公顷（均为速生丰产林），占 30.14%；经济林 722.63 公顷（其中果树林 150 公顷，药用林 572.63 公顷），占 15.03%；竹林面积 160.76 公顷，占 3.35%；灌木面积 179.53 公顷，占 3.73%。

按起源分，区内无天然林，均为人工林。

2005 年，城区绿地总面积 548.8 公顷，人均公共绿地 8.13 平方米，城市绿地率 34.3%，绿化覆盖率 35.1%。2011 年，区内绿化面积 5794.38 公顷，已成林面积 5415.8 公顷；其中城区绿地面积 918 公顷，人均公共绿地 16.90 平方米，城市绿地率 35.48%，绿化覆盖率 36.31%。全区森林覆盖率 15.88%，林木绿化率 16.99%。

（二）树种

主要树种 据 2008 年森林资源普查，树木种类有乔木、灌木 45 科、85 属、122 种，其中针叶树 21 种、阔叶树 101 种；城乡古树名木 176 株，分属 22 科、26 属、26 种。常年的主要树种为意杨、杨树、柳树、刺槐、香樟、银杏、池杉和女贞等。此外，常见树种还有枫杨、广玉兰、桂花、榆树、法国梧桐、泡桐等。常见的果树有桃、李、葡萄、枇杷、柿子、猕猴桃等。

引进树种 1989 ～ 2011 年，共引进新树种 20 多种，目前推广应用的主要有 7 种，即马褂木、七叶树、喜树、栾树、杜英、榔树和江南桤木。此外，引进品种还有红叶李、北美枫香、北美红栎、加拿大紫荆、欧洲琼花等树种。

二、绿化造林

（一）乡镇绿化

图 13-6-1 杭集镇新生村沿河绿化

1989 年起，各乡镇组织实施百万亩非耕地开发农业工程，以速生丰产林基地和江滩“兴林灭螺”工程为重点的成片造林得到迅速发展。1993 年，汤汪乡农田林网绿化工程、湾头镇农田林网绿化工程被市政府评为优秀绿化工程。2003 年，市政府出台《关于加快林业发展的决定》后，全区不断加快绿色通道建设，沿江、沿河、沿田和沿路绿化同步发展。2007 年，湾头镇万福村被评为省级绿化示范村，湾头镇联合村、沙联村、二桥村，汤汪乡九龙村、同心村、连运村被评为省级绿化合格村。2008 年，湾头镇夏桥村、田庄村，曲江街道新民村、新农村、新星村，产业园龙泉村、万寿村、宦桥村被评为省级绿化合格村。2009 年，曲江街道新农村、新民村，产业园大众村、高桥村 4 个村被评为省级绿化合格村；湾头镇沙联村、夏桥村被评为省级绿化示范村。2010 年，汤汪乡九龙村、产业园龙泉村、沙头镇人民滩村、强民村被评为省级绿化示范村。2011 年，湾头镇联合村、二桥村，汤汪乡同心村，曲江街道新民村，产业园万寿村，杭集镇新生村，沙头镇育新村、小虹桥村、陈祠村被评为省级绿化示范村。

2001 ～ 2010 年，新 5 镇根据城乡绿化一体化的总体要求，持续、有力推进乡镇绿化工作，10 年中，平均每年造林 200 公顷；沿河、沿路、沿田、沿庄台四旁绿化零星植树合计 3512 万株；先后新育林苗面积 807.67 公顷。至 2010 年，李典镇共建设 5 片主题林，即共青团“青春林”、妇联“巾帼林”、人武部“长城林”、文化站“歌咏林”、田桥“小康林”。至 2011 年，该镇共投入 1000 多万元，对 13 个村全面进行绿化、美化、亮化。

2001～2010年广陵区新5镇绿化情况一览表

表13-6-1

年份	实有造林面积（公顷）	当年造林（公顷）	当年零星植树（万株）	林苗面积（公顷）	当年新育苗（公顷）
2001	740.93	171.87	264	10.67	5.60
2002	1015.16	396.99	340	44.18	38.94
2003	1355.93	409.13	360	48.33	42.60
2004	1409.00	450.53	267	336.20	228.13
2005	1854.00	289.61	241	363.40	122.93
2006	1979.92	259.00	266	375.80	126.93
2007	2068.20	277.33	278	380.87	130.80
2008	2088.80	266.80	299	248.60	37.80
2009	2234.80	214.00	334	235.67	36.87
2010	2065.61	274.20	566	235.80	37.07
合计	—	3009.46	3215	2279.52	807.67

说明：数据来源于邗江区统计年鉴

江滩“兴林灭螺”工程　该工程通过江滩营造速生丰产林，控制钉螺孳生蔓延，以达到抑制人畜感染吸血虫病的机率，是一项造福于民的民生工程。1991年，市政府印发《关于“八五”期间进一步加强血防工作的意见》。1992年，沿江的几个乡镇大面积推广实施，选用树种以意杨为主，成活率高，生长快。1992～1996年，全区在江滩共营造意杨灭螺林210公顷，成活率和保存率超过85%，并建立以林为主，林、农、禽多种产业相结合的生产、生态系统。2006年5月15日，中国林科院院长江泽慧第三次到李典镇沿江视察千亩意杨林建设维护、兴林灭螺和血防情况，对该镇“兴林灭螺”工程充分肯定。同年8月20日，国家林业局副局长祝列克率国务院血防工作检查组对沿江村建设意扬成片林、“兴林灭螺”的做法给予高度评价，拟向全国推广。至2011年，在疫区继续开展“兴林灭螺”工程建设，新增江滩灭螺林320公顷。

防护林建设　防护林建设是农村绿化的重点。1990年，全区农田林网实际保有（控制）面积达到耕地面积的80%以上。进入21世纪，防护林建设和成片造林发展较快。2003年1月起，湾头镇、汤汪乡实施“绿杨城郭、生态扬州”工程，共完成土地流转180公顷，挖沟6150米，完成造林180公顷，栽种各类树木7.87万株，其中意杨5.04万株、银杏1.6万株、雪松2200株、垂柳700株、夹竹桃1500株、红叶李1800株、女贞6056株。2009年，李典镇投入100多万元，建设南水北调水源区生态林网工程，完成防护林网造林130公顷，树种以意杨、旱柳为主，配以大叶女贞、紫薇、枫杨等，种植2万多株。是年5月7日，《扬州日报》以《为湿地、水源罩上绿色保护伞》为标题作专题报道。

2008年年底广陵区防护林、用材林分布情况表

表13-6-2　单位：公顷

项目		防护林	防护林中					林木中用材林
			水源涵养林	护岸林	护路林	水土保持林	农田防护林	
总面积		1510.08	172.59	416.88	190.55	686.46	43.60	1449.15
城区	面积	292.58	172.28	37.84	82.46	0	0	56.66
	占%	19.38	99.82	9.08	43.27	0	0	3.91
乡镇	面积	1217.50	0.31	379.04	108.09	686.46	43.60	1392.49
	占%	80.62	0.18	90.92	56.73	100	100	96.09

图 13-6-2 2011 年头桥镇万亩银杏园

围庄林改造 1992 年开始，为充分利用农户家前屋后零星隙地发展庭园经济，要求农户挖除树质较差、价值不高的老树，转栽银杏、桃、梨、枇杷、葡萄等各类经济林木。各乡镇层层发动，干部包村包组，全区掀起“银杏热”。1999 年，红桥镇（现为头桥镇）结合围庄林改造，建设“十里银杏带”，共栽植银杏树 15 万株，实现户户都有摇钱树。至 2003 年，围庄林改造全部结束。李典镇 2000 年栽植的 10 万株银杏树，2011 年已有 4 万株挂果，年产白果 80 多吨。

四旁绿化以庄台绿化和河塘绿化为重点，见缝插绿。突出沿河、沿路、沿田植树绿化，积少成多，逐年集聚，同样创造宝贵财富。原 3 乡镇 2004 ～ 2010 年，四旁绿化累计植树 204.8 万株；新 5 镇 2001 ～ 2010 年，四旁绿化累计植树 3512 万株。

绿色通道建设 随着公路建设特别是大型水利工程建设力度不断加大，区内江、河、堤、路绿化同步发展。1992 年，市多管局、水利局联合印发《关于搞好水利工程绿化的意见》。2003 年，区内重点实施打造廖家沟生态景观带，营造两侧各 100 米宽的生态防护林工程。其中，湾头镇廖家沟 96 公顷沿河绿化工程，栽植品种以优质速生的意杨为主；南绕城公路两侧各 50 米宽的绿色通道工程。其中，汤汪乡投入 270 万元，在南绕城公路两侧建成 7.9 千米长、面积 41 公顷、栽植 2.45 万株的高标准银杏经济林。两项工程共完成成片造林 180 公顷，栽种意杨、银杏、女贞、垂柳、雪松等各种乔灌木 45 万株。同年，完成江扬大桥东接线（起点在江扬大桥东桥头，终点在万福闸）3.9 千米长的主干道绿化，共栽植喜树、女贞、红花继木、冬青、黄杨、金叶女贞、龟甲冬青 7 个品种 50 万株乔灌木，绿化季相分明，高低错落，红黄绿相间，景观效果良好。2008 年开始，扬州启动大江风光带建设工程，要求长江（扬州段）沿江各乡镇，实施长江沿江 50 千米相对连续的林水一体生态林建设，建成长江岸线生态防护景观林带。沙头镇在水库保护生态建设的基础上，2011 年，顺利实施大江风光带建设工程，对纵贯全镇东、西长 9.87 千米的沙头河两岸进行绿化美化，呈现蓝天碧水的生态沙头新景观。2011 年，区内 1389.24 千米区、乡镇骨干河道绿化工程基本完成。

（二）城市绿化

1997 年，市政府印发《扬州市城市绿化管理暂行办法》，区内城市绿化步伐进一步加快。2001 ～ 2011 年，围绕创建“国家森林城市”“中国人居环境奖城市”目标，建设“绿杨城郭、生态扬州”。以横跨广陵古城与新城所形成的江扬大桥、文昌大桥、扬州大桥、南绕城大桥的城区东西向主干线绿化工程为骨架，以南北向的沿路、沿河绿化为重点，全力打造古运河生态风光带、京杭大运河风光带、廖家沟景观带、小秦淮河景观带等沿河风光带。135.98 千米的江河堤防，两岸树花草相间栽植，乔灌木高低错落，水陆相依，城乡一体，形成东西南北纵横交错、网格式绿色大通道建设的城市绿化格局。2004 年，扬州被授予中国人居环境奖城市称号。2005 年，全市建成生态市示范区。2007 年，完成创建“国家园林城市”试点工作。2011 年 6 月 18 日，被授予国家森林城市。（参见第三篇第四章第一节）

（三）全民义务植树

认真贯彻江苏省《全民义务植树条例》精神，区政府每年在植树节前召开各种形式会议，充分利用“广陵在线”“广陵时政”“短信平台”等载体，大力宣传绿化造林与提升城市品位和提高城市竞争力的重大意义。2011 年，全区共发放 10 万份宣传册、宣传单和公开信，发放 100 张宣传光盘。植树节前后，区委、区人大、区政府和区政协的领导，带领机关工作人员和市民、农民代表，到曲江公园、湾头镇方跳河、汤汪乡农民健身广场、文昌东路、食品工业园、广陵新城等地义务植树。通过全民义务植树，2003 ～ 2011 年，城区新增绿地

180.1公顷;农村新增绿化面积968.01公顷,四旁绿化3717万株。

三、林政管理

区内森林病虫害发生年份不多,防治效果较好。1989～2011年,全区未发生森林火灾。林政管理主要涉及林权管理、征占林地管理、森林案件处理及森林生态效益补偿基金等方面。

(一)林权管理

继1961年沿江地区对农户家前屋后的银杏树、小竹园进行逐户登记发证后,2003年,全市又开展林权发证工作。后因费用、农民意愿不高等原因,林权发证工作没有进行下去。

2009年,区农水局完成湾头镇集体林权制度改革试点工作。2010年,严格按照法定程序,做好其他乡镇林权证发放工作。全区共完成集体林改任务234.22公顷;新签订林木管护合同137份,面积301.7公顷;发放股权证943份,面积37.89公顷;发放林权证80本,发证面积384.66公顷。林改任务完成率、林权发证率、股权证发放率均100%。

(二)征占用林地管理

1989～2002年,各地均未落实征占用林地制度。2002年后,新《中华人民共和国森林法》《中华人民共和国森林法实施条例》颁布实施,各类建设项目征占用林地必须由林业部门批准,征占用林地审核、审批制度得到全面落实。2002～2011年,广陵产业园征用建设用地643.2公顷。2006～2011年,广陵新城征地270.38公顷,食品工业园征地152公顷,商贸物流园征地68.58公顷,北洲功能区征地733.42公顷,杭集工业园征地82公顷,全部按征占用林地管理要求办理审批。同时,签订协议,新建单位绿化面积均达30%以上。

(三)森林案件管理

1989～1997年,无计划盲目采伐和个人盗伐林木案件偶有发生。1998年12月,区政府部署严厉打击非法侵占森林资源专项治理工作,集公、检、法、司等执法部门及监察、工商、交通等部门,成立专项治理领导小组,严厉打击各类违法毁林占地案件。

1999年11月～2000年2月,霍桥乡陈巷村未经批准,无证砍伐8公顷意杨特大毁林案,引起国家林业局、省农林厅高度关注。该案直接责任人姚某被判处有期徒刑3年,缓刑3年,并处罚金1万元;村委会被判处罚金5万元。

2002年,汤汪乡连运村河东组组长非法采伐运河大堤林木案件,被移交公安机关立案侦查,后予以行政处罚。

2005年11月,文峰街道行政执法一大队,对八大家社区部分居民侵占1800多平方米绿化用地种植蔬菜的行为进行批评,对私种的蔬菜全部铲除。

2007年7月,区绿委办联合区城管执法分局,严肃查处湾头镇公园路70株行道树被毁事件,对毁林人员提出补栽和处罚方案。

(四)森林生态效益补偿基金管理

根据省农林厅、省财政厅印发的关于《江苏省重点公益林区划界定办法》通知要求,区内从2004年开始,享受每公顷120元重点公益林森林生态效益补偿基金的面积逐年增加。至2008年,享受补偿基金面积共243.67公顷,补偿基金1.83万元。2011年,补偿面积不变,补偿资金增加到7.17万元。管护形式为统一管护面积1093.88公顷,其他方式管护1697.21公顷。至2008年,根据森林资源二类调查资料分析,区生态公益林面积2791.09公顷,其中国家级公益林60公顷,占总公益林面积2.15%;省级公益林789.43公顷,占28.28%;市级公益林809.02公顷,占28.99%;县级公益林1132.64公顷,占40.58%。

(五)古树名木普查建档

2000年,住房和城乡建设部出台《古树名木保护条例》。2003年,区绿化委员会办公室配合市绿化办,依据全国绿化委员会制定的《全国古树名木普查建档技术规定》,对区内古树名木进行广泛、全面的普查和建立档案。2008年,结合森林资源二类调查,利用GPS卫星定位系统,对所有古树名木进行定位、拍照,通过树种鉴定、统一编号、登记造册,建立档案(彩照和文字说明),确认现有古树名木176株,其中城区172株,占

97.73%，乡镇4株，占2.27%，分属22科、26属、26种。2008年11月，市政府出台《扬州市古树名木和古树后续资源保护管理办法》，区绿化办为此向有古树名木的单位、公园、寺庙、个人，送法律法规等宣传材料，进一步强化全社会对古树名木的保护意识。

第二节 果 桑

图 13-6-3 头桥镇扬州宝荣蔬果公司无花果园

1989～2000年，区内果树面积相对稳定。2001年后，发展较快。主要水果和应时鲜果品种有银杏、桃、梨、葡萄、枇杷、猕猴桃、柿子、无花果、草莓等。2001～2010年，据新5镇统计，水果年产量逐年上升，由2001年的2948吨增加到2010年的5052吨，增加2104吨，上升71.37%。成片果园也由137.87公顷增加到215.87公顷，增加78公顷，上升56.58%。2010年年末，实有零星果树24.36万株。2011年，有成片果树219.66公顷，水果产量5018吨。果树生产的发展，为扬州城乡居民提供丰富的果品，对平抑市场价格有很大作用。

塑料大棚覆盖栽培，不但使蔬菜生产栽培起到一个质的飞跃，而且对应时鲜果番茄（果、蔬两用）、草莓提供十分有利的生长条件。1989～2011年，区内涉农乡镇均利用大棚保护地栽培，发展番茄、草莓生产。据城东乡农科站试验，利用塑料大棚栽培早杂一号番茄，比露地栽培增产100%～220%，平均增加效益1～2倍。

李典、沙头等镇农民自古有栽桑养蚕传统。1989年，李典镇蚕茧产量30.42吨，创历史最高水平。90年代后，桑田面积逐年下降，蚕茧产量也随之降低。2001年，全区蚕茧产量705吨。2010年，仅103吨，下降85.39%。2011年，桑田面积已不足10公顷。

第三节 花 木

广陵区花木栽培历史悠久。有些农民从明清时就以种花为业。文峰街道渡江村翟庄花木业至少已有300多年历史。

曲江街道曲江小商品市场所在地，是原城东乡沙口村的曲江花园，此处自古就是花木之乡，清郑板桥诗句“十里栽花算种田”就指此处。沙口村一带历史上盛产芍药，颇有盛名。1977年春，创办曲江花园。80年代初，该园已有盆栽盆景5万多盆，草木花卉1000多个品种，木本花卉350多种，其中菊花600多个品种、月季300多个品种、杜鹃60多个品种、茶花30多个品种，并保存有金带围、铁扇紫、园白、观音面4种名贵芍药。80年代中期，有花木生产基地9.07公顷，花房50间1040平方米。花木盆景销往香港、广州、大连、哈尔滨、上海等城市，在扬州所有花木坊中首屈一指。1992年，因三产发展需要，曲江花园改建为曲江小商品市场。

文峰街道文峰村种植香花已有100多年历史。1978年，文峰村创办文峰花园。1984年，该村有茉莉花2200盆、白兰花3830盆（其中百年老树120盆）、黛兰花1000盆，年产值103万元。1984年后，因工厂、企业不断向郊区发展，文峰村花田面积逐年减少，很多花农改行。

80年代，湾头镇田庄村建有面积13.33公顷的乔园花木场，种植观叶类、盆景类花木和其他苗木。90年代，开辟花木田园面积30公顷。

1995年后，各花木生产基地先后引进荷兰郁金香，日本大阪鹃、黄玫瑰、美女樱、瓜叶菊、大波斯菊和国内兰州的兰花等鲜花品种。引进的花木品种有四季桔、四季杜鹃、鹤望兰等。2002年后，引进的鲜花品种有牡丹、芍药、百合、郁金香、一品红等，引进的花木品种有金枝垂柳、落羽杉、马褂木、海桐、乌木柏、四季杨等。2005年7月，渡江桥第四次改造结束，除方亭、回廊外，抓人眼球的还有22株百岁常绿树种红花檵木盆景。

90年代起，由于城市扩张等多种原因，原有花木生产基地陆续消失。2001年，花木面积仅1.4公顷，年出售鲜切花91万枝，出售盆栽花木3万盆。此后，花木生产又有所发展。2011年，全区花木种植面积50公顷，年出售鲜切花707万枝，出售盆栽观赏植物（含盆景）20万盆。

2004年后，为满足城乡绿化苗木需要，新5镇苗木生产面积大幅度增加，由原来的48.33公顷发展到336.2公顷，增加6倍。至2010年，育苗面积一直保持在235.8公顷以上。

以湾头镇为中心的城郊常绿苗木生产基地，主要发展广玉兰、蜀松、龙柏等城市园林绿化树种。畅博彩色园林有限公司位于湾头镇夏桥村，占地面积33公顷，是区内规模最大的彩色树种研究和培育的园林绿化公司、特色绿化苗木生产基地。2011年，公司基地拥有胸径6～10厘米的北美枫香、北美红栎、加拿大紫荆、欧洲琼花、美国红枫、美国红栌、苏格兰金链树、花叶七叶树、挪威槭鞑靼槭、欧亚槭、栓皮槭、日本紫藤、柳栎、沼生栎、娜塔栎、紫叶山毛榉21个品种75万株，基地有16座大棚，年育苗192万株左右。

名贵花木品种有300多个，主要分5类，其中松柏类130种以上，杉树类20种以上，常绿阔叶树类30种以上，落叶阔叶树类60种以上，盆栽花木70种以上。

第七章 农业机械

1989～2011年，全区农业生产的机械化水平不断提高，从耕作开始，播种、病虫害防治、收割、脱粒、运输等，全部实现机械化作业。

进入80年代，各乡镇普遍购置耕作、播种、收割和农副产品加工机械，农业生产基本实现排灌机械化，其他农事也达到半机械化水平。1989年后，拖拉机、插秧机、收割机等大型农机的关键技术都有新的突破，农机的更新换代进一步加快。特别是2004年中央颁布实施购买农机具补贴惠农政策后，农民购买农机的积极性进一步提高。至2011年，全区农业机械总动力10.5万千瓦，其中柴油机、电动机动力各为5万千瓦，汽油机5000千瓦。有大中型拖拉机363台、小型拖拉机1344台。

第一节 农机应用

一、耕作机械

1989年，农业乡镇基本上每个生产组都有2台以上S195手扶拖拉机，用于麦田、稻田耕翻。开始推广牵引力大、功效高的30匹马力的“东方红”拖拉机，耕作深度达20厘米以上，十分符合稻麦稳产高产的深耕要求。与手扶拖拉机相配套的有旋耕机、播种机、破垡盖籽机、开沟机、拖车等，与大中型拖拉机配套的有机引犁、旋耕机、开沟机和挂车等。

2011年，新5镇保有手扶拖拉机1122台，平均每个组2.47台；保有大中型拖拉机303台，平均每个村4.8台。

二、播种、栽插机械

1986年，市农业局在湾头镇田庄村进行“七五”期间农业机械化试点。市、区两级从粮食发展专项基金中拨款42.19万元，投入资金总额67.61万元，用于购买各种农业机械。经过几年努力，三麦机条播、机开墒面积均达 100%。2002 年，开始推广机插秧技术，机栽面积逐年扩大。2004 ～ 2005 年，全市水稻条纹叶枯病大发生，机插秧的发病率因秧龄短、栽插迟、大田发病很轻而明显优于人工栽插的田块，此时又适逢实施购买农机补贴，区内机插秧面积有较大幅度提高。2009 年，开始推广高速座式手扶插秧机，以代替原来的步行式手扶插秧机，推广面积不断扩大。2011 年，全区机插秧和人工抛秧已占水稻面积的 50%，以机插秧为多。是年，头桥镇被评为省水稻机械示范镇。李典镇有插秧机 60 台。

1974 年，郊区购进、推广三麦破垡盖籽机。1983 年，开始推广使用三麦旋耕机和三麦挖墒机。1986 年，购进三麦条播机，浅旋、播种、盖籽一次完成。1989 年，三麦播种普遍推广三麦少免耕机条播技术，湾头、汤汪、城东 3 乡镇基本达到 100%小麦少免耕机条播。其后，随着机械老化和投入减少，条播机越来越少，机条播面积也随之减少。旋耕机浅旋撒播面积逐年扩大，2011 年，仍然保持在三麦面积的 80%。新 5 镇的样板方、丰产方免少耕机条播 100%，其他村组以浅旋耕撒播为主。

三、收割、脱粒机械

图 13-7-1 在田间作业的久保田联合收割机

1965 年，城东乡购进机电两用“小老虎”脱粒机 12 台。该机安全可靠，作业后秸秆整齐，70 年代发展很快，使农民基本摆脱人工脱粒。1983 年，湾头乡购进一台日本三洋马联合收割机。1986 年，又购进桂林 2 号收割机。进入 21 世纪，各乡镇陆续购进新的久保田联合收割机。联合收割机把收割、脱粒、装袋作业一次完成，稻麦的产量损失率的控制在 3%以下，很受群众欢迎。久保田、桂林 2 号是联合收割机主体机型。2011 年，全区有联合收割机近 350 台。

四、植保机械

区内六七十年代人工喷雾机基本普及。80 年代农村普遍使用“东方红 -18”型背负式弥雾机。该机体积小，重量轻，雾滴细，用水量少，特别适用蔬菜及稻麦、果树的病虫害防治。推广数年后，因汽油紧张等原因有所减少。2011 年，植保药械仍以手动施药械为主。全区 5.1 万户种粮农户，户户有手动喷雾机 1 台以上。为发展无公害蔬菜，大力推广设施栽培，继续推广防虫网，利用杀虫灯、性诱剂杀虫板等先进机具诱杀蔬菜害虫。

五、排灌机械

1978 年，城东乡蔬菜专业队建立喷灌站，利用喷灌机喷水灌溉。进入 21 世纪，各乡镇排涝站、电灌站不断修复、改造和新建，基本能满足农田排灌需要。同时，发展蔬菜设施栽培，先进的喷滴灌技术得到逐步推广。沙头镇万亩无公害（蔬菜）示范园区，结合衬砌渠道进行灌排外，2005 年，建设喷滴灌面积 117 公顷，2011 年，又新建喷滴灌面积 53.33 公顷，合计建设喷滴灌面积 170.33 公顷。

六、农副产品加工机械

七八十年代，发展电动粉碎机、轧花机等。1989 年后，乡村农副产品加工机械基本废弃，其主要功能由县以上大型粮油加工企业承担。2011 年，小型手摇或电动挂面（面条）机械还在农村普遍存在，油料加工已不多见。

七、农业运输机械

拖拉机挂车 70 年代中后期开始，机动拖车、挂车是农村主要运输工具，有载重 1 吨、2 吨、5 吨 3 种。载重 1 ～ 2 吨挂车由 12 匹马力手扶拖拉机牵引，5 吨挂车由大中型拖拉机牵引。2011 年，全区有 5 吨挂车 150 多辆，1 ～ 2 吨拖车 800 多辆。

机动运输船 1970 年后，以 S195 等柴油机为动力的挂桨机船，是农村水上运输主要力量。2011 年，全区有机动挂浆船260多艘，用于渔业为主的农业生产；用于运输专业户的双挂浆铁驳船，马力更大，载重量更多。

三卡运输车　小型三轮（或四轮）机动运输车，体积小，机动灵活，便于穿街走巷，是乡村的重要运输和交通工具。2011年，除城区主干道外，城区周边公路随处可见，主要用于小贩小摊物资运输。全区各种类型的小三轮有上千辆之多。

农用汽车　2011年，区内有农用汽车24辆，以场圃为主。

第二节　跨区作业

1979年，湾头乡农民建立农机跨区作业队，开跨区收割先河，当年创收45万元以上。1989年后，农机跨区作业队伍不断扩大，程序不断规范，服务不断完善，效益也不断提高。2000年，湾头镇农机协会被扬州市政府表彰为先进单位。2002年，区农水局董长生被评为扬州市农机跨区作业工作先进个人。是年，跨区作业创收110万元；2003年，全区创收85万元；2004年，创收80万元；2006年，外出服务纯收入120万元；2007～2011年，年跨区作业收入均在150万元左右。多年间，农机部门紧紧围绕“抓好安全，提高效益”目标，搞好为农机跨区作业的各项服务。

农机具年检年审　每年4月，积极配合市农机监理所对各种机具进行年检换证，坚决杜绝农机带病上路、带病作业。

农机安全驾驶和跨区作业培训　帮助农机手进一步熟悉农机结构，熟悉操作程序，力求能及时发现和处理一般性问题，培训结束后书面考试，以巩固培训知识。

跨区作业队　每年组建5～10个不等的跨区作业队，每个作业队都由农机协会的农机经纪人为队长，负责农机手的工作、生活安排及油料供应等工作。

跨区作业证　坚持农机跨区作业持证上路。2002～2011年，每年发放跨区作业证30～40本。

信息网络和值班制度　在农机外出作业期间，乡镇农机站坚持专人值班制度，确保与每个跨区作业队联系畅通。

第三节　安全监督

一、依法行政

2003～2011年，区农水局贯彻执行《中华人民共和国道路交通安全法》和《江苏省农业机械管理条例》，围绕“抓好安全，提高效益”这一总体目标，开展以规范农机管理、促进安全生产为目的的各项工作。通过寄机手一封信的形式，教育广大机手文明驾车、安全驾车、守法驾车，并深入开展田检路查，严格查处无牌、无证驾驶的“黑机非驾”，以及超速、超载、违章载人等违法行为，严防发生农机事故。

二、农机维修

1989年，乡镇都有农机服务站，村都有农机服务队。1989～2002年，农机的供应、维修以及安全监督管理，由市级农机部门直接管理。农机维修主要由各乡镇农机（具）厂负责。2003～2011年，为进一步规范农机行业管理，对原乡镇所有农机维修点重新进行资格认定，对相关证件进行更换、核发。农忙期间，由各乡镇农机（具）厂派人到田头开展修理服务。

三、安全管理

2003年，区农水局成立农机安全领导小组，对农机进行安全监督管理。各乡镇、有关街道办都成立相应领导小组。在湾头镇召开“创建农机安全村镇”现场会。2003～2011年，认真抓好农机年检年审，提高农机手的业务水平和安全意识，认真开展农机管理、农机保险工作。跨区作业农机保险率达100%。2011年，头桥镇创建成功省平安农机乡镇。

四、农用油料管理

1980 年，柴油计划划归农机主管部门分配、管理。1993 年起，实行计划内、计划外双重价格管理。

2005 年，所有农用物资全部实行市场化运作。2006 年，国家出台农机“双优”卡惠民政策，即农业机械购买柴油优先供应，农用柴油价格优惠 2%。2013 年，“双优”卡补贴力度进一步加大，价格优惠达 4%。同时对持证合法作业渔船，根据动力大小，进行柴油补贴。2009 年，农田每公顷农资综合补贴 1440 元。

五、技术培训

1989 年～ 2002 年，以参加市级培训班为主。2003 ～ 2011 年，农机手的培训以配合市级培训和区级培训相结合，以区级培训为主。培训内容主要是提高农机手在农机作业过程中解决实际问题的业务水平和具体操作能力，同时进一步提高法制意识、安全意识。每年培训农机手 120 多人次。

第八章　农业水利

1983 ～ 2001 年，广陵区水利主体为城市水利。2002 年起，区内水利出现城市水利与农业水利共同发展的新局面。随着城区扩张，新型城镇化迅猛发展，10 年间，城郊耕地大部分转化为城建用地，农业水利功能大部分弱化消失。2011 年年底，新 5 镇划入广陵区后，区内水利走向城市水利与农业水利融合发展的新阶段。

1989 ～ 2011 年，全区水利建设重点工程有南水北调东线工程、淮河入江水道整治工程、京杭运河“三改二”（三级标准改二级）工程和江堤达标工程。

第一节　河　道

一、流域性河道与区属河道

区内流域性河道有长江、京杭运河、古运河和淮河入江水道，呈川字型贯穿南北，形成“行洪走廊”归流长江。

区属河道夹江、北洲主排河、大众港、沙河等交叉贯通，构成区内东部和南部灌排防洪骨干通道。

1989 ～ 2011 年，上述河道除沙河、夹江西段未治理，其余河道均经有效治理。

二、一般河道

全区有引水、灌溉、排涝、防洪一般河道及大中沟 200 多条。属乡镇河道 156 条，其中汤汪乡 21 条、湾头镇 19 条、文峰街道 5 条、曲江街道 4 条、沙头镇 30 条、李典镇 33 条、头桥镇 24 条，杭集镇 20 条。1989 ～ 2011 年，因农田灌溉、排涝、防洪、园区基础设施建设、生态环境建设需要，所有乡镇河道，除少数废河未治理外，绝大部分河道经历 1 轮或 2 轮治理。

第二节　农田水利

一、3 乡镇农田水利

湾头镇、汤汪乡和城东乡 3 个乡镇，南、东为长江冲积平原，北有少量蜀冈缓丘。平原地区农田灌溉以古运河、京杭运河、廖家沟、夹江为水源，丘陵地区以梯级电灌站引水上冈为主。

70 年代至 80 年代初，郊区在实现机电排灌、条田方整的基础上，大力发展农田排灌渠系，对条田实行排灌内外分开、高低分开。开挖农田一套沟，做到“一方麦田，两头排水，三沟配套，四面腾空”，把田“抬”起来种。同进大力发展暗渠灌溉，80 年代初，暗渠灌溉面积有 666.67 公顷。

1987 ～ 1988 年，郊区以改造中低产田和外三沟配套为重点，完成沟渠土方 132.74 万立方米，构筑水利桥、涵、闸站等建筑物 1176 座，投入经费 308.06 万元，其中国家分项投资 197.02 万元。

90 年代后期至 21 世纪初，城区二、三产业快速发展，城市规模扩大，城郊新型城镇化速度更快。原来 3 个乡镇的农田已有近 70% 成为新城区、产业园区、交通干道、生态景观区、新居民住宅群。70 ～ 90 年代间建立起来的农业水利基础设施、农田灌溉渠系，绝大部分已消失，传统的农耕种植区转变为城市功能区，以机械化电气化为特征的农业灌溉生产形式已废止不见，原有的农业水利已历史性地转变为城市水利。

二、新 5 镇农田水利

新 5 镇地处江淮交汇处，既有沿江圩区，又有少量丘陵冲涧地和沿湖滩地。圩区易遭受洪涝，丘陵区易旱，农田水利建设任务重，且有不同特点。1989 ～ 2011 年，新 5 镇农田水利建设方针是：突出水源工程建设，抓好水系优化和开源节流；突出中低产田改造，完善改造水利基础设施和配套工程；提高农机排涝能力机械化、电力化水平；科学利用江水北调枢纽工程、淮河入江水道控制工程供水条件，突出地方自办农田水利，实现农田方整化、标准化、沟渠化。

（一）排灌工程建设

1989 ～ 1992 年，新建头桥乡大闸站。1992 年，新建霍桥乡迎春河站、杭集镇大汪溏站、头桥镇迎江站，另在泰安乡金湾站增设 20 吋泵，配 35 千瓦电机 1 台（套），新增流量 5 立方米 / 秒。1993 ～ 2000 年，新建头桥镇安帖站、红桥镇太平闸站，新增排涝流量 2.8 立方米 / 秒。1999 ～ 2000 年，除险加固沿江圩区 23 座排涝站、挡洪闸，其中主江堤 7 座、归江河道 16 座。

2000 年广陵区新 5 镇固定机电排灌站数量、流量及受益面积一览表

表 13-8-1

乡镇	固定站（座）				水泵（台）	流量（立方米 / 秒）			受益耕地（公顷）	
	小计	灌溉	排涝	排灌结合		灌溉	排涝	排灌结合	排涝	灌溉
霍桥	12	—	12	—	22	—	14.12	—	1338.87	—
杭集	48	26	21	1	68	5.75	15.38	0.25	1133.33	532.00
沙头	14	1	12	1	33	0.30	15.66	0.53	1272.00	34.67
李典	12	—	12	—	42	—	18.60	—	1502.40	—
新坝	15	1	13	1	31	0.25	13.18	1.00	1242.47	165.73
红桥	31	13	3	15	44	4.65	13.00	5.61	1171.47	1177.07
头桥	16	—	16	—	39	—	21.21	—	1360.00	—
泰安	27	26	—	1	29	4.35	—	0.25	50.01	970.53
施桥翻水站	1	—	—	1	35	—	—	35.00	9020.53	1909.47
合计	176	67	89	20	343	15.30	111.15	42.64	18091.08	4789.47

说明：1. 2000 年，新 5 镇范围内含头桥镇、红桥镇、李典镇、新坝镇、沙头镇、霍桥镇、杭集镇和泰安镇共 8 个镇

2. 施桥翻水站站址设在沙头镇

2000 年后，新 5 镇继续完善、加强农田排灌工程建设。

李典镇 2005 年新建友谊河排涝站。2006 ～ 2008 年，在建设沿江农业园的过程中，结合农田水利配套设施建设，建设灌排机电泵站 1 座。同时改造小八港等排灌站 7 座，增设机泵，增加流量 6.4 立方米 / 秒、功率 480 千瓦。2011 年，投入资金 200 万元，完成兴生村、小乾村内部水泵改造，修建中型机电排涝站 4 座，增加流量 2.5 立方米 / 秒。

头桥镇2001年增建二圩电排站。2004年，建跃进二站。2005年，建红桥二站。2011年，建向阳站、头桥二站。至2011年，新增建机电排灌站5座，配机泵12台套，增加流量8.6立方米／秒。投入资金507.33万元。

沙头镇2003年新建迎春排涝站。2007年，建高桥排涝站、连三圩河排涝站。该镇原有排涝灌溉站26座，有部分电灌站、排涝站废弃，先后修复、改造、新建排涝站、电灌站23座，保养新建涵闸38座。2005年前后，用3年时间建成农业生态园防涝灌溉工程。至2011年，新增排涝流量18立方米／秒。

杭集镇机电灌排设施经历70～90年代间持续建设并不断完善提高。2001～2011年，灌排设施保有量稳定。

泰安镇有较大型村组农田电灌站17座和排涝站3座。17座电灌站，总功率639千瓦，总引水量4.25立方米／秒。功率最大的是勤俭站，有75千瓦。3座排涝站，分别是凤凰岛站、金湾一站、金湾二站，总功率150千瓦。2011年，各排灌站均正常发挥功能。

（二）河流清淤除障浚拓

头桥镇、李典镇、沙头镇、杭集镇是沿江圩区，易淤积。80年代初家庭联产承包责任制后，农民不再利用河泥积造有机肥料，导致河床淤积越来越多，加之水花生、水葫芦繁衍，河渠水面遮盖，水质缺氧，富营养化，河渠沟港不仅普遍引排不畅，且污染严重。90年代，河道清淤除障的问题已凸显。沿江各镇均投入资金购置挖土清淤机械，组织专业队伍，有计划地对镇、村、组干支河港清淤除障疏浚。确保江水淮水引得进、用得上，洪水涝水流得畅、排得快。

李典镇2001～2011年，陆续投入资金1500万元，综合治理、疏浚、改造镇、村、组3级河道总条数170条，总长280千米，清除和开挖淤土100万立方米。

头桥镇1998～2005年，疏浚治理通江港河、大中沟共54条，疏浚总长度182.0千米，清除淤土278.02万立方米，投入资金1139.16万元。2006～2011年，全面治理疏浚村、组河塘436条（个），疏浚长度172.84千米，清除淤土114.41万立方米，投入资金514.97万元。

沙头镇2002～2011年，疏浚治理通江港河、大中沟，以及村、组灌排河道200多条，总长197千米，清淤218万立方米，直接投入500万元。

杭集镇自2001年起，由区、镇、村3级投入对河道池塘定期清除淤泥、杂草、杂物；配合碧水工程，制定长效管护规划。共整治拓浚河道82.32千米，清除杂物垃圾1624吨，清除水生杂物46.86万平方米，清除障碍86处。2011年，直接投入36.51万元，工日4821个。

泰安镇有镇、村、组3级河道205条，总长36.22千米。至2011年，累计清淤土近50万立方米，投入资金330万元。

第十四篇 工业

要　目

第一章　工业经济综述………………………… 491

第一节　工业经济体制改革………………… 492

第二节　经济规模………………………………… 494

第三节　技术改造………………………………… 496

第四节　工业结构………………………………… 498

第五节　乡镇(街道)、局(校)办工业 ……… 502

第六节　经营管理………………………………… 506

第二章　工业门类………………………………… 510

第一节　船舶重工………………………………… 512

第二节　液压机械………………………………… 515

第三节　食品加工………………………………… 518

第四节　旅游日化………………………………… 522

第五节　医疗器械及电器线缆……………… 523

第六节　其他工业………………………………… 524

第三章　工业品牌………………………………… 526

第一节　名牌产品………………………………… 526

第二节　重点名优产品………………………… 530

1989年，贯彻执行党中央“治理经济环境、整顿经济秩序，全面深化改革”重要决策。是年，区有工业列统企业58家，职工1.2万人。工业总产值2.25亿元。其中，区属工业1.15亿元，比上年增长3.8%；街办工业完成1.04亿元，比上年增长36.35%。销售收入2.08亿元，利税总额1999.62万元，利润1180.01万元。1990年，坚持“三产立区、工业强区、科技兴区”战略，突出结构优化。全区完成工业总产值2.35亿元，比上年增长4.44%。其中街办工业完成1.1亿元，比上年增长5.76%。是年，兴办两家中外合资企业和一家境外合资企业。进入90年代，区委、区政府把优化工业结构、提高科技含量、追求规模效益、发展外向型经济作为主攻方向。1994年开始，开展企业产权制度改革。至2002年，广陵区企业产权制度改革基本完成，改制面95.6%。外资、合资企业成为高新技术产业的主角。同时，民营企业不断壮大，成为工业经济主体。在资产规模、企业产值、职工人数等方面，民营工业经济占全区半数以上。

2002年，以环境友好型为开发理念、以都市型产业为发展方向，建设广陵新城。兴建广陵产业园，工业“退城进园”，加速产业集聚。同时，由于区划调整，工业基础较好的湾头、汤汪两乡镇划入广陵区。是年，工业总产值24.1亿元，产品销售收入22.81亿元，利税1.7亿元，分别是1989年的10.71倍、10.97倍和8.5倍。2004年，形成汽车零部件、精密机械、电子信息、食品加工等优势主导行业，开始形成规模经济。2005年始，广陵区把增强自主创新能力作为调整产业结构、转变增长方式的中心环节，大力开发高科技新产品，新产品产值率达25%以上，高新技术产值率30.4%。其中，一批新产品进入国家和省重点产品行列。国有企业及年产值销售收入500万元以上独立核算工业企业（以下简称“规上企业”）首次超过100家。2006年，区委提出以发展都市型工业为方向，发展与传统工业相联系的轻型、微型、环保、低耗的新型工业，以大都市的信息流、物流、人才流、资金流和技术流等社会资源为依托，以产品设计、技术开发、加工制造、营销管理和技术服务为主体，塑造增值快、就业广、适应强，有税收、有环保、有形象的现代工业体系。至年底，156家规上企业总产值88.99亿元，占全区工业总产值的72.2%。2007年，区政府提出坚持工业第一方略，加快新型工业化步伐，推动产业增长方式由粗放型向集约型转变。工业总产值首次超过百亿元，达到124.99亿元。2009年，区工业实现“双两百”目标，规模企业200家，规上企业工业产值突破200亿元。

2011年，原邗江区5个工业强镇划入广陵区。全区工业总产值1339.17亿元，其中规上企业338家，规上工业总产值986.6亿元；产品销售收入1267.48亿元，利税96.8亿元。区内基本形成以船舶重工、液压装备、旅游日化、食品加工、医疗器械与电气线缆五大重点行业为主的工业基础。走新型工业化道路，建设可持续发展的都市型工业产业园，成为全区经济发展的新亮点。

第一章　工业经济综述

1989～2011年，在国家改革开放不断深化、社会转型速度加快、区域经济发展基本面不断改善的大环境下，广陵区工业生产总体上实现较快较好的跨越式发展。广陵区工业经济因区划调整可以分为三个发展阶段：1989～2001年为传统工业发展阶段，2002～2006年为规模经济发展阶段，2007～2011年为都市型经济快速发展阶段。工业经济结构从计划经济体制向社会主义市场经济体制转变，经济增长方式从粗放型向集约型转变，逐步趋向合理。以广陵产业园液压机械、李典船舶重工、杭集旅游日化、头桥医疗器械等产业为代表的一批具有地方特色、行业特色、产品特色的工业集群成为推动和发展广陵经济的重要支柱。工业机械化、自动化推动信息化发展，信息化带动机械化、自动化发展，实现“两化融合”，广陵区发展都市型工业，走上新型工业化道路。

第一节 工业经济体制改革

一、经营制度改革

（一）承包责任制

1988 年 2 月，广陵工业企业普遍实行各种形式的承包经营责任制。(1) 实行公开招标或企业内部竞争承包。全市 39 家企业纳入招标招聘承包试点，其中广陵 10 家，实行聘任承包、选聘承包、招标承包和租赁承包。(2) 推行全员风险抵押承包。1989 年 5 月，区政府颁布《关于广陵区推行全员风险抵押承包的暂行办法》。全区有 10 家企业试建各种形式的承包制，主要形式有“两包一挂”“递增包干”“基数包干、超收分成”“定额包干”“微利包干”“扭亏包干”等。强化承包经营者和职工的责任意识，破除“铁饭碗、铁交椅、铁工资”及“大锅饭”。规定企业经营承包人的抵押金由发包方确定，一般在 1000 ～ 3000 元之间，副职是承包人的 80%，中层干部为承包人的 60%，职工为承包人的 30% ～ 50%。抵押分领导层抵押、中层干部抵押、职工全员抵押三个层次。抵押金与企业生产经营情况挂钩，年终结算。全员风险抵押承包因经济利益与企业经营好坏紧紧捆在一起，干部与职工执行都较认真，效果较好。(3) 实行自我约束机制。承包与厂长任期、企业中长期目标衔接，考核上缴税利、技术改造、劳动生产率、资金利税率、工资净产值率、产品质量等，实行“责任约束”；为避免随意越权或滥用职权，实行“职能约束”；改进挂钩方法，收入增长必须低于效益增长，正确处理国家、企业、个人三者关系，实行“利益约束”；制定切实可行的规章制度，实行“制度约束”；落实职工民主管理和监督，实行“程序约束”。

（二）厂长（经理）负责制

1989 年后，区工业企业全面实行厂长负责制改革。厂长（经理）负责制的推行，初步解决过去党政不分、以党代政、责权分离的问题，厂长在企业的中心地位得到确立，党、政、工职能得到明晰和规范，企业党、政、工各方面工作进入新的阶段。

（三）企业二轮承包

1990 ～ 1995 年，广陵区按照“稳定、充实、调整、改善”的要求，对第一轮承包中的不足之处进行改进和完善，推行第二轮承包。

1991 年年初，区政府对 1990 年度一轮承包完成和超额完成承包任务的企业经营者进行奖罚兑现，表彰一轮承包先进企业。奖励和赔罚面分别占 63.2% 和 15%，不奖不罚的企业经营者占 21.8% ；

1992 年 9 月，在二轮承包续包中，区选择 44 家企业实行以“风险基金、职工工资储备基金和经营者风险抵押金”为主体的投入产出总承包，企业约束机制进一步强化。在确定承包指标体系上，将经济效益、资产保值增值、技改投入作为重点内容，普遍实行工效复合挂钩办法，给予企业较多的分配自主权。二轮承包至 1995 年到期。

（四）内部配套改革

1993 ～ 1997 年，区工业企业实行改革的单位内部普遍推行“三项制度”（即人事制度、用工制度、分配制度）的配套改革。

人事管理实行“干部能上能下”。企业按照简政放权要求，改革干部人事管理办法，原来实行的任命制逐步改为聘用制；有的企业还引进竞争招聘机制，在企业内部、全行业乃至全区试行公开招聘，逐步废除干部终身制。

企业用工实行“职工能进能出”。国有集体企业招收、安排分配的新工人一律实行劳动合同制。全区开始实行先培训后就业制度，企业核定岗位工作量和所需人员，进行岗位技术考核，择优上岗。有的企业还采取自愿组合、双向选择等办法，优化劳动组合。年事高、工龄长的老职工适用老办法。

分配制度实行“工资按劳计酬”。分配方式主要有 6 种。浮动工资制。约 50% 的工业企业将干部职工的工资奖金按岗位责任系数和贡献大小、效益好坏进行浮动。联产联销计酬制。企业将职工基本工资的 20

%～30%与奖金合在一起，按生产和销售的百分比所含的工资量进行联产联销联利计酬。提成工资制。根据工种和岗位，分别实行全额提成、定额提成和超额提成。结构工资制。将原有的标准工资和奖金捆在一起，改为基本工资、岗位工资、浮动工资和奖励工资等，实行以劳计酬。计件工资制。主要在服装、鞋帽、玩具等行业中，实行按件计酬，超定额奖励。此外，有些企业根据自身生产特点，实行岗位工资，技术、职务津贴，拆账制，基本工资加奖励等多种分配形式，注意分配向一线工人、科技人员和苦、脏、累工种以及营销人员倾斜，形成比较切实可行的内部分配体系。试行年薪制。1996 年，为加快企业经营机制转换步伐，提高企业资产营运效率，实现国有资产的保值增值，广陵辖区内的扬州农药厂、扬州制药厂等企业与扬州市经委签订《扬州市工业企业资产经营责任制合同书》，并经市公证处公证确认。资产经营责任制的主要考核指标有：国有资产保值增值率、实现利润和销售收入等。经营者年薪收入由基本收入和风险收入两部分组成，同时经营者还必须缴纳一定额度的风险抵押金。年终，由市经委会同市体改委、财政局、国资局、劳动局、地税局等部门组成联合考核组，对企业进行全面考核，确定其经营者的年薪收入。1999 年，市经委等部门下发关于《扬州市直工业企业经营者年薪制试行办法》的通知（以下简称《年薪制试行办法》）。《年薪制试行办法》规定，试行期每轮为 3 年，经营者的年薪构成由上一轮的“基本收入”和“风险收入”改为“基本年薪”“增值年薪”和“奖励年薪”3 个部分。参与市级年薪制试行工作的广陵辖区企业有江苏亲亲集团股份有限公司、江苏扬农化工集团有限公司、扬州制药厂、扬州晶来半导体（集团）有限公司、江苏亚星客车集团有限公司 5 家企业（集团）。

二、产权制度改革

（一）股份制改造

1994 年 7 月，《中华人民共和国公司法》（以下简称《公司法》）开始施行。2002 年，广陵区组建有限责任公司 29 家。2007 年为 72 家。

1996 年，广陵区有股份有限公司 1 家，2002 年有 3 家。至 2011 年，广陵辖区内先后组建扬州亚星客车股份有限公司、江苏扬农股份有限公司、江苏联环药业股份有限公司、江苏琼花高科股份有限公司等 16 家股份有限公司。

（二）建立现代企业制度

1994 年，国务院决定在国有大中型企业中先行试点现代企业制度。1994 ～ 1997 年属于试点期，主要以行政推动为主。1998 ～ 2000 年，现代企业制度工作重点从政企分开与法人治理结构、发展战略、技术创新及劳动、人事、分配制度等 12 个方面，组织有关企业制定达标方案。广陵辖区内的江苏亚星集团、江苏群发集团、江苏扬农化工集团、江苏亲亲集团股份有限公司、江苏通裕纺织集团、扬州晶来半导体集团有限责任公司 6 家国有大中型骨干企业确定为省、市现代企业制度达标试点单位。同年，6 家企业的达标方案通过市有关部门的论证和审批，并顺利通过省经贸委的检查验收。其后，现代企业制度试点不再单独推进，而是以《公司法》为依据，有序推进。

（三）企业破产

广陵区企业破产始于 1998 年。此后，广陵区成立企业破产工作协调小组，负责协调解决破产企业资产评估、债权债务清理、妥善安置职工等问题。1998 ～ 2011 年，区法院受理破产案件 58 起，诉讼标的额 1.45 亿元，无一件职工上访。其中 2001 年受理 11 起，处理债权债务 5506 万元，协助安置职工 2000 多人。（参见第二十五篇第四章第六节）

三、全面深化工业企业改革改制

1998 ～ 2011 年，改革进程分为三个阶段：1998 ～ 2000 年为从工厂制到公司制改革阶段；2001 ～ 2002 年为“三改一加强”（改革、改组、改造、加强企业管理）“回头看”阶段；2003 ～ 2011 年为深化改革攻坚阶段。

（一）从工厂制到公司制

全区工业紧紧围绕公有企业改革和脱困三年目标任务，抓大放小，不断加大企业改革力度，企业改革与脱困工作不断推进。1998 年，扬州市政府制定《关于全市县（市）区属以上国有集体企业三年改革与脱困的指导意见》和《关于市直国有集体企业改制脱困若干问题的处理意见》。广陵区政府成立改制脱困工作领导小组及办公室，全区上下基本形成区体改委、主管部门和企业三级改制工作网络。1999年，市政府出台《关于进一步推进国有集体企业改制的若干补充意见》，要求对出售的国有小企业，不得违背职工合法要求，不得采取压指标、定进度、限时间的工作方式，不得造成国有资产流失、悬空银行及其他债权人债权。市纪委下发《关于对市直工业企业改制工作开展效能监察的意见》和《关于严明企业改制纪律的通知》，确保国有小型企业改革改制工作健康发展。同时，市政府还制定支持企业"退二进三"（即退出第二产业，进入商贸服务业的第三产业）、盘活土地存量资产等几个配套性政策文件。区政府认真落实文件精神，为企业改制创造更为宽松的环境，推动企业改制的进程。

（二）"三改一加强"回头看

2001～2002年，因国有和集体企业长期积淀下来影响企业发展的许多深层次矛盾并没有得到彻底解决，改革处在"胶着"状态。为此，广陵区对前一阶段的企业改革进行"回头看"，明确区直企业改革工作以困难企业的"两置换一变现"为主要突破口，以职工身份置换为关键，构建新型劳动关系；突出抓好产权置换，加快公有资本退出，优化产权结构；以土地资产变现为重点，多渠道筹措改革所需资金。同时，进一步完善社会保障体系，吸引民间资本参与国企改革，妥善分流安置职工、置换职工身份，用2年左右的时间，彻底解决历史遗留问题。1998～2002年，改制企业223家，占全区列统企业的95.4%，盘活存量资产1.46亿元。实行股份改造和股权结构调整，退出国有资本、集体资本和合资企业的中方股本共2.2亿元。扬州商场、扬州鞋厂、扬州工具厂等特困企业基本完成解困任务。2002年，广陵区工业企业产权改革任务基本完成。

（三）深化改革攻坚阶段

2003～2011年，工业企业通过结构调整、产权改革、人员身份置换、债务处理"四个联动"，取得依法调整职工劳动关系、债务处置、资产重组、搬迁入园"四大突破"，实现产权结构、资产质态、产业结构、生产布局"四大优化"，做到改革资金筹措、职工劳动关系调整、公有股权退让、就业再就业措施落实、债权债务处理、新企业新机制建立"六个到位"，工业企业的资产质态、产业结构和运行质态得到明显改善。

第二节 经济规模

一、发展概况

1989～2011年，广陵工业经济规模经历一个由小到大，不断积累、扩大的过程，也是速度上快速扩张的过程。1989年，全区工业固定资产（原值）7475.44万元，2002年为3.91亿元，是1989年的5.28倍。2011年，规上工业企业资产达到411.92亿元，分别是1989年的551倍和2002年的105倍。2004年，工业经济突出结构优化，加速产业集聚，在发展规模上求突破；鼓励企业兼并、联合、重组、盘活存量资产，扩大企业单体规模；着力培植一批核心竞争力强的龙头企业，尽快让主导产业成为支柱产业；拉长重要的产业链，实施产业上、下游专业协作配套。2005年，坚持工业第一方略，大力实施工业企业技术创新和二次创业，推动工业经济实现跨越式发展。2005年，规上企业首次超过100家，产值超过50亿元，产业集聚初步形成。扬州富源不锈钢公司成为区内第一家销售超5亿元的企业。2008年，规上企业总数达200家，产值超过200亿元，工业经济迈过"双两百"门槛。2011年，规上企业338家，是1989年列统企业的5.83倍；产值986.6亿元，是1989年列统企业产值2.25亿元的438.49倍；工业利税总额96.8亿元，其中税收37.66亿元、利润59.14亿元，分别是1989年利税总额1999.62万元、税收819.61万元、利润总额1180.01万元的484.09倍、459.49倍、501.19倍，广陵工业的发展已具备比较坚实的基础。

2011年，广陵区加快都市工业转型发展。围绕"千亿元规模、百亿元产业、十亿元项目、亿元纳税企业"目标，以产业规模化、企业高新化、发展集约化为方向，增创核心企业、主导产业规模优势和行业领先优势。规划在3～5年内，打造"千亿元级"产业1个、"百亿元级产业"5个、50亿元企业8家、30亿元企业10家和10亿元企业15家。

二、增长速度

1989～2011年，广陵区工业总产值总体上呈逐年上升趋势，大致可分为三个阶段。1989～2001年，第一阶段，以传统工业为主，为缓慢发展阶段。从2.25亿元增加到6.97亿元，年平均工业总产值5.31亿元。2002～2006年，第二阶段，为加速发展阶段。从24.1亿元增加到82.96亿元，年平均工业总产值50.33亿元，是上一阶段的9.48倍。2007～2011年，第三阶段，为快速发展阶段。从124.99亿元增加到399.28亿元（不含后划入广陵区的新5镇），年平均工业总产值283.87亿元，是第二阶段的5.64倍。

从环比增幅分析，23年出现3个“V”型发展阶段。第一个低谷出现在1990年。由于国家实施宏观调控，工业总产值增幅仅4.44%，比上年下降8.72个百分点。第二个低谷出现在1997年前后。因以基础工业为主以及受国际金融危机影响等原因，工业总产值增幅在5%左右，最低的1997年为负增长，增幅为-1.01%，增幅回落10个百分点以上。第三个低谷出现在2010年。在2007年后快速发展过程中，负重爬坡，2010年，工业总产值增幅有明显回落，为8.02%，比上年下降15.77个百分点，但绝对值仍比上年增加24.87亿元，保持一个较快的增长速度。

2011年第二次大的区划调整后，原邗江区的5个工业强镇划入广陵区后，全区工业总产值为1339.17亿元，是上年的4倍，广陵区的工业生产跨入一个全新的阶段。

1989～2011年广陵区工业经济主要指标一览表

表14-1-1

项目 年份	工业总产值（亿元）	比上年 ±%	利税总额（万元）	利润总额（万元）
1989	2.25	13.16	1999.62	1180.01
1990	2.35	4.44	2266.28	1221.74
1991	2.61	11.06	2711.39	1561.29
1992	3.38	29.50	3629.5	2166.7
1993	4.16	23.08	4147.61	2661.22
1994	4.82	15.86	4632.2	2553.9
1995	5.68	17.84	6278.8	3631.8
1996	5.94	4.58	5570.0	3075.8
1997	5.88	-1.01	6792.8	3970.9
1998	6.17	4.93	8077.8	5408.4
1999	6.21	6.48	9855.4	6887.0
2000	7.32	17.87	12669.7	8214.5
2001	6.97	-4.78	8976.8	5111.3
2002	24.10	245.77	16959	10117
2003	32.43	34.56	23457.6	12865.2
2004	47.10	45.24	33471.0	16845.1
2005	65.04	38.09	40829.1	24453.4
2006	82.96	27.55	54144	32656
2007	124.99	50.66	96935	58559
2008	250.35	100.30	156800	91500
2009	309.92	23.79	197000	130100
2010	334.79	8.02	239300	157000
2011	1339.17	300.00	968000	591400

说明：2011年，工业总产值减去新5镇后为399.28亿元，比上年增加19.26%。2008～2011年数据为规上企业统计数

三、总量规模

23年间，广陵区工业在规模上不断扩张。1989年，工业列统企业固定资产（原值）7564万元，工业总产值2.25亿元。1995年，固定资产原价3.06亿元，有工业列统企业55家，销售500万元以上独立核算企业22家，工业总产值5.68亿元。7年时间，工业总产值翻一番半。2000年，独立核算工业企业固定资产原价3.9亿元，工业总产值7.32亿元，分别是1989年的5.22倍、3.25倍，增加值为2.52亿元。2002年，由于划入两个工业较强的乡镇，建设广陵产业园，有规上企业66家，是1989年列统企业数的1.14倍，固定资产净值3.87亿元，是1989年的5.12倍，工业总产值24.1亿元，是1989年的10.71倍，工业增加值为4.06亿元，形成规模经济。2005年，坚持“项目为王”的理念。对总投资5000万元以上的固定项目、1000万元以上的工业技改项目，外资注册资本1000万美元以上、民企注册资本5000万元以上的招商项目，以及投资亿元以上的基础设施项目，区政府落实专门班子，实行专线作战，重点监控、重点支持，务求早见成效，加快新型工业化步伐。全年有规上企业108家，工业固定资产（净值）65.04亿元，比上年增长38.10%。规上工业完成产值41.8亿元，工业增加值11.42亿元。初步形成汽车及零部件、精密机械、电子信息、日化四大支柱行业。四大行业实现产值占规模以上工业产值的70%。2010年，工业企业资产总额180.19亿元，是2002年的46.51倍；总产值334.79亿元，是2002年的13.89倍；工业增加值60.62亿元，是2002年的11倍；其中规上企业200家，是2002年的3.03倍。2011年，由于5个工业强镇划入，广陵区工业总产值1339.17亿元；工业规上企业338家，规上工业总产值986.6亿元，二次产业增加值227.51亿元。交通运输设备制造业、工艺品及其他制造业、电气机械及器材制造业、化学原料及化学制品制造业是区内工业的支柱行业，分别完成产值289.34亿元、121.41亿元、102.75亿元和95.73亿元。大洋造船、环洲材料2家企业突破百亿规模。央企中铁宝桥为国内最大的桥梁钢结构生产基地。船舶（重工）实现产值350亿元，利税35亿元，成为广陵区经济第一支柱行业。液压装备业初步形成上游材料、中游部件、下游产品到研发的完整产业链，2011年，实现产值60亿元。海沃机械销售突破30亿元。日化产业转型加快，高露洁精品牙刷等20多个重大项目顺利实施。建成国家洗漱用品质量监督检验中心、国家级牙刷产品实验室，创成中国酒店日用品之都。2011年，旅游日化用品实现产值230亿元。食品产业10个项目正式投产，2011年，实现产值8.04亿元，获批“全国农产品加工示范基地”称号。医疗器械产业集聚生产和经营企业130家，创成省医疗器械中小企业创业基地，2011年，实现产值30亿元。电器线缆产业拥有中国驰名商标1件、省著名商标3件、省名牌产品1个，2011年，实现产值55亿元。

第三节 技术改造

1989年，广陵区工业经济处于“低速、低迷、低效”徘徊期。区、街工业主要生产伞、鞋、塑料制品、服装绣品、小五金件等轻工民用产品。企业受技术、设备和资金限制，产品档次和技术含量不高，相互缺乏关联度，企业技术开发资金得不到保证。是年，技术改造总投资额2442万元，开发新产品26个，年底投产20个，创造产值1479万元。扬州桅灯厂燕牌桅灯和扬州工具厂SDQ-77型射钉工具枪采用国际标准生产，产品档次有一个新的提高。1990年，技改投入1154万元，完成技改项目18个，开发新品21个，其中10个被列入省、市新品开发计划。反冲洗滤油机打开市场销路，半自动灌装机当年开发、当年出口，新增产值3677万元，利税500万元。7月13日，全国最大的年产3500吨酱菜生产线在扬州四美酱品厂通过商业部验收。区内新产品产值率17%，产品质量稳定提高率保持在87.1%，优质品率14.9%。随着合资企业的外资项目逐步进入，带进一批新技术、新产品。“七五”期间，投入资金6838万元，五年开发新品70个，有22个产品获得国家、部、省、市优质产品称号，新产品产值率10%。组织技改项目109个，吸收、消化国外先进技术和实用科技成果6个。国内第一条全自动铝质喷雾罐生产线建成投产。“八五”期间，投入资金2.63亿元，完成工业技术改造项目40个，完成技术攻关30多个，开发新品120个。高辉度氖灯、高精度粉末冶金件等一批机电产品在国内外市场上占有一定份额。新产品产值率23%。2000年，技改投入8467万元，同比增长9.9%，开发新产品、新技术30个。其中，投入批量生产20个，技术改造立项29个，当年竣工21个。新产品产值率25%，科技进步贡献率42%。列入国家级火炬计划1个、省级火炬计划2个，新增高新技术产品3个，新增高新技术企业1家，新产品产值率25%。石油超声波增采机获准列入国家级科技创新基金项目。华扬蓄电池、金利机械、新扬电器、广菱电子4家企业通过ISO 9000质量保证体系认证。“九五”期间，区内有各类专业技术人员3596人。到“九五”期末，工业经济科技进步贡献率46%，比“八五”期初提高4个百分点。1998年后，连续3年获“全国科技工作先进城区”称号。进入“十五”后，工业技改进入发展新阶段。2002年，开发新产品、新技术36个，新产品产值率20%，国家火炬计划1个，火炬计划贴息项目1个。新产品销售占全区工业产品销售的20%。1998～2002年，累计技改投入5.75亿元，开发新品120个，实施国家火炬计划5个、国家创新基金项目3个，新增12个高新技术产品、5家高新技术企业、3家“知识密集、技术密集”型企业、10家省级民营科技企业、3家企业成立市级工程技术研发中心。5年共有32家企业通过ISO 9000系列质量保证体系认证。2002年，申报省级信息化带动工业化示范试点企业。亚星客车列入省信息化示范企业，扬农化工、群发化工、通裕纺织等7家企业列入省信息化试点企业，扬农化工集团承担的拓展DCS水平实现管控一体化项目进展顺利。2005年，全年实施国家科技创新基金项目2个、国家火炬计划1个，新增省级高新技术企业4家、市级高新技术企业7家，新建市级技术研究中心2个。全年开发新产品、新技术57个。“十五”期间，工业技改投入资金9亿元，实施工业技改项目143个，其中1000万元以上项目43个。新增省级高科技产品启动用免维护蓄电池、粉末冶金气泵阀板、低周波治疗仪等项目批量投产25个。新产品销售率25%，工业科技进步贡献率45%。2010年，签订产学研合作项目35个，获得中国驰名商标4件、省名牌产品8件、省著名商标17件。“十一五”期间，全区有新产品、新技术开发项目130个，认定省以上高新技术产品46个，获批国家高新技术企业5家、省创新型企业7家。申请专利805件，发明专利150件。获批省级以上科技计划项目12个，其中国家重点新产品计划1个、国家火炬计划2个、国家创新基金项目3个、省重大科技成果转化专项资金项目1个，省基础设施建设（企业院士工作站）计划项目1个，省科技支撑计划（工业）项目2个，省创新资金项目2个。获批省级工程技术研究中心7家，市级工程技术研究中心12家。扬州大洋造船有限公司通过三维模拟仿真技术，模拟船舶各生产阶段的建造过程和质量控制关键点技术，实现船舶建造工艺程序的数字化。2010年，全区高新技术产业产值102亿元，占规模以上工业总产值的37.36%。万方电子企业院士工作站获省科技厅批准设立并挂牌启动。当年川奇光电科技（扬州）有限公司生产电子纸产量1000万张，占全球市场90%的份额。“十一五”期间，先后出台《广陵区高层次人才引进奖励规定（试行）》及其《实施细则》《广陵区高层次创新创业项目政策扶持意见》。其间，扬农化工集团加入国家级农药产业技术创新战略联盟；建成国家洗漱用品质量监督检验中心、国家级牙刷产品实验室。区内共开发国家重点新产品11个、省高新技术产品175个，60多个研究成果列入国家和省级科技计划项目。

广陵区技术开发通过两条路径。一是加大技术改造、技术开发资金，不断用高新技术改造传统产业，设立生态门槛，建立工业园区，实行准入制度，走科技含量高、经济效益好、资源消耗低、环境污染少、人力资源得到充分发挥的新型工业化道路；一是建立以企业为主体、市场为导向、产学研结合的“区域技术创新体系”，建立博士后工作站、院士工作站、留学生工作站、创业孵化器等智力开发载体。2011年，获批省级以上高新技术产品100个，新增高新技术企业8家，签订产学研合作项目54个，申请专利2000件，其中发明专利330件。是年，新增市级企业技术中心12个，创成省知识产权试点区。提升船舶数字化设计中心，建成李典钢材检测中心。广陵产业园创成省级科技产业园、省级特色产业基地和液压检测中心。建成杭集创意设计园和酒店日用品出口电子商务平台、头桥医疗器械研发中心、物联网研发中心和博士后工作站。江苏天诚线缆集团建成全国最大的智能弱电线缆生产基地，实现以信息化带动工业化的“两化融合”。

第四节 工业结构

一、产业结构

（一）工业在三次产业中的比重

按照产业划分，1989年，广陵区没有第一产业，第二与第三产业总产值之比为84.28 ：15.72（因为广陵区建筑业占比很小，故把第二产业比值近似地看作工业所占的比值；下同）。随着城区第三产业的发展，2000年，第二与第三产业之比为37.4 ：62.6。全区商贸服务业、批发业、餐饮业、交通运输业都有较快发展。2002年区划调整后始有农业，第一、二、三产业之比为6.3 ：31.6 ：62.1。从占比上看，工业比2000年下降5.8个百分点。原公有产权从工业企业中全部退出。强势推进工业技术创新、企业二次创业和抓好重大产业、重点企业、重要项目，为构建大产业、培育大企业、开发大项目提供机遇，逐步形成汽车及零部件、精密机械、电子信息、食品加工四大行业。到2005年，三次产业之比变为2.8 ：39.9 ：57.3。第二产业上升7.9个百分点。第二产业的增长主要得益于工业制造业，工业对经济的贡献率36.84%。这种发展趋势一直得到延续，2008年达到峰值。是年，三次产业产值比为1.38 ：57.56 ：41.06，第二产业比2005年提高17.66个百分点。2008年，工业总产值250.35亿元，工业经济的贡献率51%，比2005年提升14.16个百分点。之后，受国际金融危机的影响，工业制造业所在的第二产业在国民经济的比重逐渐下降，徘徊在45.9%～55.4%。第二次区划调整后的2011年，第二产业在三次产业中的比重为55.4%，第二产业在三次产业的占比，比2002年提升23.4个百分点。2011年，工业经济对经济的贡献率，从2005年的36.84%提升到59.5%。工业总产值增长21倍。是年，广陵区工业经济形成四大支柱行业：交通运输设备制造业产值289.34亿元，占全区工业的比重为29.3%；工艺品及其他制造业产值121.41亿元，比重为12.3%；电气机械及器材制造业产值102.75亿元，比重为10.4%；化学原料及化学制品业产值95.73亿元，比重为9.7%。四大支柱行业总产值609.23亿元，产值占全区工业产值的61.34%。上述行业中的船舶、液压设备、食品加工、医疗器械、电器线缆以及旅游日化，成为广陵区的主导行业。船舶工业产值350亿元，为广陵区第一支柱行业。2011年，液压装备产值60亿元，旅游日化产值230亿元，食品产业产值8.04亿元，医疗器械产业产值30亿元，电器线缆产业产值55亿元。

1989～2011年广陵区三次产业结构比重表

表14-1-2

年份	结构变化	年份	结构变化	年份	结构变化
1989	0 ：84.28 ：15.72	1997	0 ：39.6 ：60.4	2005	2.8 ：39.9 ：57.3
1990	0 ：80.40 ：19.60	1998	0 ：39.6 ：60.4	2006	2.4 ：41.0 ：56.6
1991	0 ：78.65 ：21.35	1999	0 ：37.0 ：63.0	2007	1.9 ：44.8 ：53.3
1992	0 ：77.12 ：22.88	2000	0 ：37.4 ：62.6	2008	1.38 ：57.56 ：41.06
1993	0 ：55.7 ：44.3	2001	0 ：35.9 ：64.1	2009	0.8 ：45.9 ：53.3
1994	0 ：47.5 ：52.5	2002	6.3 ：31.6 ：62.1	2010	0.7 ：42.3 ：57.0
1995	0 ：46.0 ：54.0	2003	4.0 ：35.7 ：60.3	2011	1.8 ：55.4 ：42.8
1996	0 ：44.0 ：56.0	2004	3.3 ：39.0 ：57.7		

说明：广陵区第二产业中的建筑业体量很小，所以从统计学的意义上，可以把第二产业的比重近似地看成是工业在三次产业中的比重

2005 ~ 2011 年广陵区工业经济对国民经济贡献率一览表

表 14-1-3　　单位：%

年度	2005	2006	2007	2008	2009	2010	2011
工业经济贡献率	36.84	40.40	42.90	51.00	40.90	65.24	59.5

（二）农村工业经济比重

2002 年，广陵区农村工业产品年销售收入 500 万元以上的独立核算规模以上企业有 43 家，年产值 5.3 亿元，工业销售产值 5.05 亿元，工业增加值 1.21 亿元。其中亏损企业 15 家。由于城市化迅速发展，工业园区建设用地大大压缩农业用地，耕地面积减少 92 公顷。广陵区合理调整农村内部产业结构，以搞好综合开发为重点，实施“科技兴农”，进一步优化农村产业结构，农村工业得到进一步发展。是年，农村工业、建筑业、运输、批发零售贸易业、餐饮业占农村总产值比重 89%，其中工业产值占非农经济产值比重最大，为 29.30%。2005 年，区内 2 个乡镇从事工业人员 1.11 万人，工业总产值 32.04 亿元，比上年增长 32.23%，占非农总产值的 78.59%。工业及其他非农业产业，为实施“农民人均增收千元，全面奔小康”目标作出贡献。2011 年，7 个乡镇的工业从业人员 7.89 万人，增长 3.1%。

2002 ~ 2004 年广陵区农村年销售 500 万元以上工业企业主要经济指标一览表

表 14-1-4

项目 / 年份	企业数（家）	亏损企业数（家）	工业总产值（亿元）	工业增加值（亿元）	销售产值（亿元）	其中出口交货额（亿元）	工业从业人员（人）
2002	43	15	5.30	1.21	5.05	2.26	7981
2003	29	6	53.73	14.50	52.53	24.97	8887
2004	35	2	24.23	1.94	6.94	—	9765

说明：表中数据来源于广陵区统计局统计年鉴；2004 年后无有关统计资料

（三）轻、重工业产值比例

1989 年，广陵区轻工业、重工业产值比重为 70.91 ∶ 29.09，轻工业产值远高于重工业。产品结构档次低，分布散，但吸纳大量劳动力；工业企业从业人员 1.26 万人，占全区就业人员 49.88%。1989 ～ 2000 年，轻、重工业结构比例始终保持在 7 ∶ 3 左右。2002 年后，加快“两城三区”建设，轻、重工业产值发生历史性变化，工业内部结构逐步优化，重工业发展逐年加快。是年，规上企业 66 家，其中轻工业企业 33 家、重工业企业 33 家。全部工业产值 13.48 亿元，其中轻工业产值 4.06 亿元，重工业产值 9.42 亿元，轻、重工业产值比为 30.12 ∶ 69.88。至 2005 年，重工业产值比重为 71.72%，开始实现跨越式发展。随着全区工业经济的发展，重工业比重越来越高。2010 年，规上工业企业 203 家，其中轻工业 70 家，占 34.48%，重工业 133 家，占 65.51%；轻工业产值占 22.7%，重工业产值占 77.3%。2011 年，重工业产值比重为 69.7%。其间，2008 年，重工业产值比重最高，为 81.6%，轻工业产值比重为 18.4%。之后，受国际金融危机影响，重工业占比逐年下降，2011 年，轻、重工业产值比例为 30.3 ∶ 69.7。

2005 ~ 2011 年广陵区轻、重工业产值比重一览表

表 14-1-5

年份		2005	2006	2007	2008	2009	2010	2011
工业总产值（亿元）		65.04	82.96	124.99	250.35	309.92	334.79	1339.17
其中	重工业（%）	71.72	75.50	78.30	81.6	80.5	77.3	69.7
	轻工业（%）	28.28	24.50	21.70	18.4	19.5	22.7	30.3

2010 年规上企业数，轻工业企业 70 家，重工业企业 133 家，以轻工业为 1，轻、重工业企业数比为 1 ： 1.9；以轻工业产值为 1，产值之比为 1 ： 3.4。2011 年规上企业数，轻工业企业 148 家，重工业企业 190 家，轻、重工业企业数比为 1 ： 1.28，轻、重工业产值比为 1 ： 2.3。

1989 ~ 2011 年广陵区主要年份轻、重工业规上企业数比及产值比一览表

表 14-1-6

年份	企业数比	产值比
1989	—	1 ∶ 0.41
2002	1 ∶ 1	1 ∶ 2.32
2010	1 ∶ 1.90	1 ∶ 3.40
2011	1 ∶ 1.28	1 ∶ 2.30

二、所有制结构

1989 年，列统企业有 58 家，全部为公有制。21 世纪初，经济体制改革由经营体制改革发展为产权制度改革。2002 年，广陵区工业企业产权制度改革全部完成。政府提倡“不求所有，但求所在”，淡化企业的所有制结构意识，促进多元所有制经济的发展，促进税源经济发展。是年，个私工业企业总产值占全区（当年区域，下同）工业总产值的 53.19%，占据半壁河山，非公经济税收占区财政收入的 80% 以上。2011 年，规上企业有 338 家，按所有制划分：公有制企业 11 家，占规上企业数的 3.25%，其中国有 2 家，集体 9 家。股份制企业 197 家，股份合作制企业 11 家，港、澳、台商及外商投资企业 61 家，其他类型企业 68 家，合计规上企业工业总产值 986.6 亿元。

个体、私营企业的发展，对全区工业发展有举足轻重的影响。1989 年，广陵区工业企业有个体户 256 家，私营企业 13 家，总计 269 家。个体注册资金 24.4 万元，私营企业注册资金 6.5 万元，总计 30.9 万元。个体经济总产值 176.3 万元，私营企业总产值 13.9 万元，分别占区工业总产值的 0.92% 和 0.07%。个体工业从业人数 390 人，私营工业从业人数 158 人，个私企业人数总计 548 人，占区工业从业人员的 4.36%。1992 年、1994 年、1998 年，区政府连续三次下发关于加快个体、私营经济发展的若干意见，全区个体、私营工业得到很快发展。2002 年，个体、私营工业企业 1460 家，其中规上私营独资企业 6 家，规上私营合伙企业 3 家，规上私营有限责任公司 16 家，500 万元以下的私营企业 402 家，个体户 1033 家。个体、私营工业企业数占全部工业数的 94.25%；资产合计为 17.29 亿元，占全部工业资产 26.15 亿元的 66.10%；产值 12.82 亿元，是区工业总产值的 53.19%；职工 1.61 万人，占区工业职工总数 2.5 万人的 64.50%。2011 年，有规上个体、私营企业 269 家，占规上工业企业数 338 家的 79.59%；资产 160.96 亿元，占工业企业总资产的 39.08%；工业总产值 558.93 亿元，其中个私企业总产值 502.66 亿元，占全区工业总产值的 37.54%；占全区规上企业工业总产值的 50.95%；职工 5.66 万人，占区工业职工总数的 55.17%

（一）公有制工业企业

1989 年，广陵工业经济以公有企业为主，58 家均为集体企业，其中区属工业局系统企业 20 家，街道办事处系统企业 33 家，其他系统 5 家。固定资产原值 7475.44 万元，其中工业局系统 3680.96 万元，占 49.24%；街办系统 3717.37 万元，占 49.73%；其他系统 77.11 万元，占 1.03%。工业总产值 2.25 亿元，利税 1999.62 万元，利润 1180.01 万元。其中工业局系统集体企业 1.15 亿元，占 51.02%，利税 962.52 万元，占 48.14%，利润 533.38 万元，占 45.20%；街办集体工业企业总产值 1.04 亿元，占 46.15%，利税总额 984.55 万元，占 49.24%，利润 613.72 万元，占 52.01%；其他系统 636.94 万元，占 2.83%，利税总额 52.55 万元，占 2.63%，其中利润 32.91 万元，占 2.79%。是年，工业职工人数 1.13 万人，其中工业局系统 6005 人，占 48.27%；街办系统 5000 人，占 40.11%；其他系统 259 人，占 2.29%。1990 ~ 2002 年，随着

改革开放的深入，中小型集体企业公有产权基本退出。2002年，区内1549家工业企业中，其中销售500万元以上独立核算规上企业66家，销售500万元以下及个私企业1483家。集体性质的企业42家，其中规上企业4家，规下企业38家。是年，集体企业工业总产值6.59亿元，占全区工业总产值的27.36%，是1989年的292.69%；利税总额4268万元，占全区利税总额的35.11%，是1989年的 213.44%；利润总额957万元，占全区利润总额的12.08%，是1989年的81.10%；从业人数1747人，占全区工业从业人员2.5万人的6.99%。2002年体制改革后，新划入规上公有制集体企业4家，固定资产原值3218万元，占独立核算企业的5.19%；工业总产值6286万元，占全区公有制企业产值的4.17%，产品销售6204万元，占4.84%；利税总额1279万元，占10.52%；利润总额937万元，占13%。全部从业人员年均612人，占全部规上企业人数的6.31%。2011年，规上企业338家，是1989年列统企业数的6.04倍；公有企业11家，是1989年公有企业数的18.97%；公有集体企业资产合计4.77亿元，占规上企业资产41.19亿元的1.16%，是1989年的6.39倍；工业总产值21.44亿元，占规上企业总产值的2.17%，是1989年的11.17倍；利税1.65亿元，是规上企业税利总额的1.7%，1989年的8.24倍；其中利润6829万元，是利润总额的11.15%，1989年的5.79倍。企业职工2400人，是规上企业人数的2.34%，1989年工业公有企业职工人数的19.21%。其中国有企业2家，资产2.86亿元，总产值6.02亿元，利税2887万元，利润858万元，从业人数700人。

（二）股份合作制工业企业

2002年，有股份合作制企业17家，固定资产原值3218万元，占当年独立核算工业企业的5.03%；工业总产值1.85亿元，占当年独立核算工业企业总产值的13.72%；工业产品销售1.77亿元，占13.8%；利税总额591万，其中利润总额17万元，分别占4.86%、0.21%；从业人员2674人，占全部从业人员的27.60%。

2011年，区内股份合作制企业1家，资产6002万元，为规上企业资产的0.15%；工业总产值2.6亿元，占全区工业总产值的0.19%，占规上企业的0.25%；利税2045万元，占规上企业的0.21%；利润总额391万元，占规上企业的0.07%；从业人员为100人，占规上企业从业人员的0.10%。

（三）股份制工业企业

1989年，工业企业实行厂长领导下的管理体制。随着企业进行产权制度改革，2002年，区内有限责任公司、股份有限公司总数已达32家，其中有限责任公司29家、股份有限公司3家，占规上企业总数66家的48.48%。全部股份制企业固定资产原价8160万元，其中有限责任公司固定资产原价5764万元，股份公司固定资产原价2396万元，分别占全区固定资产的12.76%、9.01%、3.75%。股份制企业工业总产值9.55亿元，其中有限责任公司8.49亿元，股份有限公司1.06亿元，分别占全区工业总产值的39.63%、35.23%、4.40%。股份制工业企业产品销售9.04亿元，其中有限公司销售8.02亿元，股份公司销售1.02亿元。股份制企业利税总额8781万元，其中有限责任公司8282万元，股份公司499万元。股份制独立核算工业企业利润为5827万元，其中有限责任公司为5650万元，股份公司为177万元。股份制企业从业人员5136人，其中有限责任公司从业人员4653人，股份有限公司从业人员483人，分别占全区工业全部从业人员的53.01%、48.03%、4.98%。

2011年，有股份制企业197家，占全区规上企业总数338家的58.28%。股份制工业企业资产合计180.71亿元，占全部规上企业资产的43.87%。企业总产值369.62亿元，占全区工业总产值1339.17亿元的27.60%；占规上企业总产值的37.46%。利税总额31.2亿元，占全部独立核算工业企业的32.23%。利润总额15.91亿元，占规上企业工业利润总额的26.91%。从业人员4.62万人，占全部从业人员的45.03%。

（四）港澳台商及外资工业企业

1990年，广陵区有扬州灯泡厂与台商合资创办的扬捷灯泡有限责任公司、扬州蓄电池有限公司与外商合资创办的扬州华扬蓄电池有限责任公司2家合资企业。是年，2家企业工业总产值2275.47万元，销售收入1590.84万元，利税总额342.48万元，其中利润265.20万元。

2002年，有合资企业9家，其中港、澳、台商投资企业3家，外商投资企业6家。合同利用港、澳、台商及外商投资1029.42万美元，比上年同期增长18.3%；实际利用外资1010.42万美元，比上年同期增长147%。

港、澳、台商投资企业资本结构：法人资本 3634 万元，港、澳、台商资本 7355 万元，固定资产原值 2.91 亿元，所有者权益 1.82 亿元。外商投资（外资）企业资本结构：集体资本 90 万元，外商资本 5530 万元，固定资产原值 7550 万元，所有者权益 9141 万元。外商投资企业工业总产值 5.37 亿，占区工业总产值 24.10 亿元的 22.28%；工业销售 4.98 亿元，占区独立核算工业销售的 12.83 亿元的 38.81%。合资企业从业人员为 1736 人。此后，招商引资规模不断扩大。2011 年，全年合同利用外资 10.3 亿美元，实际利用外资 3.3 亿美元，分别是 2002 年的 100 倍和 32.66 倍。港、澳、台商及外商投资企业共 61 家，占规模以上工业企业数的 18%，是 2002 年的 6.78 倍。合资企业资产 167.48 亿元，占区工业规上企业资产 411.92 亿元的 40.66%。合资企业工业总产值 374.12 亿元，占全区工业总产值的 27.94%，占区工业规上企业总产值 986.60 亿元的 37.92%。合资企业从业人员为 3.3 万人，占全区工业规上企业从业人员的 33.91%。2011 年，合资企业数、企业资产规模、工业总产值、从业人员数分别是 2002 年合资企业的 6.78 倍、57.55 倍、40.93 倍、19 倍。

（五）其他类型工业企业

2011 年，未计入合资企业等个体民营工业为主体的其他类型规上企业 68 家，占规上企业数的 20.12%；资产合计 58.36 亿元，占 14.17%；工业总产值 218.82 亿元，占全区规上企业总产值的 22.18%。

第五节 乡镇（街道）、局（校）办工业

一、乡镇（街道）工业

1989 年，街道工业系统列统企业有 33 家，占全区工业企业的 65.52%。街办工业固定资产原值 3717.37 万元，占 49.73%；工业总产值 1.04 亿元，占 46.22%；销售 9792.38 万元，占 51.51%；税利总额 984.55 万元，占 49.24%，其中利润 613.72 万元，占 52.01%；从业人员 5000 人，占 44.39%。2002 年区划调整后，汤汪乡、湾头镇并入广陵区，乡镇工业企业集中在汤汪乡与湾头镇。随着城市化进程不断加快，汤汪乡、湾头镇因紧临城区，工业发展空间日渐逼仄。各乡镇、街办积极响应政府对工业企业退城进园的要求，向产业园区购买、租赁厂房，把工业企业搬进产业园区。到 2011 年年底区划调整前，一乡一镇共有规上企业 30 家，规上产值 41.9 亿元，主要分布在机械、汽车零部件、电器线缆和医疗器械等产业。

1989 年，33 家街道企业全部为街办、居办大集体、小集体企业，主要是解决城镇居民工作和生活问题，以初级加工产品为主，低档次产品占 75%～80%。主要产品为伞、服装、日用塑料制品、印刷、水泥纸袋、喷雾罐等低档次、技术含量不高的产品，年产值 1.04 亿元。“八五”“九五”期间，通过组建合资企业、兴办“三资”企业，发展外向型经济，外购新设备、嫁接新技术，促进技术进步，不断提高企业素质，促进产品上档次，形成企业规模化、装备现代化、产权多元化、产品国标化的工业发展新趋势。2002 年，全区乡镇、街道工业规上企业数，是 1989 年列统企业的 1.14 倍；工业总产值 24.1 亿元，是 1989 年的 10.71 倍。2002 年后，各乡镇、街办工业企业有较快发展。2011 年年底，全区 1 乡、6 镇、4 街道共有规上企业 338 家，规上企业产值 986.6 亿元，其中 2011 年 11 月新划入的 5 个镇，产业特色明显，支柱行业为船舶重工、液压机械、旅游日化、医疗器械、电器线缆。

李典镇 2001 年，工业总产值 4.26 亿元。2011 年，360 亿元，是 2010 年的 2.05 倍，是“十五”期末（2005 年）的 11.8 倍。规上企业 46 家，以船舶重工行业为主，企业总产值 337.66 亿元。有大洋造船、环洲船用材料等两大百亿企业，以及央企中铁宝桥等。是年，工业销售收入 39.32 亿元，利税总额 2.3 亿元，从业人员 2.06 万人。技改项目 43 个，技改投入资金 7675 万元。继 2010 年扬州大洋造船公司产销突破百亿元后，扬州市环洲船用材料有限公司成为李典镇第二家产销过百亿元的企业，并在销售和税收综合考量上跃居全市百强企业第一名。与上海鸥江集团、台湾尚兴集团正式签约 20 亿元的船用科技和钢材物流项目，拉伸了北洲造船产业链。扬州市组合机床厂生产国产组合机床通用部件，达到国际先进水平，获得多项国家专利；其数控滑台在国内市场占有率达 80%，被一汽、二汽、上海大众等大型企业列为定点单位，比亚迪公司则全部采用该企业产品。江苏华扬集团利用太阳能热产品品牌——“华扬”入选 2011 年 CCTV 中国年度品牌，董事长黄永伟获国家发明创业奖。

头桥镇　2001年，工业总产值5.87亿元。2011年，规上企业工业总产值107.19亿元，其中列统企业产值65亿元。完成应税销售30.5亿元，比上年增长29.7%，入库税收1.33亿元，比上年增长37.1%。合同利用外资2400万美元，比上年增长9.7%；实际到账863万美元，比上年增长19.5%。新增私营企业注册资本8.4亿元，新增过亿元企业1家；创成中国驰名商标1个。全年新上技改项目28个，获批省级以上高新技术产品2个。头桥镇创业园分别在红桥社区红平村实行镇村联合建设电器线缆特色工业园和在头桥社区南华村建设医疗器械特色工业园。

沙头镇　2001年，工业总产值5164万元。2011年，工业总产值101.19亿元。沙头镇以电气线缆为主要特色。沙头镇发展扶优扶强传统工业，已形成机械制造、电气线缆、纺织服装、箱包笔刷、汽车配件、新型建材六大主导行业七大类400多个品种的工业体系，规上企业30家；拥有扬力、天诚、福尔喜等国家级高新技术企业5家，总产值过亿元企业11家。沙头镇以天诚、帝一两集团为龙头的电气线缆企业是省级弱电线缆孵化基地；扬力集团扩大压力机产能项目，成为沙头镇首家税收入库超亿元的企业。建设镇村产业园，一期工程2万平方米厂房投入使用，有5个项目落户。2011年，在广州商品交易会上，以富三原毛刷制品为龙头的一批油画笔刷企业，获得1.2亿元订单。

杭集镇　2001年，工业总产值28.63亿元。2011年，工业总产值290.21亿元。新注册民营企业211家，民营注册资本10亿元，其中亿元以上公司3家。积极推进产业结构调整，落实扬州山鹰纸业包装有限公司高档彩印包装项目，扬州天能科技有限公司单晶硅、LED电子产品项目，扬州洁王无纺布有限公司高档无档布项目等，项目总投资10亿元。杭集五爱集团有各种牙刷近千个品种，远销100多个国家和地区，拥有专利300多件。五爱集团拥有中国驰名商标“5A”商标，为国家免检商品。2011年，生产第5代牙刷——无金属片牙刷，刷牙时无金属污染，该专利技术填补国家空白。

泰安镇　2001年，工业总产值8.1亿元。2011年，工业企业总产值81.3亿元。有规上工业企业12家，总产值5.45亿元。由镇村联合投资的村级创业园一期3万平方米标准厂房全面竣工并招租完毕，实现每村获年租金25万元以上。深化产学研合作，华铁铁路配件公司院士工作站升格为省级院士工作站，新浪公司与南京野生植物综合利用研究院进行产学研合作。

湾头镇　2002年，工业总产值6.16亿元。2011年，工业企业581家，其中规上企业17家、个私企业564家，实现规上企业工业总产值47.5亿元。合同利用外资8100万元，实际利用外资3250万美元。兴扬建设公司在广陵产业园占地8.67公顷建设的覆膜铁项目，合同利用外资1500万美元。“天下玉、扬州工、源湾头”，湾头镇琢玉历史悠久，玉雕品种门类齐全，已成为扬州玉器加工、销售、文化创意的集散中心。2011年，有玉器店铺800余家，从业人员超4000人。在广陵产业园新购企业孵化用房2万平方米，入驻在孵企业15家。引进高层次人才3人，专业技术人才15人，申请各类专利180件。

汤汪乡　2002年，工业总产值3.58亿元。2011年，工业总产值23.9亿元。工业企业110家，销售500万元以上技改项目35个；规上企业13家。开发工业新品6个。全年合同利用外贸6500万美元，实际利用外资3300万美元，民资注册资本10.4亿元。

曲江街道　2002年，工业总产值2.57亿元。2011年，有工业企业462家，工业总产值29.81亿元；规模以上企业8家，产值8.98亿元；个私企业345家，民资注册资本9.8亿元；合同利用外资5600万美元，实际利用外资2806万美元。完成1000万元以上项目10个、3000万元以上项目3个、5000万元以上项目2个；投入技改资金4.97亿元，完成技改项目46个。

文峰街道　2002年，工业总产值2.75亿元。2011年，工业总产值8.5亿元，利税9680万元，自营出口额1400万美元。固定资产投资12.6亿元，技改投入4.4亿元，财政收入1.5亿元，民资注册资本12.7亿元，合同利用外资5600万美元，实际利用外资2806万美元。扬州灯泡集团“扬捷”商标被评为省著名商标。引进支柱产业急需专业技术人才38人.

东关街道　2002年，工业总产值4.13亿元。2011年，工业总产值13.16亿元，销售收入7亿元，利税总额7700万元。有规上工业企业6家，总产值8.03亿元。全年完成民资注册资本14.88亿元，合同利用外资

3639万美元，实际利用外资1502万美元；技改投入1.97亿元。新增国家级高新技术企业1家、产学研合作签约3家。江苏嘉和热系统有限公司完成重组、股改。

汶河街道 2002年，工业总产值1978.9 万元。2011年，工业总产值4.46亿元，利税3068万元，分别比上年增长24.58%和32.8%。其中，规上工业完成产值3.88亿元，利税2900万元，同比增长38.4%和39.2%，技改投入资金7439万元。合同利用外资5148万美元，同比增长96.86%；实际利用外资1509万美元，同比增长15.37%；民资注册资本12.2亿元，同比增长50.62%。2011年，完成亿元以上项目2个、5000万元以上项目4个、1000万元以上项目14个。

1989～2001年广陵区街道工业总产值一览表

表14-1-7　　单位：万元

单位＼年份	1989	1990	1991	1992	1993	1994	1995	1996	1997	1998	1999	2000	2001
广陵街办	4488.72	4946.06	4838.67	6468.8	10239.7	9018.9	14813.3	14981.7	18763.6	22417.5	24876.5	30411.6	27376.5
城南街办	2468.35	2780.34	3469.85	5831.5	7745.20	8779.3	10626.2	10834.0	10325.4	12259.9	12605.7	14903.3	14024.0
东关街办	2583.13	2387.79	2316.88	3553.5	3718.73	5217.9	4417.2	4514.1	3321.6	1957.4	1797.6	2373.2	2620.3
汶河街办	855.52	850.62	942.13	1732.2	1054.70	1330.9	2003.4	2591.9	2260.1	2802.9	2245.8	1996.8	1911.7
合计	10395.72	10964.81	11567.53	17586.0	22758.33	24347.0	31860.1	32921.7	34671.6	39437.7	41525.6	49684.9	45932.5

2002～2010年广陵区乡镇（街道）工业总产值一览表

表14-1-8　　单位：亿元

单位＼年份	2002	2003	2004	2005	2006	2007	2008	2009	2010
湾头镇	6.16	7.91	11.52	11.01	14.42	19.21	26.52	36.54	38.06
汤汪乡	3.58	4.33	6.23	6.76	9.01	11.09	14.21	21.34	19.73
曲江街道	2.51	3.33	4.86	5.55	7.35	9.78	14.24	15.60	24.89
文峰街道	2.75	3.91	5.29	7.11	9.09	12.05	12.04	13.40	14.24
东关街道	4.13	4.67	6.21	8.11	10.70	15.02	9.79	13.26	11.27
汶河街道	0.20	0.32	0.62	0.90	1.21	1.75	2.41	3.25	3.58
合计	19.33	24.47	34.73	39.44	51.78	68.90	79.21	103.39	111.77

说明：2008年起，工业总产值为500万元以上规模企业统计值

2001～2010年新5镇年工业总产值一览表

表14-1-9　　单位：亿元

乡镇＼年份	2001	2002	2003	2004	2005	2006	2007	2008	2009	2010
头桥镇	5.87	6.06	12.68	15.93	19.86	28.88	36.44	32.81	43.06	52.35
李典镇	4.26	4.92	13.08	16.95	21.99	29.21	64.64	78.35	119.00	175.80
沙头镇	5.16	5.95	16.74	22.00	29.01	38.51	51.52	73.16	84.46	108.00
杭集镇	28.63	31.17	35.07	41.81	53.52	66.50	102.30	116.33	153.53	190.22
泰安镇	8.10	9.57	11.38	13.26	15.81	21.15	29.11	33.88	43.59	54.51

说明：2008年起，工业总产值为规模企业统计值；数据来源于邗江区统计年鉴（下同）

2001～2010年新5镇工业利税总额一览表

表14-1-10　　单位：万元

乡镇＼年份	2001	2002	2003	2004	2005	2006	2007	2008	2009	2010
头桥镇	4218	4531	9602	11500	6309	20602	28575	40256	39016	71901
李典镇	1078	1332	8826	10037	14900	18651	77541	142929	138083	176000
沙头镇	3900	6894	13644	10617	20000	28021	37724	52243	70796	101118
杭集镇	22242	25834	30817	37741	23387	55600	101000	95280	138378	198541
泰安镇	5234	5911	6891	8480	10500	14301	19776	29219	35806	49657

2001～2011年新5镇规模以上工业企业数一览表

表14-1-11　　单位：家

乡镇＼年份	2001	2002	2003	2004	2005	2006	2007	2008	2009	2010	2011
头桥镇	10	11	31	34	34	35	45	22	25	31	16
李典镇	8	8	21	36	36	39	48	9	14	21	21
沙头镇	8	8	17	18	26	26	34	12	21	16	17
杭集镇	12	20	21	26	28	34	53	21	27	30	74
泰安镇	10	13	15	15	18	22	22	14	20	12	12

二、局(校)办工业

局办工业有民政局创办的福利企业电位器厂和1994年创办的科华公司，区委党校校办厂，区商业局创办的印染二厂，区教育局的校办工业公司，1997年起区建委、2002年起区计经委（2005年改为发改委）系统创办的工业等企业。生产各种电视机用电位器、纸质包装盒（袋）、印染布匹、乐器、糖果、糕点等产品。1989年，以上企业产值占全区工业系统产值的12.45%，资金利税率为34.98%。党校企业1992年停办，民政局企业2002年停办，其他局（校）办工业在2003年前后改制或停办。

1989～2007年广陵区系统局办企业总产值一览表

表14-1-12　　单位：万元

单位＼年份	1989	1990	1991	1992	1993	1994	1995	1996	1997	1998	1999	2000	2001	2002	2003	2004	2005	2006	2007
民政局	375.45	660.87	1015.07	1336.3	2168.90	2765.0	2409.7	2424.9	1167.8	1153.7	917.3	620.1	508.9	—	—	—	—	—	—
党校校办厂	15.15	21.20	23.18	—	—	—	—	—	—	—	—	—	—	—	—	—	—	—	—
商业局	120.14	121.00	—	—	—	—	348.2	232.2	455.1	654.3	678.7	1049.7	402.9	581.6	743.4	1313.0	1926	2127	2086
教育局工业公司	126.20	145.25	—	—	—	1458.3	1942.2	3013.0	3038.0	2117.0	2078.2	2731.7	3384.9	5189.1	6667.4	10629.3	18378.2	16405	18792
建委办工业	—	—	—	—	—	—	—	—	473.5	1309.6	480.4	1063.6	2105.5	3049.3	5096.7	8460.0	6920.0	8701	11525
发改委	—	—	—	—	—	—	—	—	—	—	—	—	—	19502.9	47478.9	73863	31732	18674	136218
合计	636.94	948.32	1038.25	1336.3	2168.90	4223.3	4700.1	5670.1	5134.4	5234.6	4154.6	5465.1	6402.2	28322.9	59986.4	94265.3	58956.2	45907	168621

说明：2008年后，区统计资料不再以企业产权所属方为单位进行统计

第六节 经营管理

一、营销

1989年,工业总产值2.25亿元,完成计划指标的97.96%。其中,区属工业产值1.15亿元,比上年增长3.8%;街办工业产值1.04亿元,比上年增长36.35%;其他系统产值636.94万元;有6家企业产值超过1000万元,扬州鞋厂产值2226万元。产品销售总额2.07亿元,增长19.8%,利税总额2020万元,增长12.81%,其中利润1181万元,增长24.73%。有8家企业利税总额超过100万元,其中扬州蓄电池厂、扬州工具厂、扬州鞋厂利润超过100万元。外贸收购额完成4467万元,增长28.12%,占列统工业产值的23.26%,增加2.7个百分点。1990年,工业总产值2.35亿元,增长4.44%。其中区属工业总产值1.15亿元,比上年下降3.2%;街办工业1.1亿元,增长25.6%。有7家企业产值超过1000万元, 产品销售2.16亿元,增长3.92%;实现利税2266万元,增长13.76%,其中利润1221.74万元,增长4.9%。有8家企业利税总额超过100万元,其中扬州鞋厂、扬州工具厂、华扬蓄电池有限公司、扬州铝制品厂、扬州开关厂5家企业利润超过100万元。外贸交易额4556万元,占工业产品销售额的21.2%。与青岛、厦门、合肥等外贸口岸建立联系。合资企业扬捷照明电器有限公司实现产值1400万元,利润104万元;华扬蓄电池有限公司实现产值850万元,利润159万元。1995年,工业总产值完成5.68亿元,完成计划的100%,比上年增长17.84%,是1990年的2.42倍;产品销售收入5.84亿元,完成计划的106.18%,比上年增长24.26%;利税6278.8万元,增长36.58%,完成计划的131.43%;其中利润3631.8万元,增长32.11%,完成计划的128.85%。其中扬州灯泡厂(含合资)产值超过2亿元,利税超过2000万元。当年工业产品结构中,机电、交通运输设备、能源产品比重为76%。是年,新办合资企业4家,总投资299.35万美元,合同利用外资174.73万美元,实际利用外资124.96万美元。完成外贸交货额2.02亿元。2000年,工业总产值完成7.32亿元,同比增长17.87%,是1995年的1.29倍;工业增加值2.53亿元,同比增长15%;产品销售收入8.31亿元,增长16.9%;外贸交货额3.7亿元,增长12.5%;自营出口3322.75万美元,增长9.4%;工业利税1.27亿元,增长27.8%,其中实现利润0.82亿元,增长20.3%。全年实际利用外资305.81万美元。新办合资企业3家、独资企业3家。灯泡(集团)厂等9家重点企业总产值占全区工业的59.5%、产品销售收入占全区的60.2%,利税占全区的88.8%,利润占全区的97.5%。重点企业支撑作用加大。开发区私营工业园引进项目7个,其中私营企业5个,合资企业2个。对华扬蓄电池公司等4家引进外资有功人员给予表彰奖励。2002年,广陵工业经济进入一个新阶段。是年,实现总产值24.1亿元,产品销售收入22.81亿元,利税总额1.7亿元,分别比上年增长245.77%、245.61%、88.92%,分别是1989年的10.71倍、10.97倍、8.50倍。是年,工业产品产销率达95.13%。另有年销售500万元以下工业个体企业1033家、私营企业402家,总产值9.6亿元,上缴税金0.23亿元。但广陵区仍然面临就业和再就业压力大,工业经济总量偏小,规模企业偏小,高新技术产业比重偏低的状况。

2005年,工业总产值65.04亿元,比上年增长38.09%,是2000年的8.89倍。工业规上企业产值41.8亿元,增长30.4%;产品销售40.1亿元,增长31.6%;利税4.1亿元,增长27%,其中利润2.4亿元,增长30.5%。实现全社会外贸交货额2.25亿元,自营出口创汇842.77万美元,分别增长43.75%和177.3%。区外贸公司实现自营出口263万美元,比上年翻一番多。区物资系统外贸实现零的突破,实现进出口总额610万元。2006年,区委提出"以发展都市型工业为方向",以集约开发为取向,以产业集聚为导向,设立生态门槛,实行准入制度,推进工业园区高品位开发、高标准建设。食品工业园、机械工业园、中小企业创业园等专业特色园区相继挂牌。2007年,区政府提出坚持工业第一方略,加快新型工业化步伐,实现以信息化为标志的现代化。2010年,工业总产值334.79亿元,是2005年的5.15倍,其中规上企业实现产值273亿元,利税23.9亿元,分别增长33%、38%。四大主导行业产值占规模企业总量的68%,精密机械产业产值突破100亿元;亿元以上企业55家,其中10亿元以上企业4家。实际利用外资2.3亿美元,新增民营注册资本76亿元，分别增长26.6%和30%。进出口总额5.92亿美元，增长49.8%，其中自营出口4.26亿美元，增长26.8%。

2011年，工业产值1339.17亿元，其中规上企业实现产值986.6亿元，利税96.8亿元，分别是1989年列统企业的595.19倍和484倍。除去新5镇的工业产值，2011年，区工业总产值399.28亿元，是1989年的177.46倍、2002年的16.57倍。是年，全区亿元以上企业达175家，其中超百亿元企业2家、超50亿元企业1家、超10亿元企业9家，重点产业加快集聚。新增民营注册资本150亿元，合同利用外资10.3亿美元，实际利用外资3.3亿美元，外贸实现进出口总额19.28亿美元，其中自营出口10.56亿美元。

图14-1-1　2006年3月，广陵区召开工业"双创"表彰暨工业发展大会

2011年广陵区工业现价产值前10名企业一览表

表14-1-13　单位：亿元

名次	企业名称	工业总产值
1	扬州市环洲船用材料有限公司	103.49
2	扬州大洋造船有限公司	100.69
3	江苏三笑集团	50.11
4	海沃机械(扬州)有限公司	33.09
5	江苏扬农化工集团有限公司	28.61
6	江苏琼花集团有限公司	24.97
7	扬州海川船业有限公司	24.94
8	中冶京诚(扬州)冶金科技产业有限公司	22.25
9	玛切嘉利(中国)有限责任公司	14.11
10	江苏联环药业集团有限公司	14.01

2011年广陵区工业利税总额前10名企业一览表

表14-1-14　单位：亿元

名次	企业名称	利税总额
1	扬州市环洲船用材料有限公司	16.12
2	扬州大洋造船有限公司	6.17
3	海沃机械(扬州)有限公司	5.81
4	江苏扬农化工集团有限公司	5.11
5	江苏三笑集团	4.74
6	中冶京诚(扬州)冶金科技产业有限公司	3.43
7	玛切嘉利(中国)有限责任公司	3.12
8	扬州海川船业有限公司	2.80
9	江苏琼花集团有限公司	2.45
10	江苏帝一有限公司	1.28

2011年广陵区工业利润总额前10名企业一览表

表14-1-15 单位：亿元

名次	企业名称	利润总额
1	扬州市环洲船用材料有限公司	9.93
2	扬州大洋造船有限公司	5.99
3	海沃机械（扬州）有限公司	4.55
4	江苏扬农化工集团有限公司	3.81
5	玛切嘉利（中国）有限责任公司	3.12
6	中冶京诚（扬州）冶金科技产业有限公司	2.85
7	江苏三笑集团	2.81
8	扬州海川船业有限公司	1.47
9	江苏琼花集团有限公司	1.24
10	江苏劲松塑胶制品有限公司	0.74

说明：上述3表数据均引自广陵区统计年鉴

二、管理

1989年，区属工业亏损企业5家，占8.62%；全员劳动生产率为1.56万元/人，比上年增长5.3%；年末，定额流动资金占用额为6062万元，增加32%。三项资金（至年末占用的成品、发出商品、应收未收款项资金）占用额3827.24万元，增加64%；资金周转天数平均为94.51天，减慢9.3天；列入考核的产品质量稳定提高率为96.77%，提高8.77个百分点，优质产品率为14.79%。万元产值综合能耗降低5%。清理债权债务7.3万元，处理库存物资45万元。扬州工具二厂被评为市级先进企业和市质量管理先进单位。兴办扬捷照明电器有限公司和华扬蓄电池有限公司两个合资企业，扬州鞋厂与毛里求斯万里有限公司合办区内第一家境外合资企业。区政府对困难企业进行专项调查分析，研究止亏和发展生产措施，中建扬州家具厂、三轻机、建安公司等工业、建筑企业有所好转。

1989年广陵区街道工业简况表

表14-1-16

街道名称	企业数（家）	固定资产原值（万元）	工业总产值（万元）	销售收入（万元）	利税总额（万元）	利润总额（万元）	三项资金期末占用额（万元）	全员劳动生产率（元/人）	从业人员（人）
广陵街道	13	2691.11	4488.72	4163.46	458.17	253.84	844.62	20056.84	2238
城南街道	4	299.20	2466.35	1978.25	323.18	250.71	612.12	27899.87	884
东关街道	5	384.13	2583.13	2402.14	118.92	74.43	259.78	35926.70	719
汶河街道	6	81.76	855.52	790.61	41.13	9.76	278.44	9228.91	927
街道工业合计	28	3456.20	10393.72	9334.46	941.40	588.74	1994.96	21798.91	4768

1990年，开展“企业管理年”活动，在质量管理、定额管理、现场管理、财务管理等方面夯实基础。对改革中明确保留的28家公司，完善企业承包经营责任制，普遍建章立制，制定、修改管理制度183项，企业管理工作得到加强，企业素质普遍提高。对被撤销的12家公司的人、财、物进行妥善处理，重新安置员工228人，清理债权债务7.3万元。扬州鞋厂和扬州工具厂获“国家二级企业”称号。扬州皮革机械厂获“省级先进企

业”称号，扬州粉末冶金厂被评为市级先进企业。万元产值综合能耗降低8%。是年，区属企业全部流动资金占用额为9783万元，比上年增加14.1%；三项资金占用额5940万元，比上年增加47.61%；列入考核产品质量稳定提高率为87.1%。亏损企业7家，比上年增加2家，占区内列统企业的12.06%。1991年，江苏扬农集团公司通过ISO 9001系列认证。1995年，开展“转机制、抓管理、练内功、增效益”活动。产品销售率95.5%，主要产品质量稳定提高率91%。扬州灯泡厂、扬州玻璃仪器厂、扬州华扬蓄电有限公司被批准为国家中型企业。亏损企业9家，比上年增加2家，占列统企业的15.51%。1998年，江苏扬农集团公司被省计经委授予“江苏省质量管理标兵企业”称号。2000年，全区列入考核的工业产品质量稳定提高率85.7%，产品质量监督抽查一次合格率94.7%。华扬蓄电池有限公司、金利机械、新扬电气、广菱电子4家企业通过ISO 9000质量保证体系认证。是年，新办合资企业3家、独资企业3家。开发区工业园引进项目7个，其中私营企业5个。对华扬蓄电池公司等4家引进外资有功人员给予表彰奖励；规上企业扬州鞋厂出现亏损。

2002年，完善工业项目库、资料库，建立外商投资咨询服务中心、投资服务效能监察中心。区政府制定《关于加快发展私营个体经济的意见》，建立政府服务经济中心，实行“一站式”证照审批会办制度，为私营个体经济发展创造宽松、优质、高效的服务环境。私营个体经济迅速壮大。建立区领导和有关职能部门与重点私营企业挂钩服务制度。是年，建立产业园，按照“一次规划、分步实施”要求，制定产业园总体规划，出台《关于进一步加快广陵产业园建设与发展的意见》《广陵产业园招商引资奖励暂行办法》。引进民资3.3亿元，共有私营企业900家、非公经济税收占全区财政收入80%以上，成为广陵区经济发展的重要组成部分。规上企业亏损1家。2005年，各企业继续开展“转机制、抓管理、练内功、增效益”活动。列入考核的工业产品质量稳定提高率85%，2家企业通过ISO 14000认证，3家企业通过ISO 9000认证，产品销售率95.5%，主要产品质量稳定提高率91%。扬州电位器厂在深圳合资创办的顺超电子有限公司实现当年立项、当年投产收益。规上企业亏损10家，占区规上企业总数的9.26%。工业园区签约进园项目15个。是年，工业结构不断调节优化。在规上企业中，重工业占71.72%。按内外资企业分：港、澳、台商及外商企业完成工业总产值18.85亿元，占区总产值的28.98%，私营企业完成工业总产值15.3亿元，占23.52%。按行业分：通用设备制造业企业完成工业总产值9.05亿元，占21.71%；交通运输设备制造企业完成工业总产值5.59亿元，占8.59%；电气机械及器材制造企业完成工业总产值4.36亿元，占6.70%。是年，工业经济运行质态进一步提高，新增规上企业28家，累计108家。规上企业经济效益不断提高。全部工业实现利税4.08亿元，增长22%，其中利润2.45亿元，增长45.2%。2010年，发行全省首支中小企业集合信托债权基金——“荷塘月色”，募集资金5000万元。全年实施节能改造及循环经济项目17个，淘汰落后用能设备179台（套），实施清洁生产审核企业10家，关闭“五小”企业7家。规上企业亏损9家，占4.43%。

2011年，加速新型工业化进程为目标，大力促进工业化、信息化“两化融合”，引导企业广泛利用信息技术，提高生产经营、管理决策的效率和水平，推动信息化发展。加速太平洋造船、嘉和散热器公司上市步伐。加强企业载体建设，产业园获批环保装备省级高新技术创业服务中心，食品工业园获批中国中小型企业创新服务先进园区。全部工业总产值完成1339.17亿元；规上企业338家，规上企业亏损6家，占全区规上企业数的1.78%。

2011年广陵区规模以上工业企业能源消耗量一览表

表14-1-17

能源名称	单位	工业生产消耗量
原煤	吨	479645
煤制品	吨	340
焦炭	吨	1108
天然气	万立方米	612
原油	吨	6230

续表 14-1-17

能源名称	单位	工业生产消耗量
汽油	吨	5991
煤油	吨	26
液化石油气	吨	610
热力	百万千焦	5273553
电力	万千瓦时	217509
柴油	吨	15562
合计	吨标准煤	866289

第二章 工业门类

广陵区工业门类随工业经济发展有增有减，不断变化。1989～2011 年，全区工业门类大致可分为 3 个发展阶段：1989～2001 年，工业经济有传统的食品加工、缝纫、金加工等 18 个基础工业门类。2002～2010 年，坚持优化经济结构，工业经济门类增加到 19 个，工业门类间的比重和科技含量等内涵都发生质的变化。至 2011 年，逐步发展到 26 个门类，形成以船舶重工、液压装备、旅游日化、食品加工、医疗器械与电器线缆五大重点行业为主的产业结构，门类结构趋于合理，新工业门类发展较快，区工业经济逐步形成特色。

产值居前 5 名的工业门类，1989 年为金属制品业、纺织服装及鞋帽制造业、电气机械及器材制造业、造纸及纸制品业、机械工业；2002 年为通用设备制品业、电气机械及器材制造业、交通运输设备制造业、纺织服装及鞋帽制造业、金属制品业；2011 年为交通运输设备制造业、工艺品及其他制造业、电气机械及器材制造业、化学原料及化学制品制造业、仪器仪表及文化办公用机械制造业。3 个时间节点工业门类前 5 名异同，表明广陵区重工业发展趋势明显，高新技术产业不断增加。

1989 年、2002 年、2011 年广陵区工业门类情况汇总表（一）

表 14-2-1

年份	项目	全区合计	食品制造业	饮料制造业	纺织业	纺织服装、鞋、帽制造业	皮革、毛皮、羽（毛）绒及其制品业	木材加工及竹、藤、棕、草制品	家具制造业	造纸及纸制品业	印刷业及记录媒介的复制	文教体育用品制造业	化学原料及化学制品制造业	医药制造业	橡胶制品业	塑料制品业
	项目序号		1	2	3	4	5	6	7	8	9	10	11	12	13	14
1989 年	门类数（个）	18	3	—	3	4	2	—	2	3	3	3	2	1	—	6
	产值（亿元）	1.96	0.07	—	0.03	0.31	0.01	—	0.06	0.17	0.05	0.04	0.02	0.02	—	0.08
	占比（%）	100	3.57		1.53	15.82	0.51		3.06	8.67	2.55	2.04	1.02	1.02		4.08
	产值名次（1～18）		8	—	13	2	16	—	9	4	10	12	15	14	—	6

续表 14-2-1

年份	项目	全区合计	食品制造业	饮料制造业	纺织业	纺织服装、鞋、帽制造业	皮革、毛皮、羽（毛）绒及其制品业	木材加工及竹、藤、棕、草制品	家具制造业	造纸及纸制品业	印刷业及记录媒介的复制	文教体育用品制造业	化学原料及化学制品制造业	医药制造业	橡胶制品业	塑料制品业
2002 年	门类数（个）	19	1	—	1	9	1	—	1	—	—	6	2	—	—	7
	产值（亿元）	13.49	0.06	—	0.04	1.10	0.05	—	0.02	—	—	0.53	0.14	—	—	0.73
	占比（%）	100	0.45		0.30	8.15	0.37		0.15			3.93	1.04			5.41
	产值名次（1～19）		15	—	18	4	16	—	19	—	—	10	12	—	—	8
2011 年	门类数（个）	26	4	1	16	34	10	2	1	4	1	8	19	3	7	19
	产值（亿元）	986.60	5.75	1.86	21.43	38.74	9.55	2.41	0.60	9.69	2.05	9.71	95.73	17.14	8.23	31.54
	占比（%）	100	0.58	0.19	2.17	3.93	0.97	0.24	0.06	0.98	0.21	0.98	9.70	1.74	0.83	3.20
	产值名次（1～26）		19	24	11	7	17	22	25	16	23	15	4	12	18	10

1989 年、2002 年、2011 年广陵区工业门类情况汇总表（二）

表 14-2-2

年份	项目	非金属矿物制品业	黑色金属冶炼及压延加工业	有色金属冶炼及压延加工业	金属制品业	通用设备制品业	专用设备制造业	交通运输设备制造业	电气机械及器材制造业	通信设备、计算机及其他电子设备制造业	仪器仪表及文化办公用机械制造业	工艺品及其他制造业	电力、热力和水的生产和供应业	机械工业	其他工业
	项目序号	15	16	17	18	19	20	21	22	23	24	25	26	27	28
1989 年	门类数个）	3	—	—	10	—	—	1	4	1	—	—	—	6	1
	产值（亿元）	0.07	—	—	0.65	—	—	0.01	0.20	0.04	—	—	—	0.12	0.01
	占比（%）	3.57			33.17			0.51	10.20	2.04				6.13	0.51
	产值名次（1～18）	7	—	—	1	—	—	18	3	11	—	—	—	5	17
2002 年	门类数个）	2	2	1	5	10	4	6	4	1	1				2
	产值（亿元）	0.56	0.84	0.05	1.02	3.56	0.91	1.38	1.86	0.47	0.08	—	—	—	0.09
	占比（%）	4.15	6.22	0.37	7.56	26.39	6.76	10.22	13.79	3.48	0.59	—	—	—	0.67
	产值名次（1～19）	9	7	17	5	1	6	3	2	11	14	—	—	—	13

续表 14-2-2

年份	项目	非金属矿物制品业	黑色金属冶炼及压延加工业	有色金属冶炼及压延加工业	金属制品业	通用设备制品业	专用设备制造业	交通运输设备制造业	电气机械及器材制造业	通信设备、计算机及其他电子设备制造业	仪器仪表及文化办公用机械制造业	工艺品及其他制造业	电力、热力和水的生产和供应业	机械工业	其他工业
2011 年	门类数(个)	9	4	1	25	32	18	29	43	8	7	32	1	—	—
	产值(亿元)	11.53	4.20	0.21	38.40	35.17	54.57	289.34	102.75	14.03	56.86	121.40	3.71	—	—
	占比(%)	1.17	0.43	0.02	3.89	3.57	5.53	29.33	10.42	1.42	5.76	12.30	0.38	—	—
	产值名次(1～26)	14	20	26	8	9	6	1	3	13	5	2	21	—	—

说明：1989 年为区计划经济委员会统计资料汇编列统企业数，2002 年后为区统计局编统计资料和统计年鉴

第一节 船舶重工

一、发展概况

2000 年，船舶产业实现产值 19 亿元，比 1993 年增长 3 倍。其中江扬船舶集团年产值 14.63 亿元，销售收入 9.81 亿元，实现利税 6556 万元。

2001 年至 2003 年上半年，驻区江扬船舶集团有限公司资金链突然断裂，致使船舶产业跌入发展低谷。2001 年 4 月，因资金链断裂引发国际诉讼，致使部分子企业停产。市委、市政府及时调整江扬集团领导班子，提出“保持稳定，恢复生产”要求。9 月，江扬船舶集团恢复生产。12 月，省、市两级党委、政府在扬州召开江扬船舶集团续建协调会。会议正式确定“自立为主组建资产经营公司，逐步解决江扬问题”的新方案。至 2002 年 6 月 20 日，国务院批准国家经贸委、国防科工委、中国人民银行、江苏省人民政府关于解决江扬问题的“大方案”：江扬集团的问题以地方解决为主，采取地方政府、企业、银行、代理商、担保单位风险共担的方式加以解决。省、市政府按 13 条船的续建进度，及时投入 2.32 亿元续建资金；原承贷银行继续对江扬出口船舶放贷 1.89 亿元；债权金融机构按不超过 85%的比例核销原有历史债务。2002 年，公司完成产值 4.1 亿元，其中生产自救项目产值 4100 万元。

2003 年下半年至 2005 年，船舶产业通过战略重组而再度崛起。2003 年 8 月，江扬集团与法国波邦集团、中国（浙江）春和集团正式签约，转让江扬船厂新坝厂区（原滨江船厂）资产和租赁湾头厂区（原江扬船厂）。11 月，波邦集团、春和集团联合收购滨江船厂大洋造船有限公司。至 2005 年，行业有造船企业 10 多家，造船能力 35 万吨。主要产品有出口集装箱船、化学品船、散货船、油轮、顶推套组、浮船坞以及内河钢质机动驳、散货船、甲板船、集装箱船、拖船、油船等。主要造船设施有万吨级干船坞 3 座（其中 8 万吨级 1 座）、万吨级船台 5 座，舾装码头总长 900 多米。造船骨干企业扬州大洋造船有限公司，能生产 8 万吨以下的万吨级远洋出口船舶。其余中小型造船企业主要有托尼船业、海川船业等，生产的船舶以长江和内河航行船舶为主，从几十吨到几千吨不等。2005 年，行业造船完工量 84.5 万载重吨，实现产值 30 亿元。其中扬州大洋造船有限公司实现产值 8.62 亿元，利润总额 5148 万元。是年，实施其新坝基地技术改造项目 5 万吨船台和 2 万吨船台配套工程，总投资 2.5 亿元，建成后年造船能力 30 万载重吨。

2006 ～ 2011 年，造船业以大洋造船为代表进入稳健发展阶段。2006 年 8 月，大洋造船一期工程 300 吨龙门吊投入使用，进入总装造船新阶段。2006 年 12 月，二期工程启动，总投资 25 亿元，实现从开始建设到产品交船 22 个月期限的目标。2007 年，大洋造船完工总量位列全国第十位，持船舶订单数列世界 50 强。2008 年 11 月，大洋造船首次制造新船坞顺利交付使用。2009 年元月，4 艘 5.35 万吨散货船同坞下水，创国

内记录。2010年，大洋造船进入世界高端船舶生产阶段，获国家一级1类造船资质。是年5月，交付首次制造的液化石油气船，标志着公司进入尖端船舶产品生产阶段。2011年8月，入围全国工商联揭晓的2010年中国民营企业500强。公司率国内之先，成功在CROWN118K DWT上应用压载水处理系统，开启绿色造船事业。是年，大洋造船有限公司年产值100.69亿元，从业人员4485人，企业资产72.98亿元，增值税237万元，利润5.99亿元。船舶重工全行业实现产值350亿元，利税35亿元。

二、企业选介

扬州市环洲船用材料有限公司 位于李典镇。成立于2007年。2009年6月，由江阴西城集团和扬子江船业有限公司共同投资，整合重组环洲船用材料有限公司。公司注册资本2.6亿元。公司拥有110千伏变电所及电力设施2座、3000吨级泊位码头1座。主要经营项目有船用配件、船舶机械设备配件、船用起吊设备、精密铸造。精密铸造用废钢循环作原材料。2008年5月，通过ISO 9001质量体系认证。2008年9月，通过美国、英国、德国、挪威、法国船级社船用型钢认证。2011年，实现产值103.49亿元，利税16.12亿元，开票销售52.34亿元，利税总额16.12亿元，利润9.93亿元。

图14-2-1 扬州市环洲船用材料有限公司生产车间

扬州大洋造船有限公司 位于李典镇。成立于2003年10月。注册资本5280万美元，是重组原江扬船厂后成立的一家中外合资企业。公司以统筹优化理论为指导，应用成组技术为原理，以中间产品为导向，按区域组织生产，壳、舾、涂一体化的现代化总装造船厂。公司正式员工2533人（其中技术人员154人），派遣工1770人，外包工9563人。

图14-2-2 扬州大洋造船有限公司船坞

2007年，以实际造船完工37.25万载重吨的成绩位居国内第9位，承接新船391.7万载重吨居全国第8位，手持订单469.3万载重吨居全国第9位。这三大指标分别排名世界第41位、第20位和第29位。2008年，公司造船完工59.2万载重吨，实现利润10.26亿元，位列扬州市工业企业百强榜第三。2010年，公司交船38艘，实现产值100.03亿元，成为扬州市第一家迈入"百亿"的企业。公司始终坚持产学研合作方针，与江苏科技大学等高校保持紧密合作关系，用绿色环保理念指导设计理念，拥有自主知识产权的皇冠58K、皇冠63K、皇冠118K等系列产品；并拥有国家专利7件，其中发明专利4件、实用型1件、软件著作权2件。公司始终坚持科技创新，运用先进的船舶三维设计软件，对所有的结构、设备、管系舾装件等100%建模，并通过三维模拟仿真技术模拟船舶各生产阶段的建造过程和质量控制关键点，实现船舶建造的数字化。凭借实力赢得船东的信任和良好的国际声誉，拥有稳定的、实力雄厚的船东团队，在国际市场上具有较强竞争力。2011年9月，公司顺利交付皇冠118K散货船DY5004。船上首次应用压载水处理系统，每小时可产生5500立方米惰性气体消灭微生物，开创船界利用海水惰化去氧原理对船舶压载水进行处理的先河。GL船级社正式认可该系统并颁发证书，为中国压载水处理系统的第一张证书。

2011年，公司交船30艘，完工载重吨突破200万吨，实现产值100.69亿元，利税总额6.17亿元，利润近6亿元。

图14-2-3 江苏帝一集团有限公司

江苏帝一集团有限公司 位于沙头镇。始建于1985年，前身为邗江开关厂。集团公司注册资本3000万元，占地面积6.8公顷。公司现有员工800多人，其中高中级工程技术人员近100人。公司从事高低压成套设备的研发、制造，并以先进的管理理念不断推动企业的发展，是专业生产高低压成套设备、船（舰）用电缆和弱电电缆的股份制企业。拥有高低压电气成套装置产品专业生产线10条，线缆生产流水线42条；各类引进专用数控加工设备40台（套），通用加工设备78台（套），各类专用工模器具数百套；检验、检测设备齐全。主要产品有安防监控、智能家居电缆，音视频电缆，五类、超五类、六类专用数据电缆，50欧姆通信同轴电缆，RF电缆，计算机电缆，船（舰）用电力、控制、通信电缆，船（舰）用五类、超五类电缆，焊枪电缆，泄漏电缆，矿用电缆，多媒体箱、10千伏及以下高低压开关设备、各类箱式变电站、电缆分支箱、机柜、柜体、母线槽、电缆桥架等数十个品种，上千种规格。

集团公司先后通过ISO 9001:2008版质量管理体系认证，并于2003年通过中国质量认证中心CCC产品质量认证，系国家经贸委“两网”改造推荐企业、国家重点高新技术企业、江苏省民营科技企业、江苏省创新性企业、江苏省高新技术企业、江苏省AAA级资信企业、扬州市“诚信单位”，并获得“江苏省著名商标”“江苏省名牌产品”“扬州市知名商标”“扬州市名牌产品”称号；同时公司船（舰）用产品通过国家军标、海军装备部海军装备质量管理体系认证、中国CCS船级社认证、美国ABS船级社认证、法国BV船级社认证、德国GL船级社认证及英国LR等船级社认证。集团公司持有商标98件、有效实用新型专利35件，所有线缆产品均采用国际标准，高低压成套设备采用行业标准。

2011年，集团公司实现产值13.12亿元，实现销售12.97亿元，利税1.28亿元，利润6400万元。

扬州电力设备修造厂 位于扬州主城区东部，主干道文昌中路上。简称电力修造厂。占地面积8公顷多。企业在职职工人数460多人，其中专业技术人员68人（高级职称13人），技能人员250多人。

电力修造厂是电站辅机及电力装备和非标准设备专业制造企业，德国西门子公司许可证产品制造工厂、国内阀门电动装置、电动执行机构行业主导厂，也是行业标准《电站阀门电动执行机构》一书的起草修订单位、国家级高新技术企业、首批省科技型企业、江苏省电力阀门驱动装置工程技术研究中心。企业于1997年首次通过ISO900质量保证体系认证，2000年通过计量保证体系确认，2002年通过HAF003核质保证体系认证；2009年取得中华人民共和国民用核安全设备设计／制造许可证、全国工业产品防爆电气生产许可证。2010年，低压成套开关设备取得国家强制性产品（CCC）认证。

80年代后期至90年代，为适应电厂耐磨件高硬度、大型化要求和火电机组高参数、大容量、自动化程度提高的要求，国家电力公司、省电力公司多次投入资金，帮助电力修造厂引进德国西门子公司的电动执行机构许可证制造技术，并对铸造、金加工、检测等关键环节进行大规模技术改造，使电站耐磨件、备品配件、电站小型辅机、电动执行机构研发制造水平跨上一个新台阶。2009年，该厂承担江苏电网建设箱柜类物资生产制造任务，使企业填补电网建设市场的空白。主导产品有三大类：用于过程控制领域的阀门电动装置（电动执行机构）四大系列产品，有普通型、隔爆型、智能型和核级等共计200多种规格；用于电网建设的各类低压成套开关设备，有动力配电箱、综合配电箱、端子箱、低压电缆分支箱、变压器保护开关箱等；用于火电厂的电站辅机和耐磨备品，有氢气去湿装置、气动输灰系统、各种磨煤机耐磨件、备品配件、磨辊等。经过40多年的努力和积累，为企业走“驱动装置产品品质化”“辅机备品产品专业化”“电网产品系列化”的道路奠定基础。

电力修造厂是全国阀门标准化技术委员会委员单位，过程控制与测量标准技术委员会TC124/SC4和SC5委员单位，电站阀门标准化技术委员会委员单位，现场总线PROFIBUS CPO委员单位。作为主要起草单位参与起草的标准有GB/T24923-2010《普通型阀门电动装置技术条件》和GB/T 24922-2010《隔爆型阀门电动装置技术条件》，能源行业标准NB/T 20010.11-2010《压水堆核电厂阀门 第11部分：电动装置》和NB/T 20010.12-2010《压水堆核电厂阀门第12部分：气动装置》，电力行业标准DL/T 641-2005《电站阀门电动执行机构》和DL/ T642-1997《隔爆型电站阀门电动装置》。

2011年，公司实现产值3.98亿元，销售收入3.99亿元，增值税1452万元，利润405万元。

中铁宝桥（扬州）有限公司　位于李典镇。为引进的中央直属企业。2011年9月，变更为中铁宝桥的下属子公司。公司占地面积46公顷。建有6.35万平方米大型铆焊联合厂房和精加工厂房、3000平方米涂装厂房、6900平方米打砂厂房、3000吨级进料码头、5000吨级港池码头，以及各种运输设备和大型机械设备400余台。公司年产桥钢梁结构15万吨。公司主要制造大型钢梁钢结构，并可同时制造大型起重设备、磁悬浮功能件等机械产品。

图14-2-4　中铁宝桥（扬州）有限公司

公司参与制造的汉江桥、南京长江二桥、南京长江三桥，获得新中国成立后国内桥梁界仅有的三块“国家优质工程金质奖”奖牌。建造的南京长江三桥钢塔，获得国际桥梁最高大奖“古斯塔夫斯—林德恩斯”奖。公司已成为国内最大的专业化、现代化大型钢梁钢结构生产制造基地。

2011年，公司完成产值9.52亿元，实现销售收入7亿元。

第二节　液压机械

一、发展概况

2008年，在广陵产业园建设占地面积800公顷的液压装备特色产业园，联合清华大学、哈尔滨工业大学等院校、科研单位，打造中国“液压之都”。液压装备特色产业园吸引10多个国家和地区的近40个项目进园投资，有意大利玛切嘉利、荷兰海沃机械、德国雅歌辉托斯等国际知名企业，以及三一重工、巨超集团、大信集团等国内多家龙头企业。液压装备特色产业园形成以玛切嘉利为龙头的上游产品集群、以海沃机械为龙头的中游产品集群、以巨超重工为龙头的下游产品集群。产品涵盖液压油缸、高精度钢管、随车吊、液压密封件、液压比例阀、液压泵、活塞杆、液压冶金成套设备、工程机械、特种车辆、精密液压机床等液压行业上、中、下游产品集群，形成较为完整的特色产业链。2010年11月，经省商务厅批准设立江苏扬州广陵液压装备特色产业园。2011年12月，经省发改委认定为江苏省精密液压装备特色产业基地。2011年，液压机械装备特色产业园有5家规上企业，实现产值57.43亿元，销售51.29亿元，利税总额10.41亿元，其中利润总额8.51亿元。是年，全行业实现产值60亿元。

2011年，液压装备产业园与哈尔滨工业大学建立全面科技合作关系，依托哈尔滨工业大学的科技优势资源为广陵液压装备产业搭建科技支撑平台。由产业园区提供科研场所和运行费用，成立液压装备技术研发中心，由双方共同出资注册成立扬州和源液压电子科技有限公司。哈尔滨工业大学在同等条件下优先、优惠向园区液压装备企业提供适合其应用的新技术、新工艺、新材料、新产品等科技成果，并负责解决园区液压装备企业在工业生产、技术改造、技术引进等方面的技术难题，每年定期、不定期地组织安排高校专家进企业、企业科研人员进学院进行人力、智力交流。

液压装备产业园企业研发资金投入占销售收入的比重达到4%以上，与哈尔滨工业大学、浙江大学、上海交通大学等10多家高校院所全面开展科技、人才等全方位产学研合作，累计签订各类产学研协议60多项。建有省级工程技术研究中心、企业技术中心6个，市级研发机构22个，实现液压装备产业规模以上企业研发机构全覆盖。

二、企业选介

海沃机械（扬州）有限公司 位于广陵产业园海沃路。企业注册资本857万美元。是由荷兰海沃国际集团在中国扬州投资设立的全球第四个生产、销售及服务基地。致力于为中国物流领域提供先进、专业、系统的货物自装卸运输解决方案，产品包括自卸车液压系统、自卸车顶盖密闭系统、拉臂车上装系统、随车吊上装系统、液压活动地板系统、液压尾板系统、活动式垃圾压缩设备等中、重型车用专用设备。为自卸车液压系统第一品牌。

图14-2-5 海沃机械（扬州）有限公司

2006年，引进世界最先进水平的城市垃圾转运设备。至今，海沃智能垃圾移动箱成为北京、上海、深圳、西安、武汉、大连等众多大中城市广泛使用的垃圾收运设备。企业先后获“国家高新技术企业”“扬州市工业纳税十佳企业”“扬州市劳动保障诚信示范企业”等称号。

2011年，总产值33.09亿元，利润4.55亿元，税收1.26亿元。

图14-2-6 玛切嘉利生产线

意大利玛切嘉利（中国）有限责任公司 位于广陵产业园创业路7号。2008年6月成立。为意大利玛切嘉利集团在华最大的独资子公司。公司注册资本7500万欧元（约合人民币7.5亿元）。累计完成投资14亿元。占地面积71公顷。拥有15.15万平方米厂房，4802平方米办公楼；员工249人，其中具有大学本科及以上学历68人、大专学历171人；另有意大利高级技术人员10人、罗马尼亚等外籍技术人员23人。公司拥有先进生产线20条。2011年，工厂一期工程主要生产具有高精度、优良机械性质的ERW焊管、不锈钢管、冷凝管、冷拔管。正式投产后，年生产ERW焊管30万吨、冷凝管5000吨、不锈钢管7万吨、冷拔管12万吨。产品广泛用于工程机械、汽车、家具、加热和制冷系列等行业。公司制造、管理完全采用欧盟标准。

2011年，公司实现产值14.11亿元，主营业务收入12.7亿元，利润3.12亿元。

中冶京诚（扬州）冶金科技产业有限公司 位于广陵产业园沙湾南路。2004年4月成立。注册资本7500万元。是中冶京诚工程技术有限公司（原冶金部北京钢铁设计研究总院）与比利时考克利尔维护和工程公司在扬州合作投资建设的大型机械制造加工基地，是集科研、设计和制造为一体的集团化产业制造实体部分。公司通过ISO 9001:2008质量管理体系认证和ISO 14001:2004环境管理认证。2009年，获国家级高新技术企业认证。2010年，获批江苏省创新型企业。一期工程于2005年8月竣工投产。占地面积8公顷，建筑面积2.4万平方米，拥有进口和国产的通用机械150台（套），检验及研发设备80台（套）。公司已为国内外多家钢铁企业研制100多台大型各式加热炉和热处理炉，整体技术水平在国内处于领先地位。2011年，总产值22.25亿元，利税3.43亿元。

江苏奔多新材料有限公司 位于广陵产业园龙泉路。浙江奔多实业有限公司投资设立。占地面积35公顷。注册资本3亿元，总投资10亿元。2009年9月开工，2011年4月投产。2011年，新建厂房及附属用房29.62万平方米。公司引进日本、英国等国际先进设备，主要生产光解膜、抗菌膜、多功能复合膜、农用薄膜及包装材料等新型材料，广泛应用于食品包装、医药包装等领域。当年实现销售2亿元，利税750万元，是亚洲重要的软包装材料生产基地。

图14-2-7 中冶京诚有限公司生产车间

一重科技（江苏）股份有限公司 位于广陵产业园大众港路。厂区占地面积13.33公顷。系国内大型数控机床制造骨干企业。项目总投入5亿元，注册资金1.2亿元。主要产品有数控精密机床、数控立车、数控龙门卧式镗铣加工中心系列、数控高速油压机系列产品以及高速列车装备生产线、重型钢结构装备生产线。

扬州英瑞汽车材料有限公司 位于广陵产业园董庄路。厂区占地面积4.59公顷。项目总投入1680万美元，注册资金1200万美元。现有员工175人。其产品分为铝塑、铜塑、全铜、大型工程机械、中冷器、冷凝器、蒸发器七大系列、1000多个品种，是全球同类产品出口最大的供货商。2011年，工业总产值1.6亿元，主营收入1.44亿元，利润总额1100万元。

扬州万方电子技术有限责任公司 位于广陵产业园安林路。项目总投入3000万元，注册资金1500万元。现有员工128人。占地面积4.45公顷，建有1.5万平方米的研发中心和试验中心。系专业从事抗干扰通信系统、数据传输设备、超短波通信设备、网络通信设备、图像传输与处理设备、信息终端设备、加固计算机、加固式服务器、计算机软件、通信电源等高新技术产品研究及制造的高科技企业。2011年，工业总产值2.07亿元，主营收入1.86亿元，利润总额823万元，增值税441万元。

江苏嘉和热系统股份有限公司 位于广陵产业园扬霍路。项目总投入1200万美元，注册资本600万美元。员工280人。公司占地面积7.5公顷，建筑面积6.5万平方米。是一家专业设计、制造汽车热交换器的民营高科技企业。主要产品有车用铝散热器、中冷器、机油冷却器、空调系统四大系列，近3000个品种，年生产能力240万台。2009年9月，通过国家高新技术企业认定。同年11月，获准成立江苏省内燃机冷却系统集成化设计工程技术研究中心。2010年，通过“江苏省创新型企业”及“江苏省创新能力建设示范单位”认定。同年，获“国家火炬计划重点高新技术企业”称号。2011年，工业总产值6.76亿元，主营收入5.79亿元，利润总额5567万元，增值税1568万元。

扬州水箱有限公司 位于广陵产业园沙湾南路31号。占地面积6.67公顷。系国家高新技术企业、中汽工业协会理事单位、车用散热器委员会副理事长单位、中国内燃机工业协会理事单位、换热器分会副理事长单位。公司建有生产线3条，具有年产200万台能力。2011年，产值2亿元，利税1938万元。

江苏通用电梯有限公司 位于广陵产业园创业路。厂区占地面积3.93公顷。项目总投入2000万元，注册资金500万元。公司成立于2005年，是江苏扬安集团旗下的独立子公司，是一家集电梯研发、制造、销售、安装、维保为一体的综合型电梯企业。公司引进国内外高精度、高智能化、多功能数控冲床及剪板机、折弯机等加工生产设备，以技术创新为核心，拥有强大的设计制造中心与世界先进的生产工艺设备，产品已覆盖全国各地，并远销海外多个国家。

江苏太极实业新材料有限公司 位于广陵产业园迎春路28号。项目总投资20亿元，注册资本6亿元。是江苏省第一家上市公司无锡太极实业股份有限公司的控股公司。公司是国内轮胎橡胶骨架材料制造商，

图 14-2-8 江苏太极实业新材料有限公司

专业研发和生产聚酯浸胶帘子布，产品在国内市场具有较高的市场占有率，并远销东南亚、欧洲、美洲、非洲等地区。项目占地面积 40 公顷，一期生产及附属用房 14.4 万平方米。2010 年开工建设，2011 年 3 月投产。2011 年，产值 2.03 亿元，利税 887 万元。

扬州东方吊架有限公司 位于广陵产业园内。坐落于宁通（南京至南通）高速公路旁的廖家沟大桥西南首。该公司是集研发、制造和销售为一体的弹性装置专业生产厂家，是国内最早专业生产弹簧支吊架的企业。公司成立于 1987 年。现有员工 200 多人，工程技术人员 48 人，其中高级职称人员 13 人。主要产品有恒力弹簧 / 碟簧支吊架、可变弹簧 / 碟簧支吊架、弹簧减震器、组合式碟簧支吊架、电气化铁道接触网恒张力碟簧补偿器、带传动张紧装置等。公司先后承担国家级科研计划 7 个、省级科研计划 8 个，获得省部级科技进步奖 3 项，国内外专利 38 件，主起草国家标准 1 件、行业标准 1 件，获得软件著作权 4 件。公司是江苏省首批公布的先进民营科技企业（2000 年）、同行中唯一的国家级高新技术企业、科技部认定的全国优秀民营科技企业。江苏省弹性元件及装置工程技术研究中心设于公司内。公司每年为国内外各类工程提供优质产品 3 万多台 / 套。2011 年，实现产值 3.82 亿元，利税 1504 万元。

图 14-2-9 东方吊架有限公司生产车间

图 14-2-10 产品在高铁上的应用

第三节 食品加工

一、发展概况

1989 年，市区以扬州食品制造总厂为代表的扬州罐头、糖果等食品在国内享有较高知名度。市区食品加工行业主要有粮食加工、屠宰及肉类加工、水产加工、食用油脂、罐头制品、酒、糕点、糖果、调味品、制茶等行业。在国家公布的食品工业 23 个门类中，市区拥有 20 个品种。实现产值 5.75 亿元。90 年代，有 14 个品种被评为国家和部、省优质产品。八宝粥、麦芽糖浆等产品在全国同行中名列前茅。1995 年，江苏亲亲集团生产的八宝粥、午餐肉、饮料、制罐食品产值 5 亿元，销售 4.1 亿元，利税 430 万元。同期，一部分企业，如扬州肉联厂、扬州麦粉厂、扬州粮油食品厂、扬州精制米厂出现亏损，步入困境。1996 ～ 2000 年，城区食品工业得到恢复，企业规模得到发展，出现企业年销售超 5000 万元的 3 家，其中超亿元的 1 家。3 家进入江苏省食品工业“百强”企业行列，江苏亲亲集团股份有限公司被列入省食品行业重点企业行列。五一食品集团与香港嘉顿公司合资兴办食品公司等。“九五”期间，市区食品工业实际利用外资 6000 万美元，出口创汇 1.32 亿元。2001 ～ 2011 年，通过深化产权制度改革，一批规模较大的国有、集体企业通过转换经营机制得到发展，规上企业数增加。江苏亲亲集团按照现代企业制度要求，逐步改制到位，企业活力增强。许多品牌食品通过各类国际质量认证，以质量创名牌。至2005年年底，富春包子打入美、欧、日、韩等国际市场，涌现出一批如五亭食品有限公司等知名度较高的食品企业。2005年6月，产业园与香港锦通食品公司的加工项目正式签订进园协议，这是食品加工区成立后的第一个食品加工项目。食品工业产值由2001年的4亿元增加到2005年的11.3亿元，翻一番多。2011年，食品加工区有规上企业4家，产值5.75亿元，利税总额2821万元，利润1513万元，增值税2614万元，从业人员1300人。

二、主要业态

（一）农副食品加工

90年代初期，农副食品加工经营规模较小，以分散经营为主。至1996年，市区食品加工行业主要有粮食加工、屠宰及肉类加工、水产加工、食用油脂、罐头制品、酒、糕点、糖果、调味品、制茶等行业的企业20家。此后，市区农副食品加工业的规模不断扩大。2005年，城区农副食品加工企业规模以上企业达17家，固定资产3.5亿元，从业人数1401人，年产值8.5亿元。

制粉　广陵区制粉业企业有3家。建于民国20年（1931）的扬州麦粉厂，1988年，有职工近千人，年产面粉4万多吨；还有年产涤纶短纤维5000多吨的化纤车间，年产值5000万元。1990年后，由于企业生产经营困难，债务负担沉重，富余人员较多，开始出现亏损。1995年，企业产值下降至3213万元，职工减少至533人，亏损129万元。1998年，扬州麦粉厂破产重组为扬州欣丰面粉有限责任公司和扬州金纶化学纤维有限公司，分别生产面粉和短纤维。欣丰公司于1999年歇业。金纶化学纤维公司继续维持生产，并于2003年搬迁到江阳工业园，继续从事涤纶短纤维生产。

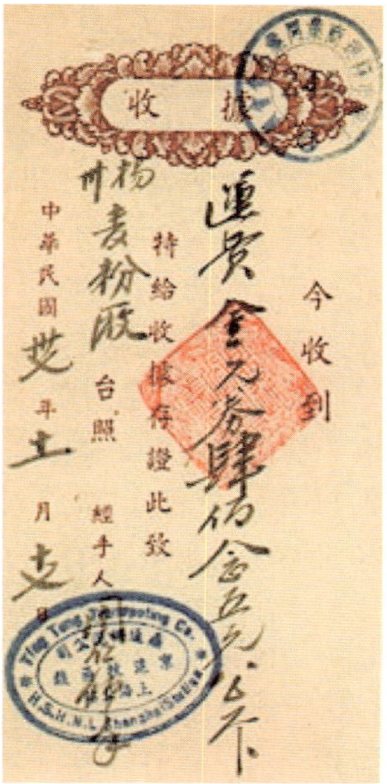

图14-2-11　民国时期扬州麦粉厂收据

豆制品　1988年，广陵区建成一批豆制品加工骨干企业，主要经营大众化的豆腐、香干、百页、方干等。当年，扬州豆制食品厂引进1条班产1万袋内脂豆腐生产线并投产。1991年10月，扬州豆制食品厂研制出被称为“天然之肴”的“帕呋酥片”，于当年在郑州召开的全国糖酒副食品交易会上成交1万多袋，结束扬州豆制食品“足”不出“扬”的历史。至2011年，扬州市民日常生活必需的各种豆制品主要由扬州豆制食品厂生产。

（二）食品加工

肉类　1988～1995年，主要是以亲亲集团、扬州肉联厂为主体的肉类加工企业。1995年，全区鲜冻畜肉生产量为455吨，鲜冻禽肉43吨，畜肉制品610吨。市区肉类联合加工量共6.8万吨。

酱品　1988年，市区有酱品加工企业16家，主要是两个百年老厂——扬州三和酱菜总公司和扬州四美酱品厂。扬州四美酱品厂1990年建瓶装生产线，年产瓶装酱菜1400吨。1998年，在企业深化改革中，扬州三和酱菜总公司和扬州四美酱品厂合并组建为扬州三和四美酱菜有限公司。主要产品有乳黄瓜、萝卜头、什锦菜、嫩芽姜、宝塔菜（螺丝菜）、黄豆酱油、虾籽酱油等。（参见本篇第三章第二节）

糖果　1989年，糖果生产能力在全省名列前茅。扬州五一食品集团、扬州第一食品集团、扬州糖果二厂、扬州春蕾食品厂都曾是城区主要的糖果生产企业。1990年，扬州五一食品集团在国内糖果市场普遍低迷的困境下，淘汰夹心糖生产线，研制成功椰奶、靓女乐、龙茶丸、香妃果等中国糖果。同年10月在郑州召开的全国食品交易会上，成交额800万元。广陵食品厂生产的红楼茯苓霜酥糖在全国保健食品评审会上获银质奖。1991年，开发的高档次奶球糖果、“5”字牌四味糖果获中国国货精品博览会金奖。广陵区扬州市糖果二厂是生产各式系列糖果的专业厂家，主要产品有绿叶牌牛皮糖系列、什锦硬糖系列、奶糖系列、果味软糖系列、喜糖系列等系列糖果。其中用传统工艺生产的牛皮糖号称“扬州一绝”，时称“不吹牛的牛皮糖”，具有口味多、甜度低、色泽明、香甜味美、口味适中、老少皆宜等特点。绿叶牌牛皮糖，1990年获市优质产品奖；1991年，销量居全国首位；1994年，获江苏省食品展销会金奖和全国食品行业优秀产品奖；1999年，被评为江苏省著名商标;2002年,被中国食品工业协会评为全国质量信得过产品。2002年,工厂改制为扬州绿叶食品有限公司。

乳制品 80年代末,扬州市区奶牛饲养基地仅扬州大学实验农牧场、湾头乡田庄奶牛场、湾头乡二桥奶牛场3个场,约350头奶牛。1997年,以推进“早餐革命”为契机,掀起发展奶牛高潮。1999年,全市饲养奶牛600多头;2000年,饲养奶牛1600多头;2001年,饲养奶牛2500头;2005年,饲养奶牛3400多头,年产奶量1.1万吨。全市形成5个百头以上规模的饲养场和7个乳品加工厂。2011年,广陵区饲养奶牛482头,产奶2300吨。

2005～2011年,扬大实验农牧场年保有奶牛700多头,日供鲜奶20万瓶。“扬农”品牌奶列入省“学生奶”系列。2010年,成立扬大康源乳业有限公司,在食品工业园投资5000万元,建设年产鲜奶2.5万吨的生产线,年销售9000万元,新增利税1060万元。

罐头类 继午餐肉、凤尾鱼罐头类产品外,“亲亲八宝粥”是扬州食品制造总厂与台商合资兴办的欣欣食品有限公司的主导产品,是以纯天然的谷类、豆类加工精制而成的滋补类罐头食品,集饮料、食品、营养品为一体。该产品1996年投放市场后,据中国城市市场品牌竞争力调查统计,成为同类产品中消费者最喜爱的第一品牌。2000年,扬州欣欣食品公司生产八宝粥1.15万吨,实现销售收入8776万元,利税831万元。2011年,欣欣食品有限公司总产值2.72亿元,增值税969万元。

三、企业选介

扬州五亭食品有限公司 位于立新路24号。原为扬州第一食品总厂。成立于1956年1月,1995年,更名为扬州第一食品集团。2001年,更名为扬州五亭食品有限公司。企业总投资5000万元,员工1000多人。2011年,总产值6765万元,利润31万元,增值税416万元,从业人员502人。扬州五亭食品有限公司下辖扬州天歌鹅业发展有限公司、扬州大麒麟阁食品连锁有限公司,是地方名特优食品行业的一个代表性企业。主要产品有五亭牌速冻包子、绿扬天歌牌扬州老鹅、大麒麟阁牌系列糕点,产品畅销于北京、上海等全国几十座大中城市。

江苏亲亲集团股份有限公司 位于食品工业园鼎兴路36号。1996年成立。公司前身为扬州食品制造总厂。公司注册资本1.5亿元,总投资2.5亿元,占地面积10公顷。1988年,总厂年产值7500万元,年出口交货额7233万元。1996年,总厂被省政府确定为全省127家建立现代企业制度试点单位,改制成立江苏亲亲集团股份有限公司。公司隶属企业有扬州欣欣食品有限公司、扬州亲亲食品有限公司等。主要生产食品罐头、饮料、瓶盖等。其中佳美牌午餐肉罐头获国家银质奖,琼花牌鲜桔汽水为部优质产品,500克长城低温火腿罐头为部优质产品,丰字牌500克低温火腿罐头、丰字牌397克火腿罐头为省优质产品。1999年,公司以200万元中标收购破产企业扬州肉类禽蛋加工总厂整体资产。所属扬州欣欣食品有限公司是全国第一家与台商合资生产八宝粥的企业,生产的亲亲牌八宝粥市场占有率曾名列全国第一,并出口美国、日本、韩国、西班牙、新加坡、中国香港等国家和地区。2005年,亲亲集团有限公司通过ISO 2200:2005食品安全体系认证。2011年,产值2.72亿元,销售2亿元,利税1000多万元。

扬州古运河工贸有限公司 位于食品工业园鼎兴路旁。总投资1亿元,注册资本4000万元,占地面积4公顷。投资方为宝应天成工艺有限公司。公司依托宝应莲藕之乡的资源优势,从事莲藕汁加工与生产。2007年,入驻食品工业园。2008年年底,建成投产。

扬州三和四美酱菜有限公司 位于食品工业园鼎兴路29号。1998年,扬州三和酱菜总公司和扬州四美酱品厂两个老字号企业合并组建扬州三和四美酱菜有限公司,是中国调味品50强企业之一。公司注册资本1240万元,总投资1.02亿元,占地面积近7公顷。员工600人,其中管理人员44人,技术人员16人,生产人员540人;管理层中,硕士2人,大学本科生22人,大专生32人;有高级职称1人,中级职称10人,初级职称18人。改制后,企业实力大增,成为江苏省酱菜市场首选生产商。2004～2011年,公司连续获“扬州市诚信单位”称号。2006年,被商务部认定为首批“中华老字号”企业。2008年4月,公司退城进园,迁入食品工业园。2008年,公司被评为江苏省农业产业化省级龙头企业。2009年,被评为扬州市老字号示范企业。同年,三和四美酱菜制作技艺被认定为江苏省级非物质文化遗产项目。2011年,公司拥有年产1万吨酱菜的生产能力，实现产值 1.17 亿元，主营业务收入 1.12 亿元，增值税 600 万元，利润 200 万元。

扬州正大食品包装有限公司　位于食品工业园连心路 68 号。占地面积 2.67 公顷。总投资 1 亿元，注册资本 4000 万元。是专业从事食品包装生产的企业，采用国际先进设备，通过吸塑及彩印方式生产各类软、硬食品包装。

江苏美伦食品有限公司　位于食品工业园鼎兴路 33 号。投资方是山东美伦食品有限公司。采用进口的全自动整套冷饮生产线和 CIP 消毒清洗配料设备生产冰淇淋及速冻制品。项目占地面积 4.15 公顷，总投资 1 亿元，注册资本 6000 万元。总建筑面积 2.69 万平方米。2010 年年底，竣工投产。

扬州丰禾食品有限公司　位于食品工业园鼎兴路 83 号。投资方为扬州富字冷冻食品有限公司。是扬州第一家生产速冻包子并出口的外向型企业。富字包子远销欧美等 70 多个国家和地区，是北京奥运会、上海世博会唯一包子特许供应商。项目占地面积 2 公顷，总投资 6000 万元，注册资本 3000 万元。2010 年年底，竣工投产。

图 14-2-12　扬大康源乳业有限公司

扬州市扬大康源乳业有限公司　位于食品工业园鼎兴路 88 号。2009 年 11 月，由扬州大学实验农牧场申请注册成立的国有全资子公司。项目占地面积 2.8 公顷，总投资 2 亿元，注册资本 8000 万元。2010 年 7 月，竣工投产。公司先后获得江苏省首批“学生饮用奶定点生产企业”资质、国家无公害农产品标志证书、江苏省名牌产品证书、中国绿色食品证书及“江苏市场消费者公认放心食品”“江苏市场重质量守诚信优秀企业”等荣誉称号，并通过 ISO 9001:2000 国际质量管理体系认证、QS 认证及 HACCP 认证。

扬州五丰冷食有限公司　位于食品工业园望江路 505 号。由浙江五丰冷食有限公司投资设立。隶属于华润集团麾下的香港五丰行，是集产品研发、生产、储运和销售为一体的大型冷食制造企业。项目占地面积 9.53 公顷，总投资 3.2 亿元，建筑面积 9.57 万平方米。

青岛啤酒（扬州）有限公司　位于食品工业园鼎兴路 28 号。注册资本 600 万美元。公司前身为苏北机米厂。1976 ～ 1989 年，转产啤酒，更名为扬州啤酒厂。1994 年年底、1998 年，先后与青岛啤酒股份有限公司进行重组，组建青岛啤酒（扬州）有限公司，主要从事啤酒的生产和销售。2008 年，公司退城进园，搬迁至扬州市食品工业园。企业人数 396 人，其中管理人员 70 人，技术人员 32 人，生产人员 222 人；大学本科生 39 人，大专生 76 人；高级职称人员 5 人，中级职称人员 10 人，初级职称人员 49 人。

2011 年 1 月，青岛啤酒（扬州）有限公司 40 万千升啤酒项目正式开工建设。总投资 10 亿元，占地面积 20 公顷，主要生产青岛啤酒系列、山水啤酒系列产品。2011 年，总产值 1.87 亿元，主营收入 1.85 亿元，增值税 1900 万元，从业人员 556 名。

图 14-2-13　青岛啤酒生产线

第四节 旅游日化

2011年前，区内没有旅游日化行业。随着杭集日化科技产业园及三笑集团等企业划入广陵区，2011年，区内形成牙刷、酒店日用品、新型包装材料、卫生用品四大行业，实现产值230亿元，为2007年的2.8倍（发展概况参见第十二篇第三章第二节）。主要企业有三笑集团、五爱刷业、两面针酒店用品、山鹰纸业、爱默生新材料等公司。

图14-2-14 江苏三笑集团

江苏三笑集团 位于杭集工业园区三笑大道1号。前身为扬州市大桥牙刷厂（村办厂），1989年，由韩国平创办。1989～1992年，韩国平承包经营，年终上缴村承包金。1992年，改制为裔庙村集体与私人合股企业。私人股金105万元，占75%，村以厂房、电力设施折股35万元，占25%。1992年6月，与香港大维国际有限公司各出资10万美元，成立扬州维尔达牙刷有限公司，2002年终止。合作期间所产牙刷开始销往世界各地。1995年9月，大桥牙刷厂改制为扬州三笑集团有限公司，总股本增至1600万元，并退清村集体股金，成为私营企业。1996年4月，升格为江苏三笑集团有限公司。1995～1998年，先后投入1.97亿元，从德国、韩国、日本等国进口140台（套）栽毛机，165台新型注塑机和200多条电脑操控的牙刷生产流水线。1998年，年产值8亿元，“三笑”商标获江苏省著名商标，同时在46个国家和地区注册。1996年，开发生产三笑牌系列牙膏。1997年，生产三笑牌系列香皂。1998年，生产三笑系列洗发水。1999年，公司总股本增至1亿元，销售产值15亿元，成为当年全球最大的牙刷生产企业，牙刷销售占国内销售量的56.8%。

2000～2003年，与世界500强美国高露洁棕榄公司联合成立高露洁三笑有限公司（合资公司），年产值在13亿元以上。其间，合资公司收购“三笑”商标权；2003年，三笑集团出让30%的合资股权，共获得3510万美元。2003年及2004年，销售产值6.1亿元。2004年，生产笑爽牌系列卫生巾。至2006年，销售6亿多元，成为中国民营规模企业500强之一。2011年，三笑集团年产值50.11亿元，主营收入49.1亿元，利税4.74亿元，利润2.81亿元。

五爱刷业有限公司 位于杭集镇工业园。成立于1993年。前身为邗江县苏北旅游塑料制刷厂。1998年，改制为扬州五爱刷业有限公司。2000年，资产2358.8万元，销售收入2631.9万元，利税148.6万元。企业拥有国际先进水平的牙刷注塑机、植毛机、组合包装机等设备500多台（套），日产牙刷50万支。2005年，投入1.5亿元扩大生产规模，征地6公顷，新建厂房3.6万平方米，增产五爱牌香皂。“五爱”牙刷获“中国名牌产品”称号。2007年9月，“五爱”商标成为中国驰名商标。2011年，工业总产值8.6亿元，销售收入8.34亿元，利税额7867.6万元，是杭集工业骨干企业之一。

两面针（扬州）酒店用品有限公司 位于杭集工业园。为广西柳州两面针股份有限公司（上市公司）进驻的独资企业。专业生产高档酒店用品。厂区面积2.38公顷，建筑面积3.9万平方米。项目总投资1.2亿元，2005年6月，竣工投产。2006年，实现销售7092.6万元。生产牙膏、香皂、洗发液、淋浴液。共计生产线28条，设备1300多台（套），可年产牙膏5亿支，香皂1亿块，洗发液、淋浴液各1亿袋。2011年，生产两面针牙膏13.2亿支，香皂2.15亿块，洗涤液4.43亿（支）套，拖鞋7564万套，牙刷、梳子3.83亿支，产值2.26亿元，销售2.25亿元，员工1053人，成为杭集酒店用品行业的领头企业。

扬州山鹰纸业包装有限公司　位于杭集工业园。为2005年安徽纸业股份有限公司（上市公司）进驻的独资企业，专业生产多层瓦楞纸及包装箱。企业占地面积8.93公顷，投资2.25亿元。拥有现代化瓦楞纸生产线6条，年产1亿平方米瓦楞纸板材，同时拥有纸箱成型机等多套现代化设备。2011年，年产值7.5亿元，主营收入7.31亿元，利税总额4905.6万元。

江苏爱默生新材料有限公司　位于杭集镇兴园路。占地面积10公顷，总投资2亿元。公司是一家集生产与科研于一体的高、新、尖技术企业。引进德国一流设备和韩国先进的技术配方，专业生产通用PVC、PET片材和药用PVC片材、无纺布、烫印箔、镭射烫箔、转移箔等新材料20余种。企业拥有PVC大型压延生产线8条。产品被高露洁、三笑有限公司选用，并销往上海、广东、北京及英、美、日、中国香港等国家和地区。2011年，总产值6亿元，主营收入5.52亿元，利税总额3602.4万元。

第五节　医疗器械及电器线缆

一、发展概况

（一）医疗器械

头桥镇素有"医疗器械之乡"美称。2010年，头桥镇医疗器械行业工业总产值、销售收入分别为45.53亿元、42.32亿元。2011年，医疗器械生产、经营企业130家，被授予"江苏省医疗器械中小型企业创业基地"称号。生产的产品品种主要以麻醉包、镇痛泵为主，品种在130种左右。经营的医疗器械产品涵盖一、二、三类医疗器械产品，重点发展临床检验分析器械、物理诊断器具、治疗与康复器械、医疗保健器械四大领域。从业人员约5000人，产品销往全国各地和30多个国家（地区）。2011年，产值30亿元，为2007年的4倍。

（二）电器线缆

电器线缆行业重点集中在头桥镇电器线缆产业园。头桥也是国内闻名的"电器之乡"，生产电器有近30年历史。产业园是融生产、研究、交易中心为一体的产业集聚地。2002年6月批准设立，分两期建设，一期面积200公顷，二期面积300公顷。建园后，园区引进新项目100多个，总投入超过10亿元。2010年，园区产值超过42亿元。2011年，产值55亿元，为2007年的3.7倍。以电子接插件、电线线缆、电视器材等产品为主体的电器产品占产业园工业产值的90%以上。生产电器线缆的规模企业有20多家，骨干企业有西贝、兴达、保视通、赛格、中兴等，国内市场占有率50%以上。中小型电器线缆企业，包含兴达、海虹、中兴等企业80多家。电视器材主要包括各类连接线、配件等产品，生产配套服务企业有80多家，其中主要生产企业有豪丰公司；另外包括特种电线电缆产业，并有纳纬豪等知名企业到园区投资。

电器线缆产业园与高校、科研院所的产学研合作日趋加强。园区企业与北京邮电大学、南京邮电大学、扬州大学等高校开展紧密合作，一批重要的科研成果在园区得以产业化。园区着力培植高新技术企业，鼓励企业开发高新技术产品和申报各类专利技术，引领园区产业转型、企业转轨、产品升级换代。至2011年，园区内有1家国家级高新技术企业（西贝），有赛格、保视通、亚明等企业11个省级高新技术产品。拥有中国驰名商标1件、省著名商标3件、省名牌产品1件。

图14-2-15　江苏亚达科技集团有限公司

二、企业选介

江苏亚达科技集团有限公司　位于头桥镇亚达路88号。系中美合资企业。是中国一次性医疗器械的主要生产基地和集散地，头桥镇医疗器械产业的龙头企业之一。公司拥有净资产1.6亿元，工程技术人员300多人。在上海、南京等地设有分公司、子公司。在头桥民营工业园区征地1.88公顷，建设一座集展厅、商务、住宿、餐饮、健身、休闲为一体的医疗器械交易中心。公司通过ISO 9001和ISO 13485国际质量体系认证，医疗器械产品通过CE认证。2011年，产值6.04亿元，利润总额2840万元，增值税2899万元，从业人员293人。

江苏华夏医疗器械有限公司　位于头桥镇通达路296号。创办于1992年。占地面积2公顷，标准化车间3500平方米。公司工艺先进，检测手段齐备可靠。公司通过中国医疗器械质量认证中心YY/T 0287和ISO 9001质量体系认证。经过多年努力，公司已发展成为生产一次性使用麻醉穿刺包、一次性使用输注泵、医用引流袋、负压引流器、医用导管和自粘性无菌敷料等五大系列产品的专业公司。2011年，主营收入3.13亿元，利润1502.2万元，利税3342.4万元。

图14-2-16　江苏西贝电子网络有限公司

江苏西贝电子网络有限公司　位于头桥镇西贝路。是一家集有线电视系统工程设计、设备研发、生产于一体的高新技术综合企业。公司占地面积4.32公顷，建筑面积1.56万平方米，注册资金5008万元。有员工380人，其中工程技术人员110人，具有高级职称人员30人。公司拥有先进的工艺装备和完备的测试手段，全体设计人员采用CAD辅助设计，并实现计算机内部联网共享。主要产品有1310纳米光发射机、光接收机、光工作站、双向干线放大器、双向延长放大器、双向用户放大器、各种系列分支分配器、各种型号用户终端盒、供电器、物理发泡同轴电缆、监控电缆、射频电缆连接器等。公司连续被评为江苏省民营科技企业、江苏省重合同守信用企业、特级信用企业、高新技术企业、江苏省质量信用产品、江苏省质量诚信企业，获“中国驰名商标”“江苏省名牌产品”“江苏省著名商标”等称号。2011年，产值4.9亿元，增值税2400万元，利润2300万元。

江苏保视通光电设备有限公司　位于红桥工业园区兴达路8号。1993年创立。公司拥有固定资产2000多万元、流动资金800多万元。厂区占地面积4万多平方米，生产车间近1.5万平方米。有员工230多人，其中高中级研发人员30多人。以设计、开发、生产有线电视网络设备器材为主。公司配有世界上最先进的松下表面元件高速贴片机、8温区回流焊接机、双波波锋焊机，还配有美国惠普和安捷仑HP8712ES、HP8714ET等系列标量矢量网络分析仪，HP8591C分析仪，84路信号源等一大批精密设备。公司达到日产2万套分支分配器、1000台放大器、电源供电器、光接收机及同轴电缆230千米的生产能力。在引进吸收国内外先进技术的同时，开发出具有国内先进水平的CATV器材，产品主要有1310和1550光发射机、光放大器、光接收机、光工作平台、光工作站、无源光网络配件及各类放大器系列，电源供电器系列产品、分支分配器，各种型号的同轴电缆、监控线等全系列配套器材。3个产品获得国家专利。2008年，公司成功引进ERP管理系统，通过ISO 9001-2000国际质量体系认证和国家强制性产品3C认证，以及国家广电总局相关入网认定证书。2011年，公司总产值1.33亿元，增值税636万元，利润598万元。

第六节　其他工业

广陵区除主导行业和支柱行业外，还有灯泡、农药、纺织、服装、鞋帽、皮革、毛皮、羽绒，家具制造，竹藤、棕、革制品业，纸制品、印刷、文教体育用品，橡胶、塑料制品，黑色金属、有色金属冶炼及加工业，仪器仪表，电力、热力和纯净水的生产及供应，工艺品及其他制造业等10多种行业。服装、工艺品等制造业也成为广陵区的主导产业。

1989年，广陵区有纺织业3家、服装缝纫4家。有列统企业扬州市服装二厂、广陵区服装服务公司2家，总产值 728.23 万元，年产 21.53 万件，其中出口 14.66 万件。2002 年，纺织、服装及其他纤维制品业 10 家，其中纺织业 1 家，服装及其他纤维制品制造业 9 家。生产各种服装 131 万件，产值 1.1 亿元，销售 1.09 亿元，其中出口交货额 1.02 亿元；工业增加值 2600 万元。2011 年新划入 5 个乡镇后，区纺织服装业实力大增。是年，纺织、服装工业企业 50 家。其中纺织业 16 家，服装业 34 家。总产值 60.17 亿元，分别为 21.43 亿元和 38.74 亿元；利税总额 2.69 亿元，分别为 0.94 亿元和 1.75 亿元；增值税 2.25 亿元，分别为 0.79 亿元和 1.46 亿元；利润总额 2.37 亿元，分别为 0.83 亿元和 1.54 亿元。扬州永新制衣有限公司总产值 4.02 亿元，主营收入 3.97 亿元，增值税 1700 万元，利润总额 1800 万元。扬州星晨织造有限公司总产值 1.94 亿元，主营收入 1.93 亿元，增值税 900 万元，利润总额 900 万元。区内工艺品及其他制造业，包括服装、纺织在内，总产值 121.42 亿元，年增长 12.3%，占区内工业总产值的 9%。

图 14-2-17　扬州灯泡集团有限公司

扬州灯泡集团有限公司　位于江阳中路 45 号。扬州灯泡集团是全球最大的氖灯制造企业。专业生产各种型号氖气辉光灯、荧光灯、电真空器件。集团有五家合资企业和一个下属厂：扬捷照明电器有限公司、欣扬电器有限公司、圣扬电器有限公司、正扬电器有限公司、新源电真空器件有限公司和扬州灯泡厂。扬州灯泡集团是中国轻工业联合会直接联系的 200 家企业之一。企业拥有各种氖灯自动化生产线 80 条，年生产各型氖灯、荧光辉光灯 15 亿只，80% 出口欧美、东南亚等国家和地区。公司是一家福利企业，按时缴纳国家税收，遵守国家法律法规，对残疾职工的工资实行“上不封顶、下要保底”的优惠政策。1999 年，企业获全国总工会颁发的“五一劳动奖状”，厂长高仁林系全国优秀共产党员和全国劳动模范。

2011 年，公司总产值 1.42 亿元，增值税 575 万元，利润 1989 万元，从业人员 819 人。

江苏扬农化工集团有限公司　位于扬州市文峰路 39 号。公司前身是扬州农药厂，始建于 1958 年。1998 年，改制为国有控股公司，其中国有股本占 52.8%。公司是国内新型仿生农药——拟除虫菊酯规模最大的生产基地、全国唯一以拟除虫菊酯仿生农药为主导产品的上市公司、中国主要农药出口企业、全国化工企业环境保护先进单位、中国石油和化学工业规模效益双百强企业、国家重点高新技术企业、国家重点农药生产骨干企业。公司有自备热电厂、铁路线。2002 年，通过 ISO 9001 质量体系认证。2004 年，通过 ISO 14001 环境管理认证，OHSAS 18001 管理体系认证。江苏扬农化工集团有限公司于 2002 年 4 月成功上市（600486）。先后获得“全国化工文明单位”“全国化工环保先进单位”“全国重合同守信用企业”“全国五一劳动奖状”等称号。集团员工 4000 人，总资产 60 亿元。集团有限责任公司形成氯碱化工、芳香烃衍生物、拟除虫菊酯、新农药、化工新材料五大主导产品系列，其中卫生用除虫菊酯、二氯苯国内市场占有率 70% 以上，拟除虫菊酯年生产能力 2000 吨以上，氯化苯、硝基氯

图 14-2-18　江苏扬农化工集团有限公司

苯位列国内同行前3位。建有省级企业技术中心、博士后科研工作站和工程技术公司，具有较完备的技术创新体系。

2011年，公司实现产值28.61亿元，主营收入33.55亿元，税收1.3亿元，利润3.81亿元。

第三章 工业品牌

广陵区努力加大产品质量建设和品牌争创力度，强化全区上下的名牌意识，实行资源配置优先政策和名牌奖励政策，打造具有自主知识产权和较强市场竞争力的名牌产品，努力使工业、农业、服务业的商标注册和名牌数量及总体质态进入国家、省、市及行业先进水平。至2011年，全区有国家、省级高新技术产品230项，市级89项；获中国名牌产品称号14个、省级名牌产品称号18个；获中国驰名商标4个、省著名商标29个、市知名商标27个。

第一节 名牌产品

1991年，国家技术监督局等部门印发《全国工业产品质量指标体系总体方案》，广陵区在质量考核主要指标中增加"国、部优产品产值率"考核项目，质量考核体系进一步完善。1994年起，国优、部优、省优产品改为申报名牌产品。广陵区企业名牌争创工作始于"八五"期末。在以企业为主体的前提下，一方面根据评价目录和评审细则，逐家走访行业重点企业，制定名牌产品梯度培育计划；另一方面优化服务指导，对重点创牌企业实行领导挂钩联系，引导企业抓好质量、标准、计量和认证等基础工作，为名牌争创工作奠定扎实基础。1995年，涌现出亚星牌公路客车、三叶牌水油散热器等一批代表扬州工业水平的产品。2009年11月，东方吊架公司自主创新研发的"电气化铁道接触网恒张力弹簧补偿装置"，在第六届国际专利名牌博览会上摘取特别金奖。

2002年起，广陵区进一步重视品牌战略，加大企业名牌争创工作的组织引导力度。2003年，市政府印发《扬州市名牌产品认定管理办法》，由市质监部门牵头组织认定扬州市名牌产品。至2011年，广陵区有14个入选国家级名牌，18个入选省级名牌。

国家级名牌产品 1990～2007年，广陵区共有14个国家级名牌产品。

1990～2007年广陵区国家级名牌产品一览表

表14-3-1

序号	认定时间	产品	企业名称
1	1990年1月	青玉《百兽如意》	扬州玉器厂
2	1990年1月	软坯可卷点螺漆画《烟花三月》	扬州漆器二厂
3	1990年8月	白玉《大千佛国图》	扬州玉器厂
4	1990年8月	金漆类产品	扬州漆器厂
5	2004年	扬州漆器	扬州漆器厂
6	2005年10月	点螺卷轴画《春江瀛州图》	扬州漆器二厂
7	2005年10月	黄玉《潮音洞》	扬州玉器厂
8	2005年10月	古楠木雕《春溪幽谷图》	扬州漆器厂

续表 14-3-1

序号	认定时间	产品	企业名称
9	2005 年 10 月	红雕漆《云壑松风》	扬州漆器厂
10	2005 年	兴盛牌牙刷	江苏兴盛刷业有限公司
11	2006 年 9 月	扬农牌吡虫啉	江苏扬农化工集团有限公司
12	2006 年 9 月	睡的香牌盘香	江苏三笑集团有限公司
13	2006 年	墨菊牌拟除虫菊酯	江苏扬农化工股份有限公司
14	2007 年	5A 牌牙刷	扬州五爱刷业有限公司

省级名牌产品 1989～2011 年，广陵区共有 18 个省级名牌产品。

1989～2011 年广陵区省级名牌产品一览表

表 14-3-2

序号	年份	产品	企业名称
1	1989	ND 氖灯	扬州灯泡厂
2	1989	R-4 大力钳	扬州工具二厂
3	2009	电气化铁道接触网恒张力弹簧补偿装置	扬州市东方吊架有限公司
4	2009	甘油法环氧氯丙烷	扬农化工集团公司
5	2009	亲亲牌八宝粥罐头	扬州欣欣食品有限公司
6	2009	三和牌、四美牌酱菜	扬州三和四美酱菜有限公司
7	2010	CORONA 牌牙刷	江苏五爱集团有限公司
8	2010	倍加洁牌牙刷	扬州明星牙刷有限公司
9	2010	新感觉牌牙刷	江苏五星刷业有限公司
10	2010	墨菊牌拟除虫菊酯	江苏扬农化工股份有限公司
11	2010	帝一牌电线电缆、低压成套开关设备	江苏帝一集团有限公司
12	2010	玉缘牌玉器工艺品	扬州玉器厂
13	2010	漆花牌漆器	扬州玉器厂
14	2010	三和四美牌罐装酱菜	扬州三和四美酱菜有限公司
15	2011	扬力牌剪板机、折弯机、液压机	江苏扬力集团有限公司
16	2011	洁特牌牙刷	扬州赛特刷业有限公司
17	2011	健牌牙刷	扬州市曙光牙刷厂
18	2011	华泰牌通用桥式、通用门式、门座机	扬州华泰特种设备有限公司

国家、省、市“三名”商标 广陵区始终把商标发展作为推进品牌兴区战略实施的重中之重，积极引导企业申请注册商标，推动企业走品牌兴企之路。区职能部门深入企业，加大商标知识宣传力度，引导企业抢救性注册具备一定市场影响力和发展潜力的商品商标，鼓励企业对自主商标进行全类注册。商标注册解决商标的“量”，而品牌兴区战略更注重提升商标的“质”；强化产品质量，是实现提质增效的根本途径。广陵区建立市知名商标、省著名商标和国家驰名商标（“三名”商标）培育阶梯，明晰等级层次，确立培养目标，确定扶持重点，有计划地把区内拥有自主品牌且具备一定规模的企业确立为培育目标，争创“三名”商标，并积极做

好辅导工作。

2007～2011年，区“三名”商标有驰名商标4个、著名商标29个、知名商标27个，共60个。

2007～2011年广陵区中国驰名商标一览表

表14-3-3

序号	商标名称	注册证号	认定年份	商标注册人	地址
1	扬农	1750537	2007	江苏扬农化工集团有限公司	文峰路39号
2	兴盛	861473	2009	江苏兴盛刷业有限公司	湾头镇夏桥村
3	FIVE A 5A/图	3106507	2007	扬州五爱刷业有限公司	杭集镇
4	西贝	1598413	2011	江苏西贝电子网络科技有限公司	头桥镇

2010～2011年广陵区省著名商标一览表

表14-3-4

序号	商标名称	注册商品	认定年份	商标注册人	地址
1	睡的香	蚊香、杀害虫剂	2010	江苏三笑集团	杭集工业园
2	笑爽	卫生巾、卫生垫	2010	江苏三笑集团	杭集工业园
3	西贝	放大器、电器接插件、有线电视分支器	2010	江苏西贝电子网络有限公司	头桥镇西贝路
4	联环	人用药品	2010	联环药业股份有限公司	文峰路21号
5	华南	搬迁、货运、出租车运输、货物贮存、家具商品打包、运输，货物发运、运输预订、仓库出租	2010	扬州华南服务有限公司	渡江南路108号
6	晨洁	牙刷	2010	扬州劲松塑胶制品有限公司	杭集镇工业园
7	要德	电线、电缆	2010	扬州联通电缆有限公司	广陵产业园沙湾南路3号
8	洁特	牙刷、牙签、牙线	2010	扬州赛特刷业有限公司	杭集工业园
9	四美	酱菜、腐乳	2010	扬州三和四美酱菜有限公司	鼎兴路29号
10	三和	酱菜、腐乳	2010	扬州三和四美酱菜有限公司	南通西路48号
11	晨笑	牙刷、鞋刷和电动牙刷等	2010	扬州市邗江晨笑塑胶日化厂	杭集工业园
12	富春	自助餐馆、快餐馆、备办宴席	2010	扬州市饮食服务公司富春茶社	得胜桥35号
13	亲亲	八宝粥	2010	扬州欣欣食品有限公司	鼎兴路38号(扬州食品工业园内)
14	帝诚	电缆、电线	2011	江苏帝诚线缆有限公司	沙头镇创业路6号
15	帝一/图	电缆、电线、配电盘、配电箱、配电控制台、高低压开关板、母线槽、高压断路器	2011	江苏帝一电气有限公司	沙头镇三兴东路35号
16	海虹	电源材料(电线、电缆)	2011	江苏海虹电子有限公司	头桥镇弘扬路
17	业中	医用导管、麻醉包	2011	江苏省华星医疗器械实业有限公司	头桥镇通达路328号

续表 14-3-4

序号	商标名称	注册商品	认定年份	商标注册人	地址
18	安普国兰	电缆、电线、	2011	江苏兴达电讯器材有限公司	头桥镇弘扬路 1 号
19	亚达	医用注射器、医用针、医用导管	2011	江苏亚达科技集团有限公司	头桥镇亚达路
20	扬农	农药	2011	江苏扬农化工集团有限公司	文峰路 39 号
21	扬捷	灯泡、电灯泡	2011	扬州灯泡有限公司	广陵产业园内
22	口玉	电动牙刷	2011	扬州高洁牙刷厂	杭集工业园
23	颂宁	医用灌肠器、导尿管	2011	扬州华夏医疗器械有限公司	头桥镇
24	玉杯	鞋(脚上附着物)	2011	扬州健步鞋业有限公司	头桥镇新阜路
25	绿叶	牛皮糖	2011	扬州市绿叶有限公司	二里桥
26	健	牙刷	2011	扬州市曙光牙刷厂	杭集镇伟业路 40 号
27	富春/图	包子、糕点	2011	扬州市饮食服务公司富春茶社	得胜桥 35 号
28	亚菲/图	涂料(油漆)、漆	2011	扬州亚菲涂料有限公司	施井路 40 号
29	天诗美景/图	梳、牙刷、牙签	2011	扬州永春旅游用品厂	杭集工业园

说明:“图”表示商标及图都为一个统一的著名商标。下同

2011 年广陵区市知名商标一览表

表 14-3-5

序号	商标名称	注册商品	认定年份	商标注册人	地址
1	吉祥	锅炉	2011	扬州正宇锅炉有限公司	湾头镇迎宾路 1 号
2	三叶/图	车用散热器	2011	扬州三叶散热器有限公司	广陵产业园沙湾南路 31 号
3	长江/图	钢结构、数控	2011	江苏长江钢业重工有限公司	广陵产业园内
4	巨超/图	压力容器	2011	扬州巨人机械有限公司	广陵产业园内
5	扬捷 YANGJIE/图	氖灯、荧光灯、电真空器件	2011	扬州灯泡有限公司	广陵产业园内
6	康山郁金香/图	茶食	2011	江苏康山郁金香食品有限公司	新民村五台组 198 号
7	绿叶	牛皮糖	2011	扬州绿叶食品有限公司	食品工业园鼎兴路 85 号
8	二分明月	古筝	2011	扬州市广陵区二分明月乐器厂	曲江街道施井村西庄组
9	CORONA	牙刷	2011	扬州五爱集团有限公司	杭集工业园
10	晨笑	牙刷、电动牙刷、刷子等	2011	扬州晨笑刷业有限公司	杭集工业园
11	白鹭	牙刷、梳、鞋刷	2011	扬州市邗江白鹭塑料工艺厂	杭集工业园
12	国缘	牙刷、纸或塑料杯、化妆用具等	2011	扬州市国缘日用品有限公司	杭集工业园三星路
13	洁豪 GELHOW	牙刷、梳子、动物用梳等	2011	扬州洁豪刷业有限公司	杭集镇双隆村
14	Huatai	起重机、升降设备等	2011	扬州华泰特种设备有限公司	泰安镇

续表 14-3-5

序号	商标名称	注册商品	认定年份	商标注册人	地址
15	颂谊	电线电缆、电线接线器等	2011	江苏天诚线缆集团有限公司	沙头镇工业园
16	中视金诚	电缆、电线、电源材料等	2011	扬州市金诚线缆有限公司	沙头镇人民路
17	海虹	放大器、电源材料（电线、电缆）	2011	江苏海虹电子有限公司	头桥镇弘扬路 198 号
18	亚光	麻醉仪器、医疗器械和仪器、医用诊断设备等	2011	扬州市亚光医疗器械有限公司	头桥镇双桥南
19	业中	医用导管、麻醉包、麻醉止痛泵等	2011	扬州市华星医疗器械实业有限公司	头桥镇通达路 328 号
20	华星	医用导管、医用针、医用注射器	2011	江苏省华星医疗器械实业有限公司	头桥镇通达路 328 号
21	亚达	医疗器械和仪器、刷体腔用毛刷、杀菌消毒器械等	2011	江苏亚达科技集团有限公司	头桥镇亚达路
22	沪扬 / 图	医疗器械和仪器、医用导管、麻醉仪器等	2011	江苏省长丰医疗实业有限公司	头桥镇
23	景兰 / 图	电缆、电线、电器接插件等	2011	扬州市邗江长征电器电缆厂	头桥镇北
24	润扬 / 图	电源材料（电线、电缆）、电器接插件等	2011	江苏润通线缆有限公司	头桥镇工业集中区
25	金翔 / 图	放大器、电器连接器、贵重金属电器插头等	2011	江苏金翔线缆有限公司	头桥镇工业园
26	清祥 / 图	电线、电缆、电线连接物等	2011	江苏宇讯线缆有限公司	头桥镇
27	众成堂 / 图	药店	2011	扬州众成堂医药连锁有限公司	四望亭路 94 号

第二节 重点名优产品

一、扬农牌吡虫啉

吡虫啉，又名脒蚜胺，是一种高效、内吸、有效期长的优良农用杀虫剂，广泛用于棉花、蔬菜、果树、水稻、小麦等作物，有效防止蚜虫、飞虱、叶蝉、象甲等害虫。在 89 个国家和地区 60 多种作物上得到广泛应用，是全球第二大杀虫剂品种。

1997 年，江苏扬农化工集团有限公司通过产学研合作进行吡虫啉的小试研究。2005 年，完成年产 5 吨中试。先后建成年产 20 吨、50 吨、150 吨和 500 吨生产装置。在不断做大市场的同时，吡虫啉的生产技术也得到提高。目前，江苏扬农化工集团有限公司是国内唯一采用吗啉丙醛法吡虫啉生产工艺的化工企业。与传统工艺比较，该工艺生产不使用剧毒化学品，反应条件温和，生产过程无高温高压，可实现连续化生产；主要副产品实施综合利用，具有很高的技术含量。2006 年 9 月，获得国家质量监督检验检疫总局授予的“中国名牌产品”称号（编号 06-038-05-208）。2011 年，实现销售收入 7692 万元，实现利税 2074 万元。

二、墨菊牌拟除虫菊酯

墨菊牌拟除虫菊酯自1997年后，连续14年获得“江苏省名牌产品”称号。2006年，“墨菊”品牌获商务部“最具市场竞争力品牌”称号。此后，“墨菊”品牌连续8年获得“江苏省重点培育和发展的国际知名品牌”称号。公司墨菊系列产品先后荣获国家重点新产品、国家火炬计划项目、江苏省名牌产品等多项荣誉和称号。公司“菊酯类农药及中间体产业化”项目，2004年被列为江苏省首批科技成果转化示范项目；溴氰菊酯被国家发改委列为2004年国家首批高毒农药替代产品的国债项目。2008年，公司自主研发菊酯新品种——氯氟醚菊酯，在为国家节约大量外汇的同时，极大地降低下游厂家的生产成本和用户使用成本，为中国家用卫生杀虫市场和农用化学工业的发展作出自己的贡献。公司的墨菊系列产品销售收入从1999年的2.1亿元上升到2011年的18.4亿元，增长近9倍。墨菊系列产品销售保持很强的上升势头，卫生杀虫产品占据国内市场近70%的份额。

三、亲亲牌八宝粥罐头

亲亲牌八宝粥罐头具有携带方便、口感好、富有营养的特点而受到青睐。八宝粥生产全过程采用PIC自动化控制。亲亲牌八宝粥销往全国20多个省、市、自治区，市场占有率曾名列全国第一，并出口美国、日本、韩国、西班牙、新加坡等国家和中国香港地区。

四、三和牌、四美牌酱菜

民国20年（1931），三和酱菜厂的三和牌酱菜获北平全国铁路沿线物品展览会一等奖。1988年，三和酱菜总公司的三和牌瓶装乳黄瓜获国家银质奖章。1990年，三和牌糖醋响（糖醋萝卜）获商业部优质产品奖。1995年，三和牌罐装酱菜获“江苏省质量免检产品”称号。民国4年（1915），四美酱品厂的四美牌酱菜获巴拿马国际博览会金奖。1980年，扬州四美酱品厂成功研制“多酶糖化速酿稀甜酱”新工艺。稀甜酱实现大罐发酵管道输送的现代化生产，该项新工艺居国内领先水平。1984年，获商业部重大科研成果二等奖。1985年，获商业部科技进步一等奖。1988年，四美酱品厂四美牌罐装酱菜获首届中国食品博览会金奖。1990年，四美牌乳黄瓜获西湖国际食品博览会金奖。1991年，四美牌瓶装酱菜获江苏省优质名牌产品奖。1992年，获江苏省优质食品奖。两厂合并、改制后，公司拥有“三和”“四美”“五福”3个百年品牌。1998～2006年，三和四美牌罐装酱菜获“江苏省名牌产品”称号。1998～2007年，“三和”“四美”商标被评为江苏省著名商标，延至2011年。2004～2005年度，三和四美牌酱菜被评为“江苏省消费者协会推荐商品”，并成为国家各驻外使领馆和海军的专供商品。

第十五篇

建筑业 房地产业

要　目

第一章　建筑业……………………………… 535

第一节　企业改革……………………………… 536

第二节　建筑企业……………………………… 537

第三节　建筑工程……………………………… 539

第四节　行业管理……………………………… 542

第二章　房地产业……………………………… 544

第一节　拆迁安置……………………………… 545

第二节　商品房开发…………………………… 549

第三节　房产管理……………………………… 554

第三章　住房制度改革………………………… 565

第一节　公房提租与补贴……………………… 565

第二节　公房出售与交易……………………… 565

第三节　住房保障……………………………… 566

第四节　住房公积金制度……………………… 567

1989年，国家治理整顿经济秩序，大规模压缩基本建设。广陵区提出“五稳定”（稳定思想、稳定队伍、稳定基地、稳定生产、稳定效益）举措，建筑队伍坚守阵地，平稳度过困难时期。1992～1998年，广陵建安企业大投入、大产出，培植产值亿元大户，建筑业提速发展。1997年，广陵建安企业立足本市、服务全省，有计划、有步骤地开辟外部市场，把力量投入到国家五区（油区、煤区、林区、特区、边区）和五大（大城市、大港口、大工厂、大学校、大医院）上，创产值创优质齐头并举。20世纪末，区建筑业上等级企业有40多家。进入21世纪后，广陵区建筑业在巩固发展开拓建筑市场的同时，进行产权制度改革，激发企业活力，经营业态趋向多元化，向市政、路桥、装饰装潢和其他服务业拓展。建安企业进行科技开发创新，向“专特精新”方向发展，获得比较优势，转化为经济效益提升。2006年始，以企业资质升级为重点，扶持企业转型升级，逐步培植规模企业，做到企业数量和质量同步增长。2011年，区建筑业初步形成集建筑、安装、市政、装饰、建材加工、建筑机械制造与设计等为一体，门类较多、专业配套齐全的产业格局。企业数量增至192家，其中一级资质企业11家。区建安企业工程技术人员中有初级职称2637人、中高级职称521人，取得一、二级建造师资格602人。一批规模大、实力强、水平高的外地企业落户广陵区，成为区建筑业骨干力量。当年，全区建筑业总产值76.4亿元，为1989年的2267倍。

1988年年初，全国住房制度改革启动。广陵区建立住房公积金制度，分步提租发放补贴，出售公有住房，允许有条件单位集资建房，大力建设经济适用住房，直到宣布停止实物分配，实行住房分配货币化，住房制度改革逐步深入。2011年，市区职工家庭拥有私人住房率达91.4%，绝大多数家庭拥有产权属于自己的住房。

广陵区房地产业在国民经济中支柱地位越来越明显。以民营资本为主体的房地产开发公司陆续成立，房地产业步入迅速发展快车道。2011年，区内开发企业从早期18家发展到160多家，由集体企业改制为股份制公司，开发能力快速提升。区开发投资额28.91亿元，开发量179.35万平方米，分别比1989年增长92倍和14.8倍。新建房屋品质大大提升。住宅的立面造型、户型结构以及景观绿化取得长足进步。

住宅交易量大幅上升。90年代，区商品房每年交易面积3万～7万平方米。进入21世纪后，商品房交易面积直线上升，2004年为16万平方米，2011年为116万平方米。

市民住宅条件大为改善。从改革开放前的1977年市区居民人均住房建筑面积4.8平方米，到2011年人均住房建筑面积35.6平方米，增长6.42倍。基本实现从“忧其屋”到“有其屋”再到“优其屋”的历史性转变。住房配套齐全，卧、居、厨、卫、水、电、气、电视、电话、网络一应俱全。小区环境优美，交通方便，绿树成荫，景观亮丽，物管规范。2006年，扬州获全球人居领域最高奖项——联合国人居奖。

第一章　建筑业

80年代后期，建筑业逐步成为广陵区国民经济基本产业之一。广陵区建筑安装经历从无到有、从小到大的发展过程。1995年，区建筑工程局成立。建筑企业具备房屋建筑、装修装饰、地基基础、设备安装、市政建设和防腐保温等各种施工能力。1996年，区政府出台加快建筑业发展意见，提出发展指导思想、发展目标、发展方针、队伍建设、规模企业培育、外埠建筑市场开拓、科技进步、激励机制等。各部门通力合作营造外部环境、减轻企业负担、加强对建筑业领导、强化行业管理、发展和规划区内建筑市场，加强企业领导班子建设，转化企业经营机制，加强财务管理，加强质量管理和抓好安全生产。2002年，区建筑工程局更名为区建筑工程管理处，为区建设局下属事业单位。1998～2003年，建筑业产值一直在1亿～3亿元之间。2011年，全区形成门类较多、专业配套齐全的建筑产业格局。

第一节　企业改革

推行承包制　1989年，区建筑行业普遍存在企业规模小、技术水平低、竞争力弱、市场化程度不高、监管体制欠完善等问题。1991年，区建设委员会（以下简称区建委）与各单位签订目标管理考核责任书，把奖金与工作实绩直接挂钩，做到一级包一级、一级保一级，一包到底，责任到人。为做好承包工作，各个部门都修订了财务审核、考勤考绩、施工管理、奖金分配、人事管理等制度。区建委与所属各单位分别签订年度工作目标责任书，实行项目承包。项目承包改革主体由工程队变为项目部，实行工程项目全过程承包。实行项目经理负责制，“人、财、物”三大生产要素由项目经理统一调度、支配，项目经理对项目成本核算、工程质量、安全生产、工程款回收负总责。区建委下发文件，规范施工企业行为，建立建筑业统计制度，改变区建筑施工企业“自由发展、自生自灭”的状况。1995年，区建工局加强对区属等外级企业资质年审、报表统计工作，有15家等外级企业跨入等级行列。1998年，博艺装潢公司、苏中建安公司实行个人承包经营。

产权制度改革　2000年，在充分调研基础上，推进企业改革工作。成立改制工作领导小组，详细拟定全系统所属“两大、两中、十小、一困”共15家企业改制的形式及操作步骤，实施产权制度改革。在具体工作中，严把“三关”：第一，抓好资产评估和审核关。针对企业资产量偏大、资产界定难的特点，积极配合区国资部门，加强对改制企业资产的审计评估和产权界定。对资产不实、不清的，坚决实行二次评审。第二，抓好改制方案的制定关。坚持实事求是原则，因企制宜，一企一策，指导企业制定改制方案。第三，抓好实施关。通过法律途径，从根本上解决长期积淀的矛盾和问题，最大限度地维护职工利益。因企制宜，一企一策，重点抓好区房屋建设开发公司、市房地产开发公司、新城公司等企业的改制。在改制形式上，所有改制企业都坚持“能卖不股，先卖后股”原则，进行彻底的产权制度改革，国有资本彻底退出，由企业经营者和少数经营骨干持股。在具体操作上，做到“三个坚持”，即坚持先审计后评估，严把国有资本退出关，确保国有资产不流失；坚持严格程序，规范操作，每家企业改制，按照规范程序，有计划、有步骤地进行，不跳步、不漏步；坚持思想宣传工作贯穿改革始终，成熟一个改制一个，改制一个成功一个。组织实施广陵建安公司破产及清算处理，以及中江广陵公司歇业整顿工作。

2000年，街办11家建工企业分别改制为有限责任公司或股份公司。2000年10月，区建安公司实施破产。该企业规定凡45～48岁以上人员实行内退，发给生活费（基本工资的60%～70%）；男性到60岁，女性到50岁退休年龄时办退休手续。患有大病的办病退手续。其他人员按工龄发给补偿金，自愿合伙组建续存企业。2001年，该公司完成破产法律程序及善后处理工作。市房地产开发公司实施改革，按照“因企制宜、一企一制”原则，在产权界定上，慎重处理国家、集体、个人三者之间关系，企业改制一次取得成功。

规模化发展　2003年，加强对区建筑业资源重新整合，以金阳光有限公司为龙头，组建具有二级资质的广陵建安集团。以“引、借、调”等办法，推动企业上规模、上等级。全区新增二级企业6家、三级企业24家。当年，区建筑行业共吸引民资1784万元，新创办企业9家。全区建筑业有二级资质企业10家、三级资质企业62家、劳务企业10家，产业链延伸到10多个类别，行业发展规模和竞争力进一步增强。扶持和培植行业龙头企业，对具有实力、资质较低的企业，以二级房建总承包企业和一级装饰企业为龙头，借船抱团出海，争取市场空间，实现企业数量与素质同步增长。2006年，江苏弘扬建设工程公司取得二级房建总承包资质后，利用在南京市场积累的资源优势，扩大市场份额。江苏省水利建设工程公司取得二级承包资质后，利用在水利行业的资源优势，抢占市场份额，年产值达7000万元。扬州森亿装饰公司取得一级装饰资质后，工程业务量扩大，年产值突破4000万元。

2006年，广陵区组建以行业协会为核心的行业管理组织，联合具有较强经济实力、较高信誉度和知名度的建安、家装企业，打造广陵建筑业品牌。2007年，市第二建筑工程有限公司通过内部股权转让，减少股东数，股权相对集中，激发企业活力。同年12月，由原来集体所有制企业改制为股份制企业，更名为扬州市第二建筑安装工程有限公司。2011年，企业注册资本2000万元，改制后注册资本增至5088万元。改制后曾因为股东较多，管理松散，企业经营每况愈下。公司遂将原先34名股东股份重新整合，通过股份转让，股东集中在13人，2011年年初，改制为自然人独资股份制企业。资产总值1.01亿元，年产值8269.79万元，实现利润599万元。

第二节　建筑企业

一、企业规模

1992年，广陵区申报新办各类建安施工企业31家。1995年，区建工局所属等级企业23家，其中二级资质企业2家、三级资质企业3家、四级资质企业18家。2002年，区建安企业走规模化发展道路，组建以金阳光建安有限公司为龙头、具有二级资质的广陵建安集团，提高广陵区建安企业参与市场竞争能力和水平。2003年，广陵区建筑业规模和竞争力进一步增强。全年吸引民资1784多万元，新创办企业9家，产业链延伸到10多个类别。2004年，区建筑工程管理处加强对区属建筑企业行业管理，引导企业适应现代建筑业发展趋势，培养和引进人才，提高企业素质，树立品牌意识，打造精品工程。当年，扬州市森亿装饰工程有限公司、扬州苏源建筑装饰装潢公司、市宏泰基础工程公司、扬州海通建筑工程有限公司、扬州长江钢业工程有限公司、扬州利民商品混凝土有限公司、扬州江阳混凝土制品有限公司7家企业通过ISO 9001质量体系认证。市森亿装饰工程有限公司、扬州苏源建筑装饰装潢公司和扬州长江钢业工程有限公司分别被市政府授予“扬州市优秀装饰企业”称号。

2005年，市森亿装饰工程有限公司经建设部批准，获得建筑装修装饰施工企业一级资质，成为广陵区首家具有一级施工资质的专业承包企业，并被市政府授予“扬州市优秀装饰企业”称号。2006年，区建设局以企业资质升级为龙头，扶持企业转型升级，企业数量和素质同步增长。2008年，区建设局抓行业结构调整，促行业转型升级，加快培育骨干企业、特色企业，统筹兼顾发展大中小各类企业，初步形成以骨干企业为龙头，中小企业为主干，总包、专业分包、劳务分包企业相配套，行当分工合理、均衡发展的新格局。扬州意匠轩园林古建筑营造有限公司经省建筑工程管理局批准，获得园林古建筑一级资质，成为广陵区第一家园林古建筑一级资质企业。江苏弘扬建设工程有限公司经建设部批准，成为广陵区首家具有施工总承包一级资质的房建企业。2009年，扬州意匠轩园林古建筑营造有限公司被评为全国城市园林绿化企业50强，获“中国古建筑工程科技进步奖”“江苏省建筑业最佳企业”等称号。同年，江苏弘扬建设工程有限公司大庆分公司成立，成为广陵区第一家在外省成立分公司的房建总承包企业。

至2011年年底，全区共有资质企业192家，其中一级企业11家、二级企业50家、三级企业103家、劳务企业28家。

二、企业选介

（一）扬州市森亿装饰工程有限公司

位于长春路2号。创建于2001年。2005年，被建设部核定为一级企业。系住建部核定的建筑装修装饰工程专业承包一级、建筑装饰专项工程设计乙级、建筑幕墙工程专业承包二级企业，同时具备金属门窗、园林古建筑、机电设备安装、防腐保温工程资质，通过ISO 9001质量体系认证。其所属市森亿建筑节能科技有限公司是江苏省首家绿色低碳建筑节能装饰材料生产企业，是扬州森亿集团直属专门从事建筑节能所需外墙保温装饰新材料的研发、生产、销售、施工、装饰于一体的新型建筑配套企业。公司经营管理科学，机构设置合理，管理机制运行高效，拥有一批高素质的现场施工管理技术人员和一支装备精良、工艺精湛、作风过硬的施工队伍。公司在北京、南京、西安设立分公司。公司连续多年被评为AAA级资信单位、“重合同、守信用”企业，受省、市、区政府表彰的优秀企业、安全生产、质量管理先进单位，多项工程被省、市评为文明施工工地。

（二）江苏弘扬建设工程有限公司

位于广陵路334号。创建于1995年。国家房屋建筑工程施工总承包一级资质企业。具有市政公用工程施工总承包二级、地基与基础工程专业承包二级、钢结构工程专业承包二级、建筑装饰装修工程专业承包二级、特种专业工程专业承包（不分等级）、消防设施工程专业承包三级资质，以及房地产开发和建筑劳务资质。公司全面实行 ISO 9001:2008 质量管理体系、GB/T 50430-2007 工程建设施工企业质量管理规范、ISO 14001:2004 环境管理体系和 GB/T 28001-2011 职业健康安全管理体系标准化管理模式。公司有员工 2000 多人，拥有各类技术和经济管理人员 300 多人，其中中高级人才 150 多人，一、二级建造师、造价师等各类注册执业人员 50 多人。多年来，承建一大批优质工程，工程一次性交验合格率 100%，优质结构率 50%以上，省、市优工程率 20%，省、市级文明工地率 80%。公司多次获得“江苏省建筑业最具成长性百强企业”“江苏省建筑业优秀企业”“南京市建筑业优秀企业”“南京市建筑业信用管理优秀企业”“扬州市建筑业先进企业”“扬州市建筑业安全生产、质量管理先进单位”等称号，连续多年被中国人民银行南京分行授予“AAA 级资信企业”称号。

（三）扬州意匠轩园林古建筑营造有限公司

位于文昌西路 18 号文昌国际大厦 402 室。成立于 2005 年。是从事古典园林、现代景观、文物保护施工、设计、研究一体化的专业企业，拥有国家园林古建筑一级资质、城市绿化二级资质及文物保护二级资质。公司先后被授予“2008 年全国园林企业 50 强”“2009 年中国古建保护工程科技进步奖”“2009 年度江苏省建筑业最佳企业”“2010 年全国园林企业 50 强”“2010 年全国先进施工企业”“2011 年扬州市科技进步先进企业”等称号，连年被扬州市评为建筑业先进企业。企业共创省部级以上和省、市优质工程 30 多项。

（四）扬州市第二建筑工程有限公司

位于运河西路 256 号。成立于 1960 年。拥有各类技术人员 300 多人，拥有塔式起重机、升降机、挖掘机、推土机、运输车辆等施工机械设备 100 多台（套）。拥有房屋建筑施工总承包一级、建筑装修装饰工程专业承包二级、起重设备安装工程专业承包二级、钢结构工程专业承包三级、消防设施工程专业承包三级、机电设备安装工程专业承包三级、市政公用工程施工总承包三级资质。

（五）江苏长江钢业工程有限公司

位于广陵产业园银焰路 16 号。成立于 1992 年。公司通过 ISO9001：2008 质量管理体系认证、ISO 14001：2004 环境管理体系认证及 GB/T28001：2007 职业健康安全管理体系认证。公司拥有钢结构工程专业承包一级资质，可承担各类钢结构工程（包括网架、轻型钢结构）制作与安装。同时拥有建筑装修装饰工程专业承包二级、安全生产标准化三级资质。公司可承担单位工程造价 1200 万元及以下建筑室内、室外装修装饰工程（建筑幕墙工程除外）施工。公司承建的陕西泓利钢管有限公司钢结构工程获省“紫金杯”奖，扬州扬城水业第五水厂膜结构工程获省“紫金杯”奖，扬州嘉耀电子有限公司获“省文明工地”称号。2010 年度，该公司被评为劳动保障诚信等级评价 A 级，被授予“扬州市劳动保障诚信示范单位”称号。

（六）江苏裕祥装饰工程有限公司

位于广陵路 334 号。成立于 1994 年 8 月。公司具备国家建筑装修装饰工程专业承包资质一级、建筑装饰工程设计专项资质甲级、建筑幕墙工程专业承包二级、园林古建筑工程专业承包、金属门窗工程专业承包与建筑智能化工程专业承包三级资质。2005 年，通过 GB/T 19001 质量管理体系论证。2008 年，获“全国优秀施工企业”称号。公司是中国建筑装饰协会会员、江苏省装饰协会会员、扬州市装饰协会副会长单位。公司立足建筑主业，同时兴办材料加工基地，在全国多个城市及地区设有”裕泰祥”门业经销点。公司技术力量雄厚，专业工种齐全，质量安全管理体系健全，施工范围涵盖室内外大、中型工程装饰，古典园林建造，铝合金门窗制造安装和幕墙施工，具备设计、生产、施工一体化能力。多次被省、市建筑主管部门评为先进单位。连续多年被评为扬州市“重合同、守信用”企业和 AAA 级资信企业，获得“紫金杯”“五亭杯”等省、市优工程奖 20 多项以及省、市文明工地称号。

（七）江苏天润环境建设集团有限公司

位于汶河南路大三巷 7 号和汶河北路 65 号。成立于 2004 年 4 月。所属有江苏天润典当有限公司、扬州润泰房产开发有限公司、扬州天润房屋拆迁有限公司和扬州天润物业服务有限公司 4 家子公司。公司具有市政公用、房屋建筑、城市园林绿化、装饰装修工程设计与施工，园林古建筑、城市及道路照明、建筑消防设施、智能化、幕墙、文物保护工程施工及文物保护工程勘察设计资质，通过质量、环境、职业健康安全管理体系认证，获得“扬州市装饰行业优秀企业”“扬州市建筑业先进企业”“江苏省AAA资信企业”等称号，承建工程屡获优质工程、文明工地等奖项。

第三节 建筑工程

一、工程总量

1989年，区建安企业所承建的工程主要在扬州市区内。当年完成建安产值337万元，施工面积2.9万平方米，竣工2万平方米，无利润。1991年起，基本实现单项工程止亏。当年完成产值377万元，施工面积1万平方米，竣工0.41万平方米。1994年，建筑业产值超1亿元。1998年，企业加强内部管理，降本增效；加强核算管理，开展清产核资；加强施工管理，提高工程质量；加强制度管理，降低非生产性成本。全区建筑业完成总产值2.2亿元，实现增加值4117万元。但企业储备项目少，资产积累小，发展速度慢，机制不灵活，经营结构和运行质态有待改善。2000年，建筑业加快企业改革改制，建立和健全现代企业管理制度，拓展市场，增强可持续发展能力。全区建筑业完成总产值1.5亿元，实现建筑业增加值4400万元。2003年，加强对区域建筑业资源整合力度，通过新办一批、引进一批、协调划拨一批等办法，吸引有实力的民资企业落户广陵，推动区建安企业上规模、上等级。全区建筑业完成总产值2.5亿元，增加值1.04亿元。2004年，全区建筑业呈现蓬勃发展势头，建筑业产值不断提高。城建项目实施从工程设计、施工、监理到配套建设工程等各个环节都进入招投标程序，项目报建率和招投标率都达到100%。全年完成建筑业总产值4.7亿元，建筑业增加值1.41亿元。2005年，鼓励企业引进急需工程技术和经营管理人才，吸引民间资本为行业经济注入活力。全区资质以上建筑安装企业完成总产值6.86亿元，实现增加值1.8亿元，全年房屋建筑施工面积36.96万平方米，其中竣工面积35.91万平方米。2007年，加大招商引资力度，培植新的规模企业。组建以行业协会为核心的行业管理组织，联合有一定经济实力、有较高信誉度和知名度的建安、家装企业，组建产业集团，拓宽发展空间，角逐占领建筑市场，打造广陵品牌。江苏弘扬建设工程有限公司等8家企业落户广陵，成为区建筑业骨干企业。扬州意匠轩园林古建筑营造有限公司在园林绿化设计施工和古建筑修建方面崭露头角。统筹兼顾，大、中、小各类企业齐头并进，行业发展均衡，同时开拓外地市场，谋求企业发展，分别在新疆、河南、上海、广东、陕西、安徽等地占有市场。全年完成建筑业总产值35亿元，建筑业增加值2.51亿元。全年房屋建筑施工面积49.53万平方米，竣工面积25.14万平方米。2008年，在发展总承包企业同时，加速发展装饰、钢结构、市政、园林等特色专业，形成特色产业板块。以骨干企业为龙头，中小企业为辅助，行业发展互补并进，全区建筑业实现较快增长。全年完成建筑业总产值42.4亿元，建筑业增加值7.66亿元。2009年，区建筑业应对金融风暴带来的不利因素，强化管理，调整产业结构，发展规模企业，形成以总承包企业为主体，各项专业承包、劳务企业相配套，专业门类齐全的产业集群。全年完成建筑业总产值52亿元，建筑业增加值9.44亿元，出省产值13.4亿元。2011年，区建筑业形成集建筑、安装、市政、装饰、建材加工、建筑机械制造、设计等为一体，门类较多、专业配套齐全的产业格局。全年全区共完成建筑业总产值76.4亿元，建筑业增加值14亿元，与上年同比分别增长21%、17%。

1989～2011年广陵区建安企业承建3万平方米以上建筑工程项目一览表

表15-1-1　　单位：万平方米

工程名称	建筑面积	施工单位
鸿泰花园工程	3	扬州利民商品混凝土有限公司
永安鸿福电器有限公司生产楼	3.65	江苏弘扬建设工程有限公司
江海学院教学楼	3.25	江苏弘扬建设工程有限公司

续表 15-1-1

工程名称	建筑面积	施工单位
锡山市民广场	5	扬州意匠轩园林古建筑营造有限公司
深圳中国文化饮食城	5	扬州意匠轩园林古建筑营造有限公司

二、优质工程

80 年代初，实施优质工程质量评定，等级分为市级样板工程、全优工程。全区建筑业形成增强品牌意识、贡献优质工程、提高市场竞争力的共识。

1989 ～ 2004 年，广陵区承建工程中获省优工程 2 项、市优工程 2 项，获得省级文明工地 1 个、市级文明工地 4 个。1999 年，荷花池住宅小区 125 幢住宅楼获江苏省十佳优良工程。2004 年，市金扬建筑安装工程公司承建的文昌苑 211 号、428 号 13 层住宅楼和扬州金阳光建筑安装有限公司承建的雍华府 16 栋和 18 栋 12 层框架结构住宅楼竣工。这两家企业开创广陵区建筑企业承接高层建筑施工之先河。

2005 ～ 2008 年，共获市优工程 26 项、省优工程 6 项、国优工程 1 项，获市级文明工地 10 个、省级文明工地 15 个。市森亿装饰工程有限公司承接的扬州市疾病预防控制中心外立面装饰工程、扬州苏源建筑装饰装潢有限公司承接的扬州广源丁山大酒店贵宾楼室内装饰工程、扬州裕祥装饰工程有限公司承接的滁州市烟厂卷接包车间和滁州市交通大厦室内装饰工程、扬州裕祥装饰工程有限公司承接的安徽亚欧木业办公楼及附属工程，分别获扬州市“五亭杯”优质工程奖。市金扬建筑安装工程公司承接的扬州新东方学校高中部宿舍楼五号楼，市福利院老年活动中心和文昌苑 211 号、428 号楼，获 2005 年度扬州市优质结构工程奖。市金扬建筑安装工程公司承接的市福利院老年活动中心，获扬州市“琼花杯”优质工程奖。2007 年，扬州金阳光建筑安装有限公司承接的杉湾花园，被评为江苏省建筑施工文明单位。江苏弘扬建设工程有限公司承接的南京奥体新城 A2 地块 8 幢、10 幢工程，获得扬州市优质工程奖。

图 15-1-1 2008 年，扬州天宁寺万佛楼工程被评为优秀园林古建筑工程金奖

图 15-1-2 2011 年，长乐客栈装饰工程入选全国建筑工程装饰奖

2008 年，扬州意匠轩园林古建筑营造有限公司承建的扬州天宁寺万佛楼工程，被中国风景园林学会评为优秀园林古建筑工程金奖，成为扬州市第一个获此荣誉的园林古建筑国优项目。扬州市森亿装饰工程有限公司承接的国家税务局扬州税务进修学院体育活动中心装饰工程和扬州长江钢业工程有限公司承接的陕西泓利钢管有限公司工程，获得江苏省“紫金杯”优质工程称号。

2009 ～ 2010 年，广陵区获国家优秀园林工程奖 3 项、省优工程 9 项、市优工程 22 项；

创省、市文明工地30个。2011年，获国优工程（参建）2项：市森亿装饰工程有限公司承建的扬州长乐客栈、李长乐故居装饰工程入选全国建筑工程装饰奖。全区建筑业企业获省优质工程4项、市优质工程14项，省文明工地7个、市文明工地12个。江苏省水利机械制造有限公司参建的京杭运河常州市区改线段钟楼防洪控制工程，获得中国水利工程优质（大禹）奖。

2004～2011年广陵区部分装饰装潢企业获优质工程项目一览表

表15-1-2

项目 年份	工程项目	施工单位	获奖名称
2004	江都市人民检察院技术综合楼	市森亿装饰工程有限公司	江苏省优质工程“紫金杯”奖
2004	江都市人民法院审判业务综合楼	市森亿装饰工程有限公司	江苏省优质工程“紫金杯”奖
2005	扬州疾病预防控制中心	市森亿装饰工程有限公司	扬州市“五亭杯”优质工程奖
2005	扬州广源丁山大酒店贵宾楼室内装饰工程	扬州苏源建筑装饰装潢有限公司	扬州市“五亭杯”优质工程奖
2005	滁州市烟厂卷接包车间内装饰工程	扬州裕祥装饰工程有限公司	扬州市“五亭杯”优质工程奖
2005	滁州市交通大厦室内装饰工程	扬州裕祥装饰工程有限公司	扬州市“五亭杯”优质工程奖
2005	扬州新东方学校高中部宿舍楼五号楼	市金扬建筑安装工程公司	扬州市优质结构工程奖
2005	扬州文昌苑211号、428号楼	市金扬建筑安装工程公司	扬州市优质结构工程奖
2006	江都市城东汽车客运站装饰工程	市森亿装饰工程有限公司	江苏省优质工程“紫金杯”奖
2006	江都市人民武装部综合楼	市森亿装饰工程有限公司	江苏省优质工程“紫金杯”奖
2006	市福利院老年活动中心	市金扬建筑安装工程公司	扬州市“琼花杯”优质工程奖
2006	江都市城东汽车客运站装饰工程	市森亿装饰工程有限公司	江苏省建筑装饰优质工程
2006	江都市人民武装部综合楼	市森亿装饰工程有限公司	江苏省建筑装饰优质工程
2006	安徽亚欧木业办公楼及附属工程	扬州裕祥装饰工程有限公司	扬州市“五亭杯”优质工程
2006	滁州矿业大厦内外装饰工程	扬州裕祥装饰工程有限公司	扬州市“五亭杯”优质工程
2007	江都广源房地产开发公司会所装饰工程	市森亿装饰工程有限公司	江苏省“紫金杯”建筑装饰优质工程
2007	扬州市东方商品城装饰工程	扬州裕祥装饰工程有限公司	扬州市“五亭杯”优质工程奖
2007	扬州新纪元办公楼装饰工程	扬州裕祥装饰工程有限公司	扬州市“五亭杯”优质工程奖
2008	扬州天宁寺万佛楼工程	意匠轩园林古建筑营造有限公司	中国风景园林学会优秀园林古建筑工程金奖
2008	国家税务局扬州税务学院体育活动中心装饰工程	市森亿装饰工程有限公司	江苏省优质工程“紫金杯”奖
2009	盐城陆公祠修复扩建工程	意匠轩园林古建筑营造有限公司	中国风景园林学会优秀园林古建建筑工程银奖
2010	晋城市植物园改扩建一期工程	意匠轩园林古建筑营造有限公司	国家优秀园林工程金奖
2010	驻马店建业森林半岛五期景观工程	意匠轩园林古建筑营造有限公司	国家优秀园林工程铜奖
2011	扬州长乐客栈、李长乐故居装饰工程	市森亿装饰工程有限公司	全国建筑工程装饰奖

第四节 行业管理

一、资质管理

1990 年，区建委对建安公司、基础公司、第二装潢公司进行企业资质审查，并对区属各街道及居委会 23 家建筑站进行等外级资质审查。

1996 年，区建工局定期召开骨干企业市场信息研讨会，分析市场行情，交流业务信息，强化指导服务。一年中，帮助 15 家等外级企业跨入等级行列。区属建安企业资质年检率、报表统计率和管理费收取率均 90% 以上。1999 年起，区建设局以资质管理为抓手，开展“安全月”“百日安全生产无事故”活动，规范区属建安企业行业管理工作，做好建筑安全生产和质量管理工作，规范城区家装市场经营秩序，配合有关部门查处各种违章家装行为。

全区建筑管理突出发挥行业优势和管理职能，开展招商引资，加强对区域建筑业资源的整合力度，通过新办一批、引进一批、协调划拨一批等办法，吸引有实力的民资企业，推动广陵区建安企业上规模、上等级。2004 年，对 61 家企业进行资质年检，注重对企业动态管理。

2005 年，抓住建筑业改革发展机遇，培育壮大竞争力强的总承包龙头企业和专业承包企业，出台资质申报程序制度，进行产业结构调整。通过企业资质等级升级，解决建筑产业结构中存在的问题，提高总承包企业特别是房建企业产值占施工总产值中比重。当年，市金扬建筑安装工程公司和江苏弘扬建设工程有限公司晋升为房建二级资质企业，市森亿装饰工程有限公司获得装饰一级资质。

2006 年，利用资质管理杠杆作用，改善资质结构，提升资质等级，培植高资质骨干企业，强化行业管理意识和守法经营意识。全年对 109 家企业进行建筑资质复查，新申报企业 22 家，取消企业资质 9 家。

2010 年，建筑行业注重企业结构调整，重点扶持一批基础实力强、发展前景好的企业提升资质。引导、培植专业化、特色化优势企业，引导企业在古建园林、装饰、钢结构、防腐保温、机电和市政等专业上申报专业资质。

2005 ~ 2011 年广陵区建安资质企业数量统计表

表 15-1-3　　单位：家

年份 / 项目	一级企业	二级企业	三级企业	劳务企业	合计
2005	1	11	71	11	94
2006	1	15	77	13	106
2007	3	22	90	14	129
2008	5	30	100	20	155
2009	9	37	106	25	177
2010	11	45	104	28	188
2011	11	50	103	28	192

二、建筑市场管理

1988 年 8 月，市建筑工程局印发文件，规范市区建筑市场施工管理。1989 年起，审批发放市区建筑施工安全生产许可证，强化市区承建工程安全生产管理。1993 年，区建工局与区劳动局联合制定《广陵区建筑行业安全生产管理办法》，对建筑业实行安全监管。

1994 年，市区注册法人单位共 67 家 2.98 万人，其中市区直属单位 29 家 1.34 万人，分别为土建单位 17

家 1.12 万人、安装单位 3 家 1100 人、装饰单位 8 家 972 人、劳务单位 1 家 90 人。

1995 年和 1998 年，先后印发扬州市区建筑工地文明施工管理的意见和市区建筑装饰装修管理暂行办法，市区建筑工地文明施工管理逐步规范化、制度化。

1999 年，广陵区成立扬州市区家庭装饰装修管理办公室、扬州市区家庭装饰装修稽查队。86 家家装施工企业获得专项资质和工匠带班证，69 家家庭小作坊获得带班证和从业资格许可证。参加全市首届家庭装饰工程“新能源杯”电视大奖赛，有 20 个作品获奖。区建工局和扬州日报社联合创办《家居装饰》专栏，为规范家装市场，促进其健康发展起到较好效果。

2002 年，区建管部门开展市区注册施工企业“江苏省建筑企业信用管理手册”发放和年检工作。逐步建立健全市区施工企业建筑市场行为、项目部备案、施工现场管理等综合考核制度。同年，区建工局、市装饰业协会牵头组织市区 40 家家庭装潢企业和装饰材料供应商，举办家装自律大会。会议通过扬州市家装行业自律宣言，承诺诚信为本、合法经营，实行良好周到售后服务，同不良经营行为和不正当竞争方式作斗争。区建设局联合扬州市爱文家庭装潢总部、扬州新城百姓家庭装饰装潢有限公司、扬州新城大山室内装潢有限公司举行新闻发布会，宣布成立“三家品牌家装企业联盟”，实行统一管理模式、统一报价、统一仓储，推动城区家装行业塑形象、创品牌。

2004 年，曲江公园项目建设启动，从工程设计、施工、监理到配套工程等各个环节都进入招投标程序，实行“阳光”操作。全区城建项目报建率和招投标率 100%。在工程项目监督环节上，区建设局做到事前、事中、事后公开相结合，接受群众和上级部门监督，区纪检、审计等部门对招标建设全过程进行效能监督。区人大、区政协对城建工程进行专项监督。区建设局先后实施 10 多项城市环境综合整治工程，协调投入建设资金 4 亿多元，未发生一笔工程坏账，未收到一个违纪举报。

2005 年，207 家施工企业领取信用手册。对 99 家企业进行考核并评分定级，评出优秀企业 16 家、合格企业 78 家、不合格企业 5 家。对不合格企业下发限期整改通知书，对有不良行为记录企业通报批评，增强企业诚信意识，维护健康有序的市区建筑市场秩序。

2008 年，规范企业市场行为，加强对企业动态管理。取消 6 家企业的资质。2010 年，强化全区建筑行业服务管理，选派局机关干部到企业挂职。区建筑工程管理处被省住建厅表彰为全省建筑业管理先进单位。2011 年，区建筑工程管理处和江苏弘扬建设工程有限公司被评为扬州市建筑业技术进步先进单位，扬州绿杨混凝土有限公司评为扬州市建筑业质量管理先进单位。

2011 年，为做好建筑安全监督管理工作，遏制重特大安全事故发生，区城乡建设局成立建设系统安全生产领导小组和安全管理网络，明确安全领导小组组成人员及主要工作职责。各施工单位及相关部门成立安全领导小组和建立安全管理网络，形成横向到边、纵向到底的安全管理格局，保证全区建筑施工安全管理到位。

三、人才管理

80 年代后期，建设部规定建立建筑企业专业管理人员岗位培训制度。区建设局制定具体措施：由扬州建筑职工中等专业学校牵头，会同有关部门联合举办短期培训班，对企业初级、中级技术人员以及施工员、预算员、财会员、质检员、安全员、统计员、计划员、机械管理员、劳资员、定额员、材料员 11 类人员进行岗位培训；分批分期组织一线技术工人进行技能培训。通过几年努力，区建设局逐步建立职工学历教育、职称培训、岗位培训和技工培训的教育培训体系。

1989～1990 年，全年岗位培训 238 人，综合培训 659 人，各类适应性培训 1656 人（次），全员培训率达 100%。

1996～2005 年，区建工局举办多期建筑业档案、统计、建筑消防安全知识、法治、管理人员及岗位技能培训班。

2004 年，申报技术职称和技术岗位人员 201 人，其中工程师 29 人；申报二级项目经理 24 人。全区有 16 家企业 42 名二级项目经理参加二级建造师申报。

2005年，举办职称培训班，191名技术人员取得职称，其中获得中级职称12人；对300多名项目经理进行网上申报和复查换证；对100多名项目经理进行继续教育培训；对专业施工人员、特种专业人员和需持证上岗人员进行培训，有40多人通过培训取得岗位资格证书。

2006年，与区人事局、市成人建筑中专学校联合举办职称教育培训班，150名人员参加培训。全年取得初级技术职称240人，取得中高级职称28人，通过一、二级建造师考核68人。组织企业员工参加区安委会组织的安全知识培训班；组织区骨干企业负责人、安全员赴浙江企业考察安全防范工作；邀请市安全监察局和消防部门举办以防火、防触电为主要内容的培训班，112名企业安全负责人和安全员参加学习。当年建筑业统计工作实行计算机化管理，填报方式由手工填报转为电脑作业，报表报送方式由纸质报表、报表电子数据一起报送升级为网络无纸化报送。

重视建筑人才培训和引进工作，区建筑企业初、中、高级人才申报和一、二级建造师培训报考工作取得重大突破。2005～2011年，共有2637人取得初级职称，521人取得中高级职称，602人取得一、二级建造师资格。

2005～2011年广陵区新增建安技术职称人员和建造师统计表

表15-1-4 单位：人

年份＼项目	一、二级建造师	工程类技术职称		
		初级	中级	高级
2005	—	179	11	1
2006	68	240	22	6
2007	122	326	60	1
2008	115	396	47	1
2009	78	344	71	32
2010	102	538	58	—
2011	117	614	153	58
合计	602	2637	422	99

第二章 房地产业

广陵区现代房地产业发轫于80年代末，初创于90年代，进入21世纪后有长足发展。房地产业对拉动经济增长、增加财政收入、推进城市建设、扩大社会就业、改善城镇居民居住条件和提高住房保障能力等方面发挥重要作用。

1988年，扬州市及所属区（县、市）先后成立房改机构，制定房改方案。1992年，采取提高房租和给予一定比例住房补贴方式，从而有利于个人买房。同年，实施住房公积金制度，以提高职工购买支付能力。1996年，实施公房出售。1998年12月，广陵区进行城镇住房制度改革，沿袭多年的住房实物分配制度结束。依靠和动员社会各界力量，分步实施城市居民住房解困工作。1995～2005年，区内共建成经济适用房189万平方米，解决住房困难户2.3万户。较快地解决了市区中低收入家庭无住房户、人均使用面积8平方米以下居民户、政府重点工程项目被拆迁居民户和危旧房改造项目异地安置居民户的住房问题。与此同时，房地产项目迅速成长。开发企业从无主管部门到纳入政府房管部门管理，开发公司从计划经济模式到市场经济和所有制多元化发展；开发企业从本土企业到国内外企业加盟，开发用地从划拨到“招拍挂”，商品房建设从注重结构质量到提升住宅区整体环境质量。年施工面积从1989年11.38万平方米到2011年179.35万平方米，增长14.8倍。1989年，市区房地产投资额0.31亿元。2011年，市区房地产开发投资28.91亿元。1989年，市区房地产开发企业为18家，多为本土国有企业。2011年，房地产企业已过160家。住宅小区分布于广陵古城以及广陵新城各个方向，房屋科技含量和景观环境都有较大提升。房地产行业管理、房地产发展规划、房屋权属登记、房屋买卖中介和物业管理等规范有序。2011年年底，人均住房面积35.6平方米，住房自有率91.4%，住房成套率80%。

第一节 拆迁安置

一、拆迁管理机构

1989年前，广陵区房屋拆迁安置工作无统管常设机构，重大城市建设改造项目由市、区两级政府组织临时机构负责。1991年，成立广陵区拆迁安置办公室，核定编制20人，内设拆迁和安置职能科室，具体负责房屋拆迁安置任务的下达、管理、协调、监督、仲裁等。

2006年8月，根据国务院《城市房屋拆迁管理条例》规定，实行拆迁管理与拆迁实施单位相分离，建立扬州市广陵区拆迁管理办公室，强化拆迁管理，充实队伍，公开招聘考录人员。同时，经营性事业单位分批实行机构改革，所有制性质趋向多元化，股份制拆迁公司先后成立。2007年，参加广陵区拆迁的有广陵、大仕、城建、城兴、建业、鑫林、平安、明星8家拆迁公司，其中具备二级资质的有广陵、大仕、城建3家拆迁公司。2009年，增加鑫源拆迁公司承接区内拆迁任务。2010年，有16家拆迁公司参与广陵区拆迁工作。

2010年10月，对拆迁实施单位与被拆迁人签订的拆迁补偿安置协议书进行备案，并将备案信息输入市房屋权属登记中心，以此作为被拆迁人办理产权登记手续的重要依据。

二、拆迁安置补偿政策

1988～1991年，市区房屋拆迁由市政府统一制定相关政策，区拆迁办具体负责实施，条块结合，统一集中管理。在此期间，执行1988年6月印发的《扬州市城市建设拆迁暂行办法补充规定》，按照“拆一还一”原则进行补偿安置。1991年，市政府印发《扬州市城市房屋拆迁管理办法》，拆迁工作执行双“三证”制度，缺一不可。第一个“三证”是拆迁建设主体单位必须具有建设项目批准书、建设用地规划许可证和建设用地批准书，第二个“三证”是必须持有市房管局颁发的拆迁许可证、拆迁公司拆迁资格证和拆迁工作人员拆迁上岗证。区拆迁办对被拆除房屋所有权者按规定进行合理补偿，可采用作价补偿、产权调换或作价补偿与产权调换相结合形式。对拆除房屋使用人安置标准为人均使用面积10.5平方米，安置标准内增加面积以及户型自然增长费用，由家庭成员所在单位按住宅房屋面积成本价格承担。超过人均标准增长面积的，由被拆除房屋使用人按商品房建筑面积单价承担费用。

1998年，区房屋拆迁推行拆迁房屋货币化安置、鼓励被拆迁人员易地安置、被拆迁人就地安置、“拆一还一”靠户型安置的原则。

2000年，规定拆迁单位根据被拆迁人的选择，可实行货币安置，也可进行实物安置。其货币安置款由被拆除房屋重置价格结合成新及附属物补偿款、区位补偿款和其他补助费用组成。

2002年，执行市政府对城市规划区范围内因基础设施建设、环境综合整治拆迁房屋作出的规定。拆迁住宅房屋原则上实行产权调换，易地安置住宅房屋，并按照被拆除房屋建筑面积的重置价格结合成新与安置房的建安工程造价互补差价。对部分住房不需要房屋安置的被拆迁人，经批准可以实行货币补偿。拆除直管公房或单位所有的住房，按照“拆一还一”原则进行补偿安置，原面积部分由住房承租人按建安工程造价购买产权，超过原面积部分由房屋承租人按规定的经济适用房价格靠户型安置（控制在人均使用面积10平方米以内），再超过的面积部分按照同地段商品房价格执行。当年7月，执行市政府规定，城市国有土地的房屋拆迁安置补偿方式，以货币补偿为主，按被拆迁房屋的建筑面积、区位、用途等因素，以房地产市场评估价格确定货币补偿金额。取消将户口因素作为确定安置面积标准的规定，对被拆迁房屋所有人的补偿兼顾对房屋使用人的安置。对征用土地房屋拆迁补偿安置采用产权调换、货币补偿等形式。产权调换原则上统一安置统建楼房：拆除人均合法建筑面积 50 平方米以上（含 50 平方米），按人均建筑面积 40 平方米安置；拆除人均合法建筑面积 50 平方米以下、40 平方米以上（含 40 平方米），按人均建筑面积 35 平方米安置；拆除人均合法建筑面积 40 平方米以下、30 平方米以上（含 30 平方米），按人均建筑 30 平方米安置；拆除人均合法建筑面积 30 平方米以下，按原合法建筑面积给予安置。

2003 年 6 月，明确被拆除人符合购买“定销房”条件的，可以按规定优先申请购买“定销房”，但不再重复享受最低标准补偿。被拆迁人常住在拆迁范围内，仅有一处住房且尚未享受福利分房和住房补贴的，所获拆迁货币补偿金额不足 5 万元的，经被拆迁人申请、拆迁人审核、拆迁管理部门批准，可以按 5 万元给予补偿，但不再重复享受购买“定销房”政策。拆迁公有住房，被拆迁人与房屋承租人共同选择货币补偿安置的，被拆除房屋的重置价格结合成新部分的补偿支付给拆除房屋所有人，其余部分全部支付给房屋承租人。住宅房屋自竣工之日起至拆迁许可证颁发之日止，不满 5 年被拆迁，拆迁人应当对被拆迁人增加货币补偿金额 15%的补偿。被拆迁房屋建筑面积以房屋所有权证载明的建筑面积或房产管理部门确认的实际测量面积为准。在规划区内国有土地上拆迁，合法建筑面积大于合法土地使用面积的，以合法建筑面积计算补偿；合法建筑面积小于合法土地使用面积的，差额部分可给予土地区位差价补偿，土地区位价差按区位补偿指导价的 60%计算。

图 15-2-1　区领导慰问城中村拆迁安置人员

2004 年 9 月，市政府印发《扬州市市区房屋行政强制拆迁实施执行办法》，规范城市房屋拆迁行为，依法行政，维护拆迁各方当事人合法利益，保障建设项目顺利进行。2005 年，市政府办公室印发《关于加强市区拆迁安置房源管理的通知》，对拆迁安置房供应对象、批准程序、购房资金支付、楼房差价计算方法等进行规范管理。

2009 年 11 月，区拆迁管理办公室组织辖区内园区、乡镇、街道 150 人次进行拆迁新政策培训，学习《扬州市城市房屋拆迁管理暂行办法》《扬州市区城市房屋拆迁区位划分》等拆迁相关文件并付诸实施。

三、主要拆迁项目

荷花池路拓建拆迁工程　1991 年，改造古城区南边界瓶颈路段，将汶河路向南延伸，与原 328 国道（江阳路）连接，同时配合荷花池公园建设与周边路段房屋拆迁改造，对苏北人民医院宿舍区局部拆迁改造。由广陵区拆迁办负责实施荷花池路全线拆迁工程，分两期实施。该工程南北全长 1 千米，东西建土坝路，全长 600 米，拆除建筑面积 2.5 万平方米，动迁居民 300 户 1040 人。

图 15-2-2　90 年代，拓宽后的汶河北路

汶河北路拓宽改造动迁工程　1992 年，市拆迁安置办负责。汶河北路全长 680 米。搬迁居民 235 户 1000 人，拆迁个体、工商户 17 家及塑料六厂、汶河幼儿园、同和兴洗染店等 12 家单位，拆除建筑面积 7400 平方米。

徐凝门路拓宽拆迁工程　1992年，市拆迁办负责实施。共拆除510户，建筑面积4.2万平方米。1999年，实施二期工程，由市房地产服务公司实施，共拆迁507户，拆除建筑面积2.9万平方米。

西门街拓宽拆迁工程　1993年，一期拆迁四望亭至淮海路，长150米，拆除房屋110户，建筑面积8156平方米，动迁473人，基本实行原地安置。二期拆迁淮海路口向西延伸至西门外街段，长250米，动迁居民462户1853人，拆除房屋建筑面积3.2万平方米。新建柳湖路，由南沿瘦西湖（丁溪）水道，环扬州师范学院校区东侧，向北接大虹桥西堍，直通瘦西湖南门，使之成为柳荫大街，为瘦西湖外新景区。

古运河综合整治拆迁工程　市拆迁办负责拆迁安置工作。1998～2002年，共拆除搬迁沿河西岸2140户，建筑面积15.8万平方米。

毓贤街拆迁工程　1999年，实行城市房屋货币拆迁安置政策，该项目拆除320户，建筑面积2.5万平方米，动迁910人，

城市东入口整治拆迁工程　2001年，对通扬桥向东经扬州运河大桥至宁通高速公路东入口的沿线两侧实施动迁，拆除建筑面积6.6万平方米。

图15-2-3　整治后的古运河风光带

洼字街拆迁工程　该工程用地21.6公顷。2003年，江苏凯运建设开发有限公司通过招标、拍卖、挂牌获得土地，动迁居民800多户，拆除建筑面积9万平方米。

广陵区重大城建项目拆迁工程　2004年，共进行5个工点、345户动迁安置工作，拆除建筑面积6.72万平方米，部分拆迁户实施货币安置。完成荷花池路、四望亭路（原西门街）、北门街、江阳东路、便益门大桥东接线、江都南路、文昌广场和曲江公园等重大工程拆迁安置工作。2005年，广陵区重大城建项目拆迁工程实施康山园一、二期，泰州路170号，双瓮城，曲江公园二期，广陵产业园部分庄台搬迁，开发东路、便益门大桥南、古运河沿岸、洼字街等地块的多轮拆迁，共拆除建筑面积20万平方米。

图15-2-4　康山园夜景

2006年广陵区“六路一桥”拆迁项目　共22个项目，拆除建筑面积22.78万平方米，涉及居民1177户、单位194家。其中基础设施建设有皮市街、开发东路、解放南路、联谊路、文昌东路一期工程、京杭运河“三改二”工程和文昌大桥新建工程，商品房等民生工程有文昌北苑、长城园、文鹤翠园、明发商业广场等，城市建设和双东街区建设有壶园复建、教场改造、南门遗址广场等项目。

图15-2-5　东关历史街区拆迁改造项目

2007年广陵区重大拆迁项目　新建汽车

图 15-2-6 新建的广陵大桥

图 15-2-7 新建成的文昌东路

东站，拆迁 22 户，拆除面积 7800 平方米；运河南路拓宽改造，拆迁 156 户，拆除面积 3.5 万平方米；解放北路拓宽，拆迁 131 户，拆除面积 2.32 万平方米；文昌东路二期建设，拆迁 75 户，拆除面积 1.55 万平方米；信息产业基地建设，拆迁 78 户，拆除面积 2.73 万平方米；“双东”改造整治，拆迁 259 户，拆除面积 2.04 万平方米；个园扩建，拆迁 18 户，拆除面积 1.39 万平方米；花园路（观潮路）建设，拆迁 69 户，拆除面积 8634 平方米；杉湾花园安置小区项目一期建设，动迁居民 49 户、单位 4 家，拆除面积 1.88 万平方米。

2008 年广陵区重大拆迁项目 围绕打造“两城三区”，全年共实施 19 个拆迁项目，动迁居民 1500 多户，拆除各类房屋建筑面积 37.24 万平方米。其中广陵新城、京杭水镇工程，动迁居民 120 户，拆除建筑面积 2 万平方米；东关街二期修复工程、街南书屋、冬荣园及三和四美地块改造工程，动迁居民 439 户、单位 11 家，拆除建筑面积 5.09 万平方米；广陵产业园实施玛切嘉利一期、二期项目和 BOPP 项目及安置房项目二期项目共 6 个项目，动迁居民 742 户、企业 10 家，拆除面积 22.79 万平方米。

2009 年广陵区重大拆迁项目 实施拆迁项目 30 个，动迁居民 2003 户，拆除各类房屋建筑面积 61.88 万平方米。其中曲江商品城（C、D 区）拆迁 24 户，拆除建筑面积 6001 平方米；吴氏宅第二期修复工程拆迁 50 户，拆除建筑面积 3567 平方米；新农路新建工程拆迁 7 户，拆除建筑面积 1558 平方米；渡江南路改造工程拆迁 8 户，拆除建筑面积 486 平方米；杉湾路新建工程拆迁 12 户，拆除建筑面积 6523 平方米；曲江公园西侧地块拆迁 192 户，拆除建筑面积 3.55 万平方米；信息服务产业基地呼叫中心产业楼拆迁 38 户，拆除建筑面积 1.17 万平方米。

图 15-2-8 改造后的教场街区

2010 年广陵区重大拆迁改造项目 依托“三河”，打造“三城”，实施拆迁项目 52 个，动迁居民 5698 户，拆除各类房屋建筑面积 208.63 万平方米。其中江六高速拆迁 274 户，拆除建筑面积 12.4 万平方米；丁氏马氏盐商宅第拆迁 44 户，拆除建筑面积 4600 平方米；维扬豆食厂拆迁 112 户，拆除建筑面积 4.66 万平方米；城中村改造 15 号地块拆迁 39 户，拆除建筑面积 1.23 万平方米；商业水街拆迁 271 户，拆除建筑面积 13.67 万平方米；文昌东路东延工程拆迁 93 户，拆除建筑面积 5.27 万平方米。

2011 年广陵区重大拆迁改造项目 实施拆迁项目 47 个，动迁居民 4118 户，拆除各类房屋建筑面积 145 万平方米。其中广陵产业园共实施虹扬光源、巨超重工、大众港整治、江六高速补拆、三一重工等项目 8 个，拆除民房、厂房 1150 间，拆除建筑面积 38 万平方米；商贸物流园运河港三期和亚联蔬菜区项目共拆迁 278 户，拆除建筑面积 3.36 万平方米。

四、拆迁房屋安置

1991 ～ 2004 年，共完成 90 个点、5991 户的动迁、安置任务，拆迁房屋面积 57.91 万平方米，安置房屋 4481 套，面积 34.72 万平方米，部分拆迁户实施货币安置。2007 ～ 2011 年，全区共实施拆迁项目 174 个，动迁居民 1.65 万户，拆除各类房屋建筑面积 524.75 万平方米。其中 2008 年和 2011 年，广陵区两次区划调整，广陵各产业园区共实施拆迁项目 121 个，拆迁户数 1.16 万户，拆迁建筑面积 283.87 万平方米。建设安置小区 7 个，占地面积 83.61 公顷，建筑面积 113.7 万平方米，安置户数 8683 户。

2008 ～ 2011 年广陵区部分拆迁安置情况一览表

表 15-2-1

单位＼项目	拆迁情况			安置小区情况						
	拆迁项目（个）	拆迁建筑面积（万平方米）	拆迁户数（户）	安置小区名称	占地（公顷）	建筑面积（万平方米）	容积率	建筑密度（%）	绿化率（%）	安置户数（户）
广陵新城	25	83.60	2761	天顺花园	23.87	31.37	1.25	24.2	43.2	823
广陵产业园	32	118.00	3487	翠月嘉苑 运河明珠	40.60	49.00	2	40	31.2	5052
商贸物流园	10	28.67	895	汤汪花园 B2 区	6.67	14.14	1.80	16.7	36.2	1220
汤汪乡	41	11.93	2775	九龙南苑一期	2.60	4.59	1.48	26.1	37.7	364
曲江街道	13	41.67	1689	古韵新苑一期	4.67	6.20	1.33	24.8	38.3	590
				古韵新苑二期	5.20	8.40	1.40	27.9	35.4	634
合计	121	283.87	11607	—	83.61	113.70	1.35	27	37	8683

第二节　商品房开发

一、房地产开发管理

（一）综合管理

1988 年前，区内房地产开发公司分别隶属于各自主管部门。2011 年 12 月，成立广陵区住房保障和房产管理局，对区内房地产业务归口管理。

开发企业资质管理　1994 年，对各类房地产企业的注册资本金、专业人员资质作明确要求，开始执行房地产开发企业资质等级管理制度。1999 年，对开发企业实行资质年检制度。当年对区内房地产开发企业进行年检，开发企业资质二级或暂定二级企业 6 家、三级或暂定三级企业 5 家、四级或暂定四级企业 4 家。2000 年，建设部印发《房地产开发企业资质管理规定》，提出各资质等级房地产开发企业的注册资金、专业人员资质标准。2001 年，省建设厅制定《房地产开发企业资质管理规定实施细则》。2011 年，市区开发企业从 2000 年的 80 家发展为 160 家。

开发项目管理　1993 年起，对区房地产开发企业进行检查，重点检查土地利用情况、开发经营情况和投资结构情况。1998 年 8 月，区商品住宅实行住宅质量保证书和住宅使用说明书制度，加强商品房销售和住宅质量管理，确保商品住宅售后服务质量。1999 年，对全区房地产开发企业逐一过堂整顿，调查摸底各住宅小区工程项目施工情况，组织住宅工程综合竣工验收。对 1988 年前已竣工住宅项目进行清理补验。2002 年，进一步加强全区房地产开发项目竣工验收管理，明确规定房地产开发项目综合验收制度、验收范围、验收组织、验收条件、验收程序以及法律责任，着手在全区组织实施房地产开发项目竣工验收工作。2001～2004年，广陵区共验收房地产开发项目72个，建筑面积120万平方米。2003年，实行计算机网络商品房买卖合同登记备案，杜绝购房未备案就办理抵押、一房多卖现象。2004年，江苏凯运建设开发有限公司开发建设凯运天地项目申报为国家康居示范工程。2004年5月，规定房地产开发企业应当在签订土地使用权出让项目，或取得划拨土地使用权批准文件后15日内，领取省建设厅统一印制的房地产开发项目手册，将房地产开发项目建设改造中的主要事项记录在房地产开发项目手册中，并定期报送房地产开发主管部门备案。

房屋转让管理 1992年，区房管部门要求各房地产开发公司开发的商品房，均须在市区房屋所有权登记发证办公室登记后方可出售，买方凭开发公司出具的扬州市购买商品房证明、发票及身份证，经房产交易所审核，方可办理产权转移登记手续。1995年，对开发企业新建商品房实行确权登记。商品房办理转移登记监证手续时，必须出具商品房确权登记证明。2002年，依据市政府规定，对个人购买普通住房按2%的税率征收契税，政府补贴1%，个人负担1%；降低房地产交易收费标准，按调降后的50%收费；视房改房上市为存量房交易；改审批制为备案制等7项措施。此规定实施后，市区房地产交易量迅速上升。到当年底，6个月内，办理房屋转让4985笔，面积63.54万平方米，交易金额9.3亿元，分别比上年同期增长73.5%、77.7%和97.8%，从而使二、三级市场形成较快联动循环。2003年6月25日起，恢复原契税征收标准，在过渡间隙期内，市区掀起一波购房热。6月13～25日，市区成交7273单，面积56.55万平方米，交易金额10.2亿元。之后，市区房地产转让交易又趋正常。2007年，贯彻执行《中华人民共和国物权法》(以下简称《物权法》)和房屋登记办法，修改调整业务软件，启用第二代身份证自动识别仪录入登记数据。全年办理各类房屋登记业务4.5万笔，房屋面积454.7万平方米。2008年，下调购买普通住房契税税率，暂免个人买卖印花税和营业税，免征个人转让出售的土地增值税，降低购买房首付比例和个贷利率。全年办理各类房屋登记4.8万笔，房屋面积718万平方米。

商品房销售管理 1988～2001年，市区商品房以开发商自行销售为主。1993年11月，在扬州市首届房屋交易交换大会上，市区16家房地产开发公司推出商品房1600套、10万平方米。2000年起，一年一次的房产交易交换大会改为每年"五一"和"十一"假日两次举行。1998年5月，新开业的房地产大厦二楼房地产市场设置商品房展销大厅，有38家开发商进场展销。1995年起，广陵区实行商品房销售许可制度，建立登记台账，当年登记61份、38万平方米。2003年9月，市区商品房全部进行网上销售与备案。2004年，对开发商发布商品房销售广告、收取订购款等事项作出明确规定，进一步规范房屋销售行为。2006年，完善商品房买卖合同网上备案登记，建立商品房房源信息公示制度，商品房预售合同网上即时备案制度，保证商品房销售合同一经签订，即在网上备案。2008年，进一步规定网上备案程序，提高商品房交易信息透明度。

商品房价格管理 商品房价格管理机制由政府定价向政府指导价及市场调节模式转变。1988年，规定经营商品住房的单位必须编制工程概预算，经中国建设银行审核后，方可作为商品住房的成本依据，并与其他可计入价格费用项目和附加费项目资料报当地城建部门审核，再报物价部门审批售价。2002年，对商品房价格采取直接管理和间接管理相结合，对不同类型商品房价格采取相应价格管理形式。经济适用房实行政府定价，房地产开发经营单位按价格主管部门核定价格执行。普通商品房实行政府指导价，房地产开发经营单位在价格主管部门核定基准价幅度内确定销售价格与浮动范围确定销售价格。浮动幅度按基准价上浮最高不超过5%，下浮幅度不限。高档住宅商品房和非住宅商品房价格实行市场调节价，由房地产开发经营单位自主定价，其综合平均价格报价格主管部门备案。2003年，改经济适用房政府定价为政府指导价管理，全面实行销售商品房"一价清"制度。2005年，规定除经济适用房、安居房、限价商品房等享受住房优惠政策住房及住宅小区容积率在1.0以上，单套面积在144平方米以下的普通商品住房继续实行政府指导价或政府定价外，其他所有商品住房实行市场调节价。2002～2011年，扬州市区普通商品住宅成交均价趋势节节攀高。2002年为1943元（每平方米，下同），2003年为2689元，2004年为2963元，2005年3243元，2006年为3421元。2007年，猛增为4343元，2008年有所回落，为4103元，到2011年，已过7000元大关。

（二）政策调控

1989～2011年，广陵区房地产市场历经市场经济风浪考验，从起伏较大到趋向成熟。房地产市场先后经历三次宏观调控：第一次始于1991～1992年房地产业加快发展过程。1991年，出现超过50%的过快增长，1992年，完成房地产开发投资比1991年增长117%，市区房价增幅超过50%。1993年下半年开始，在国家政策引导下，暂时停止房地产投资贷款。1994年，扬州市将房地产开发项目（不含经济适用房）资本金比例从20%提高到35%以上，当年广陵区房地产开发明显回落。1995年，调控始现成效。1996年，区内房地产业仍处于低谷。

第二次宏观调控是1998年国家决定实施住房制度改革，推行住房商品化新制度，房地产业迅速发展，房价上涨过快。1997年，市区房地产开发投资8.4亿元。2005年，开发投资42.21亿元，8年增长5倍多，而当年市区商品房最高价达每平方米4500元。2005年，对房地产业进行宏观调控，切实稳定住房价格。

第三次调控是有“暖市”的政策导向。2008年，扬州市区商品房合同销售面积同比下降35%，楼市呈低迷状态。2009年，国家出台一系列保增长、扩内需政策措施，新政策发挥“托市”效果。居民住房刚性需求集中释放，市场摆脱低迷。当年，扬州市区商品住房合同成交1.02万套，商品住宅销售面积121.74万平方米。2009年第二季度，市场转暖复苏，市区商品住房市场呈现量价齐升态势。

扬州市区房地产市场历经国家三次大的宏观调控，基本保持平稳发展，没有出现大起大落，市场可持续发展，步入成熟时期。

（三）开发项目

东花园　80年代初，广陵区第一个商品住宅小区。1981年开工，至1988年年底，建成砖混结构条式和点式住宅楼121幢3005套，18万平方米，入住居民1.3万人，户均50～80平方米，配建幼儿园、邮局、粮油店、储蓄所和居民活动室，为当时市区最大居住小区。

广陵世家　位于广陵产业园内，建筑类型为新中式建筑风格小高层住宅。规划20万平方米景观绿地、层次网络状立体景观以及纵深空中花园和270度景观飘窗。

银泰雅苑　位于江阳东路与联谊路交汇处，物业形态为叠院洋房、叠加别墅和商业广场。整体建筑高低错落有致，大尺度空间，1.28低容积率，大间距，低密度，平地、坡地加空中绿化。

名都华庭　位于文昌路与江都路交汇处，建筑面积16万平方米，其中12万平方米为小高层及部分叠加别墅。

凯运天地　位于古运河东岸，北到便益门桥南，南到跃进桥，集旅游、文化、娱乐、休闲、养生功能为一体的大型水岸生态社区。获江苏省优秀住宅金奖，为国家康居示范工程。

公园一号　与曲江公园紧邻，总用地面积7. 5公顷，总建筑面积12万平方米，物业形态有多层、小高层、高层，户型面积70～400平方米不等。

运河一号公馆　建筑面积11.14万平方米，从40平方米精致小公寓至260平方米华贵复式住宅，满足各式生活空间需求。

运河一品　位于东区古运河边，占地面积14公顷，建筑面积21.08万平方米。由多层府邸、小高层住宅、沿河商业会所和公寓式写字楼多种物业组成。项目紧依古运河风光带，营造小区水景。

文昌花园　市区安置住房困难户和拆迁户最大的经济适用房小区，扬州经济适用房第一品牌，由市区10家房地产开发公司联合打造。按建设部康居工程标准设计，占地面积39.88

图15-2-9　文昌花园小区

公顷，建筑面积39.8万平方米，100幢住宅楼，3200户，居住人口1.2万人。小区规划设计“以人为本”，采用先进施工技术和新型建筑材料。公共设施配套齐全，设有小学、幼儿园、保健室、老年活动室、社区服务中心、商务网点，小区内有1万多平方米的中心花园广场，绿化率达45.5%。

1989～2011年广陵区部分开发建设项目一览表

表15-2-2

项目名称	用地面积(公顷)	建筑面积(万平方米)	开发商
东花园	24.97	26.75	中房集团扬州公司
沙北小区	13.88	17.23	中房集团扬州公司
荷花池小区	5.00	7.72	广陵区住宅办
桑园北村	2.41	3.63	市城市房地产开发公司
江陵花园	2.44	3.40	扬州江陵房地产开发公司
皇宫小区	1.61	4.75	市万江房地产开发公司
安墩新寓	1.40	3.20	扬州恒远房地产开发公司
彩衣苑	1.50	2.50	市万江房地产开发公司
工人新村	1.10	2.20	扬州恒远房地产开发公司
文昌花园	39.88	39.80	市经济适用住房发展中心
连运小区	21.23	21.90	江苏省房地产开发实业扬州公司
万马滨河城	9.60	19.00	扬州万马房地产开发有限公司
东方名城	10.68	17.00	扬州庆松房地产开发有限公司
曲江新村	11.96	15.12	市金鹰房地产开发有限公司
宝林商贸广场一期(金盛国际家居)	17.91	12.00	扬州宝林家具装饰港有限公司
万马1919	1.11	3.52	扬州万马房地产开发有限公司
贵宇商业市场	3.29	4.60	市贵宇房地产开发有限公司
鸿泰家园	6.67	8.59	扬州鸿大房地产开发有限公司
宋城名都	3.69	4.24	中房集团扬州公司
文昌百汇商业步行街	1.80	4.00	江苏汇扬建设发展有限公司
东城国际大厦	0.50	4.00	扬州金利华置业有限公司
秦淮花园	1.95	2.02	苏源集团江苏房地产开发有限公司扬州分公司
运河一号公馆	6.19	11.14	扬州汇力房地产开发有限公司
东方名城·和园	15.00	34.00	扬州庆松房地产开发有限公司
银泰商务中心	0.72	2.53	扬州银泰房地产置业有限公司
名城·运河佳园	3.11	15.03	扬州名城建设有限公司
广陵世家	12.60	22.68	扬州韵城房地产开发有限公司
润源庭	2.54	3.05	扬州武夷房地产开发有限公司
凯运天地(壹位广场)	23.62	29.44	江苏凯运建设有限公司
汇金广场	1.85	3.64	扬州源威置业有限公司
明发商业广场	7.05	14.52	明发集团扬州房地产开发有限公司
新能源天地运河一品	14.00	21.08	扬州新能源天地房地产开发有限公司

续表 15-2-2

项目名称	用地面积(公顷)	建筑面积(万平方米)	开发商
名城运河锦园	10.50	15.03	市名城建设有限公司
江扬尚东国际	10.00	5.18	扬州江扬栖龙湾房地产开发有限公司
骏和天城	14.71	20.00	扬州骏和置业有限公司
世纪尊园	3.02	3.60	扬州世界城置业有限公司
兰海现代城	8.15	7.06	扬州金汇实业有限公司
阳光上居(联谊花园)	1.90	3.30	市经济适用房发展中心
运通商贸城	18.41	20.99	市城建置业有限公司
首席国际大厦	3.38	6.08	市泰达投资置业有限公司
大世界国际广场	1.29	3.86	扬州泰华置业有限公司
公园一号	7.50	12.00	扬州明源房地产开发有限公司
江南一品	8.25	13.34	扬州华成置业有限公司
水韵福邸	4.28	2.00	市恒昌置业有限公司
天籁维也纳	2.94	2.00	扬州诚泰置业有限公司
皇都漫城	15.60	22.00	扬州鼎运实业有限公司
金鼎旺座	2.87	4.30	扬州恒景房产有限公司
东方国际食品城	9.00	13.50	扬州锦兴置业发展有限公司
和昌运河东郡	17.50	35.00	江苏和昌置业发展有限公司
运河城市广场	3.34	11.80	扬州华盛置业有限公司
品墅	0.67	0.74	市华达房地产开发有限公司
江南左岸	1.35	3.20	扬州民生置业有限公司

1989～2011年广陵区房地产开发投资新开工面积和销售面积一览表

表 15-2-3

年份	投资额(亿元)	新开工面积(万平方米)	销售面积(万平方米)	年份	投资额(亿元)	新开工面积(万平方米)	销售面积(万平方米)
1989	0.31	11.38	2.95	2001	2.02	10.47	5.48
1990	0.31	9.44	2.45	2002	2.03	11.98	9.59
1991	0.37	9.34	2.25	2003	2.08	14.33	8.86
1992	0.22	4.85	1.17	2004	4.67	29.28	15.64
1993	0.79	12.49	3.02	2005	6.53	33.55	11.65
1994	0.97	16.38	3.94	2006	3.23	39.93	35.09
1995	0.72	10.63	2.56	2007	4.58	39.93	37.23
1996	1.18	12.50	3.01	2008	10.45	81.90	70.25
1997	1.14	10.21	3.08	2009	9.09	114.82	84.08
1998	1.63	14.63	6.88	2010	17.29	130.00	97.05
1999	1.66	8.89	5.35	2011	28.91	179.35	115.98
2000	2.09	8.73	5.10				

二、房地产开发公司选介

（一）市新东方房地产开发有限公司

由原广陵区东方经济房地产公司于2000年经广陵区政府批准改制后成立，三级房地产开发资质。注册资金1100万元。公司成立后，按市区统一规划，进行荷花池棚户区改造，建成环境优美、居住舒适、配套齐全的新型住宅区砚池新寓；在扬子江中路开发建设造型别致新颖、富有时代气息的“双子星座”高层建筑——新东方大厦；在高邮市区开发建设驿都花园别墅区；在扬州市区代建三元桥小学和阳光小区。

（二）扬州华亨房地产开发有限公司

位于文昌中路8号首席国际大厦B座8楼，二级开发资质。创建于2004年。注册资本2000万元。2005年，在广陵区施井路北侧开发扬名苑，占地面积6.05公顷，建筑面积7.31万平方米，为多层住宅配套建有沿街商铺和幼儿园。

（三）江苏凯运建设开发有限公司

由江苏吴中集团有限公司和市城建国有资产控股（集团）有限公司联合组建。成立于2003年。注册资金1亿元。房地产开发二级资质。获“扬州市房地产业十佳企业”“江苏省房地产综合实力50强企业”称号。着力打造运河东岸风光带改造项目——凯运天地，运作四个子项目：水岸华城、水岸华邑、华美达凯莎酒店、壹位商业广场。该项目获“国家康居示范工程”“江苏省优秀住宅金奖”“江苏绿色理想型住宅”称号。

（四）江苏天地房地产开发有限公司

位于广陵区文昌中路63号，前身为市房屋开发公司。组建于1984年。2001年进行改制并更名。2003年，升级为国家房地产开发一级资质企业，也是本土首家一级资质开发企业。注册资金2000万元。下属独资公司——市金鹰房地产开发有限公司，合资公司——扬州新能源天地房地产开发有限公司，为扬州市房地产开发综合实力十强企业。成功开发顾庄新村、施井小区、兰香苑、金银商苑、邵庄新村、梅花山庄、中信银行商厦、文昌花园、曲江新苑、天地大厦和阳光水岸花园，累计开发70多万平方米。至2011年，总资产2.78亿元，当年销售收入8225万元，利润1465万元。

（五）市扬子江置业有限公司（原市信益房地产开发公司）

位于广陵区汶河北路65号联通大厦，国有法人独资有限责任公司。成立于1993年。房地产开发二级资质。注册资金2495万元。公司在海南三亚，广西北海，江苏南京、无锡、扬州等地独立或联合（投资）开发酒店、商厦、住宅等项目12个，开发量40多万平方米，具体项目有：海南三亚海天国际大酒店、无锡扬子江商厦、南京长江国际中心、南京华意居公寓、扬州联通大厦、扬州中学住宅小区、扬州渡江西苑、吉祥苑、扬子佳竹苑、珍园、扬州迎宾馆改造、扬子豪泽苑等。

（六）扬州星晨置业有限公司

位于广陵区东盛花园商业2幢。成立于2005年。国家房地产开发二级资质。注册资金3000万元。是年，开发东昇花园。该项目占地面积5.07公顷，建筑面积5.46万平方米。2006年，被省建设厅评为江苏省优秀住宅。是年，被金秋房产博览会评为百姓最喜爱楼盘奖。2007年，开发邗江区第07053号土地，占地面积1.26公顷，建筑面积2.41万平方米。2008年，在泰州设立分公司，开发泰州2009年第51号地块，占地面积5.77公顷。2011年，总资产1.32亿元，收入2.16亿元，利润2310万元。

第三节 房产管理

一、权属管理

（一）单位自管房登记发证

广陵区房屋按产权性质分为直管公房、企事业单位房和私有房屋3种。区内从1988年起，对3种不同性质房屋进行登记发证。广陵区单位直管房发证首先从企事业单位自管房开始。1988年9月，在市纺工系统试点，发证机关派员参与收件登记、勘丈、绘图、审核、发证全过程。12月，此项工作全面展开，明确广陵区发证登记工作从1989年1月始收件登记。1989年6月，市发证办明确对违章建筑处理意见、房屋建筑面积计算方法；对历史遗留问题、私房继承、买卖契税、建筑执照许可证遗失、单位出卖使用权、违章建筑等16种类型的房屋登记，提出具体处理意见。10月，区内市纺工、电子、邮电、外办、建委等12个系统及大专院校、驻区单位全部完成登记工作，登记自管房401万平方米。11月，首批发证36个单位199处70.5万平方米。在此工作基础上，市政府办公室印发《扬州市区房屋所有权登记发证实施细则（试行）》，规定登记范围和对象为市区范围内（含湾头镇）的所有房屋，包括全民所有制机关、人民团体、部队、学校、企事业单位、驻扬单位、房管部门的直管公房，集体所有制房屋、私人房屋（含区内农民私房），中外合资企业、外国人房产及宗教房屋。

1988～1991年，区内共登记单位自管房850万平方米，厘清各系统、单位房屋权属登记关系，收集整理大量房屋产权、产籍档案资料。1993年，登记单位自管房24.4万平方米，产权转移登记5.27万平方米，注销登记5.7万平方米，新建、翻建、改建、拆建房屋登记14.97万平方米。1994年，完成单位新建房登记36.5万平方米。是年，市房地产公司对直管公房进行登记，登记建筑面积65.9万平方米。

（二）私房权属登记发证

1990年4月，区内开展私房权属登记工作。首先在汶河街道办事处所辖甘泉路居委会进行试点。工作程序分为申请登记收件、勘测丈量、审批发证、建档统计四个阶段，保证房屋产权户籍资料完整准确。1991年，广陵区私房权属登记逐步推进，登记率75%。8月，广陵区首批41户居民领取房屋所有权证。1993年年底，广陵区登记私房1.15万户，面积100万平方米。

（三）登记发证正常化管理

单位自管房和私房房屋权属登记发证从1988年开始突击集中进行，1993年基本结束。该项工作随之转入正常化管理。1995年，强化商品房所有权登记，对私房登记符合条件的遗留户进行补登记，办证1371本；完成单位新建、变更、转移登记面积40万平方米。1996年，为解决单位直管房产权不明等历史遗留问题，重新现场测绘房屋面积并分割到户。当年，测绘510家单位2561幢面积246.3万平方米；解决历史遗留问题76处，完成优惠出售公房登记6720户，发证6390户。1997年12月，启用全国统一印制的防伪版房屋所有权证、共有权证、他项权证。1998年，规定房屋权属登记分为总登记、初始登记、转移登记、变更登记、他项权登记、注销登记六种类型。1999年，开展房屋权属登记规范化达标活动，广陵区12家改制企业办理登记确权手续。2002年，为理顺各类房屋确权工作，规范购买商品房登记业务的办证手续，要求开发企业将尚未出售的房屋列出清单，核发尚未出售或发证房屋的证明，凭证明办理产权转移登记，有效避免重复发证。是年，制定改制企业办证减免费用、特事特办的优惠政策，为改制企业解决实际问题。2006年，规范商品房车库、阁楼面积测绘和权属管理，明确开发企业在商品房预销售前，必须将车库、阁楼的规划设计面积同商品房一并进行申报。对层高大于或等于2.2米的部分，计入整幢楼房屋建筑面积，可合并计入成套房屋建筑面积；对层高低于2.2米部分的面积，应在测绘表中予以注明，并在房屋权属证书的附记栏明确其相应的权利和义务，明晰产权人权利。2007年，根据《物权法》规定，结合扬州市房屋交易权属管理现状，进行业务办公软件改造升级，使用新的软件系统。6月起，非住房房屋登记收费不再按照房屋面积收取，统一标准为每件550元。1993～2011年，区内房屋权属登记计7022.53万平方米，发放权属证书58.52万本。

1993～2011年广陵区房屋权属登记发证情况一览表

表15-2-4

年份	面积（万平方米）	证书发放（本）	年份	面积（万平方米）	证书发放（本）
1993	132.75	3996	2003	370.06	27625
1994	135.20	9820	2004	283.50	28000
1995	50.60	7895	2005	559.25	38160

续表 15-2-4

年份	面积(万平方米)	证书发放(本)	年份	面积(万平方米)	证书发放(本)
1996	160.80	10012	2006	444.00	35000
1997	80.70	28017	2007	454.70	45000
1998	305.93	14836	2008	718.00	48000
1999	210.40	18496	2009	1482.00	75000
2000	401.46	26574	2010	291.59	68600
2001	403.54	19293	2011	198.40	62000
2002	339.65	18905	合计	7022.53	585229

(四)村镇房屋权属发证

2002年区划调整,汤汪乡、湾头镇划归广陵区。区建设局于2002年8月开始,对上述农村的村镇房屋产权产籍进行管理。当年共发放房屋所有证108本,确权面积2.16万平方米。其中初始登记87本,确权面积1.74万平方米;变更登记21本,确权面积0.42万平方米。至2004年年底,累计发放房屋所有权证471本,确权面积9.41万平方米。其中初始登记358本,集体房屋所有权证和私有房屋所有权证分别是7本和351本,确权面积分别为0.35万平方米和6.81万平方米;变更登记113本,集体房屋所有权证和私有房屋所有权证分别是6本、107本,确权面积分别为0.3万平方米和1.96万平方米。2006起,恢复村镇房屋权属登记。2006～2010年,全区共办理村镇房屋所有权证168本,确权面积3万平方米。

二、直管公房

(一)产权管理

1958～2004年,市区直管公房由市房地产公司代管。1984年,市房地产公司隶属于广陵区。1988年,为加强对直管非住宅房屋管理,组建非居住用房管理所,管理面积13.3万平方米。1991年,针对管理面积不均衡,调整广陵、东关两房管所管辖范围,将广陵区房管所管辖的莲花、安乐等地段17幢楼房、557户平房,计3.05万平方米公房划归东关房管所。1996年,市区直管公房面积110万平方米。2005年以后,市区直管公房由市直管公房管理处接管。

1989年,落实教会房屋政策,撤销对市基督教房产的代管。该教会收回132间5厢21批房屋和1幢教堂,建筑面积4837平方米。其时,天主教、伊斯兰教、佛教、道教等宗教房产仍由市房地产公司代理经租。

1995年,扬州市区出售公有住房实施细则发布,直管成套公有住房开始按房改政策向公房承租户出售。至2008年,计出售直管公房7932套,建筑面积45.81万平方米。1997年,对粮食部门承租的用于粮油经营的房屋全部划转,计1486平方米;对代管房产及工作住房使用或转租的计1201平方米房屋继续由市房地产公司管理。当年,古运河综合整治拆迁改造,大多集中于古城区的直管公房被大批量拆除。至2008年,累计拆除直管公房11.24万平方米,其中居住房8.69万平方米、非居住房2.55万平方米。

1997～2008年,市房地产公司配合市落实私房政策办公室,落实私房遗留问题,计退房3.71万平方米,作价补偿3.2万平方米,产权置换1438平方米。

市房地产公司管理的直管公房数量从1996年始急剧减少,由该年110万平方米减少到2011年的51.62万平方米。其中按结构分,楼房8.08万平方米,平房43.54万平方米;按用途分,住房41.87万平方米,非住房9.75万平方米。所剩多为破旧、缺乏配套、年代长久的房屋。

(二)租赁管理

广陵区长期实行福利性低租金租赁办法。1989年,住房租金平均为每平方米0.08元。1992年7月,市房地产公司对直管居住公房提租,租金由每平方米0.11元提高到0.27元。同时对承租直管公房的离休干部和贫困户提租后增支过多的部分给予租金减免。

1993年，区直管非居住租金实行统一成本租金（基价租金）计租办法，砖混（砖木）一等房屋基价租金为每平方米4.2元。1993年2月后新增，已实行协议租金计租的，以直管非居住公房进行联营入股，个人承包或老房新租的公房实行协议租金。协议租金按同类结构房屋成本租金的4～8倍收取，同时对行政事业单位、民政福利性单位等租用新居住公房实行减免政策。此非居住公房共调租383处12.85万平方米。

2000年，再次对区直管非居住公房租金进行调整，对1992年前承租非居住公房的行政事业单位、民政福利性单位、商业网点等砖混一等房屋租金调整为每平方米（建筑面积）8.4元，其余在1993年租金标准基础上上调一倍。

2002年，出台直管公房承租权有偿转租办法，分两种方式：一种方式为承租人将房屋承租权有偿退还给产权人，由产权人支付补偿金给退让人；另一种方式为承租人经产权人同意，自愿转让住房承租权，由受让人支付补偿金给产权人，转让方与受让方之间的经济受益由双方议定。产权人收取补偿金标准，单门独院每平方米（使用面积）300元，成套住宅每平方米250元，其他住房每平方米200元。

三、落实私房政策

1958年，原扬州市（县级）进行私房改造，由于“私改”工作扩大化，遗留一些问题。1963～1987年，国家、省有关部门先后发文，逐步予以解决。至1990年，广陵区基本解决“文化大革命”期间对私房改造和华侨房屋的落实政策问题，总计处理解决301户，其中发还房屋99户、作价补偿98户、按华侨政策处理104户（其中作价14户、交换产权9户、补发定息81户），但之前的“私改”遗留问题尚未处理完毕。

1997年9月，市政府印发《扬州市市区私有出租房屋社会主义改造遗留问题处理意见》（以下简称《意见》）。《意见》明确，1958年以来，凡出租房屋建筑面积在100平方米以下，而被纳入改造的，不属改造范围，予以落实处理。处理方式有带户发还房屋产权、作价补偿和产权交换。

1997年10月，广陵区从房管、公安、监察、司法、纺工、轻工等部门抽调31人，成立东关、城南、汶河、广陵4个街道办事处6个调查小组、1个复审组、1个落实组和1个协调组开展此项工作。12月，市、区两级召开会议研究确定首批34户，明确作价收购或作价补偿，平均价为每平方米200元，另给予政策补贴款每平方米200元。此后重置价调整时，政策补贴亦作相应调整。在外人口计划自留房截止日期为1966年9月底，在此后迁回扬州的则不再补划自留房。对房主或其继承人有2户或2户以上的现住既有公房（含单位自管公房和原住公房在住房制度改革中通过购买而变为私房）又住有私房的落实私房政策户，若现有公房建筑面积之和等于或小于落实房屋建筑面积的，则带户发还产权，反之则作价收购。落实私房政策的资金，谁占有，谁出资。应由政府承担的资金（含特困企业应承担的部分资金），由基层房管部门测算，向政府申请，解决作价补偿的资金。

1998年2月，审定第二批23户落实政策。落实私房政策资金问题，由市财政预留100万元，按工作进度拨付。11月，市政府第九次常务会议，就落实私房政策工作作出决定。年内，市财政安排50万元，以后每年安排100万元，列入市财政预算。

1999年8月，市政府第十七次常务会议决定，对带户发还后“三不修”（市房地产公司无权修理，房主不愿修理，租客不能修理）的房屋由政府拨专款解危修缮后，再作带户发还处理。至2005年年底，对带户发还的142处危房进行调查和修理，总投资320万元，共协调处理带户发还房主、租客之间的租赁、维修、腾让等各种矛盾纠纷3万多户次。

2008年，该项工作告一段落，共按照要求落实私房政策申请登记1661户，除10户属公产和没收产权暂不处理外，审理1651户，符合落实私房政策条件的1085户，建筑面积7.02万平方米，作价补偿金额共1278.03万元。

1998 ~ 2008 年广陵区落实私房政策情况一览表

表 15-2-5

项目 / 年份	带户发还产权		作价补偿			产权交换	
	户数(户)	建筑面积(平方米)	户数(户)	建筑面积(平方米)	作价金额(元)	户数(户)	建筑面积(平方米)
1998	136	11275	66	4652	1860768	3	216
1999	186	12441	183	10248	4099236	4	212
2000	120	8977	146	8076	3230458	6	373
2001	36	1812	59	3541	1460720	1	208
2002	13	875	35	2385	1034064	4	302
2003	6	314	14	489	195504	—	—
2004	3	29	6	273	109432	1	10
2005	5	529	10	458	183268	—	10
2006	5	244	4	287	114808	2	108
2007	5	259	13	967	386796	—	—
2008	7	342	6	263	105232	—	—
合计	522	37097	542	31639	12780286	21	1439

四、危房普查和治理

(一)危房普查

广陵古城的平房大部分是清代咸(丰)同(治)年间和民国时期建筑,少数为砖木结构,大部为战乱后恢复建设的乱砖糙灰泥墙体,历经百年风雨,损坏严重。此外普遍存在隐患的是国家困难时期兴建的扁砖斗墙、素混凝土券拱结构,密肋式屋面的简易砖混结构。

1990 年,广陵区有危险住宅 8.8 万平方米,其中一级危房 1.6 万平方米,严重影响住户生命财产安全。5 月,成立市区危房改造领导小组,对市区危房进行有计划改造,列入为民办实事项目。当年计划翻修危房 5000 平方米,年底实际完成 6480 平方米。2001 年,广陵区进行危房普查,区直管公房总面积 60.63 万平方米,其中平房 48.21 万平方米、楼房 12.42 万平方米,居住人口 1.3 万户 3.93 万人。普查出危房面积 10.6 万平方米,占总面积的 17.48%,其中严重损坏房 4.4 万平方米、局部危险房 3.93 万平方米、整幢危房 2.27 万平方米。

(二)危房鉴定

1991 年起,市房管部门开展危房鉴定工作,当年鉴定广陵区 160 家单位 9.2 万平方米自管危险房屋。2003 年,危房鉴定 240 多处 8 万平方米。2005 年,广陵区鉴定各类房屋 12 万平方米,组织专家对 10 处有争议的房屋安全问题进行技术鉴定。鉴定按照提出申请、受理、查勘鉴定和提出处理意见 4 个程序进行。对被鉴定为危险房屋的,分为观察使用、处理使用、停止使用、整体拆除 4 类处理方式。经鉴定房屋危险且随时可能倒塌的,鉴定机构及时发出房屋停止使用通知书。凡经鉴定为拆除的房屋,产权人必须到房屋产权监理部门办理产权注销手续,停止使用,做好隔离措施,限期拆除。

(三)危房治理

1991 ~ 1995 年,广陵区解危开发 21 幢楼房,建筑面积 3.76 万平方米,解除危房 2.59 万平方米。2002 年起,在市、区两级政府领导下,加大解危力度,每年拨给 150 万元专项费用。2002 ~ 2005 年,计划改造危房 46.16 万平方米,实际改造危房 48.76 万平方米。

2004 年,启动 41 幢直管公房危楼住户(1.84 万平方米、482 户、1378 人)的腾让安置工作,解决定销房

66户、限价房241户、货币安置4户、调剂2户，拆除危楼17幢29户。在广陵区联谊花园和黄金小区各建设解危安置房1万平方米，进行异地安置。至2008年，41幢危房解危工作基本完成。其后加强危房质量跟踪，转入常态化管理。

1989～2008年广陵区直管公房解危修缮工程一览表

表15-2-6

项目 年份	翻改建工程（平方米）	大修（平方米）	中修（平方米）	小修保养（间次）
1989	639	5699	22864	47715
1990	700	11558	25543	58844
1991	—	10516	25637	62173
1992	—	8800	26606	64324
1993	—	17240	28689	72455
1994	—	30000	28321	74817
1995	—	14541	28512	73995
1996	—	10800	20800	70000
1997	—	13899	20402	71518
1998	—	11599	20130	68395
1999	—	12445	18566	161025
2000	—	10368	23104	—
2001	2073	9388	9850	69964
2002	14203	7975	16900	72265
2003	7050	9702	20679	89092
2004	17541	6980	15928	91091
2005	14293	6647	13057	104389
2006	—	36004	13238	107660
2007	—	25176	6536	75781
2008	—	52667	2650	89074
合计	56499	312004	388012	1524577

说明：“—”即无此项工程量发生

五、白蚁防治

1994年调查发现，广陵古城的古典建筑和传统砖木结构房屋均程度不同地遭受白蚁蛀蚀，如仙鹤寺、旌忠寺、何园、个园等处危害严重。1995年调查统计，新中国成立后陆续建设的房屋，遭受白蚁危害的达80%以上。白蚁防治主要包括新建房屋预防和旧民居白蚁防治。

1988～1993年，白蚁防治主要对广陵区所辖直管公房和老城区民宅发现的白蚁进行灭杀，控制蚁患蔓延。1993年后，新建房屋白蚁防治成为主要任务。1993～2005年，白蚁防治中心与新建房屋单位签订白蚁预防合同1484份，计1121.23万平方米；与蚁害户签订白蚁灭治合同4987份，计57.91万平方米。经过白蚁预防处理的新建房屋，遭白蚁危害不足1%，预防效果显著。

六、物业管理

1995 年住房制度改革前，实行福利性管理。1995 ～ 1998 年，广陵区建筑面积 31 万平方米以上的 47 个小区实行“谁开发谁管理”售后管理模式。1998 年，广陵区开始建立业主自治与物业管理相结合的社会化、专业化、市场化物业管理新机制。

（一）物管制度

图 15-2-10　2004 年，鸿泰小区获市级物业管理优秀项目

1997 年起，执行《扬州市城市住宅区物业管理办法》。按物业管理市场规则，推行招投标制度，形成物业管理市场化机制。2003 年，执行《扬州市物业管理招投标办法》，明确 4 万平方米以上新建住宅区必须经过招投标方式选择物管企业。当年，在 12 个小区实行招投标。文昌花园小区成功面向全国招标，择优选择物管企业。至 2011 年，广陵区共有 63 个项目通过招投标选择物管企业。

建立住房专项维修资金制度，缓解房屋公用部位、共用设施设备维修难矛盾。1995 年，房改售房时就收取归集房改房维修资金。1999 年，适时建立商品房专项维修资金制度，由售房单位向购房人价外收取，分两次将维修资金缴存至指定账户。经过 13 年的收取归集，广陵区共归集维修资金 2 亿多元。

（二）物管公司

物业管理经过快速发展，住宅区物业管理覆盖面得到迅速提高，物业管理项目从住宅区管理向工业区、学校、医院、商场、机关办公楼等多元扩展。至 2011 年，广陵区有物业管理公司 31 家，其中扬州万杨物业管理公司具有二级物业管理资质，其余为三级资质。物管企业完善项目经理考核，强化员工服务水平和专业技能，履行绿化卫生、安全防范、房屋维护等职责，提升物业管理满意度。共实施 63 个小区物管 685 万平方米。2000 年，顾庄小区获“省级优秀物管小区”称号。2004 年，连运、鸿泰小区获市级物业管理优秀项目。

2011 年广陵区小区物管情况统计表

表 15-2-7

序号	物管企业名称	小区	建筑面积（平方米）	户数（户）
1	广东珠港物业管理有限公司扬州分公司	颐景园	139404	832
		众恒紫园	116930	947
		东方丽景	46880	542
		名都华庭	114000	901
		东昇花园	54556	658
		江南一品	133353	853
2	扬州华融中原物业服务有限公司	品墅	7255	26

续表 15-2-7

序号	物管企业名称	小区	建筑面积(平方米)	户数(户)
3	扬州兰庭物业服务有限公司	联谊花园	280000	3050
		连运小区	219000	2362
		九龙花园 5～7 期	285500	2118
		杉湾花园 4 期	88000	858
		杉湾花园 1～3 期	291000	3226
4	市金牛物业服务有限公司	香居美苑	23000	140
		香泉岭	14000	123
		东花园河南片	100000	1300
		世纪尊园	36014	353
5	市志城物业服务有限公司	名城运河锦园	150326	1250
6	扬州中房物业发展有限公司	万颐苑	40000	218
		康山文化园三期	15800	158
7	市九龙物业服务有限公司	九龙花园 1～4 期	240000	2288
8	市朝阳物业管理有限公司	朝阳苑	105000	1400
9	扬州新世纪物业管理有限公司	广储苑	34097	327
		治淮新村	44840	598
		淮海路 157 号	18397	221
10	市万江物业发展有限公司	皇宫广场	37000	390
		彩衣苑	25000	330
11	新泰物业服务有限公司	古运新苑	69000	627
12	扬州汇成物业有限公司	文鹤翠园	21000	170
13	扬州嘉宏物业管理有限公司	润源庭	30480	270
		嘉荷苑	79620	720
14	扬州翠岗物业管理有限公司	安康北苑	19000	255
		五台新村	32000	536
15	扬州诚智物业服务有限公司	万马滨河城	190000	1500
16	扬州三星物业管理有限公司	东方名城	170000	1222
		和园	170000	1560
17	扬州诚兴物业服务有限公司	文峰苑	11843	123
		东花园 1 号院	3683	46
		汇金广场	36410	710

续表 15-2-7

序号	物管企业名称	小区	建筑面积(平方米)	户数(户)
18	市万杨物业管理服务有限公司	文昌花园	398000	3299
		天顺花园 1～4 期	313700	2290
19	市鸿大物业管理有限公司	银泰雅苑	85000	633
		鸿锦花园	33800	240
		鸿泰家园	85874	648
		壹位广场	38115	154
		凯运水岸华城	89046	559
20	市康乐物业管理有限公司	运河佳园	164954	1366
		文昌北苑	130000	1286
		韵和园	12000	28
		滨河苑	15179	117
21	市江扬物业服务有限公司	江扬尚东国际	51804	382
22	扬州大圣物业	水韵福邸	20000	117
		沙洲府	11000	98
23	市开来物业服务有限责任公司	翠月嘉苑(北)	200000	1110
		翠月嘉苑(南)	320000	2900
		翠月嘉苑(东)	195000	1743
24	南京永和物业	广陵世家	226762	1681
25	南京江鸿物业	运河一号公馆	111420	708
26	上海顺达物业	蓝海现代城	70580	793
27	苏州悦华	骏和天城	231512	1703
28	苏州依仕达物业	凯运天地(水岸华邑)	167335	790
29	无锡名都物业管理有限公司扬州分公司	扬名苑	73077	633
30	江苏新能源物业服务有限公司	运河一品	210837	492
31	河南怡丰物业服务有限公司扬州分公司	和昌运河东郡公馆(一期)	103915	558
合计		63	6851298	57536

(三)物管模式

1999 年,《扬州市城市住宅区物业管理办法》中明确规定:“配套设施不全的城市原有住宅区,由所在地人民政府组织该住宅区原开发建设等单位进行整治,创造条件,逐步实施物业管理。”市、区两级政府在老小区改造中投入经费 900 万元,对广陵区顾庄新村、江陵花园、东花园、治淮新村、桑园北村、王巷新村、集贤居、施井新村、荷花池小区共 170 万平方米建筑面积实施综合整治,共 11 个老小区、59.5 万平方米整治后实施物业管理。在面积较小的老小区则开展群众性自治自管（如武庄8号广陵区机关干部宿舍），取得与专业性管理同等效力管理效果。

2011年，全区全面推行“三位一体”（社区居委会、业主委员会、物业服务企业三方建立的物业管理小区联合工作组）物业管理新模式。在名都华庭、凯运天地及荷花池小区等10个小区建立“三位一体”物业服务机制；积极落实无物业小区基本物业服务，指导4个街道成立物业服务中心且通过验收，同时做好基本物业服务的推进工作，促进朝阳苑等10家住宅小区转化基本物业服务。是年10月底，市房管局在广陵区召开全市基本物业服务推进现场会，由东关街道作经验介绍，促进2011年度整治的15个老小区后续管理工作。

图15-2-11 翠月嘉苑与物业商讨周围营业商铺安全的相关事宜

专记 武庄8号小区自管纪实

武庄8号小区建于1996年，为广陵区机关干部宿舍。2010年3月起，小区管理事务由小区自己建立自管委员会（以下简称自管会）负责和组织。

一、小区原貌

小区有3个楼幢、114户。因建成时间早，缺乏物管，小区环境脏乱差。道路破损凹陷，高低不平，行人走路不便，常有老年人跌倒摔伤；地下排污管道和化粪池陈旧、堵塞，粪水漫溢；院里地面和花坛被少数住户占用栽蔬菜，堆放破烂和垃圾；部分楼上居民垃圾袋直抛楼下；夏日雨水、污水漫流。小区事务管理矛盾十分突出。

二、管理组织

由于住户少，没有物业公司愿意进驻管理，居民代表向康乐社区居委会领导建议，期望社区帮助成立自管会。社区居委会积极支持，帮助做好成立自管小组组织工作，向114户居民发放推荐候选人调查表。根据收回的72份调查表推荐出7名候选人，并张榜公布。杨杏芝被推选为自管小组组长。

自管小组进行工作分工，小区每幢楼明确楼幢长1名，每个楼道单元明确1～2名楼道管理员。为完善楼群自管组织体系，2010年10月，自管小组更名为自管会，每幢楼建立自管小组，原楼幢长任自管组组长。自管小组由原来楼幢长和楼道管理员组成。

三、管理工作

（一）入户调查

自管会成员深入每户走访，发放调查表，从中梳理出30多条意见和建议，并写成书面汇报材料，向社区、市驻区相关部门反映居民呼声。

（二）借力借智

现小区居民三分之二为外来户，不少是做小生意、打工、收破烂的，提高居民素质，创建文明小区难度很大。自管组组长写信给市委书记王燕文，请求市领导关心和帮助解决居民实际问题。在市委书记王燕文、副书记王荣平

图15-2-12 2010年3月，武庄8号小区建立自管委员会

关心下，市创建文明城市办公室负责人在社区召开座谈会，又召开维扬区、广陵区、双桥街道相关领导人参加的协调会，明确责任，并形成会议纪要。2011 年 7 月，王燕文到 8 号楼群小区视察调研。市创建办、维扬区创建办、建设局、广陵区行政局、扬州电视台、《扬州日报》《扬州晚报》、双桥街道、康乐社区、四季园派出所、江苏江扬集团、市新兴金属材料公司、市开来物业公司等都给予支持，资助添置小区硬件设施。自管会先后办实事 10 件，基本解决居民关心的切身问题。

（三）开创新风

首轮自管会 3 年中，向居民“致信”21 封。期间，召开自管会成员会议、协调会议等 65 次，形成会议纪要 24 份，发给住户，让居民了解自管会每年每月干什么、怎么干。自管会配合创建文明城市与幸福和谐小区建设建立宣传走廊，出了不同内容专栏 16 期，表扬小区好人好事，提升正能量。2010 年 8 月，自管会创办《楼群新风》小报，发给每户居民和相关部门单位。2010 年 9 月 2 日，《扬州晚报》专门报道《楼群新风》的诞生及其作用。

（四）仁者育人

自管组织尝试以儒学精华“仁”字为引领。《楼群新风》第 5 期以《弘扬公德在眼前，修身养性在行动》开篇。第 9 期登载 14 位居民做创文明小区办实事带头人和奉献者的事迹。第 11 期登载《和谐文明彰显，好人好事传佳话》，表扬小区好人。

经自管会开会研究，先后通过和谐楼群“三字经”公约，推荐评选好楼户、好居民意见，居民自律公约等小区管理制度，并开展开创好楼户、好居民活动。大力弘扬美好家园仁爱互助精神，注重人的转化和素质提升，取得好的效果。

（五）精细管理

自管会在入户调查基础上，将掌握的信息资料，制成“楼群住户基本情况表”“楼幢住户平面图”等表格，对 114 户成员的工作单位、特长、管理要求和联系方式等，一查便知，住户有事可及时联系，有人上门解决和服务。

（六）美化家园

小区为创文明、迎国考，开展“健、整、清”三项管理创建活动和计划：健全完善自管组织，整治不良风气和行为，清洁环境卫生。每项活动都有明确标准。在美化家园卫生突击活动中，住户 103 人分项参加整洁家庭、整洁楼道、整洁院道和巷道、整洁雨篷、整洁花台、整洁车库顶、清除下水道污泥脏物等，多年卫生死角被清扫。这样的活动，小区每年都搞 2 ～ 3 次。

四、经费管理

2010 年 7 月，自管小组召开成员扩大会议，专题研究自管经费问题，决定从 8 月下旬起，向楼群住户收取管理费，每半年收取一次，每户一年收取 180 元。开始时，为收一次费，自管人员和楼道管理员要跑 10 ～ 20 次。经自管人员努力做工作，不缴费的住户越来越少，缴费率 100%。自管经费基本解决，自管组织和自管工作得到保障。现在，小区面貌焕然一新。小区内外路面平坦，地面电线入地，下水道畅通，楼梯扶手整体刷新，破损门窗修好，花坛栽满树木，楼道、车棚墙面刷新变白，装上探头，居民安全感增强。曾经的“脏乱差”小区变为清洁、整齐美丽的家园。三年来，武庄 8 号楼群小区名气和影响大增，中央、省、市媒体深入采访。2010 年 12 月，《新华日报》和《经济日报》对 8 号楼群创建工作进行专访。《新华日报》于 2010 年 12 月 17 日，在江苏新闻综合版刊载扬州康乐社区武庄小区自治报道，以《逼出来的自管会》《陈三轮脸红了》《收费须先收心》《环境出新人、出和睦》《为老小区提供样本》5 个标题进行报道。

第三章　住房制度改革

1988 年，广陵区建立房改办，组织实施区内住房制度改革。住房制度改革内容为停止住房实物分配，逐步推进住房供给市场化；提高直管公房租金并给予补贴；全面推行住房公积金制度；推进出售公有住房；构建住房保障体系。2001 年，广陵区实行最低收入家庭住房保障制度。2005 年，调整扩大保障范围，提高保障标准，努力实现对最低收入家庭住房保障应保尽保，是全省最早建立廉租住房保障制度的城区之一。

第一节　公房提租与补贴

一、公房提租

长期以来，公有住房租金偏低。1988 年，区内公有住房租金每平方米使用面积为 0.08 元，以租不能养房，维修负担很重。1992 年，公有住房租金标准提高到每平方米使用面积 0.27 元。

1995 年，市区公有住房地段分为 3 类：一类地段为古运河以北、以西，二道河以东，护城河以南，即老城区；二类地段为除一类地段，七里河以北，通港路以东，沙施河以西，漕河以南地域；三类地段为一、二类以外地段。一、二、三类地段公有住房租金系数分别为 100%、95%、90%。根据《扬州市区住房租金计算暂行标准》，市区公房结构分为四类八等：一类为钢筋混凝土结构；二类为砖混结构，其按墙体、材料不同，又分为一、二、三等；三类为砖木结构，其按砖木结构所用材料不同也分为一、二、三等；四类为简易房，即结构简易的砖土墙平房。公有住房租金基价标准，钢混结构每平方米 0.96 元；砖混一等 0.84 元，二等 0.72 元，三等 0.62 元；砖木一等 0.78 元，二等 0.72 元，三等 0.54 元；简易房 0.42 元。市区公有住房每平方米月租标准：1995 年为 1.26 元，1997 年为 1.76 元。到 2006 年，提高为每平方米月租金 2 元，为房改前的 13.5 倍。

二、发放住房货币补贴

1998 年 10 月，经省住房制度改革领导小组批准，广陵区停止住房实物分配，逐步实行住房分配货币化，解决职工住房主要由个人购买。2000 年 6 月，在公房提租时，对购房者发放补贴，采取“老人老办法、新人新制度”。凡 1998 年 11 月 30 日之前参加工作的无房职工和住房面积未达到规定标准的职工，购房时可实行一次性补贴，有条件单位可给予职工工龄补贴。1998 年，工龄补贴标准为每平方米建筑面积 6.25 元。企业职工和机关事业单位职工同样相应调整住房补贴，市区 1994 年为职工工资 1.5%，1996 年为 1.6%，2004 年为 4.9%（离退休人员为 6%），补贴基数与住房公积金缴存基数相同。至 2006 年，市区累计发放老职工一次性住房补贴 2.04 万人、4.33 亿元；新职工按标准逐月发放住房补贴，累计发放 1.55 万人、5855 万元。

第二节　公房出售与交易

一、公房出售

向职工出售公有住房是房改的重要组成部分。1995 年 12 月，出台《扬州市区出售公有住房实施细则》，对售房范围、对象、价格、折扣政策、售房价格计算等作出明确规定。广陵区公房出售每平方米建筑面积基准价格，1996 年，砖混一等每平方米 680 元。经 6 次调整，2007 ～ 2011 年，稳定在 860 元 / 平方米。公有住房售价远低于当年普通商品房价格。至 2006 年年底，市区出售公有住房 6.93 万套，计 416.18 万平方米，公房出售率 98%。回收售房款 10.14 亿元。资金用于危陋房屋改造，加快构建保障性住房体系和改善居民居住条件等方面。

二、房改房交易

2000年9月，规定职工已购公有住房可以上市，安居房和经济适用房如符合政府有关规定亦可上市，无须缴纳土地出让金（此规定从2000年10月1日起执行到2005年终止）。2001年7月，出台进一步激活房地产市场意见，明确实行契税减半、交易费减免6成、旧房面积抵扣、代收费用不纳税、私营企业个人所得税抵扣契税5项措施，使房产交易税费用降幅达七成左右。2002年7月，对居民购买住房契税按1%征收，其余由政府补贴，有力促进增量房、存量房市场发展，进一步激励市民利用存量，盘活资产，满足进一步改善住房条件需求。

第三节 住房保障

一、解困房、定销房

1992年上半年，市区落实人均居住面积2平方米以下的38户特困户解困房源。1993年，市区对人均居住面积4平方米以下困难户进行登记，通过核实确认住房困难户247户。从1994年开始，按国家、集体、个人三者共同负担原则，政府扶持，社会统筹，单位补贴，个人出资，有偿解困。凡1993年12月31日前，市区具有居住地城镇户口，人均居住面积不足4平方米的住房困难户，确保在1996年年底前全部解决住房问题。1994年，市区175户住房困难户得以解决，其余72户在1995年全部落实住房。

1991～1996年，全市（含广陵区）筹集资金1亿元，征地27.9公顷，建设解困房30.2万平方米，先后解决无房户和人均居住面积2平方米、4平方米、6平方米以下困难户住房问题，使3962户住房困难户全部脱困。

2002年，市、区两级把解决使用面积不足8平方米的住房困难户放上重要议事日程，保障对象为2001年市区最低收入标准月人均156元（2002年为330元），享受“低保”连续6个月以上、人均住房面积低于8平方米，具有10年以上市区常住户口的家庭，简称“831”。通过租金补贴、租金减免、实物配租三种方式实施住房保障。坚持定向供应、定向建设、定价出售和不得上市政策，称为“定销房”。符合“831”条件的住房困难户向所在社区申请，街道办审核并公示10日，由市房管局核准，公开摇号选房。定销房由政府定价，每平方米销售基准价790元，仅为商品房价格的三分之一。2002年，市区符合并享受定销房住房保障政策的有328户。2003年，开工建设联谊花园等两个定销房小区计8万平方米，当年9月交付使用。

二、经济适用房、廉租房和租金补贴

1995年9月，区执行市政府规定，由市经济适用住房发展中心统一申请用地、统一办理减免税费、统一组织实施建设。建成的经济适用房，以成本价出售给市区具有常住城镇户口中低收入家庭居民。在同等条件下，优先出售给离退休职工和教师中住房困难户。职工个人购得经济适用房，产权归个人所有，一般入住5年后，可依法进入房产市场交易。当年10月，在汤汪乡开发建设经济适用房连运小区，占地面积4.7公顷，一期工程建设4.25万平方米，总投资3005万元。

1996年，市物价局核定经济适用房每平方米建筑面积售价998元。因建筑成本上升，后几期经济适用房售价逐年调高。2000年为1050元，2001年为1150元，2002年为1250元。至2003年，广陵区先后建成连运小区、桑园新村、五台新村等多处经济适用房小区。1995～2005年，市区建成经济适用房189万平方米，解决住房困难户2.3万户，同时安置古运河综合整治和城市改造拆迁安置户。2006～2011年，仍执行市政府规定，经济适用房在同等条件下，优先出售给离退休职工和教师中住房困难户。

为多渠道解决住房困难群体住房问题，1991年起，市、区两级政府对最终还是买不起解困房的特困户，采取批准租住廉租房方式，解决其“住有所居”问题。租金标准为使用面积每平方米1元。至2002年，80户特困户入住廉租房，建筑面积5000平方米。2002年，对困难家庭人均居住使用面积8平方米以下，同时具有市民政部门发放的“扬州市城镇居民最低生活保障金领取证”或市总工会发放的“扬州市特困职工证”3个月以上的，可到房管部门按人均使用面积8平方米、每平方米10元标准领取廉租房租金补贴，最低可领取

40 元。广陵区有 897 户家庭享受到最低收入家庭住房保障，其中实物配租 133 户、租金补贴 84 户、租金减免 680 户。2011 年，依托广陵新城，在信息产业基地二期 7 号楼，建成公租房建筑面积 3 万平方米、700 多套。

三、保障房供应程序

2006 年，广陵区形成东有文昌花园，南有连运小区，西有杉湾花园，北有五台、桑园的保障房合理布局。这些小区地处近郊，有方便的交通条件和商业配套，符合普通商品房建设标准，户型紧凑实用，室内外设施配套齐全，环境优美，施工质量过硬。同时建有一定数量的公建配套用房，除满足物管配套用房外，还可用于出租，其经营收入实行收支两条线，主要用于弥补困难家庭其物管费用“缴不起”或“缴不足”的资金缺口。

为保证保障房供应公开、公正、公平性，坚持政策导向，严格把关，相关部门共同审核，即住房面积由房管部门审核，户口年限由公安部门审核，家庭人均收入由区政府审核，监察部门负责对审核工作进行监督。在具体操作程序上，做到“三审三公示”，即社区、街道办初审，区职能部门复审，市房管、公安、广陵区政府联合终审，并分别在社区、《扬州日报》和扬州电视台进行公示。2003 ～ 2005 年，市区共有 3000 多户家庭申请定销房，经三轮审核和公示后，最终确认 1943 户符合“831”条件。

第四节　住房公积金制度

一、住房公积金管理

1992 年 6 月，广陵区启动住房公积金工作。按照“个人储蓄、单位资助”原则进行归集，在职职工个人按月缴纳占其工资一定比例的公积金，其所在单位也按月缴纳等额的公积金，两者均归职工个人所有，存入其公积金账户。

逐年提高住房公积金缴存率。1992 年，市区住房公积金缴存率职工单位和个人分别为 4%。经 6 次调整，2004 年 9 月始，缴存比率在 8%～ 12% 幅度内。2011 年，市区（含维扬区，下同）累计归集公积金 69.69 亿元。

随着住房公积金缴存比例的调整提高，个人住房贷款额度也在不断扩大。按“专项使用”原则，使用住房公积金，职工支取住房公积金只能用于职工自建、大修住房。如果职工积累的公积金（包括本户成员和直系亲属累积的公积金）不足支付购建、大修住房费用，则可申请公积金贷款。经逐年调整，2006 年，个人贷款期限可延长至 30 年。

进一步放宽贷款条件。2000 年 7 月，实行“三个允许”政策，即允许借款人及其配偶用自己的住房公积金归还最后一笔贷款；允许借款人既可以部分提前归还贷款，也可以一次性提前偿清贷款；允许职工多次申请贷款，原贷款已还清的，可按规定再次申请贷款。购房首付款也逐年减少，2000 年首付为 40%，2006 年，对购买 90 平方米以下中小户型普通商品房首付调至 20%。至 2011 年，市区累计发放住房公积金贷款 56.88 亿元。

二、住房公积金归集

市区归集量增幅有多次变化。1992 ～ 1995 年，高速增长。1992 年年底，仅半年时间，就归集住房公积金 1195 万元。随着实行住房公积金制度深入开展，1995 年，市区住房公积金归集量比 1994 年增长 79.5%；1996 年比 1995 年增长 74.6%。1997 ～ 2000 年，增幅下降。因国家经济结构调整、企业改制、机构改革等原因，正常缴纳住房公积金的单位下降，住房公积金归集量增幅明显下降。与上年相比，1997 年增幅为 35.5%，1998 年为 17%，1999 年为 11%，2000 年为 9%，跌至住房公积金归集量增幅的最低点。2001 ～ 2005 年，恢复性增长。2011 年比 2000 年增长 20%，2004 年比 2003 年增长 52%。1992 ～ 2005 年，市区住房公积金归集量年平均增幅为 29.5%，2011 年归集量是 2005 年的 2.8 倍。

三、住房公积金使用

（一）个人住房贷款

1992 年 11 月，试办个人住房公积金贷款。当年，为市区 16 户职工办理公积金贷款 25 万元。为规范个人住房贷款办理操作程序，1995 年 12 月，实施市区职工住房抵押贷款暂行办法，明确个人住房贷款范围、额度期限、担保方式、办理程序等。市区个人住房公积金贷款量随之成倍增长。1995 年贷款量是 1994 年的 2.18 倍，1997 年贷款量是 1996 年的 3.07 倍，1998 年是 1997 年的 1.69 倍。1999 ～ 2001 年，市区个人住房公积金贷款增幅相对较低。2002 ～ 2004 年，个人住房公积金贷款增幅呈走高趋势，2002 年贷款是 2001 年的 1.96 倍，2003 年是 2002 年的 1.62 倍，2004 年是 2003 年的 1.84 倍。2011 年是 2005 年的 2.22 倍。至 2011 年年底，市区个人住房公积金贷款总额 56.88 亿元，贷款金额占归集余额的个贷比率 50%以上，高于全市个贷比率一成以上。

（二）公积金提取

2005 年，扬州市住房公积金提取管理实施细则，规定“职工购买、建造、翻建、大修自住住房的；离休、退休的；完全丧失劳动能力，并与单位终止劳动关系的；出境定居的；偿还购房贷款本息的；房租超过家庭工资收入的规定比例的”六项支取情形外，细化、增加“房租超出家庭收入 20%以上比例，职工下岗或者失业，距国家法定退休年龄 5 年以内，非本市户口职工离开本市并与所在单位终止劳动关系”等特殊情形下的提取，这对维护社会稳定和民营企业住房公积金制度的建立有所促进。对职工提取住房公积金的办理，要求自交申请之日三个工作日办结，形成提取职工申请、所在单位初审、公积金管理中心和承办银行“一条龙”服务办理的便捷模式，凡符合提取条件，随到随办，当场办结。随着住房公积金归集量增长和职工个人账户余额增加，住房公积金提取量与归集量占比逐步提高。1992 ～ 1995 年，市区住房公积金提取量与当年归集量占比为 6%，1996 ～ 2000 年，提高到 15%～ 49%。1998 年，公房出售，提取住房公积金购房职工人数增多，年提取量 49%。2003 ～ 2005 年，均超过 50%，其中 2004 年为 57%。1992 ～ 2011 年，市区共为缴存职工办理公积金提取使用 37.88 亿元。

1992 ～ 2011 年扬州市区住房公积金归集贷款提取情况一览表

表 15-3- 1　　　　　　　　　　　　　　　　　　　　　　　　单位：万元

年度	归集金额	贷款金额	提取金额
1992	1195	—	19
1993	2461	—	54
1994	2745	247	146
1995	4928	538	196
1996	8609	794	2686
1997	11669	2441	1841
1998	13659	4129	6701
1999	15168	4776	4048
2000	16539	5834	6883
2001	19880	5760	8624
2002	23983	11305	9252
2003	26267	18292	14000
2004	36964	33594	21134
2005	42074	32725	23632
2006	49176	54353	27063
2007	54600	86193	48106
2008	66900	50300	35100
2009	85900	118500	57000

续表 15-3-1

年度	归集金额	贷款金额	提取金额
2010	97100	66300	55700
2011	117100	72700	56600
合计	696917	568781	378785

（三）项目建设贷款

1993 年 10 月，试办市区单位购建职工住房和经济适用房项目贷款。1995 年 12 月，公布市区单位购建职工住房政策性贷款暂行办法，明确贷款对象、额度、期限、利率、办理程序等，进一步办理该类型项目贷款发放。1996 年 4 月，扬州市被列为国家安居工程建设试点城市。1996 年 6 月起，利用住房公积金项目贷款，实施连运国家安居工程住宅小区和新民小区、桑园新村等经济适用房小区建设，解决 1.5 万人均居住面积 6 平方米以下的住房困难户、无房户困难，安置古运河及其他综合整治项目的拆迁户。1993 ～ 1999 年，市区共用住房公积金发放单位购建职工住房项目贷款 5943 万元。1993 年后，共发放安居工程和经济适用房建设贷款 2.88 亿元。1999 年，按国家有关规定，停止发放此类项目贷款。2002 年年底，市区还清单位购建职工住房项目贷款。2004 年年底，还清经济适用住房建设项目贷款。

第十六篇

商贸服务业　旅游业

要　目

第一章　商业经济综述……………………… 573

第一节　商贸经营管理……………………… 573

第二节　商贸体制改革……………………… 575

第三节　国有商业…………………………… 576

第四节　集体商业…………………………… 578

第五节　个体私营商业……………………… 579

第六节　外资及港台投资企业……………… 580

第二章　商品经营………………………… 581

第一节　日用工业品………………………… 581

第二节　食品　副食品……………………… 583

第三节　蔬菜　果品………………………… 584

第三章　商贸业态………………………… 585

第一节　集贸市场…………………………… 585

第二节　专业市场…………………………… 586

第三节　新业态……………………………… 588

第四节　特色商业街………………………… 591

第五节　中心商圈…………………………… 592

第四章　生活服务业……………………… 593

第一节　住　宿……………………………… 593

第二节　洗　染……………………………… 594

第三节　照　相……………………………… 594

第四节　家政服务…………………………… 595

第五节　中介服务…………………………… 596

第五章　名企名店………………………… 598

第一节　现代商贸企业……………………… 598

第二节　百年老店…………………………… 599

第六章　旅游业…………………………… 601

第一节　规　划……………………………… 601

第二节　线　路……………………………… 602

第三节　旅行社……………………………… 604

广陵区历来商业兴盛，是扬州城市的商务中心。广陵新城则是发展现代服务业的潜质区域。区商贸服务业在改革开放中不断增强活力，80 年代至 90 年代，区商贸业大投入、大建设，为全区商贸业持续、快速发展打下坚实基础。进入 21 世纪，广陵区大力发展社会商业，促进城乡消费。2011 年，在全市服务业目标考核中，广陵区服务业首次获一等奖第一名。

1989 年，全区社会消费零售总额 2.31 亿元，以国有商业为主。

90 年代起，商贸流通领域深化改革。扩大开放，盘活资产存量，国有商业逐步退出市场，形成多种经济成分并存、多元化经营的市场格局。1992 年，市政府推行商业企业"四放开"（经营、价格、分配、用工放开），区委、区政府鼓励和支持发展个体、私营经济。商贸服务领域适应生产、消费新需求，行业门类细分，新型业态呈现。区内超市、连锁经营、商品交易市场迅速发展，旅游业发展起步，家政服务、中介服务等非贸易型业态应运而生。

2002 年，全区社会消费零售总额 29.58 亿元，个体私营商业占半数以上，外资及港台投资企业有所发展。

2006 年后，城区迅速扩展，商贸服务业空间扩大。逐渐形成以文昌商圈为重点的扬州城市商贸中心，以 328 国道和运河西路为轴线的扬州生活消费品市场带，以古运河、京杭大运河、长江和广陵古城为重点的文化和生态旅游板块，以信息产业基地为重点的新城现代服务业板块。是年，蔬菜生产等现代农业经济快速发展，城乡农副产品集贸市场完善配套，集贸成交额达 129.7 亿元。2011 年，商贸营业额合计 278 亿元；社会消费品零售总额 167.45 亿元，占扬州市区的 43.30%，总量列全市第一。

第一章 商业经济综述

1989 年，广陵区商业经济成分以国有商业为主体。商业系统、街道办事处集体商业有较快发展，个体私营商业也具备一定规模。1992 年起，个体、私营经济加快发展，并开始发展中外合资商业。随着农副产品稳定增产，日用工业品持续增长，商品可供量不断增加，市场供应全面好转，城乡购买力也同时迅速提高，商品经营进入市场化运作新阶段。1995 年，区属国有商业开始结构调整和资产重组，1998 年，开始全面推行产权制度改革。1992 年，商业系统集体商业试行风险抵押承包，街道办集体商业 1998 年起实行企业改制。2004 年，国有、集体商业大部分转为个体私营企业和股份制企业，走向社会化、市场化。至 2011 年，区商贸营业额合计 278 亿元，实现社会消费零售总额 167. 45 亿元，在 1989 年的基础上翻 6 番，翻番年份分别为 1993 年、1996 年、2002 年、2005 年、2008 年和 2011 年。特别是 2002 年后，基数大，发展快，实现三年翻一番的高速发展。

第一节 商贸经营管理

一、机构沿革

1989 年，区设商业局，主抓网点建设、市场开拓、企业改革、职工教育等工作。1997 年 8 月，区商业局更名为广陵区贸易局，主要职能是政企分开，围绕企业转换经营机制，逐步实行所有权和经营权分离，按照《中华人民共和国企业法》规定下放经营权，加强国有资产监管，加强商贸业行业化管理。2002 年 3 月，区贸易局更名为广陵区商业贸易局，区政府撤销广陵区第三产业办公室，将其职能划入区商业贸易局，区商业贸易局负责管辖区直商贸系统企业，同时对区内商贸服务企业行使指导服务职能。2011 年 2 月，撤销广陵区商业贸易局，成立广陵区服务业发展局，增挂广陵区旅游局牌子，负责对广陵区的服务业、商贸业、旅游业行使"规划、引导、协调、服务"职能。

二、管理服务

1989～1995年，区新建一批规模商业网点，总面积10万平方米以上。推行企业改革，放开小型企业，发展多元化经营。至1999年，成立批发公司10家。2002～2003年，完成区直商贸企业产权制度改革，国有和集体企业改为民营，商业贸易局对改制企业行使党建和安全生产管理职能。2003年10月，区商业贸易局受区政府委托，组建扬州广贸资产管理有限公司，管理区直商贸系统改制企业退出的国有资产。2004年7月，区政府成立广陵区服务业工作指导小组，办公室设在商贸局，对服务业实行指导、协调、服务工作，制定服务业发展规划。2005年，区委印发《广陵区服务业"三重"工作实施方案》，规划2005～2010年服务业重点产业、重点项目、重点企业的发展目标。是年，区商贸局首次牵头组织服务企业赴上海进行服务业专题招商，签约民资外资项目9个。5月，在扬州首次牵头举办广陵区服务业项目推介会。2006年，根据加强行业管理要求，对口增设酒类管理办公室、煤炭经营管理办公室、生猪屠宰管理领导小组办公室、豆食制品市场领导小组办公室，负责对相关经营行业进行登记和监督管理。是年，成立扬州市商贸物流中心建设指挥部，成立扬州广贸物流开发建设有限公司，商贸局具体负责实施商贸物流园的开发建设。2009年，编制《全区服务业发展规划纲要》，举办广陵现代服务业商机说明会，签约民资项目13个、外资项目6个。2010年，编制《广陵区物流业三年快速发展行动计划》。2011年，修编《全区服务业"十二五"发展规划》，工作重心转向发展现代服务业，对全区服务业工作执行指标下达、目标考核、项目支持、品牌创建等工作任务，牵头开展"月光经济"工作，组织推进现代服务业招商。

三、经营概况

1989～2011年，广陵区商贸业经历两个发展阶段。1989～2002年，为稳步发展阶段。社会消费零售总额翻3番，1993年过6亿元，1996年过10亿元，2002年过29亿元。2002～2011年，为快速发展阶段。2005年过42亿元，2008年过120亿元，2011年超过160亿元。

1989年，全区社会商品零售总额2.31亿元，其中国有商业1.07亿元、集体商业0.94亿元、个体私营商业0.30亿元，分别占46.32%、40.69%和12.99%。2002年行政区划调整后，全区商品零售总额29.58亿元，是1989年的12.8倍。其中国有商业3.65亿元、集体商业7.95亿元、个体私营商业16.46亿元、外资及港台投资企业1.52亿元，分别占12.34%、26.87%、55.65%和5.14%。2011年，全区商品零售总额为167.45亿元，是2002年的5.66倍。其中国有商业26.64亿元、集体商业12.2亿元、个体私营商业78.49亿元、各类股份制商业39.51亿元、合资企业10.61亿元，分别占15.91%、7.28%、46.87%、23.60%和6.34%。

1989～2011年广陵区商品零售总额统计表

表16-1-1　　单位：亿元

年度	零售总营业额	年度	零售总营业额	年度	零售总营业额
1989	2.31	1997	13.22	2005	42.67
1990	2.34	1998	13.05	2006	61.62
1991	2.93	1999	14.99	2007	72.45
1992	4.20	2000	16.38	2008	124.21
1993	6.47	2001	17.72	2009	140.32
1994	8.23	2002	29.58	2010	138.27
1995	9.09	2003	31.92	2011	167.45
1996	10.96	2004	36.66		

说明：数据来源于区统计年鉴。2011年含新5镇，剔除新5镇后，2011年为150.45亿元

第二节 商贸体制改革

一、经营制度改革

1988年,区政府对扬州市第二饮食服务公司经营管理机构进行改革,按行业专业化管理原则分为四家公司:市第二饮食公司、市第二服务公司、市信托贸易服务公司、市五交百货批发公司。14家区属商业国营商店改为集体经营,占区属国营商业门店总数的14.11%;117家集体小商店和服务门店租赁给集体或个人经营,占门店总数的55.2%。全区流通企业逐层建立经营责任制。

1992年5月起,广陵区商业系统推行企业经营、价格、分配、用工“四放开”。对各类商品进、销、调、存不再下达统一的调拨计划,取消统一供货。各国营商业公司不再受主管业务部门限制,自行决定经营项目。1991～1998年,广陵零售商业成立10家批发公司从事批发业务,饮食服务行业跨业经营,发展零售业,经营电器维修、家用电器、百货服装,扬州大酒店开办旅行社。东方商厦与扬州商场开办制衣厂,扬州大酒店与新加坡客商合资开办杨扬冷冻食品有限公司。逐步放开价格管理范围和定价权限。1993年,放开粮油价格。用工方面实行岗位聘用制,实行企业全员竞聘上岗。1994年后,企业用工可以对外自主招聘。职工收入或实行工资加奖金,或实行浮动工资制,理发和浴室业实行拆账工资制。

企业经营进一步推行风险抵押承包、租赁、公有民营等多种形式的经营制度改革。1992年,第二副食品公司选择18家集体门店实行风险抵押承包试点。1994年,扩大到第二饮食公司、第二服务公司,同时选择3家副食品集体门店试行“公有民营”,招标租赁,中标人自筹资金、自组人员、自主经营,包上缴年纯利润;集体企业公有资本由管理机构分期抽回,并且逐步推行股份合作、资产拍卖。1994年起,区属国有商业企业推行拍卖、租赁、承包、联营等多种形式改革,实行国有民营,对扭亏困难的国有小型企业拍卖经营权。1996年,区委、区政府出台《关于小型国有、集体企业先出售后改制试点的工作意见》,提出“通过先出售后改制,使区小型国有、集体企业改制为产权结构多元化、产权关系明晰化的股份制或股份合作制企业,实现重组企业存量资产、转换企业经营机制、增强企业活力、促进政企分开,使企业成为社会主义市场经济主体”。当年区属商业“国有民营”企业45家、抽本经营15家、合伙经营18家、集体商业“公有民营”企业40家。至2001年,区属集体商业全部实行“公有民营”,改革门店107家。

二. 产权制度改革

1990年始,区国有商业加快产权制度改革,实行产权结构多元化。1993年3月,市华联百货大楼、区百货公司、市体文专业商店三家共同发起成立市华联商厦股份有限公司,注册资本1650万元,其中国有股占36.8%、社会法人股占48.5%、职工个人股占14.7%。8月,区政府对扬州大酒店实行股份化改造,成立扬州大酒店商业集团,设董事会,将扬州商场在人事、管理、资产、经营使用权方面从扬州大酒店分离出来,使扬州大酒店和扬州商场成为两个独立的法人,各自独立经营,集团董事会管理国有资产。1998年,英姿照相馆实行股份合作制;广陵医药公司改制为广宁医药有限责任公司,实行增量扩股,注册资本87万元,国有股占49%,社会法人股占11.5%,职工个人股占39.5%;广陵摩托车总汇改制为广联摩托车有限责任公司,注册资本52万元,职工个人股占62.5%,社会法人股占37.5%;市五交百货批发公司依法破产。1999年,区商业网点开发公司收购广陵区商业供销公司资产及债务,分流、安置商业供销公司职工,用收购款补偿商业供销公司人员经营商业招待所。市第二饮食公司、市第二服务公司、市第二副食品公司、信托贸易公司采取“售、股、租”等形式盘活亏损企业和小型网点存量资产。五交百货批发公司、华联商厦、东方商厦、工业品供销公司、商业供销公司5家企业建立“职工再就业中心”,分流安置下岗职工。2000年4月,扬州商场出资190万元,与新国道超市上海大润发公司合资筹建广润发大型仓储式超市。

2000年12月,南京金鹰国际有限公司对扬州商场实行零资产兼并,接收扬州商场1.51亿元资产和1.53亿元债务,分流安置扬州商场职工,用扬州商场场地改办新卖场,成立扬州金鹰国际有限公司。同年,扬州第二服务公司所属扬州浴室、紫罗兰美发厅、双桂泉浴室分别改为股份合作制企业;春生洗染店与锦成洗染店合并改制为扬州市春生洗染有限责任公司;区商业网点开发公司改制为扬州市嘉隆房地产开发有限责任公司,净资产18.6万元剥离用于改制企业用于安置职工。广宁医药有限责任公司加盟扬州市医药总公司,其国有股权交市医药公司托管。2001年,宏泰鞋业有限公司破产,国有土地使用权有偿转让给扬州大学。2002年9月,东方商厦改制为扬州东方商品城有限责任公司,评估国有净资产119.13万元,政策减免90万元、补贴217.7万元,国有净资产188.57万元,提取188.28万元安置职工,0.29万元由经营者个人买断。华联商厦实行二次改制,置换资产602万元,债务602万元。2003～2004年,扬州第二服务公司改制为扬州金鼎商贸有限责任公司,评估国有净资产2907万元,划出833万元国有划拨土地使用权,提取职工安置费用1401万元,剥离其他费用281万元,余下的60万元现金及价值332万元的房屋资产由商贸局资产管理公司收回。扬州市第二饮食公司改制为扬州共和春餐饮文化发展有限公司,评估国有净资产2003万元,划出131万元国有划拨土地使用权,提取1517万元职工安置费用,剥离其他费用203万元,可售国有净资产153万元由改制企业以现金买断60万元,其余划出等价房屋资产交商贸局资产管理公司。市第二副食品公司改制为市金昌商贸有限责任公司,评估国有净资产877万元,划出32万元国有土地使用权,提取职工安置费用634万元,剥离其他费用180万元,可售国有净资产31万元由改制企业以现金买断,上缴商贸资产管理公司。市信托贸易服务公司改制为市隆华商贸有限责任公司,评估国有净资产855万元,划出87万元国有划拨土地使用权,提取职工安置费用438万元,剥离其他费用330万元,国有可售资产为零。扬州广宁医药公司33.5%的国有股权以评估现值104万元转售给扬州市医药集团有限公司。至2004年年底,区属国有商业企业改制工作基本结束,有偿转让国有净资产348万元,等值划出国有住房资产332万元,划出国有划拨土地使用权1083万元。

2003～2004年,广陵区集体商业进行产权制度改革。广陵区百货业零售管理处及所属7个集体网点改制为广陵区万方商贸有限责任公司。第二饮食公司集体企业资产转让给共和春餐饮文化发展有限公司,第二服务公司集体企业资产转让给金鼎商贸有限责任公司,第二副食品公司集体企业资产转让给金昌商贸有限责任公司,信托贸易公司集体企业资产卖给隆华商贸有限责任公司。4家公司的集体企业及网点都经过产权界定、清产核资、资产评估、制定改制方案、职代会审议等过程,共计涉及改制集体商业企业网点65个、资产904万元。

第三节 国有商业

1989年,区有国有商业企业9家、网点231个,其中国有公司网点124个、集体商业网点107个。具体为扬州大酒店(辖扬州商场等10个经营实体)、市五交百货批发公司(辖经营网点4个,其中批发部2个)、区医疗卫生用品公司(辖批发部1个)、市第二副食品公司(辖经营网点58个,其中批发部2个)、广陵区百货公司(辖经营网点15个,其中批发部1个)、市第二饮食公司(辖经营网点65个)、市第二服务公司(辖经营网点67个,其中2个商办工厂)、市信托贸易服务公司(辖经营网点10个)、区商业供销经营部(辖经营网点1个,后更名为区商业供销公司)。国有企业经营范围包含五金、交电、化工、百货、副食、生产资料、餐饮、旅馆、理发、沐浴、钟表、照相、洗染、茶水(代管)等行业。有职工3318人。1989年,营业额1.07亿元、利税632万元。

90年代,城区进入大规模改造建设时期。广陵区国有商业发展城区商业,创办新公司,开发建设商业新网点。1989～1992年,广陵区百货公司在汶河路30-1号先后新建扩建1.03万平方米的百货商场——扬州华联百货大楼,首期项目于1990年9月竣工开业。1991年,扬州市第二饮食公司在文昌中路(原三元路段)建设2420平方米的皇宫大酒楼,1992年9月建成开业。1992年5月,成立广陵区商业网点开发公司,为全民事业单位,从事城区商业用房的开发建设。是年,广陵区商业局在汶河南路建设8500平方米的扬州东方商厦,1993年12月建成开业。1992年、1993年和1995年,扬州大酒店先后两次扩建扬州商场,扩建面积为别为3360平方米和1.5万平方米。1989～2002年,区国有商业累计投入6亿元,新建和改造扩建商业网点73.9万平方米。1993年3月，由区百货公司、市华联百货作为发起人，经省体改委批准，成立扬州华联商厦股份有限公司，股本金总额1650万元，其中国有股607.7万元，占36.8%。6月，扬州第二服务公司与台商共同出资成立扬州丰祥商业有限公司，后又与英属维尔京群岛万家福公司合资建设万家福商城。项目于1994年开工，1996年1月建成开业，总面积1.87万平方米。

广陵区国有商业在建设发展商业网点同时，根据国家商业发展政策，扩大开放，搞活经营。1990年8月，区商业局制订"八五"商业发展计划，提出批发零售结合，发展规模经营，以纯商为主体，发展多元化经营发展思路。根据扩大经营范围要求，1991～1998年，成立物资、装潢、机电、摩托、家电、针纺、鞋帽等10家批发公司，扩大商品批发业务。根据发展新型业态思路，1994年，广陵区美食街建设办公室开设阳光食品超市，成为扬州市区第一家超市。此后，大型超市、连锁店、购物中心、专营店、网络购物等新型业态纷纷兴起，成为区内商贸业主流。1999年，广陵区商贸系统商品批发销售1.09亿元，为1989年0.43亿元的2.53倍。扬州第二饮食公司、扬州第二服务公司以饮服业为主体，发展商办工业，开办电器维修、婚礼用品商店等。2000年，商贸系统实现产值952万元。

90年代起，国有企业一统天下格局被逐步打破，形成多种经济成分并存和竞相发展局面。国有企业由于负债经营和投资建设，加之计划经济管理模式影响，企业受到市场竞争冲击，效益下降，债务包袱加重。为扭转被动局面，1995年，区国有商业进行结构调整和资产重组。1995年8月，市五交百货批发公司划入市工业品公司，调整未奏效，于1998年依法破产。1996年，华联商厦和东方商厦相继转向经营，改百货商场为小商品市场，引进个体私营商户经营小商品。1999年2月，区政府对扬州商场和扬州大酒店实行联动调整，由扬州商场托管扬州大酒店，承担扬州大酒店的债权债务。由于国有企业经济管理体制未能突破，企业经营困难局面一度虽有缓解，但资产与负债严重倒挂的矛盾未能根本解决。1998～2004年，根据国家深化企业产权制度改革的意见，区国有商业企业全面推行产权制度改革，改制为民营。2003年10月，广陵区商贸局组建扬州广贸资产管理有限公司，注册资本50万元，性质为国有全资公司。该公司受区政府委托，接受区属国有商业企业改制后剥离退出的资产和出售净资产回收的价款，接收扬州丰祥商业有限公司45%的国有股，吸纳招商市场、市场管理事务所的资产，确保国有资产保值增值。2004年，广陵区商贸系统国有商业营业额8.18亿元。至2004年年底，区国有商业企业改制结束，有偿转让国有净资产348万元，等值划出国有房产332万元，划出国有划拨土地使用权1083万元。2004年后，国有商业除持有企业改制退出的国有资产外，在经营上大部分退出市场。2011年，全区国有商业营业额26.64亿元。

1989～2011年广陵区国有商业营业额情况一览表

表16-1-2 单位：亿元

年度	营业额	年度	营业额	年度	营业额
1989	1.07	1997	6.40	2005	10.27
1990	1.30	1998	3.96	2006	12.56
1991	1.65	1999	4.54	2007	16.96
1992	2.33	2000	3.52	2008	18.49
1993	3.94	2001	3.86	2009	19.49
1994	3.35	2002	3.66	2010	21.10
1995	3.73	2003	4.11	2011	26.64
1996	4.78	2004	8.18		

说明：2011年含新划入5个镇

第四节 集体商业

一、商业系统集体商业

80年代前，区属集体商业企业多数规模偏小，微利经营。区属商业老集体企业在职职工597人，退休、保养人员674人，年营业额增长6.4%，远低于国有商业36%的增幅。1989年，区商业系统集体商业网点107个，经营门类包含烟酒、百货、餐饮、理发、旅社等；在职职工858人，年营业额1615万元，利润35.1万元，税金16.3万元。财务核算实行“独立核算、自筹资金、自主经营、自负盈亏、自主分配”。行业管理体制上，设行业总店或管理处，由区属各国有公司负责行业管理。区烟酒总店隶属扬州第二副食品公司，区百货业管理处隶属区百货公司，区信托调剂总店隶属市信托贸易服务公司，区饮食业管理处隶属市第二饮食公司，广陵理发业总店、区钟表照相业总店、区旅社总店、区茶水业隶属扬州第二服务公司，广陵商场属广陵区商业供销经理部。集体企业虽然实行“四自”（自筹资金、自主经营、自负盈亏、自主分配），但在计划经济时期，仍由国有公司行使经营考核和管理监督权。1992年，为贯彻省商业厅1990年出台的《关于继续扶持发展我省集体商业的意见》，搞活集体企业，市第二副食品公司选择18个集体性质的门点实行风险抵押承包试点。1994年，扩大到市第二饮食公司、市第二服务公司；同时选择3个副食品集体门点试行“公有民营”，招标租赁。中标人自筹资金、自组人员、自主经营，包上缴年纯利润。集体企业公有资金由管理机构分期抽回，并且逐步推行股份合作、资产拍卖。1995年，集体商业销售额2009万元，利润-2.59万元。1996年，集体商业“公有民营”达40家。2001年，集体商业企业全部“公有民营”，实施租赁、拍卖和股份合作制等产权制度改革。2003～2004年，区百货业零售管理处及所属7个集体网点改制为区万方商贸有限责任公司，市第二饮食公司、市第二服务公司和信托贸易公司将所属集体商业企业资产与国有商业企业资产合并改制，转让产权，分别组建新公司，共涉及改制集体商业企业网点65个，资产904万元。2004年后，除罗城商场仍实行承包经营外，商贸系统其他集体商业企业全部转为民营企业。

二、街道（村）办集体商业

1988年，街道集体商业网点有277个，分属广陵、城南、汶河、东关4个街道办事处，接受区财贸办公室行业管理。1989年，营业额9366万元，利润233万元，税金170万元。1991年，广陵区成立居（委会）办经济领导小组，各街道办事处设居办经济办公室；区居办经济领导小组协助街道新办网点和微利网点减免税收，投入贴息贷款扶持街道发展居办经济，组织开展“创百万元居委会”活动。是年，街道新办居办商业网点76个，街道集体商业营业额9495万元，利润228万元，纳税207万元。1992年，新增居办商业网点130个，经营额超百万元的居委会22个，年利润总额万元以上的居委会占总数的47%。东关街办新建大型商场琼花大世界。苏北染料化工公司、扬州衡器修理经营部、华联物资经营部等一批企业年营业额百万元以上。区油漆化工公司年营业额1200万元。成立于1994年的扬州市春子摩托世界有限公司，从亏损40万元起家，发展成为拥有春子运动器材有限公司、新城春子销售公司、沪扬商场三个子公司，拥有固定资产3000万元的企业。1995年，居办经济经营总值2.86亿元，146个居委会中，居办公司年利润超万元的有118个。1998年，东关街办租赁广陵区体育馆560平方米场地开设诚德丝绸总汇；城南街办所属华南运输公司拓展经营项目，成立华南清洗保洁中心。2001年，街办集体商业营业额3.79亿元，利税850万元，新办社区服务项目100多个，形成家政服务、文体休闲、医疗保健等多种服务体系。

1998年起，街道集体商业企业实行企业改制。至2004年，40家集体企业与街道行政管理脱钩，实行股份制、股份合作制和关停并转，街道集体商业全部走向市场化。2002年，原郊区城东乡划入广陵区商业系统的4个市场和1个商场，均为集体企业。是年，亚龙果品市场改制。2004年，曲江商品城改制。2006年，曲江装饰城改制，仅联谊农副产品批发市场保留集体企业性质。

1989～2001年广陵区街办集体商业营业额情况一览表

表16-1-3　单位：万元

年度	街办集体商业			居办集体商业		
	营业额	利润	税金	营业额	利润	税金
1989	9366.48	232.88	170.25	—	—	—
1990	7619.72	185.57	170.22	—	—	—
1991	9494.99	227.57	206.91	—	—	—
1992	15305.56	306.49	300.88	—	—	—
1993	12463.01	111.79	147.61	12431.81	256.54	298.87
1994	14203.00	91.00	91.00	12274	190	446
1995	16311	95	111	22847	330	617
1996	21267	99	118	31444	410	682
1997	21045	93	101	40244	534	870
1998	14272	-77	162	43175	268	882
1999	10035.14	27.11	75.85	41014.49	411.13	560.87
2000	8706.43	32.09	56.97	35190.79	448.45	475.14
2001	37883.03	362.86	487.25	—	—	—

说明：数据来源于区统计年鉴

第五节　个体私营商业

1989年，广陵区个体私营商业已有一定规模，有个体私营商户2180户，从业人员3309人。1992年，区政府出台《关于加快个体私营经济发展的若干意见》，明确“个体工商户、私营企业除国家禁止经营的金融等15种行业和商品外，都可以选择经营”。1993年，有个体商户2412户，从业人数3265人；私营企业39家，从业人数405人。1994年，区委出台《关于加快发展个体私营经济的意见》，要求各街办“积极鼓励、扶持个体、私营经济的发展，拓宽门类，鼓励个体、私营经济向多行业渗透，扩大规模，培植一批个体私营经济的骨干大户。对符合条件的个体私营企业，依照国家法规允许兴办‘三资’企业，按照国家有关规定，享受同等优惠政策。”1995年，个体工商户5331户，从业人员7118人；私营商户100户，从业人员961人，其中个体私营批零贸易企业2859家、餐饮企业1152家、服务业企业1420家；个体私营商业、餐饮、服务业业态结构比重由1993年的57%、25%、18%变化为53%、22%、25%。服务业比重明显上升。年营业额由1993年的1.73亿元上升到3.32亿元。1998年，进一步放宽个体私营经济发展政策，区委出台《关于进一步加快发展个体私营经济的意见》，规定“凡允许国有、集体、三资企业生产经营的行业、项目，都允许个体、私营企业介入。鼓励个体、私营企业承包、租赁、兼并、购买国有、集体企业。允许个体、私营企业通过联合、参资、入股等形式参与国有、集体企业经营。”区属国有、集体商业部分门店面向社会个体私营商业实行租赁制、股份制和资产转售。2005年，区个体商户1.23万户，从业人员33957人；私营企业1228家，从业人员2.02万人；个体私营商贸营业额31亿元，其中营业额500万元规模以上企业从业人数4767人，营业额19.63亿元。个私企业经营额占全社会商业比重由1993年的26.74%上升到72.65%，提高45.91个百分点。

2001年，南京市宝林商贸（集团）有限公司投资7200万元，成立扬州宝林商贸有限公司，在运河东路建设宝林商贸广场，占地面积17.8公顷，建筑面积48万平方米，于2004年11月建成开业，经营家具和装饰建材。2005年，转由南京金盛国际有限公司经营，企业更名为扬州金盛商贸有限公司。2001年，南京金鹰国际有限公司收购国有企业扬州商场,成立扬州金鹰国际有限公司,改造原扬州商场,开设新的百货商场,并不断优化经营结构。扬州金鹰文昌店成为扬州百货零售业的龙头老大。2007 年,广陵区深入开展全民创业实践活动,组织召开创业报告会,发动全民创业,广泛招商引资,激活民间资本,新发展私营企业 680 家,个体工商户 3421 户,完成注册资本金 41.46 亿元。2009 年,区内新增民资亿元以上企业 5 家,其中商贸企业 1 家:江苏亚联农副产品有限公司,注册资本 2 亿元。2006 年 10 月,香港明发集团有限公司成立明发集团扬州房地产开发有限公司,注册资本 1000 万美元,2007 年 4 月,在广陵产业园开工建设综合性商业项目。项目占地面积 18 公顷,建筑面积 40 万平方米,包括酒店公寓、休闲娱乐、百货零售等。2011 年,区内共有个体工商户 1.98 万户,从业人员 3.54 万人;私营企业 4572 家,从业人员 3.15 万人。实现社会消费品零售总额 78.49 亿元,服务业税收 17 亿元,比上年增加 34.3%。

1989 ~ 2011 年广陵区部分个体、私营商业情况一览表

表 16-1-4

年度	企业数(家)	从业人员(人)	营业额(亿元)	年度	企业数(家)	从业人员(人)	营业额(亿元)
1989	2180	3309	0.30	2001	10024	17012	10.28
1990	1988	3037	0.54	2002	—	3133	16.46
1991	1967	2960	0.76	2003	—	3592	18.44
1992	2114	3195	0.90	2004	—	—	21.24
1993	2451	3670	1.73	2005	—	4767	19.63
1994	2883	4554	3.04	2006	—	6102	15.52
1995	5431	8079	3.32	2007	—	6618	18.81
1996	4051	5750	3.08	2008	—	9352	19.99
1997	5550	7662	4.54	2009	—	7468	24.21
1998	6202	8234	5.43	2010	—	9237	39.71
1999	8469	12392	9.69	2011	—	11300	78.49
2000	19124	14852	10.48				

说明:数据来源于区统计年鉴;空白处为原资料缺失或未统计;2011 年含新划入 5 个镇;2002 ~ 2011 年,从业人员和营业额为列统企业批发、零售数据

第六节　外资及港台投资企业

1992 年,市商业局在文昌中路(原琼花路中部)投资建设扬州商业大厦。1994 年 12 月,建成开业,总面积 2.2 万平方米。1996 年,扬州商业大厦与马来西亚合资 8000 万元,其中外方占 55%,中方占 45%,成立扬州百盛商业大厦有限公司。2011 年 1 月,转由香港茂业百货控股,成立茂业百货有限公司。2011 年,实现营业额 5852 万元。

1993 年 6 月,区属扬州第二服务公司与台商企业永祥商业有限公司合资,成立扬州丰祥商业有限公司。双方共同出资 300 万美元,其中二服公司占 45%,台商占 55%。随后,丰祥与英属维尔京群岛万家福有限公司投资 600 万美元,建设万家福商城,双方投资比例仍为 45:55。1996 年 1 月,建成开业,总面积 1.87 万平方米,成为全市第一家商贸零售合资商业企业。1996 年,实现营业额 6500 万元。2011 年,实现营业额 4.03 亿元。

1999 年年底,香港创新发展有限公司与扬州市政府第二招待所共同出资 6000 万元成立扬州时代实业有限公司,其中港资占 70%。2000 年,在文昌中路建设超级购物中心(Shopping Mall)。2002 年 4 月,建成

开业。占地面积2.3公顷，建筑面积6.88万平方米。业态包括百货餐饮、休闲娱乐等。2006年，二招股权转扬州市扬子江集团。2011年，企业营业额6亿元。

2002～2011年广陵区部分外资及港台投资商业销售总额情况表

表16-1-5　　单位：万元

年度	销售总额	年度	销售总额	年度	销售总额
2002	15233	2006	47599	2009	122121
2003	20161	2007	74299	2010	52042
2005	27758	2008	123840	2011	61484

说明：数据来源于区统计年鉴；2004年资料缺失

第二章　商品经营

1989年，区内国有商业仍然承担着扶持地方工业生产、维护日用工业品市场稳定的责任，糖烟酒、肉类等副食品计划供应；关系国计民生的粮油销售实行统销价，蔬菜生产与供应继续由政府设专项补贴稳定货源，调控菜价；盐业、烟草实行专卖。金属、木材、煤炭、化工原料、机电产品等物资经营，仍以国有企业为主渠道，市场调节为辅。1989～1991年，消费品市场出现结构性疲软，97%的商品品种供求平衡或供过于求。国有商业开展“质量、品种、效益年”活动，组织工商携手开展联合销售，组织“地方工业产品销售月”活动，同时组织工业品下乡。1992年，商品市场升温，大件商品交易兴旺。1995年，扬州出现连锁、超市新业态，对传统零售业形成冲击，国有商业坚持“抓重点、解难点、攻关键”，发展批发业务，扩大工业品市场，新办装饰、家电、交电、鞋帽、化妆5家批发公司。新增特约总经销10个品种，在向厂家进货中扩大批发商，在扩大批发商中争取总代理、总经销。广陵区工业品批发销售1.82亿元，占全部销售比重的45.9%。随着商业产权制度改革、商品生产的快速发展和“三多一少”（多种经济成分、经营方式、流通渠道，少流通环节）流通体制的形成，商业市场发生很大变化。90年代末至21世纪初，工业自销、贸易中心、私营批发、品牌供应商、代理商、专卖点、专业市场竞相崛起。2011年，区内商品经营更加多元，商品品种更加丰富，商品市场更加繁荣。

第一节　日用工业品

一、百货

1950年4月开业的扬州市第一百货商店，在计划经济时代独领风骚30多年。80年代，盈利积累2000多万元。由于城市商业中心迁移、人气流失、经营不善等原因，于2001年破产。1987年开业的扬州商场，经过三次扩建，面积4万平方米，后期发展规模与经营效益不成正比，负债沉重，于2001年转让给南京金鹰国际有限公司。90年代初，城区百货业出现多部门、多种经济成分竞相发展局面，形成兴建百货零售商场热潮。1990～1996年，区内先后新建开业百货商场19家，但不久即因经营雷同、同质竞争，绝大多数商场效益下滑，部分关门歇业，部分调整经营方向退出百货零售市场。1996年2月，位于琼花路的凯奇奥商厦开业，营业面积3000平方米，当年5月关门歇业，房产售给邮电局。是年，东方商厦改为东方商品城，面向社会个体、私营商户招商，经营小商品。同年，华联商厦改制为招商市场。2000年后，城区超市和连锁经营遍布各个街区，经营业态都涵盖百货。2011 年，区内大中型百货零售商场尚存 3 家，分别为金鹰国际购物中心、万家福商城、茂业百货，销售额分别为 15.65 亿元、4.03 亿元、5852 万元。至此，区内百货业零售市场处于相对稳定的局面。

2002 ~ 2011 年广陵区部分百货商场零售情况一览表

表 16-2-1　　单位：万元

年度	营业额	年度	营业额	年度	营业额
2002	60857	2006	95155	2009	182674
2003	44203	2007	112198	2010	219752
2005	77128	2008	150306	2011	265989

说明：数据来源于区统计年鉴，2004 年资料缺失；2011 年含新划入的 5 个镇

二、五金、交电、化工

1989 ～ 1995 年，五金、交电、化工（以下简称五交化）行业仍以国营为主，经营五交化商品的主渠道为市属五交化公司，主要门店有五交化商场、建新五金商店、振新水暖器材商店等 8 家。1996 年起，五交化行业逐步形成多种经济成分竞争局面，加之国营企业“三角债”等因素，国营五交化企业效益逐年下滑，严重亏损。各国营企业改制后，纷纷调整经营结构，改“大而全”为五交化专业商店，主要有五金、水暖、油漆、家电、电动工具等。进入 21 世纪，五金交电专业商品市场代之而起。2002 年，渡江桥南原扬州汽车客运站改造成为福运门五金市场。2004 年，渡江南路原扬州市贸易中心农副产品经营部改建为五金市场，渡江南路逐步形成扬州五金市场集散地。2011 年，全区成交额 53.41 亿元。随着居民生活水平的提高，家电、摩托车、电动车、汽车等行业专业店逐步兴起。1990 年起，汶河南路（南段）逐步形成摩托车、电动车专业街。2011 年，门店数 15 家。1995 ～ 2011 年，文昌中路石塔农贸市场东西两侧，国美电器、五星电器、汇银家电等家用电器商场相继开业，形成市区家电市场专业街区。

2002 ~ 2011 年广陵区五金、交电、化工商场经营情况一览表

表 16-2-2　　单位：万元

年度	经营总额	批发	零售	年度	经营总额	批发	零售
2002	25717	4746	20971	2008	189289	166628	22661
2003	28863	9543	19320	2009	354730	183803	170927
2005	86991	24921	62070	2010	451429	289273	162156
2006	125334	22293	103041	2011	534062	253021	281041
2007	152721	139179	13542				

说明：数据来源于区统计年鉴；2004 年资料缺失；2011 年含新划入的 5 个镇

三、纺织服装

1989 年前，市区纺织服装零售业主要集中在国庆路、甘泉路，以庆丰布店、德诚布店为最，百货商场经营成衣。1989 年后，由于生产发展、物资丰富、居民生活水平提高，布店减少，服装店数量逐年增多，

纺织服装行业逐步形成以个体私营为主、遍地开店局面。至 1995 年，甘泉路已形成“服装一条街”，门店 150 多家，国庆路、渡江路的服装门店数量占 52%左右。精品和品牌服装主要集中分布文昌阁周边的汶河南路、四望亭路、文昌中路一带，门店数约 100 家，其中扬州金鹰、万家福商城规模最大，主要经营品牌服饰。90 年代后期，老城区布店不到 10 家。

第二节　食品　副食品

一、食糖和酒

食糖原由扬州糖烟酒公司单一计划渠道调入，分配至各地三级批发直至零售商店。1990 年，城市居民每人每月定量供应食糖 0.25 千克，元旦、春节除按正常标准供应外，城乡居民每人增加一个月定量。1991 年，食糖计划供应取消。1991 年放开经营后，食糖零售主要由大型超市、便民超市及居民小区商店自购自销，购买极为方便。

区内名酒计划供应主要有“洋河”“双沟”“汤沟”“高沟”，集中于中秋、春节两节，城乡居民保证每户一瓶洋河或双沟。1994 年后，市场酒类品种丰富，酒计划供应取消。国内外、省内外各类品牌酒相继进入扬州市场。法国、意大利等许多国家的名牌葡萄酒、威士忌，日本、韩国的清酒，国内所有知名品牌白酒，在各大超市、专业烟酒店供应，任由消费者选购。城乡酒类市场由原来的国营商业批发供货，改为多渠道购销，各类品牌代理商将其商品推销到零售商店、超市，采取送货上门，定期结算，回扣返利等多种办法，扩大销售。不少代理商还与大型饭店、各类行业协会等联办“XX 酒节”“XX（酒）杯大赛”等，宣传造势，一改以往计划经营时期平淡单一购销的局面。

二、肉类、禽蛋、水产品

肉类　肉类经营点主要分布在各农贸市场。1989 年前，猪肉实行凭券定量贴价供应，城市居民每人每月凭券供应猪肉 1 千克。牛、羊肉供应因受饮食习惯影响，市内销售很少。供应回民食用的牛、羊肉，除保证节日平价销售外，平时均为议价销售。1978 ～ 1985 年，肉类市场由国营商业实行经营、调拨、核算“三统一”。1985 年，生猪销售放开，实行多渠道经营，价格随行就市。1990 年，取消“三统一”，国营食品公司退出生猪经营市场。1989 ～ 2011 年，市区猪肉市场繁荣活跃，供需基本平衡。

禽蛋　80 年代前，家禽蛋品市场自由交易，散布在各菜市场。1988 年，湾头镇田庄村在政府部门支持下，兴建田庄综合批发市场，成为扬州市区首家家禽批发交易市场。1997 年 8 月，该市场迁至广陵产业园，占地面积 3.33 公顷。汤汪乡、运河南路一带也有一批家禽贸易货栈。禽蛋货源主要来自山东、安徽、里下河、苏北等地，集散至禽蛋专业市场，批发到各农贸市场商户及其他商贩散户。1997 ～ 2009 年，家禽批发市场年交易额 2.3 亿元左右，2010 年为 2.5 亿元，2011 年下降到 1.6 亿元。在交易构成上，禽类占 90%，蛋类占 10%。

水产品　1985 年，市区水产品经营放开，实行市场调节。90 年代后，水产品上市品种和数量不断增加。市区水产品集散地主要是市水产品批发市场。该市场始建于 1987 年，位于湾头码头南面。1992 年，经市政府批准，市工商局和农业资源开发局在扬州大桥西头北侧重建。随着交易量不断上升，交易市场春节前后严重影响市内交通，又于 1998 年 12 月，迁移至运河南路 39 号，占地面积 2.3 公顷。市场特种水产品种有河蟹、鳜鱼、虾类和海鲜等，淡水鱼有鲫鱼、鲢鱼、草鱼、青鱼和鲤鱼等，货源约三分之一来自于区内养殖、捕捞，不足部分主要来自于高邮、宝应、兴化及邵伯湖地区。2011 年，交易量 6.68 万吨，交易额 7.41 亿元。

图 16-2-1　东方国际食品城

三、其他副食品

1994 年后，批发市场成为副食品的主要集散中心。大桥副食品城建于 1992 年，位于运

图 16-2-2　城区主要副食品

河东路 398 号。有商户 350 多家，经营南北各地干鲜货特产和乳制品，销往南通、泰州、安徽滁州、天长等 20 多个市县；在扬州主要销往各大超市、零售商店。2011 年，成交额 25 亿元。

1994 年 9 月，在联谊路建设南北货批发市场，占地面积 0.3 公顷，经销 400 多个品种，主要销往浙江、安徽、山东和江苏各县市，为苏北唯一的南北货批发市场。至 2011 年，与毗邻的联谊农产品批发市场同存共荣，相得益彰。

第三节　蔬菜　果品

一、蔬菜

1989 年前，蔬菜生产与供应由国营扬州市蔬菜公司承担组织货源，调节市场，保证居民生活必需。1994 年下半年，取消区内蔬菜生产补贴。

1989 年，以蔬菜为主的农贸市场有 9 家：萃园、大舞台、方圈门、五里、石塔、跃进桥、荷花池、解放桥、渡江桥。随着市场放开和物流发展，外地蔬菜大量进入扬州，以及随着城市规模的扩大，住宅小区的发展，城区相继兴建一批农贸市场。2011 年，全区农贸市场达 39 个（含平价店、果品、禽蛋等批发市场）。

2011 年，区政府贯彻上级政府关于建设平价商店、稳定“菜篮子”价格的工作意见，责成区物价局在 7 家大型超市、平价店、农贸市场首批建成 7 个蔬菜平价商店（宏源农贸市场、世纪联华文昌店、世纪联华分店、苏果超市跃进桥总店、联运小区平价店、大润发广陵店、苏果超市连运店），保证每日每 0.5 千克 1 元以下蔬菜不少于 5 个品种，平价蔬菜不少于 15 个品种，地产蔬菜低于市场均价 15% 以上。平价店年累计供应量 65 万千克左右。

位于联谊路 22 号的江苏联谊农副产品批发市场，是扬州市最大的蔬菜批发市场。2002 年，在市场内开辟 300 平方米的净菜加工配送区，专供市区大型超市、酒店和机关企事业单位，年供应量 15 万千克。该批发市场也是市区各农贸市场的蔬菜供应基地，每年从外地大量调入蔬菜。2011 年，蔬菜供应量 360 万吨，占市区货源总量的 85%。

图 16-2-3　联谊农副产品批发市场

二. 果品

80 年代初，市区水果市场已放开经营，逐步形成一个规模较大的批发交易中心与遍布市区的零售市场网络。

1984 年 9 月，在原郊区城东乡兴建东郊贸易货栈。1998 年 7 月，兼并广陵区跃进果品批发市场，在城东路 5 号组建江苏亚龙果品批发市场，占地面积 1.4 公顷。主要经营水果批发业务。货源来自山东、安徽、湖北、四川、新疆等 23 个省（市），主要销往扬州、镇江、泰州及安徽部分地区，品种近 90 个，年供应量 73 万吨。2009 年，广陵区商贸物流园（在连运东路 59 号）合并亚龙果品批发市场和江苏联谊农副产品批发市场的果品业务，新建江苏亚联农副产品交易市场果品区。2010 年，建成开业。当年供应量 25 万吨，品种增加到近百个。2011 年，成交额 25 亿元。

果品零售市场主要分布在超市、水果商店、农贸市场、街头摊点，其中超市零售量占三分之一，价格随行就市。

第三章　商贸业态

1992年，实施“定向发展、跳跃开发、以房带路、以商兴街”整体思路，区内百货小商品、电子电信、家具装潢、五金交电、酒店用品、玉器等专业市场蓬勃发展，商家抓住商机合理布点，也更加便利居民生活。2004年，市场经济不断发展，经济成分和经营方式多元化，区内商品更加丰富，市场更加活跃。具体表现为城乡农贸市场布点合理，形成规模，各类农副产品资源充足。2005年，有专业市场14个，商品交易额47.1亿元。同时，商业经营业态也发生新的变化，超市、连锁店、购物中心、专卖店等成为广陵商贸业主流；特色商业街区逐步发展，“房带路、商兴街”战略目标基本实现。尤以文昌阁为中心，集聚多类服务业的各类网点，汇聚为文昌商圈，形成新中国成立后扬州市区第二代城市商业中心，2011年商贸营业额60亿元。2011年，拥有各类专业市场20个，市场成交额303亿元。

第一节　集贸市场

一、基本情况

1989年，广陵区有集贸市场13个，其中农贸市场9个。经过改造、新建和2002年、2011年的两次行政区划调整，至2011年，主要集贸市场共25个，集贸成交额132.37亿元。

2011年广陵区主要集贸市场情况一览表

表16-3-1

所在地	市场名称	地址	经营面积（平方米）	管理人员（人）	摊位数（个）	开业年份	成交额（万元）
汶河街办	石塔农贸市场	文昌中路598号	7000	27	308	1997	38198
	荷花池农贸市场	荷花池路3号	2200	12	100	1997	26200
东关街办	方圈门农贸市场	广陵路159-1号	1200	6	60	1998	2000
	萃园农贸市场	萃园路29号	4000	15	120	1988	8500
曲江街办	解放桥农贸市场	解放南路108号	5540	10	147	2009	38000
	大桥集贸市场	运河南路1号	4000	13	200	1992	29930
	跃进桥农贸市场	运河西路238号	2500	10	169	2004	2000
	云川农贸市场	五台山路323号	3000	10	30	2005	1700
	顾庄农贸市场	安康路42号	1500	3	28	2008	1000
	文昌生活广场	解放北路118号	1800	3	155	2009	50
广陵产业园	华亭农贸市场	运河东路	5300	13	80	2007	946
	白天鹅禽蛋批发市场	运河东路317号	2000	51	20	1996	36900
文峰街办	江苏联谊农副产品批发市场	联谊路22号	113300	300	700	1988	699200
	扬州朝苏农副畜产品冷冻食品批发市场	渡江南路106号	10000	50	120	2007	346000

续表 16-3-1

所在地	市场名称	地址	经营面积（平方米）	管理人员（人）	摊位数（个）	开业年份	成交额（万元）
李典镇	李典集贸市场	李典镇典前街	1500	4	102	1997	11480
	新坝集贸市场	李典镇新坝社区	2400	3	121	2001	10520
头桥镇	头桥农贸市场	头桥社区	3500	5	167	2003	5420
	红桥商贸城	红桥社区	3600	3	148	2003	5195
沙头镇	沙头集贸市场	沙头镇人民路	8300	20	250	1998	14731
	霍桥农贸市场	沙头镇霍桥集镇	9520	16	108	1991	12408
杭集镇	杭集农贸市场	杭集镇	5000	10	200	1989	9200
泰安镇	泰安农贸市场	泰安镇	6500	22	163	2008	22000
湾头镇	夏桥农贸市场	夏桥桥村	360	1	76	2013	180
	华星农贸市场	湾头镇长安路	2770	3	58	1978	700
汤汪乡	连运农贸市场	渡江南路 299 号	3000	16	31	2011	1287

此外，区内经营农副产品的集贸市场还有宝塔、宏源、大舞台、渡江桥、萃园桥、彩衣街 6 个农贸市场以及大润发、世纪联华、苏果、联运小区平价店和家禽、果品、水产品、南北干鲜货 8 个集贸市场。

二、市场经营

1989 年，随着市场经营管理政策逐步放宽，城区集贸市场已形成规模，除国营、集体外，个体工商户也在集贸市场摆摊设点或开设门市部。集贸市场经营项目有粮油食品、肉禽蛋、水产、蔬菜、干鲜果、南北货等。交易方式以零售为主，部分市场兼批发。蔬菜、肉禽蛋和水产品是集贸市场的主要经营项目。1989 ～ 2005 年，除少数年份外，猪肉市场供需平衡，每个市场一般有 10 ～ 40 个猪肉摊点，还增加牛、羊肉等品种。禽蛋 1989 年除国营商业少量收购外，大部分进入集贸市场由个体商户自由交易。80 年代末，家禽交易货栈逐渐增多。汤汪、万福闸及运河南路一带，先后兴办 10 多个家禽货栈。1997 年，新开设扬州市家禽蛋品批发市场，当年成交额 1 亿元。2011 年，年交易额 3.76 亿元。1989 年前，水产品已放开统购统销管理。各集贸市场常年有各种鲜活鱼、特种水产和水产加工品供应，货源充足。蔬菜是各集贸市场必备品种，价格随行就市。1988 年，市政府实施“菜篮子”工程。2002 年，实施新时期“菜篮子”工程，扶持建设蔬菜生产基地，用“菜园子”保证“菜篮子”，支持农贸市场改扩建，保证集贸市场常年正常供应。联谊农副产品批发市场每年从外地大量调入蔬菜，各类蔬菜年成交量从 1989 年的 26 万吨上升至 2011 年的 360 万吨。

三、市场管理

农副产品关系城乡人民基本生活需求和身体健康，让老百姓吃到“放心肉”“放心菜”一直是各类集贸市场管理的重点。工商管理部门进驻市场管理，维持正常经营秩序。为保障食品卫生安全，2002 年起，区农业部门先后对蔬菜、水果、肉类、水产品进行快速检测或强制检测；工商、商贸、卫生等部门常年赴各类集贸市场检查、整治；加强对豆制品的管理监督，以保障豆制品质量。（参见第十三篇第一章第六节）

第二节　专业市场

一、百货及小商品

90 年代初，城区出现小商品市场。市场设营业房、大棚摊位，面向浙江、福建等地招商，后逐渐引进本地商户。货源来自义乌、温州、常熟等地。品种有小百货、服装、布匹、床上用品、小五金、小文化用品等，商品价格低于大商场、专卖店，买卖双方可议价。

曲江商品城 位于运河西路116号。1992年9月开业，是扬州市区最早的小商品市场。初期搭建简易大棚，后改造、增建营业房。至2011年，拥有营业面积10万平方米，商户2800多户，来自10多个省市。经营品种上万种，交易方式批发兼零售。2011年，商品交易额106亿元，是扬州市区最大的小商品市场。

图16-3-1 曲江商品城

二、电子、电信

80年代后期，电脑、手机等电子类产品逐渐发展，商品由专卖店走向电信专业市场。90年代，电子、电信市场快速发展。各专业市场经营电子、电信产成品，兼营零配件和组装、修理等业务，商品价格低于品牌专卖店。2011年，区内有电子、电信专业市场5个：银河电子城（文昌中路45号）、奥力威通讯电子市场（汶河北路17号）、江隆电脑广场（四望亭路50号）、红太阳电子城（广陵路225号）、宏图三胞（文昌中路372号）。

银河电子城 位于文昌中路45号。利用银河商厦场地转型经营，1998年开业。早期经营小家电、通信器材、电脑散件。2001年后，发展为以品牌电脑为龙头、数码产品为拳头的IT专业市场，经营者从零星散户发展为做品牌、名牌总代理、总经销的专业电脑公司。2005年，拥有四个营业楼层，经营面积8000多平方米，商铺300个，还在皮市街西开设B区。电脑和数码产品销售占市区70%以上。2011年，交易额7.2亿元。

三、装潢、家具

90年代后，扬州房地产市场迅速发展，市民购买商品住宅房越来越多；加之宾馆、学校等各企事业单位改善办公、教学、经营条件，促进装潢材料、家具市场较快发展，逐渐形成装潢、家具专业市场。市场品种繁多，主要有原木、原木初加工产品、油漆、小五金、陶瓷、卫生洁具、木地板、复合地板、灯饰、门、柱、厨具、家纺家饰等。主要有曲江装饰城、金盛国际家居广场。

金盛国际家居广场 位于运河东路299号。初由南京市宝林商贸（集团）有限公司投资创办。2004年11月开业。占地面积17.8公顷，总建筑面积48万平方米，注册资本7200万元。一期工程项目宝林家俱广场建筑面积5.4万平方米。经营家具、装饰、建材，批发、零售，兼有餐饮娱乐功能，汇集200多家知名品牌家具，装潢兼有加工业务。开业当年一个多月，实现销售3930万元。2005年底，转由南京金盛国际有限公司经营。2011年，经营面积15万平方米，成交额14.4亿元。

曲江装饰城 位于运河南路35号。1997年6月开业。占地面积2.5公顷，建筑面积1.2万平方米。2001年，成交额5000万元，后不断扩展。至2005年，占地面积6.8公顷，经营面积5万平方米。形成六大经营区，设精品陶瓷区、木业板材区、涂料装饰区、五金水暖区、灯具灶具区、石材加工区。货源来自浙江、广东、福建、上海、苏州等地，品种有木工板、油漆、电器、陶瓷、瓷砖、管材、灯具、五金等。销往市区及周边县市。2011年，成交额8.76亿元。

四、五金交电

80年代前，五金交电行业以国有商业经营为主。90年代经营放开后，五金交电行业转向多部门、多种经济成分经营。进入21世纪，在南通东路、渡江南路一带，形成五金交电市场群，各类专业店、专业市场120多家，经营品种有五金、电工工具、水暖器材等。以福运门五金交电批发市场为最。

福运门五金交电批发市场 位于渡江南路3号。2002年建成开业。营业面积10万平方米，摊位700个。开业第一年，成交额3000万元。2009年，入选全国二十大五金材料交易市场。2011年，成交额20.7亿元，成为市区五交化行业龙头企业。

五、酒店用品

酒店用品市场是由日用化工及家庭日用工业品衍生出来的新型行业。80年代前，日用化工（包括洗涤用品、洗漱用品）、家庭用品（餐具、厨具）等主要由国营批发公司和各国营商店分散经营。80年代中期，杭集镇政府发扬当地牙刷生产传统，鼓励全民创业，几乎各家各户开作坊生产牙刷，生产经营户有3400户。2007年，杭集镇政府在日化工业园区建设锦都国际酒店用品城，总占地面积7公顷。一期工程于2009年5月建成开业。经营面积7万平方米，商铺544间。引进厂商及代理商300多户，从业人员800人。市场内30%为酒店配套产品（厨房设备、玻璃器皿、陶瓷餐具、大堂用品、客房用品、酒店装饰用品、清洁用品等），10%为酒店布草产品，40%为酒店易耗品，20%为配套原材料。2011年，市场交易额3.9亿元。

六、玉器

湾头镇是扬州玉器生产经营的发源地。90年代后，玉器经营户向湾头新镇扩展。2007年起，湾头镇政府规划建设玉器专业市场。2011年，建成湾头玉器城。该市场占地面积6.5公顷，经营面积5万平方米。建成玉器城、玉石料市场、玉器南路加工区、玉器西路销售区和万福、茱萸玉器创业园。该镇玉器商户近千户，从业人员3500人，形成玉器加工销售、设计研发和玉文化旅游中心。

第三节 新业态

一、超市

超市采用敞开货架、顾客自由选购的经营方式，主要经营食品、日用品等生活必需品，实行薄利多销，一次性电子结算。大型综合超市经营面积在5000平方米以上。1994年，广陵区在美食街建设阳光食品超市，为区内首家超市。2000年4月，新国道超市上海大润发公司与扬州商场等企业合资，建设广润发超市（大润发邗江店）。后又开设大润发东区店（大润发广陵店）。2000年后，市区超市纷纷兴起，形成大小超市遍地开花的局面。至2011年，广陵区5000平方米以上的超市有5家，分别为大润发（广陵店）、世纪联华、农工商超市、东方超市和江苏果品超市。为招徕顾客，大型超市还配备免费购物班车，接送顾客购物。

2011年广陵区主要超市情况一览表

表16-3-2

单位名称	营业面积（平方米）	从业人员（人）	地址	注册资本金（万元）	开业时间	2011年营业额（万元）
大润发超市广陵店	30000	430	文昌中路168号	总部注册	2007年2月	43400
扬州世纪联华商业有限公司	5000	320	文昌中路446号	500	2002年7月	12851
扬州市农工商超市有限公司	10000	150	荷花池路2号	100	2003年12月	2292
扬州东方超市有限公司	9000	450	运河西路185号	100	2004年4月	6717
江苏果品超级市场有限公司	19900	400	运河西路238号	300	2004年6月	28854

2002～2011年广陵区区属超市商品销售情况一览表

表16-3-3　　单位：万元

年度	营业额	年度	营业额	年度	营业额
2002	29682	2006	66123	2009	42086
2003	25949	2007	85798	2010	46558
2005	55312	2008	57888	2011	50339

说明：数据来源于区统计年鉴；2004年资料缺失

二、连锁店

连锁经营是经营同类商品或服务的若干企业，以一定形式组成经营联合体，并实行集中统一管理。连锁店有两种基本形式：一种是公司总部对各连锁分店实行商品供货、经营管理、经营核算“三统一”，称直营连锁；另一种是公司总部授予加盟企业店牌字号，加盟企业总部要求统一经营业态，企业自主经营，财务上不与公司总部相关，称加盟连锁。扬州市区连锁经营发端于1999年，发展于21世纪。初期由大型超市总公司发起，在市区开设超市分店，以后连锁经营逐步扩展到其他行业。连锁经营由于规模体量大，网点分布广，店牌统一，有利于公司总部推广品牌，降低经营成本，拓展市场，因而被各行业所应用。至2011年，区内各类连锁经营网点200多家，涉及百货、食品、家电、餐饮、美发、足疗、住宿、医药等行业。

2002年、2003年、2006年、2008年、2009年和2010年，连锁店营业额分别为1.44亿元、1.31亿元、1.51亿元、3.31亿元、4.29亿元和4.89亿元。2011年，连锁店营业额1.63亿元（不含加盟店）。

汇银家电有限公司 位于文昌中路277号。公司成立于1995年3月。注册资本5750万元。2011年，拥有直营连锁网点55家，加盟连锁店310家，其中在广陵区有直营店5家、加盟店12家。2011年，公司营业额35亿元，其中区属江苏汇银电器连锁有限公司营业额6.62亿元。

国药控股国大药房扬州分公司 位于文昌中路13号。公司前身为江苏大德生药房连锁店有限公司。1996年6月，公司以百年老字号“大德生”为品牌，引入现代连锁机制，将所属21家药房组建成扬州大德生连锁店。2011年，该企业挂靠国药控股集团有限公司，设立国药控股国大药房扬州分公司。是年，国大药房大德生连锁店有101家，年营业额21.5亿元，连锁经营网络覆盖扬州、泰州、南通、镇江、苏州等地区。

老妈餐饮连锁有限公司 位于文昌中路139号。该公司成立于1990年，以经营川味火锅著名。经过20多年发展，该企业已在扬州、上海、杭州、苏州、泰州等地开设连锁店20多家。2011年，老妈火锅广陵连锁店营业额1133万元。

陆琴脚艺有限公司 位于文昌中路492号。成立于2002年，以足疗服务著名。经过10年发展，经营业态已由足疗扩展到技艺培训。2011年，连锁网点有100多家，网点分布江苏、浙江、上海以及内蒙古、西藏等地区，其中扬州市区有4家。年营业总收入2.3亿元。

图16-3-2 修脚师进行足疗服务

三、专营店

专营店专一经营某类商品，并具备专业销售人员，提供适当的售后服务。80年代前，专营店涉及门类有布料、副食品、药品、医械、五金、交电、油漆化工、文具、古玩、图书等。另有扬州友谊商店专卖进出口商品，顾客凭外汇券购买。90年代后，商品日益丰富，市场细分，专营店涉及门类扩大，品牌商品集中，扩大到穿着、烟酒、家电、电信、化妆品、家具、装潢、花卉等。专营店多数设在繁华商业区，营业面积根据主营商品特点而定，体现专业性，品种丰富，选择余地大，采取定价销售和开架销售。

2011 年广陵区专营店布点情况一览表

表 16-3-4

类别	网点数(个)	主要坐落路段
副食品	528	立新路、文昌中路、施井路、运河西路、东花园路、四望亭路、汶河路、淮海路、南通西路、甘泉路、联谊路批发市场、国庆路、徐凝门大街、丁家湾、皮市街、广陵路、泰州路、东关街、经典广场、萃园路、渡江路
药品	73	运河西路、安康路、文昌中路、四望亭路、汶河路、淮海路、南通西路、甘泉路、渡江南路、连运商业区、国庆路、徐凝门大街、皮市街、广陵路、东关街、渡江路
五金	508	太平路、运河南路、安康路、曲江商品城、荷花池路、渡江南路、国庆路、南通东路、文昌中路、泰州路、渡江路、徐凝门大街、大草巷
交电	109	运河西路、江阳东路、施井路、曲江商品城、荷花池路、渡江南路、国庆路、文昌中路、渡江路、汶河南路、徐凝门大街
化工	67	江阳东路、施井路、江都路、渡江南路、广陵路、渡江路
家电	74	运河西路、江都路、城东路、曲江商品城、文昌中路、四望亭路、渡江南路、广陵路、徐凝门大街、泰州路
电信	26	运河西路、汶河北路、四望亭路、文昌中路、连运路、广陵路、渡江路
服装	1542	曲江商品城、施井路、运河西路、文昌中路、四望亭路、汶河路、淮海路、南通西路、甘泉路、皇宫巷、连运路、国庆路、东关街、广陵路、泰州路、渡江路
鞋帽	432	曲江商品城、运河西路、文昌中路、城东路、四望亭路、汶河路、淮海路、南通西路、甘泉路、皇宫巷、连运路、国庆路、东关街、广陵路、渡江路
布料	102	曲江商品城、运河北路、东花园路、甘泉路、连运路、国庆路、文昌中路、皮市街、广陵路、东关街、渡江路
化妆品	119	运河西路、曲江商品城、文昌中路、四望亭路、汶河路、淮海路、南通西路、甘泉路、连运路、国庆路、广陵路、东关街、渡江路
文具	59	运河西路、曲江商品城、文昌中路、四望亭路、汶河路、淮海路、南通西路、皮坊街、皮市街、广陵路、东关街、渡江路、北柳巷、埂子街
古玩字画	77	曲江商品城、文昌中路、毓贤街、盐阜西路、盐阜东路、个园花局里、南通东路、广陵路、东关街、观巷
图书	64	运河西路、江都路、安康路、淮海路、南通西路、文昌中路、文峰路、盐阜西路、国庆路、东关街、南河下
家具	37	五台山旧货调剂市场、运河西路、渡江南路、广陵路、渡江路、东关街、徐凝门大街
装潢	119	运河南路、施井路、东花园路、江都路、荷花池路、渡江南路、广陵路、渡江路、南通西路、南通东路、文昌中路、宋城名都、漆货巷
花卉	52	江都路、观潮路、曲江商品城、大梅家巷、南通西路、淮海路、连运路、盐阜东路、国庆路、彩衣街、文昌中路、广陵路、南通东路、渡江路

2002 ~ 2011 年广陵区专业商店经营情况一览表

表 16-3-5　　单位：万元

年度	经营总额	批发	零售	年度	经营总额	批发	零售
2002	25717	4746	20971	2008	423378	36110	387268
2003	26908	9543	17365	2009	380376	96805	283571
2005	87810	24921	62889	2010	376323	93659	282664
2006	121826	12898	108928	2011	537984	125603	412381
2007	143514	13979	129535				

说明：数据来源于区统计年鉴；2004 年资料缺失；2011 年含新划入 5 个镇

四、网上购物

网上购物方式是消费者通过互联网检索商品信息，并通过电子订购等发出购物需求，然后填上购物人支票账号或信用卡号码，多为网上付款；厂商通过邮购方式发货，或是通过快递公司送货上门。国内的网上购物，一般付款方式是款到发货（直接银行转账、在线汇款）、担保、交易、货到付款等。网上购物因为价格便宜而受到消费者青睐。2005年后，随着互联网技术在中国普及，网上购物在国内逐步兴起。

2008年4月，扬州购龙科技有限公司落户江苏信息服务产业基地（扬州），旗下特价王网站当年销售签单4000万元。2011年，1号店扬州呼叫中心落户江苏信息服务产业基地。该企业上线后，拥有上千个供应商、数百个品牌合作商，上线商品涉及食品饮料、美容护理、厨卫清洁、母婴玩具、电器、家居、营养保健、礼品等十大类10万多种商品。

扬州市区的网上购物尚处于初始阶段，所占市场份额零星分散，未列入国家统计序列，但发展趋势逐步加快。

第四节　特色商业街

一、文昌百汇

位于汶河南路。始建于2005年4月，2006年4月竣工开业。街区占地面积1.8公顷，建筑面积4万平方米。经营业态包括购物、娱乐、美食、美容、网吧等。入驻商户200多家，代表性企业有T-SEVEN咖啡、尚品铁板烧、鼎尚网络会所、风暴健身会所、卡洛淇风味餐厅、巴诸客意大利冰淇淋、印石餐厅、东方吉丽美容会所、富本拉面等。各种业态组合成为紧凑而又闲适的商业步行街。

二、教场秦淮坊

位于国庆路中段。2007年，由上海证大商旅发展有限公司开发建设。2008年，一期工程竣工开业。占地面积2公顷，建筑面积1.85万平方米。街区内设茶馆、休闲酒店、咖啡吧、服饰、艺术品等商铺60多家。整个街区以院落为核心，以街巷为脉络，形成与古城街巷相协调的空间形态。

三、珍园商业街

位于文昌中路492号。由扬子江投资集团于2007年9月，对珍园招待所进行拆旧翻建。2008年年底竣工开业。街区占地面积1.3公顷，建筑面积2.5万平方米。经营业态包括餐饮、咖啡吧、美发美容、影院、儿童教育以及娱乐等。入驻企业有高乐雅咖啡、味千拉面、DQ冰淇淋、西部牛排、悠仙美地、巴国布衣、冶春、陆琴脚艺、艾米影吧、SPA、沙宣美发、培正逗点、天才宝贝、母婴生活馆、学大教育等。

图16-3-3　珍园商业街

四、扬州1912

位于南通东路128号。2006年9月，经招商由南京1912集团成立的扬州1912投资顾问有限公司托管经营。2007年12月开业。街区占地面积4公顷，建筑面积2.6万平方米。经营业态包括餐饮、娱乐、休闲、会所。入驻企

图16-3-4　扬州1912

业有 COSTA COFFEE、苏荷、粤鸿和、英皇国际、老啤酒厂等。扬州 1912 是扬州市区时尚休闲文化街区。2008年，消防部门建成 1912 消防文化一条街，设置固定宣传栏，营造扬州 1912 繁荣、安全氛围。

第五节 中心商圈

清代，扬州商业区主要在小东门、多子街（又名缎子街）、教场等处，有“寸土寸金”之说。20 多条街巷均以当时经营的主业命名，如皮市街、彩衣街、雀笼巷、打铜巷、风箱巷等，打下当年商业繁荣的印记。清代李斗《扬州画舫录》对便益门和黄金坝之鱼市、天宁门之花市、南门之柴草行，都有生动记述。

民国年间，主要商业街区在辕门桥（今国庆路南段）、教场、多子街（今甘泉路）、东关街等处。辕门桥之百货、茶食、旅社，教场之茶馆和书场，缎子街之布业，东关码头之米市等最为繁荣。

50 年代初，市政府对老城区多处街道进行拓宽改造，更新路名。60 年代初，市政府在文昌阁西南侧建成扬州第二百货商店，同时建成并先后开业的还有旭日日杂商店、曙光理发店、文园饭店、镜中天照相馆、东风副食品商店、钟表店、银行、新华书店。60 年代，以辕门桥为中心，逐步形成国庆路、甘泉路、渡江路、广陵路等主要商业区，教场逐渐冷落。1966 年 9 月，扬州市第一百货商店迁至广陵路。该店营业面积 2400 平方米，时为扬州最大百货商场。1983 年经营面积扩大到 3200 平方米，销售品种 1 万多个。1970 年，位于国庆路口的人民商场建成开业，面积 3000 多平方米。至 80 年代初，国庆路、广陵路成为扬州市区的商业中心，有百货店、银行、邮政局、电影院、副食品商店等各类服务网点近 200 家。

图 16-3-5 文昌商业圈

图 16-3-6 四望亭商业街

80 年代初，市、区两级政府对文昌阁周边多条道路和街巷进行拓宽、改造。1985 年，广陵区政府对旭日日杂商店、曙光理发店、文园饭店、镜中天照相馆、东风副食品商店、扬州钟表店进行整片拆迁，建设扬州大酒店和扬州商场。1986 年 9 月，扬州商场开业。1987 年 12 月，扬州大酒店开业。后又拆除中百二店和市政府第二招待所部分房屋，对扬州商场进行扩建，建成 3 万平方米的扬州商场。1986 ～ 1998 年，改造拓宽三元路、汶河北路、四望亭路、淮海路，沿街改扩和新建商业门店。其中，于 1996 年 1 月开业的万家福商城，为继扬州商场之后的文昌商圈第二大百货商场。商贸服务业随之繁荣发展。进入 21 世纪，以文昌阁为中心，形成文昌中路、四望亭路、汶河路、淮海路、盐阜路等多条新兴商业街，电信、银行、邮政、文化娱乐等各类网点也相继集聚，逐步形成文昌商圈。2011 年，文昌商圈商贸营业额 60 亿元。

第四章　生活服务业

1989年，区内商业系统共有小型旅社42家，国营、集体洗染店3家，国营照相馆6家。90年代，市区中高档酒店迅速发展，政府机关和企事业单位对招待所进行改造装修，转向对外营业；企事业单位和个体户纷纷进入洗染业，专业婚纱摄影迅速发展，家政服务、中介服务亦有较快发展。2011年，区内有三星级酒店8家，各类洗染、洗衣店80家，婚纱摄影摄像等主要照相企业8家。家政、中介、文化娱乐等各种服务业相继开业，如律师事务所，1989～2011年，除担任常年法律顾问、开展刑事辩护等常规工作外，共追回货款1.8亿元，避免经济损失3亿元。

第一节　住　宿

一、小型旅社

1989年，商业系统42家小型旅社中，国有企业与集体企业各半，大多为单纯提供住宿服务。随着市场经济发展、商务交往及旅游业逐渐兴起，中高档酒店及经济型酒店增多，小型旅社日渐衰微。2011年，原市、区商贸系统正常经营的旅社有30家，这些旅社转由私人承包经营。

二、星级酒店

80年代后期，市区中高档酒店迅速兴起，政府机关招待所如紫藤园招待所、珍园招待所、萃园招待所、石塔宾馆等，由内部接待转向对外营业。与此同时，民营企业纷纷投资新办中高档酒店。1988年，国家旅游局推出饭店星级评定制度，对饭店划定一星至五星五个等级，由企业自愿申报，旅游主管部门检查验收。审批通过后，国家旅游局根据饭店的规模、功能、服务水平等条件授予相应星级，纳入旅游系统管理。

2011年广陵区主要酒店基本情况一览表

表16-4-1

单位	星级	床位数(张)	客房数(间)	开业年份	授星年份	地址
蓝天大厦酒店	四星	120	237	2001	2011	汶河北路42号
扬州人家国际大酒店	四星	327	500	2007	2008	解放南路88号
广源丁山酒店	三星	136	238	2001	2001	南通西路79号
红杉树酒店	三星	50	100	1995	2003	文昌中路237号
文津宾馆	三星	49	99	1999	2006	盐阜西路16号
怡园饭店	三星	55	125	1994	2009	四望亭路1号
萃园城市酒店	三星	95	175	1994	2006	文昌中路459号
石塔宾馆	三星	204	386	1994	1995	文昌中路590号
格林豪泰扬州大厦店	三星	54	120	2006	2008	文昌中路2号
开元江隆酒店	三星	102	208	1997	2002	汶河南路1号

2005～2011年广陵区区属星级酒店经营情况一览表

表16-4-2 单位：万元

年度	营业总额	客房	餐饮	商品销售	其他
2005	19666	2173	15391	1751	351
2006	28597	4659	20418	1995	1525
2007	30169	4672	22604	2075	818
2008	35514	5304	26563	1641	2006
2009	33010	6494	22273	1062	3181
2010	44793	8500	31288	1945	3060
2011	64948	10506	48844	1577	4021

说明：数据来源于区统计年鉴

三、经济型宾馆

2003年起，扬州城区出现经济型宾馆。类型有两种，一是外地知名经济型酒店的连锁店，如莫泰168、锦江之星、汉庭快捷等；一是本土经济型宾馆，一般位于商务楼二楼及以上。经济型宾馆一般提供卫生、简约实用的住宿，价位较低，业务上淡旺季分明。2011年，区内经济型宾馆261 家，主要分布在江阳东路、文昌中路一带。

第二节 洗 染

1989年，市区有国营、集体洗染店3家，分别为春生、锦成、同和兴，各店经营洗、染、烫业务。位于甘泉路的春生洗染店创办于民国3年（1914），1987年，在城区率先引进意大利产干洗机。该店坚持传统特色，是市区唯一保留有服装面料染色、精工织补传统洗染服务项目的老字号。80年代后期，城区住宅小区、街头巷尾出现个体洗衣店，设备简单，以洗衣、整烫、皮衣上色为主。

1992年后，一些企事业单位介入洗染业市场，如江阳船厂在甘泉路开设洗衣店；宾馆、招待所内部的洗衣房对外经营，如西园饭店、扬州宾馆、新世纪酒店等均对外承接洗衣业务。

2002年，国内连锁品牌洗衣店进入扬州。以上海赛维品牌在扬州开设连锁店为最多，共有8家。此后，上海“鸿尔”“恒吉”“雅森”“航星”“无锡小天鹅”等连锁品牌店相继进入扬州。2003年，法国品牌店福奈特在扬州开设3家，经营规模超过春生洗染店，居扬州同行业之首。意大利品牌店“伊尔萨”“多妮妮”，德国品牌店“卡柏”等也相继进入扬州洗染行业，经营情况俱佳。

2006年年初，建立扬州城区洗染业自律会，20多家洗染店为理事单位。

2011年，区内有各类洗染、洗衣店80家，从业人员约300人。

第三节 照 相

1984年，中国照相馆添置一台进口彩色扩印机，扬州照相业进入新的发展时期，照相突破单一黑白照，增加彩色胶卷拍摄业务。

1989年，市区共有国营照相馆6家，为中国、英姿、上海、友谊、镜中天和风光照相器材商店。至2005年，照相馆仅存中国、英姿、上海3家，均改制为民营企业。

90年代起，结婚照业务迅速发展，形成专业的婚纱摄影。扬州婚纱摄影由台湾商人首开先河。1994年，第一家台资婚纱摄影店“圣玛丽”在工人文化宫对面开张，店面不大，半年后歇业。随后，台资婚纱摄影店“蒙娜丽莎”开张。1995年年初，由无锡“天长地久”投资的“天长地久”婚纱摄影公司开张。1995年8月，台商在扬州市群艺馆三楼开设“罗马假日”婚纱摄影公司，后迁至时代广场经营。1998年，民资开设“今生有约”婚纱摄影店。1999年5月，台资企业“上花轿”婚纱摄影公司在汶河北路开业。

专业婚纱摄影根据顾客需求，选用古装、西装与民族装等不同服饰，古典与现代等不同道具，形成不同风格。从人物面部化妆、发式造型到服饰选配，予以全面设计与包装。拍摄完成后，配以照片框架、相册专辑，甚至配以录像，形成深度包装的流程。为丰富拍摄场景，婚纱影楼不仅有室内摄影棚，还设有外景基地，甚至随顾客到新疆拍雪景，到海边拍海景，服务方式任由顾客选择，灵活、丰富、新颖。

在现代婚纱摄影快速兴起的同时，小型个体照相馆、儿童系列摄影、专业彩扩店、照相器材店、个性工作室等各类照相经营服务也有较快发展。2011年，市区有婚纱影楼10多家、个体照相馆20多家、专业彩扩店10多家、照相器材商店6家、儿童系列摄影5家。扬州照相业形成由传统照相馆、现代婚纱摄影、个体专业店等主要业态构成的照相业经营格局。

2011年广陵区照相业主要企业情况一览表

表16-4-3

企业名称	地　点	创立年份	注册资金（万元）	经济类型	营业面积（平方米）	经营项目	分店个数
扬州上花轿婚纱摄影公司	汶河北路79号	1999	80	台资	580	婚纱摄影及相关服务	1
扬州天长地久婚纱摄影公司	文昌中路393号	1995	10	有限公司	600	婚纱摄影及相关服务	1
扬州富春中国摄影彩扩有限公司	国庆路29号	1995	30	有限公司	480	摄影、彩扩	4
扬州广陵区今生有约婚纱摄影店	文昌中路352号	1999	3	个体	500	婚纱摄影及相关服务	1
扬州新天地摄影摄像器材有限公司	淮海路179号	2000	50	私营	400	摄影、彩扩、器材、图片制作	3
罗马假日婚纱摄影广场有限公司	文昌中路时代广场	1999	50	私营	1200	婚纱摄影及相关服务	1
扬州天艺数码冲印	泰州路10号	1987	5	个体	100	摄影、彩扩	1
扬州永生数码冲印	文昌中路566号	1999	5	个体	150	摄影、彩扩	1

第四节　家政服务

城区家政服务业兴起于90年代初，同时出现一批中介公司、中介服务所等小型中介服务机构。保姆服务紧随家庭清洁工后，成为发展较快的服务项目。

1997年，区劳动局组建家政服务中心，以拓宽失业职工就业渠道。8月，家政服务中心更名为百帮服务中心，并在城南街道成立华南分中心，形成覆盖城区服务网络。11月，百帮服务中心与市邮电局签订劳务合作协议。12月，服务项目增加到六大类30多个，吸纳安置下岗失业职工210多人。1998年，百帮服务中心改单一家政服务为设点服务、流动服务、上门服务，吸纳下岗职工300多人。同时建立以百帮为龙头的社区服务非正规就业组织，4个街办均成立百帮分中心。1999～2005年，区劳动部门在发挥职业介绍所主渠道作用同时，继续通过百帮服务中心开展非正规就业、劳动合作和劳务输出。同时，为提高家政服务质量，百帮和华南多次安排上岗人员，参加劳动部门组织的“月子护理”“医院护理”等家政服务业务培训。每次专业培训100多人。2001年，政府有关部门在大梅家巷设立华南保姆钟点工市场，扩大保姆服务范围。2005年，城区有26家家政服务企业，也有个体户开展家政服务业。2011年，扬州华南家政服务公司为全市最大的家庭服务企业，业务范围覆盖11个省（市），有分公司20多家。

第五节 中介服务

一、房屋中介

1989～1990年，区内无房产交易。1991年，城区二手房交易仅20套、649平方米。1993年7月，扬州成立市房地产事务交易所，为扬州第一家房屋中介机构。当年办理房屋交易29户，评估业务2笔；城区二手房交易共48套、2456平方米。1994年，成交143套、7790平方米，比上年增加95套。1996年，启动职工住房改革。1997年，各地住房建设成为新的热点。2000年，允许房改房上市，城区二手房交易量迅速扩大，由1995年的205套、1万平方米，上升到1996年的306套、近2万平方米，1998年的582套、3.5万多平方米，1999年的1328套、9.76万多平方米。2000年，成交达3443套、24万多平方米。2001年起，每年以1000～2000套上升。

2001年，城区取得房地产中介服务资质证书企业（机构）近90家，从业人员778人；取得房地产经纪人资格证书578人。2002年，102家中介机构取得资质证书或登记备案，近千人获房地产经纪人执业资格。2004年，参加业务培训303人，其中获房地产经纪人协理证书298人。三分之二中介服务机构，都配有现代管理设施，从单一的二手房租赁代理发展到商品房代理，甚至楼盘的前期策划、定位、包装、销售等一条龙服务。是年，对城区136家中介机构进行检查，其中有资质的106家；对符合条件的117家、420名服务人员发放备案证书和上岗证，实现房地产中介服务人员全部持证上岗。2005年，进一步规范中介服务行为，开展中介诚信服务活动。当年中介服务机构180家，从业人员604人，成交1.01万套、86.46万平方米。

进入21世纪，经市场化运作优胜劣汰，房屋中介机构数量已基本稳定。随着城市扩张、小城镇建设速度加快以及农民工大量进城，二手房交易数量也稳步上升。2008～2011年，城区住宅成交共2.55万套、208.34万平方米，非住宅房成交3605套、95.37万平方米。

2011年，市住房保障和房产管理局明确规定，城区（原广陵、郊区）房产中介服务机构，必须实行网上备案，按业务流程网上操作，确保二手房交易市场规范有序健康发展。是年，城区备案的房屋中介服务机构185家，从业人员714人。

二、婚姻介绍

1989～1998年，广陵区的各种婚姻介绍、婚姻服务机构均以私人名义开设。1999年，广陵婚介所正式成立。由于婚介所需持江苏省民政厅颁发的行业许可证这一前置条件，广陵婚介所一度成为扬城的主流婚介机构，最多时会员近6000人。

婚介所成立之初，有工作人员4人，服务地点设汶河南路广陵区民政局婚姻登记处南二楼。2001年，在汶河北路开发商厦二楼设一分部，后搬迁至彩衣街。广陵婚介所成立后，本着“知心、贴心、用心”服务理念，竭诚为征婚服务对象提供服务，每年介绍成功达50对当事人，最高时达80对以上。由于服务较好，收费低廉，会员众多，选择面广，成为当时扬城征婚者的首选。

2005年后，取消行业许可证制度，社会上各类婚介机构蜂拥而起，给众多的征婚者提供多个服务平台，促进繁荣婚介市场。2011年，由于市场等原因，广陵婚介经营规模逐步缩小。

三、会计师事务所

1986年12月，在扬州市财务会计咨询处的基础上，市财政局投资创办市区第一家会计师事务所——扬州会计师事务所。其他会计师事务所也陆续成立。1995年11月，扬州市迅达会计师事务所成立。会计师事务所业务范围为独立承办注册会计师业务，主要有税务代理、会计查账、咨询业务等。1997年9月，由省注册会计师协会扬州办事处与市原审计师协会合并，成立扬州市注册会计师协会。1998年，市注册会计师协会进行行业整顿。市内有会计师事务所22家，从业人员544人，其中执业注册会计师220人。1999～2000年，完成脱钩改制，成立真正意义上的中介机构。2005年，市内有会计师事务所24家，从业人员606人，其中执业注册会计师177人、非执业会员429人。2011年，市内有会计师事务所34家，其中区内有会计师事务所6家，分别为天衡会计师事务所、平帆会计师事务所、正信会计师事务所公司、新扬会计师事务所广陵办、苏亚金诚会计师事务所公司扬州事务所、江苏天华大彭会计师事务所有限公司。

四、审计师事务所

1989年7月，经区编制委员会同意，建立扬州市广陵区审计事务所，为自收自支的全民事业单位，编制3人，隶属区审计局管理。1993年，增加全民事业编制3人。1994年，又增加4人。是年，建立扬州市审计所广陵分所，为市审计事务所非独立法人资格分支机构。事务所和分所互相竞争、互相促进，社会效益、经济效益和服务质量都有较大提高。服务范围包括资产评估、财务会计查证、验证服务等，业务上接受审计事务所(后更名为审计师事务所)领导。1996年10月，区审计师事务所注册资金变更为30万元。是月，成立扬州市基建审计事务所广陵分所，隶属市基建审计事务所管理。1999年3月，区审计师事务所成立审计一部、审计二部、验资办公室三个部门。是年12月，经省财政厅同意，区审计师事务所改制、注销，人、财、物等各方面与审计局全部脱钩。

1989年，区审计事务所完成委托审计项目3个，查证总金额287万元，提供咨询服务5项。1991年，被区审计局评为1990年度先进集体。1991～1992年，在完成区政府交办的审计项目基础上，开始面向社会开展审计业务。1993年，业务范围从单一的财务收支审计逐步向承包经营审计、基建决算审计以及验资、顾问、培训等多方位服务过渡。1995年后，审计进一步扩大，涵盖所有社会层面，审计空间拓展到区内外和其他市、县。1998年区审计师事务所受扬州市注册会计师协会表彰。1999年区审计师事务所注销后，由部分注册会计师、注册资产评估师发起成立扬州市正信会计师事务所有限公司。

五、税务师事务所

根据1993年《国务院批转国家税务总局工商税制改革实施方案的通知》精神，1995年5月，扬州市成立税务事务所。1996年，国家推行注册税务师制度。1997年，国家明确规定税收征管模式为，以申报纳税优质服务为基础，以计算机网络为依托，集中征收，重点稽查行政服务和社会中介服务。2003年，广陵区按照“建立税务机关专业服务和社会服务相结合的税收服务体系”要求，充分发挥税务代理作用，税务中介服务成为整个税务服务的一部分。2004年，国家税务总局明确规定，注册税务师行业既服务于纳税人，又服务于国家，是具有涉税鉴证与涉税服务双重职能的社会中介行业。并首次明确涉税鉴证为特定服务行政审批前置条件。至2005年年底，市内有税务师事务所10家，从业人员195人；注册税务师227人，其中非职业152人、职业75人。2011年，市区有税务师事务所22家，其中广陵区有税务师事务所3家，分别为扬州市国瑞税务师事务所、扬州国瑞税务师事务所、江苏苏瑞税务师事务所。

六、律师事务所

区内华朋、唐城、吴国强等律师事务所，坚持强化法律服务，保障经济发展。服务内容除担任企事业单位常年法律顾问、接受法律咨询、办理各类案件等工作外，还围绕新时期社会发展对现代服务业的要求，参与招商引资、重大工程项目建设、城市综合治理、重大矛盾纠纷调处等工作。1989～2011年，区内律师事务所分年担任39～144家单位的常年法律顾问，开展刑事辩护2116件，民事代理4967件，经济代理1905件，参与非诉讼事务617件，接受法律咨询1.87万人次，代写法律文书2581件，追回货款1.85亿元，避免经济损失3.02亿元。(参见第二十五篇第五章第一节、第二节)

第五章 名企名店

第一节 现代商贸企业

一、金鹰国际购物中心

位于汶河南路 120 号。市区营业额最高的百货零售企业。2001 年创立，前身为扬州商场。2001 年年初，南京金鹰国际集团对扬州商场兼并重组，引入经营新理念定位市场重新开业，以中高档商品消费群体为目标市场，组合国际时尚品牌。全店经营面积 3 万平方米，拥有珠宝、服饰、鞋类、化妆品、餐饮等经营大类。建立“一站式”售后服务制度，涵盖咨询、便利、退货、维修等方面 26 项。经营管理以总部为中心，建立地域连锁集中管理的 EPR 系统，实现业务管理、财务管理、人力资源管理系统化、远程办公自动化。开业 10 年间，营业额年均增长 25%以上。2011 年，实现销售额 15.6 亿元。

二、万家福商城

图 16-5-1 万家福商城

位于汶河北路 1 号。市区第一家中外合资商贸零售企业。1996 年 1 月开业，业态以百货为主。年销售业绩从开业之初的 6500 万元增长到 2011 年的 4.03 亿元，年创利税从 1996 年的 240 多万元增长到 2011 年的 3123 万元。多次被江苏省消费者协会授予“百城万店无假货示范店”称号，被市政府授予“十佳台资企业”“A 类诚信纳税人”称号。

三、时代广场

位于文昌中路 537 号。市区第一家大型购物中心。1999 年年底，与港商合资建设，2002 年 4 月开业。拥有近 300 家品牌商铺、20 多家主题餐厅、近 20 家轻餐饮、1 家五星级多厅院线制影院、1 家大型 KTV 量贩店等多种业态。其中百货营业面积 2.6 万平方米，餐饮 1 万平方米，休闲娱乐 1 万平方米。2011 年，营业收入 6 亿元。

四、世纪电影城

位于扬州时代广场四～五楼。市区第一家现代化影城。2003 年 1 月开业。设有 11 个专业电影放映厅，观众可在任意时段观赏不同类型的最新大片。2011 年 7 月，创扬州先例，实行通宵放映，夜间点片放映。为江苏省第二家国家五星级影城。

五、蓝天大厦酒店

位于汶河北路 42 号。四星级酒店。2008 年，由扬州市矿务局蓝天大厦改制成立。2010 年，被国家旅游局评为四星级饭店。酒店经营面积 2.1 万平方米。餐饮部拥有餐位 800 席座，设有多功能大厅和多个包厢。有客房 120 间，床位 240 张，其中豪华包房 60 间、标准房 60 间，多功能厅、会议室、洽谈室 7 个。2011 年，营业收入 2599 万元。

第二节　百年老店

一、富春茶社

位于国庆路得胜桥 35 号。清光绪十一年（1885）开业。企业初期名为富春花局，栽培四季花卉，制作各式盆景应市。民国初年，企业增设茶馆，店名更为藏春坞茶社，终为富春茶社。除花市外，还供应茶水、点心，民国中期增设菜肴。

富春以茶出名，茶名为“魁龙珠”，原料取用浙江的龙井、安徽的魁针，加上本地种植的珠兰兑制而成。茶品取魁针之形、龙井之色、珠兰之香，其色清澈，其味芳香，入口柔和。

富春点心风味独特，代表性品种有翡翠烧卖、千层油糕、双麻烧饼、煨面、裕果粉点、明虾杯、雪笋包子、黑芝麻包子、三丁包子、月宫玉兔、三鲜雪梨、沙仁锅饼、脆皮包、素什锦包、野鸭菜包等 10 多个品种，一年四季随季应变面市。以包子的特色最为显著，在造型上，口似鲫鱼嘴，形如荸荠，波浪式褶皱 30 多个；口味上，讲究配料，注重提鲜，每点一味，咸甜酸辣各味俱全，发酵油酥、水调面粉等制品有三四十种。

2001 年，扬州市饮服公司整体转制为扬州市富春饮服有限公司。公司先后在扬州市区开发富春分店 4 家，成立扬州五丰富春发展有限公司，标准化生产速冻包子，在市区遍布“放心早餐”供应点。是年 12 月，富春茶社获“中华餐饮名店”称号。

2008 年，“富春茶点制作技艺”被列入第二批国家级非物质文化遗产。2010 年，“富春”获批中国驰名商标。2011 年，富春饮服集团有限公司营业收入 9174 万元。

二、三和四美酱菜公司

位于广陵区食品工业园。该公司由原扬州三和酱菜公司和扬州四美酱品厂合并而成。扬州四美酱品厂前身为扬州四美酱园，创立于清代嘉庆年间。1955 年，与扬州 14 家酱园公私合营，合并成立扬州四美酱品厂。扬州三和酱菜公司创立于民国 19 年（1930）。1956 年，公私合营，与另 7 家酱园合并改为国营企业。1998 年 11 月，“三和”“四美”合并，改制为股份有限公司。

“三和”酱菜鲜、甜、脆、嫩，在 1988 年中国首届食品展览会上，“三和”瓶装酱菜系列、花式酱系列双获金奖；“四美”酱菜醇香柔和，色、香、味、形俱佳，1915 年获巴拿马国际博览会褒奖，1929 年获江苏省农矿产品展览会褒奖，1930 年获西湖博览会奖状和金质奖章，多次获得部、省大奖。

两公司合并后，主要生产酱菜、酱油、花色酱、豆腐乳、醋等产品。2009 年，企业迁进食品工业园后，改进生产工艺，实现生产机械化、工艺流程化。在保持传统特色基础上，根据现代生活消费口味开发新款酱油、腐乳、花式酱等新产品。其酱菜制作技艺被列入首批扬州市非物质文化遗产项目。企业通过 ISO 9001 质量体系认证。“三和”酱菜、“四美”酱菜均获得中国驰名商标、省著名商标。2011 年，产值 1.17 亿元。

三、谢馥春香粉铺

位于东关街 243 号。企业创立于清道光十年（1830）。企业初名谢馥春香粉铺。1956 年，公私合营更名为谢馥春香粉厂。1958 年，更名为谢馥春日用化工厂。2003 年，企业改制为民营企业。2005 年，成立扬州谢馥春化妆品有限公司。

谢馥春香粉以石粉、鲜花等为原料，结合时令，选用白兰、茉莉、珠兰、玫瑰等鲜花，再加以适量冰片、麝香，制成既有花香又有保健作用的各种香粉。梳头油取用大黄、甘松、白芷、良姜、广木香、月桂皮、洋冰、侧柏叶、松香、麝香等 20 多种药材，具有润泽、乌发、去垢、止痒、解毒、消炎等功能。香件有香囊、香袋、香珠、香串、香扳、香镯、香戒、香牌、香珮、香笔架、香墨床等品种，芳香馥郁，形状各异，具有观赏、治肿毒、启七窍、止昏厥等功用。1915 年，在国际巴拿马博览会上，谢馥春的香件获得银质奖章。

企业改制后，注重开拓市场、展示展销，至 2011 年，发展加盟店、直营店 50 家。2008 年，“谢馥春传统香粉经典制作技艺”被列入首批扬州市非物质文化遗产项目。2011 年，谢馥春“香、粉、油”制作技艺入选第三批省级非物质文化遗产项目。东关街的“馥园”，集展览、销售、表演等于一体，设立谢馥春历史陈列室，定期举办“千秋粉黛”主题表演活动，吸引消费者和游客，名声远播。

四、大德生药店

位于国庆路128号。企业前身为大德生药号。创立于民国元年（1912）。1956年，公私合营。1999年6月，成立以“大德生”为主体的医药连锁公司，发展连锁经营。2006年，成立国药国大药房控股扬州分公司。

大德生以经营中药名震一方。早期大门两侧有楹联“吉林人参、关东鹿茸”。早期企业广告：“发兑参茸官燕，各省道地药材，精致饮片，虔修应症丸散膏丹，杜燕虎鹿诸胶，惟疮药油一种独得秘方所致。”以饮片加工最为知名，仅刀具每个操作者就有八把，可因材用刀，切出的饮片美观精细，便于吸收。自行研制的丸散膏丹有数百种，尤以六神丸名闻大江南北。长期以来，以中成药和药材批零兼营驰名。

企业除经营中药、西药外，还代客加工药材，自制“膏、丸、丹、散”。企业中心店进行复古装修，开设国医“坐堂”门诊。

2011年，拥有“大德生”字号连锁店101家，营业额1.26亿元。。

五、共和春饺面店

位于甘泉路79号。创立于民国22年（1933）。1956年，公私合营。1983年，隶属扬州市第二饮食服务公司。1988年，隶属于扬州市第二饮食公司。2004年，扬州市第二饮食公司改制，成立扬州共和春餐饮文化发展有限公司。

共和春饺面馆是公司的主力店，主营面点小吃。品种以虾籽饺面见长，面条皮薄而有韧性，饺子皮薄肉鲜。虾籽专用湖虾，定点收购，专人焙制，用于饺面提鲜，从不用味精，汤鲜味纯，经久不衰，一直受到消费者青睐。锅贴、水晶麻团、青菜锅饼、双麻酥饼、四喜汤圆等小吃风味独特。

2010年后，又增加烫干丝、大煮干丝、各式炒面、盖浇饭、炒菜等品种20种，深受消费者欢迎。公司在市区开设“共和春”连锁店4家。2011年，营业收入393万元。

六、光明眼镜店

位于国庆路40号。该店前身为华得利眼镜店，以修配老花镜为主。创建于民国28年（1939）。1956年，企业公私合营。1967年，更名为扬州光明眼镜店。1988年，更名为扬州光明眼镜专业商店。1991年，更名为扬州市光明眼镜公司。2001年，企业改制为民营，成立扬州光明眼镜公司。企业先后隶属扬州市饮服公司、扬州市百货公司、扬州市商业局、扬州市扬子江集团。华得利不论生意大小，均热情接待，久而久之，其他眼镜店生意流入华得利。华得利在扬州眼镜行业一枝独秀。

60年代初，该店吸收以蔡德庆为代表的一批青年师傅，一代一代地传承到现今。营业面积从10多平方米发展到200多平方米，并建立近200平方米的生产车间。1980年后，先后添置屈光度测光仪、全自动仿型磨边机、自动割边机、日本理光电脑自动验光机、自动磨片机等先进设备。1987年，扬州市区专业经营眼镜的商店仅光明眼镜专业商店一家。该店还是扬州最早有权经营“博士伦”隐形眼镜的商店之一。专辟柜台，小修小配各类眼镜。并先后在扬州望月路、大学路开设两家分店。经营品种由单一的老花眼镜，发展到拥有隐形眼镜、框架眼镜等20多个大类、1000多种规格的镜片、镜架以及光学类商品。成为厦门诚益、日本野尻、上海苏拿、法国依视路等近百个单位的经销店；先后成为德国蔡司镜片，美国强生、博士伦、海昌、视康，英国卫康、艾爵隐形眼镜等30多家世界著名眼镜公司的扬州专卖店。经营服务上，坚守大小生意一样对待的优良传统，开辟小商品货源，许多小型服务实行免费，为外地顾客设立邮寄服务项目，指派专人负责配镜和邮寄，业务范围辐射到新疆、内蒙古、黑龙江等地。

七、绿杨春（景吉泰）茶叶店

位于国庆路124号。开创于清光绪三十四年（1908）。初始店名为吉泰茶叶店，后更名为景吉泰茶叶店。1956年，景吉泰与森泰等几家同业参加公私合营，组建绿杨春茶叶店。2000年，成立扬州绿杨春茶叶有限公司。2003年，企业在城东路开设第一家分店。2007年，企业又进入东关街开设老字号分店。

绿杨春经营的茶叶具有“汤清、味浓、入口芳香、回味无穷”的特点，品种主要有绿杨春、魁龙珠、龙井、铁观音等全国各地名茶，其中以绿杨春和魁龙珠销量最高。

绿杨春茶于70年代，由国家著名评茶师冯金炜主持研制。该茶以一芽一叶为采摘标准，叶长1.8～2.5厘米，每500克成品茶需芽头4万枚；茶型微扁，色泽翠绿，条索细紧，香气清高持久，有板栗香气；冲泡后叶如兰花绽放，叶色嫩绿，叶底舒张，滋味浓醇。常年备有5～6个等级的绿杨春茶。

图16-5-2　绿杨春早采茶忙

魁龙珠茶于清末民国初，由景吉泰茶庄研制，创始人景鉴澄。景鉴澄请富春茶社主人陈步云品尝，果然与众不同。从此，富春便专购景吉泰的魁龙珠以供客。此茶以扬子江水泡沏，融苏、浙、皖三省茶于一壶，故有“一江水煮三省茶”之美誉。常年备有5个等级的魁龙珠茶。

绿杨春在每年3月新茶上市时，在店堂内炒制新茶，作为一种技艺展示和营销推广，一直持续到5月新茶收尾。2011年，企业获得“中华老字号”称号，在扬州地区的茶叶行业中独此一家。

第六章　旅游业

1989～1990年，区政府利用古城历史文化和特色景观，全力推进旅游新项目建设。1991年后，旅游行业主管部门对旅游景点资源进行整合，确定重点旅游景点线路。广陵区根据“整合资源、发挥优势、打造亮点、特色发展”的旅游工作思路，以历史文化、绿色生态为依托，建设以古城历史文化体验区、亲水生态旅游度假区为核心的、古风今韵相辉映的旅游景点，充分体现出“古、文、水、绿、秀”特色。旅游产品由单一的观光向观光、休闲、度假相结合转变，由以春季旅游为主向一年四季特色拓展。至2011年，广陵区有旅游景区6处，其中AAAA级旅游景区3处；古运河游览线等旅游线路7条，旅行社32家，旅游从业人员3991人；主要景点年接待游客300多万人次。

第一节　规　划

2007年，区政府根据2005年出台的《扬州市旅游发展总体规划》（以下简称《规划》），制定《广陵区旅游名城建设行动计划》，确定“整合资源、发挥优势、打造亮点、特色发展”的旅游工作思路。《规划》明确以精心构建古风今韵相辉映的现代化新广陵为目标，以历史文化、绿色生态为依托，充分展示绿杨城郭、明清古城、盐商园宅、运河风情，构造“一轴、两片、三带”的区域旅游总体布局。“一轴”即十里文昌中路中轴，自西向东串起沿街文化古迹，东以文昌大桥为节点，连接广陵新城，沿路景观“唐宋元明清、从古看到今”；“两片”即古城片区和新城片区，古城片区重点是构建“双东”（东关街、东圈门）历史文化街区、南河下盐商文化街区、教场商贸民俗街区、盐阜路工艺街区；“三带”即古运河风光带、京杭大运河十里风光带、廖家沟生态风光带。是年，广陵区还参与全市的古城旅游规划编制和建设工程，重点推进“双东”历史街区的规划建设。2008年起，着力打造大江风光带。

图 16-6-1　2010 年 1 月，广陵区组织金三轮古城游活动

2010 年 7 月，区商贸局聘请旅游专业策划公司编制旅游业“十二五”发展规划。2011 年 2 月，撤销区商贸局，成立区服务业发展局，广陵区旅游规划工作由服务业发展局承担。11 月，广陵区行政区划调整后，根据地域空间变化，《广陵旅游业发展规划》重新调整发展布局，提出建设两个旅游核心区（古城古运河历史文化体验区、亲水生态旅游度假区），打造三个增长极（沿河、沿湖、沿江），描绘四幅画卷（古城古运河“清明上河图”、广陵新城沿河“十里外滩”、沿江“碧野芳甸”、沿湖“世外桃源”）。破题工业旅游，构建“两古、三区、百点”旅游发展格局（古城古运河历史文化体验区、沿江生态旅游度假区、沿湖养生休闲度假区，发展 100 个农家乐示范点）。

第二节　线　路

一、运河旅游线

古运河扬州段自北向南从湾头镇至瓜洲镇，长约 30 千米，其中广陵段北自湾头镇扬州闸，南至五里庵，长约 16.1 千米。自隋唐以来至明清，古运河成为扬州经济的生命线，万商云集，中外嘉宾纷至沓来。至今，沿岸历史遗存、人文景观灿若群星，既见证扬州丰厚的历史文化，也成为扬州重要的旅游资源。

广陵区古运河旅游线资源一览表

表 16-6-1

类别	旅游资源名称	景物景观
历史事件发生地	鉴真古渡首航地（文峰塔）	水路自城南进入扬州的标志。塔为砖木结构，八角七层，始建于明代
军事遗址	宋大城东门及双瓮城遗址	有两宋、元、明各时代的城墙、城门、瓮城、炮台以及道路、水井等各种遗迹。南宋的双瓮城遗址是国内最早采用双瓮城的城门防御系统
盐商遗址	湖北会馆、湖南会馆、岭南会馆、四岸公所	为明清扬州四大盐商会馆，建筑宏伟，砖雕精美。湖南会馆、四岸公所体量宏大，气宇非凡
水工遗址遗物	古邗沟	公元前 486 年吴王夫差时开凿
	东关古渡	东关街古运河岸边，有“东关古渡”仿古牌坊
	龙首关	亦名钞关，是古运河进入古城扬州的水关，保存有完好的明代水利设施
	避风塘	位于湾头古镇，现存栓船桩及古茱萸湾圈门等遗迹
	石壁虎	位于湾头古镇，乃传说中古运河上镇水之物“九牛二虎一只鸡”中的“虎”
宗教场所	天主教堂	又名耶稣圣心堂，始建于 1876 年，哥特式教堂建筑
	普哈丁墓园	全国重点文物保护单位，包括墓园、清真寺、东部公园三部分
园林	茱萸湾公园	古运河与京杭大运河交汇之处，森林岛屿公园
	何园	全国重点文物保护单位，国家 AAAA 级旅游景区

续表 16-6-1

类别	旅游资源名称	景物景观
	个园	全国重点文物保护单位，国家 AAAA 级旅游景区
官宦宅院	吴道台宅邸	全国重点文物保护单位，宅第融入中国古典建筑与西洋古典建筑的特色，展现中国古典文化与旧时官府文化的精髓，吴氏测海楼为著名藏书楼

2008～2011 年，在京杭大运河畔广陵新城境内建成的世界运河名城博览会永久性会址，是扬州发展旅游业的重要载体。永久性会址总建筑面积 6 万平方米，包括会议厅、展厅、酒店等，其中运河历史文化展示馆面积 500 平方米，全面展示京杭大运河的发展历史。与永久性会址同期建设的京杭之心，占地面积 40 公顷，其中水域面积 10 公顷。京杭之心建筑形态包括绿地系统、旅游设施、会议会展等，其中京杭水镇、皇冠假日酒店正在建设中。

二、滨江旅游线

长江广陵段全长约 11.5 千米，流经头桥、沙头、李典 3 个镇。主要旅游资源有 3 个方面。

美味佳肴 以江鲜最为著名。每年春季是上市高峰，沿江地区多有特色餐馆，以河豚、刀鱼、鲥鱼等品种为贵，雅称“长江三鲜”。头桥的“红桥羊肉”亦享名。

名人旧居 胡笔江旧居，在沙头镇。胡笔江，生于清光绪七年（1881），银行实业家，被誉为“中国金融巨子”。2007 年，胡笔江故居被列入江苏省首批 10 座名人故居保护工程。2008 年 3 月，胡笔江故居南宅修缮竣工，布置胡笔江生平事迹展。

生态园林 西江生态园，位于沙头镇。2006 年建成开放。占地面积 82 公顷。建有扬州现代农业展示中心、度假公寓、养殖基地、果蔬种采基地、垂钓中心、农产品购物中心、生态农庄，具有农业展示、商务接待、大型会务、科普教育、特色餐饮、休闲度假、研发教育等多种功能。

三、古城街巷旅游线

广陵古街旧巷构成古城的文脉肌理，主要特征是纵横阡陌、曲径通幽，街巷内分布大量名胜古迹，包括城市园林、宗教场所、盐商会馆、名人故居、酒楼茶肆等。80 年代后，政府加大对古城的保护，以文化为魂，修旧如旧，充分发挥古城的文化价值和旅游价值。至 2011 年，已发挥旅游功能的典型街巷有“双东”、仁丰里、教场、皮市街、徐凝门大街、南河下等处。

“双东”街区 东界泰州路，南界文昌中路，西界国庆路，北界盐阜路。2011 年，东关街获“全国历史文化名街”称号，后被评为国家 AAAA 级旅游景区。是扬州首批打造成功的历史街区。街区内著名历史遗存有个园、汪氏小苑、琼花观、武当行宫、街南书屋、壶园、曹起溍故居、熊成基故居、李长乐故居等。

仁丰里 享有盛誉的鱼骨状街巷，时至 21 世纪，仍保存唐代里坊制格局。市、区政府将仁丰里及其邻近的毓贤街一起规划整治，保留历史风貌，修缮街巷历史建筑。历史建筑和文化遗存有旌忠寺、仙鹤寺、阮元家庙、曹宪故居、李善故居、文选楼等。

教场 明代练兵场所。清初以后改变功用，成为茶楼、酒肆、书场、杂耍场所，与南京夫子庙、上海城隍庙齐名。2007 年，根据保留其原有布局风格的原则，进行翻改建设，形成新教场商业街区。保留望火楼、中央浴室等历史建筑，街

图 16-6-2 广陵古巷风情游

区内设有茶馆、酒吧、艺术品、服饰等商铺。

第三节　旅行社

1988～1990年，市区经营国内旅游业务的旅行社有3家。1991年，市区从事出境旅游业务的旅行社3家，即中国国际旅行社扬州支社、扬州市中国旅行社、青年旅行社扬州支社。至2011年，市区出境社3家，非出境社102家。2011年2月广陵区旅游局挂牌后，市旅游局将33家旅行社交广陵区管理，其中出境社2家（扬州中国旅行社、扬州中国青年旅行社）、非出境旅行社31家。

2011年广陵区重点旅行社一览表

表16-6-2

名称	成立年份	级别	接待量
中国青年旅行社	1987	一类社	出境组团4357人次，国内组团51973人次，入境地接3532人次，国内地接4866人次
中国旅行社	1975	一类社	出境组团1863人次，国内组团19687人次，入境地接1204人次，国内地接9582人次
扬州天地旅行社	1998	二类社	国内组团3226人次，地接294人次
扬州苏之旅旅行社	2003	二类社	国内组团83464人次，入境地接7814人次

出境旅游业务　1991年前，旅行社出境业务仅零星少量。1992年，国际旅行社、中国旅行社、青年旅行社开辟东南亚四国（地区）游、泰国香港游、俄罗斯边境游等境外线路，从此开启扬州境外旅游业务。1998年后，市政府多次带领旅游行业主管部门和旅行社出国开展旅游联络活动，与国外广泛建立旅游业务合作关系。2011年，市区出境旅行社与中国港澳台地区以及日本、韩国、美国、澳大利亚、英国、加拿大、俄罗斯、德国、新加坡、泰国、马来西亚、法国、新西兰13个国家建立旅游业务往来关系。

国内旅游业务　1989年，扬州旅行社国内旅游业务已具一定规模。国内旅游市场主要分布在国内东部地区。1996年后，旅游行业主管部门、旅行社在市政府率领下，多次赴外地开展旅游促销活动，广泛建立横向业务联系。2011年，扬州旅行社在国内开辟的旅游市场已形成全覆盖，浙江、安徽、上海、山东、北京、福建、河北、湖北、河南、广东成为国内旅游前十大客源地和扬州游客外出旅游目的地。在出行方式上，有双飞、单飞、双卧、大巴等；在旅游日程上，有一日和多日不等，多至8天；在旅游内容上，有多种产品，如体验老北京生活、哈尔滨冰雪节、感受巴蜀风情、鼓浪屿海峡两岸风光、海底世界探秘、凤凰古城寻踪、张家界自然巡览、西藏风情体验、桂林苗族文化探访等，一年四季都有不同产品，亦可根据游客喜好量身定制。

图16-6-3　扬州市中国旅行社

第十七篇 扬州三把刀

要　目

第一章　餐饮业……………………………… 607

第一节　淮扬菜系……………………………… 607

第二节　餐饮经营……………………………… 610

第三节　名　店　……………………………… 612

第四节　名菜　名宴…………………………… 614

第五节　扬州小吃……………………………… 621

第六节　烹饪技艺……………………………… 623

第七节　参展参赛　…………………………… 624

第八节　饮食文化……………………………… 626

第二章　沐浴业……………………………… 628

第一节　发展历史……………………………… 628

第二节　特色技艺……………………………… 630

第三节　名　店　……………………………… 631

第四节　参赛交流……………………………… 632

第五节　沐浴文化……………………………… 633

第三章　美发美容业………………………… 635

第一节　美发业历史…………………………… 635

第二节　特色技艺……………………………… 637

第三节　名　店………………………………… 640

第四节　技艺交流……………………………… 641

第五节　美发文化……………………………… 641

“扬州三把刀”是以厨刀、修脚刀和剃头刀为标志，涵盖扬州饮食文化、沐浴文化、美发美容文化及其技艺、民俗等相关文化形态的总和。“扬州三把刀”根植于人民大众之中，因适应民众生活需求而产生，融入民风习俗而衍化，依伴社会进步而升华，追随科技发展而创新。千百年来，各自沿着不同的轨迹发展变化，最终整体形成融为一体的传统服务业体系和文化体系。

广陵有先民之始，“三把刀”便成为生活之必需。京杭大运河的交通便捷，带来经济繁荣昌盛，催生并推动“三把刀”行业发展。历代帝王巡幸、盐商大贾豪奢、骚人墨客吟咏、黎民百姓风尚，促进“三把刀”技艺水平提升。至清代，“三把刀”形成完备的产业体系，成为海内外知名品牌。近代和现代，当地不少师傅走出广陵，走向全国，走向世界。

当代，“扬州三把刀”手法更为多样，技艺更为成熟，外延更为拓展。党和政府给予重视和支持，分别成立行业协会，支持技术进步，弘扬特色文化，推动产业做大做强。2005 年，在烹饪、沐浴、美发美容行业开展授予“扬州师傅”称号活动。同年，省人民政府将“扬州三把刀”列为省非物质文化遗产名录。2007 年，“扬州三把刀”获劳动和社会保障部授予“全国优秀劳务品牌”称号。1989 ~ 2011 年，扬州相关部门和行业协会组织“扬州三把刀”行业赴国内外参展办展 40 多场次，参赛参评 30 多场次，获得各类奖项品牌 100 多种。

广陵区是“扬州三把刀”主要发祥地，“扬州三把刀”的发展历程与广陵区相关服务业发展轨迹高度重合。“扬州三把刀”名店名师大多根植于广陵城区，相关行业协会会址也设在广陵区。“扬州三把刀”成为广陵城区的城市名片。

第一章　餐饮业

扬州烹饪源于新石器时代，兴于汉唐，盛于明清，光大于当代。扬州烹饪伴随着扬州城市经济发展渐成一体，形成独特的淮扬菜系。淮扬菜点品种繁多，制作精美，风味独具一格，名闻遐迩。扬州餐饮业自古以来繁荣兴旺，食肆百品，业态丰富，影响深远。扬州厨师人才济济，名人辈出，在大江南北独领风骚。名店、名师，名菜、名品、名宴、名小吃，既有传承，又不断创新，扬州烹饪在长期发展中，形成高雅、精致、融合、时尚、养生的美食文化。

第一节　淮扬菜系

一、烹饪历史

（一）古代烹饪

汉代，广陵（今扬州）烹饪已达到很高水平。吴王刘濞的郎中枚乘著《七发》中，列出至味有九种，记有小牛腩肉、熊掌、豹胎、野鸡、鲤鱼、笋、菜薹、石耳等原料，稻米等主食，厨师由与伊尹、易牙比肩的名厨担纲，烹调方法有煎、熬、炙、烩等，口味达到“芍药”（《汉书》注：五味调和）之水准。其用料之精，菜肴品种之多，不仅折射出当年贵族生活的奢华，也充分反映广陵厨师高超的工艺水平。汉代扬州市肆的“生鱼脍”相当有名（《后汉书》卷八十二）。东汉时，扬州市肆矗立起的酒楼高悬飘摇的“酒”字店招，挂旗名菜“生鱼脍”，说明当时扬州饮食业已经在坊市立足。

隋代，大运河把海、黄、淮、江、钱五大水系贯通，北方的豆、麦、杂粮、油料南下，南方的米、茶、果、盐、水产北上，统统汇集扬州。而隋炀帝三幸江都，将长安、洛阳中原美食带入扬城隋宫，扬州地方官吏设宴献珍，据隋《食经》载，有龙须炙、花析鹅糕、紫龙糕等名菜名点 53 种。

唐代，扬州因地处海上丝绸之路北上赴京的重地，刺激扬州烹饪发展。出土的扬州唐代海鱼化石，证明烹饪原料从畜、禽、河鲜、野蔬向海鲜渐进。扬州发展为东南经济中心，酒楼食肆，“街店之内，百种饭食，异常弥满”（圆仁《入唐求法巡礼行记》）。

宋代，王禹偁、韩琦、欧阳修、苏轼等文学家、诗人对烹饪很有研究，他们任职扬州时，写下许多美食诗文，更丰富扬州菜的文化内涵。“遂令色香味，一日备三绝”（宋·苏轼《到官病倦未尝会客毛正仲惠茶乃以端午小集石》），初创美食标准。

唐宋时期，中国菜肴主要风味为北食、南食、川菜、素食，淮扬菜为南食的主要代表之一。唐代扬州官府的“争春宴”，五代广陵官府的“缕子脍”，宋代扬州腌鲫、醉蟹等组配合理，突出刀工，色香味形俱佳，是这一时期淮扬菜名宴、名菜的代表作。

元代，扬州琼花宴在长江流域享有盛名。元代剧作家乔吉在《杜牧之诗酒扬州梦》中写【混江龙】曲有云：“大官羊，柳蒸羊，馔列珍馐。”“柳蒸羊”是元代创新菜。

明清时，扬州饮食业进入鼎盛时期。扬州的长江三鲜（鲥鱼、刀鱼、鮰鱼）为席上佳味。明代何景明有《鲥鱼》诗云：“五月鲥鱼已至燕，荔枝卢桔未应先。赐鲜遍及中珰第，荐熟谁开寝庙筵。白日风尘驰驿骑，炎天冰雪护江船。银鳞细骨堪怜汝，玉筯金盘敢望传。”描写夏日用冰雪护鲥船贡入京的情景。

清代诗人袁枚在《随园食单》中，介绍淮扬菜点共20多种。曹雪芹在《红楼梦》中写有名菜6道、细点34种、菜肴34种、各种干鲜果24种。清代盐商童岳荐撰写的《童氏食规》，记录有扬州肆食2000多种（后人增补为《调鼎集》），为海内珍本。乾隆时，扬州饮食业有肆厨、官厨、家厨、行厨及庵观寺院香积斋厨等，各有专长，各显神通。仅《扬州画舫录》记载的名餐馆就达50多家、著名茶肆数十家。茶馆业、宴业、饼面业各极其盛。还有瘦西湖的画舫设船宴，供游人宴饮。

古扬州为大都市，外地厨师纷纷到扬州献艺。扬州云集晋、陕、鲁、鄂、湘、粤、浙、徽、黔等地商贾巨擘。他们在扬州建馆设会，带来各地名厨名菜，进一步丰富淮扬菜。唐宋明清，扬州是重要港口，东南亚、西亚乃至欧洲等许多国家的商人往来扬州，带来许多异国饮食风情，也融入淮扬菜。

（二）近代烹饪

清末至民国年间，扬州交通发展滞后，经济凋敝，扬州饮食业处于维持阶段。其间，名餐馆有得胜桥的富春、串殿巷的颐园、三圈门的静乐园、东营的中华园、新胜街的四五六、左卫街的天凤园，以及教场一带的春园、菜根香、月明轩、九如分座等。回民菜馆以犁头街的天兴清真菜馆、公园教门室、东圈门口林巴巴家、教场北头陈小七子家和南头杨大八子家等为最。小秦淮河两岸风亭芳树，茶楼酒肆，游船可达瘦西湖。据1951年业界统计，老城区有茶社22家、宴业72家、饼面业500多家，各业设有同业公会调处本业事务，自律自治。民国年间，本地名厨有许明禄、李隆德、范本善、马善章、巫子清等；后起之秀有丁万谷、武超俊、袁德和、王春林、陈德全、王应昌、张广庆、李魁南、萧太山等。名菜有原焖鱼翅、清汤鱼翅、什锦鱼肚、烩鱼皮肚、烧青鱼头尾、砂锅拆烩鲢鱼头、制扒烧牛筋、清炒鸭舌掌、炒双脆（鸭肫肝）、烩鸭舌掌、烩拆骨爪翅、清炒鸭腰胰、炒红白腰、原焖鸡酥圆、油鸡、烤鸭、大煮干丝等。

（三）当代烹饪

饮食网点发展较快。新中国成立初至20世纪末，市区饮食业由国营公司经营管理。1989年，市区商业系统有饮食网点73家，其中富春茶社、菜根香、月明轩、江阳饭店、冶春5家属市饮食服务公司，其余68家属扬州第二饮食公司。1992～1996年，区政府成立扬州美食发展公司，在四望亭至淮海路段开发建成长约100米的美食街。2003年前后，实行企业产权制度改革，商业系统餐饮企业绝大多数改为民营。80年代后期，民营餐饮企业崛起，先后出现醉仙居、大观园、老妈、水晶宫、食为天、福满楼、金聚德等一批知名企业。另有珍园、萃园、紫藤园饭店等市政府招待所事业单位餐饮企业划归扬子江集团管理，实行市场化运作。1989～2011年，西式快餐店在扬州市区布点，先后有肯德基、麦当劳、德克仕、必胜客等。

饮食风味日趋丰富。改革开放后，随着外国人到扬州增多和扬州人口味多元化，国外正餐店在市区布点扩张，出现西部牛扒、巴西烧烤、韩国料理、日本料理、寿司等店铺。90年代初，川菜火锅店开始进军扬州餐饮市场，川菜的麻辣风味与淮扬菜对比鲜明，为市民所接受，经营发展很快，至2011年，在扬州城区多达100

多家，成为外帮菜馆在扬州的主流。1998年，扬州城开设粤菜馆2家，约1～2年后歇业。1997～2003年，开设杭菜馆6家，始宾客满座尝鲜，后因杭菜不适扬州人口味，2004年逐渐淡出扬城。另有常州大娘水饺、兰州牛肉拉面、北京烤鸭等，以其单一品种的独特风味站稳扬城餐饮市场。2009年，台湾商人在湾头镇投资1000万美元开办扬州第一家台湾餐馆，注册扬州星期九生态酒店。项目占地面积2公顷，其中餐饮9000平方米，拥有餐桌50张。该店以淮扬菜为基础，融入广东菜、台湾菜加以改良，形成独特的私房菜。

烹饪教育与研究成绩卓著。1959年，创办扬州商业学校，把烹饪制作技艺首次纳入职业教育。相继有扬州商业旅游学校、扬州生活科技学校、扬州大学旅游烹饪学院、江苏扬州高等商务学校诞生。学校每年培养输送烹饪技艺人才1000多人。烹饪理论与实践研究成果丰硕。编著出版饮食史、饮食养身、菜点宴席等各类著作600多部。全国研究饮食文化的著名学者有8人，扬州占其三：聂凤乔、陶文台、邱庞同。学校与行业合作，2000年，挖掘整理出满汉全席。2002年，研制出扬州炒饭标准。2007年，扬州大学旅游烹饪学院与深圳繁兴科技、上海交通大学联合研制出世界上第一台中国烹饪机器人。餐饮业界自办技能培训，成立烹饪技术培训站（中心），开办烹饪技术短训班，常与院校交流合作，优势互补。

二、淮扬菜系

（一）菜系由来

淮扬菜系是淮扬饮食文化的重要组成部分，是淮扬饮食文化的核心和精华。早先淮扬菜原名淮扬帮，在江苏省内相对应于苏（苏州）帮、京（南京）帮菜，新中国成立后，始称淮扬菜。60年代，国务院副总理姚依林会见某外国代表团时说："我国菜肴风味流派有四大菜系。在北方，黄河上下，长城内外，属京鲁菜系；在西南，川、滇、湘、黔属川湘菜系；在东南，两淮、三江、五湖、长江中下游，属淮扬菜系；在岭南，珠江、两粤及闽台部分地区，属粤闽菜系。"这为四大菜系及流传区域作出精准的定义。

2001年7月，中国烹饪协会认定扬州为全国首个菜系之乡——淮扬菜之乡。2008年12月，商务部颁布《全国餐饮业发展规划纲要（2009～2013）》，对全国区域餐饮格局做出规划：建设辣文化餐饮、北方菜、淮扬菜、粤菜和清真餐饮五大餐饮集聚区。

（二）独特技艺

淮扬菜在文化层面上，形成"高雅、精致、融合、时尚、养生"的基本元素；在技术层面上，形成四大主要技术风格。

选料严格、制作精细 在选料上以淡水河鲜为主，以时令鲜嫩为佳。"刀鱼不过清明，鲥鱼不过端午""食不厌精""脍不厌细""不时不食""过时不食"。讲究"起水鲜"的选料原则，同时注重因材施艺，物尽其用。刀工严谨规范。每种刀的外形大小、轻重厚薄都不一样，操作手法也不相同。刀上的功夫按手法不同，分为直刀法、劈刀法、斩刀法、批刀法、剞刀法等套路。刀切后，块有骨牌块、瓦楞块、劈柴块、象眼块、斜方块、菱形块、斧头块、棋子块、滚刀块、瓜角块、梳背块、吉庆块；片有象眼片、斜方片、菱形片、夹刀片、火链片、火夹片、蝴蝶片；条有一指条、筷子条、象牙条、寸金条；丝有豆芽丝、火柴丝、牙签丝、麻线丝、牛毛丝；即使是丁，也有骰子丁和绿豆丁的区别；丁再细下去是粒，粒再细下去是末，末再细下去是泥，泥再细下去就茸了。"整禽出骨"形整而骨无，"翠珠鱼花"似菊竞放，"文思豆腐"细如发丝，令人叫绝。"葵花狮子头"大而圆润，鱼圆细腻洁白，皆刀工出神入化所致。

注重火候、擅长炖焖 淮扬菜掌握火候，清汤文火，历时弥久。炖焖煨烧用中小火长时间烹调，如扒烧小牛头、扒烧整猪头、砂锅狮子头、三套鸭等，有"滑嫩爽脆不失其味，酥烂脱骨不失其形"之美誉。

清淡味醇、咸甜适中 淮扬菜遵循"无味者使之入，真味者使之出，异味者使之除"的烹调原则，调出南北皆宜的淡雅风味。汤清则见底，浓则乳白；淡而不薄，浓而不腻。突出主料，突出本味。淮扬菜既吸取南方菜鲜嫩脆甜的特色，又融入北方菜浓油赤酱的特点，形成甜咸适中、咸中微甜的味道。

造型优美、色泽雅丽 淮扬菜讲究配色，春季俏丽，夏季浅淡，秋季多彩，冬季色沉。色泽和谐，雅俗共赏。

（三）形成条件

淮扬菜系的形成和发展有其特定的自然地理经济和社会人文因素。

自然条件 以扬州为中心的淮扬地区，属北亚热带季风气候，这里四季分明，雨水丰沛，田地肥沃，气候温和。优越的自然条件，为农作物的生长提供保证，使扬州成为鱼米之乡。扬州是以稻米为主食的地区，肴馔原料以淡水水鲜为主，时鲜菜蔬、鹅鸭鱼藕、珍禽水产、干鲜各货，四时八节各有所备，轮番上市，使淮扬菜肴活色天香，味不雷同。

官府提倡 扬州是帝王巡幸的重地，淮扬饮食也必然受到封建帝王的青睐。汉唐以来各朝各代，扬州都有许多贡品运往京城，又以食品居多，对淮扬菜发展推动很大。隋炀帝三幸江都，将北方烹饪技艺带至扬州。唐天宝年间发生安史之乱，唐皇室南下，推动南北菜肴烹饪技艺和饮食习俗的广泛交流。南宋时，扬州成为两宋、金政权驿使的交汇点，形成饮食文化交流的一条重要廊道。明代，扬州菜肴已成为宫廷御膳。朱元璋在南京登基后设扬州总督府，对扬州菜颇欣赏，徽厨、扬厨多入南京，钦命扬厨专司内膳。清代康熙、乾隆皇帝多次南巡，扬州官员接驾，大摆筵席，汇聚各方肴馔风味，山珍海味争奇斗艳，宴会戏游殆无虚日。据《食在宫廷》介绍，清帝喜吃的菜肴100多款，其中淮扬风味就有60多款。清代扬厨创制的满汉席，集清代以前烹饪精品之大成，以北方佳味和淮扬风味相结合，融各家之长，为烹饪之精华。

经济繁荣 汉唐后，扬州成为经济发达的盐运和漕运中心，番樯云集，商贾如织。宋代，扬州经济依然繁荣。宋人洪迈称："长安洛阳以外，扬一益二。"明清时期，江、浙、皖、晋等省，多有富商巨贾到扬州业盐，也带来各地菜点制作技艺和饮食习俗。据《淮安府志》载，"扬州盐商向有数百家"。清朝雍正皇帝在一道上谕中说："然奢靡之习莫甚于商人，内实空虚而外事奢侈，衣服屋宇穷极华丽，饮食器皿备求工巧。俳优伎乐醉舞酣歌，宴会嬉游殆无虚日。"（《永宪录》卷二）发达的交通，以漕、盐为中心的商品经济的繁荣，南北文化在此交流碰撞，促进淮扬饮食文化繁荣与发展，使得淮扬菜制作精美，烹饪技艺精益求精。清代李斗《扬州画舫录》记载："烹饪之技，家庖最胜。如吴一山炒豆腐、田雁门走炸鸡、江郑堂十样猪头、汪南溪拌鲟鳇、施胖子梨丝炒肉、张四回子全羊、汪银山没骨鱼、江文蜜蝗螯饼、管大骨董汤、鮆鱼糊涂、孔訒庵螃蟹面、文思和尚豆腐、小山和尚马鞍桥，风味皆臻绝胜。"说明经济繁荣背景下，同行竞技，各显所长，大大丰富淮扬风味。

文人推动和名家推崇 历代文人学者名流曾写下不少赞美扬州美食的诗词歌赋，又有文人学者对淮扬菜作记录和总结。众多文人名家的实践与总结，推动淮扬烹调技艺的发展和升华。当代扬州，政府和行业管理部门更加重视总结和弘扬淮扬菜系。2005年4月，淮扬菜历史文化博物馆在何园开馆。2010年4月，由中国烹饪协会命名，经重新布展，中国淮扬菜博物馆在康山文化园开馆。

第二节 餐饮经营

一、经营活动

扬州自有食肆起便有餐饮经营活动。清代，扬州饮食业服务对象多为游客、行商和本地居民。因行业不同，服务对象有异。茶馆业多供游客饮茶点饥、富商墨客谈生意或论诗文，从早到晚不间歇；酒楼供应酒席，中午和晚间开张；饼面业则经营各种小吃。民国年间，扬州饮食业稍有起伏，经营规模上逊于清代繁盛时期。扬州大批厨师走向外地、外国打拼创业。新中国成立以后，扬州因服务对象发生变化，饮食业在经营品种上多以普通饭菜为主。"文化大革命"期间，饮食业经营品种趋于单一，传统菜肴不可能应市。中共十一届三中全会后，改革开放大潮推动，唤起饮食业复苏，扬州饮食业加强内外交流。1982年5月，扬州厨师代表团赴美国华盛顿、纽约献艺。1984年后，扬州第二饮食公司先后派厨师赴深圳、郑州开展联营。1984～1988年，扬州市区两次举办扬州风味小吃展销，展销品种150种。

1989年后，扬州市区饮食业经营进入繁荣发展新时期。营销活动纷繁多彩，肴馔菜品百花齐放，服务水平不断提升，营业收入显著增长。1989年，市区餐饮零售总额6117万元。2011年68.85亿元。

1990年，扬州第二饮食公司实行"四主六补"经营方针。"四主"即以市民消费为主，延长营业时间；以中低档为主，适应多层次需求；以提高质量为主，努力争取客源；以发扬特色为主，挖掘传统产品。"六补"即以小补大，以小吃品种补酒宴不足；以低补高，以低档补高档不足；以外补内，多设外卖摊点补店堂销售不足；以新补老。以新品种补单一老品种；以生补熟，以开发盆菜补熟菜等；以早市补中晚市，共和春、广陵酒楼增设早茶市，扩大销售。1991年5月，第二饮食公司配合扬州琼花艺术节，举办琼花节美食周百味小吃汇展。开辟广陵路风味小吃街，13个门点推出15大类100种小吃。派厨师到太原、哈尔滨等城市劳务输出。1992年9月，第二饮食公司参加市政府组织的二十四桥金秋赏月会，在瘦西湖公园举办金秋淮扬风味小吃展销，推出藕点、中秋团圆、烩炒面、蒸货、其他五大系列共20多种小吃。当年，公司赴秦皇岛与当地招待所合作开淮扬餐饮店。1995年，第二饮食公司的皇宫大酒楼推出“行宫宴”“行宫早点宴”，创办宫廷特色宴席。公司利用深圳大酒店合作点在当地新发展劳务输出点2个。扬州大酒店推出三头宴、河鲜宴、乾隆御宴、全素宴等品种，派出厨师劳务输出到日本、德国、阿联酋、中国香港。1996年，扬州大酒店派遣12名厨师赴斯洛文尼亚、澳大利亚、德国、美国等国。1998年4月，广陵区市场建设管理委员会办公室在四望亭路东段举办美食夜市，设摊位190多个，为企业下岗职工提供创收条件。2000年4月，共和春酒家参加全市“烟花三月”美食节展销，推出5种新菜肴、20种中西面点。2004年5月，广陵区烹饪协会在广陵路的福月楼酒家推出文化套餐。该店以每张票4元，为顾客提供一份小吃，同时可看3小时扬剧，从5月28日起的100天，演出100多场次，纳客1万多人次。2005年后，餐饮消费市场向品味、氛围、服务和品牌、文化等多元化、综合型方向转变。城区大小餐饮网点增多，富春、共和春、冶春等老字号店和陆续开业的食为天、福满楼、金聚德等大酒店倍受消费者欢迎。广陵区商贸局参与举办2005中国·扬州淮扬菜美食节，邀请国内10位名厨、400多名青年厨师和在校专业学生参加美食节技艺表演、特色菜肴展销。2007年，扬州富春饮服集团在个园北侧新开设富春嘉客多快餐分公司，推出中式快餐，恢复多年不见的传统淮扬“跳面”。淮海路和康山文化园分别开设中西结合的“食尚煮意”店，其时尚透明的餐桌、无限点菜系统、音乐酒吧区、影视候餐区、景观水带区等环境，以及各式小单客、中西菜点在扬城独树一帜。2009年5月，在东关街举办“名店名师名宴名菜名点小吃”展演会，市区12家知名餐饮企业每家展出一桌淮扬名宴，共展出100道淮扬名菜名点名小吃。2010年后，广陵餐饮市场形成高、中、低三档并存的经营格局。高、中档餐饮主要设在高星级酒店、主题酒店、会所，以客单价计费，环境幽雅，菜品精致，其中部分餐企应客需求提供文化娱乐演艺服务。大众餐饮设在普通饭店和面点小吃店，主要经营大众化菜点，以顾客点菜计费。

二、经营业态

（一）连锁经营

1988年后，扬州餐饮业出现连锁经营业态。先是西式快餐连锁店进入扬州市场，后有中餐企业学习借鉴其经验，发展连锁经营。富春、冶春、共和春等传统老字号店依托自有品牌名声和经营特色进行连锁扩张。1987年，富春茶社在日本开设首家分店。1995～2004年，在深圳、南京等地以及扬州市区开设5家分店。2010年后，冶春先后在台北、扬州本地开设多家分店。2001～2010年，共和春在扬州市区和江都开设分店4家。还有新办中餐企业发展连锁经营。陈华香先租赁“共和春”发展连锁，后独立自创品牌连锁，先后于2005年和2007年开设“六必居”（后更名为“必香居”）、“九鼎香”（后更名为“石鼎香”），拥有连锁店11家，在扬州影响较大。更有扬州人在境外发展中餐连锁经营。1984年，赴海外发展的扬州人程正昌以PANDAEXPRESS名义创建美国熊猫集团。2004年，在美国、日本布点连锁店600多家，经营淮扬菜特色快餐。

（二）专业特色经营

中式快餐店 2000年6月，沈健在扬州市区开设宝宝熊连锁店。2005年，“宝宝熊”已发展为扬州地区规模较大的中式快餐连锁店之一，拥有直营连锁店12家和扬州炒饭专业店。1990年，张万俊在扬州市区开设第一家老妈火锅店，因其麻辣的火锅米线系列受到扬州人欢迎，在市区先后共发展连锁店4家。至2011年，区内中式快餐店有55家。

茶座茶楼 清代，扬州茶肆有清茶肆、书茶肆之属。茶肆供应清茶、面点，书茶肆还设有评话艺人说书。“文化大革命”期间，扬州茶肆绝迹。90年代，茶肆逐渐复兴，名曰“茶楼”“茶社”“茶座”等，供应清茶、水果、瓜子等，兼营小菜、红酒、洋酒，以工人文化宫的明月大茶楼较知名。富春茶社和冶春茶社早茶市供应清茶、淮扬点心及干丝、肴肉等。2010年12月，位于东关街的皮包水茶馆开业，与扬州曲艺团联营，开设皮五书场，

图 17-1-1 扬州富春包子生产车间

每天下午表演评话、弹词，形成以曲艺带茶馆的经营特色。

（三）工业化生产

1989 年前，扬州餐饮业已探索工业化生产，研制生产速冻点心。1990 年，扬州第一家冷冻食品企业——扬州乐家家冷冻食品厂投产。1993 年，扬州速冻点心正式步入工业化生产。1998 年春节期间，扬州速冻包子销售 12 万箱，货值 1000 多万元。2004 年 3 月，扬州速冻包子标准发布，规定速冻包子的定义、分类、制作方法、要求、检验规划、标志、包装、运输及贮存等。2005 年，扬州生产速冻（含冷冻）包子的企业有 15 家。经过整合调整，至 2011 年，扬州市区生产速冻包子的主要企业有五亭食品有限公司、富字食品有限公司、杨扬冷冻食品有限公司、五丰富春食品有限公司、锦春食品有限公司等。速冻包子年产量 110 万箱，销售额 1.65 亿元。“五亭”出口占其销售的 30%，“杨扬”出口占其销售的 80%，境外主要销往日本、东南亚、西欧、美国等国家和地区。

第三节 名 店

自古以来，扬州以酒楼茶肆众多而闻名。“十里长街市井连”（唐·张祜）、“夜市千灯照碧云”（唐·王建）、“一市春风酒并垆”（宋·司马光），就是其写照。清代，扬州城内酒馆、面馆、茶肆鳞次栉比。《扬州画舫录》记录有数十家餐饮店。“三里红楼五里亭，开遍青旗卖酒处”（清·金农）。现有名店富春茶社、冶春茶社、菜根香饭店、共和春饺面馆分别建于晚清、民国，至今仍焕发青春。改革开放后，已涌现食为天酒店、得月酒家等名店。

富春茶社 创建于清光绪十一年（1885），位于国庆路得胜桥。茶点制作技艺享誉国内外，以“花、茶、点、菜”结合，“色、香、味、形”俱佳。富春名菜名点有：翡翠烧卖、千层油糕、清炖蟹粉狮子头、三丁包子、三套鸭、双麻酥饼、蟹粉煮干丝、扬州炒饭等。1995 年后，在深圳、南京、仪征等地开设富春品牌的茶社、酒楼。2000 年，在时代广场开设富春大酒店。2006 年 9 月，获得商务部授予的“中华老字号”称号。

冶春茶社 创建于民国初年，位于丰乐下街，初名冶春花社。1956 年，与庆升茶社和香影廊合并为“冶春茶社”，供应品种以淮扬细点、小吃为主，兼营饭菜、点心。以“四色锅饼”最具特色，“四色”即豆沙、枣泥、水晶、葱油，香酥爽口，甜咸兼备。2010 年 9 月，在台北开设扬州冶春淮扬美食股份有限公司，是目前大陆在台湾唯一的一家正式经营的餐饮公司。2011 年 2 月，开设冶春珍园店。

图 17-1-2 冶春

菜根香饭店 创建于清末民国初。初创时，地处新胜街口。店名取自清代王渔洋《黄芽菜》诗中“五载归来饱乡味，不曾辜负菜根香”诗句。1958 年，迁至国庆路。传统名菜有砂锅肉、醋熘鳜鱼、芙蓉鱼片、将军过桥、砂锅菜心、菊花锅等，而“三头”（蟹粉狮子头、拆烩鲢鱼头、扒烧整猪头）、扬州炒饭更是风味别致，深受食客喜爱。

共和春饺面店 位于甘泉路中段，始建于民国19年（1930），以经营饺面、锅贴、面点为主。面点师制作的传统风味饺面，以面条细柔、饺子鲜香、汤汁清醇、富有余味而著称。面条采用人工精制的“刀切面”，以细腻柔韧、入汤不粘不糊、口味滑爽，能浸透调料而闻名。饺子皮薄，肉馅鲜嫩，配有小磨麻油调制，制成形如麻雀头、荷口十边的造型，并用湖虾籽吊汤，鲜醇可口。2011年2月，获得商务部授予的“中华老字号”称号。

九如分座　原位于教场中段。创建于民国15年（1926），从蒋家桥迁入。由周天松开办，后俞金华购得并扩大经营，从单一卖茶扩展到点心、面条，推出三丁包子、灌汤包、烧卖、淮饺、酥儿饼等淮扬细点。1999年，国家特一级烹调大师王立喜承包，亲自拿刀配菜，掌勺炒菜，尤以烫干丝、大煮干丝和淮扬细点著名。2004年，教场改造重建，此店拆迁关门歇业。

蒋家桥饺面店　创立于民国23年（1934）。原为“九如茶座”老店，位于蒋家桥49号。80年代，更名为蒋家桥饺面店。1998年，迁址徐凝门路。2004年，改为民营企业。经营品种主要有饺面、馄饨、炒面、煨面、点心、炒饭、中式快餐等。小吃制作精细，风味佳美，品种繁多，经济实惠。2008年，国家商标局批准“蒋家桥”商标注册。2007年起，先后开设翠花春分店、宝带分店、四望亭分店、东关分店。

食为天酒店　1993年9月，在史可法路开设食为天餐馆。1998年，迁址梅岭东路，创办食为天酒店。2002年，注册扬州食为天酒店有限公司，在荷花池开办荷花池分店，经营规模扩大到2000多平方米，700多个餐位。2005年，在跃进桥东开设第二家分店。2006年4月，企业更名为江苏食为天假日酒店股份有限公司。2007年2月，荷花池店迁至扬子江中路。该企业主打淮扬菜，各色菜品上百种。

得月楼酒家　位于文昌中路395号。全国绿色餐饮企业、市一级餐饮企业。主要特色宴席有三头宴、淮扬特色家宴等，特色菜肴有扒烧整猪头、拆烩鲢鱼头、芙蓉鱼片、炒软兜、波波全鸭、淮鱼干丝、清炖狮子头等。

老妈米线火锅　中华餐饮名店。90年代初，老妈米线火锅进入江苏市场，是最早进入江苏的川式餐饮连锁企业。主要经营火锅、米线、小吃、小菜和川菜等。10多年后，在上海、南京、苏州、镇江、扬州、江都、高邮、徐州等地开设连锁店近20家。该店借鉴淮扬菜的精工细作，并将四川调味和淮扬烹调技法巧妙结合，创出独特的川扬美食。香菇炖鸡米线、香辣牛肉米线、铁板饺子和馋嘴鸭火锅、香辣瓦块鱼火锅分别获“中华名小吃”和“中华名火锅”称号。

必香居　创建于2005年。初名六必居。首家店位于文昌西路275号。2007年起，先后在东区大润发超市、跃进桥、汶河北路等处开设分店6家。主营淮扬面点小吃，操作流程标准化，融入营养健康饮食理念。

福满楼酒店　主营淮扬菜，注重传统与创新并举。1998年，创建于四望亭西北侧。2004年，在文昌中路开设连锁店。2002年起，在北京西火车站附近等开设福泰宫酒店、淮扬府酒店，员工近1000人，餐位6000多个，营业面积1万多平方米。该公司获“国家特级酒家”“中华餐饮名店”等称号。

2011年广陵区部分餐饮企业一览表

表17-1-1

名称	餐位(个)	地址	名称	餐位(个)	地址
石塔宾馆	1200	文昌中路246号	园兴园养生煲汤馆	300	东关街384号
红杉树酒店	600	文昌中路237号	运河公馆	400	泰州路
富春茶社	840	得胜桥35号	华亭大酒店	600	运河东路
富春大酒店	750	淮海路26号	粮食酒店	260	毓贤街204B
食为天假日酒店	2400	江阳路	金带围酒店	400	花局里
得月楼酒家	480	文昌中路395号	渝源火锅	200	淮海路120号
金聚德酒店	800	国庆路454号	巴湘火锅店	200	淮海北路28号
天香阁酒店	700	四望亭路8号	三香碎金扬州炒饭店	80	淮海路28－1号

续表 17-1-1

名称	餐位(个)	地址	名称	餐位(个)	地址
冶春餐饮有限公司	1200	珍园冶春	宝宝熊	600	文昌中路 366 号
萃园饭店	300	文昌中路 209 号	川滇老妈有限公司	1000	四望亭路、文昌中路、时代广场等 5 家连锁店
锦春大酒店	700	泰州路 59 号	必香居	900	在东区大润发超市、跃进桥、汶河北路等开设 6 家分店
舜天大酒店	700	江阳路	石鼎香	600	跃进桥
金茉莉酒店	800	江都南路 185 号	共和春饺面店	800	甘泉路 79 号、四望亭店、教场店
扬州人家大酒店	1200	解放南路 88 号	蒋家桥饺面店	600	徐凝门路与广陵路交叉口东关分店等
卢氏盐商会馆	600	康山街	同庆馆、同顺馆	300	广陵路 268 号
玉玲珑大酒店	600	汶河北路 42 号	扬州鑫晟源大酒店	400	泰州路 188 号经典名居商务广场
望江南酒店	500	南通东路 80 号	皮包水茶馆	200	东关街 153 号
金阳光大酒店	500	四望亭路			

第四节　名菜　名宴

一、名菜

（一）肉类

淮扬菜肴随时代发展变化，野兽类菜越来越少，家畜类菜比重越来越大。牛、羊、猪肉为肴馔主要食材。

蟹粉狮子头　国宴常用菜。用猪肋条肉做成大而圆的肉丸子，嫩如豆腐，鲜香醇郁，扬州人俗称“狮子头”。又称葵花大斩肉。先煎后红焖，香与嫩相得益彰。红焖与清炖各有所长。肥肉、瘦肉比例，夏冬季肥瘦六比四或四比六。肥肉切成石榴米大小，瘦肉切成松子粒大小。以鲜嫩丰腴著称，入口即化，咸鲜隽永。

烤方　烤猪肋条肉方。中国名菜，淮扬三叉（烤方、挂卤烤鸭、叉烧鳜鱼）之首。枣红酥脆，香酥肥润。烤法古朴，为功夫菜。

肴肉　国宴常用冷菜。用猪前蹄制作，瘦肉多而肥肉少。从中间剖开去掉筒子骨，肥瘦各半连皮，用花椒粗盐硝腌制七天。煮肴肉浸泡洗净腊味，用“老卤”煮制。老卤附着在肴肉上呈透明状，称水晶。肴肉可分“眼镜”“玉带钩”“添灯棒”“三角棱”等部分，各有各的滋味。瘦肉红嫩酥香，肥肉糯而不腻。

扒烧整猪头　扬州传统名菜。《扬州画舫录》载家厨江郑堂擅十样猪头。咸甜中透出醋香。猪头油亮完整，肉嫩如豆腐，各部位口感不一。眼球柔韧，耳朵细脆，舌头酥滑，两腮油润，拱嘴富有弹性。色泽红亮，香气浓郁，入口不感油腻。

（二）禽蛋类

南北朝时，扬州盐腌咸鸭蛋已载食谱。唐代扬州无家不养鹅。《红楼梦》中提到胭脂鹅、糟鹅掌、鸭信，是明清淮扬名菜。清代，扬州卤鸡曾名噪一方。扬州一直保留唐宋以来食鸽肉、鸽蛋习俗，鸽市场一直流传下来。民间流行鸭羹汤、毛豆米烧笋鸡、红烧鹅等菜。

蛋美鸡　蛋皮作烧卖皮，与炖鸡合一盘。中国名菜。以点围菜，鸡肉酥烂，烧卖鲜香。

三套鸭　中国名菜。清代扬州诗句“三禽一簋世无双，鹜套家鸭鸽内藏。层出不穷尝异味，楼头放鹤忘故乡”，道出三套鸭的组配。三套鸭是在野鸭腹内填上家鸽，在野鸭的外面套上家鸭，鸭中套鸽。关键是剔骨技艺，将骨头取出，不沾一丝肉，从外表看整个食材完好无损，在长时间慢炖后，外观完整美观。在三套鸭两层之间要填入火腿、笋片、香菇，以增加腊味与蔬菜鲜香。三套鸭是汤菜，汤汁呈淡茶色，汤汁清醇，七咂之后尚有余香，家鸭腴浓，野鸭酥香，鸽肉细嫩，越吃越有美滋味，为扬州菜炖焖技艺代表。

金鱼鸽蛋　90年代，工艺创新菜。采用鸽蛋、鱼虾蓉相嵌相黏而成，形状自然匀称，动态戏谑，惟妙惟肖，软嫩入味。

（三）水产类

夏禹时九州入贡，淮夷贡鱼。江东鱼脍一直流传，西汉、东汉，仍为扬州名食。汉代，广陵人将鳝鱼菜盛在精美的方形竹制餐盘中。五代，扬州人以烹制系列鳝鱼菜款待钦差。今日的淮扬名菜炒软兜、大烧马鞍桥等正继承了这一传统。隋唐，糖蟹蜜姜、鱼唇鱼肚、蝤蛑瑶柱等已入贡宫廷。宋代，淮白鱼仍是贡品。清乾嘉年间，淮扬食肆已有松鼠鱼上市，那时用的是黑鱼，加刀工处理油烹熘汁后上桌，今则有用鳜鱼、鲤鱼乃至石首黄鱼作松鼠鱼。当今淮扬地方名菜蒸鲥鱼历史亦久。明代，长江鲥鱼为贡品。清代，扬州烧鮰鱼、荷包鲫鱼、刀鱼羹、活打黑鱼、摸刺刀鱼、蝤蛑饼很有名。

双皮刀鱼　厨师扬其肉质鲜美之长，避小刺繁多之短，选择笏板刀鱼制作，整鱼出骨而不失其形，其技术难度相当大，一般厨师不敢问鼎。有两种去骨法：一则从脊部开口；二则从刀鱼口腔探刀深入腹内，将腹刺、脊刺小心剥离，连同内脏，从口腔拉出，表面无丝毫破缀。再在鱼腹内填上刀鱼和白鱼肉茸，清蒸。新鲜刀鱼蒸八分钟至熟。成品无刺无骨，细腻鲜美，展示扬州厨师高超绝伦的脱骨技术。

清蒸鲥鱼　清鲜适口，保持真味，苏东坡、郑板桥等曾赋诗赞鲥鱼。

醋熘鳜鱼　中国名菜，由古代名菜“全鱼炙”发展而来。将鳜鱼剞牡丹花刀，倒挂金钟，用纯淀粉挂糊，入油锅三次油炸，第一次结壳，第二次炸酥，第三次重炸。与此同时，另用两只炒锅，一只烧红锅底，一只熬糖醋汁，三锅齐发，将鱼装入盘中，撒上韭黄段，将滋汁倒入红底锅中，滋汁升腾鼎沸，变成活滋，浇在鱼身上，“吱吱”作响，糖醋汁迅速渗入鱼内，拨开鱼身，即可品鉴。

三鲜脱骨鱼　将活鲤鱼平放砧板上，在肛门处横切一刀，刀断脊骨。用长薄形尖刀从两刀口处伸进，沿脊骨轻轻将骨肉割离，从鳃口处取出脊骨和内脏，洗净沥干。将猪肉斩成茸，放入碗加调料拌匀，再放入配料丁，拌和后从鱼鳃盖下刀口处填入鱼腹。再用酱油抹遍鱼身。锅置火上烧热，舀入熟猪油，烧至七成热时，投入鱼煎至两面金黄，加入调料和适量清水，加盖烧沸。移小火烧再移至旺火收稠汤汁。鱼形完整，鱼肉鲜嫩，腹藏三鲜，别具风格。三鲜脱骨鱼制作的关键在于不能将鱼肚弄破，馅料不宜放得过满。

拆烩鲢鱼头　淮扬传统名菜。将鱼头连胸鳍切，治净鱼头，下沸水锅加姜葱酒，焯水，去浮味。将鱼头放入冷水中，轻轻拆去鱼头骨，必须保持鱼头完整，将鱼头放入网状竹兜中，配火腿片、笋片、青菜心，砂锅加原汁鱼头汤烧，烧至胶浓，撒上胡椒粉，整个鱼头嫩得像豆腐，每个部位口感各有所长。眼下“老脸肉”呈蒜瓣状，有黄鱼肉的味道，鱼唇丰腴味厚，口中鱼云呈花瓣状，通体玉白，柔滑鲜脆，整个鱼头无刺无骨，汤汁浓鲜不腻。

酥焙鲫鱼　鱼体红亮完美，筷搛不碎，鱼骨酥透，无鲠无渣，入口即化，鱼肉耐嚼。酥香微甜，钙质丰富。

清汤鱼圆　淮扬传统名菜。采刀鱼或白鱼、鳜鱼斲制，余熟。鱼肉细腻洁白，富有弹性，鲜嫩。

将军过桥　中国名菜。黑鱼力大，在神话故事中常为水中龙宫大将军。“过桥”是指一种食材做成有炒、有汤两样菜。拎起黑鱼，用刀背猛击鱼头，活打活杀，现剐现烹。鱼肉切成鱼片，将鱼皮鱼肠鱼盔甲治净。鱼片上浆与笋尖段黑木耳白炒，鱼片自然卷曲而洁白似玉兰花瓣，在盘中散发出微微醋香，鱼片食之滑嫩而无醋味，暗香浮动。鱼盔甲煮汤，汤白浓厚。一鱼二做，各献一味。

炝虎尾　中国名菜。虎尾指鳝鱼菜的颜色像老虎的尾巴。选用极嫩的“笔杆青”鳝鱼，经烫制后划取连尾的脊肉，码入碗中，加鸡汁、葱姜汁，上笼略蒸，泌出卤汁，加三伏酱油、芝麻油、胡椒粉调成鲜汁，将鳝背复入盘中，浇上鲜汁，乘热而食。炝虎尾天然丽质，清淡味雅，极细极嫩。50年代，就列为国宴菜品，成为淮扬风味的中国名菜。

清炒虾仁　中国名菜。虾仁选用高邮湖盛产的大青虾或白皮虾，壳薄肉嫩洁白如玉，挤成虾仁，随即漂水上浆。烹炒时，只用一根香葱作调味，借香调味后拣去，用鸡汁勾芡。虾仁粒大、洁白、晶莹、鲜嫩，富有弹性。

（四）蔬菜类

大煮干丝 中国名菜。将干丝烫去豆腥味，烹制时煮汤不煮干丝。将干丝养在汤中，鸡汁盈口，干丝柔绵，什锦鲜醇。特色为细、烫、汤。清代扬州诗人林兰痴诗曰："莫将菽乳等闲尝，一片冰心六月凉。不曰坚乎惟曰白，胜他什锦佐羹汤。"

文思豆腐 曾入乾隆南巡时满汉席食单。清代扬州文思和尚首创。现已发展成一块豆腐切5000多根细丝的佳品，扬州菜刀工代表作。

（五）创新类

改革开放30多年中，扬州城市化演进，工业化发展，人口大进大出，消费口味亦在变化，扬州多家食肆推出创新菜。其设计理念为：菜品在用料、工艺与色、香、味、形、质、养方面发生区别于传统的变化，并力求得到社会的认可。造型艺术采用均衡、破题点缀、以菜围菜、菜点合一、空间错位、物象造型等方式，丰富菜肴艺术感染力。创新菜用料门类更加丰富，江鲜、湖鲜、山珍、海错、野味、禽、畜、蛋、腊味、菌、食用昆虫、应时与稀有果蔬各献其珍，辅料、调料加工深度与组合设计日新月异。在清淡味雅的基础上，选用新的调味品和组合新的味型，改良性的复合味变化多端，并引入西餐调味与中餐调味组合，演绎出若干滋味。

红烧小鱼头 焖烧小鲢鱼头，汤汁亮红，鱼头金黄，椒圈鲜艳，鱼肉肥嫩，口味鲜美，略带甜味。

脆皮旱团鱼（油炸臭大元） 臭大元切成滚刀块，炸到外焦里嫩，下锅红烧，入口格外香。

茶菇百叶卷 文火慢煨，红烧入味，端上桌时，还冒着热气。

元宝肉 肉块为方，鸡蛋为圆，形状像元宝，暗合"天圆地方"，盛放于特制的紫砂容器里，寓意壶中有乾坤。色泽红亮，味醇汁浓，酥烂而形不碎，香糯而不腻口。

红烧河豚 口感饱满，肥嫩鲜美。

牛腩煲 祖传秘方烹制而成。既保持牛肉原汁原味，营养成分也比猪肉更容易被人体吸收。牛肉酥烂，特别醇香。

双味狮子头 造型壮观，肉鲜酥烂，口感层次丰富，味道香醇。

香煎小虾 选料精细 ，壳脆肉嫩，口感分明，营养保健。

素什锦 佛门素菜，汤汁稠浓渗入菜中，素有荤味，古朴而求其真味。

西红柿烤鳕鱼 色泽红亮，鳕鱼口感鲜嫩，造型美观。

八仙过海 由八种新鲜的刺生为原料制成，食材有鲈鱼、赤贝、汤肠、北极贝、沙虾、鲜带子、海螺片、墨鱼仔，将主料放入高汤涮食，祥云缭绕，仙气十足。

以上菜肴收入江苏省委宣传部编的《符号江苏·淮扬菜口袋本》。

2009年，《中国淮扬菜新风集》收录扬州一批大师创制的新菜肴。有薛泉生的龙袍西施乳，将鲍鱼精白与鱼皮相烩，将鲍鱼品质优势展现于菜肴；他的凝脂江鮰，借膏油之鲜腴，出鸡油之香醇，着豆油之金灿，汤汁紧裹鮰鱼，鲜醇而胶浓不腻。王立喜的干炸一枝春，采摘柳芽裹玉膏，茵茵春意入馔来，清淡之中透出高雅之气。陈春松的翠带虾仁，以葱管套虾仁，寓意玉带围腰，贵不可言；用嫩黄瓜圈套虾仁，以绿脆配白嫩。周晓燕的番茄脆藕色拉，色调对比跳跃，造型简约而抽象，从味质之中，感悟情调之美。陈继南的烧照银鳕鱼，色彩红亮，鲜香浓郁，浓而不腻，富有回味。

图17-1-3 扬州炒饭

二、名品

扬州炒饭 清嘉庆年间，扬州知府伊秉绶借鉴扬州"面有浇头"的做法，改进炒饭。先传至士绅、盐商家厨，乃至酒楼饭店厨师，后传遍世界各地。扬州炒饭为系列炒饭。狭义的扬州炒饭，指扬州什锦炒饭。广义的扬州炒饭还有野鸭炒饭、虾仁炒饭、雪笋肉末炒饭、玛瑙银杏炒饭、蛋炒饭等。扬州炒饭米粒颗颗分清，诸味融和精陈，光润鲜香爽口。2000年，市烹饪协会根据《中国扬州菜》《扬州菜点》等菜谱的叙述，并参考10多种食品标准，拿出《扬州炒饭标准》初稿，广泛征求专家意见。2002年1月，扬州大学旅游烹饪学院将"扬州炒饭标准"为课题立项，经过严格实验，科研组得出煮饭的最佳投水比例和炒饭的最佳配料比例等技术参数。是年，经技术监督部门批准，市烹饪协会发布《扬州炒饭标准》。2005年，联合国为庆祝当年"国际稻米年"主题，推出"环球300种米饭食谱"，扬州炒饭位居中国5种入选食品之首。 2008年，扬州炒饭入选北京奥运会主菜单。2008年9月，国家商标局授予"扬州炒饭"商标，12月，发给商标注册许可证。扬州炒饭已从饭馆菜肴中跳出 ，成为炒饭专业店主营品种，制成速冻食品工业产品。2009年4月，省政府将扬州炒饭列入省级非物质文化遗产名录。

图 17-1-4 扬州包子

扬州包子 《扬州画舫录》谢溶生序："梅花包子，争传于陌上楼头；芍药歌声，遍织于河干桥畔。"清乾隆三十一年（1766），南巡驻跸瓜洲锦春园早膳，点心就有"澄沙包子、荤素馅提折包子、油糕、春卷、燕窝芙蓉汤"。扬州包子是淮扬面点的主要品种，制作精致，品种多样，风味佳美。清代袁枚《随园食单》中记有灌汤包子、松毛包子。据《邗江三百吟》"灌汤包子"引言："春秋冬日，肉汤易凝。以凝者灌于罗磨细面之内，以为包子，蒸熟则汤融不泄。"关于汤包的记述，以《扬州画舫录》《邗江三百吟》为最早而详细。扬州包子品种繁多，最有代表性的有生肉包、三丁包、五丁包、蟹黄包、野鸭包、荠菜包、雪笋包、萝卜丝包、马齿菜包、腐皮香菇包、干菜包、青菜包、雪（里蕻）笋包、枣泥包、稀沙包、水晶包等，尤以三丁包子名气最大，系用鸡丁、猪肉丁、笋丁为馅制成，味浓鲜香，油而不腻，风味独特。包子造型上，口似鲫鱼嘴，形如荸荠，波浪式皱褶多达30余个。口味上，讲究配料，注重提鲜，每点一味，咸、甜、酸、辣各味俱全。品种上，因时而变，四季有别，应时上市。新中国成立后，扬州包子选作国家宴席的面点。实行工业化生产之后，扬州包子畅销国内外。

三、名宴

随着社会发展，为适应旅游及不同层次顾客需要，对历史名宴进行挖掘、创新、研制，开发出满汉全席、红楼宴、三头宴、鉴真素宴、清真宴、全藕席、全鸭席、汪氏家宴等众多创新名宴。

（一）红楼宴

《红楼梦》有近三分之一的篇幅描述丰富多彩的饮食文化及近200种美味佳肴。红学家冯其庸在充分对比考证后，认为红楼菜当属淮扬菜系。在其关注和指导下，扬州烹饪界于1983年启动研究开发红楼宴，以《红楼梦》所载菜点茶酒及餐饮诗文为蓝本，参考《随园食单》《调鼎集》《扬州画舫录》等著作，综合新中国成立后红学研究成果创新而成。1992年，中国红学界在扬州召开红楼饮食文化研讨会，在品尝红楼宴后给予认定。随后，冯其庸率中国艺术团访问新加坡，带扬州厨师展示红楼宴，轰动狮城。红楼宴自推向市场后，一年四季供应不断。红楼宴原料采用江鲜河鲜及地方禽肉蔬菜，时令为本，新鲜为佳。菜式由冷菜、热菜、细点和汤组成。理念体现"清淡、雅尚、养生"。

红楼宴食谱

一品大观：有凤来仪、荷塘情趣、蝴蝶恋花

四干果：风干栗子、落花生仁、开口松子、纸皮桃仁

四调味：法制紫姜、五香荼菜、酱萝卜炸、椒油莼菜

贾府冷菜：翡翠羽衣、香蕈银杏、炝枸蒿杆、胭脂鹅脯、糟香鸭信、油炸焦骨头、鸡油茄鲞、美味干虾

宁荣大菜：金凤寻龙翅、白雪红梅、烤鹿肉、鸡油青笋、炸鹌鹑、姥姥鸽蛋、火腿炖肘子、面筋蒿杆、酒酿蒸鲟鱼

汤：苡米野鸡汤

甜菜：琥珀燕窝

怡红细点：太君酥、蟹黄小饺、松仁鹅油卷、如意凉卷、枣泥山药糕

主食：野鸭碧粳饭

水果：潇湘鲜果

（二）满汉全席

满汉席出现于清代康乾盛世。康熙南巡，驻跸扬州，始设满汉席。乾隆六次南巡，扬州官绅接驾，仍沿承满汉席。从此，满汉席声名远扬，各地竞相仿制，其规模体例均源于扬州满汉席。

扬州满汉席具有南北兼容的饮食文化底蕴。满席具有北方游牧民族特色，擅长烧烤，以牛羊肉为主，兼收山珍野味，风格质朴。汉席以淮扬风味为主轴线，荟萃江南风味精华，以江鲜、河鲜、海鲜为主，技法多样，风格雅丽，清新多姿。满汉席在原料选择、烹调方法、工艺技法、菜款设计、器皿选用、进馔程式等方面，上承八珍，下启名宴，集烹饪之大成。

2000年，在教授聂凤乔、邱庞同指导下，扬州烹饪学者、淮扬菜大师研究《扬州画舫录》《调鼎集》等关于满汉席记载，研制满汉全席。全席富丽堂皇，豪华丰盛。席间“满”与“汉”的菜点交替呈现，使就餐者领略“中和”饮食文化的韵味。在宴席铺陈、餐具设计、艺乐馨幽、像生雕塑、进馔程式等方面，突出皇家气派。菜点突显淮扬烹饪大师的技术造诣，展现淮扬风味的魅力。

满汉全席食谱

席前侍奉贡品香茗：奶茶、平山贡春

六茶点：芸豆卷、秦邮董糖、豌豆黄、窝窝头、淮安茶馓、萨其马

六干果：琥珀桃仁、开口银杏、蜜饯青果、杏仁佛手、香酥蚕豆、兴安榛子

四仙果：桂圆、葡萄、李子、蟠桃

食艺欣赏：王母蟠桃、鹤鹿同寿、麒麟献瑞

冷菜八碟：凤尾大虾、皛卵双黄、玫瑰牛肉、金钱香菇、美味翠瓜、珊瑚雪郑、牡丹酥蜇、水晶肘花

调味小菜：宝塔菜、满族芥菜、香腐乳、卤虾豇豆

珍品海错：金丝官燕、蟹粉排翅、月宫鱼肚、金钱紫鲍

红白烧烤：烤乳猪、鸭丝美卷、富贵双味、菊花鳜鱼

南北山珍：梨片果子狸、黄焖飞龙

满汉热炒：梅花鹿幼、玉带虾仁

山野蔬鲜：鸡蓯珍宝、扇面芦笋

满汉细点：乾隆御饼、一口飘香、枇杷酥、翡翠水饺、竹节小馒首、八珍糕

甜品：津枣蛤士蟆

时菜花盘：万年长青

席后品茗：乌龙茶

音乐欣赏：春江花月夜

（三）乾隆宴

乾隆皇帝在位60年间，曾六次南巡，驻跸扬州。乾隆南巡，除政务外，则游山玩水，遍尝江南美食。从乾隆御膳档案可以看出，乾隆爱食东北山珍，特别爱食燕窝、淮扬菜点、苏州点心、锅子菜（火锅）和素食。他曾说：“蔬食殊可口，胜鹿脯熊掌万万矣！”膳食专家对乾隆的膳食评价：讲究荤素搭配，尤精野味烹调，嗜鸡鸭爱火锅，戒牛兔远海味，注重食补食疗，以求养生保健。

根据乾隆膳食特点，从乾隆食单和淮扬菜中精选出二十余道菜肴组成乾隆宴，从高、精、素、补方面统筹搭配，着力铺陈其豪华气派。

乾隆宴食谱

看盘：凤戏牡丹

冷菜：盐味红袍、紫香虎尾、高邮双黄、珊瑚雪卷、柴把药芹、上素烧鸭、香干马兰、水晶肘花

四茶点：茶馓、绿豆糕、萨其马、豌豆黄

四调味：乔米、白豆腐乳、宝塔菜、泡豇豆

四干果：白果、榛子、红枣、开口松子

热菜：宫灯龙虾、明炉扒翅、茶壶双艺拼、葵花大斩肉、鼎湖上素、游龙戏金蟾、香烤鹿排、万年长青

主食：碧绿水饺、香牙卷、乾隆御饼、八珍糕、枇杷酥

（四）三头宴

扬州三头宴是淮扬菜中以寻常甚至腥膻味较重的原料（鱼头、猪头）烹制的不同凡响的佳肴。鼎中之变，微在精妙。三头宴的制作发挥淮扬菜制作精细、娴于炖焖的特长，保持完美外形，酥烂而无骨，黏韧，柔滑，鲜嫩而卤汁胶浓，带有居家常馔的风味，百嗜不厌。

鱼头菜历来为淮扬名馔。明代《鱼品》对鲢鱼有“大者头多腴，为上味”的评价，郑板桥亦有“夜半酣酒江月下，美人纤手炙鱼头”的诗句，湖水煮湖鱼有自然之趣。清代扬州扒烧整猪头已很盛行，黄鼎铭的《望江南百调》词云：“扬州好，法海寺间游，湖上虚堂开对岸，水边团塔映中流，留客烂猪头。”猪头待客已经形成风俗。蟹粉狮子头也享誉中外。近年来，将三头菜肴联袂成席，颇受欢迎。唐末江南进士郑璧诗曰：“扬州好，佳宴有三头，蟹脂膏丰斩肉美，镬中清炖鲢鱼头，天味人间有。扬州好，佳宴有三头，盘中荷点双双玉，夹食鲜醇烂猪头，隽味朵颐留。”

三头宴菜单

冷菜：葱油酥蜇、凉拌双脆、出骨掌翅、盐水肫仁、椒盐素鳝、玛瑙咸蛋、芥末肚丝、水晶鱼条

四调味：酱蒜头、拌香菜、红腐乳、渍萝卜片

大菜：清炒大玉、软兜长鱼、干炸仔鸡、鲍脯鸽蛋、扒烧整猪头、清炖蟹粉狮子头、拆烩鲢鱼头、银杏菜心、什锦椰果、应时蔬鲜、扬州炒饭

汤：鸡片汤

点心：荷叶夹子、青菜包子

水果：时果拼盘

图 17-1-5　三头宴

（五）开国第一宴

1949 年 10 月 1 日，中央人民政府在北京天安门隆重举行开国大典。当晚，在北京饭店举行盛大国宴。政务院典礼局与北京饭店筹划，报总理周恩来同意，调经营淮扬菜的北京“玉华台”〔扬州马玉华、马玉林兄弟于民国10年（1921）开设〕进北京饭店，调朱殿荣、王杜昆、杨启荣、王斌、孙久富、景德旺、李世忠等人掌厨。宴会以淮扬风味招待宾客，史称“开国第一宴”。其菜品质朴、清鲜、醇和，为国宴的精陈简约定下基调。

开国第一宴食谱

美味四小碟：（品种未详）

点心：炸年糕、艾窝窝、黄桥烧饼、淮扬汤包

冷菜：兰花干、麻辣牛肉、四宝菠菜、桶子笋鸡

主菜：扬州蟹肉狮头、全家福、东坡肉、鸡汤煮干丝、口蘑罐焖鸡、沙炒翡翠虾、鲍鱼浓汁四宝、香麻海蜇、虾籽冬笋、炝黄瓜条、芥末鸭掌、酥鲫鱼、罗汉肚、镇江肴肉、桂花盐水鸭

主食：菠萝八宝饭

水果：水果拼盘

（六）全羊宴

李斗《扬州画舫录》卷十一记载："烹饪之技，家庖最胜。……张四回子全羊……风味皆臻绝胜。"全羊宴传之久远，全席以鱼羊鲜汁融和菜肴之美，选用各部位之肉入馔，匹配食药之材相佐，性味互补，冬颐养生，味不雷同。

全羊宴食谱

冷碟：水晶羊肴、金瓜椒丝、酱卤羊肝、秧草豆瓣、芝麻顺风、莱菔腌韭、枸杞千里、脆酥茄衣

羹粥：血粉羹或荠菜羊肉粥

炒菜：地力溜羊腱、杜仲爆羊腰

大菜：鳜鱼紫河车、肉苁蓉烧羊肉（或东坡羊肉）、山药羊宝、紫苏羊排、当归羊脑

汤：白芷羊蹄汤

主食：酸菜羊肉饺

（七）创新名宴

2009年10月，扬州烹饪界新开发的红楼早宴、秋瑞宴、春晖宴、扬州八怪宴、卢氏家宴、烟花三月宴6款宴席被中国烹饪协会评为中国名宴。

红楼早宴 扬州烹饪大师和专家学者以《红楼梦》中出现的点心为主线，以淮扬点心工艺为制作基础，揣摩红楼人物性格与嗜好，落墨于文化基调，推出红楼早点宴，由翠庵香茗四盏、贾府冷碟九味、宁荣羹汤五盅、怡红细点七款构成。进馔过程如沐甘霖，茶香氤氲，琴韵悠扬，情真委婉，清雅之气，款款絮絮，妙趣天成。

秋瑞宴 扬州自唐代以来就有"金秋献瑞"习俗，瑞字合"瑞气祥和""祥瑞辐辏"之意。民间献瑞形式繁富，献饮桂花酒成为时尚。唐人有诗云："秋馔瑞气生，滋味和八珍，开轩迎紫气，华桂入金樽。"描述一帧秋宴献瑞图。现代扬州"秋瑞宴"始于2001年秋，款待世界华商大会2000余位嘉宾。其设计理念为：春华秋实，崇尚自然。取材于秋季江河湖鲜、水八鲜、蔬八鲜等40余种，采用10余种烹调方法，一菜一味，一菜一格。以时尚时令演绎淮扬经典菜肴。头菜选用"遐龄四宝"，借鉴"龟蛇永寿"，以龟入馔向宾客献上长寿之瑞，配以鲍鱼、海参、鱼皮，以清醇鸡汁炖之，颐养福寿味厚清雅。一席菜点将冷菜八味、热菜十款、点心四道珠玑相连。

春晖宴 "慈母手中线，游子身上衣。临行密密缝，意恐迟迟归。谁言寸草心，报得三春晖"，孟郊的一首《游子吟》，启迪烹调师设计"春晖宴"的3个理念：春色、母爱、乡愁。宴席紧扣主题，细嚼春江之味，滋味清绝。采用应时江鲜和春蔬，清鲜的菜品弥漫着馥郁香气，迎合游子神往与回归，阐发菜肴本味来体现母爱的纯真无垠，用筵席风格融和与精致来展现淮扬饮食文化的博大精深。全席由八味春盘、十道春馔、四道春点构成，春馔春点春意盎然，洋溢着淮扬菜时令时尚的禀赋。宴品始现于2002年扬州"烟花三月"经贸旅游节，被外国友人称为"立体的画，咀嚼的诗"。此后，采用精细标准化生产模式而推广。

扬州八怪宴 以郑板桥为首的扬州八怪"诗书画三绝"，以诗人的感悟品鉴饮食，崇尚"儒家风味孤清"，在他们的诗、画、题跋行文中散落无数淮扬民间菜点珠贝，充溢着个人特有的饮馔视角。扬州烹饪大师与学者进行梳编相辑成席，以"瓦壶天水菊花茶"开文宴之篇，铺陈书屋茶食四品、香叶冷碟八味、大菜十二道、玲珑细点六款，板桥道情雅韵作为收官之作。席间，扬州八怪风雅故事娓娓道来，喜怒骂笑，幽默诙谐，在品尝返朴归真的菜品时感悟人生哲理。

卢氏家宴 卢氏大宅为清光绪年间盐商府第，坐落于扬州南河下康山文化园。徽派建筑，连垣七进，前宅后园，厅楼相连，百筵厅与各式厅堂阔大典雅，文渊厚重，为中国淮扬菜博物馆互动演示区。宴席设计师以卢氏大宅为接待背景，将明清以来扬州盐商经典菜肴按四季菜单相编成席，视就餐者需求调整档次，源于传

统而青出于蓝。卢氏家宴自2002年问世后，主要用于中外政要、文化名人、企业高管高规格接待。

烟花三月宴　李白三下扬州，醉心于淮扬美食。扬州烹饪大师与专家学者对前贤笔下的扬州饮馔加以归纳总结，解读人文精髓，以《扬州画舫录》为依据，以春季为切入点，具有浓郁的地方风情，设计清新雅致、时尚养生的烟花三月宴。宴席有观赏菜一组，用春季水鲜构成丰乐水乡创意，体现水产丰盛的灵秀之美。春味冷菜九品，热馔十道，春点两款。涵盖淮扬春季名菜名点。2003年春，烟花三月宴问世，受到国内外嘉宾赞赏，成为点菜率很高的淮扬名宴。

第五节　扬州小吃

一、扬州小吃历史

扬州小吃素以历史悠久、制作精致、品种多样、风味佳美闻名。扬州小吃的产生，至迟不晚于秦汉时期。魏晋南北朝时期，扬州小吃品种已经较为丰富。隋唐时期，扬州小吃品种较多。《唐大和上东征传》载，扬州高僧鉴真第二次东渡日本时，所携带的面点有干胡饼、干蒸饼、干薄饼、捻头（馓子）。唐代，扬州有胡饼店、胡食店。宋代，扬州小吃在前代的基础上又有所发展，名品有兜子、盖浇面等。米制点心达极高水平，其时扬州丝糕"色香兼味皆可歌"，名播江南。明代扬州面点不仅品种多，而且口味随品种而变，制作也精，制作方法有煮、蒸、炸、烘、烤等多种。万历《扬州府志·风俗》记载："汤饼有温淘（热汤面）、冷淘（水冷面），或用猪内杂、河豚、虾、鳝为之。又有春玺饼、雪花薄脆、果馅餢飳、糉子、粢粉丸、馄饨、炙糕、一捻酥、麻叶子……"清代，扬州小吃发展迅速，品种大增，技艺更精，影响日益扩大。乾隆南巡时，扬州官绅多次进献裙褶包子、梅花包子。

图17-1-6　淮扬面点

二、扬州面条

扬州面条品种繁多，从制法分，有阳春面、炒面、煨面、汤面、盖浇面等；从食法分，有热食、冷拌等；从浇头分，有肴肉、鸡丝、猪肝、腰花、脆鳝、野鸭、野鸡、三鲜等；从制汤分，有干拌、宽汤、半汤、脆面、大养等。宋代，扬州"冷淘"（过水冷面条）已很著名。诗人、扬州知府王禹偁赋《甘菊冷淘》诗，称赞淮南甘菊冷淘"芳香敌兰荪"。

袁枚《随园食单》记有扬州素面、裙带面（以小刀截面成条，微宽）等。

伊府面　原料为面粉、鸡蛋、精盐等，有时也加新鲜虾茸、鱼茸，经反复压制、劲抖而成。先水煮再油炸，或先蒸再炸成熟。油炸时，将面条盘成圆形。食用时用沸汤烫熟，再调味。柔韧滑爽，鲜嫩咸香。为乾隆年间扬州知府伊秉绶家厨创制，为现代方便面的始祖。

扬州煨面　随时令而异，有刀鱼面、螃蟹面、鲟鳇鱼面、野鸭面、虾仁面、鸡丝面、鳝鱼面、三鲜煨面等。扬州煨面之妙，在于面汤鲜美，面条软熟。

图17-1-7　饺面

扬州炒面 炒面有肉丝、鸡丝、鸡蛋、虾仁、口蘑、香菇、海参、三鲜炒面等。有脆炒、软炒之别。炒面集面条和菜肴于一盅，香、脆、鲜、嫩，既能作大菜，又能当小吃，还可佐酒，为市民和游客青睐。

饺面 “饺”实为馄饨。饺皮软韧。馅心选用新鲜猪前夹肉，剁成肉茸，配以姜葱汁、蛤蟆酥屑，拌入饺。汤的配料有十多种。饺面汤清，饺鲜，面条滑润。

三、笼蒸食品

扬州笼蒸食品主要有：馒头、卷子（夹）、包子、烧卖、蒸饺、糕等。

三丁包 扬州著名传统名点，中华名小吃，誉为“天下一品”。扬州百年老店富春茶社名厨尹长山创制三丁包，谚曰：“鸡丁大，笋丁小，肉丁正好。”后加上虾丁、海参丁，称“五丁包”。问世以来，闻名遐迩。

蟹黄包 蟹肉晶莹洁白，味似白鱼；蟹黄金黄鲜醇，卤汁含露包口，馥郁味浓鲜香。

灌汤包 冬季时令佳点。“汤包”是扬州厨师的首创，在中国面点发展史上有里程碑意义。汤包馅由皮冻与馅料组成。用猪肉皮加鸡汁或骨浓汤熬成水晶冻，使用时切米粒状，掺入肉或水鲜制馅或做菜肴。水晶冻冷则成冻，热则成汤。味厚而醇和，胶黏住肉与水，回味无穷。吃法有讲究：“轻轻提，慢慢移，先开窗，后喝汤，最后一扫光。”

翡翠烧麦 加工精细，翠绿的菜末拌上洁白的荤油白糖，包在烫面皮子里，如牙雕玉琢，香味馨远。皮薄如纸，馅心碧绿，糖油盈口，滋润甜鲜。“要得甜，先放盐”，使菜色更加碧翠。

蜂糖糕 扬州至迟在隋代已有蜂糖糕。据台湾美食家唐鲁逊先生考：五代时杨行密，曾任淮南节度使，酷尝蜜糕。避其名讳，因糕似蜂窝，故改名蜂糖糕。其生坯必须经过保温（18℃～24℃）醒房醒点，才能非常膨松。扬州点心师智慧与西方面包房醒制有异曲同工之妙，口感松软微甜。

四、炉烤食品

炉烤食品有烧饼、火烧、双面麻饼等。扬州烧饼按燃料、炉膛分，有筒炉饼、草炉饼、吊炉饼等；按馅分，有擦酥、椒盐、白糖、桂花赤砂糖、葱油、双麻、豆沙、萝卜丝、豌豆苗等；按形状分，有朝牌、浑圆、椭圆、蛋形、菱形、方形、长方形、斜方形、罗丝圈、菊花边等。

黄桥烧饼 用油酥和酵面起酥，以葱油火腿、萝卜丝、肉松、干菜、安豆苗等为馅。饼形饱满，色泽金黄，香脆肥润，热食尤佳。

草炉烧饼 以麦草等作燃料，用古老立式烤炉烘烤。用老酵面包入少量干油酥，包入少许红糖，酥层少许，内囊甚厚，外撒芝麻，色泽金黄，香气扑鼻，香脆甜酥，入汤即化，甚耐咀嚼，“暄”铺铺，软糯糯，滋润可口。

葱油火烧 扬州名点，用烙与烤的方式制作。咸津津、香喷喷，饼色金黄，外壳酥脆，内层软脆油润。

徽州饼 扬州名点。由清代徽商引入扬州。用香油糖酥面包入各式果仁果脯，烙热，酥软甜醇，香气四溢。

五、汆炸食品

扬州汆炸食品主要有油酥、油条、麻花、麻团、油饺、油馓、油糍、油端等。

萱花酥 有枣泥、萝卜丝馅。层次清晰，酥香脆。

水晶麻团 香脆甜糯。

春卷 皮薄如纸。脆、酥、香，现炸现吃最佳。

六、薰烧腌腊食品

扬州自古讲究制作腌糟制品。苏轼《扬州以土物寄少游》曰：“鲜鲫经年祕醽醁，团脐紫蟹脂填腹。后春莼茁活如酥，先社姜芽肥胜肉。凫子累累何足道？点缀盘飧亦时欲。淮南风俗事瓶罂，方法相传竟留蓄。且同千里寄鹅毛，何用孜孜饮麋鹿！”“薰烧”一词出于乾隆时李斗《扬州画舫录》。原指炙（烤）肉，后泛指冻蹄、板鸭、薰鸡等。嘉庆年间，林苏门撰《邗江三百吟》，其《熏烧》曰：“每日晚市，满街或置桌上，或挑担中，名曰熏烧，皆猪头肉、猪肠之类。晚餐不甘淡泊者争买之。”林苏门赋诗：“夕飧何处觅珍馐，鸡鹜豚蹄入市求。记得归舟舟泊晚，一灯红处认扬州。” 从诗面看，熏烧已扩至鸡、鸭等禽肉。《真州竹枝词引》载：“小雪后，人家腌菜，曰‘寒菜’，……蓄以御冬。”扬州人家入冬后，几乎家家都要腌制各种蔬菜和鱼肉，最常见的是腌大菜、腌萝卜、腌咸肉、腌咸鱼。除了“腌”，还有“风”。可以风蔬菜，还可风鸡、风肉等。扬州人统称为“冬腊风腌”。

清中叶至民国年间，扬州熏烧摊遍于街头巷尾，亦有小型固定门店。

猪头肉 亦称“熏烧肉”等。猪头肉沿袭肴肉的烹制方法，肉红亮亮，香喷喷，黏滋滋。色相洁白、透亮，香味浓郁，咸淡适中，口感醇美，肥而不腻，熟而不烂，爽口而又有韧性。口条、耳边、尾巴、眼睛、大脑分盆出售，味道各不相同。此外，用扒骨肉煮出的香肚更是风味独特。

盐水鹅 盐水鹅选料讲究，制作精细。仔鹅毛齐膘足。制盐水鹅关键在于掌握火候，先用猛火攻，再以文火焖。

熟牛肉 扬州熟牛肉色泽鲜红油润，绵软鲜嫩，亮里透明，水分少，耐储藏，浓香扑鼻。尤其是水牛肉，肉纹较粗，有嚼头，有劲道，越嚼越香。

风鸡 选用小公鸡，阉去生殖器，使其壮实肉嫩。在冬令小雪前腌制，腊月食用。风鸡醇香，能嚼出特有的腊香，为扬州人必备的年味。

七、创新面点

中国烹饪大师陈恩德 1989 年创制的红楼宴点心：

蟹黄小饺 汁多鲜美，俏小可爱。

松仁鹅油卷 匹配相得益彰，咸香，松软洁白，鹅油沁香。

银丝酥饼 层次清晰，黑白分明，口味咸鲜，入口即化。

如意凉卷 象形点心，凉卷若玉肌冰心，形似锁片，香甜软糯。

太君酥 圆形明酥，黑白斑驳，形如发鬏。酥香扑鼻，娇小可爱。

2009 年 10 月，列入中国名宴红楼宴怡红细点菜单。其中鹅油卷列入中国名宴红楼早宴菜单。

2005 年，协助扬州川滇老妈有限公司开发出中华名小吃：

铁板饺子 现煎现烹，香气四溢，卤汁烫鲜盈口，皮韧底脆。

香菇炖鸡米线 米线滑爽，色泽红亮，牛肉酥烂、香浓微辣。

2006 年，创制萧美人点心：

八珍包子 滋味串和，营养互补，益寿佳点。

天香烧麦 荷香飘溢，色调雅致，糯而不柴，咸鲜隽永。

双色如意酥 酥层清晰，红绿相间，入口即化。

发财饺儿 味鲜，汁多，皮薄。

萧美人玉饼 饼质如玉，光润细腻，软糯香甜。

四味重阳糕 味不雷同，松、香、糯、甜。

2009 年，创制藕丝酥，酥层薄如蝉翼，技艺精湛，为明酥分层起酥的高难度作品。有诗赞曰：“花下荷藕玉臂舒，缕缕银丝入口无。浮香沾襟挥不去，艺惊四座夸蝉酥。”

第六节 烹饪技艺

千余年来，培养厨师主要依靠口传身授，学艺主要靠悟性。旧有“师傅带进门，修行在个人”之说。扬州传承厨艺主要有 7 种方法：

收徒式 此为古、近代主要传承形式。徒弟要吃“三年萝卜干饭”。师傅点拨，教几手绝招，徒弟心领神会。新中国成立后，丁万谷、戴立芝、汪有才等带出一批高徒，有薛泉生、张玉琪、陈春松等。后薛、张、陈等又收带一批高徒，成为餐饮界中坚。近年，扬州大学博士生导师周晓燕以学院派大师身份开山，收一批星级宾馆厨师长为徒，为全国餐饮界重视。

师生式 扬州于 1959 年在全国首创烹饪技术学校，1977 年，首创大专烹饪教育。此形式传文化、传烹调知识、传烹饪技巧。目前，扬州每年输送烹饪专业大专以上学生 300 人、中专技校学生 800 人。

客串式 类似京剧票友。下厨者非职业厨师。

图 17-1-8 江苏省职业学校旅游类技能大赛烹饪专业比赛现场

自悟式 扬州厨师方乃根到沪学艺，因师傅吝教，就留心师傅操作，端菜时常沾几点汤汁尝尝，辨味识妙。后来成为名厨，自述乃"偷味"。

评点式 扬州盐商经常摆宴互请，品味切磋，"香厨各斗食单新"，回来便指点厨师制作。

培训式 参加培训者有一定基础，通过培训进修，提高烹饪理论水平，学做一些菜肴。1998 年后，中办、国办曾分期分批安排国家部委机关厨师长到扬州培训。

家族式 子承父业，世代相传。扬州名厨张广庆、陈恩德等已五代、六代业厨。

第七节 参展参赛

一、参展办展

扬州市烹饪协会会址在广陵区广陵路 328 号。广陵区烹饪协会于 1989 年 4 月 23 日成立。市、区烹饪协会是从事烹饪实践、烹饪管理、烹饪教学、烹饪理论和食品营养研究的企事业单位、团体和个人志愿组成的非营利性专业行业协会，是社会团体法人。

图 17-1-9 中国淮扬菜烹饪大赛上，厨师精心制作淮扬细点

1989 ~ 2011 年扬州市烹饪界部分参展办会交流情况一览表

表 17-1-2

年份	地点	交流名称	交流情况
1989	中国香港	扬州食品节	应香港世界贸易中心邀请，薛泉生、王立喜、李永泰、董德安等表演烹饪技艺
1991	上海	淮扬菜美食节	邵金海等表演烹技
1992	日本	中烹协考察烹饪教育和新型原料、调料使用情况	随团的李永泰、周晓燕表演烹技。日本报纸称其为"扬州一绝"
1993	日本东京、静冈县	表演烹饪技艺	徐永珍应邀表演
1997	巴黎	中国技能工人访问观摩团	徐永珍赴法表演了十种面点。中央电视台、《人民日报》等作报道
1998	中国香港	红楼宴表演	迎宾馆厨师赴港表演
2000	济南	扬州美食节	张玉琪、董德安参加活动，其技艺受到山东同行好评
2003	新加坡	新加坡美食节压轴菜--红楼宴	薛泉生、陈春松、陈忠明与新加坡同仁共同制作
2003	太原	国际面食节	陈恩德、徐惠荣等 5 人参加

续表 17-1-2

年份	地点	交流名称	交流情况
2004	中国台湾	中华美食展“杭州、扬州盛宴”焦点区	扬州月明轩饭店制作春江花月宴参加展出，获好评
2005	武汉	淮扬美食文化节	薛泉生、曹寿斌等参加制作
2005	澳大利亚悉尼	红楼宴表演	应澳大利亚纽省厨师协会和澳大利亚澳中文化交流中心之邀，扬州 6 名厨师掌勺献艺
2006	中国澳门	淮扬传统、创新菜肴制作技艺	应澳门总商会邀请，薛泉生演示 24 道淮扬传统、创新菜肴制作技艺
2006	扬州	中美厨艺交流	美国烹饪代表团一行 20 多人到扬州。卢氏老宅等扬州厨师与美方同仁进行厨艺交流
2009	中国台湾	烹饪技艺展示	周晓燕赴台湾进行烹饪技艺展示
2009	比利时布瑞	淮扬菜美食节	应比利时布瑞市政府邀请于当地举办
2009	美国	红楼宴表演	扬州红楼宴大厨赴美制作
2011	重庆	中国国际美食节	扬州送评的“全鹅宴”成为江苏省唯一入选中华名宴的席宴

二、参赛参评

扬州多次组队参加世界、亚洲、全国等烹饪大赛，中央电视台满汉全席擂台赛等数十项烹饪比赛，取得优异成绩。

1993 ~ 2011 年扬州市烹饪界部分参赛获奖情况一览表

表 17-1-3

年份	地点	赛事名称	获奖情况
1993	北京	第三届全国烹饪技能比赛	扬州代表队获团体金杯。在个人赛中，扬州选手获金牌 3 枚、银牌 7 枚、铜牌 1 枚
1997	曼谷	亚洲中厨大赛	杨锦泰获金牌 2 枚，周晓燕获特别金牌 2 枚
1998	南京	江苏省第三届烹饪大赛	扬州获团体金牌 1 枚、银牌 1 枚、铜牌 1 枚，大众宴席金牌 2 枚、铜牌 1 枚。扬州选手获个人金、银、铜牌多枚
2002	吉隆坡	第四届世界中国烹饪大赛	扬大旅烹学院代表队参加，获团体金牌及多项个人金银奖
2003	南京	江苏省第四届烹饪技术比赛	获团体金牌 3 枚、银牌 1 枚、铜牌 3 枚，个人金、银、铜牌多枚
2003	杭州	长三角面点大赛	扬州选手获金牌 6 枚，在参赛的 14 座城市中位列榜首
2003	广州	第五届中国烹饪世界大赛	扬州 3 名参赛选手分别获得金牌 1 枚、银牌 1 枚、铜牌 1 枚
2005	武汉	第十五届中国厨师节暨首届中餐技能创新大赛	扬州参赛选手获金牌 9 枚、银牌 5 枚、铜奖 10 枚
2006	烟台	第四届全国烹饪技能竞赛	以鲜笋东坡肉、菊花豆腐等多道淮扬菜参赛，夺得 2 金 4 银 1 铜
2006	广东顺德	第十六届中国厨师节暨全国厨艺绝技演示鉴定大会	获规定项目“快炒饭”，自定项目“切文思豆腐丝”“切菊花豆腐”“切六十米土豆丝”“蔬菜插花”“盲切土豆丝”的最高记录奖、最佳厨艺奖和厨艺超群奖等奖项
2006	西安	第二届中国餐饮博览会	参展的蟹黄汤包获得中华金鼎奖
2006	南京	江苏省创新烹饪大赛	扬州烹饪代表队获得金、银、铜牌 65 枚，数量居全省之首
2008	山东济宁	第四届京杭大运河美食节	“东关古渡锦春船宴”获大赛团体筵席展示最佳筵席奖
2009	扬州	第十九届中国厨师节暨中餐技能大赛	扬州获金、银、铜牌 30 余枚

续表 17-1-3

年份	地点	赛事名称	获奖情况
2010	乌鲁木齐	第二十届中国厨师节	扬州组团参赛，曹寿兵参加该节世界名厨邀请赛，获金牌。应组委会邀请，汤有飞参加绝活表演
2011	天津	第三届全国大学生烹饪技能大赛	扬州大学旅游烹饪学院代表队获得团体特等奖 1 个、金奖 1 个、最佳奖 4 个，个人单项金、银牌 9 枚

2009 年 10 月，中国烹饪协会评选“中国名宴”。根据“中国名宴”认定管理办法，扬州申报的“满汉全席”“乾隆御宴”“红楼早宴”“红楼宴”“扬州八怪宴”“卢氏家宴”“三头宴”“春晖宴”“秋瑞宴”“烟花三月宴”等获得“中国名宴”称号。

三、传承保护

2005 年，扬州市在何园骑马楼建立淮扬菜历史文化博物馆。2006 年 4 月，对该馆重新设计，增加展品，迁址于康山文化园卢氏老宅。2006 年，编写《中国名菜大典·江苏卷》扬州部分，并组织拍摄有关菜品。中国淮扬菜网改版。2008 年，组织部分烹饪大师收徒仪式。举办扬州饮食文化论坛。举办扬州烹饪高级技师、技师培训班。2009 年 9 月，文化艺术出版社出版《中国淮扬菜新风集》彩色画册。2010 年，组织烹饪大师、名师赴海内外展示技艺。

第八节 饮食文化

一、文人食尚

饮食文化即餐饮文化，广义上包括烹饪制作技艺和与餐饮相关的一切活动。狭义上指与饮食相关的食尚、食典、歌谣、谚语、图画、店名、菜名等各种文事的总和。扬州自古以来由于政界、文界、商界等各阶层对饮食的推崇追捧，使得淮扬饮食极具人文气质，形成“高雅、精致、融合、时尚、养生”的基本文化元素。

扬州文人名士之食尚，别具情致，为扬州烹饪增添风雅神韵。唐代刘禹锡、白居易等有扬州诗酒唱和。王播木兰院“饭后钟”和“碧纱笼”典故，演尽世态炎凉（五代·王定保《唐摭言》卷七）。李白三游扬州，流连酒楼，持袂（捋起袖子）把蟹，潇洒风流（唐·李白《送当涂赵少府赴长芦》）。宋代韩琦“四相簪花宴”一宴四相，极尽诗酒风流。欧阳修平山宴集传荷飞觞，成为文坛佳话（宋·叶梦得《避暑录话》卷一）。苏轼知扬州，饰厨传，推介扬州腌糟制品，宣传菜肴须讲究色香味器，原料应鲜活嫩（《扬州饮食诗词选注》）。清初孔尚任、王士祯、卢雅雨的“虹桥修禊”有曲水流觞之余风。扬州马氏小玲珑山馆、行庵、程氏筱园、郑氏休园、张氏让园、赵氏南园、“扬州八怪”赏菊、赏兰等园林诗酒文会传唱不绝，名重一时（《淮扬饮食文化史》）。扬州画舫宴泛舟湖光山色，更具诗情画意（梁章钜《浪迹丛谈》）。历代文人撰写大量饮食诗文，咏颂扬州饮食。经初步整理，李白、欧阳修、苏轼、黄庭坚、秦观、萨都剌、孔尚任、郑板桥、袁枚等留下的扬州饮食诗词就有数百篇之多。扬州文人评点菜肴，入木三分，如郑燮关于田园清供之味、返璞归真的阐述，李鱓等关于煨芋的论述、饮食楹联等。

二、食典名著

扬州食典较多。李斗《扬州画舫录》记载清乾隆年间扬州数十家酒楼名称、菜肴及扬州食风。袁枚的《随园食单》记载几十款扬州菜肴。乾嘉年间童岳荐的《童氏食规》吸纳菜点上千种，其中相当数量是扬州菜。嘉庆年间，林苏门著《邗江三百吟》，吟咏扬州数十种菜肴和食风食俗。60 年代后，扬州编纂烹饪书籍 200 多种。著名的有《淮扬饮食文化史》（为四大菜系中最早出版物）、《中国淮扬菜》（2001 年 12 月，获省哲学社会科学优秀成果三等奖。2000 年 10 月 10 日，《中国文化报》发表书评《独领烹饪画册风骚的力作——评〈中国淮扬菜〉》），以及《扬州红楼宴》《扬州饮食诗词选注》《扬州食话》《扬州小吃》《扬州三把刀·扬州厨刀》

等。还有一批大中专烹饪教材问世。60年代初，扬州出版菜谱，为新中国成立后中国菜谱出版之开端。扬州菜谱之程式、体例成为全国各地菜谱之范本。21世纪初，北京、轻工、金盾、上海、吉林、安徽、江苏、青岛等出版社出版多种扬州菜书籍。

三、行酒口令

酒令是饮宴时的一种娱乐形式，是独特的文化现象，雅致风趣。隋炀帝曾在江都行宫中举行小型宴会，行拆字之令（《大业拾遗记》）。唐代，张祜、杜牧在扬州索骰子赌酒，传为佳话（《唐摭言·卷十三》）。刘禹锡在扬州水馆春夜与李益、张登、段平路等刻烛击铜钵，对酒联句，大行酒令（《刘宾客集》）。《资治通鉴》载：唐会昌四年（844），"上（武宗李炎）闻扬州倡女（艺妓）善为酒令，敕淮南监军选十七人献之。"明清，扬州有两位酒令大家。一是明代诗人黄周星。他与诗友在平山堂下建"木兰亭社"，诗酒唱和，并创灯谜酒令以佐觞政。一是康乾时撰百科全书式文集《传家宝》的养生学家石成金。他撰写《快乐酒令》。卢见曾任两淮盐运使时，创制"扬州牙牌二十四景"酒令。

四、饮食歌谣

扬州民俗作家蒋静芬撰写一组扬州饮食歌谣，歌咏扬州一日五餐的菜名、习俗。这些歌谣通俗易懂，饶有趣味，朗朗上口，具有鲜明的地方文化特色，绘声绘色记述市井饮食时尚，妙趣横生。早上起来日已高，只觉心里闹潮潮，茶馆里头走一遭。拌干丝，风味高；"蟹壳黄"，千层糕；翡翠烧卖三丁包；清汤面，脆火烧，龙井茶叶香气飘。／吃过早茶想中饭："狮子头"，菜心烧；煨白蹄，酱油浇；"大烧马鞍桥"；醋熘鳜鱼炒虾腰；绍兴酒，陈花雕，一斤下肚乐陶陶。／吃过中饭想"下午"：浇切董糖云片糕，再来一包香橼条。／吃过"下午"想晚饭：金华火腿镇江肴，盐水虾子撒花椒，什锦酱菜麻油浇，香稻米粥儿黏胶胶。／吃过晚饭想夜宵：一碗莲子羹，清心又补脑，一觉睡到大清早。早上吃的蟹黄汤包；中上吃的牛肉熏烧；晚上吃的豇豆角子，鲇鱼哇子，冬瓜汤两勺子，肉丁子黏到下巴壳子。

五、饮食楹联

郑板桥联，"花香蕉露重，茶熟竹烟轻""一庭春雨瓢儿菜，满架秋风扁豆花""汲来江水煮新茗，买尽青山作画屏""从来名士能评水，自古高僧爱斗茶""顿餐不离盏，书画伴终身""白菜青盐粯子饭，瓦壶天水菊花茶"。汪士慎联，"茶香入座午阴静，花气侵帘春绿长""竹宜著雨松宜雪，花可参禅酒可仙"。陈撰联，"杯羹最珍慈竹笋，瓶水自养山姜花"。清乾隆扬州名酒肆听箫园联。金棕亭集联书："圣代即今多雨露（高适句）；酒垆终古擅风流（李商隐句）。"平山堂联，伊秉绶撰："过江诸山，到此堂下；太守之宴，与众宾欢。"公园茶社联，民国江都县令嵩峋撰："春从何处归来，恰楚尾吴头，尽流连永昼茶香，斜阳酒暖；花比去年好否，正千金一刻，最珍重绿杨城郭，红药当阶。"清梁章钜《楹联丛话》记清代扬州酒店联："沽酒客来风亦醉；卖花人去路还香""刘伶借问谁家好；李白还言此处佳""大英雄闻香下马；真名士知味停车"。

六、饮食谚语

扬州许多饮食谚语，富有一定哲理。如"好吃不好吃，全凭一把盐""八分饱，不问医""晚饭少吃口，活到九十九""暴饮暴食易生病，定时定量保安宁""三天不吃青，两眼冒火星""青菜豆腐保平安""鲢鱼头，青鱼尾，鸡鸭吃大腿""家有三担谷，不吃鱼搭粥""冬吃萝卜夏吃姜，不用医生开处方""二月荠菜赛灵丹"。

七、饮食绘画

郑板桥《竹石图》，其题画诗："扬州鲜笋趁鲥鱼，烂煮春风三月初。吩咐厨人休斫尽，清光留此照摊书。"罗聘《竹笋图》，其题画诗："初打春雷第一声，满山新笋玉棱棱。买来配煮花猪肉，不问厨娘问老僧。"李鱓《鳜鱼葱姜图》，其题画诗："大官葱，嫩芽姜，巨口雪鳞新鲜尝，谁与画者李复堂。"

八、典雅店名

明清以来，扬州酒肆茶楼甚多，店号典雅，店名中大多有"春""轩""楼""园"等字眼，富有诗情画意。在丰乐下街有"冶春""香影廊"茶社；得胜桥的"富春"、甘泉路的"共和春"；辕门桥有"二梅轩""惠芳轩""集芳轩""月明轩"；教场有"九如""豌豉生香""文兰天香"；小东门有"易陆轩"；广储门有"雨莲"；琼花观有"文杏园"。此外还有"双虹楼""且停车""七贤居""小秦淮"等。清末民国初，扬州菜迅速发展，酒楼遍布，较有名的有“扑缸春”“醉白园”“秀野园”“富春花园”等等。如今，扬州典雅的饭店、酒楼比比皆是。此外，“醉仙居”“食为天”“福满楼”“九鼎香”等店名也耐人寻味。

九、诗意菜名

好菜名能使人食用时既饱口福眼福，又陶冶心灵，食后回味无穷，是一种精神享受。传说隋炀帝到扬州看琼花后，游览西郊名胜，对万松山、金钱墩、象牙林、葵花岗四大名景十分留恋，吩咐御厨以上述四景为题，制作四道菜肴。扬州厨师挖空心思，精心制作“松鼠鳜鱼”“金钱虾饼”“象牙鸡条”“葵花斩肉”四道菜，隋炀帝品尝后，赞赏不已。扬州还有将冬菇菜心叫“玉树金钱”，鸡丝鱼卷叫“龙凤相会”，竹笋鸡丝叫“凤入竹林”，海参鸽蛋叫“乌龙戏珠”，鸭掌鸽蛋叫“掌上明珠”，鱿鱼鸡片叫“游龙戏凤”、鸽蛋竹荪汤叫“推纱望月”等，体现诗情画意，寓意饶有口彩。扬州还将珍宝名称借代色彩起菜名，如翡翠烧麦、玛瑙蛋等。扬州炒饭菜名含“扬州”地名，风靡全世界。此菜名中“扬州”除指地域外，更是指精细、传统、美妙的扬州菜肴制作方法。

第二章 沐浴业

扬州沐浴是历史悠久的传统文化、技艺精湛的技艺文化、服务风雅的休闲文化、亲和民众的民俗文化。

扬州沐浴特色技艺分为擦背、修脚、足疗和按摩四个方面，形成的历史悠长，各有诀窍，造诣精深；不仅有技术，还有医术，更有艺术。

2002 年 4 月，成立扬州沐浴业协会，会址设在广陵区广陵路 328 号。协会有 100 多个个人会员和团体会员。协会主要工作为：加强行业规范管理，制定行业服务标准，研究和宣传扬州沐浴文化，从而形成扬州一个文化品牌。

第一节 发展历史

一、古代沐浴

扬州沐浴可追溯至 2200 年前的战国时代。1993 年在扬州城北战国墓发掘出土的、直径 60 厘米的灰陶浴盆，经考证，为扬州先民以盆盛水自由沐浴的器具。汉至唐代，扬州沐浴之风始兴。汉律规定，“吏五日一休沐”。扬州古人把“沐浴而朝，斋戒沐浴以祀上帝”，“以浴为礼，以浴为德”作为一种至美的人生境界。在汉广陵王刘胥陵寝中，主墓室西厢第五进为洗浴间，内设完整无损的双耳铜壶、铜浴盆、擦背用的浮石、木屐、铜灯、圆漆浴凳等全套洗浴设施。宋、元时代，扬州出现公共浴室。宋人吴曾《能改斋漫录》有“浴处挂壶”之说。宋代的公共浴室已有专项服务，苏轼元丰年间六过扬州，曾戏作《如梦令》词：“水垢何曾相受，细看两俱无有。寄语揩背人，尽日劳君挥肘。轻手，轻手，居士本来无垢。”明清时期，浴室行业又有新发展。清代李斗《扬州画舫录》记载，扬州浴室“城内有开明桥之小蓬莱，太平桥之白玉池，缺口门之螺丝结顶，徐凝门之陶堂，广储门之白沙泉，埂子上之小山园，北河下之清缨泉，东关之广陵涛。”其时，浴室设施和服务已经相当完备。“以白石为池，方丈余，间为大小数格：其大者近镬，水热，为大池。次者为中池。小而水不甚热者为娃娃池。贮衣之柜，环而列于厅事者为座厢，在两旁者为站厢。内通小室，谓之暖房。”“茶香酒碧之余，侍者折枝按摩，备及豪侈。”清人石成金在其《传家宝全集》中把浴室洗澡的感受描述为：“剃头、取耳、沐身、修脚，此乃人身四快事。”清人黄鼎铭在《望江南百调》中赞美：“扬州好，沐浴有跟池。扶掖随身人作杖，摩挲遍体客忘疲。香茗沁心脾。”扬州澡堂的名声响遍大江南北。康熙皇帝下扬州，地方官把皇帝洗澡列为接驾项目。

二、现代沐浴

民国年间，扬州公共浴室众多，新城旧城计有浴室 40 多家。民国笔记小说家颂予在《扬州风俗记》中记录民间谚语："早上皮包水，晚间水包皮。"反映出早上吃早茶、晚间洗澡成为扬州人的生活习俗。浴室头牌当属苏唱街的扬州浴室，由实业家袁炳南于民国16年（1927）建设，民国19年开业。按新式要求设计，有两个清汤池，更有一套传统与时尚结合的管理和服务方式，号称"江北第一浴室"。该店在硬件设施、经营范围与服务理念上给传统的扬州沐浴业注入近代文明：首次使用蒸汽锅炉，备置双水泵、双锅炉、双发动机，新添盆汤，设立雅室包厢和电话，并增设女子浴室。老浴室有暖池、凉池、堂口之属。暖池供泡澡，凉池供涤身，堂口供休息。堂口分普通间、雅座，服务有别。搓背、修脚、按摩、推拿是老浴室的服务项目，随叫随到。老浴室的这种格局一直沿袭至今。1956年公私合营时，扬州有浴室20家。"文化大革命"期间，传统沐浴服务被视为腐朽之风而被叫停，时商业系统浴室只剩12家。1989年，老城区有国营商业系统浴室13家。1991年，为缓解市民洗澡难，市财政拨款33万元，低息贷款40万元，支持老浴室更新改造，维修老浴室房宅，更新和添置设备。对专业服务技艺组织培训，由劳动部门考核颁发相应技术等级证书。90年代初，中华泉浴室在市区率先开设脚医室，扬州浴室增设矿泉浴池，淮海浴室增设桑拿浴、矿泉浴、香水浴，各老浴室全面推广捶背、按摩、修脚等服务项目。90年代后期，因城市建设，部分老浴室被拆除，2000年，老城区有国营浴室10家。

2011年广陵区部分老浴室一览表

表17-2-1

浴室名	地址	开业时间	营业面积（平方米）	技师数（人）
双桂泉浴室	仁丰里4号	民国初	516.12	1
扬州浴室	苏唱街23号	民国19年（1930）	990	2
三星浴室	古旗亭街47号	民国初	572.7	1
荷花池浴室	南门外街61号	民国初	577.06	1
小三元浴室	埂子街兴隆桥7号	民国初	348.5	1
永宁泉浴室	三义阁68号	清咸丰六年（1856）	415.25	1
曲江浴室	康复路7-9号	1973	2244.7	1

三、当代沐浴

20世纪末，私营浴室纷纷兴起。1998年起，市区一批新型的民营沐浴企业先后开业。2003年，国营浴室改制转为民营。至2011年，扬州市区有中高档沐浴场所240多家，其中投资过千万元的有10多家，全行业从业人员1.9万人。民营浴室兴起后，改变传统浴室的形制，体量大，装潢豪华，内设雅致包厢、休息厅、娱乐室、健身房，设施齐全，并配以餐饮、酒吧、美容美发、保健按摩、足部护理等服务项目，以适应商务交往、游客休闲等高档需求。新型浴室店名往往冠以浴城、浴都、休闲会所、休闲中心，以别于传统浴室，显示其经营理念。在经营方式上，重视浴种创新，先有芬兰浴、桑拿浴、中药浴，继有奶浴、盐浴、茶浴，突破"一池清水"的传统概念。新型沐浴企业的涌现及其竞争与发展，使扬州沐浴业进入业态创新阶段。足部护理原是浴室服务项目之一。90年代后，足部护理服务从浴室中分化出来，形成一个行业，多以"足疗""脚艺"命名，至2011年，发展到100多家。为了适应市场经济发展形势，扬州商贸主管部门加强对沐浴和足疗行业管理，于2002年4月，在省内乃至全国率先成立沐浴业协会，同时成立扬州沐浴文化研究工作委员会，召开沐浴文化理论研讨会。理论界、沐浴界专业人士就扬州沐浴文化的渊源、内涵、休闲理论，打造扬州沐浴文化品牌，挖掘传承扬州沐浴传统技艺进行广泛研讨，发表论文10多篇，并编辑出版一批书籍。2004年，市沐浴协会主持制定《扬州沐浴服务规范》，并由江苏省质量技术监督局发布，成为江苏省地方标准。扬州沐浴文化在不断传承中发展，在国内外影响极为广泛。省内第一家沐浴行业协会诞生在扬州，国内授予的第一批修脚技师全部在扬州，国内第一代女修脚师诞生在扬州，全国沐浴业第一位全国人大代表陆琴工作在扬州，全国第一部地方沐浴服务规范出自扬州。香港实业家邵逸夫专邀扬州大师赴港献艺；香港董建华、陈方安生和刘德华、郭富城、胡慧中、汪明荃等都领略和赞叹扬州沐浴文化精深，绝技精湛，举世无双。日本朝日新闻电视台专程到扬州拍摄扬州脚艺专题片。不少扬州沐浴业经营者凭借传统的扬州沐浴文化走出扬州，到全国各地经营发展，到世界各地传承发扬光大扬州沐浴文化。

2011年广陵区部分新型浴室一览表

表17-2-2

名 称	地 址	开业时间	营业面积(平方米)	技师人数(人)
浅水湾沐浴广场	四望亭路45号	1998年12月	2500	30
龙飞饭店休闲中心	泰州路107号	2000年3月	5000	50
石广休闲中心	淮海路139号	2001年2月	1500	30
世纪星城市温泉	皮坊街1号	2001年10月	2000	15
皇朝商务休闲会所	文昌中路269号	2003年6月	5000	45

第二节 特色技艺

一、修脚技艺

修脚是扬州沐浴最著名、最精湛的技艺，又称扬州传统修脚术，素有“肉上雕花”美誉。扬州修脚术分修、刮、捏等门类，操刀有捏、逼、卡法。扬州修脚师刀法多样，有锛、断、劈、片、整、挖、起、撕八法。操作讲究出手轻，刀路清晰，使修愈的指甲具有平、圆、光、净、柔等特点，达到无异于精美绝伦工艺品程度，真正体现“中华第一刀”的艺术境界和水平。

刮脚能消除足癣引发的脚趾及趾间等部位奇痒，能清除真菌、霉菌，舒筋活血，去痒止痒。刮脚有上下左右兜圈、扼挖、弯趾等法，刮脚讲究柔、净、透，也就是刮得柔，趾内的皮去得净，要求因脚气轻重而施术，要达到透气、透水、惬意舒适，视脚气轻重施力。

捏脚是用指力、腕力，通过毛巾着力于足趾间、足掌，运用撩、捏、拖、挤、柔、排、抖、推等手法，去除趾间老皮、死皮，清理病菌。捏后浴者舒筋活血，举步轻松，无瘙痒感。捏脚刺激人体颈部以上器官，对其反射区起保健作用。

扬州修脚师可治疗表皮病变（如瘊、疔），深层组织病变（如瘤、骨刺），趾脚部位病变（灰趾甲、嵌甲和畸形），机械性挤压、摩擦而引起的病变（如脚垫、鸡眼），病菌感染（如脚气、疣）5种足病。

二、擦背技艺

擦背是扬州沐浴的主体项目。扬州擦背师给人擦背，被称为是“龙笔绘龙象”艺术。龙笔即擦背师以洁净松软的白毛巾裹于操作之手，裹法分为三包：大包将毛巾铺于掌，环头部用中、食指相夹，适合擦身体阳面上身；小包四指裹巾，以拇指、食指相夹，适合背部力擦；单包将手整个裹于巾内，形成尖端，适合擦细小部位。绘龙象，指擦背师如人体绘画美术师，技艺高超。

擦姿分为两种，坐姿多行于老澡堂，卧姿有仰躺擦背。现代沐浴中心有专用擦背床，躺着擦背，惬意舒服。浴客进入擦背区，师傅一揨眼，就能对宾客皮肤油性或燥性、细或粗的性质，准确定位，心中有数。擦背动作讲究不同部位，不同手法，不同力道，做到“八轻八重八周到”：即阳面重、阴面轻；背部重，腹部轻；背膀重，肢窝轻；四肢重，五官轻；额头重，喉头轻；胸肌重，乳头轻；腿面重，内侧轻；湿气重，无湿气轻。耳后、眼睑、下颌、肚脐、腋窝、股沟、手脚丫处擦得周到。擦背部，师傅由上而下一泻千里，回马枪来个倒卷肱；横擦如拔草分波；擦大腿，顺势重力而下，因腿部汗毛发达，上擦时用轻力，似柳丝拂水；擦咽喉，似蜻蜓点水；擦腹部如行云流水。扬州师傅有一种擦法，叫绵里藏针，以柔抚刚。力大手重都不疼，舒适过瘾，恰到好处。力小时手轻出垢，一股绵和内力从地心拔起，通过脚掌、腰胯、肩臂传流，直达擦背人掌心掌指，透过软和毛巾，源源不断地施于浴客，其作用相当于中医的丹散、厨师的文火。

擦背中有按摩。通过推、拿、拍、捏，为顾客通经活络，减轻劳损。顾客感到浴后擦背，身心不累。

现代沐浴中，扬州擦背师增加许多新的元素。如“盐推”，根据海水洁肤原理，以精制海盐为载体，添加多种利于人体健康的无机盐及中草药成分。擦背时施于浴客身上，用后可清除皮肤表面角质和毛孔中多余油脂与污垢，促进皮肤新陈代谢，使皮肤富有弹性和光泽。还有“牛奶推”“姜推”“海藻推”等，除了润肤消毒，还有身心安抚功能。

三、足疗技艺

扬州沐浴中的足疗也是一种独特艺术。足疗师技术过硬，能做到指位准确，什么部位用什么指顶点，严格区别，恰到好处。指序明确，起始部位，左右先后，内侧外侧，足底足背，均有条不紊。指力正确，遵循“实则泻，虚则补”原则，指力按摩力度适当，因人而异，轻重适宜。

扬州足疗和足底按摩，不仅是技术和医术，更是艺术。足疗师对足底按摩有独特的艺术理念和感觉，把足疗过程当作艺术创作过程。当接触被按摩者双足时，第一步观察肤色，第二步触摸病变反映区，根据不同情况施以不同按压手法，驱散沉积，通过血液循环，由肾脏排出体外，恢复病变器官功能。按摩后的双足，成了可以欣赏的艺术作品。扬州按摩师独特手法，有的称之为“太极法”，共有点、按、揉、推、抹、摇、搓、拿等几十种手法。当浴客感到疼而生畏时，又以轻、缓、匀、静之法，使客人在轻松畅快之中享受足疗之悦。

四、按摩技艺

现代扬州沐浴，按摩成为重要服务项目之一。中式保健按摩更有独特的技艺。整个套路有头面部 13 法、胸部 7 法、腹部 11 法、下肢 14 法、背部 11 法、腰部 10 法、头部 10 法，以及上肢部 14 法，合计 90 法，从多方面、多角度、多层次考虑用力，促使人体百脉调和，感觉舒适。按摩师手型、手势极为丰富，其主要手势用“指”，多种多样。有食指，按巨髎穴活血散风，拇指按前额镇静安神，两手四指，按中府云门，祛痰止咳；四指端，按胸骨，和胃止呕；四指尖，按上腹，健运脾胃；四指侧，按腹部温阳健脾；屈指，按肋开胸顺气；拇指、食指连用，按耳活络止痛。

扬州按摩点、线、面有分有合，在按摩方向、力度上都有讲究。方向上，有从内向外的，有从上而下的，有斜向，有环转，有拿捏等。力度上，有使均匀力，使轻缓力，使柔和力，使弹性力，使重力，使快力等。这些力度全在按摩师准确掌控之中。

第三节　名　店

扬州浴室　位于苏唱街 23 号。档次标准为当时苏北同行之最。大门两侧用汉白玉石为柱，勒文：“特别汽水盆汤，卫生白石池塘。”分男子部、女子部。有厅堂 16 间、大池 4 个、浴盆 33 张、炕位 200 多座。2 台卧式锅炉可供洗澡、取暖和饮用水，池内蒸汽腾腾，可调节水温。堂口之间用抽槽的上等柚木隔断，中有天棚、气窗，既可解决采光，又可通风调温。在多年发展中，人才辈出，先后出现季长富、尹锦成、崔同兴、朱庆华、朱才林、王邦龙、陆琴、周业红等一批修脚高手。

图 17-2-1　扬州浴室

世纪星城市温泉　位于皮坊街 1 号。2001 年开业。营业面积 2000 平方米，技师 15 人。拥有超大空间男女浴区。设有牛奶浴、啤酒浴、人参浴、芦荟浴、瘦身浴、鲜花浴及《本草纲目》中的汉方药浴。浴区精心布置，潮州工夫茶，现场献艺。免费提供茶座、游艺、乒乓球、健身房、儿童乐园；棋牌室提供棋具，互联网任游世界。步入服务区，有影视、美容、推拿服务。设有星级标准房和贵宾房，有农家风情园等。每天有精彩演艺，赏心悦目。

金世纪浴城 位于渡江南路98号。2002年开业。设有宽敞明亮浴区，配有假山游鱼的旋转厅、星级标准的包厢、舒洁亮丽的健身房、豪华璀璨的演艺厅、独具特色的佳肴。

龙飞休闲中心 位于泰州路107号。2000年开业。营业面积5000平方米，技师50人。集沐浴、美食、按摩、美容美发于一体，形成擦背、全套两大特色服务项目。外地旅行社将到龙飞休闲作为扬州旅游的一个项目。浴客进浴区后，信息一站一站往下传递，服务一处一处提前准备，声声呼唤，声声亲情。中央电视台、浙江电视台、江苏电视台、扬州电视台、《解放日报》等新闻媒体先后采访报道。2002年4月，中央电视台大型电视系列片《话说中国扬州》摄制组，拍摄龙飞休闲中心实景。“龙飞休闲”商标在国家工商总局登记注册。服务模式分别被张家港市、西安市沐浴企业引进。

第四节 参赛交流

一、技艺交流

2000年起，先后举办首届“二分明月”沐浴节、“健康海杯”修脚技艺大赛、“鑫泰杯”沐浴技艺精英表演赛、“皇朝杯”足部按摩大赛、“聚浪潮杯”修脚技能大赛等技艺交流活动。2004年起，每年参与举办一次扬州沐浴文化节，多次组织开展和参与市内外沐浴文化交流会及沐浴各工种培训及比赛，并向市外、省外输送沐浴管理、技术人才。

图17-2-2 2004年，扬州沐浴文化节足艺交流活动

图17-2-3 2006年，扬州修脚师应邀访问法国、日本、比利时展示修脚技艺

市沐浴协会制定《扬州沐浴行业行规行约》，建立技能鉴定中心，申报获批国内首批省级修脚技师10人。2004年，《扬州沐浴服务规范》成为江苏省地方标准。2005年，鉴定批准修脚技师11人，并对数百名高、中级修脚师进行技能鉴定。2009年，协会制定的《扬州擦背服务技术标准》，被中国沐浴业专业委员会定为行业标准蓝本。

二、文化传承与宣传

行业与院校合作。1998年，扬州商务高等职业学校首创全国足部保健专业，吸收修脚的传统工艺，进行科学整合，集药疗、理疗、治疗于一体，融推拿、按摩、修脚为一炉，赋予“扬州修脚刀”以崭新内容。历经数年，现已发展成为包含足部护理、足部理疗、足部药疗的系列专业。2002年，陆琴编著出版《脚艺真传》，在足部护理和足疾治疗方面提出独到见解。2002年，扬州沐浴业协会开通中国沐浴网站。2003年，成立扬州三把刀丛书编辑委员会，由作家王资鑫撰稿，出版《扬州三把刀》。2006年，开展授予扬州沐浴行业“扬州师傅”称号活动，首批共授予150名“扬州师傅”，其中不少师傅被外地沐浴企业聘用。2007年，协会组织进行沐浴文化传承人普查，建立扬州沐浴文化传承人谱系档案库。建立扬州沐浴文化数据库，在已有沐浴技艺中专教育基础上筹建大专教育基地。2009年，编制扬州沐浴文化音像资料DVD，建立扬州沐浴文化传承人制度。2008年、2010年，分别举办第二届、第三届沐浴文化研讨会，筹建沐浴技艺本科教育基地，规划建立扬州沐浴历史文化博物馆，举办扬州沐浴技艺名师大赛评选活动。2011年，协会举办国内扬州沐浴技艺名人“回娘家”活动；编辑一批扬州沐浴文化专著。

第五节 沐浴文化

一、崇尚浴礼

古代，扬州人把沐浴作为至上礼仪，信奉“与其澡于水，宁澡于德”（晋·傅玄《澡盆铭》），追求儒礼完美。祭天是中国古代帝王的重大典礼，所以要身洁、心洁。而扬州沐浴之典在腊日（每年的腊月初八）。据《事物纪原》卷八记载，唐开成三年（838）十二月初八，扬州节度使李德裕在开元寺设斋供养五百僧人，斋后“令涌汤浴诸寺从僧”。扬州老浴室双桂泉有勒石楹联：“涤旧垢以澡身，濯清泉而浴德”。扬州人还把沐浴作为待客礼遇。康熙皇帝下扬州，地方官先接风后洗尘。据清代孔尚任（1648—1718）记载：驾转扬州，休沐竟日，“花牵绵缆柳随舟，两岸欢呼父老稠。王母池边逢上巳，天孙机上织扬州。整齐仙杖容重看，飞走龙车恋旧游。闻道行宫修禊事，却因汤沐片时留。”（《湖海集》诗抄十三）至今，扬州人款待来客，常在茶余饭后邀其赴浴室泡澡，以示热忱和尊重。

二、地龙汽圆

扬州沐浴有龙之灵。人称扬州有“四条龙”：东运河、南长江为两条水龙；西双柳、北蜀冈为两条旱龙，两横两竖交叉，形成一个“井”字。传统浴室用井水。扬州井水清冽、纯甜，水质优良。扬州之井传说众多，与龙有关。民间相传：昔沐扬州水，必得福禄寿。扬州水资源丰富，河流纵横，水网密布，扬州沐浴之水称为“龙水”。

扬州沐浴除用龙水，浴池内还深蕴着龙气。龙气也称为“气圆”，即水烫、聚气、池润、迴龙。水烫：靠地锅供热，先供头池，头池上铺设木板方格，以保安全。顺次有二池、三池，由烫到热，再到温，三池贯通。倘受凉感冒，不用吃药打针，坐于头池上蒸熏半刻，辅以烫水拍体，发一身汗，立时痊愈。聚气：浴池顶部呈弧形，蒸汽在穹顶凝成水珠，顺壁下滚，形成一个热气回环的暖空间。整个池内白雾腾腾，水汽氤氲。池润：浴池面、墙壁、地面每一块砖石都有湿有热。迴龙：浴池地下设置多条烟道，有热气余烟流窜于池下，从浴池一端烟囱排出，将整个浴池置于蒸汽之上。池内所铺方砖不渗水、不滑脚、传热保湿，形成上下左右、融融滚滚的立体环流，给人以舒筋活血、通体舒泰的感觉。老澡客常说：“一天不泡澡，吃不香，睡觉不稳。”

扬州现代沐浴中心池下文化更为丰富多彩。有“周身浴”，调节不同水温，对风湿、皮肤等病有特效；“漩涡浴”，激流涌动，浪花飞溅，充分促进全身循环，令人有置身于涡流万顷的浪涛感；“按摩浴”，如纤纤玉指轻轻抓揉；“脉冲浴”，通过真空泵输入空气，水泵排水，类似水疗机，有针对性地抚慰人体脉络；“针刺浴”，有力强猛地刺激人体穴位；“多头浴”，多个喷头按摩头部，促进头部血液循环；“上行浴”，对治疗痔疮富有特效。此外，还有方便舒适的“坐浴”等。

扬州现代沐浴还有一些特殊浴种。如“芬兰浴”，弥漫的蒸汽沁人心脾，有利于散发人体周身毛细血管病毒，对治愈感冒鼻塞、肌肉疲劳有效，一蒸就灵。桑拿浴，木质结构浴房中，设置自动控温系统，电炉上放灰黑色玄武石，泼洒清水后，滋滋冒汽，热浪滚滚，20多种微量元素释放出来，对汗水淋淋的浴者给予喷薄抚慰，对治愈或缓解关节炎、腰腿疼等有奇效。“药蒸”，有5种中药配方，用药物之气熏蒸全身，达到通筋活血、松弛筋骨、强身健体、消除疾病功效。“火玉浴”，浴间墙壁、天花、地板用玉石砌造，浴客进入便可享受由玉石产生的热湿辐射。此浴功效可以通经络和行穴，促进新陈代谢，排除体内毒素，增强人体抵抗能力。

三、足沐融合

扬州高超修脚术重在“功力”。修脚师工作时澄虑定心，意在刀先。手腕具有稳进的推力、左右移动的抹力、上下活动的拱力、进刀抖动的抖力、刀鞘转动的捻力。操刀稳健，上下左右开弓；运刀灵活，刚柔相济、深浅得当，快慢有致、轻重适宜。修脚师的心灵手巧，被称为“神刀”。有浴客赞道：“脚底运宝刀，如琢又如雕，隐痕顿消失，足轻上九霄。”

扬州大大小小沐浴中心，都有足部养生。足浴先泡脚，有四时之分，春天除湿，夏天驱寒，秋天润肺，冬天活络。泡脚有热水加食盐泡，可以清洁皮肤，活血通络，降低肌肉胀感。更多的是中草药足“桑拿”，药物不同，功效不一。陆琴脚艺中心开设中草药泡脚，采用30多种中草药熬制而成，通过足部病理反射区或经穴等部位泡治，所用药物起到调整阴阳、调制气血、调节脏腑、扶正祛邪、疏经通络作用。另外有珍珠泡脚，采用天然珍珠、花瓣，能洗润肌肤、养颜留香。在足浴基础上还创新发展新项目——足疗。足疗亦称足底按摩。人体患病时，足部出现相应部位敏感点，通过手的按摩技巧，刺激这些区域以缓解人体内部紧张状态，调节人体脏腑生理。此法既有效舒适也最安全简便。扬州足底按摩不仅有技术，还有医术，更有艺术。足底按摩首推崔琳独特的揉法，既柔而不靡，柔而沉着，又柔中有刚，刚柔并济。这一太极按摩法，继承传统，特色鲜明，成为扬州当代沐浴文化瑰宝之一。

四、五音和鸣

扬州传统浴室多有捶背师，对浴客经络穴位、肌肉、骨骼实施有效的点按、揉推、捶拍，以解除精神疲劳、肌肉劳损和退化而产生的运动障碍。扬式敲捶按摩法，历经几百年实践，证明对疏通经络、去除酸胀确有功效，受敲者感到轻松爽快。

扬州捶背师操作时，能把浴客带进音乐世界。先从轻微开始，渐而推进加重达至高潮，捶背声如擂响战鼓，紧接着板鼓急起直追，击声亮暗交替，相连无间。捶背师施以重力，但重而不疼，浴客穴位及酸胀处受到既麻又痛的快乐刺激。捶背师变换手法，时而战鼓声转为渔鼓声，典雅悦乐；时而板鼓声转为蛙鼓声，嘎嘎崩脆。捶背师所撒的“点子”，从聚、密、繁、重转为散、疏、简、轻，浴客顿觉轻柔闲适。临近尾声，捶背师捶拳敲掌间游丝掀起余波，以一连串颠捶紧板，创造出一种静极、典雅、轻松的艺术佳境，让浴客产生轻却透力，一股无形的暖流柔柔地直入骨髓的感觉。

扬州捶背师如打击乐手，意气合一，严格控制手与掌控制捶腿敲背的音域宽窄、音量强弱、音色明暗、音乐软硬、音律平仄、音阶高低，使扬派敲捶式按摩不单调、不生硬，始终处于节奏变化之中，从而敲出扬派按摩特有的文化韵味。

扬州现代沐浴中心以抒情为基调，推出中式保健按摩的套路。此套路吸收扬州传统按摩的精华，符合国际流行按摩的规范，形成与国际接轨、具有扬州沐浴内涵的新时尚按摩。按摩师施行手法于经络、穴位时，手法的渗透力可内传脏腑，外达四肢，从而使人体五脏六腑、四肢百骸生理、病理功能得到有效调节，达到有病治病、无病防病、保健长寿、消除疲劳的目的。按摩师对浴客肘部推而滚运，边推边运，边运边滚，边滚边移，称“龙凤呈祥”；宽胸理气，叫“晨笼解罩”；疏通肩、腰、下肢经络，为“顺藤摸瓜”；卧位结束，最后手握空拳，叩打下肢，以“吉庆有余”压阵，一锤定音，给人余音缭绕，无限享受。

扬州沐浴也蕴含各地、各国沐浴按摩文化，有港式、韩式、藏式、蒙式、香妃式、泰式、欧式、非洲式、西班牙式等。

五、情境雅致

浴客一进扬州老浴室，便有步入扬州民俗博物馆感觉。浴客上水之后，一把热毛巾捂上脸，一口元宝茶喝下肚，一条大围巾盖上身，二郎腿晃起来，吞云吐雾之间，漫无边际神侃海聊起来。现今话题虽变，海阔天空阵势未变，亲醇、亲切、亲和气氛未变。插科打诨，热毛巾飞落浴客手上，“噼噼拍拍”敲背声，踢踢踏踏木屐声不停，乡音土戏声声入耳，香烟雾气袅袅盘旋……加之服务员妙语如珠，充满浓郁地方风情的扬州沐浴行话此呼彼和。此场景令浴客物我两忘，如痴如醉。

六、以人为本

服务人员接客待人充满情意。客人进门先招呼，后递热毛巾，再倒一杯香沁的热茶，把客人当主人侍候。客人脱衣，将衣叉到衣桩上，净衣后要为其披上大毛巾下水，遇老弱还要背至池口。池下有擦背工助浴。客人从池中上来，跑堂的立刻迎上，用6条热乎乎、松蓬蓬的热毛巾为其揩水干身。6条热毛巾要在沸水中一次性“整”出，其垫、索、拎、卷、沾、滴、拧、挤，八个动作一气呵成，手脚麻利，娴熟灵巧，非一日之功。客人躺下，跑堂的用一条毛巾为其裹身，两条为其盖腿，接着递巾添茶不断，招呼捶背修脚“小服务”。有人流动提篮小卖，有卖瓜子、花生、芝麻糖的，也有卖脆甜青萝卜的，这些可助浴兴。遇客人在外不顺心，跑堂的还陪着聊天，疏导顺气，视浴客为亲人和家人。客人穿衣蹬鞋，在一片热情的“先生走好”送别声中，满意离店。扬州沐浴服务，能让浴客感受到真、诚、实、细、热。2002 年 5 月 9 日，《人民日报·海外版》的专题报道《特色扬州》，介绍扬州沐浴文化，在“沐浴之后享受一条龙的服务”。这种服务细在卫生上，让社会放心；细在服务上，处处有人接，有人迎；细在诚信上，给客人宽松地选择服务，消费明白见底。赞誉“扬州是消费的城市、休闲的城市、旅游的城市”，羡慕“扬州人活得潇洒”。

七、典雅联语

扬州老浴室在浴池门口常以石刻楹联表达其经营理念和文化特色。西门街宁园浴室楹联“金鸡未唱汤先热，旭日东升客满堂”，北河下清泉浴室楹联“入浴突感全身暖，出门顿生满面春”，三义阁永宁泉浴室楹联“身离曲水精神爽，步上瑶池气象新”，教场浴室楹联“石池春暖人宜浴，水阁冬温客更多”，湾子街双福泉浴室楹联“洁净浴池流涓涧，源渊沧浪泛清波”。至今，不少多年在外的老扬州人回到故乡后也忘不了到老浴室泡泡澡，追忆昔日的感受，体味扬州沐浴文化的博大精深。

第三章　美发美容业

扬州美发美容与沐浴同样历史悠长，在发展历程中，自成一套精湛的美发美容技艺。乾隆皇帝六下扬州，剃发编辫均由扬州理发师负责。扬州理发师独到细腻的手法令龙颜大悦，遂赐扬州剃发刀为“天下一品”。扬州剃发刀便有“御赐一品刀”美誉。举凡扬州美发美容技艺，盖有美发、洗头、修面、造型、按摩之属，又有容颜美妆种种，美发刀法轻柔、精剪细修，美容崇尚完美，表里互益。90 年代初，扬州美容从理发业分化出来，成为独立的新兴行业，并不断创新发展。通过多元技艺传承，扬州美发美容业拥有一批国内外有影响的名师，享誉市内外的名店，形成个性特色的扬州美发美容文化。“扬州理发刀”成为扬州独特的地域品牌，声名远播。2006 年，“扬州理发技艺”成功申报为扬州市非物质文化遗产名录项目。

第一节　美发业历史

一、扬州美发技艺发展分期

（一）汉式时期

考证扬州美发起源，可追溯至 2200 年前的战国时期。在扬州城郊西湖乡胡场战国墓，出土长 5.1 厘米、宽 4.8 厘米铅梳和直径 21.3 厘米云雷纹地连弧纹铜镜可作佐证，当时人们梳理头发只是为了整洁。

西汉时期，统治者将理发作为重要礼仪之一，成为孔孟之道表现于人体的附属产品。在扬州一带发掘的几十座西汉古墓中，出土大量理发器具，有牛角质、铜质的短粗发簪和笄，有木梳、木篦，有贴金彩绘漆器梳妆套奁等，证明西汉时期扬州理发开始逐步向美发演化。

隋唐至宋，扬州美发以繁为美成为追崇。美发师创造出借助竹、木、铁作鬏架，涂以黑漆，裹以假发，以使女子鬓发蓬松如云。《扬州画舫录》称之“义髻”。扬州大户人家都有专职梳头女佣，平常人家也善梳妆盘鬏。女子美发以梳盘为主，有半翻髻、椎髻、峨髻、回鹤髻、望先髻、海螺髻、荷叶髻、布包髻、簪花髻、喜鹊髻、双抓髻、高云髻、三环发、双环发等多种发式。男子发式以“笼发包巾”为主，配以冕、冠、纱帽等附属品，达到美化目的。

至明代，扬州美发技艺从梳理跃升到剪发。城郊西湖平山乡南唐升元二年（938）墓出土的交股铁剪，城北雷塘出土的明嘉靖年间的铁剪，均印证此间扬州美发的兴盛。

（二）旗式时期

至清代，扬州美发技艺自成体系。扬州籍罗姓道士在继承传统的基础上，精心研制剃头、刮脸、洁耳、清眼的器具，创造出通、篦、掏、解、顺等一套养颜整容法。扬州美发形成"精修细剪、操作细腻、刀法轻柔、按摩推拿"的服务风格。清兵入关后，统治当朝命令"留发不留头，留头不留发"，大规模剃发编辫将扬州美发业推上产业道路，扬州剃发编辫被誉为"全国之最"。从城郊汊河乡出土的长 15.5 厘米、宽 3 厘米的铁刀，据考证，明末清初扬州美发已开始用刀具。

（三）近现代时期

辛亥革命后，扬州美发技艺从"剃头编辫"向"美发造型"转变。男子发式出现自然式、平顶式、三七开式、马盖式、飞机式等。女子发式出现了留髢、梳辫、烫发、长发披肩等多种。

新中国成立后，扬州美发技艺注重"意在刀先，随头应变"。通过梳理和吹烫来组合线条，艺术造型。男子发型出现短发、长发、烫发三大类 10 多种。90 年代后，发型更是千变万化，流行穗发式、不对称式、爆炸式、晚宴式等，突出个性化和时代感。

二、行业沿革

明末，扬州已经有比较成熟的理发行业。据王资鑫《扬州三把刀》所述：抗清英雄史可法预感护城败局已定，特地找到小东门桥一理发师，请理发师剪发整容，临难不惊，誓与扬城共存亡。清末，在扬州驼岭巷建立一座罗祖观院，俗称罗祖庙，尊罗道士为发祖，学美发必先拜祖，这是全国至今发现的唯一的理发业的祭祀道观。清代，扬州出现剃头挑子，理发师手里摇着响铃，走街串巷剃头编辫，俗称"削尽边邦"。自此，扬州理发业历经夹包行业、露天设点、搭棚营业、开店经营的发展轨迹。扬州可考的最早的理发店是清光绪十七年（1891）在丁家湾东首开张的昆明理发店。清宣统三年（1911），由剃头名匠周龄章开设的顶鑫剃头店首创男女分项服务，并首开烫发项目，在业界独领风骚。该店于民国 15 年（1926）迁至新胜街，更名为紫罗兰美发厅，后又迁至国庆路。新中国成立后，扬州市区除众多流动剃头摊点外，理发店达到 165 家。改革开放时期，形成以"紫罗兰"为首的一批国有名店，如大华、曙光、和平、芙蓉、新扬等。1989 年，扬州老城区有国营、集体理发店 18 家，属扬州第二服务公司管理。该公司将紫罗兰美发厅作为扬州发型研究开发基地和人才培训基地，业界称之为美发美容业的"黄埔军校"。改革开放以后，个体私营美发美容店蓬勃发展。1988 年 11 月，扬州首家美容企业慧纹美容保健有限公司开业，标志着扬州理发业向美容业发展。1989 年，扬州市区有理发店 200 多家。自 2003 年成立扬州美发美容与摄影协会起，扬州美发美容业实行行业化自律，政府支持，协会服务，企业主体，市场运作，扬州美发美容业进入新的发展阶段。2004 年，商业系统国有、集体理发店进行改制，由新建企业金鼎商贸有限公司收购。至 2011 年，市区美发美容店达千家，从业人员约 1.1 万人。

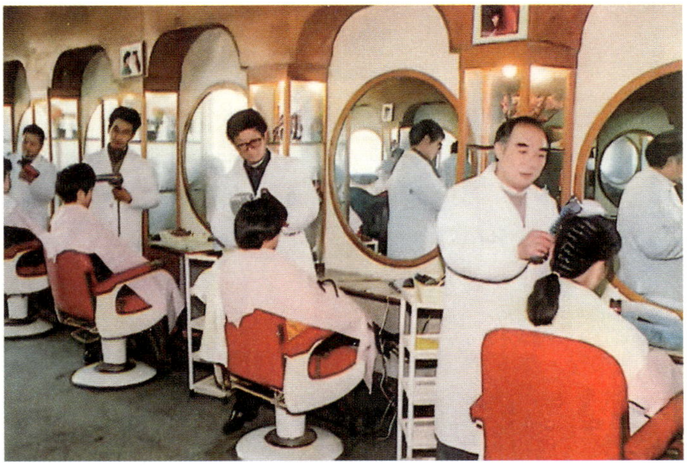

图 17-3-1　紫罗兰美发厅

在行业发展的同时，职业教育也兴起。扬州生活科技学校，设有包括美容美发在内的 20 个专业，该校还与上海曼都美容美发中心合作，其培养的美容美发专业学生直接进入"曼都"实训，并推荐就业。江苏扬州商务高等职业学校，1997 年，开设美容美发专业，把传统的扬州美容美发技艺教学提升到培养学生高雅审美情趣，研究人体形象，美化生活的高度。

三、业态创新

进入 21 世纪，随着市场经济发展，扬州美发美容业经营模式和经营方式发生新变化，出现连锁经营、合伙经营、多种经营等新型业态。

（一）连锁经营

2000年，市区开始连锁经营模式，主要是本土发展起来的天姿、大三、顶酷、星桥、贵夫人、日式等美发店。后又新增外地入驻连锁企业，如永琪、超妍、标榜等。2002年后，部分美容企业也实行连锁经营，主要有侨友、慧纹、超妍、马丽艳娜等。在连锁形式上有直营连锁和加盟连锁两种。直营连锁对企业标识、店容店貌、店堂布局、所用产品、经营管理方式等实行标准化经营管理。本土发展起来的美发美容企业大部分是直营连锁。顶酷和天姿的直营连锁门店最多时都在10家以上，顶酷发展最多时期达到30家。2000～2011年，顶酷、天姿、日式、侨友、慧纹等企业均由单体店发展为有限责任公司。外地入驻企业大部分实行加盟连锁形式。

（二）合伙经营

随着市场化进程不断推进，2005年，美发美容企业在内部经营管理方面突破老板独资经营方式。为挽留技术和管理人员，大多企业采用共同出资合伙经营模式，即老板出资50%左右，其余股份由店长、技术骨干和员工掌控，风险共担，利益共享，一定程度上稳定技术骨干、经营管理人员和员工队伍，促进企业长期稳定发展。

（三）多种经营

为适应市场竞争，守住经营阵地可持续发展，2005年起，不少企业在做好美发美容业务同时，开辟美体服务，增添项目，扩大业务；有的店还销售美发美容产品，一定程度上弥补主营业务不足。还有部分店推行预售卡消费服务，既可预收客户资金用于扩大经营，又达到锁定客户目的。美发美容综合企业经营业绩稳定，而美容业已与美发业平分秋色。

2011年广陵区部分美容美发企业一览表

表17-3-1

企业名称	地址	创立年份	注册资金（万元）	经济类型	营业面积（平方米）	连锁店家数
紫罗兰美发厅	国庆路25号	清宣统三年（1911）	4	民营	300	—
日式美发美容有限公司	淮海路125号	1990	50	私营	1000	5
侨友美容事业发展有限公司	盐阜西路6号	1994	30	私营	3000	4
顶酷美发美容技术有限公司	淮海路100号	1998	50	私营	6000	4
香港超妍美容美发集团南京超妍美容美发中心扬州分店	四望亭路17号	1998	50	私营	2000	4

第二节　特色技艺

一、理发技艺

（一）美发

自古以来，扬州美发就有着非常严格的操作程序和扎实的基本功要求。“虽云毫末技艺，却是顶上功夫”，正是对其至高赞誉。

扬州美发程序通常分五个阶段：准备阶段，热情接待顾客入座，询问顾客要求；修剪阶段，注意调整头发层次和密度；整理定型阶段，洗头，修面，吹风造型；小服务阶段，采用点、按、揉、摩手法进行面部保健，运用推、拿、敲、拍手法进行肩背部按摩保健；征求意见阶段，举镜反照发型让顾客欣赏，询问顾客是否满意。

男子剪发　古代，扬州最重要的特色是刀具刃口的运用手法，如头口刀必须先用于剃头，成为月口刀（二口刀）后才能用于修面剃须。清代后，扬州男子剪发最精华的技艺是描剪的运用。其特点是不同发型选用不同型号剪刀，与木梳相配合，采用悬功，稳运行，精角度，细修剪。底部以色调作基础，中上部以不同层次来决定发式造型，其精细要求做到剪好的发式底部头发层次和色调如同砂子打磨的一样，以示清净。1980 年，鉴真像回扬州“探亲”，扬州美发大师张宝庆奉命为中日两国高僧剃发修面。“大明龛共招提灯，剃刀佛缘扬州人”，扬州美发架起中日文化交流桥梁。男子剪发质量要求必须达到：下脚清爽色调匀，两鬓相称后脸型；层次厚薄皆适宜，四周轮廓型优美。

女子剪发 主要特点是以描剪与木梳相配合，采用平口剪、夹剪、挑剪、滑剪、雕剪、托剪等方法，底部以修剪导线引导定长短，根据发片提拉高度和角度，综合协调各发区不同层次，修剪出符合脸型、头型、体态特征的发型。修剪是发式造型基础，也属衡量美发师基本功和艺术水准的标尺。质量要求必须达到：分层修剪初定型，结构合理角度精；四周长短皆适宜，轮廓得体合造型。

女子烫发 旧时，扬州女子烫发以钳烫为主，即用烫发钳在炭火上加热，用闻热或以裱芯纸测温进行卷发，然后做成各种发型。这种烫发必须控制好温度，是不伤发质的一种物理烫发。女子烫发技艺一直传承至今，但已改炭火加热发钳为恒温电发钳、化学冷烫、陶瓷烫等。

（二）洗头

洗头自古有之，自从有专业美发店后，便成为一项重要的服务内容，也是剪发后造型前的必要程序。洗发分坐洗、躺洗和俯洗 3 种。洗发规范要求为：梳篦头发，疏通头发；涂上洗发液，抓挠轻重适度；温水冲净。质量要求必须达到水温适度，两洗两浇，止痒不疼，冲净香波。

（三）修面

修面是扬州男士美发中源远流长的传统特色项目，素有“七十二刀半”之说。就是运用多种持刀方法，修剃整个面部汗毛，以剃得净、剃得精细著称，最少不得少于“七十二刀半”，最后半刀在鼻梁上收刀。剃得净，要求脸上无胡茬；剃得精细，从额到眉至眼角窝、眼线，从鬓到腮、鼻颊、鼻沟、唇、下巴至耳轮、耳垂、耳窝，无一遗漏。刀在脸上走，或平，或侧，或正，或反，或滚，轻飘飘，似徐风拂面，舒坦坦，似鹅毛撩心，没有扎实的悬功是很难如此精到。扬州修面剃刀的基本刀法有怀里顺刀法、怀外推刀法、拗腕反刀法、斜刺挖刀法、向上挑刀法。在此基础上，还有滚刀法、削刀法等。质量标准必须达到：热水毛巾须捂透，刀法娴熟运用精；刮清剃净面清爽，不破不痛如掸纸。扬派美发传人、紫罗兰理发大师仇庆芳在气球上使用剃刀，被中央电视台誉为绝技。修面结束后的面部按摩也是扬州美发由来已久的特色服务项目。当剃须修面结束后，用热毛巾揩面，涂以富含油脂的护肤品，从睛明穴开始，经攒竹、鱼腰等，最后到翳风穴止。按摩过程中，从一个穴位移向另一个穴位，运用按、摩、揉等手法，经络要按，穴位要点，轻重适当，重而不滞，轻而不浮，环环相扣，一气呵成。时至今日，虽然电动剃须刀风靡于世，但很多顾客仍旧钟情于传统修面方式，因为享受的不仅是清洁面部，更重要的是技艺和服务。

（四）吹风造型

吹风的风速和温度的掌握直接关系到发式造型效果，梳刷使用力度和角度直接关系到头发造型后的弹力度和牢固度。扬州美发师吹风造型基本手法有：构思，依据剪好的基础发式，结合顾客年龄、职业、气质、发质、发量、肤色等进行综合构思，确定所塑发式造型。提发，用木梳配合吹风机对头发进行有弧度的提移，使其根部挺立。拉发，用刷子配合吹风机对头发进行有弧线的拉动，以确定发式的高低定位。压发，用梳子或刷子的背部配合吹风机对头发实施抵压，使发式底部轮廓平服。整发，根据构思要求，进行局部整理，使发型更加完美。质量要求必须达到：发纹明显有弹力，顶部饱满合脸型，轮廓成型显透度，结构合理造型美。

（五）保健按摩

捶背一分钟，十年童子功。资深扬州理发师都具有保健按摩技艺。理发师将板凳两条腿高悬，从敲凳面启蒙练捶功。扬州美发师按摩的部位，主要是头、面、颈、肩、背五个单元；手法与指法主要是点按、揉推、敲捶拍。

点按：用指头、指腹点按穴位。扬州美发高手了解人的经络穴位分布，具有一定的医疗推拿能力。民国年间，扬州发师黄桂龙顶半个医生；陈皋年摇着串铃，为客人美发同时，还兼带治病，这便是“扬州美发师身兼半个大夫”说法的由来。

揉推：以掌根、鱼际推揉经络。扬州美发师针对客人长期肩背肌肉处于疲劳状态特点，以单式或复式手法予以推揉，消除疲劳。最具功力的要数今人王海峰，由美发师直接转行为推拿接骨的名医，在扬州有“活华佗”之美誉。

敲捶拍：以拳、掌敲捶拍骨骼、关节、肌肉，以活血散瘀、祛寒止痛。美发师空心握拳，空掌敲拍，声音清脆悦耳，节奏舒缓得当。美发师郭忠仁是杰出代表。

除此以外，扬州美发还有清眼、洁耳等服务项目，深为民众喜爱。

二、美容技艺

（一）古代美容

古代扬州男子美容主要是修面剃须，而扬州女子美容则开启生物美容和植物美容先河。扬州老城区有“粉妆巷”“胭脂井”等地名，足见扬州美容化妆历史之绵长。古代扬州女子美容化妆基本程序和方法：用蛋清兑水洗脸；扑粉于面部，再用棉线绞去汗毛达到光洁效果；以珍珠粉、藕粉、蜂蜜、蛋清搅拌制成面膜，敷于面部，起到增白护肤效果；用剪、剃、镊的方式修眉；用炭棒描眉；以朱砂粉描唇；以朱砂粉与香粉调和作胭脂；将凤仙花捶烂敷甲，后又通过洁面、上粉底、画眉、画眼影、画眼线、画唇、上色等手法美化容颜。清人王锦云《望江南》词：“扬州忆，杯水弃胭脂。粉炼芙蓉香石髓，花穿茉莉颤铜丝。风露晚妆时。”正是对扬州女子美容后神采飞扬的真实写照。

（二）现代美容

90 年代初，扬州美容从理发业分化出来，成为一个独立的新兴行业，在传承美容技术基础上又有创新发展。扬州美容（生活）技术从单一的护肤做起，后增加纹眼线、纹眉、纹唇，又发展到去斑、去皱等业务。在手工美容护肤基础上，引进现代激光技术和先进设备设施，适应市场消费需求，满足追求时尚、崇尚完美的消费理念。扬州美容业把目标定在整体形象设计高度，具有“诊断、洁肤、蒸面、按摩、护肤、美容”等系列服务程序。诊断主要是通过询问、观察、仪器测试，确诊皮肤类型；洁肤就是使用化妆品去除油脂污垢、存留的化妆品及角质层的死细胞，以达到深层洁肤，促使皮肤正常呼吸分泌；蒸面就是使用蒸汽仪器对皮肤喷蒸，使之毛孔扩张，角质软化，提高皮肤温度，促进血液循环；按摩即采用各种手法指法，对肌肤进行揉捏推拿，以减少皱纹，增加肌肤弹性；护肤则使用具有营养成分的护肤品补充水分油脂，增加营养，或使用药物类护肤品祛斑、祛黄、祛皱，改善皮肤不良状况；最后一道工序是美容，对前面完成的工序进行整理，弥补不足，常用冷冻、激光、敷面、香氛、电疗等技法加以提升。21 世纪后，随着人们生活质量和消费水平的不断提高，美容技艺迅速创新，美容概念不断升级，并与国际接轨，从原来的面部皮肤护理向美体养生发展，倡导由内而外的保养，涵盖减肥、丰胸、瘦身、提臀、体雕、美甲、美足、脱毛、汗蒸沐浴、香薰 SPA、保健按摩等，对经营场所、服务环境、服务设施、服务流程、技能技艺等有更高的要求。扬州知名度较高的美容企业如侨友、慧纹、超妍、瘦狐体雕等，美容经营场所装修豪华，氛围典雅，空气清新，音乐悦耳，设备设施先进，技术力量雄厚。美容业把实用性服务提到精神性服务、心理性安抚层面上，形成扬州特有的美容文化。

三、技艺传承

（一）家族传承

扬州美发随着时间推移和社会发展，传承方式也在逐步演变。初期，主要是单经一脉的家族传承。清末民国初，扬州美发店大都由美发世家掌门，如永兴理发店的石如经、石永林、石玉昌，三代美发；江都理发店的姜正华、姜又华、姜啸虎、姜啸林、姜世清，四代美发；现在美国纽约的扬州美发师魏跃民，其父魏年宝和二哥魏震华在香港开设美发公司，三哥魏永贵年 80 岁仍在九龙从事美发，其堂侄魏耀辉在扬州江都开设美发厅，现已是美发技师。日式美发美容有限公司董事长谢凤华，出生于理发世家，其父亲、叔父、姑父、表兄早年从扬州赴上海在理发行业打拼，传承至今，谢凤华仍然从事美发美容事业。

（二）师徒传承

新中国成立前后，随着扬州美发行业发展，师徒传承上升为主导地位。师傅口传身授，徒弟辛勤感悟，师徒相互切磋，这种传承方式重在技能，枝繁叶茂，培养出一大批声名远播的美发大师，并将扬州美发文化传向全国各地乃至海外。国内美发界“四大名旦”：“美发状元”蔡万江、“沪上飞叉”刘瑞卿、“三剪刀”黄家宝、“美发博士”张学明都是扬州人，均得益于师徒传承。如今，活跃在扬州美发美容行业的不少大师、技师，如仇庆芳、高文国、潘继凌、周宝余、徐长飞等，均为薪火相传，师徒传承。

（三）培训传承

1958年，扬州第一个美发培训班在紫罗兰诞生。自1996年始，天姿、顶酷、大三、日式等规模较大的美发美容企业均先后开设培训基地，员工进店统一培训，技能技艺由师傅传授，理论知识在课堂获取。自此，形成师徒传承与培训传承相结合的方式。1997年，扬州商务高等职业学校、扬州生活科技学校先后开设形象设计大专班、美发美容中专班，将学历培训与技能培训紧密结合，实现传承方式质的飞跃。

（四）交流传承

扬州美容美发师在继承本土传统技艺的同时，汲取新的文学、艺术、科学等素养，接受西方美学理念。张学明动手从事以美容美发为主题的古希腊塑像、雕塑、摄影、绘画、瓷刻创作或研究活动。新一代扬州美容美发师赴境内外接受培训：郭锦凤结业于中国台湾国际美容交流协会、新加坡仙丽国际美容训练学院，毛敏华结业于法国美容美发学院，朱珺结业于中国香港蜜丝佛佗专业美容护肤中心，高建伟结业于中国香港花都美容美发学校……他们通过参学受训，提升自身及扬州传统美容美发技艺水平。而扬州美容美发技艺更远传四方。扬州美发大师潘继凌接受新闻媒体采访时说：“前几年，上海30万美容美发从业人员中60%来自扬州；上海3家国有名店2家掌门人是扬州人。”70年代初流行的“长波浪”发型，40年后又复兴，上海人专程来扬州学习取经。潘继凌多次带领中国美发行业国家队参加亚洲乃至世界美容美发大赛，并获得佳绩。

第三节 名 店

紫罗兰美发厅 开业于清宣统三年（1911），现址国庆路25号。紫罗兰是扬州传统美发企业杰出代表。男式理发以精修细剪、操作细腻、刀法轻柔见长，能根据顾客不同年龄、职业、相貌、身份而变化。女式美发创有直发类、卷发类、束发类计10多种发型。该店集中扬州一批名师，实行挂牌服务，被列为扬州美发业定点培训实习基地。对少数因病或秃顶的男女顾客，可根据不同发质进行植发、补发，并有预约登记服务和上门服务。80年代初，中央电视台对该店进行现场采摄。

贵夫人美发美容院 开业于1987年，现有连锁企业2家。经营面积500平方米。该企业擅长男女传统美发业务，兼营美容业务，是市区开业较早的美发美容企业。

天姿美发美容美体形象设计厅 开业于1988年。至2011年，拥有直营连锁店17家，经营面积8000平方米。其高雅的装修、顶级的设备、一流的技术、规范的服务，赢得业内好评和顾客称赞。该公司美发美容并重，是市区最大的美发美容企业。

慧纹保健美容有限公司 创办于1988年，是扬州市第一家专业美容企业。现有直营连锁店4家，其中1家为整形美容门诊部，直营面积3000平方米。同时创办慧纹化妆品厂，开创扬州市美容企业集生活美容、医疗美容、化妆品生产为一体的先河。

大三美发美容中心 开业于1989年。至2011年，有直营连锁企业4家，经营面积4500平方米。行业龙头企业之一。该企业还涉入足部保健行业，取得良好的社会、经济效益。

日式美发美容有限公司 开业于1990年，位于淮海路125号。现有连锁店5家，经营面积1000平方米。该公司擅长男女美发，兼营美容，并设有自己的培训基地。

侨友美容事业发展有限公司 创办于1994年，位于盐阜西路6号。是扬州市从事专业美容的龙头企业之一。现有直营连锁店4家，经营面积3000平方米。以女士美容为主，兼营男士美容业务。

顶酷美发美容技术有限公司 1998年创建，位于淮海路100号。至2010年，在江苏省已经拥有直营连锁店31家，经营面积1.2万平方米。其中扬州市区16家。是扬州最大的美发美容企业，也是扬州第一家走出本土发展连锁的美发美容企业。2011 年，顶酷公司进行整体改建，仅留直营连锁店 4 家，直营面积 6000 平方米，其余改为加盟店。以美发见长，兼营美容，专业性较强。

第四节　技艺交流

扬州美发美容与摄影协会成立于 2003 年 4 月，会址位于广陵路 328 号。协会下辖美发美容工作委员会，负责对扬州美发美容行业进行指导、协调与服务，组织开展职业技能培训和行业交流，组织制定行业标准，推行全行业健康发展。

2003 年开始，每年组织美发美容大赛、技艺展演等活动，对从事美发美容职业的年轻一代进行培训。多年来，已培养美发高级技师 10 人，技师 40 人，初、中、高级美发美容师近 2000 人。2006 年，评选首批扬州美发美容师傅 130 人，扬州美发（美容）名师、大师 50 人。

制定《扬州市美发美容企业等级评定标准》《扬州市美发服务规范》《扬州市美容服务规范》《扬州市美体养生服务规范》等地方标准，形成行业自律机制。扶持扬州品牌美发美容企业发展，督促美容美发企业诚信经营。目前，扬州拥有 3 家以上连锁店的美发美容企业已达 20 多家。

2002 年，江苏扬州高等商务职业学校编著出版《扬州美发工艺》，作为专用教材。2003 年，王资鑫编著出版《扬州理发刀》，对扬州美发史、美发美容发展技艺、美发美容文化进行系统整理。2006 年，“扬州三把刀”成功申报江苏省非物质文化遗产，“扬州理发技艺”成功申报扬州市非物质文化遗产。2007 年，建立扬州美发美容传统技艺和文化资料档案库。同年，组织上海市扬州籍美发大师回扬寻根。2009 年，组织部分扬派美发大师收徒，编制《扬州美发》DVD，举办扬州美发文化论坛，出版论文集和《扬州美发文化》专刊。2011 年，组织部分美发大师到港澳台地区交流；研究制定扬州美发文化保护长效方案。建立扬州美发美容网站，设有名店名家专栏。现在上海的扬州美发大师黎家信编著出版《形象设计技术》，根据人的相貌特征、个性气质及时代审美取向，阐述形象设计理念、方法、发式、装束等，是一部美容与美发相融合、理论与实践相结合的技术指导专著。

图 17-3-2　2003 年，扬州市举办美发美容大赛

第五节　美发文化

一、形象设计

扬州美发尊重乡情民俗，崇尚礼仪儒雅，服务以人为本，形成“发”现自我——扬州美发文化。作为“销金一锅子”的扬州，富庶的生活必然使老百姓对“塑造美”的美发文化倍加推崇，因而奢侈华糜的消费理念成为扬州美发文化的物质支撑，精致儒雅的生活情趣成为扬州美发文化的精神源泉，刺激扬州美发师向形象设计领域进军。古代扬州男子发式以布巾“髻发”“绾发”为主，清代则统一地剃发编辫。女子以异彩纷呈的长发束髻、长发盘鬏为主。唐代扬州女子的海螺髻、荷叶髻等多种发式，高的、低的、偏的、正的，可谓百花齐放。明清，髻式更趋繁多，仅《扬州画舫录》记载的就有蝴蝶、望月、花篮、罗汉、八面观音、双飞燕、枕松等髻式。从辛亥革命起，扬州男子出现散披式、平顶式、三七开式、马盖式、飞机式等各种发型；女子发式则更为妖娆，创造出直发类（角形式、平直式、纤弧式、风凉式）、卷发类（波浪式、螺旋式、云块式、花瓣式、油条式、菊花

式、葡萄式、S 鬏)、束发类(发髻式、发辫式、扎结式)等具有独特艺术风格的发型,并随着扬州美发师的外出闯荡,流传到全国各地。发型设计根据人的脸型、头型、体态、气质、身份、年龄、职业等,因人而异。又因发质有钢发、绵发、油发、沙发、卷发之别而施刀,如头发多用"站刀",少则用"躺刀"等,非常讲究。中央电视台《运河行》专题片曾专程赴扬州对扬派发艺追根寻源,盛赞扬州"顶上功夫"。

古代扬州女子,不但发型独领风骚,发饰也十分讲究。扬州考古界曾出土大量发饰品,如钗、髻、栉、簪、旒、夹、梳,林书门《邗江三百吟》也列举过包金铜簪、"一丈青"、茉莉颤等头饰。1993 年扬州城区三元路出土的唐代飞天金栉、1958 年船厂工地出土的明代镂空花叶纹金发髻,都是扬州女子头上的装饰品。扬州女子最常见的是随季节戴花。《扬州竹枝词》记载,"傍寺杏花游女摘,春云压鬓簪红药,茉莉花枝插两边,倚门人戴紫玫瑰",足见扬州女子对发饰的重视,此风俗一直延续至解放初期。宋代扬州太守韩琦更是开男子簪花之先河,把扬州美发推上唯美的高度。清代"扬州八怪"之一的黄慎所作《韩魏公簪金带围图》形象反映当时妆扮潮流,现存于扬州博物馆内。

二、行话套语

扬州民风淳厚,为扬州美发文化的形成与发展提供想象空间。如婴儿满月要"落脱发",小儿百日要剃"百岁毛",少女出嫁时要"开脸盘鬏"等。扬州理发业行话大量采用本地方言俚语,成就了一个约定俗成的具有地方性、行业性的专业语区。如:尊称头为"山",剃头叫"揪山";洗头需水叫"汪山";吹风需热叫"烘山";剃光头叫"上山";用手摸寻所存胡须的桩子,故叫"揪老摸";胡须纷乱形同栅栏,故刮胡须叫"勾栅栏子";脸又叫"脸盘子",因而刮脸又叫"勾盘子";耳深似井,因而扒耳垢叫"挖井";关于工具,刀叫"青子",夹刨叫"老夹",剪子叫"长苗子",梳子叫"大划子"等。至今,扬州理发业一些行话仍在全国流传,反映出创业的艰辛和行业文化底蕴。

三、服务特色

坚持顾客至上服务理念。孔子云:"身体发肤,受之父母",意指头发为神圣之物,不可随意待之。扬州美发师深知"头为百阳之会",对头发的尊重就是对人的尊重,自古即以儒家礼仪为行为准则,始终遵循"顾客至上"服务理念,讲究满足不同顾客不同需求。

服务环境洁净幽雅。旧时,扬州理发店大多张挂楹联,如"不教白发催人老,更喜春风满面生""新事业从头做起,旧现象一手推平""虽属毫末技艺,却是顶上功夫""理世间万缕青丝,创人间头等事业"等。顾客一进店门,便能感受到浓郁的文化氛围,不仅享受到美发师高超技艺服务,也可领略到深刻的人生哲理。

服务讲究热诚。当顾客进门,店家就主动接拿衣物并安排就座,然后热情沟通了解顾客需求,细心操作,提供周到服务。对一些特殊顾客,如儿童、老人更是体贴入微,耐心细致。

预约上门服务讲究守信。不管大户人家婚庆寿筵,还是小户人家满月洗三,扬州美发师傅都应约"夹包"上门,负责剃头、梳妆、修面、造型。对重病在身的人上门服务,甚至对已过世的人上门理容毫不嫌弃,一喊就到。这些服务特色首开理发业文明服务之先河。

四、诗情词韵

淮左名都,竹西佳处。无数骚人墨客在讴歌扬州的同时,盛赞扬州美发美容风情的诗词不在少数:如唐温庭筠的"铎语琅琅理双鬟",宋韩琦的"宝髻欹斜犹堕马",明卧林居士的"如云绿发衬斑斓",明袁宏道的"轻妆淡抹浅规眉",清管抡的"艾鬟巧成兰叶髻",清郝璧的"各带迎春花鬓侧",清费轩的"睡态巧梳招顶髻",晚清李涵秋"恰才窗下画双眉,又对菱花理发丝"等,或描绘发式,或赞美妆容,为扬州美发平添许多儒雅和风韵。

第十八篇

财政 税务

要　目

第一章　财　政…………………………… 645

第一节　财政体制………………………… 646

第二节　财政收入………………………… 648

第三节　财政支出………………………… 651

第四节　财政管理与监督………………… 654

第五节　农村小额贷款…………………… 663

第六节　驻区金融网点…………………… 664

第二章　国家税务………………………… 669

第一节　税　制…………………………… 669

第二节　税　种…………………………… 670

第三节　征　管…………………………… 672

第四节　稽　查…………………………… 674

第三章　地方税务………………………… 675

第一节　税　制…………………………… 675

第二节　税　种　………………………… 676

第三节　基金(费)………………………… 678

第四节　征　管…………………………… 680

第五节　稽　查…………………………… 684

广陵建区后，区委、区政府以经济建设为中心，深化改革开放，经济日益繁荣，财力迅速增长。财税体制改革完善，为全区经济社会事业发展注入新的活力。1989年，区财政收入1679.5万元，财政支出1390万元。90年代，区委、区政府坚持以发展区域经济和管理服务城市建设并重的工作思路，加大外引内联，优化产业结构，大力培植税源，实现经济稳步增长。1999年，区财政收入突破亿元关，实现1.05亿元，是1989年财政收入的6.26倍；财政支出7183万元，是1989年财政支出的5.17倍。2002年行政区划调整后，全区财政收入一直保持强劲增长态势。2005年，区财政收入突破10亿元，实现11.06亿元，财政支出2.31亿元。2011年，财政收入实现55.8亿元，财政支出21.38亿元，分别为1989年财政收入与支出的332倍、152.7倍。23年来，区财政管理部门，积极履行职能，当家理财，服务发展，不断加强预算内、外资金管理，统筹兼顾，突出重点，在保证机关、事业单位正常运转的同时，着力保障经济发展，加大对经济建设的正确引导、帮助和推动，认真执行财务制度，改善与加强国有资产管理，对各种专项资金的筹集进行监督，努力实现资产保值、增值和资金运行安全；积极组织实施国库集中收付管理制度改革，强化部门预算管理，实施财会人员业务培训，推动会计集中委派制，努力打造公共服务型政府财政。

1994年，国家实施中央与地方分税制改革，市国税、地税分别在广陵区设国税广陵分局、地税广陵分局。分局征管机关坚持以纳税人为中心，依法履职，自觉为区域经济、社会事业发展大局服务。深入宣传税收政策，实行税政公开，营造依法治税氛围。坚持深入企业调研，从税源管理入手，加强税源风险评估与监控；加强征收服务，改革完善纳税申报制度，推行税务代理制，建立办税服务大厅，实行“一站式”“一窗式”优质服务；严格发票管理，充分发挥票控职能；实行“稽征分离”，强化稽查专业化执法。是年，实现中央地方共享税收3302万元，地方税收1927万元。2003年，全区实现中央税收1.69亿元，地方税收1.27亿元，基金收入65万元。2011年，全区国地税征收合计43.88亿元，比1989年全区税收1618.9万元增长271倍，是1994年税收总额的83.9倍。税收征管机关充分运用税收减免政策，2003～2011年，为全区企业或纳税人依法减免税收2.52亿元，其中国税1.09亿元，地税1.43亿元。

2008年省政府办公厅下发开展农村小额贷款组织试点工作意见后，2009～2011年，广陵区组建农村小额贷款公司3家，区内的金融业市场更加繁荣。2011年，全区共有驻区国有商业银行分行2家，市、区银行及其分支机构118家，保险公司11家，证券公司营业部4家，民间融资公司6家，拍卖、典当行4家，期货经营部2家。

第一章　财　政

1989～2011年，全区逐步建立健全公共财政体制。结合区划调整，率先构建区对乡镇、街道、产业园的财政体制；全面实施以国库单一账户体系为基础、以国库集中收付资金为主要形式的管理制度改革；完善部门预算改革，建立和完善政府采购制度；建成融合部门预算、非税收入、国库集中支付、工资统发、会计核算等财政综合管理平台。

1989年，延续实行市对区“核定收支，基数分成，递增包干”的财政体制。1994年，全面实行分税制财政体制。1996年，开始财政收入单列。2002年和2011两次区划调整后，全区经济社会事业快速发展，区财政收入迅速增长。1989年，全区实现财政收入1679.5万元。1999年突破1亿元，2005年突破10亿元，2007年突破20亿元，2010年突破30亿元，2011年突破50亿元。1996～2011年，区财政收入年均递增30.6%。

2008～2011年，广陵区先后组建农村小额贷款有限公司3家。至2011年，累计投放资金8.96亿元。

第一节 财政体制

一、市对区财政体制

（一）“收入递增包干”财政体制

1989年，区财政延续实行市对区的财政体制，即以1988年参与分成收入为基数，递增率以内的收入，广陵区按63.6%留成，每年环比递增率为6%，超过部分收入，全部留用。收入不足部分，由区用自有财力补足。是年，区财政实现财政收入1679.5万元，预算支出1390万元。

（二）分税制财政体制

1994年国家实施分税制改革后，市对区的财政体制调整为：省对区增值税地方留成25%，超基数部分按20%分成。对新增加的增值税省应分成部分，年终单独结算上解。同时，重新确定区税收返还基数为2010万元，出口退税负担数为30万元；市集中财力为45万元，另按财力的一定比例缴省。1996年起，财政收入单列。

2001年，随着省对市财政体制调整，市对区财政体制调整为基数部分定额上缴，增量部分总额分成，实施规范的转移支付，一定五年。

2002年1月1日起，实施所得税收入分享改革，原地方企业所得税和个人所得税作为共享收入，原中央级企业所得税以及个人储蓄所得税作为中央和省共享收入，中央与地方所得税分享比例，2002年为5∶5，2003年为6∶4。

2002年行政区划调整后，市对区财政体制作出相应调整。区城市建设维护税以2001年为基数定额上交，增收部分不再分成，以解决城管体制调整后，区城管、执法分局和环卫人员的新增支出；房产税实行市、区总额分成，市逐年递减，即2002年市、区5∶5分成，以后每年递减10个百分点；房产税、个私税的调整分成比例新增的财力，专用于解决社区工作经费。

2005年1月，市对区实施以税收属地管理为主要内容的财政管理体制，按属地原则建立市、区统一的收入界定模式，以2004年为基期年，保障区既得财力；增量税收市、区共享，剔除增值税25%后，市集中10%；建立财政增收激励机制，区税收年增长18%以上部分，市从分成财力中返还50%，年增长25%以上部分，市财力全额返还；市集中的增量财力，超市区平均增幅的，作为超收贡献奖全额奖励返区。

2009年1月起，市对区在收入界定、分成办法、转移支付及特定结算事项等方面，明确投资总额5000万元以上的重点建设工程项目税收和市政府作为投资主体的工程项目、由市政府组建的投资公司及其所属公司缴纳的税收，为市级收入；由市、区政府共同组建的投资公司及其所属公司缴纳的税收年终专项结算，按投资比例分成；市行政事业单位中跨区域、具垄断性的公共服务行业税收作为市级收入。以2008年为基期年，核定区财政收入基数和上解基数，执行省分税制财政体制，市对区的收入分成比例由45.5%调减至45%。市对区的分成收入年增长15%～20%部分，市从分成财力返还50%，增长20%以上部分，市从分成财力全额返还；市集中的增量财力，超过市区平均增幅的，作为超收贡献全额奖励返区。特定结算事项上，因企业搬迁对区级财政收入和地方留成影响较大的（单户企业年纳税收入超过1000万元），实行个案审核调整；以2008年区实际分成为基数（含体制调整时核定的补助数），自2009年起，教育费附加收入比2008年增加部分，区分成为20%。是年，区财政实现一般预算收入13.65亿元，预算支付8.38亿元。

二、乡镇、街道、广陵产业园财政体制

（一）“收入递增包干”财政体制

2002年区划调整后，新增汤汪乡、湾头镇。根据市对区的财政体制和“核定收支，以收定支，超收分成，超支不补”的思路，构建区乡镇、街道、产业园财政体制。

乡镇财政体制收入方面。以2002年为基期年，核定乡镇财政收入税收返还基数；从2003年起，乡镇财力增长部分，由区集中20%上交省；对增值税、企业所得税、三资企业所得税、个人所得税的地方留成超过基

数部分，区与乡按6 ：4分成；将营业税、房产税、城市维护税列为区、乡共享收入，超基数部分，区与乡按6 ：4分成；对涉及教育的收费（农村教育费附加、地方教育费附加、人民教育基金等）已划入预算管理部分，区与乡以实收数按7 ：3分成；城镇土地使用税、印花税、车船税等区不再集中；农林特产税因农村税费改革已停征，原分成办法则予取消；契税仍以按乡镇实征数，区与乡按3 ：7分成；对完不成收入基数的乡镇相应扣减财力。

支出方面。根据农村税费改革要求，重新明确乡镇财政支出范围；根据教育体制改革的要求，将原由乡镇财政开支的义务教育经费中教师个人支出（含国标工资、省市津贴、奖金、社会保障经费、住房补贴等）、学校日常公用支出及校舍维修支出，按2002年区统发工资为基数划转区财政统一安排，此后增加的此类支出由区财政统一负担，仍保留乡镇政府对学校建设等方面应负的各项法定义务；财力分成以核定的2002年各乡镇结算分成财力扣除契税分成数和教育体制改革上划数为基数。实行激励机制，对财政收入年增收50万元以上的乡镇实行奖励，对乡镇级领导班子及有关部门给予一次性奖励。

1989年后，区对街道财政实施“统收统支”的管理体制，全区街道办事处日常开支列入区财政预算。2003年，全区成立街道财政所，建立街道财政体制，实行税收奖励与部门预算相结合，即对地税收入进行专项考核，实行税收奖励，人员和日常公用支出以部门预算安排。

2003年，区政府成立广陵产业园，次年，成立广陵产业园财政所。2005年，湾头镇、汤汪乡所辖4个村划入产业园，同时制定产业园财政体制，明确区所得产业园的财力全部返还产业园。

（二）分税制财政体制

2005年，根据市对区财政体制的调整，区建立统一的乡镇、街道、产业园财政体制。原则上与市对区的财政管理体制相衔接，实行按行政区域属地原则为主确定税收收入的管理办法。

收入方面。在市对区收入划分的基础上，各乡镇、街道、产业园收入级次原则上以2004年年底确认的属地纳税户组成；对2004年税收500万元以上（含500万元）的企业暂列区级预算，考虑属地的利益，企业税收的10%列入属地收入基数，并参与财政分成；房地产和建筑企业原则上不列入乡镇、街道、产业园的收入基数。2005年起，外来的建筑安装、房地产企业在区开发的施工项目所缴纳的应缴税收按区实得财力的8%返还；对不可分割和难以确认归属的纳税企业暂列区级。

支出方面。乡镇和产业园原则上以2004年财政体制实得税收分成财力为基本依据。街道办事处以核定的支出作为基数财力，优抚及社会保障经费等，暂按原渠道开支。

超收激励机制。2005年后，乡镇、街道的支出基数与经常性收入挂钩。乡镇经常性收入年增长18%（含18%）以下、18%～25%（含25%）和25%以上的，区财政将按地方财政收入增加百分点的0.6、0.75和0.9三档，调增各乡镇、街道的支出基数，同时列入下一年度的支出基数；对完成年初区下达的地方财政收入增幅的，给予一定奖励。

2010年，根据市对区财政体制的调整，区对乡镇、街道和产业园财政体制，财政收入划分调整为2009年纳税额2000万元以上（含2000万元）的企业上划为区级收入，此后年度新增纳税2000万元以上的企业（含2000万元）归属乡镇；房地产和建安企业税收（含外地在扬驻区企业）原则上按项目地统计，财力单独结算；产业园范围内所有的税收，含建安房地产企业、外地在扬建安企业、契税和耕地占用税等。财政收入分成，以2009年为基期年，核定各乡镇财政收入基数和财力基数；对一般预算收入中的税收收入超基数的增量部分，区与乡镇、街道按6 ：4分成；产业园仍实行“封闭运行”，区不参与分成；执行省分税制财政体制，增值税25%的增量省集中50%，国有土地增值税、城镇土地使用税、房产税3税种的增量省集中30%，企业所得税40%的增量省集中20%；执行市对区财政体制，对一般预算收入中的税收收入超基数的增量部分，市分成57%，以上均按区与乡分成比例分级负担；建安企业和房地产税收分成（含外地在扬驻区企业），按施工项目和房地产开发所在地给予所在乡镇、街道，区实得财力10%的分成。

第二节 财政收入

一、税收收入

税收收入是财政收入的主要来源。1988年后，税收收入主要是工商税收类（主要有产品税、增值税、营业税、个人所得税、个人调节税、城市维护建设税、其他工商税、资源税、印花税、城镇土地使用税、固定资产投资方向调节税、建筑税等）和农牧业税类（主要有农业税、耕地占用税、契税和农林特产税）。

1994年，实施分税制财政体制，国家税制改革，建立以增值税为主体，辅之以消费税、营业税的新流转税体系。税收收入分为中央收入、中央和地方共享收入以及地方收入三大类。1995年，实行分税制，完善区级财政体制，建立区级金库。1996年，区财政收入单列，为7304万元。2005年，市对区实行新一轮财政体制，当年财政收入达11.06亿元，是1996年的15倍。是年，全区实行农村税费改革试点，取消农业税和农林特产税，保留耕地占用税和契税。2011年11月，全市调整区划，广陵区划入5个镇。全区当年实现财政总收入为58.7亿元，其中预算内55.8亿元，非税收入2.9亿元。

（一）中央收入

消费税收入 1994年分税制后，消费税上划为中央级收入，统计在财政总收入中，不计入地方一般预算收入。1996年，全区消费税为61万元。2011年为4514万元，是1996年的74倍。

（二）中央与地方共享收入

增值税收入 1994年分税制后，增值税为中央与地方共享（即中央75%，地方25%）。在工商各税收入中占主导地位，收入规模居各税之首。2004年前，增值税出口退税由中央财政负担，2004年1月起，建立中央和地方共同负担出口退税新机制，当年全区累计退增值税1.27亿元。2005年、2009年，市财政两次调整市对区财政体制，以2004年出口退税数为基数，到2008年，超基数部分区承担6%。2009年起，超基数部分区承担3.75%，年终结算结清，不再直接冲减增值税收入。

1996～2011年广陵区财政收入及地方工商各税与增值税税收情况统计表

表18-1-1

年度	财政收入（万元）	地方工商各税收入（万元）	其中：增值税（万元）	增值税占财政收入（%）	增值税占工商各税（%）
1996	7304	7190	4455	60.99	61.96
1997	8174	8082	5049	61.77	62.47
1998	9000	8698	5506	61.18	63.31
1999	10511	10298	5336	50.77	51.82
2000	12193	11938	6706	54.99	56.17
2001	16749	16417	10456	62.42	64.24
2002	25155	24488	16308	64.83	66.66
2003	30934	30151	19508	63.06	64.7
2004	40495	38967	23629	58.35	60.64
2005	110594	104533	58800	53.17	56.25
2006	145118	132620	68704	47.34	51.81
2007	200203	168509	82333	41.07	48.86
2008	252372	200100	92080	36.49	46.02
2009	265309	192303	80892	30.49	46.06

续表 18-1-1

年度	财政收入（万元）	地方工商各税收入（万元）	其中：增值税（万元）	增值税占财政收入（%）	增值税占工商各税（%）
2010	335248	236489	82395	24.58	34.84
2011	557960	438827	177577	31.83	40.47
合计	2027319	1629610	739734	36.49	45.39

所得税收入 2002年前，全区企业所得税和个人所得税的规模较小，随着经济发展和个人收入水平的提高，企业所得税和个人所得税快速增长。2005年，企业所得税收入1.52亿元，2011年，8.33亿元，是2005年的 5.48倍；2005年，个人所得税5793万元，2011年，1.85亿元，是2005年的3.19倍。2002年，国家实施所得税分享体制改革，当年中央财政与地方财政5：5分成。2003年起，中央与地方6：4分成，一直执行至2011年。

（三）地方收入

营业税收入 营业税为地方财政收入的主要税种之一。国家取消福利分房政策后，销售不动产营业税成为营业税的主要构成。1994年，全市开征营业税。1995年，完善区级财政体制。1996年，建立区级金库。1996～2011年，全区营业税收入占区财政一般预算收入22.14%～43.45%。

1996～2011年广陵区营业税税收统计表

表 18-1-2

年度	地方财政一般预算收入（万元）	营业税（万元）	营业税占地方财政一般预算收入比例（%）
1996	4221	1834	43.45
1997	4747	2016	42.47
1998	5570	2094	37.59
1999	6453	2325	36.03
2000	7688	2719	35.37
2001	9489	2892	30.48
2002	10972	3113	28.37
2003	13954	4909	35.18
2004	19251	6267	32.55
2005	52978	17610	33.24
2006	67914	22607	33.29
2007	91792	25476	27.75
2008	117668	26103	22.18
2009	136529	36688	26.87
2010	182527	48063	26.33
2011	287807	63709	22.14
合计	1019560	268425	26.33

说明：一般预算收入的概念从1994年开始。2011年，营业税含新划入的5个镇

耕地占用税和契税收入 耕地占用税和契税，与农业税、农林特产税统称为“农业四税”。2002年前，广

陵区无此类收入。2002 年区划调整后，当年农业税收入为 119 万元。2004 年，全区农业税税率由 7%统一下调为 4%，当年农业税收入比 2003 年下降 48.6%。当时没有专门的征收机构，由区房产等部门工作人员兼职征收。2004 年，全区成立契税征收管理所，对契税实行财政自主征收。2005 年，全市实行全额免征农业税和农林特产税。2006 年，国家取消农业税和农林特产税，保留耕地占用税和契税。2010 年，按国家规定两税划转，耕地占用税和契税的征管职能由财政部门全部划转到地税部门征收。2002 ～ 2011 年，全区征收耕地占用税 1.92 亿元，契税 2.87 亿元。

2002 ～ 2011 年广陵区耕地占用税和契税收入情况统计表

表 18-1-3　　单位：万元

年 度	耕地占用税	契税
2002	178	10
2003	401	72
2004	842	272
2005	380	1848
2006	1547	2538
2007	1017	3355
2008	1227	1650
2009	2291	4243
2010	4019	7584
2011	7319	7123
合 计	19221	28695

二、基金收入

1998 年 1 月起，开征政府性基金。2000 年，将土地有偿使用金收入纳入预算管理。2002 年前，区政府性基金收入由市征管。

基金收入主要是政府性基金收入和社会保险基金收入。2002 ～ 2011 年，广陵区政府性基金收入 7688 万元，年平均 768.8 万元，最少的 2003 年 42 万元，最多的 2005 年 1500 万元。全区社会保险基金大部分在市级统筹，区级统筹的主要是区机关事业养老保险和失业保险等。2002 年起，区基金征收单独入库，并将机关事业养老保险基金全额纳入预算管理。随着国家社会保险标准的提高，全区社会保障基金收入规模逐年增大。2002 年，社会保险基金收入 29 万元，2011 年，5.36 亿元。

2002 ～ 2011 年广陵区基金收入情况统计表

表 18-1-4　　单位：万元

年 度	政府性基金收入	社会保险基金收入
2002	100	29
2003	42	23
2004	500	210
2005	1500	1655
2006	1000	7640
2007	1300	18284

续表 18-1-4

年 度	政府性基金收入	社会保险基金收入
2008	891	24700
2009	841	35546
2010	874	45136
2011	640	53583
合计	7688	186806

第三节 财政支出

一、一般预算支出

(一)政府收支分类改革前的预算支出

区财政支出主要按照保工资、保运转、保稳定、促发展的序列进行安排，分为七大类，即经济建设类、农业类、科教文卫事业类、社会保障类、公共管理类、基金预算类和其他支出类。1989～2006年，广陵区一般预算支出为16.08亿元，其中科教文卫事业费支出在各类支出中居首位，占总支出的42.34%；经济建设费支出占10.33%，公共管理支出占29.24%；社会保障支出占7.85%；农业支出占1.58%；其他支出占8.66%。

1989～2006年广陵区一般预算支出分类统计表

表 18-1-5 单位：万元

年 度	经济建设	科教文卫	社会保障	公共管理	农业	其他支出	合计
1989	179	662	148	346	—	55	1390
1990	239	759	209	419	—	75	1701
1991	184	793	165	453	—	117	1712
1992	187	919	220	626	—	106	2058
1993	382	1458	319	882	—	296	3337
1994	370	2047	370	1072	—	140	3999
1995	471	2247	453	1209	—	290	4670
1996	518	2356	486	1348	—	287	4995
1997	513	2616	514	1537	—	208	5388
1998	551	3036	593	1731	—	481	6392
1999	567	3531	624	1928	—	533	7183
2000	543	4090	689	2217	—	745	8284
2001	414	4940	736	2645	—	922	9657
2002	964	5628	923	3529	145	1092	12281
2003	1481	5938	861	4407	313	1221	14221
2004	1727	7728	1234	6175	440	2025	19329
2005	3111	8618	1779	7352	693	1500	23053
2006	4220	10734	2301	9145	946	3832	31178
合计	16621	68100	12624	47021	2537	13925	160828

经济建设支出 经济建设支出主要包括基本建设支出、企业挖潜改造资金、科技三项费用以及城市维护费。1989～2006年，共支出1.66亿元。

基本建设支出。由1989年的5万元上升到2006年的2563万元。区财政安排国有单位基本建设投资9084万元，占区财政支出的5.64%。以基础设施工程建设和文化教育卫生等社会事业项目为重点，拓宽教育投入的渠道，支持法院搬迁、检察院基建、公安大楼、中小学校舍、垃圾中转场以及广陵产业园等基础设施项目建设。

企业挖潜改造支出。坚持保证重点、统筹兼顾，每年安排一定数量的挖潜改造资金，用于企业技术改造和扩大再生产。共安排企业挖潜改造资金960万元，占区财政支出的0.60%。

科技三项费用支出。主要用于企业新产品试制费、中间试验费、重要科学研究补助等方面，列入预算安排。共安排科技三项费用1270万元，占地方财政支出的0.79%。1989年，区财政在科技三项费用上的投入仅8万元。2006年，投入231万元，增长近30倍。

城市维护费支出。区财政投入城市维护费5307万元，用于维护城市公用事业、市政设施等。1989年后，逐年增加专项资金投入。2006年，城市维护费支出1191万元，是1989年的8.2倍。

农业支出 农业支出主要包括农业支出、林业支出、水利和气象支出。2002年区划调整后，广陵区开始形成农业支出。2002～2006年，区财政将“村村通工程”“碧水工程”等实事作为重点，改善农民生产、生活、交通和水环境条件，五年投入2537万元，占同期区财政支出的1.57%。在支农资金的管理上，实施“明确重点、集中投入、综合治理、建设一片、成效一片”的管理模式。2002年，区财政农业支出145万元，2006年，946万元，比2002年增长近6倍。

科教文卫等事业费支出 科教文卫事业费支出主要包括工业交通、商贸流通、文体广播、教育、卫生、财政、税务、统计等部门的事业费。1989～2006年，全区科教文卫事业费支出逐年增长，1989年为662万元，2006年1.07亿元，比1989年增长16.2倍。科教文卫事业费投入量最多，所占比重最大，为全区财政支出之首。1989～2006年，区财政投入科教文卫事业费6.81亿元。其中，教育事业费4.54亿元，占66.67%；文体广播事业费2792万元，占4.10%；卫生事业费1.3亿元，占19.08%；其他6908万元，占10.15%。

社会保障支出 社会保障支出主要包括抚恤、社会福利救济费、社会保障补助、行政事业离退休经费类等项支出。1989～2006年，全区社会保障支出1.26亿元，占同期财政支出的7.85%。其中1989年，抚恤救济费为53万元，2006年为1773万元，增长32.45倍。1998年起，社会保障补助支出单列。至2006年，区社会保障补助共支出960万元，占同期财政支出的0.60%。1989～2006年，行政事业离退休经费共4707万元，占同期财政支出的2.93%。

公共管理支出 公共管理支出主要包括行政管理、公检法司、国防及其他行政支出。1989年后，国家多次进行工资调整，加之物价上涨等因素，公共管理支出占地方财政一般预算支出比重逐年上升。1989年为24.89%，2006年上升至29.33%。行政管理费支出、工资支出的主要部分，包括津贴、奖金、社会保障缴费等。1989～2006年，广陵区公检法司经费支出共1.18亿元，占同期公共管理支出的25.13%。

（二）政府收支分类改革后的预算支出

2007年，实施政府收支分类改革。按政府职能和活动设置，财政支出分为一般公共服务、公共安全、教育、科学技术、文化体育与传媒、社会保障和就业等17类。2007～2011年，全区一般预算支出为45.59亿元。其中城乡社区事务支出增速较快，占总支出的42.50%，主要用于区划调整后，城建项目投入和推进；一般公共服务支出占17.72%，用于区划调整后人员及机关运转等行政管理；教育支出占15.63%，主要用于城乡义务教育债务化解、教育现代化建设以及落实义务教育学校绩效工资政策等教育事业费投入；社会保障和就业支出占5.12%，用于完善低保标准自然增长机制，实行城乡低保一体化，以及社区建设等民政项目资金；公共安全支出占4.65%，主要是“两房”（检察办案用房、技术用房）、“两庭”（人民法庭、审判庭）建设等公检法司支出；商业服务业等事务支出占3.09%，用于落实保增长促内需，贯彻“家电下乡、家电以旧换新”等中央各项惠民政策；医疗卫生支出占2.92%，用于实施社区公共卫生药品零差价改革，推行国家基本药物制度，落实新农合以及基本公共卫生政策;农林水事务支出占2.13%,用于村级组织运转以及农业保险、农桥建设、农业综合开发等涉农专项资金;科学技术支出占1.92%,用于向上争取专项资金,引导经济结构优化调整,加大科技创新、人才引进和创业投入,促进企业自主创新;其他各项支出占2.64%,用于环境保护、文化体育与传媒、国土资源、气象、资源勘探、电力信息、金融监管等事务支出。

2007～2011年广陵区一般预算支出分类统计表

表18-1-6　　　　单位:万元

预算科目	2007年	2008年	2009年	2010年	2011年	合计
一般公共服务	11675	14425	16563	16706	21406	80775
国　防	100	147	195	175	234	851
公共安全	2959	4018	4623	4680	4929	21209
教　育	9588	10358	11928	18646	20761	71281
科学技术	445	954	1358	2523	3477	8757
文化体育与传媒	229	304	313	410	481	1737
社会保障和就业	2961	3831	5023	5226	6314	23355
医疗卫生	1464	2171	2537	3335	3792	13299
环境保护	281	321	505	579	618	2304
城乡社区事务	8810	26108	34180	53684	70984	193766
农林水事务	1235	1424	1678	2365	2990	9692
资源勘探电力信息等事务	—	—	686	1092	266	2044
商业服务业等事务	907	662	1560	4873	6084	14086
金融监管等事务支出	—	—	—	—	111	111
国土资源气象等事务	—	—	—	145	453	598
粮油物资管理事务	—	—	—	—	3	3
其他支出	1820	6151	2692	901	482	12046
合计	42474	70874	83841	115340	143385	455914

说明:2011年支出数未含新5镇

二、基金预算支出

(一)政府收支分类改革前的基金支出

1997年开始,基金支出列在收支决算中反映。基金预算支出按行业分为工业发展基金、交通建设基金、教育事业基金、城市建设基金等。由于区内大部分基金征管权限在市级,区级的基金收支规模较小,总量偏少。1997～2006年,全区基金支出总额8129万元。随着产业园区建设发展,2002年起,土地有偿使用支出数额逐年增大,基金支出的总额也大幅度增加。2004年,土地有偿使用支出10万元。2006年,土地有偿使用支出6708万元。2006年,基金支出总额为1997年的36.1倍。

1997 ～ 2006 年部分年度广陵区基金支出统计表

表 18-1-7　　　　单位：万元

年 度	文教部门基金支出	农业部门基金支出	土地有偿使用支出	其他部门基金支出	合计
1997	188	—	—	—	188
2002	—	15	—	—	15
2004	—	3	10	—	13
2005	—	13	1056	60	1129
2006	—	76	6708	—	6784
合计	188	107	7774	60	8129

说明：1998 ～ 2001 年和 2003 年，表列基金支出为 0

（二）政府收支分类改革后的基金支出

2007 年全面实施政府收支分类改革后，基金预算收入主要包括国有土地使用权出让金、新增建设用地土地有偿使用费、农业土地开发资金（以上三项简称土地出让金），土地教育附加和地方教育基金、文化事业建设费、残疾人就业保障金、育林基金、地方水利建设基金、公路客货运附加费等。与此相对应，基金预算支出按科目重新分为一般公共服务、教育、文化体育与传媒、城乡社区事务、农林水事务等八大类。本着“先收后支”的原则，核实支出预算及基金入库的进度，专款专用。2007 ～ 2011 年，全区基金支出总额为 17.13 亿元。其中城乡社区事务支出较大，占总支出的 99.13%，主要为土地出让金支出。2011 年，基金支出为 2007 年的 2.98 倍。

2007 ～ 2011 年广陵区基金支出统计表

表 18-1-8　　　　单位：万元

预算科目	2007 年	2008 年	2009 年	2010 年	2011 年	合计
一般公共服务	—	7	39	—	—	46
教育	25	230	720	—	190	1165
文化体育与传媒	15	8	25	14	10	72
社会保障与就业	3	—	7	—	11	21
城乡社区事务	17162	23545	34340	43700	51053	169800
农林水事务	—	3	—	—	68	71
商业服务业等事务	19	—	—	48	—	67
其他支出	—	—	—	25	15	40
合计	17224	23793	35131	43787	51347	171282

第四节　财政管理与监督

一、预（决）算管理

（一）预算编制

1989 ～ 2011 年，区财政预算编制坚持以区国民经济和社会发展计划为依据，统筹安排，综合平衡，合理分配财政资金，提高预算质量。1989 ～ 2002 年，实行“基数加增长”的编制方法，即每年支出预算在上一年基数上，加当年新增因素，确定全年支出预算。2003 ～ 2011 年，实施“制度预算、零基预算、综合预算、绩效预算”，促进财政供给水平均等化，增强部门预算约束力。通过部门预算编制工作的渐进改革，全区确立部门预算管理基本框架，规范部门预算编制制度，初步建立预算编制、执行和监督相分离的运行机制，增强预算管理的公开性、公正性和透明性。

区级部门预算编制主要分收入预算、基本支出预算和项目预算编制三部分。

收入预算编制　按照“综合预算”的要求编制，包括财政预算拨款、基金收入、非税收入、事业收入、经营收入和其他各项收入。非税征收计划按照“实事求是、积极稳妥、依法征收、应收尽收”要求，原则上不低于5%的幅度增长。可用收入的预算编制，应遵循先专户管理非税资金、预算管理非税资金、再申请财政资金的顺序。非税收入首先确保津贴补贴发放所需资金，其次安排好政府统筹资金和保障基本支出，若有结余再安排项目经费。

基本支出预算编制　按照零基预算法编制，包括人员支出、公用支出以及对个人和家庭补助支出。人员经费预算按照机构编制主管部门批准的实有人员现有工资（不含事业人员奖励性绩效）、津贴补贴、住房补贴、医保等进行编制。人员经费平时不作调整，年终根据财政统发和基础数据库一次性调整。公用经费根据单位现有的公共资源情况和业务工作性质，按照财政部门核定的公用经费单项定额标准和调整系数测算、编制。对个人和家庭的补助支出按有关规定和标准，结合实际情况测算、编制。

项目预算编制　根据区级行政事业单位项目支出预算管理规定，结合项目的轻重缓急和排序编制。健全、完善项目库建设，按区级部门（单位）职能和任务，全面清理规范单位发展项目，严格界定一次性和常年项目。锁定常年项目，年度间强制滚动，无特殊情况其名称、金额、用途一律不变。常年项目经费，除因标准提高等政策性因素外原则上实行“零增长”。属于弥补公用经费不足的项目不再保留，任务已完成的一次或阶段性专项业务费，坚决取消。相对集中目标、用途相同或相近的项目，特别是人才、科技、教育、“三农”等重点支持方向、支持领域、支持范围的项目，区财政局会同相关各部门在第一次上报时提出整合方案和具体项目。专项资金坚持专款专用，严格控制工作经费；属于政府采购目录范围内的，原则上由政府采购中心统一组织采购。

（二）预算执行

1989～2011年，区财政部门通过增收节支，缓解财政收支矛盾，克服财政运行中遇到的各种突出问题，除2008年受国际金融危机影响当年负结余外，历年财政收支基本实现平衡，预算执行良好。

非税收入预算执行　严格管理非税资金，实行“票款分离”和收支两条线管理。部门对照省、市关于行政事业性收费项目目录，清理所有收费项目，按规定科目和级次及时足额缴入国库。同时，建立奖励机制和问责机制，对超收部门，可按比例奖励征收单位用于补充部门业务费，未完成非税收入序时进度或非税收入短收的，同比例扣减拨款计划或支出预算。

预算调整　财政预算一经确定，部门的财政拨款（补助）收入和预算外收入原则上不作调整。因国家政策调整引起收支变化以及突发性事件、大幅度减收增支政策出台和预算外收入超收按比例核拨奖励等动用预备费，确需追加预算的，由财政部门审核后报区政府审批，并按批复的预算严格执行。部门有指定用途并需要单独报账的专项资金收支预算的调整，由部门提出调整意见，经区财政部门审核报区政府批准后办理预算调整。

预算拨付　区财政部门按照国库集中支付的要求，实行预算内及非税资金集中统一管理，妥善调度资金，按预算、序时进度拨款，严禁超指标、无预算拨款；对有非税收入的行政事业单位，坚持先收后支、超收奖励、短收少支的原则，预算批复到各单位后，原则上不予调整。

预算执行监督　区财政部门内部机构设置实行预算编制、执行、监督职能的相对分离，各个环节相互配合、制约，负责部门预算执行日常管理工作；依据《中华人民共和国会计法》（以下简称《会计法》），切实加强对部门预算执行的监督、检查工作。对部门在预算管理中违反规定的，坚决依法处理。

部门预备费　部门预算安排和执行过程中不可预见事项的支出需要以及零星增资，按核定日常公用经费的15%～30%计提。未经区财政部门批准，单位一律不得自行使用部门预备费。

（三）财政决算

财政决算反映和考核各部门单位预算执行的结果，为编制下一年度各预算单位的概算提供依据，并为以后年度的预算设计、预算执行、平衡收支和进行预算监督提供宝贵资料。

财政决算的内容主要有年度财政基本情况、财政收入支出平衡情况。

二、非税收入与非税支出管理

1989年前，对预算外资金实行“专户储存、计划管理、财政审批、银行监督”的管理办法。在银行分设预算外资金计息与不计息的“财政专户”和“支出专用账户”进行管理。1989年制定《扬州市广陵区行政事业性非商业收费凭证管理办法》，加强对收入项目和收入标准的管理。

1991年，制定《关于行政事业预算外资金管理暂行办法》，实行“收支两条线”的管理办法。即收入管理采取“财政专户储存”资金所有权不变，使用权不变，组织渠道不变，存款利率不变的原则；支出管理采取加强银行开户的管理。在清理账户的基础上，行政事业单位在银行开设收支账户，单位收入账户用来组织收入，只进不出，支出账户只出不进。两个账户由区财政部门根据单位每月的用款计划从收入账户划拨款到单位支出账户使用。预算外收入按规定交纳国家预算调节基金，调节基金比例为10%。行政事业收费项目和费率，由区物价局、财政局共同审定，区物价部门发放收费许可证，区财政部门负责发放、管理专用收费票据。

1993年，为巩固加强预算外资金管理的成果，压缩预算外支出，对全区预算外单位收支情况进行年检。根据上级文件，清理取消行政事业性收费项目10个。

1994年，贯彻执行《江苏省行政事业性收费（非收费）票据管理暂行办法》，加强行政事业性收费票据管理，保障合法收费，制止乱收费行为。

1995年，行政事业性收费一律使用套印“江苏省财政厅监制章”的收据，并采用以旧换新办法加强收费票据的管理。预算外资金收入全部进入专户储存账户。

1998年，遵循预算外资金管理还权于财政，还所有权于政府的原则，制定《广陵区预算外资金管理实施办法》《关于规范行政事业单位社会团体银行账户管理的通知》《关于预算外资金管理有关账务处理的通知》《关于在加强预算外资金管理工作中强化监督、严明纪律的规定》等配套文件。明确预算外资金是政府性资金，提出“全面清理、健全制度、管理有序、规范操作”的管理原则。全区有42家单位进入预算外资金专户管理，清理账户207个，其中撤销110个，保留银行账户97个。通过实行“收支两条线”管理，预算外资金的管理基本实现规范化。

2001年，深化预算外资金管理，推行预算外资金收缴分离、收支两条线的管理，以达到三个目标，即预算外资金上缴财政专户百分之百，建立并执行预算外收支预决算制度，实行“票款分离”。规范部门收费行为，理顺分配关系，完善公共财政管理，政府宏观调控职能得到加强。建立财政结算中心。实行“单位开票、银行收款、财政管理”的收缴分离管理办法。制定《清理整顿行政事业单位和社会团体银行账户的实施意见》，撤销账户20个，归并账户12个。制定《广陵区预算外资金票款分离办法实施细则》，开发“票款分离”管理的电脑软件，实行计算机管理和会计“电算化”，建立综合财政预算，对单位预算内外资金统一实行预算管理。

图18-1-1　2007年5月，广陵区召开非税收入管理制度改革和行政事业单位资产清查专题会议

2000～2005年，按照国务院关于预算外资金结余可由政府统筹的规定，从预算外资金中筹集资金60万元，用于区属企业下岗职工解困。

针对农村税费改革后乡镇预算外资金管理的变化，及时调整乡镇预算外资金管理政策，全面推行“集中核算，零户管理”办法，提高乡镇预算外资金管理水平。2004年，推行部门预算，综合财政预算和预算外资金收支计划等管理办法被部门预算代替，大收大支的财政体系逐步建立。预算外资金收支计划成为部门预算中收支预算的组成部分。国库集中支付制度逐步建立，预算内外资金统一拨付的格局初步形成，财政专户管理中对单位直接拨付资金的职能有所弱化。作为预算外资金主体的行政事业性收费和政府性基金经过清理整顿，大部分被取消或部分转为经营性收费，保留的项目大为减少，其中一部分已纳入预算管理。

1989～2006年，广陵区预算外资金总收入6.03亿元。其中，行政事业性收入4.26亿元，占预算外总收入的70.65%；集中部门收入0.22亿元，占3.65%；乡镇自筹资金0.29万元，占4.81%；其他收入1.26亿元，占20.89%。同期，预算外资金总支出5.58亿元。其中，城市维护费支出0.32亿元，占5.73%；行政事业费支出4.66亿元，占83.51%；乡镇自筹统筹支出0.17亿元，占3.05%；其他支出0.43亿元，占7.71%。

2007年，根据省、市政府《关于实行非税收入收缴管理制度改革实施细则》，非税收入的主要部分是预算外资金，还包括国有资本收益、国有资源资产有偿使用收入等。当年12月起，使用一般缴款书，电脑票据收取非税资金。对票据实行信息化动态管理，单位每开一张电脑票据、每收一笔款项都处于电脑的实时监控之下，确保非税收入实时、足额缴入国库或财政专户。2007～2011年，全区非税收入为7.58亿元，非税支出为7.32亿元。

三、行政事业单位财务管理

1989～2001年，全区行政事业单位财务实行收支统管，财务部门将单位的收入、支出全部纳入单位预算统一管理。行政事业单位按照不同的资金性质将应列入预算的各项收入、支出全部列入预算。单位预算外资金全部上缴区财政专户，实行“收支两条线”。同时加强资金账户管理。在清理、归并单位资金账户的基础上，由区财政部门按规定统一开户，全部资金活动在经批准设置的资金账户内统一核算、统一管理。

2001年，成立区财政结算中心，隶属于区财政局。主要承担预算外资金财政专户资金的缴存、拨付业务。依据《会计法》中有关“代理记账”的规定，按照“三不变”（单位资金所有权、使用权、审批权不变）原则，撤销全区行政事业单位会计机构和所有银行账户，代理全区98家行政事业单位121个账户的会计核算工作，实行会计统一集中核算，加强支出的合法性、合理性、合规性审查。至2011年，广陵区严格执行“三不变”原则，严把预算拨付，检查单位执行部门预算的情况，防止突破部门预算的超限额；对大宗采购一律通过政府采购，规范操作程序，节约财政性资金。严格收支监督。加强原始报销票据的真实性、合法性及审批手续的齐备性，对不合理开支，严格把关拒付。规范全区行政事业单位会计基础工作，加强财政监管，全面提高财政科学化、精细化管理水平。

四、国库集中支付管理

2006年，全区进行国库集中支付制度改革试点。以现有的会计集中核算形成的业务、技术基础和人员，建立集中支付专户和零余额账户，实行国库资金的直接支付，将会计集中核算和国库集中支付改革结合起来，实施会计集中核算制度转型，建立以国库单一账户为基础、资金缴拨以国库集中收付为主要形式的财政国库制度。2009年1月，国库集中支付制度在全区行政事业单位中全面实施。全年集中支付各类财政资金8亿元。5月，全市首家乡镇财政国库集中收付中心在广陵产业园财政所挂牌。通过深化国库集中支付制度改革，全区所有行政事业单位的资金全部纳入国库集中支付范畴，有效防止预算单位财政性资金的“体外循环”；实现财政资金运行由“中转”变“直达”，及时将资金直接支付到收款人。建立预算执行动态监控体系。财政对各单位资金流向、流量进行全程实时动态监控，有效防止资金挪用现象，确保财政资金安全运行，增强预算执行的公开性和透明性。

在区财政局建立国库支付中心、会计结算中心、政府采购部门有机结合的支付体系，确立预算审核、资金支付、监督管理为一体的预算机构设置和管理体制。改进资金管理方式，建立国库单一账户体系。建立国库存款账户、财政零余额账户、单位零余额账户、预算外收入支出专户和特设专户。规范资金运行程序，对资金支付程序相应改革。

单位用款包括财政直接支付和财政授权支付两种支付形式（由结算中心划分）。直接支付，即由结算中心根据单位的用款申请，开具支付令，通过国库单一账户体系，直接支付到收款人，主要包括工资性支出、采购支出、转移性支出及财政规定的其他支出。财政授权支付，即预算单位根据财政授权，由结算中心根据单位申请，开具支付令，通过国库单一账户将资金支付到结算中心的总账户上，主要包括未实行财政直接支付的购买支出和零星支出等。其他支付，即办理预算单位的自有资金支出，按照预算单位缴入（暂存、暂付等）的资金性质、额度进行控制管理。

五、财政专项资金管理

（一）农业财政财务管理

2003～2011年，财政安排528万元支持和推进农村危桥改造，共新建、改造农桥36座，方便当地农民的生产、生活。支持高效农业、龙头企业、绿色江苏等项目，以及湾头万福村草莓专业合作社、联谊蔬菜瓜果批发市场、亚龙果品批发市场的建设。先后安排水利工程建设资金及防汛资金100万元，支持农田水利建设。

2004年，对从事粮食生产的农民实行直接补贴，按水稻种植面积每公顷补贴300元。全区通过“一折通”（将补贴费存入银行存折发放给农民），共兑现直补资金18.72万元。2005～2011年，通过“一卡通”发放的项目逐步增加到10项，具体为种粮直接补贴、农资综合补贴、购买良种补贴（水稻、小麦、油菜）、购买农机具补贴、手术并发症人员特别扶助金、城镇奖扶金、农村奖扶金和大病统筹，补贴奖励金额为3533.72万元。2007年，建立农民补贴网，更好地服务农村、发展经济。

2007～2011年，对区内农业生产者从事种植业和养殖业生产过程中，遭受自然灾害和意外事故所造成的经济损失提供农业政策性保险，参保率100%。

（二）基本建设财务管理

1989～2005年，通过调研，基本摸清全区城建系统的现状、管理模式、经费保障能力。同时设立财政专户，加强基建资金管理，确保专款专用。

1989～2011年，全区预算内基本建设投资6521万元，城市建设维护费4116万元。通过参与项目预算执行的前期论证和可行性研究，提出合理化建议，加强对资金来源特别是配套资金的审查，控制项目投资规模，严格按概算确定的内容审查项目预算。

全面跟踪审查工程结算、资金拨付和预付工程款。规范工程结算行为，严格结算纪律，及时拨付工程建设资金，坚持日常监管和重点检查相结合，确保财政投资专款专用。

严格决算审查制度。对有财政性资金投资的基本建设项目，特别是重点建设项目，委托有相应资质的社会中介机构对工程竣工决算进行审查；加强建设项目的财务管理，定期组织会计人员业务培训，开展财务检查，提高全区基本建设的财务管理水平。

（三）社会保障基金财务管理

社会保障基金由社会保险基金、社会救济基金、社会福利基金、优抚安置基金等组成，其中社会保险基金是社会保障基金的核心内容。

针对老城区弱势群体较多、社保任务较重的特点，区财政坚持使群众能够“老有所养、病有所医、贫有所助”的工作目标，积极推进养老、失业、医疗、城乡低保及被征地农民等社会保障制度实施；强化社会保障财务管理，加快建立和健全社会保障体系。全区社会保险基金共九种，除企业基本养老保险基金、城镇职工基本医疗保险基金、工伤保险基金和生育保险基金由扬州市社保中心统一管理外，归区管理使用的主要是失业保险基金、机关事业单位养老保险基金、被征地农民养老保险基金、解困与再就业基金和城乡低保、社会救济、优抚安置及新型农村合作医疗专项资金。上述各项保险基金和社保专项资金全部纳入区财政专户实行统一管理，按资金种类分别建账，独立核算，专款专用。基金的筹集、使用和管理，接受区财政、劳动和社会保障、国土资源、审计、监察等行政

图18-1-2 文峰街道为失地农民办养老保险

主管部门的指导、检查和监督。

2005 年，全面实施被征地农民基本生活保障制度，对土地补偿费和安置补助费实行财政统管，采用“分保结合”（土地补偿费可分可保、安置补助费全部进保）的办法对被征地农民全面实行“即征即保”和“应保尽保”。2010 年，建立农村社会养老保险制度。2011 年 6 月，全面启动被征地农民转参城保工作，切实保障农民合法权益，维护社会稳定。同年，按照城乡统筹的原则，将城镇居民养老保险制度与新型农村养老保险制度合并实施，在全区范围内开展城乡居民养老保险制度（城乡居保）。规定“具有本市户籍，年满 16 周岁（不含在校学生）、未参加企业职工基本养老保险的农村居民，不符合企业职工基本养老保险参保条件的城镇非从业居民，均可以在户籍所在地自愿参加城乡居保。”

图 18-1-3　财政所工作人员向困难家庭送保险

1989 ～ 2006 年，全区抚恤和社会福利救济支出 6957 万元，社会保障补助支出 960 万元，社会保险基金支出 3142 万元。2007 ～ 2011 年，全区社会保障和就业支出 2.34 亿元，社会保险基金支出 4546 万元。

六、土地出让金管理

土地使用权出让金是政府土地管理部门按规定向受让人收取的土地出让的全部价款。随着城市建设和经济的发展，国有土地使用权实行流转，全区土地出让金全部上缴财政，并列入财政预算，实行“收支两条线”管理，专款专用。

市政府 2002 年《扬州市市区土地资产管理和收益分配暂行办法》规定，商业、金融、房地产等经营性用地，在年度计划内市区按区域层次分别确定市与区、乡镇分成比例。第一层次范围内，征用并出让集体农用地，市与广陵区暂按土地净收益的 7 ∶ 3 分成。出让出租后的国有土地，市与区按土地净收益 9 ∶ 1 分成，旧城改造中的出让土地净收益，区一般不参与分成。第二层次范围内，市与区暂按土地出让毛地价的 3 ∶ 7 分成。第三层次范围内，市与区暂按土地出让毛地价的 1 ∶ 9 分成。第四层次范围内，市与区土地收益暂不分成，留给区以下调度使用。

2011 年，市政府印发《扬州市市区城建职责划分和土地出让收益分成办法》，进一步明确市、区两级城市建设职责分工，调整优化市、区土地收益分成，形成市区共建。

区属扬州市 310 平方千米的中心城区范围内，市与区按土地出让金额总额（扣除相关税费、国有土地收益基金、土地出让业务费、被征地农民社会保障资金、农业开发土地开发资金、廉租房建设基金和市以上人民政府确定的专项基金等相关费用后的土地出让收益）的 2.5 ∶ 7.5 分成。

泰安、杭集两个镇属中心城区范围外，市与区暂按土地出让金总额（同上）的 1 ∶ 9 分成。沙头、李典、头桥镇属市区中心城区板块外，市暂不参与土地收益分成，土地出让金总额（同上）全部留给区。广陵新城等封闭运行区域仍维持市政府已批准的封闭边界不变，每年从封闭区域提取土地出让金额（同上）10%，作为市级重大基础设施、重点工程建设的专项资金。对广陵食品工业园、商贸物流园仍按原方法（1.5 ∶ 8.5 分成）执行。市土地储备中心收储的地块，土地收益归市所有，区不参与分成。“城中村”改造地块，继续按统一规划、成片改造、确定村界、界内封闭的政策执行，即城中村界内的土地收益，全部归区所有，城中村界外属成片改造项目范围内的土地，其净收益市与区仍按 5 ∶ 5 分成。工业用地出让收益全额留区。工业土地出让金，由用地单位直接缴至区财政局，由区财政局按文件规定扣除业务费、农发资金、失地农民保障金后拨付使用。商业土地出让金，由用地单位上缴至市财政局，属国家、省的项目分成由市财政局直接上缴。上缴后的土地出让金余额，由市、区两级按分成比例，属于区级的部分由区级财政从市财政领回使用。至 2011 年，全区工业土地出让金10.85亿元，商业土地出让金77.54亿元。土地出让金主要用于城市基础设施建设、区级公益事业项目建设和土地开发等。

七、国有资产管理

1989～1991年，全区国有资产由区财政局监督管理。1992年，区成立国有资产管理办公室（股级建制）。1997年，成立国有资产管理局（副科级建制），仍归口区财政局管理，日常工作由区财政局企业财务科负责。

按照“国家所有、分级管理、分工监督、授权经营”的原则，采取专项和常规、重点和一般管理相结合的方法，实施对国有资产的监管。建区后，多次开展全区行政事业单位及国有企业清产核资工作。2005年前，全区国有资产总量3.62亿元，其中企业国有资产总量1.98亿元，行政事业单位国有资产总量1.64亿元（不含国有划拨土地使用权价值）。企业国有资产主要分布在商贸、房地产、物资、文化4个行业。其中商贸企业列统15家，资产总量1.3亿元；房地产企业7家，资产总量4816万元；物资企业9家，资产总量1195万元；文化及工业企业3家，资产总量752万元。行政事业单位列统56家，资产主要分布在行政、教育、科技、卫生、体育、文化等部门。另有列统集体企业115家，账面资产总量17.71亿元（不含国有划拨土地使用权价值）。

国有资产的形成，主要来源于政府及主管部门投资形成的国有资产及权益，政府及国有企业借贷形成的资产，政府国有企业经营积累形成的资产，根据国家有关法规依法认定的国有资产。

至2005年12月，全区列统的34家国有企业基本完成企业产权制度改革。正常经营的国有企业3家。已歇业企业1家，注销企业6家，被兼并企业4家，破产企业7家，其余13家国有企业全部改制。已改制企业国有资产退出率为100%。

企业退出后的国有资产，主要用于解决在职职工及离退休职工的经济补偿金、生活补助费或一次性安置费，其次用于退养协保人员费用、职工及离退休职工的医保金等，这两部分费用共计8137万元。此外，企业改制中，剥离坏账719万元，剥离划拨土地使用权1084万元，剥离用于解决企业改制前预计损失费用1882万元，支付破产费用56万元，出售资产优惠给受让方1364万元，奖励经营者774万元，收回现金1081.67万元，收回资产703万元。

2007年，全区开展行政事业单位资产清查。2008年，开展公有房屋、土地使用情况清理。在此基础上，研究行政事业单位国有资产管理办法，建立和完善资产处置、出借和出租审批制度，实现对资产的购买、报废、赠予、变卖和收益等全程监管。2009年，出台《关于进一步加强广陵区行政事业单位国有资产管理工作的意见》，规范国有资产日常管理、处置行为以及有偿使用行为，对资产处置行为实施“阳光操作”。2010年，制定《广陵区区级行政事业单位房屋公开招租暂行办法》，将行政事业单位出租房屋行为引入市场竞争机制。在企业资产制度构建方面，加强对改制企业清产核资的监督管理，从加强领导、组织培训、检查指导、明确职责等方面实现清产核资的制度化、规范化。区政府先后下发《关于加强企业存量资产处置管理工作意见》《广陵区公有资产管理暂行办法》《广陵区公有资产管理监督、营运体制改革总体方案》《关于加强对改制企业中公有资产管理的暂行规定》等文件。规范国有企业产权转移、对外投资、担保等各项行为，构建国有企业年度审计机制，对企业资产负债状况、运营情况、财务管理中的存在问题实行审计监督，促进国有资产保值增值。加强对国有企业财务行为的规范管理，及时纠正企业财务管理中的不规范行为，收回国有资产305.05万元，同时回收江苏银行疑难股，收回股金95.99万股，红利15万多元。

2010年5月起，全面实施行政事业单位公房公开招租，按单位申请、主管部门审核、区财政局审批的程序，统一由市产权交易中心公开招租，区监察局全程监督。此后，先后组织教育、文化及民政等部门近20处公房实行公开招租，实现年租金同比增长12%，收入全部依法纳税，收入净额及时全额缴入国库，统一纳入财政预算管理。构建信息平台，实现资产动态管理。是年，正式启用全区行政事业单位资产管理信息系统，并进行网上审批，实施对资产的动态监管，做好资产清查与日常管理的衔接，满足部门预算编制、资产定额测算等需要，实现资产管理与预算管理、财务管理的有效结合。

拓宽融资渠道、提升投融资能力。至2011年，全区成立“政府投融资平台”公司18家，其中广陵产业园

6家、广陵新城3家、食品工业园2家、商贸物流园2家、建设局1家、杭集工业园2家、北洲功能区2家。18家平台公司注册资本合计23.6亿元，总资产76.03亿元，总负债44.15亿元，所有者权益合计31.88亿元。

八、控制社会集团购买力

1989～1996年，区对社会集团购买力采取“计划管理、限额控制、凭证购买、定点供应、专用发票”和对某些商品实行专项审批的办法。每年的社会集团购买力控制指标，在新年度开始前，逐级分配到基层单位。从严控制社会集团购买范围的支出，无论直接控制还是间接控制部分，在上年实际支出的基础上，按实际可比口径压缩20%，并认真编制社会集团购买力计划，在计划内使用。专项商品29种，必须在定点销售单位购买。

1989年，市下达区社会集团购买力控制指标140万元，区再分解到各单位。为严格控制社会集团购买力，区政府根据中央和省、市有关规定颁发《关于对部分专控商品开征消费附加费的暂行规定》《关于加强控制商品定点销售管理的通知》《关于违反控制社会集团购买力规定的处理暂行办法》《关于控购专款检查中若干违纪问题的处理意见》，实行专控商品消费附加费，按购买金额的10%计征，发给“准购证”后方可购买。

1990年，区成立控制社会集团购买力办公室，聘请扬州市控购专管员108人。

1995年，区明确规定，对四种类型的单位购买大、小汽车实行限制，即凡拖欠教师工资的乡镇，欠缴税利的企业，经营亏损或职工工资发不全的企业，机关事业单位运用集资或摊派方式、企业运用贷款方式的，一律不得购买大、小汽车。

1996年，坚持控购审批工作与单位经济效益和工作需要相结合，区别对待，宽严适度，保证单位最基本的消费需求。

1999～2003年，控购办仅对行政事业单位、国有企业购买小汽车进行控制。行政事业单位、国有企业所购小汽车排气量在2.0升以下，购置金额在25万元以下；集体企业购小汽车排气量在2.5升以下，购置金额在35万元以下；原则上实行报废一辆小汽车、更新一辆小汽车的办法。

2004年7月，区控购办根据《江苏省财政厅、江苏省公安厅关于取消购买小汽车控购审批的通知》精神，控购工作终结。

九、政府采购

1999年，区委、区政府贯彻党中央、国务院《关于推进政府采购制度的规定》，成立广陵区政府采购工作领导小组，并在区财政局设立区政府采购办公室、区政府采购服务中心，制定《广陵区政府采购管理暂行办法》，对公车实行统一保险，政府采购工作正式启动。

2000年，区政府颁发《广陵区2000年政府采购目录》《广陵区区级行政事业单位设备购置政府采购暂行办法》《广陵区公用车辆政府采购暂行办法》《广陵区公车购置政府采购管理细则》。当年共采购货物145万元，实际支付130万元，节约资金15万元，节约率10.35%；汽车保险20万元，实际支付14万元，节约6万元，节约率30%。

2003年1月1日，《中华人民共和国政府采购法》实施，政府采购工作步入法治化、规范化轨道。是年2月开始，政府采购实行定点服务、公开招标工作，针对印刷、文化用品、办公自动化消耗品、车辆维修、汽车轮胎更新5个项目，实行政府采购定点服务。

2004年，区制定《广陵区政府采购货物和服务招投标管理办法》，规范政府采购当事人的采购行为，加强对政府采购货物和服务招投标的监督管理。2007年，编印《广陵区政府采购中心服务指南》，内容包括招投标流程，汽车、电脑、打印机等项目采购招标参考价格，更新采购计划验收单，采购小常识，采购目录和定点采购单位名单。为加强对区政府采购工作的监督管理，对全区重大采购项目，主动邀请区人大、区政协和区纪检、监察等部门领导及有关人员参加监督，并从市政府采购专家库抽取专家参与评定。坚持依法采购，优质服务，规范操作，廉洁高效。

2009年5月，采购服务中心配合电脑公司共同开发政府采购网上采购申报系统，对全区100多家行政事业单位全面实行网上申报服务，由市、区两级网上采购系统进行询价招标公示，采购单位和投标单位通过网络方式实时参与政府采购工作流程监督和管理。

2011年，制定《关于进一步加强区级政府采购预算管理的通知》，规定凡纳入政府集中采购范围的行政事业单位，都必须编制政府采购预算，即在编制下一年度预算时，将该财政年度的采购项目及资金预算，在政府采购预算表中单列。建立广陵区行政事业单位通用资产配置预算标准，推行单位新增资产配置与部门预算编制相结合，进一步细化部门预算。强化资产预算管理，促进资产管理与预算管理相结合，提高财政管理科学化、精细化水平。

2000～2011年，调整公布政府集中采购目录12期，并明确规定分散采购限额标准、公开招标的标准和在政府采购中必须遵循的原则。

2000～2011年广陵区政府采购情况一览表

表18-1-9

年度	采购预算(万元)	采购金额(万元)	节约资金(万元)	节约率(%)
2000	145	130	15	10.35
2001	313.73	275.6	38.13	12.15
2002	1252.05	1074.89	177.16	14.15
2003	1750.24	1568.04	182.2	10.41
2004	2653.52	2410.41	243.11	9.16
2005	7275.57	6437.16	838.41	11.52
2006	2790.4	2624.18	166.22	5.96
2007	4392.61	3807.56	585.05	13.32
2008	5134.10	4626.75	507.35	9.88
2009	5711.02	5211.74	499.28	8.74
2010	2008.74	1842.36	166.38	8.28
2011	2451.35	2247.81	203.54	8.30

十、检查监督

（一）“三大检查”

1988～1997年，根据国务院、省、市统一部署，广陵区每年进行税收、财务、物价大检查（以下简称“三大检查”），由区税务、财政、物价局轮流负责组织。主要检查各机关、企业、事业单位执行税收、财务、物价政策情况，纠正违法、违规事项。10年间，共查出违纪金额720.5万元。“三大检查”工作至1998年终止。1998～1999年，重点查处扬州市农机销售公司1996～1997年偷逃增值税60万元的案件，对其罚款40万元，全部上缴国库。

（二）日常监督与专项检查

1992年，清理整顿着装。共清理着装种类11个着装人数706人，停止着装163人，补交应由个人负担的着装费用1.71万元，收缴各种标志263件。1995年，开展清理“小金库”专项检查，共查出违纪金额1.5万元。

1996年，根据国务院、省、市政府关于清理检查预算外资金的部署要求，成立预算外资金检查领导小组36个，领导小组成员110人，自查单位69户，自查面100%。自查1995年预算外资金收入2746万元，收入项目109个，预算外资金支出2734万元。各单位自查填报往年违纪金额1881.6万元，主要是1995年前应缴未缴财政专户储存金额1876万元，违纪户数41户。

1999年，根据省财政厅《关于开展预算外资金收支两条线管理专项检查的通知》精神，对区属行政事业单位“收支两条线”执行情况进行专项检查，检查面70%。通过检查，对全区行政事业性收费项目的征收，行政事业单位银行开户，预算外资金解缴，预算外资金使用，收费许可证及财政票据的管理、使用情况，以及有无违反财经纪律的情况得到深入了解。2001年，建立区财政结算中心。同年，参加市财政局统一组织的《会计法》执法大检查，配合区纪委对全区行政事业单位非经营性资产转经营性资产的情况进行调查，为防止私设“小金库”等腐败现象的发生打下基础。

2002年，市区区划调整，对资产移交划转等事务进行严格监督。2003年，对区属事业单位票据使用情况进行审核。组织乡镇财政财务工作检查小组，分别对汤汪、湾头和曲江3个财政所，进行区划调整后首次乡镇财务检查。

2004年，配合区纪委对全区公房出租情况进行专项清理。查明全区共有出租公房面积46.69万平方米，应收租金229.2万元，上年实收租金221.88万元。同年，开展清理预算外资金、清理小金库“双清”工作，由区经委、监察、财政、审计四部门联合成立“双清”工作领导小组。经清理，全区有两家单位用公款为个人购买商业保险保费9595.5元（后作退保处理）；16家单位79人借用、拖欠公款45.38万元，当年直接收回9.27万元，按政策核销13.78万元，其余22.33万元由单位与欠款个人签订还款协议。是年，区政府成立区整顿统一着装办公室。全区涉及物价、环保、城管、司法、农水、文化、劳动、环卫8个部门307人。2004年8月起，全区凡属于违规统一着装的单位，全部停止统一着装，同时对单位执法的制式标志进行登记、收缴、清理和封存，全区统一整顿着装工作取得阶段性成果。

2005年，对区属改制企业扬州市恒远房地产开发有限公司（原扬州市广陵区房屋建设开发公司）预提预留资金进行审计，作出监管资产1357.71万元应由区国资局收回的决定。同时查出该公司还存在纳税申报不实及拖欠银行贷款等问题。最终该公司将一座大楼变卖后抵交各项款项。对东方商品城有限公司改制三年后的经营管理情况进行检查，查出会计信息失真、坐支现金、截留无须支付的往来款项及改制中剥离预留款尚未与职工落实等问题。对检查中发现的涉税问题，由税务机关按有关税法收缴处理，国资局收回其截留的5万元往来款。

2008年4月，财政部、监察部、审计署、国家预防腐败局统一部署政府采购执行情况专项检查，检查各级采购人、采购代理机构2006年和2007年政府采购执行情况。其中采购代理机构包括政府集中采购机构和社会代理机构。全区重点检查20多家单位，检查面20%。

2009年，按照省、市要求，广陵区成立治理“小金库”领导小组，广泛宣传发动，认真自查自纠，集中力量进行重点检查。自查自纠单位中党政机关和事业单位99家、国有及国有控股企业9家。按照重点检查面不低于5%、重点检查领域不低于20%的要求，全区重点检查20家。查出有“小金库”的1家，金额9.51万元，按规定处罚2.1万元。通过专项治理，“小金库”滋生的势头得到遏制。

2010年7月，认真贯彻执行中央和省、市关于在党政机关、事业单位开展“小金库”治理“回头看”工作的部署，对一年多的集中治理情况进行全面回顾，对被处理处罚单位进行跟踪回访，对全区教育系统财务整顿的情况进行专题督查。按照“更加注重治本、更加注重预防、更加注重制度建设”的要求，构建防治“小金库”的长效机制，做到关口前移、源头治理、标本兼治。

第五节 农村小额贷款

2008年9月，广陵区成立以政府主要负责人为组长的区农村小额贷款组织试点工作领导小组，向市政府提出《关于申报广陵区农村小额贷款组织试点工作实施方案的请示》。10月，省金融办下发《关于同意江都市、高邮市、广陵区、维扬区开展农村小额贷款组织试点工作的批复》，同意广陵区参加农村小额贷款组织试点工作。

2009年4月，广陵区财政局通过中国广陵政府网站发出广陵区农村小额贷款组织发起人招标公告，公告时间20天。6月，召开农村小额贷款组织开标会议，确定扬州中恒发展有限公司投标小组取得中标资格，广

图 18-1-4 扬州市广陵区金达农村小额贷款公司

陵区公证处进行现场公证。11 月，广陵区首家农村小额贷款公司在汤汪乡开业。开业时注册资本 6000 万元。至 2011 年年底，累计投放 3.69 亿元，实现利润 416.6 万元，上缴税收 79.99 万元，贷款余额 9708 万元。

2010 年，广陵区积极申请扩大农村小额贷款公司试点范围。9 月，扬州金汇实业有限公司中标。2011 年 2 月，广陵区第二家农村小额贷款有限公司金达农村小额贷款有限公司开业，注册资本 1.10 亿元。至 2011 年年底，累计投放 3.92 亿元。是年 5 月，江苏亚联农副产品有限公司中标。11 月，广陵区运河农村小额贷款有限公司开业，注册资本 1.68 亿元。至 2011 年年底，累计投放 1.35 亿元。

此外，区内民间融资的有关企业还有扬州中小微企业融资会计服务示范基地、扬州市广陵投资发展有限公司和扬州市中小企业信用担保中心 3 家。

2011 年广陵区民间融资企业（含驻区单位）一览表

表 18-1-10

单位名称	地址
扬州市广陵区国弘农村小额贷款有限公司	汤汪乡连运小区联谊花园 2-116 室
扬州市广陵区金达农村小额贷款公司	运河西路 518 号
扬州市广陵区运河农村小额贷款有限公司	渡江南路 130 号文峰街办 402 室
扬州市广陵投资发展有限公司	广陵新城信息大道 1 号
扬州中小微企业融资会计服务示范基地	淮海路 106 号
扬州市中小企业信用担保中心	汶河南路 71 号 3 楼

第六节 驻区金融网点

一、驻区银行

1989 年，驻广陵区的银行有中国人民银行扬州分行、中国工商银行扬州市支行、中国农业银行扬州市支行、中国人民建设银行扬州市中心支行、中国银行扬州支行、交通银行扬州支行。1996 年，新增中信实业银

图 18-1-5 中国银行扬州分行

图 18-1-6 中国建设银行扬州分行

行扬州分行。2011 年，广陵区有驻区银行分行 2 家，即中国银行股份有限公司扬州分行（文昌中路 541 号）、中国建设银行股份有限公司扬州分行（文昌中路 398 号）。

随着金融体制改革和金融市场的开放，金融市场分割与禁锢的格局被打破，各金融机构纷纷在区内设立分支机构，一些民营股份制银行也开始抢占市场。2011 年，共有驻区银行 13 家，分支机构 118 家，为全区社会与经济发展发挥不可或缺的重要作用。

2011 年中国银行扬州分行驻广陵区分支机构一览表

表 18-1-11

单位名称	地址	单位名称	地址
广陵支行	江都路 143 号	文峰支行	渡江南路 130 号
希望支行	汶河北路 28 号	盐阜支行	盐阜西路 1 号
汶河支行	汶河南路 8 号	东花园支行	联谊路 18-17 号
文昌支行	文昌中路 408 号	东兴支行	运河西路 238-4 号
运河支行	文昌中路 320 号	杭集支行	杭集镇三笑大道 488 号
安墩支行	荷花池路 19 号	扬州大厦分理处	文昌中路 1 号

2011 年中国建设银行扬州分行驻广陵区分支机构一览表

表 18-1-12

单位名称	地址	单位名称	地址
分行营业部	文昌中路 398 号	城东支行	文昌中路 38 号
华庭支行	文昌中路 83 号	美食街支行	四望亭路 58 号
琼花支行	文昌中路 328 号	杭集支行	杭集镇曙光路
广陵支行	文昌中路 532 号	北洲支行	李典镇阳光花园 1-8 号
徐凝门支行	徐凝门路 1 号	运河分理处	运河西路 538 号
广陵产业园支行	明发广场 1 号楼 1001-1004	国庆分理处	运河城广场 B102

2011 年江苏银行扬州分行驻广陵区分支机构一览表

表 18-1-13

单 位 名 称	地　址	单 位 名 称	地　址
方圈门支行	皮市街 8 号	城南支行	荷花池 118 幢
渡江桥支行	渡江桥南西街 3 号	跃进桥支行	运河西路 237 号
文昌阁支行	汶河北路 71 号	东关支行	国庆路 298 号
甘泉支行	汶河北路 43 号	广陵支行	淮海路 161 号
邗沟支行	文昌中路 106 号	联谊支行	联谊路 16 号 -105

2011年中国工商银行扬州分行驻广陵区分支机构一览表

表 18-1-14

单位名称	地址	单位名称	地址
琼花支行	文昌中路382号	荷花池支行	荷花池路5号(现江阳中路60号)
汶河支行	文昌中路534号	东城支行	江都路269号
东关支行	运河西路580-584号	东花园支行	东花园路北A区秋雨东路01-02号
文津园支行	汶河北路18号	文昌支行	文昌中路8号B座-104
汇金支行	渡江南路299号(汇金广场3-105)	曲江支行	运河西路128号
广陵支行	国庆路12号	东关分理处	运河西路255号

2011年中国农业银行扬州分行驻广陵区分支机构一览表

表 18-1-15

单位名称	地址	单位名称	地址
广陵支行营业部	文昌中路412号	何园支行	徐凝门路12号
宝城支行	江都路265号	南通西路支行	南通西路90号
跃进支行	运河西路228号	湾头支行	湾头镇迎宾馆路1号
荷花池支行	荷花池商业街区301-18号	文昌分理处	文昌中路265号
红桥支行	头桥镇红桥红星街3号	解放桥分理处	文昌中路298号
李典支行	李典镇花园南路	头桥分理处	头桥镇通达路
杭集支行	杭集镇曙光路62号	新坝分理处	李典镇川北路
西门支行	四望亭路51号	沙头分理处	沙头镇人民路1号
城东支行	运河北路1号	泰安分理处	泰安镇金桥东路15号

2011年江苏扬州农村商业银行驻广陵区分支机构一览表

表 18-1-16

单位名称	地址	单位名称	地址
瘦西湖支行	盐阜西路18号	湾头支行	明发广场1号-1125
广陵支行	汶河南路25号	运河支行	运河西路215号
头桥支行	头桥镇通达路33-3号	新民支行	五台山路22号-5
红桥支行	头桥镇红星街4号	跃进分理处	解放南路55号
新坝支行	李典镇江扬路96号	联谊分理处	联谊路22号-5
李典支行	李典镇花园西路1号	曙光分理处	杭集镇曙光路94号
沙头支行	沙头镇人民南路9号	南郊分理处	渡江南路299号(汇金广场)
霍桥支行	沙头镇中兴路1号	茱萸分理处	湾头镇向阳路
杭集支行	杭集镇曙光路18号	大桥分理处	运河东路77号C幢203、204
汤汪支行	汤汪乡汤汪路45号	曲江分理处	运河西路88号

2011年交通银行扬州分行驻广陵区分支机构一览表

表18-1-17

单位名称	地址	单位名称	地址
广陵支行	运河西路116号	国庆北路支行	国庆路454号
徐凝门支行	徐凝门路B-216号	运河支行	文昌中路150号
琼花支行	文昌中路251号	荷花支行	荷花池路302幢
文昌阁支行	汶河北路2号		

2011年中国邮政储蓄银行扬州市分行驻广陵区分支机构一览表

表18-1-18

单位名称	地址	单位名称	地址
琼花支行	文昌中路348号	杭集支行	杭集镇曙光路59号
文昌支行	文昌中路494号	广陵营业所	广陵路283号
荷花池支行	荷花池路18号	江都路营业所	江都路31号
文峰支行	渡江南路116号	东花园营业所	东花园河南综合楼
四望亭支行	四望亭路49号	文昌苑营业所	文昌苑花园路218号
曲江支行	运河西路176号	汤汪乡营业所	连运路15号
东方支行	运河东路398号	头桥营业所	头桥镇通达路90号
湾头支行	湾头镇迎宾路180号	沙头营业所	沙头镇三兴路25号
红桥支行	头桥镇红桥社区泓阳路101号	泰安营业所	泰安镇金桥东路39号
霍桥支行	沙头镇霍桥社区文汇路31号	新坝营业所	李典镇新坝北区新兴路128号
李典支行	李典镇兴丰路18号		

2011年中信、招商、浦发、昆山和华夏银行驻广陵区分支机构一览表

表18-1-19

银行名称	分支机构	地址
中信银行扬州分行	文昌中路支行	文昌中路376号
	汶河北路支行	汶河北路58号
招商银行扬州分行	广陵支行	文昌中路492号
浦发银行扬州分行	扬州广陵文昌中路小微支行	文昌中路458号
昆山农村商业银行	广陵支行	文昌中路8号
华夏银行扬州支行	广陵支行	文昌中路198号

二、保险业

1989年，驻区保险业金融机构仅中国人民保险公司扬州分公司1家。2011年，驻区保险业金融机构11家，其中财产保险公司2家、人寿保险公司8家，专业责任保险公司1家。

2011年驻广陵区保险业金融机构一览表

表18-1-20

单位名称	地址	单位名称	地址
中国人民财产保险股份有限公司扬州市分公司	文昌中路388号	华泰人寿保险股份有限公司扬州中心支公司	文昌中路2号国际大厦8楼
中国太平洋财产保险股份有限公司扬州中心支公司	文昌中路540号	信泰人寿保险股份有限公司扬州中心支公司	文昌中路58号堡尼大厦7楼
中国人寿保险股份有限公司扬州市分公司	文昌中路543号	民生人寿保险股份有限公司扬州中心支公司	汶河北路38号
中国太平洋人寿保险股份有限公司扬州中心支公司	文昌中路386号	利安人寿保险股份有限公司扬州中心分公司	广陵新城信息大道8号楼1楼
中国太平洋人寿保险股份有限公司扬州支公司	文昌中路542号	长安责任保险股份有限公司扬州中心支公司	运河西路228号先锋广场11楼
新华人寿保险股份有限公司扬州中心支公司	文昌中路382号		

三、证券业

1993年，驻区证券业有江苏省证券公司扬州营业部、交通银行扬州证券交易营业部、扬州市信托投资公司证券交易营业部3家。2011年，驻区证券交易营业部有4家。

2011年驻广陵区证券交易营业部一览表

表18-1-21

单位名称	地址
华泰证券公司扬州营业部	文昌中路406号
海通证券公司扬州营业部	汶河南路69号
招商证券公司扬州汶河北路证券营业部	汶河北路42号
中国建银投资证券有限责任公司扬州汶河北路营业部	汶河北路19号

四、拍卖、期货和典当

2011年，有驻区拍卖行和拍卖有限公司3家、期货公司2家、典当行1家。

典当行为国有企业，1995年成立。从业人员8人。2009～2011年，贷款总额8.47亿元，营业收入1778万元，利润937万元，上缴税金143万元。

2011年驻广陵区拍卖、期货、典当行一览表

表18-1-22

单位名称	地址
扬州市拍卖行有限公司	汶河南路3-2号
扬州工美拍卖行	玉器街1号(工艺品交易中心内)
扬州永安拍卖有限公司	泰州路59号宋都名都A-318室
江苏弘业期货经纪有限公司扬州营业部	汶河北路19号南方证券大厦7楼
江苏苏扬期货经纪有限公司扬州营业部	淮海路98号汇展阁3-300、3-318室
扬州市信隆典当行有限责任公司	汶河北路34号

第二章　国家税务

1989～1994年，广陵区国税由扬州市税务局征收。1994年后，市国税局先后在广陵区设国税一分局、二分局、四分局和国税涉外分局，市、区双管。2005年，整合为一分局、二分局和市国际税务管理处。至2011年，广陵区国税征收由一分局和市国际税务管理处征收。国税征收部门全面贯彻修订后的《中华人民共和国税收征收管理法》（以下简称《税收征管法》）及其实施细则，不断完善配套管理制度。认真执行《中华人民共和国行政许可法》，深化税务行政审批制度改革，取消一批税务行政审批项目。制定实施税收减免管理办法，严格减免税管理。大力整顿和规范税收秩序，深入开展税收专项检查和专项整治，严厉查处各种涉税违法案件，依法治税环境得到明显改善。90年代中后期，逐步建立和完善计算机网络化建设，优化税收服务，为全区经济建设作出贡献。进入21世纪，全区国民经济保持稳定发展势头，经济总量不断壮大，综合实力明显增强。2011年，全区地区生产总值410.65亿元，为全区税收事业发展提供坚实基础。1996～2011年，全区地方财政一般预算收入合计101.96亿元。

第一节　税　制

为不断加强税收在宏观调控中的职能作用，国家开征一系列新税种。1983年，广陵区开征建筑税；1985年，开征国营企业奖金税、国营企业工资调节税、集体企业所得税、集体企业奖金税；1986年开征城乡个体工商业户所得税；1987年，开征个人收入调节税；1988年，开征私营企业所得税；1989年，开征国家预算调节基金。开征上述税种，在调整固定资产投资和消费基金膨胀，调节个人收入方面，有效发挥税收的调节杠杆作用。

1983年第一步利改税时，广陵区对国营企业征收国营企业所得税。1984年第二步利改税时，将原来的工商税分为产品税、增值税、营业税和盐税。至1993年，全区实施扩大增值税的征税范围，产品税、增值税成为两个并列的主体税种。同时，全面征收国营企业调节税和开征资源税。

1994年税制改革后，广陵区实行新税制。

2001年，广陵区落实对软件产业和集成电路产业的税收优惠政策。降低金融保险业营业税（三年内从8%降至5%）。调整烟酒消费税政策。继续落实国产设备投资抵免企业所得税政策和鼓励房地产业发展的税收优惠政策。车辆购置费改税。并适时调整车购税最低计税价格。是年，入库车购税6640.8万元。

2002年，深入贯彻中央“完善和稳定税制，强化税收征管”的指导方针，全区所得税收入分享体制改革顺利实施，初步建立起合理的分配机制。新的税收征管法实施细则公布实施，连同2001年实施的《税收征管法》，进一步明确税务机关的执法主体地位。健全税收征管基础制度，强化对税务人员执法行为的监督，加强对纳税人合法权益的保护。

2005年，贯彻国家税务总局《减免税管理办法》，进一步简化审批程序。落实出口退税机制改革，加快单证审批速度。建立分局长、科（股）长、责任区管理员三级税源监控制度。全面推广WFB方式网上申报。全区1.96万户网络申报户全部采用WFB方式。强化个体税收征管，完善集贸市场税收分类管理办法。

2006年，贯彻总局《税收管理员制度》，税源管理规范化。实施《税负指标考核办法》，CTAIS2.0版征管软件投入运行。

2007年，推进税源管理“4+1”联动机制，即利用税源管理软件，按期进行增值税税务分析、区间税务分析、零税负申报面分析、低税部申报分析，找出差距，排出重点户，进行跟踪管理。全面实施《简化优化办税流程实施方案》,纳税人“足不出户”可办结纳税事项。

2008 年,贯彻执行新的《中华人民共和国企业所得税法》。加强商贸企业税收规范管理。开展“征管数据质量管理年”活动,优化税收信息服务,提升信息支撑能力。

2010 ~ 2011 年,围绕“优化服务,促进发展,精细管理、保证收入”,强化大企业税收风险管理,建立专业化管理团队。深化“征管基础工作强化年”活动,实行《关于推行税收专业化管理的实施意见》,加强征管质量效率考核评价。推进执法检查工作日常化,强化问责追究。

2011 年,强化组织收入工作挂钩联系制度,通过重点税源预警监控平台,将年入库税金 100 万元以上的重点税源户纳入直接监控范围。开展税收执法检查,促进规范执法,将税收执法过错行为由原来的 648 条增加到 845 条,使每一个税收执法过错行为都能找到相应追究级次、标准和依据,进一步依法行政、规范执法。

第二节 税 种

一、增值税

增值税是从原工商税中分解出来、新设置的税种。1983 年,广陵区开始在部分行业试行增值税。1984 年 10 月,全国实行第二步利改税,国务院颁布《中华人民共和国增值税条例 (草案)》,适当扩大增值税的试行范围,确立增值税在国家税制中的主体税种地位。

1993 年 12 月 13 日,国务院发布《中华人民共和国增值税暂行条例》,原执行的《中华人民共和国增值税条例(草案)》《中华人民共和国产品税条例(草案)》废止。增值税税率分为三档,即 17%(基本税率)、13%(低税率)以及零税率。其中基本税率适用于除低税率和零税率货物以外的其他货物以及加工、修理修配劳务,低税率适用于粮食、食用植物油、农业产业等,零税率适用于报送出口货物,对小规模纳税人依 6%的征收率计税。1998 年 7 月起,小规模商业企业适用 4%的征收率。

随着增值税的进一步扩大,增值税的收入占各税比重稳步上升。1989 年,增值税收入占工商各税收入的 27.6%。全面实现增值税后,1994 年,增值税收入 7459 万元,占各税收入的 37.6% ;2011 年,增值税收入 13.32 亿元,占各税收入的 61.68%。增值税成为国税主要税种。

1998 ~ 2011 年广陵区国税部门增值税税收统计表

表 18-2-1

年份	税收总额(万元)	其中		年份	税收总额(万元)	其中	
		增值税(万元)	占比(%)			增值税(万元)	占比(%)
1998	5500	5452	99.13	2005	54461	44100	80.98
1999	5392	5336	98.96	2006	68564	44100	64.32
2000	6754	6706	99.29	2007	88826	61750	69.52
2001	10459	10456	99.97	2008	109114	69060	63.29
2002	14040	12231	87.12	2009	92393	60669	65.66
2003	16915	14631	86.50	2010	106711	61797	57.91
2004	20705	17722	85.59	2011	215930	133183	61.68

说明：2011 年含新划入的 5 个镇

二、消费税

1989 年 2 月起,广陵区执行国务院规定,对彩色电视机和小轿车征收特别消费税。税额为 14 吋 (含 14 吋) 以下的彩色电视机每台税额 400 元;14 吋以上的每台税额 600 元。小轿车、吉普车 (包括变型车)、面包车每辆最高税额4万元，最低5000元。从事生产和进口彩色电视机、小轿车的单位和个人为纳税义务人，在销售时连同货款一并向购货方收取税款。1989年，征收特别消费税60万元。1994年1月起，实施国务院发布的《中华人民共和国消费税暂行条例》。

全区消费税税源主要集中在石油加工、饮料制造和交通运输设备制造业。扬州石油化工厂是市消费税第一税源大户。1999年与2001年，全区消费税收入分别为56万元与48.3万元。2008～2011年，分别为2574万元、3032万元、3387万元和4514万元。

三、营业税

1989年1月起，按国家税务局规定，广陵区对工业企业自销产品不再征收营业税，一律按实际销售收入征收增值税或产品税。1994年1月起，施行《中华人民共和国营业税暂行条例》，将原营业税应税项目的加工修理业调整到增值税应税项目中征收。营业税九大类税种中，国税征收其中金融保险业一种。2011年，全区营业税收入6.38亿元。

四、企业所得税

1984年10月推行第二步利改税后，区内按企业的所有制性质，先后组织征收国营企业所得税、集体企业所得税和私营企业所得税。1994年1月起，实施《中华人民共和国企业所得税暂行条例》。

企业所得税以纳税人取得的生产经营所得和其他所得作为征税对象，主要有国有企业、集体企业、私营企业、联营企业、股份制企业和有生产、经营所得以及其他所得的其他组织。

企业所得税的税率，除依法减征或免征的以外，统一为33%的比例税率。1994年实行新税制前，全区集体企业执行八级超额累进税率，平均税率为33%左右。私营企业所得税率为35%，国有大中型企业名义税率为55%，由于税前还贷、减免税多种因素影响，其实际税率大体在30%～35%之间。2002年1月，在工商行政管理部门办理（开业）登记企业的企业所得税，在其他行政管理部门新登记注册领取许可证的事业单位、社会团体、律师事务所、医院、学校等缴纳的企业所得税，均由国家税务局负责征收管理。2011年年底，区国税分局负责征收企业所得税6.28亿元，是2002年征收企业所得税的77.59倍，为全区收入的主体税种之一，也是税收增长最快的税种。

2002～2011年广陵区国税局企业所得税税收统计表

表18-2-2

年份	税收总额（万元）	其中		年份	税收总额（万元）	其中	
		企业所得税（万元）	占比（%）			企业所得税（万元）	占比（%）
2002	13040	809	6.20	2007	88826	19578	22.04
2003	16915	2284	13.50	2008	109114	29288	26.84
2004	20705	2983	14.41	2009	92393	21701	23.49
2005	54461	10361	19.02	2010	106711	30653	28.73
2006	68564	14612	21.31	2011	215930	62770	29.07

五、个人所得税

1994年1月，区执行国家个人所得税有关法规，将原对外籍人员征收的个人所得税和对国内居民征收的个人收入调节税合并为个人所得税。取消个人收入调节税和城乡个体工商业户所得税项。新的个人所得税不仅将个人进行股票、债券、土地使用权、房产转让交易所形成的资本所得纳入征税范围，而且把个人从事工商事业（包括承包、承租经营）的所得，也纳入个人所得税的征税范围。同时，调整税率结构。原有的个人所得税采用5%～45%的7级超额累进税率，而个人收入调节税采用20%～60%的5级超额累进税率，边际税率偏高，累进速度偏快。新的个人所得税的最高边际税率降低为45%，工薪所得适用的税率结构增加为9档。

1999年11月，执行国家税务总局颁布的《对储蓄存款所得征收个人所得税的实施办法》，对储蓄存款利息所得改由国税部门征收个人所得税，适用20%的比例税率。

2007～2011年，区内个人所得税收入分别为4927万元、7734万元、6636万元和1.07亿元、1.55亿元。

六、外商投资企业和外国企业所得税

1991年7月前，广陵区中外合资经营企业所得税根据《中华人民共和国中外合资经营企业所得税法》征收，对外国公司及其企业和其他经济组织以及设在扬州的中外合作经营企业和外资企业则根据《中华人民共和国外国企业所得税法》征收。1991年7月，广陵区执行《中华人民共和国外商投资企业和外国企业所得税法》，对外商投资企业和在中国境内设置机构、外国企业的所得征收30%的比例税率，另按纳税所得额征收3%的地方所得税，综合负担率为33%。至2001年年底，市区缴纳外国重点所得税纳税人为697户，其中入库1000万元以上的主要有：扬州中集通华专用车有限公司、海沃机械（扬州）有限公司等。

七、车辆购置税

车辆购置税前身是车辆购置附加费。1985年4月起，由市交通部门负责征收。为加快交通和车辆税费改革步伐，根据2000年10月颁布的《中华人民共和国车辆购置税暂行条例》，以开征车辆购置税取代车辆购置附加费。2001年1月，开征车辆购置税。2005年1月，由车辆购置税办公室负责直接征收管理。

车辆购置税纳税人为购置和自产自用机动车辆的单位和个人。征收范围包括汽车、摩托车、电动车、挂车、农用运输车。车辆购置税实行以价定率。实行购车后、办理车辆登记注册手续前一次征收。纳税人在办理车辆登记注册手续时，必须出示完税证明。车辆购置税为中央税，税款缴入中央国库。2011年，市区（含原维扬区、开发区）车辆购置税征收2960辆4204万元。

第三节　征　管

广陵区税收征管改革发展分为两个阶段。

第一阶段为80年代中期至90年代初期。以检查、征管分设为主要内容。针对“一员进户，各税统管”，集征、管、查职能于一身形成的权力约束缺位，执法不严，收“人情税”等弊端，探索分责制约的管理办法。先后实行管户交流、岗位轮换、管理与检查两分离的管理模式。1986年，成立内部专业稽查部门，将稽查从征管中逐渐分离出来，并将计算机应用于税收管理，对专管员的权力，实行不同形式的分责制约。

图18-2-1　扬州市广陵区行政服务中心

第二阶段为1994年新税制实施到2011年。国税系统通过实践与探索，逐步形成“以纳税申报和优化服务为基础，以计算机网络为依托，集中征收，重点稽查”的新征管模式，既发挥税收管理员全面了解管户情况的优势，把管事与管户有机结合起来，又克服征管查各项权力集于一身的弊端，并实行定期轮换，弥补过去专管员制度的根本缺陷。把计算机技术引入税收管理的全过程，实现全区税收管理由传统的手工操作向现代技术信息化应用管理的历史性转变。

2003年，在“非典”疫情的影响下，仍保持税收收入稳定增长态势。在新办企业所得税纳税人中，全面推行企业会计决算审核制度。

强化征管基础管理，落实专业化措施。全区国税系统实现税银库企一体化联网到位。是年底，一般纳税人网上电子申报率100%。

2004年，贯彻《税务登记管理办法》，开展减免税普查工作。完善增值税申报纳税“一窗式”管理，推行“一窗一人一机”模式，实行对“四小票”（海关完税凭证、运输发票、废旧物资发票、农产品收购凭证及农业生产者开具的普通发票）和税务机关代开增值税专用发票抵扣清单管理。加强税收管理信息化建设，整合信息资源，实行纳税人信息资料“一户式”储存管理。确立“以纳税人为中心”的新型管理理念，尊重和保护纳税人的合法权益，使纳税人履行纳税义务和享受各种权利时，更加便利、快捷和高效。全面推进“征收电子化、信息集中化、管理集约化、运作网络化、稽查专业化”建设；在对执法检查的84个指标进行对比、分析，突出16个重点指标的基础上，重点对关联企业、集团企业、低税负企业、涉废企业和农产品收购企业等进行延伸检查。

2007年，完善联动机制，对税源进行全过程监督检查。依托“一户式”管理软件、监控决策软件，重点监控纳税人的基本情况、生产经营过程、相关涉税指标和税收管理状况。对涉税指标异常的纳税人进行跟踪、督查，及时监控所辖纳税人的税负、行业税负及其变化规律，采取税收提醒、纳税评估和税务稽查等征管手段，提高征管质效。重视企业所得税汇算清缴工作，以此作为改善收入结构、提高收入总量的重要手段。至4月底，共完成汇算清缴2282户，入库所得税款5540万元，较上年同期增长83%；亏损户121户，亏损面控制在10%以内。

2008年，贯彻执行《扬州市国家税务局关于进一步规范市直税收征管业务流程管理实施方案》，将受理、核批节点前移，完善服务窗口功能，减轻纳税人申报的业务量，完成纳税资料电子检索程序的应用。对税收征管事前、事中、事后进行全程监控管理。

图18-2-2　国税广陵分局服务窗口

2009年，面对国际金融危机和结构性减税等因素的叠加影响，贯彻以“保增长、保发展、保民生”为目标的工作思路，开展“税收风险管理推进年”“征管基础工作强化年”活动。根据总局《税收管理制度》，实行“五星级”税收管理员评定办法，开展“优秀诚信办税人员评选”活动。

2010年，贯彻落实服务招商引资的“国税12条”，继续开展“税企同心、共克时艰”主题实践活动。建立与成长型企业挂钩联系、对口服务制度，建立税收政策执行跟踪监控机制，组织开展专项调研或专项评估，成立专业化风险管理团队，开展对重大政策、重要行业税收风险的集中评估或稽查。强化大企业税收风险管理，建立大企业税务政策执行反馈制度、涉税事项协商制度、大企业重大事项报告制度等。

2011年，继续推进商贸企业税收规范管理。全面开展中小企业税收规范管理。加强个体、市场税收管理，组织开展市区四大商业区个体户、28个专业市场税收专项检查，补征税1200万元。强化纳税评估，以评促管，以评促收，强化增值税、专用发票管理，全税工程申报率、入库率、准期率长期保持100%。

国税减免主要为出口退税和企业所得税的税前还贷及减免。2004年是出口退税的第一年，全区累计退增值说1.27亿元，其中广陵区负担出口退税30万元。2005～2008年，以2004年出口退税为基数，超基数部分广陵区负担6%。2008年，出口退税差额补贴196.43万元。2009～2011年，仍以2004年为基数，超基数部分广陵区承担3.75%。2011年，出口总额10.56亿元。在企业减免税方面，2003年，全区国产设备投资抵免企业所得税104万元。2004年，为1家企业国产设备投资抵免企业所得税41.6万元。2005年，全区国产设备投资税减免346户，减免税收886.7万元。2008年，为2家企业所得税减免6429万元，为4家企业国产投资设备减免所得税2672.8万元，为8家企业落实税前扣除优惠政策，减免税收823万元，6年合计减免1.09亿元。

第四节　稽　查

1994年9月，扬州市国家税务局成立税务稽查分局，直接查处广陵区第一、二、四分局所辖偷税、抗税、骗税案件。1996年，各征收分局内设稽查所（股）。3月，扬州市国家税务局成立税务违法案件举报中心。第一、二、四分局相应成立举报中心，与稽查股合并办公。公开举报电话、举报地址，设立专用举报箱，负责举报涉税案件的接受、交办、转办，及时督促各检查部门在规定时间内上报查处结果。1998年6月，市国税局稽查分局更名为稽查局，作为国税局直属分局。全区国税稽查人员92人，占区局人员的34%。

1999年，全区逐步建立稽查制约机制。是年，稽查部门实施分级审理定案制，落实税务稽查收入专户制，试行稽查业务等级制，建立激励工作机制，并建立涉税案件公告制度。对重大涉税案件查处结果，通过媒体予以曝光。全年共曝光案件17件。

2000年，全区稽查工作重点由“收入型”逐渐向“以查促管”“以查促执法”转变。取消稽查收入指标，保留查处大要案指标。是年，查处案件结案率95%以上，入库率90%以上，处罚率25%以上，达到司法移送标准的案件移送率100%。稽查工作实现专业化分工与环节流程管理。选案、稽查、审理、执行环环把关，坚持程序合法，做成“铁案”。

2002～2003年，针对税收征管中的薄弱环节和违法犯罪利用增值税专用发票和普通发票进行偷骗税查处，对重大涉税案件进行联合查办和督办。全区共受理各类举报96起，查补税款176.5万元。

2004年，检查纳税人207户，查补税款627万元，罚款86万元，加收滞纳金79万元。实际入库总额612万元，入库率91%。是年，根据公安部、国家税务总局的工作部署，开展打击建筑安装企业偷税、虚开货物运输发票和制售假发票等涉税犯罪专项整治行动。查出收受虚开增值税专用发票案件16起，移送公安机关4起，查补税款129万元，加收滞纳金7.5万元，罚款75.6万元。

2005年，实行稽查案件执行跟踪管理制度。制定《案件质量管理试行办法》，对未达质量标准的案件实行查退补证，对达到移送标准的案件，按规定向公安机关移送。是年，全区共检查各类纳税人128户次，查补税款723万元，罚款159万元，滞纳金47.5万元，入库率为98%。达到移送标准的案件17起，移送17起。2006年，建立稽查案件移送、稽查结果反馈和内部监督与责任追究制度。

2007年，加强税收联动信息的分析应用，将税收分析、税源监控和纳税评估反映的异常信息、风险预警信息和偷逃税线索作为执法检查和稽查选案的重要来源。广陵区一、二分局和国际税务管理处组织力量，开展房地产及建筑安装业、食品药品生产加工业等行业专项检查，查补税款609万元。开展废旧物资回收经营业的税收专项检查，通过纳税人自查、管理科检查、分局重点检查、集体研究处理决定、整改提高五个阶段，检查面100%，乡企整改面85%，处罚面65%。开展小规模纳税人专项检查，检查面100%，查补税款30.26万元。

2008年，推行执法管理信息系统，对风险管理、税源管理等重点执法领域开展检查。创新稽查方式方法，加强区域协作、税警协作，运用信息技术手段，集中打击利用互联网、手机短信等方式散布涉税违法信息，以及邮寄、倒卖和制售假发票等违法行为。查办涉税案件4起，移送公安机关2起。通过探索纳税评估新平台，提高纳税评估质效，全年共评估补税265万元，加收滞纳金5.4万元。

2009年，开展中小企业税收规范管理。对全区1765家企业规范税收管理，累计补税1478.5万元，市区四大商业区、28个专业市场，补征税款1200万元。

2010年，组织开展行为专项检查。加大企业自查力度，按风险等级排序筛选出796户，发动企业自查，补税面80%。加大举报案件检查力度，受理A、B类举报29起，查结29起，结案率100%。抓好专用发票协查工作，委托发出21起329份发票，受托协查59户次216份发票，按期回复率100%。

2011年，贯彻落实《税务稽查工作规程》，依据法律、法规做好案件审理工作。全年审理各类案件179起，结案175起，结案率98%。是年，组织日常税收检查32户，移送案件检查22户。专项检查54户，发现有问题49户，有问题面91%。与区公安、地税部门紧密合作，捣毁制售假发票窝点6个，摧毁发票犯罪团伙3个，缴获各类假发票 47.1 万份。

第三章　地方税务

1994 年 9 月，成立扬州市地方税务局广陵税务分局。2003 年 5 月机构改革，成立地税第二分局，2005 年，成立地税第五分局，均市、区双管。税务分局始终把“大力组织税收收入，全力促进经济发展”作为地税工作中心，从税源控管入手，坚持大小税源一起管，大小税种一起抓，实施“以小补大”“以零补整”的征管策略，努力做到应管尽管、应收尽收。

1994 年实施新税制后，地税部门负责征收 11 个税种、1 个教育费附加和 1 个地方教育费附加。2000 年，地税部门为地方政府陆续代收社会保险费等 14 项基金（费）。是年，固定资产投资方向调节税暂停征收。2001 年，取消屠宰税，相关税种的税率也分别作出一定的变化和调整。至 2005 年年底，广陵区地税部门征收的税种为 9 种（营业税、企业所得税、个人所得税、房产税、土地增值税、城镇土地使用税、城市维护建设税、车船税、印花税）。在地方税收大幅增长的同时，以社会保险费为主体的各项基金费收入也同时增长，各项基金费收入 19.4 亿元，征缴率由 90.39%上升到 98.17%。2003 年，广陵区基金收入 65 万元。2011 年，全区已达 5.4 亿元，地方税收促进经济社会发展的职能作用日益增强。

第一节　税　制

1994 年 1 月，新一轮税制改革揭幕。扬州市陆续实施新的《中华人民共和国营业税暂行条例》《中华人民共和国企业所得税暂行条例》《中华人民共和国土地增值税暂行条例》《中华人民共和国资源税暂行条例》及其 4 个条例的实施细则。至此，由地税部门组织征收的税费有：营业税、企业所得税、个人所得税、资源税、城镇土地使用税、房产税、城市维护建设税、固定资产投资方向调节税、国有土地增值税、车船使用税、印花税、屠宰税和教育费附加。

根据事权与财权相结合的原则，将税种统一划分为中央税、地方税和中央地方共享税。依据新的划分，扬州市地方政府固定收入包括城镇土地使用税、房产税、城市维护建设税、固定资产投资方向调节税、国有土地增值税、车船使用税、屠宰税及其地方附加。与中央政府共享收入包括：营业税（铁道部、各银行总行、各保险总公司集中缴纳的部分和金融、保险企业按照高于 5%的税率缴纳的部分归中央政府，其余部分归地方政府）；企业所得税，铁路运输、国家邮电、中国工商银行、中国农业银行、中国银行、中国建设银行、国家开发银行、中国农业发展银行、中国进出口银行、中国石油天然气股份有限公司、中国石油化工股份有限公司和海洋石油、天然气企业缴纳的部分归中央政府，其余部分中央政府和地方政府各自分享 50%（2003 年，中央政府分享 60%，地方政府分享 40%）；外商投资企业和外国企业所得税，海洋石油、天然气企业缴纳的部分归中央政府，其余部分中央政府和地方政府各自分享 50%（2003 年，中央政府分享 60%，地方政府分享 40%）；个人所得税，中央政府和地方政府各自分享 50%（2003 年，中央政府分享 60%，地方政府分享 40%）；资源税，海洋石油企业缴纳的部分归中央政府，其余部分归地方政府；城市维护建设税，铁道部、各银行总行、各保险总公司集中缴纳的部分归中央政府，其余部分归地方政府；印花税，股票交易印花税收入的 97%归中央政府，其余的 3%和其他印花税收入归地方政府。广陵区按扬州市的税种征收范围执行。

第二节 税　种

一、营业税

营业税是地方税收的第一大税种，是地方财政收入的主要来源。1993 年 12 月，国务院颁布《中华人民共和国营业税暂行条例》，财政部颁布《中华人民共和国营业税暂行条例实施细则》，明确从 1994 年 1 月起，将营业税的课税范围限定为提供应税劳务、转让无形资产及销售不动产，而且适用于内、外资企业。营业税税目分为交通运输业、建筑业、金融保险业（国税征管）、邮电通信业、文化体育业、娱乐业、服务业、转让无形资产、销售不动产九大类税目。营业税税率设置 3%、5%、20%三档，建筑业、交通运输业、邮电通信业、文化体育业的税率为 3%，金融保险业、服务业、销售不动产、转让无形资产的税率为 5%，娱乐业的税率为 5%或 20%。1997 年 1 月，国家统一将金融保险业营业税税率由 5%提高到 8%。2000 年 7 月，对电子游戏厅一律按照 20%的税率征收营业税。2001 年起，分 3 年将金融保险业的营业税税率从 8%降低到 5%。2001 年 4 月，娱乐业的营业税税率统一调整为 20%。2004 年 7 月，娱乐业中的台球、保龄球的营业税税率下调为 5%。

1994 年，全市营业税按期纳税的起征点为月营业额 300 元。为鼓励和促进下岗失业人员再就业，2002 年 7 月，按期纳税的起征点为 500 元，按次纳税的起征点为每次（日）营业额 50 元。2003 年 1 月，按期纳税的起征点调高到月营业额 1500 元，按次纳税的起征点均调高到每次（日）营业税 100 元。2003 年 10 月，全省统一规定，按期纳税的起征点为月营业额 5000 元，按次纳税的起征点为每次（日）100 元。2004 年，地税部门下发《关于调整营业税减免税审批权限的通知》，除须上报国家税务总局审批的项目（外国企业或外籍个人的技术转让、技术开发收入）必须按规定报经市、省局审核外，其他营业税减免税项目权限全部下放至各县（市、区）地方税务局。营业税免征项目有：托儿所、养老院、残疾人福利机构提供的育养服务、婚姻介绍、殡葬服务，残疾人员个人提供的劳动，医院、诊所和其他医疗机构提供的医疗服务，学校和其他教育机构提供的教育劳务，学生勤工俭学提供的劳务，农业机耕、排灌、植保等，纪念馆、博物馆、展览馆等举办文化活动的门票收入，宗教场所举办文化、宗教活动的门票收入。2005 年 10 月，地税部门实行建设工程项目税收属地管理办法。2002 ～ 2011 年，全区征收营业税收入合计 25.45 亿元。

二、企业所得税

1994 年 1 月，对纳税人在纳税年度内来源于中国境内、境外生产经营所得和其他所得征收企业所得税，实行比例税率为 33%。对年应纳税所得额 3 万元（含 3 万元）以下的企业暂按 18%的税率征收所得税，年应纳税所得额在 10 万元（含 10 万元）以下至 3 万元的企业暂按 27%的税率征收所得税。自 1996 年汇算清缴开始，正式试行纳税人自缴自核的企业所得税申报制度。2002 ～ 2011 年，全区征收企业所得税合计 12.18 亿元。

图 18-3-1　2004 年企业所得税汇算清缴纳税辅导

三、个人所得税

1994 年税制改革，个人所得税、城乡个体工商业户所得税、个人收入调节税合并为个人所得税，由地税机关征收。实行累进税率与比例税率并用，量能负担与等比负担并重的税率。对工资、薪金所得适用 5%～ 45%的 9 级超额累进税率，对个体工商户的生产、经营所得和对企事业单位的承包、承租经营所得适用 5%～ 35%的 5 级超额累进税率，对劳务报酬所得适用 20%～ 40%的比例税率。稿酬所得名义税率为 20%，应纳税额减征 30%，实际税率为14%。其他所得适用20%的税率。1995年5月，地税部门对个人所得税实行支付单位源头扣缴和纳税人自行申报两种计征办法。1999年8月，对储蓄存款利息征收个人所得税。同年11月起，由国税部门征收。2007～2011年，全区地方个人所得税收入分别为3283万元、5156万元、4424万元、7147万元和1.03亿元。

四、房产税

以城市、县城、建制镇和工矿区范围内的房屋产权所有人为纳税人，采用按计税余值计税和按租金收入计税两种方法。依照房产余值计算缴纳的税率为1.2%，依据房产租金收入计算缴纳的税率为12%和4%。1994～2005年，地税部门陆续执行一些减免税政策：对区邮政部门凡在单位财务账中划分清楚的房产，2001年1月起不再征收房产税；对出租房屋中的公有住房和廉租住房，2001年1月起暂免征收房产税；对为高校学生提供住宿服务并按高教系统收费标准收取租金的学生公寓，2002年10月～2005年12月，免征房产税。

五、车船使用税

对行驶于公共道路的车辆和航行于国境内的河流、湖泊或领海口岸的船舶，按照其种类、吨位和规定的税额计算征收。1986年10月起，市区施行《中华人民共和国车船使用税暂行条例》。1993年，全市对机动车辆统一粘贴车船使用税和免税标志。2000年7月，市地税局将车船使用税委托市公安车辆管理部门对其完税情况进行查验、把关。

六、土地增值税

1995年正式开征。其纳税人为转让国有土地使用权、地上建筑物及其附着物并取得收入的单位和个人。国有土地增值税以纳税人转让房地产取得的增值额为计税依据，实行加级超率累进税率（增值额不超过扣除项目金额的50%的部分，税率30%；超过扣除项目金额50%～100%的部分，税率40%；超过扣除项目金额100%～200%的部分，税率50%；超过扣除项目金额200%的部分，税率60%）。

七、城镇土地使用税

根据《中华人民共和国城镇土地使用税暂行条例》，1989年，市区一等土地每平方米1元，二等土地每平方米0.5元。1999年6月，县范围内的税额每平方米年调整为1元;2001年，市区范围内由原先2个等级调整为4个等级，每平方米年税额分别调整为2元、1.5元、1元和0.5元。广陵区一直按扬州市区的标准征收城镇土地使用税。

八、城市维护建设税

以纳税人实际缴纳增值税、消费税、营业税税额为依据所征收的一种附加税。1985年1月，实施《中华人民共和国城市维护建设税暂行条例》。1995年1月起，城市维护建设税转由地税局征收。对随同营业税附征的城市维护建设税，按营业税的征收规定办理。纳税人所在地在市区的税率为7%，纳税人所在地在建制镇的税率为5%，纳税人所在地不在市区、建制镇的税率为1%。该税种开征后，其收入规模随经济增长而逐年增加，逐步成为地方财政收入的重要来源。

九、印花税

对经济活动和经济交往中设立、使用、领受具有法律效力的应税凭证的单位和个人征收的、兼有行为性质的凭证税，采用比例税率和按件定额税率两种税率形式。1997年5月，国务院将3‰的税率调高为5‰。1998年6月，又调整为4‰。1999年1月，国务院将B股税率从4‰调为3‰。2001年11月，对买卖、继承、赠与所书立的A股、B股股权转让书据，基金（开放式证券投资基金）管理人运用基金买卖股票均按照2‰的税率征收证券（股票）交易印花税。区地税分局征收印花税根据不同征税项目，分别实行从价和从量计征两种税收方法。

十、固定资产投资方向调节税

对在中国境内进行固定资产投资的单位和个人（“三资企业”除外），按其实际完成投资额征收。按国家产业政策实行差别税率，差别税率分别为0%、5%、10%、15%、30%。该税开征，对重复建设、无效投资、污染项目等起到一定抑制或调节作用，并为国家鼓励发展的产业、重点建设项目、基础设施建设提供一定资金和物质保证。1999 年 7 月，减半征收固定资产投资方向调节税。2000 年 1 月，扬州暂停征收固定资产投资方向调节税。

十一、屠宰税

1994 年后，区继续执行屠宰税税收政策。从事收购及屠宰业务的，在收购环节，按照实际收购的头数计算缴纳税额，分别为生猪每头 10 元，牛、马、驴、骡每只 18 元，羊每头 2 元；自养、自宰、自食的，在宰杀环节按照实际宰杀头数计算缴纳，税额分别为生猪每头 5 元，牛、马、驴、骡每头 9 元，羊每只 1 元。根据农村税费改革精神，2001 年取消屠宰税。

第三节 基金(费)

一、社会保险费

根据省政府办公厅《关于社会保险费改由地方税务部门征收的通知》要求，2000 年 7 月起，扬州市社会保险费改由地税部门征收。2003 年 1 月，全市所有行政机关、事业单位、企业及其职工，个体工商户及其雇工，自由职业者及其他有缴纳社会保险费义务的个人的社会保险费一律由地税部门征收，并行使征收、检查、行政处罚以及清理欠费等职权。2004 年 4 月，市区医疗保险费改由地税部门征收。至 2011 年，除行政事业单位的基本养老保险仍由劳动社会保障部门征收、自由职业者的基本养老保险和基本医疗保险由地税委托社保部门代收外，所有企业、个体工商户的社会保险费和行政事业单位的失业保险、工伤保险、生育保险均由地税部门征收。2004 年 7 月，地税部门以刚接手的医疗保险进行试点，改革社会保险费征缴方式，将以前企业上门开票去银行缴费，改为税库银网上实时划缴。2005 年 1 月，区地税部门社保费征缴全面实现税库银网上实时划缴，从而大大提高征缴效率，降低征缴成本。

二、教育费附加

1994 年 1 月，根据国务院《关于教育费附加征收问题的紧急通知》，对单位和个人实际缴纳的增值税、营业税、消费税附征 3% 的教育费附加，分别与“三税”同时缴纳；对农村乡（镇）、村办企业和私营企业等按销售收入的 4‰征收教育费附加。2003 年 7 月，根据省政府《关于调整教育费附加等政府性基金征收办法的通知》，对所有单位和个人均按照其实际缴纳的“三税”税额附征 3% 的教育费附加。

三、地方教育附加费

1995 年，根据《关于城市企业按“三税”的 1% 开征地方教育附加费的暂行规定》，对企业按照实际缴纳的增值税、营业税、消费税征收 1% 的地方教育附加费，对农村乡（镇）、村办企业（含三资企业）、私营企业以及联营、联户、股份合作制等企业按销售收入或营业收入的 1‰征收地方教育附加费。2003 年 7 月，根据省政府通知，对所有单位和个人均按照其实际缴纳的“三税”税额附征 1% 的地方教育费附加，同时取消对乡镇以上（含乡镇）的建房单位（或个人）新建、扩建、改建房屋按照建筑面积定额征收的地方教育附加费的政策。

四、文化事业建设费

1997 年 1 月，开征文化事业建设费。文化事业建设费由地方税务局在征收娱乐业、广告业营业税时，按营业税应纳税所得额的 3% 一并征收。

五、防洪保安资金

1994 年后，继续征收防洪保安资金。1999 年，对工业、交通、农业等生产企业，商业、外贸、物资、供销等商品流通企业中的零售企业，均按销售收入的 1‰征收；对批发企业，按销售收入的 0.5‰征收；对银行（含信用社），按利息收入的 0.6‰征收；对保险公司，按保费收入的 0.6‰征收；对各类信托投资公司、财务公司、证券公司等非银行金融机构，事业单位和社会团体，其他行业的各类企业，按销售收入或营业收入的 1‰征收；对城镇个体工商户，按营业收入的 1‰征收；城乡有固定工资性收入的在职职工每人每年缴纳 10 元。2003 年，市区驻扬单位、机关、事业单位、社会团体、各类企业、城镇个体工商户以及在职人员应缴纳的防洪保安资金，统一由市地税局负责征收。按销售收入征收的部分由缴费单位每月按销售收入申报缴纳，在职职工每年9月由缴费单位按10元／人·年申报缴纳。

六、市场物价调节基金

1994年后，市场物价调节基金采取企事业单位及银行、保险部门由地税部门负责征收，个体工商户、私营企业由工商行政管理部门负责征收的办法。2003年，市区驻扬单位、机关、事业单位、社会团体、各类企业、城镇个体工商户以及在职人员应缴纳的市场物价调节基金统一由市地税局负责征收。对凡有销售收入或营业收入的企事业单位、个体工商户，按销售额或营业额的1‰征收，其中批发业务按进销差价的3‰征收；对银行、保险部门，按营业税额的2％征收。2004年4月起，对民营企业一律免征市场物价调节基金。根据省政府《关于取消和停止征收部分行政事业性收费和政府性基金项目的通知》的文件精神，2008年9月，停征市场物价调节基金。

七、粮食风险基金

1995年1月，为防止市场粮食价格大幅度波动，扬州开征粮食风险基金，并采用副食品基金的名称征收。其中国家企业和国家控股的股份制企业由区财政部门（或由地方税务分局）负责征收，集体企业由地方税务分局负责征收，私营企业和个体工商户根据具体情况落实征收部门。商业、粮食、外贸、工业供销和合作社等商业流通企业，按销售收入的1‰征收；主要从事商品批发销售的企业按销售收入的0.5‰征收；餐饮、旅游、娱乐等服务企业，按营业收入的1.5‰征收；工交企业按销售收入（或营业收入）的1‰征收；建筑安装企业按工程结算收入的1‰征收；银行部门按利息收入的0.5‰征收；保险部门按保险费收入的0.5‰征收；各类信托投资公司按业务收入的0.5‰征收；个体工商户按注册资本的1％征收；其他企业和自收自支事业单位，根据扬州财政部门确定的征收比例执行；转制为中外合资、中外合作企业，按中方投资比重计算确定销售收入（或营业收入），比照同类企业征收。2003年，市区驻扬单位、机关、事业单位、社会团体、各类企业、城镇个体工商户以及在职人员应缴纳的粮食风险基金统一由市地税局负责征收。2008年9月，停止征收。

八、地方教育基金

1995年1月，根据省财政厅《关于建立人民教育基金的暂行规定》，企业在职职工（含“三资”企业的中方在职职工），月工资性收入在400元及以上的，按每人每年36元征收；月工资性收入在250元及以上、400元以下的，按每人每年24元征收。2003年7月，根据省政府《关于调整教育费附加等政府性基金征收办法的通知》，人民教育基金更名为地方教育基金，每年9月由企业单位按在职职工人数24元／人·年申报缴纳，机关事业单位按36元／人·年申报缴纳。

九、残疾人就业保障金

2003年7月，扬州市制定《扬州市残疾人就业保障金征收管理办法》，市区范围内的机关、团体、企事业单位、驻扬各单位和所辖各类经济组织等用人单位，凡残疾人就业比例未达到本单位从业人员总数1.5％的，开征残疾人就业保障金。市残联委托市地税局负责办理。征收标准为：(年末单位从业人员总数×1.5％－本单位已安置的残疾人数）×上年度市区职工人均工资数（按统计行政部门公布数为准）。2004年12月，残疾人就业保障金全部改由地税部门负责代征。采用简易征收标准：单位应缴保障金为［从业人员总数－(安置残疾人数×0.67)］×（上年职工平均工资× 1.5％）。

十、职工教育经费统筹

2002年，对各类企业开征职工教育经费统筹，区地税部门采取由缴费单位按季根据季度职工工资总额的0.5％缴纳的方式进行征收。

十一、旅游事业发展费

1996年4月，根据省政府《关于印发江苏省旅游事业发展费征集管理暂行办法的通知》，区地税分局负责对从事旅游经营活动的旅行社、饭店、餐馆、车船公司、包机公司、管理公司、娱乐场所、旅游景点等企事业单位，按计税营业额的1％征收；对旅游商品定点生产企业、旅游商贸企业，按销售额的0.5％征收。2008年9月，停止征收。

十二、人防建设经费

2002 年 1 月，根据《江苏省人防办、江苏省财政厅、江苏省地税局关于地方税务机关征集人防建设经费若干问题的通知》，人防建设经费改由地税部门代征。企事业单位，每年 9 月由缴费单位按在职职工每人每年 14 元征收；个体工商户，按每户每年 60 元征收。

十三、义务植树统筹费、绿化费

2004 年，受扬州市绿化委员会委托，代征义务植树统筹费、绿化费。对各类企业、实行自收自支和企业化管理的事业单位、城镇个体工商户等，每年 9 月按在职职工人数征收义务植树统筹费 5 元 / 人·年、绿化费 8 元 / 人·年。每人每年两个义务植树日。完成义务植树劳动的，凭市绿化委开具的证明到市地税局办理免交手续。

十四、工会经费

2005 年起，受扬州市总工会委托，代收代缴工会经费。依法建立工会组织的企业、事业单位以及其他组织，每月按全部职工工资总额的 2% 拨缴工会经费，并凭工会组织开具的工会经费拨缴款专用收据在税前扣除。2011 年，市工会经费采取工会核定征收计划，由区地税部门每月从缴费单位账户上划款征收。征收形式，建立工会组织并已在市总工会注册的单位征收工会经费，征收工资总额 2% 中的 40%；未建立工会组织的单位征收工会筹备金，征收工资总额的 2%，待该单位建立工会组织并在市总工会办理注册后，返还缴费单位缴费部分的 60%。

第四节 征 管

一、税费收入

区地税部门把“大力组织税收收入，全力促进经济发展”作为地方税收工作中心。1996 ～ 2011 年，共组织以营业税为主的各项税类收入 79.65 亿元，组织以社会保险费为主体的各项基金收入 19.45 亿元。

1996 ～ 2011 年广陵区地方税费收入统计表

表 18-3-1　　单位：万元

年份	税收总额	地税收入	税收总额中			基金收入
			增值税	营业税	企业所得税	
1996	2674	2303	—	—	—	—
1997	2975	2669	—	—	—	—
1998	3500	3060	—	—	—	—
1999	4906	3988	—	—	—	—
2000	5184	3961	—	—	—	—
2001	5958	4408	—	—	—	—
2002	11141	5966	4077	3113	809	129
2003	12658	5979	4877	4909	1070	65
2004	16430	7599	5907	6267	1332	710
2005	47844	22717	14700	17610	5107	3155
2006	59971	30375	17176	22607	7768	8640
2007	79683	41811	20583	25476	13052	19584
2008	90986	50784	23020	26103	15925	25591
2009	99910	55579	20223	36688	14467	36387
2010	129778	75645	20598	48063	20435	46010
2011	222897	115866	44394	63709	41847	54223

说明：2011 年，含当年新划入的 5 个镇。2002 ～ 2011 年，税收总额中含罚没款等其他收入

二、征管改革

1994年，区地税局广陵分局成立初期，实行“征管、检查两分离”征管模式。征收部门负责对纳税人税、费（基金）的征收以及计会统工作，管理部门负责对纳税人的税源管理及履行纳税义务情况的检查。建立相互监督制约机制。

1996年，深化税收征管改革，建立以纳税申报和优化服务为基础，以计算机网络为依托，集中征收、重点稽查为特点的新征管模式，制定税务登记、纳税申报、税款征收等7个方面的制度。地税广陵分局先后建立集税费（基金）征收、受理纳税人涉税事项、税务咨询、发放涉税资料等功能于一体的办税服务厅，为纳税人办理纳税申报提供“一条龙”服务。当年地税申报纳税率、税款入库率均90%以上，计算机开票率90%。

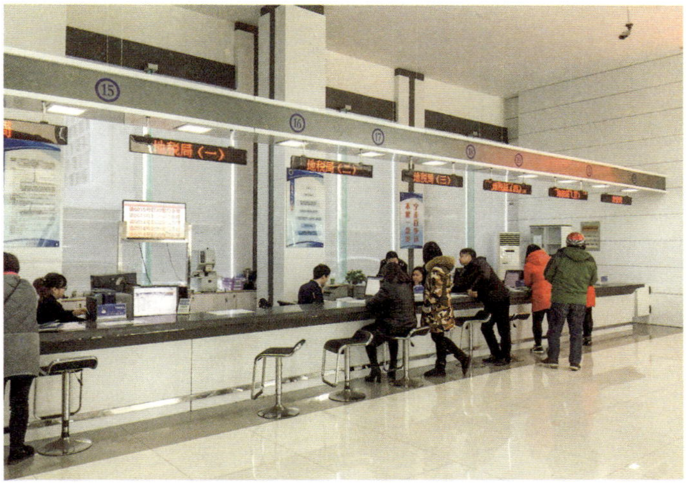

图18-3-2　地税广陵分局服务窗口

1998～2001年，税收征管逐步取消专管员，采取集中征收方式，实行征收管理与稽查两分开。执行20多项配套制度，规范征管工作业务流程和税务行政执法行为。

2002～2003年，为强化税源监控，提高税收征管质量，在三资企业、重点税源户中试点开展纳税评估，运用技术手段和方法，对纳税人纳税情况进行综合评定，及时发现并处理纳税人在生产经营中出现的错误和异常现象。2004年，根据江苏省地方税务局在市地税局试点导入ISO 9000质量管理体系贯标工作要求，地税广陵分局将ISO 9000质量管理体系的表证单书编印成册，税务工作人员人手一册，使办税质量得到进一步提升。2005年，全面推行征收、管理、稽查三分离的税收征管模式，初步建立“集中征收、重点稽查、强化管理”的税收征管格局，实现“无区域申报、有区域管理”，促进对税收执法过程的有效制约与监督。地税广陵分局按照“革除弊端、发挥优势、明确职责、提高水平”要求，本着“重点税源专人管，一般税源分片管，零散税源委托管”的原则，建立税收管理员制度，进一步推动税收科学化、精细化管理。

2007年，市政府先后出台《关于加强税收征管，实施社会综合治税的工作意见》《关于加强零散税收管理，建立委托代征机制的意见》等文件，全面推行社会综合治税，“政府领导，税务主管，部门配合，司法保障，社会参与”的综合治税体系初步建立。下半年，以加强私房出租税收征管为综合治税工作的突破口，广陵区设立7个零散税收委托代征点，并以9月为“突击月”，成立专门工作小组，对市区私房出租、个体工商户进行拉网式调查。集全局之力，突击对门面房、商铺、出租房多的11条主干道进行全面清理，并在全区乡镇、街道、产业园分别建立有3～5人组成的代征点。是年，全区共调查落实私房出租1536户，并全面建立代征关系，征收入库私房出租税款计172万元。同时全力加强个人所得税年收入12万元自行申报工作，共有575人申报；全年清理欠税1209万元；加大纳税评估，对1625家企业作纳税评估，评估入库税款1167万元。

2008年，地税广陵分局采取五项措施，认真组织收入。强化企业所得税管理。在企业所得税汇算清缴工作中，采取内核外托、两手抓的方法。财税联动，共同委托5家税务师事务所，对年纳税100万元以上的35家非房地产企业进行评估服务，帮助企业进行汇算清缴，增加税收收入近千万元。对企业所得税预征征收方式企业进行调整，计调整495家。加强甲供材税收管理。对辖区内所有建安房地产企业进行评估，确保甲供材税收不流失，计补征税款483万元。加强个人所得税12万元自行申报管理。组织718名年收入12万元以上或两处以上取得收入的高收入个人进行个人所得税的自行申报，申报税款942万元，补缴税款44.9万元。加强国地税信息比对工作。通过国税信息比对，共核查税务登记211户次，企业所得税鉴定核查9户，少申报税费847户次，补缴税费392.15万元。主动获取国税生产型出口企业抵免增值税信息，通过增值税、消费税与城建税的缴纳比对评估，共计补缴城建税 129 万元。加强纳税评估。由原来的自管自评改为推磨式互评，实行专项评估与重点评估相结合，对 88 家建安房地产企业和 48 户中介机构开展专项评估，对 33 户货运自开票纳税人进行重点评估，限改或取消自开票纳税人资格 10 户。

图 18-3-3 2009 年，地税二分局向个体户发放税收宣传册

2009 年，分局成立 6 人组成的专项评估小组，对区内广陵新城、广陵产业园、食品工业园、商贸物流园进行专项纳税评估，共计入库税款 944.48 万元。抽出 35 户组织内部推磨式评估，评估出税款 1300 万元；全面开展土地使用税欠税清理，对市局提供的 772 条土地信息逐条比对，上门核对差异，共计补申报土地使用税 392 万元。土地使用税同比增收 541.67 万元，增长 44.14%。通过摸清房产源头，取缔房产虚假协议等手段，在房产税专项检查中增收房产税 746 万元。在房产税的后继管理中，同比增收 1707.6 万元，增长 91.56%；对房地产公司完成的工程项目，逐项组织清算，同比增收土地增值税 899.9 万元，增长 81.84%；加大清理欠税力度，排出欠税万元以上的清欠计划，共计清理欠税 875 万元。同时还协调新城西区安排专项资金 150 万元以其工程款抵缴欠税款。

2010 年，率先在全区范围内开展个体工商户地方税收（共管户）委托代征，即协税护税网络建设工作。全区乡镇、街道都设立协税护税办公室，计设立代征点 27 个，配有 33 台（套）计算机开票设备。是年，委托代征入库税款 1265 万元，比 2009 年同期入库税款 549 万元增长 185%。

2011 年，继续开展税源调查，进行税收分析，加强对重点税源的监控，同时加强和各街道协税办的业务联系，充分利用社会力量，管好个体税源。

三、税务登记

1995 年 6 ～ 7 月，全区开展税务登记证验证工作。1996 ～ 1997 年，全区开展税务登记证换证工作。1998 年 3 月，地税广陵分局开展税务登记证验证工作，建立新的税务登记库，开展漏征漏管户清查，积极落实整改措施。

1999 ～ 2001 年，开展税务登记证换证与验证工作。

2002 年，与区工商、国税、银行等部门建立信息交流和协作制度，加强对变更、停业、失踪、注销户及非正常户的认定管理，明确相关要求和程序。区在市政府行政服务中心设立税务登记窗口，专门负责开业、变更税务登记和税务咨询工作，实现市、区税务登记集中管理。

2005 年，分局注重把好“严出”关，对注销户、非正常户等严格把关审批。专门设计纳税基本情况表，规范税收管理员采集纳税人基础信息，漏征漏管现象得到有效控制。全区全年办理新办税务登记查勘 2653 户，办理新办户鉴定 981 户，调查核定新办户定额 296 户，检查调定纳税定额 40 户，办理注销 429 户，办理停复业 130 户，办理审核购领发票资格 92 户，签订社保协议 168 户，调查处理涉及税务登记举报信件 15 件。

2007 年，分局组织换证工作“回头看”活动，清理税务登记基础数据。组织税收管理员利用 10 个工作日，对 4821 家企业的税务登记中 1.3 万余条基础数据失真进行维护，准确调整户籍基础资料。牢固树立“强本固基，守土有责”意识，稳定企业所得税纳税户。对上年新设立企业的所得税管理权限进行重新认定，对不符合新办企业条件的纳税户，坚决纳入到地税部门征管，防止现有征管户变相转移。

2009 年，加强对国土部门传递数据、申报信息与登记信息、房产登记信息与土地登记信息的比对，完善税务登记信息。2010 年，依托社会化综合治税，深入挖掘潜在税源。通过与区工商、国税、国土等部门的信息比对，补办税务登记1600户。2011年，开展税务登记数据质量月活动，定期进行质量通报。

四、发票管理

1995年4月，全面使用地方税务局监制发票，旧版发票作废。1996年，针对纳税人对普通发票用大头小尾、串开、代开、转让等违章行为有明显上升的趋势，统一使用全省新式样地税发票。做好发票统一防伪措施过渡、发票定点厂管理、饮食服务行业使用剪额发票前期准备工作。1997年1月，全区统一使用新版普通发票；在市区饮食行业开始启用剪额发票；对联运、托运市场进行清理整顿，加强此类企业的发票管理。

1998年，将打击税收违法犯罪行为专项斗争和打击长江沿岸仿造、倒卖发票专项斗争宣传有机结合起来，对饮食业、服务业、娱乐业、交通运输业发票组织专项检查。开展打击涉税犯罪专项斗争。抽调人员对接受运输发票大户进行检查。是年，改革纳税申报方式，与区邮政部门联系推行邮寄申报，与国税、银行部门联系，对个体工商户中的“定期定额”户采取划卡申报、缴纳方式，促进纳税申报质量提高。

1999年4～6月，全面开展普通发票清理检查工作，自查面100%，其中重点清查户占自查面的37%。针对市区交通运输业货运发票假票现象严重的情况，加大对该行业发票的管理力度。为打击偷逃税行为，地税与国税、高通信息公司联合开展“凭发票中幸运大奖”活动，鼓励支持广大消费者向商家索取发票参加抽奖。2000年，推广使用税控收款机，在市区沐浴业规模较大的纳税户进行试点和推广应用。

2001年，加强制度建设，先后出台《发票印制管理办法》《扬州市区发票缴销、销毁管理办法》等管理制度，对发票的印制、购领、使用、缴销、销毁等环节进行明确和规范，在餐饮、娱乐、服务业推广税控收款机，推广面80%以上。

2004年，对定额发票和部分机打票实行发票即开即奖（“刮刮奖”）制度，激发消费者索取发票热情。实施刮刮奖后，餐饮、服务、娱乐三个行业总用票量同比增长23.1%，入库地方税收同比增长56.1%。全面推广房地产开发企业电脑专用发票，取消手工票，实行税控开票，通过开票信息与申报信息实时比对，达到“以机管税”“以票控税”目的。

2005年1～4月，完成发票换版工作。区内的发票使用种类由原先98种减为38种，其中机打发票26种、手开发票2种、卷式发票1种、定额发票9种，机打发票超过三分之二。新版机打电脑发票均采用中英文对照印制，并根据纳税人需要增加联次。利用发票换版契机，将有奖发票推广应用至全部行业。使用刮奖发票的餐饮、娱乐行业年入库地方税收比上年同期增长29.76%。

2007年，以货运发票税控系统及建筑与销售不动产发票换版为契机，提高货物运输业税收管理质量和水平，加强二手房交易税收管理。2009年，加大发票管理力度。积极推行网上开票。9月起，除交通运输业外，全面推广网络开票系统；开通“网上发票验证系统”，实现对建安、房地产发票以及网上开具发票的在线查询和验证服务。2010～2011年，在全省率先试行网络发票离线开具模式，全面取消手工发票。

五、纳税申报

1996年，地税广陵分局企业准期纳税申报率由原来的75%上升到95%以上。1998～2001年，实行税银一体化新的申报和缴库方式，将个体业户的税款委托银行划卡征收，纳税人可就近申报纳税。2002年，推行多元化申报缴库方式，对具备条件的纳税人推行计算机网上纳税申报，对不具备条件的小型纳税人，通过直接上门、电话、邮寄等方式进行纳税申报，对定期定额户推行税银一体化建设，逐步实现银行扣税的模式。与国库、各专业银行、电脑软件公司等相关部门单位联合开发“税银库企一体化”系统，并在部分企业中进行试运行，申报、自动扣除成功率100%。推行多元化电子申报方式。实现纳税人网上“阳光”缴税。2005年，全区纳税额万元以上的查账征收户基本实现网上申报，个体划卡缴税推广面95.42%。

2008～2009年，分局采取“抓前、控中、管后”举措，有效开展个税自行纳税申报工作。全力推进全员全额扣缴申报工作，完善申报软件，建立定期通报制度，强化考核力度，提高申报质量，全员全额扣缴申报率99%以上，全员全额扣缴申报税款占比97%以上。

2010年，推广网上办税，创新“同城通办”“影印系统”和CA认证等先进服务手段，提高纳税人办税效率，减少纳税人资料报送负担。2011年，认真做好自行申报、汇算清缴等工作，举办“我为12万元自行纳税申报献一策”活动，自行申报税款同比增长 66.8%。

六、减免税

2003 ～ 2011 年，全区为各类企业和纳税人减免税收 1.43 亿元。

2003 年，为扶持下岗、失业人员再就业，为 119 名下岗失业人员办理减免税审批，共减免 26.75 万元；做好政策性减免税的报批工作，为 7 家福利校办企业办理减免退税 43.74 万元；为 2 家房地产企业空置房销售免征 54 万元。“非典”期间，落实减免税优惠政策，5 个月共为 530 户减免 485.13 万元，全年合计减免 609.62 万元。

2004 年，为全区 326 户企业和纳税人减免税费 495.16 万元。共分 6 个类型，即军队转业干部从事个体经营的 1 户，减免 1.69 万元；营利性及非营利性医疗机构经营户 2 户，减免 20.36 万元；下岗、失业人员个体经营户 301 户，减免 240.57 万元；新办服务型企业安置下岗、失业人员 12 户，减免 56.24 万元；非正规就业劳动组织安置下岗、失业人员 1 户，减免 0.31 万元；民政福利校办企业 9 户，减免 175.99 万元。

2006 年，国家调整下岗再就业税收优惠政策，全年办理减免税 337 户，减免 1246 万元。

2007 年，为安置失业、下岗职工企业减免税收 2.3 万元；按政策为 1 家企业减免房产税 25.41 万元；为 7 家企业办理财产损失税前扣除 268.33 万元。全年合计减免 296.04 万元。

2008 年，坚持用足用好税收优惠政策，为 5 家企业办理高新技术企业资格，享受企业所得税 15%的税率优惠；为 3 家企业技术开发费累计扣除 1892 万元；为 28 名下岗再就业人员减免税款 134.08 万元；为 7 家企业吸纳下岗失业人员减免税款 40 万元；为 1 家节能排水企业减免税款 56 万元。此外，还为安置失业、下岗职工企业减免税收 7.1 万元；为 12 家企业办理财产损失税前扣除 45.68 万元。全年合计减免 2174.86 万元。

2009 年，为安置失业、下岗职工企业减免税收 25.8 万元；为 6 家企业办理财产损失税前扣除 157.18 万元。全年合计减免 182.98 万元。2010 年，为安置失业、下岗职工企业减免税收 35.27 万元；按政策为 1 家企业减免房产税 60 万元；为 5 家企业办理财产损失税前扣除 1898.8 万元。全年合计减免 1994.07 万元。2011 年，为安置失业、下岗职工企业减免税收 30.73 万元；为 6 家企业办理财产损失税前扣除 7252 万元。全年合计减免 7282.73 万元。

第五节 稽 查

1994 年实行新税稽查制后，市地税局成立专门稽查机构，将纳税人申报纳税情况纳入常规检查。工作侧重点由原稽查队侧重于对“三大税”的检查转为侧重对地方税和所得税的检查。1996 年，市地税局根据国家税务总局颁布的《税务稽查工作规程》，研究制定《市地税局稽查工作规程》。设立选案组、稽查组、定案组，实行查定两分离；同时完善稽查与征收的衔接，初步建立起二级稽查模式。稽查局主要负责检查以前年度的纳税情况，主管征管分局的稽查部门主要负责检查当年的纳税情况。同年 7 月，为强化地方税收征管，市地税局赋予稽查局“查外监内”的职能，实现由被动检查向主动检查、由无序性检查向有序性检查、由松散型管理向紧密型管理转移。

1997 年，国家税务总局明确提出“向基层转移、向征管转移”的要求。区地税分局按“集中征收，重点稽查”的新模式要求，建立分类稽查制度，将稽查分为日常稽查、专项稽查、专案稽查三类，研究制定税务稽查执法标准文书，使稽查工作走上规范化、法治化道路。初步形成“严密、科学、规范、有序”具有快速反应能力和强大威慑力、与征管改革相配套、相衔接的新地税稽查体系，形成选案、检查、审理、执行四分离新模式。加强稽查人员配备，地税分局从事稽查工作人员的比例占总人数的 40%以上。是年，罚没收入 92 万元。

1998 年，制定《税务稽查工作计划管理制度》《税务稽查立案报批制度》《税务案件审理制度》《税务稽查文书管理制度》等工作制度，加强转变稽查职能，提高个案质量。由追求收入型向加强征管型转变，由重点查案型向优化稽查管理型转变，由追求案件数量型向重点个案型转变。加大稽查力度，明确每年稽查面不得小于所辖纳税人总数的三分之一，突出稽查工作“重中之重”的地位。是年，罚没收入 302 万元。

1999年，按照“集中征收，重点稽查”的总体要求，调整机构，充实专职稽查人员；完善一、二级稽查模式和日常检查、专项检查、专案检查管理制度，日常检查面30%；实现“选案、定案”与“查案、执行”两分离，确立“三年查一遍，一次查三年”的日常检查工作思路。2000年，制定《税务稽查案件复查管理制度》《税务案件移送管理制度》，细化《税务稽查工作规程》，明确稽查标准，即“选案的科学性、查案的真实性、审理的公正性、执行的严肃性”。2001年，制定《重大案件审理制度》，实施新一轮稽查体制改革，逐步实行由稽查局进行一级稽查，实行归口管理，避免多头检查、重复检查。是年，罚没收入412万元。

2003年，制定《税务检查必查项目制度》。逐步建立征、管、查三分离的专业职能机构。实现稽查工作三个转变，即由收入型向执法型转变，由普查型向重点打击型转变，由全功能型向专业职能型转变。对举报案件实施A、B、C三类管理:A类为重大案件，指预计案值20万元以上，且线索、材料详尽的举报，进行重点检查；B类是普通案件，指预计案值在20万元以下，线索具体的举报，作为日常检查；C类为情况不明，须待线索清楚、材料详尽后再按规定处理。是年，罚没收入316万元。2004年，通过稽查，收取罚没款382万元。2005年，推行《税务稽查告知制度》《税务稽查四项服务制度》，实行查前预告、查前约谈、查中宣传、查后整改，有效提高稽查效能。是年，罚没收入381万元。

2006年，完成执法责任制岗责体系的构建。运用执法考核模块进行电子化考核，加大税收执法过错责任追究力度。对2005年后税收征管、税收稽查、税收计会统、税务行政处罚等工作采取单位、项目逐个过堂的办法，深入开展执法检查。是年，罚没收入644万元。

2007年，以税收专项检查和日常稽查为重点，以查处大案要案为突破口，实施重点税源稽查分级分类管理，采取集中办案、异地检查、交叉检查、取消点对点查前告知的公开办案形式，有效提高税务稽查抗干扰能力，取得“人员不增，效率提升”的显著成效。是年，补缴各类税款566.05万元。

2009年，创新实施阳光稽查。查前，发动纳税人开展自查，自查出的税款不予处罚；查中，聘请中介机构的专家，免费向纳税人提供法律援助；查后，针对问题提供税法辅导，降低纳税人涉税风险。是年，补申报税收392万元。2010年，实施重点税源稽查分级分类管理。先后开展房地产业、建筑安装业、金融保险业、邮电通信业等多个行业的专项检查及园林绿化和市政工程检查工作。2011年，坚持以查促收、以查促管，积极探索“精确选案、专业检查、独立审查、文书说理”的税务稽查新模式。

第十九篇

经济综合管理

要　目

第一章　发展规划与实绩…………………………　689

第一节　“七五”计划期（1986 ～ 1990 年）…　689

第二节　“八五”计划期（1991 ～ 1995 年）…　691

第三节　“九五”计划期（1996 ～ 2000 年）…　692

第四节　“十五”计划期（2001 ～ 2005 年）…　694

第五节　“十一五”计划期（2006 ～ 2010 年）…………………………………………　697

第六节　“十二五”计划期（2011 ～ 2015 年）…………………………………………　699

第二章　统　计…………………………………　701

第一节　统计调查……………………………　701

第二节　统计信息服务………………………　704

第三节　统计监督……………………………　705

第三章　物价管理………………………………　706

第一节　商品价格……………………………　706

第二节　价格管理……………………………　713

第三节　收费管理……………………………　716

第四节　价格指数……………………………　721

第四章　工商行政管理…………………………　723

第一节　企业登记管理………………………　724

第二节　市场建设……………………………　727

第三节　经济合同管理………………………　728

第四节　商标与广告管理……………………　729

第五节　消费者权益保护……………………　729

第五章　质量技术监督…………………………　732

第一节　计量管理……………………………　732

第二节　标准化管理…………………………　733

第三节　质量监督……………………………　733

第四节　特种设备安全监察…………………　733

第六章　审　计…………………………………　734

第一节　财政和金融审计……………………　735

第二节　企业审计……………………………　736

第三节　固定资产投资审计　………………　738

第四节　机关和事业单位审计………………　740

第五节　经济责任审计………………………　740

第六节　专项资金审计………………………　742

第七章　食品药品监督…………………………　743

第一节　食品安全管理………………………　744

第二节　药品监督管理………………………　746

第三节　医疗器械监督管理…………………　748

第八章　安全生产监督…………………………　748

第一节　安全生产制度………………………　749

第二节　安全生产监察………………………　751

1983年广陵建区后,以经济建设为中心,逐步形成工商并举、各业发展的良好格局。1989年,全区实现工业总产值2.25亿元,较第七个五年计划期开始的1986年增长112.3%;利润1181万元,增长65%。2002年市区区划调整后,跨越发展,工业化、城市化进程不断加快。2006年后,围绕加快实现"两个率先"先导区的宏伟目标,"两城三区"(广陵古城、广陵新城,广陵产业园区、食品工业园区、商贸物流园区)强势推进,制造业与服务业全面提速,外向型经济启动。2011年,区划再次调整,为广陵加速率先基本实现现代化进程创造重要历史机遇,全区实现地区生产总值410.65亿元,其中一产、二产、三产增加值分别为7.48亿元、227.51亿元和175.66亿元。

1989～2011年,全区工业、农业、建筑业、商贸服务业改革不断深化。区委、区政府确立行政管理工作服从、服务于经济发展的观念,不断推进服务型政府建设,由单一的经济计划管理改为经济的、法律的、行政的综合管理,由微观管理改为宏观调控。增强服务意识,加强行政执法队伍建设。统计部门的服务内容由单纯提供数据资料,转变为包括调查研究、分析与建议在内的全方位统计信息咨询服务。改革开放后,特别是1988年7月,物价部门放开13种名烟、13种名酒价格为标志,价格体制改革步伐进一步加快。1998年11月,设立广陵工商分局注册登记大厅,开设"一条龙"服务窗口;开展"放心消费城市"创建活动;帮助企业运用商标战略,争创中国驰名商标、省著名商标和市知名商标。1991年,区计量部门对集贸市场计量器具实行强制校验。1996年,区开展计量检测体系与国际接轨。从2003年提出质量兴区方略至2011年,244家企业通过各种ISO管理体系认证,产品合格率98.34%;发放特种设备操作证577张。2000～2011年未发生特种设备重特大安全事故。区审计局健全机构,完善工作职能,全面开展财政、行政、事业、企业、农村及经济责任的审计工作。1990～2011年,共审计项目494个,审计金额265.39亿元。2002～2010年,市药品监督管理局对广陵区内药品研究、生产、流通、使用直管,进行行政监督,对食品、保健食品、化妆品安全进行综合监督。2011年,成立食品药品监督管理局。2001年,成立区安全生产监督管理局。全区乡镇(街道、园区)都相应成立安全监督机构,建立健全安全生产告知承诺制、安全生产责任制,实行安全生产"一票否决制",全区安全生产形势长期保持稳定。

第一章　发展规划与实绩

"七五"计划期至"十五"计划期,广陵区委、区政府提出建设多功能、开放式、现代化文明新城区的奋斗目标。"十一五"计划期,区委、区政府提出加速争创"两个率先"先导区进程,努力建设古风今韵新广陵的奋斗目标。到2008年,广陵区已在全市率先建成全面小康社会。"十二五"计划期,广陵以争做"三个扬州"(创新、精致、幸福扬州)建设示范区、名城建设核心区为使命,提出率先基本实现现代化文明新城区的奋斗目标。

第一节　"七五"计划期(1986～1990年)

一、目标、任务

"七五"期末,经济社会发展的主要预期目标为:实现社会总产值1.6亿元,年均增长8%;国民收入9000万元以上,年均增长15%;工业总产值1.8亿元,年均增长15%;社会商品零售总额6800万元以上,年均增长6%;财政收入1175万元,年均增长8%。固定资产投资规模累计7500万元,其中基建投资3500万元,技术改造投资4000万元,分别比前三年递增77%和194%。职工人均收入1200元,年均增长7%。

主要任务分为经济建设和社会事业两个方面。

经济建设　工业着眼国际、国内两个市场,在确保产品质量稳定提高的基础上,大力组织适销对路产品的增产，并通过发展横向经济联合、组建企业集团、加强新品的研制和开发、加快技术改造等途径，进一步扩大批量，提高市场覆盖率，努力提高经济效益。商业流通进一步发挥国营和集体商业的主渠道作用，积极组织名特优商品供应市场。加强市场研究，扩大经营门类和品种，组建销售联合体和行业协会，发展专业商店，发展和扩大各种类型的横向联合。对外开放坚持把多出口、多创汇作为对外开放的突破口，认真落实各项鼓励政策，加大国际市场开拓力度，提高传统出口产品的档次和加工深度。努力改善投资环境，积极兴办外商投资企业，创造利用外资良好的"小气候"。

社会事业 积极探索放开搞活科研机构和培养引进科技人员的途径，努力推进传统产业的技术改造，加速新产品、新技术和新兴产业的研究、开发，促进中小型企业技术进步。进一步发展技术贸易，做好技术引进和输出，促进多层次、多形式的科技协作和联合，逐步建立科技与经济相结合的新机制。教育坚持德智体全面发展，切实加强和改进学校思想政治工作，进一步完善地方负责、分级办学、分级管理的体制。优化调整教育结构，改善办学条件，加强师资队伍建设，努力提高教育质量。巩固、完善城区文化网络，健全群众文化基础设施，搞好街道文化站和居民文化室建设，广泛开展多种形式的基层文娱活动。进一步发展体育事业，举办多种全区性体育竞赛，广泛开展群众性体育活动。积极推进体育专业协会建设，为国家输送更多的优秀体育人才。认真做好医疗服务工作，高度重视区属医院专科建设，加强同大医院的挂钩协作，努力发展中医、保健、康复等医疗服务项目，持续改善医疗条件，稳步提高服务质量。全面落实计划生育承包责任制，推行婚孕产育系列化管理服务，切实抓好晚婚、晚育、优生、优育，严格控制人口增长，提高人口素质。

二、执行情况

"七五"期间，全区贯彻改革开放和治理整顿方针，团结一致，克服困难，经受住经济紧缩的考验。在经济运行起伏大、变化多的情况下，经济建设和各项社会事业保持稳定、协调发展。1990 年，工业总产值 2.35 亿元，完成计划的 131%；工业利税 2266 万元，年均增长 16%；社会商品零售总额 2.34 亿元，完成计划的 344%；国民收入 1.11 亿元，完成计划的 123%，年均增长 20%；财政收入 1940.6 万元，年均增长 19.4%；固定资产投资累计 1.08 亿元，完成计划的 144%，其中基建投资 3923 万元，完成计划的 112%，技术改造投资 6838 万元，完成计划的 171%；职工人均收入 1750 元，比 1985 年净增 897 元，增长 110.8%，比计划净增 550 元。

工业生产。全区工业生产发展速度每年均在 11%以上，利税、利润等经济效益指标同步增长。外向型经济发展较快。1990 年，外贸产品收购额 4700 万元，比 1985 年增长 346%，年均增长 34%；新办中外合资企业 2 家。企业规模稳步扩大，建成中型企业 2 家、产值 2000 万元以上企业 1 家、1000 万元以上企业 6 家、利润超 100 万元企业 6 家。

科学技术。制定并实施"科技兴区"战略，通过引进先进技术和推广科技成果，逐步改造传统产品，调整产品结构，促进经济发展。五年累计开发新产品 70 个，新产品产值率 10%，有 22 个产品获得国家、省、市优质产品。组织实施技术改造项目 109 个，投入资金 6838 万元，吸收消化国内外先进技术和实用科技成果 6 项，铝质喷雾罐生产线等重要技改项目建成投产。

商业流通。商业、物资、市场贸易发展速度较快，建成扬州大酒店、江阳商场、华联百货大楼和家庭用品商店等一批商业骨干企业。商业服务网点发展至 623 个。新发展批发业务，扩大进销渠道，增强综合服务功能。1990 年，全区物资系统实现销售 1 亿元，比 1985 年增长 475%，年均增长 42%；集市贸易市场成交额 7200 万元，比 1985 年增长 247%，年均增长 28%。

社会事业。注重智力开发，积极培养、引进各类专业技术人才。全区具有高级职称 15 人、中级职称 680 人、初级职称 2479 人。教学条件得到改善，新建教学用房 1.86 万平方米，改造学校危房 1.36 万平方米。医疗卫生条件得到改善，新建医疗用房 1710 平方米，购置 30 万元的医疗设备，新增专科门诊 3 个。

第二节　“八五”计划期(1991 ~ 1995 年)

一、目标、任务

“八五”期末,经济社会发展的主要预期目标为:国内生产总值 4.34 亿元,年均增长 10%;财政收入 2525 万元,年均增长 7%;固定资产投资五年累计 1 亿元,其中基本建设投资 3000 万元、技术改造投资 7000 万元;工业总产值 3.75 亿～4 亿元,年均增长 12%;社会商品零售总额 2.1 亿元,年均增长 12%,商业销售总额 5.4 亿元,年均增长 19%,物资销售额 2.1 亿元,年均增长 16%;房屋开发面积 30 万平方米;外贸出口交易额 0.94 亿～1 亿元,年均增长 15%;科技进步对工业经济增长的贡献率 30%以上,开发新产品 50 个,产品更新率 60%以上,新品产值率 20%以上。到 1995 年,吸储金额 3000 万元,贷款累计发生额 1 亿元,贷款余额 3500 万元;城区人口自然增长率控制在 8‰以内;职工收入 2000 ～ 2170 元,年均增长 4%～ 5%。

“八五”期间,主要任务分为经济建设、社会事业、社区服务三个方面。

经济建设　工业以提高经济效益和企业素质为主线,调整产品结构,推进技术进步,拓展外向型经济,发展横向联合,强化企业管理,逐步形成外向型、规模型、科技型工业经济发展模式。调整结构,初步建立起广陵区产品结构的新框架。“八五”期末,形成以名优轻工传统产品、机电仪表类主导产品及化工、电子新优势产品为主的工业产品新体系。全区外贸收购额 1.5 亿元。商业流通方面充分发挥城区优势,大力推进市场建设和网点改造;积极调整开发经营项目,扩大批发经营规模;深入开展优质服务活动,切实提高服务水平。“八五”期间,房地产业综合开发投资额 9000 万元,房屋开发总面积 30 万平方米。1995 年,全区房屋综合开发能力由 1990 年的 4 万平方米发展到 10 万平方米。建筑安装工程结算额 1500 万元,建筑工程合格率 100%。基本完成城区连片危房翻、改建工程和零星危房的解危工作,每年翻、改建危房 5000 平方米以上。

社会事业　贯彻落实“科技兴区”战略。办好每一所学校,教好每一个学生,稳定提高教学质量,重点抓好小学教育和幼儿教育。办好区少儿业余体校,建成儿童体训楼和文化馆,建成区级音像发行机构,对影剧院、舞厅普遍进行改造。医疗卫生方面推进特色专科建设,改善医疗条件,完善汶河医院和东花园医院;加强医学研究,提高医技人员业务水平。城区人口自然增长率控制在 8‰以内。建立健全社会治安综合治理联防组织,做好重点人员帮教转化和民事调解工作,完成第二次全国普法教育任务。加强新村住宅管理,推行小区规范化管理。开展群众性义务植树活动,开展区属单位环保普查,深入实施污染项目治理工作。

社区服务　坚持“社区服务社区办”的方向,突出“为老年人服务、为残疾人服务、为优抚对象服务、为群众生活服务、为群众娱乐服务”五个方面,动员和依靠社会力量,狠抓设施建设和服务项目开发,初步形成区为指导、街道为主体、居委会为依托的社区服务体系,力争达到“五有”“三化”(有比较系统的社区服务管理和服务网络,有一批区服务设施和项目,有一定的社会福利基金,有一支专业和志愿相结合的社区服务队伍,有一套强化社区服务的管理制度;社区服务组织网络化、服务系列化、管理规范化),为广大群众生活提供方便,为稳定社会、发展经济创造良好的环境。

二、执行情况

1995 年,实现国内生产总值 4.71 亿元,是 1990 年的 4.24 倍;完成计划的 108%;财政收入 6522.9 万元,是 1990 年的 3.36 倍,完成计划的 258%。“八五”期间,固定资产投资累计完成 4.7 亿元,完成计划的 470%。

工业生产　1995 年,完成工业总产值 5.68 亿元,是 1990 年的 2.42 倍;工业增加值 2.17 亿元;工业利税 6834.35 万元,年增长率 24.7%。企业规模不断扩大,有 17 家企业年产值超 1000 万元,其中扬州灯泡厂(含合资)产值 2 亿元,利税超 2000 万元,居全区之首。扬州灯泡厂、扬州玻璃仪器厂、扬州华扬蓄电池有限公司、扬州基础公司 4 家企业被批准为国家中型企业。

第三产业　1995 年,完成第三产业增加值 2.54 亿元,是 1990 年的 8.47 倍,年均增长 38.5%,第三产业增加值占国内生产总值的比重 53.9%;完成社会消费品零售总额 9.09 亿元,年均增长 37.3%,完成计划的 168.3%;完成商业营业额 10.7 亿元,年均增长 35.3%,商业利税 3100 万元,年均增长 24.1%;累计开发房屋面积 53.69 万平方米，竣工面积 46.31 万平方米；累计投资 3.07 亿元，完成荷花池一、二期等 8 个地域性综合开发工程。市场建设、个体私营经济以及金融、审计、会计、法律服务等也有较快发展。“八五”期末，全区商业、贸易经营总额 10 亿元。其中商业 5.4 亿元，年均增长 19%；集贸市场营业额 2.4 亿元，年均增长 15%；物资销售 2.2 亿元，年均增长 16%。

重点工程建设 累计完成重点工业技改项目 40 多个，投入 2.63 亿元，完成计划的 375.7%；建成东方商厦，华联商厦，广贸大厦，扬州商场二、三期扩建，美食街等一批重点商贸设施和重点房地产开发项目。

外向带动 1995 年，完成全社会外贸交货额 2.25 亿元，年均增长 37.6%，完成计划的 150%；累计合同利用外资 4019.93 万美元，实际利用外资 2735.1 万美元。

科技进步 1995 年，科技进步对工业经济增长的贡献份额 38%；累计开发新品 120 个，新产品产值率 23%；完成技术攻关项目 30 多个；高辉度氖泡、高精度粉末冶金件等一批机电产品在国内外市场上占有一定份额。

社区服务 75%以上的居委会建立社区服务站，新办老年公寓 4 所，开办青少年军警校 11 所，新建双拥大楼。1992 年，广陵区被评为省双拥模范区。

社会事业 小学生入学率 99.9%，合格率 99.8%。34 所幼儿园达一、二类标准。新建教学用房 3.07 万平方米，修缮校舍 2.24 万平方米。建成培智学校，新建梅岭小学、解放桥小学等一批学校的教学楼。聋儿康复实验工作得到联合国儿童基金会的肯定，广陵区被评为全国特教先进区。小学生国家体育锻炼标准达标率 96.4%，向省输送运动员 15 人，在省以上运动会获金、银牌 65 枚。建成广陵医院、汶河医院门诊楼。城区计划生育率 100%，人口自然增长率控制在 6‰以内。

人民生活 1995 年，职工人均工资收入 5378 元，比计划净增 3208 元；五年新增城镇就业人数 1824 人，大集体企业职工养老保险覆盖面 100%，人均居住面积等指标达到和超过全市平均水平。

第三节 “九五”计划期（1996 ~ 2000 年）

一、目标、任务

“九五”期末，经济社会发展的主要预期目标为：国内生产总值 9 亿元，年均增长 18.54%，其中二产增加值 5 亿元，年均增长 18.95%，三产增加值 6 亿元，年均增长 18.2%；固定资产投资五年累计 7.5 亿元；财政收入 1.2 亿元，年均增长 12.97%；工业总产值 40 亿元，年均增长 31.92%；社会消费品零售总额 30 亿元，年均增长 26.97%；建筑业总产值 3 亿元，年均增长 24.57%；全社会外贸交货额 8 亿元，年均增长 28.88%；人均收入 1 万元；城区人口自然增长率控制在 5‰以内。

主要任务分为经济建设、科技发展、社会事业三个方面。

经济建设 “九五”期间，广陵区国民经济按照“强化工业、突出三产、外向带动、科教兴区”的发展思路，进一步深化改革，培植规模经济，着力实行经济体制从传统的计划经济体制向社会主义市场经济体制转变，经济增长方式从粗放型向集约型转变。

工业坚持以国际、国内市场为导向，继续突出以调整产品结构为重点，始终把提高经济效益和运行质量放在首位，依靠科技进步，扩大对外合作，形成企业规模化、装备现代化、产权多元化、经营国际化的工业发展新格局。调整产品结构，发展优势产品。加快拓展与汽车交通配套的粉末冶金结构件、免维护蓄电池、冷弯型钢、汽塑件、花键轴、齿轮、锁具等优势机电产品。“九五”期末，年销售额 15 亿元，年利税 1.5 亿元。优先发展与电力、能源配套的高低压开关柜系列、电力自动化运转控制系统、滤油器系列、电动回转装置等优势机电产品。“九五”期末，年销售额 5 亿元，年利税 6000 万元。努力扩大与电子、电器、通信配套的氖灯系列、工业自动化程控系统、聚焦电位器等优势机电产品生产规模。“九五”期末，年销售额 6 亿元，年利税 1 亿元。充分利用新技术、新工艺、新材料，努力加快轻工业技术改造。推进技术进步，抓好行业改造。“九五” 期末，主要工艺装备水平达到 90 年代初期国际先进水平，产品打入国际市场，并形成年销售亿元的生产能力。

"九五"期间，每年投入1亿元，每年完成10个左右重点技改项目。壮大规模经济，形成集团优势，开发和培植一批规模产品，以市场高占有率和创名牌优势，形成拳头，靠规模产品，创规模企业。"九五"期间，形成年产出亿元以上企业8～10家，5000万元以上企业10～15家，2000万元以上企业15～20家。以产业政策为导向，以骨干产品为龙头，以资产为纽带，通过优化组合、外靠内联、技术改造、企业兼并等形式，形成企业集团7个。房产、建筑业充分发挥区房地产业综合开发的优势，带动建筑业，加快发展步伐。拓宽改造淮海北路、西门街、荷花池路、北门街四条路；完成市区重点地段的建设任务，建成长城大厦、文化娱乐宫、体育综合大楼、广陵商场等重点工程；开发建设康乐、联运、荷花池四期等一批住宅小区，投入3.5亿～4亿元开发资金，开工总面积40万平方米，竣工面积30万平方米，年均销售额超7000万元，利润超 400万元。大力发展建材工业、环保工业以及房屋开发配套的行业，新建10个以上各类经济实体。"九五"期末，年销售额1亿元，年利税600万元。适应建筑市场竞争和发展规模经济的要求，形成"大小结合、专业齐全、规范有序、活而不乱"的建筑业发展新格局，组建广陵区建筑总承包公司，提高区建安公司的资质等级。提高建筑施工质量，建筑工程合格率为100%，优良率30%以上。加大技术装备投入，累计投资1000万元。商贸业坚持批零结合，在批发经营上求突破；坚持工商结合，在商办工业上求突破；坚持内外结合，在外向型商业上求突破；坚持硬件建设与软件建设结合，在企业管理和优质服务上求突破。集结群体优势，实现规模经营。到"九五"期末，年批发营业额10亿元。以旧城改造、新城建设为契机，改、扩建商场6000平方米，新建新城区商业服务群6000平方米，改、扩建网点总体量2.25万平方米。推进商业技术进步，所有大型商场建立电子信息管理系统、现场管理监控系统、购物自动结算系统。逐步提高开放度，吸引外资投入，办成 10家中外合资（合作）企业，创办1～2家境外企业。积极发展对外贸易，争取部分特色商品的贸易进出口权。发挥饮服行业的技术优势，扩大劳务和技术输出。调整经营方式，大力开拓市场，改坐店经商为多功能服务，将一批中小商店改为专业特色店，增添群众欢迎的名、特、优、新品种。同时将服务网点的发展和调整结合起来，从方便群众出发，创办更多的超市。适应市场变化，做好物资流通，物资年销售总额超10亿元，利税1360万元；创年销售额超2亿元的规模物资企业2家，超1.5亿元的企业2家，超8000万元的企业3家。市场建设投入4000万元，新建面积1万平方米以上的大中型市场5个，新建荷花池农贸市场、荷花池小商品市场、凤凰农贸市场等，同时积极兴办生产资料市场。"九五"期末，年市场集贸成交额15亿元。巩固发展美食一条街，兴办服装一条街、南北货一条街、风味小吃一条街等一批各具特色的市场。交通旅游以广陵区运输公司为基础，组建包括市内公共交通客运、水陆长途货物联运、航空公司代理业务等范围的广陵汽车客运公司、货物长途联运公司。积极创办旅游公司、旅行社，以旅游为纽带，组织境内外人士到扬州参观、游览。沟通与国内和国外的经济、技术、文化交流合作，创造条件吸引外商到扬州投资。

科技发展　实施"科教兴区"战略，2000年，科技进步对工业经济增长贡献份额50%左右，高新技术产品比重50%以上。重视对专业技术人员的培养和知识更新教育。到"九五"期末，专业技术人员占全区职工总数比例20%。不断对职工进行技术培训和组织岗位练兵活动，确保"九五"期间在职职工技术等级普遍提高一个等级。

社会事业　不断强化社会主义精神文明建设，保持社会稳定，推进社会进步，积极促进社会公正、安全、文明、健康发展，努力提高人民生活水平。城区管理围绕创建国家卫生城市和国家园林城市的目标，广泛、深入开展创建文明城市活动，建设"经济繁荣、生活方便、环境优美、社会稳定"的城区。社会治安严格落实社会治安综合治理各项措施，严厉打击各类刑事犯罪分子，强化全民普法教育，增强法治意识，高度重视人民来信、来访工作，妥善处理民事纠纷，努力为改革和建设创造稳定的社会环境。建立完善社区服务体系，高度重视社会就业服务，努力提高便民服务水平。依法加强居委会建设，做好城市社会福利、救济工作，做好老年人、残疾人系列服务。巩固发展"双基"成果，启动教育现代化工程。推进幼教、小教、成教"三教"联动，构建组织领导、政策配套、队伍建设、经费保证"四保"体系。加大文化设施装备投入，规范娱乐场所管理，开展丰富多彩的文艺活动，促进和带动市区精神文明建设；组织实施全民健身计划，办好少儿业余体校，增强人民群众体质。积极改善医疗卫生条件，规范区属医院及街道卫生院医疗保健工作，提高医疗服务质量水平；强化卫生防疫及基本知识的宣传，严格控制各种传染病发病率。积极开展计划生育政策、法规、条例和人口形势教育，强化对育龄妇女和流动人员的生育管理，严格控制计划生育率和人口自然增长率。不断改善食品结构，提高食物质量；丰富农副产品、小商品和特色服务市场，稳定物价；增加职工收入，改善居住条件，提高生活质量。到"九五"期末，达到小康水平。

二、执行情况

2000 年，国内生产总值 7.95 亿元，是 1995 年的 1.69 倍。"九五"期间，年均增长 11.1%，其中二产增加值 2.97 亿元，年均增长 9.3%，三产增加值 4.98 亿元，年均增长 13.8%。1996 年 1 月开业的万家福商城是扬州地区首家中外合资商业零售企业，营业面积 1.8 万平方米。全区实现财政收入 1.22 亿元，社会消费品零售总额 16.38 亿元。分别是 1995 年的 1.88 倍，1.8 倍。

经济体制改革　企业改制工作取得重大突破，至 2000 年年底，全区改制企业累计 155 家；各项配套改革积极推进，社会保障体系逐步完善，国有、集体企业养老、失业、工伤、生育保障覆盖面 95%以上，城区低收入家庭最低生活保障进一步改善。

外向型经济　全区自营出口累计 1.2 亿美元，年均增长 30.7%；成立外商投资企业 10 家，实际利用外资 1362.86 万美元。

科技进步　2000 年，全区工业经济科技进步贡献率 42%，新产品产值率保持在 25%以上，各类专业技术人员 3596 人。

社会事业　小学布局趋于合理，办学条件进一步改善，素质教育全面实施，幼儿入园率、儿童入学率均为 100%，毕业率为 99.9%，残疾儿童入学率 95%。强化医疗专科特色建设，改善医疗条件，儿童计划免疫接种卡建卡率 99%。小学国家体育锻炼标准施行面 100%，达标合格率 95%以上。区内少年获得省以上比赛奖牌 126 枚。向省输送 19 名体育后备人才。强化对流动人口、下岗职工、拆迁户等特殊人群的计划生育管理，城区计划生育率 99%，人口自然增长率控制在 4‰以内。

社区建设　积极开展创建星级文明小区活动，增强小区综合服务功能，加大环境保护执法力度，强化城区综合管理，改善人民群众生产生活环境。

人民生活　2000 年，职工人均收入 6734 元，比 1995 年增加 1356 元，增长 25.21%。

第四节　"十五"计划期（2001 ~ 2005 年）

一、目标、任务

"十五"期末，经济社会发展的主要目标为：地区生产总值 13.4 亿～ 14 亿元，年均增长 11%～ 12%，其中二产增加值 5.04 亿～ 5.27 亿元，年均增长 11%～ 12%，三产增加值 8.36 亿～ 8.75 亿元，年均增长 11%～12%，二产、三产结构比例调整为 35 ： 65；财政收入 1.93 亿元，年均增长 10%；固定资产投资五年累计 20 亿元，其中房地产开发投资 10 亿元、技术改造投资 5 亿元、基本建设投资 4 亿元、其他方面投入 1 亿元；工业总产值 15.2 亿元，年均增长 12%；社会消费品零售总额 30.2 亿元，年均增长 13%；外贸出口总额 6.5 亿元，年均增长 12%；城区人口计划生育率 99.5%；人口自然增长率控制在 5‰以内。

主要任务分为突出发展第三产业、加快工业结构调整和优化两个方面。

突出发展第三产业　大力发展商贸业，用新观念、新思路、新机制、新业态全面改造传统商贸业，重点抓好四个调整：调整布局结构，把网点建设和城市改造相结合，大型零售商场实行错位经营，各创特色，努力扩大市场份额；调整行业结构，通过资本运营、品牌经营、合资合作等途径，积极寻找和开发市场潜力大、效益高的经营项目，实行多元化发展，构筑新的行业优势和经济增长点；调整组织结构，以文昌阁为轴心发展中心商贸区，加快培育汶河路商业街、四望亭路美食街、文昌中路专卖店街，引进有实力的连锁超市，建设城区现代化购物中心；调整经营结构，继续发挥和扩大总经销、总代理的优势，提高名优商品比重，实施名牌带动战略，拓展专业、特色、连锁经营。大力发展房地产业，房地产开发总面积120万平方米左右，投资总额10亿元左右，重点建成工人广场、南门广场，建成毓贤街、荷花池、皮市街3个商贸区，建成砚池、北河下、嘉荷苑、连运4个小区，力争建设1个智能化小区。参与外地房地产开发和小城镇建设。加快市场建设步伐，巩固和完善现有市场的整体功能，形成经营特色，增强市场吸引力；加快装潢市场、荷花池商贸市场等的建设，尽快成市；积极规划建设新的特色市场，通过以场兴市、以市培税，促进市场繁荣和全区经济发展；借鉴外地成功经验，以形成特色行业的市场为连接线，有计划地引导、创办专特市场街。"十五"期末，市场集贸年成交额30亿元。拓展社区服务业，充分发挥社区服务中心及分中心、社区服务站的网络作用，着重抓好住宅小区服务基地建设，拓展服务项目，完善服务功能，逐步形成社区服务产业。"十五"期间，社会服务业经营额年均增长15%，服务网点增加到5000个。发展教育、文化、卫生、体育产业，进一步开放教育市场，积极推行办学体制改革，形成多元化的办学体制；鼓励社会、个人等以各种形式投资办学，壮大校外教育联合体；大力推进非义务教育产业化步伐，积极推进学校后勤服务社会化。加快文化产业发展进程，大力开辟具有地方特色的书刊、娱乐、音像、美术品等市场，形成与历史文化名城相适应的文化体系。以社区卫生服务网点为载体，推进产业化进程，满足医疗、预防、保健、康复等需求。发展体育产业，形成以体育健身娱乐、体育运动人才培养和交流为主要内容的体育市场体系。积极发展第三产业新门类，围绕旅游城建设，积极参与开发具有扬州传统特色的旅游商品；参与建设一批融观光旅游、休闲度假、健身娱乐于一体的服务设施，为"假日经济"服务。发展和壮大信息咨询、房屋中介、职业介绍、审计、拍卖、评估等第三产业新门类。

加快工业结构调整和优化　坚持"专、精、特、新"发展方向，准确把握国际经济一体化、国内经济战略性调整和高新技术产业化趋势，大力发展高新技术产业，努力提升传统产业，积极培育新兴产业，增强广陵区工业经济整体竞争能力。大力发展高新技术产业，发挥比较优势，重点抓好粉末冶金结构件及模具、高效荧光氖灯、新型蓄电池、高档皮革机械、油净化设备等优势主导产品的系列开发，形成粉末冶金结构件、氖灯、高档皮革机械生产基地和出口蓄电池基地；推进石油增采系统、水处理设备、新型玻管、金属刮板式流量计、无汞高压物性分析仪、阀门气动自动装置等产品的产业化步伐。大力开发高新技术产品，培植高新技术企业。开发高新技术产品16个以上，建成高新技术企业2～3家。"十五"期末，全区高新技术企业4～8家，高新技术产品30个以上。提升改造传统产业，积极推进技术创新，加大技改投入，引进和消化吸收先进技术，加快生产设备的更新，提高优化生产工艺水平。重点抓好大力钳、轻工刀具、桅灯、烤炉、食品机械、机车配件、开关柜、SMC绝缘材料、聚酯切片等一批产品的技术创新和提档升级，增强传统产品竞争力。坚持有所为、有所不为的原则，淘汰一批市场份额少、技术含量低、竞争能力差的落后传统产品。积极提高企业创新开发能力，大力推进区内有条件的企业与国际大公司的技术合作，与国内大企业、大专院校、科研院所的挂靠联合，聘请工程院院士、国内外知名专家担任技术顾问，不断提高企业技术水平和综合开发能力。重点抓好保来得公司粉末冶金精密模具和华扬蓄电池有限公司、皮革机械厂等企业的对外技术合作，金利公司石油增采系统与中国石油天然气公司的技术合作。加快组织结构调整，积极培育"小巨人"企业，以产品为纽带，通过资产重组、整合裂变，组建五金工具企业集团和为石油、电力工业生产配套产品的企业集团。到"十五"期末，培植年销售亿元以上的企业2～3家、5000万元以上的企业5～6家，优势骨干企业在全国同行业中的排名，在现有基础上提升1～2个名次，力争有4家企业成为同行业第一。

二、执行情况

2005年，全区实现地区生产总值33.14亿元，比2000年翻两番；年均增长15.1%，是计划目标14亿元的2.4倍，三次产业结构比例调整为2.8∶39.9∶57.3；财政收入突破11亿元，是2000年的9.07倍；是计划目标1.93亿元的5.7倍；累计完成固定资产投资70亿元，年均增长45.35%，其中工业技改投入21.5亿元。工业经济发展迅速，贡献份额明显增大。2005年，实现工业增加值（不含建筑业产值）11.42亿元，年均增长22.15%，是计划目标5.27亿元的2.2倍；实现工业总产值65.04亿元，是2002年的8.89倍；年均增长30.8%，是计划目标15.2亿元的4.3倍，其中规模以上工业产值41.7亿元，年均增长37.45%；新增规模以上企业26家，总数108家，亿元以上企业8家，汽车及零部件、精密机械、电子信息四大支柱产业初步形成，实现产值占规模以上工业比重70%。服务业质态继续提升，传统优势得到放大。2005年实现三产增加值 19 亿元，年均增长 12.96%，是计划目标 8.75 亿元的 2.2 倍；社会消费品零售总额 42.67 亿元，是 2000 年的 2.61 倍；年均增长 13.33%，是计划目标 30.2 亿元的 1.4 倍。巩固提升文昌商圈的中心地位，打造形成 328 国道沿线百亿元市场带。农业综合效益不断提高。2005 年，实现农业增加值 0.92 亿元，建立时令蔬菜基地，扩大设施栽培面积，农业优势产品加快发展，初步建成彩色林木园、小南圩生态园和特种养殖场等现代都市农业、休闲农业示范点。

改革开放与创新　第一轮改制工作基本结束，共改制企业 63 家，一些企业历史遗留问题得到解决。顺利完成行政区划调整和上一轮政府机构改革。社会保险制度、财政体制、农村税费、住房制度及行政审批制度等各项配套改革进一步深化，取得预期效果。对外开放水平进一步提高。2005 年，全区实际利用外资 5131.73 万美元，比 2000 年增长 2.77 倍；累计实际利用外资 1.29 亿美元。自营出口 8997.45 万美元，五年累计完成 2.77 亿美元，年均增长 32.45%；新批外商投资企业 131 家，占建区后新批外资企业总数的 65.5%，外资企业工业产值由 2000 年 4.17 亿元增至 17.8 亿元，增长 3.3 倍。“科教兴区”战略大力实施。全区累计开发新产品 230 个，实施国家、省级科技计划项目 20 个，认定为省、市级高新技术企业 22 家。信息化建设纵深推进，电子政务、社区信息化建设顺利启动，企业信息化全面推进，继续保持全国“科技工作先进城区”称号。

城乡建设　五年累计完成城市开发建设总投入 27.1 亿元，完成老城区 182 条街巷的翻修改造，拆除各类房屋 41.5 万平方米，建成乡村道路 20 千米，疏浚河道 43 条，新、改建公厕 32 座，新、改建垃圾中转站 7 座。曲江公园建成并对外开放，江扬大桥东接线及其延伸段、江都南路、江都北路全线通车，曲江新村、文昌花园、东方名城、鸿泰家园、凯运天地等一批环境宜人、设施配套、功能齐全的住宅小区相继建成并投入使用，一大批居民喜迁新居。产业园启动建设三年多，累计完成开发投入超过 6 亿元，建成“八纵六横”26 千米路网和 4.5 万平方米标准厂房，配套设施日趋完善，累计引进项目 125 个，其中 1000 万美元以上项目 12 个。加强城市管理，组织开展市容环境集中整治，按照定人、定岗、定路段的要求，辅助机动巡查，落实长效管理责任，效果明显，圆满完成一系列市、区重大活动的环境保障任务，为扬州创成“国家卫生城市”“国家环保模范城市”“国家园林城市”和“中国人居环境奖城市”等发挥重要作用。

社会事业　“十五”期间，广陵区坚持把关注民生、促进民富放在突出位置，努力改善城乡居民物质文化生活水平。大力开展再就业援助行动，困难群体再就业问题得到较好解决，下岗、失业人员再就业率 58.6%。养老、失业、工伤、生育等社会保险覆盖面继续扩大，企事业单位职工医疗保险参保率 97.2%，城乡居民最低生活保障实现应保尽保，社会保障体系日趋完善。中低收入家庭住房困难得到进一步解决，1395 户住房困难户享受解困定销房、经济适用房的政策优惠。全面实施“三名”（名校、名校长、名教师）工程，深入推进办学体制和课程改革，教育教学质量明显提升，学校布局结构不断优化，优质教育资源进一步放大。新办一批以北京新东方扬州外国语学校为代表的民办学校，创成省级实验和示范学校 9 所、全国和省级单项优质学校 14 所。群众文化活动蓬勃开展，广陵区获省“群众文化先进区”称号，扬州清曲被列为省民族民间文化保护工程第一批试点项目。成立全国首家国家级艺术体操后备人才培训基地，在市十运会上区获得金牌、总分“双第一”的优异成绩，被评为全国群众体育先进单位。卫生、计生工作进一步加强，农村大病统筹合作医疗农民参合率 93%，村覆盖率 100%；计划生育率 99%以上，人口自然增长率 1.07‰，湾头镇和汤汪乡创成省计划生育红旗乡镇。社区建设不断取得新成效，社区干部队伍得到优化，43 个社区硬件全面达标，社区管理服务水平得到较大提高，广陵区获“省社区建设示范区”称号。“平安广陵”创建工作不断深入，获“省社会治安安全区”称号。2005 年，全区在岗职工年平均工资 14700 元，城镇居民人均可支配收入 11379 元，农民人均纯收入 7150 元，年均分别增长 12.2%、11%、9.5%。

第五节　“十一五”计划期(2006～2010年)

一、目标、任务

到“十一五”期末,地区生产总值总量翻一番,年均增长15%以上,其中二产增加值年均增长19%以上,三产增加值年均增长13%以上;固定资产投资五年累计220亿元以上,其中技术改造80亿元以上;社会消费品零售总额年均增长15%以上;财政总收入、一般预算收入年均增长18%以上;城市化水平达到92%以上。城镇居民人均可支配收入2万元以上,年均增长12%以上;农民人均纯收入11250元以上,年均增长10%以上;居民娱乐文教服务支出占家庭消费支出比重18%以上,百户家庭电脑拥有量40台以上。实际利用外资五年累计4亿美元,年均增长30%以上;民资注册资本五年累计150亿元,年均增长30%以上。九年制义务教育普及率100%,初中毕业生升学率95%以上;企业开发经费占地区生产总值比重2%以上,工业科技进步贡献率50%,高新技术产业增加值占工业增加值比重30%以上。卫生服务体系健全率90%以上,城镇养老、医疗、失业、工伤和生育保险覆盖率96%以上,农村最低生活保障覆盖面99%以上,农村新型合作医疗农民参合率98%以上,城镇登记失业率控制在4.5%以内。经济社会和生态环境协调发展,城乡人居环境显著改善,全民生态意识明显增强。人口自然增长率控制在3.5‰以内。城市绿化覆盖率42%以上,环境质量综合指数92以上。单位生产总值能源消耗力争比“十五”期间降低20%左右。

主要任务分为深化改革、加快服务业发展、工业强区、开放开发、社会事业发展五个方面。

全面深化各项改革　深化农村改革,积极稳妥推进农村土地股份合作制和农村集体资产、社区股份合作制;深化企业改革,推进以了断用工责任为主要目标的二次改革,确保到“十一五”期末,企业全部改制到位,职工身份全部置换到位;强化企业内部管理及员工队伍建设,健全现代企业制度,引导和支持各类企业依法进行股份制改造,扩大上市企业后备资源。

加快服务业发展　提升文昌商贸中心,对以文昌阁为中心,东到国庆路、西至二道河、南到荷花池、北至盐阜路的文昌商圈,重点提升和完善现有商业设施和业态,大力发展金融、商贸和商务服务,加快商务商贸集聚;发展完善文昌中路时尚精品街、淮海路美食街、毓贤街民俗风情街、国庆路“老字号”一条街等专业特色街建设,贯通商区脉络,填补功能空缺,构建商业文化空间;逐步发展种类齐全、运作规范、接轨国际的现代中介服务业,加快形成以中心商务商贸集聚区为核心,若干特色商业街为支撑的市区功能齐全、服务完备的商业中心。营建五大市场板块,立足现有市场基础,挖掘市场潜力,全力打造328国道百亿元市场带。沿运河东路,以金盛国际家居为龙头,形成大型中高档建材、家具市场板块和仓储物流中心;沿运河西路、运河南路,以曲江商品城、曲江装饰城为中心,形成小商品、副食品、家居装饰材料、装修配套服务的市场板块;沿江扬大桥东、西接线,建成钢材、建材、汽车、汽摩配件市场板块;沿扬六路,以联谊农副产品批发市场为中心,跨扬六路向西延伸,形成农副产品综合批发市场板块;借助市农科院落户湾头的优势,在夏桥村一带建成苏中地区种子、苗木及农资市场板块。进一步挖掘扬州“三把刀”传统技艺,提升质态,优化服务,针对不同区域合理布局网点,有序发展中、高、低档门点,满足不同消费者需要。做大做强一批“老字号”品牌店,培植发展具有先进服务技术的新型旗舰店,向外发展连锁店,充分利用技术资源,拓展劳务输出,使“三把刀”技艺推陈出新,发扬光大。加快发展现代服务业,重点发展商务服务、现代物流、现代旅游、新型社区服务等产业。商务服务业,以万马滨河城、文昌广场二期工程等项目为载体,引进国内外知名的法律、会计、咨询、策划、劳务、经纪代理等商务中介企业,加快构建种类齐全、分布合理、运作规范、接轨国际的现代商务服务业体系。现代物流业,在产业园附近建设物流配供中心,实现物流配送专业化,形成集现代仓储、多式联运、配送加工、商品批发等于一体的多功能物流基地。现代旅游业,充分利用区域内风景名胜及古城文化资源,改造开发彩衣街、东关街、东圈门,打造双东旅游观光区;整修南河下盐商会馆和古宅民居,形成盐商文化观光区,开发毓贤街仿古步行走廊,贯通文昌广场和教场步行街区,形成文昌商圈休闲购物旅游区;建设古运河、京杭大运河沿河风光带,开通水上游览线;修复湾头千年古镇,打造东部生态旅游度假区。新型社区服务业,以建设文昌花园省级示范小区为模板，以国际流行的“邻里中心”为参照，以华南公司、邦邦家政等企业为先导，积极创办新型社区服务业，重点发展养老、托幼、家庭医疗、家庭教育、维护保养等便民家政服务，完善服务设施，增强服务功能，逐步建立服务门类齐全的新型社区服务体系。

工业强区 增强工业整体竞争力，坚持工业第一方略，力争到2010年，全区全部工业产值200亿元以上，年均增长27%以上，其中规模（500万元）以上工业实现产值180亿元以上，年均增长35%以上。做大做强四大产业，围绕汽车及零部件、精密机械、电子信息、食品加工四大产业，坚持“专、精、特、新”的发展方向，扩量、提质并重，强化定向招商和战略重组，加快做大做强步伐，力争到2010年，四大产业产值160亿元以上。其中：汽车及零部件产业产值力争55亿元以上，精密机械制造产业产值力争40亿元以上，电子信息产业产值力争45亿元以上，食品工业产值力争20亿元以上。大力培植规模企业，加强资源的合理配置，形成以大型企业为骨干、中小企业为基础的工业体系。力争到2010年，规模以上工业企业200家，形成年销售10亿元以上企业5家，5亿～10亿元企业10家，1亿～5亿元企业20家。加快推进技术创新，提高企业自主创新能力，“十一五”时期累计技改投入80亿元。“十一五”期末，全区工业科技进步贡献率50%，比“十五”期末提高5个百分点。积极实施名牌战略，进一步强化名牌意识，打造一批具有自主知识产权和较强市场竞争力的名牌产品。到2010年，力争创中国驰名商标1～2个、省著名商标3～4个，创中国名牌产品4个、省名牌产品10个，使全区农业、工业、服务业的商标注册和名牌数量及总体质态列全市先进水平。

开放开发 加大开放开发力度，围绕产业发展方向、产业链的前延后伸，实现由招商引资向招商选资的转变。在主攻区域上，国内加强与沿海和沿江城市的交流联系，强化对港、澳、台资的招商；国外招商主要是围绕电子信息、汽车配件、食品加工产业，加强对韩国和日本的招商，围绕IT产业和精密机械制造业，加强对欧美国家的招商。在招商方式上，积极实施网上招商、委托招商、小分队专业招商，不断提高招商人员的业务水平，切实加强招商中介和经纪人队伍建设。大力发展外经外贸，积极引导企业到境外参与国际经贸活动，不断壮大外贸经营主体，为外贸出口注入新活力。到2010年，力争形成自营出口500万美元以上的企业15家以上；不断优化出口产品结构，加大机电产品和高新技术产品出口，努力提高出口产品的国际竞争力和出口附加值。到2010年，全区机电产品的出口比重力争达到80%。

提升园区发展水平，以增强园区承载能力为目标，加快水、电、排污、公交等基础设施和配套设施建设。提升园区产业集聚度，精心构建以中小企业创业园、食品工业园等为主体的“主题园”；加快电子信息、精密机械、汽车及零部件、食品加工等产业集聚步伐，提升园区综合经济实力。

社会事业发展 大力实施“科教兴区”战略，以教育均衡化为目标，加大教育投入，实施新一轮学校布局调整，完善区域教育信息网，做到公办教育优质化、民办教育特色化；围绕做大做强四大产业，加强科技要素资源集聚，建立健全公共技术服务平台和研发机构，广泛开展产学研合作，增强科技创新能力；坚持人才第一资源观念，建立合理的人力资源配置机制和保障机制，大力引进高层次人才和紧缺人才，不断加强对现有人才的培养和使用。增强可持续发展能力，集约利用土地资源，提高项目投资强度和土地利用效率；增加环保投入，推广环境科学技术和环保产品，大力发展循环经济，提高绿色GDP在国民经济生产总值中的比重；加快城市生态化交通建设工程进度，完善城镇生态住宅建设。努力构建和谐社会，加大再就业投入，完善就业服务体系，落实全民创业政策措施；不断健全社会保障体系，稳步做好基本养老、失业、医疗、工伤、生育保险等社会保障工作，构建维护社会稳定的基础性工程；加强文化基础设施建设，推进群众性文艺创作和表演队伍建设；以各类医疗机构和社区卫生服务网点为基础，完善覆盖城乡的公共卫生和医疗服务体系；积极实施全民健身计划，建立社会化的群众体育组织网络；加强流动人口管理，提高人口素质；推进社区民主自治建设，强化社区服务功能，拓展社区服务领域，完善社区服务设施，加快社区信息化进程，建设和谐示范社区。

二、执行情况

2010年，全区实现地区生产总值169.83亿元，是2005年的5倍；财政总收入33.52亿元，是2005年的3.03倍；其中地方一般预算收入18.25亿元，增长2.6倍；全社会固定资产投资98.46亿元，较2005年翻两番。工业经济迅猛发展，工业总产值334.79亿元，是2005年的5.15倍；五年累计新增规模以上工业企业

95家，总数203家，其中亿元以上企业55家、10亿元以上企业4家；规模以上工业产值268.7亿元，比2005年增长5.4倍。服务业大幅攀升。社会消费品零售总额138.27亿元，是2005年的3.4倍；市场集贸成交额390.7亿元，是2005年的3.5倍。招商引资突飞猛进。实际利用外资2.3亿美元，累计实际利用外资6.82亿美元；新增民资注册资本77亿元，分别是2005年的2.6倍、5.29倍和5.9倍。

科技创新成效显著　建立企业院士工作站2家；创成全市首家国家级区域性博士后科研工作站，并建成分站11家；建成市级以上研发机构43家，其中省级10家；信息产业基地海外留创园挂牌成立，并获批省级科技创业园；产业园创成省级液压产业特色园区，并建成省液压机械产品质量监督检测中心。高新产业培育创下“五项新高”：新增国家高新技术企业16家；创成国家级火炬重点高新技术企业4家；获批省级以上创新型企业10家，其中国家级1家；实施省级以上各类科技计划项目60个，争取资金7500多万元；开发省级高新技术产品130个。2010年，高新技术产业产值100亿元，是“十五”期末的20倍。品牌建设填补“四项空白”：新添国家“驰名商标”4个，新增“中国名牌产品”3个，获中国专利与名牌博览会金奖4项，创成省知识产权试点区。

“两城三区”建设强力推进　邀请新加坡雅思柏、美国易道、戴德梁行、圣博华康等国际国内知名专业机构，对广陵新城、产业园和信息产业基地进行规划策划，明确产业定位与发展方向，完成城市设计和区域控规等，为开发建设奠定基础。2007年完成拆迁73万平方米，是前五年的总和。2010年，拆迁总量突破200万平方米，又超前两年总和，为“十五”期末的10倍。结合广陵区产业布局，整合出五大功能板块，强力打造两城三区。广陵新城：创新形成“政府掌舵、企业划桨”的成功合作模式，累计完成投入40多亿元，城市框架全面拉开。广陵古城：保护工程扎实推进，商旅文化互动融合，东关街被评为中华十大历史文化名街，“双东”(即东关街与东圈门)成为扬州旅游新亮点。广陵产业园：坚持项目为王，以重大项目的突破带动产业结构的升级，30多个重大项目开工投产，其中10亿元以上项目6个，综合形象大幅提升，产业高地特色彰显。食品工业园：累计完成投入20多亿元，在建和投产项目20多个，实现产值16亿元，经济效益逐步显现。商贸物流园：累计完成投入20亿元，10多个项目顺利实施，一期规划区域项目布点全面到位。

民生水平较快提高　五年累计翻建街巷176条，新、改建农贸市场9个，整治老小区19个，新、改建垃圾中转站14座、公厕146座，居民出行更为便利，生活环境明显改善。大力实施社会保障、救助帮扶、技能培训、就业援助、创业扶助等惠民富民工程。2010年，城镇居民年可支配收入、农民年人均纯收入分别为2.18万元和1.3万元，分别是2005年的1.91倍和1.82倍，年均分别增长16%和12.7%。对照省制定的18项25条全面小康社会指标体系，2008年，已在全市各县、市、区中率先建成全面小康社会。

第六节　“十二五”计划期(2011～2015年)

一、目标、任务

到“十二五”期末，经济社会发展的主要预期目标为：综合经济实力明显增强。“十二五”期间，地区生产总值年均增长14%以上，2015年年末达300亿元，二产、三产增加值年均分别增长15%以上和13%以上。财政一般预算收入年均增长20%以上，2015年年末达45亿元。规模以上工业产值年均增长30%以上，2015年年末达1000亿元。社会消费品零售总额年均增长18%以上，2015年年末达300亿元。固定资产投资年均增长30%以上，2015年年末达400亿元。实际利用外资年均增长20%以上，民资注册资本年均增长25%以上，进出口总额年均增长20%以上。“十二五”期间，广陵区在全省市辖区中的地区生产总值排名，每年上升1位。科技创新能力明显提升。自主创新能力进一步增强，高新技术产业产值占规模以上工业产值比重达50%，全社会研发投入占地区生产总值比重达2.5%，科技进步贡献率60%以上。创新载体建设进一步完善，持续引进一批专业技术人才，扩大自主创新产出，形成一批拥有自主知识产权的品牌和国家级重点新产品。人民生活水平明显提高。城镇居民人均可支配收入年均增长13%以上，农民人均纯收入年均增长12%以上。城镇社会保障覆盖率100%，城镇登记失业率控制在3%以内。卫生服务体系健全率100%，高水平普及基础教育，优化教育资源布局。城乡生活环境进一步改善，基础设施和公共服务设施不断完善，城市化率95%以上。

主要任务分为工业强区、项目为王，加快服务业发展，增强农业发展三方面。

工业强区、项目为王 打造三大产业集群，以玛切嘉利、海沃机械、一重科技等龙头企业为依托，引进以高精度冷拔管、铸件为主体的上游企业，以液压油缸、液压泵、液压阀为主体的中游企业，以及以数控机床、工程机械为主体的下游企业，打造以液压产业为核心的500亿元产业集群；推动汽车零部件产业向数字化、模块化、总成化方向发展，打造100亿元汽车零部件产业集群；依托全国农产品加工示范基地和海峡两岸（扬州）农业合作试验区的金字招牌，突出扬州底蕴深厚的饮食文化优势，打造100亿元华东地区食品加工产业集群。“十二五”期末，主导产业产值700亿元。培育100家骨干企业，到2015年，确保全区1家企业年产销过100亿元，3家企业年产销过50亿元，5家企业年产销过20亿元，15家企业年产销过10亿元，100家企业年产销过亿元，形成以100亿元企业为龙头、20亿元企业为支撑、10亿元企业为后备、1亿元企业为基础的梯级结构，凸显规模经济效应。按照“优选一批、培育一批、辅导一批、上市一批”的思路，加快推动企业上市步伐。“十二五”时期，重点组织20家以上企业进入普及培训期，5家以上企业进入上市辅导培育期，3家以上企业成功上市。

实施1000亿元投资规模，重点实施规模体量大的项目，10亿元以上的项目每年新增3个以上，力争引进和实施50亿元、100亿元以上的项目；突出实施技术含量高、附加值高、投资强度高的项目；加快实施新兴产业和先进制造业项目以及对产业链起着关键性作用的龙头项目。“十二五”期间，力争固定资产投资累计1000亿元，工业技改投入年均增长35%以上。

加快服务业发展 优先发展生产型服务业，重点突破金融服务业。引进银行、保险、证券公司的分支机构，力争建设1个股权交易分所。扶持、培育担保公司、小额贷款公司、典当行、创业投资公司、风险投资公司等金融企业，拓展金融租赁、海外代付、投资组合、个人理财等新型金融业务，增强金融服务功能。构建多层次金融服务体系，打造金融集聚区，逐步形成扬州金融港。

全面提升信息服务业，发挥江苏信息服务产业基地（扬州）产业集聚区的带动作用，全面提升软件和信息服务业发展能力，加快发展呼叫中心、信息服务、软件研发等重点产业，积极发展移动互联网、云计算等新兴热点行业。

加快发展物流服务业，依托商贸物流园，建成以生活资料为主、生产资料为辅，以各类批发交易市场为核心，以现代化物流基础设施为支撑的区域性商贸物流集散中心，不断提升商品交易、客户服务、仓储配送、检测检验等一系列物流服务功能，大力引进、培育第三方物流，加快建设冷链物流基地。巩固、提升生活型服务业，进一步做大做强金鹰、万家福等商业龙头企业，提升曲江商圈市场集群，围绕曲江市场、大润发广陵店、副食品城等骨干企业，重点构建运河路、文昌路市场集群，把亚联农副产品交易中心创建成为国家级农产品交易中心示范基地。发挥明发商业广场超大型商业综合体、金盛家居和苏宁电器带动作用，引进跨国连锁超市、仓储式会员店、奥特莱斯等新型商业业态。“十二五”期末，形成文昌、曲江、明发三大100亿元级商圈。积极发展社区服务业，建立健全区、街道、社区三级社区服务设施，完善社区服务管理功能，依托电子政务网络，建立社区服务信息网。推进社区便民利民服务，实现城乡社区“慈善超市”网点服务全覆盖。加强居家养老体系建设，所有社区和村都建有邻里中心。大力发展保洁、护理等多种类型的社区服务。更加注重精神文化服务业，开拓发展文化产业，紧抓扬州旅游转型契机，以假日经济为突破口，以区域特色和历史文化遗产为差异竞争力，进一步加大文化产业开发力度。致力打造会馆经济，依托现有老城区博物馆资产再现会馆繁华；致力打造月光经济，提升夜间文化休闲消费；致力打造水镇古镇，在广陵新城南部区域打造以文化、墙面、陈列等形式展现文化产业的运河水镇，在北部区域打造以玉器为特色的湾头千年古镇。“十二五”期末，文化产业规模100亿元。整合发展新兴旅游业，按照“商旅结合、以商促旅、商旅共荣”的发展思路，重塑、复兴“富春”“谢馥春”等老字号，建设双东、仁丰里、湾子街和南河下四大主题体验区，打造古城文化旅游集中区；充分利用好丰富的水系资源和自然湿地，提升茱萸湾公园，修复湾头古镇，打造生态旅游度假集中区；根据“沿岸做观光、水中做休闲、节点做商业”原则，延伸古运河游览线，开发大运河风光带，建设文峰寺景区，打造广陵大戏台，建成运博会永久性会址等，发展休闲旅游和会展旅游。“十二五”期末，新建1家以上五星级酒店，打造10家以上院落式城市客栈、20家以上高档会所，逐步构建以建筑景观、旅游产品、文化节庆、人员服务和旅游商品为主要内容的广陵区旅游新体系。

增强农业发展 加强农田水利建设，推进灌排泵站更新改造，推广高效节水灌溉新技术和农业生产机械化。实施万亩高标准农田建设，改造中低产田500公顷，大力推广高产、高效、省工、节本的新品种新技术，进一步增强农业综合生产能力。

二、执行情况

2011年，全区完成地区生产总值410.65亿元，其中一产增加值7.48亿元，二产增加值227.51亿元，三产总产值175.66亿元。完成工业总产值1339.17亿元，农林牧渔业总产值15.17亿元；社会消费品零售总额167.45亿元，财政总收入55.8亿元；城镇居民可支配收入2.48万元，农民人均收入1.53万元。

第二章 统 计

1989～1994年，区计划经济委员会计划统计科承担全区的统计管理工作职能。1994年，成立区统计局，二级局建制，隶属于区计划经济委员会。1997年，由二级局升格为一级局，进入区政府工作部门序列，全区统计工作得到加强。除国家规定的普查工作外，广陵区统计定期报表和年报的专业类别主要划分为综合与核算、农业、工业、固定资产投资、建筑与房地产业、能源、交通运输、贸易、劳动、人口、物（工）价、科技、住户调查、企业调查以及教育、文化、卫生、体育等部门统计。2004年，各乡镇、园区先后成立统计办公室，配备专职统计员，各村、社区配备兼职统计员；在业务上接受区统计局指导，统计数据实行统一扎口管理。

1989～2011年，调查对象由原来的国营、集体企事业单位扩大到私营企业、个体户、住户家庭及个人；服务模式由原来的“封闭式”转变为“开放式”；服务对象由原来的主要为条上服务转变为为全社会服务；服务内容由原来的单纯提供数据资料转变为包括调查研究、分析与建议在内的全方位的统计信息咨询服务。统计工作制度不断健全、完善，统计工作逐步走向规范化、法治化；统计机构职责与部门统计分工明确，“条”与“块”各司其职，密切合作。2007年，按照市政府《关于改革统计管理体制实行在地统计的通知》精神，驻区所有中央、省、市直属单位开始实行在地统计。

第一节 统计调查

一、国民经济核算统计

1989年，仍实行国民收入生产消费和积累平衡统计年报制度。1993年，取消国民收入统计，开始用“国内生产总值”指标进行核算统计。2004年起，地区生产总值成为国民经济核算的核心指标，将核算内容从物质生产部门扩大到所有行业，执行国家逐步改革和完善的统计指标体系。1993年，表种增加到8种。1996年，增加居民生活消费、分行业增加值率等7种表。2005年年报取消居民生活消费、农村居民生活消费和城镇居民生活消费3张试算表式。按照国家统计局2006年制定的《非经济普查年度GDP核算方案（试行）》，执行年报表有5种：总产出（Q301表）、按当年价格计算的地区生产总值（Q302表）、按当年价格计算的地区生产总值构成项目（Q303表）、按当年价格计算的地区生产总值构成项目（SQ303附表）、按不变价格计算的地区生产总值（Q304表）。2011年，按照省统计局制定的《江苏省季度地区生产总值核算方案（试行）》执行的国民经济核算统计季报表有3种：季度地区生产总值（Q401表）、季度地区生产总值核算基础指标（SQ402

表)、季度地区生产总值核算相关指标(SQ403表)。

二、农业和农村统计

2002年,湾头镇、汤汪乡从郊区划入后,广陵区开始执行农业和农村统计制度。2003年后,逐步新增乡镇基本情况,主要产品产量,农业产值、增加值,农村经济核算年报,农村劳动力就业与流动情况,劳动力及转移情况表,实施市农调队布置的各项调查任务。2011年,国家统计局将乡村卡(U制度)列入县卡(G制度),SG302县卡增加多项免报指标,取消部分指标,调整指标归类;新增报表农户种植意向调查情况、农村组织和从业人员情况增加7个指标;主要农产品生产情况改为农作物生产情况,并增加25个粮食指标。是年年末,土地及利用情况改为农业用地情况,指标有较大修订,减少30个指标,增加设施农业用地指标;农业机械化情况减少渔业机动船的吨位和动力,增加渔业机动船的2个分项指标和农机作业情况的3个指标;蔬菜及特种作物生产情况增加6个指标;公报指标增加糖料指标;农作物播种面积季节报减少2个指标,2个单项指标合并为1个指标;农业生产经营单位农作物播种面积情况减少3个指标;农作物面积与产量季节报减少5个指标,2个单项指标合并为1个指标。

三、工业统计

1988年,广陵区工业统计年报表有15种。1993年,实行“7+1”制度后,工业企业统计数据采集使用全面调查的方法取得,基层报表跨专业填报。1997年,贯彻“抓大放小”原则,广陵区对国有及年产品销售收入500万元以上企业进行统计;同时新增以国有及产品销售收入500万元以上工业企业为口径的主要原材料、能源消费与库存报表。1998年月报全部实施国有及年产品销售收入500万元以上企业的统计。2000年,500万元以下非国有工业企业及全部个体经营主要指标表被取消,增加大中型工业企业按产品部门划分的工业总产值。2004年,大中型工业企业科技活动统计报表制度和5000家联网直报企业报表有所调整,同时执行以定报数据代替年报数据的年报制度。2011年,规模以上工业企业标准由年主营业务收入达到500万元调整至年主营业务收入达到2000万元的工业企业,恢复年报制度,增加重点企业调查问卷,清查年报被取消。

四、服务业(贸易)统计

1989年后,由于多元所有制经济的出现,新集体商业,个体、私营商业经济大量涌现,工业品销售大幅度增加,贸易业统计也作相应改革,将上述情况列入统计。1993年,社会商品零售总额统计口径改为社会消费品零售总额。1999年,取消限额以下批发、零售贸易业商品销售总额表,亿元商品交易市场被正式纳入贸易统计报表。2003年,增加亿元以上商品交易市场基本情况表,实施新的限额以下(含个体)批发和零售业、住宿和餐饮业抽样调查定报方案,年报以定报代替,有5种调查表。2005年,批发和零售业、住宿和餐饮业统计年报共有基层表10种、综合表8种。2007年,批零住餐企业财务状况表纳入季度定报;同年底,扬州市正式实施企业在地统计,原市直限上企业全部列入所在县(市、区)实行在地统计。江苏省扬州市新华书店、扬州金店有限公司、江苏省盐业集团扬州分公司、扬州中兴百货有限公司、江苏大德生药房连锁有限公司、扬州文物商店、扬州百盛商业大厦有限公司以及扬州富春饮服集团有限公司8家商贸法人企业以及中国石化股份有限公司江苏扬州石油分公司1家产业单位,合计9家企业划入广陵区统计。2009年起,为准确反映各地零售市场最新变化,省内法人所属产业单位按照以县(市、区)为界,纳入所在地统计。2010年开始,省内法人所属产业单位统一由企业法人上报,各产业单位不再单独上报,数据按照年报占比进行分批;大个体按照各行业限上标准纳入定报统计范围,数据归入限上统计。限下样本扩容,零售业、餐饮业按照企业和个体样本分别增加2个和4个,样本总量从48个扩大到60个。2011年,扬州市行政区划调整,原邗江区李典、沙头、头桥、杭集、泰安5镇划入广陵,11月起,限上单位直接划归广陵区统计。

2003年5月,国家统计局印发《三次产业划分规定》,将第三产业划分为:交通运输、仓储和邮政业,信息传输、计算机服务和软件业,批发和零售业,住宿和餐饮业,金融业,房地产业,租赁和商务服务业,科学研究、技术服务和地质勘查业,水利、环境和公共设施管理业,居民服务和其他服务业,教育,卫生、社会保障和社会福利业,文化、体育和娱乐业,公共管理和社会组织、国际组织提供的服务。

2006 年，广陵区启动服务业统计工作。根据 8 月市政府《关于切实加强服务业统计工作的通知》精神，在市统计局指导下，初步建立区服务业统计调查方案，对全社会除“批零住餐”行业外的部分服务业单位（含个体）进行每年一次的抽样调查。2011 年，全省按照年主营业务收入 200 万元以上为省重点服务业企业标准，对达标的法人企业统一纳入网上直报，分别在 3 月、6 月、9 月、12 月的当月 22 日之前上报 1 ～ 2 月、1 ～ 5 月、1 ～ 8 月、1 ～ 11 月财务状况表以及基本情况表。

五、固定资产投资、建筑业和房地产开发统计

1988 年，实行固定资产投资统计报表制度。1995 年，房地产开发统计从固定资产投资统计中分离出来，实行单独统计。1996 年开始，把建筑业统计范围由乡镇集体以上企业，改为建筑业资质以上的各种经济类型的建筑企业。1999 年，实行全社会固定资产投资统计制度，将个体、私营企业的固定资产投资纳入统计范围，同时，采取抽样调查的方法，对 5 万～ 50 万元零星投资进行统计。2000 年，全社会固定资产投资分为基本建设、更新改造、其他投资、房地产开发、城镇工矿区私人建房、农村集体、农村个体投资 7 个部分。2003 年，农村集体投资改称为农村非农户固定资产投资。2011 年，固定资产投资统计起点由计划总投资 50 万元及以上提高至 500 万元及以上。固定资产投资分为城镇固定资产投资和农村固定资产投资两部分。其中城镇固定资产投资的统计范围为城镇计划总投资 500 万元及以上的建设项目投资和全部房地产开发企业的投资；农村固定资产投资分为农村住户固定资产投资（统计范围为全部农户），以及农村非农户固定资产投资（统计范围为农村非农户计划总投资 500 万元及以上的建设项目投资）。

六、劳动工资统计

1988 年，劳动工资统计内容为全民单位和城镇集体单位职工人数与工资、劳动生产率、职工保险福利和新增劳动者人数等。随着改革开发的深入，出现多种经济形式并存和职工下岗失业现象。1996 年，劳动工资统计及时调整统计口径和统计指标，增加在岗职工人数和在岗职工工资情况等指标。2011 年，国家统计局决定将工资统计范围扩大到全部城镇单位，增加私营单位劳动工资统计，对象为全部私营法人单位及其从业人员人数、平均人数、工资总额和平均工资。根据用工形式，在非私营单位劳动工资统计中，新增劳务派遣人员人数及其工资总额等指标。

七、科技统计

改革开放后，科技事业有较大发展，国家于 1991 年建立科技报表制度，广陵区开始收集科技统计资料。主要反映企事业单位兴办科研和技术开发机构、开展科研和技术开发活动以及科研和技术开发资金投入等方面情况。2011 年，科技统计年报表种有 2 种，指标有 62 项，范围由原先大中型工业企业填报扩大至所有规模以上工业企业填报。

八、能源消费统计

广陵区能源专业统计工作始于 2008 年，区统计局配备专（兼）职统计人员负责能源统计工作。2011 年，能源统计范围由 2008 年的重点大中型工业企业扩大到全部规上工业企业，报表期别由季报改为月报、年报改为半年报。取消工业企业用水情况（205-4 表）年报表，工业企业能源购进、消费与库存（205-1 表）、工业企业能源购进、消费与库存附表（205-2 表）。

统计范围为：月报“辖区内年综合能源消费 5000 吨标准煤及以上的工业法人企业”、季报“辖区内年主营业务收入 2000 万元及以上，以及年主营业务收入 2000 万元以下，年综合能源消费 5000 万吨标准煤及以上的工业法人企业”。主要耗能工业企业单位产品能源消耗情况（205-3 表）统计范围为：辖区内年综合能源消费 5000 吨标准煤及以上的工业法人企业。非工业重点耗能单位能源消费情况（205-5 表）统计范围为：辖区内年综合能源消费量在 1 万吨标准煤及以上的建筑业和第三产业法人单位。

九、住户调查

城镇住户调查的对象是在城镇中的部分非农业居民家庭及其成员，包括单身户，但不包括集体户口中的单身者。调查内容主要为城镇住户基本情况调查表、城镇住户现金收支调查表、城镇住户消费支出调查表、居民家庭成员基本情况一览表、城镇住户居住情况表。其主要内容包括：居民家庭人口和劳动就业状况，收

入和现金支出状况，消费水平和消费结构状况，购买主要商品数量及变化情况，耐用消费品拥有量及变化情况，家庭食品消费及营养状况，家庭住房情况，实物收入状况，货币流动、储蓄、债权债务情况，各类居民家庭之间收入、消费差异情况。被调查户采用日记账的形式，对其家庭各项收支逐笔记账，由调查员定期整理，按月汇总。城镇住户调查采用分层、按人口比例概率（即 PPS 法）抽样选取调查户。广陵区于 2002 年正式开展，2011 年年底，广陵区调查户为 70 户。

十、其他专业统计与专项调查

除上述专业统计工作外，还有交通运输和城市住户调查等专业统计与调查工作。另外体育、教育、文化、卫生、人口、计生、妇保、环保、民政等方面的社会事业统计工作，则按照条块结合原则，分别由相关行业主管部门组织实施，统计局负责业务协调和资料汇编及对外发布工作。

专项调查工作，主要是围绕地方党政领导和社会关心的重点、热点和难点问题，按照上级统一布置要求，进行的一次性或突击性调查工作。包括下岗（失业）职工基本情况调查、困难企业基本情况调查、城市居民住房情况调查、城市综合治理安全感与满意度调查、小康建设进展及满意度调查等。

十一、人口普查

1989 ～ 2011 年，共进行过 3 次人口普查，即 1990 年第四次全国人口普查、2000 年第五次全国人口普查、2010 年第六次全国人口普查。第六次全国人口普查的标准时点是 2010 年 11 月 1 日零时。经普查，全区常住总人口数（不包括现役军人）为 52.39 万人，户籍人口数为 49.95 万人；家庭户户数为 16.33 万户，家庭户人口数为 48.54 万人，集体户户数为 6650 户，集体户人口数为 3.85 万人。

第二节　统计信息服务

一、统计信息化处理

随着计算机技术的推广运用，广陵区统计报表数据资料的汇总、加工、整理与保存，90 年代逐步实现由手工为主到计算机处理为主的转变。区统计局配有计算机专业人员，负责计算机硬件与软件的安装、调试及维护，区级数据处理程序按统一格式进行，各专业统计综合数据的上报用软盘拷贝报送。

进入 21 世纪，伴随着互联网技术的发展，统计系统的各专业统计报表数据处理程序不断更新，数据汇总的方法，除按规定的范围和不同的分组标志、分类标准及目录进行汇总、加工、整理外，还根据资料来源和使用目的分别进行不同要求的加工。逐步实现使用网络传输技术上报与交换统计数据库及其他统计信息资料；建立统计网站，方便公布与交流统计资料和工作信息；按照网络安全与统计内部信息保密的要求，建立和加入统计系统内部局域网，实现乡镇统计机构与省、市、区统计局的直接联系与沟通；使用上级统计系统专业统计网络平台，实现部分（大、中型与重点）企业统计报表的网上直报，各级统计机构专业统计负责人都可以直接审阅、查询企业报表数据。

二、统计服务

（一）资料整理、汇编

根据运用各种统计调查方法，从国家机关、社会团体、企业事业组织、个体户、公民及其家庭填报的统计调查表或提供的情况中取得大量基层数据，进行汇总、加工、整理，从而获取能够反映一个地区、部门、行业等总体特征的数据资料。数据汇总的手段由过去采用手工逐级汇总，发展到采用计算机汇总的方法进行。

1989 ～ 2011 年，广陵区统计局负责发布每个年度《扬州市广陵区国民经济和社会事业发展情况公报》和历次普查公报；整理、编印历年《扬州市广陵区国民经济统计资料汇编》或《扬州市广陵区统计年鉴》；定期编印《广陵统计》月报资料，及时向区委、区政府领导提供、反映广陵区主要经济指标完成情况。

（二）对外提供统计服务

区统计局除向上级统计部门报送规定的统计资料和向区委、区政府提供统计信息、分析资料外，还以经济部门为主要服务对象，包括为企事业单位，计划生育、妇女保健、环境保护、科技等部门和社会公众提供大量统计信息咨询服务。为广陵区人民代表大会、区政治协商会议及其他重要会议服务。提供、审核历届《政府工作报告》中的国民经济和社会发展主要数据，为区人大代表、政协委员提供广陵区国民经济和社会发展的信息资料。根据掌握的情况，提出对国民经济和社会发展情况评价的建议，并为年度“双文明考核”提供数字依据。为区各有关部门、乡镇提供统计资料，为各行业有关企业提供统计信息咨询服务。整理新中国成立 50 周年等资料，配合新闻部门宣传新中国成立 50 周年广陵区的重大成就。

第三节 统计监督

一、统计监测、预警

区统计局通过统计监测、预警，在特定区域和某一时间段整合、运用专业统计信息，通过专业统计比较分析，及时掌握和反映经济（工作）运行动态与结果，对未来一段时间经济运行趋势进行预测并告知相关部门和单位。统计监测、预警的内容，主要是各行业（专业）经济运行动态、计划目标完成进度与结果，如小康建设进程、环境、民意等。监测、预警方式方法是印发月报、公报、统计信息与分析、监测报告以及专门向区委、区政府领导提供情况资料等，为领导决策、指导工作提供参考依据。

二、统计监审

依据统计法律法规，对统计方法制度的贯彻执行情况和统计工作开展情况进行监督审查。主要是组织学习、宣传和普及统计法律知识，开展统计执法大检查，建立和执行统计监审制度等。

（一）学习、宣传统计法

1983 年，六届全国人大三次会议通过《中华人民共和国统计法》，1996 年，八届全国人大九次会议进行重大修改。省人大和省政府也制定和修改相关法规，加大统计违法的处罚力度。区统计局每年至少举办 5 次专业统计业务培训（班、会）。实行统计持证上岗制度后，每年组织在岗无证的统计人员参加岗位培训 100 人左右。通过广泛宣传、举办统计普法函授学习班、统计监审、统计执法大检查等促进统计普法工作。2011 年，参加统计普法函授的各级领导和经济工作人员 4000 多人次。

（二）开展统计执法检查

1989 年、1994 年、1997 年，国家统计局、国务院法制局、监察部联合在全国范围内开展统计执法大检查。全区统计执法大检查的方式为单位自查、系统内互查和全区范围内抽查，统计执法大检查的内容主要是统计法律法规和各专业统计报表制度执行情况和数据质量状况。

（三）实行统计监审制度

2000 年，全区逐步建立以监督检查统计数据质量和基础工作为主要内容的统计监审制度。2011 年，区统计局对全区各乡镇街道及有关部门近 350 家企事业单位进行统计监审，共发现违法行为 12 起，立案查处 8 起；对虚报、瞒报、迟报、漏报等问题较为严重的一些单位，给予警告或通报、罚款等处罚。由于利益主体多元化和改革深层次矛盾尚未解决，加强统计监审、进一步提高统计数据质量仍然任重道远。

第三章　物价管理

1988年7月，以放开13种名烟、13种名酒价格为标志，开始实行价格“双轨制”。1989～1995年，价格工作重点是治理整顿，抑制通货膨胀，抓住时机进一步放开政府定价的商品和服务价格。通过规范市场价格行为，规范行政职能，维护价格合法竞争。1998年，以市场机制形成的商品价格达到95%以上为标志，价格“双轨制”开始实行并轨。1996～2002年，价格改革继续以“清费、治乱、减负”为重点，减轻企事业和消费者负担。2003～2011年，重点深化资源环境价格、能源价格、公共产品价格、服务价格的改革；完善农村价格监管网络；健全价格监测预警，强化价格服务职能，抑制通货膨胀，实现国民经济“软着陆”。2011年区划调整后，增加反价格垄断职能和蔬菜、生猪、桑蚕等价格信息监测任务。

第一节　商品价格

一、农产品价格

（一）副食品

1988年3月，政府提高猪肉、鸡蛋、蔬菜、食粮4种主副食品价格，发给城镇职工每人每月价格补贴10元，回民每人每月14元。1989年，猪肉价格仍实行双轨制（即定量供应和议销价格供应）。市区猪肉价格在合理购价基础上，按地产地销、合理经营的原则规定指导价格，城区实行毛白（毛猪与白肉）差率控制，不超过70%。1989年9月，扬州市猪肉最高限价：肋条肉每千克（下同）5.8元，后座肉7.2元，前胛纯瘦肉10元，后座纯瘦10.1元。1990年，制定猪肉、蔬菜等价格管理办法，保持“菜篮子”价格稳定，实行行政首长负责制和一票否决制。12月，市区凭票供应猪肉（新鲜）价格：猪肉4.56元，带骨后座肉5.4元，带骨肋条肉4.1元，后座肉5.4元，梅条肉9元。市物价局以差率管理形式对猪肉价格实施监管，凡在市区经营的国营、集体、个体工商户都必须服从统一管理。1991年7月，全市取消猪肉凭票定量供应，实行有指导的议购议销。1992年5月放开猪肉价格，由企业自主定价，实行综合差率控制。1993年，市场每千克猪肉价格为：去骨猪腿肉7.6～8元，大排9～9.6元，鸡蛋5.6～6.6元。1995年，由于生猪生产滑坡，猪肉市场供应趋紧。8月，猪肉零售价格：前胛肉每千克14.8元，肋条肉13元，后座肉16.4元，精瘦肉20元。1996年，肉、蛋价格基本稳定。1999年，猪肉、鸡蛋价格退出监控。1999年上半年，价格明显下跌，猪肉平均每千克11元。全年水产品价格下跌11.2%，肉禽蛋价格下跌11.4%，全年价格同比负增长。2000年后，区物价局加强对市场价格变动情况的监控。2002年，油、禽、蛋、菜、干果价格分别比上年上升0.8%、2.6%、12.8%、4.4%、13.4%，成为2002年影响食品类价格总水平上涨的主要因素；而水产品价格不涨反跌，这和水产养殖面积扩大有关。2003年6月，“非典”疫情刚过，生猪供求矛盾突出，饲料价格大涨，生猪、仔猪、猪肉价格连锁上涨。2004年9月，生猪、猪肉价格达到高点，涨幅40%以上。生猪收购价最高平均每千克10.5～11元，此后逐渐回落。2005年，肉、蛋、禽和水产品等价格仍持续在高位运行，其中肉禽及其制品价格上涨5.1%，蛋价上涨5.3%，水产品价上涨6.2%；4季度受禽流感疫情影响，禽类价格有所下滑。2006年下半年，生猪价格止跌回升。2007年4～5月，猪肉价格迅速上涨，区物价局开展生猪、屠宰、饲料等环节收费情况调研，对猪肉零售价格实行调价备案等临时干预措施。12月，猪肉每千克25.25元，鸡26元，鸡蛋6.8元，鲫鱼9.5元，虾61元。2008年3月，猪肉平均价格再创历史新高，达到每千克25.91元；此后猪肉价格逐渐回落，但仍保持高位运行。2010年11月，白条肉批发价每千克20.6元，精瘦肉26元，去骨后腿肉24元。2011年7月，猪肉价格再创2008年后的新高，白条肉批发价每千克15元，鲜肉零售价精瘦肉每千克36元，肋条肉每千克30元，市区启动猪肉价格日报制度。

（二）蔬菜

1986～1988年，全区对青菜、白萝卜等15个日常大宗蔬菜品种都实行定购包销，统一牌价；对其他小品种蔬菜则由蔬菜公司公布的价格幅度议价销售。1988年1月，部分蔬菜实行最高限价，同时对购销价差实行政府补贴。6月，豆制品价格实行行业议价，个人经营的豆制品价格随行就市。1994年3月，青菜等10种蔬菜和豆腐等3种豆制品价格列入区物价局监审，实行批零差率管理。1996年8月，分别在解放桥等主要农贸市场采用电子显示屏、黑板等公布当日的主副食品政府监审牌价。1999年6月，蔬菜及豆制品退出价格监审序列，实行市场调节；区物价局采取定点、定时实施价格监测，及时掌握市场动态，为各级政府制定相关政策提供参考依据。2000年1季度，蔬菜价格大涨70%；2、3、4季度基本与上年持平。10月，市区主要蔬菜品种青菜、菠菜、韭菜、黄瓜、西红柿、茄子每千克分别为1.18元、3.13元、2.6元、2.06元、2.91元、2.04元。2002年10月，市区主要蔬菜品种青菜、菠菜、韭菜、黄瓜、西红柿、茄子每千克分别为0.91元、2.48元、2.73元、1.98元、2.32元、2.98元。2005年，蔬菜价格仍在高位运行。2007年，每千克青菜1.1元、芹菜3.5元、菠菜3.95元、黄瓜4.5元、西红柿4.8元、茄子5元。2011年，市区建立平价蔬菜商店32家，其中市区首批24家平价蔬菜商店一次性通过省物价局验收，获省级价格调节基金专项补贴200万元。市区平价蔬菜商店日均销量由最初的9吨上升到17.5吨，占市场蔬菜销量的10%，菜价低于市场均价。平价蔬菜商店保证每天供应青菜、苋菜、韭菜、黄瓜、茄子等15种常见蔬菜。地产蔬菜价格必须低于市场同类价格（以物价部门采集公布的数据为准）15%以上，外地蔬菜价格略低于市场同类品种销售价格；超市直销区蔬菜价格低于市场同类品种销售价格，每天供应售价低于1元的蔬菜品种不少于5个。组建平价蔬菜商店行业协会，建立长效考核、退出机制，推进价格自治自律。2011年，常见蔬菜均价每千克3.56元，同比跌幅36.5%。农贸市场地产蔬菜销量增长50%。

（三）粮油

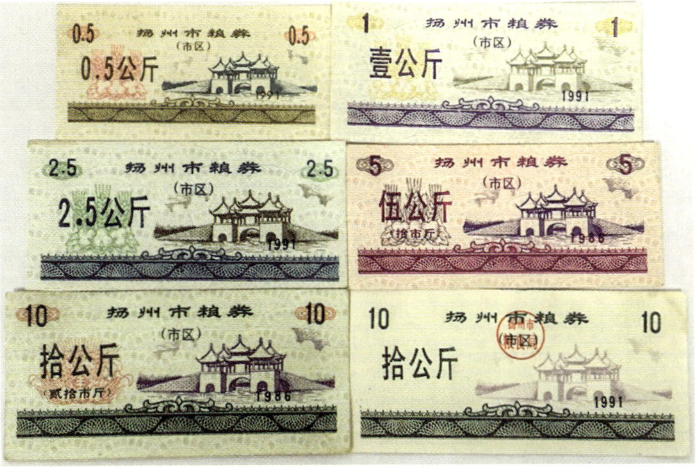

图19-3-1　扬州市区粮票

图19-3-2　扬州市区油券

1989年，提高合同定购粮食收购价格，相应调整成品粮、粮食复制品和粮油副产品销售价格。是年12月，整顿市场水面价格，明确每625克特富粉水面0.27元，标准粉水面0.24元，收粮票500克；调整挂面零售价格，每500克标准粉挂面由0.23元调整为0.28元，七五粉挂面由0.26元调整为0.31元，富强粉挂面由0.28元调整为0.34元，代销手续费率仍为4%。1990年7月，针对原材料价格的影响，为调动生产企业积极性，使价格趋于合理，调整市区部分烧饼价格，凡市区范围的国营、集体、个体生产经营者一律执行同一规格同一价格。1991年5月，调整市区粮油副产品价格，粮油副产品改统购和统销价为按定购价供应；米面平议差价每500克一律为0.2元，调整水面、饺皮价格，每625克水面（收粮票500克）零售价格，特富粉水面由0.27元调整为0.43元，标准粉水面由0.24元调整为0.39元，富强粉水面由0.3元调整为0.47元；每625克特副粉饺皮（收粮票500克）零售价格调整0.13元，即方形饺皮0.48元、圆形饺皮0.5元、馄饨皮0.58元。是年7月，为缓解供应城市居民的统销价挂面与定购价挂面之间的矛盾，原按定购价格供应挂面的，一律改按统销价供应，即每500克上白挂面0.5元，上白细条挂面、碱挂面、富强挂面0.54元，银丝挂面0.62元。是年，市区调整城镇居民定量供应的统销粮油价格，提价幅度为90.4%；取消食用油平价供应政策，平价食用油只保证供应常年定销人口和军供用油。1992年，再次大幅度提高粮食购销价格，收购提价幅度为18.7%。1993年4月，不再使用粮食、食油票券（军用粮票、油票除外），平价粮食副食品、复制品价格同步放开。下半年市场粮价逐月上涨；当年年末，涨幅即超过60%，市区粳米价格1月为每千克（下同）1.6元，12月涨至3.4元。1994年，市区重新形成国家管理和市场调节相结合的"双轨制"，定购粮食购销价格实行国家定价，定购以外的粮食由市场调节；市区调整粮油销售价格，标一粳米1.92元，特一面粉2.02元，二级菜籽油8.4元。1995年，实行保护价敞开收购粮食，调整市区定购粮食制品价格，粳米零售价2.7元，特二水面2.28元。1996年，深化定购粮食购销价格管理体制改革，实行国家定办法、省定价格水平，大幅提高定购粮食价格；市区相应调整平价粮加工的米面制品零售价格，特二水面2.46元。1997年年初，市场粮油价格创历史新高；随后粮食连续丰收，市场粮价大幅下跌，降幅30%以上；国家出台保护价政策，给予农民保护，国有粮食部门出现购销逆差和亏损。1998年，推进粮食流通体制改革，市区粮食批发、零售价格放开，粮价回升。1999年，粮食价格下跌7%。2000年，红皮小麦、玉米、早籼稻、常规籼稻退出保护价收购范围。2001年，取消粮食定购任务，全面放开粮食市场；从秋粮上市起，粮食购销价格由市场形成，随行就市。2002～2003年，市场粮价持续走低。2004年，公布重点粮食品种最低收购保护价格。2005年，逐年提高稻谷、小麦最低收购保护价，保护农民种粮积极性，粮食连续增产增收，市场粮食销售价格稳定。2007年12月，每千克大米3.1元、菜油12.1元、麻油41元。2010年12月，市区启动粮油零售市场动态日报制度。2011年，提高粮食最低收购价，市区米面价格相应提高，扬州十六粮店标一粳米销售价格4.4元。

1989～2011年部分年份市区粮油主要品种零售价格一览表

表19-3-1　　　　单位：元/500克

执行时间＼名称	面粉	粳米	菜籽油	备注
1989年7月1日	0.31（标准）	0.36（早标二）	1.58（二级）	定购价
1989年7月1日	0.24（标准）	0.27（早标二）	—	统购价
1990年4月1日	0.37（标准）	0.31（早标二）	2.07（二级）	定购价
1991年5月1日	0.35（特一）	0.28	2.08（二级）	统销价，取消行业平价食油政策，平价食油只供应定销人口和军供
1992年4月1日～1993年3月31日	0.51	0.50	—	—
1993年4月1日	—	—	—	省政府放开粮食油料购销价格，发放城市居民、学生等补贴
1993年12月	0.79（特二）	0.87（特等）	3.30（二级）	所有国营粮店挂牌限价
1994年4月14日	—	0.95	3.60～4.0	实行同行议价
1994年6月10日	1.01（特一）	0.96（标一）	4.20（二级）	—
1994年9月1日	—	1.30（特等）	—	实行阶段性最高限价
1995年12月	1.19（特一）	1.35（上等）	4.75（中等）	执行《江苏省定购粮食销售价格作价办法》
1996年1月	—	1.50（上等）	4.00（中等）	—
1997年4月5日	1.33（中等）	1.10（上等）	3.85（中等）	粮油公司连锁粮店统一价
1998年1月	1.33（中等）	1.00（上等）	4.00（中等）	—
1999年3月25日	—	1.10（上等）	4.20（中等）	扬州市十六粮店零售价

续表 19-3-1

执行时间＼名称	面粉	粳米	菜籽油	备注
2001 年 8 月	—	1.10(上等)	2.75(中等)	—
2002 年 8 月	—	1.00(上等)	3.10(中等)	—
2007 年 3 月	—	—	4.20(一级)	扬州市十六粮店零售价
2008 年 3 月	—	—	8.40(一级)	扬州市十六粮店零售价
2008 年 6 月	—	1.55	6.50(一级)	扬州市十六粮店零售价
2010 年 12 月	1.33(中等)	2.00(上等)	5.50(一级)	—
2011 年 12 月	1.8(标准)	2.3(标一)	5.50(一级)	—

二、日用工业品价格

（一）纺织品

1988 年 1 月，放开毛巾（含枕巾、浴巾）价格。扬州被单厂纯棉床单价格，2 月，出厂价格上浮不超过 15%；4 月，省物价局扩大棉纺织品出厂价格上浮幅度，针棉织品纯棉针织内衣、床单上浮幅度不超过 35%。1989 年 2 月，整顿毛线价格，全毛中粗毛线每千克出厂价格 71.1 元，产地批发价 79 元，产地零售价每千克为 90 元；原省商业供货差率不变。1991 年 7 月，放开服装价格，规定凡进价每件（套）在 50 元以上的，综合批零差率掌握在 50% 以内；对日用工业品，政府采用“放两头、管中间”（即放活进价，控制流通环节的差价率，合理制定零售价）的办法。1992 年 10 月，除食盐和少部分药品外，大部分日用轻工业品价格放开。

（二）烟酒糖盐

1988 年 7 月，放开 13 种名烟价格，调高部分中、高档卷烟价格；甲级烤烟型平均提价幅度为 50.5%，甲一等级云烟零售价 55 ～ 60 元 / 条，玉溪 45 ～ 50 元 / 条；本省甲级烟平均提价幅度为 10.5%，甲级混合型和其他香型烟平均上调 18.53%，乙一级烤烟型平均上调 13.25%，本省乙级烟平均上调 8.2%，乙二级和丙、丁、戊级烟均不提价；凡未列入调价方案的带过滤嘴烟，在现行零售价基础上一律每包加 0.04 元。1988 年 7 月，调整地产粮食酿酒价格，38 度 500 克扬州大曲扁玻瓶由 3.58 元 / 瓶调至 4.22 元 / 瓶。市区 13 种名酒价格（每瓶 500 克）进行调整，其中茅台 52 度瓷瓶防盗盖彩盒 155 元 / 瓶，五粮液 52 度白麦穗瓶盒 95 元 / 瓶，郎酒 54 度彩白瓶防盗盖盒 85 元 / 瓶，洋河大曲 55 度蓝玻瓶 38.15 元 / 瓶，双沟大曲 53 度青瓷瓶 38.15 元 / 瓶。价格体制改革步伐加快，价格“双轨制”形成。1991 年 10 月，放开所有卷烟的零售价格和三级批发价格。1994 年，加强食糖价格管理，市区食糖价格批发价综合差率 9%，甘蔗糖中准批发价 4000 元 / 吨，零售差率不超过 15%，由零售企业自主定价。1999 年，国家计委下发《关于调整食糖价格政策的通知》，将食糖价格管理权限下放地方，但实际食糖价格已由市场调节。2002 年，省、市定价目录公布后，除食盐等极少数特殊商品实行政府定价、政府指导外，绝大多数工业品零售价格均已放开，社会商品零售总额中政府定价、政府指导价和市场调节价的比重分别为 2.7%、1.3% 和 96%。2010 年 10 月，因食用油和糖价格连续上涨，江苏市场投放国家临时储备油 5 万多吨。是月，市区豆油、菜油、色拉油零售价格分别为 5 元 /500 克、5 元 /500 克、5.1 元 /500 克。2006 年，320 克 / 袋淮牌纸塑袋装精制食用盐，批发价 2750 元 / 吨，每袋 1 元。

1988～2002年部分年份扬州市区食盐价格调整一览表

表19-3-2

执行时间	品名	批发价(元/吨)	零售价(元/500克)	备注
1988年6月	粉碎洗涤盐	360.60	0.21	城乡差价:湾头、汤汪加0.01元/500克
	粉洗(日晒)精盐	378.20	0.22	
	再制盐	378.20	0.19	
1989年11月	粉碎洗涤盐	537.60	0.32	—
	粉(日晒)精盐	571.20	0.34	—
	精制盐	588	0.35	—
1994年4月	粉碎洗涤盐	836.20	0.51	城乡差价:湾头、汤汪加0.01元/500克
	粉(日晒)精盐	885.60	0.54	
	精制盐	885.60	0.54	
1996年3月	粉洗盐	1016.67	0.61	—
	粉精盐	1066.67	0.64	
	精制盐	1066.67	0.64	
1997年1月	粉洗盐	1134.4	0.34	新增250克袋装
	粉精盐	1200	0.36	
	精制盐	1200	0.36	
1998年12月	粉洗盐	1550	0.90	—
	粉精盐	1640	0.95	—
	精制盐	1640	0.95	—
2000年2月	粉洗盐	1550	0.90	—
	粉精盐	1720	1.00	
	精制盐	1720	1.00	
2002年5月	精制海盐	2600	1.50	—
	淮牌盐	2600	1.20	改包装为400克/袋
	精制盐	2400	1.40	—

(三)家用电器

1988年1月,万宝牌电冰箱实行指导价,158立升L型双门冰箱产地价1280元/台,扬州最高零售价1680元/台。5月,对彩色电视机零售基础上加收外汇差价,18英寸400元/台;6月,对彩色电视机实行浮动价,18英寸由1330元/台上浮到1700元/台;市区差率:省内产品由1.5%调为2%,省外产品由2%调为2.5%。1989年2月1日起市区彩电实行专营价格,试行委托代办,可以高进高出,但严禁层层转手加价,流通环节综合差率不得超过6%,改善流通环节的价格管理,缓解供需矛盾。

1989年扬州市区彩色电视机专营价格一览表

表19-3-3 单位:元/台

产地	品牌	14英寸最高销售价格	产地	品牌	18英寸最高销售价格	产地	品牌	20英寸最高销售价格
北京	牡丹	1874	北京	牡丹	2781～2842	北京	牡丹	2976
北京	昆仑	1794～1802	北京	昆仑	2760～2781	天津	北京	2924

续表 19-3-3

产地	品牌	14英寸最高销售价格	产地	品牌	18英寸最高销售价格	产地	品牌	20英寸最高销售价格
天津	北京	1771～1853	天津	北京	2730～2981	大连	星海	2919
天津	长城	1771	天津	长城	2725～2786	上海	金星	3099
石门	环宇	1751	石门	环宇	2776	上海	上海	3232
呼市	天鹅	1771～2038	沈阳	沈阳	2745	南京	熊猫	2925
上海	金星	1751～1848	大连	星海	2740	苏州	孔雀	2986～3011
上海	飞跃	1751	抚顺	金凤	2832	青岛	青岛	3037
上海	凯歌	1771	丹东	菊花	2745	广州	乐华	2919～3078
上海	上海	1751～1781	上海	金星	2694～2894	深圳	康佳	2858～3165
南京	熊猫	1799	上海	飞跃	2755～2842	深圳	快乐	2858～2935
苏州	孔雀	1789	上海	凯歌	2842	深圳	金鹿	3083
无锡	虹美	1754～1817	上海	上海	2786～2807	成都	成都	3099
南通	三元	1759	南京	熊猫	2823～2879	西安	黄河	2919

1989年6月，对电冰箱、洗衣机、电视机等家用电器实行新的加价率，产地加价率4%，销地加价率3%。1993年9月，市区将彩色电视机、冰箱、洗衣机等家用电器列入调价备案品种。1994年8月，对市区部分家用电器商品实行差率指导。1999年，针对家电降价行为不规范问题，制定《关于制止不正当降价行为的实施办法》。2008年12月，政府实施家电下乡补贴政策，指定地方购买电视机、冰箱、洗衣机等按售价的13%给予农民补贴款。2011年，共发放家电下乡、家电以旧换新补贴资金5537万元，直接拉动消费近10亿元。

（三）商品房

1989～2011年，扬州市区商品房价格管理模式由政府定价逐步转为政府指导价及市场调节价等模式。80年代前中期，市区房屋一般为所有者自筹自建或以二手交易等方式取得。1992年住房制度改革前，政府与单位建造的大量公有住房均以低廉的租金提供给住户使用。随着社会经济发展与人们生活水平提高，商品房市场逐渐兴起。

1988年，明确市区商品房价格审批权属市物价局，经营商品住宅房的单位编制工程预算，经建设银行审核后，作为商品住宅的成本依据，并与其他可计入价格的项目费用和附加费项目的资料报当地城建部门审核，再报市物价局审批售价。是年11月，核定中国房地产开发总公司扬州公司开发建设的东花园、王巷新村4.5万平方米商品住宅房基本价格为每平方米295.34元，材料差价53.49元，合计348.83元。

1989～1992年扬州市区审核普通住宅商品房价格一览表

表 19-3-4　　单位：元 / 平方米

项目 / 年份	简单平均价格	最高价格	最低价格
1989	587.12	759.32	483.35
1990	536.43	684.50	422.45
1991	529.43	668.40	426.67
1992	644.66	709.79	566.82

1993年3月，区政府转发《扬州市商品房价格管理暂行办法》，明确由区物价部门会同房地产开发总公

司、建委、财政局、建行4部门审核行政区域内的商品房价格，销售价格由物价部门行文执行。根据楼层、朝向和所处地域（小区、地段、幢）等因素，实行差别价格。普通住宅商品房价格实行国家定价；放开非住宅（办公、营业房等）商品房和高标准（高级公寓、别墅式）住宅商品房价格，实行有指导的市场调节。1995年6月，市区商品房价格核定实行统一领导分级管理，零星插建的商品房价格由区属开发单位审核，由区物价部门按照统一政策代为核定并报市物价局备案。1994～2011年，商品房开发价格主要受成本、需求等因素拉动，扬州市区商品房价格基本呈逐年上涨态势。

1993～1999年扬州市区普通商品住房价格一览表

表19-3-5　　单位：元／平方米

项目 年份	加权平均价格	最高价格	最低价格
1993	836	1183.21	667.45
1994	1150	1548.70	931.10
1995	1353	1842.10	1195.00
1996	1510	1890.90	1000.00
1997	1547	2186.30	1211.30
1998	1621	2282.00	1247.20
1999	1596	3158.00	1200.00

2000年2月，区物价局核定毓贤街商业区一期营业用房市场指导价，小体量商品房1～2层市场平均指导价格为6900元／平方米，1～3层市场平均指导价格为4800元／平方米，1～4层市场平均指导价格为3500元／平方米，休闲中心市场指导价格为3500元／平方米，停车库上部办公用房市场指导价格为3200元／平方米。2000年4月，《扬州市商品房价格管理实施细则》阐明经济适用房、普通商品住房、高档住宅商品房和非住宅商品房均属商品房，经济适用房按物价部门核定的价格预、销售，不得擅自变动价格；普通商品住房按物价部门规定的基准价格在3%浮动幅度内执行；高档住宅商品房和非住宅商品房价格实行市场调节价，房地产经营单位在预、销售后报物价部门备案。调整利润率：经济适用房不超过3%，普通商品住宅房不超过8%，高档住宅商品房和非住宅商品房由开发商自定。2000年6月，审核淮海路1号综合楼销售指导价为3000元／平方米。2001年，对普通住宅价改政府定价为政府指导价，允许开发企业可上浮不超过3%、下浮自主确定销售价不限范围。2002年11月，经修订后的《扬州市商品房价格管理实施细则》阐明制定政府指导价、政府定价商品房价格原则为：依据合理成本和市场供求状况、国民经济发展要求以及社会承受能力，实行政府指导价的普通住宅商品房实际销售价上浮不超过5%、下浮不限幅度；商品房价格实行包括楼层、朝向、楼位、质量在内的合理差价；商品房预售价格与实际销售价格差距不得超过10%；与商品房相配套的车库平均价格一般不高于商品房基准价格的60%，各类车库价格可由开发企业在增减总金额为零的范围内自主调节，阁楼价格原则上不得高于商品房基准价格的50%，并按上述车库、阁楼销售收入的90%冲减建筑安装工程费。2003年1月，市明确广陵区物价局负责审核区属3级及以下资质企业单独开发的普通商品住房、经济适用房价格。区审核扬州中江房地产公司、新东方房地产公司等商品房4.2万平方米；市、区联合开发的普通商品住房、经济适用房价格，由市、区价格部门联合审核，市物价局发文执行。是年6月，全面实行销售商品房“一价清”制度，按明码标价规定到户结算价格，此外不得收取任何费用。2005年7月，市物价局、房产管理局发布《关于改进商品住房价格管理、规范价格行为、稳定住房价格的通知》，规定除经济适用房、安居房、限价商品房等享受政府优惠政策的住房及住宅小区建筑容积率在1.0以上、单套面积在144平方米以下的普通商品住房继续实行政府指导价或政府定价外，其他所有商品房实行市场调节价。普通商品住房实

行一次性定价，取消预售备案办法。

2000 ~ 2005 年市区普通商品住房基准价格情况一览表

表 19-3-6

年份＼项目	面积（平方米）	加权平均价格（元）	最高价格（元）	最低价格（元）
2000	271403	1725	2676	1220
2001	123919	2029	2837	1617
2002	162134	1861	2200	1280
2003	175336	2151	2496	1634
2004	316445	2764	4200	1612
2005	305229	3204	3600	2600

2006 年，区物价局审核商品住宅房 3.4 万平方米，核定均价为 3400 元 / 平方米。2008 年，区建立商品房价格审核制度，在成本监审的基础上，首次引入专家认证、集体审议制度，审核的骏和天城一期商品住房销售基准价格，低于全市商品房价格水平。2009 年，加强拆迁安置房价格审核，为汤汪、湾头、曲江拆迁安置房核定成本 22 万多平方米。2010 年 3 月，为规范房地产市场价格行为，预防房价过快上涨，扬州在全国率先开始对新建普通商品住房实行销售价格备案。2011 年，共审核拆迁安置房面积近 10 万平方米，对江南一品三期 2.66 万平方米普通住宅房进行价格备案工作，备案价格 1.05 万元 / 平方米。

第二节　价格管理

一、管理职责与监管体系

（一）价格管理职责

1989 ～ 1990 年，由于通货膨胀影响，市区严格控制物价水平，整顿价格秩序。制定化肥、农药、农膜等农资价格管理办法，制定猪肉、蔬菜等价格管理办法，加强对行政、事业性收费的清理整顿，明确对市平衡价格（收费）的重点品种，实行“权收一级”。1989 年 2 月，区物价局整顿规范市区旅社、招待所明码标价，统一使用“收费价格审核证”。是年 4 月，整顿市区营业性桌（康乐）球场（室）价格，统一标准，实行明码收费。6 月，整顿市区家具、沙发、席梦思等销售价格，规定流通环节综合差率 10%～ 15%。7 月，统一市区冷饮、饮料价格。1991 年 8 月，市物价局对原 1987 年印发的市管价格目录重新修订公布。其中塑料凉鞋、旅游鞋、皮鞋、皮革制品、曲酒、猪肉包、馄饨、月饼、锅贴、散装酱菜、洗染等 23 个品种商品价格管理权下放给广陵区。市区放开麦精露、麦乳精、色酒、糖果、毛巾、服装、糕点作价办法、黑白照相 8 个品种价格。区物价局管理区属企业商品和服务价格。国家对重要的水、电，农产品及其制成品，燃煤，医疗卫生用品，环保用品，服务类项目均实行国家定价；生猪、牛奶、酱油、食用油、中成药、纺织品等实行国家指导价。1992 年 3 月，为解决粮食购、销价倒挂的问题，市物价局扩大特二粉和标准粉的差价率，粮食复制品一般按每 500 克不超过 0.2 元，经扬州市核定价格，报省物价局备案。为贯彻中央和省关于加快改革开放和经济发展的决定，市物价局于 5 月、8 月先后两次放开一大批市管商品价格和经营性收费标准，进一步缩小国家定价范围，扩大市场调节比重。按对社会商品零售额测算，市物价局 5 月出台的管理目录，指出国家定价比重由上年的 32.5%降为 19.6%，市场调节价比重由 67.5%上升到 80.4%；8 月，出台管理目录，将市场调节价比重提高到 95%以上。认真清理 1988 年后的控制物价及其中与发展社会主义市场经济不相适应的价格政策、规定，全面放开商品流通差价。1993 年 4 月，全面放开粮食、油料收购销售价格，不再使用粮食、食油票券，对粮食、油料加工费标准，同步放开。1994年，市物价局、工商局联合发布通告，对市区猪肉价格实行同行议价，同时组织对虾籽馄饨、肉包、油条、大宗蔬菜同行议价。1995年，全市适当调整价格管理权限。对猪肉价格继续实行差率管理，猪肉毛白差率控制在60%以内，批零差率12%以内；蔬菜价格批零差率控制在30%～50%，细嫩叶菜放宽到60%～70%。1998年，价格部门职能定位转变为“定规则、当裁判、搞服务”，从直接制定调整具体商品价格，转移到服务经济发展大局。1999年4月，扬州市成立价格决策听证委员会，由市人大、政协、有关部门、生产经营者、消费者和专家学者、新闻单位代表组成。5月，对主要农资品种化肥、农药、农膜、农用柴油实行限价。2002年12月，市政府办公室公布《扬州市及辖县（市、区）价格管理权限》，进行第一次行政审批改革。政府保留定价权的共有12类21个品种，行政审批事项由原来的78项减少为16项。出台低保对象和下岗职工再就业收费减免优惠政策，减免收费项目32个。明确委托广陵区制定及管理辖区内机电排灌收费标准；幼儿园、托儿所、民办中小学收费标准；政府投资的社会福利机构、市区外的环卫有偿服务收费标准，强制使用、指定销售的商品和服务等价格；区属3级及3级资质以下企业单独开发的普通商品房、经济适用房价格。国家机关收费仍按有关规定执行。2005年，扬府办发《关于市政府指导价、政府定价制定和调整的通知》，进一步明确市、区两级价格管理部门权限，具体定价目录由市物价局制定公布。2006年，强化法治意识，规范行政执法行为，推进依法行政，改变“查、管、罚”模式，实行“提醒函”制度，规范行政执法和行政事权行为。11月，对与群众生活密切相关的自来水价格、物业收费管理办法实行价格决策听证。当年，区物价局实施以规范行政事权为重点的“阳光工程——规范事权行动”，清理执法依据、权力事项，实施行政公开，细化自由裁量阶次。2007年，猪肉、食用植物油等副食品价格持续较快上涨。8月起，对大米、面粉、猪肉、鸡蛋、鲜奶、食用油6大类副食品价格实行监测日报告制度。2011年，市物价局授权广陵区管理农村公交价格核定、普通商品房价格备案等5项权力。

（二）价格监管体系

1989～2001年，广陵区物价监管由区物价部门和市物价管理部门负责。1997年，在市区萃园、解放桥、荷花池、渡江、石塔、凤凰、彩衣、新民、跃进、方圈门10个农贸市场派驻物价监管员23名，监控管理主要农贸市场价格涨幅，对大宗蔬菜、肉禽蛋、粮食等商品价格监测记录，每月汇总分析，为政府宏观调控提供依据。1998年4月，广陵区行业价格管理协会成立，下设餐饮、娱乐、药品等7个分会。2002年，区物价局根据区划调整要求，加强乡镇价格管理工作，在各乡镇（街办）选择1～2个行政村推行涉农收费公示试点工作。2003年，区政府转发区物价局《关于建立农村价格监督管理和服务网络的实施意见》。在各乡镇及涉农街道办事处建立农村价格监督站，在全区21个行政村聘请农村义务价格监督员，发放农村价格监督员证，形成区、乡（镇）、村3级农村价格监管网络。2004年，全区乡镇（街道）、行政村涉农收费公示率100%。在市区建立首批企业物价员队伍100人。2005年6月，召开全区农村价格工作会议，在东关、文峰2个街道办事处建立价格监督站，在46个社区居委会聘请价格义务监督员。发放市民缴费手册6.8万本。2006年，在社区居委会聘请价格义务监督员80多人。2008年10月，区物价局在产业园区设立农村价格监督站，各村聘请价格监督管理员。至此，广陵区农村、企业、社区基层管理服务体系全面建成。2011年，原邗江5镇价格监督站转入广陵区管理。

二、价格调控

（一）通货膨胀时期价格调控

1988～1989年，全国发生严重通货膨胀。1988年，市政府成立扬州市“菜篮子”工作领导小组开始实行“菜篮子”市长负责制。为严格控制物价上涨，对议价粮油、议价猪肉等18个放开品种重申提价申报规定，效果不佳。1989年6月，对部分商品实行提价送审、申报制度，对放开价格的部分商品（指企业定价和工商协商定价的商品），如火柴、肥皂、洗衣粉、铝锅、铝壶、搪瓷面盆等实行调价申报制度。1990年，根据市场和价格情况，将一些实行提价备案的商品退出申报范围，调整为执行规定差率。1991年5月，粮油及制品零售价格实行平价、议价两种价格模式。1992年，实行国家机关、企事业单位职工每人每月粮食补贴5元。1993年4月，全面放开粮油价格，给予城镇职工每人每月6元、大中专学生每月每人4元补贴。为抑制市场肉、蛋价格过快上涨，物价部门对主营公司的猪肉、鸡蛋实行提价备案制度，对集市肉、蛋实行行业议价。9月，对价格已经放开但与人民生活关系密切的27个品种（项目）、300多个规格的商品价格实行提价事前备案制度，明确市区33家生产、经营单位为备案单位；政府建立副食品等价格风险基金，用于平抑市场商品价格。12月，因市区粮油价格混乱，对粮油实行行业议价。1993年后，重点支持农贸市场建设，对农副产品交易市场价格放开搞活，保持群众基本生活必需品价格的稳定。

1994～1997年，全国发生严重通货膨胀。1994年，市区居民消费价格指数升幅为26.5%，是1978年后升幅最大的一年，在全省各市中位居第一。1994年一季度，粮油价格过度上涨，市场粮价为1952年后粮价涨幅最大。粮价推动物价上升，形成通货膨胀。1994～1996年，3年内粮食收购价幅度提高105%，国内粮价与国际市场基本接轨。国家决定对粮油实行挂牌限价，食油、大米实行限量凭证供应，并增加特粳、特籼和特粉3个品种，有效地遏制粮油涨价势头，保证群众过好春节。同时，开始实行“米袋子”省长负责制，粮油经营和价格管理体制重新形成国家管理和市场调整相结合的“双轨制”。是年9月，市区集市粮食价格实行阶段性最高限价，特等粳米每500克最高限价为1.3元。针对蔬菜价格上涨过多，对集市菜价实行指导价管理，保持价格基本稳定；对猪肉、鲜蛋价格实行差率管理，同行议价。1995年，市物价部门对政府定价的籼米、粳米、面粉、食用植物油、食盐、居民用电、自来水、管道煤气、民用煤球、液化石油气、房租、居民住宅房、市内公交费、学杂费、托儿费、医疗费16个品种（项目），严格按国家、省有关规定管理；对生产经营者自主定价的33个品种（项目），区别不同情况实行管理：对食糖、茶叶、猪肉、鸡蛋、洗衣粉、药品、饮食业毛利率7个品种实行差率管理；对牛奶、大宗豆制品、酱油3个品种实行调价申报；对水面、彩色电视机、冰箱、洗衣机、空调器、热水器、电风扇、自行车、啤酒、棉毛衫裤、学生簿本、铝锅、日光灯管、普通灯泡、汗衫背心、絮棉、卫生纸、家电维修、普通浴资19个品种实行提价事前备案；对虾籽馄饨、肉包、油条、大宗蔬菜4个品种组织同行议价。1995年中秋、国庆期间，对猪肉、鸡蛋实行最高限价。1995～1996年，多次对蔬菜、猪肉、豆制品等实行贴价销售，平抑物价。1995年，建立联谊批发市场，服务市区44个农贸市场。1996年11月，区物价局与运输公司共同创办丰乐农贸市场。1997年，市区主要农贸市场配备价格监管员，对2个批发市场和7个农贸市场安装电子显示屏，每天发布价格信息，公布指导价格。1997年，粮食供求矛盾缓和，市场价格普遍回落，市区价格总水平大幅回落，通货膨胀得到有效抑制。

2010～2011年，受国内外多重因素影响，以农产品为主的生活必需品价格较快上涨，价格总水平逐月攀升，稳定物价成为头等民生大事。2011年5月，制定广陵区“稳定市场价格行”活动方案，针对“市民抱怨菜价高，菜农田头愁销售”的情况，在下岗及困难群众较多的三里桥社区，组织开展沙头放心蔬菜进社区惠民行动，既解决菜农的销售难题，又让社区百姓得到实惠。6月，全市居民消费价格指数（CPI）达到最高点6.2%，之后开始逐月回落。8月，区建立价格调控联席会议制度，区政府办、农水局、服务业发展局、财政局、教育局、民政局等11个部门成立工作小组，区委常委、常务副区长任组长，办公室设在区物价局，制定出台实施意见。2011年，区物价局开展放心蔬菜进社区惠民行动，以田头价在各个社区销售。区民政局根据季度居民消费价格指数（CPI）涨幅超过3%（含3%）的标准，2011年，累计发放困难群众物价补贴190.06万元。由于及时实行市场、法律、行政的多项措施，有效地规范市场行为，通货膨胀有所抑制。

（二）突发事件价格调控

1991年，全市遭受百年不遇的特大洪灾，对抗洪救灾物资实行最高限价。

2003年4月，全国一些地方爆发非典型性肺炎（以下简称“非典”）疫情。全市群众大量购买防治“非典”相关商品，出现抢购中草药、消毒品、口罩、食盐及部分西药品的风潮；一些不法商家乘机哄抬价格，导致相关商品价格大幅度上涨。市区对防治“非典”药品及相关商品价格实施临时干预措施，干预的中药材品种主要有：金银花、苍术、贯众、防风、连翘、板蓝根、柴胡等20味，规定最高进销差率降为24%，批零差率降为15%；进货价格上涨3倍以上的品种，进销差率降为15%，批零差率降为10%；中药饮片复方每剂零售价控制在10元内。干预的防护用品有消毒液、口罩等，规定批发价按进价顺加8%，零售价按批发价顺加15%。市区零售实行最高限价，84消毒液4元/瓶，口罩2.5元/只；确因进货价格上涨，零售价格上浮不超过最高限价的 50%。区物价局全天候值守，实行市场监测、情况通报，为过氧乙酸消毒液生产厂家提供成本调研和核算工作；对市区某商行经销红外线测温仪的商家严重违反法定价格干预措施的行为进行查处和曝光。

2005 年，针对农业生产资料价格上涨、“禽流感”预防等突发事件，制定工作预案，加强市场检查监督，及时平抑容易引起价格波动的苗头性问题。2011 年 3 月，受日本核泄漏事件的影响，扬州城区市场突发食盐抢购风波。区物价局组织检查人员采取提醒告诫、责令纠正、现场处罚等方法快速处置，迅速平息食盐抢购风波。

（三）价格调节基金

1988 年通货膨胀发生后，1989 年，政府为平抑市场价格，用于吞吐商品、平衡供求或者支持经营者，建立市价格调节基金制度。国务院规定，境内基金征收范围为：一切有销售收入或营业收入的全民、集体企事业单位，个体工商户、私营企业，银行、保险部门。征收标准为：按销售额或营业额的 1‰征收，调拨批发业务的按进销差价的 3‰征收，银行、保险部门按营业税额的 2%征收。基金的使用范围：用于防止主要副食品价格突发性涨价，平抑市场物价必需储备的商品费用补贴，组织议价原、辅材料生产，人民基本生活必需品的部分价差补贴，平抑市场物价其他方面的特殊需要。1994 年，市区有 240 万元专项资金用于价格调节。1995 年，征收物价调节、粮食、副食品 3 项基金 1500 万元，其中用于副食品生产和平抑节日市场物价 500 万元，较好地发挥出调控作用。1997 年，市政府从价格调节基金中安排资金，对属于“菜蓝子”工程的 6 家蛋禽养殖场进行补贴，全年补贴 75 万元；中秋、国庆节前，从价格调节基金中拿出 14.6 万元，对市区困难户、困难职工，每人（户）发放 20 元肉券，补贴涉及社会困难户 1321 户、困难职工 7707 人。2004 年，全市将副食品基金和物价调节基金合并为市场物价基金，继续发挥价格调控作用。2005 年，食品类价格指数偏高，市政府决定春节前，动用 100 万元价格调节基金，为市区低收入居民每人增发补助 100 元。2008 年 3 ～ 4 月食用植物油涨价高峰期，政府于二季度增发特困群体每人每月价格补贴 20 元和散装油 0.5 千克；由于 CPI 出现连续 3 个月超过 3%的情况，对市区城乡 9310 户低保户、794 户特困职工和 450 名“三无”孤老发放物价补贴 63.69 万元。12 月，向市区特困群体一次性发放三、四季度物价补贴 100 元 / 人；市物价部门与扬州大学实验农牧场协调，居民鲜奶每瓶少涨 0.1 元，学生奶暂缓调整；市政府一次性补贴豆制品生产龙头企业 15 万元。2011 年，市物价局等 4 部门先后 7 次启动社会救助和社会保障标准与物价上涨挂钩联动机制，向市区 1 万多名低保群众发放肉价补贴 42.23 万元。

2011 年，广陵区建立平价商店 7 家。平价商店每日 1 元以下蔬菜不少于 5 个品种，平价蔬菜不少于 15 个品种，地产蔬菜低于市场平均价 15%以上。市政府设立价格调节基金，用于平价商店价格补贴，实行滚动使用、专款专用。连运村宏源农贸市场成为全省唯一一家平价农贸市场，获补贴资金 50 万元。当年，已经运行的平价店累计销售蔬菜 65.44 万千克，销售金额 25.15 万元。

第三节 收费管理

一、制度

（一）收费许可

根据国家物价局、财政部下发的《关于加强行政事业性收费管理的通知》和《江苏省收费管理规定》，1988 年，区物价部门首次核实、代发江苏省收费许可证 115 本、江苏省收费员证 158 个。

1990 年 8 月，区物价局对区属收费单位试行开展收费许可证、收费员证年检，建立正常的收费管理秩序。1994 年，省人大通过《价格管理监督条例》，明确行政性、事业性收费由国家和省规定。1998 年，国家发展计划委员会等 6 部门联合发布《收费许可证管理办法》。广陵区对 621 项收费实施收费年检，年检总金额 3500 万元。1999 年，审验收费许可证 120 本，收费总额 3300 万元。2000 年，换发国家统一式样收费许可证，停发收费员证。2001 年，进行 2000 年度收费许可证年审检验，全区收费单位 117 家，经年审核准保留 113 家。全区 2002 年度行政事业收费总额比 2001 年度略有增加，教育、卫生事业收费占总额 68%；收费总量上升307万元，主要是环卫体制改革，市职能下放到区后，转移收费700万元。剔除该项，实际下降400万元。2003年度年检，重点检审的项目为：涉农收费、环卫收费、法定培训收费、幼儿园兴趣班收费、卫生防疫收费、学校代办费等。共审验收费单位129家，审验收费项目67项。当年全区行政事业性收费总量比上年增加6.7%；而国家行政机关收费比上年减少350万元。2006年度收费年检，重点检审医疗卫生、建设规划、农水国土、工商公安等26家系统、单位，行政事业收费项目58项，共核发收费许可证正本118本、副本143本，核审率100%，核审收费总额占全区年度财政收入的8%。2009年度收费年检，其中行政性收费比上年下降44.4%，进一步减轻企业和社会负担。2010年度行政事业性收费年审，首次利用行政权力网上运行系统进行网上年审。收费总额占全区当年财政预算收入的9.7%，比上年下降3.2个百分点。

2011年，新5镇划入后，共核发收费单位收费许可证正本170本、副本197本。审核注销收费许可证14本。根据省统计目录口径，全区2011年度纳入统计的一级收费项目有38项（包括比照执行项目），涉及收费的部门18家，收费总额占全区当年财政预算收入的7.2%，比上年下降2.5个百分点。

（二）收费公示

1999年，在区属收费部门和单位建立收费公示制度。区物价局在区政府服务经济中心和办证大厅，在全市率先统一公布各窗口单位的收费项目和收费标准，免费发放缴费宣传册，并试行一个窗口缴费制度。在教育系统推行学生付费登记制度，各学校向每个学生发放付费登记卡。在卫生系统选择广陵医院、红十字医院等医疗机构，试行结算清单制、住院付费明白卡。2002年，区属各类学校全面实行教育收费公示制度，并统一公示格式和要求。2003年3月，区物价局、区卫生局联合发文《关于切实做好医疗机构价格公示工作的通知》，区管各级各类医疗机构向社会提供医疗服务，按规定实行价格公示。是年，全面推行涉农收费公示工作，公示率100%。

2004年8月，区政府要求乡镇及以上各级行政事业收费单位都必须按照规定在收费公示栏进行收费公示，并在公示前送区物价局审核备查。2004～2011年，公示逐步达到内容合法、秩序规范、样式标准、制度统一。

（三）缴费登记

为保护企业的合法利益，减轻企业负担，1998年3月，区物价局向20家区属企业发放企业缴费登记卡，并建立企业负担监督联系制度。企业交费登记卡由企业持有，收费单位实施收费时填写，收费监督管理部门查验。1999年，区物价局向全区私营个体企业发放缴费登记卡2000份。2004年4月，区物价局成立促进民营经济发展工作领导小组，对市确定在广陵辖区内的38家民营企业负担监督点发放企业交费登记卡和民营企业缴费手册，定点、定人、定期联系，使企业负担监督工作制度化、正常化。

（四）收费优惠

1998年9月，为推动企业改革，支持下岗再就业工程，扶持个私企业、外资企业发展，区物价局先后发文公布48项有关收费减免优惠政策项目。1999年，为治理投资环境，落实吸引外资政策，区物价局取消就业管理费、招工手续费、门前四包费等收费项目10项，降低拆迁管理费、就业调节金等4项收费，联合区纪监、外经等部门在扬州灯泡集团、保来得工业有限公司、万家福商城等5家区属重点合资企业设立挂牌服务监察联系点。支持企业改革和下岗再就业有关收费减负政策，会同个私办向社会印刷发放发展个私经济政策宣传册3000册，为个私经济服务窗口统一制作各部门的收费项目和收费标准；区政府收费部门执行优惠政策共减少收费近百万元。

2002年8月，区物价局发文贯彻落实居民最低生活保障和下岗再就业等收费优惠政策，涉及区工商、劳动保障、卫生、城管、人事等部门收费项目和标准20个。2003年4月，为进一步做好下岗失业人员再就业工作，落实有关收费优惠政策，区物价局对从事个体经营的下岗失业人员免交的收费涉及区属10个部门、41个项目。

2003年5月，市物价局下发《关于明确“非典”防范期间有关收费政策问题和强化收费管理工作的紧急通知》，区物价局及时落实省实行的各项收费优惠政策，对外来人员、回乡人员防“非典”体检一律免费；区卫生防疫机构开展的预防性消毒服务，每平方米收费不得超过0.5元。

二、管理

(一)教育收费管理

1992年秋季学期起，省调整中小学杂费、借读费收费标准，区属小学杂费为每生每学期14元，借读费为每生每学期100元。从1994年秋学期起，根据省规定，对外省（市）到广陵区借读的小学生，每生每学期借读费150元。同时，从严控制择校，明确对义务教育阶段跨学区择校的学生，可收取一定费用；区属小学择校费每生每学期最高收取200元，并按规定收取杂费。

1999年，区物价局会同区财政局、教育局审核区属第一所公办民营扬州国际学校收费项目和收费标准，2000年5月，正式核定一次性建校费每生1.8万元，培养费每生每学期2000元，住宿生住宿费每生每学期600元。2001年，全省在中小学实行学生统一着装，区属小学生运动装1～3年级学生每套47～53元，4～6年级学生每套49～55元。学生运动装价格纳入代办费范围，不得强制销售。从2002年秋学期起，区属各类学校全面实行教育收费公示制度，并统一公示格式和要求。2003年，随市区行政区划调整后，扬州国际学校校址划归郊区，停止招生，原在校生转入北京新东方扬州外国语学校。

2002年1月，市教育、物价、财政、妇联联合发文调整幼儿园收费标准。区属各类幼儿园分类执行市物价局制定的统一收费项目和收费标准。代育费民办园可按规定标准收取，住宅小区部分配套园按规定标准的50%收取，系统办园，对系统内职工子女（不含第三代）免收；对烈军属子女、残疾人子女、单亲子女、下岗待业人员子女等有特殊困难的家庭，应予适当减免代育费，居民最低生活保障对象子女入园，全免保育费。

2002年广陵区区属各类幼儿园收费标准表

表19-3-7

幼儿园类别		管理费（元/月）	保育费（元/月）	杂费（元/学期）	代办费（元/学期）	代伙费（元/月）	代育费（最高标准(元/学期)）	全托寄宿费（元/月）
省示范实验园		50	70	45	70	15	400	100
现代化园		50	50	45	70	15	350	80
一类园	幼儿园	45	35	45	70	15	300	60
	托儿所	50	45	45	70	15	300	60
二类园	幼儿园	40	25	45	70	15	200	40
	托儿所	50	30	45	70	15	200	40
三类园	幼儿园	35	18	45	70	15	-	-
	托儿所	40	20	45	70	15	-	-
幼儿班		30	12	45	70	15	-	-

2005年，全省义务教育阶段学校收费推行“一费制”。从2005年春学期起，区属学校收费统一执行市物价、财政、教育部门核定的收费标准。“一费制”收费的内容为杂费、课本费、作业本费。借读费不纳入“一费制”范围，收费标准仍执行2000年省定收费标准，区属小学省内借读生每生每学期190元，外省借读生每生每学期250元；农村中小学不收取借读费；服务性收费必须遵循自愿原则，不得强制收费。为加强社会实践活动费管理，市区范围内最高不超过10元/生·学期（含交通、伙食及小型娱乐活动等费用），根据学生自愿原则，按实收取；学校如组织学生到外地或参加素质教育实践基地活动的收费，报区教育、物价部门备案同意后方可执行。至2005年，汶河小学、东关小学、育才小学、沙口中心小学、湾头中心小学5所学校被授予“教育收费规范学校”称号。2006年，为解决学生家长接送难题，本着自愿原则，市区同意1～4年级收取“解难服务费”每生每月10元。2007年，免除城乡中小学生义务教育阶段杂费，严格执行公办义务教育阶段“一费制”

政策，取消农村义务教育社会实践活动费、体检费等。请示区政府同意，取消原实行的小学教育“延时服务班”收费项目。严禁义务教育阶段公办学校以“校中校”“一校两制”名义向学生额外收费。2009年，广陵区70%以上学校成为规范收费学校，教育收费投诉逐年下降，被省纠风办、省教育厅、省物价局等7部门评为江苏省规范教育收费示范区。2011年，联合区财政局、教育局制定下发关于规范学前教育收费管理的规范性文件，多措并举，规范各类幼儿园收费，保持全区学前教育收费相对稳定。

（二）医疗收费管理

1998年10月，市物价局印发《扬州市新增医疗项目收费管理（试行）办法》，加强医疗单位新增医疗项目收费管理。区物价、卫生部门对区属医疗单位新增医疗项目进行初审。1999年9月，区物价局会同区财政局、卫生局对区属医疗机构设置的病房床位审核等级确定收费标准：一等病房30元／床日，二等病房16元／床日，三等病房10元／床日，四等病房6元／床日。是年对属于企业定价的药品，从批发到零售全面实行按实际进价顺加差率的办法，降低药价，降低西药183个规格品种，平均降价10%左右；重新核定市区医院床位等级和收费标准。2005年9月，全省统一归并、规范医疗服务项目价格。区属医院挂号费0.8元，急诊挂号费1.2元，门诊诊查费一级医院0.5元／人次，二级医院2元／人次（可在0.5元幅度内浮动）；住院诊查费一级医院1元／床日，二级医院1.5元／床日。并会同区卫生局重新核定区属非营利性医疗机构病房床位收费等级确定收费标准：一等病房40元／床日；二等病房30元／床日，三等病房20元／床日，四等病房12元／床日。区属营利性医疗机构执行全省统一的医疗服务项目，其价格可由医疗机构自行制定。

2001年1月，区物价局规定儿童免疫预防保健服务收费，儿童参加计划免疫保偿，一次性交纳保偿费70元；出诊接种服务，市区每次10元，郊区每次15元。2003年3月，区物价局、卫生局联合发文《关于切实做好医疗机构价格公示工作的通知》，区管各级各类医疗机构向社会提供医疗服务，应按规定实行价格公示，收费清单制推广到所有城区医疗单位，实施住院病人一日一清清单制、门诊病人超市式费用清单制。2004年4月，全市调整儿童计划免疫保偿费标准由70元／人调至150元／人；同时明确儿童计划接种不再收取疫苗费，计划外免疫接种可以向被接种者收取接种费和疫苗费，接种费1.5元／次（含一次性材料），疫苗费按备案价格执行。2005年1月，市区儿童计划免疫保偿费调整为95元／人。法定接种机构开展计划外免疫接种，可以向被接种者收取接种费和疫苗费。

（三）涉农收费管理

2002年，市区行政区划调整，区物价局在收费年检工作中，将乡镇收费作为重点检审内容。1月，区物价局全面清理整顿外出或外来务工人员收费，取消暂住人口管理费、流动人口计划生育管理费、就业管理费等收费项目。7月，区物价局会同区农工办按照先清理、后审核、再公示的原则，全面清理涉农价格和收费。8月，取消农机作业费等9个收费项目，降低有线电视收视维护费等3个收费项目。9月，区物价局发文公布广陵区涉农价格和收费项目及标准，并由区物价局统一制作收费公示牌，在区各乡镇政府（街道）以及21个行政村全面实行涉农收费公示，公示率100%。是月，清理畜禽及其产品防疫、检疫、检验等收费，调整苗猪市场成交苗猪保险费，收费标准为每头3元。12月，汤汪乡机电排涝水费用由受益范围内的农、工、副、商等各业共同负担。收费标准为：农业生产每公顷每年180元；其他各业按土地面积，每平方米每年0.1元。

2003年，根据行政事业性收费管理及收费许可证管理等有关规定，对不具备收费主体资格、无合法收费项目以及多年未实施收费的乡镇（街道）建筑安装管理站、村建科、计生科、民政科、城管卫生科、劳动人事服务所、集镇管委会等，均不再核发收费许可证。8月，区委农工办、区物价局、区财政局等8部门联合发文《关于减轻农民负担加强涉农收费规范管理的意见》，区政府下发《关于进一步做好涉农价格和收费公示工作的通知》，要求做好全区涉农收费公示，明确不得再继续收取劳动用工管理费、计生押金和节育措施保证金、农民建房建筑管理费、农民建房押金等。2004年4月，取消兽医卫生条件考核、发证和定期技术监测收费、寄住证工本费；对农民免收农村义务教育借读费、建设用地批准书工本费、对自产自销农副产品收取的市场管理费、农民生活和农业生产用水的水资源费；畜禽及畜禽产品防疫检疫收费标准降低30%。2005年9月，区物价部门批准区各级畜牧兽医站调整生猪技术承包费为每头25元。

2010年，区物价局编印《涉农收费手册》1.5万本，全部发放到农户手中。规范完善区内31家农贸市场的商品明码标价。湾头镇、汤汪乡、曲江街道、文峰街道被表彰为扬州市涉农收费规范化乡镇（街道）。当年涉农的4个乡镇（街道）全部评为涉农收费规范化乡镇（街道）。

（四）其他收费管理

1992年，城区征收居民卫生费，由区爱国卫生办公室按每月每户0.5元收取。1993年，每户每月4元，其中住户所属单位交2元，住户交2元。1995年2月，市物价局同意广陵区1995年上半年清扫保洁费按每户5元收取。1997年，市区制定“垃圾清运费标准”：单位内的生产、生活垃圾（特种垃圾除处）每吨收取清运费25元，消毒费6元；饮食行业每月每平方米1～1.5元；百货、五金、娱乐业每月每平方米0.5～0.8元；非营业性单位按职工数每人每月0.3～0.5元；实行垃圾袋装化的平房每户每月1元，楼房住户每月4元，单位、个人各承担2元；退休职工每人每月2元，单位、个人各承担1元。1998年，市政府出台《扬州市城市环境卫生有偿服务收费暂行办法》，取消清扫保洁费。

2001年7月，区物价局重新核定区殡管所殡葬服务收费项目，调整茅山公墓墓穴维护费标准。重新核定收费标准后，火化及基本服务费每具550元；茅山公墓墓穴维护费按墓穴类型，每墓位每月1.5～5元。对其他服务性项目实行服务菜单制，丧户自行选择。由双方面议的价格，必须先议定后服务。2002年，随市区行政区划调整，火化场、茅山公墓划归维扬区管理。

2003年，老城区公共厕所对周边群众提供免费服务，风景区及车站、码头、超市公厕免费开放；生态公厕保洁管理费每人每次0.3元，一类公厕每人每次0.3元，二类公厕每人每次0.2元。2010年，辖区内所有生态公厕都改选成二类以上水冲式公厕，免费开放。2011年，对汶河街办辖区51座公厕进行市场化招标运作，保洁管理费价格不变。

1999年，共审核商品房22.6万平方米，平均每平方米核减44元；收费项目合并5项，降低6项，取消8项，降低每平方米房价53元。2005年，市物价部门核定市区普通住宅商品房30.5万平方米，确定经济适用房9.6万平方米，核减虚报成本6840万元，平均每平方米核减224元。2011年，市物价局完善新建普通商品住房价格备案制度，备案价格3个月内不得调整；超过3个月、确需调整价格的，应重新办理备案手续。全年备案新建普通商品住房49批次136.18万平方米，每平方米核减767.03元，核减总金额10.45亿元；市物价局确定佳家花园二、三期解危安置房和经济适用房价格为多层2800元/平方米、中高层3300元/平方米，杉湾花园五期解危安置房价格为多层3350元/平方米、中高层3750元/平方米。

（五）清理整顿收费

1989年，开展清理整顿行政事业性收费，区政府批转区物价局、财政局《关于清理整顿行政事业性收费和发证工作意见的报告》。区物价局先后分3批审核公布区属有关单位行政、事业性收费项目220项，其中行政性收费63项。10月，区物价局印发《扬州市广陵区有关收费分级管理权限目录》（以下简称《目录》），收费部门单位在《目录》之外开征新的收费项目和调整收费标准，必须事先向区物价局申报。

1990年5月，区物价局发文，进一步开展行政事业性收费清理整顿，加强证照类收费管理，各部门不得擅自开征证照收费和制定证照收费办法及收费标准。2000年，实行办班收费申报制度，由区纪委、监察部门审查办班的必要性、合法性，区物价局审核收费标准的合理性，对以会代训的一律不收费。2003年，机关、事业单位和社会团体等非企业组织根据有关法律法规和国务院部门规章规定开展的法定培训，具有强制性，其收费作为行政事业性收费管理，培训费每课时3～5元，具体标准由区价格、财政主管部门在省规定的收费标准内核定。

1997年，区委、区政府成立区治理“三乱”减轻企业负担领导小组。从1998年开始，在全区开展清费、减负，治理向企业乱收费、乱罚款、乱摊派行为。2002年8月，选择扬州正大桅灯有限公司、金利机械有限公司、食为天酒店有限公司、健康海美食休闲广场、中江房地产开发有限公司5家企业，作为广陵区市级企业负担监测网成员单位。2004年4月，区物价局成立促进民营经济发展工作领导小组，选择具有一定规模和不同行业的民营企业作为收费监测点，对民营企业负担情况进行调查；实行民营企业缴费登记卡制度，发放民营企业缴费手册，把支持民营经济发展的各项政策落到实处。2005年，区物价局共取消行政事业性收费项目7项，降低收费标准1项，调整6项。同时，根据有关规定，核办新增收费项目2项。2007年，取消收费项目23项，调整收费项目62项，调减收费金额1345万元。2009年，对2008年后国家发改委、省物价局取消、停止、减免的141项行政事业性收费项目进行认真梳理，整理汇编成《市区涉企收费项目目录》。召开涉企收费政策解读会，并建立电话12358投诉联络站。

2011年，开展涉及民生收费清理行动，登记、梳理区涉民行政事业性收费部门13家，收费项目41项（含2级项目）；及时取消卫生部门的疫情处理费；工商部门的营业执照副本收费等收费项目11项，年减少企业负担17.4万元。至2011年，先后取消涉及区属部门的收费项目155项，降低收费标准的87项，区立项的行政事业性收费项目全部取消。

2000～2011年广陵区物价收费管理情况一览表

表19-3-8

年份 项目	收费部门单位数（家）	收费许可证（本）		收费项目数（项）	收费总额（万元）	备注
		正本	副本			
2000	117	—	—	—	5643	—
2001	—	—	—	—	—	—
2002	—	117	133	—	6141	环卫改革增加费用700万元
2003	129	—	—	67	6672.94	行政机关收费较上年减少350万元，全区收费总量增加6.7%
2004	—	126	152	57	8588	占全区财政收入21.5%
2005	—	131	151	52	10459	收费占全区财政收入10%
2006	26	118	143	58	11647.65	占全区年度财政收入8%
2007	19	122	147	47	15136	—
2008	20	126	147	49	15878.54	—
2009	18	121	148	38	17615	—
2010	19	126	153	40	17662.93	—
2011	18	170	197	38	20644.59	—

第四节　价格指数

一、商品零售价格指数和职工生活费用指数

1988～1993年，消费水平以"商品零售价格指数"表示（同时编制统计"职工生活费用指数"）。1988年，市物价部门调整猪肉等主要食品以及部分纺织品、火柴、肥皂、食糖、食盐、彩色电视机价格，放开13种名烟名酒价格，当年零售物价指数上涨24.7%，是1978年物价改革后指数最高的一年。1989年，增强调控，控涨治乱，物价涨幅明显回降，但受1988年物价上涨较多的滞后影响，零售物价指数仍上升15.9%。1990年，治理整顿逐步见效，社会总需求与总供给基本平衡，零售物价指数大幅回落，比1989年上升3.8%。1991年，国家宏观经济环境改善，完善并实行物价控制目标责任制，加强对市场物价的管理和监督检查，战胜特大洪涝灾害引起的价格异动，当年零售物价指数比1990年同期上升9.5%。1992年，市区先后两次放开一大批市管商品价格和经营性收费标准，放开比重95%以上；继续实行物价控制目标责任制，加强间接调控，对重要商品和各大商场的价格进行定点监测。全年零售物价指数升幅为7.1%，生活费用指数为109.2%。1993年，由于粮油价格放开，民用燃料、电价、交通运价、医疗收费等价格、收费调整，营业税提高。是年，指数升幅

较大,市区零售物价总指数上升17.3%,职工生活费用指数上升19.3%。

1988～1993年市区职工生活费用指数及商品零售价格指数一览表

表19-3-9

项目/年份	职工生活费用总指数	商品零售价格总指数	商品零售价格分类指数								
			食品类	衣着类	日用品类	文化娱乐用品类	书报杂志类	药品及医疗用品类	建材类	燃料类	服务项目
1988	123.2	124.7	128.6	122.7	114.5	126.7	125.5	126.8	115.9	104.1	107.4
1989	116.1	115.9	111.7	121.5	113.3	124.1	211.2	115.1	125.0	118.8	118.9
1990	104.8	103.8	105.2	107.8	98.2	94.7	103.3	104.0	98.5	122.1	116.7
1991	109.4	109.5	112.6	106.0	103.1	99.9	100.9	102.0	103.5	136.1	108.7
1992	109.2	107.1	107.6	108.1	103.4	98.6	102.1	109.7	115.1	129.6	126.6
1993	119.3	117.3	118.6	114.9	113.0	101.9	101.9	107.6	154.0	145.2	136.4

说明:价格指数同比以上年为基数

二、居民消费价格指数(CPI)

1994年起,价格水平的指数用“居民消费价格指数(CPI)”表示,商品零售价格指数不再作为价格水平的指数。当年市区居民消费价格指数升幅为26.5%,是1989年后涨幅最高的一年。物价大幅上涨的主要原因是持续的政策性价格调整,调整幅度较大的商品包括省以上管理的电力、原油、成品油、化肥、食盐、自来水以及粮食购销价格和棉花、蚕茧收购价格。为控制通货膨胀影响,加强对不正当价格行为和暴利行为的查处,市场物价总水平过度上涨的势头得到抑制。1995年,扬州市突出经济手段,同时辅以行政手段和法律手段进行综合调控,重点控制食品类商品价格,征收并合理运用物价调节基金,CPI升幅为16.1%。1996～1999年,市区连续4年价格指数下跌。1996年,继续把抑制通货膨胀作为宏观调控的首要任务,市区居民价格指数回落,升幅为11.0%。1997年,CPI升幅为2.4%。1998年,CPI升幅为0.5%。继续清费治乱,并运用价格杠杆引导消费,促进经济增长。但由于亚洲金融危机影响,1999年,出现两个总指数为负值的情况,全年CPI为-2.3%,通货膨胀又被通货紧缩所替代。市场物价运行呈现出新的特点:价格总水平持续走低,回升乏力;主副食品、工业消费品供大于求矛盾突出,价格持续低迷;政策性调价因素成为拉动物价总水平上升的主要支撑。2000年,在医疗、教育等服务费用及住房价格上升和食品类价格下降双重作用下,市区商品价格总水平持续低位运行,CPI升幅为0.4%。

1994～2000年市区居民消费价格总指数及分类指数一览表

表19-3-10

项目/年份	居民消费价格总指数	商品零售价格总指数	居民消费价格分类指数							
			食品	衣着	家庭设备及用品	医疗保健	交通和通信	娱乐教育文化用品	居住	服务项目
1994	126.5	124.0	136.3	125.7	115.6	109.0	110.6	111.0	118.6	113.3
1995	116.1	112.5	121.4	121.1	105.5	115.8	99.1	105.1	110.9	114.4
1996	111.0	107.3	111.6	111.4	104.2	106.8	98.8	116.3	123.9	111.9
1997	102.4	100.4	97.1	108.4	103.7	102.2	95.8	105.1	110.7	118.4
1998	100.5	99.1	98.8	99.5	98.3	100.4	99.0	100.1	107.2	108.0
1999	97.7	96.7	95.1	97.8	97.6	100.0	100.0	99.4	105.2	102.3
2000	100.4	98.2	98.8	98.5	97.9	99.9	99.4	95.9	105.3	108.2

说明:价格指数同比以上年为基数

2001年，全市市场价格总水平呈平稳运行态势，居民消费价格总水平起伏不大，但回升后劲不足，市区居民消费价格总水平降幅为0.2%。2002年，市场物价总水平出现回稳迹象，全年CPI降幅为0.1%。2003年，国家继续采取积极的财政政策，扩大投资，刺激内需，调整供给结构，治理通货紧缩，国际市场能源、原材料价格上涨，市区居民收入增加，住房、汽车、通信等新的消费热点快速增长，市场价格总水平扭转持续几年下跌态势，CPI升幅为1.6%。2004年，受粮食、原油价格上涨推动，以及部分公用事业如教育、医疗服务价格调整影响，市区市场价格总水平呈现持续上涨态势，为1997年后的最高水平。当年升幅为3.9%。年底，动用物价调节基金300万元，对市区低保对象和持证困难职工每户增发补助100元；市直内退、协保人员分别补助300元和400元。2005年，全市价格系统分解落实价格调控目标责任制，建立市场价格异动应急预案，对政府定价项目实行调价申报备案制度，分阶段出台涨价项目，全年CPI小幅上涨，升幅为1.9%。2006年，CPI升幅为1.5%。2007年，市区CPI比上年上涨4.0%。2008年，CPI呈现前高后低态势，全年CPI同比上涨6.7%。2009年，CPI总水平呈先下后上的U型走势，全年CPI为99.9，价格水平同比下降0.1个百分点。2010年10月，CPI同比上涨5.0%，创2008年7月后连续27个月最高水平，是年CPI数同比上涨3.4%。2011年，市区CPI同比上涨5.1%。

2001～2011年市区居民消费价格总指数及分类指数一览表

表19-3-11

项目 年份	居民消费价格总指数	商品零售价格总指数	居民消费价格分类指数							
			食品	烟酒及用品	衣着	家庭设备及用品	医疗保健和个人用品	交通和通信	娱乐教育文化用品及服务	居住
2001	99.8	98.9	98.7	98.2	96.6	95.1	98.0	96.2	107.4	103.1
2002	99.9	99.2	100.8	99.4	98.3	95.8	98.4	98.2	101.4	100.8
2003	101.6	100.6	104.6	98.9	99.2	97.0	100.5	99.6	100.7	101.1
2004	103.9	102.9	110.1	100.3	98.3	98.0	100.3	100.5	100.2	102.2
2005	101.9	100.6	101.9	101.7	99.3	99.5	99.7	100.3	105.5	103.5
2006	101.5	100.7	102.3	99.9	99.4	101.7	99.9	100.5	100.3	104.0
2007	104.0	102.4	109.2	100.6	97.6	103.7	101.6	99.7	100.9	103.3
2008	106.7	—	116.2	103.8	100.4	103.4	103.8	99.5	95.8	106.7
2009	99.9	—	102.1	101.6	95.8	99.8	100.7	98.4	101.1	—
2010	103.4	102.7	106.9	102.7	100.0	99.2	102.7	100.1	100.5	106.0
2011	105.1	103.7	110.4	104.2	102.8	102.1	105.0	101.5	100.5	105.2

说明：价格指数同比以上年为基数

第四章　工商行政管理

1989年后，区工商部门在管理中强化服务，不断探索适应市场经济发展的管理方式。工商企业注册登记除国有、集体为主要形式外，增加个体私营经济以及外资和中外合资企业，参与清理整顿党政机关所办公司，纠正经济过热现象，维护公平竞争的市场环境。1994年1月，国家实施《中华人民共和国消费者权益保护法》。1995年，成立区消费调解委员会、消费纠纷仲裁庭。1996年，工商部门与自办的各类市场脱钩，成立扬州市广陵区消费者协会（以下简称区消协）。1998年，工商系统实行垂直管理体制。是年11月，设立广陵工商分局登记注册大厅，设立“一条龙”登记注册服务窗口。进入21世纪，帮助企业运用商标战略，争创中国驰名商标、省著名商标、市知名商标；打击非法传销和查处不正当竞争案件，开展企业“肉菜粮放心工程”“红盾解忧工程”“重合同守信用”“百城万店无假货示范店”“放心消费城市”创建活动。至2011年年底，区内内资企业登记数354家；个体工商户1.98万户，私营企业4572户；外商及中国港澳台投资企业172家。

第一节 企业登记管理

一、国有、集体和股份制企业登记

1989年，全年新开业企业563家。1990～1992年，因清理整顿党政机关办企业和党政干部经商办企业，每年新开业企业都较少。1992年后，国有、集体和股份制企业登记数又有一次小高峰，最高一年新发展企业667家。1997年后，国有、集体和股份制企业登记数开始下滑。1999～2011年，每年新发展企业已不足100家。2005年，全年新发展企业仅为15家。2011年，全年新发展内资企业（不包括个体私营企业）57家，其中国有企业2家、集体企业2家、新发展公司53家。

1989～2011年，区内新增内资企业4390家。23年间，关门、歇业5342家。

1989～2011年广陵区内资企业登记情况一览表

表19-4-1

项目 年份	期末企业数合计(家)	全民所有制企业(家)	集体所有制企业(家)	合营企业(家)	联营企业及其他(家)	股份制企业(家)	股份合作制企业及其他(家)	有限公司(家)	注册资金合计(万元)
1989	1306	207	1099	—	—	—	—	—	7780
1990	951	144	801	6	—	—	—	—	10409
1991	1320	198	1114	—	8	—	—	—	15270
1992	1787	224	1553	—	10	—	—	—	32356
1993	2427	256	2156	—	15	—	—	—	59870
1994	2748	269	2462	—	17	—	—	—	72327
1995	3069	276	2768	—	6	12	7	—	84785
1996	3328	289	3016	—	5	10	8	—	88025
1997	2929	261	2654	—	9	2	3	—	98491
1998	2390	220	2148	—	4	1	17	—	72993
1999	1918	190	1722	—	5	—	1	—	50016
2000	1558	158	1340	—	4	—	56	—	40063
2001	1180	118	992	—	5	—	65	—	29839
2002	1340	113	987	—	13	—	227	—	39891
2003	1271	107	888	—	14	—	260	2	137481
2004	612	26	484	—	—	—	95	7	31984
2005	531	27	422	—	—	—	74	8	32573
2006	314	19	220	—	—	—	48	27	34131
2007	305	16	182	—	—	—	48	59	128418

续表 19-4-1

年份＼项目	期末企业数合计（家）	全民所有制企业（家）	集体所有制企业（家）	合营企业（家）	联营企业及其他（家）	股份制企业（家）	股份合作制企业及其他（家）	有限公司（家）	注册资金合计（万元）
2008	344	18	176	—	—	—	45	105	141458.75
2009	334	18	141	—	—	—	40	135	210925.23
2010	326	18	122	—	—	—	37	149	214377.43
2011	354	19	109	—	—	—	35	191	283330.26

二、个体、私营企业登记

1989 年，全年新发展个体工商户 563 户。2011 年，全年新发展个体工商户 2879 户，从业人员 5858 人，注册资金 1.31 亿元。全年注销个体工商户 1972 户；新发展私营企业 1457 家，雇工人数 4705 人，注册资金 3.17 亿元；是期，注销私营企业 566 家。1989 ~ 2011 年，23 年间共发展个私经济企业 6 万家，关门歇业数 3.62 万家。2011 年年末个私经济体实有数 2.44 万户，其中个体工商户 1.98 万户，私营企业 4572 户。2011 年年注册资本 103.07 亿元，其中个体工商户注册资本 15.34 亿元，私营企业注册资本 87.73 亿元。2011 年年底吸纳从业人员 6.69 万人，其中个体从业人员 3.54 万人，是 1989 年 3802 人的 9.3 倍；私营企业从业人员 3.15 万人，是 1989 年 334 人的 94.34 倍。

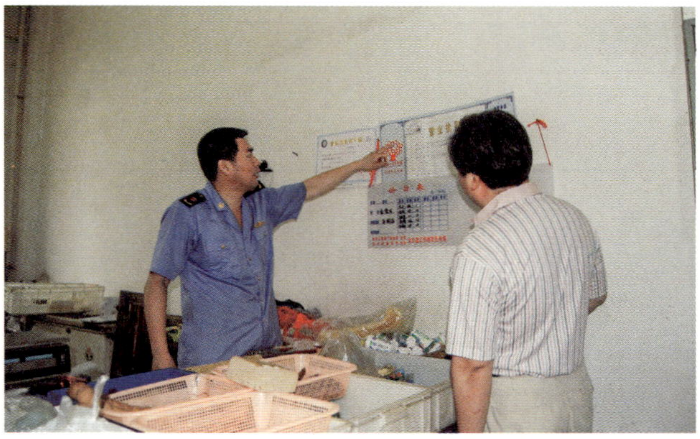

图 19-4-1　2010 年 7 月，工商人员检查个私企业营业执照

1989 ~ 2011 年广陵区个体、私营企业登记一览表

表 19-4-2

年份	个体工商户			私营企业		
	期末实有（户）	从业人员（人）	注册资金（万元）	期末实有（家）	从业人员（人）	注册资金（万元）
1989	2610	3802	647.7	14	334	110.42
1990	3046	4501	770.8	20	421	124.9
1991	2943	4294	819.1	25	465	163.4
1992	3300	4712	1027.5	31	521	413
1993	4094	5604	1554.4	51	708	851.8
1994	4908	6664	2378	—	—	—
1995	5723	7728	3203	121	1342	2029
1996	4297	5899	3079	58	546	667
1997	5908	7743	4341	65	590	832
1998	6512	8150	6118	125	1067	1678
1999	8810	11920	10570	227	1787	3737
2000	9593	13400	13929	360	4545	7461
2001	10434	14790	16905	476	6274	10834

续表 19-4-2

年份	个体工商户			私营企业		
	期末实有(户)	从业人员(人)	注册资金(万元)	期末实有(家)	从业人员(人)	注册资金(万元)
2002	13512	18942	24345	769	10326	20277
2003	12868	21522	31784	842	5252	27615
2004	13139	22159	60176	1021	6139	79948
2005	12259	21041	96682	1216	11820	134160
2006	12812	21237	174962	1348	14194	205001
2007	13077	22366	186823	1667	19196	336832
2008	13677	24146	186210	3074	26415	569746.93
2009	15134	25851	163984.88	3843	26977	684736.25
2010	17099	29371	150395.06	3995	28754	679505.26
2011	19815	35373	153385.96	4572	31510	877355.37

三、外商及中国港澳台商投资企业登记

1989 年，广陵辖区有扬州与香港合资企业 2 家：扬州添茂鞋业有限责任公司和扬州四菱电子有限公司。扬州添茂鞋业有限责任公司由江苏扬州合力橡胶制品有限公司与香港古辉有限公司于 1989 年 1 月合资成立，扬州四菱电子有限公司由扬州四菱整流器厂与香港永光电子公司于 1989 年 6 月合资成立。1990 年，广陵区设立 2 家中外（境外）合资企业：扬州扬捷照明电器有限责任公司和扬州华扬蓄电池有限公司。扬州扬捷照明电器有限责任公司由扬州灯泡厂和台商创办。扬州华扬蓄电池有限公司由扬州蓄电池厂和澳大利亚商人合资组建，注册资本人民币 10 万元。1991 年 6 月，登记注册辖区 1 家合资企业：扬州欣欣食品有限公司，由江苏亲亲股份集团有限公司、扬州集成经贸发展中心、扬州工贸集团总公司与香港欣欣食品公司合资成立。1993 年，全区实有外商及中国港澳台商合资企业 11 家，外商独资企业 1 家。其中扬州丰祥商业有限公司万家福商城是扬州最早的商业零售合资企业。2002 年，全区（包括辖区）有外商及中国港澳台商合资企业 32 家，外商独资企业 14 家，中外（境外）合作企业 1 家。2011 年，全区（包括辖区）实有外商及中国港澳台商投资企业 172 家，其中合资企业 83 家、合作企业 1 家、独资企业 88 家。

1989 ~ 2011 年广陵区外商及中国港澳台商投资企业登记情况一览表

表 19-4-3

项目 年份	企业数（家）	合资	合作	独资	注册资本（万元）	外商及港澳台商注册资本(万元)
1989	2	2	—	—	346.8891	145.8522
1990	2	2	—	—	346.8891	145.8522
1991	3	3	—	—	700.9191	310.6522
1992	6	6	—	—	5642.1036	5023.3482
1993	11	10	—	1	6813.5836	5985.8282
1994	13	12	—	1	7769.9836	6664.9322
1995	15	14	—	1	7779.9836	6670.9322
1996	19	16	—	3	8935.6194	7442.3773
1997	22	18	—	4	9015.6194	7511.5773

续表 19-4-3

项目 年份	企业数（家）	合资	合作	独资	注册资本（万元）	外商及港澳台商注册资本（万元）
1998	24	19	—	5	9860.614	7876.5773
1999	27	21	—	6	11369.4314	8934.8393
2000	32	23	—	9	13339.4314	10904.8393
2001	38	25	—	13	17560.1943	15115.6022
2002	47	32	1	14	17696.1943	15220.9922
2003	64	41	1	22	22226.4683	19168.2287
2004	79	53	1	25	24806.8956	20256.461
2005	89	58	1	30	41297.3956	33960.586
2006	101	65	1	35	58194.5953	50042.3057
2007	118	72	1	45	63486.9443	54369.7906
2008	127	72	1	54	81134.9243	72017.7806
2009	138	76	1	61	90126.4067	77991.2618
2010	152	79	1	72	98451.5517	86218.8056
2011	172	83	1	88	113011.6196	100255.297

第二节 市场建设

一、文明市场建设

1989～1993 年，区内有省级文明市场 1 个、市级文明市场 4 个、区级文明市场 3 个。1989 年，有针对性地开展“每月一品”检查，先后会同区标准、质检、公安、烟草、防疫、文化等部门，共组织 2000 多人次分别对广陵区 40 家国营、集体单位和 2000 多户个体工商户进行检查。1994 年，分类市场全部达标，其中一类市场 1 个、二类市场 2 个、三类市场 12 个。1995 年，广贸大厦、解放桥农贸市场、彩衣街农贸市场获市文明市场表彰。2001 年，开展争创星级文明规范市场活动，荷花池商贸城创江苏省样板市场；在市场内经营户中广泛推广荷花池商贸城评选诚信户的做法，全区共有 53 名市场内摊主被评为诚信户。2001～2005 年，获省级文明市场 11 个（次）、省级样板市场 1 个、市级文明市场 34 个（次）；获“省级红旗手”“先进个人”称号 4 人，省级“肉菜粮放心工程” 先进个人 4 人；获“市级红旗手”“先进个人”称号 53 人；获“区级诚信户”“先进个人”称号 243 人（次）。

2006～2007 年，市精神文明建设指导委员会办公室、扬州工商行政管理局联合发文，表彰扬州市 2005～2006 年度一、二、三星级文明诚信市场，广陵区有 15 个市场受到表彰，其中三星级文明诚信市场 6 家、二星级文明诚信市场 6 家、一星级文明诚信市场 3 家。

2011 年，扬州工商行政管理局、市精神文明建设指导委员会办公室、市市场管理协会联合发文，表彰 2009～2011 年度扬州市文明诚信市场，广陵区有 4 家。

二、“重合同守信用” 企业创建

1989～2005 年，开展“重合同守信用”企业创建活动，被命名企业 281 家（次），其中省级“重合同守信用”企业 21 家，优秀合同管理员 40 人，撤销称号企业 85 家（次）。1991 年前，采取自我申报的方法，申报企业 155 家（次）；1991 年后，采取组织评比的方法。

2006～2011 年，被命名企业 342 家（次），其中省级“重合同守信用” 企业 5 家、市级“重合同守信用”

企业135家、区级“重合同守信用”企业189家，撤销AA级企业2家，撤销A级企业11家。2008年3月，金鹰国际购物中心等11家商贸企业获得省级“百城万店无假货示范店”称号，万家福商场获国家级“百城万店无假货示范店”称号。

三、经纪人管理

1996年，扬州开始出现农副产品交易经纪人。1999年，市经纪人协会成立。广陵区工商经纪人登记管理工作从2004年开始。当年共有各类经纪人211人。2005年，新发展各类经纪人50多人，全区持证经纪人250人。是年，经纪成交额3.71亿元。2006年，发展各类经纪人50人，全区持证经纪人295人，其中农业经纪人124户；是年经纪人成交额3.23亿元。2007年，全年共发展经纪人50人，共有经纪执业人员345人，其中消费品市场239人、生产资料市场64人、生产要素市场42人，农业经纪人145户；是年，成交额3.29亿元。2008年，共有经纪执业人员490人，其中消费品市场289人、生产资料市场69人、生产要素市场132人。2009年，全年共发展经纪人46人，至12月底，共有经纪执业人员536人。2010年，全区共有70户经纪人和536名经纪执业人员。2011年，全区共有104户经纪人，其中消费品市场31户287人，生产资料市场4户64人，生产要素市场54户54人，其他类市场15户15人；重点培育与发展农村经济人，共发展25户，经纪业务量3.65万元。

第三节 经济合同管理

一、合同鉴证

1989～2003年，共鉴证各类经济合同1.86万份，金额5.8亿元。其中1989年鉴证各类经济合同54份，金额504.86万元；1991年，检查经济合同1557份，金额6955.48万元；1991～1992年，鉴证资信51件，金额1873.31万元；1992年，帮助追回受骗款25.9万元。

从2003年第四季度开始，工商行政管理部门的合同鉴证职能取消。

二、调解仲裁

1988年2月，广陵区经济合同仲裁委员会成立。其职能是受理经济合同纠纷案件调解、查处。1995年9月，《中华人民共和国仲裁法》正式施行，原由工商行政管理局行使的经济合同仲裁工作职能依法终止。

1989～1995年广陵区经济合同仲裁情况一览表

表19-4-4

项目 年份	前期结转	本期立案			本期结案				
		件数（件）	合同金额（万元）	争议金额（万元）	小计（件）	调解（件）	裁决（件）	确认无效（件）	撤诉（件）
1989	2	20	329	28.12	18	14	1	3	—
1990	4	30	168.14	61.35	28	23	—	—	5
1991	6	8	20.80	6.74	8	6	1	—	1
1992	6	5	3.83	2.11	7	5	—	—	2
1993	4	3	271.24	269.06	3	3	—	—	—
1994	4	2	50	34.98	6	6	—	—	—
1995	—	2	22	—	2	2	—	—	—

三、抵押登记

1995年10月，实行《中华人民共和国担保法》。1998年，广陵区开始办理企业抵押登记。是年，办理4件，抵押物金额505万元。1998～2011年，共办理抵押登记104件，主债权金额2.54亿元，抵押物价值4.67亿元。支持企业运用不动产抵押形式融资扩大生产经营规模，促进经济发展。

四、合同监管

1989年，检查各类经济合同905份，金额3782.76万元。检查23家企业经济合同签订履行情况，协助经济合同当事人挽回或避免损失8件，金额6810万元。

1990～2011年，共检查各类经济合同1.75万份，金额22.07亿元；监督经济合同当事人履行合同，检查1692家企业经济合同签订履行情况，检查金额3.61亿元；处罚合同8份，金额6880万元；查处经济合同837份，挽回或避免损失9487.24万元；检查资信20件，金额1349.48万元。

第四节　商标与广告管理

一、商标管理

1998年，广陵区工商分局成立商标广告管理股，各基层工商所设立兼职商标广告管理员，开展商标监督管理工作。1999～2002年，指导企业注册商标，扬州振兴缸套厂的“振兴”、扬州糖果二厂的“绿叶”2个商标被评为市知名商标，其中“绿叶”商标被评为江苏省著名商标。整治商标非法印刷、没收假冒注册商标1.5万份，罚款6000多元，依法收缴假冒名牌麻油标识5000多只、麻油300多千克；邀请知名商标企业代表对商标侵权问题进行检查验证，对侵犯鳄鱼牌服装、南孚牌电池、电工牌灯管和“光阳”“本田”“雅马哈”等摩托车注册商标进行清查；查处违法商标59件，罚没30多万元；对28家侵权经营户进行处罚，其中查获侵权电工牌灯管6万多支、“南孚”电池7000多节。2004～2011年，全区共有注册商标2856件，其中国家驰名商标4件、省著名商标13件、市知名商标33件。组织对12家商标印制企业、20家专卖店进行专项检查。依法查处假冒商标161件，罚没199.23万元；收缴或消除商标标识18件。2009年，查处侵犯中国港澳台和外国商标注册人权益案件4件，罚没8.1万元。2010年，区政府印发《广陵区商标战略实施意见》，要求培育一批企业拥有自己的注册商标，逐步形成知名品牌，现代服务业企业尽快形成一批服务业著名、知名商标；出口创汇型企业拓展国内防御性商标注册，开展国际商标注册，扩大广陵区优势品牌的知名度。2011年，全区新发展注册商标280件。依法保护合法商标，开展商标专用权保护专项行动。全年开展“红牛”“泸州”“国窖”“郎”“解百纳”注册商标专用权保护专项执法行动，受理驰名商标“绝味”的异地维权请求，帮助其维护“绝味”商标在扬州的专用权，调查“龙凤”商标的涉嫌侵权行为。

二、广告管理

1998年，全年共查处违反广告法的经营单位28家，暂扣各类违反广告法的物品65件，散发性报纸广告4500份，即时处罚13件，罚没款1.1万元。

1999～2011年，重点整治广告市场秩序，欺骗和误导消费者的医疗、药品、食品（尤其是保健食品）、化妆品、美容服务虚假违法广告的行为，零售商促销活动中使用含糊、易引起误解的语言、文字、图形或影像作宣传的行为，未经登记擅自发布户外广告的行为等。进行广告专项检查2次，立案查处6件，罚没5.5万元。收缴违法广告189件20多万份、213条（张），违法、虚假广告20多万份，查处并责令停止发布虚假违法广告6次。

第五节　消费者权益保护

1989年，共查处假冒名酒2.52万瓶、香烟214条、劣质冰箱361台、彩色电视机387台等；接受消费者投诉25件，并成功调解24件，为消费者挽回经济损失1000多元。1990年，结合“每月一品”商品质量检查，开展商品的售前申报审查，及时制止伪劣商品进入市场销售。区工商局和区个协组织广陵区个体工商户开展“学雷锋、树新风”活动，用实际行动迎接“3·15 国际消费者权益日”，参加服务行业有 10 多个，参加人员 200 多人，为期 2 天。

图 19-4-2　2008 年 9 月，三鹿牌婴幼儿奶粉下架

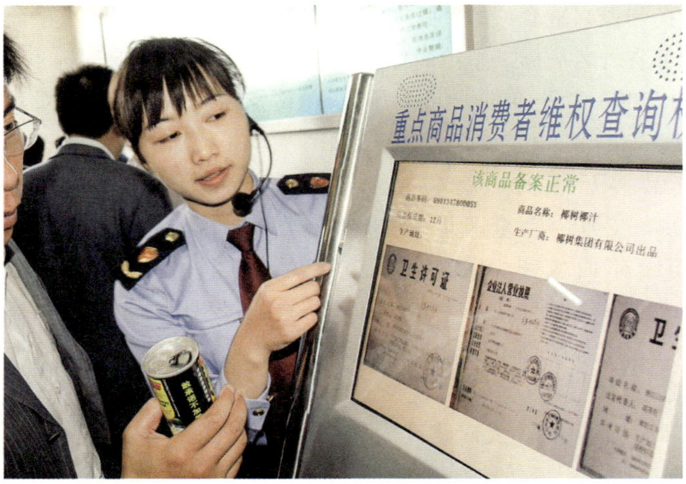

图 19-4-3　2009 年 10 月，工商人员在大桥食品城介绍商品基础信息备案点的消费者维权查询机

1994 年 1 月，《中华人民共和国消费者权益保护法》施行。1995 年，查处重点为打击制售假冒伪劣商品、骗买骗卖、价格欺诈和走私贩私，开展各类抽查 11 次，专项治理 3 次，拉网式检查 16 次，出动检查人数 780 人次，与 8 家企业联手打假 21 次；查处劣质香皂 3250 块，各种假冒皮衣、皮鞋 2114 件（双），查处掺杂麻油 7052 瓶，各种过期食品、饮料 3.65 万袋（听），各种假冒名酒 4000 多瓶，假冒“鸿雁”电器 12.3 万只，榨菜 374 箱。在各工商所和集贸市场设立举报箱 7 个，公布举报电话，处理各类投诉举报 37 次。1996 年，扬州市广陵区消费者协会（区消协）成立。

2000 年，围绕中消协制定的“明明白白消费年”主题活动，区消协认真组织开展“购物放心，服务满意街（店）”创争活动，文昌中路被省检查验收小组以 92 分的优秀成绩评为扬州市区“购物放心、服务满意示范街”，另有 62 家商店被评为“购物放心，服务满意示范店”。全年解决消费者纠纷 185 起，投诉解决率 100%。2001 年，在全区小学深入开展“青少年维权岗”活动，各学校建立红领巾投诉站。2002 年，积极探索维权方式方法，在全市率先倡导先行赔偿制。2004 年，全年认真受理投诉和举报 457 件，接待咨询 580 多人次，为消费者挽回经济损失 18.45 万元，为消费者获得追加赔偿 1.6 万元。

2005 年，消协先后成立人民调解委员会、消费纠纷仲裁庭，全年仲裁消费纠纷案 15 件。2007 年，推行消费争议协商和解制度。是年，共协商和解 6074 件，为消费者挽回经济损失 560.8 万元。

2008 年，针对三鹿牌等婴幼儿配方奶粉受到三聚氰胺污染的重大食品安全事件，广陵区成立扬州工商局广陵分局食品安全重大突发事件应急工作领导小组。广陵分局在“3·15”会场现场设立食品检测台，免费为群众检测食品质量。消费维权流动服务车开进社区、乡村，为消费者服务，全年共进行 12 次。2010 年，全区调整和建立消协基层分会 6 个，社区、行政村级投诉站 68 个，“12315”联络站 68 个，聘请基层维权工作人员 222 人，全区城市社区和行政村建站率 100%，基本实现“投诉有门、维权有人、服务有效”的目标。

2011 年，广陵区工商分局第四次承办纪念 3·15 大型咨询服务主现场活动。全年建设消费教育基地 30 个，特设农民工和老年人消费教育基地各 1 个，聘请 5 名维权专业人士担任讲师团成员，4 名大学生村干部担任“示范岗”的联络员。是年，共开展各类宣传教育活动 25 次，受教育 2 万多人次。受理消费者咨询投诉 214 件，为消费者挽回经济损失 10 万元。全区共促进消费纠纷和解 1280 多件，其中商品类和解 970 件、服务类和解 310 件，为消费者挽回经济损失近 61 万元。

专记　“放心消费城市”创建

图 19-4-4　2008 年，文昌中路时代广场“3·15”活动现场

2007 年，省政府决定用 3 ~ 5 年时间，在全省范围内开展以提高消费环境的安全度、经营者的诚信度和消费者的满意度为主要内容的放心消费城市创建活动。是年 7 月，广陵区政府成立广陵区放心消费城市创建活动领导小组，由分管副区长任组长，区文明办、区商贸局、工商广陵分局等 23 家职能部门及各乡镇、街办为领导小组成员单位，创建办公室设工商广陵分局内，各乡镇、街道成立创建领导小组，主要负责人任组长。8 月，区政府召开全区放心消费城市创建活动动员大会。结合扬州获得“联合国人居奖”这一重要城市品牌资源，将放心消费城市创建活动纳入打造“人居扬州”的全局性工作之中。区放心消费城市创建活动领导小组与各成员单位签订责任状，将创建目标和任务按月细化分解到各成员单位。

2008 年，广陵区将打造放心消费城市示范街工作作为“放心消费城市”创建活动重点，组织全区申报市级创建试点单位 126 家。区创建活动办公室聘请放心消费城市创建工作社会监督员 22 人，建立消费者申（投）诉站（所）110 个，开展 253 户消费者的申（投）诉处理满意率进行调查，聘请放心消费城市创建义务监督员 20 人，加强对企业的日常监督，推动放心消费城市创建活动的长效开展。区工商分局把文昌中路沿街近 500 户商家组织起来，规范企业经营行为作为基本要求，重点帮助企业建立“六项制度”：即经营者市场准入制度，索证索票制度，进销台账登记制度，进货检查验收制度，商品仓储、冷冻、运输等卫生管理制度，不合格食品、产品退市制度；实现“五个统一”：统一制度、统一标识、统一挂牌、统一进销货登记台账、统一投诉台账；做好“一个承诺”：经营者向消费者做出提供商品（服务）质量书面承诺；签订“一份责任状”：经营主体签订一份食品、产品安全责任状。同时制作统一格式承诺书悬挂于店中，统一制作带有“放心树”标识的玻璃门防撞条，贴于玻璃门上，发放问卷 2800 份，印发创建主题宣传标识 5050 份，印发创建宣传卡片 3100 张，统一印制各类行业服务承诺书 630 份。7 月，全国首批食品安全示范店商品责任保险（以下简称“食安险”）签约仪式在广陵区举办。凡持有广陵区营业执照和卫生许可证的食品安全示范店的合法经营者，每年缴纳 300 元保费投保“食安险”。保险期内，经营户只要守法经营，所卖食品由于缺陷或质量原因造成消费者病、残、亡和财产损失的，由保险公司根据合同约定，赔偿医疗费、丧葬费、财产损失费用等。百盛商业大厦、扬州农工商超市、扬州联谊朝苏冷冻食品批发市场等 30 户食品经营户与江苏省长安保险公司进行现场签约。这是全省乃至全国的商品责任保险签约的先行者，广陵区“商品责任保险”为全国首创。7 月 20 日，中央电视台《新闻联播》报道这一创新举措。区工商分局先后开展“百城万店无假货”“打假维权一条街”“反欺诈促维权保两节”“肉菜粮放心工程”“放心消费示范店”“消费诚信单位”“打击药品回扣”“节日市场专项整治”等一系列食品安全监管活动。文峰街道联谊社区腾出一间 50 平方米的房屋，作为创建办公室，制定放心消费城市创建工作制度，设立“12315”投诉举报站，绘制放心消费城市创建工作流程图。社区成立以退休老党员、老医生、老居民骨干组成的“夕阳红”志愿者队伍，对消费市场进行群众监督。联谊社区创作《放心消费城市创建之歌》。文昌花园社区设立“社区 110”联动网络。年底，社区共接到居民各类举报投诉电话 2200 件，处理率 100%，满意率 99%。文昌花园文康苑的一位居民因房屋漏水与物管公司交涉数次后未果，产生激烈矛盾，“社区 110”协助社区及时协调解决。工商广陵分局为每个工商所配备检测箱，加强基层流动检测能力。重点针对奶制品、豆制品、水产品、粮、肉、蔬菜、水果等品种和儿童食品加强监管，特别是对一些季节性和节庆食品进行严格监管；开展校园周边食品安全专项整治，把各中、小学校园周边经营的食品、网吧、文具店等作为重点整治范围，清理校园附近 50 米内的摆摊设点，严禁流动商贩入校园经营。

图 19-4-5 2011 年，广陵区开展 3.15 维权咨询活动

2008 年，共抽查商品 184 个批次，其中合格 178 个批次，不合格 6 个批次，对经销不合格商品企业处罚没款 5 万元；在省级抽查中，生猪屠宰点（扬州绿苑有限公司）生猪“瘦肉精”抽样合格率 100%。在 2008 年第 2 次全省流通领域商品质量监测中，共监测 16 个批次，涉及 6 个商品品种，分别为大米 2 个批次、食品 8 个批次、钢材 6 个批次。

2009 年，强化文化市场监管，共组织检查 150 次，出动执法人员 300 人次，收缴非法盗版音像制品 2.3 万张，取缔无证照文化娱乐场所 3 家，规范文化市场的经营秩序。

2010 年 5 月，区放心消费城市创建领导小组发文对区商贸局、物价局等 30 家单位和王新（区物价局）、李华燕（区农水局）、尚军（区卫生局）等 29 名个人进行表彰。2011 年 3 月，顺利通过扬州市对广陵区放心消费城市创建综合测评。

第五章 质量技术监督

1989 年，区计量所成立，后加挂区标准计量局牌子，负责广陵区内标准计量工作，1997 年撤销。产品质量监督由扬州市质监局设在广陵区的市产品质量监督检验所负责。1998 年，全区标准化生产覆盖率由开展消灭无标前的 45% 提高到 97%。2000 年，质监系统实行省以下垂直管理，扬州市技术监督局更名为江苏省扬州质量技术监督局。2003 年，广陵区开展质量兴区工作。认真开展产品质量管理和监督工作，至 2011 年，全区 215 家企业通过质量管理体系认证，55 家企业通过环境管理体系认证，9 家企业通过职业健康安全管理体系认证，36 家企业通过其他体系认证，产品合格率 98.34%。

第一节 计量管理

1989 年，区计量所对区流通领域的计量器具进行登记造册，争创 2 级计量合格企业 1 家，3 级计量合格企业 3 家。1990 年，173 户个体工商户登记建档，对老城区商店的 130 多台（件）食品计量器具进行检查，部分工厂的 250 台（件）非法定计量器具得到改造。1991 ～ 1992 年，对萃园集贸市场的 229 户个体固定摊贩的计量器具和市区 216 个西瓜摊点的计量器具实行强检，共查验计量器具 2945 台（件），没收 72 台（件）；在公安、工商配合下，端掉制造假秤的黑窝点。1996 年 4 月，配合市技术监督部门在全区生产和流通的所有工业、商贸及服务企业中，废除旧的计量定级，开展与国际接轨的计量检测体系确认、计量保证确认和计量合格确认工作。依照“规范市场、扶优治劣、引导消费、服务企业”的宗旨，在企业自愿申请的基础上，确保符合条件的所有工业、商贸和服务企业申请计量确认。对产品技术含量高、有相当计量检测能力和管理水平的大中型企业及企业集团进行计量检测体系确认；对产品技术含量高、有一定计量检测能力和管理水平的中小型骨干企业进行计量保证确认；对计量技术和管理基础比较薄弱的中小型企业进行计量合格确认。2010 年，广陵区有 5 家企业通过计量合格确认，4 家企业通过计量保证确认。开展循环经济项目申报，扬农集团、青岛啤酒有限公司被评为扬州市节能示范企业。2011 年，驻区电力设备修造厂、三叶散热器 2 家企业通过测量体系认证。

第二节　标准化管理

1997年，全省开展“执行标准优秀乡镇创建”工作。是年8月，区政府成立消灭无标准生产领导小组，各街道也成立领导小组。区政府发出《关于在全区生产企业开展消灭无标准生产活动的通知》，区发经委对各街道组织标准化生产培训，重点学习GB / T　10300系列国家标准和条形码、食品标签等知识。汶河、广陵、东关、城南等街道办事处先后通过省执行标准优秀乡镇的考核验收，标准覆盖率均在97%以上。当年，先后组织通过省、市以上标准化产品检测22个，全年抽检合格率100%。6月，经江苏省消灭无标准生产验收小组考核，全区标准化生产覆盖率由45%提高到97%，顺利通过省级验收。2002年，配合市质监局完成全区104家企业207个产品标准的复审工作和当年到期的21个产品企业标准的复审工作，帮助企业审定报批新产品企业标准21项，消灭无标准产品。有26家企业先后通过ISO　9000质量体系认证。2006年，完成两项采标工作，江苏扬农化工股份有限公司采用标准号FA　0332:1993，产品执行标准号HG　3627-1999；江苏通裕纺织集团有限公司采用标准号1989年乌斯特公报，产品执行标准号GB/T　398-1993。2009年，扬州嘉和散热器有限公司参与制定1项国家标准，扬农化工股份有限公司参与制定2项国家标准，扬州东方吊架有限公司制定的“电气化铁道接触网恒张力补偿装置”升格为铁道部行业标准。同年，扬农化工集团有限公司筹建全国化学标准化技术委员会有机分会——二氯苯工作组。2010年9月，该工作组获批成立。

第三节　质量监督

设在广陵区的市产品质量监督检验所是省扬州质量技术监督局直属的综合性监督检验机构，负责广陵区的质量管理与监督工作。该所具备机械、建材、电子、电器、轻工、包装、纺织、食品、化工、珠宝饰品10个门类、千余种产品的检测资格和能力。1991年，区质量监督抽查合格率97.1%，在全市12个县（市、区）中名列前茅。1993年，区主要产品质量稳定提高率在90%以上，优质产品产值率17%以上。2002年，新划入区的乡镇企业扬州飞驰电动车有限公司、吊架机械厂、兴盛牙刷厂3家企业通过ISO　9000质量管理体系认证，曲江化工厂通过ISO　14000环境管理体系认证，兴盛牙刷厂和金力电动工具有限公司获“国家免检产品”称号。2003年，广陵区开展质量兴区工作，区政府成立以主要领导为组长、分管区长为副组长的质量兴区领导小组，下设办公室，负责质量兴区工作的统筹规划、组织协调、指导监督、宣传教育、考核检查等工作。建立联席会议制度，分析质量形势，研究质量问题，部署质量工作。制定《广陵区质量兴区活动实施意见》和奖励政策，把质量工作纳入对各园区、乡镇、街道的考核范畴。有26家企业先后通过ISO　9000质量管理体系认证。2011年，215家企业通过ISO　9000质量管理体系认证，占申领企业总数88%；55家企业通过ISO　14000环境管理体系认证，占申领企业总数98%；9家企业通过ISO　22000职业健康安全管理体系认证；其他体系认证36家，产品合格率98.34%。

第四节　特种设备安全监察

1993年，广陵区成立劳动安全监测站，负责广陵区4个街道内的起重机械和电梯的设备检测。1998年，检测站因未取得相应的检测资质，停止辖区内特种设备检测。2000年，锅炉压力容器、特种设备管理职能划入质量技术监督部门。2001年7月，质量技术监督部门连续用4个月时间，在全市范围内开展对“土锅炉”的专项治理。2003年，对全市液化石油气钢瓶进行专项整治。2009年，广陵区特种设备操作证发证数838张，2010年发证758张，2011年发证577张。2000～2011年，广陵区未发生一起锅炉、压力容器、管道等特种设备重特大安全事故。

第六章 审 计

1988年12月，广陵区成立审计局。1989～1992年，开展工商企业财务、房屋开发企业财务等项目的审计。1993年，全区普遍开展企业承包经营责任审计。1994年，先后开展清理整顿公司、在建基本建设项目、企业法定代表人经济责任、救灾捐赠款物、企业财务收支等项目的审计；同时探索企业净资产审计，弄清企业资产负债的真实性。

1995年，《中华人民共和国审计法》（以下简称《审计法》）颁布实施，区审计局受区委、区政府委托，开始审计本级财政预算执行情况和其他财政收支情况，每年向区人大和政府报告本级财政预算执行审计情况。1995～1999年，审计工作主要以打假治乱为重点，努力维护全区经济秩序，促进经济发展，为宏观调控服务。1998年，与区委组织部、区纪委联合成立全区党政领导干部经济责任审计领导小组，审计中突出领导干部任期中的个人经济责任，包括廉政方面的责任，为区委考核任用干部提供资料。2003年起，分批进行农村专项资（基）金审计，重点审计招待费用居高不下、财务公开透明度不高等问题，逐步规范村级财务管理制度。2005年，广陵产业园从湾头镇和汤汪乡划进3个建制村5个组，区审计局对其财产的转移和债务的划分进行审计。另外，对全区企业和机关事业单位审计、固定资产投资审计、专项资金审计以及经济责任审计，都取得较好效果。

以贯彻《审计法》为标志，全区审计工作更趋法治化、制度化和规范化。1990～2011年，区审计局共完成审计和调查各类项目494个（不含固定资产投资审计），查出违规金额1817.65万元，管理不规范金额41.02亿元，上缴财政449.29万元。

1990～2011年广陵区审计工作情况统计表

表19-6-1

项目 年份	审计单位（个）	审计总金额（万元）	违规金额（万元）	管理不规范金额（万元）	上缴财政（万元）	意见建议（条）
1990	8	882.17	84.49	1.49	64.65	33
1991	8	1087.02	15.96	192.27	1.14	45
1992	10	1536.25	9.10	91.43	—	35
1993	7	10154.12	7.90	2315.20	—	51
1994	13	23651.38	14.15	341.63	—	52
1995	13	50203.92	90.41	700.08	64.64	57
1996	15	37175.87	10.90	3263.70	12.26	74
1997	11	26696.43	39.98	1828.60	13.78	81
1998	23	31922.23	133.71	7807.28	5.27	145
1999	20	52833.40	192.86	13144.02	26.52	113
2000	28	45534.49	46.20	21388.53	11.46	149
2001	25	31343.08	90.07	7968.73	43.56	114
2002	37	78704.20	271.36	9497.72	52.25	178
2003	33	59186.32	74.32	9999.64	46.90	146

续表 19-6-1

项目 年份	审计单位（个）	审计总金额（万元）	违规金额（万元）	管理不规范金额（万元）	上缴财政（万元）	意见建议（条）
2004	33	63881.65	219.37	6077.66	52.81	165
2005	38	120996.84	300.10	13372.50	54.05	128
2006	28	127406.04	—	3556.11	—	61
2007	30	168129.14	—	12233.41	—	74
2008	30	412687.91	47.10	28387.44	—	58
2009	24	216750.07	169.67	27424.14	—	59
2010	30	395169.85	—	23574.22	—	46
2011	30	697958.65	—	217077.29	—	34
合计	494	2653891.03	1817.65	410243.09	449.29	1898

说明：此表不含固定资产投资审计

第一节　财政和金融审计

一、同级财政预算执行审计

1995年10月，区审计局对1995年1～9月本级财政预算执行情况和其他财政收支情况进行预审。1996年，区审计局围绕区政府和区人大关心的问题有重点地开展审计。审计中，对预算外资金管理使用情况进行检查分析。是年6月，区审计局受区政府委托，将审计情况、发现主要问题和意见建议，首次向区人大作报告。区人大在审议中，对审计工作报告中提出的问题和改进措施提出审议意见。区财政局召开全区预算外资金管理工作会议，积极落实预算外资金管理和从严盘活财政信用资金沉淀的审计建议。1998年，对教育资金、扶贫解困资金等专项资金和重点项目进行审计。2002年，同级财政预算执行审计经过7年实践，审计质量逐年提高，基本实现规范化。2003年，区审计局对同级财政预算执行审计中，发现本级财税部门在预算编制、财政收入与支出上，财权与事权相距甚大，以及市与区财政收入划分不清的管理体制问题，向市有关部门提出完善财政管理体制的建议，促进财政体制改革深化。2010年，审计局把握财政支出这条主线，以区财政资金使用绩效为重点，加大对财政资金“预算、编制、拨付”全过程审计监督。2011年，延伸审计区教育局、环卫办2010年度部门预算执行情况。

二、下级财政决算审计

2002年年初，扬州市进行区划调整。区审计局对所属乡镇财政决算进行审计。2002～2008年，区审计局对城东乡（后改为曲江街道）政府、汤汪乡政府、湾头镇政府财政决算进行审计。查出有的预算外资金列收列支、财政拨付的预算资金未严格按照序时进度和支出用途拨付；有的违反规定扩大开支范围等，并及时反馈，及时整改。

三、城市信用社审计

1993年，区审计局对广陵城市信用社1991～1992年财务收支进行审计，查出呆滞贷款较多、扩大成本开支等问题；对东关城市信用社1992年及1993年上半年财务收支情况进行审计，查出少反映营业收入多记坏账准备金、扩大成本开支等问题。1994年，对渡江桥、方圈门、甘泉城市信用社1993年财务收支情况进行审计，查出多提坏账准备金、固定资产不实、在营业费用中列支个人所得税、部分会计科目使用不当等问题。1995～1996年，对渡江桥城市信用社、广陵城市信用社、甘泉城市信用社、方圈门城市信用社、东关城市信用社1986～1996年损益情况进行审计。其间，查出广陵城市信用社少反映营业收入110.58万元、方圈门城市信用社多提呆滞准备金50万元、扩大成本开支40万元等问题；查出渡江桥城市信用社多提呆账准备金40万元；查出甘泉城市信用社多提呆滞账准备金12万元，在营业费用中列支个人所得税和赞助费以及应收未收利息338万元等问题;查出东关城市信用社在营业费用中多列支股本红利48万元。以上问题引起区政府高度重视,采取积极措施,保证5个城市信用社向扬州商业银行平稳过渡和交接。

四、银行审计

1995年,金融机构的财务收支审计逐步拓展到以信贷资产质量为主线的资产负债损益审计。同年,根据省审计厅的授权,对中国银行广陵办事处1995年资产、负债及损益情况进行审计,对多反映各项贷款余额、少反映利息收入、信贷资产下降、国有资产流失等问题进行分析,提出改善经营管理的建议。

第二节 企业审计

一、企业承包经营责任审计

1989～1993年,企业审计以企业承包经营责任审计为主。1991年,区审计局对第二副食品公司等单位第一轮承包终结及1990年承包经营责任进行审计。查出第二副食品公司少提折旧、扩大开支范围、报销凭证不合规、虚盈实亏等问题;查出扬州文体商店1990年未按会计年度核算、扩大营业外支出、业务费超支、利润指标达不到承包要求等问题;查出第二饮食公司超标准收取管理费、多列支成本、缺乏必要的内控制度,属下的饮食企业经营不善、损失浪费严重、资不抵债等问题,并向区政府和有关部门提出承包经营审计建议。

二、财务收支审计

1991年,区审计局对市电位器厂1989～1990年财务收支进行审计,查出该厂超越生产经营范围、多列成本、漏缴税金、财务管理较乱等问题。1992～2003年,对35家企业开展财务收支审计。其间,1993年,查出市第二生产资料服务公司多转成本431万元,扩大开支范围603万元,查出市房地产开发公司扩大开支范围592万元,超标准支付奖金851万元等问题。

1994年,企业审计开始向财务收支审计转变,审计内容也由单纯的查处违法违纪问题向全面监督企业国有、集体资产保值增值,向企业资产、负债和损益的真实、合法、合规性审计转变。是年,查出市美食发展公司海南投资损失121万元,与如扬物资公司的合作经营中损失213万元,对其他企业放贷损失18万元。

1995年对广陵区广信经营服务公司,1997年对市电位器厂、扬州玻璃仪器厂、扬州商场裘皮服装公司、广陵区外贸公司、扬州民族乐器研制厂、扬州灯具厂、东方商厦、广陵区商业网点开发总公司、广陵区顺达动力配件厂、第二机电设备公司,1999年对市飞翔鞋厂,2002～2003年对市第二副食品公司、市振业房地产开发公司14家企业进行财务收支审计。查出有的公司亏损还支付职工股份红利,有的隐瞒销售收入、债权债务虚减、虚列利润、虚开增值税发票,有的出借银行账户、财务手续混乱、偷漏税金,有的违规集资、个人宕欠公款严重,有的注册资金未到位等问题。

三、资产负债损益审计

1994～2001年,区审计局对17家企业进行资产、负债、损益审计。广陵工艺绣品厂资产核减50.3万元,广陵印刷厂资产核减33.2万元,广陵食品厂资产核减46.8万元。1995年,查出扬州鞋厂存货和应收款占整个资产的70%。1997年,查出扬州皮革机械厂隐瞒亏损115.5万元,债权中有20.5万元坏账。1997～1998年,查出扬州大酒店少计提固定资产折旧541万元,应摊未摊555万元,虚挂工程款288万元,未提银行利息623万元,坏账损失和报废损失285万元,欠交职工养老统筹费36万元,高息集资还本艰难等问题。

1999～2001年,对市第二副食品公司、扬州新城房屋开发公司、扬州开关厂及其属下的华扬电器公司、太平洋电器公司、扬州茂信冷弯型钢公司、伟业物资公司、扬州商场三期工程、广陵区运输公司及其所属实体、广陵区商业网点开发总公司、华联商厦、扬州美林房地产开发公司、市第二机电设备公司、东方商厦14家企业的资产、负债、损益进行审计。查出有的企业股本不到位却按股本分配红利,有的企业下属企业所有损失都由主体企业承担,有的企业待摊费用未摊、库存商品盘亏、债权中存在坏账,有的企业私设小金库、欠职工工资、医药费、职工集资款到期未归还,以及拖欠银行利息、库存商品不实等问题。

四、国有、集体企业改制审计

2000年,区政府决定扬州商场、扬州大酒店合并后的资产、负债整体转让给金鹰国际,在转让前由区审计局审计确定转让数据。经审计,查出扬州大酒店、扬州商场虚列资产1006万元,债权中坏账790万元,存货盘亏203万元,利用待摊费用隐瞒亏损827万元,流动资产损失挂账不处理880万元,少提固定资产折旧1366万元,利用递延资产隐瞒亏损200万元,结欠银行利息201万元未计提,库存商品削价处理损失367万元,结欠税金、职工医药费207万元,编制资产负债表虚减784万元,为他人提供担保、形成或有负债1727万元。审计为区政府零资产转让企业提供确切的数据支撑。以后,又先后对扬州皮革机械厂、人民影剧院、东方商厦、华联商厦等企业进行改制审计。

五、合资(合作)企业审计

1998年,区审计局对市扬捷照明电器有限公司的财务收支进行审计。审计结果表明,会计记录清晰明了,没有一个数据不实,没有一个问题要处理,中方资金做到保值增值,中方职工利益得到保障,企业工会经费按规定全部提取,不但全部足额交缴职工待业保险金、职工养老基金,税后利润除按比例提取职工福利基金,还提取奖励基金,另外给残疾职工买住房36套。扬捷照明电器有限公司审计结果得到区领导的充分肯定。

1998年5月,区审计局对市电位器厂1991年出资118.72万元(占70%股份)与香港华业实业有限公司合资组建扬州科华电器有限公司进行审计。发现科华电器有限公司对香港华业实业有限公司实行固定回报,该合资企业1992～1996年实现利润262.6万元,香港华业实业公司占投资股本金的30%,应得股利65万元,而该公司实付168.1万元,超付102.7万元。同时,发现香港华业实业有限公司在获得超付红利后,于1997年分5次抽逃全部注册资金50.88万元。是年7月,对市电位器厂进行审计,发现1995年6月占控股70%的扬州科华实业电器有限公司出资64万元(占有控股地位),与香港皇派电子有限公司、深圳升超电子有限公司合资注册深圳顺超电子有限公司。经深圳市永明会计师事务所审计,1997年,可供分配的利润56.1万元,年底,扬州科华实业电器有限公司把35%的股本转让,而未曾得到应有的股利22.4万元。审计结果得到区政府的重视。

六、企业经济案件审计

1994年,区审计局对广陵区某经济技术中心自成立后的财务收支情况进行审计。查出该技术中心亏损严重,内部管理混乱,非法高息集资、年利率50%,本金部分未入账;多计的珠宝来料加工中介费通过3次转账,转给法定代表人,多汇材料款,最后转给法定代表人;其下属单位物资经营部隐匿全部会计资料,致使无法审计;该单位法定代表人用供销科长手写资料剪接拼凑借条复印借款,借款无法收回。审计中发现的问题,移送司法机关处理。1995年,对新华中学校办企业进行财务收支审计。发现该单位下属的某汽配公司将付服务费2万元挂在应收账户上,支票转入市某厂一实业公司,实业公司又转给某美术服务部,该部又未收到此款。经查,此款已给市某委副主任。由此引发扬州市处级干部贪腐案件的露头,此案件的查清受到市纪委多次表扬。1998年,对广陵区扬州某酒店经营情况进行审计。发现该单位负责人虚报利润和营业额、将严重亏损隐瞒、骗取荣誉、获取奖金。审计后,该单位负责人受到区委的纪律处分,退赔奖金,撤销荣誉。2002年,受某乡政府委托,对其属下的某房屋开发公司财务收支进行审计。发现该公司虚增销售收入及成本,虚增利润,购买其他房地产开发公司营业执照营业,主要负责人以虚假发票及假工资单报账。审计后,该负责人受到党纪处理。

1992～2005年,区审计局共审计企业64家,查出各类违纪违规金额1249.7万元,向有关部门提供有价值的案源线索12条;审计后,被移交纪检司法机关处理15人。

第三节　固定资产投资审计

一、新开工项目开工前审计

1996年，开展对基本建设项目开工前的审批程序、资金来源等审计，共完成开工前基建审计项目6个，审计投资总额5085万元，发现计划外投资1950万元。经审计的项目，大部分开工前的立项、拆建、设计资料齐全，土地征用、规划、招标手续完备，资金大部分落实，具备开工条件。1997年，区审计局对当年12个新开工基建项目开展开工前审计，发现30%的新开工项目未按规定办理开工前审计手续，50%的新开工项目建设资金未落实，30%的合作开工项目资金来源不合规。1997年后，对重点建设项目决算（结算）进行审计，"先审计后开工、先审计后付款"成为政府基建工程审批程序的重要组成部分。2001年起，因职能调整，区审计局终止对新开工项目的开工前审计。

二、工程建设项目专项治理审计

1996年后，区审计局开展工程建设专项治理审计、重点工程项目审计和装修工程专项治理审计。1996～2000年，区审计局完成工程建设专项治理审计项目207个，审核工程原报价1.91亿元，审计净核减3824.54万元，核减率20.05%；查处偷漏税金382万元。被省审计厅评为工程建设专项治理先进单位。

1996～2000年广陵区工程项目专项治理审计统计表

表19-6-2

项目 年份	项目数(个)	原报价(万元)	审定数(万元)	核减数(万元)	核减率(%)
1996	29	1614.67	1329.35	285.32	17.67
1997	26	3033.5	2602.29	431.21	14.21
1998	28	3277.54	2591.35	686.19	20.94
1999	63	5779.56	4659.80	1119.76	19.37
2000	61	5371.68	4069.62	1302.06	24.24
合计	207	19076.95	15252.41	3824.54	20.05

2009年，按照区委、区政府要求，区审计局配合区纪委、监察局对区国有、集体资金建设工程进行专项检查，实事求是反映工程建设中存在的问题，为此政府出台《关于加强全区国有集体资金建设工程规范管理的实施意见》。

2010年，根据《扬州市审计局关于做好工程建设领域突出问题专项治理审计工作的通知》精神，区审计局与区纪委、发改委、国土、环保、财政、建设6部门协同开展广陵区建设工程专项检查清理的"回头看"工作，对区内部分规模以上工程项目就投资决策、城乡规划和环境保护、国家土地政策和矿产资源保护执行、项目招投标、工程建设实施和质量管理、物资采购和管理使用、资金管理和投资控制、违法违纪案件线索查处8个方面情况进行检查。

三、建设项目竣工决算(结算)审计

2000年，区审计局重点对教育系统竣工决算（结算）审计。全年审计结算项目61个，工程结算报价5371.68万元，审定造价4069.62万元，核减1302.06万元，核减率24.24%。2001年，把区级部门工程竣工决算（结算）作为审计重点。全年审计项目41个，原结算报价3695.38万元，审定造价3245.73万元，核减449.65万元，核减率12.17%。其中对区政府办公楼装饰工程进行竣工决算审计，工程决算报价264万元，审定造价224万元，核减40万元，核减率15.15%。区委书记在区政府礼堂装饰、空调及音响工程决算的审

计意见书上批示:“审计效果好、作用大、效益高,今后这方面的工程审计要继续加强。”2004 年,把进广陵区产业园区的国资项目的竣工决算（结算）作为审计重点。全年审计项目 53 个,原结算报价 1.19 亿元,审定造价 9920.28 万元,核减 1997.92 万元,核减率 16.76%。2005 年,把竣工决算（结算）审计的重点安排在园区的基建建设工程项目上,全年审计项目 60 个,原结算报价 9444.96 万元,审定造价 7641.37 万元,核减 1803.59 万元,核减率 19.1%。

2006 ～ 2011 年,共审计工程项目 948 个,包括曲江新苑、广陵产业园附属楼、江都南路拓宽改造工程、市少年宫、广陵区教育系统维修改造等,原结算报价 12.78 亿元,审定造价 10.43 亿元,核减额 2.35 亿元,核减率 18.39%。

2001 ～ 2011 年广陵区工程项目竣工审计统计表

表 19-6-3

项目 年份	项目数(个)	原报价(万元)	审定数(万元)	核减数(万元)	核减率(%)
2001	41	3695.38	3245.73	449.65	12.17
2002	60	4267.88	3682.74	585.14	13.71
2003	35	5743.10	4279.61	1463.49	25.48
2004	53	11918.20	9920.28	1997.92	16.76
2005	60	9444.96	7641.37	1803.59	19.10
2006	102	22335.58	19363.84	2971.74	13.30
2007	46	9749.63	7881.04	1868.59	19.17
2008	264	16639.22	13454.21	3185.01	19.14
2009	137	17811.74	14114.14	3697.6	20.76
2010	110	21319.97	16882.98	4436.99	20.81
2011	289	39935.67	32563.99	7371.68	18.46
合计	1197	162861.33	133029.93	29831.4	18.32

四、建设项目跟踪审计

1999 年起,区审计局逐步开展建设项目跟踪审计。是年,对长城大厦及附属工程项目进行跟踪审计。发现设计变更较多,资金缺口较大,财务基础工作也不够规范,导致工程结算部分虚报工程量,高报材料价格,经审计原报工程结算 868 万元,审定 591 万元,核减 277 万元,核减率 31.9%。2000 年,对区某局综合楼工程进行跟踪审计,发现该项目为甲、乙双方合作建房,资金缺口大,乙方在编制结算时虚增工程量,套用定额不准确,结算审计时净核减 175 万元。2003 年,对某绿化工程进行跟踪审计。在竣工结算审计时,其中有一个施工队结算报价 119.5 万元的工程,审计一次核减 72.3 万元,核减率 60.5%,此项跟踪审计受到区政府领导的充分肯定。2007 年,区审计局对区法院办公楼装饰工程进行跟踪审计。跟踪过程中及时做好拆除项目和隐蔽工程记录,指导建设单位做好主要材料的采购,健全变更签证的会签制度,从而有效地控制工程总造价。2010 年,对广陵产业园宝林路、龙泉南路、强民路、大众港路西段道路排水工程,对食品工业园的横沟河驳岸中段工程进行跟踪审计,对社会中介跟踪的翠月南苑、东苑安置小区建设工程,实行业务上的管理监督。重点解决社会中介机构在跟踪审计过程中如何发挥作用,并要求其在项目实施中对设计变更及变更签证进行论证,对变更的必要性和可行性向建设方提出合理方案（建议）,对主要材料的采购实施跟踪,及时向委托方和区审计局通报工作情况。　2011 年,对经济开发区滨河路、宝林路南段、华洋路道路排水工程、沙河桥建设工程、广陵新城会议中心、教育局校舍安全工程建设进行跟踪审计;对社会中介跟踪的经济开发区运河人家安置小区一期、汤汪乡九龙花园安置小区二期，实行业务上的管理监督。重点解决安置小区施工场地的河塘处理、三通一平、临时道路水电和临时围墙等工程的界定与结算划分。对施工过程中设计变更及变更签证论证进行复核，对材料的采购价格实施认定，监督代建商在建设过程中的履职行为，为竣工结算审计夯实基础。建设项目的跟踪审计有效地消弭工程建设中的高估冒算、偷工减料、损失浪费等现象。

第四节　机关和事业单位审计

一、行政机关财政收支审计

1990 年开始，区行政事业审计走向经常化审计，把“三有一多”（即有资金分配权、有罚没收入、有预算外资金和违纪问题较多）的行政事业单位作为审计重点。审计贴近实际，对用钱大户，做到每年必审。1990 年，区审计局对区司法局等行政机关的财政收支进行审计。1993 年，对广陵公安分局的收费和罚没收入情况进行审计。审计后，公安分局制定六条廉政措施并召开领导班子会议落实审计决定。

1996 年后，对占全区可使用财力 40％以上的教育经费实行每年必审。多次对区工商局、公安分局、法院、国土局、物价局、检察院、建委、民政局、机关行政管理局、对外贸易经济合作局、科技局、劳动和社会保障局、民政局、环保局、招商局、东关街道办事处、档案局、安监局、汶河街道办事处、曲江街道办事处、广陵产业园等部门的行政收费、罚没收入进行审计。审计项目安排，基本做到每三年，每个行政单位必审一遍，不留空白。

二、事业单位财务收支审计

（一）学校财务收支审计

为促进学校规范管理，区审计局不定期对中学、小学、幼儿园开展财务收支审计。1996 ～ 2011 年，对育才小学、汶河小学、三里桥小学、东关小学、广陵小学、育才幼儿园、汶河幼儿园、湾头中学、汤汪中学、湾头小学、湾头实验学校、育才实验学校等学校、幼儿园财务收支普遍轮审一遍。热点学校育才小学、汶河小学、东关小学每 3 年一次财务收支审计。发现和纠正超规定收费、固定资产管理不规范、漏缴税金、建设项目超规模、会计核算不规范、财务手续制度不健全等问题。审计查出的问题，得到区教育局的重视，审计建议得到落实。

（二）医院财务收支审计

1995 ～ 2011 年，区审计局对汶河医院、城南医院、职业病防治院、广陵医院、城东医院、口腔医院、湾头医院、汤汪医院等财务收支开展审计，查出虚列支出、白条列支、扩大开支范围、债权债务未清理、固定资产不实、会计核算不规范、药品价格加成率偏高等问题。2002 年，在对市某医院审计中，发现公款借出被骗 50 万元的问题，其主要负责人被追究法律责任，个人赔偿全部损失。

（三）其他事业单位审计

1990 ～ 1992 年，连续 3 年对广陵区住宅建设办公室、市危房改造办公室财务收支进行审计。查出和纠正两单位漏缴税金和超规定收费 193 万元的问题。1990 ～ 2011 年，对广陵区校办企业公司等 15 家事业单位财务收支进行审计。发现收费依据不足、扩大开支范围、超标准发放奖金补助、房租收入未缴税等问题。

1990 ～ 2011 年，区审计局共审计 159 家行政事业单位，查纠违规金额 659.63 万元，管理不规范金额 16.1 亿元，上缴财政金额 360.1 万元。

第五节　经济责任审计

一、企事业单位法定代表人任期经济责任审计

（一）厂长任期经济责任审计

1995 年，区审计局对新亚工艺厂厂长开展任职期间经济责任审计，查出单位会计基础薄弱、错误计算税

金、错误核算盈余公积金等问题。1996年，区政府印发《广陵区企事业单位法定代表人离任经济责任审计监督暂行办法》。区审计局会同区纪委、区委组织部、区监察局制定《广陵区对领导干部实行离任审计的意见》，包括区各乡、镇、街办，区党、政、群机关负责人，广陵区领导干部离任审计逐步展开并形成制度。1996年，对扬州红旗印刷厂等3家企业的厂长开展经济责任审计，查出盈亏不实、固定资产管理混乱、个人侵占集体资产等问题，共查出违规金额183万元。1997年，对扬州金属家具厂、扬州制袋厂、扬州塑料三厂3家企业法定代表人开展离任经济责任审计，查出资产不实、偷漏税款、会计账目失真等问题。

（二）经理任期经济责任审计

1995年，区审计局对五交百货公司、物资回收利用公司2家单位法定代表人进行离任和任期经济责任审计。查出五交百货公司、物资回收利用公司有偷漏税款、开假发票、购销走私商品、财务管理混乱、白条报支等问题。1996年，对广陵区四方电脑公司等6家公司、商场、中心的法定代表人进行经济责任审计。查出四方电脑公司存在假发票报支13万元，假入库、假销售偷漏税款10万元，库存商品严重不实，49张欠条抵库，应收账款虚假等问题；查出市装饰配套公司存在假发票报支费用6万元，运费11万元不实，公司严重资不抵债179万元等问题。

1997年，对市灯具公司、市仪征谷贸大厦、市科艺广告公司3家公司法定代表人进行任期经济责任审计，查出有的白条抵库，有的待摊费用未予摊销，坏账和空挂债权，有的私设小金库等问题。

（三）事业单位法定代表人任期经济责任审计

1999年，区审计局对广陵医院等2家事业单位法定代表人进行任期经济责任审计。2000年，区审计局对市殡葬管理所、广陵区卫生防疫站2家事业单位原负责人任职期间的经济责任进行审计。2001～2006年，区审计局对广陵区拆迁办、市殡葬管理所、区残联、湾头医院、职业病防治院5家单位法定代表人进行任期经济责任审计。

二、党政领导干部任期经济责任审计

（一）乡镇、街道党政领导经济责任审计

1999年后，领导干部离任审计以党政领导干部经济责任审计为主。2000～2001年，区审计局受区委组织部委托，对广陵区城南街道党工委原书记，东关街道党工委原书记，广陵街办原主任，汶河街道党工委原书记，汶河街道党工委原副书记、办事处主任5人任职期间的经济责任进行审计。2002年，根据中共中央办公厅、国务院办公厅颁布的关于《县以下党政领导干部任期经济责任审计暂行规定》和《国有企业及国有控股企业领导干部任期经济责任审计暂行规定》，区审计局会同区纪委、区委组织部、区人事局、区监察局联合制定《广陵区经济责任审计工作联席会议制度》，明确经济责任审计对象、内容、程序和组织协调，明确各自承担的职责。

2002～2005年，对汤汪乡原党委副书记、乡长，城东乡原党委书记，文峰街道党工委原书记，城南街道党工委原副书记、办事处主任，东关街道党工委原书记，辕门街道党工委原书记，广陵街道党工委副书记、办事处原主任，东关街道党工委原副书记、办事处主任，汶河街道党工委原书记，汤汪乡原党委书记，曲江街道党工委原书记等任职期间的经济责任进行审计。所在单位有的存在着农业税征收不足，工农业总产值上报数与实际数不一致；有的固定资产账实不符，报支手续不规范、扩大开支范围、白条报支业务费；有的业务招待费超标准、扩大教育费附加、超规定发放奖金、补助；有的公房出租收入未交税金；有的违规为干部职工买商业保险等。

2006～2011年，对东关、汶河、文峰、曲江街道党工委原书记，街办原书记，以及汤汪乡、湾头镇原党委书记，原乡镇长等18人任职期间的经济责任进行审计。所在单位有的存在扩大开支范围、有的账务处理不当、有的公房出租收入未交税金、有的固定资产未及时入账等。

（二）部门党政领导经济责任审计

2000年，对区综治办原主任，劳动局原局长，外经委原主任兼招商局局长、开发办主任，爱卫办原主任5人在任职期间的经济责任进行审计。2001～2005年，对区机关行政管理局原局长，区总工会主席，团区委原书记，区侨办原主任，商贸局原局长，财办原主任，教育局原局长，计经委原主任，环保局原局长，工商业联合会原会长，对外经贸局原局长和区房管局原局长、房改办原主任，物资局原局长，民政局原局长，区委党校原副校长，物价局原局长，计经局原局长，司法局原局长，三产局原局长兼市场管理办公室主任，卫生局原副局长、党委副书记，建工局原副局长（主持工作），财政局原局长，广陵公安分局原局长，广陵城管分局原局长、政委，文化局原局长等29人进行任职期间经济责任审计。所在单位有的欠缴事业单位编制人员养老金及医保费用，有的业务招待费超标，有的购进的资产及受赠资产未入账，有的借款无法收回，有的漏交税款。任职期间，无直接或间接经济责任问题的有安监局原局长、体改办原主任、档案局原局长。2006～2011年，对区35个部门原领导任职期间的经济责任进行审计。查出有的账务处理不当、有的部分固定资产未入资产账等问题。

第六节　专项资金审计

一、国土和水利资金审计

1998年，区审计局对广陵区1996～1998年上半年国土、水利资金的收费情况进行审计。2001年，对1998～2000年区国土专项资金进行审计清理，审计发现土地出让金、土地有偿使用费征收不足等问题。2004年，对2001～2003年度全区小型农田水利建设资金进行审计。审计未发现有用于计划外工程和规定范围外的项目，无滞留、挪用和违规提取等违规行为。通过审计促进配套资金和财政补助资金的到位。

二、社会保障专项资金审计

1992年、1995年，对广陵区劳动服务公司失业保障金的收缴、支付和管理情况进行审计。审计覆盖全区参保单位50多家，参保职工2.8万人，查出企业欠缴待业保险金情况较为严重，待业保险金管理部分科目使用不当。2002年，对全区企业职工养老保险基金和非公营扩面征缴情况进行审计，查出职工养老保险基金发放大于收缴的问题，引起区政府的高度重视。对2003年度全区失业保险基金征缴、管理和使用情况进行审计。是年，全区失业保险覆盖率98%，基金收支赤字，累计欠缴保险费116万元。审计提出的欠保问题得到区政府的重视。2006年年末，全区失业保险基金首次收大于支，账面出现盈余，历年的赤字得到弥补。2008年，查出多列支职业培训和职业介绍补贴支出12.99万元、往来账目未及时清理等问题。

三、农村专项资（基）金审计

2003年，对全区2002年救灾建房及草、危房改造资金进行审计。审计资金总额33万元，未发现违纪违规问题。2004～2009年，连续6年对全区农村公路建设专项资金收支管理情况进行审计。审计农村公路新建及改造项目18个，里程28.48千米，投资金额5940.02万元。发现农村公路建设资金未按规定进行管理和核算、部分道路建设中的工作程序不规范。2004年、2005年及2009年，对新型农村合作医疗基金进行审计。到2009年年末，全区应参加新型农村合作医疗人口为4.16万人（含2008年7月新划入行政村5486人），实际参合人数为4.14万人，参合率99.6%，村覆盖率100%。审计发现部分乡镇农民参保、资金收缴环节不规范，配套资金拨付不及时，各级医疗机构资源利用差异较大等问题。2007～2009年，连续3年对全区农民健康工程专项资金进行审计，审计的重点是全区农村大病统筹合作医疗资金筹集、使用和管理情况及农村基本公共卫生服务专项资金建立情况。2007年，对全区2006年农村教育培训工程专项资金审计。2006年，广陵区共有农村小学11所、农村中学2所。是年，免收农村义务教育阶段的学生学杂费补助资金已纳入本级财政预算，免收的专项资金能及时、足额拨付给各相关学校；未发现违反公用经费管理办法的情况，未发现截留、滞留、挤占和挪用免收学杂费补助资金；对改善农村中小学办学条件专项资金的管理情况，做到专项专用。2007～2009年，连续3年对全区农村环境整治工程专项资金进行审计，发现部分工程项目未按规定实施招投标和质量监督，部分资金未实行县级财政报账制度管理，配套资金不及时到位等问题。

四、各项捐赠款物审计

1991年起，区审计局对区民政局及所属单位的各项捐赠款物进行审计。1991年，区民政局收到捐赠款项48.67万元，审计发现发放制度不健全，捐赠款项个别没有按照捐赠人的意向发放，支出未按规定列支明细栏目等问题。1992年，区民政局收到社会各项捐赠77.62万元、市红十字会捐赠4200元。1995年，区民政局收到经办的救灾款28.5万元、社会各项捐赠款49.12万元、市红十字会捐赠4200元。审计表明，救灾款项全额拨付到位，社会各界捐赠款及红十字会捐赠款全部用于救灾。2004～2011年，连续8年对广陵区慈善会社会捐赠进行审计。发现慈善会接受的社会捐赠会计记录清晰明了，会计资料真实反映慈善资金收支情况，有特定意向的捐赠款物做到按捐赠人意向及时拨付。2008年，区审计局对广陵区雪灾救灾和灾后恢复重建专项资金进行审计，未发现有贪污、挪用、改变资金用途等违法违规行为。2010～2011年，对区民政局2009～2010年扶贫帮困捐款收支情况进行专项审计，未发现滞拨滞留、随意分配、损失浪费等问题。

五、其他专项资金审计

1990年，区审计局对区科委科技三项经费进行审计。发现生产研制单位对科技三项经费使用计划编制不全，未按规定单独设置账户、单独核算，没有做到专款专用。同年，对全区的教育附加费使用情况进行审计。发现教育部门从教育附加费中列支建职工宿舍楼的费用、教工个人拆迁安置房超面积补贴款等问题，未做到专款专用。1993年，对区排污费收支情况进行审计。发现排污费征收项目不全，征收金额不足，收取的排污费未用于排污项目的使用，排污费的收入未纳入预算管理，收入支出未按规定进行核算。1997年，对全区1995～1997年上半年公有住房出售收入及其管理情况进行审计。发现部分公有住房未经评估出售，售房款的管理较乱，售房后的档案管理较差。审计后，区政府及时出台《加强对公有住房出售及管理的办法》。对1995年1月至1998年6月区计划外生育费财务收支及其管理情况进行审计。发现三年半的计划外生育费的罚没收入应收52.78万元，已入账38.55万元。

2003年，对区民政局管理的2002年度社会福利基金和义务兵优待金、最低生活保障金3项基金的收入、管理使用情况进行审计。2007年，对区2005～2006年环保专项资金进行审计，查出区环保局扩大排污费资金使用范围等问题。2008年，对区2006～2007年财政支农资金以及各项支农惠农政策执行和落实情况进行审计，并对高效农业专项资金进行重点审计及抽查，未发现截留、挤占挪用各项补贴资金、损害农民利益的问题。2008～2011年，连续4年对全区政策性农业保险资金收缴管理使用情况进行审计，查出主要种植业保险金额未及时调整，部分中央、省级补贴资金未及时到位等问题。2010年，对区义务教育学校2009年教师绩效工资政策落实情况进行专项审计调查，在职教师年平均工资为5.6万元，与当地机关平均工资基本持平，区内各学校教师收入基本平衡。2009年，全区义务教育学校绩效工资政策落实情况良好。

六、汶川抗震救灾资金审计

2008年5月12日四川汶川特大地震灾情发生后，区审计局先后对抗震救灾专项资金和物资进行6次阶段性审计，该项审计工作得到上级审计机关和区政府领导的充分肯定。

第七章　食品药品监督

1989～2001年，全区食品药品管理由多头、分散监管向统一、归口监管转型。全区食品质量监督管理主要由工商、卫生等部门负责。辖区内药店药品质量管理、区属医院用药监督管理、核发药品经营许可证由区卫生局负责；辖区内药品生产、经营企业监督管理，核发药品生产、经营许可证由市化工公司负责。2001年7月，成立江苏省扬州市药品监督管理局，对广陵辖区内药品的研究、生产、流通、使用进行直接管理。2011年1月，成立广陵区食品药品监督管理局，主要职责是对辖区内药品（包括中药、化学原料药及其制剂、医疗器械、药用辅料、卫生材料、医药包装材料）的生产、流通、使用进行行政监督，对辖区内食品、保健食品、化妆品安全管理进行综合监督。2011年11月区划调整后，头桥镇医疗器械生产和杭集镇化妆品生产监督的职能划入广陵区。

第一节　食品安全管理

一、管理机制

1989年，市区大型食品批发市场、农贸市场大都集中在广陵区。广陵区全年组织食品卫生检查1556次，查处假冒名酒2.5万瓶。1990年，广陵区卫生局会同有关部门组织5个工作组，深入到全区各个体饮食店进行全面整顿，使90%以上的个体经营人员比较熟练地掌握食品卫生知识。全区516户个体饮食户有60%的经营户经过市、区二级卫生防疫部门验收，其中84户达到国家标准。经省卫生检查团随机抽样检查的苏北饮食区鼠迹粉法检测和4户个体饮食户，全部达到国家标准。2006年，强化商品质量监管，在大型超市、商场、社区等场所设立举报站，开展“反欺诈促维权保两节”“肉菜粮放心工程”等一系列打假保优活动，监督商家全面执行“我销售、我负责”的社会承诺。加大对流通领域食品经营企业的监督力度，每月对辖区内食品经营企业进行重点监管；特别把与人民群众节日消费密切相关的食品，如粮、肉、饮料、糕点、禽蛋及其制品、罐头、水产品、酒类等节日食品和儿童食品、营养品、保健品作为重中之重。2007年3月，广陵区乡镇以上市场、超市100%建立进货索票索证制度，乡镇以上街道、社区杂食店100%建立食品进货台账制度。2008年，落实进货查验、索票索证、购销台账、质量承诺、不合格食品主动退市等制度。7月，全区食品经营户实现三个100%：即100%签订食品质量安全责任书，100%建立进货索证索票制度（食品经营户需要查验供货者营业执照和生产者食品合格证等证明文件），100%建立食品进销货台账制度。7月18日，全国首批“食品安全示范店商品责任保险”（以下简称“食安险”）签约仪式在扬州市广陵区召开，凡持有广陵区营业执照和卫生许可证的食品安全示范店的合法经营者，每年缴纳300元保费投保“食安险”。2010年3月，在文昌广场举行主题为“消费与服务”的大型消费咨询活动。苏果、世纪联华、朝苏冷冻市场、石塔农贸市场等10多家大型商场超市负责人以及食品经营户代表参加食品安全承诺仪式。2011年6月，经广陵区民政局核准，广陵分局在全区范围内推动并成立广陵区食品安全自律协会，首批共有30家企业，包括城区大润发等大型商场超市6家，东方国际食品城等食品经营单位；全年发展会员690户。变监管执法为行业自律，最终达到经营者自律，通过食品行业自我约束和控制来确保食品安全长治久安，有效促进工商监管、经营户自律、社会监督“三位一体”的食品安全长效监管机制的形成。

图19-7-1　2009年10月，在大桥食品城召开省“食品安全监管两项制度信息化系统”现场会

二、案件查处

1989～1995年，共查处假冒五粮液2035瓶、假优质洋河酒3.74万瓶、假冒分金亭特酿1220瓶、假冒杜康酒114瓶、过期青岛啤酒500听、各种假冒名酒4000多瓶，无厂名厂址、无生产日期、无保质期的“三无”食品94个品种2139袋（瓶），过期变质饮料4.34万瓶，假茶叶32千克，掺杂麻油7052瓶，假冒榨菜374箱，劣质柿饼50箱、营养液17箱，变质桂圆罐头144瓶。1996～2000年，查处假冒“古川”酒240箱，假冒名酒1.83万瓶，冒牌“加力加”食品462箱，冒牌茶叶400千克，冒牌“恒顺”陈醋9200瓶，假冒阿明瓜子1500袋，过期霉变食品饮料2.49万听，过期食品300多箱；查处鸡卡食、光禽注水50户，罚没款1.1万元；销毁过期食品及饮料1.53万听；查出“白猪肉”（未经检疫）14件，罚没款4450元，没收未经检疫的猪肉400千克。2001～2005年，共查处制假伪劣案件31起，罚没款61万元。查获一批假冒“亲亲”八宝粥、“绿叶”

牛皮糖、"捺山"绿茶；查处假冒"金嗓子"喉宝含片近万盒；"恒顺"陈醋6500瓶；假冒伪劣白酒5900瓶，价值7万元；食品1200千克，价值2万元；饮料5万瓶，价值7万元。2004年，全年共抽检各类商品22个品种63批次，通过抽检立案查处案件40起，罚没款近20万元。2005年，查获涉案白酒、副食品总价值90多万元。2008年对查出的4871千克问题奶制品全部下架作退市处理。2010年，查处食品安全案件10起，案值7万元，罚没金额13万元。2011年，立案查处两项制度不落实案件7起，罚没款4万元。立案查处不合格添加剂案件9起，罚没款12万元。联谊路上超范围从事食品添加剂的经营户有41家，经取缔后变为16家。实施食品添加剂经营劝导退出制，原有经营资格16家，经劝导退出食品添加剂经营10家，只有6家从事食品添加剂经营。查处虚假广告及商标侵权、标识不全的食品添加剂12起，罚没款7万多元。全区共受理和处理非法添加剂消费者投诉举报5起，为消费者挽回经济损失1.3万元。

三、食品卫生监测

1989～2011年，食品卫生监测工作由区卫生局负责。1989年起，区卫生防疫站每年对食品卫生经营项目进行监测，如粮油、肉禽、乳制品、罐装食品、冷食、饮料、酒、调味品、糕点、糖果、蜜饯茶叶、保健食品、食品添加剂、豆制品、酱腌菜等食品。每年对食品卫生经营单位开展专项整治活动，分别对熟油熬制点、熟食、婴幼儿强化乳或乳粉、调味品、添加剂、冷饮批发、集中式供水单位和纯净水生产企业，保健品、外卖盒饭、酱品生产企业，月饼加工及销售、地方名牌食品生产企业等进行卫生监督专项检查。1990年，食品采样、送样324份，合格率86.7%，餐具采样203份，合格率83.7%。1993年，在文昌夜市和市区部分旅游景点的摊点推广使用一次性卫生碗筷。1995年，食品采样、送样697份，合格率86.9%。1998年，抽检食品样品472份，合格率94.5%，餐具样品483份，合格率87.9%。2003年，采集食品样品329份，合格273份，合格率83%，餐具采样100份，合格81份，合格率81%。

1989～2011年，食物中毒事件防控工作由区卫生防疫站负责。食品卫生监督人员对重点食品、重点场所及重点环节加强监督。在每年夏秋季节和节假日加大执法检查力度，对节假日大型宴席采取预先申报、24小时留小样等措施。每年实施卫生行政处罚1000多起。2000年发生19起食源性疾患；2003年发生3起食源性疾患，均进行调查处理。

四、学校食品卫生监管

1989～2011年，学校食品卫生监管工作由区卫生局负责。1995年，对全区25所小学食堂和学生副餐供应进行监督检查，查处未办理卫生许可证的学校6所和未取得健康证的从业人员34人，并对流水洗手设施不足的学校落实整改。1998年，根据《关于开展学生集体用餐卫生监督检查的通知》精神，围绕"防止学生食物中毒"主题，开展食品卫生宣传周。对区属17所小学及11所幼儿园的学生集体用餐进行卫生监督检查，协助区教育局开办春蕾食品厂快餐分厂。2000年，发现育才、汶河等中心学校周边不少"小饭桌"经营摊点存在食品安全隐患，区卫生局下发有关整顿学校周边"小饭桌"的通知。区防疫站专门收集资料，依据法律法规，制定《扬州市"小饭桌"基本卫生要求》，区防疫站卫生监督人员上门检查指导。2001年，核发卫生许可证45家，从业人员健康体检56人。2003年，审核发放学校食堂、学校周边小饭桌卫生许可证92家，小卖部卫生许可证8家；从业人员培训240人；行政处罚5家，罚没款2500元，责令限期整改11家。2003～2011年，整顿学生饮用奶市场，根据各学校上报的学校食品卫生月报表，要求各校必须索取供奶方的卫生许可证，送奶以及分奶人员必须按要求进行健康体检，取得健康证后方可上岗。随机抽取学生奶样品5份，经检测均符合卫生要求。

图19-7-2　2010年7月，卫生监督员检查健康证

五、食品安全综合监管

根据《中华人民共和国食品安全法》，卫生行政部门承担食品安全综合协调职责，负责食品安全风险评估、食品安全标准制定、食品安全信息公布、食品检验机构的资质认定条件和检验规范的制定，组织查处食品安全重大事故。农业行政部门、质量监督、工商行政管理和食品药品监督管理部门分别对食用农产品、食品生产、食品流通、餐饮服务活动实施监督管理。

2005年，市食药监局牵头组织食品各环节监管部门加大市场监管力度，深入推进食品安全体系建设。广陵区卫生局等部门每年参与对广陵辖区食品安全工作进行综合评价，不定期开展明察暗访，强化政府、监管部门和生产经营单位责任的落实；组织农村食品、婴幼儿奶粉、生猪及其制品、儿童食品、食品标签、食品辅料和添加剂、粮食行业食品生产企业安全保障体系等调查工作，对粮油、调味品、儿童食品等15个品种135个批次样品进行快检和送检，对水产品、禽及禽蛋、调味品安全状况进行信息监测；积极参与全市放心消费、食品安全放心工程等创建活动，督促相关部门建立食品生产经营企业诚信档案，开展诚信企业评比。参与制定出台《扬州市重大食品安全事故应急预案》，建立监测预警系统、应急响应机制和报告制度，开展食品安全事故应急演练。认真做好劣质奶粉（三鹿牌婴幼儿奶粉）、面粉、多宝鱼等10多起食品安全事件核查工作。先后组织相关部门开展儿童食品、饮料酒类产品、豆制品、肉制品、无证照生产经营食品、保健食品、农村食品、水产品、食盐市场、生猪定点屠宰等专项整治和执法检查，认真抓好春节、“五一”、国庆、“烟花三月”经贸旅游节等重大节日、重大活动期间的食品安全工作，强化重点区域、重点单位、重点品种监控。2006年，建立健全3套食品安全工作网络：以政府部门为主导的食品安全监管责任网，广陵区成立食品安全委员会，办公室设在区卫生局；以消费维权网络为依托的食品安全群众监督网，广陵区成立基层食品安全监督协会、投诉处理站和维权监督站；以经营企业为主体的食品安全现代流通网，打造“小超市、大连锁”和“小网点、大网络”为主要模式的现代流通网。2008年，据国家统计局扬州调查队的调查显示，广陵区居民食品安全状况总体满意率96％以上。2011年6月，在时代广场开展“消费与服务”大型活动，至2011年年底，广陵辖区未发生源头性重大食品安全事故。

图19-7-3　2011年6月，在时代广场开展“消费与服务”大型活动

第二节　药品监督管理

一、药品市场监督管理

1989年，广陵区有同松、大德生、新特药、国华等药店9家，有省医药公司扬州医药采购供应站、市广陵卫生服务公司、市医疗卫生用品公司、邗江县医药公司4家药品批发公司，广陵区药品管理工作一直由市统管。1990年，区卫生局发文重申非医疗性商品不得进入医院出售，严禁无批准文号、无生产日期、无厂名厂址“三无”药品进入医院。1994年，区卫生局组织对区属医疗单位进行药品管理法执法检查，检查覆盖全区药品使用、销售单位66家，其中医院、卫生院7家，厂校医务室28家，社会医疗机构30家，医药公司1家。在检查中发现过期失效药品38种，不合格中成药2种，总计价值748.8元。1997年5月，查出不合格药品18种，价值1416.59元；其中过期药品9种，价值1284.21元；副作用高的药品8种，价值114.68元；其他不合格药品3种。2002年，两次集中销毁假劣药品，包括广陵辖区内一批药品生产经营企业受到查处，涉及案值数

万元。2002～2004年，围绕药品放心工程开展药品执法检查“正源行动”。2002年的“正源行动”，重点检查集贸市场出售的药品和医疗器械产品。2003年的“正源行动”在农村，重点检查乡、村卫生服务机构和擅自添加药品活性成分的药品、一次性使用无菌医疗器械等。2004年的“正源行动”，增加对专科特色门诊和广告药品的执法检查。通过三年“正源行动”，广陵辖区药品市场经营秩序有较大改善。2005年，以乡镇卫生院、村卫生室、个体诊所、厂矿医务室等医疗机构和药品生产企业为重点开展基层药品质量大检查。2006～2008年，重点整治假冒国内外知名品牌药品、假劣疫苗和血液制品以及非药品冒充药品、擅自添加药品活性成分药品、虚假疗效宣传的药品等违法违规行为，广陵辖区内药品生产流通使用环境进一步优化。

2011年1月，广陵区食药监局成立后，对辖区内药品市场监督力度进一步加大。在全区范围内开展基层药品大检查行动，共检查医疗机构118家，药店89家；开展违法广告药品专项整治，出动执法人员86人次，检查药品经营单位25家，与9家药品经营单位签署广告发布诚信责任书；开展含麻黄碱类复方制剂专项检查，检查指导药品经营单位80多家；开展中药饮片、互联网非法收售药品等专项检查。通过执法检查，查处药品案件3起，取缔无证生产单位1家，涉嫌非法经营药品移送公安机关1起，有力保证人民群众用药安全。是年，加强基本药物生产质量专项整治，协调市局安监处对生产企业星斗药业组织检查8次。

二、药品生产管理质量和药品经营管理质量认证

2001～2006年，广陵辖区内共有扬州制药有限公司、扬州联环药业股份有限公司、扬州星斗药业有限公司3家药品生产企业通过GMP论证。扬州润扬制品有限公司的药品包装材料通过省检查验收。2001年，扬州医药总公司率先取得药品经营质量管理规范（以下简称GSP）认证证书，成为全省第一家通过GSP认证的药品经营批发企业。2009年起，每年对通过GSP认证满两年的零售药店进行认证跟踪检查，防止GSP认证药店管理混乱等回潮现象的发生。2007～2011年，全区共有67家零售药店通过GSP认证，新开办药品零售药店认证通过率100%。2011年，广陵辖区3家药品批发企业、126家药品零售企业已全部通过GSP认证，跟踪检查、远程电子监管覆盖率100%。

三、医疗机构用药质量监督管理

1988年，区卫生局共批准82名医生有麻醉药品〔麻醉、毒性（毒药）、精神、放射性药品〕处方权，会同市卫生局核准可购买麻醉药品一级限量单位4家，二级限量单位1家。精神药品实行“专人、专柜、专处方”三专管理制度。

1989年2月，广陵区卫生系统成立中心药库。1997年5月，广陵区卫生局发文要求区属医疗机构发挥各单位药事委员会的作用，坚持主渠道进药，实行规范化管理，确保药品质量。2001年，广陵区开始实施药品采购竞价招标，对个体诊所、卫生室等医疗机构的药品采购与使用进行指导和规范。2005年4月，市药监局与市卫生局联合出台《扬州市区医疗机构药品质量管理办法》，开展创建“规范药房”活动。在各单位自查、申报的基础上，进行检查验收。文峰街道社区卫生服务中心等6家医疗机构达到“规范药房”标准，东关街道徐凝门社区卫生服务站等23家社区卫生服务站达到“合格药房”标准。2011年，区食药监局成立后，对医疗机构负责人和药剂人员，开展药品使用质量管理知识培训，对辖区内100多家医疗机构（二级及以下），开展药品质量管理专项监督检查。

四、社区药品“两网”建设

市药监局成立后，从开放药品市场、推行药品代购制等渠道加强社区药品供应网建设，以聘请药品监管协管员、信息员的方式加强药品监督网建设。广陵区2009年起采取五项措施深入推进城市社区药品“两网”建设。落实政府工作责任，成立创建全省城市社区药品“两网”建设示范区工作领导小组，层层签订责任书。健全组织网络。建立街道（乡镇）药品安全工作站、社区（村）药品安全工作信息点，累计聘请药品安全协管员8人、信息员101人，形成区、街道、社区三级药品安全监督体系。规范药品配送网络。强化药品安全监管，推进基层医疗机构规范化建设，创成“规范（合格）药房”86家，覆盖率100%。深化药品安全宣传教育。先后组织开展“安全用药进社区”宣传活动17场次，发放各类宣传资料1万多份，接受群众咨询2000多人次，群众安全用药和自我健康意识得到增强。2010年10月，广陵区顺利通过由省食品药品监督管理局组织的检

查，成为江苏省城市社区药品“两网”建设示范区。

第三节 医疗器械监督管理

2001年，头桥镇共有医疗器械生产企业42家、经营企业24家。因起点低、规模小、基础差、一次性使用产品多、质量欠稳定等，一直是监督管理的重点。市药监局成立后，依据《医疗器械监督管理条例》，注意从落实一次性使用麻醉包生产实施细则、一次性使用无菌医疗器械（注、输器具）生产实施细则、外科植入物生产实施细则，提高头桥镇医疗器材产品质量。2002年，市药监局确定注射器、输液器、麻醉包、麻醉穿刺针、负压采血器等重点监控品种7个，涉及头桥镇医疗器械生产企业12家。同年4月，市药监局组织对头桥镇医疗器械生产、经营单位进行执法检查，共立案查处企业22家。2003年7月，中央电视台公开报道全国医疗器械抽检结果，头桥镇2002年下半年生产的一次性使用麻醉穿刺包有13个批号不合格，涉及生产企业7家，受到点名批评。2004年后，国家明确医疗器械生产企业日常监督管理原则上实行属地管理、分级负责。市药监局对头桥镇企业按一企一档的要求建立监督管理档案，建立季度报表制度。2006年，全市着重对24家重点监控产品生产企业进行检查，查处一批违法违规行为，吊销注册证4张，责令1家企业停产整顿，责令13家企业限期整改。2007年，对省食药监局委托的51家申报生产企业进行现场检查，一次通过率55%；开展质量管理体系运行情况考核63次，达标率为62%，以提高行业准入门槛。建立联席会议制度和行政许可回访制度，定期交流质量管理情况。2011年年底，全区共有医疗器械生产企业83家（其中三类企业22家）、医疗器械经营企业300多家（其中零售企业约240家、批发企业约79家）。区食药监局扎实推进医疗器械监管工作。2011年，检查覆盖率100%，重点监控产品企业检查覆盖率100%，责令改正135家次，限期整改19家次。对26家一次性使用无菌医疗器械生产企业监督检查42次，产品质量得到明显提高。加强专项检查，提升整治效能。对全区48家导尿管（包）生产企业，开展质量管理体系运行情况专项检查，对未通过复查的企业停产整改；对10家二类生产企业，进行质量管理体系专项检查，对8家企业判定为不通过检查或整改后复查。提升法治效能，严格执行质量例会制度和诚勉谈话制度，准确掌握企业生产、经营信息，及时指导企业到期换证，在全市率先创新建立医疗器械监管QQ群，将企业关键岗位人员纳入诚信考核范围。

第八章 安全生产监督

1989～2011年，区成立安全机构，统一组织、协调和指导政府有关部门安全生产，对安全生产违法行为进行查处和对安全生产事故进行调查处理。开展安全生产行政执法、隐患治理、宣传教育“三项行动”；进行安全体制机制建设、安监队伍建设、保障能力建设的“三项建设”；建立安全生产许可制度，落实企业安全生产主体责任和一票否决制，完善安全生产标准化建设，演练安全生产应急救援体系。在扬州“烟花三月”国际经贸旅游节（以下简称“烟花三月”节）、世界运河名城博览会（以下简称“运博会”）、新中国成立60周年等重点时段、重大节日期间，全区安全生产形势稳定，未发生重、特大安全生产事故。区政府、区安监局多次获省、市表彰。

第一节　安全生产制度

一、安全生产责任制

（一）政府监管、行业监管、属地监管责任制

1988 年年初，成立广陵区安全生产工作领导小组，由分管区长任主任。

1990 年 6 月，区劳动局、工业局、商业局在区安全生产工作领导小组领导下，对全区安全生产进行监督管理。各行业的安全生产工作由该行业的政府主管部门承担。2002 年下半年，区安全生产委员会（以下简称安委会）、区安全生产监督管理局（以下简称安监局）先后成立。2006 年 3 月，按照“谁主管，谁负责”“谁所有、谁负责”“谁受益、谁负责”的监管原则，制定印发《扬州市广陵区人民政府各部门安全生产工作职责规定的通知》（以下简称《通知》）。《通知》明确各乡镇人民政府、街道办事处、广陵产业园、各部门的属地管理、行业管理、综合管理的责任，理清区安监局、民政局、司法局、建设局、教育局等 24 个部门的安全生产工作职责；落实公安广陵分局、工商广陵分局、区总工会等 4 个配合部门的安全生产工作职责，形成区、乡镇（街办）、村（社区）、企业 4 个层次的安全生产责任体系，全区共签订责任状 498 份；选择属地 36 家规模较大的工、商、贸企业和危险性较大的单位列为区级监管重点，实行市、区双重监管。

2007 年，区政府设立安全生产专项资金 10 万元，奖励安全生产目标管理先进单位，拨付安全工作车辆专项补助资金 5 万元。2008 ～ 2011 年，区安监局对规模以上工业企业安全基本情况建立电子文档，对危险化学品生产经营单位建立“一企一档”，实行重大危险源单位月度报表制度，建立“一源一档”，实行重大隐患申报、认定制度，重大隐患实行“一患一档”。实行安全生产属地管理，谁主管，谁负责的原则，形成“以块为主、条块结合”的安全管理工作新格局。2009 年，区安监局编写企业安全生产规章制度 15 项、操作规程 383 项，给各企业发放安全生产管理基本台账十六大类，推进企业安全生产标准化工作。2010 年，区安委会每季度召开一次安全生产会议听取安全生产工作汇报，分析安全生产形势，研究解决具体问题。7 月，在汤汪乡召开事故隐患和职业危害监控加动态管理机制、系统评估机制、持续改进机制的安全监控体系建设推进会。年底，全区规模以上工业企业全部实施安全监控体系建设，重点行业中小企业推广覆盖率 36.11%。严格贯彻“一票否决”制。

2011 年 2 月，区政府常务会议研究按照 1 个行政编制、2 个事业编制的框架，要求各乡镇（街道、园区）安全生产组织配足人员，落实办公场地、办公经费和办公装备。区安委会下发《关于实行机关工作人员进行企业安全生产标准化工作挂包联系的通知》，全区规模以上的企业按辖区进行分解，定责任单位，定责任人，定时间，确保全区 25%的规模以上工商贸企业，在 2011 年达到三级安全生产标准化的目标。年底，广陵区 26 家工商贸企业全部通过考评验收，其中 2 家危险化学品生产单位全部通过三级安全生产标准化验收。2011 年，落实安全生产行政正职履职报告制度。

（二）企业“一岗双责”制

1997 年 12 月，区安委会办公室（以下简称区安委办）对企业法人代表履行安全生产责任制考核，重点做好防火、防冻、防滑、防爆工作。每一岗位工作人员或负责人既有生产责任，又有安全责任，负有“一岗双责”双重责任。2004 年年初，市安委会与区政府签订安全生产目标管理责任书；区政府把安全生产责任层层分解，落实到基层。年底，市安委会进行专项检查考核，市政府拨出专款予以奖励。2006 年，签订安全生产责任状 498 份，全区实现“零事故、零伤亡”的好成绩。2007 年，广陵区制定《关于推行“一岗双责”进一步完善安全生产责任制的意见》，要求在企业全面实行“一岗双责”制，以安全生产履职情况考核和责任追究来落实“一岗双责”制，强化安全生产一票否决权。

（三）企业安全生产主体责任制

1994 年 2 月，区政府与 110 家单位签订安全生产责任书。12 月，区政府根据省劳动保护条例与主管部门、

企业厂长签订安全生产责任状1058份、其中集体企业963份、外(合)资企业36份、私营企业159份。1999年12月,对私营、个体和改制企业安全生产目标完成情况进行考核。企业承担安全生产主体责任。2005年7～9月,东方小商品城投入180万元改造防火喷淋和报警系统,规范安全通道、更新电器线路。曲江街道与曲江、五里派出所联合取缔地处村(居)民住宅密集区的两家家具厂。全区整改率98%。

(四)安全生产告知承诺制

2005年9月,广陵产业园对新投产的中冶京城(扬州)公司进行首次安全生产告知工作,并向企业送《广陵区新投产企业安全生产工作告知书》(以下简称《告知书》)、《中华人民共和国安全生产法》《江苏省安全生产条例》。《告知书》从安全法规、安全责任、安全网络、安全制度、安全教育、安全检查、事故处置等10个方面告知新投产企业的安全义务和责任,并委托乡镇、街办、产业园的经济主管部门督促实行。

2006年,在全区范围内实行安全生产告知承诺制度,要求企业自觉遵守安全生产法律法规,切实贯彻行业的安全生产技术管理标准,建立健全安全生产规章制度,关心职工健康,制定安全生产事故应急救援预案。共签订安全生产告知承诺书359份。2007年,区安监局出台《关于实行安全生产告知承诺制度的通知》,要求对全区生产经营单位全面实行安全生产告知承诺。是年,发放告知承诺书621份。2011年,发放告知承诺书1369份。

2006～2011年广陵区发放安全生产告知承诺书统计表

表19-8-1 单位:份

年份	2006	2007	2008	2009	2010	2011
份数	359	621	789	921	1011	1369

二、安全生产“一票否决”制

(一)安全生产许可制度

2004年1月,国务院颁发《安全生产许可证条例》。随后,广陵区在危险化学品、烟花爆竹行业等领域全面推行许可证制度。其中烟花爆竹安全生产行政许可证的申请、审核和审批由区安监局负责。2011年年底,111家烟花爆竹、9家危化品经营单位办理行政许可证。

(二)安全生产履职保证金制度

2011年2月,印发《广陵区安全生产目标管理履职保证金制度》,要求与区政府签订年度安全生产目标管理责任书的各乡镇人民政府、街道办事处、广陵新城、产业园、食品工业园、商贸物流园,区各主管部门,于每年年初向区安委办财政专户缴纳一定数额资金,作为安全生产目标管理履职保证金。年末,经区安委会组织年度安全生产工作考核,根据考核结果分别予以返还、配额奖励或扣留。

(三)安全生产责任状

2008年建立健全“一岗双责”“一票否决”等各项制度,促进安全生产责任的落实,切实建立安全生产长效管理工作机制,强化政府监管责任和企业主体责任。区政府与各乡镇(街道、园区)和企业主管部门签订安全生产责任状;区安监局联合各乡镇(街道、园区)与辖区内重点企业签订安全生产责任状,形成一级抓一级、层层抓落实的安全生产责任管理体系,探索建立企业生产分类管理机制。全年共签安全承诺书1546份。

2009年,区政府办公室印发《关于认真贯彻落实扬州市企业安全生产主体责任暂行规定的通知》,要求企业健全以安全生产责任制为核心的企业安全生产规章制度,切实提升企业安全保障能力,严格安全生产管理,提升应急管理及事故处置能力,对于违反该规定的企业要依法处理。对因未能履行企业安全生产主体责任,发生较大以上生产安全事故,或者一年中重复发生死亡事故的企业及其主要负责人,在各级政府组织的评先评优中实行一票否决制。此后,历年广陵区目标管理责任书中都将“一票否决”制载入其中,督促企业切实履行安全生产主体责任。

（四）安全生产标准化建设

2006年，选择危险化学品、机械、商贸等行业20家单位开展安全生产管理标准化试点。2007年，区安监局下发《关于在全区规模以上工业企业推行安全生产管理标准化工作的通知》。区政府提出2011年实现20%规模以上企业创建安全生产标准化的要求。2011年，每个乡镇、街道、园区先行选择一家规模比较大、安全生产条件比较好、基础台账资料比较规范的企业作为标准化创建示范企业。区政府抽调机关干部参加挂包工作，出台《关于实行机关工作人员企业安全生产标准化工作挂包联系的通知》《广陵区企业安全生产标准化达标奖惩办法》，为创建达标优秀企业发放奖励资金12.75万元。组织3期企业内审员、外部评审员、安监工作人员的标准化专题培训班；召开安全生产标准化专题会议6次，标准化现场观摩会1次，培养安全生产标准化外部评审专家13人。聘请区级安全生产专家编写标准化工作指导范本，并请专家对每个乡镇的5～10家企业现场进行讲解和指导。

至2011年年底，经过验收，全区完成区政府下达的34家企业创建安全生产标准化的任务。

三、安全生产应急救援体系

2004年，组织消防演习4场，共720人参加。2007年8月，区政府印发《广陵区生产安全事故应急救援预案》，根据预案，成立区应急指挥中心，区长（或常务副区长）为总指挥，分管副区长为副总指挥，政府办公室、人武部、宣传部、公安广陵分局、安监局、财政局、建设局、卫生局、环保局、民政局及其他有关部门为成员单位，明确应急指挥中心职责。12月，制定《广陵区烟花爆竹事故应急预案》。广陵区建立规范的安全生产事故应急管理和应急响应程序，及时有效地组织实施应急救援演习。2009年6月，在区境内的扬州扬子石化百江燃气有限公司开展重大危险源应急救援演练。区安监、卫生、消防等部门参加演练，相关行业企业代表、高危单位及乡镇（街办、园区）、部门分管负责人、安管员300名参加应急救援预案的编制和观摩全程演练。2010年6月，汶河街道结合辖区内人员密集场所较多的特点，举办消防应急救援演练。演练同时邀请有关部门和企业观摩。7月，广陵区莫泰168文昌店组织消防应急演练。莫泰168、潮人空间、金鹰国际、信息产业基地、百江燃气等单位开展灭火救援、紧急疏散、防泄漏、防爆炸事故应急演练，锻炼应急救援队伍实战能力。12月，在广陵产业园开展氯气泄漏事故演练，全区8个部门参加，参演人员500多人。2010年区安监局指导二桥油库、冶金厂等高危及重点单位修订完善应急预案，组织专家评审，提高预案的科学性、针对性和可操作性。全区高危企业及300人以上企业17家，全部完成事故应急预案电子备案工作。2011年，区政府修订《广陵区政府安全事故应急救援预案》。全区高危企业及300人以上的19家企业，全部完成事故应急预案电子备案工作。6月，组织全区性危险化学品泄漏专项应急演练，出动消防车7辆、救护车1辆和环境监测车1辆，参演和观摩人员80人。11月，在文昌商圈开展消防救援、逃生及现场救护演练。

图19-8-1　2010年，广陵区召开全区安全生产检查工作会议

第二节　安全生产监察

一、安全隐患排查治理

1989～1995年，对市区商业消防设施进行检查，发现有的消防通道被货物堵塞，有的缺少消防设施，有的电线老化等隐患，要求迅速整改。1996年6月，对有关单位的客梯、货梯的性能进行定检、复检。7月，对高强聚酯厂等12家单位起重机械设备进行定检、复检。2000年9月，对全区特种设备进行检查。2005年第

三季度，全区集中开展安全生产事故隐患集中排查与验收，共查企业702家，排查出一般隐患390条、较大隐患4条、重大隐患2条。区安监局建立企业事故隐患排查电子文档。全区隐患整改率98%以上。

2007年9月，集中排查涉及硫化氢中毒事故隐患企业16家，查清区辖内窨、池、垃圾中转场等292处（个）。2009年，曲江装饰城、解放桥农贸市场2家三级重大火灾隐患由区安委会挂牌督办。10月中旬，2家单位按期整改完毕并实施销号。2010年，按期整改"莫泰168"省挂牌重大隐患2项，文峰福运门饭店、皇宫夜总会区级挂牌重大隐患按期整改2项。2011年4月，对区安委会挂牌督办的扬州仁爱、市食品机械厂、中国石油化工股份有限公司江苏物流中心头道桥油库北侧废旧塑料回收加工点3家三级重大火灾隐患单位进行督查整改，包括湾头镇境内124户废旧塑料回收加工点依法进行取缔，清理货物1980吨、清退人员424人，拆除加工设备82台（套），拆除乱搭乱建棚户8750平方米，全部整改到位。

2006～2011年，共有4530家（次）进行自查，各单位排查出各类事故隐患1.73万条，整改隐患1.72万条，整改率99.43%；区安监局组织排查9030家（次），查出各类事故隐患2216个，整改隐患3401个，整改率100%，共投入资金10.7亿元。

二、安全生产大检查

按管理类型划分，安全生产管理工作分为综合监管和行业管理两种。区政府及区安监局负责全区安全生产和经营单位综合监管，各行业主管部门负责该行业各单位的行业监管工作。1989～1990年，区政府组织夏季安全生产大检查、迎接国庆安全大检查以及冬季安全大检查。1990年10月，召开安全生产会议，对锅炉安全生产进行检查。1994年7月，对扬州高强聚酯厂等12家单位超重机械设备进行定期检查和复检。1994年12月，区安委办会同消防部门检查城区11个商业网点。2000年4月，对市区液化气公司和烟花爆竹市场进行安全大检查。

2001年1～2月，对土锅炉及非法压力容器进行专项检查。2002年7月，区安监局对剧毒化学品从业单位进行调查摸底。8月进行剧毒化学品安全使用宣传活动。9～11月，各从业单位对照剧毒化学品使用标准开展自我检查，发现问题，自查自纠，进行整改。12月，进行互查评比。2003年12月，对扬州美玲惠远漆业有限公司将开工建设的4个化工项目进行安全评审，依法监督检查新建、改造、扩建工程项目的安全设施与主体工程同时设计、同时施工、同时投产使用的"三同时"落实情况。2004年，共组织各类安全生产检查216次，参加检查人员3360多人次，先后下发各类整改通知620多份。

2005年11月，区安监局对4个街道、2个乡镇和1个产业园开展的"乡镇（街道）安全生产达标活动"进行考核验收。2007～2008年，广陵区连续两年实现生产安全零事故、零死亡"双零"的控制目标。2009年，广陵区政府成立安全生产执法行动、治理行动、宣传教育行动"三项行动"工作领导小组，分管区长任组长。领导小组下发《广陵区开展安全生产"三项行动"实施方案的通知》，明确安全生产"三项行动"的对象范围、重点内容、工作步骤和时间要求，统筹兼顾，突出重点，有计划、有步骤、有针对性地开展工作。依法监督检查新建、改建、扩建工程项目的安全设施与主体工程同时设计、同时施工、同时投产使用的"三同时"执行情况。2010年，首次聘请安全生产专家13人，在全区推进"安全生产专家行"活动。在产业园召开全区动员大会，部署专家进企业检查安全工作；全年共邀请市、区两级安全生产专家193人次，对117家企业进行安全检查。2011年，新聘区安全专家8人，组织市、区安全专家110人次，开展高危行业、重大活动、重大在建项目安全检查，共检查企业55家。

三、专项整治

2001年4月，根据国务院部署，广陵区开展以危险化学品、民用爆破器材和烟花爆竹、道路交通和水上交通运输、公共聚集场所消防安全等为主要内容的安全生产专项整治。2002年2月，对土锅炉及非法压力容器进行专项检查。2003年3月，调查处理扬州正大桅灯有限公司的机械伤害事故。4月，调查处理废旧钢材市场刘姓商户氯气瓶泄漏事故。1994年12月，组织42人进行职业病检查。2006年，全区525家公众聚集场所开展自查并递交单位火灾隐患自查整改承诺书；区安委办3次组织对文昌商圈、集贸市场及娱乐场所的安全检查。2006年，公安、消防部门下发"责令限期改正通知书"和"保证书"89份，立案查处违法行为54起，增设消防应急照明、指示标志、推闩等48处，签订自动消防设施维护保养合同20份。2009年，组织人员在密集场所、建筑施工拆除、烟花爆竹、危险化学品、职业卫生5个重要领域进行专项整治。调查摸底全区215家公众聚集场所，对使用易燃可燃装修材料的公众聚集场所实施专项治理；排查69辆校车安全状况，教育处理车主7人，责令6辆面包车停止营运；查罚烟花爆竹、危险化学品非法经营单位10家，取缔非法经营行为3宗。2010年，在全区范围内开展消防火灾、危险化学品、烟花爆竹、建筑施工、校车5个安全生产专项整治。2011年，区安委办组织开展危险化学品、烟花爆竹、职业危害、建筑、消防、校园安全6项内容的专项整治工作，依法责令市区化工企业停止使用液氮生产装置，关闭危险化学生产企业6家。